G. Meikel

Das Bürgerliche Gesetzbuch

mit Verweisungen.

Vorwort.

Die rasche und sichere Anwendung der Vorschriften des Bürgerlichen Gesetzbuchs ist in vielen Fällen dadurch sehr erschwert, daß die einzelnen Vorschriften nicht besonders aufgeführt sind, sondern daß wieder andere Vorschriften für anwendbar oder auch nur für entsprechend anwendbar erklärt sind. Ja, nicht selten nehmen auch diese Vorschriften wieder auf andere Bezug.

In dieser Ausgabe sind nun diejenigen Gesetzesvorschriften, auf welche verwiesen wird, wörtlich und in denjenigen Fällen, in welchen dies nicht angängig war, weil die betreffenden Gesetzesstellen nur für entsprechend anwendbar erklärt sind, in der hiedurch gebotenen Abänderung, jedoch unter möglichster Anpassung an den Gesetzestext wiedergegeben worden.

Zitirte Paragraphen wurden auch dann wiedergegeben, wenn lediglich in der Weise auf sie Bezug genommen ist, daß sie für nicht anwendbar erklärt sind. Denn auch aus der Nichtanwendbarkeit einer Gesetzesstelle lassen sich — es sei beispielsweise nur auf den § 2013 verwiesen, welcher die Folgen der unbeschränkten Haftung des Erben behandelt — bedeutende Schlüsse für die betreffende Materie ziehen.

Jedoch wurde, wenn die verwiesene Gesetzesstelle nur wenige Paragraphen vorher zu finden ist, von einer Wiederholung der Raumersparniß wegen abgesehen. Aus dem gleichen Grunde und außerdem, weil lediglich aus allem Zusammenhang herausgerissene Paragraphen in Frage stehen, unterblieb die Anführung der durch die Artikel 34—54 des Einführungsgesetzes zum Bürgerlichen Gesetzbuche abgeänderten Reichsgesetze.

Die vorliegende Ausgabe wendet sich nach dem Erörterten vor allem an die Praxis; denn sie bezweckt, das zeitraubende Nachschlagen der verwiesenen und rückverwiesenen Gesetzesstellen zu vermeiden.

Auch das Studium des Bürgerlichen Gesetzbuchs wird dieselbe wesentlich erleichtern, da dem Leser die Gesetzesstellen, auf welche verwiesen wird, unmittelbar vor die Augen geführt werden.

Aber auch demjenigen, welcher mit dem Kommentar zu arbeiten hat, wird diese Ausgabe nicht unwillkommen sein; denn auch in den Kommentaren wird nicht selten bei einem Paragraphen, der Verweisungen enthält, auf die bei dem verwiesenen Paragraphen gemachten Ausführungen verwiesen, die aber an dieser Stelle eben, weil der betreffende Paragraph nur für entsprechend anwendbar erklärt ist, doch nicht in vollem Umfange zutreffen.

Bei der Anwendung dieser Ausgabe möge noch folgendes beachtet werden:

Wurde eine, wenn auch noch so geringfügige Abweichung von dem Gesetzestexte nothwendig, so ist dies durch einen * bei dem betreffenden Paragraphen angedeutet.

Ferner sind der leichteren Uebersichtlichkeit halber diejenigen Gesetzesstellen, auf welche verwiesen wird, in Antiqua, diejenigen dagegen, auf welche in den verwiesenen Paragraphen zurückverwiesen wird, in *Cursiv* gesetzt.

Ein ausführliches alphabetisches Sachregister wird die Brauchbarkeit der Ausgabe erhöhen.

München, im November 1899.

G. Meikel.

Inhaltsverzeichniß.

Bürgerliches Gesetzbuch.

R.G. vom 18. August 1896. (R.G.Bl. 1896. Nr. 21. S. 195—603.)

Erstes Buch. Allgemeiner Theil.

Zweites Buch. Rechte der Schuldverhältnisse.

Drittes Buch. Sachenrecht.

Viertes Buch. Familienrecht.

Bürgerliches Gesetzbuch.

Vom 18. August 1896.

Reichsgesetzblatt 1896 S. 195—603.

Wir Wilhelm, von Gottes Gnaden Deutscher Kaiser, König von Preußen ꝛc. verordnen im Namen des Reichs, nach erfolgter Zustimmung des Bundesraths und des Reichstags, was folgt:

Erstes Buch.

Allgemeiner Theil.

Erster Abschnitt.

Personen.

Erster Titel.

Natürliche Personen.

Beginn d. menschl. Rechtsfähigkeit.

§ 1. Die Rechtsfähigkeit des Menschen beginnt mit der Vollendung der Geburt.

Volljährigkeit.

§ 2. Die Volljährigkeit tritt mit der Vollendung des einundzwanzigsten Lebensjahrs ein.

Volljährigkeitserklärung.

§ 3. Ein Minderjähriger, der das achtzehnte Lebensjahr vollendet hat, kann durch Beschluß des Vormundschaftsgerichts für volljährig erklärt werden.

Durch die Volljährigkeitserklärung erlangt der Minderjährige die rechtliche Stellung eines Volljährigen.

§ 4. Die Volljährigkeitserklärung ist nur zulässig, wenn der Minderjährige seine Einwilligung ertheilt.

Steht der Minderjährige unter elterlicher Gewalt, so ist auch die Einwilligung des Gewalthabers erforderlich, es sei denn, daß diesem weder die Sorge für die Person noch die Sorge für das Vermögen des Kindes zusteht. Für eine minderjährige Wittwe ist die Einwilligung des Gewalthabers nicht erforderlich.

§ 5. Die Volljährigkeitserklärung soll nur erfolgen, wenn sie das Beste des Minderjährigen befördert.

Entmündigung.

§ 6. Entmündigt kann werden:

1. wer in Folge von Geisteskrankheit oder von Geistesschwäche seine Angelegenheiten nicht zu besorgen vermag;
2. wer durch Verschwendung sich oder seine Familie der Gefahr des Nothstandes aussetzt;
3. wer in Folge von Trunksucht seine Angelegenheiten nicht zu besorgen vermag oder sich oder seine Familie der Gefahr des Nothstandes aussetzt oder die Sicherheit Anderer gefährdet.

Die Entmündigung ist wieder aufzuheben, wenn der Grund der Entmündigung wegfällt.

Wohnsitz.

§ 7. Wer sich an einem Orte ständig niederläßt, begründet an diesem Orte seinen Wohnsitz.

Der Wohnsitz kann gleichzeitig an mehreren Orten bestehen.

Der Wohnsitz wird aufgehoben, wenn die Niederlassung mit dem Willen aufgehoben wird, sie aufzugeben.

§ 8. Wer geschäftsunfähig oder in der Geschäftsfähigkeit beschränkt ist, kann ohne den Willen seines gesetzlichen Vertreters einen Wohnsitz weder begründen noch aufheben.

— der Militärpersonen.

§ 9. Eine Militärperson hat ihren Wohnsitz am Garnisonorte. Als Wohnsitz einer Militärperson, deren Truppentheil im Inlande keinen Garnisonort hat, gilt der letzte inländische Garnisonort des Truppentheils.

Diese Vorschriften finden keine Anwendung auf Militärpersonen, die nur zur Erfüllung der Wehrpflicht dienen oder die nicht selbständig einen Wohnsitz begründen können.

— der Ehefrau.

§ 10. Die Ehefrau theilt den Wohnsitz des Ehemanns. Sie theilt den Wohnsitz nicht, wenn der Mann seinen Wohnsitz im Ausland an einem Orte begründet, an den die Frau ihm nicht folgt und zu folgen nicht verpflichtet ist.

Solange der Mann keinen Wohnsitz hat oder die Frau seinen Wohnsitz nicht theilt, kann die Frau selbständig einen Wohnsitz haben.

— eines Kindes.

§ 11. Ein eheliches Kind theilt den Wohnsitz des Vaters, ein uneheliches Kind den Wohnsitz der Mutter, ein an Kindesstatt angenommenes Kind den Wohnsitz des Annehmenden. Das Kind behält den Wohnsitz, bis es ihn rechtsgültig aufhebt.

Eine erst nach dem Eintritte der Volljährigkeit des Kindes erfolgende Legitimation oder Annahme an Kindesstatt hat keinen Einfluß auf den Wohnsitz des Kindes.

Namensrecht.

§ 12. Wird das Recht zum Gebrauch eines Namens dem Berechtigten von einem Anderen bestritten oder wird das Interesse des Berechtigten dadurch verletzt, daß ein Anderer unbefugt den gleichen Namen gebraucht, so kann der Berechtigte von dem Anderen Beseitigung der Beeinträchtigung verlangen. Sind weitere Beeinträchtigungen zu besorgen, so kann er auf Unterlassung klagen.

Todeserklärung.

§ 13. Wer verschollen ist, kann nach Maßgabe der §§ 14 bis 17 im Wege des Aufgebotsverfahrens für todt erklärt werden.

§ 14. Die Todeserklärung ist zulässig, wenn seit zehn Jahren keine Nachricht von dem Leben des Verschollenen eingegangen ist. Sie darf nicht vor dem Schlusse des Jahres erfolgen, in welchem der Verschollene das einunddreißigste Lebensjahr vollendet haben würde.

Ein Verschollener, der das siebzigste Lebensjahr vollendet haben würde, kann für todt erklärt werden, wenn seit fünf Jahren keine Nachricht von seinem Leben eingegangen ist.

Der Zeitraum von zehn oder fünf Jahren beginnt mit dem Schlusse des letzten Jahres, in welchem der Verschollene den vorhandenen Nachrichten zufolge noch gelebt hat.

— Kriegsverschollenheit.

§ 15. Wer als Angehöriger einer bewaffneten Macht an einem Kriege Theil genommen hat, während des Krieges vermißt worden und seitdem verschollen ist, kann für todt erklärt werden, wenn seit dem Friedensschlusse drei Jahre verstrichen sind. Hat ein Friedensschluß nicht stattgefunden, so beginnt der dreijährige Zeitraum mit dem Schlusse des Jahres, in welchem der Krieg beendigt worden ist.

Als Angehöriger einer bewaffneten Macht gilt auch derjenige, welcher sich in einem Amts- oder Dienstverhältniß oder zum Zwecke freiwilliger Hülfeleistung bei der bewaffneten Macht befindet.

— Seeverschollenheit.

§ 16. Wer sich bei einer Seefahrt auf einem während der Fahrt untergegangenen Fahrzeuge befunden hat und seit dem Untergange des Fahrzeugs verschollen ist, kann für todt erklärt werden, wenn seit dem Untergang ein Jahr verstrichen ist.

Der Untergang des Fahrzeugs wird vermuthet, wenn es an dem Orte seiner Bestimmung nicht eingetroffen oder in Ermangelung eines festen Reiseziels nicht zurückgekehrt ist und wenn

bei Fahrten innerhalb der Ostsee ein Jahr,

bei Fahrten innerhalb anderer europäischer Meere, mit Einschluß sämmtlicher Theile des Mittelländischen, Schwarzen und Azowschen Meeres, zwei Jahre,

bei Fahrten, die über außereuropäische Meere führen, drei Jahre

seit dem Antritte der Reise verstrichen sind. Sind Nachrichten über das Fahrzeug eingegangen, so ist der Ablauf des Zeitraums erforderlich, der verstrichen sein müßte, wenn das Fahrzeug von dem Orte abgegangen wäre, an dem es sich den Nachrichten zufolge zuletzt befunden hat.

— Sonstige Lebensgefahr.

§ 17. Wer unter anderen als den in §§ 15, 16 bezeichneten Umständen in eine Lebensgefahr gerathen und seitdem verschollen ist, kann für todt erklärt werden, wenn seit dem Ereignisse, durch welches die Lebensgefahr entstanden ist, drei Jahre verstrichen sind.

— Wirkung.

§ 18. Die Todeserklärung begründet die Vermuthung, daß der Verschollene in dem Zeitpunkte gestorben sei, welcher in dem die Todeserklärung aussprechenden Urtheile festgestellt ist.

Als Zeitpunkt des Todes ist, sofern nicht die Ermittelungen ein Anderes ergeben, anzunehmen:

in den Fällen des § 14 der Zeitpunkt, in welchem die Todeserklärung zulässig geworden ist;

in den Fällen des § 15 der Zeitpunkt des Friedensschlusses oder der Schluß des Jahres, in welchem der Krieg beendigt worden ist;

in den Fällen des § 16 der Zeitpunkt, in welchem das Fahrzeug untergegangen ist oder von welchem an der Untergang vermuthet wird;

in den Fällen des § 17 der Zeitpunkt, in welchem das Ereigniß stattgefunden hat.

Ist die Todeszeit nur dem Tage nach festgestellt, so gilt das Ende des Tages als Zeitpunkt des Todes.

Lebensvermuthung.

§ 19. Solange nicht die Todeserklärung erfolgt ist, wird das Fortleben des Verschollenen bis zu dem Zeitpunkte vermuthet, der nach § 18 Abs. 2 in Ermangelung eines anderen Ergebnisses der Ermittelungen als Zeitpunkt des Todes anzunehmen ist; die Vorschrift des § 18 Abs. 3 findet entsprechende Anwendung.

Tod in gemeinsamer Gefahr.

§ 20. Sind mehrere in einer gemeinsamen Gefahr umgekommen, so wird vermuthet, daß sie gleichzeitig gestorben seien.

Zweiter Titel.

Juristische Personen.

I. Vereine.

1. Allgemeine Vorschriften.

Eingetragene Vereine.

§ 21. Ein Verein, dessen Zweck nicht auf einen wirthschaftlichen Geschäftsbetrieb gerichtet ist, erlangt Rechtsfähigkeit durch Eintragung in das Vereinsregister des zuständigen Amtsgerichts.

Wirthschaftliche Vereine.

§ 22. Ein Verein, dessen Zweck auf einen wirthschaftlichen Geschäftsbetrieb gerichtet ist, erlangt in Ermangelung besonderer reichsgesetzlicher Vorschriften Rechtsfähigkeit durch staatliche Verleihung. Die Verleihung steht dem Bundesstaate zu, in dessen Gebiet der Verein seinen Sitz hat.

Ausländische Vereine.

§ 23. Einem Vereine, der seinen Sitz nicht in einem Bundesstaate hat, kann in Ermangelung besonderer reichsgesetzlicher Vorschriften Rechtsfähigkeit durch Beschluß des Bundesraths verliehen werden.

Sitz.

§ 24. Als Sitz eines Vereins gilt, wenn nicht ein Anderes bestimmt ist, der Ort, an welchem die Verwaltung geführt wird.

Verfassung.

§ 25. Die Verfassung eines rechtsfähigen Vereins wird, soweit sie nicht auf den nachfolgenden Vorschriften beruht, durch die Vereinssatzung bestimmt.

Vorstand.

§ 26. Der Verein muß einen Vorstand haben. Der Vorstand kann aus mehreren Personen bestehen.

Der Vorstand vertritt den Verein gerichtlich und außergerichtlich; er hat die Stellung eines gesetzlichen Vertreters. Der Umfang seiner Vertretungsmacht kann durch die Satzung mit Wirkung gegen Dritte beschränkt werden.

— Bestellung, Geschäftsführung.

§ 27. Die Bestellung des Vorstandes erfolgt durch Beschluß der Mitgliederversammlung.

Die Bestellung ist jederzeit widerruflich, unbeschadet des Anspruchs auf die vertragsmäßige Vergütung. Die Widerruflichkeit kann durch die Satzung auf den Fall beschränkt werden, daß ein wichtiger Grund für den Widerruf vorliegt; ein solcher Grund ist insbesondere grobe Pflichtverletzung oder Unfähigkeit zur ordnungsmäßigen Geschäftsführung.

Auf die Geschäftsführung des Vorstandes finden die für den Auftrag geltenden Vorschriften der §§ 664 bis 670 entsprechende Anwendung.

Die Vorschriften des § 27 Abs. 1 und 3 finden insoweit keine Anwendung, als die Satzung ein Anderes bestimmt (§ 40).

— — Uebertragung.

§ 664*. Der Vorstand darf im Zweifel die Führung seiner Geschäfte nicht einem Dritten übertragen. Der Anspruch des Vereins auf die Besorgung der Geschäfte durch den Vorstand ist im Zweifel nicht übertragbar. Ist die Uebertragung gestattet, so hat der Vorstand nur ein ihm bei der Uebertragung zur Last fallendes Verschulden zu vertreten. Für das Verschulden eines Gehülfen ist er nach § 278 verantwortlich.

§ 278. Der Vorstand hat ein Verschulden der Personen, deren er sich zur Führung seiner Geschäfte bedient, in gleichem Umfange zu vertreten, wie eigenes Verschulden. Die Vorschrift des § 276 Abs. 2 (dass die Haftung wegen Vorsatzes dem Schuldner nicht im voraus erlassen werden kann) findet keine Anwendung.*

— — Abweichungen von den gegeb. Weisungen.

§ 665*. Der Vorstand ist berechtigt, von den ihm durch die Satzung, die Mitgliederversammlung oder das sonst zuständige Organ gegebenen Weisungen abzuweichen, wenn er den Umständen nach annehmen darf, dass die Mitgliederversammlung oder das sonst zuständige Organ bei Kenntniss der Sachlage die Abweichung billigen würde. Der Vorstand hat vor der Abweichung der Mitgliederversammlung oder dem sonst zuständigen Organ Anzeige zu machen und deren Entschliessung abzuwarten, wenn nicht mit dem Aufschube Gefahr verbunden ist.

— — Rechenschaftsablegung.

§ 666*. Der Vorstand ist verpflichtet, der Mitgliederversammlung oder dem sonst zuständigen Organ die erforderlichen Nachrichten zu geben, auf Verlangen über den Stand des Geschäftes Auskunft zu ertheilen und nach der Ausführung des Geschäftes Rechenschaft abzulegen.

— — Herausgabe des Erhaltenen.

§ 667*. Der Vorstand ist verpflichtet, dem Verein Alles, was er zur Führung seiner Geschäfte erhält und was er aus der Geschäftsbesorgung erlangt, herauszugeben.

— — Verzinsung f. sich verwendeter Gelder.

§ 668*. Verwendet der Vorstand Geld für sich, das er dem Vereine herauszugeben oder für ihn zu verwenden hat, so ist er verpflichtet, es von der Zeit der Verwendung an zu verzinsen

— — Anspruch auf Vorschuss.

§ 669* Für die zur Ausführung der Geschäfte erforderlichen Aufwendungen hat der Verein dem Vorstande auf Verlangen Vorschuss zu leisten.

— — Anspruch auf Ersatz von Aufwendungen.

§ 670*. Macht der Vorstand zum Zwecke der Geschäftsführung Aufwendungen, die er den Umständen nach für erforderlich halten darf, so ist der Verein zum Ersatze verpflichtet.

— Mehrheit v. Vorstandsmitgliedern.

§ 28. Besteht der Vorstand aus mehreren Personen, so erfolgt die Beschlußfassung nach den für die Beschlüsse der Mitglieder des Vereins geltenden Vorschriften der §§ 32, 34.

Ist eine Willenserklärung dem Vereine gegenüber abzugeben, so genügt die Abgabe gegenüber einem Mitgliede des Vorstandes.

Die Vorschriften des § 28 Abs. 1 finden insoweit keine Anwendung, als die Satzung ein Anderes bestimmt (§ 40).

— Bestellung d. d. Gericht.

§ 29. Soweit die erforderlichen Mitglieder des Vorstandes fehlen, sind sie in dringenden Fällen für die Zeit bis zur Hebung des Mangels auf Antrag eines Betheiligten von dem Amtsgerichte zu bestellen, in dessen Bezirke der Verein seinen Sitz hat.

Besondere Vertreter.

§ 30. Durch die Satzung kann bestimmt werden, daß neben dem Vorstande für gewisse Geschäfte besondere Vertreter zu bestellen sind. Die Vertretungsmacht eines solchen Vertreters erstreckt sich im Zweifel auf alle Rechtsgeschäfte, die der ihm zugewiesene Geschäftskreis gewöhnlich mit sich bringt.

Haftung des Vereins.

§ 31. Der Verein ist für den Schaden verantwortlich, den der Vorstand, ein Mitglied des Vorstandes oder ein anderer verfassungsmäßig berufener Vertreter durch eine in Ausführung der ihm zustehenden Verrichtungen begangene, zum Schadensersatze verpflichtende Handlung einem Dritten zufügt.

Mitgliederversammlung.

§ 32. Die Angelegenheiten des Vereins werden, soweit sie nicht von dem Vorstand oder einem anderen Vereinsorgane zu besorgen sind, durch Beschlußfassung in einer Versammlung der Mitglieder geordnet. Zur Gültigkeit des Beschlusses ist erforderlich, daß der Gegenstand bei der Berufung bezeichnet wird. Bei der Beschlußfassung entscheidet die Mehrheit der erschienenen Mitglieder.

Auch ohne Versammlung der Mitglieder ist ein Beschluß gültig, wenn alle Mitglieder ihre Zustimmung zu dem Beschlusse schriftlich erklären.

Die Vorschriften des § 32 finden insoweit keine Anwendung, als die Satzung ein Anderes bestimmt (§ 40).

Aenderung der Satzung.

§ 33. Zu einem Beschlusse, der eine Aenderung der Satzung enthält, ist eine Mehrheit von drei Viertheilen der erschienenen Mitglieder erforderlich. Zur Aenderung des Zweckes des Vereins ist die Zustimmung aller Mitglieder erforderlich; die Zustimmung der nicht erschienenen Mitglieder muß schriftlich erfolgen.

Beruht die Rechtsfähigkeit des Vereins auf Verleihung, so ist zu jeder Aenderung der Satzung staatliche Genehmigung oder, falls die Verleihung durch den Bundesrath erfolgt ist, die Genehmigung des Bundesraths erforderlich.

Die Vorschriften des § 33 finden insoweit keine Anwendung, als die Satzung ein Anderes bestimmt (§ 40).

Stimmrecht.

§ 34. Ein Mitglied ist nicht stimmberechtigt, wenn die Beschlußfassung die Vornahme eines Rechtsgeschäfts mit ihm oder die Einleitung oder Erledigung eines Rechtsstreits zwischen ihm und dem Vereine betrifft.

Sonderrechte der Mitglieder.

§ 35. Sonderrechte eines Mitglieds können nicht ohne dessen Zustimmung durch Beschluß der Mitgliederversammlung beeinträchtigt werden.

Berufung d. Mitgliederversammlung.

§ 36. Die Mitgliederversammlung ist in den durch die Satzung bestimmten Fällen sowie dann zu berufen, wenn das Interesse des Vereins es erfordert.

§ 37. Die Mitgliederversammlung ist zu berufen, wenn der durch die Satzung bestimmte Theil oder in Ermangelung einer Bestimmung der zehnte Theil der Mitglieder die Berufung schriftlich unter Angabe des Zweckes und der Gründe verlangt.

Wird dem Verlangen nicht entsprochen, so kann das Amtsgericht, in dessen Bezirke der Verein seinen Sitz hat, die Mitglieder, welche das Verlangen gestellt haben, zur Berufung der Versammlung ermächtigen und über die Führung des Vorsitzes in der Versammlung Bestimmung treffen. Auf die Ermächtigung muß bei der Berufung der Versammlung Bezug genommen werden.

Mitgliedschaft.

§ 38. Die Mitgliedschaft ist nicht übertragbar und nicht vererblich. Die Ausübung der Mitgliedschaftsrechte kann nicht einem Anderen überlassen werden.

Die Vorschriften des § 38 finden insoweit keine Anwendung, als die Satzung ein Anderes bestimmt (§ 40).

Austritt.

§ 39. Die Mitglieder sind zum Austritt aus dem Vereine berechtigt.

Durch die Satzung kann bestimmt werden, daß der Austritt nur am Schlusse eines Geschäftsjahrs oder erst nach dem Ablauf einer Kündigungsfrist zulässig ist; die Kündigungsfrist kann höchstens zwei Jahre betragen.

Zulässigkeit besonderer Bestimmungen.

§ 40. Die Vorschriften des § 27 Abs. 1, 3, des § 28 Abs. 1 und der §§ 32, 33, 38 finden insoweit keine Anwendung, als die Satzung ein Anderes bestimmt.

Auflösung.

§ 41. Der Verein kann durch Beschluß der Mitgliederversammlung aufgelöst werden. Zu dem Beschluß ist eine Mehrheit von drei Viertheilen der erschienenen Mitglieder erforderlich, wenn nicht die Satzung ein Anderes bestimmt.

Verlust der Rechtsfähigkeit.

§ 42. Der Verein verliert die Rechtsfähigkeit durch die Eröffnung des Konkurses.

Der Vorstand hat im Falle der Ueberschuldung die Eröffnung des Konkurses zu beantragen. Wird die Stellung des Antrags verzögert, so sind die Vorstandsmitglieder, denen ein Verschulden zur Last fällt, den Gläubigern für den daraus entstehenden Schaden verantwortlich; sie haften als Gesammtschuldner.

Entziehung der Rechtsfähigkeit.

§ 43. Dem Vereine kann die Rechtsfähigkeit entzogen werden, wenn er durch einen gesetzwidrigen Beschluß der Mitgliederversammlung oder durch gesetzwidriges Verhalten des Vorstandes das Gemeinwohl gefährdet.

Einem Vereine, dessen Zweck nach der Satzung nicht auf einen wirthschaftlichen Geschäftsbetrieb gerichtet ist, kann die Rechtsfähigkeit entzogen werden, wenn er einen solchen Zweck verfolgt.

Einem Vereine, der nach der Satzung einen politischen, sozialpolitischen oder religiösen Zweck nicht hat, kann die Rechtsfähigkeit entzogen werden, wenn er einen solchen Zweck verfolgt.

Einem Vereine, dessen Rechtsfähigkeit auf Verleihung beruht, kann die Rechtsfähigkeit entzogen werden, wenn er einen anderen als den in der Satzung bestimmten Zweck verfolgt.

§ 44. Die Zuständigkeit und das Verfahren bestimmen sich in den Fällen des § 43 nach den für streitige Verwaltungssachen geltenden Vorschriften der Landesgesetze. Wo ein Verwaltungsstreitverfahren nicht besteht, finden die Vorschriften der §§ 20, 21 der Gewerbeordnung Anwendung; die Entscheidung erfolgt in erster Instanz durch die höhere Verwaltungsbehörde, in deren Bezirke der Verein seinen Sitz hat.

Beruht die Rechtsfähigkeit auf Verleihung durch den Bundesrath, so erfolgt die Entziehung durch Beschluß des Bundesraths.

§ 20 Gew.-O. Gegen den Bescheid ist Rekurs an die nächst vorgesetzte Behörde zulässig, welcher bei Verlust desselben binnen vierzehn Tagen, vom Tage der Eröffnung des Bescheides an gerechnet, gerechtfertigt werden muss.

Der Rekursbescheid ist den Parteien schriftlich zu eröffnen und muss mit Gründen versehen sein.

§ 21 Satz 1* Gew.-O. Die näheren Bestimmungen über die Behörden und das Verfahren, sowohl in der ersten als in der Rekursinstanz, bleiben den Landesgesetzen vorbehalten.

Anfall des Vereinsvermögens.

§ 45. Mit der Auflösung des Vereins oder der Entziehung der Rechtsfähigkeit fällt das Vermögen an die in der Satzung bestimmten Personen.

Durch die Satzung kann vorgeschrieben werden, daß die Anfallberechtigten durch Beschluß der Mitgliederversammlung oder eines anderen Vereinsorgans bestimmt werden. Ist der Zweck des Vereins nicht auf einen wirthschaftlichen Geschäftsbetrieb gerichtet, so kann die Mitgliederversammlung auch ohne eine solche Vorschrift das Vermögen einer öffentlichen Stiftung oder Anstalt zuweisen.

Fehlt es an einer Bestimmung der Anfallberechtigten, so fällt das Vermögen, wenn der Verein nach der Satzung ausschließlich den Interessen seiner Mitglieder diente, an die zur Zeit der Auflösung oder der Entziehung der Rechtsfähigkeit vorhandenen Mitglieder zu gleichen Theilen, anderenfalls an den Fiskus des Bundesstaats, in dessen Gebiete der Verein seinen Sitz hatte.

§ 46. Fällt das Vereinsvermögen an den Fiskus, so finden die Vorschriften über eine dem Fiskus als gesetzlichem Erben anfallende Erbschaft entsprechende Anwendung. Der Fiskus hat das Vermögen thunlichst in einer den Zwecken des Vereins entsprechenden Weise zu verwenden.

Liquidation.

§ 47. Fällt das Vereinsvermögen nicht an den Fiskus, so muß eine Liquidation stattfinden.

— Liquidatoren.

§ 48. Die Liquidation erfolgt durch den Vorstand. Zu Liquidatoren können auch andere Personen bestellt werden; für die Bestellung sind die für die Bestellung des Vorstandes geltenden Vorschriften maßgebend.

Die Liquidatoren haben die rechtliche Stellung des Vorstandes, soweit sich nicht aus dem Zwecke der Liquidation ein Anderes ergiebt.

Sind mehrere Liquidatoren vorhanden, so ist für ihre Beschlüsse Uebereinstimmung aller erforderlich, sofern nicht ein Anderes bestimmt ist.

— Wirkungskreis.

§ 49. Die Liquidatoren haben die laufenden Geschäfte zu beendigen, die Forderungen einzuziehen, das übrige Vermögen in Geld umzusetzen, die Gläubiger zu befriedigen und den Ueberschuß den Anfallberechtigten auszuantworten. Zur Beendigung schwebender Geschäfte können die Liquidatoren auch neue Geschäfte eingehen. Die Einziehung der Forderungen sowie die Umsetzung des übrigen Vermögens in Geld darf unterbleiben, soweit diese Maßregeln nicht zur Befriedigung der Gläubiger oder zur Vertheilung des Ueberschusses unter die Anfallberechtigten erforderlich sind.

Der Verein gilt bis zur Beendigung der Liquidation als fortbestehend, soweit der Zweck der Liquidation es erfordert.

— Oeffentl. Bekanntmachung.

§ 50. Die Auflösung des Vereins oder die Entziehung der Rechtsfähigkeit ist durch die Liquidatoren öffentlich bekannt zu machen. In der

Bekanntmachung sind die Gläubiger zur Anmeldung ihrer Ansprüche aufzufordern. Die Bekanntmachung erfolgt durch das in der Satzung für Veröffentlichungen bestimmte Blatt, in Ermangelung eines solchen durch dasjenige Blatt, welches für Bekanntmachungen des Amtsgerichts bestimmt ist, in dessen Bezirke der Verein seinen Sitz hatte. Die Bekanntmachung gilt mit dem Ablaufe des zweiten Tages nach der Einrückung oder der ersten Einrückung als bewirkt.

Bekannte Gläubiger sind durch besondere Mittheilung zur Anmeldung aufzufordern.

— **Sperrjahr.**

§ 51. Das Vermögen darf den Anfallberechtigten nicht vor dem Ablauf eines Jahres nach der Bekanntmachung der Auflösung des Vereins oder der Entziehung der Rechtsfähigkeit ausgeantwortet werden.

§ 52. Meldet sich ein bekannter Gläubiger nicht, so ist der geschuldete Betrag, wenn die Berechtigung zur Hinterlegung vorhanden ist, für den Gläubiger zu hinterlegen.

Ist die Berichtigung einer Verbindlichkeit zur Zeit nicht ausführbar oder ist eine Verbindlichkeit streitig, so darf das Vermögen den Anfallberechtigten nur ausgeantwortet werden, wenn dem Gläubiger Sicherheit geleistet ist.

— **Haftung der Liquidatoren.**

§ 53. Liquidatoren, welche die ihnen nach dem § 42 Abs. 2 und den §§ 50 bis 52 obliegenden Verpflichtungen verletzen oder vor der Befriedigung der Gläubiger Vermögen den Anfallberechtigten ausantworten, sind, wenn ihnen ein Verschulden zur Last fällt, den Gläubigern für den daraus entstehenden Schaden verantwortlich; sie haften als Gesammtschuldner.

§ 42* Abs. 2. Die Liquidatoren haben im Falle der Ueberschuldung die Eröffnung des Konkurses zu beantragen.

Nicht rechtsfähige Vereine.

§ 54. Auf Vereine, die nicht rechtsfähig sind, finden die Vorschriften über die Gesellschaft Anwendung. Aus einem Rechtsgeschäfte, das im Namen eines solchen Vereins einem Dritten gegenüber vorgenommen wird, haftet der Handelnde persönlich; handeln Mehrere, so haften sie als Gesammtschuldner.

2. Eingetragene Vereine.

Registergericht.

§ 55. Die Eintragung eines Vereins der im § 21 bezeichneten Art in das Vereinsregister hat bei dem Amtsgerichte zu geschehen, in dessen Bezirke der Verein seinen Sitz hat.

§ 21. Ein Verein, dessen Zweck nicht auf einen wirthschaftlichen Geschäftsbetrieb gerichtet ist.

Erforderl. Mitgliederzahl.

§ 56. Die Eintragung soll nur erfolgen, wenn die Zahl der Mitglieder mindestens sieben beträgt.

Inhalt der Satzung.

§ 57. Die Satzung muß den Zweck, den Namen und den Sitz des Vereins enthalten und ergeben, daß der Verein eingetragen werden soll.

Der Name soll sich von den Namen der an demselben Orte oder in derselben Gemeinde bestehenden eingetragenen Vereine deutlich unterscheiden.

§ 58. Die Satzung soll Bestimmungen enthalten:

1. über den Eintritt und Austritt der Mitglieder;
2. darüber, ob und welche Beiträge von den Mitgliedern zu leisten sind;
3. über die Bildung des Vorstandes;
4. über die Voraussetzungen, unter denen die Mitgliederversammlung zu berufen ist, über die Form der Berufung und über die Beurkundung der Beschlüsse.

Anmeldung.

§ 59. Der Vorstand hat den Verein zur Eintragung anzumelden.

Der Anmeldung sind beizufügen:

1. die Satzung in Urschrift und Abschrift;
2. eine Abschrift der Urkunden über die Bestellung des Vorstandes.

Die Satzung soll von mindestens sieben Mitgliedern unterzeichnet sein und die Angabe des Tages der Errichtung enthalten.

Prüfung.

§ 60. Die Anmeldung ist, wenn den Erfordernissen der §§ 56 bis 59 nicht genügt ist, von dem Amtsgericht unter Angabe der Gründe zurückzuweisen.

Gegen einen zurückweisenden Beschluß findet die sofortige Beschwerde nach den Vorschriften der Civilprozeßordnung statt.

Einspruchsrecht d. Verwaltungsbehörde.

§ 61. Wird die Anmeldung zugelassen, so hat das Amtsgericht sie der zuständigen Verwaltungsbehörde mitzutheilen.

Die Verwaltungsbehörde kann gegen die Eintragung Einspruch erheben, wenn der Verein nach dem öffentlichen Vereinsrecht unerlaubt ist oder verboten werden kann oder wenn er einen politischen, sozialpolitischen oder religiösen Zweck verfolgt.

§ 62. Erhebt die Verwaltungsbehörde Einspruch, so hat das Amtsgericht den Einspruch dem Vorstande mitzutheilen.

Der Einspruch kann im Wege des Verwaltungsstreitverfahrens oder, wo ein solches nicht besteht, im Wege des Rekurses nach Maßgabe der §§ 20, 21 der Gewerbeordnung angefochten werden.

§ 20 Gew.-O. Gegen den Bescheid ist Rekurs an die nächst vorgesetzte Behörde zulässig, welcher bei Verlust desselben binnen vierzehn Tagen, vom Tage der Eröffnung des Bescheides an gerechnet, gerechtfertigt werden muss.

Der Rekursbescheid ist den Parteien schriftlich zu eröffnen und muss mit Gründen versehen sein.

§ 21 Satz 1* Gew-O Die näheren Bestimmungen über die Behörden und das Verfahren, sowohl in der ersten als in der Rekursinstanz, bleiben den Landesgesetzen vorbehalten.

§ 63. Die Eintragung darf, sofern nicht die Verwaltungsbehörde dem Amtsgerichte mittheilt, daß Einspruch nicht erhoben werde, erst erfolgen, wenn seit der Mittheilung der Anmeldung an die Verwaltungsbehörde sechs Wochen verstrichen sind und Einspruch nicht erhoben oder wenn der erhobene Einspruch endgültig aufgehoben ist.

Inhalt der Eintragung.

§ 64. Bei der Eintragung sind der Name und der Sitz des Vereins, der Tag der Errichtung der Satzung sowie die Mitglieder des Vorstandes im Vereinsregister anzugeben. Bestimmungen, die den Umfang der Vertretungsmacht des Vorstandes beschränken oder die Beschlußfassung des Vorstandes abweichend von der Vorschrift des § 28 Abs. 1 regeln, sind gleichfalls einzutragen.

§ 28 Abs. 1*. Besteht der Vorstand aus mehreren Personen, so erfolgt die Beschlussfassung nach den für die Beschlüsse der Mitglieder des Vereins geltenden Vorschriften.

Zusatz zum Namen.

§ 65. Mit der Eintragung erhält der Name des Vereins den Zusatz »eingetragener Verein«.

Bekanntmachung. Rückgabe d. Urkunden.

§ 66. Das Amtsgericht hat die Eintragung durch das für seine Bekanntmachungen bestimmte Blatt zu veröffentlichen.

Die Urschrift der Satzung ist mit der Bescheinigung der Eintragung zu versehen und zurückzugeben. Die Abschrift wird von dem Amtsgerichte beglaubigt und mit den übrigen Schriftstücken aufbewahrt.

Aenderungen des Vorstandes.

§ 67. Jede Aenderung des Vorstandes sowie die erneute Bestellung eines Vorstandsmitglieds ist von dem Vorstande zur Eintragung anzumelden. Der Anmeldung ist eine Abschrift der Urkunde über die Aenderung oder die erneute Bestellung beizufügen.

Die Eintragung gerichtlich bestellter Vorstandsmitglieder erfolgt von Amtswegen.

Das Amtsgericht kann die Mitglieder des Vorstandes zur Befolgung der Vorschriften des Abs. 1 durch Ordnungsstrafen anhalten (§ 78).

Wirksamkeit gegen Dritte.

§ 68. Wird zwischen den bisherigen Mitgliedern des Vorstandes und einem Dritten ein Rechtsgeschäft vorgenommen, so kann die Aenderung des Vorstandes dem Dritten nur entgegengesetzt werden, wenn sie zur Zeit der Vornahme des Rechtsgeschäfts im Vereinsregister eingetragen oder dem Dritten bekannt ist. Ist die Aenderung eingetragen, so braucht der Dritte sie nicht gegen sich gelten zu lassen, wenn er sie nicht kennt, seine Unkenntniß auch nicht auf Fahrlässigkeit beruht.

§ 69. Der Nachweis, daß der Vorstand aus den im Register eingetragenen Personen besteht, wird Behörden gegenüber durch ein Zeugniß des Amtsgerichts über die Eintragung geführt.

§ 70. Die Vorschriften des § 68 gelten auch für Bestimmungen, die den Umfang der Vertretungsmacht des Vorstandes beschränken oder die Beschlußfassung des Vorstandes abweichend von der Vorschrift des § 28 Abs. 1 regeln.

§ 28 Abs. 1*. Besteht der Vorstand aus mehreren Personen, so erfolgt die Beschlussfassung nach den für die Beschlüsse der Mitglieder des Vereins geltenden Vorschriften.

Aenderungen der Satzung.

§ 71. Aenderungen der Satzung bedürfen zu ihrer Wirksamkeit der Eintragung in das Vereinsregister. Die Aenderung ist von dem Vorstande zur Eintragung anzumelden. Der Anmeldung ist der die Aenderung enthaltende Beschluß in Urschrift und Abschrift beizufügen.

Die Vorschriften der §§ 60 bis 64 und des § 66 Abs. 2 finden entsprechende Anwendung.

§ 60. Prüfung der Erfordernisse der Anmeldung.

§ 61. Mittheilung der zugelassenen Anmeldung an die Verwaltungsbehörde — Einspruch.

§ 62. Mittheilung und Anfechtung des Einspruchs.

§ 63. Einspruchsfrist.

§ 64. Inhalt der Eintragung

§ 66. Abs 2 Rückgabe der Satzung

Das Amtsgericht kann die Mitglieder des Vorstandes zur Befolgung der Vorschriften des Abs. 1 durch Ordnungsstrafen anhalten (§ 78).

Mitgliederverzeichniss.

§ 72. Der Vorstand hat dem Amtsgericht auf dessen Verlangen jederzeit ein Verzeichniß der Vereinsmitglieder einzureichen.

Das Amtsgericht kann die Mitglieder des Vorstandes zur Befolgung dieser Vorschriften durch Ordnungsstrafen anhalten (§ 78).

Entziehung d. Rechtsfähigkeit wegen geringer Mitgliederzahl.

§ 73. Sinkt die Zahl der Vereinsmitglieder unter drei herab, so hat das Amtsgericht auf Antrag des Vorstandes und, wenn der Antrag nicht binnen drei Monaten gestellt wird, von Amtswegen nach Anhörung des Vorstandes dem Vereine die Rechtsfähigkeit zu entziehen. Der Beschluß ist dem Vereine zuzustellen. Gegen den Beschluß findet die sofortige Beschwerde nach den Vorschriften der Civilprozeßordnung statt.

Der Verein verliert die Rechtsfähigkeit mit der Rechtskraft des Beschlusses.

Eintragung d. Auflösung u. d. Entziehung d. Rechtsfähigkeit.

§ 74. Die Auflösung des Vereins sowie die Entziehung der Rechtsfähigkeit ist in das Vereinsregister einzutragen. Im Falle der Eröffnung des Konkurses unterbleibt die Eintragung.

Wird der Verein durch Beschluß der Mitgliederversammlung oder durch den Ablauf der für die Dauer des Vereins bestimmten Zeit aufgelöst, so hat der Vorstand die Auflösung zur Eintragung anzumelden. Der Anmeldung ist im ersteren Falle eine Abschrift des Auflösungsbeschlusses beizufügen.

Wird dem Verein auf Grund des § 43 die Rechtsfähigkeit entzogen oder wird der Verein auf Grund des öffentlichen Vereinsrechts aufgelöst, so erfolgt die Eintragung auf Anzeige der zuständigen Behörde.

Das Amtsgericht kann die Mitglieder des Vorstandes zur Befolgung der Vorschriften des Abs. 2 durch Ordnungsstrafen anhalten (§ 78).

§ 43* a) weil der Verein durch einen gesetzwidrigen Beschluss der Mitgliederversammlung oder durch gesetzwidriges Verhalten des Vorstandes das Gemeinwohl gefährdet;

b) weil der Verein, dessen Zweck nach der Satzung nicht auf einen wirthschaftlichen Geschäftsbetrieb gerichtet ist, einen solchen Zweck verfolgt;

c) weil der Verein, der nach der Satzung einen politischen, sozialpolitischen oder religiösen Zweck nicht hat, einen solchen Zweck verfolgt;

d) weil der Verein, dessen Rechtsfähigkeit auf Verleihung beruht, einen anderen als den in der Satzung bestimmten Zweck verfolgt.

Eintragung d. Konkurseröffnung.

§ 75. Die Eröffnung des Konkurses ist von Amtswegen einzutragen. Das Gleiche gilt von der Aufhebung des Eröffnungsbeschlusses.

Eintragung d. Liquidatoren.

§ 76. Die Liquidatoren sind in das Vereinsregister einzutragen. Das Gleiche gilt von Bestimmungen, welche die Beschlußfassung der Liquidatoren abweichend von der Vorschrift des § 48 Abs. 3 regeln.

Die Anmeldung hat durch den Vorstand, bei späteren Aenderungen durch die Liquidatoren zu erfolgen. Der Anmeldung der durch Beschluß der Mitgliederversammlung bestellten Liquidatoren ist eine Abschrift des Beschlusses, der Anmeldung einer Bestimmung über die Beschlußfassung der Liquidatoren eine Abschrift der die Bestimmung enthaltenden Urkunde beizufügen.

Die Eintragung gerichtlich bestellter Liquidatoren geschieht von Amtswegen.

§ 48 Abs. 3. Sind mehrere Liquidatoren vorhanden, so ist für ihre Beschlüsse Uebereinstimmung aller erforderlich, sofern nicht ein Anderes bestimmt ist.

Das Amtsgericht kann die Mitglieder des Vorstandes und die Liquidatoren zur Befolgung der Vorschriften des § 76 durch Ordnungsstrafen anhalten (§ 78).

Form d. Anmeldungen.

§ 77. Die Anmeldungen zum Vereinsregister sind von den Mitgliedern des Vorstandes sowie von den Liquidatoren mittelst öffentlich beglaubigter Erklärung zu bewirken.

Ordnungsstrafen.

§ 78. Das Amtsgericht kann die Mitglieder des Vorstandes zur Befolgung der Vorschriften des § 67 Abs. 1, des § 71 Abs. 1, des § 72, des § 74 Abs. 2 und des § 76 durch Ordnungsstrafen anhalten. Die einzelne Strafe darf den Betrag von dreihundert Mark nicht übersteigen.

In gleicher Weise können die Liquidatoren zur Befolgung der Vorschriften des § 76 angehalten werden.

Oeffentlichkeit des Registers.

§ 79. Die Einsicht des Vereinsregisters sowie der von dem Vereine bei dem Amtsgericht eingereichten Schriftstücke ist Jedem gestattet. Von den Eintragungen kann eine Abschrift gefordert werden; die Abschrift ist auf Verlangen zu beglaubigen.

II. Stiftungen.

Entstehung.

§ 80. Zur Entstehung einer rechtsfähigen Stiftung ist außer dem Stiftungsgeschäfte die Genehmigung des Bundesstaats erforderlich, in dessen Gebiete die Stiftung ihren Sitz haben soll. Soll die Stiftung ihren Sitz nicht in einem Bundesstaate haben, so ist die Genehmigung des Bundesraths erforderlich. Als Sitz der Stiftung gilt, wenn nicht ein Anderes bestimmt ist, der Ort, an welchem die Verwaltung geführt wird.

Errichtung unter Lebenden.

§ 81. Das Stiftungsgeschäft unter Lebenden bedarf der schriftlichen Form.

Bis zur Ertheilung der Genehmigung ist der Stifter zum Widerrufe berechtigt. Ist die Genehmigung bei der zuständigen Behörde nachgesucht, so kann der Widerruf nur dieser gegenüber erklärt werden. Der Erbe des Stifters ist zum Widerrufe nicht berechtigt, wenn der Stifter das Gesuch bei der zuständigen Behörde eingereicht oder im Falle der gerichtlichen oder notariellen Beurkundung des Stiftungsgeschäfts das Gericht oder den Notar bei oder nach der Beurkundung mit der Einreichung betraut hat.

§ 82. Wird die Stiftung genehmigt, so ist der Stifter verpflichtet, das in dem Stiftungsgeschäfte zugesicherte Vermögen auf die Stiftung zu übertragen. Rechte, zu deren Uebertragung der Abtretungsvertrag genügt, gehen mit der Genehmigung auf die Stiftung über, sofern nicht aus dem Stiftungsgeschäfte sich ein anderer Wille des Stifters ergiebt.

Errichtung d. Verfügung von Todeswegen.

§ 83. Besteht das Stiftungsgeschäft in einer Verfügung von Todeswegen, so hat das Nachlaßgericht die Genehmigung einzuholen, sofern sie nicht von dem Erben oder dem Testamentsvollstrecker nachgesucht wird.

Genehmigung nach dem Tode des Stifters.

§ 84. Wird die Stiftung erst nach dem Tode des Stifters genehmigt, so gilt sie für die Zuwendungen des Stifters als schon vor dessen Tode entstanden.

Verfassung.

§ 85. Die Verfassung einer Stiftung wird, soweit sie nicht auf Reichs- oder Landesgesetz beruht, durch das Stiftungsgeschäft bestimmt.

Anwendbarkeit der Vorschriften über Vereine.

§ 86. Die Vorschriften des § 26, des § 27 Abs. 3 und der §§ 28 bis 31, 42 finden auf Stiftungen entsprechende Anwendung, die Vorschriften des § 27 Abs. 3 und des § 28 Abs. 1 jedoch nur insoweit, als sich nicht aus der Verfassung, insbesondere daraus, daß die Verwaltung der Stiftung von einer öffentlichen Behörde geführt wird, ein Anderes ergiebt. Die Vorschriften des § 28 Abs. 2 und des § 29 finden auf Stiftungen, deren Verwaltung von einer öffentlichen Behörde geführt wird, keine Anwendung.

— Vorstand.

§ 26*. Die Stiftung muss einen Vorstand haben Der Vorstand kann aus mehreren Personen bestehen.

Der Vorstand vertritt die Stiftung gerichtlich und aussergerichtlich; er hat die Stellung eines gesetzlichen Vertreters. Der Umfang seiner Vertretungsmacht kann durch die Satzung mit Wirkung gegen Dritte beschränkt werden

— Geschäftsführung.

§ 27 Abs. 3. Auf die Geschäftsführung des Vorstandes finden die für den Auftrag geltenden Vorschriften der §§ 664 bis 670 entsprechende Anwendung

§ 664 Der Vorstand darf im Zweifel die Führung seiner Geschäfte nicht einem Dritten übertragen. Ist die Uebertragung gestattet, so hat er nur ein ihm bei der Uebertragung zur Last fallendes Verschulden zu vertreten. Für das Verschulden eines Gehülfen ist er nach § 278 verantwortlich.*

Der Anspruch auf die Besorgung der Geschäftsführung ist im Zweifel nicht übertragbar.

§ 278. Der Vorstand hat ein Verschulden der Personen, deren er sich zur Führung seiner Geschäfte bedient, in gleichem Umfange zu vertreten, wie eigenes Verschulden. Die Vorschrift des § 276 Abs. 2 (dass die Haftung wegen Vorsatzes dem Schuldner nicht im voraus erlassen werden kann) findet keine Anwendung.*

§ 665. Der Vorstand ist berechtigt, von den ihm gegebenen Weisungen abzuweichen, wenn er den Umständen nach annehmen darf, dass das zuständige Organ bei Kenntniss der Sachlage die Abweichung billigen würde. Der Vorstand hat vor der Abweichung dem zuständigen Organ Anzeige zu machen und dessen Entschliessung abzuwarten, wenn nicht mit dem Aufschube Gefahr verbunden ist.*

§ 666. Der Vorstand ist verpflichtet, dem zuständigen Organe die erforderlichen Nachrichten zu geben, auf Verlangen über den Stand des Geschäftes Auskunft zu ertheilen und nach der Ausführung des Geschäftes Rechenschaft abzulegen.*

§ 667. Der Vorstand ist verpflichtet, der Stiftung Alles, was er zur Führung seiner Geschäfte erhält und was er aus der Geschäftsbesorgung erlangt, herauszugeben.*

§ 668. Verwendet der Vorstand Geld für sich, das er der Stiftung herauszugeben oder für sie zu verwenden hat, so ist er verpflichtet, es von der Zeit der Verwendung ab zu verzinsen.*

§ 669. Für die zur Ausführung der Geschäfte erforderlichen Aufwendungen hat die Stiftung dem Vorstande auf Verlangen Vorschuss zu leisten.*

§ 670. Macht der Vorstand zum Zwecke der Geschäftsführung Aufwendungen, die er den Umständen nach für erforderlich halten darf, so ist die Stiftung zum Ersatze verpflichtet.*

— **Mehrheit v. Vorstandsmitgliedern.**

§ 28* Besteht der Vorstand aus mehreren Personen, so erfolgt die Beschlussfassung nach den für die Beschlüsse der Mitglieder des Vereins geltenden Vorschriften der §§ 32, 34

Ist eine Willenserklärung der Stiftung gegenüber abzugeben, so genügt die Abgabe gegenüber einem Mitgliede des Vorstandes.

— **gerichtl. bestellte Vorstandsmitglieder.**

§ 29* Soweit die erforderlichen Mitglieder des Vorstandes fehlen, sind sie in dringenden Fällen für die Zeit bis zur Hebung des Mangels auf Antrag eines Betheiligten von dem Amtsgerichte zu bestellen, in dessen Bezirke die Stiftung ihren Sitz hat.

— **besondere Vertreter.**

§ 30. Durch die Satzung kann bestimmt werden, dass neben dem Vorstande für gewisse Geschäfte besondere Vertreter zu bestellen sind. Die Vertretungsmacht eines solchen Vertreters erstreckt sich im Zweifel auf alle Rechtsgeschäfte, die der ihm zugewiesene Geschäftskreis gewöhnlich mit sich bringt.

— **Haftung.**

§ 31*. Die Stiftung ist für den Schaden verantwortlich, den der Vorstand, ein Mitglied des Vorstandes oder ein anderer verfassungsmässig berufener Vertreter durch eine in Ausführung der ihm zustehenden Verrichtungen begangene, zum Schadensersatze verpflichtende Handlung einem Dritten zufügt.

— **Konkurs.**

§ 42*. Die Stiftung verliert die Rechtsfähigkeit durch die Eröffnung des Konkurses.

Der Vorstand hat im Falle der Ueberschuldung die Eröffnung des Konkurses zu beantragen. Wird die Stellung des Antrags verzögert, so sind die Vorstandsmitglieder, denen ein Verschulden zur Last fällt, den Gläubigern für den daraus entstehenden Schaden verantwortlich; sie haften als Gesammtschuldner.

Umwandlung u. Aufhebung der Stiftung.

§ 87. Ist die Erfüllung des Stiftungszwecks unmöglich geworden oder gefährdet sie das Gemeinwohl, so kann die zuständige Behörde der Stiftung eine andere Zweckbestimmung geben oder sie aufheben.

Bei der Umwandlung des Zweckes ist die Absicht des Stifters thunlichst zu berücksichtigen, insbesondere dafür Sorge zu tragen, daß die Erträge des Stiftungsvermögens dem Personenkreise, dem sie zu Statten kommen sollten, im Sinne des Stifters thunlichst erhalten bleiben. Die Behörde kann die Verfassung der Stiftung ändern, soweit die Umwandlung des Zweckes es erfordert.

Vor der Umwandlung des Zweckes und der Aenderung der Verfassung soll der Vorstand der Stiftung gehört werden.

Vermögen erloschener Stiftungen.

§ 88. Mit dem Erlöschen der Stiftung fällt das Vermögen an die in der Verfassung bestimmten Personen. Die Vorschriften der §§ 46 bis 53 finden entsprechende Anwendung.

§ 46*. Fällt das Stiftungsvermögen an den Fiskus, so finden die Vorschriften über eine dem Fiskus als gesetzlichem Erben angefallene Erbschaft entsprechende Anwendung Der Fiskus hat das Vermögen thünlichst in einer den Zwecken der Stiftung entsprechenden Weise zu verwenden.

§ 47*. Fällt das Stiftungsvermögen nicht an den Fiskus, so muss eine Liquidation stattfinden.

§ 48—53. Vorschriften über die Liquidation.

III. Juristische Personen des öffentlichen Rechtes.

§ 89. Die Vorschrift des § 31 findet auf den Fiskus sowie auf die Körperschaften, Stiftungen und Anstalten des öffentlichen Rechtes entsprechende Anwendung.

Das Gleiche gilt, soweit bei Körperschaften, Stiftungen und Anstalten des öffentlichen Rechtes der Konkurs zulässig ist, von der Vorschrift des § 42 Abs. 2.

§ 31* Die juristische Person ist für den Schaden verantwortlich, den der Vorstand, ein Mitglied des Vorstandes oder ein anderer verfassungsmässig berufener Vertreter durch eine in Ausführung der ihm zustehenden Verrichtungen begangene, zum Schadensersatze verpflichtende Handlung einem Dritten zufügt.

§ 42 Abs. 2. Der Vorstand hat im Falle der Ueberschuldung die Eröffnung des Konkurses zu beantragen. Wird die Stellung des Antrags verzögert, so sind die Vorstandsmitglieder, denen ein Verschulden zur Last fällt, den Gläubigern für den daraus entstehenden Schaden verantwortlich; sie haften als Gesammtschuldner.

Zweiter Abschnitt.

Sachen.

Begriff.

§ 90. Sachen im Sinne des Gesetzes sind nur körperliche Gegenstände.

Vertretbare Sachen.

§ 91. Vertretbare Sachen im Sinne des Gesetzes sind bewegliche Sachen, die im Verkehre nach Zahl, Maß oder Gewicht bestimmt zu werden pflegen.

Verbrauchbare Sachen.

§ 92. Verbrauchbare Sachen im Sinne des Gesetzes sind bewegliche Sachen, deren bestimmungsmäßiger Gebrauch in dem Verbrauch oder in der Veräußerung besteht.

Als verbrauchbar gelten auch bewegliche Sachen, die zu einem Waarenlager oder zu einem sonstigen Sachinbegriffe gehören, dessen bestimmungsmäßiger Gebrauch in der Veräußerung der einzelnen Sachen besteht.

Bestandtheile.

§ 93. Bestandtheile einer Sache, die von einander nicht getrennt werden können, ohne daß der eine oder der andere zerstört oder in seinem Wesen verändert wird (wesentliche Bestandtheile), können nicht Gegenstand besonderer Rechte sein.

— Wesentl. B. e. Grundstückes u. Gebäudes.

§ 94. Zu den wesentlichen Bestandtheilen eines Grundstücks gehören die mit dem Grund und Boden fest verbundenen Sachen, insbesondere Gebäude, sowie die Erzeugnisse des Grundstücks, solange sie mit dem Boden zusammenhängen. Samen wird mit dem Aussäen, eine Pflanze wird mit dem Einpflanzen wesentlicher Bestandtheil des Grundstücks.

Zu den wesentlichen Bestandtheilen eines Gebäudes gehören die zur Herstellung des Gebäudes eingefügten Sachen.

§ 95. Zu den Bestandtheilen eines Grundstücks gehören solche Sachen nicht, die nur zu einem vorübergehenden Zwecke mit dem Grund und Boden verbunden sind. Das Gleiche gilt von einem Gebäude oder anderen Werke, das in Ausübung eines Rechtes an einem fremden Grundstücke von dem Berechtigten mit dem Grundstücke verbunden worden ist.

Sachen, die nur zu einem vorübergehenden Zwecke in ein Gebäude eingefügt sind, gehören nicht zu den Bestandtheilen des Gebäudes.

§ 96. Rechte, die mit dem Eigenthum an einem Grundstücke verbunden sind, gelten als Bestandtheile des Grundstücks.

Zubehör.

§ 97. Zubehör sind bewegliche Sachen, die, ohne Bestandtheile der Hauptsache zu sein, dem wirthschaftlichen Zwecke der Hauptsache zu dienen bestimmt sind und zu ihr in einem dieser Bestimmung entsprechenden räumlichen Verhältnisse stehen. Eine Sache ist nicht Zubehör, wenn sie im Verkehre nicht als Zubehör angesehen wird.

Die vorübergehende Benutzung einer Sache für den wirthschaftlichen Zweck einer anderen begründet nicht die Zubehöreigenschaft. Die vorübergehende Trennung eines Zubehörstücks von der Hauptsache hebt die Zubehöreigenschaft nicht auf.

§ 98. Dem wirthschaftlichen Zwecke der Hauptsache sind zu dienen bestimmt:

1. bei einem Gebäude, das für einen gewerblichen Betrieb dauernd eingerichtet ist, insbesondere bei einer Mühle, einer Schmiede, einem Brauhaus, einer Fabrik, die zu dem Betriebe bestimmten Maschinen und sonstigen Geräthschaften;
2. bei einem Landgute das zum Wirthschaftsbetriebe bestimmte Geräth und Vieh, die landwirthschaftlichen Erzeugnisse, soweit sie zur Fortführung der Wirthschaft bis zu der Zeit erforderlich sind, zu welcher gleiche oder ähnliche Erzeugnisse voraussichtlich gewonnen werden, sowie der vorhandene auf dem Gute gewonnene Dünger.

Früchte.

§ 99. Früchte einer Sache sind die Erzeugnisse der Sache und die sonstige Ausbeute, welche aus der Sache ihrer Bestimmung gemäß gewonnen wird.

Früchte eines Rechtes sind die Erträge, welche das Recht seiner Bestimmung gemäß gewährt, insbesondere bei einem Rechte auf Gewinnung von Bodenbestandtheilen die gewonnenen Bestandtheile.

Früchte sind auch die Erträge, welche eine Sache oder ein Recht vermöge eines Rechtsverhältnisses gewährt.

Nutzungen.

§ 100. Nutzungen sind die Früchte einer Sache oder eines Rechtes sowie die Vortheile, welche der Gebrauch der Sache oder des Rechtes gewährt.

Vertheilung der Früchte.

§ 101. Ist Jemand berechtigt, die Früchte einer Sache oder eines Rechtes bis zu einer bestimmten Zeit oder von einer bestimmten Zeit an zu beziehen, so gebühren ihm, sofern nicht ein Anderes bestimmt ist:

1. die im § 99 Abs. 1 bezeichneten Erzeugnisse und Bestandtheile, auch wenn er sie als Früchte eines Rechtes zu beziehen hat, insoweit, als sie während der Dauer der Berechtigung von der Sache getrennt werden;
2. andere Früchte insoweit, als sie während der Dauer der Berechtigung fällig werden; bestehen jedoch die Früchte in der Vergütung für die Ueberlassung des Gebrauchs oder des Fruchtgenusses, in Zinsen, Gewinnantheilen oder anderen regelmäßig wiederkehrenden Erträgen, so gebührt dem Berechtigten ein der Dauer seiner Berechtigung entsprechender Theil.

Ersatz der Gewinnungskosten.

§ 102. Wer zur Herausgabe von Früchten verpflichtet ist, kann Ersatz der auf die Gewinnung der Früchte verwendeten Kosten insoweit verlangen, als sie einer ordnungsmäßigen Wirthschaft entsprechen und den Werth der Früchte nicht übersteigen.

Vertheilung der Lasten.

§ 103. Wer verpflichtet ist, die Lasten einer Sache oder eines Rechtes bis zu einer bestimmten Zeit oder von einer bestimmten Zeit an zu tragen, hat, sofern nicht ein Anderes bestimmt ist, die regelmäßig wiederkehrenden Lasten nach dem Verhältnisse der Dauer seiner Verpflichtung, andere Lasten insoweit zu tragen, als sie während der Dauer seiner Verpflichtung zu entrichten sind.

Dritter Abschnitt.

Rechtsgeschäfte.

Erster Titel.

Geschäftsfähigkeit.

Geschäftsunfähigkeit.

§ 104. Geschäftsunfähig ist:

1. wer nicht das siebente Lebensjahr vollendet hat;
2. wer sich in einem die freie Willensbestimmung ausschließenden Zustande krankhafter Störung der Geistesthätigkeit befindet, sofern nicht der Zustand seiner Natur nach ein vorübergehender ist;
3. wer wegen Geisteskrankheit entmündigt ist.

— Wirkung.

§ 105. Die Willenserklärung eines Geschäftsunfähigen ist nichtig.

Nichtig ist auch eine Willenserklärung, die im Zustande der Bewußtlosigkeit oder vorübergehender Störung der Geistesthätigkeit abgegeben wird.

Beschränkte Geschäftsfähigkeit Minderjähriger.

§ 106. Ein Minderjähriger, der das siebente Lebensjahr vollendet hat, ist nach Maßgabe der §§ 107 bis 113 in der Geschäftsfähigkeit beschränkt.

Einwilligung des gesetzl. Vertreters.

§ 107. Der Minderjährige bedarf zu einer Willenserklärung, durch die er nicht lediglich einen rechtlichen Vortheil erlangt, der Einwilligung seines gesetzlichen Vertreters.

Mangel der Einwilligung bei Verträgen.

§ 108. Schließt der Minderjährige einen Vertrag ohne die erforderliche Einwilligung des gesetzlichen Vertreters, so hängt die Wirksamkeit des Vertrags von der Genehmigung des Vertreters ab.

Fordert der andere Theil den Vertreter zur Erklärung über die Genehmigung auf, so kann die Erklärung nur ihm gegenüber erfolgen; eine vor der Aufforderung dem Minderjährigen gegenüber erklärte Genehmigung oder Verweigerung der Genehmigung wird unwirksam. Die Genehmigung kann nur bis zum Ablaufe von zwei Wochen nach dem Empfange der Aufforderung erklärt werden; wird sie nicht erklärt, so gilt sie als verweigert.

Ist der Minderjährige unbeschränkt geschäftsfähig geworden, so tritt seine Genehmigung an die Stelle der Genehmigung des Vertreters.

— Widerrufsrecht.

§ 109. Bis zur Genehmigung des Vertrags ist der andere Theil zum Widerrufe berechtigt. Der Widerruf kann auch dem Minderjährigen gegenüber erklärt werden.

Hat der andere Theil die Minderjährigkeit gekannt, so kann er nur widerrufen, wenn der Minderjährige der Wahrheit zuwider die Einwilligung des Vertreters behauptet hat; er kann auch in diesem Falle nicht widerrufen, wenn ihm das Fehlen der Einwilligung bei dem Abschlusse des Vertrags bekannt war.

— Erfüllung des Vertrags.

§ 110. Ein von dem Minderjährigen ohne Zustimmung des gesetzlichen Vertreters geschlossener Vertrag gilt als von Anfang an wirksam, wenn der Minderjährige die vertragsmäßige Leistung mit Mitteln bewirkt, die ihm zu diesem Zwecke oder zu freier Verfügung von dem Vertreter oder mit dessen Zustimmung von einem Dritten überlassen worden sind.

Mangel d. Einwilligung bei einseitigen Rechtsgeschäften.

§ 111. Ein einseitiges Rechtsgeschäft, das der Minderjährige ohne die erforderliche Einwilligung des gesetzlichen Vertreters vornimmt, ist unwirksam. Nimmt der Minderjährige mit dieser Einwilligung ein solches Rechtsgeschäft einem Anderen gegenüber vor, so ist das Rechtsgeschäft unwirksam, wenn der Minderjährige die Einwilligung nicht in schriftlicher Form vorlegt und der Andere das Rechtsgeschäft aus diesem Grunde unverzüglich zurückweist. Die Zurückweisung ist ausgeschlossen, wenn der Vertreter den Anderen von der Einwilligung in Kenntniß gesetzt hatte.

Erwerbsgeschäft.

§ 112. Ermächtigt der gesetzliche Vertreter mit Genehmigung des Vormundschaftsgerichts den Minderjährigen zum selbständigen Betrieb eines Erwerbsgeschäfts, so ist der Minderjährige für solche Rechtsgeschäfte unbeschränkt geschäftsfähig, welche der Geschäftsbetrieb mit sich bringt. Ausgenommen sind Rechtsgeschäfte, zu denen der Vertreter der Genehmigung des Vormundschaftsgerichts bedarf.

Die Ermächtigung kann von dem Vertreter nur mit Genehmigung des Vormundschaftsgerichts zurückgenommen werden.

Dienst- oder Arbeitsverhältniss.

§ 113. Ermächtigt der gesetzliche Vertreter den Minderjährigen, in Dienst oder in Arbeit zu treten, so ist der Minderjährige für solche Rechtsgeschäfte unbeschränkt geschäftsfähig, welche die Eingehung oder Aufhebung eines Dienst- oder Arbeitsverhältnisses der gestatteten Art oder die Erfüllung der sich aus einem solchen Verhältniß ergebenden Verpflichtungen betreffen. Ausgenommen sind Verträge, zu denen der Vertreter der Genehmigung des Vormundschaftsgerichts bedarf.

Die Ermächtigung kann von dem Vertreter zurückgenommen oder eingeschränkt werden.

Ist der gesetzliche Vertreter ein Vormund, so kann die Ermächtigung, wenn sie von ihm verweigert wird, auf Antrag des Minderjährigen durch das Vormundschaftsgericht ersetzt werden. Das Vormundschaftsgericht hat die Ermächtigung zu ersetzen, wenn sie im Interesse des Mündels liegt.

Die für einen einzelnen Fall ertheilte Ermächtigung gilt im Zweifel als allgemeine Ermächtigung zur Eingehung von Verhältnissen derselben Art.

Andere Fälle beschr. Geschäftsfähigkeit.

§ 114. Wer wegen Geistesschwäche, wegen Verschwendung oder wegen Trunksucht entmündigt oder wer nach § 1906 unter vorläufige Vormundschaft gestellt ist, steht in Ansehung der Geschäftsfähigkeit einem Minderjährigen gleich, der das siebente Lebensjahr vollendet hat.

§ 1906: Ein Volljähriger, dessen Entmündigung beantragt ist, kann unter vorläufige Vormundschaft gestellt werden, wenn das Vormundschaftsgericht es zur Abwendung einer erheblichen Gefährdung der Person oder des Vermögens des Volljährigen für erforderlich erachtet.

§ 115. Wird ein die Entmündigung aussprechender Beschluß in Folge einer Anfechtungsklage aufgehoben, so kann die Wirksamkeit der von oder gegenüber dem Entmündigten vorgenommenen Rechtsgeschäfte nicht auf Grund des Beschlusses in Frage gestellt werden. Auf die Wirksamkeit der von oder gegenüber dem gesetzlichen Vertreter vorgenommenen Rechtsgeschäfte hat die Aufhebung keinen Einfluß.

Diese Vorschriften finden entsprechende Anwendung, wenn im Falle einer vorläufigen Vormundschaft der Antrag auf Entmündigung zurückgenommen oder rechtskräftig abgewiesen oder der die Entmündigung aussprechende Beschluß in Folge einer Anfechtungsklage aufgehoben wird.

Zweiter Titel.

Willenserklärung.

Geheimer Vorbehalt.

§ 116. Eine Willenserklärung ist nicht deshalb nichtig, weil sich der Erklärende insgeheim vorbehält, das Erklärte nicht zu wollen. Die Erklärung ist nichtig, wenn sie einem Anderen gegenüber abzugeben ist und dieser den Vorbehalt kennt.

Scheingeschäft.

§ 117. Wird eine Willenserklärung, die einem Anderen gegenüber abzugeben ist, mit dessen Einverständnisse nur zum Schein abgegeben, so ist sie nichtig.

Wird durch ein Scheingeschäft ein anderes Rechtsgeschäft verdeckt, so finden die für das verdeckte Rechtsgeschäft geltenden Vorschriften Anwendung.

Mangel der Ernstlichkeit.

§ 118. Eine nicht ernstlich gemeinte Willenserklärung, die in der Erwartung abgegeben wird, der Mangel der Ernstlichkeit werde nicht verkannt werden, ist nichtig.

Irrthum.

§ 119. Wer bei der Abgabe einer Willenserklärung über deren Inhalt im Irrthume war oder eine Erklärung dieses Inhalts überhaupt nicht abgeben wollte, kann die Erklärung anfechten, wenn anzunehmen ist, daß er sie bei Kenntniß der Sachlage und bei verständiger Würdigung des Falles nicht abgegeben haben würde.

Als Irrthum über den Inhalt der Erklärung gilt auch der Irrthum über solche Eigenschaften der Person oder der Sache, die im Verkehr als wesentlich angesehen werden.

Unrichtige Uebermittelung.

§ 120. Eine Willenserklärung, welche durch die zur Uebermittelung verwendete Person oder Anstalt unrichtig übermittelt worden ist, kann unter der gleichen Voraussetzung angefochten werden wie nach § 119 eine irrthümlich abgegebene Willenserklärung.

— Anfechtungsfrist.

§ 121. Die Anfechtung muß in den Fällen der §§ 119, 120 ohne schuldhaftes Zögern (unverzüglich) erfolgen, nachdem der Anfechtungsberechtigte von dem Anfechtungsgrunde Kenntniß erlangt hat. Die einem Anwesenden gegenüber erfolgte Anfechtung gilt als rechtzeitig erfolgt, wenn die Anfechtungserklärung unverzüglich abgesendet worden ist.

Die Anfechtung ist ausgeschlossen, wenn seit der Abgabe der Willenserklärung dreißig Jahre verstrichen sind.

§ 119: Irrthum; § 120: unrichtige Uebermittelung.

— Schadensersatzpflicht.

§ 122. Ist eine Willenserklärung nach § 118 nichtig oder auf Grund der §§ 119, 120 angefochten, so hat der Erklärende, wenn die Erklärung einem Anderen gegenüber abzugeben war, diesem, anderenfalls jedem Dritten den Schaden zu ersetzen, den der Andere oder der Dritte dadurch erleidet, daß er auf die Gültigkeit der Erklärung vertraut, jedoch nicht über den Betrag des Interesses hinaus, welches der Andere oder der Dritte an der Gültigkeit der Erklärung hat.

Die Schadensersatzpflicht tritt nicht ein, wenn der Beschädigte den Grund der Nichtigkeit oder der Anfechtbarkeit kannte oder in Folge von Fahrlässigkeit nicht kannte (kennen mußte).

§ 118: Mangel der Ernstlichkeit; § 119: Irrthum; § 120: unrichtige Uebermittelung.

Arglistige Täuschung. Drohung.

§ 123. Wer zur Abgabe einer Willenserklärung durch arglistige Täuschung oder widerrechtlich durch Drohung bestimmt worden ist, kann die Erklärung anfechten.

Hat ein Dritter die Täuschung verübt, so ist eine Erklärung, die einem Anderen gegenüber abzugeben war, nur dann anfechtbar, wenn dieser die Täuschung kannte oder kennen mußte. Soweit ein Anderer als derjenige, welchem gegenüber die Erklärung abzugeben war, aus der Erklärung unmittelbar ein Recht erworben hat, ist die Erklärung ihm gegenüber anfechtbar, wenn er die Täuschung kannte oder kennen mußte.

— Anfechtungsfrist.

§ 124. Die Anfechtung einer nach § 123 anfechtbaren Willenserklärung kann nur binnen Jahresfrist erfolgen.

Die Frist beginnt im Falle der arglistigen Täuschung mit dem Zeitpunkt, in welchem der Anfechtungsberechtigte die Täuschung entdeckt, im Falle der Drohung mit dem Zeitpunkt, in welchem die Zwangslage aufhört. Auf den Lauf der Frist finden die für die Verjährung geltenden Vorschriften des § 203 Abs. 2 und der §§ 206, 207 entsprechende Anwendung.

Die Anfechtung ist ausgeschlossen, wenn seit der Abgabe der Willenserklärung dreißig Jahre verstrichen sind.

§ 123: Arglistige Täuschung, Drohung

§ 203*. Der Fristablauf ist gehemmt, wenn der Anfechtungsberechtigte innerhalb der letzten sechs Monate der Anfechtungsfrist durch höhere Gewalt an der Anfechtung gehindert ist.

§ 206*. Ist eine geschäftsunfähige oder in der Geschäftsfähigkeit beschränkte Person ohne gesetzlichen Vertreter, so wird die gegen sie laufende Anfechtungsfrist nicht vor dem Ablaufe von sechs Monaten nach dem Zeitpunkt vollendet, in welchem die Person unbeschränkt geschäftsfähig wird oder der Mangel der gesetzlichen Vertretung aufhört.

Diese Vorschriften finden keine Anwendung, soweit eine in der Geschäftsfähigkeit beschränkte Person unbeschränkt geschäftsfähig ist.

§ 207* Die Frist wird bei einem Anfechtungsanspruche, der zu einem Nachlasse gehört oder sich gegen einen Nachlass richtet, nicht vor dem Ablaufe von sechs Monaten nach dem Zeitpunkte vollendet, in welchem die Erbschaft von dem Erben angenommen oder der Konkurs über den Nachlass eröffnet wird oder von welchem an der Anspruch von einem Vertreter oder gegen einen Vertreter geltend gemacht werden kann.

Formmängel.

§ 125. Ein Rechtsgeschäft, welches der durch Gesetz vorgeschriebenen Form ermangelt, ist nichtig. Der Mangel der durch Rechtsgeschäft bestimmten Form hat im Zweifel gleichfalls Nichtigkeit zur Folge.

Schriftliche Form.

§ 126. Ist durch Gesetz schriftliche Form vorgeschrieben, so muß die Urkunde von dem Aussteller eigenhändig durch Namensunterschrift oder mittelst gerichtlich oder notariell beglaubigten Handzeichens unterzeichnet werden.

Bei einem Vertrage muß die Unterzeichnung der Parteien auf derselben Urkunde erfolgen. Werden über den Vertrag mehrere gleichlautende Urkunden aufgenommen, so genügt es, wenn jede Partei die für die andere Partei bestimmte Urkunde unterzeichnet.

Die schriftliche Form wird durch die gerichtliche oder notarielle Beurkundung ersetzt.

§ 127. Die Vorschriften des § 126 gelten im Zweifel auch für die durch Rechtsgeschäft bestimmte schriftliche Form. Zur Wahrung der Form genügt jedoch, soweit nicht ein anderer Wille anzunehmen ist, telegraphische Uebermittelung und bei einem Vertrage Briefwechsel; wird eine solche Form gewählt, so kann nachträglich eine dem § 126 entsprechende Beurkundung verlangt werden.

Gerichtliche oder notarielle Beurkundung.

§ 128. Ist durch Gesetz gerichtliche oder notarielle Beurkundung eines Vertrages vorgeschrieben, so genügt es, wenn zunächst der Antrag und sodann die Annahme des Antrags von einem Gericht oder einem Notar beurkundet wird.

Oeffentliche Beglaubigung.

§ 129. Ist durch Gesetz für eine Erklärung öffentliche Beglaubigung vorgeschrieben, so muß die Erklärung schriftlich abgefaßt und die Unterschrift des Erklärenden von der zuständigen Behörde oder einem zuständigen Beamten oder Notar beglaubigt werden. Wird die Erklärung von dem Aussteller mittelst Handzeichens unterzeichnet, so ist die im § 126 Abs. 1 vorgeschriebene Beglaubigung des Handzeichens erforderlich und genügend.

Die öffentliche Beglaubigung wird durch die gerichtliche oder notarielle Beurkundung der Erklärung ersetzt.

§ 126 Abs. 1: gerichtlich oder notariell.

Willenserklärung gegenüber Abwesenden.

§ 130. Eine Willenserklärung, die einem Anderen gegenüber abzugeben ist, wird, wenn sie in dessen Abwesenheit abgegeben wird, in dem Zeitpunkte wirksam, in welchem sie ihm zugeht. Sie wird nicht wirksam, wenn dem Anderen vorher oder gleichzeitig ein Widerruf zugeht.

Auf die Wirksamkeit der Willenserklärung ist es ohne Einfluß, wenn der Erklärende nach der Abgabe stirbt oder geschäftsunfähig wird.

Diese Vorschriften finden auch dann Anwendung, wenn die Willenserklärung einer Behörde gegenüber abzugeben ist.

Mangel der Geschäftsfähigkeit.

§ 131. Wird die Willenserklärung einem Geschäftsunfähigen gegenüber abgegeben, so wird sie nicht wirksam, bevor sie dem gesetzlichen Vertreter zugeht.

Das Gleiche gilt, wenn die Willenserklärung einer in der Geschäftsfähigkeit beschränkten Person gegenüber abgegeben wird. Bringt die Erklärung jedoch der in der Geschäftsfähigkeit beschränkten Person lediglich einen rechtlichen Vortheil oder hat der gesetzliche Vertreter seine Einwilligung ertheilt, so wird die Erklärung in dem Zeitpunkte wirksam, in welchem sie ihr zugeht.

Zustellung.

§ 132. Eine Willenserklärung gilt auch dann als zugegangen, wenn sie durch Vermittelung eines Gerichtsvollziehers zugestellt worden ist. Die Zustellung erfolgt nach den Vorschriften der Civilprozeßordnung.

Befindet sich der Erklärende über die Person desjenigen, welchem gegenüber die Erklärung abzugeben ist, in einer nicht auf Fahrlässigkeit beruhenden Unkenntniß oder ist der Aufenthalt dieser Person unbekannt, so kann die Zustellung nach den für die öffentliche Zustellung einer Ladung geltenden Vorschriften der Civilprozeßordnung erfolgen. Zuständig für die Bewilligung ist im ersteren Falle das Amtsgericht, in dessen Bezirke der Erklärende seinen Wohnsitz oder in Ermangelung eines inländischen Wohnsitzes seinen Aufenthalt hat, im letzteren Falle das Amtsgericht, in dessen Bezirke die Person, welcher zuzustellen ist, den letzten Wohnsitz oder in Ermangelung eines inländischen Wohnsitzes den letzten Aufenthalt hatte.

Auslegung von Willenserklärungen.

§ 133. Bei der Auslegung einer Willenserklärung ist der wirkliche Wille zu erforschen und nicht an dem buchstäblichen Sinne des Ausdrucks zu haften.

Verstoss gegen das Gesetz.

§ 134. Ein Rechtsgeschäft, das gegen ein gesetzliches Verbot verstößt, ist nichtig, wenn sich nicht aus dem Gesetz ein Anderes ergiebt.

Veräusserungsverbote.

§ 135. Verstößt die Verfügung über einen Gegenstand gegen ein gesetzliches Veräußerungsverbot, das nur den Schutz bestimmter Personen bezweckt, so ist sie nur diesen Personen gegenüber unwirksam. Der rechtsgeschäftlichen Verfügung steht eine Verfügung gleich, die im Wege der Zwangsvollstreckung oder der Arrestvollziehung erfolgt.

Die Vorschriften zu Gunsten derjenigen, welche Rechte von einem Nichtberechtigten herleiten, finden entsprechende Anwendung.

§ 136. Ein Veräußerungsverbot, das von einem Gericht oder von einer anderen Behörde innerhalb ihrer Zuständigkeit erlassen wird, steht einem gesetzlichen Veräußerungsverbote der im § 135 bezeichneten Art gleich.

§ 137. Die Befugniß zur Verfügung über ein veräußerliches Recht kann nicht durch Rechtsgeschäft ausgeschlossen oder beschränkt werden. Die Wirksamkeit einer Verpflichtung, über ein solches Recht nicht zu verfügen, wird durch diese Vorschrift nicht berührt.

Unsittliche Rechtsgeschäfte. Wucher.

§ 138. Ein Rechtsgeschäft, das gegen die guten Sitten verstößt, ist nichtig.

Nichtig ist insbesondere ein Rechtsgeschäft, durch das Jemand unter Ausbeutung der Nothlage, des Leichtsinns oder der Unerfahrenheit eines Anderen sich oder einem Dritten für eine Leistung Vermögensvortheile versprechen oder gewähren läßt, welche den Werth der Leistung dergestalt übersteigen, daß den Umständen nach die Vermögensvortheile in auffälligem Mißverhältnisse zu der Leistung stehen.

Theilweise Nichtigkeit.

§ 139. Ist ein Theil eines Rechtsgeschäfts nichtig, so ist das ganze Rechtsgeschäft nichtig, wenn nicht anzunehmen ist, daß es auch ohne den nichtigen Theil vorgenommen sein würde.

Konversion.

§ 140. Entspricht ein nichtiges Rechtsgeschäft den Erfordernissen eines anderen Rechtsgeschäfts, so gilt das letztere, wenn anzunehmen ist, daß dessen Geltung bei Kenntniß der Nichtigkeit gewollt sein würde.

Bestätigung.

§ 141. Wird ein nichtiges Rechtsgeschäft von demjenigen, welcher es vorgenommen hat, bestätigt, so ist die Bestätigung als erneute Vornahme zu beurtheilen.

Wird ein nichtiger Vertrag von den Parteien bestätigt, so sind diese im Zweifel verpflichtet, einander zu gewähren, was sie haben würden, wenn der Vertrag von Anfang an gültig gewesen wäre.

Wirkung der Anfechtung.

§ 142. Wird ein anfechtbares Rechtsgeschäft angefochten, so ist es als von Anfang an nichtig anzusehen.

Wer die Anfechtbarkeit kannte oder kennen mußte, wird, wenn die Anfechtung erfolgt, so behandelt, wie wenn er die Nichtigkeit des Rechtsgeschäfts gekannt hätte oder hätte kennen müssen.

Anfechtung, Anfechtungsgegner.

§ 143. Die Anfechtung erfolgt durch Erklärung gegenüber dem Anfechtungsgegner.

Anfechtungsgegner ist bei einem Vertrage der andere Theil, im Falle des § 123 Abs. 2 Satz 2 derjenige, welcher aus dem Vertrag unmittelbar ein Recht erworben hat.

Bei einem einseitigen Rechtsgeschäfte, das einem Anderen gegenüber vorzunehmen war, ist der Andere der Anfechtungsgegner. Das Gleiche gilt bei einem Rechtsgeschäfte, das einem Anderen oder einer Behörde gegenüber vorzunehmen war, auch dann, wenn das Rechtsgeschäft der Behörde gegenüber vorgenommen worden ist.

Bei einem einseitigen Rechtsgeschäft anderer Art ist Anfechtungsgegner Jeder, der auf Grund des Rechtsgeschäfts unmittelbar einen rechtlichen Vortheil erlangt hat. Die Anfechtung kann jedoch, wenn die Willenserklärung einer Behörde gegenüber abzugeben war, durch Erklärung gegenüber der Behörde erfolgen; die Behörde soll die Anfechtung demjenigen mittheilen, welcher durch das Rechtsgeschäft unmittelbar betroffen worden ist.

§ 123 Abs. 2 Satz 2*. Soweit im Falle arglistiger Täuschung ein Anderer als derjenige, welchem gegenüber die Erklärung abzugeben war, aus der Erklärung unmittelbar ein Recht erworben hat, ist die Erklärung ihm gegenüber anfechtbar, wenn er die Täuschung kannte oder kennen musste.

Bestätigung.

§ 144. Die Anfechtung ist ausgeschlossen, wenn das anfechtbare Rechtsgeschäft von dem Anfechtungsberechtigten bestätigt wird.

Die Bestätigung bedarf nicht der für das Rechtsgeschäft bestimmten Form.

Dritter Titel.

Vertrag.

Antrag.

§ 145. Wer einem Anderen die Schließung eines Vertrags anträgt, ist an den Antrag gebunden, es sei denn, daß er die Gebundenheit ausgeschlossen hat.

Ablehnung. Annahme.

§ 146. Der Antrag erlischt, wenn er dem Antragenden gegenüber abgelehnt oder wenn er nicht diesem gegenüber nach den §§ 147 bis 149 rechtzeitig angenommen wird.

Annahmefrist.

§ 147. Der einem Anwesenden gemachte Antrag kann nur sofort angenommen werden. Dies gilt auch von einem mittelst Fernsprechers von Person zu Person gemachten Antrage.

Der einem Abwesenden gemachte Antrag kann nur bis zu dem Zeitpunkt angenommen werden, in welchem der Antragende den Eingang der Antwort unter regelmäßigen Umständen erwarten darf.

§ 148. Hat der Antragende für die Annahme des Antrags eine Frist bestimmt, so kann die Annahme nur innerhalb der Frist erfolgen.

Verspätet zugegangene Annahme.

§ 149. Ist eine dem Antragenden verspätet zugegangene Annahmeerklärung dergestalt abgesendet worden, daß sie bei regelmäßiger Beförderung ihm rechtzeitig zugegangen sein würde, und mußte der Antragende dies erkennen, so hat er die Verspätung dem Annehmenden unverzüglich nach dem Empfange der Erklärung anzuzeigen, sofern es nicht schon vorher geschehen ist. Verzögert er die Absendung der Anzeige, so gilt die Annahme als nicht verspätet.

Verspätete Annahme. Annahme unter Aenderungen.

§ 150. Die verspätete Annahme eines Antrags gilt als neuer Antrag.

Eine Annahme unter Erweiterungen, Einschränkungen oder sonstigen Aenderungen gilt als Ablehnung verbunden mit einem neuen Antrage.

Vertragsschluss.

§ 151. Der Vertrag kommt durch die Annahme des Antrags zu Stande, ohne daß die Annahme dem Antragenden gegenüber erklärt zu werden braucht, wenn eine solche Erklärung nach der Verkehrssitte nicht zu erwarten ist oder der Antragende auf sie verzichtet hat. Der Zeitpunkt, in welchem der Antrag erlischt, bestimmt sich nach dem aus dem Antrag oder den Umständen zu entnehmenden Willen des Antragenden.

§ 152. Wird ein Vertrag gerichtlich oder notariell beurkundet, ohne daß beide Theile gleichzeitig anwesend sind, so kommt der Vertrag mit der nach § 128 erfolgten Beurkundung der Annahme zu Stande, wenn nicht ein Anderes bestimmt ist. Die Vorschrift des § 151 Satz 2 findet Anwendung.

§ 128*. Wenn zunächst der Antrag und sodann die Annahme des Vertrags von einem Gericht oder Notar beurkundet wird

Tod oder Geschäftsunfähigkeit des Antragenden.

§ 153. Das Zustandekommen des Vertrags wird nicht dadurch gehindert, daß der Antragende vor der Annahme stirbt oder geschäftsunfähig wird, es sei denn, daß ein anderer Wille des Antragenden anzunehmen ist.

Einigung.

§ 154. Solange nicht die Parteien sich über alle Punkte eines Vertrags geeinigt haben, über die nach der Erklärung auch nur einer Partei eine Vereinbarung getroffen werden soll, ist im Zweifel der Vertrag nicht geschlossen. Die Verständigung über einzelne Punkte ist auch dann nicht bindend, wenn eine Aufzeichnung stattgefunden hat.

Ist eine Beurkundung des beabsichtigten Vertrags verabredet worden, so ist im Zweifel der Vertrag nicht geschlossen, bis die Beurkundung erfolgt ist.

Mangel vollständiger Einigung.

§ 155. Haben sich die Parteien bei einem Vertrage, den sie als geschlossen ansehen, über einen Punkt, über den eine Vereinbarung getroffen werden sollte, in Wirklichkeit nicht geeinigt, so gilt das Vereinbarte, sofern anzunehmen ist, daß der Vertrag auch ohne eine Bestimmung über diesen Punkt geschlossen sein würde.

Versteigerung.

§ 156. Bei einer Versteigerung kommt der Vertrag erst durch den Zuschlag zu Stande. Ein Gebot erlischt, wenn ein Uebergebot abgegeben oder die Versteigerung ohne Ertheilung des Zuschlags geschlossen wird.

Auslegung der Verträge.

§ 157. Verträge sind so auszulegen, wie Treu und Glauben mit Rücksicht auf die Verkehrssitte es erfordern.

Vierter Titel.

Bedingung. Zeitbestimmung.

Eintritt der Bedingung.

§ 158. Wird ein Rechtsgeschäft unter einer aufschiebenden Bedingung vorgenommen, so tritt die von der Bedingung abhängig gemachte Wirkung mit dem Eintritte der Bedingung ein.

Wird ein Rechtsgeschäft unter einer auflösenden Bedingung vorgenommen, so endigt mit dem Eintritte der Bedingung die Wirkung des Rechtsgeschäftes; mit diesem Zeitpunkte tritt der frühere Rechtszustand wieder ein.

Rückbeziehung.

§ 159. Sollen nach dem Inhalte des Rechtsgeschäfts die an den Eintritt der Bedingung geknüpften Folgen auf einen früheren Zeitpunkt zurückbezogen werden, so sind im Falle des Eintritts der Bedingung die Betheiligten verpflichtet, einander zu gewähren, was sie haben würden, wenn die Folgen in dem früheren Zeitpunkt eingetreten wären.

Vereitelung des Rechts während der Schwebezeit.

§ 160. Wer unter einer aufschiebenden Bedingung berechtigt ist, kann im Falle des Eintritts der Bedingung Schadensersatz von dem anderen Theile verlangen, wenn dieser während der Schwebezeit das von der Bedingung abhängige Recht durch sein Verschulden vereitelt oder beeinträchtigt.

Den gleichen Anspruch hat unter denselben Voraussetzungen bei einem unter einer auflösenden Bedingung vorgenommenen Rechtsgeschäfte derjenige, zu dessen Gunsten der frühere Rechtszustand wiedereintritt.

Verfügungen.

§ 161. Hat Jemand unter einer aufschiebenden Bedingung über einen Gegenstand verfügt, so ist jede weitere Verfügung, die er während der Schwebezeit über den Gegenstand trifft, im Falle des Eintritts der Bedingung insoweit unwirksam, als sie die von der Bedingung abhängige Wirkung vereiteln oder beeinträchtigen würde. Einer solchen Verfügung steht eine Verfügung gleich, die während der Schwebezeit im Wege der Zwangsvollstreckung oder der Arrestvollziehung oder durch den Konkursverwalter erfolgt.

Dasselbe gilt bei einer auflösenden Bedingung von den Verfügungen desjenigen, dessen Recht mit dem Eintritte der Bedingung endigt.

Die Vorschriften zu Gunsten derjenigen, welche Rechte von einem Nichtberechtigten herleiten, finden entsprechende Anwendung.

Vereitelung der Bedingung.

§ 162. Wird der Eintritt der Bedingung von der Partei, zu deren Nachtheil er gereichen würde, wider Treu und Glauben verhindert, so gilt die Bedingung als eingetreten.

Wird der Eintritt der Bedingung von der Partei, zu deren Vortheil er gereicht, wider Treu und Glauben herbeigeführt, so gilt der Eintritt als nicht erfolgt.

Befristung.

§ 163. Ist für die Wirkung eines Rechtsgeschäfts bei dessen Vornahme ein Anfangs- oder ein Endtermin bestimmt worden, so finden im ersteren Falle die für die aufschiebende, im letzteren Falle die für die auflösende Bedingung geltenden Vorschriften der §§ 158, 160, 161 entsprechende Anwendung.

Fünfter Titel.

Vertretung. Vollmacht.

Wirkung der Vertretung.

§ 164. Eine Willenserklärung, die Jemand innerhalb der ihm zustehenden Vertretungsmacht im Namen des Vertretenen abgiebt, wirkt unmittelbar für und gegen den Vertretenen. Es macht keinen Unterschied, ob die Erklärung ausdrücklich im Namen des Vertretenen erfolgt oder ob die Umstände ergeben, daß sie in dessen Namen erfolgen soll.

Tritt der Wille, in fremdem Namen zu handeln, nicht erkennbar hervor, so kommt der Mangel des Willens, im eigenen Namen zu handeln, nicht in Betracht.

Die Vorschriften des Abs. 1 finden entsprechende Anwendung, wenn eine gegenüber einem Anderen abzugebende Willenserklärung dessen Vertreter gegenüber erfolgt.

Beschränkte Geschäftsfähigkeit des Vertreters.

§ 165. Die Wirksamkeit einer von oder gegenüber einem Vertreter abgegebenen Willenserklärung wird nicht dadurch beeinträchtigt, daß der Vertreter in der Geschäftsfähigkeit beschränkt ist.

Willensmängel, Kenntniss, Unkenntniss.

§ 166. Soweit die rechtlichen Folgen einer Willenserklärung durch Willensmängel oder durch die Kenntniß oder das Kennenmüssen gewisser Umstände beeinflußt werden, kommt nicht die Person des Vertretenen, sondern die des Vertreters in Betracht.

Hat im Falle einer durch Rechtsgeschäft ertheilten Vertretungsmacht (Vollmacht) der Vertreter nach bestimmten Weisungen des Vollmachtgebers gehandelt, so kann sich dieser in Ansehung solcher Umstände, die er selbst kannte, nicht auf die Unkenntniß des Vertreters berufen. Dasselbe gilt von Umständen, die der Vollmachtgeber kennen mußte, sofern das Kennenmüssen der Kenntniß gleichsteht.

Ertheilung der Vollmacht.

§ 167. Die Ertheilung der Vollmacht erfolgt durch Erklärung gegenüber dem zu Bevollmächtigenden oder dem Dritten, dem gegenüber die Vertretung stattfinden soll.

Die Erklärung bedarf nicht der Form, welche für das Rechtsgeschäft bestimmt ist, auf das sich die Vollmacht bezieht.

Erlöschen der Vollmacht.

§ 168. Das Erlöschen der Vollmacht bestimmt sich nach dem ihrer Ertheilung zu Grunde liegenden Rechtsverhältnisse. Die Vollmacht ist auch bei dem Fortbestehen des Rechtsverhältnisses widerruflich, sofern sich nicht aus diesem ein Anderes ergiebt. Auf die Erklärung des Widerrufs findet die Vorschrift des § 167 Abs. 1 entsprechende Anwendung.

— Wirksamkeit gegenüber Dritten.

§ 169. Soweit nach den §§ 674, 729 die erloschene Vollmacht eines Beauftragten oder eines geschäftsführenden Gesellschafters als fortbestehend gilt, wirkt sie nicht zu Gunsten eines Dritten, der bei der Vornahme eines Rechtsgeschäfts das Erlöschen kennt oder kennen muß.

§ 674. Erlischt der Auftrag in anderer Weise als durch Widerruf, so gilt er zu Gunsten des Beauftragten gleichwohl als fortbestehend, bis der Beauftragte von dem Erlöschen Kenntniss erlangt oder das Erlöschen kennen muss.

§ 729. Wird die Gesellschaft in anderer Weise als durch Kündigung aufgelöst, so gilt die einem Gesellschafter durch den Gesellschaftsvertrag übertragene Befugniss zur Geschäftsführung zu seinen Gunsten gleichwohl als fortbestehend, bis er von der Auflösung Kenntniss erlangt oder die Auflösung kennen muss.

§ 170. Wird die Vollmacht durch Erklärung gegenüber einem Dritten ertheilt, so bleibt sie diesem gegenüber in Kraft, bis ihm das Erlöschen von dem Vollmachtgeber angezeigt wird.

§ 171. Hat Jemand durch besondere Mittheilung an einen Dritten oder durch öffentliche Bekanntmachung kundgegeben, daß er einen Anderen bevollmächtigt habe, so ist dieser auf Grund der Kundgebung im ersteren Falle dem Dritten gegenüber, im letzteren Falle jedem Dritten gegenüber zur Vertretung befugt.

Die Vertretungsmacht bleibt bestehen, bis die Kundgebung in derselben Weise, wie sie erfolgt ist, widerrufen wird.

§ 172. Der besonderen Mittheilung einer Bevollmächtigung durch den Vollmachtgeber steht es gleich, wenn dieser dem Vertreter eine Vollmachtsurkunde ausgehändigt hat und der Vertreter sie dem Dritten vorlegt.

Die Vertretungsmacht bleibt bestehen, bis die Vollmachtsurkunde dem Vollmachtgeber zurückgegeben oder für kraftlos erklärt wird.

§ 173. Die Vorschriften des § 170, des § 171 Abs. 2 und des § 172 Abs. 2 finden keine Anwendung, wenn der Dritte das Erlöschen der Vertretungsmacht bei der Vornahme des Rechtsgeschäfts kennt oder kennen muß.

Einseitige Rechtsgeschäfte.

§ 174. Ein einseitiges Rechtsgeschäft, das ein Bevollmächtigter einem Anderen gegenüber vornimmt, ist unwirksam, wenn der Bevollmächtigte eine Vollmachtsurkunde nicht vorlegt und der Andere das Rechtsgeschäft aus diesem Grunde unverzüglich zurückweist. Die Zurückweisung ist ausgeschlossen, wenn der Vollmachtgeber den Anderen von der Bevollmächtigung in Kenntniß gesetzt hatte.

Rückgabe der Vollmachtsurkunde.

§ 175. Nach dem Erlöschen der Vollmacht hat der Bevollmächtigte die Vollmachtsurkunde dem Vollmachtgeber zurückzugeben; ein Zurückbehaltungsrecht steht ihm nicht zu.

Kraftloserklärung.

§ 176. Der Vollmachtgeber kann die Vollmachtsurkunde durch eine öffentliche Bekanntmachung für kraftlos erklären; die Kraftloserklärung muß nach den für die öffentliche Zustellung einer Ladung geltenden Vorschriften der Civilprozeßordnung veröffentlicht werden. Mit dem Ablauf eines Monats nach der letzten Einrückung in die öffentlichen Blätter wird die Kraftloserklärung wirksam.

Zuständig für die Bewilligung der Veröffentlichung ist sowohl das Amtsgericht, in dessen Bezirke der Vollmachtgeber seinen allgemeinen Gerichtsstand hat, als das Amtsgericht, welches für die Klage auf Rückgabe der Urkunde, abgesehen von dem Werthe des Streitgegenstandes, zuständig sein würde.

Die Kraftloserklärung ist unwirksam, wenn der Vollmachtgeber die Vollmacht nicht widerrufen kann.

Mangel der Vollmacht bei Verträgen.

§ 177. Schließt Jemand ohne Vertretungsmacht im Namen eines Anderen einen Vertrag, so hängt die Wirksamkeit des Vertrages für und gegen den Vertretenen von dessen Genehmigung ab.

Fordert der andere Theil den Vertretenen zur Erklärung über die Genehmigung auf, so kann die Erklärung nur ihm gegenüber erfolgen; eine vor der Aufforderung dem Vertreter gegenüber erklärte Genehmigung oder Verweigerung der Genehmigung wird unwirksam. Die Genehmigung kann nur bis zum Ablaufe von zwei Wochen nach dem Empfange der Aufforderung erklärt werden; wird sie nicht erklärt, so gilt sie als verweigert.

— Widerrufsrecht des Gegners.

§ 178. Bis zur Genehmigung des Vertrags ist der andere Theil zum Widerrufe berechtigt, es sei denn, daß er den Mangel der Vertretungsmacht bei dem Abschlusse des Vertrages gekannt hat. Der Widerruf kann auch dem Vertreter gegenüber erklärt werden.

— Haftung des Vertreters.

§ 179. Wer als Vertreter einen Vertrag geschlossen hat, ist, sofern er nicht seine Vertretungsmacht nachweist, dem anderen Theile nach dessen Wahl zur Erfüllung oder zum Schadensersatze verpflichtet, wenn der Vertretene die Genehmigung des Vertrags verweigert.

Hat der Vertreter den Mangel der Vertretungsmacht nicht gekannt, so ist er nur zum Ersatze desjenigen Schadens verpflichtet, welchen der andere Theil dadurch erleidet, daß er auf die Vertretungsmacht vertraut, jedoch nicht über den Betrag des Interesses hinaus, welches der andere Theil an der Wirksamkeit des Vertrags hat.

Der Vertreter haftet nicht, wenn der andere Theil den Mangel der Vertretungsmacht kannte und kennen mußte. Der Vertreter haftet auch dann nicht, wenn er in der Geschäftsfähigkeit beschränkt war, es sei denn, daß er mit Zustimmung seines gesetzlichen Vertreters gehandelt hat.

Mangel d. Vollmacht b. einseit. Rechtsgeschäften.

§ 180. Bei einem einseitigen Rechtsgeschäft ist Vertretung ohne Vertretungsmacht unzulässig. Hat jedoch derjenige, welchem gegenüber ein solches Rechtsgeschäft vorzunehmen war, die von dem Vertreter behauptete Vertretungsmacht bei der Vornahme des Rechtsgeschäfts nicht beanstandet oder ist er damit einverstanden gewesen, daß der Vertreter ohne Vertretungsmacht handele, so finden die Vorschriften über Verträge entsprechende Anwendung. Das Gleiche gilt, wenn ein einseitiges Rechtsgeschäft gegenüber einem Vertreter ohne Vertretungsmacht mit dessen Einverständnisse vorgenommen wird.

Rechtsgeschäfte d. Vertr. mit sich selbst.

§ 181. Ein Vertreter kann, soweit nicht ein Anderes ihm gestattet ist, im Namen des Vertretenen mit sich im eigenen Namen oder als Vertreter eines Dritten ein Rechtsgeschäft nicht vornehmen, es sei denn, daß das Rechtsgeschäft ausschließlich in der Erfüllung einer Verbindlichkeit besteht.

Sechster Titel.

Einwilligung. Genehmigung.

Erklärung.

§ 182. Hängt die Wirksamkeit eines Vertrags oder eines einseitigen Rechtsgeschäfts, das einem Anderen gegenüber vorzunehmen ist, von der Zustimmung eines Dritten ab, so kann die Ertheilung sowie die Verweigerung der Zustimmung sowohl dem einen als dem anderen Theile gegenüber erklärt werden.

Die Zustimmung bedarf nicht der für das Rechtsgeschäft bestimmten Form.

Wird ein einseitiges Rechtsgeschäft, dessen Wirksamkeit von der Zustimmung eines Dritten abhängt, mit Einwilligung des Dritten vorgenommen, so finden die Vorschriften des § 111 Satz 2, 3 entsprechende Anwendung.

§ 111 Satz 2*, 3*. Das Rechtsgeschäft ist unwirksam, wenn der Handelnde die Einwilligung nicht in schriftlicher Form vorlegt und der Andere das Rechtsgeschäft aus diesem Grunde unverzüglich zurückweist. Die Zurückweisung ist ausgeschlossen, wenn der Dritte den Anderen von der Einwilligung in Kenntniss gesetzt hatte.

Widerruflichkeit d. Einwilligung.

§ 183. Die vorherige Zustimmung (Einwilligung) ist bis zur Vornahme des Rechtsgeschäfts widerruflich, soweit nicht aus dem ihrer Ertheilung zu Grunde liegenden Rechtsverhältnisse sich ein Anderes ergiebt. Der Widerruf kann sowohl dem einen als dem anderen Theile gegenüber erklärt werden.

Rückwirkung der Genehmigung.

§ 184. Die nachträgliche Zustimmung (Genehmigung) wirkt auf den Zeitpunkt der Vornahme des Rechtsgeschäfts zurück, soweit nicht ein Anderes bestimmt ist.

Durch die Rückwirkung werden Verfügungen nicht unwirksam, die vor der Genehmigung über den Gegenstand des Rechtsgeschäftes von dem

Genehmigenden getroffen worden oder im Wege der Zwangsvollstreckung oder der Arrestvollziehung oder durch den Konkursverwalter erfolgt sind.

Verfügungen eines Nichtberechtigten.

§ 185. Eine Verfügung, die ein Nichtberechtigter über einen Gegenstand trifft, ist wirksam, wenn sie mit Einwilligung des Berechtigten erfolgt.

Die Verfügung wird wirksam, wenn der Berechtigte sie genehmigt oder wenn der Verfügende den Gegenstand erwirbt oder wenn er von dem Berechtigten beerbt wird und dieser für die Nachlaßverbindlichkeiten unbeschränkt haftet. In den beiden letzteren Fällen wird, wenn über den Gegenstand mehrere mit einander nicht in Einklang stehende Verfügungen getroffen worden sind, nur die frühere Verfügung wirksam.

Vierter Abschnitt.

Fristen. Termine.

§ 186. Für die in Gesetzen, gerichtlichen Verfügungen und Rechtsgeschäften enthaltenen Frist- und Terminsbestimmungen gelten die Auslegungsvorschriften der §§ 187 bis 193.

Beginn.

§ 187. Ist für den Anfang einer Frist ein Ereigniß oder ein in den Lauf eines Tages fallender Zeitpunkt maßgebend, so wird bei der Berechnung der Frist der Tag nicht mitgerechnet, in welchen das Ereigniß oder der Zeitpunkt fällt.

Ist der Beginn eines Tages der für den Anfang einer Frist maßgebende Zeitpunkt, so wird dieser Tag bei der Berechnung der Frist mitgerechnet. Das Gleiche gilt von dem Tage der Geburt bei der Berechnung des Lebensalters.

Ende.

§ 188. Eine nach Tagen bestimmte Frist endigt mit dem Ablaufe des letzten Tages der Frist.

Eine Frist, die nach Wochen, nach Monaten oder nach einem mehrere Monate umfassenden Zeitraume — Jahr, halbes Jahr, Vierteljahr — bestimmt ist, endigt im Falle des § 187 Abs. 1 mit dem Ablaufe desjenigen Tages der letzten Woche oder des letzten Monats, welcher durch seine Benennung oder seine Zahl dem Tage entspricht, in den das Ereigniß oder der Zeitpunkt fällt, im Falle des § 187 Abs. 2 mit dem Ablaufe desjenigen Tages der letzten Woche oder des letzten Monats, welcher dem Tage vorhergeht, der durch seine Benennung oder seine Zahl dem Anfangstage der Frist entspricht.

Fehlt bei einer nach Monaten bestimmten Frist in dem letzten Monate der für ihren Ablauf maßgebende Tag, so endigt die Frist mit dem Ablaufe des letzten Tages dieses Monats.

§ 189. Unter einem halben Jahre wird eine Frist von sechs Monaten, unter einem Vierteljahr eine Frist von drei Monaten, unter einem halben Monat eine Frist von fünfzehn Tagen verstanden.

Ist eine Frist auf einen oder mehrere ganze Monate und einen halben Monat gestellt, so sind die fünfzehn Tage zuletzt zu zählen.

Verlängerung.

§ 190. Im Falle der Verlängerung einer Frist wird die neue Frist von dem Ablaufe der vorigen Frist an berechnet.

§ 191. Ist ein Zeitraum nach Monaten oder nach Jahren in dem Sinne bestimmt, daß er nicht zusammenhängend zu verlaufen braucht, so wird der Monat zu dreißig, das Jahr zu dreihundertfünfundsechzig Tagen gerechnet.

§ 192. Unter Anfang des Monats wird der erste, unter Mitte des Monats der fünfzehnte, unter Ende des Monats der letzte Tag des Monats verstanden.

Sonn- und Feiertage.

§ 193. Ist an einem bestimmten Tage oder innerhalb einer Frist eine Willenserklärung abzugeben oder eine Leistung zu bewirken und fällt der bestimmte Tag oder der letzte Tag der Frist auf einen Sonntag oder einen am Erklärungs- oder Leistungsorte staatlich anerkannten allgemeinen Feiertag, so tritt an die Stelle des Sonntags oder des Feiertags der nächstfolgende Werktag.

Fünfter Abschnitt.

Verjährung.

Gegenstand der Verjährung.

§ 194. Das Recht, von einem Anderen ein Thun oder ein Unterlassen zu verlangen (Anspruch), unterliegt der Verjährung.

Der Anspruch aus einem familienrechtlichen Verhältniß unterliegt der Verjährung nicht, soweit er auf die Herstellung des dem Verhältniß entsprechenden Zustandes für die Zukunft gerichtet ist.

Regelmässige Verjährungsfrist.

§ 195. Die regelmäßige Verjährungsfrist beträgt dreißig Jahre.

Kurze Verjährungsfristen.

§ 196. In zwei Jahren verjähren die Ansprüche:

1. der Kaufleute, Fabrikanten, Handwerker und derjenigen, welche ein Kunstgewerbe betreiben, für Lieferung von Waaren, Ausführung von Arbeiten und Besorgung fremder Geschäfte, mit Einschluß der Auslagen, es sei denn, daß die Leistung für den Gewerbebetrieb des Schuldners erfolgt;
2. derjenigen, welche Land- oder Forstwirthschaft betreiben, für Lieferung von land- oder forstwirthschaftlichen Erzeugnissen, sofern die Lieferung zur Verwendung im Haushalte des Schuldners erfolgt;
3. der Eisenbahnunternehmungen, Frachtfuhrleute, Schiffer, Lohnkutscher und Boten wegen des Fahrgeldes, der Fracht, des Fuhr- und Botenlohns, mit Einschluß der Auslagen;
4. der Gastwirthe und derjenigen, welche Speisen oder Getränke gewerbsmäßig verabreichen, für Gewährung von Wohnung und Beköstigung sowie für andere den Gästen zur Befriedigung ihrer Bedürfnisse gewährte Leistungen, mit Einschluß der Auslagen;

5. derjenigen, welche Lotterieloose vertreiben, aus dem Vertriebe der Loose, es sei denn, daß die Loose zum Weitervertriebe geliefert werden;
6. derjenigen, welche bewegliche Sachen gewerbsmäßig vermiethen, wegen des Miethzinses;
7. derjenigen, welche, ohne zu den in Nr. 1 bezeichneten Personen zu gehören, die Besorgung fremder Geschäfte oder die Leistung von Diensten gewerbsmäßig betreiben, wegen der ihnen aus dem Gewerbebetriebe gebührenden Vergütungen, mit Einschluß der Auslagen;
8. derjenigen, welche im Privatdienste stehen, wegen des Gehalts, Lohnes oder anderer Dienstbezüge, mit Einschluß der Auslagen, sowie der Dienstberechtigten wegen der auf solche Ansprüche gewährten Vorschüsse;
9. der gewerblichen Arbeiter — Gesellen, Gehülfen, Lehrlinge, Fabrikarbeiter —, der Tagelöhner und Handarbeiter wegen des Lohnes und anderer an Stelle oder als Theil des Lohnes vereinbarter Leistungen, mit Einschluß der Auslagen, sowie der Arbeitgeber wegen der auf solche Ansprüche gewährten Vorschüsse;
10. der Lehrherren und Lehrmeister wegen des Lehrgeldes und anderer im Lehrvertrage vereinbarter Leistungen sowie wegen der für die Lehrlinge bestrittenen Auslagen;
11. der öffentlichen Anstalten, welche dem Unterrichte, der Erziehung, Verpflegung oder Heilung dienen, sowie der Inhaber von Privatanstalten solcher Art für Gewährung von Unterricht, Verpflegung oder Heilung und für die damit zusammenhängenden Aufwendungen;
12. derjenigen, welche Personen zur Verpflegung oder zur Erziehung aufnehmen, für Leistungen und Aufwendungen der in Nr. 11 bezeichneten Art;
13. der öffentlichen Lehrer und der Privatlehrer wegen ihrer Honorare, die Ansprüche der öffentlichen Lehrer jedoch nicht, wenn sie auf Grund besonderer Einrichtungen gestundet sind;
14. der Aerzte, insbesondere auch der Wundärzte, Geburtshelfer, Zahnärzte und Thierärzte, sowie der Hebammen für ihre Dienstleistungen, mit Einschluß der Auslagen;
15. der Rechtsanwälte, Notare und Gerichtsvollzieher sowie aller Personen, die zur Besorgung gewisser Geschäfte öffentlich bestellt oder zugelassen sind, wegen ihrer Gebühren und Auslagen, soweit nicht diese zur Staatskasse fließen;
16. der Parteien wegen der ihren Rechtsanwälten geleisteten Vorschüsse;
17. der Zeugen und Sachverständigen wegen ihrer Gebühren und Auslagen.

Soweit die im Abs. 1 Nr. 1, 2, 5 bezeichneten Ansprüche nicht der Verjährung von zwei Jahren unterliegen, verjähren sie in vier Jahren.

§ 197. In vier Jahren verjähren die Ansprüche auf Rückstände von Zinsen, mit Einschluß der als Zuschlag zu den Zinsen zum Zwecke allmählicher Tilgung des Kapitals zu entrichtenden Beträge, die Ansprüche auf Rückstände von Mieth- und Pachtzinsen, soweit sie nicht unter die Vorschrift des § 196 Abs. 1 Nr. 6 fallen, und die Ansprüche auf Rückstände von Renten, Auszugsleistungen, Besoldungen, Wartegeldern, Ruhegehalten, Unterhaltsbeiträgen und allen anderen regelmäßig wiederkehrenden Leistungen.

Beginn der Verjährung.

§ 198. Die Verjährung beginnt mit der Entstehung des Anspruchs. Geht der Anspruch auf ein Unterlassen, so beginnt die Verjährung mit der Zuwiderhandlung.

— bei vorheriger Kündigung.

§ 199. Kann der Berechtigte die Leistung erst verlangen, wenn er dem Verpflichteten gekündigt hat, so beginnt die Verjährung mit dem Zeitpunkte, von welchem an die Kündigung zulässig ist. Hat der Verpflichtete die Leistung erst zu bewirken, wenn seit der Kündigung eine bestimmte Frist verstrichen ist, so wird der Beginn der Verjährung um die Dauer der Frist hinausgeschoben.

— bei Anfechtungsrechten.

§ 200. Hängt die Entstehung eines Anspruchs davon ab, daß der Berechtigte von einem ihm zustehenden Anfechtungsrechte Gebrauch macht, so beginnt die Verjährung mit dem Zeitpunkte, von welchem an die Anfechtung zulässig ist. Dies gilt jedoch nicht, wenn die Anfechtung sich auf ein familienrechtliches Verhältniß bezieht.

— bei kurzer Verjährung.

§ 201. Die Verjährung der in den §§ 196, 197 bezeichneten Ansprüche beginnt mit dem Schlusse des Jahres, in welchem der nach den §§ 198 bis 200 maßgebende Zeitpunkt eintritt. Kann die Leistung erst nach dem Ablauf einer über diesen Zeitpunkt hinausreichenden Frist verlangt werden, so beginnt die Verjährung mit dem Schlusse des Jahres, in welchem die Frist abläuft.

Hemmung der Verjährung.

§ 202. Die Verjährung ist gehemmt, solange die Leistung gestundet oder der Verpflichtete aus einem anderen Grund vorübergehend zur Verweigerung der Leistung berechtigt ist.

Diese Vorschrift findet keine Anwendung auf die Einrede des Zurückbehaltungsrechts, des nicht erfüllten Vertrags, der mangelnden Sicherheitsleistung, der Vorausklage sowie auf die nach § 770 dem Bürgen und nach den §§ 2014, 2015 dem Erben zustehenden Einreden.

§ 770. Der Bürge kann die Befriedigung des Gläubigers verweigern, solange dem Hauptschuldner das Recht zusteht, das seiner Verbindlichkeit zu Grunde liegende Rechtsgeschäft anzufechten.

Die gleiche Befugniss hat der Bürge, solange sich der Gläubiger durch Aufrechnung gegen eine fällige Forderung des Hauptschuldners befriedigen kann.

§ 2014. Der Erbe ist berechtigt, die Berichtigung einer Nachlassverbindlichkeit bis zum Ablaufe der ersten drei Monate nach der Annahme der Erbschaft, jedoch nicht über die Errichtung des Inventars hinaus, zu verweigern.

§ 2015 Abs. 1. Hat der Erbe den Antrag auf Erlassung des Aufgebots der Nachlassgläubiger innerhalb eines Jahres nach der Annahme der Erbschaft gestellt und ist der Antrag zugelassen, so ist der Erbe berechtigt, die Berichtigung einer Nachlassverbindlichkeit bis zur Beendigung des Aufgebotsverfahrens zu verweigern.

§ 203. Die Verjährung ist gehemmt, solange der Berechtigte durch Stillstand der Rechtspflege innerhalb der letzten sechs Monate der Verjährungsfrist an der Rechtsverfolgung verhindert ist.

Das Gleiche gilt, wenn eine solche Verhinderung in anderer Weise durch höhere Gewalt herbeigeführt wird.

§ 204. Die Verjährung von Ansprüchen zwischen Ehegatten ist gehemmt, solange die Ehe besteht. Das Gleiche gilt von Ansprüchen zwischen Eltern und Kindern während der Minderjährigkeit der Kinder und von Ansprüchen zwischen dem Vormund und dem Mündel während der Dauer des Vormundschaftsverhältnisses.

— Wirkung.

§ 205. Der Zeitraum, während dessen die Verjährung gehemmt ist, wird in die Verjährungsfrist nicht eingerechnet.

Mangel d. gesetzl. Vertreters.

§ 206. Ist eine geschäftsunfähige oder in der Geschäftsfähigkeit beschränkte Person ohne gesetzlichen Vertreter, so wird die gegen sie laufende Verjährung nicht vor dem Ablaufe von sechs Monaten nach dem Zeitpunkte vollendet, in welchem die Person unbeschränkt geschäftsfähig wird oder der Mangel der Vertretung aufhört. Ist die Verjährungsfrist kürzer als sechs Monate, so tritt der für die Verjährung bestimmte Zeitraum an die Stelle der sechs Monate.

Diese Vorschriften finden keine Anwendung, soweit eine in der Geschäftsfähigkeit beschränkte Person prozeßfähig ist.

Nachlassforderungen, -schulden.

§ 207. Die Verjährung eines Anspruchs, der zu einem Nachlasse gehört oder sich gegen einen Nachlaß richtet, wird nicht vor dem Ablaufe von sechs Monaten nach dem Zeitpunkte vollendet, in welchem die Erbschaft von dem Erben angenommen oder der Konkurs über den Nachlaß eröffnet wird oder von welchem an der Anspruch von einem Vertreter oder gegen einen Vertreter geltend gemacht werden kann. Ist die Verjährungsfrist kürzer als sechs Monate, so tritt der für die Verjährung bestimmte Zeitraum an die Stelle der sechs Monate.

Unterbrechung der Verjährung *1) durch Anerkennung.*

§ 208. Die Verjährung wird unterbrochen, wenn der Verpflichtete dem Berechtigten gegenüber den Anspruch durch Abschlagzahlung, Zinszahlung, Sicherheitsleistung oder in anderer Weise anerkennt.

2) durch Klagerhebung.

§ 209. Die Verjährung wird unterbrochen, wenn der Berechtigte auf Befriedigung oder auf Feststellung des Anspruchs, auf Ertheilung der Vollstreckungsklausel oder auf Erlassung des Vollstreckungsurtheils Klage erhebt.

Der Erhebung der Klage stehen gleich:

1. die Zustellung eines Zahlungsbefehls im Mahnverfahren;
2. die Anmeldung des Anspruchs im Konkurse;
3. die Geltendmachung der Aufrechnung des Anspruchs im Prozesse;
4. die Streitverkündung in dem Prozesse, von dessen Ausgange der Anspruch abhängt;
5. die Vornahme einer Vollstreckungshandlung und, soweit die Zwangsvollstreckung den Gerichten oder anderen Behörden zugewiesen ist, die Stellung des Antrags auf Zwangsvollstreckung.

§ 210. Hängt die Zulässigkeit des Rechtswegs von der Vorentscheidung einer Behörde ab oder hat die Bestimmung des zuständigen

Gerichts durch ein höheres Gericht zu erfolgen, so wird die Verjährung durch die Einreichung des Gesuchs an die Behörde oder das höhere Gericht in gleicher Weise wie durch Klagerhebung unterbrochen, wenn die Klage binnen drei Monaten nach der Erledigung des Gesuchs erhoben wird. Auf diese Frist finden die Vorschriften der §§ 203, 206, 207 entsprechende Anwendung.

§ 203. Hemmung wegen Verhinderung an der Rechtsverfolgung.
§§ 206. 207. Hinderung der Vollendung der Verjährung.

— Dauer.

§ 211. Die Unterbrechung durch Klagerhebung dauert fort, bis der Prozeß rechtskräftig entschieden oder anderweit erledigt ist.

Geräth der Prozeß in Folge einer Vereinbarung oder dadurch, daß er nicht betrieben wird, in Stillstand, so endigt die Unterbrechung mit der letzten Prozeßhandlung der Parteien oder des Gerichts. Die nach der Beendigung der Unterbrechung beginnende neue Verjährung wird dadurch, daß eine der Parteien den Prozeß weiter betreibt, in gleicher Weise wie durch Klagerhebung unterbrochen.

Als rechtskräftige Entscheidung im Sinne des Abs. 1 gilt auch ein unter Vorbehalt ergangenes Urtheil (§ 219).

§ 212. Die Unterbrechung durch Klagerhebung gilt als nicht erfolgt, wenn die Klage zurückgenommen oder durch ein nicht in der Sache selbst entscheidendes Urtheil rechtskräftig abgewiesen wird.

Erhebt der Berechtigte binnen sechs Monaten von neuem Klage, so gilt die Verjährung als durch die Erhebung der ersten Klage unterbrochen. Auf diese Frist finden die Vorschriften der §§ 203, 206, 207 entsprechende Anwendung.

§ 203. Hemmung wegen Verhinderung an der Rechtsverfolgung.
§§ 206. 207. Hinderung der Vollendung der Verjährung.

— Zahlungsbefehl.

§ 213. Die Unterbrechung durch Zustellung eines Zahlungsbefehls im Mahnverfahren gilt als nicht erfolgt, wenn die Wirkungen der Rechtshängigkeit erlöschen.

3) durch Anmeldung im Konkurse.

§ 214. Die Unterbrechung durch Anmeldung im Konkurse dauert fort, bis der Konkurs beendigt ist.

Die Unterbrechung gilt als nicht erfolgt, wenn die Anmeldung zurückgenommen wird.

Wird bei der Beendigung des Konkurses für eine Forderung, die in Folge eines bei der Prüfung erhobenen Widerspruchs in Prozeß befangen ist, ein Betrag zurückbehalten, so dauert die Unterbrechung auch nach der Beendigung des Konkurses fort; das Ende der Unterbrechung bestimmt sich nach den Vorschriften des § 211.

4) durch Aufrechnung — Streitverkündung.

§ 215. Die Unterbrechung durch Geltendmachung der Aufrechnung im Prozeß oder durch Streitverkündigung dauert fort, bis der Prozeß rechtskräftig entschieden oder anderweit erledigt ist; die Vorschriften des § 211 Abs. 2 finden Anwendung.

Die Unterbrechung gilt als nicht erfolgt, wenn nicht binnen sechs Monaten nach der Beendigung des Prozesses Klage auf Befriedigung oder Feststellung des Anspruchs erhoben wird. Auf diese Frist finden die Vorschriften der §§ 203, 206, 207 entsprechende Anwendung.

§ 203. Hemmung wegen Verhinderung an der Rechtsverfolgung.
§§ 206. 207. Hinderung der Vollendung der Verjährung.

Vollstreckungshandlungen.

§ 216. Die Unterbrechung durch Vornahme einer Vollstreckungshandlung gilt als nicht erfolgt, wenn die Vollstreckungsmaßregel auf Antrag des Berechtigten oder wegen Mangels der gesetzlichen Voraussetzungen aufgehoben wird.

Die Unterbrechung durch Stellung des Antrags auf Zwangsvollstreckung gilt als nicht erfolgt, wenn dem Antrage nicht stattgegeben oder der Antrag vor der Vornahme der Vollstreckungshandlung zurückgenommen oder die erwirkte Vollstreckungsmaßregel nach Abs. 1 aufgehoben wird.

Folgen der Unterbrechung.

§ 217. Wird die Verjährung unterbrochen, so kommt die bis zur Unterbrechung verstrichene Zeit nicht in Betracht; eine neue Verjährung kann erst nach der Beendigung der Unterbrechung beginnen.

Rechtskräftig festgestellte Ansprüche.

§ 218. Ein rechtskräftig festgestellter Anspruch verjährt in dreißig Jahren, auch wenn er an sich einer kürzeren Verjährung unterliegt. Das Gleiche gilt von dem Anspruch aus einem vollstreckbaren Vergleich oder einer vollstreckbaren Urkunde sowie von einem Anspruche, welcher durch die im Konkurs erfolgte Feststellung vollstreckbar geworden ist.

Soweit sich die Feststellung auf regelmäßig wiederkehrende, erst künftig fällig werdende Leistungen bezieht, bewendet es bei der kürzeren Verjährungsfrist.

Als rechtskräftige Entscheidung im Sinne des Abs. 1 gilt auch ein unter Vorbehalt ergangenes Urtheil.

§ 219. Als rechtskräftige Entscheidung im Sinne des § 211 Abs. 1 und des § 218 Abs. 1 gilt auch ein unter Vorbehalt ergangenes rechtskräftiges Urtheil.

Nicht vor die ordentlichen Gerichte gehörende Ansprüche.

§ 220. Ist der Anspruch vor einem Schiedsgericht oder einem besonderen Gerichte, vor einem Verwaltungsgericht oder einer Verwaltungsbehörde geltend zu machen, so finden die Vorschriften der §§ 209 bis 213, 215, 216, 218, 219 entsprechende Anwendung.

Sind in dem Schiedsvertrage die Schiedsrichter nicht ernannt oder ist die Ernennung eines Schiedsrichters aus einem anderen Grunde erforderlich oder kann das Schiedsgericht erst nach der Erfüllung einer sonstigen Voraussetzung angerufen werden, so wird die Verjährung schon dadurch unterbrochen, daß der Berechtigte das zur Erledigung der Sache seinerseits Erforderliche vornimmt.

Anrechnung der Besitzzeit des Rechtsvorgängers.

§ 221. Gelangt eine Sache, in Ansehung deren ein dinglicher Anspruch besteht, durch Rechtsnachfolge in den Besitz eines Dritten, so kommt die während des Besitzes des Rechtsvorgängers verstrichene Verjährungszeit dem Rechtsnachfolger zu Statten.

Wirkung der Verjährung.

§ 222. Nach der Vollendung der Verjährung ist der Verpflichtete berechtigt, die Leistung zu verweigern.

Das zur Befriedigung eines verjährten Anspruchs Geleistete kann nicht zurückgefordert werden, auch wenn die Leistung in Unkenntniß der Verjährung bewirkt worden ist. Das Gleiche gilt von einem vertragsmäßigen Anerkenntnisse sowie einer Sicherheitsleistung des Verpflichteten.

Hypothek, Pfandrecht, Uebertragung z. Sicherung.

§ 223. Die Verjährung eines Anspruchs, für den eine Hypothek oder ein Pfandrecht besteht, hindert den Berechtigten nicht, seine Befriedigung aus dem verhafteten Gegenstande zu suchen.

Ist zur Sicherung eines Anspruchs ein Recht übertragen worden, so kann die Rückübertragung nicht auf Grund der Verjährung des Anspruchs gefordert werden.

Rückstände v. Zinsen u. wiederkehrenden Leistungen.

Diese Vorschriften finden keine Anwendung bei der Verjährung von Ansprüchen auf Rückstände von Zinsen oder anderen wiederkehrenden Leistungen.

Nebenleistungen.

§ 224. Mit dem Hauptanspruche verjährt der Anspruch auf die von ihm abhängenden Nebenleistungen, auch wenn die für diesen Anspruch geltende besondere Verjährung noch nicht vollendet ist.

Abweichende Vereinbarungen.

§ 225. Die Verjährung kann durch Rechtsgeschäft weder ausgeschlossen noch erschwert werden. Erleichterung der Verjährung, insbesondere Abkürzung der Verjährungsfrist, ist zulässig.

Sechster Abschnitt.

Ausübung der Rechte. Selbstvertheidigung. Selbsthülfe.

Chikaneverbot.

§ 226. Die Ausübung eines Rechtes ist unzulässig, wenn sie nur den Zweck haben kann, einem Anderen Schaden zuzufügen.

Nothwehr.

§ 227. Eine durch Nothwehr gebotene Handlung ist nicht widerrechtlich.

Nothwehr ist diejenige Vertheidigung, welche erforderlich ist, um einen gegenwärtigen rechtswidrigen Angriff von sich oder einem Anderen abzuwenden.

Nothstand.

§ 228. Wer eine fremde Sache beschädigt oder zerstört, um eine durch sie drohende Gefahr von sich oder einem Anderen abzuwenden, handelt nicht widerrechtlich, wenn die Beschädigung oder die Zerstörung zur

Abwendung der Gefahr erforderlich ist und der Schaden nicht außer Verhältniß zu der Gefahr steht. Hat der Handelnde die Gefahr verschuldet, so ist er zum Schadensersatze verpflichtet.

Selbsthülfe.

§ 229. Wer zum Zwecke der Selbsthülfe eine Sache wegnimmt, zerstört oder beschädigt oder wer zum Zwecke der Selbsthülfe einen Verpflichteten, welcher der Flucht verdächtig ist, festnimmt oder den Widerstand des Verpflichteten gegen eine Handlung, die dieser zu dulden verpflichtet ist, beseitigt, handelt nicht widerrechtlich, wenn obrigkeitliche Hülfe nicht rechtzeitig zu erlangen ist und ohne sofortiges Eingreifen die Gefahr besteht, daß die Verwirklichung des Anspruchs vereitelt oder wesentlich erschwert werde.

§ 230. Die Selbsthülfe darf nicht weiter gehen, als zur Abwendung der Gefahr erforderlich ist.

Im Falle der Wegnahme von Sachen ist, sofern nicht Zwangsvollstreckung erwirkt wird, der dingliche Arrest zu beantragen.

Im Falle der Festnahme des Verpflichteten ist, sofern er nicht wieder in Freiheit gesetzt wird, der persönliche Sicherheitsarrest bei dem Amtsgerichte zu beantragen, in dessen Bezirke die Festnahme erfolgt ist; der Verpflichtete ist unverzüglich dem Gerichte vorzuführen.

Wird der Arrestantrag verzögert oder abgelehnt, so hat die Rückgabe der weggenommenen Sachen und die Freilassung des Festgenommenen unverzüglich zu erfolgen.

§ 231. Wer eine der im § 229 bezeichneten Handlungen in der irrigen Annahme vornimmt, daß die für den Ausschluß der Widerrechtlichkeit erforderlichen Voraussetzungen vorhanden seien, ist dem anderen Theile zum Schadensersatze verpflichtet, auch wenn der Irrthum nicht auf Fahrlässigkeit beruht.

Siebenter Abschnitt.

Sicherheitsleistung.

Arten.

§ 232. Wer Sicherheit zu leisten hat, kann dies bewirken
- durch Hinterlegung von Geld oder Werthpapieren,
- durch Verpfändung von Forderungen, die in das Reichsschuldbuch oder in das Staatsschuldbuch eines Bundesstaats eingetragen sind,
- durch Verpfändung beweglicher Sachen,
- durch Bestellung von Hypotheken an inländischen Grundstücken,
- durch Verpfändung von Forderungen, für die eine Hypothek an einem inländischen Grundstücke besteht, oder durch Verpfändung von Grundschulden oder Rentenschulden an inländischen Grundstücken.

Kann die Sicherheit nicht in dieser Weise geleistet werden, so ist die Stellung eines tauglichen Bürgen zulässig.

Pfandrecht an hinterlegtem Geld u. Werthpapieren.

§ 233. Mit der Hinterlegung erwirbt der Berechtigte ein Pfandrecht an dem hinterlegten Gelde oder an den hinterlegten Werthpapieren und, wenn das Geld oder die Werthpapiere nach landesgesetzlicher Vorschrift in das Eigenthum des Fiskus oder der als Hinterlegungsstelle bestimmten Anstalt übergehen, ein Pfandrecht an der Forderung auf Rückerstattung.

Werthpapiere.

§ 234. Werthpapiere sind zur Sicherheitsleistung nur geeignet, wenn sie auf den Inhaber lauten, einen Kurswerth haben und einer Gattung angehören, in der Mündelgeld angelegt werden darf. Den Inhaberpapieren stehen Orderpapiere gleich, die mit Blankoindossament versehen sind.

Mit den Werthpapieren sind die Zins-, Renten-, Gewinnantheil- und Erneuerungsscheine zu hinterlegen.

Mit Werthpapieren kann Sicherheit nur in Höhe von drei Viertheilen des Kurswerths geleistet werden.

§ 235. Wer durch Hinterlegung von Geld oder von Werthpapieren Sicherheit geleistet hat, ist berechtigt, das hinterlegte Geld gegen geeignete Werthpapiere, die hinterlegten Werthpapiere gegen andere geeignete Werthpapiere oder gegen Geld umzutauschen.

Buchforderungen.

§ 236. Mit einer Buchforderung gegen das Reich oder gegen einen Bundesstaat kann Sicherheit nur in Höhe von drei Viertheilen des Kurswerths der Werthpapiere geleistet werden, deren Aushändigung der Gläubiger gegen Löschung seiner Forderung verlangen kann.

Bewegliche Sachen.

§ 237. Mit einer beweglichen Sache kann Sicherheit nur in Höhe von zwei Drittheilen des Schätzungswerths geleistet werden. Sachen, deren Verderb zu besorgen oder deren Aufbewahrung mit besonderen Schwierigkeiten verbunden ist, können zurückgewiesen werden.

Hypotheken, Grundschulden, Rentenschulden.

§ 238. Eine Hypothekenforderung, eine Grundschuld oder eine Rentenschuld ist zur Sicherheitsleistung nur geeignet, wenn sie den Voraussetzungen entspricht, unter denen am Orte der Sicherheitsleistung Mündelgeld in Hypothekenforderungen, Grundschulden oder Rentenschulden angelegt werden darf.

Eine Forderung, für die eine Sicherungshypothek besteht, ist zur Sicherheitsleistung nicht geeignet.

Bürgschaft.

§ 239. Ein Bürge ist tauglich, wenn er ein der Höhe der zu leistenden Sicherheit angemessenes Vermögen besitzt und seinen allgemeinen Gerichtsstand im Inlande hat.

Die Bürgschaftserklärung muß den Verzicht auf die Einrede der Vorausklage enthalten.

Ergänzung d. Sicherheit.

§ 240. Wird die geleistete Sicherheit ohne Verschulden des Berechtigten unzureichend, so ist sie zu ergänzen oder anderweitige Sicherheit zu leisten.

Zweites Buch.

Recht der Schuldverhältnisse.

Erster Abschnitt.

Inhalt der Schuldverhältnisse.

Erster Titel.

Verpflichtung zur Leistung.

Inhalt des Schuldverhältnisses.

§ 241. Kraft des Schuldverhältnisses ist der Gläubiger berechtigt, von dem Schuldner eine Leistung zu fordern. Die Leistung kann auch in einem Unterlassen bestehen.

Leistung nach Treu u. Glauben.

§ 242. Der Schuldner ist verpflichtet, die Leistung so zu bewirken, wie Treu und Glauben mit Rücksicht auf die Verkehrssitte es erfordern.

Gattungsschuld.

§ 243. Wer eine nur der Gattung nach bestimmte Sache schuldet, hat eine Sache von mittlerer Art und Güte zu leisten.

Hat der Schuldner das zur Leistung einer solchen Sache seinerseits Erforderliche gethan, so beschränkt sich das Schuldverhältniß auf diese Sache.

Währung.

§ 244. Ist eine in ausländischer Währung ausgedrückte Geldschuld im Inlande zu zahlen, so kann die Zahlung in Reichswährung erfolgen, es sei denn, daß Zahlung in ausländischer Währung ausdrücklich bedungen ist.

Die Umrechnung erfolgt nach dem Kurswerthe, der zur Zeit der Zahlung für den Zahlungsort maßgebend ist.

§ 245. Ist eine Geldschuld in einer bestimmten Münzsorte zu zahlen, die sich zur Zeit der Zahlung nicht mehr im Umlaufe befindet, so ist die Zahlung so zu leisten, wie wenn die Münzsorte nicht bestimmt wäre.

Gesetzlicher Zinsfuss.

§ 246. Ist eine Schuld nach Gesetz oder Rechtsgeschäft zu verzinsen, so sind vier vom Hundert für das Jahr zu entrichten, sofern nicht ein Anderes bestimmt ist.

Mehr als 6%.

§ 247. Ist ein höherer Zinssatz als sechs vom Hundert für das Jahr vereinbart, so kann der Schuldner nach dem Ablaufe von sechs Monaten das Kapital unter Einhaltung einer Kündigungsfrist von sechs

Monaten kündigen. Das Kündigungsrecht kann nicht durch Vertrag ausgeschlossen oder beschränkt werden.

Diese Vorschriften gelten nicht für Schuldverschreibungen auf den Inhaber.

Zinseszinsen.

§ 248. Eine im voraus getroffene Vereinbarung, daß fällige Zinsen wieder Zinsen tragen sollen, ist nichtig.

Sparkassen, Kreditanstalten und Inhaber von Bankgeschäften können im voraus vereinbaren, daß nicht erhobene Zinsen von Einlagen als neue verzinsliche Einlagen gelten sollen. Kreditanstalten, die berechtigt sind, für den Betrag der von ihnen gewährten Darlehen verzinsliche Schuldverschreibungen auf den Inhaber auszugeben, können sich bei solchen Darlehen die Verzinsung rückständiger Zinsen im voraus versprechen lassen.

Schadensersatz.

§ 249. Wer zum Schadensersatze verpflichtet ist, hat den Zustand herzustellen, der bestehen würde, wenn der zum Ersatze verpflichtende Umstand nicht eingetreten wäre. Ist wegen Verletzung einer Person oder wegen Beschädigung einer Sache Schadensersatz zu leisten, so kann der Gläubiger statt der Herstellung den dazu erforderlichen Geldbetrag verlangen.

§ 250. Der Gläubiger kann dem Ersatzpflichtigen zur Herstellung eine angemessene Frist mit der Erklärung bestimmen, daß er die Herstellung nach dem Ablaufe der Frist ablehne. Nach dem Ablaufe der Frist kann der Gläubiger den Ersatz in Geld verlangen, wenn nicht die Herstellung rechtzeitig erfolgt; der Anspruch auf die Herstellung ist ausgeschlossen.

§ 251. Soweit die Herstellung nicht möglich oder zur Entschädigung des Gläubigers nicht genügend ist, hat der Ersatzpflichtige den Gläubiger in Geld zu entschädigen.

Der Ersatzpflichtige kann den Gläubiger in Geld entschädigen, wenn die Herstellung nur mit unverhältnißmäßigen Aufwendungen möglich ist.

Entgangener Gewinn.

§ 252. Der zu ersetzende Schaden umfaßt auch den entgangenen Gewinn. Als entgangen gilt der Gewinn, welcher nach dem gewöhnlichen Laufe der Dinge oder nach den besonderen Umständen, insbesondere nach den getroffenen Anstalten und Vorkehrungen, mit Wahrscheinlichkeit erwartet werden konnte.

Schaden, der nicht Vermögensschaden ist.

§ 253. Wegen eines Schadens, der nicht Vermögensschaden ist, kann Entschädigung in Geld nur in den durch das Gesetz bestimmten Fällen gefordert werden.

Konkurrierendes Verschulden.

§ 254. Hat bei der Entstehung des Schadens ein Verschulden des Beschädigten mitgewirkt, so hängt die Verpflichtung zum Ersatze sowie der Umfang des zu leistenden Ersatzes von den Umständen, insbesondere davon ab, inwieweit der Schaden vorwiegend von dem einen oder dem anderen Theile verursacht worden ist.

Dies gilt auch dann, wenn sich das Verschulden des Beschädigten darauf beschränkt, daß er unterlassen hat, den Schuldner auf die Gefahr eines ungewöhnlich hohen Schadens aufmerksam zu machen, die der Schuldner weder kannte noch kennen mußte, oder daß er unterlassen hat, den Schaden abzuwenden oder zu mindern. Die Vorschrift des § 278 findet entsprechende Anwendung.

§ 278. Der Schuldner hat ein Verschulden seines gesetzlichen Vertreters und der Personen, deren er sich zur Erfüllung seiner Verbindlichkeit bedient, im gleichen Umfange zu vertreten wie eigenes Verschulden. Die Vorschrift des § 276 Abs. 2 *(dass die Haftung wegen Vorsatzes dem Schuldner nicht im voraus erlassen werden kann)* findet keine Anwendung.

Abtretung der Ansprüche des Ersatzberechtigten.

§ 255. Wer für den Verlust einer Sache oder eines Rechtes Schadensersatz zu leisten hat, ist zum Ersatze nur gegen Abtretung der Ansprüche verpflichtet, die dem Ersatzberechtigten auf Grund des Eigenthums an der Sache oder auf Grund des Rechtes gegen Dritte zustehen.

Aufwendungen.

§ 256. Wer zum Ersatze von Aufwendungen verpflichtet ist, hat den aufgewendeten Betrag oder, wenn andere Gegenstände als Geld aufgewendet worden sind, den als Ersatz ihres Werthes zu zahlenden Betrag von der Zeit der Aufwendung an zu verzinsen. Sind Aufwendungen auf einen Gegenstand gemacht worden, der dem Ersatzpflichtigen herauszugeben ist, so sind Zinsen für die Zeit, für welche dem Ersatzberechtigten die Nutzungen oder die Früchte des Gegenstandes ohne Vergütung verbleiben, nicht zu entrichten.

§ 257. Wer berechtigt ist, Ersatz für Aufwendungen zu verlangen, die er für einen bestimmten Zweck macht, kann, wenn er für diesen Zweck eine Verbindlichkeit eingeht, Befreiung von der Verbindlichkeit verlangen. Ist die Verbindlichkeit noch nicht fällig, so kann ihm der Ersatzpflichtige, statt ihn zu befreien, Sicherheit leisten.

Wegnahmerecht.

§ 258. Wer berechtigt ist, von einer Sache, die er einem Anderen herauszugeben hat, eine Einrichtung wegzunehmen, hat im Fall der Wegnahme die Sache auf seine Kosten in den vorigen Stand zu setzen. Erlangt der Andere den Besitz der Sache, so ist er verpflichtet, die Wegnahme der Einrichtung zu gestatten; er kann die Gestattung verweigern, bis ihm für den mit der Wegnahme verbundenen Schaden Sicherheit geleistet wird.

Inhalt der Rechenschaftsablegung.

§ 259. Wer verpflichtet ist, über eine mit Einnahmen oder Ausgaben verbundene Verwaltung Rechenschaft abzulegen, hat dem Berechtigten eine die geordnete Zusammenstellung der Einnahmen oder der Ausgaben enthaltende Rechnung mitzutheilen und, soweit Belege ertheilt zu werden pflegen, Belege vorzulegen.

Besteht Grund zu der Annahme, daß die in der Rechnung enthaltenen Angaben über die Einnahmen nicht mit der erforderlichen Sorgfalt gemacht worden sind, so hat der Verpflichtete auf Verlangen den Offenbarungseid dahin zu leisten:

> daß er nach bestem Wissen die Einnahmen so vollständig angegeben habe, als er dazu im Stande sei.

In Angelegenheiten von geringer Bedeutung besteht eine Verpflichtung zur Leistung des Offenbarungseids nicht.

Herausgabe e. Inbegriffs v. Gegenständen.

§ 260. Wer verpflichtet ist, einen Inbegriff von Gegenständen herauszugeben oder über den Bestand eines solchen Inbegriffs Auskunft zu ertheilen, hat dem Berechtigten ein Verzeichniß des Bestandes vorzulegen.

Besteht Grund zu der Annahme, daß das Verzeichniß nicht mit der erforderlichen Sorgfalt aufgestellt worden ist, so hat der Verpflichtete auf Verlangen den Offenbarungseid dahin zu leisten:

daß er nach bestem Wissen den Bestand so vollständig angegeben habe, als er dazu im Stande sei.

Die Vorschrift des § 259 Abs. 3 findet Anwendung.

Zuständigkeit für den Offenbarungseid.

§ 261. Der Offenbarungseid ist, sofern er nicht vor dem Prozeßgerichte zu leisten ist, vor dem Amtsgerichte des Ortes zu leisten, an welchem die Verpflichtung zur Rechnungslegung oder zur Vorlegung des Verzeichnisses zu erfüllen ist. Hat der Verpflichtete seinen Wohnsitz oder seinen Aufenthalt im Inlande, so kann er den Eid vor dem Amtsgerichte des Wohnsitzes oder des Aufenthaltsorts leisten.

Das Gericht kann eine den Umständen entsprechende Aenderung der Eidesnorm beschließen.

Die Kosten der Abnahme des Eides hat derjenige zu tragen, welcher die Leistung des Eides verlangt.

Alternative Obligation.

§ 262. Werden mehrere Leistungen in der Weise geschuldet, daß nur die eine oder die andere zu bewirken ist, so steht das Wahlrecht im Zweifel dem Schuldner zu.

§ 263. Die Wahl erfolgt durch Erklärung gegenüber dem anderen Theile.

Die gewählte Leistung gilt als die von Anfang an allein geschuldete.

§ 264. Nimmt der wahlberechtigte Schuldner die Wahl nicht vor dem Beginne der Zwangsvollstreckung vor, so kann der Gläubiger die Zwangsvollstreckung nach seiner Wahl auf die eine oder auf die andere Leistung richten; der Schuldner kann sich jedoch, solange nicht der Gläubiger die gewählte Leistung ganz oder zum Theil empfangen hat, durch eine der übrigen Leistungen von seiner Verbindlichkeit befreien.

Ist der wahlberechtigte Gläubiger im Verzuge, so kann der Schuldner ihn unter Bestimmung einer angemessenen Frist zur Vornahme der Wahl auffordern. Mit dem Ablaufe der Frist geht das Wahlrecht auf den Schuldner über, wenn nicht der Gläubiger rechtzeitig die Wahl vornimmt.

Unmöglichkeit der Leistung.

§ 265. Ist eine der Leistungen von Anfang an unmöglich oder wird sie später unmöglich, so beschränkt sich das Schuldverhältniß auf die übrigen Leistungen. Die Beschränkung tritt nicht ein, wenn die Leistung in Folge eines Umstandes unmöglich wird, den der nicht wahlberechtigte Theil zu vertreten hat.

Theilleistungen.

§ 266. Der Schuldner ist zu Theilleistungen nicht berechtigt.

Leistung eines Dritten.

§ 267. Hat der Schuldner nicht in Person zu leisten, so kann auch ein Dritter die Leistung bewirken. Die Einwilligung des Schuldners ist nicht erforderlich.

Der Gläubiger kann die Leistung ablehnen, wenn der Schuldner widerspricht.

Ablösungsrecht.

§ 268. Betreibt der Gläubiger die Zwangsvollstreckung in einen dem Schuldner gehörenden Gegenstand, so ist Jeder, der Gefahr läuft, durch die Zwangsvollstreckung ein Recht an dem Gegenstande zu verlieren, berechtigt, den Gläubiger zu befriedigen. Das gleiche Recht steht dem Besitzer einer Sache zu, wenn er Gefahr läuft, durch die Zwangsvollstreckung den Besitz zu verlieren.

Die Befriedigung kann auch durch Hinterlegung oder durch Aufrechnung erfolgen.

Soweit der Dritte den Gläubiger befriedigt, geht die Forderung auf ihn über. Der Uebergang kann nicht zum Nachtheile des Gläubigers geltend gemacht werden.

Ort der Leistung.

§ 269. Ist ein Ort für die Leistung weder bestimmt noch aus den Umständen, insbesondere aus der Natur des Schuldverhältnisses, zu entnehmen, so hat die Leistung an dem Orte zu erfolgen, an welchem der Schuldner zur Zeit der Entstehung des Schuldverhältnisses seinen Wohnsitz hatte.

Ist die Verbindlichkeit im Gewerbebetriebe des Schuldners entstanden, so tritt, wenn der Schuldner seine gewerbliche Niederlassung an einem anderen Orte hatte, der Ort der Niederlassung an die Stelle des Wohnsitzes.

Aus dem Umstand allein, daß der Schuldner die Kosten der Versendung übernommen hat, ist nicht zu entnehmen, daß der Ort, nach welchem die Versendung zu erfolgen hat, der Leistungsort sein soll.

Uebermittelung von Geld.

§ 270. Geld hat der Schuldner im Zweifel auf seine Gefahr und seine Kosten dem Gläubiger an dessen Wohnsitz zu übermitteln.

Ist die Forderung im Gewerbebetriebe des Gläubigers entstanden, so tritt, wenn der Gläubiger seine gewerbliche Niederlassung an einem anderen Orte hat, der Ort der Niederlassung an die Stelle des Wohnsitzes.

Erhöhen sich in Folge einer nach der Entstehung des Schuldverhältnisses eintretenden Aenderung des Wohnsitzes oder der gewerblichen Niederlassung des Gläubigers die Kosten oder die Gefahr der Uebermittelung, so hat der Gläubiger im ersteren Falle die Mehrkosten, im letzteren Falle die Gefahr zu tragen.

Die Vorschriften über den Leistungsort bleiben unberührt.

Zeit der Leistung.

§ 271. Ist eine Zeit für die Leistung weder bestimmt noch aus den Umständen zu entnehmen, so kann der Gläubiger die Leistung sofort verlangen, der Schuldner sie sofort bewirken.

Ist eine Zeit bestimmt, so ist im Zweifel anzunehmen, daß der Gläubiger die Leistung nicht vor dieser Zeit verlangen, der Schuldner aber sie vorher bewirken kann.

Abzug von Zwischenzinsen.

§ 272. Bezahlt der Schuldner eine unverzinsliche Schuld vor der Fälligkeit, so ist er zu einem Abzuge wegen der Zwischenzinsen nicht berechtigt.

Zurückbehaltungsrecht.

§ 273. Hat der Schuldner aus demselben rechtlichen Verhältniß, auf dem seine Verpflichtung beruht, einen fälligen Anspruch gegen den Gläubiger, so kann er, sofern nicht aus dem Schuldverhältnisse sich ein Anderes ergiebt, die geschuldete Leistung verweigern, bis die ihm gebührende Leistung bewirkt wird (Zurückbehaltungsrecht).

Wer zur Herausgabe eines Gegenstandes verpflichtet ist, hat das gleiche Recht, wenn ihm ein fälliger Anspruch wegen Verwendungen auf den Gegenstand oder wegen eines ihm durch diesen verursachten Schadens zusteht, es sei denn, daß er den Gegenstand durch eine vorsätzlich begangene unerlaubte Handlung erlangt hat.

Der Gläubiger kann die Ausübung des Zurückbehaltungsrechts durch Sicherheitsleistung abwenden. Die Sicherheitsleistung durch Bürgen ist ausgeschlossen.

§ 274. Gegenüber der Klage des Gläubigers hat die Geltendmachung des Zurückbehaltungsrechts nur die Wirkung, daß der Schuldner zur Leistung gegen Empfang der ihm gebührenden Leistung (Erfüllung Zug um Zug) zu verurtheilen ist.

Auf Grund einer solchen Verurtheilung kann der Gläubiger seinen Anspruch ohne Bewirkung der ihm obliegenden Leistung im Wege der Zwangsvollstreckung verfolgen, wenn der Schuldner im Verzuge der Annahme ist.

Nachträglich eintretende Unmöglichkeit.

§ 275. Der Schuldner wird von der Verpflichtung zur Leistung frei, soweit die Leistung in Folge eines nach der Entstehung des Schuldverhältnisses eintretenden Umstandes, den er nicht zu vertreten hat, unmöglich wird.

Einer nach der Entstehung des Schuldverhältnisses eintretenden Unmöglichkeit steht das nachträglich eintretende Unvermögen des Schuldners zur Leistung gleich.

Haftung für Vorsatz u. Fahrlässigkeit.

§ 276. Der Schuldner hat, sofern nicht ein Anderes bestimmt ist, Vorsatz und Fahrlässigkeit zu vertreten. Fahrlässig handelt, wer die im Verkehr erforderliche Sorgfalt außer Acht läßt. Die Vorschriften der §§ 827 828 finden Anwendung.

Die Haftung wegen Vorsatzes kann dem Schuldner nicht im voraus erlassen werden.

§ 827 Wer im Zustande der Bewusstlosigkeit oder in einem die freie Willensbestimmung ausschliessenden Zustande krankhafter Störung der Geistesthätigkeit einem Anderen Schaden zufügt, ist für den Schaden nicht verantwortlich. Hat er sich durch geistige Getränke oder ähnliche Mittel in einen vorübergehenden Zustand dieser Art versetzt, so ist er für einen Schaden, den er in diesem Zustande widerrechtlich verursacht, in gleicher Weise verantwortlich, wie wenn ihm Fahrlässigkeit zur Last fiele; die Verantwortlichkeit tritt nicht ein, wenn er ohne Verschulden in den Zustand gerathen ist.

§ 828. Wer nicht das siebente Lebensjahr vollendet hat, ist für einen Schaden, den er einem Anderen zufügt, nicht verantwortlich.

Wer das siebente, aber nicht das achtzehnte Lebensjahr vollendet hat, ist für einen Schaden, den er einem Anderen zufügt, nicht verantwortlich, wenn er bei der Begehung der schädigenden Handlung nicht die zur Erkenntniss der Verantwortlichkeit erforderliche Einsicht hat. Das Gleiche gilt von einem Taubstummen.

Sorgfalt in eigenen Angelegenheiten.

§ 277. Wer nur für diejenige Sorgfalt einzustehen hat, welche er in eigenen Angelegenheiten anzuwenden pflegt, ist von der Haftung wegen grober Fahrlässigkeit nicht befreit.

Haftung für Verschulden Dritter.

§ 278. Der Schuldner hat ein Verschulden seines gesetzlichen Vertreters und der Personen, deren er sich zur Erfüllung seiner Verbindlichkeit bedient, in gleichem Umfange zu vertreten wie eigenes Verschulden. Die Vorschrift des § 276 Abs. 2 findet keine Anwendung.

Unvermögen des Schuldners bei Gattungsschulden.

§ 279. Ist der geschuldete Gegenstand nur der Gattung nach bestimmt, so hat der Schuldner, solange die Leistung aus der Gattung möglich ist, sein Unvermögen zur Leistung auch dann zu vertreten, wenn ihm ein Verschulden nicht zur Last fällt.

Verschuldete Unmöglichkeit der Leistung.

§ 280. Soweit die Leistung in Folge eines von dem Schuldner zu vertretenden Umstandes unmöglich wird, hat der Schuldner dem Gläubiger den durch die Nichterfüllung entstehenden Schaden zu ersetzen.

Im Falle theilweiser Unmöglichkeit kann der Gläubiger unter Ablehnung des noch möglichen Theiles der Leistung Schadensersatz wegen Nichterfüllung der ganzen Verbindlichkeit verlangen, wenn die theilweise Erfüllung für ihn kein Interesse hat. Die für das vertragsmäßige Rücktrittsrecht geltenden Vorschriften der §§ 346 bis 356 finden entsprechende Anwendung.

§§ 346—356 s. § 286.

Empfang eines Aequivalents.

§ 281. Erlangt der Schuldner in Folge des Umstandes, welcher die Leistung unmöglich macht, für den geschuldeten Gegenstand einen Ersatz oder einen Ersatzanspruch, so kann der Gläubiger Herausgabe des als Ersatz Empfangenen oder Abtretung des Ersatzanspruchs verlangen.

Hat der Gläubiger Anspruch auf Schadensersatz wegen Nichterfüllung, so mindert sich, wenn er von dem im Abs. 1 bestimmten Rechte Gebrauch macht, die ihm zu leistende Entschädigung um den Werth des erlangten Ersatzes oder Ersatzanspruchs.

Beweislast.

§ 282. Ist streitig, ob die Unmöglichkeit der Leistung die Folge eines von dem Schuldner zu vertretenden Umstandes ist, so trifft die Beweislast den Schuldner.

Fristsetzung nach rechtskräftiger Verurtheilung.

§ 283. Ist der Schuldner rechtskräftig verurtheilt, so kann der Gläubiger ihm zur Bewirkung der Leistung eine angemessene Frist mit der Erklärung bestimmen, daß er die Annahme der Leistung nach dem Ablaufe der Frist ablehne. Nach dem Ablaufe der Frist kann der Gläubiger Schadensersatz wegen Nichterfüllung verlangen, soweit nicht die Leistung rechtzeitig bewirkt wird; der Anspruch auf Erfüllung ist ausgeschlossen. Die Verpflichtung zum Schadensersatze tritt nicht ein, wenn die Leistung in Folge eines Umstandes unmöglich wird, den der Schuldner nicht zu vertreten hat.

Wird die Leistung bis zum Ablaufe der Frist nur theilweise nicht bewirkt, so steht dem Gläubiger auch das im § 280 Abs. 2 bestimmte Recht zu.

§ 280 Abs. 2*. Schadensersatz wegen Nichterfüllung der ganzen Verbindlichkeit unter Ablehnung des noch geschuldeten Theils.

Verzug des Schuldners.

§ 284. Leistet der Schuldner auf eine Mahnung des Gläubigers nicht, die nach dem Eintritte der Fälligkeit erfolgt, so kommt er durch die Mahnung in Verzug. Der Mahnung steht die Erhebung der Klage auf die Leistung sowie die Zustellung eines Zahlungsbefehls im Mahnverfahren gleich.

Ist für die Leistung eine Zeit nach dem Kalender bestimmt, so kommt der Schuldner ohne Mahnung in Verzug, wenn er nicht zu der bestimmten Zeit leistet. Das Gleiche gilt, wenn der Leistung eine Kündigung vorauszugehen hat und die Zeit für die Leistung in der Weise bestimmt ist, daß sie sich von der Kündigung ab nach dem Kalender berechnen läßt.

§ 285. Der Schuldner kommt nicht in Verzug, solange die Leistung in Folge eines Umstandes unterbleibt, den er nicht zu vertreten hat.

— Folgen.

§ 286. Der Schuldner hat dem Gläubiger den durch den Verzug entstehenden Schaden zu ersetzen.

Hat die Leistung in Folge des Verzugs für den Gläubiger kein Interesse, so kann dieser unter Ablehnung der Leistung Schadensersatz wegen Nichterfüllung verlangen. Die für das vertragsmäßige Rücktrittsrecht geltenden Vorschriften der §§ 346 bis 356 finden entsprechende Anwendung.

Rückgewähr.

§ 346*. Die Parteien sind verpflichtet, einander die empfangenen Leistungen zurückzugewähren. Für geleistete Dienste sowie für die Ueberlassung der Benutzung einer Sache ist der Werth zu vergüten oder, falls in dem Vertrag eine Gegenleistung in Geld bestimmt ist, diese zu entrichten

Haftung wegen Verschlechterung etc.

§ 347* Der Anspruch auf Schadensersatz wegen Verschlechterung, Unterganges oder einer aus einem anderen Grunde eintretenden Unmöglichkeit der Herausgabe bestimmt sich von dem Empfange der Leistung an nach den Vorschriften, welche für das Verhältniss zwischen dem Eigenthümer und dem Besitzer von dem Eintritte der Rechtshängigkeit des Eigenthumsanspruchs an gelten. Das Gleiche gilt von dem Anspruch auf Herausgabe oder Vergütung von Nutzungen und von dem Anspruch auf Ersatz von Verwendungen. Eine Geldsumme ist von der Zeit des Empfanges an zu verzinsen

Erfüllung Zug um Zug.

§ 348* Die beiderseitigen Verpflichtungen sind Zug um Zug zu erfüllen

Geltendmachung des Anspruchs.

§ 349*. Die Geltendmachung des Anspruchs auf Schadensersatz wegen Nichterfüllung unter Ablehnung des noch möglichen Theiles der Leistung erfolgt durch Erklärung gegenüber dem anderen Theile.

Ausschluss des Anspruchs.

§ 350*. Die Geltendmachung des Anspruchs auf Schadensersatz wegen Nichterfüllung wird nicht dadurch ausgeschlossen, dass der Gegenstand, welchen der Berechtigte empfangen hat, durch Zufall untergegangen ist.

§ 351* Die Geltendmachung des Anspruchs ist ausgeschlossen, wenn der Berechtigte eine wesentliche Verschlechterung, den Untergang oder die anderweitige Unmöglichkeit der Herausgabe des empfangenen Gegenstandes verschuldet hat. Der Untergang eines erheblichen Theiles steht einer wesentlichen Verschlechterung des Gegenstandes, das von dem Berechtigten nach § 278 zu vertretende Verschulden eines Anderen *(d. i. seines gesetzlichen Vertreters und der Personen, deren er sich zur Erfüllung seiner Verbindlichkeit bedient)* steht dem eigenen Verschulden des Berechtigten gleich.

§ 352*. Die Geltendmachung des Anspruchs ist ausgeschlossen, wenn der Berechtigte die empfangene Sache durch Verarbeitung oder Umbildung in eine Sache anderer Art umgestaltet hat.

§ 353* Hat der Berechtigte den empfangenen Gegenstand oder einen erheblichen Theil des Gegenstandes veräussert oder mit dem Rechte eines Dritten belastet, so ist sein Anspruch ausgeschlossen, wenn bei demjenigen, welcher den Gegenstand in Folge der Verfügung erlangt hat, die Voraussetzungen des § 351 oder des § 352 eingetreten sind.

Einer Verfügung des Berechtigten steht eine Verfügung gleich, die im Wege der Zwangsvollstreckung oder der Arrestvollziehung oder durch den Konkursverwalter erfolgt.

Verzug des Berechtigten.

§ 354* Kommt der Berechtigte mit der Rückgewähr des empfangenen Gegenstandes oder eines erheblichen Theiles des Gegenstandes in Verzug, so kann ihm der andere Theil eine angemessene Frist mit der Erklärung bestimmen, dass er die Annahme nach dem Ablaufe der Frist ablehne. Die Erklärung des Berechtigten, Schadensersatz wegen Nichterfüllung der ganzen Verbindlichkeit zu verlangen, wird unwirksam, wenn nicht die Rückgewähr vor dem Ablaufe der Frist erfolgt.

Fristsetzung.

§ 355*. Ist für die Ausübung des Rechtes, Schadensersatz wegen Nichterfüllung der ganzen Verbindlichkeit zu verlangen, eine Frist nicht vereinbart, so kann dem Berechtigten von dem anderen Theile für die Ausübung eine angemessene Frist gesetzt werden Das Recht erlischt, wenn der Berechtigte nicht vor dem Ablaufe der Frist erklärt, dass er das Recht geltend mache.

Mehrere Betheiligte.

§ 356* Sind bei einem Vertrag auf der einen oder anderen Seite Mehrere betheiligt, so kann das Recht auf Schadensersatz wegen Nichterfüllung der ganzen Verbindlichkeit nur von allen und gegen alle ausgeübt werden. Erlischt das Recht für einen der Berechtigten, so erlischt es auch für die übrigen.

Haftung.

§ 287. Der Schuldner hat während des Verzugs jede Fahrlässigkeit zu vertreten. Er ist auch für die während des Verzugs durch Zufall eintretende Unmöglichkeit der Leistung verantwortlich, es sei denn, daß der Schaden auch bei rechtzeitiger Leistung eingetreten sein würde.

Verzugszinsen.

§ 288. Eine Geldschuld ist während des Verzugs mit vier vom Hundert für das Jahr zu verzinsen. Kann der Gläubiger aus einem anderen Rechtsgrunde höhere Zinsen verlangen, so sind diese fortzuentrichten.

Die Geltendmachung eines weiteren Schadens ist nicht ausgeschlossen.

§ 289. Von Zinsen sind Verzugszinsen nicht zu entrichten. Das Recht des Gläubigers auf Ersatz des durch den Verzug entstehenden Schadens bleibt unberührt.

§ 290. Ist der Schuldner zum Ersatze des Werthes eines Gegenstandes verpflichtet, der während des Verzugs untergegangen ist oder aus einem während des Verzugs eingetretenen Grunde nicht herausgegeben werden kann, so kann der Gläubiger Zinsen des zu ersetzenden Betrags von dem Zeitpunkt an verlangen, welcher der Bestimmung des Werthes zu Grunde gelegt wird. Das Gleiche gilt, wenn der Schuldner zum Ersatze der Minderung des Werthes eines während des Verzugs verschlechterten Gegenstandes verpflichtet ist.

Folgen der Rechtshängigkeit.

§ 291. Eine Geldschuld hat der Schuldner von dem Eintritte der Rechtshängigkeit an zu verzinsen, auch wenn er nicht im Verzug ist; wird die Schuld erst später fällig, so ist sie von der Fälligkeit an zu verzinsen. Die Vorschriften des § 288 Abs. 1 und des § 289 Satz 1 finden entsprechende Anwendung.

§ 292. Hat der Schuldner einen bestimmten Gegenstand herauszugeben, so bestimmt sich von dem Eintritte der Rechtshängigkeit an der Anspruch des Gläubigers auf Schadensersatz wegen Verschlechterung, Unterganges oder einer aus einem anderen Grunde eintretenden Unmöglichkeit der Herausgabe nach den Vorschriften, welche für das Verhältniß zwischen dem Eigenthümer und dem Besitzer von dem Eintritte der Rechtshängigkeit des Eigenthumsanspruchs an gelten, soweit nicht aus dem Schuldverhältniß oder dem Verzuge des Schuldners sich zu Gunsten des Gläubigers ein Anderes ergiebt.

Das Gleiche gilt von dem Anspruche des Gläubigers auf Herausgabe oder Vergütung von Nutzungen und von dem Anspruche des Schuldners auf Ersatz von Verwendungen.

Zweiter Titel.

Verzug des Gläubigers.

Nichtannahme der Leistung.

§ 293. Der Gläubiger kommt in Verzug, wenn er die ihm angebotene Leistung nicht annimmt.

Realofferte.

§ 294. Die Leistung muß dem Gläubiger so, wie sie zu bewirken ist, thatsächlich angeboten werden.

— Ausnahmen.

§ 295. Ein wörtliches Angebot des Schuldners genügt, wenn der Gläubiger ihm erklärt hat, daß er die Leistung nicht annehmen werde, oder wenn zur Bewirkung der Leistung eine Handlung des Gläubigers erforderlich ist, insbesondere wenn der Gläubiger die geschuldete Sache abzuholen hat. Dem Angebote der Leistung steht die Aufforderung an den Gläubiger gleich, die erforderliche Handlung vorzunehmen.

§ 296. Ist für die von dem Gläubiger vorzunehmende Handlung eine Zeit nach dem Kalender bestimmt, so bedarf es des Angebots nur, wenn der Gläubiger die Handlung rechtzeitig vornimmt. Das Gleiche gilt, wenn der Handlung eine Kündigung vorauszugehen hat und die Zeit für die Handlung in der Weise bestimmt ist, daß sie sich von der Kündigung ab nach dem Kalender berechnen läßt.

Leistungsunfähigkeit des Schuldners.

§ 297. Der Gläubiger kommt nicht in Verzug, wenn der Schuldner zur Zeit des Angebots oder im Falle des § 296 zu der für die Handlung des Gläubigers bestimmten Zeit außer Stande ist, die Leistung zu bewirken.

Gegenleistung des Gläubigers.

§ 298. Ist der Schuldner nur gegen eine Leistung des Gläubigers zu leisten verpflichtet, so kommt der Gläubiger in Verzug, wenn er zwar die angebotene Leistung anzunehmen bereit ist, die verlangte Gegenleistung aber nicht anbietet.

Verhinderung an der Annahme.

§ 299. Ist die Leistungszeit nicht bestimmt oder ist der Schuldner berechtigt, vor der bestimmten Zeit zu leisten, so kommt der Gläubiger nicht dadurch in Verzug, daß er vorübergehend an der Annahme der angebotenen Leistung verhindert ist, es sei denn, daß der Schuldner ihm die Leistung eine angemessene Zeit vorher angekündigt hat.

Haftung des Schuldners.

§ 300. Der Schuldner hat während des Verzugs des Gläubigers nur Vorsatz und grobe Fahrlässigkeit zu vertreten.

Wird eine nur der Gattung nach bestimmte Sache geschuldet, so geht die Gefahr mit dem Zeitpunkt auf den Gläubiger über, in welchem er dadurch in Verzug kommt, daß er die angebotene Sache nicht annimmt.

Keine Zinsen.

§ 301. Von einer verzinslichen Geldschuld hat der Schuldner während des Verzugs des Gläubigers Zinsen nicht zu entrichten.

Nutzungen.

§ 302. Hat der Schuldner die Nutzungen eines Gegenstandes herauszugeben oder zu ersetzen, so beschränkt sich seine Verpflichtung während des Verzugs des Gläubigers auf die Nutzungen, welche er zieht.

Aufgabe des Besitzes eines Grundstückes.

§ 303. Ist der Schuldner zur Herausgabe eines Grundstücks verpflichtet, so kann er nach dem Eintritte des Verzugs des Gläubigers den Besitz aufgeben. Das Aufgeben muß dem Gläubiger vorher angedroht werden, es sei denn, daß die Androhung unthunlich ist.

Ersatz von Mehraufwendungen.

§ 304. Der Schuldner kann im Falle des Verzugs des Gläubigers Ersatz der Mehraufwendungen verlangen, die er für das erfolglose Angebot sowie für die Aufbewahrung und Erhaltung des geschuldeten Gegenstandes machen mußte.

Zweiter Abschnitt.

Schuldverhältnisse aus Verträgen.

Erster Titel.

Begründung. Inhalt des Vertrags.

Begründung des Schuldverhältnisses.

§ 305. Zur Begründung eines Schuldverhältnisses durch Rechtsgeschäft sowie zur Aenderung des Inhalts eines Schuldverhältnisses ist ein Vertrag zwischen den Betheiligten erforderlich, soweit nicht das Gesetz ein Anderes vorschreibt.

Unmöglichkeit der Leistung.

§ 306. Ein auf eine unmögliche Leistung gerichteter Vertrag ist nichtig.

§ 307. Wer bei der Schließung eines Vertrags, der auf eine unmögliche Leistung gerichtet ist, die Unmöglichkeit der Leistung kennt oder kennen muß, ist zum Ersatze des Schadens verpflichtet, den der andere Theil dadurch erleidet, daß er auf die Gültigkeit des Vertrags vertraut, jedoch nicht über den Betrag des Interesses hinaus, welches der andere Theil an der Gültigkeit des Vertrags hat. Die Ersatzpflicht tritt nicht ein, wenn der andere Theil die Unmöglichkeit kennt oder kennen muß.

Diese Vorschriften finden entsprechende Anwendung, wenn die Leistung nur theilweise unmöglich und der Vertrag in Ansehung des möglichen Theiles gültig ist oder wenn eine von mehreren wahlweise versprochenen Leistungen unmöglich ist.

§ 308. Die Unmöglichkeit der Leistung steht der Gültigkeit des Vertrags nicht entgegen, wenn die Unmöglichkeit gehoben werden kann und der Vertrag für den Fall geschlossen ist, daß die Leistung möglich wird.

Wird eine unmögliche Leistung unter einer anderen aufschiebenden Bedingung oder unter Bestimmung eines Anfangstermins versprochen, so ist der Vertrag gültig, wenn die Unmöglichkeit vor dem Eintritte der Bedingung oder des Termins gehoben wird.

Haftung bei verbotenen Verträgen.

§ 309. Verstößt ein Vertrag gegen ein gesetzliches Verbot, so finden die Vorschriften der §§ 307, 308 entsprechende Anwendung.

Verträge über künftiges Vermögen.

§ 310. Ein Vertrag, durch den sich der eine Theil verpflichtet, sein künftiges Vermögen oder einen Bruchtheil seines künftigen Vermögens zu übertragen oder mit einem Nießbrauche zu belasten, ist nichtig.

Verträge über das gegenwärtige Vermögen.

§ 311. Ein Vertrag, durch den sich der eine Theil verpflichtet, sein gegenwärtiges Vermögen oder einen Bruchtheil seines gegenwärtigen Vermögens zu übertragen oder mit einem Nießbrauche zu belasten, bedarf der gerichtlichen oder notariellen Beurkundung.

Verträge über den Nachlass eines noch lebenden Dritten.

§ 312. Ein Vertrag über den Nachlaß eines noch lebenden Dritten ist nichtig. Das Gleiche gilt von einem Vertrag über den Pflichttheil oder ein Vermächtniß aus dem Nachlaß eines noch lebenden Dritten.

Diese Vorschriften finden keine Anwendung auf einen Vertrag, der unter künftigen gesetzlichen Erben über den gesetzlichen Erbtheil oder den Pflichttheil eines von ihnen geschlossen wird. Ein solcher Vertrag bedarf der gerichtlichen oder notariellen Beurkundung.

Grundstücksverträge.

§ 313. Ein Vertrag, durch den sich der eine Theil verpflichtet, das Eigenthum an einem Grundstücke zu übertragen, bedarf der gerichtlichen oder notariellen Beurkundung. Ein ohne Beobachtung dieser Form geschlossener Vertrag wird seinem ganzen Inhalte nach gültig, wenn die Auflassung und die Eintragung in das Grundbuch erfolgen.

Zubehör.

§ 314. Verpflichtet sich Jemand zur Veräußerung oder Belastung einer Sache, so erstreckt sich die Verpflichtung im Zweifel auch auf das Zubehör der Sache.

Bestimmung der Leistung durch einen Vertragschliessenden.

§ 315. Soll die Leistung durch einen der Vertragschließenden bestimmt werden, so ist im Zweifel anzunehmen, daß die Bestimmung nach billigem Ermessen zu treffen ist.

Die Bestimmung erfolgt durch Erklärung gegenüber dem anderen Theile.

Soll die Bestimmung nach billigem Ermessen erfolgen, so ist die getroffene Bestimmung für den anderen Theil nur verbindlich, wenn sie der Billigkeit entspricht. Entspricht sie nicht der Billigkeit, so wird die Bestimmung durch Urtheil getroffen; das Gleiche gilt, wenn die Bestimmung verzögert wird.

Bestimmung der Gegenleistung.

§ 316. Ist der Umfang der für eine Leistung versprochenen Gegenleistung nicht bestimmt, so steht die Bestimmung im Zweifel demjenigen Theile zu, welcher die Gegenleistung zu fordern hat.

Bestimmung der Leistung durch einen Dritten.

§ 317. Ist die Bestimmung der Leistung einem Dritten überlassen, so ist im Zweifel anzunehmen, daß sie nach billigem Ermessen zu treffen ist.

Soll die Bestimmung durch mehrere Dritte erfolgen, so ist im Zweifel Uebereinstimmung aller erforderlich; soll eine Summe bestimmt werden, so ist, wenn verschiedene Summen bestimmt werden, im Zweifel die Durchschnittssumme maßgebend.

§ 318. Die einem Dritten überlassene Bestimmung der Leistung erfolgt durch Erklärung gegenüber einem der Vertragschließenden.

Die Anfechtung der getroffenen Bestimmung wegen Irrthums, Drohung oder arglistiger Täuschung steht nur den Vertragschließenden zu; Anfechtungsgegner ist der andere Theil. Die Anfechtung muß unverzüglich erfolgen, nachdem der Anfechtungsberechtigte von dem Anfechtungsgrunde Kenntniß erlangt hat. Sie ist ausgeschlossen, wenn dreißig Jahre verstrichen sind, nachdem die Bestimmung getroffen worden ist.

§ 319. Soll der Dritte die Leistung nach billigem Ermessen bestimmen, so ist die getroffene Bestimmung für die Vertragschließenden nicht verbindlich, wenn sie offenbar unbillig ist. Die Bestimmung erfolgt in diesem Falle durch Urtheil; das Gleiche gilt, wenn der Dritte die Bestimmung nicht treffen kann oder will oder wenn er sie verzögert.

Soll der Dritte die Bestimmung nach freiem Belieben treffen, so ist der Vertrag unwirksam, wenn der Dritte die Bestimmung nicht treffen kann oder will oder wenn er sie verzögert.

Zweiter Titel.

Gegenseitiger Vertrag.

Verweigerung der Leistung bis zur Bewirkung der Gegenleistung.

§ 320. Wer aus einem gegenseitigen Vertrage verpflichtet ist, kann die ihm obliegende Leistung bis zur Bewirkung der Gegenleistung verweigern, es sei denn, daß er vorzuleisten verpflichtet ist. Hat die Leistung an Mehrere zu erfolgen, so kann dem Einzelnen der ihm gebührende Theil bis zur Bewirkung der ganzen Gegenleistung verweigert werden. Die Vorschrift des § 273 Abs. 3 findet keine Anwendung.

Ist von der einen Seite theilweise geleistet worden, so kann die Gegenleistung insoweit nicht verweigert werden, als die Verweigerung nach den Umständen, insbesondere wegen verhältnißmäßiger Geringfügigkeit des rückständigen Theiles, gegen Treu und Glauben verstoßen würde.

§ 273 Abs. 3, Satz 1. Der Gläubiger kann die Ausübung des Zurückbehaltungsrechts durch Sicherheitsleistung abwenden.

Vorleistung.

§ 321. Wer aus einem gegenseitigen Vertrage vorzuleisten verpflichtet ist, kann, wenn nach dem Abschlusse des Vertrags in den Vermögensverhältnissen des anderen Theiles eine wesentliche Verschlechterung eintritt, durch die der Anspruch auf die Gegenleistung gefährdet wird, die ihm obliegende Leistung verweigern, bis die Gegenleistung bewirkt oder Sicherheit für sie geleistet wird.

Klage aus einem gegenseitigen Vertrag.

§ 322. Erhebt aus einem gegenseitigen Vertrage der eine Theil Klage auf die ihm geschuldete Leistung, so hat die Geltendmachung des dem anderen Theile zustehenden Rechtes, die Leistung bis zur Bewirkung der Gegenleistung zu verweigern, nur die Wirkung, daß der andere Theil zur Erfüllung Zug um Zug zu verurtheilen ist.

Hat der klagende Theil vorzuleisten, so kann er, wenn der andere Theil im Verzuge der Annahme ist, auf Leistung nach Empfang der Gegenleistung klagen.

Auf die Zwangsvollstreckung findet die Vorschrift des § 274 Abs. 2 Anwendung.

§ 274 Abs. 2* Auf Grund einer Verurtheilung zur Erfüllung Zug um Zug kann der Gläubiger seinen Anspruch ohne Bewirkung der ihm obliegenden Leistung im Wege der Zwangsvollstreckung verfolgen, wenn der Schuldner im Verzuge der Annahme ist.

Nachträgliche Unmöglichkeit bei gegenseitigen Verträgen.

§ 323. Wird die aus einem gegenseitigen Vertrage dem einen Theile obliegende Leistung in Folge eines Umstandes unmöglich, den weder er noch der andere Theil zu vertreten hat, so verliert er den Anspruch auf die Gegenleistung; bei theilweiser Unmöglichkeit mindert sich die Gegenleistung nach Maßgabe der §§ 472, 473.

Verlangt der andere Theil nach § 281 Herausgabe des für den geschuldeten Gegenstand erlangten Ersatzes oder Abtretung des Ersatzanspruchs, so bleibt er zur Gegenleistung verpflichtet; diese mindert sich jedoch nach Maßgabe der §§ 472, 473 insoweit, als der Wert des Ersatzes oder des Ersatzanspruchs hinter dem Werthe der geschuldeten Leistung zurückbleibt.

Soweit die nach diesen Vorschriften nicht geschuldete Gegenleistung bewirkt ist, kann das Geleistete nach den Vorschriften über die Herausgabe einer ungerechtfertigten Bereicherung zurückgefordert werden.

§ 472* Die Gegenleistung ist in dem Verhältnisse herabzusetzen, in welchem zur Zeit des Vertragsschlusses der Werth der ganzen Leistung zu dem Werthe der möglich gebliebenen Leistung gestanden hat.

Wird von mehreren Leistungen, für welche eine Gegenleistung geschuldet wird, eine derselben unmöglich, so ist bei der Minderung der Gegenleistung der Gesammtwerth aller Leistungen zu Grunde zu legen.

§ 473*. Sind neben der in Geld festgesetzten Gegenleistung Leistungen bedungen, die nicht vertretbare Sachen zum Gegenstande haben, so sind diese Leistungen nach dem Werthe des Vertragsschlusses in Geld zu veranschlagen. Die Minderung der Gegenleistung erfolgt an der in Geld festgesetzten Gegenleistung; ist diese geringer als der abzusetzende Betrag, so hat der zur Leistung Verpflichtete den überschiessenden Betrag dem zur Gegenleistung Verpflichteten zu vergüten.

§ 281 Abs. 1 Erlangt der Schuldner in Folge des Umstandes, welcher die Leistung unmöglich macht, für den geschuldeten Gegenstand einen Ersatz oder einen Ersatzanspruch, so kann der Gläubiger Herausgabe des als Ersatz Empfangenen oder Abtretung des Ersatzanspruchs verlangen.

§ 324. Wird die aus einem gegenseitigen Vertrage dem einen Theile obliegende Leistung in Folge eines Umstandes, den der andere Theil zu vertreten hat, unmöglich, so behält er den Anspruch auf die Gegenleistung. Er muß sich jedoch dasjenige anrechnen lassen, was er in Folge der Befreiung von der Leistung erspart oder durch anderweitige Verwendung seiner Arbeitskraft erwirbt oder zu erwerben böswillig unterläßt.

Das Gleiche gilt, wenn die dem einen Theile obliegende Leistung in Folge eines von ihm nicht zu vertretenden Umstandes zu einer Zeit unmöglich wird, zu welcher der andere Theil im Verzuge der Annahme ist.

§ 325. Wird die aus einem gegenseitigen Vertrage dem einen Theile obliegende Leistung in Folge eines Umstandes, den er zu vertreten hat, unmöglich, so kann der andere Theil Schadensersatz wegen Nichterfüllung verlangen oder von dem Vertrage zurücktreten. Bei theilweiser Unmöglichkeit ist er, wenn die theilweise Erfüllung des Vertrags für ihn kein Interesse hat, berechtigt, Schadensersatz wegen Nichterfüllung der ganzen Verbindlichkeit nach Maßgabe des § 280 Abs. 2 zu verlangen oder von dem ganzen Vertrage zurückzutreten. Statt des Anspruchs auf Schadensersatz und des Rücktrittsrechts kann er auch die für den Fall des § 323 bestimmten Rechte geltend machen.

Das Gleiche gilt in dem Falle des § 283, wenn nicht die Leistung bis zum Ablaufe der Frist bewirkt wird oder wenn sie zu dieser Zeit theilweise nicht bewirkt ist.

§ 280 Abs. 2* Der andere Theil kann unter Ablehnung des noch möglichen Theiles der Leistung Schadensersatz wegen Nichterfüllung der ganzen Verbindlichkeit verlangen. Die für das vertragsmässige Rücktrittsrecht geltenden Vorschriften der §§ 346 bis 356 finden entsprechende Anwendung.

§ 346. Die Parteien sind, wenn von vorstehendem Rechte Gebrauch gemacht wird, verpflichtet, einander die empfangenen Leistungen zurückzugewähren. Für geleistete Dienste sowie für die Ueberlassung der Benutzung einer Sache ist der Werth zu vergüten oder, falls in dem Vertrag eine Gegenleistung in Geld bestimmt ist, diese zu entrichten.*

§ 347. Der Anspruch auf Schadensersatz wegen Verschlechterung, Unterganges oder einer aus einem anderen Grunde eintretenden Unmöglichkeit der Herausgabe bestimmt sich im Falle der Geltendmachung obigen Rechtes von dem Empfange der Leistung an nach den Vorschriften, welche für das Verhältniss zwischen dem Eigenthümer und dem Besitzer von dem Eintritte der Rechtshängigkeit des Eigenthumsanspruchs an gelten. Das Gleiche gilt von dem Anspruch auf Herausgabe oder Vergütung von Nutzungen und von dem Anspruch auf Ersatz von Verwendungen. Eine Geldsumme ist von der Zeit des Empfanges an zu verzinsen.*

§ 348. Die sich aus der Geltendmachung obigen Rechtes ergebenden Verpflichtungen sind Zug um Zug zu erfüllen. Die Vorschriften der §§ 320, 322 (über das Recht, die Leistung bis zur Bewirkung der Gegenleistung zu verweigern, sowie hinsichtlich der Klage auf Erfüllung Zug um Zug) finden entsprechende Anwendung.

§ 349. Die Geltendmachung des Rechtes erfolgt durch Erklärung gegenüber dem anderen Theile.*

§ 350. Die Geltendmachung des Rechtes wird nicht dadurch ausgeschlossen, dass der Gegenstand, welchen der Berechtigte empfangen hat, durch Zufall untergegangen ist.*

§ 351. Die Geltendmachung des Rechtes ist ausgeschlossen, wenn der Berechtigte eine wesentliche Verschlechterung, den Untergang oder die anderweitige Unmöglichkeit der Herausgabe des empfangenen Gegenstandes verschuldet hat. Der Untergang eines erheblichen Theiles steht einer wesentlichen Verschlechterung, das von dem Berechtigten nach § 278 zu vertretende Verschulden eines Anderen (d. i. seines gesetzlichen Vertreters und der Personen, deren er sich zur Erfüllung seiner Verbindlichkeit bedient) steht dem eigenen Verschulden des Berechtigten gleich.*

§ 352 Die Geltendmachung des Rechtes ist ausgeschlossen, wenn der Berechtigte die empfangene Sache durch Verarbeitung oder Umbildung in eine Sache anderer Art umgestaltet hat.*

§ 353. Hat der Berechtigte den empfangenen Gegenstand oder einen erheblichen Theil desselben veräussert oder mit dem Rechte eines Dritten belastet, so ist die Geltendmachung des Rechtes ausgeschlossen, wenn bei demjenigen, welcher den Gegenstand in Folge der Verfügung erlangt hat, die Voraussetzungen des § 351 oder des § 352 eingetreten sind.*

Einer Verfügung des Berechtigten steht eine Verfügung gleich, die im Wege der Zwangsvollstreckung oder der Arrestvollziehung oder durch den Konkursverwalter erfolgt.

§ 354. Kommt der Berechtigte mit der Rückgewähr des empfangenen Gegenstandes oder eines erheblichen Theiles des Gegenstandes in Verzug, so kann ihm der andere Theil eine angemessene Frist mit der Erklärung bestimmen, dass er die Annahme nach dem Ablaufe der Frist ablehne. Die Geltendmachung des Rechtes wird unwirksam, wenn nicht die Rückgewähr vor dem Ablaufe der Frist erfolgt.*

§ 355. Ist für die Geltendmachung des Rechtes eine Frist nicht vereinbart, so kann dem Berechtigten von dem anderen Theile für die Ausübung eine angemessene Frist bestimmt werden. Das Recht erlischt, wenn der Berechtigte nicht vor dem Ablaufe der Frist erklärt, dass er das Recht geltend mache.*

§ 356. Sind auf der einen oder der anderen Seite Mehrere betheiligt, so kann das Recht nur von allen und gegen alle geltend gemacht werden. Erlischt das Recht für einen der Berechtigten, so erlischt es auch für die übrigen.*

§ 283*. Ist der Schuldner rechtskräftig verurtheilt, so kann der Gläubiger ihm zur Bewirkung der Leistung eine angemessene Frist mit der Erklärung bestimmen, dass er die Annahme der Leistung nach dem Ablaufe der Frist ablehne. Der Gläubiger hat die im § 325 bezeichneten Rechte auf Schadensersatz wegen Nichterfüllung oder auf Rücktritt vom Vertrage nicht, wenn die Leistung in Folge eines Umstandes unmöglich wird, den der Schuldner nicht zu vertreten hat

Wird die Leistung bis zum Ablaufe der Frist nur theilweise nicht bewirkt, so steht dem Gläubiger auch das im § 280 Abs. 2 (s. oben) bezeichnete Recht auf Schadensersatz wegen Nichterfüllung unter Ablehnung des noch geschuldeten Theiles der Leistung zu.

Verzug.

§ 326. Ist bei einem gegenseitigen Vertrage der eine Theil mit der ihm obliegenden Leistung im Verzuge, so kann ihm der andere Theil zur Bewirkung der Leistung eine angemessene Frist mit der Erklärung bestimmen, daß er die Annahme der Leistung nach dem Ablaufe der Frist ablehne. Nach dem Ablaufe der Frist ist er berechtigt, Schadensersatz wegen Nichterfüllung zu verlangen oder von dem Vertrage zurückzutreten, wenn nicht die Leistung rechtzeitig erfolgt ist; der Anspruch auf Erfüllung ist ausgeschlossen. Wird die Leistung bis zum Ablaufe der Frist theilweise nicht bewirkt, so findet die Vorschrift des § 325 Abs. 1 Satz 2 entsprechende Anwendung.

Hat die Erfüllung des Vertrags in Folge des Verzugs für den anderen Theil kein Interesse, so stehen ihm die im Abs. 1 bezeichneten Rechte zu, ohne daß es der Bestimmung einer Frist bedarf.

§ 327. Auf das in den §§ 325, 326 bestimmte Rücktrittsrecht finden die für das vertragsmäßige Rücktrittsrecht geltenden Vorschriften der §§ 346 bis 356 entsprechende Anwendung. Erfolgt der Rücktritt wegen eines Umstandes, den der andere Theil nicht zu vertreten hat, so haftet dieser nur nach den Vorschriften über die Herausgabe einer ungerechtfertigten Bereicherung.

§ 346—356 siehe § 325

Dritter Titel.

Versprechen der Leistung an einen Dritten.

Recht des Dritten auf die Leistung.

§ 328. Durch Vertrag kann eine Leistung an einen Dritten mit der Wirkung bedungen werden, daß der Dritte unmittelbar das Recht erwirbt, die Leistung zu fordern.

In Ermangelung einer besonderen Bestimmung ist aus den Umständen, insbesondere aus dem Zwecke des Vertrags, zu entnehmen, ob der Dritte das Recht erwerben, ob das Recht des Dritten sofort oder nur unter gewissen Voraussetzungen entstehen und ob den Vertragschließenden die Befugniß vorbehalten sein soll, das Recht des Dritten ohne dessen Zustimmung aufzuheben oder zu ändern.

Versprechen der Befriedigung des Gläubigers.

§ 329. Verpflichtet sich in einem Vertrage der eine Theil zur Befriedigung eines Gläubigers des anderen Theiles, ohne die Schuld zu übernehmen, so ist im Zweifel nicht anzunehmen, daß der Gläubiger unmittelbar das Recht erwerben soll, die Befriedigung von ihm zu fordern.

Lebensversicherungs-, Leibrentenverträge etc.

§ 330. Wird in einem Lebensversicherungs- oder einem Leibrentenvertrage die Zahlung der Versicherungssumme oder der Leibrente an einen Dritten bedungen, so ist im Zweifel anzunehmen, daß der Dritte unmittelbar das Recht erwerben soll, die Leistung zu fordern. Das Gleiche gilt, wenn bei einer unentgeltlichen Zuwendung dem Bedachten eine Leistung an einen Dritten auferlegt oder bei einer Vermögens- oder Gutsübernahme von dem Uebernehmer eine Leistung an einen Dritten zum Zwecke der Abfindung versprochen wird.

Leistung nach dem Tode des Versprechensempfängers.

§ 331. Soll die Leistung an den Dritten nach dem Tode desjenigen erfolgen, welchem sie versprochen wird, so erwirbt der Dritte das Recht auf die Leistung im Zweifel mit dem Tode des Versprechensempfängers.

Stirbt der Versprechensempfänger vor der Geburt des Dritten, so kann das Versprechen, an den Dritten zu leisten, nur dann noch aufgehoben oder geändert werden, wenn die Befugniß dazu vorbehalten worden ist.

Substitutionsvorbehalt.

§ 332. Hat sich der Versprechensempfänger die Befugniß vorbehalten, ohne Zustimmung des Versprechenden an die Stelle des in dem Vertrage bezeichneten Dritten einen Anderen zu setzen, so kann dies im Zweifel auch in einer Verfügung von Todeswegen geschehen.

Zurückweisung durch den Dritten.

§ 333. Weist der Dritte das aus dem Vertrag erworbene Recht dem Versprechenden gegenüber zurück, so gilt das Recht als nicht erworben.

Einwendungen.

§ 334. Einwendungen aus dem Vertrage stehen dem Versprechenden auch gegenüber dem Dritten zu.

Forderungsrecht des Versprechensempfängers.

§ 335. Der Versprechensempfänger kann, sofern nicht ein anderer Wille der Vertragschließenden anzunehmen ist, die Leistung an den Dritten auch dann fordern, wenn diesem das Recht auf die Leistung zusteht.

Vierter Titel.

Draufgabe. Vertragsstrafe.

I. Draufgabe.

§ 336. Wird bei der Eingehung eines Vertrags etwas als Draufgabe gegeben, so gilt dies als Zeichen des Abschlusses des Vertrags.

Die Draufgabe gilt im Zweifel nicht als Reugeld.

Anrechnung, Rückgabe.

§ 337. Die Draufgabe ist im Zweifel auf die von dem Geber geschuldete Leistung anzurechnen oder, wenn dies nicht geschehen kann, bei der Erfüllung des Vertrags zurückzugeben.

Wird der Vertrag wieder aufgehoben, so ist die Draufgabe zurückzugeben.

Verschulden des Gebers.

§ 338. Wird die von dem Geber geschuldete Leistung in Folge eines Umstandes, den er zu vertreten hat, unmöglich oder verschuldet der Geber die Wiederaufhebung des Vertrags, so ist der Empfänger berechtigt, die Draufgabe zu behalten. Verlangt der Empfänger Schadensersatz wegen Nichterfüllung, so ist die Draufgabe im Zweifel anzurechnen oder, wenn dies nicht geschehen kann, bei der Leistung des Schadensersatzes zurückzugeben.

2. Vertragsstrafe.

§ 339. Verspricht der Schuldner dem Gläubiger für den Fall, daß er seine Verbindlichkeit nicht oder nicht in gehöriger Weise erfüllt, die Zahlung einer Geldsumme als Strafe, so ist die Strafe verwirkt, wenn er in Verzug kommt. Besteht die geschuldete Leistung in einem Unterlassen, so tritt die Verwirkung mit der Zuwiderhandlung ein.

Strafe statt Erfüllung u. Mindestbetrag des Schadens.

§ 340. Hat der Schuldner die Strafe für den Fall versprochen, daß er seine Verbindlichkeit nicht erfüllt, so kann der Gläubiger die verwirkte Strafe statt der Erfüllung verlangen. Erklärt der Gläubiger dem Schuldner, daß er die Strafe verlange, so ist der Anspruch auf Erfüllung ausgeschlossen.

Steht dem Gläubiger ein Anspruch auf Schadensersatz wegen Nichterfüllung zu, so kann er die verwirkte Strafe als Mindestbetrag des Schadens verlangen. Die Geltendmachung eines weiteren Schadens ist nicht ausgeschlossen.

Strafe neben Erfüllung.

§ 341. Hat der Schuldner die Strafe für den Fall versprochen, daß er seine Verbindlichkeit nicht in gehöriger Weise, insbesondere nicht zu der bestimmten Zeit, erfüllt, so kann der Gläubiger die verwirkte Strafe neben der Erfüllung verlangen.

Steht dem Gläubiger ein Anspruch auf Schadensersatz wegen der nicht gehörigen Erfüllung zu, so finden die Vorschriften des § 340 Abs. 2 Anwendung.

Nimmt der Gläubiger die Erfüllung an, so kann er die Strafe nur verlangen, wenn er sich das Recht dazu bei der Annahme vorbehält.

§ 342. Wird als Strafe eine andere Leistung als die Zahlung einer Geldsumme versprochen, so finden die Vorschriften der §§ 339 bis 341 Anwendung; der Anspruch auf Schadensersatz ist ausgeschlossen, wenn der Gläubiger die Strafe verlangt.

Herabsetzung der Strafe.

§ 343. Ist eine verwirkte Strafe unverhältnißmäßig hoch, so kann sie auf Antrag des Schuldners durch Urtheil auf den angemessenen Betrag herabgesetzt werden. Bei der Beurtheilung der Angemessenheit ist jedes berechtigte Interesse des Gläubigers, nicht blos das Vermögensinteresse, in Betracht zu ziehen. Nach der Entrichtung der Strafe ist die Herabsetzung ausgeschlossen.

Das Gleiche gilt auch außer den Fällen der §§ 339, 342, wenn Jemand eine Strafe für den Fall verspricht, daß er eine Handlung vornimmt oder unterläßt.

Unwirksamkeit der Hauptverbindlichkeit.

§ 344. Erklärt das Gesetz das Versprechen einer Leistung für unwirksam, so ist auch die für den Fall der Nichterfüllung des Versprechens getroffene Vereinbarung einer Strafe unwirksam, selbst wenn die Parteien die Unwirksamkeit des Versprechens gekannt haben.

Beweislast.

§ 345. Bestreitet der Schuldner die Verwirkung der Strafe, weil er seine Verbindlichkeit erfüllt habe, so hat er die Erfüllung zu beweisen, sofern nicht die geschuldete Leistung in einem Unterlassen besteht.

Fünfter Titel.

Rücktritt.

Rückgewähr.

§ 346. Hat sich in einem Vertrag ein Theil den Rücktritt vorbehalten, so sind die Parteien, wenn der Rücktritt erfolgt, verpflichtet, einander die empfangenen Leistungen zurückzugewähren. Für geleistete Dienste sowie für die Ueberlassung der Benutzung einer Sache ist der Werth zu vergüten oder, falls in dem Vertrag eine Gegenleistung in Geld bestimmt ist, diese zu entrichten.

Haftung.

§ 347. Der Anspruch auf Schadensersatz wegen Verschlechterung, Unterganges oder einer aus einem anderen Grunde eintretenden Unmöglichkeit der Herausgabe bestimmt sich im Falle des Rücktritts von dem Empfange der Leistung an nach den Vorschriften, welche für das Verhältniß zwischen dem Eigenthümer und dem Besitzer von dem Eintritte der Rechtshängigkeit des Eigenthumsanspruchs an gelten. Das Gleiche gilt von dem Anspruch auf Herausgabe oder Vergütung von Nutzungen und von dem Anspruch auf Ersatz von Verwendungen. Eine Geldsumme ist von der Zeit des Empfanges an zu verzinsen.

Rückgewähr Zug um Zug.

§ 348. Die sich aus dem Rücktritt ergebenden Verpflichtungen der Parteien sind Zug um Zug zu erfüllen. Die Vorschriften der §§ 320, 322 finden entsprechende Anwendung.

§ 320* Jeder Theil kann die ihm obliegende Leistung bis zur Bewirkung der Gegenleistung verweigern Hat die Leistung an Mehrere zu erfolgen, so kann dem Einzelnen der ihm gebührende Theil bis zur Bewirkung der ganzen Gegenleistung verweigert werden. Die Vorschrift des § 273 Abs. 3 *(der Gläubiger kann die Ausübung des Zurückbehaltungsrechtes durch Sicherheitsleistung abwenden. Die Sicherheitsleistung durch Bürgen ist ausgeschlossen)* findet keine Anwendung

Ist von der einen Seite theilweise geleistet worden, so kann die Gegenleistung insoweit nicht verweigert werden, als die Verweigerung nach den Umständen, insbesondere wegen verhältnissmässiger Geringfügigkeit des rückständigen Theiles, gegen Treu und Glauben verstossen würde.

§ 322* Erhebt der eine Theil Klage auf die ihm geschuldete Leistung, so hat die Geltendmachung des dem anderen Theile zustehenden Rechtes, die Leistung bis zur Bewirkung der Gegenleistung zu verweigern, nur die Wirkung, dass der andere Theil zur Erfüllung Zug um Zug zu verurtheilen ist.

Auf die Zwangsvollstreckung findet die Vorschrift des § 274 Abs. 2 Anwendung.

§ 274 Abs. 2. Auf Grund einer solchen Verurtheilung kann der Gläubiger seinen Anspruch ohne Bewirkung der ihm obliegenden Leistung im Wege der Zwangsvollstreckung verfolgen, wenn der Schuldner im Verzuge der Annahme ist.

Ausübung des Rücktrittsrechts.

§ 349. Der Rücktritt erfolgt durch Erklärung gegenüber dem anderen Theile.

Zufälliger Untergang.

§ 350. Der Rücktritt wird nicht dadurch ausgeschlossen, daß der Gegenstand, welchen der Berechtigte empfangen hat, durch Zufall untergegangen ist.

Ausschluss des Rücktrittsrechts.

§ 351. Der Rücktritt ist ausgeschlossen, wenn der Berechtigte eine wesentliche Verschlechterung, den Untergang oder die anderweitige Unmöglichkeit der Herausgabe des empfangenen Gegenstandes verschuldet hat. Der Untergang eines erheblichen Theiles steht einer wesentlichen Verschlechterung des Gegenstandes, das von dem Berechtigten nach § 278 zu vertretende Verschulden eines Anderen steht dem eigenen Verschulden des Berechtigten gleich.

§ 278*. Verschulden seines gesetzlichen Vertreters und der Personen, deren er sich zur Erfüllung seiner Verbindlichkeit bedient

§ 352. Der Rücktritt ist ausgeschlossen, wenn der Berechtigte die empfangene Sache durch Verarbeitung oder Umbildung in eine Sache anderer Art umgestaltet hat.

§ 353. Hat der Berechtigte den empfangenen Gegenstand oder einen erheblichen Theil des Gegenstandes veräußert oder mit dem Rechte eines Dritten belastet, so ist der Rücktritt ausgeschlossen, wenn bei demjenigen, welcher den Gegenstand in Folge der Verfügung erlangt hat, die Voraussetzungen des § 351 oder des § 352 eingetreten sind.

Einer Verfügung des Berechtigten steht eine Verfügung gleich, die im Wege der Zwangsvollstreckung oder der Arrestvollziehung oder durch den Konkursverwalter erfolgt.

Verzug des Rücktrittsberechtigten.

§ 354. Kommt der Berechtigte mit der Rückgewähr des empfangenen Gegenstandes oder eines erheblichen Theiles des Gegenstandes in Verzug, so kann ihm der andere Theil eine angemessene Frist mit der Erklärung bestimmen, daß er die Annahme nach dem Ablaufe der Frist ablehne. Der Rücktritt wird unwirksam, wenn nicht die Rückgewähr vor dem Ablaufe der Frist erfolgt.

§ 355. Ist für die Ausübung des Rücktrittsrechts eine Frist nicht vereinbart, so kann dem Berechtigten von dem anderen Theile für die Ausübung eine angemessene Frist bestimmt werden. Das Rücktrittsrecht erlischt, wenn nicht der Rücktritt vor dem Ablaufe der Frist erklärt wird.

Mehrere Betheiligte.

§ 356. Sind bei einem Vertrag auf der einen oder der anderen Seite Mehrere betheiligt, so kann das Rücktrittsrecht nur von allen und gegen alle ausgeübt werden. Erlischt das Rücktrittsrecht für einen der Berechtigten, so erlischt es auch für die übrigen.

Unwirksamkeit des Rücktritts bei Aufrechnung.

§ 357. Hat sich der eine Theil den Rücktritt für den Fall vorbehalten, daß der andere Theil seine Verbindlichkeit nicht erfüllt, so ist der Rücktritt unwirksam, wenn der andere Theil sich von der Verbindlichkeit durch Aufrechnung befreien konnte und unverzüglich nach dem Rücktritte die Aufrechnung erklärt.

Beweislast.

§ 358. Hat sich der eine Theil den Rücktritt für den Fall vorbehalten, daß der andere Theil seine Verbindlichkeit nicht erfüllt, und bestreitet dieser die Zulässigkeit des erklärten Rücktritts, weil er erfüllt habe, so hat er die Erfüllung zu beweisen, sofern nicht die geschuldete Leistung in einem Unterlassen besteht.

Rücktritt gegen Reugeld.

§ 359. Ist der Rücktritt gegen Zahlung eines Reugeldes vorbehalten, so ist der Rücktritt unwirksam, wenn das Reugeld nicht vor oder bei der Erklärung entrichtet wird und der andere Theil aus diesem Grunde die Erklärung unverzüglich zurückweist. Die Erklärung ist jedoch wirksam, wenn das Reugeld unverzüglich nach der Zurückweisung entrichtet wird.

Vorbehalt der Rechtsverwirkung.

§ 360. Ist ein Vertrag mit dem Vorbehalte geschlossen, daß der Schuldner seiner Rechte aus dem Vertrage verlustig sein soll, wenn er seine Verbindlichkeit nicht erfüllt, so ist der Gläubiger bei dem Eintritte dieses Falles zum Rücktritte von dem Vertrage berechtigt.

Fixgeschäft.

§ 361. Ist in einem gegenseitigen Vertrage vereinbart, daß die Leistung des einen Theiles genau zu einer festbestimmten Zeit oder innerhalb einer festbestimmten Frist bewirkt werden soll, so ist im Zweifel anzunehmen, daß der andere Theil zum Rücktritte berechtigt sein soll, wenn die Leistung nicht zu der bestimmten Zeit oder innerhalb der bestimmten Frist erfolgt.

Dritter Abschnitt.

Erlöschen der Schuldverhältnisse.

Erster Titel.

Erfüllung.

Erfüllung.

§ 362. Das Schuldverhältniß erlischt, wenn die geschuldete Leistung an den Gläubiger bewirkt wird.

Wird an einen Dritten zum Zwecke der Erfüllung geleistet, so finden die Vorschriften des § 185 Anwendung.

§ 185. Eine Verfügung, die ein Nichtberechtigter über einen Gegenstand trifft, ist wirksam, wenn sie mit Einwilligung des Berechtigten erfolgt.

Die Verfügung wird wirksam, wenn der Berechtigte sie genehmigt oder wenn der Verfügende den Gegenstand erwirbt oder wenn er von dem Berechtigten beerbt wird und dieser für die Nachlassverbindlichkeiten unbeschränkt haftet. In den beiden letzteren Fällen wird, wenn über den Gegenstand mehrere mit einander nicht in Einklang stehende Verfügungen getroffen worden sind, nur die frühere Verfügung wirksam.

Beweislast bei Annahme der Leistung.

§ 363. Hat der Gläubiger eine ihm als Erfüllung angebotene Leistung als Erfüllung angenommen, so trifft ihn die Beweislast, wenn er die Leistung deshalb nicht als Erfüllung gelten lassen will, weil sie eine andere als die geschuldete Leistung oder weil sie unvollständig gewesen sei.

Hingabe an Erfüllungsstatt.

§ 364. Das Schuldverhältniß erlischt, wenn der Gläubiger eine andere als die geschuldete Leistung an Erfüllungsstatt annimmt.

Uebernimmt der Schuldner zum Zwecke der Befriedigung des Gläubigers diesem gegenüber eine neue Verbindlichkeit, so ist im Zweifel nicht anzunehmen, daß er die Verbindlichkeit an Erfüllungsstatt übernimmt.

Gewährleistung.

§ 365. Wird eine Sache, eine Forderung gegen einen Dritten oder ein anderes Recht an Erfüllungsstatt gegeben, so hat der Schuldner wegen eines Mangels im Rechte oder wegen eines Mangels der Sache in gleicher Weise wie ein Verkäufer Gewähr zu leisten.

Anrechnung auf mehrere Schuldposten.

§ 366. Ist der Schuldner dem Gläubiger aus mehreren Schuldverhältnissen zu gleichartigen Leistungen verpflichtet und reicht das von ihm Geleistete nicht zur Tilgung sämmtlicher Schulden aus, so wird diejenige Schuld getilgt, welche er bei der Leistung bestimmt.

Trifft der Schuldner keine Bestimmung, so wird zunächst die fällige Schuld, unter mehreren fälligen Schulden diejenige, welche dem Gläubiger geringere Sicherheit bietet, unter mehreren gleich sicheren die dem Schuldner lästigere, unter mehreren gleich lästigen die ältere Schuld und bei gleichem Alter jede Schuld verhältnißmäßig getilgt.

§ 367. Hat der Schuldner außer der Hauptleistung Zinsen und Kosten zu entrichten, so wird eine zur Tilgung der ganzen Schuld nicht ausreichende Leistung zunächst auf die Kosten, dann auf die Zinsen und zuletzt auf die Hauptleistung angerechnet.

Bestimmt der Schuldner eine andere Anrechnung, so kann der Gläubiger die Annahme der Leistung ablehnen.

Quittung.

§ 368. Der Gläubiger hat gegen Empfang der Leistung auf Verlangen ein schriftliches Empfangsbekenntniß (Quittung) zu ertheilen. Hat der Schuldner ein rechtliches Interesse, daß die Quittung in anderer Form ertheilt wird, so kann er die Ertheilung in dieser Form verlangen.

Kosten der Quittung.

§ 369. Die Kosten der Quittung hat der Schuldner zu tragen und vorzuschießen, sofern nicht aus dem zwischen ihm und dem Gläubiger bestehenden Rechtsverhältnisse sich ein Anderes ergiebt.

Treten in Folge einer Uebertragung der Forderung oder im Wege der Erbfolge an die Stelle des ursprünglichen Gläubigers mehrere Gläubiger, so fallen die Mehrkosten den Gläubigern zur Last.

Quittung als Empfangsermächtigung.

§ 370. Der Ueberbringer einer Quittung gilt als ermächtigt, die Leistung zu empfangen, sofern nicht die dem Leistenden bekannten Umstände der Annahme einer solchen Ermächtigung entgegenstehen.

Rückgabe des Schuldscheines.

§ 371. Ist über die Forderung ein Schuldschein ausgestellt worden, so kann der Schuldner neben der Quittung Rückgabe des Schuldscheins verlangen. Behauptet der Gläubiger, zur Rückgabe außer Stande zu sein, so kann der Schuldner das öffentlich beglaubigte Anerkenntniß verlangen, daß die Schuld erloschen sei.

Zweiter Titel.

Hinterlegung.

Gegenstand u. Voraussetzung der Hinterlegung.

§ 372. Geld, Werthpapiere und sonstige Urkunden sowie Kostbarkeiten kann der Schuldner bei einer dazu bestimmten öffentlichen Stelle für den Gläubiger hinterlegen, wenn der Gläubiger im Verzuge der Annahme ist. Das Gleiche gilt, wenn der Schuldner aus einem anderen in der Person des Gläubigers liegenden Grunde oder in Folge einer nicht auf Fahrlässigkeit beruhenden Ungewißheit über die Person des Gläubigers seine Verbindlichkeit nicht oder nicht mit Sicherheit erfüllen kann.

§ 373. Ist der Schuldner nur gegen eine Leistung des Gläubigers zu leisten verpflichtet, so kann er das Recht des Gläubigers zum Empfange der hinterlegten Sache von der Bewirkung der Gegenleistung abhängig machen.

Hinterlegungsstelle.

§ 374. Die Hinterlegung hat bei der Hinterlegungsstelle des Leistungsorts zu erfolgen; hinterlegt der Schuldner bei einer anderen Stelle, so hat er dem Gläubiger den daraus entstehenden Schaden zu ersetzen.

Der Schuldner hat dem Gläubiger die Hinterlegung unverzüglich anzuzeigen; im Falle der Unterlassung ist er zum Schadensersatze verpflichtet. Die Anzeige darf unterbleiben, wenn sie unthunlich ist.

Uebersendung durch die Post.

§ 375. Ist die hinterlegte Sache der Hinterlegungsstelle durch die Post übersendet worden, so wirkt die Hinterlegung auf die Zeit der Aufgabe der Sache zur Post zurück.

Rücknahmerecht.

§ 376. Der Schuldner hat das Recht, die hinterlegte Sache zurückzunehmen.

Die Rücknahme ist ausgeschlossen:

1. wenn der Schuldner der Hinterlegungsstelle erklärt, daß er auf das Recht zur Rücknahme verzichte;
2. wenn der Gläubiger der Hinterlegungsstelle die Annahme erklärt;
3. wenn der Hinterlegungsstelle ein zwischen dem Gläubiger und dem Schuldner ergangenes rechtskräftiges Urtheil vorgelegt wird, das die Hinterlegung für rechtmäßig erklärt.

Unpfändbarkeit des Rücknahmerechts.

§ 377. Das Recht zur Rücknahme ist der Pfändung nicht unterworfen.

Wird über das Vermögen des Schuldners der Konkurs eröffnet, so kann während des Konkurses das Recht zur Rücknahme auch nicht von dem Schuldner ausgeübt werden.

Wirkung der Hinterlegung.

§ 378. Ist die Rücknahme der hinterlegten Sache ausgeschlossen, so wird der Schuldner durch die Hinterlegung von seiner Verbindlichkeit in gleicher Weise befreit, wie wenn er zur Zeit der Hinterlegung an den Gläubiger geleistet hätte.

§ 379. Ist die Rücknahme der hinterlegten Sache nicht ausgeschlossen, so kann der Schuldner den Gläubiger auf die hinterlegte Sache verweisen.

Solange die Sache hinterlegt ist, trägt der Gläubiger die Gefahr und ist der Schuldner nicht verpflichtet, Zinsen zu zahlen oder Ersatz für nicht gezogene Nutzungen zu leisten.

Wirkung der Zurücknahme.

Nimmt der Schuldner die hinterlegte Sache zurück, so gilt die Hinterlegung als nicht erfolgt.

Nachweis der Empfangsberechtigung des Gläubigers.

§ 380. Soweit nach den für die Hinterlegungsstelle geltenden Bestimmungen zum Nachweise der Empfangsberechtigung des Gläubigers eine diese Berechtigung anerkennende Erklärung des Schuldners erforderlich oder genügend ist, kann der Gläubiger von dem Schuldner die Abgabe der Erklärung unter denselben Voraussetzungen verlangen, unter denen er die Leistung zu fordern berechtigt sein würde, wenn die Hinterlegung nicht erfolgt wäre.

Kosten der Hinterlegung.

§ 381. Die Kosten der Hinterlegung fallen dem Gläubiger zur Last, sofern nicht der Schuldner die hinterlegte Sache zurücknimmt.

Erlöschen des Gläubigerrechts auf den hinterlegten Gegenstand.

§ 382. Das Recht des Gläubigers auf den hinterlegten Betrag erlischt mit dem Ablaufe von dreißig Jahren nach dem Empfange der Anzeige von der Hinterlegung, wenn nicht der Gläubiger sich vorher bei der Hinterlegungsstelle meldet; der Schuldner ist zur Rücknahme berechtigt, auch wenn er auf das Recht zur Rücknahme verzichtet hat.

Versteigerung und Hinterlegung des Erlöses.

§ 383. Ist die geschuldete bewegliche Sache zur Hinterlegung nicht geeignet, so kann der Schuldner sie im Falle des Verzugs des Gläubigers am Leistungsorte versteigern lassen und den Erlös hinterlegen. Das Gleiche gilt in den Fällen des § 372 Satz 2, wenn der Verderb der Sache zu besorgen oder die Aufbewahrung mit unverhältnißmäßigen Kosten verbunden ist.

Ist von der Versteigerung am Leistungsort ein angemessener Erfolg nicht zu erwarten, so ist die Sache an einem geeigneten anderen Orte zu versteigern.

Die Versteigerung hat durch einen für den Versteigerungsort bestellten Gerichtsvollzieher oder zu Versteigerungen befugten anderen Beamten oder öffentlich angestellten Versteigerer öffentlich zu erfolgen (öffentliche Versteigerung). Zeit und Ort der Versteigerung sind unter allgemeiner Bezeichnung der Sache öffentlich bekannt zu machen.

§ 372 Satz 2*. Wenn der Schuldner aus einem anderen in der Person des Gläubigers liegenden Grunde als Annahmeverzug desselben oder in Folge einer nicht auf Fahrlässigkeit beruhenden Ungewissheit über die Person des Gläubigers seine Verbindlichkeit nicht oder nicht mit Sicherheit erfüllen kann.

§ 384. Die Versteigerung ist erst zulässig, nachdem sie dem Gläubiger angedroht worden ist; die Androhung darf unterbleiben, wenn die Sache dem Verderb ausgesetzt und mit dem Aufschube der Versteigerung Gefahr verbunden ist.

Der Schuldner hat den Gläubiger von der Versteigerung unverzüglich zu benachrichtigen; im Falle der Unterlassung ist er zum Schadensersatze verpflichtet.

Die Androhung und die Benachrichtigung dürfen unterbleiben, wenn sie unthunlich sind.

***Verkauf aus freier Hand.**

§ 385. Hat die Sache einen Börsen- oder Marktpreis, so kann der Schuldner den Verkauf aus freier Hand durch einen zu solchen Verkäufen öffentlich ermächtigten Handelsmäkler oder durch eine zur öffentlichen Versteigerung befugte Person zum laufenden Preise bewirken.

Kosten der Versteigerung.

§ 386. Die Kosten der Versteigerung oder des nach § 385 erfolgten Verkaufs fallen dem Gläubiger zur Last, sofern nicht der Schuldner den hinterlegten Erlös zurücknimmt.

Dritter Titel.

Aufrechnung.

Voraussetzungen.

§ 387. Schulden zwei Personen einander Leistungen, die ihrem Gegenstande nach gleichartig sind, so kann jeder Theil seine Forderung gegen die Forderung des anderen Theiles aufrechnen, sobald er die ihm gebührende Leistung fordern und die ihm obliegende Leistung bewirken kann.

Erklärung der Aufrechnung.

§ 388. Die Aufrechnung erfolgt durch Erklärung gegenüber dem anderen Theile. Die Erklärung ist unwirksam, wenn sie unter einer Bedingung oder einer Zeitbestimmung abgegeben wird.

Wirkungen.

§ 389. Die Aufrechnung bewirkt, daß die Forderungen, soweit sie sich decken, als in dem Zeitpunkt erloschen gelten, in welchem sie zur Aufrechnung geeignet einander gegenübergetreten sind.

Mit Einreden behaftete Forderungen.

§ 390. Eine Forderung, der eine Einrede entgegensteht, kann nicht aufgerechnet werden. Die Verjährung schließt die Aufrechnung nicht aus, wenn die verjährte Forderung zu der Zeit, zu welcher sie gegen die andere Forderung aufgerechnet werden konnte, noch nicht verjährt war.

Verschiedenheit des Leistungs- oder Ablieferungsortes.

§ 391. Die Aufrechnung wird nicht dadurch ausgeschlossen, daß für die Forderungen verschiedene Leistungs- oder Ablieferungsorte bestehen. Der aufrechnende Theil hat jedoch den Schaden zu ersetzen, den der andere Theil dadurch erleidet, daß er in Folge der Aufrechnung die Leistung nicht an dem bestimmten Orte erhält oder bewirken kann.

Ist vereinbart, daß die Leistung zu einer bestimmten Zeit an einem bestimmten Orte erfolgen soll, so ist im Zweifel anzunehmen, daß die Aufrechnung einer Forderung, für die ein anderer Leistungsort besteht, ausgeschlossen sein soll.

Beschlagnahmte Forderungen.

§ 392. Durch die Beschlagnahme einer Forderung wird die Aufrechnung einer dem Schuldner gegen den Gläubiger zustehenden Forderung nur dann ausgeschlossen, wenn der Schuldner seine Forderung nach der Beschlagnahme erworben hat oder wenn seine Forderung erst nach der Beschlagnahme und später als die in Beschlag genommene Forderung fällig geworden ist.

Forderungen aus unerlaubten Handlungen.

§ 393. Gegen eine Forderung aus einer vorsätzlich begangenen unerlaubten Handlung ist die Aufrechnung nicht zulässig.

Unpfändbare Forderungen.

§ 394. Soweit eine Forderung der Pfändung nicht unterworfen ist, findet die Aufrechnung gegen die Forderung nicht statt. Gegen die aus Kranken-, Hülfs- oder Sterbekassen, insbesondere aus Knappschaftskassen und Kassen der Knappschaftsvereine, zu beziehenden Hebungen können jedoch geschuldete Beiträge aufgerechnet werden.

Forderungen des Reichs etc.

§ 395. Gegen eine Forderung des Reichs oder eines Bundesstaats sowie gegen eine Forderung einer Gemeinde oder eines anderen Kommunalverbandes ist die Aufrechnung nur zulässig, wenn die Leistung an dieselbe Kasse zu erfolgen hat, aus der die Forderung des Aufrechnenden zu berichtigen ist.

Mehrere zur Aufrechnung geeignete Forderungen.

§ 396. Hat der eine oder der andere Theil mehrere zur Aufrechnung geeignete Forderungen, so kann der aufrechnende Theil die Forderungen bestimmen, die gegen einander aufgerechnet werden sollen. Wird die Aufrechnung ohne eine solche Bestimmung erklärt oder widerspricht der andere Theil unverzüglich, so findet die Vorschrift des § 366 Abs. 2 entsprechende Anwendung.

Schuldet der aufrechnende Theil dem anderen Theile außer der Hauptleistung Zinsen und Kosten, so finden die Vorschriften des § 367 entsprechende Anwendung.

§ 366 Abs. 2* Zunächst wird die fällige Schuld, unter mehreren fälligen Schulden diejenige, welche dem Gläubiger geringere Sicherheit bietet, unter mehreren gleich sicheren die dem Schuldner lästigere, unter mehreren gleich lästigen die ältere Schuld und bei gleichem Alter jede Schuld verhältnissmässig durch die Aufrechnung getilgt.

§ 367*. Die zur Aufrechnung gebrachte Forderung wird zunächst auf die Kosten, dann auf die Zinsen, und zuletzt auf die Hauptleistung angerechnet. Bestimmt der aufrechnende Theil eine andere Anrechnung, so kann der andere Theil die Aufrechnung ablehnen.

Vierter Titel.

Erlaß.

§ 397. Das Schuldverhältniß erlischt, wenn der Gläubiger dem Schuldner durch Vertrag die Schuld erläßt.

Das Gleiche gilt, wenn der Gläubiger durch Vertrag mit dem Schuldner anerkennt, daß das Schuldverhältniß nicht bestehe.

Vierter Abschnitt.

Uebertragung der Forderung.

Abtretung. Wirkung.

§ 398. Eine Forderung kann von dem Gläubiger durch Vertrag mit einem Anderen auf diesen übertragen werden (Abtretung). Mit dem Abschlusse des Vertrags tritt der neue Gläubiger an die Stelle des bisherigen Gläubigers.

Nicht abtretbare Forderungen.

§ 399. Eine Forderung kann nicht abgetreten werden, wenn die Leistung an einen anderen als den ursprünglichen Gläubiger nicht ohne Veränderung ihres Inhalts erfolgen kann oder wenn die Abtretung durch Vereinbarung mit dem Schuldner ausgeschlossen ist.

§ 400. Eine Forderung kann nicht abgetreten werden, soweit sie der Pfändung nicht unterworfen ist.

Uebergang von Nebenrechten.

§ 401. Mit der abgetretenen Forderung gehen die Hypotheken oder Pfandrechte, die für sie bestehen, sowie die Rechte aus einer für sie bestellten Bürgschaft auf den neuen Gläubiger über.

Ein mit der Forderung für den Fall der Zwangsvollstreckung oder des Konkurses verbundenes Vorzugsrecht kann auch der neue Gläubiger geltend machen.

Auskunftertheilung, Beweisurkunden.

§ 402. Der bisherige Gläubiger ist verpflichtet, dem neuen Gläubiger die zur Geltendmachung der Forderung nöthige Auskunft zu ertheilen und ihm die zum Beweise der Forderung dienenden Urkunden, soweit sie sich in seinem Besitze befinden, auszuliefern.

Beurkundung.

§ 403. Der bisherige Gläubiger hat dem neuen Gläubiger auf Verlangen eine öffentlich beglaubigte Urkunde über die Abtretung auszustellen. Die Kosten hat der neue Gläubiger zu tragen und vorzuschießen.

Einwendungen des Schuldners.

§ 404. Der Schuldner kann dem neuen Gläubiger die Einwendungen entgegensetzen, die zur Zeit der Abtretung der Forderung gegen den bisherigen Gläubiger begründet waren.

— Verbriefte Forderungen.

§ 405. Hat der Schuldner eine Urkunde über die Schuld ausgestellt, so kann er sich, wenn die Forderung unter Vorlegung der Urkunde abgetreten wird, dem neuen Gläubiger gegenüber nicht darauf berufen, daß die Eingehung oder Anerkennung des Schuldverhältnisses nur zum Schein erfolgt oder daß die Abtretung durch Vereinbarung mit dem ursprünglichen Gläubiger ausgeschlossen sei, es sei denn, daß der neue Gläubiger bei der Abtretung den Sachverhalt kannte oder kennen mußte.

Aufrechnung gegenüber dem neuen Gläubiger.

§ 406. Der Schuldner kann eine ihm gegen den bisherigen Gläubiger zustehende Forderung auch dem neuen Gläubiger gegenüber aufrechnen, es sei denn, daß er bei dem Erwerbe der Forderung von der Abtretung Kenntniß hatte oder daß die Forderung erst nach der Erlangung der Kenntniß und später als die abgetretene Forderung fällig geworden ist.

Schutz des Schuldners bei Unkenntniss der Uebertragung.

§ 407. Der neue Gläubiger muß eine Leistung, die der Schuldner nach der Abtretung an den bisherigen Gläubiger bewirkt, sowie jedes Rechtsgeschäft, das nach der Abtretung zwischen dem Schuldner und dem bisherigen Gläubiger in Ansehung der Forderung vorgenommen wird, gegen sich gelten lassen, es sei denn, daß der Schuldner die Abtretung bei der Leistung oder der Vornahme des Rechtsgeschäfts kennt.

Ist in einem nach der Abtretung zwischen dem Schuldner und dem bisherigen Gläubiger anhängig gewordenen Rechtsstreit ein rechtskräftiges Urtheil über die Forderung ergangen, so muß der neue Gläubiger das

Urtheil gegen sich gelten lassen, es sei denn, daß der Schuldner die Abtretung bei dem Eintritte der Rechtshängigkeit gekannt hat.

Mehrfache Abtretung.

§ 408. Wird eine abgetretene Forderung von dem bisherigen Gläubiger nochmals an einen Dritten abgetreten, so finden, wenn der Schuldner an den Dritten leistet oder wenn zwischen dem Schuldner und dem Dritten ein Rechtsgeschäft vorgenommen oder ein Rechtsstreit anhängig wird, zu Gunsten des Schuldners die Vorschriften des § 407 dem früheren Erwerber gegenüber entsprechende Anwendung.

Das Gleiche gilt, wenn die bereits abgetretene Forderung durch gerichtlichen Beschluß einem Dritten überwiesen wird oder wenn der bisherige Gläubiger dem Dritten gegenüber anerkennt, daß die bereits abgetretene Forderung kraft Gesetzes auf den Dritten übergegangen sei.

Anzeige der Abtretung.

§ 409. Zeigt der Gläubiger dem Schuldner an, daß er die Forderung abgetreten habe, so muß er dem Schuldner gegenüber die angezeigte Abtretung gegen sich gelten lassen, auch wenn sie nicht erfolgt oder nicht wirksam ist. Der Anzeige steht es gleich, wenn der Gläubiger eine Urkunde über die Abtretung dem in der Urkunde bezeichneten neuen Gläubiger ausgestellt hat und dieser sie dem Schuldner vorlegt.

Die Anzeige kann nur mit Zustimmung desjenigen zurückgenommen werden, welcher als der neue Gläubiger bezeichnet worden ist.

Legitimation des neuen Gläubigers.

§ 410. Der Schuldner ist dem neuen Gläubiger gegenüber zur Leistung nur gegen Aushändigung einer von dem bisherigen Gläubiger über die Abtretung ausgestellten Urkunde verpflichtet. Eine Kündigung oder eine Mahnung des neuen Gläubigers ist unwirksam, wenn sie ohne Vorlegung einer solchen Urkunde erfolgt und der Schuldner sie aus diesem Grunde unverzüglich zurückweist.

Diese Vorschriften finden keine Anwendung, wenn der bisherige Gläubiger dem Schuldner die Abtretung schriftlich angezeigt hat.

Abtretung von Gehaltsansprüchen.

§ 411. Tritt eine Militärperson, ein Beamter, ein Geistlicher oder ein Lehrer an einer öffentlicher Unterrichtsanstalt den übertragbaren Theil des Diensteinkommens, des Wartegeldes oder des Ruhegehalts ab, so ist die auszahlende Kasse durch Aushändigung einer von dem bisherigen Gläubiger ausgestellten, öffentlich beglaubigten Urkunde von der Abtretung zu benachrichten. Bis zur Benachrichtigung gilt die Abtretung als der Kasse nicht bekannt.

Uebergang kraft Gesetzes.

§ 412. Auf die Uebertragung einer Forderung kraft Gesetzes finden die Vorschriften der §§ 399 bis 404, 406 bis 410 entsprechende Anwendung.

§ 399—404, 406—410. d. h. alle Vorschriften über die Uebertragung mit Ausnahme der Vorschrift, dass, wenn eine verbriefte Forderung unter Vorlegung der Urkunde abgetreten wird, Einwendungen gegen die Abtretung regelmässig nicht hergeleitet werden können.

Uebertragung sonstiger Rechte.

§ 413. Die Vorschriften über die Uebertragung von Forderungen finden auf die Uebertragung anderer Rechte entsprechende Anwendung, soweit nicht das Gesetz ein Anderes vorschreibt.

Fünfter Abschnitt.

Schuldübernahme.

Uebernahmevertrag mit dem Gläubiger.

§ 414. Eine Schuld kann von einem Dritten durch Vertrag mit dem Gläubiger in der Weise übernommen werden, daß der Dritte an die Stelle des bisherigen Schuldners tritt.

Uebernahmevertrag mit dem Schuldner.

§ 415. Wird die Schuldübernahme von dem Dritten mit dem Schuldner vereinbart, so hängt ihre Wirksamkeit von der Genehmigung des Gläubigers ab. Die Genehmigung kann erst erfolgen, wenn der Schuldner oder der Dritte dem Gläubiger die Schuldübernahme mitgetheilt hat. Bis zur Genehmigung können die Parteien den Vertrag ändern oder aufheben.

Wird die Genehmigung verweigert, so gilt die Schuldübernahme als nicht erfolgt. Fordert der Schuldner oder der Dritte den Gläubiger unter Bestimmung einer Frist zur Erklärung über die Genehmigung auf, so kann die Genehmigung nur bis zum Ablaufe der Frist erklärt werden; wird sie nicht erklärt, so gilt sie als verweigert.

Solange nicht der Gläubiger die Genehmigung ertheilt hat, ist im Zweifel der Uebernehmer dem Schuldner gegenüber verpflichtet, den Gläubiger rechtzeitig zu befriedigen. Das Gleiche gilt, wenn der Gläubiger die Genehmigung verweigert.

Uebernahme einer Hypothek in Anrechnung auf den Kaufpreis.

§ 416. Uebernimmt der Erwerber eines Grundstücks durch Vertrag mit dem Veräußerer eine Schuld des Veräußerers, für die eine Hypothek an dem Grundstücke besteht, so kann der Gläubiger die Schuldübernahme nur genehmigen, wenn der Veräußerer sie ihm mittheilt. Sind seit dem Empfange der Mittheilung sechs Monate verstrichen, so gilt die Genehmigung als ertheilt, wenn nicht der Gläubiger sie dem Veräußerer gegenüber vorher verweigert hat; die Vorschrift des § 415 Abs. 2 Satz 2 findet keine Anwendung.

Die Mittheilung des Veräußerers kann erst erfolgen, wenn der Erwerber als Eigenthümer im Grundbuch eingetragen ist. Sie muß schriftlich geschehen und den Hinweis enthalten, daß der Uebernehmer an die Stelle des bisherigen Schuldners tritt, wenn nicht der Gläubiger die Verweigerung innerhalb der sechs Monate erklärt.

Der Veräußerer hat auf Verlangen des Erwerbers dem Gläubiger die Schuldübernahme mitzutheilen. Sobald die Ertheilung oder Verweigerung der Genehmigung feststeht, hat der Veräußerer den Erwerber zu benachrichtigen.

Einwendungen des Uebernehmers.

§ 417. Der Uebernehmer kann dem Gläubiger die Einwendungen entgegensetzen, welche sich aus dem Rechtsverhältnisse zwischen dem Gläubiger und dem bisherigen Schuldner ergeben. Eine dem bisherigen Schuldner zustehende Forderung kann er nicht aufrechnen.

Aus dem der Schuldübernahme zu Grunde liegenden Rechtsverhältnisse zwischen dem Uebernehmer und dem bisherigen Schuldner kann der Uebernehmer dem Gläubiger gegenüber Einwendungen nicht herleiten.

Wirkung auf Nebenrechte.

§ 418. In Folge der Schuldübernahme erlöschen die für die Forderung bestellten Bürgschaften und Pfandrechte. Besteht für die Forderung eine Hypothek, so tritt das Gleiche ein, wie wenn der Gläubiger auf die Hypothek verzichtet. Diese Vorschriften finden keine Anwendung, wenn der Bürge oder derjenige, welchem der verhaftete Gegenstand zur Zeit der Schuldübernahme gehört, in diese einwilligt.

Ein mit der Forderung für den Fall des Konkurses verbundenes Vorzugsrecht kann nicht im Konkurs über das Vermögen des Uebernehmers geltend gemacht werden.

Uebernahme eines Vermögens.

§ 419. Uebernimmt Jemand durch Vertrag das Vermögen eines Anderen, so können dessen Gläubiger, unbeschadet der Fortdauer der Haftung des bisherigen Schuldners, von dem Abschlusse des Vertrags an ihre zu dieser Zeit bestehenden Ansprüche auch gegen den Uebernehmer geltend machen.

Die Haftung des Uebernehmers beschränkt sich auf den Bestand des übernommenen Vermögens und die ihm aus dem Vertrage zustehenden Ansprüche. Beruft sich der Uebernehmer auf die Beschränkung seiner Haftung, so finden die für die Haftung des Erben geltenden Vorschriften der §§ 1990, 1991 entsprechende Anwendung.

Die Haftung des Uebernehmers kann nicht durch Vereinbarung zwischen ihm und dem bisherigen Schuldner ausgeschlossen oder beschränkt werden.

§ 1990*. Der Uebernehmer kann die Befriedigung eines Gläubigers des bisherigen Schuldners insoweit verweigern, als das Vermögen nicht ausreicht. Er ist in diesem Falle verpflichtet, das Vermögen zum Zwecke der Befriedigung des Gläubigers im Wege der Zwangsvollstreckung herauszugeben.

§ 1991* Macht der Uebernehmer von dem ihm nach § 1990 zustehenden Rechte Gebrauch, so finden auf seine Verantwortlichkeit und den Ersatz seiner Aufwendungen die Vorschriften der §§ 1978, 1979 Anwendung

Die in Folge der Vermögensübernahme durch Vereinigung von Recht und Verbindlichkeit oder von Recht und Belastung erloschenen Rechtsverhältnisse gelten im Verhältnisse zwischen dem Gläubiger und dem Uebernehmer als nicht erloschen

Die rechtskräftige Verurtheilung des Uebernehmers zur Befriedigung eines Gläubigers wirkt einem anderen Gläubiger gegenüber wie die Befriedigung.

§ 1978. Der Uebernehmer des Vermögens ist den Gläubigern für die bisherige Verwaltung des Vermögens so verantwortlich, wie wenn er von dem Abschlusse des Uebernahmevertrags an die Verwaltung für sie als Beauftragter zu führen gehabt hätte.*

Die den Gläubigern nach Abs. 1 zustehenden Ansprüche gelten als zum Vermögen gehörend.

Aufwendungen sind dem Uebernehmer aus dem Vermögen zu ersetzen, soweit er nach den Vorschriften über den Auftrag oder über die Geschäftsführung ohne Auftrag Ersatz verlangen könnte.

§. 1979. Die Berichtigung einer zu dem übernommenen Vermögen gehörenden Verbindlichkeit durch den Uebernehmer müssen die Gläubiger als für Rechnung des übernommenen Vermögens erfolgt gelten lassen, wenn der Uebernehmer den Umständen nach annehmen durfte, dass das übernommene Vermögen zur Berichtigung aller auf demselben ruhenden Verbindlichkeiten ausreiche.*

Sechster Abschnitt.

Mehrheit von Schuldnern und Gläubigern.

Antheilsweise Berechtigung u. Verpflichtung.

§ 420. Schulden Mehrere eine theilbare Leistung oder haben Mehrere eine theilbare Leistung zu fordern, so ist im Zweifel jeder Schuldner nur zu einem gleichen Antheile verpflichtet, jeder Gläubiger nur zu einem gleichen Antheile berechtigt.

Gesammtschuldner.

§ 421. Schulden Mehrere eine Leistung in der Weise, daß jeder die ganze Leistung zu bewirken verpflichtet, der Gläubiger aber die Leistung nur einmal zu fordern berechtigt ist (Gesammtschuldner), so kann der Gläubiger die Leistung nach seinem Belieben von jedem der Schuldner ganz oder zu einem Theile fordern. Bis zur Bewirkung der ganzen Leistung bleiben sämmtliche Schuldner verpflichtet.

— Erfüllung, Hinterlegung, Aufrechnung.

§ 422. Die Erfüllung durch einen Gesammtschuldner wirkt auch für die übrigen Schuldner. Das Gleiche gilt von der Leistung an Erfüllungsstatt, der Hinterlegung und der Aufrechnung.

Eine Forderung, die einem Gesammtschuldner zusteht, kann nicht von den übrigen Schuldnern aufgerechnet werden.

— Erlass.

§ 423. Ein zwischen dem Gläubiger und einem Gesammtschuldner vereinbarter Erlaß wirkt auch für die übrigen Schuldner, wenn die Vertragschließenden das ganze Schuldverhältniß aufheben wollten.

— Verzug des Gläubigers.

§ 424. Der Verzug des Gläubigers gegenüber einem Gesammtschuldner wirkt auch für die übrigen Schuldner.

— Sonstige Thatsachen.

§ 425. Andere als die in den §§ 422 bis 424 bezeichneten Thatsachen wirken, soweit sich nicht aus dem Schuldverhältniß ein Anderes ergiebt, nur für und gegen den Gesammtschuldner, in dessen Person sie eintreten.

Dies gilt insbesondere von der Kündigung, dem Verzuge, dem Verschulden, von der Unmöglichkeit der Leistung in der Person eines Gesammtschuldners, von der Verjährung, deren Unterbrechung und Hemmung, von der Vereinigung der Forderung mit der Schuld und von dem rechtskräftigen Urtheile.

— **Verhältniss der Gesammtschuldner zu einander.**

§ 426. Die Gesammtschuldner sind im Verhältnisse zu einander zu gleichen Antheilen verpflichtet, soweit nicht ein Anderes bestimmt ist. Kann von einem Gesammtschuldner der auf ihn entfallende Beitrag nicht erlangt werden, so ist der Ausfall von den übrigen zur Ausgleichung verpflichteten Schuldnern zu tragen.

Soweit ein Gesammtschuldner den Gläubiger befriedigt und von den übrigen Schuldnern Ausgleichung verlangen kann, geht die Forderung des Gläubigers gegen die übrigen Schuldner auf ihn über. Der Uebergang kann nicht zum Nachtheile des Gläubigers geltend gemacht werden.

— **Entstehung der Gesammtschuld durch Vertrag.**

§ 427. Verpflichten sich Mehrere durch Vertrag gemeinschaftlich zu einer theilbaren Leistung, so haften sie im Zweifel als Gesammtschuldner.

Gesammtgläubiger.

§ 428. Sind Mehrere eine Leistung in der Weise zu fordern berechtigt, daß jeder die ganze Leistung fordern kann, der Schuldner aber die Leistung nur einmal zu bewirken verpflichtet ist (Gesammtgläubiger), so kann der Schuldner nach seinem Belieben an jeden der Gläubiger leisten. Dies gilt auch dann, wenn einer der Gläubiger bereits Klage auf die Leistung erhoben hat.

§ 429. Der Verzug eines Gesammtgläubigers wirkt auch gegen die übrigen Gläubiger.

Vereinigen sich Forderung und Schuld in der Person eines Gesammtgläubigers, so erlöschen die Rechte der übrigen Gläubiger gegen den Schuldner.

Im Uebrigen finden die Vorschriften der §§ 422, 423, 425 entsprechende Anwendung. Insbesondere bleiben, wenn ein Gesammtgläubiger seine Forderung auf einen Anderen überträgt, die Rechte der übrigen Gläubiger unberührt.

— **Verhältniss der Gesammtgläubiger zu einander.**

§ 430. Die Gesammtgläubiger sind im Verhältnisse zu einander zu gleichen Antheilen berechtigt, soweit nicht ein Anderes bestimmt ist.

Untheilbare Leistung. *a) Mehrere Schuldner.*

§ 431. Schulden Mehrere eine untheilbare Leistung, so haften sie als Gesammtschuldner.

b) Mehrere Gläubiger.

§ 432. Haben Mehrere eine untheilbare Leistung zu fordern, so kann, sofern sie nicht Gesammtgläubiger sind, der Schuldner nur an alle gemeinschaftlich leisten und jeder Gläubiger nur die Leistung an alle fordern. Jeder Gläubiger kann verlangen, daß der Schuldner die geschuldete Sache für alle Gläubiger hinterlegt oder, wenn sie sich nicht zur Hinterlegung eignet, an einen gerichtlich zu bestellenden Verwahrer abliefert.

Im Uebrigen wirkt eine Thatsache, die nur in der Person eines der Gläubiger eintritt, nicht für und gegen die übrigen Gläubiger.

Siebenter Abschnitt.

Einzelne Schuldverhältnisse.

Erster Titel.

Kauf. Tausch.

I. Allgemeine Vorschriften.

Verpflichtungen des Käufers und des Verkäufers.

§ 433. Durch den Kaufvertrag wird der Verkäufer einer Sache verpflichtet, dem Käufer die Sache zu übergeben und das Eigenthum an der Sache zu verschaffen. Der Verkäufer eines Rechtes ist verpflichtet, dem Käufer das Recht zu verschaffen und, wenn das Recht zum Besitz einer Sache berechtigt, die Sache zu übergeben.

Der Käufer ist verpflichtet, dem Verkäufer den vereinbarten Kaufpreis zu zahlen und die gekaufte Sache abzunehmen.

Gewährleistung wegen Mängel im Rechte.

§ 434. Der Verkäufer ist verpflichtet, dem Käufer den verkauften Gegenstand frei von Rechten zu verschaffen, die von Dritten gegen den Käufer geltend gemacht werden können.

— Rechte an einem Grundstück.

§ 435. Der Verkäufer eines Grundstücks oder eines Rechtes an einem Grundstück ist verpflichtet, im Grundbuch eingetragene Rechte, die nicht bestehen, auf seine Kosten zur Löschung zu bringen, wenn sie im Falle ihres Bestehens das dem Käufer zu verschaffende Recht beeinträchtigen würden.

Das Gleiche gilt bei dem Verkauf eines Schiffes oder eines Rechtes an einem Schiffe für die im Schiffsregister eingetragenen Rechte.

— Oeffentliche Abgaben und Lasten.

§ 436. Der Verkäufer eines Grundstücks haftet nicht für die Freiheit des Grundstücks von öffentlichen Abgaben und von anderen öffentlichen Lasten, die zur Eintragung in das Grundbuch nicht geeignet sind.

— Haftung für den Bestand einer Forderung.

§ 437. Der Verkäufer einer Forderung oder eines sonstigen Rechtes haftet für den rechtlichen Bestand der Forderung oder des Rechtes.

Der Verkäufer eines Werthpapiers haftet auch dafür, daß es nicht zum Zwecke der Kraftloserklärung aufgeboten ist.

— Uebernahme der Haftung für Zahlungsfähigkeit.

§ 438. Uebernimmt der Verkäufer einer Forderung die Haftung für die Zahlungsfähigkeit des Schuldners, so ist die Haftung im Zweifel nur auf die Zahlungsfähigkeit zur Zeit der Abtretung zu beziehen.

Keine Haftung für Mängel bei Kenntniss des Käufers.

§ 439. Der Verkäufer hat einen Mangel im Rechte nicht zu vertreten, wenn der Käufer den Mangel bei dem Abschlusse des Kaufes kennt.

Eine Hypothek, eine Grundschuld, eine Rentenschuld oder ein Pfandrecht hat der Verkäufer zu beseitigen, auch wenn der Käufer die Belastung kennt. Das Gleiche gilt von einer Vormerkung zur Sicherung des Anspruchs auf Bestellung eines dieser Rechte.

Rechte des Käufers bei Nichterfüllung der Verpflichtungen des Verkäufers.

§ 440. Erfüllt der Verkäufer die ihm nach den §§ 433 bis 437, 439 obliegenden Verpflichtungen nicht, so bestimmen sich die Rechte des Käufers nach den Vorschriften der §§ 320 bis 327.

Ist eine bewegliche Sache verkauft und dem Käufer zum Zwecke der Eigenthumsübertragung übergeben worden, so kann der Käufer wegen des Rechtes eines Dritten, das zum Besitze der Sache berechtigt, Schadensersatz wegen Nichterfüllung nur verlangen, wenn er die Sache dem Dritten mit Rücksicht auf dessen Recht herausgegeben hat oder sie dem Verkäufer zurückgewährt oder wenn die Sache untergegangen ist.

Der Herausgabe der Sache an den Dritten steht es gleich, wenn der Dritte den Käufer oder dieser den Dritten beerbt oder wenn der Käufer das Recht des Dritten anderweit erwirbt oder den Dritten abfindet.

Steht dem Käufer ein Anspruch auf Herausgabe gegen einen Anderen zu, so genügt an Stelle der Rückgewähr die Abtretung des Anspruchs.

— Verweigerung der Leistung bis zur Bewirkung der Gegenleistung.

§ 320* Der Käufer kann die ihm obliegende Leistung bis zur Bewirkung der Gegenleistung verweigern, es sei denn, dass er vorzuleisten verpflichtet ist. Hat die Leistung an Mehrere zu erfolgen, so kann dem Einzelnen der ihm gebührende Theil bis zur Bewirkung der ganzen Gegenleistung verweigert werden. Die Vorschrift des § 273 Abs. 3 *(der Gläubiger kann die Ausübung des Zurückbehaltungsrechts durch Sicherheitsleistung abwenden)* findet keine Anwendung.

Ist von Seite des Verkäufers theilweise geleistet worden, so kann die Gegenleistung insoweit nicht verweigert werden, als die Verweigerung nach den Umständen, insbesondere wegen verhältnissmässiger Geringfügigkeit des rückständigen Theiles, gegen Treu und Glauben verstossen würde.

— Verschlechterung der Vermögensverhältnisse des Verkäufers.

§ 321* Ist der Käufer vorzuleisten verpflichtet, so kann er, wenn nach dem Abschlusse des Vertrags in den Vermögensverhältnissen des Verkäufers eine wesentliche Verschlechterung eintritt, durch die der Anspruch auf die Gegenleistung gefährdet wird, die ihm obliegende Leistung verweigern, bis die Gegenleistung bewirkt oder Sicherheit für sie geleistet wird

— Einrede gegen die Klage des Verkäufers.

§ 322*. Erhebt der Verkäufer Klage auf die ihm geschuldete Leistung, so hat die Geltendmachung des dem Käufer zustehenden Rechtes, die Leistung bis zur Bewirkung der Gegenleistung zu verweigern, nur die Wirkung, dass der Käufer zur Erfüllung Zug um Zug zu verurtheilen ist.

Hat der Verkäufer vorzuleisten, so kann er, wenn der Käufer im Verzuge der Annahme ist, auf Leistung nach Empfang der Gegenleistung klagen.

Auf die Zwangsvollstreckung findet die Vorschrift des § 274 Abs. 2 Anwendung

§ 274 Abs. 2. Auf Grund einer Verurtheilung zur Erfüllung Zug um Zug kann der Gläubiger seinen Anspruch ohne Bewirkung der ihm obliegenden Leistung im Wege der Zwangsvollstreckung verfolgen, wenn der Schuldner im Verzuge der Annahme ist.*

— **Unmöglichkeit der Leistung des Verkäufers.**

§ 323*. Wird die dem Verkäufer obliegende Leistung in Folge eines Umstandes unmöglich, den weder er noch der Käufer zu vertreten hat, so verliert er den Anspruch auf die Gegenleistung, bei theilweiser Unmöglichkeit mindert sich die Gegenleistung nach Massgabe der §§ 472, 473.

Verlangt der Käufer nach § 281 Herausgabe des für den geschuldeten Gegenstand erlangten Ersatzes oder Abtretung des Ersatzanspruchs, so bleibt er zur Gegenleistung verpflichtet; diese mindert sich jedoch nach Massgabe der §§ 472, 473 insoweit, als der Werth des Ersatzes oder des Ersatzanspruchs hinter dem Werthe der geschuldeten Leistung zurückbleibt.

Soweit die nach diesen Vorschriften nicht geschuldete Gegenleistung bewirkt ist, kann das Geleistete nach den Vorschriften über die Herausgabe einer ungerechtfertigten Bereicherung zurückgefordert werden.

§ 472. Die Gegenleistung ist in dem Verhältnisse herabzusetzen, in welchem zur Zeit des Vertragsschlusses der Werth der ganzen Leistung zu dem Werthe der möglich gebliebenen Leistung gestanden haben würde.*

Wird von mehreren Leistungen, für welche eine Gegenleistung geschuldet wird, eine derselben unmöglich, so ist bei der Minderung der Gegenleistung der Gesammtwerth aller Leistungen zu Grunde zu legen.

§ 473. Sind neben der in Geld festgesetzten Gegenleistung Leistungen bedungen, die nicht vertretbare Sachen zum Gegenstande haben, so sind diese Leistungen nach dem Werthe des Vertragsschlusses in Geld zu veranschlagen. Die Minderung der Gegenleistung des Käufers erfolgt an der in Geld festgesetzten Gegenleistung; ist diese geringer als der abzusetzende Betrag, so hat der Verkäufer den überschiessenden Betrag dem Käufer zu vergüten.*

§ 281 Abs. 1. Erlangt der Schuldner in Folge des Umstandes, welcher die Leistung unmöglich macht, für den geschuldeten Gegenstand einen Ersatz oder einen Ersatzanspruch, so kann der Gläubiger Herausgabe des als Ersatz Empfangenen oder Abtretung des Ersatzanspruchs verlangen.

§ 324* Wird die dem Verkäufer obliegende Leistung in Folge eines Umstandes, den der Käufer zu vertreten hat, unmöglich, so behält er den Anspruch auf die Gegenleistung. Er muss sich jedoch dasjenige anrechnen lassen, was er in Folge der Befreiung von der Leistung erspart oder durch anderweitige Verwendung seiner Arbeitskraft erwirbt oder zu erwerben böswillig unterlässt.

Das Gleiche gilt, wenn die dem Verkäufer obliegende Leistung in Folge eines von ihm nicht zu vertretenden Umstandes zu einer Zeit unmöglich wird, zu welcher der Käufer im Verzuge der Annahme ist.

§ 325*. Wird die dem Verkäufer obliegende Leistung in Folge eines Umstandes, den er zu vertreten hat, unmöglich, so kann der Käufer Schadensersatz wegen Nichterfüllung verlangen oder von dem Vertrage zurücktreten. Bei theilweiser Unmöglichkeit ist er, wenn die theilweise Erfüllung des Vertrags für ihn kein Interesse hat, berechtigt, Schadensersatz wegen Nichterfüllung der ganzen Verbindlichkeit nach Massgabe des § 280 Abs. 2 zu verlangen oder von dem ganzen Vertrage zurückzutreten. Statt des Anspruchs auf Schadensersatz und des Rücktrittsrechts kann er auch die für den Fall des § 323 bestimmten Rechte geltend machen.

Das Gleiche gilt in dem Falle des § 283, wenn nicht die Leistung bis zum Ablaufe der Frist bewirkt wird oder wenn sie zu dieser Zeit theilweise nicht bewirkt ist.

§ 280 Abs. 2. Der Käufer kann unter Ablehnung des noch möglichen Theiles der Leistung Schadensersatz wegen Nichterfüllung der ganzen Verbindlichkeit verlangen. Die für das vertragsmässige Rücktrittsrecht geltenden Vorschriften der §§ 346 bis 356 finden entsprechende Anwendung.*

§ 283. Ist der Verkäufer rechtskräftig verurtheilt, so kann der Käufer ihm zur Bewirkung der Leistung eine angemessene Frist mit der Erklärung bestimmen, dass er die Annahme der Leistung nach dem Ablaufe der Frist*

ablehne Der Käufer hat die im § 325 bezeichneten Rechte auf Schadensersatz wegen Nichterfüllung oder auf Rücktritt vom Vertrage nicht, wenn die Leistung in Folge eines Umstandes unmöglich wird, den der Schuldner nicht zu vertreten hat.

Wird die Leistung bis zum Ablaufe der Frist nur theilweise nicht bewirkt, so steht dem Gläubiger auch das im § 280 Abs. 2 (s. oben) bezeichnete Recht auf Schadensersatz wegen Nichterfüllung unter Ablehnung des noch geschuldeten Theiles der Leistung zu.

§ 326* Ist der Verkäufer mit der ihm obliegenden Leistung im Verzuge, so kann ihm der Käufer zur Bewirkung der Leistung eine angemessene Frist mit der Erklärung bestimmen, dass er die Annahme der Leistung nach dem Ablaufe der Frist ablehne. Nach dem Ablaufe der Frist ist er berechtigt, Schadensersatz wegen Nichterfüllung zu verlangen oder von dem Vertrage zurückzutreten, wenn nicht die Leistung rechtzeitig erfolgt ist; der Anspruch auf Erfüllung ist ausgeschlossen. Wird die Leistung bis zum Ablaufe der Frist theilweise nicht bewirkt, so findet die Vorschrift des § 325 Abs. 1 Satz 2 entsprechende Anwendung

Hat die Erfüllung des Vertrags in Folge des Verzugs für den Käufer kein Interesse, so stehen ihm die im Abs. 1 bezeichneten Rechte zu, ohne dass es der Bestimmung einer Frist bedarf.

§ 327*. Auf das in den §§ 325, 326 bestimmte Rücktrittsrecht finden die für das vertragsmässige Rücktrittsrecht geltenden Vorschriften der §§ 346 bis 356 entsprechende Anwendung. Erfolgt der Rücktritt wegen eines Umstandes, den der Verkäufer nicht zu vertreten hat, so haftet dieser nur nach den Vorschriften über die Herausgabe einer ungerechtfertigten Bereicherung.

§ 441. Die Vorschriften des § 440 Abs. 2 bis 4 gelten auch dann, wenn ein Recht an einer beweglichen Sache verkauft ist, das zum Besitze der Sache berechtigt.

— Beweislast.

§ 442. Bestreitet der Verkäufer den vom Käufer geltend gemachten Mangel im Rechte, so hat der Käufer den Mangel zu beweisen.

Ausschluss der Gewährleistung.

§ 443. Eine Vereinbarung, durch welche die nach den §§ 433 bis 437, 439 bis 442 wegen eines Mangels im Rechte dem Verkäufer obliegende Verpflichtung zur Gewährleistung erlassen oder beschränkt wird, ist nichtig, wenn der Verkäufer den Mangel arglistig verschweigt.

§ 443: §§ 433—437, 439—442, d. h. sämtliche Verpflichtungen zur Gewährleistung ausser im Falle der Uebernahme der Haftung für die Zahlungsfähigkeit des Schuldners.

Auskunftspflicht des Verkäufers.

§ 444. Der Verkäufer ist verpflichtet, dem Käufer über die den verkauften Gegenstand betreffenden rechtlichen Verhältnisse, insbesondere im Falle des Verkaufs eines Grundstücks über die Grenzen, Gerechtsame und Lasten, die nöthige Auskunft zu ertheilen und ihm die zum Beweise des Rechtes dienenden Urkunden, soweit sie sich in seinem Besitze befinden, auszuliefern. Erstreckt sich der Inhalt einer solchen Urkunde auch auf andere Angelegenheiten, so ist der Verkäufer nur zur Ertheilung eines öffentlich beglaubigten Auszugs verpflichtet.

Kaufähnliche Verträge.

§ 445. Die Vorschriften der §§ 433 bis 444 finden auf andere Verträge, die auf Veräußerung oder Belastung eines Gegenstandes gegen Entgelt gerichtet sind, entsprechende Anwendung.

Uebergang der Gefahr.

§ 446. Mit der Uebergabe der verkauften Sache geht die Gefahr des zufälligen Unterganges und einer zufälligen Verschlechterung auf den Käufer über. Von der Uebergabe an gebühren dem Käufer die Nutzungen und trägt er die Lasten der Sache.

Wird der Käufer eines Grundstücks vor der Uebergabe als Eigenthümer in das Grundbuch eingetragen, so treten diese Wirkungen mit der Eintragung ein.

— bei Versendung.

§ 447. Versendet der Verkäufer auf Verlangen des Käufers die verkaufte Sache nach einem anderen Orte als dem Erfüllungsorte, so geht die Gefahr auf den Käufer über, sobald der Verkäufer die Sache dem Spediteur, dem Frachtführer oder der sonst zur Ausführung der Versendung bestimmten Person oder Anstalt ausgeliefert hat.

Hat der Käufer eine besondere Anweisung über die Art der Versendung ertheilt und weicht der Verkäufer ohne dringenden Grund von der Anweisung ab, so ist der Verkäufer dem Käufer für den daraus entstehenden Schaden verantwortlich.

Kosten der Uebergabe u. s. w.

§ 448. Die Kosten der Uebergabe der verkauften Sache, insbesondere die Kosten des Messens und Wägens, fallen dem Verkäufer, die Kosten der Abnahme und der Versendung der Sache nach einem anderen Orte als dem Erfüllungsorte fallen dem Käufer zur Last.

Ist ein Recht verkauft, so fallen die Kosten der Begründung oder Uebertragung des Rechtes dem Verkäufer zur Last.

Kosten der Auflassung u. s. w.

§ 449. Der Käufer eines Grundstücks hat die Kosten der Auflassung und der Eintragung, der Käufer eines Rechtes an einem Grundstücke hat die Kosten der zur Begründung oder Uebertragung des Rechtes nöthigen Eintragung in das Grundbuch, mit Einschluß der Kosten der zu der Eintragung erforderlichen Erklärungen, zu tragen. Dem Käufer fallen in beiden Fällen auch die Kosten der Beurkundung des Kaufes zur Last.

Verwendungen des Verkäufers.

§ 450. Ist vor der Uebergabe der verkauften Sache die Gefahr auf den Käufer übergegangen und macht der Verkäufer vor der Uebergabe Verwendungen auf die Sache, die nach dem Uebergange der Gefahr nothwendig geworden sind, so kann er von dem Käufer Ersatz verlangen, wie wenn der Käufer ihn mit der Verwaltung der Sache beauftragt hätte.

Die Verpflichtung des Käufers zum Ersatze sonstiger Verwendungen bestimmt sich nach den Vorschriften über die Geschäftsführung ohne Auftrag.

Verkauf eines dinglichen Rechtes.

§ 451. Ist ein Recht an einer Sache verkauft, das zum Besitze der Sache berechtigt, so finden die Vorschriften der §§ 446 bis 450 entsprechende Anwendung.

Verzinsung des Kaufpreises.

§ 452. Der Käufer ist verpflichtet, den Kaufpreis von dem Zeitpunkt an zu verzinsen, von welchem an die Nutzungen des gekauften Gegenstandes ihm gebühren, sofern nicht der Kaufpreis gestundet ist.

Marktpreis als Kaufpreis.

§ 453. Ist als Kaufpreis der Marktpreis bestimmt, so gilt im Zweifel der für den Erfüllungsort zur Erfüllungszeit maßgebende Marktpreis als vereinbart.

Stundung des Kaufpreises.

§ 454. Hat der Verkäufer den Vertrag erfüllt und den Kaufpreis gestundet, so steht ihm das im § 325 Abs. 2 und im § 326 bestimmte Rücktrittsrecht nicht zu.

§ 325 Abs. 2*. Wenn der zur Zahlung des Kaufpreises rechtskräftig verurtheilte Käufer nicht bis zum Ablaufe einer ihm nach § 283 vom Verkäufer gesteckten Frist die Zahlung bewirkt, so ist der Verkäufer berechtigt, von dem Vertrage zurückzutreten oder Schadensersatz wegen Nichterfüllung zu verlangen.

§ 326*. Wenn der Käufer mit der ihm obliegenden Leistung im Verzuge ist und ihm der Verkäufer zur Bewirkung der Leistung eine angemessene Frist mit der Erklärung bestimmt, dass er die Annahme der Leistung nach dem Ablaufe der Frist ablehne, so ist der Verkäufer berechtigt, von dem Vertrage zurückzutreten oder Schadensersatz wegen Nichterfüllung zu verlangen.

Eigenthumsvorbehalt.

§ 455. Hat sich der Verkäufer einer beweglichen Sache das Eigenthum bis zur Zahlung des Kaufpreises vorbehalten, so ist im Zweifel anzunehmen, daß die Uebertragung des Eigenthums unter der aufschiebenden Bedingung vollständiger Zahlung des Kaufpreises erfolgt und daß der Verkäufer zum Rücktritte von dem Vertrage berechtigt ist, wenn der Käufer mit der Zahlung in Verzug kommt.

Verbote der Theilnahme am Kauf.

§ 456. Bei einem Verkauf im Wege der Zwangsvollstreckung dürfen der mit der Vornahme oder Leitung des Verkaufs Beauftragte und die von ihm zugezogenen Gehülfen, mit Einschluß des Protokollführers, den zum Verkaufe gestellten Gegenstand weder für sich persönlich oder durch einen Anderen noch als Vertreter eines Anderen kaufen.

§ 457. Die Vorschrift des § 456 gilt auch bei einem Verkauf außerhalb der Zwangsvollstreckung, wenn der Auftrag zu dem Verkauf auf Grund einer gesetzlichen Vorschrift ertheilt worden ist, die den Auftraggeber ermächtigt, den Gegenstand für Rechnung eines Anderen verkaufen zu lassen, insbesondere in den Fällen des Pfandverkaufs und des in den §§ 383, 385 zugelassenen Verkaufs, sowie bei einem Verkaufe durch den Konkursverwalter.

§ 383*. Ist die geschuldete bewegliche Sache zur Hinterlegung nicht geeignet, so kann sie der Schuldner im Falle des Verzugs des Gläubigers am Leistungsorte versteigern lassen Das Gleiche gilt in den Fällen des § 372 Satz 2 *(wenn der Schuldner aus einem anderen in der Person des Gläubigers liegenden Grunde als Annahmeverzug oder in Folge einer nicht auf Fahrlässigkeit beruhenden Ungewissheit über die Person des Gläubigers seine Verbindlichkeit nicht oder nicht mit Sicherheit erfüllen kann)*, wenn der Verderb der Sache zu besorgen oder die Aufbewahrung mit unverhältnissmässigen Kosten verbunden ist.

Ist von der Versteigerung am Leistungsort ein angemessener Erfolg nicht zu erwarten, so ist die Sache an einem geeigneten anderen Orte zu versteigern.

Die Versteigerung hat durch einen für den Versteigerungsort bestellten Gerichtsvollzieher oder zu Versteigerungen befugten anderen Beamten oder öffentlich angestellten Versteigerer öffentlich zu erfolgen (öffentliche Versteigerung).

Zeit und Ort der Versteigerung sind unter allgemeiner Bezeichnung der Sache öffentlich bekannt zu geben.

§ 385. Hat die Sache einen Börsen- oder Marktpreis, so kann der Schuldner den Verkauf aus freier Hand durch einen zu solchen Verkäufen öffentlich ermächtigten Handelsmäkler oder durch eine zur öffentlichen Versteigerung befugte Person zum laufenden Preise bewirken.

§ 458. Die Wirksamkeit eines den Vorschriften der §§ 456, 457 zuwider erfolgten Kaufes und der Uebertragung des gekauften Gegenstandes hängt von der Zustimmung der bei dem Verkauf als Schuldner, Eigenthümer oder Gläubiger Betheiligten ab. Fordert der Käufer einen Betheiligten zur Erklärung über die Genehmigung auf, so finden die Vorschriften des § 177 Abs. 2 entsprechende Anwendung.

Wird in Folge der Verweigerung der Genehmigung ein neuer Verkauf vorgenommen, so hat der frühere Käufer für die Kosten des neuen Verkaufs sowie für einen Mindererlös aufzukommen.

§ 177 Abs. 2*. Fordert der Käufer einen Betheiligten zur Erklärung über die Genehmigung auf, so kann die Erklärung nur ihm gegenüber erfolgen; eine vor der Aufforderung einem Anderen gegenüber erklärte Genehmigung oder Verweigerung der Genehmigung wird unwirksam. Die Genehmigung kann nur bis zum Ablaufe von zwei Wochen nach dem Empfange der Aufforderung erklärt werden; wird sie nicht erklärt, so gilt sie als verweigert.

II. Gewährleistung wegen Mängel der Sache.

Haftung für Fehler und zugesicherte Eigenschaften.

§ 459. Der Verkäufer einer Sache haftet dem Käufer dafür, daß sie zu der Zeit, zu welcher die Gefahr auf den Käufer übergeht, nicht mit Fehlern behaftet ist, die den Werth oder die Tauglichkeit zu dem gewöhnlichen oder dem nach dem Vertrage vorausgesetzten Gebrauch aufheben oder mindern. Eine unerhebliche Minderung des Werthes oder der Tauglichkeit kommt nicht in Betracht.

Der Verkäufer haftet auch dafür, daß die Sache zur Zeit des Ueberganges der Gefahr die zugesicherten Eigenschaften hat.

— Kenntniss des Käufers.

§ 460. Der Verkäufer hat einen Mangel der verkauften Sache nicht zu vertreten, wenn der Käufer den Mangel bei dem Abschlusse des Kaufes kennt. Ist dem Käufer ein Mangel der im § 459 Abs. 1 bezeichneten Art in Folge grober Fahrlässigkeit unbekannt geblieben, so haftet der Verkäufer, sofern er nicht die Abwesenheit des Fehlers zugesichert hat, nur, wenn er den Fehler arglistig verschwiegen hat.

Keine Haftung bei Pfandverkauf.

§ 461. Der Verkäufer hat einen Mangel der verkauften Sache nicht zu vertreten, wenn die Sache auf Grund eines Pfandrechts in öffentlicher Versteigerung unter der Bezeichnung als Pfand verkauft wird.

Wandelung — Minderung.

§ 462. Wegen eines Mangels, den der Verkäufer nach den Vorschriften der §§ 459, 460 zu vertreten hat, kann der Käufer Rückgängigmachung des Kaufes (Wandelung) oder Herabsetzung des Kaufpreises (Minderung) verlangen.

Schadensersatz.

§ 463. Fehlt der verkauften Sache zur Zeit des Kaufes eine zugesicherte Eigenschaft, so kann der Käufer statt der Wandelung oder der Minderung Schadensersatz wegen Nichterfüllung verlangen. Das Gleiche gilt, wenn der Verkäufer einen Fehler arglistig verschwiegen hat.

— Wirkung vorbehaltloser Annahme.

§ 464. Nimmt der Käufer eine mangelhafte Sache an, obschon er den Mangel kennt, so stehen ihm die in den §§ 462, 463 bestimmten Ansprüche nur zu, wenn er sich seine Rechte wegen des Mangels bei der Annahme vorbehält.

Vollziehung der Wandelung und Minderung.

§ 465. Die Wandelung oder die Minderung ist vollzogen, wenn sich der Verkäufer auf Verlangen des Käufers mit ihr einverstanden erklärt.

Ausschluss der Wandelung durch Fristablauf.

§ 466. Behauptet der Käufer dem Verkäufer gegenüber einen Mangel der Sache, so kann der Verkäufer ihn unter dem Erbieten zur Wandelung und unter Bestimmung einer angemessenen Frist zur Erklärung darüber auffordern, ob er Wandelung verlange. Die Wandelung kann in diesem Falle nur bis zum Ablaufe der Frist verlangt werden.

Wandelung.

§ 467. Auf die Wandelung finden die für das vertragsmäßige Rücktrittsrecht geltenden Vorschriften der §§ 346 bis 348, 350 bis 354, 356 entsprechende Anwendung; im Falle des § 352 ist jedoch die Wandelung nicht ausgeschlossen, wenn der Mangel sich erst bei der Umgestaltung der Sache gezeigt hat. Der Verkäufer hat dem Käufer auch die Vertragskosten zu ersetzen.

— Rückgewähr des Empfangenen.

§ 346*. Die Parteien sind verpflichtet, einander die empfangenen Leistungen zurückzugewähren. Für geleistete Dienste sowie für die Ueberlassung der Benutzung einer Sache ist der Werth zu vergüten oder, falls in dem Vertrag eine Gegenleistung in Geld bestimmt ist, diese zu entrichten

— Haftung wegen Verschlechterung u. s. w.

§ 347*. Der Anspruch auf Schadensersatz wegen Verschlechterung, Unterganges oder einer aus einem anderen Grunde eintretenden Unmöglichkeit der Herausgabe bestimmt sich im Falle der Wandelung von dem Empfange der Leistung an nach den Vorschriften, welche für das Verhältniss zwischen dem Eigenthümer und dem Besitzer von dem Eintritte der Rechtshängigkeit des Eigenthumsanspruchs an gelten Das Gleiche gilt von dem Anspruch auf Herausgabe oder Vergütung von Nutzungen und von dem Anspruch auf Ersatz von Verwendungen. Eine Geldsumme ist von der Zeit des Empfanges an zu verzinsen.

— Erfüllung Zug um Zug.

§ 348*. Die sich aus der Wandelung ergebenden Verpflichtungen der Parteien sind Zug um Zug zu erfüllen Die Vorschriften der §§ 320, 322 finden entsprechende Anwendung.

§ 320. Jeder Theil kann die ihm obliegende Leistung bis zur Bewirkung der Gegenleistung verweigern. Hat die Leistung an Mehrere zu erfolgen, so kann dem Einzelnen der ihm gebührende Theil bis zur Bewirkung der ganzen Gegenleistung verweigert werden. Die Vorschrift des § 273 Abs. 3 (der Gläubiger kann die Ausübung des Zurückbehaltungsrechts durch Sicherheitsleistung abwenden. Die Sicherheitsleistung durch Bürgen ist ausgeschlossen) findet keine Anwendung.*

Ist von der einen Seite theilweise geleistet worden, so kann die Gegenleistung insoweit nicht verweigert werden, als die Verweigerung nach den Umständen, insbesondere wegen verhältnissmässiger Geringfügigkeit des rückständigen Theiles, gegen Treu und Glauben verstossen würde.

322. Erhebt der eine Teil Klage auf die ihm geschuldete Leistung, so hat die Geltendmachung des dem anderen Theile zustehenden Rechtes, die Leistung bis zur Bewirkung der Gegenleistung zu verweigern, nur die Wirkung, dass der andere Theil zur Erfüllung Zug um Zug zu verurtheilen ist.*

Auf die Zwangsvollstreckung findet die Vorschrift des § 274 Abs. 2 Anwendung; d. h. auf Grund einer solchen Verurtheilung kann der Gläubiger seinen Anspruch ohne Bewirkung der ihm obliegenden Leistung im Wege der Zwangsvollstreckung verfolgen, wenn der Schuldner im Verzuge der Annahme ist.

— **Zufälliger Untergang.**

§ 350* Die Wandelung wird nicht dadurch ausgeschlossen, dass der Gegenstand, welchen der Käufer empfangen hat, durch Zufall untergegangen ist.

— **Ausschluss der Wandelung.**

§ 351* Die Wandelung ist ausgeschlossen, wenn der Käufer eine wesentliche Verschlechterung, den Untergang oder die anderweitige Unmöglichkeit der Herausgabe des empfangenen Gegenstandes verschuldet hat. Der Untergang eines erheblichen Theiles steht einer wesentlichen Verschlechterung des Gegenstandes, das von dem Käufer nach § 278 zu vertretende Verschulden eines Anderen *(seines gesetzlichen Vertreters und der Personen, deren er sich zur Erfüllung seiner Verbindlichkeiten bedient)* steht dem eigenen Verschulden des Berechtigten gleich.

§ 352*. Die Wandelung ist ausgeschlossen, wenn der Käufer die empfangene Sache durch Verarbeitung oder Umbildung in eine Sache anderer Art umgestaltet hat. (Siehe jedoch oben § 467 Satz 1)

§ 353*. Hat der Käufer den empfangenen Gegenstand oder einen erheblichen Theil des Gegenstandes veräussert oder mit dem Rechte eines Dritten belastet, so ist die Wandelung ausgeschlossen, wenn bei demjenigen, welcher den Gegenstand in Folge der Verfügung erlangt hat, die Voraussetzungen des § 351 oder des § 352 eingetreten sind.

Einer Verfügung des Käufers steht eine Verfügung gleich, die im Wege der Zwangsvollstreckung oder der Arrestvollziehung oder durch den Konkursverwalter erfolgt

— **Verzug des Käufers.**

§ 354*. Kommt der Käufer mit der Rückgewähr des empfangenen Gegenstandes oder eines erheblichen Theiles des Gegenstandes in Verzug, so kann ihm der Verkäufer eine angemessene Frist mit der Erklärung bestimmen, dass er die Annahme nach dem Ablaufe der Frist ablehne. Die Wandelung wird unwirksam, wenn nicht die Rückgewähr vor dem Ablaufe der Frist erfolgt.

— **Mehrere Betheiligte.**

§ 356* Sind auf der einen oder anderen Seite Mehrere betheiligt, so kann die Wandelung nur von allen und gegen alle ausgeübt werden. Erlischt das Recht auf Wandelung für einen der Käufer, so erlischt es auch für die übrigen.

— **Haftung für das Flächenmass.**

§ 468. Sichert der Verkäufer eines Grundstücks dem Käufer eine bestimmte Größe des Grundstücks zu, so haftet er für die Größe wie für eine zugesicherte Eigenschaft. Der Käufer kann jedoch wegen Mangels der zugesicherten Größe Wandelung nur verlangen, wenn der Mangel so erheblich ist, daß die Erfüllung des Vertrags für den Käufer kein Interesse hat.

— Wandelung beim Verkauf mehrerer Sachen.

§ 469. Sind von mehreren verkauften Sachen nur einzelne mangelhaft, so kann nur in Ansehung dieser Wandelung verlangt werden, auch wenn ein Gesammtpreis für alle Sachen festgesetzt ist. Sind jedoch die Sachen als zusammengehörend verkauft, so kann jeder Theil verlangen, daß die Wandelung auf alle Sachen erstreckt wird, wenn die mangelhaften Sachen nicht ohne Nachtheil für ihn von den übrigen getrennt werden können.

— Mängel der Haupt- oder Nebensache.

§ 470. Die Wandelung wegen eines Mangels der Hauptsache erstreckt sich auch auf die Nebensache. Ist die Nebensache mangelhaft, so kann nur in Ansehung dieser Wandelung verlangt werden.

— Herabsetzung des Gesammtpreises.

§ 471. Findet im Falle des Verkaufs mehrerer Sachen für einen Gesammtpreis die Wandelung nur in Ansehung einzelner Sachen statt, so ist der Gesammtpreis in dem Verhältnisse herabzusetzen, in welchem zur Zeit des Verkaufs der Gesammtwerth der Sachen in mangelfreiem Zustande zu dem Werthe der von der Wandelung nicht betroffenen Sachen gestanden haben würde.

Minderung.

§ 472. Bei der Minderung ist der Kaufpreis in dem Verhältnisse herabzusetzen, in welchem zur Zeit des Verkaufs der Werth der Sache in mangelfreiem Zustande zu dem wirklichen Werthe gestanden haben würde.

Findet im Falle des Verkaufs mehrerer Sachen für einen Gesammtpreis die Minderung nur wegen einzelner Sachen statt, so ist bei der Herabsetzung des Preises der Gesammtwerth aller Sachen zu Grunde zu legen

§ 473. Sind neben dem in Geld festgesetzten Kaufpreise Leistungen bedungen, die nicht vertretbare Sachen zum Gegenstande haben, so sind diese Leistungen in den Fällen der §§ 471, 472 nach dem Werthe zur Zeit des Verkaufs in Geld zu veranschlagen. Die Herabsetzung der Gegenleistung des Käufers erfolgt an dem in Geld festgesetzten Preise; ist dieser geringer als der abzusetzende Betrag, so hat der Verkäufer den überschießenden Betrag dem Käufer zu vergüten.

— Mehrere Käufer oder Verkäufer.

§ 474. Sind auf der einen oder der anderen Seite Mehrere betheiligt, so kann von jedem und gegen jeden Minderung verlangt werden.

Mit der Vollziehung der von einem der Käufer verlangten Minderung ist die Wandelung ausgeschlossen.

Rechte des Käufers bei mehreren Fehlern.

§ 475. Durch die wegen eines Mangels erfolgte Minderung wird das Recht des Käufers, wegen eines anderen Mangels Wandelung oder von neuem Minderung zu verlangen, nicht ausgeschlossen.

Ausschluss der Gewährleistung.

§ 476. Eine Vereinbarung, durch welche die Verpflichtung des Verkäufers zur Gewährleistung wegen Mängel der Sache erlassen oder beschränkt wird, ist nichtig, wenn der Verkäufer den Mangel arglistig verschweigt.

Verjährung.

§ 477. Der Anspruch auf Wandelung oder auf Minderung sowie der Anspruch auf Schadensersatz wegen Mangels einer zugesicherten Eigenschaft verjährt, sofern nicht der Verkäufer den Mangel arglistig verschwiegen hat, bei beweglichen Sachen in sechs Monaten von der Ablieferung, bei Grundstücken in einem Jahre von der Uebergabe an. Die Verjährungsfrist kann durch Vertrag verlängert werden.

Beantragt der Käufer gerichtliche Beweisaufnahme zur Sicherung des Beweises, so wird die Verjährung unterbrochen. Die Unterbrechung dauert bis zur Beendigung des Verfahrens fort. Die Vorschriften des § 211 Abs. 2 und des § 212 finden entsprechende Anwendung.

Die Hemmung oder Unterbrechung der Verjährung eines der im Abs. 1 bezeichneten Ansprüche bewirkt auch die Hemmung oder Unterbrechung der Verjährung der anderen Ansprüche.

§ 211 Abs. 2*. Geräth das Verfahren durch Vereinbarung oder dadurch, dass es nicht betrieben wird, in Stillstand, so endigt die Unterbrechung mit der letzten Prozesshandlung der Parteien oder des Gerichts. Die nach der Beendigung beginnende neue Verjährung wird dadurch, dass eine der Parteien das Verfahren weiter betreibt, in gleicher Weise wie durch den Antrag auf gerichtliche Beweisaufnahme zur Sicherung des Beweises unterbrochen.

§ 212*. Die Unterbrechung durch Antrag auf gerichtliche Beweisaufnahme zur Sicherung des Beweises gilt als nicht erfolgt, wenn der Antrag zurückgenommen oder rechtskräftig abgewiesen wird.

Stellt jedoch der Käufer binnen sechs Monaten einen neuen Antrag, so gilt die Verjährung als durch Stellung des ersten Antrags unterbrochen. Auf diese Frist finden die Vorschriften der §§ 203 *(über Hemmung der Verjährung wegen Verhinderung an der Rechtsverfolgung)*, 206, 207 *(über Hinderung der Vollendung der Verjährung beim Mangel gesetzlicher Vertretung sowie bei Ansprüchen, die zu einem Nachlasse gehören oder sich gegen einen Nachlass richten)* entsprechende Anwendung.

Mängelanzeige — Erhaltung der Einrede.

§ 478. Hat der Käufer den Mangel dem Verkäufer angezeigt oder die Anzeige an ihn abgesendet, bevor der Anspruch auf Wandelung oder auf Minderung verjährt war, so kann er auch nach der Vollendung der Verjährung die Zahlung des Kaufpreises insoweit verweigern, als er auf Grund der Wandelung oder der Minderung dazu berechtigt sein würde. Das Gleiche gilt, wenn der Käufer vor der Vollendung der Verjährung gerichtliche Beweisaufnahme zur Sicherung des Beweises beantragt oder in einem zwischen ihm und einem späteren Erwerber der Sache wegen des Mangels anhängigen Rechtsstreite dem Verkäufer den Streit verkündet hat.

Hat der Verkäufer den Mangel arglistig verschwiegen, so bedarf es der Anzeige oder einer ihr nach Abs. 1 gleichstehenden Handlung nicht.

Aufrechnung des verjährten Schadensersatzanspruches.

§ 479. Der Anspruch auf Schadensersatz kann nach der Vollendung der Verjährung nur aufgerechnet werden, wenn der Käufer vorher eine der im § 478 bezeichneten Handlungen vorgenommen hat. Diese Beschränkung tritt nicht ein, wenn der Verkäufer den Mangel arglistig verschwiegen hat.

Anspruch auf Lieferung einer mangelfreien Sache.

§ 480. Der Käufer einer nur der Gattung nach bestimmten Sache kann statt der Wandelung oder der Minderung verlangen, daß ihm an Stelle der mangelhaften Sache eine mangelfreie geliefert wird. Auf diesen Anspruch finden die für die Wandelung geltenden Vorschriften der §§ 464 bis 466, des § 467 Satz 1 und der §§ 469, 470, 474 bis 479 entsprechende Anwendung.

Fehlt der Sache zu der Zeit, zu welcher die Gefahr auf den Käufer übergeht, eine zugesicherte Eigenschaft oder hat der Verkäufer einen Fehler arglistig verschwiegen, so kann der Käufer statt der Wandelung, der Minderung oder der Lieferung einer mangelfreien Sache Schadensersatz wegen Nichterfüllung verlangen.

Vorbehaltlose Annahme.

§ 464*. Nimmt der Käufer eine mangelhafte Sache an, obschon er den Mangel kennt, so steht ihm ein Anspruch auf Lieferung einer mangelfreien Sache nur zu, wenn er sich seine Rechte wegen des Mangels bei der Annahme vorbehält.

Ausübung des Wahlrechts.

§ 465*. Die auf Nachlieferung einer mangelfreien Sache gerichtete Wahl ist vollzogen, wenn sich der Verkäufer auf Verlangen des Käufers mit ihr einverstanden erklärt.

Fristsetzung.

§ 466*. Behauptet der Käufer dem Verkäufer gegenüber einen Mangel der Sache, so kann der Verkäufer ihn unter dem Erbieten zur Lieferung einer mangelfreien Sache und unter Bestimmung einer angemessenen Frist zur Erklärung darüber auffordern, ob er Lieferung einer mangelfreien Sache verlange. Die Lieferung einer mangelfreien Sache kann in diesem Falle nur bis zum Ablaufe der Frist verlangt werden.

Sonstige Vorschriften.

§ 467*. Auf den Anspruch auf Lieferung einer mangelfreien Sache finden die für das vertragsmässige Rücktrittsrecht geltenden Vorschriften der §§ 346 bis 348, 350 bis 354, 356 entsprechende Anwendung.

— Rückgewähr.

§ 346. Die Parteien sind verpflichtet, einander die empfangenen Leistungen zurückzugewähren. Für geleistete Dienste sowie für die Ueberlassung der Benutzung einer Sache ist der Werth zu vergüten oder, falls in dem Vertrag eine Gegenleistung in Geld bestimmt ist, diese zu entrichten.*

— Haftung wegen Verschlechterung.

§ 347. Der Anspruch auf Schadensersatz wegen Verschlechterung, Unterganges oder einer aus einem anderen Grunde eintretenden Unmöglichkeit der Herausgabe bestimmt sich im Falle der Geltendmachung des Anspruchs auf Lieferung einer mangelfreien Sache von dem Empfange der Leistung an nach den Vorschriften, welche für das Verhältniss zwischen dem Eigenthümer und dem Besitzer von dem Eintritte der Rechtshängigkeit des Eigenthumsanspruchs an gelten. Das Gleiche gilt von dem Anspruch auf Herausgabe oder Vergütung von Nutzungen und von dem Anspruch auf Ersatz von Verwendungen. Eine Geldsumme ist von der Zeit des Empfanges an zu verzinsen.*

— Erfüllung Zug um Zug.

§ 348. Die aus der Geltendmachung des Anspruchs auf Lieferung einer mangelhaften Sache sich ergebenden Verpflichtungen sind Zug um Zug zu erfüllen. Die Vorschriften der §§ 320, 322 finden entsprechende Anwendung.*

§ 320. Jeder Theil kann die ihm obliegende Leistung bis zur Bewirkung der Gegenleistung verweigern. Hat die Leistung an Mehrere*

zu erfolgen, so kann dem Einzelnen der ihm gebührende Theil bis zur Bewirkung der ganzen Gegenleistung verweigert werden. Die Vorschrift des § 273 Abs. 3 (Der Gläubiger kann die Ausübung des Zurückbehaltungsrechts durch Sicherheitsleistung abwenden. Die Sicherheitsleistung durch Bürgen ist ausgeschlossen) findet keine Anwendung.

Ist von der einen Seite theilweise geleistet worden, so kann die Gegenleistung insoweit nicht verweigert werden, als die Verweigerung nach den Umständen, insbesondere wegen der Geringfügigkeit des rückständigen Theiles, gegen Treu und Glauben verstossen würde.

§ 322. Erhebt der eine Theil Klage auf die ihm geschuldete Leistung, so hat die Geltendmachung des dem anderen Theile zustehenden Rechtes, die Leistung bis zur Bewirkung der Gegenleistung zu verweigern, nur die Wirkung, dass der andere Theil zur Erfüllung Zug um Zug zu verurtheilen ist.*

Auf die Zwangsvollstreckung findet die Vorschrift des § 274 Abs. 2 Anwendung, d. h. auf Grund einer solchen Verurtheilung kann der Gläubiger seinen Anspruch ohne Bewirkung der ihm obliegenden Leistung im Wege der Zwangsvollstreckung verfolgen, wenn der Schuldner im Verzuge der Annahme ist.

Zufälliger Untergang.

§ 350. Der Anspruch auf Lieferung einer mangelfreien Sache wird nicht dadurch ausgeschlossen, dass der Gegenstand, welchen der Käufer empfangen hat, durch Zufall untergegangen ist.*

Ausschluss des Anspruchs.

§ 351. Der Anspruch auf Lieferung einer mangelfreien Sache ist ausgeschlossen, wenn der Käufer eine wesentliche Verschlechterung, den Untergang oder die anderweitige Unmöglichkeit der Herausgabe des empfangenen Gegenstandes verschuldet hat. Der Untergang eines erheblichen Theiles steht einer wesentlichen Verschlechterung des Gegenstandes, das von dem Käufer nach § 278 zu vertretende Verschulden eines Anderen, d. i. seines gesetzlichen Vertreters oder derjenigen Personen, deren er sich zur Erfüllung seiner Verbindlichkeit bedient, steht dem eigenen Verschulden des Käufers gleich.*

§ 352. Der Anspruch auf Lieferung einer mangelfreien Sache ist ausgeschlossen, wenn der Käufer die empfangene Sache durch Verarbeitung oder Umbildung in eine Sache anderer Art umgestaltet hat.*

§ 353. Hat der Käufer den empfangenen Gegenstand oder einen erheblichen Theil des Gegenstandes veräussert oder mit dem Rechte eines Dritten belastet, so ist der Anspruch auf Lieferung einer mangelfreien Sache ausgeschlossen, wenn bei demjenigen, welcher den Gegenstand in Folge der Verfügung erlangt hat, die Voraussetzungen des § 351 oder des § 352 eingetreten sind.*

Einer Verfügung des Käufers steht eine Verfügung gleich, die im Wege der Zwangsvollstreckung oder der Arrestvollziehung oder durch den Konkursverwalter erfolgt.

Verzug des Käufers.

§ 354. Kommt der Käufer mit der Rückgewähr des empfangenen Gegenstandes oder eines erheblichen Theiles des Gegenstandes in Verzug, so kann ihm der andere Theil eine angemessene Frist mit der Erklärung bestimmen, dass er die Annahme nach dem Ablaufe der Frist ablehne. Der Anspruch auf Lieferung einer mangelfreien Sache wird unwirksam, wenn nicht die Rückgewähr vor dem Ablaufe der Frist erfolgt.*

Mehrere Betheiligte.

§ 356. Sind auf der einen oder anderen Seite Mehrere betheiligt, so kann der Anspruch auf Lieferung einer mangelfreien Sache nur von allen und gegen alle geltend gemacht werden. Erlischt der Anspruch für einen der Käufer, so erlischt er auch für die übrigen.*

Verkauf mehrerer Sachen.

§ 469*. Sind von mehreren verkauften Sachen nur einzelne mangelhaft, so kann nur in Ansehung dieser Lieferung einer mangelfreien Sache verlangt werden, auch wenn ein Gesammtpreis für alle Sachen festgesetzt ist. Sind jedoch die Sachen als zusammengehörend verkauft, so kann jeder Theil verlangen, dass die Lieferung einer mangelfreien Sache auf alle Sachen erstreckt wird, wenn die mangelhaften Sachen nicht ohne Nachtheil für ihn von den übrigen getrennt werden können.

Mängel der Haupt- oder Nebensache.

§ 470*. Die Lieferung einer mangelfreien Sache wegen eines Mangels der Hauptsache erstreckt sich auch auf die Nebensache. Ist die Nebensache mangelhaft, so kann nur in Ansehung dieser Lieferung einer mangelfreien Sache verlangt werden

§ 474*. Sind auf Seite der Käufer Mehrere betheiligt, so ist mit der Vollziehung der von einem der Käufer verlangten Minderung der Anspruch auf Lieferung einer mangelfreien Sache ausgeschlossen.

Rechte des Käufers bei mehreren Fehlern.

§ 475*. Durch die wegen eines Mangels erfolgte Minderung wird das Recht des Käufers, wegen eines anderen Mangels Lieferung einer mangelfreien Sache oder von neuem Minderung zu verlangen, nicht ausgeschlossen.

Vertragsmässiger Ausschluss der Haftung.

§ 476. Eine Vereinbarung, durch welche die Verpflichtung des Verkäufers zur Gewährleistung wegen Mängel der Sache erlassen oder beschränkt wird, ist nichtig, wenn der Verkäufer den Mangel arglistig verschweigt.

Verjährung.

§ 477*. Der Anspruch auf Lieferung einer mangelfreien Sache verjährt, sofern nicht der Verkäufer den Mangel arglistig verschwiegen hat, bei beweglichen Sachen in sechs Monaten nach der Ablieferung, bei Grundstücken in einem Jahre von der Uebergabe an. Die Verjährungsfrist kann durch Vertrag verlängert werden.

Beantragt der Käufer gerichtliche Beweisaufnahme zur Sicherung des Beweises, so wird die Verjährung unterbrochen. Die Unterbrechung dauert bis zur Beendigung des Verfahrens fort. Die Vorschriften des § 211 Abs. 2 und des § 212 finden entsprechende Anwendung.

§ 211 Abs. 2. Geräth das Verfahren durch Vereinbarung oder dadurch, dass es nicht betrieben wird, in Stillstand, so endigt die Unterbrechung mit der letzten Prozesshandlung der Parteien oder des Gerichts. Die nach der Beendigung beginnende neue Verjährung wird dadurch, dass eine der Parteien das Verfahren weiter betreibt, in gleicher Weise wie durch den Antrag auf gerichtliche Beweisaufnahme zur Sicherung des Beweises unterbrochen.*

§ 212. Die Unterbrechung durch Antrag auf gerichtliche Beweisaufnahme zur Sicherung des Beweises gilt als nicht erfolgt, wenn der Antrag zurückgenommen oder rechtskräftig abgewiesen wird.*

Stellt jedoch der Käufer binnen sechs Monaten einen neuen Antrag, so gilt die Verjährung als durch Stellung des ersten Antrags unterbrochen. Auf diese Frist finden die Vorschriften der §§ 203 (über Hemmung der Verjährung wegen Verhinderung an der Rechtsverfolgung), 206, 207 (über Hinderung der Vollendung der Verjährung beim Mangel gesetzlicher Vertretung sowie bei Ansprüchen, die zu einem Nachlasse gehören oder sich gegen einen Nachlass richten) entsprechende Anwendung.

Die Hemmung oder Unterbrechung der Verjährung eines der dem Käufer zustehenden Ansprüche auf Wandelung, auf Lieferung einer mangelfreien Sache, auf Minderung sowie auf Schadensersatz wegen Mangels einer zugesicherten Eigenschaft bewirkt auch die Hemmung oder Unterbrechung der Verjährung der übrigen Ansprüche.

Mängelanzeige — Erhaltung der Einrede.

§ 478* Hat der Käufer den Mangel dem Verkäufer angezeigt oder die Anzeige an ihn abgesendet, bevor der Anspruch auf Lieferung einer mangelfreien Sache verjährt war, so kann er auch nach der Vollendung der Verjährung die Zahlung des Kaufpreises solange verweigern, bis ihm eine mangelfreie Sache geliefert ist. Das Gleiche gilt, wenn der Käufer vor der Vollendung der Verjährung gerichtliche Beweisaufnahme zur Sicherung des Beweises beantragt oder in einem zwischen ihm und einem späteren Erwerber der Sache wegen des Mangels anhängigen Rechtsstreite dem Verkäufer den Streit verkündet hat.

Hat der Verkäufer den Mangel arglistig verschwiegen, so bedarf es der Anzeige oder einer ihr nach Abs. 1 gleichstehenden Handlung nicht.

Aufrechnung.

§ 479. Der Anspruch auf Schadensersatz kann nach der Vollendung der Verjährung nur aufgerechnet werden, wenn der Käufer vorher eine der im § 478 bezeichneten Handlungen vorgenommen hat. Diese Beschränkung tritt nicht ein, wenn der Verkäufer den Mangel arglistig verschwiegen hat.

Viehgewährschaft.

§ 481. Für den Verkauf von Pferden, Eseln, Mauleseln und Maulthieren, von Rindvieh, Schafen und Schweinen gelten die Vorschriften der §§ 459 bis 467, 469 bis 480 nur insoweit, als sich nicht aus den §§ 482 bis 492 ein Anderes ergiebt.

Ueberhaupt nicht anwendbar ist § 467, welcher bestimmt, dass auf die Wandelung die für das vertragsmässige Rücktrittsrecht geltenden Vorschriften im Allgemeinen entsprechende Anwendung finden.

— Hauptmängel — Gewährfristen.

§ 482. Der Verkäufer hat nur bestimmte Fehler (Hauptmängel) und diese nur dann zu vertreten, wenn sie sich innerhalb bestimmter Fristen (Gewährfristen) zeigen.

Die Hauptmängel und die Gewährfristen werden durch eine mit Zustimmung des Bundesraths zu erlassende Kaiserliche Verordnung bestimmt. Die Bestimmung kann auf demselben Wege ergänzt und abgeändert werden.

Verordnung, betreffend die Hauptmängel und Gewährfristen beim Viehhandel vom 27 März 1899 (R.-G.-Bl. 1899 S. 219 f.).

§ 1 Für den Verkauf von Nutz- und Zuchtthieren gelten als Hauptmängel:

I. bei Pferden, Eseln, Mauleseln und Maulthieren:

1 Rotz (Wurm) mit einer Gewährfrist von vierzehn Tagen;

2. Dummkoller (Koller, Dummsein) mit einer Gewährfrist von vierzehn Tagen; als Dummkoller ist anzusehen die allmählich oder in Folge der akuten Gehirnwassersucht entstandene, unheilbare Krankheit des Gehirns, bei der das Bewusstsein des Pferdes herabgesetzt ist;

3. Dämpfigkeit (Dampf, Hartschlägigkeit, Bauchschlägigkeit) mit einer Gewährfrist von vierzehn Tagen; als Dämpfigkeit ist anzusehen die Athembeschwerde, die durch einen chronischen, unheilbaren Krankheitszustand der Lungen oder des Herzens bewirkt wird;

4. Kehlkopfpfeifen (Pfeiferdampf, Hartschnaufigkeit, Rohren) mit einer Gewährfrist von vierzehn Tagen; als Kehlkopfpfeifen ist anzusehen die durch einen chronischen und unheilbaren Krankheitszustand des Kehlkopfs oder der Luftröhre verursachte und durch ein hörbares Geräusch gekennzeichnete Athemstörung;

5. periodische Augenentzündung (innere Augenentzündung, Mondblindheit) mit einer Gewährfrist von vierzehn Tagen; als periodische Augenentzündung ist anzusehen die auf inneren Einwirkungen beruhende, entzündliche Veränderung an den inneren Organen des Auges;

6. Koppen (Krippensetzen, Aufsetzen, Freikoppen, Luftschnappen. Windschnappen) mit einer Gewährfrist von vierzehn Tagen;

II. bei Rindvieh:

1. tuberkulöse Erkrankung, sofern in Folge dieser Erkrankung eine allgemeine Beeinträchtigung des Nährzustandes des Thieres herbeigeführt ist, mit einer Gewährfrist von vierzehn Tagen;

2. Lungenseuche mit einer Gewährfrist von achtundzwanzig Tagen;

III. bei Schafen
Räude mit einer Gewährfrist von vierzehn Tagen;

IV. bei Schweinen
1 Rothlauf mit einer Gewährfrist von drei Tagen;
2. Schweineseuche (einschliesslich Schweinepest) mit einer Gewährfrist von zehn Tagen.

§ 2. Für den Verkauf solcher Thiere, die alsbald geschlachtet werden sollen und bestimmt sind, als Nahrungsmittel für Menschen zu dienen (Schlachtthiere), gelten als Hauptmängel:

I. bei Pferden, Eseln, Mauleseln und Maulthieren:
Rotz (Wurm) mit einer Gewährfrist von vierzehn Tagen;

II. bei Rindvieh:
tuberkulöse Erkrankung, sofern in Folge dieser Erkrankung mehr als die Hälfte des Schlachtgewichts nicht oder nur unter Beschränkungen als Nahrungsmittel für Menschen geeignet ist, mit einer Gewährfrist von vierzehn Tagen;

III bei Schafen:
allgemeine Wassersucht mit einer Gewährfrist von vierzehn Tagen; als allgemeine Wassersucht ist anzusehen der durch eine innere Erkrankung oder durch ungenügende Ernährung herbeigeführte wassersüchtige Zustand des Fleisches;

IV. bei Schweinen
1. tuberkulöse Erkrankung unter der in Nr. II bezeichneten Voraussetzung mit einer Gewährfrist von vierzehn Tagen;
2. Trichinen mit einer Gewährfrist von vierzehn Tagen;
3. Finnen mit einer Gewährfrist von vierzehn Tagen.

— **Beginn der Gewährfrist.**

§ 483. Die Gewährfrist beginnt mit dem Ablaufe des Tages, an welchem die Gefahr auf den Käufer übergeht.

— **Bedeutung der Gewährfrist.**

§ 484. Zeigt sich ein Hauptmangel innerhalb der Gewährfrist, so wird vermuthet, daß der Mangel schon zu der Zeit vorhanden gewesen sei, zu welcher die Gefahr auf den Käufer übergegangen ist.

— **Mängelanzeigepflicht.**

§ 485. Der Käufer verliert die ihm wegen des Mangels zustehenden Rechte, wenn er nicht spätestens zwei Tage nach dem Ablaufe der Gewährfrist oder, falls das Thier vor dem Ablaufe der Frist getödtet worden oder sonst verendet ist, nach dem Tode des Thieres den Mangel dem Verkäufer anzeigt oder die Anzeige an ihn absendet oder wegen des Mangels Klage gegen den Verkäufer erhebt oder diesem den Streit verkündet oder gerichtliche Beweisaufnahme zur Sicherung des Beweises beantragt. Der Rechtsverlust tritt nicht ein, wenn der Verkäufer den Mangel arglistig verschwiegen hat.

— **Vertragsmässige Fristen.**

§ 486. Die Gewährfrist kann durch Vertrag verlängert oder abgekürzt werden. Die vereinbarte Frist tritt an die Stelle der gesetzlichen Frist.

— **Nur Wandelung, nicht Minderung.**

§ 487. Der Käufer kann nur Wandelung, nicht Minderung verlangen.

Die Wandelung kann auch in den Fällen der §§ 351 bis 353, insbesondere wenn das Thier geschlachtet ist, verlangt werden; an Stelle der Rückgewähr hat der Käufer den Werth des Thieres zu vergüten. Das Gleiche gilt in anderen Fällen, in denen der Käufer in Folge eines Umstandes, den er zu vertreten hat, insbesondere einer Verfügung über das Thier, außer Stande ist, das Thier zurückzugewähren.

Ist vor der Vollziehung der Wandelung eine unwesentliche Verschlechterung des Thieres in Folge eines von dem Käufer zu vertretenden Umstandes eingetreten, so hat der Käufer die Werthminderung zu vergüten.

Nutzungen hat der Käufer nur insoweit zu ersetzen, als er sie gezogen hat.

§ 351* Wenn der Käufer eine wesentliche Verschlechterung, den Untergang oder die anderweitige Unmöglichkeit der Herausgabe des Thieres herbeigeführt hat.

§ 352*. Wenn der Käufer das Thier durch Verarbeitung oder Umbildung in eine Sache anderer Art umgestaltet hat.

§ 353*. Wenn der Käufer das Thier veräussert oder mit dem Rechte eines Dritten belastet hat oder wenn eine Verfügung über das Thier im Wege der Zwangsvollstreckung oder der Arrestvollziehung oder durch den Konkursverwalter erfolgt ist.

— Ersatz der Fütterungs- u. a. Kosten.

§ 488. Der Verkäufer hat im Falle der Wandelung dem Käufer auch die Kosten der Fütterung und Pflege, die Kosten der thierärztlichen Untersuchung und Behandlung sowie die Kosten der nothwendig gewordenen Tödtung und Wegschaffung des Thieres zu ersetzen.

— Versteigerung des Thieres.

§ 489. Ist über den Anspruch auf Wandelung ein Rechtsstreit anhängig, so ist auf Antrag der einen oder der anderen Partei die öffentliche Versteigerung des Thieres und die Hinterlegung des Erlöses durch einstweilige Verfügung anzuordnen, sobald die Besichtigung des Thieres nicht mehr erforderlich ist.

— Verjährung.

§ 490. Der Anspruch auf Wandelung sowie der Anspruch auf Schadensersatz wegen eines Hauptmangels, dessen Nichtvorhandensein der Verkäufer zugesichert hat, verjährt in sechs Wochen von dem Ende der Gewährfrist an. Im Uebrigen bleiben die Vorschriften des § 477 unberührt.

An die Stelle der in den §§ 210, 212, 215 bestimmten Fristen tritt eine Frist von sechs Wochen.

Der Käufer kann auch nach der Verjährung des Anspruchs auf Wandelung die Zahlung des Kaufpreises verweigern. Die Aufrechnung des Anspruchs auf Schadensersatz unterliegt nicht der im § 479 bestimmten Beschränkung.

§ 477*. d. h. der Anspruch auf Wandelung, sowie der Anspruch auf Schadensersatz wegen eines Hauptmangels, dessen Nichtvorhandensein der Verkäufer zugesichert hat, verjährt, sofern nicht der Verkäufer den Mangel arglistig verschwiegen hat, in sechs Wochen von dem Ende der Gewährfrist an Die Verjährungsfrist kann durch Vertrag verlängert werden.

Beantragt der Käufer gerichtliche Beweisaufnahme zur Sicherung des Beweises, so wird die Verjährung unterbrochen. Die Unterbrechung dauert bis zur Beendigung des Verfahrens fort. Die Vorschriften des § 211 Abs. 2 und des § 212 finden entsprechende Anwendung

Die Hemmung oder Unterbrechung der Verjährung eines der im Abs. 1 bezeichneten Ansprüche bewirkt auch die Hemmung oder Unterbrechung der Verjährung der anderen Ansprüche.

§ 211 Abs. 2. Geräth das Verfahren durch Vereinbarung oder dadurch, dass es nicht betrieben wird, in Stillstand, so endigt die Unterbrechung mit der letzten Prozesshandlung der Parteien oder des Gerichts. Die nach der Beendigung der Unterbrechung beginnende neue Verjährung wird dadurch, dass eine der Parteien das Verfahren weiter betreibt, in gleicher Weise wie durch den Antrag auf gerichtliche Beweisaufnahme zur Sicherung des Beweises unterbrochen.*

§ 210*. Hängt die Zulässigkeit des Rechtswegs von der Vorentscheidung einer Behörde ab oder hat die Bestimmung des zuständigen Gerichts durch ein höheres Gericht zu erfolgen, so wird die Verjährung durch die Einreichung des Gesuchs an die Behörde oder das höhere Gericht in gleicher Weise wie durch Klageerhebung unterbrochen, wenn die Klage binnen sechs Wochen nach der Erledigung des Gesuchs erhoben wird. Auf diese Frist finden die Vorschriften der §§ 203 *(über Hemmung der Verjährung wegen Verhinderung an der Rechtsverfolgung)*, 206, 207 *(über Hinderung der Vollendung der Verjährung)* entsprechende Anwendung.

§ 212*. Die Unterbrechung durch Antrag auf gerichtliche Beweisaufnahme zur Sicherung des Beweises gilt als nicht erfolgt, wenn der Antrag zurückgenommen oder rechtskräftig abgewiesen wird.

Stellt der Berechtigte binnen sechs Wochen von Neuem einen Antrag auf gerichtliche Beweisaufnahme zur Sicherung des Beweises, so gilt die Verjährung als durch die Erhebung des ersten Antrags unterbrochen. Auf diese Frist finden die Vorschriften der § 203 *(über Hemmung der Verjährung wegen Verhinderung an der Rechtsverfolgung)*, 206, 207 *(Hinderung der Vollendung der Verjährung)* entsprechende Anwendung.

§ 215. Die Unterbrechung durch Geltendmachung der Aufrechnung im Prozess oder durch Streitverkündung dauert fort, bis der Prozess rechtskräftig entschieden oder anderweit erledigt ist; die Vorschriften des § 211 Abs. 2 (s. o.) finden Anwendung.

Die Unterbrechung gilt als nicht erfolgt, wenn nicht binnen sechs Wochen nach der Beendigung des Prozesses Klage auf Befriedigung oder Fesstellung des Anspruchs erhoben wird. Auf diese Frist finden die Vorschriften der §§ 203 *(über Hemmung der Verjährung wegen Verhinderung an der Rechtsverfolgung)*, 206, 207 *(Hinderung der Vollendung der Verjährung)* entsprechende Anwendung.

§ 479. Der Anspruch auf Schadensersatz kann nach der Vollendung der Verjährung nur aufgerechnet werden, wenn der Käufer vorher eine der im § 478 bezeichneten Handlungen vorgenommen hat. Diese Beschränkung tritt nicht ein, wenn der Verkäufer den Mangel arglistig verschwiegen hat.

— Anspruch auf Lieferung eines mangelfreien Thieres.

§ 491. Der Käufer eines nur der Gattung nach bestimmten Thieres kann statt der Wandelung verlangen, daß ihm an Stelle des mangelhaften Thieres ein mangelfreies geliefert wird. Auf diesen Anspruch finden die Vorschriften der §§ 488 bis 490 entsprechende Anwendung.

— Vereinbarung erweiterter Haftung.

§ 492. Uebernimmt der Verkäufer die Gewährleistung wegen eines nicht zu den Hauptmängeln gehörenden Fehlers oder sichert er eine Eigenschaft des Thieres zu, so finden die Vorschriften der §§ 487 bis 491 und, wenn eine Gewährfrist vereinbart wird, auch die Vorschriften der §§ 483 bis 485 entsprechende Anwendung. Die im § 490 bestimmte Verjährung beginnt, wenn eine Gewährfrist nicht vereinbart wird, mit der Ablieferung des Thieres.

Gewährleistung bei anderen entgeltlichen Verträgen.

§ 493. Die Vorschriften über die Verpflichtung des Verkäufers zur Gewährleistung wegen Mängel der Sache finden auf andere Verträge, die auf Veräußerung oder Belastung einer Sache gegen Entgelt gerichtet sind, entsprechende Anwendung.

III. Besondere Arten des Kaufes.

1. Kauf nach Probe. Kauf auf Probe.

Kauf nach Probe.

§ 494. Bei einem Kaufe nach Probe oder nach Muster sind die Eigenschaften der Probe oder des Musters als zugesichert anzusehen.

Kauf auf Probe.

§ 495. Bei einem Kaufe auf Probe oder auf Besicht steht die Billigung des gekauften Gegenstandes im Belieben des Käufers. Der Kauf ist im Zweifel unter der aufschiebenden Bedingung der Billigung geschlossen.

Der Verkäufer ist verpflichtet, dem Käufer die Untersuchung des Gegenstandes zu gestatten.

§ 496. Die Billigung eines auf Probe oder auf Besicht gekauften Gegenstandes kann nur innerhalb der vereinbarten Frist und in Ermangelung einer solchen nur bis zum Ablauf einer dem Käufer von dem Verkäufer bestimmten angemessenen Frist erklärt werden. War die Sache dem Käufer zum Zwecke der Probe oder der Besichtigung übergeben, so gilt sein Schweigen als Billigung.

2. Wiederkauf.

Vorbehalt und Ausübung des Wiederkaufsrechtes.

§ 497. Hat sich der Verkäufer in dem Kaufvertrage das Recht des Wiederkaufs vorbehalten, so kommt der Wiederkauf mit der Erklärung des Verkäufers gegenüber dem Käufer, daß er das Wiederkaufsrecht ausübe, zu Stande. Die Erklärung bedarf nicht der für den Kaufvertrag bestimmten Form.

Der Preis, zu welchem verkauft worden ist, gilt im Zweifel auch für den Wiederkauf.

Verpflichtungen des Wiederverkäufers.

§ 498. Der Wiederverkäufer ist verpflichtet, dem Wiederkäufer den gekauften Gegenstand nebst Zubehör herauszugeben.

Hat der Wiederverkäufer vor der Ausübung des Wiederkaufsrechts eine Verschlechterung, den Untergang oder eine aus einem anderen Grunde eingetretene Unmöglichkeit der Herausgabe des gekauften Gegenstandes verschuldet oder den Gegenstand wesentlich verändert, so ist er für den daraus entstehenden Schaden verantwortlich. Ist der Gegenstand ohne Verschulden des Wiederverkäufers verschlechtert oder ist er nur unwesentlich verändert, so kann der Wiederkäufer Minderung des Kaufpreises nicht verlangen.

§ 499. Hat der Wiederverkäufer vor der Ausübung des Wiederkaufsrechts über den gekauften Gegenstand verfügt, so ist er verpflichtet, die dadurch begründeten Rechte Dritter zu beseitigen. Einer Verfügung des Wiederverkäufers steht eine Verfügung gleich, die im Wege der Zwangsvollstreckung oder der Arrestvollziehung oder durch den Konkursverwalter erfolgt.

Verwendungen.

§ 500. Der Wiederverkäufer kann für Verwendungen, die er auf den gekauften Gegenstand vor dem Wiederkaufe gemacht hat, insoweit Ersatz verlangen, als der Werth des Gegenstandes durch die Verwendungen erhöht ist. Eine Einrichtung, mit der er die herauszugebende Sache versehen hat, kann er wegnehmen.

Wiederkauf zum Schätzungswerth.

§ 501. Ist als Wiederkaufpreis der Schätzungswerth vereinbart, den der gekaufte Gegenstand zur Zeit des Wiederkaufs hat, so ist der Wiederverkäufer für eine Verschlechterung, den Untergang oder die aus einem anderen Grunde eingetretene Unmöglichkeit der Herausgabe des Gegenstandes nicht verantwortlich, der Wiederkäufer zum Ersatze von Verwendungen nicht verpflichtet.

Mehrere Wiederkaufsberechtigte.

§ 502. Steht das Wiederkaufsrecht Mehreren gemeinschaftlich zu, so kann es nur im Ganzen ausgeübt werden. Ist es für einen der Berechtigten erloschen oder übt einer von ihnen sein Recht nicht aus, so sind die übrigen berechtigt, das Wiederkaufsrecht im Ganzen auszuüben.

Zeitliche Beschränkung.

§ 503. Das Wiederkaufsrecht kann bei Grundstücken nur bis zum Ablaufe von dreißig, bei anderen Gegenständen nur bis zum Ablaufe von drei Jahren nach der Vereinbarung des Vorbehalts ausgeübt werden. Ist für die Ausübung eine Frist bestimmt, so tritt diese an die Stelle der gesetzlichen Frist.

3. Vorkauf.

Ausübung des Vorkaufsrechtes.

§ 504. Wer in Ansehung eines Gegenstandes zum Vorkaufe berechtigt ist, kann das Vorkaufsrecht ausüben, sobald der Verpflichtete mit einem Dritten einen Kaufvertrag über den Gegenstand geschlossen hat.

§ 505. Die Ausübung des Vorkaufsrechts erfolgt durch Erklärung gegenüber dem Verpflichteten. Die Erklärung bedarf nicht der für den Kaufvertrag bestimmten Form.

Mit der Ausübung des Vorkaufsrechts kommt der Kauf zwischen dem Berechtigten und dem Verpflichteten unter den Bestimmungen zu Stande, welche der Verpflichtete mit dem Dritten vereinbart hat.

§ 506. Eine Vereinbarung des Verpflichteten mit dem Dritten, durch welche der Kauf von der Nichtausübung des Vorkaufsrechts abhängig gemacht oder dem Verpflichteten für den Fall der Ausübung des Vorkaufsrechts der Rücktritt vorbehalten wird, ist dem Vorkaufsberechtigten gegenüber unwirksam.

Nebenleistungen.

§ 507. Hat sich der Dritte in dem Vertrage zu einer Nebenleistung verpflichtet, die der Vorkaufsberechtigte zu bewirken außer Stande ist, so hat der Vorkaufsberechtigte statt der Nebenleistung ihren Werth zu entrichten. Läßt sich die Nebenleistung nicht in Geld schätzen, so ist die Ausübung des Vorkaufsrechts ausgeschlossen; die Vereinbarung der Nebenleistung kommt jedoch nicht in Betracht, wenn der Vertrag mit dem Dritten auch ohne sie geschlossen sein würde.

Gesammtpreis.

§ 508. Hat der Dritte den Gegenstand, auf den sich das Vorkaufsrecht bezieht, mit anderen Gegenständen zu einem Gesammtpreise gekauft, so hat der Vorkaufsberechtigte einen verhältnißmäßigen Theil des Gesammtpreises zu entrichten. Der Verpflichtete kann verlangen, daß der Vorkauf auf alle Sachen erstreckt wird, die nicht ohne Nachtheil für ihn getrennt werden können.

Stundung des Kaufpreises.

§ 509. Ist dem Dritten in dem Vertrage der Kaufpreis gestundet worden, so kann der Vorkaufsberechtigte die Stundung nur in Anspruch nehmen, wenn er für den gestundeten Betrag Sicherheit leistet.

Ist ein Grundstück Gegenstand des Vorkaufs, so bedarf es der Sicherheitsleistung insoweit nicht, als für den gestundeten Kaufpreis die Bestellung einer Hypothek an dem Grundstücke vereinbart oder in Anrechnung auf den Kaufpreis eine Schuld, für die eine Hypothek an dem Grundstücke besteht, übernommen worden ist.

Anzeigepflicht. — Ausschlussfrist.

§ 510. Der Verpflichtete hat dem Vorkaufsberechtigten den Inhalt des mit dem Dritten geschlossenen Vertrags unverzüglich mitzutheilen. Die Mittheilung des Verpflichteten wird durch die Mittheilung des Dritten ersetzt.

Das Vorkaufsrecht kann bei Grundstücken nur bis zum Ablaufe von zwei Monaten, bei anderen Gegenständen nur bis zum Ablauf einer Woche nach dem Empfange der Mittheilung ausgeübt werden. Ist für die Ausübung eine Frist bestimmt, so tritt diese an die Stelle der gesetzlichen Frist.

Verkauf an den gesetzlichen Erben.

§ 511. Das Vorkaufsrecht erstreckt sich im Zweifel nicht auf einen Verkauf, der mit Rücksicht auf ein künftiges Erbrecht an einen gesetzlichen Erben erfolgt.

Verkauf im Wege der Zwangsvollstreckung
oder durch den Konkursverwalter.

§ 512. Das Vorkaufsrecht ist ausgeschlossen, wenn der Verkauf im Wege der Zwangsvollstreckung oder durch den Konkursverwalter erfolgt.

Mehrere Vorkaufsberechtigte.

§ 513. Steht das Vorkaufsrecht Mehreren gemeinschaftlich zu, so kann es nur im Ganzen ausgeübt werden. Ist es für einen der Berechtigten erloschen oder übt einer von ihnen sein Recht nicht aus, so sind die übrigen berechtigt, das Vorkaufsrecht im Ganzen auszuüben.

Uebergang auf Dritte.

§ 514. Das Vorkaufsrecht ist nicht übertragbar und geht nicht auf die Erben des Berechtigten über, sofern nicht ein Anderes bestimmt ist. Ist das Recht auf eine bestimmte Zeit beschränkt, so ist es im Zweifel vererblich.

IV. Tausch.

§ 515. Auf den Tausch finden die Vorschriften über den Kauf entsprechende Anwendung.

Zweiter Titel.

Schenkung.

Begriff.

§ 516. Eine Zuwendung, durch die Jemand aus seinem Vermögen einen Anderen bereichert, ist Schenkung, wenn beide Theile darüber einig sind, daß die Zuwendung unentgeltlich erfolgt.

Ist die Zuwendung ohne den Willen des Anderen erfolgt, so kann ihn der Zuwendende unter Bestimmung einer angemessenen Frist zur Erklärung über die Annahme auffordern. Nach dem Ablaufe der Frist gilt die Schenkung als angenommen, wenn nicht der Andere sie vorher abgelehnt hat. Im Falle der Ablehnung kann die Herausgabe des Zugewendeten nach den Vorschriften über die Herausgabe einer ungerechtfertigten Bereicherung gefordert werden.

§ 517. Eine Schenkung liegt nicht vor, wenn Jemand zum Vortheil eines Anderen einen Vermögenserwerb unterläßt oder auf ein angefallenes, noch nicht endgültig erworbenes Recht verzichtet oder eine Erbschaft oder ein Vermächtniß ausschlägt.

Form.

§ 518. Zur Gültigkeit eines Vertrags, durch den eine Leistung schenkweise versprochen wird, ist die gerichtliche oder notarielle Beurkundung des Versprechens erforderlich. Das Gleiche gilt, wenn ein Schuldversprechen oder ein Schuldanerkenntniß der in den §§ 780, 781 bezeichneten Art schenkweise ertheilt wird, von dem Versprechen oder der Anerkennungserklärung.

Der Mangel der Form wird durch die Bewirkung der versprochenen Leistung geheilt.

§ 780*. Ein Vertrag, durch den eine Leistung in der Weise versprochen wird, dass das Versprechen die Verpflichtung selbständig begründen soll (Schuldversprechen).

§ 781*. Ein Vertrag, durch den das Bestehen eines Schuldverhältnisses anerkannt wird (Schuldanerkenntniss).

Einrede des standesmässigen Unterhaltes.

§ 519. Der Schenker ist berechtigt, die Erfüllung eines schenkweise ertheilten Versprechens zu verweigern, soweit er bei Berücksichtigung seiner sonstigen Verpflichtungen außer Stande ist, das Versprechen zu erfüllen, ohne daß sein standesmäßiger Unterhalt oder die Erfüllung der ihm kraft Gesetzes obliegenden Unterhaltspflichten gefährdet wird.

Treffen die Ansprüche mehrerer Beschenkten zusammen, so geht der früher entstandene Anspruch vor.

Versprechen wiederkehrender Leistungen.

§ 520. Verspricht der Schenker eine in wiederkehrenden Leistungen bestehende Unterstützung, so erlischt die Verbindlichkeit mit seinem Tode, sofern nicht aus dem Versprechen sich ein Anderes ergiebt.

Haftung.

§ 521. Der Schenker hat nur Vorsatz und grobe Fahrlässigkeit zu vertreten.

Keine Verzugszinsen.

§ 522. Zur Entrichtung von Verzugszinsen ist der Schenker nicht verpflichtet.

Haftung für Mängel im Rechte.

§ 523. Verschweigt der Schenker arglistig einen Mangel im Rechte, so ist er verpflichtet, dem Beschenkten den daraus entstehenden Schaden zu ersetzen.

Hatte der Schenker die Leistung eines Gegenstandes versprochen, den er erst erwerben sollte, so kann der Beschenkte wegen eines Mangels im Rechte Schadensersatz wegen Nichterfüllung verlangen, wenn der Mangel dem Schenker bei dem Erwerbe der Sache bekannt gewesen oder in Folge grober Fahrlässigkeit unbekannt geblieben ist. Die für die Gewährleistungspflicht des Verkäufers geltenden Vorschriften des § 433 Abs. 1, der §§ 434 bis 437, des § 440 Abs. 2 bis 4 und der §§ 441 bis 444 finden entsprechende Anwendung.

Gewährleistung wegen Mängel im Rechte.

§ 433 Abs. 1*. Durch das Schenkungsversprechen wird der Schenker einer Sache verpflichtet, dem Beschenkten die Sache zu übergeben und das Eigenthum an der Sache zu verschaffen. Der Schenker eines Rechtes ist verpflichtet, dem Beschenkten das Recht zu verschaffen und, wenn das Recht zum Besitze einer Sache berechtigt, die Sache zu übergeben.

§ 434*. Der Schenker ist verpflichtet, dem Beschenkten den versprochenen Gegenstand frei von Rechten zu verschaffen, die von Dritten gegen den Beschenkten geltend gemacht werden können.

§ 435*. Der Schenker eines Grundstückes oder eines Rechtes an einem Grundstücke ist verpflichtet, im Grundbuch eingetragene Rechte, die nicht bestehen, auf seine Kosten zur Löschung zu bringen, wenn sie im Falle ihres Bestehens das dem Beschenkten zu verschaffende Recht beeinträchtigen würden.

Das Gleiche gilt bei der Schenkung eines Schiffes oder eines Rechtes an einem Schiffe für die im Schiffsregister eingetragenen Rechte.

§ 436* Der Schenker eines Grundstücks haftet nicht für die Freiheit des Grundstücks von öffentlichen Abgaben und von anderen öffentlichen Lasten, die zur Eintragung in das Grundbuch nicht geeignet sind.

§ 437*. Der Schenker einer Forderung oder eines sonstigen Rechtes haftet für den rechtlichen Bestand der Forderung oder des Rechtes.

Der Schenker eines Werthpapieres haftet auch dafür, dass es nicht zum Zwecke der Kraftloserklärung aufgeboten ist.

§ 440 Abs. 2—4*. Ist eine bewegliche Sache geschenkt und dem Beschenkten zum Zwecke der Eigenthumsübertragung übergeben worden, so kann der Beschenkte wegen des Rechtes eines Dritten, das zum Besitze der Sache berechtigt, Schadensersatz wegen Nichterfüllung verlangen, wenn er die Sache dem Dritten mit Rücksicht auf dessen Recht herausgegeben hat oder sie dem Schenker zurückgewährt oder wenn die Sache untergegangen ist.

Der Herausgabe der Sache an den Dritten steht es gleich, wenn der Dritte den Beschenkten oder dieser den Dritten beerbt oder wenn der Beschenkte das Recht des Dritten anderweit erwirbt oder den Dritten abfindet.

Steht dem Beschenkten ein Anspruch auf Herausgabe gegen einen Anderen zu, so genügt an Stelle der Rückgewähr die Abtretung des Anspruchs.

§ 441*. Die Vorschriften des § 440 Abs. 2 bis 4 gelten auch dann, wenn ein Recht an einer beweglichen Sache geschenkt ist, das zum Besitze der Sache berechtigt.

— Beweislast.

§ 442* Bestreitet der Schenker den vom Beschenkten geltend gemachten Mangel im Rechte, so hat der Beschenkte den Mangel zu beweisen.

Vertragsmässiger Ausschluss der Gewährleistung.

§ 443* Eine Vereinbarung, durch welche die wegen eines Mangels im Rechte dem Schenker obliegende Verpflichtung zur Gewährleistung erlassen oder beschränkt wird, ist nichtig, wenn der Schenker den Mangel arglistig verschweigt.

— Auskunftspflicht.

§ 444*. Der Schenker ist verpflichtet, dem Beschenkten über die den geschenkten Gegenstand betreffenden rechtlichen Verhältnisse, insbesondere im Falle der Schenkung eines Grundstückes über die Grenzen, Gerechtsame und Lasten, die nöthige Auskunft zu ertheilen und ihm die zum Beweise des Rechtes dienenden Urkunden, soweit sie sich in seinem Besitze befinden, auszuliefern. Erstreckt sich der Inhalt der Urkunde auch auf andere Angelegenheiten, so ist der Schenker nur zur Ertheilung eines öffentlich beglaubigten Auszugs verpflichtet.

Haftung für Fehler.

§ 524. Verschweigt der Schenker arglistig einen Fehler der verschenkten Sache, so ist er verpflichtet, dem Beschenkten den daraus entstehenden Schaden zu ersetzen.

Hatte der Schenker die Leistung einer nur der Gattung nach bestimmten Sache versprochen, die er erst erwerben sollte, so kann der Beschenkte, wenn die geleistete Sache fehlerhaft und der Mangel dem Schenker bei dem Erwerbe der Sache bekannt gewesen oder in Folge grober Fahrlässigkeit unbekannt geblieben ist, verlangen, daß ihm an Stelle der fehlerhaften Sache eine fehlerfreie geliefert wird. Hat der Schenker den Fehler arglistig verschwiegen, so kann der Beschenkte statt der Lieferung einer fehlerfreien Sache Schadensersatz wegen Nichterfüllung verlangen. Auf diese Ansprüche finden die für die Gewährleistung wegen Fehler einer verkauften Sache geltenden Vorschriften entsprechende Anwendung.

Schenkung unter einer Auflage.

§ 525. Wer eine Schenkung unter einer Auflage macht, kann die Vollziehung der Auflage verlangen, wenn er seinerseits geleistet hat.

Liegt die Vollziehung der Auflage im öffentlichen Interesse, so kann nach dem Tode des Schenkers auch die zuständige Behörde die Vollziehung verlangen.

§ 526. Soweit in Folge eines Mangels im Rechte oder eines Mangels der verschenkten Sache der Werth der Zuwendung die Höhe der zur Vollziehung der Auflage erforderlichen Aufwendungen nicht erreicht, ist der Beschenkte berechtigt, die Vollziehung der Auflage zu verweigern, bis der durch den Mangel entstandene Fehlbetrag ausgeglichen wird.

Vollzieht der Beschenkte die Auflage ohne Kenntniß des Mangels, so kann er von dem Schenker Ersatz der durch die Vollziehung verursachten Aufwendungen insoweit verlangen, als sie in Folge des Mangels den Werth der Zuwendung übersteigen.

§ 527. Unterbleibt die Vollziehung der Auflage, so kann der Schenker die Herausgabe des Geschenkes unter den für das Rücktrittsrecht bei gegenseitigen Verträgen bestimmten Voraussetzungen nach den Vorschriften über die Herausgabe einer ungerechtfertigten Bereicherung insoweit fordern, als das Geschenk zur Vollziehung der Auflage hätte verwendet werden müssen.

Der Anspruch ist ausgeschlossen, wenn ein Dritter berechtigt ist, die Vollziehung der Auflage zu verlangen.

Verarmung des Schenkers.

§ 528. Soweit der Schenker nach der Vollziehung der Schenkung außer Stande ist, seinen standesmäßigen Unterhalt zu bestreiten und die ihm seinen Verwandten, seinem Ehegatten oder seinem früheren Ehegatten gegenüber gesetzlich obliegende Unterhaltspflicht zu erfüllen, kann er von dem Beschenkten die Herausgabe des Geschenkes nach den Vorschriften über die Herausgabe einer ungerechtfertigten Bereicherung fordern. Der Beschenkte kann die Herausgabe durch Zahlung des für den Unterhalt erforderlichen Betrags abwenden. Auf die Verpflichtung des Beschenkten finden die Vorschriften des § 760 sowie die für die Unterhaltungspflicht der Verwandten geltende Vorschrift des § 1613 und im Falle des Todes des Schenkers auch die Vorschriften des § 1615 entsprechende Anwendung.

Unter mehreren Beschenkten haftet der früher Beschenkte nur insoweit, als der später Beschenkte nicht verpflichtet ist.

§ 760* Der für den Unterhalt erforderliche Betrag ist für drei Monate vorauszuzahlen.

Hat der Schenker den Beginn des Zeitabschnitts erlebt, für den die Rente im voraus zu entrichten ist, so gebührt ihm der volle auf den Zeitabschnitt entfallende Betrag.

§ 1613*. Für die Vergangenheit kann der Schenker Erfüllung oder Schadensersatz wegen Nichterfüllung nur von der Zeit an fordern, zu welcher der Beschenkte in Verzug gekommen oder der Unterhaltsanspruch rechtshängig geworden ist.

§ 1615* Der Unterhaltsanspruch erlischt mit dem Tode des Schenkers, soweit er nicht auf Erfüllung oder Schadensersatz wegen Nichterfüllung für die Vergangenheit oder auf solche im voraus zu bewirkende Leistungen gerichtet ist, die zur Zeit des Todes des Schenkers fällig sind.

Im Falle des Todes des Schenkers hat der Beschenkte die Kosten der Beerdigung zu tragen, soweit ihre Bezahlung nicht von den Erben zu erlangen ist.

§ 529. Der Anspruch auf Herausgabe des Geschenkes ist ausgeschlossen, wenn der Schenker seine Bedürftigkeit vorsätzlich oder durch grobe Fahrlässigkeit herbeigeführt hat oder wenn zur Zeit des Eintritts seiner Bedürftigkeit seit der Leistung des geschenkten Gegenstandes zehn Jahre verstrichen sind.

Das Gleiche gilt, soweit der Beschenkte bei Berücksichtigung seiner sonstigen Verpflichtungen außer Stande ist, das Geschenk herauszugeben, ohne daß sein standesmäßiger Unterhalt oder die Erfüllung der ihm kraft Gesetzes obliegenden Unterhaltspflichten gefährdet wird.

Widerruf der Schenkung. — Gründe.

§ 530. Eine Schenkung kann widerrufen werden, wenn sich der Beschenkte durch eine schwere Verfehlung gegen den Schenker oder einen nahen Angehörigen des Schenkers groben Undankes schuldig macht.

Dem Erben des Schenkers steht das Recht des Widerrufs nur zu, wenn der Beschenkte vorsätzlich und widerrechtlich den Schenker getödtet oder am Widerrufe gehindert hat.

— Form und Wirkungen.

§ 531. Der Widerruf erfolgt durch Erklärung gegenüber dem Beschenkten.

Ist die Schenkung widerrufen, so kann die Herausgabe des Geschenkes nach den Vorschriften über die Herausgabe einer ungerechtfertigten Bereicherung gefordert werden.

— Ausschluss des Widerrufs.

§ 532. Der Widerruf ist ausgeschlossen, wenn der Schenker dem Beschenkten verziehen hat oder wenn seit dem Zeitpunkt, in welchem der Widerrufsberechtigte von dem Eintritte der Voraussetzungen seines Rechtes Kenntniß erlangt hat, ein Jahr verstrichen ist. Nach dem Tode des Beschenkten ist der Widerruf nicht mehr zulässig.

— Verzicht.

§ 533. Auf das Widerrufsrecht kann erst verzichtet werden, wenn der Undank dem Widerrufsberechtigten bekannt geworden ist.

In Erfüllung einer Anstandspflicht gemachte Schenkungen.

§ 534. Schenkungen, durch die einer sittlichen Pflicht oder einer auf den Anstand zu nehmenden Rücksicht entsprochen wird, unterliegen nicht der Rückforderung und dem Widerrufe.

Dritter Titel.

Miethe. Pacht.

I. Miethe.

Inhalt des Miethvertrags.

§ 535. Durch den Miethvertrag wird der Vermiether verpflichtet, dem Miether den Gebrauch der vermietheten Sache während der Miethzeit zu gewähren. Der Miether ist verpflichtet, dem Vermiether den vereinbarten Miethzins zu entrichten.

Ueberlassung in vertragsmässigem Zustande.

§ 536. Der Vermiether hat die vermiethete Sache dem Miether in einem zu dem vertragsmäßigen Gebrauche geeigneten Zustande zu überlassen und sie während der Miethzeit in diesem Zustande zu erhalten.

Gewährleistung wegen Mängel. *1) Minderung des Miethzinses.*

§ 537. Ist die vermiethete Sache zur Zeit der Ueberlassung an den Miether mit einem Fehler behaftet, der ihre Tauglichkeit zu dem vertragsmäßigen Gebrauch aufhebt oder mindert, oder entsteht im Laufe der Miethe ein solcher Fehler, so ist der Miether für die Zeit, während deren die Tauglichkeit aufgehoben ist, von der Entrichtung des Miethzinses befreit, für die Zeit, während deren die Tauglichkeit gemindert ist, nur zur Entrichtung eines nach den §§ 472, 473 zu bemessenden Theiles des Miethzinses verpflichtet.

Das Gleiche gilt, wenn eine zugesicherte Eigenschaft fehlt oder später wegfällt. Bei der Vermiethung eines Grundstücks steht die Zusicherung einer bestimmten Größe der Zusicherung einer Eigenschaft gleich.

§ 472*. Bei der Minderung ist der Miethzins in dem Verhältnisse herabzusetzen, in welchem zur Zeit des Abschlusses des Miethvertrages der der Sache in fehlerfreiem Zustande angemessene Miethzins zu dem der Sache bei Berücksichtigung der Fehler entsprechenden Miethzinse steht.

Findet im Falle der Vermiethung mehrerer Sachen für einen Gesammtmiethzins die Minderung nur wegen einzelner Sachen statt, so ist bei der Herabsetzung des Miethzinses der allen Sachen in fehlerfreiem Zustande angemessene Gesammtmiethzins zu Grunde zu legen

§ 473*. Sind neben dem in Geld festgesetzten Miethzinse Leistungen bedungen, die nicht vertretbare Sachen zum Gegenstande haben, so sind diese Leistungen im Falle des § 472 nach dem Werthe zur Zeit des Abschlusses des Miethvertrages in Geld zu veranschlagen. Die Herabsetzung der Gegenleistung des Miethers erfolgt an dem in Geld festgesetzten Miethzinse; ist dieser geringer als der abzusetzende Betrag, so hat der Vermiether den überschiessenden Betrag dem Miether zu vergüten

2) Schadensersatz wegen Nichterfüllung.

§ 538. Ist ein Mangel der im § 537 bezeichneten Art bei dem Abschlusse des Vertrags vorhanden oder entsteht ein solcher Mangel später in Folge eines Umstandes, den der Vermiether zu vertreten hat, oder kommt der Vermiether mit der Beseitigung eines Mangels in Verzug, so kann der Miether, statt die im § 537 bestimmten Rechte geltend zu machen, Schadensersatz wegen Nichterfüllung verlangen.

Im Falle des Verzugs des Vermiethers kann der Miether den Mangel selbst beseitigen und Ersatz der erforderlichen Aufwendungen verlangen.

Kenntniss — grobfahrlässige Unkenntniss des Mangels.

§ 539. Kennt der Miether bei dem Abschlusse des Vertrags den Mangel der gemietheten Sache, so stehen ihm die in den §§ 537, 538 bestimmten Rechte nicht zu. Ist dem Miether ein Mangel der im § 537 Abs. 1 bezeichneten Art in Folge grober Fahrlässigkeit unbekannt geblieben oder nimmt er eine mangelhafte Sache an, obschon er den Mangel kennt, so kann er diese Rechte nur unter den Voraussetzungen geltend machen, unter welchen dem Käufer einer mangelhaften Sache nach den §§ 460, 464 Gewähr zu leisten ist.

§ 460*. Ist dem Miether ein Mangel der im § 537 Abs. 1 bezeichneten Art in Folge grober Fahrlässigkeit unbekannt geblieben, so haftet ihm der Vermiether, sofern er nicht die Abwesenheit des Fehlers zugesichert hat, nach den §§ 537, 538 nur, wenn er den Fehler arglistig verschwiegen hat

§ 464*. Nimmt der Miether eine mangelhafte Sache an, obschon er den Mangel kennt, so stehen ihm die in den §§ 537, 538 bestimmten Ansprüche nur zu, wenn er sich seine Rechte wegen des Mangels bei der Annahme vorbehält

Vertragsmässige Aenderung und Ausschliessung der Haftung.

§ 540. Eine Vereinbarung, durch welche die Verpflichtung des Vermiethers zur Vertretung von Mängeln der vermietheten Sache erlassen oder beschränkt wird, ist nichtig, wenn der Vermiether den Mangel arglistig verschweigt.

Rechte Dritter.

§ 541. Wird durch das Recht eines Dritten dem Miether der vertragsmäßige Gebrauch der gemietheten Sache ganz oder zum Theil entzogen, so finden die Vorschriften der §§ 537, 538, des § 539 Satz 1 und des § 540 entsprechende Anwendung.

Kündigungsrecht des Miethers

1. Wegen Nichtgewährung oder Entziehung des Gebrauchs

§ 542. Wird dem Miether der vertragsmäßige Gebrauch der gemietheten Sache ganz oder zum Theil nicht rechtzeitig gewährt oder wieder entzogen, so kann der Miether ohne Einhaltung einer Kündigungsfrist das Miethverhältniß kündigen. Die Kündigung ist erst zulässig, wenn der Vermiether eine ihm von dem Miether bestimmte angemessene Frist hat verstreichen lassen, ohne Abhülfe zu schaffen. Der Bestimmung einer Frist bedarf es nicht, wenn die Erfüllung des Vertrags in Folge des die Kündigung rechtfertigenden Umstandes für den Miether kein Interesse hat.

Wegen einer unerheblichen Hinderung oder Vorenthaltung des Gebrauchs ist die Kündigung nur zulässig, wenn sie durch ein besonderes Interesse des Miethers gerechtfertigt wird.

Bestreitet der Vermiether die Zulässigkeit der erfolgten Kündigung, weil er den Gebrauch der Sache rechtzeitig gewährt oder vor dem Ablaufe der Frist die Abhülfe bewirkt habe, so trifft ihn die Beweislast.

§ 543. Auf das dem Miether nach § 542 zustehende Kündigungsrecht finden die Vorschriften der §§ 539 bis 541 sowie die für die Wandelung bei dem Kaufe geltenden Vorschriften der §§ 469 bis 471 entsprechende Anwendung.

Ist der Miethzins für eine spätere Zeit im voraus entrichtet, so hat ihn der Vermiether nach Maßgabe des § 347 oder, wenn die Kündigung wegen eines Umstandes erfolgt, den er nicht zu vertreten hat, nach den Vorschriften über die Herausgabe einer ungerechtfertigten Bereicherung zurückzuerstatten.

— Mängel nur einzelner Sachen.

§ 469* Sind von mehreren vermietheten Sachen nur einzelne mangelhaft, so kann nur in Ansehung dieser gekündigt werden, auch wenn ein Gesammtmiethzins für alle Sachen festgesetzt ist. Sind jedoch die Sachen als zusammengehörend vermiethet, so kann jeder Theil verlangen, dass die Kündigung auf alle erstreckt wird, wenn die mangelhaften Sachen nicht ohne Nachtheil für ihn von den übrigen getrennt werden können.

— Mängel der Haupt- oder Nebensache.

§ 470* Die Kündigung wegen eines Mangels der Hauptsache erstreckt sich auch auf die Nebensache. Ist die Nebensache mangelhaft, so kann nur in Ansehung dieser gekündigt werden.

§ 471*. Findet im Falle der Vermiethung mehrerer Sachen für einen Gesammtmiethzins die Kündigung nur in Ansehung einzelner Sachen statt, so ist der Gesammtmiethzins in dem Verhältnisse herabzusetzen, in dem zur Zeit des Abschlusses des Miethvertrags der den Sachen in mangelfreiem Zustande entsprechende Gesammtmiethzins zu dem den von der Kündigung nicht betroffenen Sachen entsprechenden Miethzinse gestanden haben würde.

Haftung wegen Rückerstattung des Miethzinses.

§ 347*. Der Anspruch auf Schadensersatz wegen Verschlechterung, Unterganges oder einer aus einem anderen Grunde eintretenden Unmöglichkeit der Herausgabe des im voraus entrichteten Miethzinses bestimmt sich im Falle der Kündigung von dem Empfange der Leistung an nach den Vorschriften, welche für das Verhältniss zwischen dem Eigenthümer und dem Besitzer von dem Eintritte der Rechtshängigkeit des Eigenthumsanspruchs an gelten. Das Gleiche gilt von dem Anspruch auf Herausgabe oder Vergütung von Nutzungen und von dem Anspruch auf Ersatz von Verwendungen. Eine Geldsumme ist von der Zeit des Empfanges an zu verzinsen.

2. Wegen Gefährdung der Gesundheit.

§ 544. Ist eine Wohnung oder ein anderer zum Aufenthalte von Menschen bestimmter Raum so beschaffen, daß die Benutzung mit einer erheblichen Gefährdung der Gesundheit verbunden ist, so kann der Miether das Miethverhältniß ohne Einhaltung einer Kündigungsfrist kündigen, auch wenn er die gefahrbringende Beschaffenheit bei dem Abschlusse des Vertrags gekannt oder auf die Geltendmachung der ihm wegen dieser Beschaffenheit zustehenden Rechte verzichtet hat.

Mängelanzeigepflicht des Miethers.

§ 545. Zeigt sich im Laufe der Miethe ein Mangel der gemietheten Sache oder wird eine Vorkehrung zum Schutze der Sache gegen eine nicht vorhergesehene Gefahr erforderlich, so hat der Miether dem Vermiether unverzüglich Anzeige zu machen. Das Gleiche gilt, wenn sich ein Dritter ein Recht an der Sache anmaßt.

Unterläßt der Miether die Anzeige, so ist er zum Ersatze des daraus entstehenden Schadens verpflichtet; er ist, soweit der Vermiether in Folge der Unterlassung der Anzeige Abhülfe zu schaffen außer Stande war, nicht berechtigt, die im § 537 bestimmten Rechte geltend zu machen oder nach § 542 Abs. 1 Satz 3 ohne Bestimmung einer Frist zu kündigen oder Schadensersatz wegen Nichterfüllung zu verlangen.

Lasten.

§ 546. Die auf der vermietheten Sache ruhenden Lasten hat der Vermiether zu tragen.

Verwendungen des Miethers.

§ 547. Der Vermiether ist verpflichtet, dem Miether die auf die Sache gemachten nothwendigen Verwendungen zu ersetzen. Der Miether eines Thieres hat jedoch die Fütterungskosten zu tragen.

Die Verpflichtung des Vermiethers zum Ersatze sonstiger Verwendungen bestimmt sich nach den Vorschriften über die Geschäftsführung ohne Auftrag. Der Miether ist berechtigt, eine Einrichtung, mit der er die Sache versehen hat, wegzunehmen.

Verschlechterungen der Miethsache.

§ 548. Veränderungen oder Verschlechterungen der gemietheten Sache, die durch den vertragsmäßigen Gebrauch herbeigeführt werden, hat der Miether nicht zu vertreten.

Aftermiethe.

§ 549. Der Miether ist ohne die Erlaubniß des Vermiethers nicht berechtigt, den Gebrauch der gemietheten Sache einem Dritten zu überlassen, insbesondere die Sache weiter zu vermiethen. Verweigert der Vermiether die Erlaubniß, so kann der Miether das Miethverhältniß unter Einhaltung der gesetzlichen Frist kündigen, sofern nicht in der Person des Dritten ein wichtiger Grund vorliegt.

Ueberläßt der Miether den Gebrauch einem Dritten, so hat er ein dem Dritten bei dem Gebrauche zur Last fallendes Verschulden zu vertreten, auch wenn der Vermiether die Erlaubniß zur Ueberlassung ertheilt hat.

Vertragswidriger Gebrauch durch den Miether.

§ 550. Macht der Miether von der gemietheten Sache einen vertragswidrigen Gebrauch und setzt er den Gebrauch ungeachtet einer Abmahnung des Vermiethers fort, so kann der Vermiether auf Unterlassung klagen.

Fälligkeit des Miethzinses.

§ 551. Der Miethzins ist am Ende der Miethzeit zu entrichten. Ist der Miethzins nach Zeitabschnitten bemessen, so ist er nach dem Ablaufe der einzelnen Zeitabschnitte zu entrichten.

Der Miethzins für ein Grundstück ist, sofern er nicht nach kürzeren Zeitabschnitten bemessen ist, nach dem Ablaufe je eines Kalendervierteljahrs am ersten Werktage des folgenden Monats zu entrichten.

Verhinderung des Miethers und Vermiethers.

§ 552. Der Miether wird von der Entrichtung des Miethzinses nicht dadurch befreit, daß er durch einen in seiner Person liegenden Grund an der Ausübung des ihm zustehenden Gebrauchsrechts verhindert wird. Der Vermiether muß sich jedoch den Werth der ersparten Aufwendungen sowie derjenigen Vortheile anrechnen lassen, welche er aus einer anderweitigen Verwerthung des Gebrauchs erlangt. Solange der Vermiether in Folge der Ueberlassung des Gebrauchs an einen Dritten außer Stande ist, dem Miether den Gebrauch zu gewähren, ist der Miether zur Entrichtung des Miethzinses nicht verpflichtet.

Kündigungsrecht des Vermiethers. *1. Vertragswidriger Gebrauch.*

§ 553. Der Vermiether kann ohne Einhaltung einer Kündigungsfrist das Miethverhältniß kündigen, wenn der Miether oder derjenige, welchem der Miether den Gebrauch der gemietheten Sache überlassen hat, ungeachtet einer Abmahnung des Vermiethers einen vertragswidrigen Gebrauch der Sache fortsetzt, der die Rechte des Vermiethers in erheblichem Maße verletzt, insbesondere einem Dritten den ihm unbefugt überlassenen Gebrauch beläßt, oder die Sache durch Vernachlässigung der dem Miether obliegenden Sorgfalt erheblich gefährdet.

2. Rückständiger Miethzins.

§ 554. Der Vermiether kann ohne Einhaltung einer Kündigungsfrist das Miethverhältniß kündigen, wenn der Miether für zwei auf einander folgende Termine mit der Entrichtung des Miethzinses oder eines Theiles des Miethzinses im Verzug ist. Die Kündigung ist ausgeschlossen, wenn der Miether den Vermiether befriedigt, bevor sie erfolgt.

Die Kündigung ist unwirksam, wenn sich der Miether von seiner Schuld durch Aufrechnung befreien konnte und unverzüglich nach der Kündigung die Aufrechnung erklärt.

— **Rückerstattung vorausbezahlten Miethzinses.**

§ 555. Macht der Vermiether von dem ihm nach den §§ 553, 554 zustehenden Kündigungsrechte Gebrauch, so hat er den für eine spätere Zeit im voraus entrichteten Miethzins nach Maßgabe des § 347 zurückzuerstatten.

§ 347*. Der Anspruch auf Schadensersatz wegen Verschlechterung, Unterganges oder einer aus einem anderen Grunde eintretenden Unmöglichkeit der Herausgabe des im voraus entrichteten Miethzinses bestimmt sich im Falle der Kündigung von dem Empfange der Leistung an nach den Vorschriften, welche für das Verhältniss zwischen dem Eigenthümer und dem Besitzer von dem Eintritte der Rechtshängigkeit des Eigenthumsanspruchs an gelten. Das Gleiche gilt von dem Anspruch auf Herausgabe oder Vergütung von Nutzungen und von dem Anspruch auf Ersatz von Verwendungen. Eine Geldsumme ist von der Zeit des Empfanges an zu verzinsen.

Rückgabe der Sache.

§ 556. Der Miether ist verpflichtet, die gemiethete Sache nach der Beendigung des Miethverhältnisses zurückzugeben.

Dem Miether eines Grundstücks steht wegen seiner Ansprüche gegen den Vermiether ein Zurückbehaltungsrecht nicht zu.

Hat der Miether den Gebrauch der Sache einem Dritten überlassen, so kann der Vermiether die Sache nach der Beendigung des Miethverhältnisses auch von dem Dritten zurückfordern.

Nicht rechtzeitige Rückgabe.

§ 557. Giebt der Miether die gemiethete Sache nach der Beendigung des Miethverhältnisses nicht zurück, so kann der Vermiether für die Dauer der Vorenthaltung als Entschädigung den vereinbarten Miethzins verlangen. Die Geltendmachung eines weiteren Schadens ist nicht ausgeschlossen.

Verjährung der Ersatzansprüche.

§ 558. Die Ersatzansprüche des Vermiethers wegen Veränderungen oder Verschlechterungen der vermietheten Sache sowie die Ansprüche des Miethers auf Ersatz von Verwendungen oder auf Gestattung der Wegnahme einer Einrichtung verjähren in sechs Monaten.

Die Verjährung der Ersatzansprüche des Vermiethers beginnt mit dem Zeitpunkt, in welchem er die Sache zurückerhält, die Verjährung der Ansprüche des Miethers beginnt mit der Beendigung des Miethverhältnisses.

Mit der Verjährung des Anspruchs des Vermiethers auf Rückgabe der Sache verjähren auch die Ersatzansprüche des Vermiethers.

Pfandrecht des Vermiethers. *1. Gegenstand.*

§ 559. Der Vermiether eines Grundstücks hat für seine Forderungen aus dem Miethverhältniß ein Pfandrecht an den eingebrachten Sachen des Miethers. Für künftige Entschädigungsforderungen und für den Miethzins für eine spätere Zeit als das laufende und das folgende Miethjahr kann das Pfandrecht nicht geltend gemacht werden. Es erstreckt sich nicht auf die der Pfändung nicht unterworfenen Sachen.

2. Entfernung der Sachen

§ 560. Das Pfandrecht des Vermiethers erlischt mit der Entfernung der Sachen von dem Grundstück, es sei denn, daß die Entfernung ohne Wissen oder unter Widerspruch des Vermiethers erfolgt. Der Vermiether kann der Entfernung nicht widersprechen, wenn sie im regelmäßigen Betriebe des Geschäfts des Miethers oder den gewöhnlichen Lebensverhältnissen entsprechend erfolgt oder wenn die zurückbleibenden Sachen zur Sicherung des Vermiethers offenbar ausreichen.

3. Inhalt des Pfandrechtes.

§ 561. Der Vermiether darf die Entfernung der seinem Pfandrecht unterliegenden Sachen, soweit er ihr zu widersprechen berechtigt ist, auch ohne Anrufen des Gerichts verhindern und, wenn der Miether auszieht, die Sachen in seinen Besitz nehmen.

Sind die Sachen ohne Wissen oder unter Widerspruch des Vermiethers entfernt worden, so kann er die Herausgabe zum Zwecke der Zurückschaffung in das Grundstück und, wenn der Miether ausgezogen ist, die Ueberlassung des Besitzes verlangen. Das Pfandrecht erlischt mit dem Ablauf eines Monats, nachdem der Vermiether von der Entfernung der Sachen Kenntniß erlangt hat, wenn nicht der Vermiether diesen Anspruch vorher gerichtlich geltend gemacht hat.

— Abwendung durch Sicherheitsleistung.

§ 562. Der Miether kann die Geltendmachung des Pfandrechts des Vermiethers durch Sicherheitsleistung abwenden; er kann jede einzelne Sache dadurch von dem Pfandrechte befreien, daß er in Höhe ihres Werthes Sicherheit leistet.

— Pfandrechte Dritter.

§ 563. Wird eine dem Pfandrechte des Vermiethers unterliegende Sache für einen anderen Gläubiger gepfändet, so kann diesem gegenüber das Pfandrecht nicht wegen des Miethzinses für eine frühere Zeit als das letzte Jahr vor der Pfändung geltend gemacht werden.

Beendigung der Miethe. *1. Zeitablauf.*

§ 564. Das Miethverhältniß endigt mit dem Ablaufe der Zeit, für die es eingegangen ist.

Ist die Miethzeit nicht bestimmt, so kann jeder Theil das Miethverhältniß nach den Vorschriften des § 565 kündigen.

2. Kündigung.

§ 565. Bei Grundstücken ist die Kündigung nur für den Schluß eines Kalendervierteljahrs zulässig; sie hat spätestens am dritten Werktage des Vierteljahrs zu erfolgen. Ist der Miethzins nach Monaten bemessen, so ist die Kündigung nur für den Schluß eines Kalendermonats zulässig; sie hat spätestens am fünfzehnten des Monats zu erfolgen. Ist der Miethzins nach Wochen bemessen, so ist die Kündigung nur für den Schluß einer Kalenderwoche zulässig; sie hat spätestens am ersten Werktage der Woche zu erfolgen.

Bei beweglichen Sachen hat die Kündigung spätestens am dritten Tage vor dem Tage zu erfolgen, an welchem das Miethverhältniß endigen soll.

Ist der Miethzins für ein Grundstück oder für eine bewegliche Sache nach Tagen bemessen, so ist die Kündigung an jedem Tage für den folgenden Tag zulässig.

Die Vorschriften des Abs. 1 Satz 1, Abs. 2 gelten auch für die Fälle, in denen das Miethverhältniß unter Einhaltung der gesetzlichen Frist vorzeitig gekündigt werden kann.

Form der Miethverträge über Grundstücke.

§ 566. Ein Miethvertrag über ein Grundstück, der für längere Zeit als ein Jahr geschlossen wird, bedarf der schriftlichen Form. Wird die Form nicht beobachtet, so gilt der Vertrag als für unbestimmte Zeit geschlossen; die Kündigung ist jedoch nicht für eine frühere Zeit als für den Schluß des ersten Jahres zulässig.

Miethvertrag auf über 30 Jahre.

§ 567. Wird ein Miethvertrag für eine längere Zeit als dreißig Jahre geschlossen, so kann nach dreißig Jahren jeder Theil das Miethverhältniß unter Einhaltung der gesetzlichen Frist kündigen. Die Kündigung ist unzulässig, wenn der Vertrag für die Lebenszeit des Vermiethers oder des Miethers geschlossen ist.

Stillschweigende Verlängerung.

§ 568. Wird nach dem Ablaufe der Miethzeit der Gebrauch der Sache von dem Miether fortgesetzt, so gilt das Miethverhältniß als auf unbestimmte Zeit verlängert, sofern nicht der Vermiether oder der Miether seinen entgegenstehenden Willen binnen einer Frist von zwei Wochen dem anderen Theile gegenüber erklärt. Die Frist beginnt für den Miether mit der Fortsetzung des Gebrauchs, für den Vermiether mit dem Zeitpunkt, in welchem er von der Fortsetzung Kenntniß erlangt.

Tod des Miethers.

§ 569. Stirbt der Miether, so ist sowohl der Erbe als der Vermiether berechtigt, das Miethverhältniß unter Einhaltung der gesetzlichen Frist zu kündigen. Die Kündigung kann nur für den ersten Termin erfolgen, für den sie zulässig ist.

Versetzung von Beamten etc.

§ 570. Militärpersonen, Beamte, Geistliche und Lehrer an öffentlichen Unterrichtsanstalten können im Falle der Versetzung nach einem anderen Orte das Miethverhältniß in Ansehung der Räume, welche sie für sich oder ihre Familie an dem bisherigen Garnison- oder Wohnorte gemiethet haben, unter Einhaltung der gesetzlichen Frist kündigen. Die Kündigung kann nur für den ersten Termin erfolgen, für den sie zulässig ist.

Veräusserung des Grundstücks nach Ueberlassung.

1. Kauf bricht nicht Miethe.

§ 571. Wird das vermiethete Grundstück nach der Ueberlassung an den Miether von dem Vermiether an einen Dritten veräußert, so tritt der Erwerber an Stelle des Vermiethers in die sich während der Dauer seines Eigenthums aus dem Miethverhältniß ergebenden Rechte und Verpflichtungen ein.

Erfüllt der Erwerber die Verpflichtungen nicht, so haftet der Vermiether für den von dem Erwerber zu ersetzenden Schaden wie ein Bürge, der auf die Einrede der Vorausklage verzichtet hat. Erlangt der Miether von dem Uebergange des Eigenthums durch Mittheilung des Vermiethers Kenntniß, so wird der Vermiether von der Haftung befreit, wenn nicht der Miether das Miethverhältniß für den ersten Termin kündigt, für den die Kündigung zulässig ist.

2. Rechte an Miethkautionen.

§ 572. Hat der Miether des veräußerten Grundstücks dem Vermiether für die Erfüllung seiner Verpflichtungen Sicherheit geleistet, so tritt der Erwerber in die dadurch begründeten Rechte ein. Zur Rückgewähr der Sicherheit ist er nur verpflichtet, wenn sie ihm ausgehändigt wird oder wenn er dem Vermiether gegenüber die Verpflichtung zur Rückgewähr übernimmt.

3. Vorausverfügungen des Vermiethers über den Miethzins.

§ 573. Eine Verfügung, die der Vermiether vor dem Uebergange des Eigenthums über den auf die Zeit der Berechtigung des Erwerbers entfallenden Miethzins getroffen hat, ist insoweit wirksam, als sie sich auf den Miethzins für das zur Zeit des Ueberganges des Eigenthums laufende und das folgende Kalendervierteljahr bezieht. Eine Verfügung über den Miethzins für eine spätere Zeit muß der Erwerber gegen sich gelten lassen, wenn er sie zur Zeit des Ueberganges des Eigenthums kennt.

4. Rechtsgeschäfte zwischen Miether und Vermiether.

§ 574. Ein Rechtsgeschäft, das zwischen dem Miether und dem Vermiether in Ansehung der Miethzinsforderung vorgenommen wird, insbesondere die Entrichtung des Miethzinses, ist dem Erwerber gegenüber wirksam, soweit es sich nicht auf den Miethzins für eine spätere Zeit als das Kalendervierteljahr, in welchem der Miether von dem Uebergange des Eigenthums Kenntniß erlangt, und das folgende Vierteljahr bezieht. Ein Rechtsgeschäft, das nach dem Uebergange des Eigenthums vorgenommen wird, ist jedoch unwirksam, wenn der Miether bei der Vornahme des Rechtsgeschäfts von dem Uebergange des Eigenthums Kenntniß hat.

5. Aufrechnung gegen den Miethzins.

§ 575. Soweit die Entrichtung des Miethzinses an den Vermiether nach § 574 dem Erwerber gegenüber wirksam ist, kann der Miether gegen die Miethzinsforderung des Erwerbers eine ihm gegen den Vermiether zustehende Forderung aufrechnen. Die Aufrechnung ist ausgeschlossen, wenn der Miether die Gegenforderung erworben hat, nachdem er von dem Uebergange des Eigenthums Kenntniß erlangt hat, oder wenn die Gegenforderung erst nach der Erlangung der Kenntniß und später als der Miethzins fällig geworden ist.

6. Anzeige von der Veräusserung.

§ 576. Zeigt der Vermiether dem Miether an, daß er das Eigenthum an dem vermietheten Grundstück auf einen Dritten übertragen habe, so muß er in Ansehung der Miethzinsforderung die angezeigte Uebertragung dem Miether gegenüber gegen sich gelten lassen, auch wenn sie nicht erfolgt oder nicht wirksam ist.

Die Anzeige kann nur mit Zustimmung desjenigen zurückgenommen werden, welcher als der neue Eigenthümer bezeichnet worden ist.

Belastung eines Grundstücks mit Rechten Dritter nach der Ueberlassung.

§ 577. Wird das vermiethete Grundstück nach der Ueberlassung an den Miether von dem Vermiether mit dem Rechte eines Dritten belastet, so finden die Vorschriften der §§ 571 bis 576 entsprechende Anwendung, wenn durch die Ausübung des Rechtes dem Miether der vertragsmäßige Gebrauch entzogen wird. Hat die Ausübung des Rechtes nur eine Beschränkung des Miethers in dem vertragsmäßigen Gebrauche zur Folge, so ist der Dritte dem Miether gegenüber verpflichtet, die Ausübung zu unterlassen, soweit sie den vertragsmäßigen Gebrauch beeinträchtigen würde.

Veräusserung und Belastung eines Grundstückes vor der Ueberlassung.

§ 578. Hat vor der Ueberlassung des vermietheten Grundstücks an den Miether der Vermiether das Grundstück an einen Dritten veräußert oder mit einem Rechte belastet, durch dessen Ausübung der vertragsmäßige Gebrauch dem Miether entzogen oder beschränkt wird, so gilt das Gleiche wie in den Fällen des § 571 Abs. 1 und des § 577, wenn der Erwerber dem Vermiether gegenüber die Erfüllung der sich aus dem Miethverhältniß ergebenden Verpflichtungen übernommen hat.

Weiterveräusserung und Belastung.

§ 579. Wird das vermiethete Grundstück von dem Erwerber weiter veräußert oder belastet, so finden die Vorschriften des § 571 Abs. 1 und der §§ 572 bis 578 entsprechende Anwendung. Erfüllt der neue Erwerber die sich aus dem Miethverhältniß ergebenden Verpflichtungen nicht, so haftet der Vermiether dem Miether nach § 571 Abs. 2.

Wohnungsmiethe.

§ 580. Die Vorschriften über die Miethe von Grundstücken gelten auch für die Miethe von Wohnräumen und anderen Räumen.

II. Pacht.

Inhalt des Pachtvertrags.

§ 581. Durch den Pachtvertrag wird der Verpächter verpflichtet, dem Pächter den Gebrauch des verpachteten Gegenstandes und den Genuß der Früchte, soweit sie nach den Regeln einer ordnungsmäßigen Wirthschaft als Ertrag anzusehen sind, während der Pachtzeit zu gewähren. Der Pächter ist verpflichtet, dem Verpächter den vereinbarten Pachtzins zu entrichten.

Auf die Pacht finden, soweit sich nicht aus den §§ 582 bis 597 ein Anderes ergiebt, die Vorschriften über die Miethe entsprechende Anwendung.

Ausbesserungen.

§ 582. Der Pächter eines landwirthschaftlichen Grundstücks hat die gewöhnlichen Ausbesserungen, insbesondere die der Wohn- und

Wirthschaftsgebäude, der Wege, Gräben und Einfriedigungen, auf seine Kosten zu bewirken.

Aenderungen in der Bewirthschaftung.

§ 583. Der Pächter eines landwirthschaftlichen Grundstücks darf nicht ohne die Erlaubniß des Verpächters Aenderungen in der wirthschaftlichen Bestimmung des Grundstücks vornehmen, die auf die Art der Bewirthschaftung über die Pachtzeit hinaus von Einfluß sind.

Fälligkeit des Pachtzinses.

§ 584. Ist bei der Pacht eines landwirthschaftlichen Grundstücks der Pachtzins nach Jahren bemessen, so ist er nach dem Ablaufe je eines Pachtjahrs am ersten Werktage des folgenden Jahres zu entrichten.

Pfandrecht des Verpächters.

§ 585. Das Pfandrecht des Verpächters eines landwirthschaftlichen Grundstücks kann für den gesammten Pachtzins geltend gemacht werden und unterliegt nicht der im § 563 bestimmten Beschränkung. Es erstreckt sich auf die Früchte des Grundstücks sowie auf die nach § 715 Nr. 5*) der Civilprozeßordnung der Pfändung nicht unterworfenen Sachen.

§ 563*. d. h. Wird eine dem Pfandrechte des Verpächters eines landwirthschaftlichen Grundstücks unterliegende Sache für einen anderen Gläubiger gepfändet, so kann diesem gegenüber das Pfandrecht auch wegen des Miethzinses für eine frühere Zeit als das letzte Jahr vor der Pfändung geltend gemacht werden

§ 715 Nr. 5 C.P.O. Das zum Wirthschaftsbetrieb erforderliche Geräth und Vieh nebst dem nöthigen Dünger, sowie die landwirthschaftlichen Erzeugnisse, soweit sie zur Fortführung der Wirthschaft bis zu der Zeit erforderlich sind, zu welcher gleiche oder ähnliche Erzeugnisse voraussichtlich gewonnen werden.

Pacht eines Grundstückes mit Inventar.

1. Erhaltung und Ergänzung des Inventars.

§ 586. Wird ein Grundstück sammt Inventar verpachtet, so liegt dem Pächter die Erhaltung der einzelnen Inventarstücke ob.

Der Verpächter ist verpflichtet, Inventarstücke, die in Folge eines von dem Pächter nicht zu vertretenden Umstandes in Abgang kommen, zu ergänzen. Der Pächter hat jedoch den gewöhnlichen Abgang der zu dem Inventar gehörenden Thiere aus den Jungen insoweit zu ersetzen, als dies einer ordnungsmäßigen Wirthschaft entspricht.

2. Uebernahme des Inventars zum Schätzwerthe.

§ 587. Uebernimmt der Pächter eines Grundstücks das Inventar zum Schätzungswerthe mit der Verpflichtung, es bei der Beendigung der Pacht zum Schätzungswerthe zurückzugewähren, so gelten die Vorschriften der §§ 588, 589.

§ 588. Der Pächter trägt die Gefahr des zufälligen Unterganges und einer zufälligen Verschlechterung des Inventars. Er kann über die einzelnen Stücke innerhalb der Grenzen einer ordnungsmäßigen Wirthschaft verfügen.

---

*) Jetzt § 811 Nr. 4 C.P.O.

Der Pächter hat das Inventar nach den Regeln einer ordnungsmäßigen Wirthschaft in dem Zustande zu erhalten, in welchem es ihm übergeben wird. Die von ihm angeschafften Stücke werden mit der Einverleibung in das Inventar Eigenthum des Verpächters.

§ 589. Der Pächter hat das bei der Beendigung der Pacht vorhandene Inventar dem Verpächter zurückzugewähren.

Der Verpächter kann die Uebernahme derjenigen von dem Pächter angeschafften Inventarstücke ablehnen, welche nach den Regeln einer ordnungsmäßigen Wirthschaft für das Grundstück überflüssig oder zu werthvoll sind; mit der Ablehnung geht das Eigenthum an den abgelehnten Stücken auf den Pächter über.

Ist der Gesammtschätzungswerth der übernommenen Stücke höher oder niedriger als der Gesammtschätzungswerth der zurückzugewährenden Stücke, so hat im ersteren Falle der Pächter dem Verpächter, im letzteren Falle der Verpächter dem Pächter den Mehrbetrag zu ersetzen.

Pfandrecht des Pächters.

§ 590. Dem Pächter eines Grundstücks steht für die Forderungen gegen den Verpächter, die sich auf das mitgepachtete Inventar beziehen, ein Pfandrecht an den in seinen Besitz gelangten Inventarstücken zu. Auf das Pfandrecht findet die Vorschrift des § 562 Anwendung.

§ 562*. Der Verpächter kann die Geltendmachung des Pfandrechts des Pächters durch Sicherheitsleistung abwenden; er kann jede einzelne Sache dadurch von dem Pfandrechte befreien, dass er in Höhe ihres Werthes Sicherheit leistet

Rückgewähr eines landwirthschaftlichen Grundstücks.

§ 591. Der Pächter eines landwirthschaftlichen Grundstücks ist verpflichtet, das Grundstück nach der Beendigung der Pacht in dem Zustande zurückzugewähren, der sich bei einer während der Pachtzeit bis zur Rückgewähr fortgesetzten ordnungsmäßigen Bewirthschaftung ergiebt. Dies gilt insbesondere auch für die Bestellung.

— Bestellungskosten.

§ 592. Endigt die Pacht eines landwirthschaftlichen Grundstücks im Laufe eines Pachtjahrs, so hat der Verpächter die Kosten, die der Pächter auf die noch nicht getrennten, jedoch nach den Regeln einer ordnungsmäßigen Wirthschaft vor dem Ende des Pachtjahrs zu trennenden Früchte verwendet hat, insoweit zu ersetzen, als sie einer ordnungsmäßigen Wirthschaft entsprechen und den Werth dieser Früchte nicht übersteigen.

— Rückgewähr landwirthschaftlicher Erzeugnisse.

§ 593. Der Pächter eines Landguts hat von den bei der Beendigung der Pacht vorhandenen landwirthschaftlichen Erzeugnissen ohne Rücksicht darauf, ob er bei dem Antritte der Pacht solche Erzeugnisse übernommen hat, so viel zurückzulassen, als zur Fortführung der Wirthschaft bis zu der Zeit erforderlich ist, zu welcher gleiche oder ähnliche Erzeugnisse voraussichtlich gewonnen werden.

Soweit der Pächter landwirthschaftliche Erzeugnisse in größerer Menge oder besserer Beschaffenheit zurückzulassen verpflichtet ist, als er bei dem

Antritte der Pacht übernommen hat, kann er von dem Verpächter Ersatz des Werthes verlangen.

Den vorhandenen auf dem Gute gewonnenen Dünger hat der Pächter zurückzulassen, ohne daß er Ersatz des Werthes verlangen kann.

— bei Uebernahme nach einer Taxe.

§ 594. Uebernimmt der Pächter eines Landguts das Gut auf Grund einer Schätzung des wirthschaftlichen Zustandes mit der Bestimmung, daß nach der Beendigung der Pacht die Rückgewähr gleichfalls auf Grund einer solchen Schätzung zu erfolgen hat, so finden auf die Rückgewähr des Gutes die Vorschriften des § 589 Abs. 2, 3 entsprechende Anwendung.

Das Gleiche gilt, wenn der Pächter Vorräthe auf Grund einer Schätzung mit einer solchen Bestimmung übernimmt, für die Rückgewähr der Vorräthe, die er zurückzulassen verpflichtet ist.

Kündigung bei unbestimmter Pachtzeit.

§ 595. Ist bei der Pacht eines Grundstücks oder eines Rechtes die Pachtzeit nicht bestimmt, so ist die Kündigung nur für den Schluß eines Pachtjahrs zulässig; sie hat spätestens am ersten Werktage des halben Jahres zu erfolgen, mit dessen Ablaufe die Pacht endigen soll.

Diese Vorschriften gelten bei der Pacht eines Grundstücks oder eines Rechtes auch für die Fälle, in denen das Pachtverhältniß unter Einhaltung der gesetzlichen Frist vorzeitig gekündigt werden kann.

Afterpacht — Tod des Pächters — Versetzung.

§ 596. Dem Pächter steht das im § 549 Abs. 1 bestimmte Kündigungsrecht nicht zu.

Der Verpächter ist nicht berechtigt, das Pachtverhältniß nach § 569 zu kündigen.

Eine Kündigung des Pachtverhältnisses nach § 570 findet nicht statt.

§ 549 Abs. 1* d h.: Verweigert der Verpächter dem Pächter die Erlaubniss, den Gebrauch der gepachteten Sache einem Dritten zu überlassen, insbesondere die Sache weiter zu verpachten, so steht dem Pächter ein Kündigungsrecht nicht zu

§ 569* Wenn der Pächter stirbt.

§ 570* Wegen Versetzung von Militärpersonen, Beamten u s w an einen anderen Ort

Nicht rechtzeitige Rückgabe.

§ 597. Giebt der Pächter den gepachteten Gegenstand nach der Beendigung der Pacht nicht zurück, so kann der Verpächter für die Dauer der Vorenthaltung als Entschädigung den vereinbarten Pachtzins nach dem Verhältnisse verlangen, in welchem die Nutzungen, die der Pächter während dieser Zeit gezogen hat oder hätte ziehen können, zu den Nutzungen des ganzen Pachtjahrs stehen. Die Geltendmachung eines weiteren Schadens ist nicht ausgeschlossen.

Vierter Titel.

Leihe.

Inhalt des Leihvertrags.

§ 598. Durch den Leihvertrag wird der Verleiher einer Sache verpflichtet dem Entleiher den Gebrauch der Sache unentgeltlich zu gestatten.

Haftung des Verleihers.

§ 599. Der Verleiher hat nur Vorsatz und grobe Fahrlässigkeit zu vertreten

§ 600. Verschweigt der Verleiher arglistig einen Mangel im Rechte oder einen Fehler der verliehenen Sache, so ist er verpflichtet, dem Entleiher den daraus entstehenden Schaden zu ersetzen.

Erhaltungskosten — Verwendungen.

§ 601. Der Entleiher hat die gewöhnlichen Kosten der Erhaltung der geliehenen Sache, bei der Leihe eines Thieres insbesondere die Fütterungskosten, zu tragen.

Die Verpflichtung des Verleihers zum Ersatz anderer Verwendungen bestimmt sich nach den Vorschriften über die Geschäftsführung ohne Auftrag. Der Entleiher ist berechtigt, eine Einrichtung, mit der er die Sache versehen hat, wegzunehmen.

Verschlechterungen.

§ 602. Veränderungen oder Verschlechterungen der geliehenen Sache, die durch den vertragsmäßigen Gebrauch herbeigeführt werden, hat der Entleiher nicht zu vertreten.

Verpflichtung zu vertragsmässigem Gebrauch.

§ 603. Der Entleiher darf von der geliehenen Sache keinen anderen als den vertragsmäßigen Gebrauch machen. Er ist ohne die Erlaubniß des Verleihers nicht berechtigt, den Gebrauch der Sache einem Dritten zu überlassen.

Verpflichtung zur Rückgabe.

§ 604. Der Entleiher ist verpflichtet, die geliehene Sache nach dem Ablaufe der für die Leihe bestimmten Zeit zurückzugeben.

Ist eine Zeit nicht bestimmt, so ist die Sache zurückzugeben, nachdem der Entleiher den sich aus dem Zwecke der Leihe ergebenden Gebrauch gemacht hat. Der Verleiher kann die Sache schon vorher zurückfordern, wenn so viel Zeit verstrichen ist, daß der Entleiher den Gebrauch hätte machen können.

Ist die Dauer der Leihe weder bestimmt noch aus dem Zwecke zu entnehmen, so kann der Verleiher die Sache jederzeit zurückfordern.

Ueberläßt der Entleiher den Gebrauch der Sache einem Dritten, so kann der Verleiher sie nach der Beendigung der Leihe auch von dem Dritten zurückfordern.

Kündigung.

§ 605. Der Verleiher kann die Leihe kündigen:
1. wenn er in Folge eines nicht vorhergesehenen Umstandes der verliehenen Sache bedarf;
2. wenn der Entleiher einen vertragswidrigen Gebrauch von der Sache macht, insbesondere unbefugt den Gebrauch einem Dritten überläßt, oder die Sache durch Vernachlässigung der ihm obliegenden Sorgfalt erheblich gefährdet;
3. wenn der Entleiher stirbt.

Verjährung der Ersatzansprüche.

§ 606. Die Ersatzansprüche des Verleihers wegen Veränderungen oder Verschlechterungen der verliehenen Sache sowie die Ansprüche des Entleihers auf Ersatz von Verwendungen oder auf Gestattung der Wegnahme einer Einrichtung verjähren in sechs Monaten. Die Vorschriften des § 558 Abs. 2, 3 finden entsprechende Anwendung.

§ 558 Abs. 2*, 3* Die Verjährung der Ersatzansprüche des Verleihers beginnt mit dem Zeitpunkt, in welchem er die Sache zurückerhält, die Verjährung der Ansprüche des Entleihers beginnt mit der Beendigung der Leihe.

Mit der Verjährung des Anspruchs des Verleihers auf Rückgabe der Sache verjähren auch die Ersatzansprüche des Verleihers.

Fünfter Titel.

Darlehen.

Inhalt des Darlehensvertrags.

§ 607. Wer Geld oder andere vertretbare Sachen als Darlehen empfangen hat, ist verpflichtet, dem Darleiher das Empfangene in Sachen von gleicher Art, Güte und Menge zurückzuerstatten.

Wer Geld oder andere vertretbare Sachen aus einem anderen Grunde schuldet, kann mit dem Gläubiger vereinbaren, daß das Geld oder die Sachen als Darlehen geschuldet werden sollen.

Fälligkeit der Zinsen.

§ 608. Sind für ein Darlehen Zinsen bedungen, so sind sie, sofern nicht ein Anderes bestimmt ist, nach dem Ablaufe je eines Jahres und, wenn das Darlehen vor dem Ablauf eines Jahres zurückzuerstatten ist, bei der Rückerstattung zu entrichten.

Kündigung.

§ 609. Ist für die Rückerstattung eines Darlehens eine Zeit nicht bestimmt, so hängt die Fälligkeit davon ab, daß der Gläubiger oder der Schuldner kündigt.

Die Kündigungsfrist beträgt bei Darlehen von mehr als dreihundert Mark drei Monate, bei Darlehen von geringerem Betrag einen Monat.

Sind Zinsen nicht bedungen, so ist der Schuldner auch ohne Kündigung zur Rückerstattung berechtigt.

Darlehensversprechen. — Einrede der veränderten Umstände.

§ 610. Wer die Hingabe eines Darlehens verspricht, kann im Zweifel das Versprechen widerrufen, wenn in den Vermögensverhältnissen des anderen Theiles eine wesentliche Verschlechterung eintritt, durch die der Anspruch auf die Rückerstattung gefährdet wird.

Sechster Titel.

Dienstvertrag.

Inhalt des Dienstvertrags.

§ 611. Durch den Dienstvertrag wird derjenige, welcher Dienste zusagt, zur Leistung der versprochenen Dienste, der andere Theil zur Gewährung der vereinbarten Vergütung verpflichtet.

Gegenstand des Dienstvertrags können Dienste jeder Art sein.

Stillschweigende Vereinbarung einer Vergütung.

§ 612. Eine Vergütung gilt als stillschweigend vereinbart, wenn die Dienstleistung den Umständen nach nur gegen eine Vergütung zu erwarten ist.

Ist die Höhe der Vergütung nicht bestimmt, so ist bei dem Bestehen einer Taxe die taxmäßige Vergütung, in Ermangelung einer Taxe die übliche Vergütung als vereinbart anzusehen.

Höchstpersönlicher Charakter der Dienstleistung.

§ 613. Der zur Dienstleistung Verpflichtete hat die Dienste im Zweifel in Person zu leisten. Der Anspruch auf die Dienste ist im Zweifel nicht übertragbar.

Fälligkeit der Vergütung.

§ 614. Die Vergütung ist nach der Leistung der Dienste zu entrichten. Ist die Vergütung nach Zeitabschnitten bemessen, so ist sie nach dem Ablaufe der einzelnen Zeitabschnitte zu entrichten.

Verzug des Dienstberechtigten.

§ 615. Kommt der Dienstberechtigte mit der Annahme der Dienste in Verzug, so kann der Verpflichtete für die in Folge des Verzugs nicht geleisteten Dienste die vereinbarte Vergütung verlangen, ohne zur Nachleistung verpflichtet zu sein. Er muß sich jedoch den Werth desjenigen anrechnen lassen, was er in Folge des Unterbleibens der Dienstleistung erspart oder durch anderweitige Verwendung seiner Dienste erwirbt oder zu erwerben böswillig unterläßt.

Vorübergehende Verhinderung des Verpflichteten.

§ 616. Der zur Dienstleistung Verpflichtete wird des Anspruchs auf die Vergütung nicht dadurch verlustig, daß er für eine verhältnißmäßig nicht erhebliche Zeit durch einen in seiner Person liegenden Grund ohne sein Verschulden an der Dienstleistung verhindert wird. Er muß sich jedoch den Betrag anrechnen lassen, welcher ihm für die Zeit der Verhinderung aus einer auf Grund gesetzlicher Verpflichtung bestehenden Kranken- oder Unfallversicherung zukommt.

Verpflegung des Verpflichteten bei Erkrankung.

§ 617. Ist bei einem dauernden Dienstverhältnisse, welches die Erwerbsthätigkeit des Verpflichteten vollständig oder hauptsächlich in Anspruch nimmt, der Verpflichtete in die häusliche Gemeinschaft aufgenommen, so hat der Dienstberechtigte ihm im Falle der Erkrankung die erforderliche Verpflegung und ärztliche Behandlung bis zur Dauer von sechs Wochen, jedoch nicht über die Beendigung des Dienstverhältnisses hinaus, zu gewähren, sofern nicht die Erkrankung von dem Verpflichteten vorsätzlich oder durch grobe Fahrlässigkeit herbeigeführt worden ist. Die Verpflegung und ärztliche Behandlung kann durch Aufnahme des Verpflichteten in eine Krankenanstalt gewährt werden. Die Kosten können auf die für die Zeit der Erkrankung geschuldete Vergütung angerechnet werden. Wird das Dienstverhältniß wegen der Erkrankung von dem Dienstberechtigten nach § 626 gekündigt, so bleibt die dadurch herbeigeführte Beendigung des Dienstverhältnisses außer Betracht.

Die Verpflichtung des Dienstberechtigten tritt nicht ein, wenn für die Verpflegung und ärztliche Behandlung durch eine Versicherung oder durch eine Einrichtung der öffentlichen Krankenpflege Vorsorge getroffen ist.

§ 626* Weil ein wichtiger Grund vorliegt.

Schutz für Leben, Gesundheit etc.

§ 618. Der Dienstberechtigte hat Räume, Vorrichtungen oder Geräthschaften, die er zur Verrichtung der Dienste zu beschaffen hat, so einzurichten und zu unterhalten und Dienstleistungen, die unter seiner Anordnung oder seiner Leitung vorzunehmen sind, so zu regeln, daß der Verpflichtete gegen Gefahr für Leben und Gesundheit soweit geschützt ist, als die Natur der Dienstleistung es gestattet.

Ist der Verpflichtete in die häusliche Gemeinschaft aufgenommen, so hat der Dienstberechtigte in Ansehung des Wohn- und Schlafraums, der Verpflegung sowie der Arbeits- und Erholungszeit diejenigen Einrichtungen und Anordnungen zu treffen, welche mit Rücksicht auf die Gesundheit, die Sittlichkeit und die Religion des Verpflichteten erforderlich sind.

Erfüllt der Dienstberechtigte die ihm in Ansehung des Lebens und der Gesundheit des Verpflichteten obliegenden Verpflichtungen nicht, so finden auf seine Verpflichtung zum Schadensersatze die für unerlaubte Handlungen geltenden Vorschriften der §§ 842 bis 846 entsprechende Anwendung.

§ 842*. Die Verpflichtung zum Schadensersatze erstreckt sich auf die Nachtheile, welche die Nichterfüllung der dem Dienstberechtigten nach § 618 obliegenden Verpflichtungen für den Erwerb oder das Fortkommen des Verpflichteten herbeiführt.

§ 843. Wird in Folge einer Verletzung des Körpers oder der Gesundheit die Erwerbsfähigkeit des Verletzten aufgehoben oder gemindert oder tritt eine Vermehrung seiner Bedürfnisse ein, so ist dem Verletzten durch Entrichtung einer Geldrente Schadensersatz zu leisten.

Auf die Rente finden die Vorschriften des § 760 Anwendung. Ob, in welcher Art und für welchen Betrag der Ersatzpflichtige Sicherheit zu leisten hat, bestimmt sich nach den Umständen.

Statt der Rente kann der Verletzte eine Abfindung in Kapital verlangen, wenn ein wichtiger Grund vorliegt.

Der Anspruch wird nicht dadurch ausgeschlossen, dass ein Anderer dem Verletzten Unterhalt zu gewähren hat.

§ 760. Die Geldrente ist für drei Monate vorauszuzahlen. Hat der Rentenberechtigte den Beginn des Zeitabschnitts erlebt, für den die Rente im voraus zu entrichten ist, so gebührt ihm der volle auf den Zeitabschnitt entfallende Betrag.*

§ 844. Im Falle der Tödtung hat der Ersatzpflichtige die Kosten der Beerdigung demjenigen zu erzetzen, welchem die Verpflichtung obliegt, diese Kosten zu tragen.

Stand der Getödtete zur Zeit der Verletzung zu einem Dritten in einem Verhältnisse, vermöge dessen er diesem gegenüber kraft Gesetzes unterhaltspflichtig war oder unterhaltspflichtig werden konnte, und ist dem Dritten in Folge der Tödtung das Recht auf den Unterhalt entzogen, so hat der Ersatzpflichtige dem Dritten durch Entrichtung einer Geldrente insoweit Schadensersatz zu leisten, als der Getödtete während der muthmasslichen Dauer seines Lebens zur Gewährung des Unterhalts verpflichtet gewesen sein würde; die Vorschriften des § 843 Abs. 2 bis 4 finden entsprechende Anwendung. Die Ersatzpflicht tritt auch dann ein, wenn der Dritte zur Zeit der Verletzung erzeugt, aber noch nicht geboren war.

§ 845. Im Falle der Tödtung, der Verletzung des Körpers oder der Gesundheit sowie im Falle der Freiheitsentziehung hat der Ersatzpflichtige, wenn der Verletzte kraft Gesetzes einem Dritten zur Leistung von Diensten in dessen Hauswesen oder Gewerbe verpflichtet war, dem Dritten für die entgehenden Dienste durch Entrichtung einer Geldrente Ersatz zu leisten. Die Vorschriften des § 843 Abs. 2 bis 4 finden entsprechende Anwendung.

§ 846. Hat in den Fällen der §§ 844, 845 bei der Entstehung des Schadens, den der Dritte erleidet, ein Verschulden des Verletzten mitgewirkt, so finden auf den Anspruch des Dritten die Vorschriften des § 254 Anwendung.

§ 254. Hat bei der Entstehung des Schadens ein Verschulden des Beschädigten mitgewirkt, so hängt die Verpflichtung zum Ersatze sowie der Umfang des zu leistenden Ersatzes von den Umständen, insbesondere davon ab, inwieweit der Schaden vorwiegend von dem einen oder dem anderen Theile verursacht worden ist.

Dies gilt auch dann, wenn sich das Verschulden des Beschädigten darauf beschränkt, dass er unterlassen hat, den Schuldner auf die Gefahr eines ungewöhnlich hohen Schadens aufmerksam zu machen, die der Schuldner weder kannte noch kennen musste, oder dass er unterlassen hat, den Schaden abzuwenden oder zu mindern. Die Vorschrift des § 278 (der Schuldner hat ein Verschulden seines gesetzlichen Vertreters und der Personen, deren er sich zur Erfüllung seiner Verbindlichkeit bedient, im gleichen Umfange zu vertreten, wie eigenes Verschulden) findet entsprechende Anwendung.

— Unwirksamkeit eines Verzichts.

§ 619. Die dem Dienstberechtigten nach den §§ 617, 618 obliegenden Verpflichtungen können nicht im voraus durch Vertrag aufgehoben oder beschränkt werden.

Beendigung des Dienstverhältnisses; Kündigung.

§ 620. Das Dienstverhältniß endigt mit dem Ablaufe der Zeit, für die es eingegangen ist.

Ist die Dauer des Dienstverhältnisses weder bestimmt noch aus der Beschaffenheit oder dem Zwecke der Dienste zu entnehmen, so kann jeder Theil das Dienstverhältniß nach Maßgabe der §§ 621 bis 623 kündigen.

— Kündigungstermine, -Fristen.

§ 621. Ist die Vergütung nach Tagen bemessen, so ist die Kündigung an jedem Tage für den folgenden Tag zulässig.

Ist die Vergütung nach Wochen bemessen, so ist die Kündigung nur für den Schluß einer Kalenderwoche zulässig; sie hat spätestens am ersten Werktage der Woche zu erfolgen.

Ist die Vergütung nach Monaten bemessen, so ist die Kündigung nur für den Schluß eines Kalendermonats zulässig; sie hat spätestens am fünfzehnten des Monats zu erfolgen.

Ist die Vergütung nach Vierteljahren oder längeren Zeitabschnitten bemessen, so ist die Kündigung nur für den Schluß eines Kalendervierteljahrs und nur unter Einhaltung einer Kündigungsfrist von sechs Wochen zulässig.

§ 622. Das Dienstverhältniß der mit festen Bezügen zur Leistung von Diensten höherer Art Angestellten, deren Erwerbsthätigkeit durch das Dienstverhältniß vollständig oder hauptsächlich in Anspruch genommen wird, insbesondere der Lehrer, Erzieher, Privatbeamten, Gesellschafterinnen, kann nur für den Schluß eines Kalendervierteljahrs und nur unter Einhaltung einer Kündigungsfrist von sechs Wochen gekündigt werden, auch wenn die Vergütung nach kürzeren Zeitabschnitten als Vierteljahren bemessen ist.

§ 623. Ist die Vergütung nicht nach Zeitabschnitten bemessen, so kann das Dienstverhältniß jederzeit gekündigt werden; bei einem die Erwerbsthätigkeit des Verpflichteten vollständig oder hauptsächlich in Anspruch nehmenden Dienstverhältniß ist jedoch eine Kündigungsfrist von zwei Wochen einzuhalten.

§ 624. Ist das Dienstverhältniß für die Lebenszeit einer Person oder für längere Zeit als fünf Jahre eingegangen, so kann es von dem Verpflichteten nach dem Ablaufe von fünf Jahren gekündigt werden. Die Kündigungsfrist beträgt sechs Monate.

Stillschweigende Verlängerung.

§ 625. Wird das Dienstverhältniß nach dem Ablaufe der Dienstzeit von dem Verpflichteten mit Wissen des anderen Theiles fortgesetzt, so gilt es als auf unbestimmte Zeit verlängert, sofern nicht der andere Theil unverzüglich widerspricht.

Ausserordentliche Kündigung.

§ 626. Das Dienstverhältniß kann von jedem Theile ohne Einhaltung einer Kündigungsfrist gekündigt werden, wenn ein wichtiger Grund vorliegt.

§ 627. Hat der zur Dienstleistung Verpflichtete, ohne in einem dauernden Dienstverhältnisse mit festen Bezügen zu stehen, Dienste höherer Art zu leisten, die auf Grund besonderen Vertrauens übertragen zu werden pflegen, so ist die Kündigung auch ohne die im § 626 bezeichnete Voraussetzung zulässig.

Der Verpflichtete darf nur in der Art kündigen, daß sich der Dienstberechtigte die Dienste anderweit beschaffen kann, es sei denn, daß ein wichtiger Grund für die unzeitige Kündigung vorliegt. Kündigt er ohne solchen Grund zur Unzeit, so hat er dem Dienstberechtigten den daraus entstehenden Schaden zu ersetzen.

§ 628. Wird nach dem Beginne der Dienstleistung das Dienstverhältniß auf Grund des § 626 oder des § 627 gekündigt, so kann der Verpflichtete einen seinen bisherigen Leistungen entsprechenden Theil der

Vergütung verlangen. Kündigt er, ohne durch vertragswidriges Verhalten des anderen Theiles dazu veranlaßt zu sein, oder veranlaßt er durch sein vertragswidriges Verhalten die Kündigung des anderen Theiles, so steht ihm ein Anspruch auf die Vergütung insoweit nicht zu, als seine bisherigen Leistungen in Folge der Kündigung für den anderen Theil kein Interesse haben. Ist die Vergütung für eine spätere Zeit im voraus entrichtet, so hat der Verpflichtete sie nach Maßgabe des § 347 oder, wenn die Kündigung wegen eines Umstandes erfolgt, den er nicht zu vertreten hat, nach den Vorschriften über die Herausgabe einer ungerechtfertigten Bereicherung zurückzuerstatten.

Wird die Kündigung durch vertragswidriges Verhalten des anderen Theiles veranlaßt, so ist dieser zum Ersatze des durch die Aufhebung des Dienstverhältnisses entstehenden Schadens verpflichtet.

§ 347*. Der Anspruch auf Schadensersatz wegen Verschlechterung, Unterganges oder einer aus einem anderen Grunde eintretenden Unmöglichkeit der Herausgabe bestimmt sich im Falle der Kündigung von dem Empfange der Leistung an nach den Vorschriften, welche für das Verhältniss zwischen dem Eigenthümer und dem Besitzer von dem Eintritte der Rechtshängigkeit des Eigenthumsanspruchs an gelten. Das Gleiche gilt von dem Anspruch auf Herausgabe oder Vergütung von Nutzungen und von dem Anspruch auf Ersatz von Verwendungen. Eine Geldsumme ist von der Zeit des Empfanges an zu verzinsen.

Urlaub zum Aufsuchen eines anderen Dienstes.

§ 629. Nach der Kündigung eines dauernden Dienstverhältnisses hat der Dienstberechtigte dem Verpflichteten auf Verlangen angemessene Zeit zum Aufsuchen eines anderen Dienstverhältnisses zu gewähren.

Zeugniss.

§ 630. Bei der Beendigung eines dauernden Dienstverhältnisses kann der Verpflichtete von dem anderen Theile ein schriftliches Zeugniß über das Dienstverhältniß und dessen Dauer fordern. Das Zeugniß ist auf Verlangen auf die Leistungen und die Führung im Dienste zu erstrecken.

Siebenter Titel.

Werkvertrag.

Inhalt und Gegenstand des Werkvertrags.

§ 631. Durch den Werkvertrag wird der Unternehmer zur Herstellung des versprochenen Werkes, der Besteller zur Entrichtung der vereinbarten Vergütung verpflichtet.

Gegenstand des Werkvertrags kann sowohl die Herstellung oder Veränderung einer Sache als ein anderer durch Arbeit oder Dienstleistung herbeizuführender Erfolg sein.

Vergütung.

§ 632. Eine Vergütung gilt als stillschweigend vereinbart, wenn die Herstellung des Werkes den Umständen nach nur gegen eine Vergütung zu erwarten ist.

Ist die Höhe der Vergütung nicht bestimmt, so ist bei dem Bestehen einer Taxe die taxmäßige Vergütung, in Ermangelung einer Taxe die übliche Vergütung als vereinbart anzusehen.

Haftung für Mängel des Werkes.

§ 633. Der Unternehmer ist verpflichtet, das Werk so herzustellen, daß es die zugesicherten Eigenschaften hat und nicht mit Fehlern behaftet ist, die den Werth oder die Tauglichkeit zu dem gewöhnlichen oder dem nach dem Vertrage vorausgesetzten Gebrauch aufheben oder mindern.

Ist das Werk nicht von dieser Beschaffenheit, so kann der Besteller die Beseitigung des Mangels verlangen. Der Unternehmer ist berechtigt, die Beseitigung zu verweigern, wenn sie einen unverhältnißmäßigen Aufwand erfordert.

Ist der Unternehmer mit der Beseitigung des Mangels im Verzuge, so kann der Besteller den Mangel selbst beseitigen und Ersatz der erforderlichen Aufwendungen verlangen.

— Wandelung — Minderung.

§ 634. Zur Beseitigung eines Mangels der im § 633 bezeichneten Art kann der Besteller dem Unternehmer eine angemessene Frist mit der Erklärung bestimmen, daß er die Beseitigung des Mangels nach dem Ablaufe der Frist ablehne. Zeigt sich schon vor der Ablieferung des Werkes ein Mangel, so kann der Besteller die Frist sofort bestimmen; die Frist muß so bemessen werden, daß sie nicht vor der für die Ablieferung bestimmten Frist abläuft. Nach dem Ablaufe der Frist kann der Besteller Rückgängigmachung des Vertrags (Wandelung) oder Herabsetzung der Vergütung (Minderung) verlangen, wenn nicht der Mangel rechtzeitig beseitigt worden ist; der Anspruch auf Beseitigung des Mangels ist ausgeschlossen.

Der Bestimmung einer Frist bedarf es nicht, wenn die Beseitigung des Mangels unmöglich ist oder von dem Unternehmer verweigert wird oder wenn die sofortige Geltendmachung des Anspruchs auf Wandelung oder auf Minderung durch ein besonderes Interesse des Bestellers gerechtfertigt wird.

Die Wandelung ist ausgeschlossen, wenn der Mangel den Werth oder die Tauglichkeit des Werkes nur unerheblich mindert.

Auf die Wandelung und die Minderung finden die für den Kauf geltenden Vorschriften der §§ 465 bis 467, 469 bis 475 entsprechende Anwendung.

— Vollziehung der Wandelung oder Minderung.

§ 465* Die Wandelung oder Minderung ist vollzogen, wenn sich der Unternehmer auf Verlangen des Bestellers mit ihr einverstanden erklärt.

— Fristsetzung.

§ 466* Behauptet der Besteller dem Unternehmer gegenüber einen Mangel der Sache, so kann der Unternehmer ihn unter dem Erbieten zur Wandelung und unter Bestimmung einer angemessenen Frist zur Erklärung darüber auffordern, ob er Wandelung verlange. Die Wandelung kann in diesem Falle nur bis zum Ablaufe der Frist verlangt werden

— Wandelung.

§ 467* Auf die Wandelung finden die für das vertragsmässige Rücktrittsrecht geltenden Vorschriften der §§ 346 bis 348, 350 bis 354, 356 entsprechende Anwendung; im Falle des § 352 ist jedoch die Wandelung nicht ausgeschlossen, wenn der Mangel sich erst bei der Umgestaltung der Sache gezeigt hat. Der Unternehmer hat dem Besteller auch die Vertragskosten zu ersetzen.

§ 346. Die Parteien sind, wenn die Wandelung erfolgt, verpflichtet, einander die empfangenen Leistungen zurückzugewähren. Für geleistete Dienste sowie für die Ueberlassung der Benutzung einer Sache ist der Werth zu vergüten oder, falls in dem Vertrag eine Gegenleistung in Geld bestimmt ist, diese zu entrichten.*

— **Haftung wegen Verschlechterung etc.**

347. Der Anspruch auf Schadensersatz wegen Verschlechterung, Unterganges oder einer aus einem anderen Grunde eintretenden Unmöglichkeit der Herausgabe bestimmt sich im Falle der Wandelung von dem Empfange der Leistung an nach den Vorschriften, welche für das Verhältniss zwischen dem Eigenthümer und dem Besitzer von dem Eintritte der Rechtshängigkeit des Eigenthumsanspruchs an gelten. Das Gleiche gilt von dem Anspruch auf Herausgabe oder Vergütung von Nutzungen und von dem Anspruch auf Ersatz von Verwendungen. Eine Geldsumme ist von der Zeit des Empfanges an zu verzinsen.*

— **Erfüllung Zug um Zug.**

§ 348. Die sich in Folge der Wandelung ergebenden Verpflichtungen der Parteien sind Zug um Zug zu erfüllen. Die Vorschriften der §§ 320, 322 (Recht zur Verweigerung der Leistung bis zur Bewirkung der Gegenleistung, einredeweise Geltendmachung dieses Rechtes gegen die Klage auf Erfüllung) finden entsprechende Anwendung.*

— **Zufälliger Untergang.**

§ 350. Die Wandelung wird nicht dadurch ausgeschlossen, dass der Gegenstand, welchen der Besteller empfangen hat, durch Zufall untergegangen ist.*

— **Ausschluss der Wandelung.**

§ 351. Die Wandelung ist ausgeschlossen, wenn der Besteller eine wesentliche Verschlechterung, den Untergang oder die anderweitige Unmöglichkeit der Herausgabe des empfangenen Gegenstandes verschuldet hat. Der Untergang eines erheblichen Theiles steht einer wesentlichen Verschlechterung des Gegenstandes, das von dem Besteller nach § 278 zu vertretende Verschulden eines Anderen (d. i. seines gesetzlichen Vertreters und der Personen, deren er sich zur Erfüllung seiner Verbindlichkeit bedient) steht dem eigenen Verschulden des Bestellers gleich.*

§ 352. Die Wandelung ist ausgeschlossen, wenn der Besteller die empfangene Sache durch Verarbeitung oder Umbildung in eine Sache anderer Art umgestaltet hat. (Siehe jedoch oben § 467 Satz 1.)*

§ 353. Hat der Besteller den empfangenen Gegenstand oder einen erheblichen Theil des Gegenstandes veräussert oder mit dem Rechte eines Dritten belastet, so ist die Wandelung ausgeschlossen, wenn bei demjenigen, welcher den Gegenstand in Folge der Verfügung erlangt hat, die Voraussetzungen des § 351 oder des § 352 eingetreten sind.*

Einer Verfügung des Bestellers steht eine Verfügung gleich, die im Wege der Zwangsvollstreckung oder der Arrestvollziehung oder durch den Konkursverwalter erfolgt.

— **Verzug des Bestellers.**

§ 354. Kommt der Besteller mit der Rückgewähr des empfangenen Gegenstandes oder eines erheblichen Theiles des Gegenstandes in Verzug, so kann ihm der Unternehmer eine angemessene Frist mit der Erklärung bestimmen, dass er die Annahme nach dem Ablaufe der Frist ablehne. Die Wandelung wird unwirksam, wenn nicht die Rückgewähr vor dem Ablaufe der Frist erfolgt.*

— **Mehrere Betheiligte.**

§ 356. Sind auf der einen oder anderen Seite Mehrere betheiligt, so kann die Wandelung nur von allen und gegen alle vorgenommen werden. Erlischt das Recht auf Wandelung für einen der Besteller, so erlischt es auch für die übrigen.*

— Mangelhaftigkeit einzelner Sachen.

§ 469* Sind von mehreren bestellten Sachen nur einzelne mangelhaft, so kann nur in Ansehung dieser Wandelung verlangt werden, auch wenn ein Gesammtpreis für alle Sachen festgesetzt ist. Sind jedoch die Sachen als zusammengehörend bestellt, so kann jeder Theil verlangen, dass die Wandelung auf alle Sachen erstreckt wird, wenn die mangelhaften Sachen nicht ohne Nachtheil für ihn von den übrigen getrennt werden können.

— Mangel der Haupt-, Nebensache.

§ 470. Die Wandelung wegen eines Mangels der Hauptsache erstreckt sich auch auf die Nebensache. Ist die Nebensache mangelhaft, so kann nur in Ansehung dieser Wandelung verlangt werden.

— Herabsetzung der Vergütung.

§ 471* Findet im Falle der Bestellung mehrerer Sachen für einen Gesammtpreis die Wandelung nur in Ansehung einzelner Sachen statt, so ist der Gesammtpreis in dem Verhältnisse herabzusetzen, in welchem zur Zeit des Abschlusses des Werkvertrages der Gesammtwerth der Sachen in mangelfreiem Zustande zu dem Werthe der von der Wandelung nicht betroffenen Sachen gestanden haben würde.

§ 472* Bei der Minderung ist die Vergütung in dem Verhältnisse herabzusetzen, in welchem zur Zeit des Abschlusses des Werkvertrages der Werth der Sache in mangelfreiem Zustande zu dem wirklichen Werthe gestanden haben würde.

Findet im Falle der Bestellung mehrerer Sachen für einen Gesammtpreis die Minderung nur wegen einzelner Sachen statt, so ist bei der Herabsetzung des Preises der Gesammtwerth aller Sachen zu Grunde zu legen.

§ 473* Sind neben der in Geld festgesetzten Vergütung Leistungen bedungen, die nicht vertretbare Sachen zum Gegenstande haben, so sind diese Leistungen in den Fällen der §§ 471, 472 nach dem Werthe zur Zeit des Abschlusses des Werkvertrages zu veranschlagen. Die Herabsetzung der Gegenleistung des Bestellers erfolgt an der in Geld festgesetzten Vergütung; ist diese geringer als der abzusetzende Betrag, so hat der Unternehmer den überschiessenden Betrag dem Besteller zu vergüten.

— Mehrere Betheiligte.

§ 474* Sind auf der einen oder der anderen Seite Mehrere betheiligt, so kann von jedem und gegen jeden Minderung verlangt werden.

Mit der Vollziehung der von einem der Besteller verlangten Minderung ist die Wandelung ausgeschlossen.

— Ansprüche wegen mehrerer Mängel.

§ 475*. Durch die wegen eines Mangels erfolgte Minderung wird das Recht des Bestellers, wegen eines anderen Mangels Wandelung oder von neuem Minderung zu verlangen, nicht ausgeschlossen.

Schadensersatz.

§ 635. Beruht der Mangel des Werkes auf einem Umstande, den der Unternehmer zu vertreten hat, so kann der Besteller statt der Wandelung oder der Minderung Schadensersatz wegen Nichterfüllung verlangen.

Nicht rechtzeitige Herstellung.

§ 636. Wird das Werk ganz oder zum Theil nicht rechtzeitig hergestellt, so finden die für die Wandelung geltenden Vorschriften des § 634 Abs. 1 bis 3 entsprechende Anwendung; an die Stelle des Anspruchs auf Wandelung tritt das Recht des Bestellers, nach § 327 von dem Vertrage zurückzutreten. Die im Falle des Verzugs des Unternehmers dem Besteller zustehenden Rechte bleiben unberührt.

Bestreitet der Unternehmer die Zulässigkeit des erklärten Rücktritts, weil er das Werk rechtzeitig hergestellt habe, so trifft ihn die Beweislast.

— Fristsetzung.

§ 634 Abs. 1—3*. Wird das Werk ganz oder zum Theil nicht rechtzeitig hergestellt, so kann der Besteller dem Unternehmer zur Herstellung des Werkes eine angemessene Frist mit der Erklärung bestimmen, dass er nach dem Ablaufe der Frist vom Vertrage zurücktrete. Diese Frist kann schon vor dem Ablieferungstermine gesetzt werden; die Frist muss so bemessen werden, dass sie nicht vor der für die Ablieferung bestimmten Frist abläuft.

Der Bestimmung einer Frist bedarf es nicht, wenn die rechtzeitige Lieferung unmöglich ist oder von dem Unternehmer verweigert wird oder wenn die sofortige Geltendmachung des Anspruchs auf Rücktritt vom Vertrage durch ein besonderes Interesse des Bestellers gerechtfertigt wird.

Der Rücktritt vom Vertrage ist ausgeschlossen, wenn die nicht rechtzeitige Lieferung das Interesse des Bestellers nur unerheblich beeinträchtigt.

§ 327* Auf das Rücktrittsrecht des Bestellers finden die für das vertragsmässige Rücktrittsrecht geltenden Vorschriften der §§ 346 bis 356 entsprechende Anwendung. Erfolgt der Rücktritt wegen eines Umstandes, den der Unternehmer nicht zu vertreten hat, so haftet dieser nur nach den Vorschriften über die Herausgabe einer ungerechtfertigten Bereicherung.

— Rückgewähr.

§ 346. Die Parteien sind, wenn der Rücktritt erfolgt, verpflichtet, einander die empfangenen Leistungen zurückzugewähren. Für geleistete Dienste sowie für die Ueberlassung der Benutzung einer Sache ist der Werth zu vergüten oder, falls in dem Vertrag eine Gegenleistung in Geld bestimmt ist, diese zu entrichten.*

— Haftung wegen Verschlechterung etc.

§ 347. Der Anspruch auf Schadensersatz wegen Verschlechterung, Unterganges oder einer aus einem anderen Grunde eintretenden Unmöglichkeit der Herausgabe bestimmt sich im Falle des Rücktritts von dem Empfange der Leistung an nach den Vorschriften, welche für das Verhältniss zwischen dem Eigenthümer und dem Besitzer von dem Eintritte der Rechtshängigkeit des Eigenthumsanspruchs an gelten. Das Gleiche gilt von dem Anspruch auf Herausgabe oder Vergütung von Nutzungen und von dem Anspruch auf Ersatz von Verwendungen. Eine Geldsumme ist von der Zeit des Empfanges an zu verzinsen.

— Erfüllung Zug um Zug.

§ 348. Die sich aus dem Rücktritt ergebenden Verpflichtungen der Parteien sind Zug um Zug zu erfüllen. Die Vorschriften der §§ 320, 322 (Recht zur Verweigerung der Leistung bis zur Bewirkung der Gegenleistung, einredeweise Geltendmachung dieses Rechtes gegen die Klage auf Erfüllung) finden entsprechende Anwendung.

— Ausübung des Rücktrittsrechts.

§ 349. Der Rücktritt erfolgt durch Erklärung gegenüber dem Unternehmer.*

— Zufälliger Untergang.

§ 350. Der Rücktritt wird nicht dadurch ausgeschlossen, dass der Gegenstand, welchen der Besteller empfangen hat, durch Zufall untergegangen ist.*

— Ausschluss des Rücktrittsrechts.

§ 351 Der Rücktritt ist ausgeschlossen, wenn der Besteller eine wesentliche Verschlechterung, den Untergang oder die anderweitige Unmöglichkeit der Herausgabe des empfangenen Gegenstandes verschuldet hat. Der Untergang eines erheblichen Theiles steht einer wesentlichen Verschlechterung des Gegenstandes, das von dem Besteller nach § 278 zu vertretende Verschulden eines Anderen (d. i. seines gesetzlichen Vertreters und der Personen, deren*

er sich zur Erfüllung seiner Verbindlichkeit bedient) steht dem eigenen Verschulden des Bestellers gleich.

§ 352. Der Rücktritt ist ausgeschlossen, wenn der Besteller die empfangene Sache durch Verarbeitung oder Umbildung in eine Sache anderer Art umgestaltet hat.*

§ 353. Hat der Besteller den empfangenen Gegenstand oder einen erheblichen Theil des Gegenstandes veräussert oder mit dem Rechte eines Dritten belastet, so ist der Rücktritt ausgeschlossen, wenn bei demjenigen, welcher den Gegenstand in Folge der Verfügung erlangt hat, die Voraussetzungen des § 351 oder des § 352 eingetreten sind.*

Einer Verfügung des Bestellers steht eine Verfügung gleich, die im Wege der Zwangsvollstreckung oder der Arrestvollziehung oder durch den Konkursverwalter erfolgt.

— Verzug des Bestellers.

§ 354. Kommt der Besteller mit der Rückgewähr des empfangenen Gegenstandes oder eines erheblichen Theiles des Gegenstandes in Verzug, so kann ihm der Unternehmer eine angemessene Frist mit der Erklärung bestimmen, dass er die Annahme nach dem Ablaufe der Frist ablehne. Der Rücktritt wird unwirksam, wenn nicht die Rückgewähr vor dem Ablaufe der Frist erfolgt.*

— Fristsetzung.

§ 355 Ist für die Ausübung des Rücktrittsrechts eine Frist nicht vereinbart, so kann dem Besteller von dem Unternehmer für die Ausübung eine angemessene Frist bestimmt werden. Das Rücktrittsrecht erlischt, wenn nicht der Rücktritt vor dem Ablaufe der Frist erklärt wird.*

— Mehrere Betheiligte.

§ 356. Sind auf der einen oder der anderen Seite Mehrere betheiligt, so kann das Rücktrittsrecht nur von allen und gegen alle ausgeübt werden. Erlischt das Rücktrittsrecht für einen der Besteller, so erlischt es auch für die übrigen.*

Vertragsmässiger Ausschluss der Haftung.

§ 637. Eine Vereinbarung, durch welche die Verpflichtung des Unternehmers, einen Mangel des Werkes zu vertreten, erlassen oder beschränkt wird, ist nichtig, wenn der Unternehmer den Mangel arglistig verschweigt.

Verjährung der Mängelansprüche.

§ 638. Der Anspruch des Bestellers auf Beseitigung eines Mangels des Werkes sowie die wegen des Mangels dem Besteller zustehenden Ansprüche auf Wandelung, Minderung oder Schadensersatz verjähren, sofern nicht der Unternehmer den Mangel arglistig verschwiegen hat, in sechs Monaten, bei Arbeiten an einem Grundstück in einem Jahre, bei Bauwerken in fünf Jahren. Die Verjährung beginnt mit der Abnahme des Werkes.

Die Verjährungsfrist kann durch Vertrag verlängert werden.

Ist nach der Beschaffenheit des Werkes die Abnahme ausgeschlossen, so tritt an die Stelle der Abnahme die Vollendung des Werkes (§ 646).

— Erhaltung der Einrede der mangelhaften Lieferung

§ 639. Auf die Verjährung der im § 638 bezeichneten Ansprüche des Bestellers finden die für die Verjährung der Ansprüche des Käufers geltenden Vorschriften des § 477 Abs. 2, 3 und der §§ 478, 479 entsprechende Anwendung.

Unterzieht sich der Unternehmer im Einverständnisse mit dem Besteller der Prüfung des Vorhandenseins des Mangels oder der Beseitigung des Mangels, so ist die Verjährung so lange gehemmt, bis der Unternehmer das Ergebniß der Prüfung dem Besteller mittheilt oder ihm gegenüber den Mangel für beseitigt erklärt oder die Fortsetzung der Beseitigung verweigert.

§ 477 Abs. 2*, 3* Beantragt der Besteller gerichtliche Beweisaufnahme zur Sicherung des Beweises, so wird die Verjährung unterbrochen. Die Unterbrechung dauert bis zur Beendigung des Verfahrens fort. Die Vorschriften des § 211 Abs. 2 und des § 212 finden entsprechende Anwendung.

Die Hemmung oder Unterbrechung der Verjährung eines der im § 638 bezeichneten Ansprüche des Bestellers bewirkt auch die Hemmung oder Unterbrechung der Verjährung der anderen Ansprüche.

§ 211 Abs. 2 Geräth das Verfahren durch Vereinbarung oder dadurch, dass es nicht betrieben wird, in Stillstand, so endigt die Unterbrechung mit der letzten Prozesshandlung der Parteien oder des Gerichts. Die nach der Beendigung beginnende neue Verjährung wird dadurch, dass eine der Parteien das Verfahren weiter betreibt, in gleicher Weise wie durch den Antrag auf gerichtliche Beweisaufnahme zur Sicherung des Beweises unterbrochen.*

§ 212 Die Unterbrechung durch Antrag auf gerichtliche Beweisaufnahme zur Sicherung des Beweises gilt als nicht erfolgt, wenn der Antrag zurückgenommen oder rechtskräftig abgewiesen wird.*

Stellt jedoch der Besteller binnen sechs Monaten einen neuen Antrag, so gilt die Verjährung als durch Stellung des ersten Antrags unterbrochen. Auf diese Frist finden die Vorschriften der §§ 203 (über Hemmung der Verjährung wegen Verhinderung an der Rechtsverfolgung), 206, 207 (über Hinderung der Vollendung der Verjährung beim Mangel gesetzlicher Vertretung sowie bei Ansprüchen, die zu einem Nachlass gehören oder sich gegen einen Nachlass richten) entsprechende Anwendung.

§ 478* Hat der Besteller den Mangel dem Unternehmer angezeigt oder die Anzeige an ihn abgesendet, bevor der Anspruch auf Wandelung oder Minderung verjährt war, so kann er auch nach der Vollendung der Verjährung die Zahlung der Vergütung insoweit verweigern, als er auf Grund der Wandelung oder der Minderung dazu berechtigt sein würde. Das Gleiche gilt, wenn der Besteller vor der Vollendung der Verjährung gerichtliche Beweisaufnahme zur Sicherung des Beweises beantragt oder in einem zwischen ihm und einem späteren Erwerber der Sache wegen des Mangels anhängigen Rechtsstreite dem Unternehmer den Streit verkündet hat.

Hat der Unternehmer den Mangel arglistig verschwiegen, so bedarf es der Anzeige oder einer ihr nach Abs. 1 gleichstehenden Handlung nicht.

§ 479* Der Anspruch auf Schadensersatz kann nach der Vollendung der Verjährung nur aufgerechnet werden, wenn der Besteller vorher eine der im § 478 bezeichneten Handlungen vorgenommen hat. Diese Beschränkung tritt nicht ein, wenn der Unternehmer den Mangel arglistig verschwiegen hat.

Abnahme.

§ 640. Der Besteller ist verpflichtet, das vertragsmäßig hergestellte Werk abzunehmen, sofern nicht nach der Beschaffenheit des Werkes die Abnahme ausgeschlossen ist.

Nimmt der Besteller ein mangelhaftes Werk ab, obschon er den Mangel kennt, so stehen ihm die in den §§ 633, 634 bestimmten Ansprüche nur zu, wenn er sich seine Rechte wegen des Mangels bei der Abnahme vorbehält.

§ 633* Anspruch auf Beseitigung des Mangels bezw. Ersatz der auf die Beseitigung des Mangels entstandenen Aufwendungen

§ 634*. Rückgängigmachung des Vertrags (Wandelung) — Herabsetzung der Vergütung (Minderung).

Fälligkeit der Vergütung.

§ 641. Die Vergütung ist bei der Abnahme des Werkes zu entrichten. Ist das Werk in Theilen abzunehmen und die Vergütung für die einzelnen Theile bestimmt, so ist die Vergütung für jeden Theil bei dessen Abnahme zu entrichten.

Eine in Geld festgesetzte Vergütung hat der Besteller von der Abnahme des Werkes an zu verzinsen, sofern nicht die Vergütung gestundet ist.

Ist nach der Beschaffenheit des Werkes die Abnahme ausgeschlossen, so tritt an die Stelle der Abnahme die Vollendung des Werkes (§ 646).

Annahmeverzug des Bestellers.

§ 642. Ist bei der Herstellung des Werkes eine Handlung des Bestellers erforderlich, so kann der Unternehmer, wenn der Besteller durch das Unterlassen der Handlung in Verzug der Annahme kommt, eine angemessene Entschädigung verlangen.

Die Höhe der Entschädigung bestimmt sich einerseits nach der Dauer des Verzugs und der Höhe der vereinbarten Vergütung, andererseits nach demjenigen, was der Unternehmer in Folge des Verzugs an Aufwendungen erspart oder durch anderweitige Verwendung seiner Arbeitskraft erwerben kann.

§ 643. Der Unternehmer ist im Falle des § 642 berechtigt, dem Besteller zur Nachholung der Handlung eine angemessene Frist mit der Erklärung zu bestimmen, daß er den Vertrag kündige, wenn die Handlung nicht bis zum Ablaufe der Frist vorgenommen werde. Der Vertrag gilt als aufgehoben, wenn nicht die Nachholung bis zum Ablaufe der Frist erfolgt.

Tragung der Gefahr.

§ 644. Der Unternehmer trägt die Gefahr bis zur Abnahme des Werkes. Kommt der Besteller in Verzug der Annahme, so geht die Gefahr auf ihn über. Für den zufälligen Untergang und eine zufällige Verschlechterung des von dem Besteller gelieferten Stoffes ist der Unternehmer nicht verantwortlich.

Versendet der Unternehmer das Werk auf Verlangen des Bestellers nach einem anderen Orte als dem Erfüllungsorte, so finden die für den Kauf geltenden Vorschriften des § 447 entsprechende Anwendung.

Ist nach der Beschaffenheit des Werkes die Abnahme ausgeschlossen, so tritt an die Stelle der Abnahme die Vollendung des Werkes (§ 646).

§ 447*. d. h. die Gefahr geht auf den Besteller über, sobald der Unternehmer die Sache dem Spediteur, dem Frachtführer oder der sonst zur Ausführung der Versendung bestimmten Person oder Anstalt ausgeliefert hat.

Hat der Besteller eine besondere Anweisung über die Art der Versendung ertheilt und weicht der Unternehmer ohne dringenden Grund von der Anweisung ab, so ist der Unternehmer dem Besteller für den entstehenden Schaden verantwortlich.

Mangel des vom Besteller gelieferten Stoffes.

§ 645. Ist das Werk vor der Abnahme in Folge eines Mangels des von dem Besteller gelieferten Stoffes oder in Folge einer von dem Besteller für die Ausführung ertheilten Anweisung untergegangen, verschlechtert oder unausführbar geworden, ohne daß ein Umstand mitgewirkt hat, den der Unternehmer zu vertreten hat, so kann der Unternehmer einen der geleisteteten Arbeit entsprechenden Theil der Vergütung und Ersatz der in der Vergütung nicht inbegriffenen Auslagen verlangen. Das Gleiche gilt, wenn der Vertrag in Gemäßheit des § 643 aufgehoben wird.

Eine weitergehende Haftung des Bestellers wegen Verschuldens bleibt unberührt.

Ist nach der Beschaffenheit des Werkes die Abnahme ausgeschlossen, so tritt an die Stelle der Abnahme die Vollendung des Werkes (§ 646).

§ 646. Ist nach der Beschaffenheit des Werkes die Abnahme ausgeschlossen, so tritt in den Fällen der §§ 638, 641, 644, 645 an die Stelle der Abnahme die Vollendung des Werkes.

Pfandrecht des Unternehmers.

§ 647. Der Unternehmer hat für seine Forderungen aus dem Vertrag ein Pfandrecht an den von ihm hergestellten oder ausgebesserten beweglichen Sachen des Bestellers, wenn sie bei der Herstellung oder zum Zwecke der Ausbesserung in seinen Besitz gelangt sind.

Sicherungshypothek der Bauhandwerker.

§ 648. Der Unternehmer eines Bauwerkes oder eines einzelnen Theiles eines Bauwerkes kann für seine Forderungen aus dem Vertrage die Einräumung einer Sicherungshypothek an dem Baugrundstücke des Bestellers verlangen. Ist das Werk noch nicht vollendet, so kann er die Einräumung der Sicherungshypothek für einen der geleisteten Arbeit entsprechenden Theil der Vergütung und für die in der Vergütung nicht inbegriffenen Auslagen verlangen.

Kündigung des Bestellers.

§ 649. Der Besteller kann bis zur Vollendung des Werkes jederzeit den Vertrag kündigen. Kündigt der Besteller, so ist der Unternehmer berechtigt, die vereinbarte Vergütung zu verlangen; er muß sich jedoch dasjenige anrechnen lassen, was er in Folge der Aufhebung des Vertrags an Aufwendungen erspart oder durch anderweitige Verwendung seiner Arbeitskraft erwirbt oder zu erwerben böswillig unterläßt.

— Ueberschreitung des Kostenvoranschlags.

§ 650. Ist dem Vertrag ein Kostenanschlag zu Grunde gelegt worden, ohne daß der Unternehmer die Gewähr für die Richtigkeit des Anschlags übernommen hat, und ergiebt sich, daß das Werk nicht ohne eine wesentliche Ueberschreitung des Anschlags ausführbar ist, so steht dem Unternehmer, wenn der Besteller den Vertrag aus diesem Grunde kündigt, nur der im § 645 Abs. 1 bestimmte Anspruch zu.

Ist eine solche Ueberschreitung des Anschlags zu erwarten, so hat der Unternehmer dem Besteller unverzüglich Anzeige zu machen.

Beschaffung des Stoffes durch den Unternehmer.

§ 651. Verpflichtet sich der Unternehmer, das Werk aus einem von ihm zu beschaffenden Stoffe herzustellen, so hat er dem Besteller die hergestellte Sache zu übergeben und das Eigenthum an der Sache zu verschaffen. Auf einen solchen Vertrag finden die Vorschriften über den Kauf Anwendung; ist eine nicht vertretbare Sache herzustellen, so treten an die Stelle des § 433, des § 446 Abs. 1 Satz 1 und der §§ 447,

459, 460, 462 bis 464, 477 bis 479 die Vorschriften über den Werkvertrag mit Ausnahme der §§ 647, 648.

Verpflichtet sich der Unternehmer nur zur Beschaffung von Zuthaten oder sonstigen Nebensachen, so finden ausschließlich die Vorschriften über den Werkvertrag Anwendung.

Ist eine nicht vertretbare Sache herzustellen, so finden folgende Vorschriften Anwendung:

1. Der Unternehmer hat dem Besteller die hergestellte Sache zu übergeben und das Eigenthum an der Sache zu verschaffen (§ 651 Abs. 1 Satz 1).
2. Abnahmepflicht des Bestellers (§ 640).
3. Annahmeverzug des Bestellers (§§ 642, 643).
4. Kündigungsrecht des Bestellers (§§ 649, 650).
5. Haftung wegen Mängel im Rechte (§§ 434—444).
6. Haftung wegen Fehler der Sache und nicht rechtzeitige Herstellung (§§ 633—637). — Wandelung und Minderung (§§ 465—475 nach § 634). — Vertragsmässiger Ausschluss der Gewährleistung (§§ 637, 476). — Verjährung der Gewährleistungsansprüche (§ 639). — Erhaltung der Einrede trotz Verjährung (§ 639, der übrigens auf §§ 477 Abs. 2, 3, 478 und 479 rückverweist). — Vorbehaltlose Annahme (§ 640 Abs. 2).
7. Tragung der Gefahr (§§ 644, 646, 446 Abs. 1 Satz 2 und Abs. 2, bezügl. der Transportgefahr verweist § 644 Abs. 2 auf § 447).
8. Vergütung stillschweigend vereinbart (§ 632). — Marktpreis als Vergütung (§ 453). — Fälligkeit der Vergütung (§ 641). — Verzinsung der Vergütung (§ 452).
9. Rücktritt des Unternehmers wegen Zahlungssäumniss des Bestellers (§ 454).
10. Eigenthumsvorbehalt des Unternehmers (§ 455).
11. Kosten der Uebergabe, Abnahme, Versendung (§ 448). — Kosten der Auflassung, Eintragung in das Grundbuch (§ 449).
12. Verwendungen des Unternehmers nach Gefahrübergang (§ 450).
13. Ansprüche des Unternehmers, wenn das Werk vor der Abnahme bezw. Vollendung in Folge eines Mangels der von dem Besteller gelieferten Zuthaten oder in Folge einer von dem Besteller für die Ausführung ertheilten Anweisung untergegangen, verschlechtert oder unausführbar geworden ist (§§ 645, 646).

Achter Titel.

Mäklervertrag.

Versprechen eines Mäklerlohnes.

§ 652. Wer für den Nachweis der Gelegenheit zum Abschluß eines Vertrags oder für die Vermittelung eines Vertrags einen Mäklerlohn verspricht, ist zur Entrichtung des Lohnes nur verpflichtet, wenn der Vertrag in Folge des Nachweises oder in Folge der Vermittelung des Mäklers zu Stande kommt. Wird der Vertrag unter einer aufschiebenden Bedingung geschlossen, so kann der Mäklerlohn erst verlangt werden, wenn die Bedingung eintritt.

Aufwendungen sind dem Mäkler nur zu ersetzen, wenn es vereinbart ist. Dies gilt auch dann, wenn ein Vertrag nicht zu Stande kommt.

— Stillschweigende Vereinbarung.

§ 653. Ein Mäklerlohn gilt als stillschweigend vereinbart, wenn die dem Mäkler übertragene Leistung den Umständen nach nur gegen eine Vergütung zu erwarten ist.

Ist die Höhe der Vergütung nicht bestimmt, so ist bei dem Bestehen einer Taxe der taxmäßige Lohn, in Ermangelung einer Taxe der übliche Lohn als vereinbart anzusehen.

§ 654. Der Anspruch auf den Mäklerlohn und den Ersatz von Aufwendungen ist ausgeschlossen, wenn der Mäkler dem Inhalte des Vertrags zuwider auch für den anderen Theil thätig gewesen ist.

Herabsetzung des Mäklerlohnes.

§ 655. Ist für den Nachweis der Gelegenheit zum Abschluß eines Dienstvertrags oder für die Vermittelung eines solchen Vertrags ein unverhältnißmäßig hoher Mäklerlohn vereinbart worden, so kann er auf Antrag des Schuldners durch Urtheil auf den angemessenen Betrag herabgesetzt werden. Nach der Entrichtung des Lohnes ist die Herabsetzung ausgeschlossen.

Heirathsvermittelung.

§ 656. Durch das Versprechen eines Lohnes für den Nachweis der Gelegenheit zur Eingehung einer Ehe oder für die Vermittelung des Zustandekommens einer Ehe wird eine Verbindlichkeit nicht begründet. Das auf Grund des Versprechens Geleistete kann nicht deshalb zurückgefordert werden, weil eine Verbindlichkeit nicht bestanden hat.

Diese Vorschriften gelten auch für eine Vereinbarung, durch die der andere Theil zum Zwecke der Erfüllung des Versprechens dem Mäkler gegenüber eine Verbindlichkeit eingeht, insbesondere für ein Schuldanerkenntniß.

Neunter Titel.

Auslobung.

Begriff.

§ 657. Wer durch öffentliche Bekanntmachung eine Belohnung für die Vornahme einer Handlung, insbesondere für die Herbeiführung eines Erfolges, aussetzt, ist verpflichtet, die Belohnung demjenigen zu entrichten, welcher die Handlung vorgenommen hat, auch wenn dieser nicht mit Rücksicht auf die Auslobung gehandelt hat.

Widerruf.

§ 658. Die Auslobung kann bis zur Vornahme der Handlung widerrufen werden. Der Widerruf ist nur wirksam, wenn er in derselben Weise wie die Auslobung bekannt gemacht wird oder wenn er durch besondere Mittheilung erfolgt.

Auf die Widerruflichkeit kann in der Auslobung verzichtet werden; ein Verzicht liegt im Zweifel in der Bestimmung einer Frist für die Vornahme der Handlung.

Vornahme durch Mehrere.

§ 659. Ist die Handlung, für welche die Belohnung ausgesetzt ist, mehrmals vorgenommen worden, so gebührt die Belohnung demjenigen, welcher die Handlung zuerst vorgenommen hat.

Ist die Handlung von Mehreren gleichzeitig vorgenommen worden, so gebührt jedem ein gleicher Theil der Belohnung. Läßt sich die Belohnung wegen ihrer Beschaffenheit nicht theilen oder soll nach dem Inhalte der Auslobung nur Einer die Belohnung erhalten, so entscheidet das Loos.

Mitwirkung Mehrerer.

§ 660. Haben Mehrere zu dem Erfolge mitgewirkt, für den die Belohnung ausgesetzt ist, so hat der Auslobende die Belohnung unter Berücksichtigung des Antheils eines jeden an dem Erfolge nach billigem Ermessen unter sie zu vertheilen. Die Vertheilung ist nicht verbindlich, wenn sie offenbar unbillig ist; sie erfolgt in einem solchen Falle durch Urtheil.

Wird die Vertheilung des Auslobenden von einem der Betheiligten nicht als verbindlich anerkannt, so ist der Auslobende berechtigt, die Erfüllung zu verweigern, bis die Betheiligten den Streit über ihre Berechtigung unter sich ausgetragen haben; jeder von ihnen kann verlangen, daß die Belohnung für alle hinterlegt wird.

Die Vorschrift des § 659 Abs. 2 Satz 2 findet Anwendung.

Preisausschreiben.

§ 661. Eine Auslobung, die eine Preisbewerbung zum Gegenstande hat, ist nur gültig, wenn in der Bekanntmachung eine Frist für die Bewerbung bestimmt wird.

Die Entscheidung darüber, ob eine innerhalb der Frist erfolgte Bewerbung der Auslobung entspricht oder welche von mehreren Bewerbungen den Vorzug verdient, ist durch die in der Auslobung bezeichnete Person, in Ermangelung einer solchen durch den Auslobenden zu treffen. Die Entscheidung ist für die Betheiligten verbindlich.

Bei Bewerbungen von gleicher Würdigkeit finden auf die Zuertheilung des Preises die Vorschriften des § 659 Abs. 2 Anwendung.

Die Uebertragung des Eigenthums an dem Werke kann der Auslobende nur verlangen, wenn er in der Auslobung bestimmt hat, daß die Uebertragung erfolgen soll.

Zehnter Titel.

Auftrag.

Inhalt des Auftrags.

§ 662. Durch die Annahme eines Auftrags verpflichtet sich der Beauftragte, ein ihm von dem Auftraggeber übertragenes Geschäft für diesen unentgeltlich zu besorgen.

Anzeigepflicht bei Ablehnung.

§ 663. Wer zur Besorgung gewisser Geschäfte öffentlich bestellt ist oder sich öffentlich erboten hat, ist, wenn er einen auf solche Geschäfte gerichteten Auftrag nicht annimmt, verpflichtet, die Ablehnung dem Auftraggeber unverzüglich anzuzeigen. Das Gleiche gilt, wenn sich Jemand dem Auftraggeber gegenüber zur Besorgung gewisser Geschäfte erboten hat.

Uebertragbarkeit — Haftung bei Uebertragung.

§ 664. Der Beauftragte darf im Zweifel die Ausführung des Auftrags nicht einem Dritten übertragen. Ist die Uebertragung gestattet, so hat er nur ein ihm bei der Uebertragung zur Last fallendes Verschulden zu vertreten. Für das Verschulden eines Gehülfen ist er nach § 278 verantwortlich.

Der Anspruch auf Ausführung des Auftrags ist im Zweifel nicht übertragbar.

§ 278*. Der Beauftragte hat ein Verschulden seines gesetzlichen Vertreters und der Personen, deren er sich zur Erfüllung seiner Verbindlichkeit bedient, in gleichem Umfange zu vertreten wie eigenes Verschulden. Die Vorschrift des § 276 Abs. 2 *(die Haftung wegen Vorsatzes kann dem Schuldner nicht im voraus erlassen werden)* findet keine Anwendung.

Abweichung von den gegebenen Weisungen.

§ 665. Der Beauftragte ist berechtigt, von den Weisungen des Auftraggebers abzuweichen, wenn er den Umständen nach annehmen darf, daß der Auftraggeber bei Kenntniß der Sachlage die Abweichung billigen würde. Der Beauftragte hat vor der Abweichung dem Auftraggeber Anzeige zu machen und dessen Entschließung abzuwarten, wenn nicht mit dem Aufschube Gefahr verbunden ist.

Nachrichtenertheilung, Rechnungslegung.

§ 666. Der Beauftragte ist verpflichtet, dem Auftraggeber die erforderlichen Nachrichten zu geben, auf Verlangen über den Stand des Geschäfts Auskunft zu ertheilen und nach der Ausführung des Auftrags Rechenschaft abzulegen.

Herausgabe des Erhaltenen.

§ 667. Der Beauftragte ist verpflichtet, dem Auftraggeber Alles, was er zur Ausführung des Auftrags erhält und was er aus der Geschäftsbesorgung erlangt, herauszugeben.

Verzinsung für sich verwendeten Geldes.

§ 668. Verwendet der Beauftragte Geld für sich, das er dem Auftraggeber herauszugeben oder für ihn zu verwenden hat, so ist er verpflichtet, es von der Zeit der Verwendung an zu verzinsen.

Anspruch auf Vorschuss.

§ 669. Für die zur Ausführung des Auftrags erforderlichen Aufwendungen hat der Auftraggeber dem Beauftragten auf Verlangen Vorschuß zu leisten.

Ersatz von Aufwendungen.

§ 670. Macht der Beauftragte zum Zwecke der Ausführung des Auftrags Aufwendungen, die er den Umständen nach für erforderlich halten darf, so ist der Auftraggeber zum Ersatze verpflichtet.

Widerruf — Kündigung.

§ 671. Der Auftrag kann von dem Auftraggeber jederzeit widerrufen, von dem Beauftragten jederzeit gekündigt werden.

Der Beauftragte darf nur in der Art kündigen, daß der Auftraggeber für die Besorgung des Geschäfts anderweit Fürsorge treffen kann, es sei denn, daß ein wichtiger Grund für die unzeitige Kündigung vorliegt. Kündigt er ohne solchen Grund zur Unzeit, so hat er dem Auftraggeber den daraus entstehenden Schaden zu ersetzen.

Liegt ein wichtiger Grund vor, so ist der Beauftragte zur Kündigung auch dann berechtigt, wenn er auf das Kündigungsrecht verzichtet hat.

Tod oder Geschäftsunfähigkeit des Auftraggebers.

§ 672. Der Auftrag erlischt im Zweifel nicht durch den Tod oder den Eintritt der Geschäftsunfähigkeit des Auftraggebers. Erlischt der Auftrag, so hat der Beauftragte, wenn mit dem Aufschube Gefahr verbunden ist, die Besorgung des übertragenen Geschäfts fortzusetzen, bis der Erbe oder der gesetzliche Vertreter des Auftraggebers anderweit Fürsorge treffen kann; der Auftrag gilt insoweit als fortbestehend.

Tod des Beauftragten.

§ 673. Der Auftrag erlischt im Zweifel durch den Tod des Beauftragten. Erlischt der Auftrag, so hat der Erbe des Beauftragten den Tod dem Auftraggeber unverzüglich anzuzeigen und, wenn mit dem Aufschube Gefahr verbunden ist, die Besorgung des übertragenen Geschäfts fortzusetzen, bis der Auftraggeber anderweit Fürsorge treffen kann; der Auftrag gilt insoweit als fortbestehend.

Fortdauer zu Gunsten des Beauftragten.

§ 674. Erlischt der Auftrag in anderer Weise als durch Widerruf, so gilt er zu Gunsten des Beauftragten gleichwohl als fortbestehend, bis der Beauftragte von dem Erlöschen Kenntniß erlangt oder das Erlöschen kennen muß.

Entgeltliche Geschäftsbesorgung.

§ 675. Auf einen Dienstvertrag oder einen Werkvertrag, der eine Geschäftsbesorgung zum Gegenstande hat, finden die Vorschriften der §§ 663, 665 bis 670, 672 bis 674 und, wenn dem Verpflichteten das Recht zusteht, ohne Einhaltung einer Kündigungsfrist zu kündigen, auch die Vorschriften des § 671 Abs. 2 entsprechende Anwendung.

d. h. **Auf einen solchen Dienstvertrag oder Werkvertrag finden ausser den Vorschriften über den Dienstvertrag oder den Werkvertrag sämmtliche Vorschriften über den Auftrag Anwendung mit Ausnahme der Vorschriften über die Unentgeltlichkeit (§ 662), über die Uebertragbarkeit (§ 664) und über Widerruf und Kündigung (§ 671, bez. des § 671 Abs. 2 s. § 675).**

Rath, Empfehlung.

§ 676. Wer einem Anderen einen Rath oder eine Empfehlung ertheilt, ist, unbeschadet der sich aus einem Vertragsverhältniß oder einer unerlaubten Handlung ergebenden Verantwortlichkeit, zum Ersatze des aus der Befolgung des Rathes oder der Empfehlung entstehenden Schadens nicht verpflichtet.

Elfter Titel.

Geschäftsführung ohne Auftrag.

Begriff — Pflichten des Geschäftsführers.

§ 677. Wer ein Geschäft für einen Anderen besorgt, ohne von ihm beauftragt oder ihm gegenüber sonst dazu berechtigt zu sein, hat das Geschäft so zu führen, wie das Interesse des Geschäftsherrn mit Rücksicht auf dessen wirklichen oder muthmaßlichen Willen es erfordert.

Handeln gegen den Willen des Geschäftsherrn.

§ 678. Steht die Uebernahme der Geschäftsführung mit dem wirklichen oder dem muthmaßlichen Willen des Geschäftsherrn in Widerspruch und mußte der Geschäftsführer dies erkennen, so ist er dem Geschäftsherrn zum Ersatze des aus der Geschäftsführung entstehenden Schadens auch dann verpflichtet, wenn ihm ein sonstiges Verschulden nicht zur Last fällt.

§ 679. Ein der Geschäftsführung entgegenstehender Wille des Geschäftsherrn kommt nicht in Betracht, wenn ohne die Geschäftsführung eine Pflicht des Geschäftsherrn, deren Erfüllung im öffentlichen Interesse liegt, oder eine gesetzliche Unterhaltspflicht des Geschäftsherrn nicht rechtzeitig erfüllt werden würde.

Abwendung drohender Gefahr.

§ 680. Bezweckt die Geschäftsführung die Abwendung einer dem Geschäftsherrn drohenden dringenden Gefahr, so hat der Geschäftsführer nur Vorsatz und grobe Fahrlässigkeit zu vertreten.

Pflicht zur Anzeige etc.

§ 681. Der Geschäftsführer hat die Uebernahme der Geschäftsführung, sobald es thunlich ist, dem Geschäftsherrn anzuzeigen und, wenn nicht mit dem Aufschube Gefahr verbunden ist, dessen Entschließung abzuwarten. Im Uebrigen finden auf die Verpflichtungen des Geschäftsführers die für einen Beauftragten geltenden Vorschriften der §§ 666 bis 668 entsprechende Anwendung.

§ 666*. Der Geschäftsführer ist verpflichtet, dem Geschäftsherrn die erforderlichen Nachrichten zu geben, auf Verlangen über den Stand des Geschäfts Auskunft zu ertheilen und nach der Ausführung des Geschäfts Rechenschaft abzulegen.

§ 667*. Der Geschäftsführer ist verpflichtet, dem Geschäftsherrn Alles, was er zur Ausführung des Geschäfts erhält und was er aus der Geschäftsbesorgung erlangt, herauszugeben.

§ 668*. Verwendet der Geschäftsführer Geld für sich, das er dem Geschäftsherrn herauszugeben oder für ihn zu verwenden hat, so ist er verpflichtet, es von der Zeit der Verwendung an zu verzinsen.

Mangel der Geschäftsfähigkeit des Geschäftsführers.

§ 682. Ist der Geschäftsführer geschäftsunfähig oder in der Geschäftsfähigkeit beschränkt, so ist er nur nach den Vorschriften über den Schadensersatz wegen unerlaubter Handlungen und über die Herausgabe einer ungerechtfertigten Bereicherung verantwortlich.

Ansprüche des Geschäftsführers, *1. auf Ersatz der Aufwendungen.*

§ 683. Entspricht die Uebernahme der Geschäftsführung dem Interesse und dem wirklichen oder dem muthmaßlichen Willen des Geschäftsherrn, so kann der Geschäftsführer wie ein Beauftragter Ersatz seiner Aufwendungen verlangen. In den Fällen des § 679 steht dieser Anspruch dem Geschäftsführer zu, auch wenn die Uebernahme der Geschäftsführung mit dem Willen des Geschäftsherrn in Widerspruch steht.

2. auf Herausgabe der Bereicherung.

§ 684. Liegen die Voraussetzungen des § 683 nicht vor, so ist der Geschäftsherr verpflichtet, dem Geschäftsführer Alles, was er durch die Geschäftsführung erlangt, nach den Vorschriften über die Herausgabe einer ungerechtfertigten Bereicherung herauszugeben. Genehmigt der Geschäftsherr die Geschäftsführung, so steht dem Geschäftsführer der im § 683 bestimmte Anspruch zu.

— Schenkungsabsicht.

§ 685. Dem Geschäftsführer steht ein Anspruch nicht zu, wenn er nicht die Absicht hatte, von dem Geschäftsherrn Ersatz zu verlangen.

Gewähren Eltern oder Voreltern ihren Abkömmlingen oder diese jenen Unterhalt, so ist im Zweifel anzunehmen, daß die Absicht fehlt, von dem Empfänger Ersatz zu verlangen.

Irrthum über die Person des Geschäftsherrn.

§ 686. Ist der Geschäftsführer über die Person des Geschäftsherrn im Irrthume, so wird der wirkliche Geschäftsherr aus der Geschäftsführung berechtigt und verpflichtet.

Besorgung fremder Geschäfte als eigene.

§ 687. Die Vorschriften der §§ 677 bis 686 finden keine Anwendung, wenn Jemand ein fremdes Geschäft in der Meinung besorgt, daß es sein eigenes sei.

Behandelt Jemand ein fremdes Geschäft als sein eigenes, obwohl er weiß, daß er nicht dazu berechtigt ist, so kann der Geschäftsherr die sich aus den §§ 677, 678, 681, 682 ergebenden Ansprüche geltend machen. Macht er sie geltend, so ist er dem Geschäftsführer nach § 684 Satz 1 verpflichtet.

§ 677*. Der Geschäftsführer hat das Geschäft so zu führen, wie das Interesse des Geschäftsherrn mit Rücksicht auf dessen wirklichen oder muthmasslichen Willen es erfordert.

§ 678. Steht die Uebernahme der Geschäftsführung mit dem wirklichen oder dem muthmasslichen Willen des Geschäftsherrn in Widerspruch und musste der Geschäftsführer dies erkennen, so ist er dem Geschäftsherrn zum Ersatze des aus der Geschäftsführung entstehenden Schadens auch dann verpflichtet, wenn ihm ein sonstiges Verschulden nicht zur Last fällt.

§ 681. Der Geschäftsführer hat die Uebernahme der Geschäftsführung, sobald es thunlich ist, dem Geschäftsherrn anzuzeigen und, wenn nicht mit dem Aufschube Gefahr verbunden ist, dessen Entschliessung abzuwarten. Im Uebrigen finden auf die Verpflichtungen des Geschäftsführers die für einen Beauftragten geltenden Vorschriften der §§ 666 bis 668 *(über die Verpflichtung zur Nachrichtenertheilung, Rechnungslegung, Herausgabe des Erhaltenen und zur Verzinsung der für sich verwendeten Gelder)* entsprechende Anwendung.

§ 682. Ist der Geschäftsführer geschäftsunfähig oder in der Geschäftsfähigkeit beschränkt, so ist er nur nach den Vorschriften über den Schadensersatz wegen unerlaubter Handlungen und über die Herausgabe einer ungerechtfertigten Bereicherung verantwortlich.

§ 684 Satz 1*. Der Geschäftsherr ist verpflichtet, dem Geschäftsführer Alles, was er durch die Geschäftsführung erlangt, nach den Vorschriften über die Herausgabe einer ungerechtfertigten Bereicherung herauszugeben.

Zwölfter Titel.

Verwahrung.

Inhalt des Verwahrungsvertrags.

§ 688. Durch den Verwahrungsvertrag wird der Verwahrer verpflichtet, eine ihm von dem Hinterleger übergebene bewegliche Sache aufzubewahren.

Vergütung.

§ 689. Eine Vergütung für die Aufbewahrung gilt als stillschweigend vereinbart, wenn die Aufbewahrung den Umständen nach nur gegen eine Vergütung zu erwarten ist.

Sorgfalt.

§ 690. Wird die Aufbewahrung unentgeltlich übernommen, so hat der Verwahrer nur für diejenige Sorgfalt einzustehen, welche er in eigenen Angelegenheiten anzuwenden pflegt.

Hinterlegung bei einem Dritten.

§ 691. Der Verwahrer ist im Zweifel nicht berechtigt, die hinterlegte Sache bei einem Dritten zu hinterlegen. Ist die Hinterlegung bei einem Dritten gestattet, so hat der Verwahrer nur ein ihm bei dieser Hinterlegung zur Last fallendes Verschulden zu vertreten. Für das Verschulden eines Gehülfen ist er nach § 278 verantwortlich.

§ 278*. Er haftet wie für eigenes Verschulden. Die Vorschrift des § 276 Abs. 2 *(die Haftung wegen Vorsatzes kann dem Schuldner nicht im voraus erlassen werden)* findet keine Anwendung.

Aenderung der Aufbewahrungsart.

§ 692. Der Verwahrer ist berechtigt, die vereinbarte Art der Aufbewahrung zu ändern, wenn er den Umständen nach annehmen darf, daß der Hinterleger bei Kenntniß der Sachlage die Aenderung billigen würde. Der Verwahrer hat vor der Aenderung dem Hinterleger Anzeige zu machen und dessen Entschließung abzuwarten, wenn nicht mit dem Aufschube Gefahr verbunden ist.

Aufwendungen.

§ 693. Macht der Verwahrer zum Zwecke der Aufbewahrung Aufwendungen, die er den Umständen nach für erforderlich halten darf, so ist der Hinterleger zum Ersatze verpflichtet.

Haftung des Hinterlegers.

§ 694. Der Hinterleger hat den durch die Beschaffenheit der hinterlegten Sache dem Verwahrer entstehenden Schaden zu ersetzen, es sei denn, daß er die gefahrdrohende Beschaffenheit der Sache bei der Hinterlegung weder kennt noch kennen muß oder daß er sie dem Verwahrer angezeigt oder dieser sie ohne Anzeige gekannt hat.

Rückforderung.

§ 695. Der Hinterleger kann die hinterlegte Sache jederzeit zurückfordern, auch wenn für die Aufbewahrung eine Zeit bestimmt ist.

Anspruch auf Rücknahme.

§ 696. Der Verwahrer kann, wenn eine Zeit für die Aufbewahrung nicht bestimmt ist, jederzeit die Rücknahme der hinterlegten Sache verlangen. Ist eine Zeit bestimmt, so kann er die vorzeitige Rücknahme nur verlangen, wenn ein wichtiger Grund vorliegt.

Ort der Rückgabe.

§ 697. Die Rückgabe der hinterlegten Sache hat an dem Orte zu erfolgen, an welchem die Sache aufzubewahren war; der Verwahrer ist nicht verpflichtet, die Sache dem Hinterleger zu bringen.

Verzinsung für sich verwendeten Geldes.

§ 698. Verwendet der Verwahrer hinterlegtes Geld für sich, so ist er verpflichtet, es von der Zeit der Verwendung an zu verzinsen.

Fälligkeit der Vergütung.

§ 699. Der Hinterleger hat die vereinbarte Vergütung bei der Beendigung der Aufbewahrung zu entrichten. Ist die Vergütung nach Zeitabschnitten bemessen, so ist sie nach dem Ablaufe der einzelnen Zeitabschnitte zu entrichten.

Endigt die Aufbewahrung vor dem Ablaufe der für sie bestimmten Zeit, so kann der Verwahrer einen seinen bisherigen Leistungen entsprechenden Theil der Vergütung verlangen, sofern nicht aus der Vereinbarung über die Vergütung sich ein Anderes ergiebt.

Depositum irregulare.

§ 700. Werden vertretbare Sachen in der Art hinterlegt, daß das Eigenthum auf den Verwahrer übergehen und dieser verpflichtet sein soll, Sachen von gleicher Art, Güte und Menge zurückzugewähren, so finden die Vorschriften über das Darlehen Anwendung. Gestattet der Hinterleger dem Verwahrer, hinterlegte vertretbare Sachen zu verbrauchen, so finden die Vorschriften über das Darlehen von dem Zeitpunkt an Anwendung, in welchem der Verwahrer sich die Sachen aneignet. In beiden Fällen bestimmen sich jedoch Zeit und Ort der Rückgabe im Zweifel nach den Vorschriften über den Verwahrungsvertrag.

Bei der Hinterlegung von Werthpapieren ist eine Vereinbarung der im Abs. 1 bezeichneten Art nur gültig, wenn sie ausdrücklich getroffen wird.

Dreizehnter Titel.

Einbringung von Sachen bei Gastwirthen.

Haftung des Gastwirthes, *1. im Allgemeinen.*

§ 701. Ein Gastwirth, der gewerbsmäßig Fremde zur Beherbergung aufnimmt, hat einem im Betriebe dieses Gewerbes aufgenommenen Gaste den Schaden zu ersetzen, den der Gast durch den Verlust oder die Beschädigung eingebrachter Sachen erleidet. Die Ersatzpflicht tritt nicht ein, wenn der Schaden von dem Gaste, einem Begleiter des Gastes oder einer Person, die er bei sich aufgenommen hat, verursacht wird oder durch die Beschaffenheit der Sachen oder durch höhere Gewalt entsteht.

Als eingebracht gelten die Sachen, welche der Gast dem Gastwirth oder Leuten des Gastwirths, die zur Entgegennahme der Sachen bestellt oder nach den Umständen als dazu bestellt anzusehen waren, übergeben oder an einen ihm von diesen angewiesenen Ort oder in Ermangelung einer Anweisung an den hierzu bestimmten Ort gebracht hat.

Ein Anschlag, durch den der Gastwirth die Haftung ablehnt, ist ohne Wirkung.

2. für Geld, Werthpapiere und Kostbarkeiten.

§ 702. Für Geld, Werthpapiere und Kostbarkeiten haftet der Gastwirth nach § 701 nur bis zu dem Betrage von eintausend Mark, es sei denn, daß er diese Gegenstände in Kenntniß ihrer Eigenschaft als Werthsachen zur Aufbewahrung übernimmt oder die Aufbewahrung ablehnt oder daß der Schaden von ihm oder von seinen Leuten verschuldet wird.

Erlöschen der Haftung.

§ 703. Der dem Gaste auf Grund der §§ 701, 702 zustehende Anspruch erlischt, wenn nicht der Gast unverzüglich, nachdem er von dem Verlust oder der Beschädigung Kenntniß erlangt hat, dem Gastwirth Anzeige macht. Der Anspruch erlischt nicht, wenn die Sachen dem Gastwirthe zur Aufbewahrung übergeben waren.

Pfandrecht des Gastwirthes.

§ 704. Der Gastwirth hat für seine Forderungen für Wohnung und andere dem Gaste zur Befriedigung seiner Bedürfnisse gewährte Leistungen, mit Einschluß der Auslagen, ein Pfandrecht an den eingebrachten Sachen des Gastes. Die für das Pfandrecht des Vermiethers geltenden Vorschriften des § 559 Satz 3 und der §§ 560 bis 563 finden entsprechende Anwendung.

— Nicht pfändbare Sachen.

§ 559 Satz 3*. Das Pfandrecht des Gastwirthes erstreckt sich nicht auf die der Pfändung nicht unterworfenen Sachen.

— Entfernung der Sachen.

§ 560*. Das Pfandrecht des Gastwirthes erlischt mit der Entfernung der Sachen von dem Grundstück, es sei denn, dass die Entfernung ohne Wissen oder unter Widerspruch des Gastwirthes erfolgte. Der Gastwirth kann der Entfernung nicht widersprechen, wenn sie in dem regelmässigen Betriebe des Geschäfts des Gastes oder den gewöhnlichen Lebensverhältnissen entprechend erfolgt oder wenn die zurückbleibenden Sachen zur Sicherung des Gastwirthes offenbar ausreichen.

— Inhalt des Pfandrechts.

§ 561*. Der Gastwirth darf die Entfernung der seinem Pfandrecht unterliegenden Sachen, soweit er ihr zu widersprechen berechtigt ist, auch ohne Anrufen des Gerichts verhindern und, wenn der Gast auszieht, die Sachen in seinen Besitz nehmen.

Sind die Sachen ohne Wissen oder unter Widerspruch des Gastwirths entfernt worden, so kann er die Herausgabe zum Zwecke der Zurückschaffung in das Grundstück und, wenn der Gast ausgezogen ist, die Ueberlassung des Besitzes verlangen. Das Pfandrecht erlischt mit dem Ablauf eines Monats, nachdem der Gastwirth von der Entfernung der Sachen Kenntniss erlangt hat, wenn nicht der Gastwirth diesen Anspruch vorher gerichtlich geltend gemacht hat.

— Sicherheitsleistung.

§ 562*. Der Gast kann die Geltendmachung des Pfandrechts des Gastwirths durch Sicherheitsleistung abwenden; er kann jede einzelne Sache dadurch von dem Pfandrechte befreien, dass er in Höhe ihres Werthes Sicherheit leistet.

— Verhältniss zu Pfandrechten Dritter.

§ 563*. Wird eine dem Pfandrechte des Gastwirths unterliegende Sache für einen anderen Gläubiger gepfändet, so kann diesem gegenüber das Pfandrecht nicht wegen der bezeichneten Forderungen des Gastwirths für eine frühere Zeit als das lezte Jahr vor der Pfändung geltend gemacht werden.

Vierzehnter Titel.

Gesellschaft.

Inhalt des Gesellschaftsvertrags.

§ 705. Durch den Gesellschaftsvertrag verpflichten sich die Gesellschafter gegenseitig, die Erreichung eines gemeinsamen Zweckes in der durch den Vertrag bestimmten Weise zu fördern, insbesondere die vereinbarten Beiträge zu leisten.

Beiträge.

§ 706. Die Gesellschafter haben in Ermangelung einer anderen Vereinbarung gleiche Beiträge zu leisten.

Sind vertretbare oder verbrauchbare Sachen beizutragen, so ist im Zweifel anzunehmen, daß sie gemeinschaftliches Eigenthum der Gesellschafter werden sollen. Das Gleiche gilt von nicht vertretbaren und nicht verbrauchbaren Sachen, wenn sie nach einer Schätzung beizutragen sind, die nicht blos für die Gewinnvertheilung bestimmt ist.

Der Beitrag eines Gesellschafters kann auch in der Leistung von Diensten bestehen.

— Keine Erhöhung des Beitrags.

§ 707. Zur Erhöhung des vereinbarten Beitrags oder zur Ergänzung der durch Verlust verminderten Einlage ist ein Gesellschafter nicht verpflichtet.

Sorgfalt.

§ 708. Ein Gesellschafter hat bei der Erfüllung der ihm obliegenden Verpflichtungen nur für diejenige Sorgfalt einzustehen, welche er in eigenen Angelegenheiten anzuwenden pflegt.

Geschäftsführung.

§ 709. Die Führung der Geschäfte der Gesellschaft steht den Gesellschaftern gemeinschaftlich zu; für jedes Geschäft ist die Zustimmung aller Gesellschafter erforderlich.

Hat nach dem Gesellschaftsvertrage die Mehrheit der Stimmen zu entscheiden, so ist die Mehrheit im Zweifel nach der Zahl der Gesellschafter zu berechnen.

— Geschäftsführende Gesellschafter.

§ 710. Ist in dem Gellschaftsvertrage die Führung der Geschäfte einem Gesellschafter oder mehreren Gesellschaftern übertragen, so sind die übrigen Gesellschafter von der Geschäftsführung ausgeschlossen. Ist die Geschäftsführung mehreren Gesellschaftern übertragen, so finden die Vorschriften des § 709 entsprechende Anwendung.

— Widerspruch eines geschäftsführenden Gesellschafters.

§ 711. Steht nach dem Gesellschaftsvertrage die Führung der Geschäfte allen oder mehreren Gesellschaftern in der Art zu, daß jeder allein zu handeln berechtigt ist, so kann jeder der Vornahme eines Geschäfts durch den anderen widersprechen. Im Falle des Widerspruchs muß das Geschäft unterbleiben.

Entziehung der Geschäftsführung.

§ 712. Die einem Gesellschafter durch den Gesellschaftsvertrag übertragene Befugniß zur Geschäftsführung kann ihm durch einstimmigen Beschluß oder, falls nach dem Gesellschaftsvertrage die Mehrheit der Stimmen entscheidet, durch Mehrheitsbeschluß der übrigen Gesellschafter entzogen werden, wenn ein wichtiger Grund vorliegt; ein solcher Grund ist insbesondere grobe Pflichtverletzung oder Unfähigkeit zur ordnungsmäßigen Geschäftsführung.

Der Gesellschafter kann auch seinerseits die Geschäftsführung kündigen, wenn ein wichtiger Grund vorliegt; die für den Auftrag geltenden Vorschriften des § 671 Abs. 2, 3 finden entsprechende Anwendung.

§ 671 Abs. 2*, 3*. Der Gesellschafter darf nur in der Art kündigen, dass die Gesellschaft für die Besorgung des Geschäfts anderweit Fürsorge treffen kann, es sei denn, dass ein wichtiger Grund für die unzeitige Kündigung vorliegt. Kündigt er ohne solchen Grund zur Unzeit, so hat er der Gesellschaft den daraus entstehenden Schaden zu ersetzen.

Liegt ein wichtiger Grund vor, so ist der Gesellschafter zur Kündigung auch dann berechtigt, wenn er auf das Kündigungsrecht verzichtet hat.

Rechte u. Verpflichtungen der geschäftsführenden Gesellschafter.

§ 713. Die Rechte und Verpflichtungen der geschäftsführenden Gesellschafter bestimmen sich nach den für den Auftrag geltenden Vorschriften der §§ 664 bis 670, soweit sich nicht aus dem Gesellschaftsverhältniß ein Anderes ergiebt.

— Uebertragbarkeit.

§ 664* Der geschäftsführende Gesellschafter darf im Zweifel die Ausführung der Geschäfte nicht einem Dritten übertragen. Ist die Uebertragung gestattet, so hat er nur ein ihm bei der Uebertragung zur Last fallendes Verschulden zu vertreten. Für das Verschulden eines Gehülfen ist er nach § 278 verantwortlich.

§ 278. Er haftet wie für eigenes Verschulden. Die Vorschrift des § 276 Absatz 2 (die Haftung wegen Vorsatzes kann dem Schuldner nicht im voraus erlassen werden) findet keine Anwendung.*

— Abweichung von den ertheilten Weisungen.

665*. Der geschäftsführende Gesellschafter ist berechtigt, von den ihm bei der Uebertragung der Geschäfte ertheilten Weisungen abzuweichen, wenn er den Umständen nach annehmen darf, dass die übrigen Gesellschafter bei Kenntniss der Sachlage die Abweichung billigen würden. Der geschäftsführende Gesellschafter hat vor der Abweichung den übrigen Gesellschaftern Anzeige zu machen und deren Entschliessung abzuwarten, wenn nicht mit dem Aufschube Gefahr verbunden ist.

— Auskunftsertheilung — Rechenschaftsablegung.

§ 666*. Der geschäftsführende Gesellschafter ist verpflichtet, der Gesellschaft die erforderlichen Nachrichten zu geben, auf Verlangen über den Stand der Geschäfte Auskunft zu ertheilen und nach der Ausführung der Geschäfte Rechenschaft abzulegen.

— Herausgabe des Erhaltenen.

§ 667*. Der geschäftsführende Gesellschafter ist verpflichtet, der Gesellschaft Alles, was er zur Führung der Geschäfte erhält und was er aus der Geschäftsbesorgung erlangt, herauszugeben.

— Verzinsung für sich verwendeten Geldes.

§ 668*. Verwendet der geschäftsführende Gesellschafter Geld für sich, das er der Gesellschaft herauszugeben oder für sie zu verwenden hat, so ist er verpflichtet, es von der Zeit der Verwendung an zu verzinsen.

— Anspruch auf Vorschuss.

§ 669*. Für die zur Führung der Geschäfte erforderlichen Aufwendungen hat die Gesellschaft dem geschäftsführenden Gesellschafter auf Verlangen Vorschuss zu leisten.

— Ersatz von Aufwendungen.

§ 670*. Macht der geschäftsführende Gesellschafter zum Zwecke der Geschäftsführung Aufwendungen, die er den Umständen nach für erforderlich halten darf, so ist die Gesellschaft zum Ersatze verpflichtet.

Vertretungsmacht.

§ 714. Soweit einem Gesellschafter nach dem Gesellschaftsvertrage die Befugniß zur Geschäftsführung zusteht, ist er im Zweifel auch ermächtigt, die anderen Gesellschafter Dritten gegenüber zu vertreten.

— Entziehung.

§ 715. Ist im Gesellschaftsvertrag ein Gesellschafter ermächtigt, die anderen Gesellschafter Dritten gegenüber zu vertreten, so kann die Vertretungsmacht nur nach Maßgabe des § 712 Abs. 1 und, wenn sie in Verbindung mit der Befugniß zur Geschäftsführung ertheilt worden ist, nur mit dieser entzogen werden.

Informationsrecht nicht geschäftsführender Gesellschafter.

§ 716. Ein Gesellschafter kann, auch wenn er von der Geschäftsführung ausgeschlossen ist, sich von den Angelegenheiten der Gesellschaft persönlich unterrichten, die Geschäftsbücher und die Papiere der Gesellschaft einsehen und sich aus ihnen eine Uebersicht über den Stand des Gesellschaftsvermögens anfertigen.

Eine dieses Recht ausschließende oder beschränkende Vereinbarung steht der Geltendmachung des Rechtes nicht entgegen, wenn Grund zu der Annahme unredlicher Geschäftsführung besteht.

Unübertragbarkeit der Ansprüche aus dem Gesellschaftsverhältnisse.

§ 717. Die Ansprüche, die den Gesellschaftern aus dem Gesellschaftsverhältnisse gegen einander zustehen, sind nicht übertragbar. Ausgenommen sind die einem Gesellschafter aus seiner Geschäftsführung zustehenden Ansprüche, soweit deren Befriedigung vor der Auseinandersetzung verlangt werden kann, sowie die Ansprüche auf einen Gewinnantheil oder auf dasjenige, was dem Gesellschafter bei der Auseinandersetzung zukommt.

Gesellschaftsvermögen.

§ 718. Die Beiträge der Gesellschafter und die durch die Geschäftsführung für die Gesellschaft erworbenen Gegenstände werden gemeinschaftliches Vermögen der Gesellschafter (Gesellschaftsvermögen).

Zu dem Gesellschaftsvermögen gehört auch, was auf Grund eines zu dem Gesellschaftsvermögen gehörenden Rechtes oder als Ersatz für die Zerstörung, Beschädigung oder Entziehung eines zu dem Gesellschaftsvermögen gehörenden Gegenstandes erworben wird.

Rechtliche Natur des Antheiles eines Gesellschafters.

§ 719. Ein Gesellschafter kann nicht über seinen Antheil an dem Gesellschaftsvermögen und an den einzelnen dazu gehörenden Gegenständen verfügen; er ist nicht berechtigt, Theilung zu verlangen.

Gegen eine Forderung, die zum Gesellschaftsvermögen gehört, kann der Schuldner nicht eine ihm gegen einen einzelnen Gesellschafter zustehende Forderung aufrechnen.

Schutz des Schuldners.

§ 720. Die Zugehörigkeit einer nach § 718 Abs. 1 erworbenen Forderung zum Gesellschaftsvermögen hat der Schuldner erst dann gegen sich gelten zu lassen, wenn er von der Zugehörigkeit Kenntniß erlangt; die Vorschriften der §§ 406 bis 408 finden entsprechende Anwendung.

§ 406*. Gegen eine zu dem Gesellschaftsvermögen gehörende Forderung kann der Schuldner eine ihm gegen einen Gesellschafter zustehende Forderung aufrechnen, es sei denn, dass er bei dem Erwerbe der Forderung von der Zugehörigkeit der Forderung zum Gesellschaftsvermögen Kenntniss hatte oder dass die Forderung erst nach der Erlangung der Kenntniss und später als die zu dem Gesellschaftsvermögen gehörende Forderung fällig geworden ist.

§ 407*. Die Gesellschafter müssen eine Leistung, die der Schuldner einer zu dem Gesellschaftsvermögen gehörenden Forderung an einen Gesellschafter bewirkt, sowie jedes Rechtsgeschäft, das zwischen dem Schuldner und einem Gesellschafter in Ansehung der Forderung vorgenommen wird, gegen sich gelten lassen, es sei denn, dass der Schuldner die Zugehörigkeit der Forderung zu dem Gesellschaftsvermögen bei der Leistung oder der Vornahme des Rechtsgeschäfts kennt.

Ist in einem zwischen dem Schuldner einer zu dem Gesellschaftsvermögen gehörenden Forderung und einem Gesellschafter anhängig gewordenen Rechtsstreit ein rechtskräftiges Urtheil ergangen, so muss die Gesellschaft das Urtheil gegen sich gelten lassen, es sei denn, dass der Schuldner die Zugehörigkeit der Forderung zu dem Gesellschaftsvermögen bei dem Eintritte des Rechtshängigkeit gekannt hat.

§ 408*. Wird eine zu dem Gesellschaftsvermögen gehörende Forderung von einem Gesellschafter an einen Dritten abgetreten, so finden, wenn der Schuldner an den Dritten leistet oder wenn zwischen dem Schuldner und dem Dritten ein Rechtsgeschäft vorgenommen oder ein Rechtsstreit anhängig wird, zu Gunsten des Schuldners die Vorschriften des § 407 der Gesellschaft gegenüber entsprechende Anwendung

Das Gleiche gilt, wenn die zu dem Gesellschaftsvermögen gehörende Forderung durch gerichtlichen Beschluss einem Dritten überwiesen wird oder wenn der Gesellschafter dem Dritten gegenüber anerkennt, dass die zu dem Gesellschaftsvermögen gehörende Forderung kraft Gesetzes auf den Dritten übergegangen sei.

Rechnungsabschluss — Gewinnvertheilung.

§ 721. Ein Gesellschafter kann den Rechnungsabschluß und die Vertheilung des Gewinns und Verlustes erst nach der Auflösung der Gesellschaft verlangen.

Ist die Gesellschaft von längerer Dauer, so hat der Rechnungsabschluß und die Gewinnvertheilung im Zweifel am Schlusse jedes Geschäftsjahrs zu erfolgen.

Antheil am Gewinn und Verlust.

§ 722. Sind die Antheile der Gesellschafter am Gewinn und Verluste nicht bestimmt, so hat jeder Gesellschafter ohne Rücksicht auf die

Art und die Größe seines Beitrags einen gleichen Antheil am Gewinn und Verluste.

Ist nur der Antheil am Gewinn oder am Verluste bestimmt, so gilt die Bestimmung im Zweifel für Gewinn und Verlust.

Kündigung der Gesellschaft. *1. Durch einen Gesellschafter.*

§ 723. Ist die Gesellschaft nicht für eine bestimmte Zeit eingegangen, so kann jeder Gesellschafter sie jederzeit kündigen. Ist eine Zeitdauer bestimmt, so ist die Kündigung vor dem Ablaufe der Zeit zulässig, wenn ein wichtiger Grund vorliegt; ein solcher Grund ist insbesondere vorhanden, wenn ein anderer Gesellschafter eine ihm nach dem Gesellschaftsvertrag obliegende wesentliche Verpflichtung vorsätzlich oder aus grober Fahrlässigkeit verletzt oder wenn die Erfüllung einer solchen Verpflichtung unmöglich wird. Unter der gleichen Voraussetzung ist, wenn eine Kündigungsfrist bestimmt ist, die Kündigung ohne Einhaltung der Frist zulässig.

Die Kündigung darf nicht zur Unzeit geschehen, es sei denn, daß ein wichtiger Grund für die unzeitige Kündigung vorliegt. Kündigt ein Gesellschafter ohne solchen Grund zur Unzeit, so hat er den übrigen Gesellschaftern den daraus entstehenden Schaden zu ersetzen.

Eine Vereinbarung, durch welche das Kündigungsrecht ausgeschlossen oder diesen Vorschriften zuwider beschränkt wird, ist nichtig.

§ 724. Ist eine Gesellschaft für die Lebenszeit eines Gesellschafters eingegangen, so kann sie in gleicher Weise gekündigt werden wie eine für unbestimmte Zeit eingegangene Gesellschaft. Dasselbe gilt, wenn eine Gesellschaft nach dem Ablaufe der bestimmten Zeit stillschweigend fortgesetzt wird.

2. Durch den Gläubiger eines Gesellschafters.

§ 725. Hat ein Gläubiger eines Gesellschafters die Pfändung des Antheils des Gesellschafters an dem Gesellschaftsvermögen erwirkt, so kann er die Gesellschaft ohne Einhaltung einer Kündigungsfrist kündigen, sofern der Schuldtitel nicht blos vorläufig vollstreckbar ist.

Solange die Gesellschaft besteht, kann der Gläubiger die sich aus dem Gesellschaftsverhältniß ergebenden Rechte des Gesellschafters, mit Ausnahme des Anspruchs auf einen Gewinnantheil, nicht geltend machen.

Erreichung oder Unmöglichwerden des Zweckes.

§ 726. Die Gesellschaft endigt, wenn der vereinbarte Zweck erreicht oder dessen Erreichung unmöglich geworden ist.

Tod eines Gesellschafters.

§ 727. Die Gesellschaft wird durch den Tod eines der Gesellschafter aufgelöst, sofern nicht aus dem Gesellschaftsvertrage sich ein Anderes ergiebt.

Im Falle der Auflösung hat der Erbe des verstorbenen Gesellschafters den übrigen Gesellschaftern den Tod unverzüglich anzuzeigen und, wenn mit dem Aufschube Gefahr verbunden ist, die seinem Erblasser durch den Gesellschaftsvertrag übertragenen Geschäfte fortzuführen, bis die übrigen Gesellschafter in Gemeinschaft mit ihm anderweit Fürsorge treffen können.

Die übrigen Gesellschafter sind in gleicher Weise zur einstweiligen Fortführung der ihnen übertragenen Geschäfte verpflichtet. Die Gesellschaft gilt insoweit als fortbestehend.

Konkurs eines Gesellschafters.

§ 728. Die Gesellschaft wird durch die Eröffnung des Konkurses über das Vermögen eines Gesellschafters aufgelöst. Die Vorschriften des § 727 Abs. 2 Satz 2, 3 finden Anwendung.

§ 729. Wird die Gesellschaft in anderer Weise als durch Kündigung aufgelöst, so gilt die einem Gesellschafter durch den Gesellschaftsvertrag übertragene Befugniß zur Geschäftsführung zu seinen Gunsten gleichwohl als fortbestehend, bis er von der Auflösung Kenntniß erlangt oder die Auflösung kennen muß.

Auseinandersetzung.

§ 730. Nach der Auflösung der Gesellschaft findet in Ansehung des Gesellschaftsvermögens die Auseinandersetzung unter den Gesellschaftern statt.

Für die Beendigung der schwebenden Geschäfte, für die dazu erforderliche Eingehung neuer Geschäfte sowie für die Erhaltung und Verwaltung des Gesellschaftsvermögens gilt die Gesellschaft als fortbestehend, soweit der Zweck der Auseinandersetzung es erfordert. Die einem Gesellschafter nach dem Gesellschaftsvertrage zustehende Befugniß zur Geschäftsführung erlischt jedoch, wenn nicht aus dem Vertrage sich ein Anderes ergiebt, mit der Auflösung der Gesellschaft; die Geschäftsführung steht von der Auflösung an allen Gesellschaftern gemeinschaftlich zu.

Art der Auseinandersetzung.

§ 731. Die Auseinandersetzung erfolgt in Ermangelung einer anderen Vereinbarung in Gemäßheit der §§ 732 bis 735. Im Uebrigen gelten für die Theilung die Vorschriften über die Gemeinschaft.

— Zur Benutzung überlassene Gegenstände.

§ 732. Gegenstände, die ein Gesellschafter der Gesellschaft zur Benutzung überlassen hat, sind ihm zurückzugeben. Für einen durch Zufall in Abgang gekommenen oder verschlechterten Gegenstand kann er nicht Ersatz verlangen.

— Berichtigung der Schulden — Erstattung der Einlagen.

§ 733. Aus dem Gesellschaftsvermögen sind zunächst die gemeinschaftlichen Schulden mit Einschluß derjenigen zu berichtigen, welche den Gläubigern gegenüber unter den Gesellschaftern getheilt sind oder für welche einem Gesellschafter die übrigen Gesellschafter als Schuldner haften. Ist eine Schuld noch nicht fällig oder ist sie streitig, so ist das zur Berichtigung Erforderliche zurückzubehalten.

Aus dem nach der Berichtigung der Schulden übrig bleibenden Gesellschaftsvermögen sind die Einlagen zurückzuerstatten. Für Einlagen, die nicht in Geld bestanden haben, ist der Werth zu ersetzen, den sie zur Zeit der Einbringung gehabt haben. Für Einlagen, die in der Leistung von Diensten oder in der Ueberlassung der Benutzung eines Gegenstandes bestanden haben, kann nicht Ersatz verlangt werden.

Zur Berichtigung der Schulden und zur Rückerstattung der Einlagen ist das Gesellschaftsvermögen, soweit erforderlich, in Geld umzusetzen.

— Vertheilung des Ueberschusses.

§ 734. Verbleibt nach der Berichtigung der gemeinschaftlichen Schulden und der Rückerstattung der Einlagen ein Ueberschuß, so gebührt er den Gesellschaftern nach dem Verhältniß ihrer Antheile am Gewinne.

— Vertheilung des Verlustes.

§ 735. Reicht das Gesellschaftsvermögen zur Berichtigung der gemeinschaftlichen Schulden und zur Rückerstattung der Einlagen nicht aus, so haben die Gesellschafter für den Fehlbetrag nach dem Verhältniß aufzukommen, nach welchem sie den Verlust zu tragen haben. Kann von einem Gesellschafter der auf ihn entfallende Beitrag nicht erlangt werden, so haben die übrigen Gesellschafter den Ausfall nach dem gleichen Verhältnisse zu tragen.

Ausscheiden eines Gesellschafters.

§ 736. Ist im Gesellschaftsvertrage bestimmt, daß, wenn ein Gesellschafter kündigt oder stirbt oder wenn der Konkurs über sein Vermögen eröffnet wird, die Gesellschaft unter den übrigen Gesellschaftern fortbestehen soll, so scheidet bei dem Eintritt eines solchen Ereignisses der Gesellschafter, in dessen Person es eintritt, aus der Gesellschaft aus.

Ausschluss eines Gesellschafters.

§ 737. Ist im Gesellschaftsvertrage bestimmt, daß, wenn ein Gesellschafter kündigt, die Gesellschaft unter den übrigen Gesellschaftern fortbestehen soll, so kann ein Gesellschafter, in dessen Person ein die übrigen Gesellschafter nach § 723 Abs. 1 Satz 2 zur Kündigung berechtigender Umstand eintritt, aus der Gesellschaft ausgeschlossen werden. Das Ausschließungsrecht steht den übrigen Gesellschaftern gemeinschaftlich zu. Die Ausschließung erfolgt durch Erklärung gegenüber dem auszuschließenden Gesellschafter.

§ 723 Abs. 1 Satz 2* u. 3. Ist die Gesellschaft für eine bestimmte Zeit eingegangen, so ist die Kündignng vor dem Ablaufe der Zeit zulässig, wenn ein wichtiger Grund vorliegt; ein solcher Grund ist insbesondere vorhanden, wenn ein anderer Gesellschafter eine ihm nach dem Gesellschaftsvertrag obliegende wesentliche Verpflichtung vorsätzlich oder aus grober Fahrlässigkeit verletzt oder wenn die Erfüllung einer solchen Verpflichtung unmöglich wird. Unter der gleichen Voraussetzung ist, wenn eine Kündigungsfrist bestimmt ist, die Kündigung ohne Einhaltung der Frist zulässig

— Folgen des Ausscheidens eines Gesellschafters

§ 738. Scheidet ein Gesellschafter aus der Gesellschaft aus, so wächst sein Antheil am Gesellschaftsvermögen den übrigen Gesellschaftern zu. Diese sind verpflichtet, dem Ausscheidenden die Gegenstände, die er der Gesellschaft zur Benutzung überlassen hat, nach Maßgabe des § 732 zurückzugeben, ihn von den gemeinschaftlichen Schulden zu befreien und ihm dasjenige zu zahlen, was er bei der Auseinandersetzung erhalten würde, wenn die Gesellschaft zur Zeit seines Ausscheidens aufgelöst worden wäre. Sind gemeinschaftliche Schulden noch nicht fällig, so können die übrigen Gesellschafter dem Ausscheidenden, statt ihn zu befreien, Sicherheit leisten.

Der Werth des Gesellschaftsvermögens ist, soweit erforderlich, im Wege der Schätzung zu ermitteln.

§ 739. Reicht der Werth des Gesellschaftsvermögens zur Deckung der gemeinschaftlichen Schulden und der Einlagen nicht aus, so hat der Ausscheidende den übrigen Gesellschaftern für den Fehlbetrag nach dem Verhältnisse seines Antheils am Verlust aufzukommen.

§ 740. Der Ausgeschiedene nimmt an dem Gewinn und dem Verluste Theil, welcher sich aus den zur Zeit seines Ausscheidens schwebenden Geschäften ergiebt. Die übrigen Gesellschafter sind berechtigt, diese Geschäfte so zu beendigen, wie es ihnen am vortheilhaftesten erscheint.

Der Ausgeschiedene kann am Schlusse jedes Geschäftsjahrs Rechenschaft über die inzwischen beendigten Geschäfte, Auszahlung des ihm gebührenden Betrags und Auskunft über den Stand der noch schwebenden Geschäfte verlangen.

Fünfzehnter Titel.

Gemeinschaft.

Gemeinschaft nach Bruchtheilen.

§ 741. Steht ein Recht Mehreren gemeinschaftlich zu, so finden, sofern sich nicht aus dem Gesetz ein Anderes ergiebt, die Vorschriften der §§ 742 bis 758 Anwendung (Gemeinschaft nach Bruchtheilen).

Gleichheit der Antheile.

§ 742. Im Zweifel ist anzunehmen, daß den Theilhabern gleiche Antheile zustehen.

— Früchte — Gebrauchsrecht.

§ 743. Jedem Theilhaber gebührt ein seinem Antheil entsprechender Bruchtheil der Früchte.

Jeder Theilhaber ist zum Gebrauche des gemeinschaftlichen Gegenstandes insoweit befugt, als nicht der Mitgebrauch der übrigen Theilhaber beeinträchtigt wird.

Verwaltung.

§ 744. Die Verwaltung des gemeinschaftlichen Gegenstandes steht den Theilhabern gemeinschaftlich zu.

Jeder Theilhaber ist berechtigt, die zur Erhaltung des Gegenstandes nothwendigen Maßregeln ohne Zustimmung der anderen Theilhaber zu treffen; er kann verlangen, daß diese ihre Einwilligung zu einer solchen Maßregel im voraus ertheilen.

— Regelung durch Mehrheitsbeschluss.

§ 745. Durch Stimmenmehrheit kann eine der Beschaffenheit des gemeinschaftlichen Gegenstandes entsprechende ordnungsmäßige Verwaltung und Benutzung beschlossen werden. Die Stimmenmehrheit ist nach der Größe der Antheile zu berechnen.

Jeder Theilhaber kann, sofern nicht die Verwaltung und Benutzung durch Vereinbarung oder durch Mehrheitsbeschluß geregelt ist, eine dem Interesse aller Theilhaber nach billigem Ermessen entsprechende Verwaltung und Benutzung verlangen.

Eine wesentliche Veränderung des Gegenstandes kann nicht beschlossen oder verlangt werden. Das Recht des einzelnen Theilhabers auf einen seinem Antheil entsprechenden Bruchtheil der Nutzungen kann nicht ohne seine Zustimmung beeinträchtigt werden.

§ 746. Haben die Theilhaber die Verwaltung und Benutzung des gemeinschaftlichen Gegenstandes geregelt, so wirkt die getroffene Bestimmung auch für und gegen die Sondernachfolger.

Verfügung über den Antheil und den Gegenstand.

§ 747. Jeder Theilhaber kann über seinen Antheil verfügen. Ueber den gemeinschaftlichen Gegenstand im Ganzen können die Theilhaber nur gemeinschaftlich verfügen.

Lasten und Kosten.

§ 748. Jeder Theilhaber ist den anderen Theilhabern gegenüber verpflichtet, die Lasten des gemeinschaftlichen Gegenstandes sowie die Kosten der Erhaltung, der Verwaltung und einer gemeinschaftlichen Benutzung nach dem Verhältnisse seines Antheils zu tragen.

Aufhebung der Gemeinschaft.

§ 749. Jeder Theilhaber kann jederzeit die Aufhebung der Gemeinschaft verlangen.

Wird das Recht, die Aufhebung zu verlangen, durch Vereinbarung für immer oder auf Zeit ausgeschlossen, so kann die Aufhebung gleichwohl verlangt werden, wenn ein wichtiger Grund vorliegt. Unter der gleichen Voraussetzung kann, wenn eine Kündigungsfrist bestimmt wird, die Aufhebung ohne Einhaltung der Frist verlangt werden.

Eine Vereinbarung, durch welche das Recht, die Aufhebung zu verlangen, diesen Vorschriften zuwider ausgeschlossen oder beschränkt wird, ist nichtig.

— Ausschluss der Aufhebung auf Zeit.

§ 750. Haben die Theilhaber das Recht, die Aufhebung der Gemeinschaft zu verlangen, auf Zeit ausgeschlossen, so tritt die Vereinbarung im Zweifel mit dem Tode eines Theilhabers außer Kraft.

§ 751. Haben die Theilhaber das Recht, die Aufhebung der Gemeinschaft zu verlangen, für immer oder auf Zeit ausgeschlossen oder eine Kündigungsfrist bestimmt, so wirkt die Vereinbarung auch für und gegen die Sondernachfolger. Hat ein Gläubiger die Pfändung des Antheils eines Theilhabers erwirkt, so kann er ohne Rücksicht auf die Vereinbarung die Aufhebung der Gemeinschaft verlangen, sofern der Schuldtitel nicht blos vorläufig vollstreckbar ist.

Theilung in Natur.

§ 752. Die Aufhebung der Gemeinschaft erfolgt durch Theilung in Natur, wenn der gemeinschaftliche Gegenstand oder, falls mehrere Gegenstände gemeinschaftlich sind, diese sich ohne Verminderung des Werthes in gleichartige, den Antheilen der Theilhaber entsprechende Theile zerlegen lassen. Die Vertheilung gleicher Theile unter die Theilhaber geschieht durch das Loos.

Verkauf des gemeinschaftlichen Gegenstandes

§ 753. Ist die Theilung in Natur ausgeschlossen, so erfolgt die Aufhebung der Gemeinschaft durch Verkauf des gemeinschaftlichen Gegenstandes nach den Vorschriften über den Pfandverkauf, bei Grundstücken durch Zwangsversteigerung, und durch Theilung des Erlöses. Ist die Veräußerung an einen Dritten unstatthaft, so ist der Gegenstand unter den Theilhabern zu versteigern.

Hat der Versuch, den Gegenstand zu verkaufen, keinen Erfolg, so kann jeder Theilhaber die Wiederholung verlangen; er hat jedoch die Kosten zu tragen, wenn der wiederholte Versuch mißlingt.

§ 754. Der Verkauf einer gemeinschaftlichen Forderung ist nur zulässig, wenn sie noch nicht eingezogen werden kann. Ist die Einziehung möglich, so kann jeder Theilhaber gemeinschaftliche Einziehung verlangen.

Berichtigung der Schulden.

§ 755. Haften die Theilhaber als Gesammtschuldner für eine Verbindlichkeit, die sie in Gemäßheit des § 748 nach dem Verhältniß ihrer Antheile zu erfüllen haben oder die sie zum Zwecke der Erfüllung einer solchen Verbindlichkeit eingegangen sind, so kann jeder Theilhaber bei der Aufhebung der Gemeinschaft verlangen, daß die Schuld aus dem gemeinschaftlichen Gegenstande berichtigt wird.

Der Anspruch kann auch gegen die Sondernachfolger geltend gemacht werden.

Soweit zur Berichtigung der Schuld der Verkauf des gemeinschaftlichen Gegenstandes erforderlich ist, hat der Verkauf nach § 753 zu erfolgen.

§ 748*. Die Lasten des gemeinschaftlichen Gegenstandes, sowie die Kosten der Erhaltung, Verwaltung und einer gemeinschaftlichen Benutzung

§ 756. Hat ein Theilhaber gegen einen anderen Theilhaber eine Forderung, die sich auf die Gemeinschaft gründet, so kann er bei der Aufhebung der Gemeinschaft die Berichtigung seiner Forderung aus dem auf den Schuldner entfallenden Theile des gemeinschaftlichen Gegenstandes verlangen. Die Vorschriften des § 755 Abs. 2, 3 finden Anwendung.

Gewährleistung.

§ 757. Wird bei der Aufhebung der Gemeinschaft ein gemeinschaftlicher Gegenstand einem der Theilhaber zugetheilt, so hat wegen eines Mangels im Rechte oder wegen eines Mangels der Sache jeder der übrigen Theilhaber zu seinem Antheil in gleicher Weise wie ein Verkäufer Gewähr zu leisten.

Verjährung.

§ 758. Der Anspruch auf Aufhebung der Gemeinschaft unterliegt nicht der Verjährung.

Sechzehnter Titel.

Leibrente.

Dauer — Betrag.

§ 759. Wer zur Gewährung einer Leibrente verpflichtet ist, hat die Rente im Zweifel für die Lebensdauer des Gläubigers zu entrichten.

Der für die Rente bestimmte Betrag ist im Zweifel der Jahresbetrag der Rente.

Vorausentrichtung.

§ 760. Die Leibrente ist im voraus zu entrichten.

Eine Geldrente ist für drei Monate vorauszuzahlen; bei einer anderen Rente bestimmt sich der Zeitabschnitt, für den sie im voraus zu entrichten ist, nach der Beschaffenheit und dem Zwecke der Rente.

Hat der Gläubiger den Beginn des Zeitabschnitts erlebt, für den die Rente im voraus zu entrichten ist, so gebührt ihm der volle auf den Zeitabschnitt entfallende Betrag.

Form des Leibrentenvertrags.

§ 761. Zur Gültigkeit eines Vertrags, durch den eine Leibrente versprochen wird, ist, soweit nicht eine andere Form vorgeschrieben ist, schriftliche Ertheilung des Versprechens erforderlich.

Siebzehnter Titel.

Spiel. Wette.

Keine Verbindlichkeit.

§ 762. Durch Spiel oder durch Wette wird eine Verbindlichkeit nicht begründet. Das auf Grund des Spieles oder der Wette Geleistete kann nicht deshalb zurückgefordert werden, weil eine Verbindlichkeit nicht bestanden hat.

Diese Vorschriften gelten auch für eine Vereinbarung, durch die der verlierende Theil zum Zwecke der Erfüllung einer Spiel- oder einer Wettschuld dem gewinnenden Theile gegenüber eine Verbindlichkeit eingeht, insbesondere für ein Schuldanerkenntniß.

Lotterie- und Ausspielvertrag.

§ 763. Ein Lotterievertrag oder ein Ausspielvertrag ist verbindlich, wenn die Lotterie oder die Ausspielung staatlich genehmigt ist. Anderenfalls finden die Vorschriften des § 762 Anwendung.

Differenzgeschäft.

§ 764. Wird ein auf Lieferung von Waaren oder Werthpapieren lautender Vertrag in der Absicht geschlossen, daß der Unterschied zwischen dem vereinbarten Preise und dem Börsen- oder Marktpreise der Lieferungszeit von dem verlierenden Theile an den gewinnenden gezahlt werden soll, so ist der Vertrag als Spiel anzusehen. Dies gilt auch dann, wenn nur die Absicht des einen Theiles auf die Zahlung des Unterschieds gerichtet ist, der andere Theil aber diese Absicht kennt oder kennen muß.

Achtzehnter Titel.

Bürgschaft.

Inhalt des Bürgschaftsvertrags.

§ 765. Durch den Bürgschaftsvertrag verpflichtet sich der Bürge gegenüber dem Gläubiger eines Dritten, für die Erfüllung der Verbindlichkeit des Dritten einzustehen.

Die Bürgschaft kann auch für eine künftige oder eine bedingte Verbindlichkeit übernommen werden.

Form.

§ 766. Zur Gültigkeit des Bürgschaftsvertrags ist schriftliche Ertheilung der Bürgschaftserklärung erforderlich. Soweit der Bürge die Hauptverbindlichkeit erfüllt, wird der Mangel der Form geheilt.

Umfang der Verpflichtung des Bürgen.

§ 767. Für die Verpflichtung des Bürgen ist der jeweilige Bestand der Hauptverbindlichkeit maßgebend. Dies gilt insbesondere auch, wenn die Hauptverbindlichkeit durch Verschulden oder Verzug des Hauptschuldners geändert wird. Durch ein Rechtsgeschäft, das der Hauptschuldner nach der Uebernahme der Bürgschaft vornimmt, wird die Verpflichtung des Bürgen nicht erweitert.

Der Bürge haftet für die dem Gläubiger von dem Hauptschuldner zu ersetzenden Kosten der Kündigung und der Rechtsverfolgung.

Einreden des Bürgen.

§ 768. Der Bürge kann die dem Hauptschuldner zustehenden Einreden geltend machen. Stirbt der Hauptschuldner, so kann sich der Bürge nicht darauf berufen, daß der Erbe für die Verbindlichkeit nur beschränkt haftet.

Der Bürge verliert eine Einrede nicht dadurch, daß der Hauptschuldner auf sie verzichtet.

Mehrheit von Bürgen.

§ 769. Verbürgen sich Mehrere für dieselbe Verbindlichkeit, so haften sie als Gesammtschuldner, auch wenn sie die Bürgschaft nicht gemeinschaftlich übernehmen.

Anfechtbarkeit der Hauptverbindlichkeit — Aufrechnungsmöglichkeit

§ 770. Der Bürge kann die Befriedigung des Gläubigers verweigern, solange dem Hauptschuldner das Recht zusteht, das seiner Verbindlichkeit zu Grunde liegende Rechtsgeschäft anzufechten.

Die gleiche Befugniß hat der Bürge, solange sich der Gläubiger durch Aufrechnung gegen eine fällige Forderung des Hauptschuldners befriedigen kann.

Einrede der Vorausklage.

§ 771. Der Bürge kann die Befriedigung des Gläubigers verweigern, solange nicht der Gläubiger eine Zwangsvollstreckung gegen den Hauptschuldner ohne Erfolg versucht hat (Einrede der Vorausklage).

— Art der erforderlichen Zwangsvollstreckungsmassregeln.

§ 772. Besteht die Bürgschaft für eine Geldforderung, so muß die Zwangsvollstreckung in die beweglichen Sachen des Hauptschuldners an seinem Wohnsitz und, wenn der Hauptschuldner an einem anderen Orte eine gewerbliche Niederlassung hat, auch an diesem Orte, in Ermangelung eines Wohnsitzes und einer gewerblichen Niederlassung an seinem Aufenthaltsorte versucht werden.

Steht dem Gläubiger ein Pfandrecht oder ein Zurückbehaltungsrecht an einer beweglichen Sache des Hauptschuldners zu, so muß er auch aus dieser Sache Befriedigung suchen. Steht dem Gläubiger ein solches Recht an der Sache auch für eine andere Forderung zu, so gilt dies nur, wenn beide Forderungen durch den Werth der Sache gedeckt werden.

— **Ausschluss der Einrede.**

§ 773. Die Einrede der Vorausklage ist ausgeschlossen:

1. wenn der Bürge auf die Einrede verzichtet, insbesondere wenn er sich als Selbstschuldner verbürgt hat;
2. wenn die Rechtsverfolgung gegen den Hauptschuldner in Folge einer nach der Uebernahme der Bürgschaft eingetretenen Aenderung des Wohnsitzes, der gewerblichen Niederlassung oder des Aufenthaltsorts des Hauptschuldners wesentlich erschwert ist;
3. wenn über das Vermögen des Hauptschuldners der Konkurs eröffnet ist;
4. wenn anzunehmen ist, daß die Zwangsvollstreckung in das Vermögen des Hauptschuldners nicht zur Befriedigung des Gläubigers führen wird.

In den Fällen der Nr. 3, 4 ist die Einrede insoweit zulässig, als sich der Gläubiger aus einer beweglichen Sache des Hauptschuldners befriedigen kann, an der er ein Pfandrecht oder ein Zurückbehaltungsrecht hat; die Vorschrift des § 772 Abs. 2 Satz 2 findet Anwendung.

Rückgriff des Bürgen.

§ 774. Soweit der Bürge den Gläubiger befriedigt, geht die Forderung des Gläubigers gegen den Hauptschuldner auf ihn über. Der Uebergang kann nicht zum Nachtheile des Gläubigers geltend gemacht werden. Einwendungen des Hauptschuldners aus einem zwischen ihm und dem Bürgen bestehenden Rechtsverhältnisse bleiben unberührt.

Mitbürgen haften einander nur nach § 426.

§ 426.* Mitbürgen sind im Verhältnisse zu einander zu gleichen Antheilen verpflichtet, soweit nicht ein Anderes bestimmt ist Kann von einem Mitbürgen der auf ihn entfallende Beitrag nicht erlangt werden, so ist der Ausfall von den übrigen zur Ausgleichung verpflichteten Mitbürgen zu tragen.

Soweit ein Mitbürge den Gläubiger befriedigt und von den übrigen Mitbürgen Ausgleichung verlangen kann, geht die Forderung des Gläubigers gegen die übrigen Mitbürgen auf ihn über Der Uebergang kann nicht zum Nachtheile des Gläubigers geltend gemacht werden.

Anspruch des Bürgen auf Befreiung.

§ 775. Hat sich der Bürge im Auftrage des Hauptschuldners verbürgt oder stehen ihm nach den Vorschriften über die Geschäftsführung ohne Auftrag wegen der Uebernahme der Bürgschaft die Rechte eines Beauftragten gegen den Hauptschuldner zu, so kann er von diesem Befreiung von der Bürgschaft verlangen:

1. wenn sich die Vermögensverhältnisse des Hauptschuldners wesentlich verschlechtert haben;
2. wenn die Rechtsverfolgung gegen den Hauptschuldner in Folge einer nach der Uebernahme der Bürgschaft eingetretenen Aenderung des

Wohnsitzes, der gewerblichen Niederlassung oder des Aufenthaltsorts des Hauptschuldners wesentlich erschwert ist;

3. wenn der Hauptschuldner mit der Erfüllung seiner Verbindlichkeit im Verzug ist;
4. wenn der Gläubiger gegen den Bürgen ein vollstreckbares Urtheil auf Erfüllung erwirkt hat.

Ist die Hauptverbindlichkeit noch nicht fällig, so kann der Hauptschuldner dem Bürgen, statt ihn zu befreien, Sicherheit leisten.

Ende der Bürgschaft. *1. Aufgabe einer Sicherheit.*

§ 776. Giebt der Gläubiger ein mit der Forderung verbundenes Vorzugsrecht, eine für sie bestehende Hypothek, ein für sie bestehendes Pfandrecht oder das Recht gegen einen Mitbürgen auf, so wird der Bürge insoweit frei, als er aus dem aufgegebenen Rechte nach § 774 hätte Ersatz erlangen können. Dies gilt auch dann, wenn das aufgegebene Recht erst nach der Uebernahme der Bürgschaft entstanden ist.

2. Ablauf der Zeit.

§ 777. Hat sich der Bürge für eine bestehende Verbindlichkeit auf bestimmte Zeit verbürgt, so wird er nach dem Ablaufe der bestimmten Zeit frei, wenn nicht der Gläubiger die Einziehung der Forderung unverzüglich nach Maßgabe des § 772 betreibt, das Verfahren ohne wesentliche Verzögerung fortsetzt und unverzüglich nach der Beendigung des Verfahrens dem Bürgen anzeigt, daß er ihn in Anspruch nehme. Steht dem Bürgen die Einrede der Vorausklage nicht zu, so wird er nach dem Ablaufe der bestimmten Zeit frei, wenn nicht der Gläubiger ihm unverzüglich diese Anzeige macht.

Erfolgt die Anzeige rechtzeitig, so beschränkt sich die Haftung des Bürgen im Falle des Abs. 1 Satz 1 auf den Umfang, den die Hauptverbindlichkeit zur Zeit der Beendigung des Verfahrens hat, im Falle des Abs. 1 Satz 2 auf den Umfang, den die Hauptverbindlichkeit bei dem Ablaufe der bestimmten Zeit hat.

Kreditauftrag.

§ 778. Wer einen Anderen beauftragt, im eigenen Namen und auf eigene Rechnung einem Dritten Kredit zu geben, haftet dem Beauftragten für die aus der Kreditgewährung entstehende Verbindlichkeit des Dritten als Bürge.

Neunzehnter Titel.

Vergleich.

§ 779. Ein Vertrag, durch den der Streit oder die Ungewißheit der Parteien über ein Rechtsverhältniß im Wege gegenseitigen Nachgebens beseitigt wird (Vergleich), ist unwirksam, wenn der nach dem Inhalte des Vertrags als feststehend zu Grunde gelegte Sachverhalt der Wirklichkeit nicht entspricht und der Streit oder die Ungewißheit bei Kenntniß der Sachlage nicht entstanden sein würde.

Der Ungewißheit über ein Rechtsverhältniß steht es gleich, wenn die Verwirklichung eines Anspruchs unsicher ist.

Zwanzigster Titel.

Schuldversprechen. Schuldanerkenntniß.

Schuldversprechen.

§ 780. Zur Gültigkeit eines Vertrags, durch den eine Leistung in der Weise versprochen wird, daß das Versprechen die Verpflichtung selbständig begründen soll (Schuldversprechen), ist, soweit nicht eine andere Form vorgeschrieben ist, schriftliche Ertheilung des Versprechens erforderlich.

Schuldanerkenntniss.

§ 781. Zur Gültigkeit eines Vertrags, durch den das Bestehen eines Schuldverhältnisses anerkannt wird (Schuldanerkenntniß), ist schriftliche Ertheilung der Anerkennungserklärung erforderlich. Ist für die Begründung des Schuldverhältnisses, dessen Bestehen anerkannt wird, eine andere Form vorgeschrieben, so bedarf der Anerkennungsvertrag dieser Form.

Form.

§ 782. Wird ein Schuldversprechen oder ein Schuldanerkenntniß auf Grund einer Abrechnung oder im Wege des Vergleichs ertheilt, so ist die Beobachtung der in den §§ 780, 781 vorgeschriebenen schriftlichen Form nicht erforderlich.

Einundzwanzigster Titel.

Anweisung.

Begriff.

§ 783. Händigt Jemand eine Urkunde, in der er einen Anderen anweist, Geld, Werthpapiere oder andere vertretbare Sachen an einen Dritten zu leisten, dem Dritten aus, so ist dieser ermächtigt, die Leistung bei dem Angewiesenen im eigenen Namen zu erheben; der Angewiesene ist ermächtigt, für Rechnung des Anweisenden an den Anweisungsempfänger zu leisten.

Annahme.

§ 784. Nimmt der Angewiesene die Anweisung an, so ist er dem Anweisungsempfänger gegenüber zur Leistung verpflichtet; er kann ihm nur solche Einwendungen entgegensetzen, welche die Gültigkeit der Annahme betreffen oder sich aus dem Inhalte der Anweisung oder dem Inhalte der Annahme ergeben oder dem Angewiesenen unmittelbar gegen den Anweisungsempfänger zustehen.

Die Annahme erfolgt durch einen schriftlichen Vermerk auf der Anweisung. Ist der Vermerk auf die Anweisung vor der Aushändigung an den Anweisungsempfänger gesetzt worden, so wird die Annahme diesem gegenüber erst mit der Aushändigung wirksam.

Leistung gegen Aushändigung der Anweisung.

§ 785. Der Angewiesene ist nur gegen Aushändigung der Anweisung zur Leistung verpflichtet.

Verjährung.

§ 786. Der Anspruch des Anweisungsempfängers gegen den Angewiesenen aus der Annahme verjährt in drei Jahren.

Anweisung auf Schuld.

§ 787. Im Falle einer Anweisung auf Schuld wird der Angewiesene durch die Leistung in deren Höhe von der Schuld befreit.

Zur Annahme der Anweisung oder zur Leistung an den Anweisungsempfänger ist der Angewiesene dem Anweisenden gegenüber nicht schon deshalb verpflichtet, weil er Schuldner des Anweisenden ist.

Anweisung keine Zahlung.

§ 788. Ertheilt der Anweisende die Anweisung zu dem Zwecke, um seinerseits eine Leistung an den Anweisungsempfänger zu bewirken, so wird die Leistung, auch wenn der Angewiesene die Anweisung annimmt, erst mit der Leistung des Angewiesenen an den Anweisungsempfänger bewirkt.

Anzeigepflicht des Angewiesenen.

§ 789. Verweigert der Angewiesene vor dem Eintritte der Leistungszeit die Annahme der Anweisung oder verweigert er die Leistung, so hat der Anweisungsempfänger dem Anweisenden unverzüglich Anzeige zu machen. Das Gleiche gilt, wenn der Anweisungsempfänger die Anweisung nicht geltend machen kann oder will.

Widerruf.

§ 790. Der Anweisende kann die Anweisung dem Angewiesenen gegenüber widerrufen, solange nicht der Angewiesene sie dem Anweisungsempfänger gegenüber angenommen oder die Leistung bewirkt hat. Dies gilt auch dann, wenn der Anweisende durch den Widerruf einer ihm gegen den Anweisungsempfänger obliegenden Verpflichtung zuwiderhandelt.

Tod oder Geschäftsunfähigkeit eines Betheiligten.

§ 791. Die Anweisung erlischt nicht durch den Tod oder den Eintritt der Geschäftsunfähigkeit eines der Betheiligten.

Uebertragung der Anweisung.

§ 792. Der Anweisungsempfänger kann die Anweisung durch Vertrag mit einem Dritten auf diesen übertragen, auch wenn sie noch nicht angenommen worden ist. Die Uebertragungserklärung bedarf der schriftlichen Form. Zur Uebertragung ist die Aushändigung der Anweisung an den Dritten erforderlich.

Der Anweisende kann die Uebertragung ausschließen. Die Ausschließung ist dem Angewiesenen gegenüber nur wirksam, wenn sie aus der Anweisung zu entnehmen ist oder wenn sie von dem Anweisenden dem Angewiesenen mitgetheilt wird, bevor dieser die Anweisung annimmt oder die Leistung bewirkt.

Nimmt der Angewiesene die Anweisung dem Erwerber gegenüber an, so kann er aus einem zwischen ihm und dem Anweisungsempfänger bestehenden Rechtsverhältniß Einwendungen nicht herleiten. Im Uebrigen finden auf die Uebertragung der Anweisung die für die Abtretung einer Forderung geltenden Vorschriften entsprechende Anwendung.

Zweiundzwanzigster Titel.

Schuldverschreibung auf den Inhaber.

Begriff — Verpflichtung des Ausstellers — Legitimation des Inhabers.

§ 793. Hat Jemand eine Urkunde ausgestellt, in der er dem Inhaber der Urkunde eine Leistung verspricht (Schuldverschreibung auf den Inhaber), so kann der Inhaber von ihm die Leistung nach Maßgabe des Versprechens verlangen, es sei denn, daß er zur Verfügung über die Urkunde nicht berechtigt ist. Der Aussteller wird jedoch auch durch die Leistung an einen nicht zur Verfügung berechtigten Inhaber befreit.

Die Gültigkeit der Unterzeichnung kann durch eine in die Urkunde aufgenommene Bestimmung von der Beobachtung einer besonderen Form abhängig gemacht werden. Zur Unterzeichnung genügt eine im Wege der mechanischen Vervielfältigung hergestellte Namensunterschrift.

Nicht begebene Schuldverschreibungen — Tod des Ausstellers nach der Begebung.

§ 794. Der Aussteller wird aus einer Schuldverschreibung auf den Inhaber auch dann verpflichtet, wenn sie ihm gestohlen worden oder verloren gegangen oder wenn sie sonst ohne seinen Willen in den Verkehr gelangt ist.

Auf die Wirksamkeit einer Schuldverschreibung auf den Inhaber ist es ohne Einfluß, wenn die Urkunde ausgegeben wird, nachdem der Aussteller gestorben oder geschäftsunfähig geworden ist.

Staatliche Genehmigung.

§ 795. Im Inland ausgestellte Schuldverschreibungen auf den Inhaber, in denen die Zahlung einer bestimmten Geldsumme versprochen wird, dürfen nur mit staatlicher Genehmigung in den Verkehr gebracht werden.

Die Genehmigung wird durch die Zentralbehörde des Bundesstaats ertheilt, in dessen Gebiete der Aussteller seinen Wohnsitz oder seine gewerbliche Niederlassung hat. Die Ertheilung der Genehmigung und die Bestimmungen, unter denen sie erfolgt, sollen durch den Deutschen Reichsanzeiger bekannt gemacht werden.

Eine ohne staatliche Genehmigung in den Verkehr gelangte Schuldverschreibung ist nichtig; der Aussteller hat dem Inhaber den durch die Ausgabe verursachten Schaden zu ersetzen.

Diese Vorschriften finden keine Anwendung auf Schuldverschreibungen, die von dem Reiche oder einem Bundesstaat ausgegeben werden.

Einreden des Ausstellers.

§ 796. Der Aussteller kann dem Inhaber der Schuldverschreibung nur solche Einwendungen entgegensetzen, welche die Gültigkeit der Ausstellung betreffen oder sich aus der Urkunde ergeben oder dem Aussteller unmittelbar gegen den Inhaber zustehen.

Leistung gegen Aushändigung.

§ 797. Der Aussteller ist nur gegen Aushändigung der Schuldverschreibung zur Leistung verpflichtet. Mit der Aushändigung erwirbt er das Eigenthum an der Urkunde, auch wenn der Inhaber zur Verfügung über sie nicht berechtigt ist.

Umtausch nicht umlaufsfähiger Schuldverschreibungen.

§ 798. Ist eine Schuldverschreibung auf den Inhaber in Folge einer Beschädigung oder einer Verunstaltung zum Umlaufe nicht mehr geeignet, so kann der Inhaber, sofern ihr wesentlicher Inhalt und ihre Unterscheidungsmerkmale noch mit Sicherheit erkennbar sind, von dem Aussteller die Ertheilung einer neuen Schuldverschreibung auf den Inhaber gegen Aushändigung der beschädigten oder verunstalteten verlangen. Die Kosten hat er zu tragen und vorzuschießen.

Kraftloserklärung.

§ 799. Eine abhanden gekommene oder vernichtete Schuldverschreibung auf den Inhaber kann, wenn nicht in der Urkunde das Gegentheil bestimmt ist, im Wege des Aufgebotsverfahrens für kraftlos erklärt werden. Ausgenommen sind Zins-, Renten- und Gewinnantheilscheine sowie die auf Sicht zahlbaren unverzinslichen Schuldverschreibungen.

Der Aussteller ist verpflichtet, dem bisherigen Inhaber auf Verlangen die zur Erwirkung des Aufgebots oder der Zahlungssperre erforderliche Auskunft zu ertheilen und die erforderlichen Zeugnisse auszustellen. Die Kosten der Zeugnisse hat der bisherige Inhaber zu tragen und vorzuschießen.

— Wirkung.

§ 800. Ist eine Schuldverschreibung auf den Inhaber für kraftlos erklärt, so kann derjenige, welcher das Ausschlußurtheil erwirkt hat, von dem Aussteller, unbeschadet der Befugniß, den Anspruch aus der Urkunde geltend zu machen, die Ertheilung einer neuen Schuldverschreibung auf den Inhaber an Stelle der für kraftlos erklärten verlangen. Die Kosten hat er zu tragen und vorzuschießen.

Vorlegungsfristen — Verjährung.

§ 801. Der Anspruch aus einer Schuldverschreibung auf den Inhaber erlischt mit dem Ablaufe von dreißig Jahren nach dem Eintritte der für die Leistung bestimmten Zeit, wenn nicht die Urkunde vor dem Ablaufe der dreißig Jahre dem Aussteller zur Einlösung vorgelegt wird. Erfolgt die Vorlegung, so verjährt der Anspruch in zwei Jahren von dem Ende der Vorlegungsfrist an. Der Vorlegung steht die gerichtliche Geltendmachung des Anspruchs aus der Urkunde gleich.

Bei Zins-, Renten- und Gewinnantheilscheinen beträgt die Vorlegungsfrist vier Jahre. Die Frist beginnt mit dem Schlusse des Jahres, in welchem die für die Leistung bestimmte Zeit eintritt.

Die Dauer und der Beginn der Vorlegungsfrist können von dem Aussteller in der Urkunde anders bestimmt werden.

Zahlungssperre.

§ 802. Der Beginn und der Lauf der Vorlegungsfrist sowie der Verjährung werden durch die Zahlungssperre zu Gunsten des Antragstellers gehemmt. Die Hemmung beginnt mit der Stellung des Antrags auf Zahlungssperre; sie endigt mit der Erledigung des Aufgebotsverfahrens und, falls die Zahlungssperre vor der Einleitung des Verfahrens verfügt worden ist, auch dann, wenn seit der Beseitigung des der Einleitung entgegenstehenden Hindernisses sechs Monate verstrichen sind und nicht vorher die Einleitung beantragt worden ist. Auf diese Frist finden die Vorschriften der §§ 203, 206, 207 entsprechende Anwendung.

§ 203* Der Beginn und der Lauf der sechsmonatigen Frist ist gehemmt, solange der Berechtigte durch Stillstand der Rechtspflege an der Stellung des Antrags auf Einleitung des Aufgebotsverfahrens verhindert ist.

Das Gleiche gilt, wenn eine solche Verhinderung in anderer Weise durch höhere Gewalt herbeigeführt wird.

§ 206*. Ist eine geschäftsunfähige oder in der Geschäftsfähigkeit beschränkte Person ohne gesetzlichen Vertreter, so wird die gegen sie laufende Frist nicht vor dem Ablaufe von sechs Monaten nach dem Zeitpunkte vollendet, in welchem die Person unbeschränkt geschäftsfähig wird oder der Mangel der Vertretung aufhört.

Diese Vorschriften finden keine Anwendung, soweit eine in der Geschäftsfähigkeit beschränkte Person prozessfähig ist.

§ 207* Gehört der Anspruch zu einem Nachlasse oder richtet derselbe sich gegen einen Nachlass, so wird die Frist nicht vor dem Ablaufe von sechs Monaten nach dem Zeitpunkte vollendet, in welchem die Erbschaft von dem Erben angenommen oder der Konkurs über den Nachlass eröffnet wird oder von welchem an der Anspruch von einem Vertreter oder gegen einen Vertreter geltend gemacht werden kann.

Zinsscheine.

§ 803. Werden für eine Schuldverschreibung auf den Inhaber Zinsscheine ausgegeben, so bleiben die Scheine, sofern sie nicht eine gegentheilige Bestimmung enthalten, in Kraft, auch wenn die Hauptforderung erlischt oder die Verpflichtung zur Verzinsung aufgehoben oder geändert wird.

Werden solche Zinsscheine bei der Einlösung der Hauptschuldverschreibung nicht zurückgegeben, so ist der Aussteller berechtigt, den Betrag zurückzubehalten, den er nach Abs. 1 für die Scheine zu zahlen verpflichtet ist.

Verlust etc. von Zins-, Renten- oder Gewinnantheilscheinen.

§ 804. Ist ein Zins-, Renten- oder Gewinnantheilschein abhanden gekommen oder vernichtet und hat der bisherige Inhaber den Verlust dem Aussteller vor dem Ablaufe der Vorlegungsfrist angezeigt, so kann der bisherige Inhaber nach dem Ablaufe der Frist die Leistung von dem Aussteller verlangen. Der Anspruch ist ausgeschlossen, wenn der abhanden gekommene Schein dem Aussteller zur Einlösung vorgelegt oder der Anspruch aus dem Scheine gerichtlich geltend gemacht worden ist, es sei denn, daß die Vorlegung oder die gerichtliche Geltendmachung nach dem Ablaufe der Frist erfolgt ist. Der Anspruch verjährt in vier Jahren.

In dem Zins-, Renten- oder Gewinnantheilscheine kann der im Abs. 1 bestimmte Anspruch ausgeschlossen werden.

Erneuerungsscheine.

§ 805. Neue Zins- oder Rentenscheine für eine Schuldverschreibung auf den Inhaber dürfen an den Inhaber der zum Empfange der Scheine ermächtigenden Urkunde (Erneuerungsschein) nicht ausgegeben werden, wenn der Inhaber der Schuldverschreibung der Ausgabe widersprochen hat. Die Scheine sind in diesem Falle dem Inhaber der Schuldverschreibung auszuhändigen, wenn er die Schuldverschreibung vorlegt.

Umschreibung auf den Namen.

§ 806. Die Umschreibung einer auf den Inhaber lautenden Schuldverschreibung auf den Namen eines bestimmten Berechtigten kann nur durch den Aussteller erfolgen. Der Aussteller ist zur Umschreibung nicht verpflichtet.

Karten, Marken etc.

§ 807. Werden Karten, Marken oder ähnliche Urkunden, in denen ein Gläubiger nicht bezeichnet ist, von dem Aussteller unter Umständen ausgegeben, aus welchen sich ergiebt, daß er dem Inhaber zu einer Leistung verpflichtet sein will, so finden die Vorschriften des § 793 Abs. 1 und der §§ 794, 796, 797 entsprechende Anwendung.

§ 793 Abs. 1*. Der Inhaber kann von dem Aussteller die Leistung nach Massgabe des Versprechens verlangen, es sei denn, dass er zur Verfügung über die Urkunde nicht berechtigt ist. Der Aussteller wird jedoch auch durch die Leistung an einen nicht zur Verfügung berechtigten Inhaber befreit.

§ 794*. Der Aussteller wird aus der Urkunde auch dann verpflichtet, wenn sie ihm gestohlen worden oder verloren gegangen oder wenn sie sonst ohne seinen Willen in den Verkehr gelangt ist.

Auf die Wirksamkeit der Urkunde ist es ohne Einfluss, wenn die Urkunde ausgegeben wird, nachdem der Aussteller gestorben oder geschäftsunfähig geworden ist.

§ 796*. Der Aussteller kann dem Inhaber der Urkunde nur solche Einwendungen entgegensetzen, welche die Gültigkeit der Ausstellung betreffen oder sich aus der Urkunde ergeben oder dem Aussteller unmittelbar gegen den Inhaber zustehen.

§ 797* Der Aussteller ist nur gegen Aushändigung der Urkunde zur Leistung verpflichtet. Mit der Aushändigung erwirbt er das Eigenthum an der Urkunde, auch wenn der Inhaber zur Verfügung über sie nicht berechtigt ist.

Qualifizirte Legitimationspapiere.

§ 808. Wird eine Urkunde, in welcher der Gläubiger benannt ist, mit der Bestimmung ausgegeben, daß die in der Urkunde versprochene Leistung an jeden Inhaber bewirkt werden kann, so wird der Schuldner durch die Leistung an den Inhaber der Urkunde befreit. Der Inhaber ist nicht berechtigt, die Leistung zu verlangen.

Der Schuldner ist nur gegen Aushändigung der Urkunde zur Leistung verpflichtet. Ist die Urkunde abhanden gekommen oder vernichtet, so kann sie, wenn nicht ein Anderes bestimmt ist, im Wege des Aufgebotsverfahrens für kraftlos erklärt werden. Die im § 802 für die Verjährung gegebenen Vorschriften finden Anwendung.

Dreiundzwanzigster Titel.

Vorlegung von Sachen.

Vorlegung von Sachen.

§ 809. Wer gegen den Besitzer einer Sache einen Anspruch in Ansehung der Sache hat oder sich Gewißheit verschaffen will, ob ihm ein solcher Anspruch zusteht, kann, wenn die Besichtigung der Sache aus diesem Grunde für ihn von Interesse ist, verlangen, daß der Besitzer ihm die Sache zur Besichtigung vorlegt oder die Besichtigung gestattet.

Einsicht in Urkunden.

§ 810. Wer ein rechtliches Interesse daran hat, eine in fremdem Besitze befindliche Urkunde einzusehen, kann von dem Besitzer die Gestattung der Einsicht verlangen, wenn die Urkunde in seinem Interesse errichtet oder in der Urkunde ein zwischen ihm und einem Anderen bestehendes Rechtsverhältniß beurkundet ist oder wenn die Urkunde Verhandlungen über ein Rechtsgeschäft enthält, die zwischen ihm und einem Anderen oder zwischen einem von beiden und einem gemeinschaftlichen Vermittler gepflogen worden sind.

Ort — Gefahr — Kosten.

§ 811. Die Vorlegung hat in den Fällen der §§ 809, 810 an dem Orte zu erfolgen, an welchem sich die vorzulegende Sache befindet. Jeder Theil kann die Vorlegung an einem anderen Orte verlangen, wenn ein wichtiger Grund vorliegt.

Die Gefahr und die Kosten hat derjenige zu tragen, welcher die Vorlegung verlangt. Der Besitzer kann die Vorlegung verweigern, bis ihm der andere Theil die Kosten vorschießt und wegen der Gefahr Sicherheit leistet.

Vierundzwanzigster Titel.

Ungerechtfertigte Bereicherung.

Voraussetzungen.

§ 812. Wer durch die Leistung eines Anderen oder in sonstiger Weise auf dessen Kosten etwas ohne rechtlichen Grund erlangt, ist ihm zur Herausgabe verpflichtet. Diese Verpflichtung besteht auch dann, wenn der rechtliche Grund später wegfällt oder der mit einer Leistung nach dem Inhalte des Rechtsgeschäfts bezweckte Erfolg nicht eintritt.

Als Leistung gilt auch die durch Vertrag erfolgte Anerkennung des Bestehens oder des Nichtbestehens eines Schuldverhältnisses.

— Leistung einer Nichtschuld.

§ 813. Das zum Zwecke der Erfüllung einer Verbindlichkeit Geleistete kann auch dann zurückgefordert werden, wenn dem Anspruch eine Einrede entgegenstand, durch welche die Geltendmachung des Anspruchs dauernd ausgeschlossen wurde. Die Vorschrift des § 222 Abs. 2 bleibt unberührt.

Wird eine betagte Verbindlichkeit vorzeitig erfüllt, so ist die Rückforderung ausgeschlossen; die Erstattung von Zwischenzinsen kann nicht verlangt werden.

§ 222 Abs. 2. Das zur Befriedigung eines verjährten Anspruchs Geleistete kann nicht zurückgefordert werden, auch wenn die Leistung in Unkenntniss der Verjährung bewirkt worden ist. Das Gleiche gilt von einem vertragsmässigen Anerkenntnisse sowie einer Sicherheitsleistung des Verpflichteten

Ausschluss der Rückforderung.

1. Kenntniss der Nichtschuld — Anstandspflicht.

§ 814. Das zum Zwecke der Erfüllung einer Verbindlichkeit Geleistete kann nicht zurückgefordert werden, wenn der Leistende gewußt hat, daß er zur Leistung nicht verpflichtet war, oder wenn die Leistung einer sittlichen Pflicht oder einer auf den Anstand zu nehmenden Rücksicht entsprach.

2. Unmöglichkeit des bezweckten Erfolges — Verhinderung desselben.

§ 815. Die Rückforderung wegen Nichteintritts des mit einer Leistung bezweckten Erfolges ist ausgeschlossen, wenn der Eintritt des Erfolges von Anfang an unmöglich war und der Leistende dies gewußt hat oder wenn der Leistende den Eintritt des Erfolges wider Treu und Glauben verhindert hat.

3. Verfügung eines Nichtberechtigten.

§ 816. Trifft ein Nichtberechtigter über einen Gegenstand eine Verfügung, die dem Berechtigten gegenüber wirksam ist, so ist er dem Berechtigten zur Herausgabe des durch die Verfügung Erlangten verpflichtet. Erfolgt die Verfügung unentgeltlich, so trifft die gleiche Verpflichtung denjenigen, welcher auf Grund der Verfügung unmittelbar einen rechtlichen Vortheil erlangt.

Wird an einen Nichtberechtigten eine Leistung bewirkt, die dem Berechtigten gegenüber wirksam ist, so ist der Nichtberechtigte dem Berechtigten zur Herausgabe des Geleisteten verpflichtet.

4. Verbotswidriger oder unsittlicher Zweck.

§ 817. War der Zweck einer Leistung in der Art bestimmt, daß der Empfänger durch die Annahme gegen ein gesetzliches Verbot oder gegen die guten Sitten verstoßen hat, so ist der Empfänger zur Herausgabe verpflichtet. Die Rückforderung ist ausgeschlossen, wenn dem Leistenden gleichfalls ein solcher Verstoß zur Last fällt, es sei denn, daß die Leistung in der Eingehung einer Verbindlichkeit bestand; das zur Erfüllung einer solchen Verbindlichkeit Geleistete kann nicht zurückgefordert werden.

Umfang der Verpflichtung zur Herausgabe.
1. Des gutgläubigen Empfängers.

§ 818. Die Verpflichtung zur Herausgabe erstreckt sich auf die gezogenen Nutzungen sowie auf dasjenige, was der Empfänger auf Grund eines erlangten Rechtes oder als Ersatz für die Zerstörung, Beschädigung oder Entziehung des erlangten Gegenstandes erwirbt.

Ist die Herausgabe wegen der Beschaffenheit des Erlangten nicht möglich oder ist der Empfänger aus einem anderen Grunde zur Herausgabe außer Stande, so hat er den Werth zu ersetzen.

Die Verpflichtung zur Herausgabe oder zum Ersatze des Werthes ist ausgeschlossen, soweit der Empfänger nicht mehr bereichert ist.

Von dem Eintritte der Rechtshängigkeit an haftet der Empfänger nach den allgemeinen Vorschriften.

2. Des bösgläubigen Empfängers.

§ 819. Kennt der Empfänger den Mangel des rechtlichen Grundes bei dem Empfang oder erfährt er ihn später, so ist er von dem Empfang oder der Erlangung der Kenntniß an zur Herausgabe verpflichtet, wie wenn der Anspruch auf Herausgabe zu dieser Zeit rechtshängig geworden wäre.

Verstößt der Empfänger durch die Annahme der Leistung gegen ein gesetzliches Verbot oder gegen die guten Sitten, so ist er von dem Empfange der Leistung an in der gleichen Weise verpflichtet.

3. Bei Zweifel über den Eintritt des bezweckten Erfolges.

§ 820. War mit der Leistung ein Erfolg bezweckt, dessen Eintritt nach dem Inhalte des Rechtsgeschäfts als ungewiß angesehen wurde, so ist der Empfänger, falls der Erfolg nicht eintritt, zur Herausgabe so verpflichtet, wie wenn der Anspruch auf Herausgabe zur Zeit des Empfanges rechtshängig geworden wäre. Das Gleiche gilt, wenn die Leistung aus einem Rechtsgrunde, dessen Wegfall nach dem Inhalte des Rechtsgeschäfts als möglich angesehen wurde, erfolgt ist und der Rechtsgrund wegfällt.

Zinsen hat der Empfänger erst von dem Zeitpunkt an zu entrichten, in welchem er erfährt, daß der Erfolg nicht eingetreten oder daß der Rechtsgrund weggefallen ist; zur Herausgabe von Nutzungen ist er insoweit nicht verpflichtet, als er zu dieser Zeit nicht mehr bereichert ist.

Einrede der ungerechtfertigten Bereicherung.

§ 821. Wer ohne rechtlichen Grund eine Verbindlichkeit eingeht, kann die Erfüllung auch dann verweigern, wenn der Anspruch auf Befreiung von der Verbindlichkeit verjährt ist.

Zuwendung des Erlangten an Dritte.

§ 822. Wendet der Empfänger das Erlangte unentgeltlich einem Dritten zu, so ist, soweit in Folge dessen die Verpflichtung des Empfängers zur Herausgabe der Bereicherung ausgeschlossen ist, der Dritte zur Herausgabe verpflichtet, wie wenn er die Zuwendung von dem Gläubiger ohne rechtlichen Grund erhalten hätte.

Fünfundzwanzigster Titel.

Unerlaubte Handlungen.

Allgemeine Grundsätze.

§ 823. Wer vorsätzlich oder fahrlässig das Leben, den Körper, die Gesundheit, die Freiheit, das Eigenthum oder ein sonstiges Recht eines Anderen widerrechtlich verletzt, ist dem Anderen zum Ersatze des daraus entstehenden Schadens verpflichtet.

Die gleiche Verpflichtung trifft denjenigen, welcher gegen ein den Schutz eines Anderen bezweckendes Gesetz verstößt. Ist nach dem Inhalte des Gesetzes ein Verstoß gegen dieses auch ohne Verschulden möglich, so tritt die Ersatzpflicht nur im Falle des Verschuldens ein.

Gefährdung des Kredits, Erwerbs und Fortkommens.

§ 824. Wer der Wahrheit zuwider eine Thatsache behauptet oder verbreitet, die geeignet ist, den Kredit eines Anderen zu gefährden oder sonstige Nachtheile für dessen Erwerb oder Fortkommen herbeizuführen, hat dem Anderen den daraus entstehenden Schaden auch dann zu ersetzen, wenn er die Unwahrheit zwar nicht kennt, aber kennen muß.

Durch eine Mittheilung, deren Unwahrheit dem Mittheilenden unbekannt ist, wird dieser nicht zum Schadensersatze verpflichtet, wenn er oder der Empfänger der Mittheilung an ihr ein berechtigtes Interesse hat.

Aussereheliche Beiwohnung.

§ 825. Wer eine Frauensperson durch Hinterlist, durch Drohung oder unter Mißbrauch eines Abhängigkeitsverhältnisses zur Gestattung der außerehelichen Beiwohnung bestimmt, ist ihr zum Ersatze des daraus entstehenden Schadens verpflichtet.

Illoyale Handlungen.

§ 826. Wer in einer gegen die guten Sitten verstoßenden Weise einem Anderen vorsätzlich Schaden zufügt, ist dem Anderen zum Ersatze des Schadens verpflichtet.

Unzurechnungsfähige Personen.

§ 827. Wer im Zustande der Bewußtlosigkeit oder in einem die freie Willensbestimmung ausschließenden Zustande krankhafter Störung der Geistesthätigkeit einem Anderen Schaden zufügt, ist für den Schaden nicht verantwortlich. Hat er sich durch geistige Getränke oder ähnliche Mittel in einen vorübergehenden Zustand dieser Art versetzt, so ist er für einen Schaden, den er in diesem Zustande widerrechtlich verursacht, in gleicher Weise verantwortlich, wie wenn ihm Fahrlässigkeit zur Last fiele; die Verantwortlichkeit tritt nicht ein, wenn er ohne Verschulden in den Zustand gerathen ist.

Minderjährige. Taubstumme.

§ 828. Wer nicht das siebente Lebensjahr vollendet hat, ist für einen Schaden, den er einem Anderen zufügt, nicht verantwortlich.

Wer das siebente, aber nicht das achtzehnte Lebensjahr vollendet hat, ist für einen Schaden, den er einem Anderen zufügt, nicht verantwortlich, wenn er bei der Begehung der schädigenden Handlung nicht die zur Erkenntniß der Verantwortlichkeit erforderliche Einsicht hat. Das Gleiche gilt von einem Taubstummen.

§ 829. Wer in einem der in den §§ 823 bis 826 bezeichneten Fälle für einen von ihm verursachten Schaden auf Grund der §§ 827, 828 nicht verantwortlich ist, hat gleichwohl, sofern der Ersatz des Schadens nicht von einem aufsichtspflichtigen Dritten erlangt werden kann, den Schaden insoweit zu ersetzen, als die Billigkeit nach den Umständen, insbesondere nach den Verhältnissen der Betheiligten, eine Schadloshaltung erfordert und ihm nicht die Mittel entzogen werden, deren er zum standesmäßigen Unterhalte sowie zur Erfüllung seiner gesetzlichen Unterhaltspflichten bedarf.

Mehrere Betheiligte.

§ 830. Haben Mehrere durch eine gemeinschaftlich begangene unerlaubte Handlung einen Schaden verursacht, so ist jeder für den Schaden verantwortlich. Das Gleiche gilt, wenn sich nicht ermitteln läßt, wer von mehreren Betheiligten den Schaden durch seine Handlung verursacht hat.

Anstifter und Gehülfen stehen Mitthätern gleich.

Haftung des Geschäftsherrn für Angestellte.

§ 831. Wer einen Anderen zu einer Verrichtung bestellt, ist zum Ersatze des Schadens verpflichtet, den der Andere in Ausführung der Verrichtung einem Dritten widerrechtlich zufügt. Die Ersatzpflicht tritt nicht ein, wenn der Geschäftsherr bei der Auswahl der bestellten Person und, sofern er Vorrichtungen oder Geräthschaften zu beschaffen oder die Ausführung der Verrichtung zu leiten hat, bei der Beschaffung oder der Leitung die im Verkehr erforderliche Sorgfalt beobachtet oder wenn der Schaden auch bei Anwendung dieser Sorgfalt entstanden sein würde.

Die gleiche Verantwortlichkeit trifft denjenigen, welcher für den Geschäftsherrn die Besorgung eines der im Abs. 1 Satz 2 bezeichneten Geschäfte durch Vertrag übernimmt.

Haftung Aufsichtspflichtiger.

§ 832. Wer kraft Gesetzes zur Führung der Aufsicht über eine Person verpflichtet ist, die wegen Minderjährigkeit oder wegen ihres geistigen oder körperlichen Zustandes der Beaufsichtigung bedarf, ist zum Ersatze des Schadens verpflichtet, den diese Person einem Dritten widerrechtlich zufügt. Die Ersatzpflicht tritt nicht ein, wenn er seiner Aufsichtspflicht genügt oder wenn der Schaden auch bei gehöriger Aufsichtsführung entstanden sein würde.

Die gleiche Verantwortlichkeit trifft denjenigen, welcher die Führung der Aufsicht durch Vertrag übernimmt.

Beschädigung durch Thiere.

§ 833. Wird durch ein Thier ein Mensch getödtet oder der Körper oder die Gesundheit eines Menschen verletzt oder eine Sache beschädigt, so ist derjenige, welcher das Thier hält, verpflichtet, dem Verletzten den daraus entstehenden Schaden zu ersetzen.

§ 834. Wer für denjenigen, welcher ein Thier hält, die Führung der Aufsicht über das Thier durch Vertrag übernimmt, ist für den Schaden verantwortlich, den das Thier einem Dritten in der im § 833 bezeichneten Weise zufügt. Die Verantwortlichkeit tritt nicht ein, wenn er bei der Führung der Aufsicht die im Verkehr erforderliche Sorgfalt beobachtet oder wenn der Schaden auch bei Anwendung dieser Sorgfalt entstanden sein würde.

Wildschaden.

§ 835. Wird durch Schwarz-, Roth-, Elch-, Dam- oder Rehwild oder durch Fasanen ein Grundstück beschädigt, an welchem dem Eigenthümer das Jagdrecht nicht zusteht, so ist der Jagdberechtigte verpflichtet, dem Verletzten den Schaden zu ersetzen. Die Ersatzpflicht erstreckt sich auf den Schaden, den die Thiere an den getrennten, aber noch nicht eingeernteten Erzeugnissen des Grundstücks anrichten.

Ist dem Eigenthümer die Ausübung des ihm zustehenden Jagdrechts durch das Gesetz entzogen, so hat derjenige den Schaden zu ersetzen, welcher zur Ausübung des Jagdrechts nach dem Gesetze berechtigt ist. Hat der Eigenthümer eines Grundstücks, auf dem das Jagdrecht wegen der Lage des Grundstücks nur gemeinschaftlich mit dem Jagdrecht auf einem anderen Grundstück ausgeübt werden darf, das Jagdrecht dem Eigenthümer dieses Grundstücks verpachtet, so ist der letztere für den Schaden verantwortlich.

Sind die Eigenthümer der Grundstücke eines Bezirkes zum Zwecke der gemeinschaftlichen Ausübung des Jagdrechts durch das Gesetz zu einem Verbande vereinigt, der nicht als solcher haftet, so sind sie nach dem Verhältnisse der Größe ihrer Grundstücke ersatzpflichtig.

Einsturz eines Gebäudes.

§ 836. Wird durch den Einsturz eines Gebäudes oder eines anderen mit einem Grundstücke verbundenen Werkes oder durch die Ablösung von Theilen des Gebäudes oder des Werkes ein Mensch getödtet, der Körper oder die Gesundheit eines Menschen verletzt oder eine Sache beschädigt, so ist der Besitzer des Grundstücks, sofern der Einsturz oder die Ablösung die Folge fehlerhafter Errichtung oder mangelhafter Unterhaltung ist, verpflichtet, dem Verletzten den daraus entstehenden Schaden zu ersetzen. Die Ersatzpflicht tritt nicht ein, wenn der Besitzer zum Zwecke der Abwendung der Gefahr die im Verkehr erforderliche Sorgfalt beobachtet hat.

Ein früherer Besitzer des Grundstücks ist für den Schaden verantwortlich, wenn der Einsturz oder die Ablösung innerhalb eines Jahres nach der Beendigung seines Besitzes eintritt, es sei denn, daß er während seines Besitzes die im Verkehr erforderliche Sorgfalt beobachtet hat oder ein späterer Besitzer durch Beobachtung dieser Sorgfalt die Gefahr hätte abwenden können.

Besitzer im Sinne dieser Vorschriften ist der Eigenbesitzer.

§ 837. Besitzt Jemand auf einem fremden Grundstück in Ausübung eines Rechtes ein Gebäude oder ein anderes Werk, so trifft ihn an Stelle des Besitzers des Grundstücks die im § 836 bestimmte Verantwortlichkeit.

§ 838. Wer die Unterhaltung eines Gebäudes oder eines mit einem Grundstücke verbundenen Werkes für den Besitzer übernimmt oder das Gebäude oder das Werk vermöge eines ihm zustehenden Nutzungsrechts zu unterhalten hat, ist für den durch den Einsturz oder die Ablösung von Theilen verursachten Schaden in gleicher Weise verantwortlich wie der Besitzer.

Beamtenhaftung.

§ 839. Verletzt ein Beamter vorsätzlich oder fahrlässig die ihm einem Dritten gegenüber obliegende Amtspflicht, so hat er dem Dritten den daraus entstehenden Schaden zu ersetzen. Fällt dem Beamten nur Fahrlässigkeit zur Last, so kann er nur dann in Anspruch genommen werden, wenn der Verletzte nicht auf andere Weise Ersatz zu erlangen vermag.

Verletzt ein Beamter bei dem Urtheil in einer Rechtssache seine Amtspflicht, so ist er für den daraus entstehenden Schaden nur dann verantwortlich, wenn die Pflichtverletzung mit einer im Wege des gerichtlichen Strafverfahrens zu verhängenden öffentlichen Strafe bedroht ist. Auf eine pflichtwidrige Verweigerung oder Verzögerung der Ausübung des Amtes findet diese Vorschrift keine Anwendung.

Die Ersatzpflicht tritt nicht ein, wenn der Verletzte vorsätzlich oder fahrlässig unterlassen hat, den Schaden durch Gebrauch eines Rechtsmittels abzuwenden.

Haftung mehrerer Betheiligter.

§ 840. Sind für den aus einer unerlaubten Handlung entstehenden Schaden Mehrere neben einander verantwortlich, so haften sie, vorbehaltlich der Vorschrift des § 835 Abs. 3, als Gesammtschuldner.

Ist neben demjenigen, welcher nach den §§ 831, 832 zum Ersatze des von einem Anderen verursachten Schadens verpflichtet ist, auch der Andere für den Schaden verantwortlich, so ist in ihrem Verhältnisse zu einander der Andere allein, im Falle des § 829 der Aufsichtspflichtige allein verpflichtet.

Ist neben demjenigen, welcher nach den §§ 833 bis 838 zum Ersatze des Schadens verpflichtet ist, ein Dritter für den Schaden verantwortlich, so ist in ihrem Verhältnisse zu einander der Dritte allein verpflichtet.

§ 841. Ist ein Beamter, der vermöge seiner Amtspflicht einen Anderen zur Geschäftsführung für einen Dritten zu bestellen oder eine solche Geschäftsführung zu beaufsichtigen oder durch Genehmigung von Rechtsgeschäften bei ihr mitzuwirken hat, wegen Verletzung dieser Pflichten neben dem Anderen für den von diesem verursachten Schaden verantwortlich, so ist in ihrem Verhältnisse zu einander der Andere allein verpflichtet.

Ansprüche wegen Verletzung einer Person.

1. Ansprüche des Verletzten.

§ 842. Die Verpflichtung zum Schadensersatze wegen einer gegen die Person gerichteten unerlaubten Handlung erstreckt sich auf die Nachtheile, welche die Handlung für den Erwerb oder das Fortkommen des Verletzten herbeiführt.

§ 843. Wird in Folge einer Verletzung des Körpers oder der Gesundheit die Erwerbsfähigkeit des Verletzten aufgehoben oder gemindert oder tritt eine Vermehrung seiner Bedürfnisse ein, so ist dem Verletzten durch Entrichtung einer Geldrente Schadensersatz zu leisten.

Auf die Rente finden die Vorschriften des § 760 Anwendung. Ob, in welcher Art und für welchen Betrag der Ersatzpflichtige Sicherheit zu leisten hat, bestimmt sich nach den Umständen.

Statt der Rente kann der Verletzte eine Abfindung in Kapital verlangen, wenn ein wichtiger Grund vorliegt.

Der Anspruch wird nicht dadurch ausgeschlossen, daß ein Anderer dem Verletzten Unterhalt zu gewähren hat.

§ 760*. Die Rente ist für drei Monate vorauszuzahlen. Hat der Gläubiger den Beginn des Zeitabschnitts erlebt, für den die Rente im voraus zu entrichten ist, so gebührt ihm der volle auf den Zeitabschnitt entfallende Betrag.

2. Ansprüche Dritter.

§ 844. Im Falle der Tödtung hat der Ersatzpflichtige die Kosten der Beerdigung demjenigen zu ersetzen, welchem die Verpflichtung obliegt, diese Kosten zu tragen.

Stand der Getödtete zur Zeit der Verletzung zu einem Dritten in einem Verhältnisse, vermöge dessen er diesem gegenüber kraft Gesetzes unterhaltspflichtig war oder unterhaltspflichtig werden konnte, und ist dem Dritten in Folge der Tödtung das Recht auf den Unterhalt entzogen, so hat der Ersatzpflichtige dem Dritten durch Entrichtung einer Geldrente insoweit Schadensersatz zu leisten, als der Getödtete während der muthmaßlichen Dauer seines Lebens zur Gewährung des Unterhalts verpflichtet gewesen sein würde; die Vorschriften des § 843 Abs. 2 bis 4 finden entsprechende Anwendung. Die Ersatzpflicht tritt auch dann ein, wenn der Dritte zur Zeit der Verletzung erzeugt, aber noch nicht geboren war.

§ 845. Im Falle der Tödtung, der Verletzung des Körpers oder der Gesundheit sowie im Falle der Freiheitsentziehung hat der Ersatzpflichtige, wenn der Verletzte kraft Gesetzes einem Dritten zur Leistung von

Diensten in dessen Hauswesen oder Gewerbe verpflichtet war, dem Dritten für die entgehenden Dienste durch Entrichtung einer Geldrente Ersatz zu leisten. Die Vorschriften des § 843 Abs. 2 bis 4 finden entsprechende Anwendung.

— **Konkurrirendes Verschulden des Verletzten.**

§ 846. Hat in den Fällen der §§ 844, 845 bei der Entstehung des Schadens, den der Dritte erleidet, ein Verschulden des Verletzten mitgewirkt, so finden auf den Anspruch des Dritten die Vorschriften des § 254 Anwendung.

§ 254. Hat bei der Entstehung des Schadens ein Verschulden des Beschädigten mitgewirkt, so hängt die Verpflichtung zum Ersatze sowie der Umfang des zu leistenden Ersatzes von den Umständen, insbesondere davon ab, inwieweit der Schaden vorwiegend von dem einen oder dem anderen Theile verursacht worden ist.

Dies gilt auch dann, wenn sich das Verschulden des Beschädigten darauf beschränkt, dass er unterlassen hat, den Schuldner auf die Gefahr eines ungewöhnlich hohen Schadens aufmerksam zu machen, die der Schuldner weder kannte noch kennen musste, oder dass er unterlassen hat, den Schaden abzuwenden oder zu mindern Die Vorschrift des § 278 findet entsprechende Anwendung

§ 278. Der Beschädigte hat ein Verschulden seines gesetzlichen Vertreters und der Personen, deren er sich zur Erfüllung seiner Verbindlichkeit bedient, in gleichem Umfange zu vertreten wie eigenes Verschulden.*

— **Ersatz nicht vermögensrechtlichen Schadens.**

§ 847. Im Falle der Verletzung des Körpers oder der Gesundheit sowie im Falle der Freiheitsentziehung kann der Verletzte auch wegen des Schadens, der nicht Vermögensschaden ist, eine billige Entschädigung in Geld verlangen. Der Anspruch ist nicht übertragbar und geht nicht auf die Erben über, es sei denn, daß er durch Vertrag anerkannt oder daß er rechtshängig geworden ist.

Ein gleicher Anspruch steht einer Frauensperson zu, gegen die ein Verbrechen oder Vergehen wider die Sittlichkeit begangen oder die durch Hinterlist, durch Drohung oder unter Mißbrauch eines Abhängigkeitsverhältnisses zur Gestattung der außerehelichen Beiwohnung bestimmt wird.

Ansprüche wegen Entziehung einer Sache.

1. Haftung für Zufall.

§ 848. Wer zur Rückgabe einer Sache verpflichtet ist, die er einem Anderen durch eine unerlaubte Handlung entzogen hat, ist auch für den zufälligen Untergang, eine aus einem anderen Grunde eintretende zufällige Unmöglichkeit der Herausgabe oder eine zufällige Verschlechterung der Sache verantwortlich, es sei denn, daß der Untergang, die anderweitige Unmöglichkeit der Herausgabe oder die Verschlechterung auch ohne die Entziehung eingetreten sein würde.

2. Verzinsung des Ersatzbetrags.

§ 849. Ist wegen der Entziehung einer Sache der Werth oder wegen der Beschädigung einer Sache die Werthminderung zu ersetzen, so kann der Verletzte Zinsen des zu ersetzenden Betrags von dem Zeitpunkt an verlangen, welcher der Bestimmung des Werthes zu Grunde gelegt wird.

3. Ersatz wegen Verwendungen.

§ 850. Macht der zur Herausgabe einer entzogenen Sache Verpflichtete Verwendungen auf die Sache, so stehen ihm dem Verletzten gegenüber die Rechte zu, die der Besitzer dem Eigenthümer gegenüber wegen Verwendungen hat.

— Leistung an den Besitzer.

§ 851. Leistet der wegen der Entziehung oder Beschädigung einer beweglichen Sache zum Schadensersatze Verpflichtete den Ersatz an denjenigen, in dessen Besitze sich die Sache zur Zeit der Entziehung oder der Beschädigung befunden hat, so wird er durch die Leistung auch dann befreit, wenn ein Dritter Eigenthümer der Sache war oder ein sonstiges Recht an der Sache hatte, es sei denn, daß ihm das Recht des Dritten bekannt oder in Folge grober Fahrlässigkeit unbekannt ist.

Verjährung des Anspruchs.

§ 852. Der Anspruch auf Ersatz des aus einer unerlaubten Handlung entstandenen Schadens verjährt in drei Jahren von dem Zeitpunkt an, in welchem der Verletzte von dem Schaden und der Person des Ersatzpflichtigen Kenntniß erlangt, ohne Rücksicht auf diese Kenntniß in dreißig Jahren von der Begehung der Handlung an.

Hat der Ersatzpflichtige durch die unerlaubte Handlung auf Kosten des Verletzten etwas erlangt, so ist er auch nach der Vollendung der Verjährung zur Herausgabe nach den Vorschriften über die Herausgabe einer ungerechtfertigten Bereicherung verpflichtet.

Nichtverjährbarkeit der Einrede.

§ 853. Erlangt Jemand durch eine von ihm begangene unerlaubte Handlung eine Forderung gegen den Verletzten, so kann der Verletzte die Erfüllung auch dann verweigern, wenn der Anspruch auf Aufhebung der Forderung verjährt ist.

Drittes Buch.

Sachenrecht.

Erster Abschnitt.

Besitz.

Erwerb.

§ 854. Der Besitz einer Sache wird durch die Erlangung der thatsächlichen Gewalt über die Sache erworben.

Die Einigung des bisherigen Besitzers und des Erwerbers genügt zum Erwerbe, wenn der Erwerber in der Lage ist, die Gewalt über die Sache auszuüben.

Besitzdiener.

§ 855. Uebt Jemand die thatsächliche Gewalt über eine Sache für einen Anderen in dessen Haushalt oder Erwerbsgeschäft oder in einem ähnlichen Verhältniß aus, vermöge dessen er den sich auf die Sache beziehenden Weisungen des Anderen Folge zu leisten hat, so ist nur der Andere Besitzer.

Beendigung.

§ 856. Der Besitz wird dadurch beendigt, daß der Besitzer die thatsächliche Gewalt über die Sache aufgiebt oder in anderer Weise verliert.

Durch eine ihrer Natur nach vorübergehende Verhinderung in der Ausübung der Gewalt wird der Besitz nicht beendigt.

Vererblichkeit.

§ 857. Der Besitz geht auf den Erben über.

Verbotene Eigenmacht.

§ 858. Wer dem Besitzer ohne dessen Willen den Besitz entzieht oder ihn im Besitze stört, handelt, sofern nicht das Gesetz die Entziehung oder die Störung gestattet, widerrechtlich (verbotene Eigenmacht).

Der durch verbotene Eigenmacht erlangte Besitz ist fehlerhaft. Die Fehlerhaftigkeit muß der Nachfolger im Besitze gegen sich gelten lassen, wenn er Erbe des Besitzers ist oder die Fehlerhaftigkeit des Besitzes seines Vorgängers bei dem Erwerbe kennt.

Selbsthülfe.

§ 859. Der Besitzer darf sich verbotener Eigenmacht mit Gewalt erwehren.

Wird eine bewegliche Sache dem Besitzer mittelst verbotener Eigenmacht weggenommen, so darf er sie dem auf frischer That betroffenen oder verfolgten Thäter mit Gewalt wiederabnehmen.

Wird dem Besitzer eines Grundstücks der Besitz durch verbotene Eigenmacht entzogen, so darf er sofort nach der Entziehung sich des Besitzes durch Entsetzung des Thäters wiederbemächtigen.

Die gleichen Rechte stehen dem Besitzer gegen denjenigen zu, welcher nach § 858 Abs. 2 die Fehlerhaftigkeit des Besitzes gegen sich gelten lassen muß.

§ 860. Zur Ausübung der dem Besitzer nach § 859 zustehenden Rechte ist auch derjenige befugt, welcher die thatsächliche Gewalt nach § 855 für den Besitzer ausübt.

Gerichtlicher Schutz. *1. Bei Entziehung.*

§ 861. Wird der Besitz durch verbotene Eigenmacht dem Besitzer entzogen, so kann dieser die Wiedereinräumung des Besitzes von demjenigen verlangen, welcher ihm gegenüber fehlerhaft besitzt.

Der Anspruch ist ausgeschlossen, wenn der entzogene Besitz dem gegenwärtigen Besitzer oder dessen Rechtsvorgänger gegenüber fehlerhaft war und in dem letzten Jahre vor der Entziehung erlangt worden ist.

2. Bei Störung.

§ 862. Wird der Besitzer durch verbotene Eigenmacht im Besitze gestört, so kann er von dem Störer die Beseitigung der Störung verlangen. Sind weitere Störungen zu besorgen, so kann der Besitzer auf Unterlassung klagen.

Der Anspruch ist ausgeschlossen, wenn der Besitzer dem Störer oder dessen Rechtsvorgänger gegenüber fehlerhaft besitzt und der Besitz in dem letzten Jahre vor der Störung erlangt worden ist.

— Entgegenstehende Rechte.

§ 863. Gegenüber den in den §§ 861, 862 bestimmten Ansprüchen kann ein Recht zum Besitz oder zur Vornahme der störenden Handlung nur zur Begründung der Behauptung geltend gemacht werden, daß die Entziehung oder die Störung des Besitzes nicht verbotene Eigenmacht sei.

— Erlöschen.

§ 864. Ein nach den §§ 861, 862 begründeter Anspruch erlischt mit dem Ablauf eines Jahres nach der Verübung der verbotenen Eigenmacht, wenn nicht vorher der Anspruch im Wege der Klage geltend gemacht wird.

Das Erlöschen tritt auch dann ein, wenn nach der Verübung der verbotenen Eigenmacht durch rechtskräftiges Urtheil festgestellt wird, daß dem Thäter ein Recht an der Sache zusteht, vermöge dessen er die Herstellung eines seiner Handlungsweise entsprechenden Besitzstandes verlangen kann.

Theilbesitz.

§ 865. Die Vorschriften der §§ 858 bis 864 gelten auch zu Gunsten desjenigen, welcher nur einen Theil einer Sache, insbesondere abgesonderte Wohnräume oder andere Räume, besitzt.

Mitbesitz.

§ 866. Besitzen Mehrere eine Sache gemeinschaftlich, so findet in ihrem Verhältnisse zu einander ein Besitzschutz insoweit nicht statt, als es sich um die Grenzen des den Einzelnen zustehenden Gebrauchs handelt.

Aufsuchung und Wegschaffung einer Sache.

§ 867. Ist eine Sache aus der Gewalt des Besitzers auf ein im Besitz eines Anderen befindliches Grundstück gelangt, so hat ihm der Besitzer des Grundstücks die Aufsuchung und die Wegschaffung zu gestatten, sofern nicht die Sache inzwischen in Besitz genommen worden ist. Der Besitzer des Grundstücks kann Ersatz des durch die Aufsuchung und die Wegschaffung entstehenden Schadens verlangen. Er kann, wenn die Entstehung eines Schadens zu besorgen ist, die Gestattung verweigern, bis ihm Sicherheit geleistet wird; die Verweigerung ist unzulässig, wenn mit dem Aufschube Gefahr verbunden ist.

Mittelbarer Besitz.

§ 868. Besitzt Jemand eine Sache als Nießbraucher, Pfandgläubiger, Pächter, Miether, Verwahrer oder in einem ähnlichen Verhältnisse, vermöge dessen er einem Anderen gegenüber auf Zeit zum Besitze berechtigt oder verpflichtet ist, so ist auch der Andere Besitzer (mittelbarer Besitz).

— Ansprüche des mittelbaren Besitzers.

§ 869. Wird gegen den Besitzer verbotene Eigenmacht verübt, so stehen die in den §§ 861, 862 bestimmten Ansprüche auch dem mittelbaren Besitzer zu. Im Falle der Entziehung des Besitzes ist der mittelbare Besitzer berechtigt, die Wiedereinräumung des Besitzes an den bisherigen Besitzer zu verlangen; kann oder will dieser den Besitz nicht wiederübernehmen, so kann der mittelbare Besitzer verlangen, daß ihm selbst der Besitz eingeräumt wird. Unter der gleichen Voraussetzung kann er im Falle des § 867 verlangen, daß ihm die Aufsuchung und Wegschaffung der Sache gestattet wird.

— Uebertragung des mittelbaren Besitzes.

§ 870. Der mittelbare Besitz kann dadurch auf einen Anderen übertragen werden, daß diesem der Anspruch auf Herausgabe der Sache abgetreten wird.

— Entfernt mittelbarer Besitz.

§ 871. Steht der mittelbare Besitzer zu einem Dritten in einem Verhältnisse der im § 868 bezeichneten Art, so ist auch der Dritte mittelbarer Besitzer.

Eigenbesitz.

§ 872. Wer eine Sache als ihm gehörend besitzt, ist Eigenbesitzer.

Zweiter Abschnitt.

Allgemeine Vorschriften über Rechte an Grundstücken.

Entstehung — Uebertragung.

§ 873. Zur Uebertragung des Eigenthums an einem Grundstücke, zur Belastung eines Grundstücks mit einem Rechte sowie zur Uebertragung oder Belastung eines solchen Rechtes ist die Einigung des Berechtigten und des anderen Theiles über den Eintritt der Rechtsänderung und die Eintragung der Rechtsänderung in das Grundbuch erforderlich, soweit nicht das Gesetz ein Anderes vorschreibt.

Vor der Eintragung sind die Betheiligten an die Einigung nur gebunden, wenn die Erklärungen gerichtlich oder notariell beurkundet oder vor dem Grundbuchamt abgegeben oder bei diesem eingereicht sind oder wenn der Berechtigte dem anderen Theile eine den Vorschriften der Grundbuchordnung entsprechende Eintragungsbewilligung ausgehändigt hat.

§ 874. Bei der Eintragung eines Rechtes, mit dem ein Grundstück belastet wird, kann zur näheren Bezeichnung des Inhalts des Rechtes auf die Eintragungsbewilligung Bezug genommen werden, soweit nicht das Gesetz ein Anderes vorschreibt.

Aufhebung.

§ 875. Zur Aufhebung eines Rechtes an einem Grundstück ist, soweit nicht das Gesetz ein Anderes vorschreibt, die Erklärung des Berechtigten, daß er das Recht aufgebe, und die Löschung des Rechtes im Grundbuch erforderlich. Die Erklärung ist dem Grundbuchamt oder demjenigen gegenüber abzugeben, zu dessen Gunsten sie erfolgt.

Vor der Löschung ist der Berechtigte an seine Erklärung nur gebunden, wenn er sie dem Grundbuchamte gegenüber abgegeben oder demjenigen, zu dessen Gunsten sie erfolgt, eine den Vorschriften der Grundbuchordnung entsprechende Löschungsbewilligung ausgehändigt hat.

Zustimmung Dritter.

§ 876. Ist ein Recht an einem Grundstücke mit dem Rechte eines Dritten belastet, so ist zur Aufhebung des belasteten Rechtes die Zustimmung des Dritten erforderlich. Steht das aufzuhebende Recht dem jeweiligen Eigenthümer eines anderen Grundstücks zu, so ist, wenn dieses Grundstück mit dem Rechte eines Dritten belastet ist, die Zustimmung des Dritten erforderlich, es sei denn, daß dessen Recht durch die Aufhebung nicht berührt wird. Die Zustimmung ist dem Grundbuchamt oder demjenigen gegenüber zu erklären, zu dessen Gunsten sie erfolgt; sie ist unwiderruflich.

Aenderung des Inhalts eines Rechtes.

§ 877. Die Vorschriften der §§ 873, 874, 876 finden auch auf Aenderungen des Inhalts eines Rechtes an einem Grundstück Anwendung.

Nachträgliche Verfügungsbeschränkungen.

§ 878. Eine von dem Berechtigten in Gemäßheit der §§ 873, 875, 877 abgegebene Erklärung wird nicht dadurch unwirksam, daß der Berechtigte in der Verfügung beschränkt wird, nachdem die Erklärung für ihn bindend geworden und der Antrag auf Eintragung bei dem Grundbuchamte gestellt worden ist.

Rangverhältniss.

§ 879. Das Rangverhältniß unter mehreren Rechten, mit denen ein Grundstück belastet ist, bestimmt sich, wenn die Rechte in derselben Abtheilung des Grundbuchs eingetragen sind, nach der Reihenfolge der Eintragungen. Sind die Rechte in verschiedenen Abtheilungen eingetragen, so hat das unter Angabe eines früheren Tages eingetragene Recht den Vorrang; Rechte, die unter Angabe desselben Tages eingetragen sind, haben gleichen Rang.

Die Eintragung ist für das Rangverhältniß auch dann maßgebend, wenn die nach § 873 zum Erwerbe des Rechtes erforderliche Einigung erst nach der Eintragung zu Stande gekommen ist.

Eine abweichende Bestimmung des Rangverhältnisses bedarf der Eintragung in das Grundbuch.

— Nachträgliche Aenderung des Rangverhältnisses.

§ 880. Das Rangverhältniß kann nachträglich geändert werden.

Zu der Rangänderung ist die Einigung des zurücktretenden und des vortretenden Berechtigten und die Eintragung der Aenderung in das Grundbuch erforderlich; die Vorschriften des § 873 Abs. 2 und des § 878 finden Anwendung. Soll eine Hypothek, eine Grundschuld oder eine Rentenschuld zurücktreten, so ist außerdem die Zustimmung des Eigenthümers erforderlich. Die Zustimmung ist dem Grundbuchamt oder einem der Betheiligten gegenüber zu erklären; sie ist unwiderruflich.

Ist das zurücktretende Recht mit dem Rechte eines Dritten belastet, so finden die Vorschriften des § 876 entsprechende Anwendung.

Der dem vortretenden Rechte eingeräumte Rang geht nicht dadurch verloren, daß das zurücktretende Recht durch Rechtsgeschäft aufgehoben wird.

Rechte, die den Rang zwischen dem zurücktretenden und dem vortretenden Rechte haben, werden durch die Rangänderung nicht berührt.

— Vorbehalt der Rangeinräumung.

§ 881. Der Eigenthümer kann sich bei der Belastung des Grundstücks mit einem Rechte die Befugniß vorbehalten, ein anderes, dem Umfange nach bestimmtes Recht mit dem Range vor jenem Rechte eintragen zu lassen.

Der Vorbehalt bedarf der Eintragung in das Grundbuch; die Eintragung muß bei dem Rechte erfolgen, das zurücktreten soll.

Wird das Grundstück veräußert, so geht die vorbehaltene Befugniß auf den Erwerber über.

Ist das Grundstück vor der Eintragung des Rechtes, dem der Vorrang beigelegt ist, mit einem Rechte ohne einen entsprechenden Vorbehalt belastet worden, so hat der Vorrang insoweit keine Wirkung, als das mit dem Vorbehalt eingetragene Recht in Folge der inzwischen eingetretenen Belastung eine über den Vorbehalt hinausgehende Beeinträchtigung erleiden würde.

Eintragung des Höchstbetrages des Ersatzes.

§ 882. Wird ein Grundstück mit einem Rechte belastet, für welches nach den für die Zwangsversteigerung geltenden Vorschriften dem Berechtigten im Falle des Erlöschens durch den Zuschlag der Werth aus dem Erlöse zu ersetzen ist, so kann der Höchstbetrag des Ersatzes bestimmt werden. Die Bestimmung bedarf der Eintragung in das Grundbuch.

Vormerkung.

§ 883. Zur Sicherung des Anspruchs auf Einräumung oder Aufhebung eines Rechtes an einem Grundstück oder an einem das Grundstück belastenden Rechte oder auf Aenderung des Inhalts oder des Ranges eines solchen Rechtes kann eine Vormerkung in das Grundbuch eingetragen werden. Die Eintragung einer Vormerkung ist auch zur Sicherung eines künftigen oder eines bedingten Anspruchs zulässig.

Eine Verfügung, die nach der Eintragung der Vormerkung über das Grundstück oder das Recht getroffen wird, ist insoweit unwirksam, als sie den Anspruch vereiteln oder beeinträchtigen würde. Dies gilt auch, wenn die Verfügung im Wege der Zwangsvollstreckung oder der Arrestvollziehung oder durch den Konkursverwalter erfolgt.

Der Rang des Rechtes, auf dessen Einräumung der Anspruch gerichtet ist, bestimmt sich nach der Eintragung der Vormerkung.

— **Haftung des Erben.**

§ 884. Soweit der Anspruch durch die Vormerkung gesichert ist, kann sich der Erbe des Verpflichteten nicht auf die Beschränkung seiner Haftung berufen.

— **Titel der Vormerkung.**

§ 885. Die Eintragung einer Vormerkung erfolgt auf Grund einer einstweiligen Verfügung oder auf Grund der Bewilligung desjenigen, dessen Grundstück oder dessen Recht von der Vormerkung betroffen wird. Zur Erlassung der einstweiligen Verfügung ist nicht erforderlich, daß eine Gefährdung des zu sichernden Anspruchs glaubhaft gemacht wird.

Bei der Eintragung kann zur näheren Bezeichnung des zu sichernden Anspruchs auf die einstweilige Verfügung oder die Eintragungsbewilligung Bezug genommen werden.

— **Anspruch auf Beseitigung.**

§ 886. Steht demjenigen, dessen Grundstück oder dessen Recht von der Vormerkung betroffen wird, eine Einrede zu, durch welche die Geltendmachung des durch die Vormerkung gesicherten Anspruchs dauernd ausgeschlossen wird, so kann er von dem Gläubiger die Beseitigung der Vormerkung verlangen.

— **Ausschluss des unbekannten Gläubigers.**

§ 887. Ist der Gläubiger, dessen Anspruch durch die Vormerkung gesichert ist, unbekannt, so kann er im Wege des Aufgebotsverfahrens mit seinem Rechte ausgeschlossen werden, wenn die im § 1170 für die Ausschließung eines Hypothekengläubigers bestimmten Voraussetzungen vorliegen. Mit der Erlassung des Ausschlußurtheils erlischt die Wirkung der Vormerkung.

§ 1170*. Wenn seit der letzten, sich auf das Recht beziehenden Eintragung in das Grundbuch zehn Jahre verstrichen sind und das Recht des Gläubigers nicht innerhalb dieser Frist von dem Eigenthümer in einer nach § 208 zur Unterbrechung der Verjährung geeigneten Weise anerkannt worden ist. Besteht für die Forderung eine nach dem Kalender bestimmte Zahlungszeit, so beginnt die Frist nicht vor dem Ablaufe des Zahlungstags.

§ 208. Die Verjährung wird unterbrochen, wenn der Verpflichtete dem Berechtigten gegenüber den Anspruch durch Abschlagzahlung, Zinszahlung, Sicherheitsleistung oder in anderer Weise anerkennt.

— **Wirkung der Vormerkung.**

§ 888. Soweit der Erwerb eines eingetragenen Rechtes oder eines Rechtes an einem solchen Rechte gegenüber demjenigen, zu dessen Gunsten die Vormerkung besteht, unwirksam ist, kann dieser von dem Erwerber die Zustimmung zu der Eintragung oder der Löschung verlangen, die zur Verwirklichung des durch die Vormerkung gesicherten Anspruchs erforderlich ist.

Das Gleiche gilt, wenn der Anspruch durch ein Veräußerungsverbot gesichert ist.

Vereinigung von Rechten.

§ 889. Ein Recht an einem fremden Grundstück erlischt nicht dadurch, daß der Eigenthümer des Grundstücks das Recht oder der Berechtigte das Eigenthum an dem Grundstück erwirbt.

Vereinigung mehrerer Grundstücke. — Zuschreibung im Grundbuch.

§ 890. Mehrere Grundstücke können dadurch zu einem Grundstücke vereinigt werden, daß der Eigenthümer sie als ein Grundstück in das Grundbuch eintragen läßt.

Ein Grundstück kann dadurch zum Bestandtheil eines anderen Grundstücks gemacht werden, daß der Eigenthümer es diesem im Grundbuche zuschreiben läßt.

Vermuthung der Richtigkeit des Grundbuchs.

§ 891. Ist im Grundbuche für Jemand ein Recht eingetragen, so wird vermuthet, daß ihm das Recht zustehe.

Ist im Grundbuch ein eingetragenes Recht gelöscht, so wird vermuthet, daß das Recht nicht bestehe.

Oeffentlicher Glaube des Grundbuchs.

§ 892. Zu Gunsten desjenigen, welcher ein Recht an einem Grundstück oder ein Recht an einem solchen Rechte durch Rechtsgeschäft erwirbt, gilt der Inhalt des Grundbuchs als richtig, es sei denn, daß ein Widerspruch gegen die Richtigkeit eingetragen oder die Unrichtigkeit dem Erwerber bekannt ist. Ist der Berechtigte in der Verfügung über ein im Grundbuch eingetragenes Recht zu Gunsten einer bestimmten Person beschränkt, so ist die Beschränkung dem Erwerber gegenüber nur wirksam, wenn sie aus dem Grundbuch ersichtlich oder dem Erwerber bekannt ist.

Ist zu dem Erwerbe des Rechtes die Eintragung erforderlich, so ist für die Kenntniß des Erwerbers die Zeit der Stellung des Antrags auf Eintragung oder, wenn die nach § 873 erforderliche Einigung erst später zu Stande kommt, die Zeit der Einigung maßgebend.

§ 893. Die Vorschriften des § 892 finden entsprechende Anwendung, wenn an denjenigen, für welchen ein Recht im Grundbuch eingetragen ist, auf Grund dieses Rechtes eine Leistung bewirkt oder wenn zwischen ihm und einem Anderen in Ansehung dieses Rechtes ein nicht unter die Vorschriften des § 892 fallendes Rechtsgeschäft vorgenommen wird, das eine Verfügung über das Recht enthält.

Anspruch auf Berichtigung des Grundbuchs.

§ 894. Steht der Inhalt des Grundbuchs in Ansehung eines Rechtes an dem Grundstück, eines Rechtes an einem solchen Rechte oder einer Verfügungsbeschränkung der im § 892 Abs. 1 bezeichneten Art mit der wirklichen Rechtslage nicht im Einklange, so kann derjenige, dessen Recht nicht oder nicht richtig eingetragen oder durch die Eintragung einer nicht bestehenden Belastung oder Beschränkung beeinträchtigt ist, die Zustimmung zu der Berichtigung des Grundbuchs von demjenigen verlangen, dessen Recht durch die Berichtigung betroffen wird.

§ 895. Kann die Berichtigung des Grundbuchs erst erfolgen, nachdem das Recht des nach § 894 Verpflichteten eingetragen worden ist, so hat dieser auf Verlangen sein Recht eintragen zu lassen.

§ 896. Ist zur Berichtigung des Grundbuchs die Vorlegung eines Hypotheken-, Grundschuld- oder Rentenschuldbriefs erforderlich, so kann derjenige, zu dessen Gunsten die Berichtigung erfolgen soll, von dem Besitzer des Briefes verlangen, daß der Brief dem Grundbuchamte vorgelegt wird.

§ 897. Die Kosten der Berichtigung des Grundbuchs und der dazu erforderlichen Erklärungen hat derjenige zu tragen, welcher die Berichtigung verlangt, sofern nicht aus einem zwischen ihm und dem Verpflichteten bestehenden Rechtsverhältnisse sich ein Anderes ergiebt.

§ 898. Die in den §§ 894 bis 896 bestimmten Ansprüche unterliegen nicht der Verjährung.

Widerspruch.

§ 899. In den Fällen des § 894 kann ein Widerspruch gegen die Richtigkeit des Grundbuchs eingetragen werden.

Die Eintragung erfolgt auf Grund einer einstweiligen Verfügung oder auf Grund einer Bewilligung desjenigen, dessen Recht durch die Berichtigung des Grundbuchs betroffen wird. Zur Erlassung der einstweiligen Verfügung ist nicht erforderlich, daß eine Gefährdung des Rechtes des Widersprechenden glaubhaft gemacht wird.

Ersitzung durch den Eingetragenen.

§ 900. Wer als Eigenthümer eines Grundstücks im Grundbuch eingetragen ist, ohne daß er das Eigenthum erlangt hat, erwirbt das Eigenthum, wenn die Eintragung dreißig Jahre bestanden und er während dieser Zeit das Grundstück im Eigenbesitze gehabt hat. Die dreißigjährige Frist wird in derselben Weise berechnet wie die Frist für die Ersitzung einer beweglichen Sache. Der Lauf der Frist ist gehemmt, solange ein Widerspruch gegen die Richtigkeit der Eintragung im Grundbuch eingetragen ist.

Diese Vorschriften finden entsprechende Anwendung, wenn für Jemand ein ihm nicht zustehendes anderes Recht im Grundbuch eingetragen ist, das zum Besitze des Grundstücks berechtigt oder dessen Ausübung nach den für den Besitz geltenden Vorschriften geschützt ist. Für den Rang des Rechtes ist die Eintragung maßgebend.

Verjährung gelöschter oder nicht eingetragener Rechte.

§ 901. Ist ein Recht an einem fremden Grundstück im Grundbuche mit Unrecht gelöscht, so erlischt es, wenn der Anspruch des Berechtigten gegen den Eigenthümer verjährt ist. Das Gleiche gilt, wenn ein kraft Gesetzes entstandenes Recht an einem fremden Grundstücke nicht in das Grundbuch eingetragen worden ist.

Unverjährbarkeit eingetragener Rechte.

§ 902. Die Ansprüche aus eingetragenen Rechten unterliegen nicht der Verjährung. Dies gilt nicht für Ansprüche, die auf Rückstände wiederkehrender Leistungen oder auf Schadensersatz gerichtet sind.

Ein Recht, wegen dessen ein Widerspruch gegen die Richtigkeit des Grundbuchs eingetragen ist, steht einem eingetragenen Rechte gleich.

Dritter Abschnitt.

Eigenthum.

Erster Titel.

Inhalt des Eigenthums.

Rechte des Eigenthümers.

§ 903. Der Eigenthümer einer Sache kann, soweit nicht das Gesetz oder Rechte Dritter entgegenstehen, mit der Sache nach Belieben verfahren und Andere von jeder Einwirkung ausschließen.

Nothstand.

§ 904. Der Eigenthümer einer Sache ist nicht berechtigt, die Einwirkung eines Anderen auf die Sache zu verbieten, wenn die Einwirkung zur Abwendung einer gegenwärtigen Gefahr nothwendig und der drohende Schaden gegenüber dem aus der Einwirkung dem Eigenthümer entstehenden Schaden unverhältnißmäßig groß ist. Der Eigenthümer kann Ersatz des ihm entstehenden Schadens verlangen.

Grenze eines Grundstücks nach oben und unten.

§ 905. Das Recht des Eigenthümers eines Grundstücks erstreckt sich auf den Raum über der Oberfläche und auf den Erdkörper unter der Oberfläche. Der Eigenthümer kann jedoch Einwirkungen nicht verbieten, die in solcher Höhe oder Tiefe vorgenommen werden, daß er an der Ausschließung kein Interesse hat.

Einwirkungen.

§ 906. Der Eigenthümer eines Grundstücks kann die Zuführung von Gasen, Dämpfen, Gerüchen, Rauch, Ruß, Wärme, Geräusch, Erschütterungen und ähnliche von einem anderen Grundstück ausgehende Einwirkungen insoweit nicht verbieten, als die Einwirkung die Benutzung seines Grundstücks nicht oder nur unwesentlich beeinträchtigt oder durch eine Benutzung des anderen Grundstücks herbeigeführt wird, die nach den örtlichen Verhältnissen bei Grundstücken dieser Lage gewöhnlich ist. Die Zuführung durch eine besondere Leitung ist unzulässig.

— Anlagen auf dem Nachbargrundstücke.

§ 907. Der Eigenthümer eines Grundstücks kann verlangen, daß auf den Nachbargrundstücken nicht Anlagen hergestellt oder gehalten werden, von denen mit Sicherheit vorauszusehen ist, daß ihr Bestand oder ihre Benutzung eine unzulässige Einwirkung auf sein Grundstück zur Folge hat. Genügt eine Anlage den landesgesetzlichen Vorschriften, die einen bestimmten Abstand von der Grenze oder sonstige Schutzmaßregeln vorschreiben, so kann die Beseitigung der Anlage erst verlangt werden, wenn die unzulässige Einwirkung thatsächlich hervortritt.

Bäume und Sträucher gehören nicht zu den Anlagen im Sinne dieser Vorschriften.

Dieser Anspruch unterliegt nicht der Verjährung (§ 924).

Drohender Einsturz eines Gebäudes.

§ 908. Droht einem Grundstücke die Gefahr, daß es durch den Einsturz eines Gebäudes oder eines anderen Werkes, das mit einem Nachbargrundstücke verbunden ist, oder durch die Ablösung von Theilen des Gebäudes oder des Werkes beschädigt wird, so kann der Eigenthümer von demjenigen, welcher nach dem § 836 Abs. 1 oder den §§ 837, 838 für den eintretenden Schaden verantwortlich sein würde, verlangen, daß er die zur Abwendung der Gefahr erforderliche Vorkehrung trifft.

Dieser Anspruch unterliegt nicht der Verjährung (§ 924).

§ 836 Abs. 1* Der Besitzer des Nachbargrundstücks.

§ 837*. Wer auf einem fremden Grundstücke in Ausübung eines Rechtes ein Gebäude oder ein anderes Werk besitzt.

§ 838* Wer die Unterhaltung eines Gebäudes oder eines mit einem Grundstücke verbundenen Werkes für den Besitzer übernimmt oder das Gebäude oder das Werk vermöge eines ihm zustehenden Nutzungsrechts zu unterhalten hat.

Vertiefung eines Grundstücks.

§ 909. Ein Grundstück darf nicht in der Weise vertieft werden, daß der Boden des Nachbargrundstücks die erforderliche Stütze verliert, es sei denn, daß für eine genügende anderweitige Befestigung gesorgt ist.

Dieser Anspruch unterliegt nicht der Verjährung (§ 924).

Ueberhangsrecht.

§ 910. Der Eigenthümer eines Grundstücks kann Wurzeln eines Baumes oder eines Strauches, die von einem Nachbargrundstück eingedrungen sind, abschneiden und behalten. Das Gleiche gilt von herüberragenden Zweigen, wenn der Eigenthümer dem Besitzer des Nachbargrundstücks eine angemessene Frist zur Beseitigung bestimmt hat und die Beseitigung nicht innerhalb der Frist erfolgt.

Dem Eigenthümer steht dieses Recht nicht zu, wenn die Wurzeln oder die Zweige die Benutzung des Grundstücks nicht beeinträchtigen.

Ueberfallsrecht.

§ 911. Früchte, die von einem Baume oder einem Strauche auf ein Nachbargrundstück hinüberfallen, gelten als Früchte dieses Grundstücks. Diese Vorschrift findet keine Anwendung, wenn das Nachbargrundstück dem öffentlichen Gebrauche dient.

Ueberbau.

§ 912. Hat der Eigenthümer eines Grundstücks bei der Errichtung eines Gebäudes über die Grenze gebaut, ohne daß ihm Vorsatz oder grobe Fahrlässigkeit zur Last fällt, so hat der Nachbar den Ueberbau zu dulden, es sei denn, daß er vor oder sofort nach der Grenzüberschreitung Widerspruch erhoben hat.

Der Nachbar ist durch eine Geldrente zu entschädigen. Für die Höhe der Rente ist die Zeit der Grenzüberschreitung maßgebend.

§ 913. Die Rente für den Ueberbau ist dem jeweiligen Eigenthümer des Nachbargrundstücks von dem jeweiligen Eigenthümer des anderen Grundstücks zu entrichten.

Die Rente ist jährlich im voraus zu entrichten.

§ 914. Das Recht auf die Rente geht allen Rechten an dem belasteten Grundstück, auch den älteren, vor. Es erlischt mit der Beseitigung des Ueberbaues.

Das Recht wird nicht in das Grundbuch eingetragen. Zum Verzicht auf das Recht sowie zur Feststellung der Höhe der Rente durch Vertrag ist die Eintragung erforderlich.

Im Uebrigen finden die Vorschriften Anwendung, die für eine zu Gunsten des jeweiligen Eigenthümers eines Grundstücks bestehende Reallast gelten.

§ 915. Der Rentenberechtigte kann jederzeit verlangen, daß der Rentenpflichtige ihm gegen Uebertragung des Eigenthums an dem überbauten Theile des Grundstücks den Werth ersetzt, den dieser Theil zur Zeit der Grenzüberschreitung gehabt hat. Macht er von dieser Befugniß Gebrauch, so bestimmen sich die Rechte und Verpflichtungen beider Theile nach den Vorschriften über den Kauf.

Für die Zeit bis zur Uebertragung des Eigenthums ist die Rente fortzuentrichten.

Dieser Anspruch unterliegt nicht der Verjährung (§ 924).

§ 916. Wird durch den Ueberbau ein Erbbaurecht oder eine Dienstbarkeit an dem Nachbargrundstücke beeinträchtigt, so finden zu Gunsten des Berechtigten die Vorschriften der §§ 912 bis 914 entsprechende Anwendung.

Nothweg.

§ 917. Fehlt einem Grundstücke die zur ordnungsmäßigen Benutzung nothwendige Verbindung mit einem öffentlichen Wege, so kann der Eigenthümer von den Nachbarn verlangen, daß sie bis zur Hebung des Mangels die Benutzung ihrer Grundstücke zur Herstellung der erforderlichen Verbindung dulden. Die Richtung des Nothwegs und der Umfang des Benutzungsrechts werden erforderlichen Falles durch Urtheil bestimmt.

Die Nachbarn, über deren Grundstücke der Nothweg führt, sind durch eine Geldrente zu entschädigen. Die Vorschriften des § 912 Abs. 2 Satz 2 und der §§ 913, 914, 916 finden entsprechende Anwendung.

Der Anspruch, welcher sich aus dem § 917 Abs. 1 ergiebt, unterliegt nicht der Verjährung (§ 924).

§ 918. Die Verpflichtung zur Duldung des Nothwegs tritt nicht ein, wenn die bisherige Verbindung des Grundstücks mit dem öffentlichen Wege durch eine willkürliche Handlung des Eigenthümers aufgehoben wird.

Wird in Folge der Veräußerung eines Theiles des Grundstücks der veräußerte oder der zurückbehaltene Theil von der Verbindung mit dem öffentlichen Wege abgeschnitten, so hat der Eigenthümer desjenigen Theiles, über welchen die Verbindung bisher stattgefunden hat, den Nothweg zu dulden. Der Veräußerung eines Theiles steht die Veräußerung eines von mehreren demselben Eigenthümer gehörenden Grundstücken gleich.

Der Anspruch, welcher sich aus dem § 918 Abs. 2 ergiebt, unterliegt nicht der Verjährung (§ 924).

Grundstücksvermarkung.

§ 919. Der Eigenthümer eines Grundstücks kann von dem Eigenthümer eines Nachbargrundstücks verlangen, daß dieser zur Errichtung fester

Grenzzeichen und, wenn ein Grenzzeichen verrückt oder unkenntlich geworden ist, zur Wiederherstellung mitwirkt.

Die Art der Abmarkung und das Verfahren bestimmen sich nach den Landesgesetzen; enthalten diese keine Vorschriften, so entscheidet die Ortsüblichkeit.

Die Kosten der Abmarkung sind von den Betheiligten zu gleichen Theilen zu tragen, sofern nicht aus einem zwischen ihnen bestehenden Rechtsverhältnisse sich ein Anderes ergiebt.

Dieser Anspruch unterliegt nicht der Verjährung (§ 924).

Grenzstreitigkeiten.

§ 920. Läßt sich im Falle einer Grenzverwirrung die richtige Grenze nicht ermitteln, so ist für die Abgrenzung der Besitzstand maßgebend. Kann der Besitzstand nicht festgestellt werden, so ist jedem der Grundstücke ein gleich großes Stück der streitigen Fläche zuzutheilen.

Soweit eine diesen Vorschriften entsprechende Bestimmung der Grenze zu einem Ergebnisse führt, das mit den ermittelten Umständen, insbesondere mit der feststehenden Größe der Grundstücke, nicht übereinstimmt, ist die Grenze so zu ziehen, wie es unter Berücksichtigung dieser Umstände der Billigkeit entspricht.

Dieser Anspruch unterliegt nicht der Verjährung (§ 924).

Grenzanlagen.

§ 921. Werden zwei Grundstücke durch einen Zwischenraum, Rain, Winkel, einen Graben, eine Mauer, Hecke, Planke oder eine andere Einrichtung, die zum Vortheile beider Grundstücke dient, von einander geschieden, so wird vermuthet, daß die Eigenthümer der Grundstücke zur Benutzung der Einrichtung gemeinschaftlich berechtigt seien, sofern nicht äußere Merkmale darauf hinweisen, daß die Einrichtung einem der Nachbarn allein gehört.

§ 922. Sind die Nachbarn zur Benutzung einer der im § 921 bezeichneten Einrichtungen gemeinschaftlich berechtigt, so kann jeder sie zu dem Zwecke, der sich aus ihrer Beschaffenheit ergiebt, insoweit benutzen, als nicht die Mitbenutzung des anderen beeinträchtigt wird. Die Unterhaltungskosten sind von den Nachbarn zu gleichen Theilen zu tragen. Solange einer der Nachbarn an dem Fortbestande der Einrichtung ein Interesse hat, darf sie nicht ohne seine Zustimmung beseitigt oder geändert werden. Im Uebrigen bestimmt sich das Rechtsverhältniß zwischen den Nachbarn nach den Vorschriften über die Gemeinschaft.

Baum auf der Grenze.

§ 923. Steht auf der Grenze ein Baum, so gebühren die Früchte und, wenn der Baum gefällt wird, auch der Baum den Nachbarn zu gleichen Theilen.

Jeder der Nachbarn kann die Beseitigung des Baumes verlangen. Die Kosten der Beseitigung fallen den Nachbarn zu gleichen Theilen zur Last. Der Nachbar, der die Beseitigung verlangt, hat jedoch die Kosten allein zu tragen, wenn der andere auf sein Recht an dem Baume verzichtet; er erwirbt in diesem Falle mit der Trennung das Alleineigenthum. Der Anspruch auf die Beseitigung ist ausgeschlossen, wenn der Baum als Grenzzeichen dient und den Umständen nach nicht durch ein anderes zweckmäßiges Grenzzeichen ersetzt werden kann.

Diese Vorschriften gelten auch für einen auf der Grenze stehenden Strauch.

Der Anspruch, welcher sich aus dem Abs. 2 ergiebt, unterliegt nicht der Verjährung (§ 924).

Verjährung.

§ 924. Die Ansprüche, die sich aus den §§ 907 bis 909, 915, dem § 917 Abs. 1, dem § 918 Abs. 2, den §§ 919, 920 und dem § 923 Abs. 2 ergeben, unterliegen nicht der Verjährung.

Zweiter Titel.

Erwerb und Verlust des Eigenthums an Grundstücken.

Auflassung.

§ 925. Die zur Uebertragung des Eigenthums an einem Grundstücke nach § 873 erforderliche Einigung des Veräußerers und des Erwerbers (Auflassung) muß bei gleichzeitiger Anwesenheit beider Theile vor dem Grundbuchamt erklärt werden.

Eine Auflassung, die unter einer Bedingung oder einer Zeitbestimmung erfolgt, ist unwirksam.

Erwerb des Zubehörs.

§ 926. Sind der Veräußerer und der Erwerber darüber einig, daß sich die Veräußerung auf das Zubehör des Grundstücks erstrecken soll, so erlangt der Erwerber mit dem Eigenthum an dem Grundstück auch das Eigenthum an den zur Zeit des Erwerbes vorhandenen Zubehörstücken, soweit sie dem Veräußerer gehören. Im Zweifel ist anzunehmen, daß sich die Veräußerung auf das Zubehör erstrecken soll.

Erlangt der Erwerber auf Grund der Veräußerung den Besitz von Zubehörstücken, die dem Veräußerer nicht gehören oder mit Rechten Dritter belastet sind, so finden die Vorschriften der §§ 932 bis 936 Anwendung; für den guten Glauben des Erwerbers ist die Zeit der Erlangung des Besitzes maßgebend.

§§ 932—936 Erwerb in gutem Glauben.

Ausschliessung des Eigenthümers.

§ 927. Der Eigenthümer eines Grundstücks kann, wenn das Grundstück seit dreißig Jahren im Eigenbesitz eines Anderen ist, im Wege des Aufgebotsverfahrens mit seinem Rechte ausgeschlossen werden. Die Besitzzeit wird in gleicher Weise berechnet wie die Frist für die Ersitzung einer beweglichen Sache. Ist der Eigenthümer im Grundbuch eingetragen, so ist das Aufgebotsverfahren nur zulässig, wenn er gestorben oder verschollen ist und eine Eintragung in das Grundbuch, die der Zustimmung des Eigenthümers bedurfte, seit dreißig Jahren nicht erfolgt ist.

Derjenige, welcher das Ausschlußurtheil erwirkt hat, erlangt das Eigenthum dadurch, daß er sich als Eigenthümer in das Grundbuch eintragen läßt.

Ist vor der Erlassung des Ausschlußurtheils ein Dritter als Eigenthümer oder wegen des Eigenthums eines Dritten ein Widerspruch gegen die Richtigkeit des Grundbuchs eingetragen worden, so wirkt das Urtheil nicht gegen den Dritten.

Verzicht.

§ 928. Das Eigenthum an einem Grundstücke kann dadurch aufgegeben werden, daß der Eigenthümer den Verzicht dem Grundbuchamte gegenüber erklärt und der Verzicht in das Grundbuch eingetragen wird.

Das Recht zur Aneignung des aufgegebenen Grundstücks steht dem Fiskus des Bundesstaats zu, in dessen Gebiete das Grundstück liegt. Der Fiskus erwirbt das Eigenthum dadurch, daß er sich als Eigenthümer in das Grundbuch eintragen läßt.

Dritter Titel.

Erwerb und Verlust des Eigenthums an beweglichen Sachen.

I. Uebertragung.

Uebergabe und Einigung.

§ 929. Zur Uebertragung des Eigenthums an einer beweglichen Sache ist erforderlich, daß der Eigenthümer die Sache dem Erwerber übergiebt und beide darüber einig sind, daß das Eigenthum übergehen soll. Ist der Erwerber im Besitze der Sache, so genügt die Einigung über den Uebergang des Eigenthums.

Ersetzung der Uebergabe
a) bei Vereinbarung mittelbaren Besitzes.

§ 930. Ist der Eigenthümer im Besitze der Sache, so kann die Uebergabe dadurch ersetzt werden, daß zwischen ihm und dem Erwerber ein Rechtsverhältniß vereinbart wird, vermöge dessen der Erwerber den mittelbaren Besitz erlangt.

b) durch Abtretung des Anspruchs auf Herausgabe.

§ 931. Ist ein Dritter im Besitze der Sache, so kann die Uebergabe dadurch ersetzt werden, daß der Eigenthümer dem Erwerber den Anspruch auf Herausgabe der Sache abtritt.

Erwerb in gutem Glauben.

§ 932. Durch eine nach § 929 erfolgte Veräußerung wird der Erwerber auch dann Eigenthümer, wenn die Sache nicht dem Veräußerer gehört, es sei denn, daß er zu der Zeit, zu der er nach diesen Vorschriften das Eigenthum erwerben würde, nicht in gutem Glauben ist. In dem Falle des § 929 Satz 2 gilt dies jedoch nur dann, wenn der Erwerber den Besitz von dem Veräußerer erlangt hatte.

Der Erwerber ist nicht in gutem Glauben, wenn ihm bekannt oder in Folge grober Fahrlässigkeit unbekannt ist, daß die Sache nicht dem Veräußerer gehört.

§ 933. Gehört eine nach § 930 veräußerte Sache nicht dem Veräußerer, so wird der Erwerber Eigenthümer, wenn ihm die Sache von dem Veräußerer übergeben wird, es sei denn, daß er zu dieser Zeit nicht in gutem Glauben ist.

§ 934. Gehört eine nach § 931 veräußerte Sache nicht dem Veräußerer, so wird der Erwerber, wenn der Veräußerer mittelbarer Besitzer der Sache ist, mit der Abtretung des Anspruchs, anderenfalls dann Eigenthümer, wenn er den Besitz der Sache von dem Dritten erlangt, es sei denn, daß er zur Zeit der Abtretung oder des Besitzerwerbes nicht in gutem Glauben ist.

— **Gestohlene und verlorene Sachen.**

§ 935. Der Erwerb des Eigenthums auf Grund der §§ 932 bis 934 tritt nicht ein, wenn die Sache dem Eigenthümer gestohlen worden, verloren gegangen oder sonst abhanden gekommen war. Das Gleiche gilt, falls der Eigenthümer nur mittelbarer Besitzer war, dann, wenn die Sache dem Besitzer abhanden gekommen war.

Diese Vorschriften finden keine Anwendung auf Geld oder Inhaberpapiere sowie auf Sachen, die im Wege öffentlicher Versteigerung veräußert werden.

Rechte Dritter an der Sache.

§ 936. Ist eine veräußerte Sache mit dem Rechte eines Dritten belastet, so erlischt das Recht mit dem Erwerbe des Eigenthums. In dem Falle des § 929 Satz 2 gilt dies jedoch nur dann, wenn der Erwerber den Besitz von dem Veräußerer erlangt hatte. Erfolgt die Veräußerung nach § 930 oder war die nach § 931 veräußerte Sache nicht im mittelbaren Besitze des Veräußerers, so erlischt das Recht des Dritten erst dann, wenn der Erwerber auf Grund der Veräußerung den Besitz der Sache erlangt.

Das Recht des Dritten erlischt nicht, wenn der Erwerber zu der nach Abs. 1 maßgebenden Zeit in Ansehung des Rechtes nicht in gutem Glauben ist.

Steht im Falle des § 931 das Recht dem dritten Besitzer zu, so erlischt es auch dem gutgläubigen Erwerber gegenüber nicht.

II. Ersitzung.

Voraussetzungen.

§ 937. Wer eine bewegliche Sache zehn Jahre im Eigenbesitze hat, erwirbt das Eigenthum (Ersitzung).

Die Ersitzung ist ausgeschlossen, wenn der Erwerber bei dem Erwerbe des Eigenbesitzes nicht in gutem Glauben ist oder wenn er später erfährt, daß ihm das Eigenthum nicht zusteht.

Vermuthung der Fortdauer des Besitzes.

§ 938. Hat Jemand eine Sache am Anfang und am Ende eines Zeitraums im Eigenbesitze gehabt, so wird vermuthet, daß sein Eigenbesitz auch in der Zwischenzeit bestanden habe.

Hemmung und Hinderung der Vollendung.

§ 939. Die Ersitzung kann nicht beginnen und, falls sie begonnen hat, nicht fortgesetzt werden, solange die Verjährung des Eigenthumsanspruchs gehemmt ist oder ihrer Vollendung die Vorschriften der §§ 206, 207 entgegenstehen.

§ 206* Ist eine geschäftsunfähige oder in der Geschäftsfähigkeit beschränkte Person ohne gesetzlichen Vertreter, so wird die gegen sie laufende

Ersitzung nicht vor dem Ablaufe von sechs Monaten nach dem Zeitpunkte vollendet, in welchem die Person unbeschränkt geschäftsfähig wird oder der Mangel der Vertretung aufhört.

Diese Vorschriften finden keine Anwendung, soweit eine in der Geschäftsfähigkeit beschränkte Person prozessfähig ist.

§ 207*. Die Ersitzung einer Sache, die zu einem Rücklasse gehört, wird nicht vor dem Ablaufe von sechs Monaten nach dem Zeitpunkte vollendet, in welchem die Erbschaft von dem Erben angenommen oder der Konkurs über den Nachlass eröffnet wird oder von welchem an der Anspruch von einem Vertreter oder gegen einen Vertreter geltend gemacht werden kann.

Unterbrechung.

§ 940. Die Ersitzung wird durch den Verlust des Eigenbesitzes unterbrochen.

Die Unterbrechung gilt als nicht erfolgt, wenn der Eigenbesitzer den Eigenbesitz ohne seinen Willen verloren und ihn binnen Jahresfrist oder mittelst einer innerhalb dieser Frist erhobenen Klage wiedererlangt hat.

§ 941. Die Ersitzung wird unterbrochen, wenn der Eigenthumsanspruch gegen den Eigenbesitzer oder im Falle eines mittelbaren Eigenbesitzes gegen den Besitzer gerichtlich geltend gemacht wird, der sein Recht zum Besitze von dem Eigenbesitzer ableitet; die Unterbrechung tritt jedoch nur zu Gunsten desjenigen ein, welcher sie herbeiführt. Die für die Verjährung geltenden Vorschriften der §§ 209 bis 212, 216, 219, 220 finden entsprechende Anwendung.

§ 209* Die Ersitzung wird unterbrochen, wenn der Berechtigte auf Befriedigung oder auf Feststellung des Anspruchs, auf Ertheilung der Vollstreckungsklausel oder auf Erlassung des Vollstreckungsurtheils Klage erhebt.

Der Erhebung der Klage stehen gleich:

2. die Anmeldung des Anspruchs im Konkurse;
4 die Streitverkündung in dem Prozesse, von dessen Ausgange der Anspruch abhängt;
5 die Vornahme einer Vollstreckungshandlung und, soweit die Zwangsvollstreckung den Gerichten oder anderen Behörden zugewiesen ist, die Stellung des Antrags auf Zwangsvollstreckung

§ 210* Hängt die Zulässigkeit des Rechtsweges von der Vorentscheidung einer Behörde ab oder hat die Bestimmung des zuständigen Gerichts durch ein höheres Gericht zu erfolgen, so wird die Ersitzung durch die Einreichung des Gesuchs an die Behörde oder das höhere Gericht in gleicher Weise wie durch Klagerhebung unterbrochen, wenn die Klage binnen drei Monaten nach der Erledigung des Gesuchs erhoben wird. Auf diese Frist finden die Vorschriften der §§ 203, 206, 207 entsprechende Anwendung

§ 203. Der Lauf der Frist ist gehemmt, solange der Berechtigte durch Stillstand der Rechtspflege innerhalb der Frist an der Rechtsverfolgung verhindert ist.*

Das Gleiche gilt, wenn eine solche Verhinderung in anderer Weise durch höhere Gewalt herbeigeführt wird.

§ 206. Ist eine geschäftsunfähige oder in der Geschäftsfähigkeit beschränkte Person ohne gesetzlichen Vertreter, so wird die gegen sie laufende Frist nicht vor dem Ablaufe von drei Monaten nach dem Zeitpunkte vollendet, in welchem die Person unbeschränkt geschäftsfähig wird oder der Mangel der Vertretung aufhört.*

Diese Vorschriften finden keine Anwendung, soweit eine in der Geschäftsfähigkeit beschränkte Person prozessfähig ist.

§ 207. Gehört der Anspruch zu einem Rücklasse, so wird die Frist nicht vor dem Ablaufe von drei Monaten nach dem Zeitpunkte vollendet, in*

welchem die Erbschaft von dem Erben angenommen oder der Konkurs über den Nachlass eröffnet wird oder von welchem an der Anspruch von einem Vertreter geltend gemacht werden kann.

§ 211*. Die Unterbrechung durch Klagerhebung dauert fort, bis der Prozess rechtskräftig entschieden oder anderweitig erledigt ist.

Geräth der Prozess in Folge einer Vereinbarung oder dadurch, dass er nicht betrieben wird, in Stillstand, so endigt die Unterbrechung mit der letzten Prozesshandlung der Parteien oder des Gerichts. Die nach der Beendigung der Unterbrechung beginnende neue Ersitzung wird dadurch, dass eine der Parteien den Prozess weiter betreibt, in gleicher Weise wie durch Klagerhebung unterbrochen.

§ 212* Die Unterbrechung durch Klagerhebung gilt als nicht erfolgt, wenn die Klage zurückgenommen oder durch ein nicht in der Sache selbst entscheidendes Urtheil rechtskräftig abgewiesen wird.

Erhebt der Berechtigte binnen sechs Monaten von neuem Klage, so gilt die Ersitzung als durch die Erhebung der ersten Klage unterbrochen. Auf diese Frist finden die Vorschriften der §§ 203, 206, 207 entsprechende Anwendung.

§§ 203, 206 und 207 s. bei § 210.

§ 216. Die Unterbrechung durch Vornahme einer Vollstreckungshandlung gilt als nicht erfolgt, wenn die Vollstreckungsmassregel auf Antrag des Berechtigten oder wegen Mangels der gesetzlichen Voraussetzungen aufgehoben wird.

Die Unterbrechung durch Stellung des Antrags auf Zwangsvollstreckung gilt als nicht erfolgt, wenn dem Antrage nicht stattgegeben oder der Antrag vor der Vornahme der Vollstreckungshandlung zurückgenommen oder die erwirkte Vollstreckungsmassregel nach Abs. 1 aufgehoben wird.

§ 219* Als rechtskräftige Entscheidung im Sinne des § 211 Abs. 1 gilt auch ein unter Vorbehalt ergangenes rechtskräftiges Urtheil.

§ 220* Ist der Anspruch vor einem Schiedsgericht oder einem besonderen Gerichte, vor einem Verwaltungsgericht oder einer Verwaltungsbehörde geltend zu machen, so finden die angeführten Vorschriften entsprechende Anwendung.

Sind in dem Schiedsvertrage die Schiedsrichter nicht ernannt oder ist die Ernennung eines Schiedsrichters aus einem anderen Grunde erforderlich oder kann das Schiedsgericht erst nach der Erfüllung einer sonstigen Voraussetzung angerufen werden, so wird die Ersitzung schon dadurch unterbrochen, dass der Berechtigte das zur Erledigung der Sache seinerseits Erforderliche vornimmt.

— Wirkung der Unterbrechung.

§ 942. Wird die Ersitzung unterbrochen, so kommt die bis zur Unterbrechung verstrichene Zeit nicht in Betracht; eine neue Ersitzung kann erst nach der Beendigung der Unterbrechung beginnen.

Anrechnung der Ersitzungszeit eines früheren Besitzers.

§ 943. Gelangt die Sache durch Rechtsnachfolge in den Eigenbesitz eines Dritten, so kommt die während des Besitzes des Rechtsvorgängers verstrichene Ersitzungszeit dem Dritten zu Statten.

§ 944. Die Ersitzungszeit, die zu Gunsten eines Erbschaftsbesitzers verstrichen ist, kommt dem Erben zu Statten.

Rechte Dritter an der Sache.

§ 945. Mit dem Erwerbe des Eigenthums durch Ersitzung erlöschen die an der Sache vor dem Erwerbe des Eigenbesitzes begründeten Rechte Dritter, es sei denn, daß der Eigenbesitzer bei dem Erwerbe des Eigenbesitzes in Ansehung dieser Rechte nicht in gutem Glauben ist oder ihr Bestehen später erfährt. Die Ersitzungsfrist muß auch in Ansehung des Rechtes des Dritten verstrichen sein; die Vorschriften der §§ 939 bis 944 finden entsprechende Anwendung.

III. Verbindung. Vermischung. Verarbeitung.

I. Verbindung *a) mit Grundstücken.*

§ 946. Wird eine bewegliche Sache mit einem Grundstücke dergestalt verbunden, daß sie wesentlicher Bestandtheil des Grundstücks wird, so erstreckt sich das Eigenthum an dem Grundstück auf diese Sache.

b) beweglicher Sachen mit einander.

§ 947. Werden bewegliche Sachen mit einander dergestalt verbunden, daß sie wesentliche Bestandtheile einer einheitlichen Sache werden, so werden die bisherigen Eigenthümer Miteigenthümer dieser Sache; die Antheile bestimmen sich nach dem Verhältnisse des Werthes, den die Sachen zur Zeit der Verbindung haben.

Ist eine der Sachen als die Hauptsache anzusehen, so erwirbt ihr Eigenthümer das Alleineigenthum.

II. Vermischung.

§ 948. Werden bewegliche Sachen mit einander untrennbar vermischt oder vermengt, so finden die Vorschriften des § 947 entsprechende Anwendung.

Der Untrennbarkeit steht es gleich, wenn die Trennung der vermischten oder vermengten Sachen mit unverhältnißmäßigen Kosten verbunden sein würde.

Rechte Dritter an der Sache.

§ 949. Erlischt nach den §§ 946 bis 948 das Eigenthum an einer Sache, so erlöschen auch die sonstigen an der Sache bestehenden Rechte. Erwirbt der Eigenthümer der belasteten Sache Miteigenthum, so bestehen die Rechte an dem Antheile fort, der an die Stelle der Sache tritt. Wird der Eigenthümer der belasteten Sache Alleineigenthümer, so erstrecken sich die Rechte auf die hinzutretende Sache.

III. Verarbeitung.

§ 950. Wer durch Verarbeitung oder Umbildung eines oder mehrerer Stoffe eine neue bewegliche Sache herstellt, erwirbt das Eigenthum an der neuen Sache, sofern nicht der Werth der Verarbeitung oder der Umbildung erheblich geringer ist als der Werth des Stoffes. Als Verarbeitung gilt auch das Schreiben, Zeichnen, Malen, Drucken, Graviren oder eine ähnliche Bearbeitung der Oberfläche.

Mit dem Erwerbe des Eigenthums an der neuen Sache erlöschen die an dem Stoffe bestehenden Rechte.

Vergütung.

§ 951. Wer in Folge der Vorschriften der §§ 946 bis 950 einen Rechtsverlust erleidet, kann von demjenigen, zu dessen Gunsten die Rechtsänderung eintritt, Vergütung in Geld nach den Vorschriften über die Herausgabe einer ungerechtfertigten Bereicherung fordern. Die Wiederherstellung des früheren Zustandes kann nicht verlangt werden.

Die Vorschriften über die Verpflichtung zum Schadensersatze wegen unerlaubter Handlungen sowie die Vorschriften über den Ersatz von Verwendungen und über das Recht zur Wegnahme einer Einrichtung bleiben unberührt. In den Fällen der §§ 946, 947 ist die Wegnahme nach den für das Wegnahmerecht des Besitzers gegenüber dem Eigenthümer geltenden Vorschriften auch dann zulässig, wenn die Verbindung nicht von dem Besitzer der Hauptsache bewirkt worden ist.

Schuldurkunden.

§ 952. Das Eigenthum an dem über eine Forderung ausgestellten Schuldscheine steht dem Gläubiger zu. Das Recht eines Dritten an der Forderung erstreckt sich auf den Schuldschein.

Das Gleiche gilt für Urkunden über andere Rechte, kraft deren eine Leistung gefordert werden kann, insbesondere für Hypotheken-, Grundschuld- und Rentenschuldbriefe.

IV. Erwerb von Erzeugnissen und sonstigen Bestandtheilen einer Sache.

Erwerb des Eigenthümers.

§ 953. Erzeugnisse und sonstige Bestandtheile einer Sache gehören auch nach der Trennung dem Eigenthümer der Sache, soweit sich nicht aus den §§ 954 bis 957 ein Anderes ergiebt.

Erwerb auf Grund dinglichen Nutzungsrechtes.

§ 954. Wer vermöge eines Rechtes an einer fremden Sache befugt ist, sich Erzeugnisse oder sonstige Bestandtheile der Sache anzueignen, erwirbt das Eigenthum an ihnen, unbeschadet der Vorschriften der §§ 955 bis 957, mit der Trennung.

Erwerb des gutgläubigen Besitzers und Nutzungsberechtigten.

§ 955. Wer eine Sache im Eigenbesitze hat, erwirbt das Eigenthum an den Erzeugnissen und sonstigen zu den Früchten der Sache gehörenden Bestandtheilen, unbeschadet der Vorschriften der §§ 956, 957, mit der Trennung. Der Erwerb ist ausgeschlossen, wenn der Eigenbesitzer nicht zum Eigenbesitz oder ein Anderer vermöge eines Rechtes an der Sache zum Fruchtbezuge berechtigt ist und der Eigenbesitzer bei dem Erwerbe des Eigenbesitzes nicht in gutem Glauben ist oder vor der Trennung den Rechtsmangel erfährt.

Dem Eigenbesitzer steht derjenige gleich, welcher die Sache zum Zwecke der Ausübung eines Nutzungsrechts an ihr besitzt.

Auf den Eigenbesitz und den ihm gleichgestellten Besitz findet die Vorschrift des § 940 Abs. 2 entsprechende Anwendung.

Erwerb auf Grund persönlicher Gestattung.

§ 956. Gestattet der Eigenthümer einem Anderen, sich Erzeugnisse oder sonstige Bestandtheile der Sache anzueignen, so erwirbt dieser das Eigenthum an ihnen, wenn der Besitz der Sache ihm überlassen ist, mit der Trennung, anderenfalls mit der Besitzergreifung. Ist der Eigenthümer zu der Gestattung verpflichtet, so kann er sie nicht widerrufen, solange sich der Andere in dem ihm überlassenen Besitze der Sache befindet.

Das Gleiche gilt, wenn die Gestattung nicht von dem Eigenthümer, sondern von einem Anderen ausgeht, dem Erzeugnisse oder sonstige Bestandtheile einer Sache nach der Trennung gehören.

§ 957. Die Vorschriften des § 956 finden auch dann Anwendung, wenn derjenige, welcher die Aneignung einem Anderen gestattet, hierzu nicht berechtigt ist, es sei denn, daß der Andere, falls ihm der Besitz der Sache überlassen wird, bei der Ueberlassung, anderenfalls bei der Ergreifung des Besitzes der Erzeugnisse oder der sonstigen Bestandtheile nicht in gutem Glauben ist oder vor der Trennung den Rechtsmangel erfährt.

V. Aneignung.

Voraussetzungen.

§ 958. Wer eine herrenlose bewegliche Sache in Eigenbesitz nimmt, erwirbt das Eigenthum an der Sache.

Das Eigenthum wird nicht erworben, wenn die Aneignung gesetzlich verboten ist oder wenn durch die Besitzergreifung das Aneignungsrecht eines Anderen verletzt wird.

Herrenlose bewegliche Sachen.

§ 959. Eine bewegliche Sache wird herrenlos, wenn der Eigenthümer in der Absicht, auf das Eigenthum zu verzichten, den Besitz der Sache aufgiebt.

Herrenlose Thiere.

§ 960. Wilde Thiere sind herrenlos, solange sie sich in der Freiheit befinden. Wilde Thiere in Thiergärten und Fische in Teichen oder anderen geschlossenen Privatgewässern sind nicht herrenlos.

Erlangt ein gefangenes wildes Thier die Freiheit wieder, so wird es herrenlos, wenn nicht der Eigenthümer das Thier unverzüglich verfolgt oder wenn er die Verfolgung aufgiebt.

Ein gezähmtes Thier wird herrenlos, wenn es die Gewohnheit ablegt, an den ihm bestimmten Ort zurückzukehren.

Bienenschwärme.

§ 961. Zieht ein Bienenschwarm aus, so wird er herrenlos, wenn nicht der Eigenthümer ihn unverzüglich verfolgt oder wenn der Eigenthümer die Verfolgung aufgiebt.

§ 962. Der Eigenthümer des Bienenschwarmes darf bei der Verfolgung fremde Grundstücke betreten. Ist der Schwarm in eine fremde nicht besetzte Bienenwohnung eingezogen, so darf der Eigenthümer des Schwarmes zum Zwecke des Einfangens die Wohnung öffnen und die Waben herausnehmen oder herausbrechen. Er hat den entstehenden Schaden zu ersetzen.

§ 963. Vereinigen sich ausgezogene Bienenschwärme mehrerer Eigenthümer, so werden die Eigenthümer, welche ihre Schwärme verfolgt haben, Miteigenthümer des eingefangenen Gesammtschwarmes; die Antheile bestimmen sich nach der Zahl der verfolgten Schwärme.

§ 964. Ist ein Bienenschwarm in eine fremde besetzte Bienenwohnung eingezogen, so erstrecken sich das Eigenthum und die sonstigen Rechte an den Bienen, mit denen die Wohnung besetzt war, auf den eingezogenen Schwarm. Das Eigenthum und die sonstigen Rechte an dem eingezogenen Schwarme erlöschen.

VI. Fund.

Anzeige.

§ 965. Wer eine verlorene Sache findet und an sich nimmt, hat dem Verlierer oder dem Eigenthümer oder einem sonstigen Empfangsberechtigten unverzüglich Anzeige zu machen.

Kennt der Finder die Empfangsberechtigten nicht oder ist ihm ihr Aufenthalt unbekannt, so hat er den Fund und die Umstände, welche für die Ermittelung der Empfangsberechtigten erheblich sein können, unverzüglich der Polizeibehörde anzuzeigen. Ist die Sache nicht mehr als drei Mark werth, so bedarf es der Anzeige nicht.

Verwahrung.

§ 966. Der Finder ist zur Verwahrung der Sache verpflichtet.

Ist der Verderb der Sache zu besorgen oder ist die Aufbewahrung mit unverhältnißmäßigen Kosten verbunden, so hat der Finder die Sache öffentlich versteigern zu lassen. Vor der Versteigerung ist der Polizeibehörde Anzeige zu machen. Der Erlös tritt an die Stelle der Sache.

Ablieferung.

§ 967. Der Finder ist berechtigt und auf Anordnung der Polizeibehörde verpflichtet, die Sache oder den Versteigerungserlös an die Polizeibehörde abzuliefern.

Haftung.

§ 968. Der Finder hat nur Vorsatz und grobe Fahrlässigkeit zu vertreten.

Herausgabe an den Verlierer.

§ 969. Der Finder wird durch die Herausgabe der Sache an den Verlierer auch den sonstigen Empfangsberechtigten gegenüber befreit.

Ersatz von Aufwendungen.

§ 970. Macht der Finder zum Zwecke der Verwahrung oder Erhaltung der Sache oder zum Zwecke der Ermittelung eines Empfangsberechtigten Aufwendungen, die er den Umständen nach für erforderlich halten darf, so kann er von dem Empfangsberechtigten Ersatz verlangen.

Finderlohn.

§ 971. Der Finder kann von dem Empfangsberechtigten einen Finderlohn verlangen. Der Finderlohn beträgt von dem Werthe der Sache bis zu dreihundert Mark fünf vom Hundert, von dem Mehrwerth eins vom Hundert, bei Thieren eins vom Hundert. Hat die Sache nur für den Empfangsberechtigten einen Werth, so ist der Finderlohn nach billigem Ermessen zu bestimmen.

Der Anspruch ist ausgeschlossen, wenn der Finder die Anzeigepflicht verletzt oder den Fund auf Nachfrage verheimlicht.

Geltendmachung der Ansprüche des Finders.

§ 972. Auf die in den §§ 970, 971 bestimmten Ansprüche finden die für die Ansprüche des Besitzers gegen den Eigenthümer wegen Verwendungen geltenden Vorschriften der §§ 1000 bis 1002 entsprechende Anwendung.

§ 1000* Der Finder kann die Herausgabe der Sache verweigern, bis er wegen der ihm zu ersetzenden Verwendungen befriedigt wird. Das Zurückbehaltungsrecht steht ihm nicht zu, wenn er die Sache durch eine vorsätzlich begangene unerlaubte Handlung erlangt hat.

§ 1001*. Der Finder kann den Anspruch auf den Ersatz der Verwendungen nur geltend machen, wenn der Empfangsberechtigte die Sache wiedererlangt oder die Verwendungen genehmigt. Bis zur Genehmigung der Verwendungen kann sich der Empfangsberechtigte von dem Anspruche dadurch befreien, dass er die wiedererlangte Sache zurückgiebt. Die Genehmigung gilt als ertheilt, wenn der Empfangsberechtigte die ihm von dem Finder unter Vorbehalt des Anspruchs angebotene Sache annimmt.

§ 1002*. Giebt der Finder die Sache dem Empfangsberechtigten heraus, so erlischt der Anspruch auf den Ersatz der Verwendungen mit dem Ablauf eines Monats, wenn nicht vorher die gerichtliche Geltendmachung erfolgt oder der Eigenthümer die Verwendungen genehmigt.

Auf diese Fristen finden die für die Verjährung geltenden Vorschriften der §§ 203, 206, 207 entsprechende Anwendung.

§ 203. Der Fristenlauf ist gehemmt, solange der Finder durch Stillstand der Rechtspflege an der Rechtsverfolgung verhindert ist.*

Das Gleiche gilt, wenn eine solche Verhinderung in anderer Weise durch höhere Gewalt herbeigeführt wird.

§ 206. Ist der Finder geschäftsunfähig oder in der Geschäftsfähigkeit beschränkt und ohne gesetzlichen Vertreter, so wird die gegen ihn laufende Ausschlussfrist nicht vor dem Ablaufe eines Monats nach dem Zeitpunkte vollendet, in welchem er unbeschränkt geschäftsfähig wird oder der Mangel der Vertretung aufhört.*

Diese Vorschriften finden keine Anwendung, soweit eine in der Geschäftsfähigkeit beschränkte Person prozessfähig ist.

§ 207. Gehört der Anspruch des Finders zu einem Nachlasse oder richtet er sich gegen einen Nachlass, so wird die Ausschlussfrist nicht vor dem Ablaufe eines Monats nach dem Zeitpunkte vollendet, in welchem die Erbschaft von dem Erben angenommen oder der Konkurs über den Nachlass eröffnet wird oder von welchem an der Anspruch von einem Vertreter oder gegen einen Vertreter geltend gemacht werden kann.*

Eigenthumserwerb.

§ 973. Mit dem Ablauf eines Jahres nach der Anzeige des Fundes bei der Polizeibehörde erwirbt der Finder das Eigenthum an der Sache, es sei denn, daß vorher ein Empfangsberechtigter dem Finder bekannt geworden ist oder sein Recht bei der Polizeibehörde angemeldet hat. Mit dem Erwerbe des Eigenthums erlöschen die sonstigen Rechte an der Sache.

Ist die Sache nicht mehr als drei Mark werth, so beginnt die einjährige Frist mit dem Funde. Der Finder erwirbt das Eigenthum nicht, wenn er den Fund auf Nachfrage verheimlicht. Die Anmeldung eines Rechtes bei der Polizeibehörde steht dem Erwerbe des Eigenthums nicht entgegen.

§ 974. Sind vor dem Ablaufe der einjährigen Frist Empfangsberechtigte dem Finder bekannt geworden oder haben sie bei einer Sache, die mehr als drei Mark werth ist, ihre Rechte bei der Polizeibehörde rechtzeitig angemeldet, so kann der Finder die Empfangsberechtigten nach den Vorschriften des § 1003 zur Erklärung über die ihm nach den §§ 970 bis 972 zustehenden Ansprüche auffordern. Mit dem Ablaufe der für die Erklärung bestimmten Frist erwirbt der Finder das Eigenthum und erlöschen die sonstigen Rechte an der Sache, wenn nicht die Empfangsberechtigten sich rechtzeitig zu der Befriedigung der Ansprüche bereit erklären.

§ 1003*. Der Finder kann den Empfangsberechtigten unter Angabe des als Ersatz verlangten Betrags auffordern, sich innerhalb einer von ihm bestimmten angemessenen Frist darüber zu erklären, ob er die Verwendungen genehmige.

§ 975. Durch die Ablieferung der Sache oder des Versteigerungserlöses an die Polizeibehörde werden die Rechte des Finders nicht berührt. Läßt die Polizeibehörde die Sache versteigern, so tritt der Erlös an die Stelle der Sache. Die Polizeibehörde darf die Sache oder den Erlös nur mit Zustimmung des Finders einem Empfangsberechtigten herausgeben.

Uebergang der Ansprüche auf die Gemeinde.

§ 976. Verzichtet der Finder der Polizeibehörde gegenüber auf das Recht zum Erwerbe des Eigenthums an der Sache, so geht sein Recht auf die Gemeinde des Fundorts über.

Hat der Finder nach der Ablieferung der Sache oder des Versteigerungserlöses an die Polizeibehörde auf Grund der Vorschriften der §§ 973, 974 das Eigenthum erworben, so geht es auf die Gemeinde des Fundorts über, wenn nicht der Finder vor dem Ablauf einer ihm von der Polizeibehörde bestimmten Frist die Herausgabe verlangt.

Anspruch auf Herausgabe der Bereicherung.

§ 977. Wer in Folge der Vorschriften der §§ 973, 974, 976 einen Rechtsverlust erleidet, kann in den Fällen der §§ 973, 974 von dem Finder, in den Fällen des § 976 von der Gemeinde des Fundorts die Herausgabe des durch die Rechtsänderung Erlangten nach den Vorschriften über die Herausgabe einer ungerechtfertigten Bereicherung fordern. Der Anspruch erlischt mit dem Ablaufe von drei Jahren nach dem Uebergange des Eigenthums auf den Finder oder die Gemeinde, wenn nicht die gerichtliche Geltendmachung vorher erfolgt.

Fund bei Behörden und Verkehrsanstalten.

§ 978. Wer eine Sache in den Geschäftsräumen oder den Beförderungsmitteln einer öffentlichen Behörde oder einer dem öffentlichen Verkehre dienenden Verkehrsanstalt findet und an sich nimmt, hat die Sache unverzüglich an die Behörde oder die Verkehrsanstalt oder an einen ihrer Angestellten abzuliefern. Die Vorschriften der §§ 965 bis 977 finden keine Anwendung.

— Versteigerung.

§ 979. Die Behörde oder die Verkehrsanstalt kann die an sie abgelieferte Sache öffentlich versteigern lassen. Die öffentlichen Behörden und die Verkehrsanstalten des Reichs, der Bundesstaaten und der Gemeinden können die Versteigerung durch einen ihrer Beamten vornehmen lassen.

Der Erlös tritt an die Stelle der Sache.

§ 980. Die Versteigerung ist erst zulässig, nachdem die Empfangsberechtigten in einer öffentlichen Bekanntmachung des Fundes zur Anmeldung ihrer Rechte unter Bestimmung einer Frist aufgefordert worden sind und die Frist verstrichen ist; sie ist unzulässig, wenn eine Anmeldung rechtzeitig erfolgt ist.

Die Bekanntmachung ist nicht erforderlich, wenn der Verderb der Sache zu besorgen oder die Aufbewahrung mit unverhältnißmäßigen Kosten verbunden ist.

— Erwerb des Versteigerungserlöses.

§ 981. Sind seit dem Ablaufe der in der öffentlichen Bekanntmachung bestimmten Frist drei Jahre verstrichen, so fällt der Versteigerungserlös, wenn nicht ein Empfangsberechtigter sein Recht angemeldet hat, bei Reichsbehörden und Reichsanstalten an den Reichsfiskus, bei Landesbehörden und Landesanstalten an den Fiskus des Bundesstaats, bei Gemeindebehörden und Gemeindeanstalten an die Gemeinde, bei Verkehrsanstalten, die von einer Privatperson betrieben werden, an diese.

Ist die Versteigerung ohne die öffentliche Bekanntmachung erfolgt, so beginnt die dreijährige Frist erst, nachdem die Empfangsberechtigten in einer öffentlichen Bekanntmachung des Fundes zur Anmeldung ihrer Rechte aufgefordert worden sind. Das Gleiche gilt, wenn gefundenes Geld abgeliefert worden ist.

Die Kosten werden von dem herauszugebenden Betrag abgezogen.

§ 982. Die in den §§ 980, 981 vorgeschriebene Bekanntmachung erfolgt bei Reichsbehörden und Reichsanstalten nach den von dem Bundesrath, in den übrigen Fällen nach den von der Zentralbehörde des Bundesstaats erlassenen Vorschriften.

Bekanntmachung, betreffend die Ausführungsbestimmungen zu den §§ 980, 981, 983 des Bürgerlichen Gesetzbuches. Vom 16. Juni 1898 (Reichsgesetzblatt 1898 S. 912).

Auf Grund der §§ 982, 983 des Bürgerlichen Gesetzbuchs hat der Bundesrath folgende

Vorschriften über die in Fundsachen u. s. w. von Reichsbehörden und Reichsanstalten zu erlassenden Bekanntmachungen

beschlossen:

§ 1. Die nach den §§ 980, 981, 983 des Bürgerlichen Gesetzbuchs von Reichsbehörden und Reichsanstalten zu erlassenden Bekanntmachungen erfolgen durch Aushang an der Amtsstelle oder, wenn für Bekanntmachungen der bezeichneten Art eine andere Stelle bestimmt ist, durch Aushang an dieser Stelle. Zwischen dem Tage, an welchem der Aushang bewirkt, und dem Tage, an welchem das ausgehängte Schriftstück wieder abgenommen wird, soll ein Zeitraum von mindestens sechs Wochen liegen; auf die Gültigkeit der Bekanntmachung hat es keinen Einfluss, wenn das Schriftstück von dem Orte des Aushanges zu früh entfernt wird.

Die Behörde oder die Anstalt kann weitere Bekanntmachungen, insbesondere durch Einrückung in öffentliche Blätter, veranlassen.

§ 2. Die in der Bekanntmachung zu bestimmende Frist zur Anmeldung von Rechten muss mindestens sechs Wochen betragen. Die Frist beginnt mit dem Aushange, falls aber die Bekanntmachung auch durch Einrückung in öffentliche Blätter erfolgt, mit der letzten Einrückung.

Sachen im Besitze öffentlicher Behörden.

§ 983. Ist eine öffentliche Behörde im Besitz einer Sache, zu deren Herausgabe sie verpflichtet ist, ohne daß die Verpflichtung auf Vertrag beruht, so finden, wenn der Behörde der Empfangsberechtigte oder dessen Aufenthalt unbekannt ist, die Vorschriften der §§ 979 bis 982 entsprechende Anwendung.

Schatz.

§ 984. Wird eine Sache, die so lange verborgen gelegen hat, daß der Eigenthümer nicht mehr zu ermitteln ist (Schatz), entdeckt und in Folge der Entdeckung in Besitz genommen, so wird das Eigenthum zur Hälfte von dem Entdecker, zur Hälfte von dem Eigenthümer der Sache erworben, in welcher der Schatz verborgen war.

Vierter Titel.

Ansprüche aus dem Eigenthume.

I. Anspruch auf Herausgabe.

§ 985. Der Eigenthümer kann von dem Besitzer die Herausgabe der Sache verlangen.

Einwendungen gegen den Anspruch.

§ 986. Der Besitzer kann die Herausgabe der Sache verweigern, wenn er oder der mittelbare Besitzer, von dem er sein Recht zum Besitz ableitet, dem Eigenthümer gegenüber zum Besitze berechtigt ist. Ist der mittelbare Besitzer dem Eigenthümer gegenüber zur Ueberlassung des Besitzes an den Besitzer nicht befugt, so kann der Eigenthümer von dem Besitzer die Herausgabe der Sache an den mittelbaren Besitzer oder, wenn dieser den Besitz nicht wiederübernehmen kann oder will, an sich selbst verlangen.

Der Besitzer einer Sache, die nach § 931 durch Abtretung des Anspruchs auf Herausgabe veräußert worden ist, kann dem neuen Eigenthümer die Einwendungen entgegensetzen, welche ihm gegen den abgetretenen Anspruch zustehen.

§ 931 Ist ein Dritter im Besitze der Sache, so kann die Uebergabe dadurch ersetzt werden, dass der Eigenthümer dem Erwerber den Anspruch auf Herausgabe der Sache abtritt.

Nutzungen.

§ 987. Der Besitzer hat dem Eigenthümer die Nutzungen herauszugeben, die er nach dem Eintritte der Rechtshängigkeit zieht.

Zieht der Besitzer nach dem Eintritte der Rechtshängigkeit Nutzungen nicht, die er nach den Regeln einer ordnungsmäßigen Wirthschaft ziehen könnte, so ist er dem Eigenthümer zum Ersatze verpflichtet, soweit ihm ein Verschulden zur Last fällt.

§ 988. Hat ein Besitzer, der die Sache als ihm gehörig oder zum Zwecke der Ausübung eines ihm in Wirklichkeit nicht zustehenden Nutzungsrechts an der Sache besitzt, den Besitz unentgeltlich erlangt, so ist er dem Eigenthümer gegenüber zur Herausgabe der Nutzungen, die er vor dem Eintritte der Rechtshängigkeit zieht, nach den Vorschriften über die Herausgabe einer ungerechtfertigten Bereicherung verpflichtet.

Haftung für Verschlechterung etc.

§ 989. Der Besitzer ist von dem Eintritte der Rechtshängigkeit an dem Eigenthümer für den Schaden verantwortlich, der dadurch entsteht, daß in Folge seines Verschuldens die Sache verschlechtert wird, untergeht oder aus einem anderen Grunde von ihm nicht herausgegeben werden kann.

Haftung des unredlichen Besitzers.

§ 990. War der Besitzer bei dem Erwerbe des Besitzes nicht in gutem Glauben, so haftet er dem Eigenthümer von der Zeit des Erwerbes an nach den §§ 987, 989. Erfährt der Besitzer später, daß er zum Besitze nicht berechtigt ist, so haftet er in gleicher Weise von der Erlangung der Kenntniß an.

Eine weitergehende Haftung des Besitzers wegen Verzugs bleibt unberührt.

Haftung bei mittelbarem Besitze.

§ 991. Leitet der Besitzer das Recht zum Besitze von einem mittelbaren Besitzer ab, so finden die Vorschriften des § 990 in Ansehung der Nutzungen nur Anwendung, wenn die Voraussetzungen des § 990 auch bei dem mittelbaren Besitzer vorliegen oder diesem gegenüber die Rechtshängigkeit eingetreten ist.

War der Besitzer bei dem Erwerbe des Besitzes in gutem Glauben, so hat er gleichwohl von dem Erwerb an den im § 989 bezeichneten Schaden dem Eigenthümer gegenüber insoweit zu vertreten, als er dem mittelbaren Besitzer verantwortlich ist.

Haftung bei verbotener Eigenmacht.

§ 992. Hat sich der Besitzer durch verbotene Eigenmacht oder durch eine strafbare Handlung den Besitz verschafft, so haftet er dem Eigenthümer nach den Vorschriften über den Schadensersatz wegen unerlaubter Handlungen.

§ 993. Liegen die in den §§ 987 bis 992 bezeichneten Voraussetzungen nicht vor, so hat der Besitzer die gezogenen Früchte, soweit sie nach den Regeln einer ordnungsmäßigen Wirthschaft nicht als Ertrag der Sache anzusehen sind, nach den Vorschriften über die Herausgabe einer ungerechtfertigten Bereicherung herauszugeben; im Uebrigen ist er weder zur Herausgabe von Nutzungen noch zum Schadensersatze verpflichtet.

Für die Zeit, für welche dem Besitzer die Nutzungen verbleiben, finden auf ihn die Vorschriften des § 101 Anwendung.

§ 101 Ist Jemand berechtigt, die Früchte einer Sache oder eines Rechtes bis zu einer bestimmten Zeit oder von einer bestimmten Zeit an zu beziehen, so gebühren ihm, sofern nicht ein Anderes bestimmt ist

1. die im § 99 Abs. 1 bezeichneten Erzeugnisse und Bestandtheile, auch wenn er sie als Früchte eines Rechtes zu beziehen hat, insoweit, als sie während der Dauer der Berechtigung von der Sache getrennt werden,
2. andere Früchte insoweit, als sie während der Dauer der Berechtigung fällig werden; bestehen jedoch die Früchte in der Vergütung für die Ueberlassung des Gebrauchs oder des Fruchtgenusses, in Zinsen, Gewinnantheilen oder anderen regelmässig wiederkehrenden Erträgen, so gebührt dem Berechtigten ein der Dauer seiner Berechtigung entsprechender Theil

§ 99 Abs. 1. Erzeugnisse der Sache und die sonstige Ausbeute, welche aus der Sache ihrer Bestimmung gemäss gewonnen wird.*

Verwendungen.

§ 994. Der Besitzer kann für die auf die Sache gemachten nothwendigen Verwendungen von dem Eigenthümer Ersatz verlangen. Die gewöhnlichen Erhaltungskosten sind ihm jedoch für die Zeit, für welche ihm die Nutzungen verbleiben, nicht zu ersetzen.

Macht der Besitzer nach dem Eintritte der Rechtshängigkeit oder nach dem Beginne der im § 990 bestimmten Haftung nothwendige Verwendungen, so bestimmt sich die Ersatzpflicht des Eigenthümers nach den Vorschriften über die Geschäftsführung ohne Auftrag.

§ 995. Zu den nothwendigen Verwendungen im Sinne des § 994 gehören auch die Aufwendungen, die der Besitzer zur Bestreitung von Lasten der Sache macht. Für die Zeit, für welche dem Besitzer die Nutzungen verbleiben, sind ihm nur die Aufwendungen für solche außerordentliche Lasten zu ersetzen, die als auf den Stammwerth der Sache gelegt anzusehen sind.

§ 996. Für andere als nothwendige Verwendungen kann der Besitzer Ersatz nur insoweit verlangen, als sie vor dem Eintritte der Rechtshängigkeit und vor dem Beginne der im § 990 bestimmten Haftung gemacht werden und der Werth der Sache durch sie noch zu der Zeit erhöht ist, zu welcher der Eigenthümer die Sache wiedererlangt.

Recht zur Abtrennung.

§ 997. Hat der Besitzer mit der Sache eine andere Sache als wesentlichen Bestandtheil verbunden, so kann er sie abtrennen und sich aneignen. Die Vorschriften des § 258 finden Anwendung.

Das Recht zur Abtrennung ist ausgeschlossen, wenn der Besitzer nach § 994 Abs. 1 Satz 2 für die Verwendung Ersatz nicht verlangen kann oder die Abtrennung für ihn keinen Nutzen hat oder ihm mindestens der Werth ersetzt wird, den der Bestandtheil nach der Abtrennung für ihn haben würde.

§ 258. Wer berechtigt ist, von einer Sache, die er einem Anderen herauszugeben hat, eine Einrichtung wegzunehmen, hat im Falle der Wegnahme die Sache auf seine Kosten in den vorigen Stand zu setzen. Erlangt der Andere den Besitz der Sache, so ist er verpflichtet, die Wegnahme der Einrichtung zu gestatten; er kann die Gestattung verweigern, bis ihm für den mit der Wegnahme verbundenen Schaden Sicherheit geleistet wird.

Bestellungskosten.

§ 998. Ist ein landwirthschaftliches Grundstück herauszugeben, so hat der Eigenthümer die Kosten, die der Besitzer auf die noch nicht getrennten, jedoch nach den Regeln einer ordnungsmäßigen Wirthschaft vor dem Ende des Wirthschaftsjahrs zu trennenden Früchte verwendet hat, insoweit zu ersetzen, als sie einer ordnungsmäßigen Wirthschaft entsprechen und den Werth dieser Früchte nicht übersteigen.

Verwendungen eines Vorbesitzers.

§ 999. Der Besitzer kann für die Verwendungen eines Vorbesitzers, dessen Rechtsnachfolger er geworden ist, in demselben Umfang Ersatz verlangen, in welchem ihn der Vorbesitzer fordern könnte, wenn er die Sache herauszugeben hätte.

Die Verpflichtung des Eigenthümers zum Ersatze von Verwendungen erstreckt sich auch auf die Verwendungen, die gemacht worden sind, bevor er das Eigenthum erworben hat.

Zurückbehaltungsrecht.

§ 1000. Der Besitzer kann die Herausgabe der Sache verweigern, bis er wegen der ihm zu ersetzenden Verwendungen befriedigt wird. Das

Zurückbehaltungsrecht steht ihm nicht zu, wenn er die Sache durch eine vorsätzlich begangene unerlaubte Handlung erlangt hat.

Geltendmachung des Ersatzanspruchs wegen Verwendungen.

§ 1001. Der Besitzer kann den Anspruch auf den Ersatz der Verwendungen nur geltend machen, wenn der Eigenthümer die Sache wiedererlangt oder die Verwendungen genehmigt. Bis zur Genehmigung der Verwendungen kann sich der Eigenthümer von dem Anspruche dadurch befreien, daß er die wiedererlangte Sache zurückgiebt. Die Genehmigung gilt als ertheilt, wenn der Eigenthümer die ihm von dem Besitzer unter Vorbehalt des Anspruchs angebotene Sache annimmt.

Ausschlussfrist.

§ 1002. Giebt der Besitzer die Sache dem Eigenthümer heraus, so erlischt der Anspruch auf den Ersatz der Verwendungen mit dem Ablauf eines Monats, bei einem Grundstücke mit dem Ablaufe von sechs Monaten nach der Herausgabe, wenn nicht vorher die gerichtliche Geltendmachung erfolgt oder der Eigenthümer die Verwendungen genehmigt.

Auf diese Fristen finden die für die Verjährung geltenden Vorschriften der §§ 203, 206, 207 entsprechende Anwendung.

§ 203*. Der Lauf der Frist ist gehemmt, solange der Besitzer durch Stillstand der Rechtspflege innerhalb der Frist an der Rechtsverfolgung verhindert ist.

Das Gleiche gilt, wenn eine solche Verhinderung in anderer Weise durch höhere Gewalt herbeigeführt wird.

§ 206*. Ist eine geschäftsunfähige oder in der Geschäftsfähigkeit beschränkte Person ohne gesetzlichen Vertreter, so wird die gegen sie laufende Frist nicht vor dem Ablaufe eines Monats, bei Grundstücken nicht vor dem Ablaufe von sechs Monaten nach dem Zeitpunkte vollendet, in welchem die Person unbeschränkt geschäftsfähig wird oder der Mangel der Vertretung aufhört.

Diese Vorschriften finden keine Anwendung, soweit eine in der Geschäftsfähigkeit beschränkte Person prozessfähig ist.

§ 207*. Gehört der Anspruch auf den Ersatz der Verwendungen zu einem Nachlasse oder richtet er sich gegen einen Nachlass, so wird die Frist nicht vor dem Ablaufe eines Monats, bei Grundstücken nicht vor dem Ablaufe von sechs Monaten nach dem Zeitpunkte vollendet, in welchem die Erbschaft von dem Erben angenommen oder der Konkurs über den Nachlass eröffnet wird oder von welchem an der Anspruch von einem Vertreter oder gegen einen Vertreter geltend gemacht werden kann.

Befriedigung aus der Sache.

§ 1003. Der Besitzer kann den Eigenthümer unter Angabe des als Ersatz verlangten Betrags auffordern, sich innerhalb einer von ihm bestimmten angemessenen Frist darüber zu erklären, ob er die Verwendungen genehmige. Nach dem Ablaufe der Frist ist der Besitzer berechtigt, Befriedigung aus der Sache nach den Vorschriften über den Pfandverkauf, bei einem Grundstücke nach den Vorschriften über die Zwangsvollstreckung in das unbewegliche Vermögen zu suchen, wenn nicht die Genehmigung rechtzeitig erfolgt.

Bestreitet der Eigenthümer den Anspruch vor dem Ablaufe der Frist, so kann sich der Besitzer aus der Sache erst dann befriedigen, wenn er nach rechtskräftiger Feststellung des Betrags der Verwendungen den Eigenthümer unter Bestimmung einer angemessenen Frist zur Erklärung aufgefordert hat und die Frist verstrichen ist; das Recht auf Befriedigung aus der Sache ist ausgeschlossen, wenn die Genehmigung rechtzeitig erfolgt.

II. Anspruch wegen Beeinträchtigung.

§ 1004. Wird das Eigenthum in anderer Weise als durch Entziehung oder Vorenthaltung des Besitzes beeinträchtigt, so kann der Eigenthümer von dem Störer die Beseitigung der Beeinträchtigung verlangen. Sind weitere Beeinträchtigungen zu besorgen, so kann der Eigenthümer auf Unterlassung klagen.

Der Anspruch ist ausgeschlossen, wenn der Eigenthümer zur Duldung verpflichtet ist.

III. Anspruch auf Aufsuchung und Wegnahme.

§ 1005. Befindet sich eine Sache auf einem Grundstücke, das ein Anderer als der Eigenthümer der Sache besitzt, so steht diesem gegen den Besitzer des Grundstücks der im § 867 bestimmte Anspruch zu.

§ 867*. D h. der Besitzer des Grundstückes hat dem Eigenthümer der Sache die Aufsuchung und die Wegschaffung zu gestatten, sofern nicht die Sache inzwischen in Besitz genommen worden ist. Der Besitzer des Grundstücks kann Ersatz des durch die Aufsuchung und die Wegschaffung entstehenden Schadens verlangen. Er kann, wenn die Entstehung eines Schadens zu besorgen ist, die Gestattung verweigern, bis ihm Sicherheit geleistet wird; die Verweigerung ist unzulässig, wenn mit dem Aufschube Gefahr verbunden ist.

Eigenthumsvermuthung.

§ 1006. Zu Gunsten des Besitzers einer beweglichen Sache wird vermuthet, daß er Eigenthümer der Sache sei. Dies gilt jedoch nicht einem früheren Besitzer gegenüber, dem die Sache gestohlen worden, verloren gegangen oder sonst abhanden gekommen ist, es sei denn, daß es sich um Geld oder Inhaberpapiere handelt.

Zu Gunsten eines früheren Besitzers wird vermuthet, daß er während der Dauer seines Besitzes Eigenthümer der Sache gewesen sei.

Im Falle eines mittelbaren Besitzes gilt die Vermuthung für den mittelbaren Besitzer.

IV. Anspruch aus früherem Besitze.

§ 1007. Wer eine bewegliche Sache im Besitze gehabt hat, kann von dem Besitzer die Herausgabe der Sache verlangen, wenn dieser bei dem Erwerbe des Besitzes nicht in gutem Glauben war.

Ist die Sache dem früheren Besitzer gestohlen worden, verloren gegangen oder sonst abhanden gekommen, so kann er die Herausgabe auch von einem gutgläubigen Besitzer verlangen, es sei denn, daß dieser Eigenthümer der Sache ist oder die Sache ihm vor der Besitzzeit des früheren Besitzers abhanden gekommen war. Auf Geld und Inhaberpapiere findet diese Vorschrift keine Anwendung.

Der Anspruch ist ausgeschlossen, wenn der frühere Besitzer bei dem Erwerbe des Besitzes nicht in gutem Glauben war oder wenn er den Besitz aufgegeben hat. Im Uebrigen finden die Vorschriften der §§ 986 bis 1003 entsprechende Anwendung.

§§ 986—1003. D h. sämmtliche Vorschriften über den Anspruch des Eigenthümers auf die Herausgabe der Sache, auf den Ersatz der Nutzungen und auf den Ersatz der Schäden finden entsprechende Anwendung; jedoch ist § 998 trotz der Verweisung unanwendbar, weil dort ein Grundstück in Frage steht.

Fünfter Titel.

Miteigenthum.

Begriff.

§ 1008. Steht das Eigenthum an einer Sache Mehreren nach Bruchtheilen zu, so gelten die Vorschriften der §§ 1009 bis 1011.

Belastung.

§ 1009. Die gemeinschaftliche Sache kann auch zu Gunsten eines Miteigenthümers belastet werden.

Die Belastung eines gemeinschaftlichen Grundstücks zu Gunsten des jeweiligen Eigenthümers eines anderen Grundstücks sowie die Belastung eines anderen Grundstücks zu Gunsten der jeweiligen Eigenthümer des gemeinschaftlichen Grundstücks wird nicht dadurch ausgeschlossen, daß das andere Grundstück einem Miteigenthümer des gemeinschaftlichen Grundstücks gehört.

Vertragsmässige Bestimmungen.

§ 1010. Haben die Miteigenthümer eines Grundstücks die Verwaltung und Benutzung geregelt oder das Recht, die Aufhebung der Gemeinschaft zu verlangen, für immer oder auf Zeit ausgeschlossen oder eine Kündigungsfrist bestimmt, so wirkt die getroffene Bestimmung gegen den Sondernachfolger eines Miteigenthümers nur, wenn sie als Belastung des Antheils im Grundbuch eingetragen ist.

Die in den §§ 755, 756 bestimmten Ansprüche können gegen den Sondernachfolger eines Miteigenthümers nur geltend gemacht werden, wenn sie im Grundbuch eingetragen sind.

§ 755 Abs. 1* Haften die Theilhaber als Gesammtschuldner für eine Verbindlichkeit, die sie in Gemässheit des § 748 nach dem Verhältniss ihrer Antheile zu erfüllen haben *(d. i. die Lasten des gemeinschaftlichen Gegenstandes, sowie die Kosten der Erhaltung, der Verwaltung und einer gemeinschaftlichen Benutzung)* oder die sie zum Zwecke der Erfüllung einer solchen Verbindlichkeit eingegangen sind, so kann jeder Theilhaber bei der Aufhebung der Gemeinschaft verlangen, dass die Schuld aus dem gemeinschaftlichen Gegenstande berichtigt wird.

§ 756 Satz 1* Hat ein Theilhaber gegen einen anderen Theilhaber eine Forderung, die sich auf die Gemeinschaft gründet, so kann er bei der Aufhebung der Gemeinschaft die Berichtigung seiner Forderung aus dem auf den Schuldner entfallenden Theile des gemeinschaftlichen Gegenstandes verlangen.

Geltendmachung der Eigenthumsansprüche.

§ 1011. Jeder Miteigenthümer kann die Ansprüche aus dem Eigenthume Dritten gegenüber in Ansehung der ganzen Sache geltend machen, den Anspruch auf Herausgabe jedoch nur in Gemäßheit des § 432.

§ 432* Der einzelne Miteigenthümer kann nur Leistung an alle Miteigenthümer fordern Der einzelne Miteigenthümer kann ferner verlangen, dass der Besitzer die Sache für alle Miteigenthümer hinterlegt oder, wenn sie sich nicht zur Hinterlegung eignet, an einen gerichtlich zu bestellenden Verwahrer abliefert

Vierter Abschnitt.

Erbbaurecht.

Begriff.

§ 1012. Ein Grundstück kann in der Weise belastet werden, daß demjenigen, zu dessen Gunsten die Belastung erfolgt, das veräußerliche und vererbliche Recht zusteht, auf oder unter der Oberfläche des Grundstücks ein Bauwerk zu haben (Erbbaurecht).

Erstreckung.

§ 1013. Das Erbbaurecht kann auf die Benutzung eines für das Bauwerk nicht erforderlichen Theiles des Grundstücks erstreckt werden, wenn sie für die Benutzung des Bauwerkes Vortheil bietet.

Erbbaurecht an Gebäudetheilen.

§ 1014. Die Beschränkung des Erbbaurechts auf einen Theil eines Gebäudes, insbesondere ein Stockwerk, ist unzulässig.

Bestellung.

§ 1015. Die zur Bestellung des Erbbaurechts nach § 873 erforderliche Einigung des Eigenthümers und des Erwerbers muß bei gleichzeitiger Anwesenheit beider Theile vor dem Grundbuchamt erklärt werden.

§ 873*. Zur Belastung eines Grundstückes mit einem Erbbaurechte sowie zur Uebertragung oder Belastung eines solchen Rechtes ist die Einigung des Berechtigten und des anderen Theiles über den Eintritt der Rechtsänderung und die Eintragung der Rechtsänderung in das Grundbuch erforderlich.

Vor der Eintragung sind die Betheiligten an die Einigung nur gebunden, wenn die Erklärungen gerichtlich oder notariell beurkundet oder vor dem Grundbuchamt abgegeben oder bei diesem eingereicht sind oder wenn der Berechtigte dem anderen Theile eine den Vorschriften der Grundbuchordnung entsprechende Eintragungsbewilligung ausgehändigt hat.

Untergang des Bauwerks.

§ 1016. Das Erbbaurecht erlischt nicht dadurch, daß das Bauwerk untergeht.

Anwendung der Vorschriften über Grundstücke.

§ 1017. Für das Erbbaurecht gelten die sich auf Grundstücke beziehenden Vorschriften.

Die für den Erwerb des Eigenthums und die Ansprüche aus dem Eigenthume geltenden Vorschriften finden auf das Erbbaurecht entsprechende Anwendung.

Fünfter Abschnitt.

Dienstbarkeiten.

Erster Titel.

Grunddienstbarkeiten.

Begriff.

§ 1018. Ein Grundstück kann zu Gunsten des jeweiligen Eigenthümers eines anderen Grundstücks in der Weise belastet werden, daß dieser das Grundstück in einzelnen Beziehungen benutzen darf oder daß auf dem Grundstücke gewisse Handlungen nicht vorgenommen werden dürfen oder daß die Ausübung eines Rechtes ausgeschlossen ist, das sich aus dem Eigenthum an dem belasteten Grundstücke dem anderen Grundstücke gegenüber ergiebt (Grunddienstbarkeit).

Begrenzung des Inhalts.

§ 1019. Eine Grunddienstbarkeit kann nur in einer Belastung bestehen, die für die Benutzung des Grundstücks des Berechtigten Vortheil bietet. Ueber das sich hieraus ergebende Maß hinaus kann der Inhalt der Dienstbarkeit nicht erstreckt werden.

Schonende Ausübung.

§ 1020. Bei der Ausübung einer Grunddienstbarkeit hat der Berechtigte das Interesse des Eigenthümers des belasteten Grundstücks thunlichst zu schonen. Hält er zur Ausübung der Dienstbarkeit auf dem belasteten Grundstück eine Anlage, so hat er sie in ordnungsmäßigem Zustande zu erhalten, soweit das Interesse des Eigenthümers es erfordert.

Unterhaltung einer Anlage.

§ 1021. Gehört zur Ausübung einer Grunddienstbarkeit eine Anlage auf dem belasteten Grundstücke, so kann bestimmt werden, daß der Eigenthümer dieses Grundstücks die Anlage zu unterhalten hat, soweit das Interesse des Berechtigten es erfordert. Steht dem Eigenthümer das Recht zur Mitbenutzung der Anlage zu, so kann bestimmt werden, daß der Berechtigte die Anlage zu unterhalten hat, soweit es für das Benutzungsrecht des Eigenthümers erforderlich ist.

Auf eine solche Unterhaltungspflicht finden die Vorschriften über die Reallasten entsprechende Anwendung.

§ 1022. Besteht die Grunddienstbarkeit in dem Rechte, auf einer baulichen Anlage des belasteten Grundstücks eine bauliche Anlage zu halten, so hat, wenn nicht ein Anderes bestimmt ist, der Eigenthümer des belasteten Grundstücks seine Anlage zu unterhalten, soweit das Interesse des Berechtigten es erfordert. Die Vorschrift des § 1021 Abs. 2 gilt auch für diese Unterhaltungspflicht.

Verlegung der Ausübung.

§ 1023. Beschränkt sich die jeweilige Ausübung einer Grunddienstbarkeit auf einen Theil des belasteten Grundstücks, so kann der Eigenthümer die Verlegung der Ausübung auf eine andere, für den Berechtigten ebenso geeignete Stelle verlangen, wenn die Ausübung an der bisherigen Stelle für ihn besonders beschwerlich ist; die Kosten der Verlegung hat er zu tragen und vorzuschießen. Dies gilt auch dann, wenn der Theil des Grundstücks, auf den sich die Ausübung beschränkt, durch Rechtsgeschäft bestimmt ist.

Das Recht auf die Verlegung kann nicht durch Rechtsgeschäft ausgeschlossen oder beschränkt werden.

Zusammentreffen mit anderen Nutzungsrechten.

§ 1024. Trifft eine Grunddienstbarkeit mit einer anderen Grunddienstbarkeit oder einem sonstigen Nutzungsrecht an dem Grundstücke dergestalt zusammen, daß die Rechte nebeneinander nicht oder nicht vollständig ausgeübt werden können, und haben die Rechte gleichen Rang, so kann jeder Berechtigte eine den Interessen aller Berechtigten nach billigem Ermessen entsprechende Regelung der Ausübung verlangen.

Theilung des herrschenden Grundstücks.

§ 1025. Wird das Grundstück des Berechtigten getheilt, so besteht die Grunddienstbarkeit für die einzelnen Theile fort; die Ausübung ist jedoch im Zweifel nur in der Weise zulässig, daß sie für den Eigenthümer des belasteten Grundstücks nicht beschwerlicher wird. Gereicht die Dienstbarkeit nur einem der Theile zum Vortheile, so erlischt sie für die übrigen Theile.

Theilung des belasteten Grundstücks.

§ 1026. Wird das belastete Grundstück getheilt, so werden, wenn die Ausübung der Grunddienstbarkeit auf einen bestimmten Theil des belasteten Grundstücks beschränkt ist, die Theile, welche außerhalb des Bereichs der Ausübung liegen, von der Dienstbarkeit frei.

Schutz gegen Beeinträchtigungen.

§ 1027. Wird eine Grunddienstbarkeit beeinträchtigt, so stehen dem Berechtigten die im § 1004 bestimmten Rechte zu.

§ 1004*. Der Grunddienstbarkeitsberechtigte kann von dem Störer die Beseitigung der Beeinträchtigung verlangen. Sind weitere Beeinträchtigungen zu besorgen, so kann der Grunddienstbarkeitsberechtigte auf Unterlassung klagen.

Der Anspruch ist ausgeschlossen, wenn der Grunddienstbarkeitsberechtigte zur Duldung verpflichtet ist.

— Verjährung — Erlöschen der Grunddienstbarkeit.

§ 1028. Ist auf dem belasteten Grundstück eine Anlage, durch welche die Grunddienstbarkeit beeinträchtigt wird, errichtet worden, so unterliegt der Anspruch des Berechtigten auf Beseitigung der Beeinträchtigung der Verjährung, auch wenn die Dienstbarkeit im Grundbuche eingetragen ist. Mit der Verjährung des Anspruchs erlischt die Dienstbarkeit, soweit der Bestand der Anlage mit ihr in Widerspruch steht.

Die Vorschriften des § 892 finden keine Anwendung.

§ 892*. Vorschriften über den öffentlichen Glauben des Grundbuchs.

Besitzschutz.

§ 1029. Wird der Besitzer eines Grundstücks in der Ausübung einer für den Eigenthümer im Grundbuch eingetragenen Grunddienstbarkeit gestört, so finden die für den Besitzschutz geltenden Vorschriften entsprechende Anwendung, soweit die Dienstbarkeit innerhalb eines Jahres vor der Störung, sei es auch nur einmal, ausgeübt worden ist.

Zweiter Titel.

Nießbrauch.

I. Nießbrauch an Sachen.

Begriff.

§ 1030. Eine Sache kann in der Weise belastet werden, daß derjenige, zu dessen Gunsten die Belastung erfolgt, berechtigt ist, die Nutzungen der Sache zu ziehen (Nießbrauch).

Der Nießbrauch kann durch den Ausschluß einzelner Nutzungen beschränkt werden.

Zubehör eines Grundstücks.

§ 1031. Mit dem Nießbrauch an einem Grundstück erlangt der Nießbraucher den Nießbrauch an dem Zubehöre nach den für den Erwerb des Eigenthums geltenden Vorschriften des § 926.

§ 926*. Sind der Besteller des Niessbrauchs und der Niessbraucher darüber einig, dass sich der Niessbrauch auf das Zubehör des Grundstücks erstrecken soll, so erlangt der Niessbraucher mit dem Niessbrauch an dem Grundstück auch den Niessbrauch an den zur Zeit der Bestellung vorhandenen Zubehörstücken, soweit sie dem Besteller gehören. Im Zweifel ist anzunehmen, dass sich der Niessbrauch auf das Zubehör erstrecken soll.

Bestellung.

§ 1032. Zur Bestellung des Nießbrauchs an einer beweglichen Sache ist erforderlich, daß der Eigenthümer die Sache dem Erwerber übergiebt und beide darüber einig sind, daß diesem der Nießbrauch zustehen soll. Die Vorschriften des § 929 Satz 2 und der §§ 930 bis 936 finden entsprechende Anwendung; in den Fällen des § 936 tritt nur die Wirkung ein, daß der Nießbrauch dem Rechte des Dritten vorgeht.

§ 929 Satz 2*. Ist der Niessbraucher im Besitze der Sache, so genügt die Einigung über die Bestellung des Niessbrauchs.

§ 930*. Ist der Besteller im Besitze der Sache, so kann die Uebergabe dadurch ersetzt werden, dass zwischen ihm und dem Niessbraucher ein Rechtsverhältniss vereinbart wird, vermöge dessen der Niessbraucher den mittelbaren Besitz erlangt.

§ 931*. Ist ein Dritter im Besitze der Sache, so kann die Uebergabe dadurch ersetzt werden, dass der Besteller dem Niessbraucher den Anspruch auf Herausgabe der Sache abtritt.

— Gutgläubiger Erwerb.

§ 932*. Durch eine nach § 1032 erfolgte Bestellung erlangt der Niessbraucher auch dann den Niessbrauch, wenn die Sache nicht dem Besteller gehört, es sei denn, dass er zu der Zeit, zu der er nach diesen Vorschriften den Niessbrauch erwerben würde, nicht in gutem Glauben ist. Im Falle des § 929 Satz 2 gilt dies jedoch nur dann, wenn der Niessbraucher den Besitz von dem Besteller erlangt hatte.

Der Niessbraucher ist nicht in gutem Glauben, wenn ihm bekannt oder in Folge grober Fahrlässigkeit unbekannt ist, dass die Sache nicht dem Besteller gehört.

§ 933*. Gehört eine Sache, an welcher nach § 930 der Niessbrauch bestellt wird, nicht dem Besteller, so erwirbt an ihr der Niessbraucher den Niessbrauch, wenn ihm die Sache von dem Besteller übergeben wird, es sei denn, dass er zu dieser Zeit nicht in gutem Glauben ist.

§ 934*. Gehört eine Sache, an welcher nach § 931 der Niessbrauch bestellt wird, nicht dem Besteller, so erwirbt der Niessbraucher, wenn der Besteller mittelbarer Besitzer der Sache ist, mit der Abtretung des Anspruchs, anderenfalls dann den Niessbrauch, wenn er den Besitz der Sache von dem Dritten erlangt, es sei denn, dass er zur Zeit der Abtretung oder des Besitzerwerbes nicht in gutem Glauben ist.

§ 935*. Der Erwerb des Niessbrauchs auf Grund der §§ 932 bis 934 tritt nicht ein, wenn die Sache dem Eigenthümer gestohlen worden, verloren gegangen oder sonst abhanden gekommen war. Das Gleiche gilt, falls der Eigenthümer nur mittelbarer Besitzer war, dann, wenn die Sache dem Besitzer abhanden gekommen war.

Diese Vorschriften finden keine Anwendung auf Geld oder Inhaberpapiere.

Rechte Dritter.

§ 936*. Ist die Sache, an welcher ein Niessbrauch bestellt wird, mit dem Rechte eines Dritten belastet, so geht der Niessbrauch dem Rechte des Dritten vor. In dem Falle des § 929 Satz 2 gilt dies jedoch nur dann, wenn der Niessbraucher den Besitz von dem Besteller erlangt hatte. Erfolgt die Bestellung des Niessbrauchs nach § 930 oder war die Sache, an welcher nach § 931 der Niessbrauch bestellt wurde, nicht im mittelbaren Besitze des Bestellers, so geht der Niessbrauch dem Rechte des Dritten erst dann vor, wenn der Niessbraucher auf Grund der Bestellung des Niessbrauchs den Besitz der Sache erlangt.

Der Niessbrauch geht dem Rechte des Dritten nicht vor, wenn der Niessbraucher zu der nach Abs. 1 massgebenden Zeit in Ansehung des Rechtes nicht in gutem Glauben ist.

Steht im Falle des § 931 das Recht dem dritten Besitzer zu, so verliert es seinen Vorrang auch einem gutgläubigen Niessbraucher gegenüber nicht.

Ersitzung.

§ 1033. Der Nießbrauch an einer beweglichen Sache kann durch Ersitzung erworben werden. Die für den Erwerb des Eigenthums durch Ersitzung geltenden Vorschriften finden entsprechende Anwendung.

Feststellung des Zustandes der Sache.

§ 1034. Der Nießbraucher kann den Zustand der Sache auf seine Kosten durch Sachverständige feststellen lassen. Das gleiche Recht steht dem Eigenthümer zu.

Verzeichniss bei Niessbrauch an einem Inbegriff von Sachen.

§ 1035. Bei dem Nießbrauch an einem Inbegriffe von Sachen sind der Nießbraucher und der Eigenthümer einander verpflichtet, zur Aufnahme eines Verzeichnisses der Sachen mitzuwirken. Das Verzeichniß ist mit der Angabe des Tages der Aufnahme zu versehen und von beiden Theilen zu unterzeichnen; jeder Theil kann verlangen, daß die Unterzeichnung öffentlich beglaubigt wird. Jeder Theil kann auch verlangen, daß das Verzeichniß durch die zuständige Behörde oder durch einen zuständigen Beamten oder Notar aufgenommen wird. Die Kosten hat derjenige zu tragen und vorzuschießen, welcher die Aufnahme oder die Beglaubigung verlangt.

Recht zum Besitze; allgemeine Pflichten des Niessbrauchers.

§ 1036. Der Nießbraucher ist zum Besitze der Sache berechtigt. Er hat bei der Ausübung des Nutzungsrechts die bisherige wirthschaftliche Bestimmung der Sache aufrechtzuerhalten und nach den Regeln einer ordnungsmäßigen Wirthschaft zu verfahren.

Umgestaltung und Veränderung der Sache.

§ 1037. Der Nießbraucher ist nicht berechtigt, die Sache umzugestalten oder wesentlich zu verändern.

Der Nießbraucher eines Grundstücks darf neue Anlagen zur Gewinnung von Steinen, Kies, Sand, Lehm, Thon, Mergel, Torf und sonstigen Bodenbestandtheilen errichten, sofern nicht die wirthschaftliche Bestimmung des Grundstücks dadurch wesentlich verändert wird.

Wirthschaftsplan.

§ 1038. Ist ein Wald Gegenstand des Nießbrauchs, so kann sowohl der Eigenthümer als der Nießbraucher verlangen, daß das Maß der Nutzung und die Art der wirthschaftlichen Behandlung durch einen Wirthschaftsplan festgestellt werden. Tritt eine erhebliche Aenderung der

Umstände ein, so kann jeder Theil eine entsprechende Aenderung des Wirthschaftsplans verlangen. Die Kosten hat jeder Theil zur Hälfte zu tragen.

Das Gleiche gilt, wenn ein Bergwerk oder eine andere auf Gewinnung von Bodenbestandtheilen gerichtete Anlage Gegenstand des Nießbrauchs ist.

Umfang des Fruchterwerbs.

§ 1039. Der Nießbraucher erwirbt das Eigenthum auch an solchen Früchten, die er den Regeln einer ordnungsmäßigen Wirthschaft zuwider oder die er deshalb im Uebermaße zieht, weil dies in Folge eines besonderen Ereignisses nothwendig geworden ist. Er ist jedoch, unbeschadet seiner Verantwortlichkeit für ein Verschulden, verpflichtet, den Werth der Früchte dem Eigenthümer bei der Beendigung des Nießbrauchs zu ersetzen und für die Erfüllung dieser Verpflichtung Sicherheit zu leisten. Sowohl der Eigenthümer als der Nießbraucher kann verlangen, daß der zu ersetzende Betrag zur Wiederherstellung der Sache insoweit verwendet wird, als es einer ordnungsmäßigen Wirthschaft entspricht.

Wird die Verwendung zur Wiederherstellung der Sache nicht verlangt, so fällt die Ersatzpflicht weg, soweit durch den ordnungswidrigen oder den übermäßigen Fruchtbezug die dem Nießbraucher gebührenden Nutzungen beeinträchtigt werden.

Schatz.

§ 1040. Das Recht des Nießbrauchers erstreckt sich nicht auf den Antheil des Eigenthümers an einem Schatze, der in der Sache gefunden wird.

Erhaltung der Sache; Ausbesserungen, Erneuerungen.

§ 1041. Der Nießbraucher hat für die Erhaltung der Sache in ihrem wirthschaftlichen Bestande zu sorgen. Ausbesserungen und Erneuerungen liegen ihm nur insoweit ob, als sie zu der gewöhnlichen Unterhaltung der Sache gehören.

§ 1042. Wird die Sache zerstört oder beschädigt oder wird eine außergewöhnliche Ausbesserung oder Erneuerung der Sache oder eine Vorkehrung zum Schutze der Sache gegen eine nicht vorhergesehene Gefahr erforderlich, so hat der Nießbraucher dem Eigenthümer unverzüglich Anzeige zu machen. Das Gleiche gilt, wenn sich ein Dritter ein Recht an der Sache anmaßt.

§ 1043. Nimmt der Nießbraucher eines Grundstücks eine erforderlich gewordene außergewöhnliche Ausbesserung oder Erneuerung selbst vor, so darf er zu diesem Zwecke innerhalb der Grenzen einer ordnungsmäßigen Wirthschaft auch Bestandtheile des Grundstücks verwenden, die nicht zu den ihm gebührenden Früchten gehören.

§ 1044. Nimmt der Nießbraucher eine erforderlich gewordene Ausbesserung oder Erneuerung der Sache nicht selbst vor, so hat er dem Eigenthümer die Vornahme und, wenn ein Grundstück Gegenstand des Nießbrauchs ist, die Verwendung der im § 1043 bezeichneten Bestandtheile des Grundstücks zu gestatten.

Versicherung.

§ 1045. Der Nießbraucher hat die Sache für die Dauer des Nießbrauchs gegen Brandschaden und sonstige Unfälle auf seine Kosten unter Versicherung zu bringen, wenn die Versicherung einer ordnungsmäßigen Wirthschaft entspricht. Die Versicherung ist so zu nehmen, daß die Forderung gegen den Versicherer dem Eigenthümer zusteht.

Ist die Sache bereits versichert, so fallen die für die Versicherung zu leistenden Zahlungen dem Nießbraucher für die Dauer des Nießbrauchs zur Last, soweit er zur Versicherung verpflichtet sein würde.

§ 1046. An der Forderung gegen den Versicherer steht dem Nießbraucher der Nießbrauch nach den Vorschriften zu, die für den Nießbrauch an einer auf Zinsen ausstehenden Forderung gelten.

Tritt ein unter die Versicherung fallender Schaden ein, so kann sowohl der Eigenthümer als der Nießbraucher verlangen, daß die Versicherungssumme zur Wiederherstellung der Sache oder zur Beschaffung eines Ersatzes insoweit verwendet wird, als es einer ordnungsmäßigen Wirthschaft entspricht. Der Eigenthümer kann die Verwendung selbst besorgen oder dem Nießbraucher überlassen.

Lasten der Sache.

§ 1047. Der Nießbraucher ist dem Eigenthümer gegenüber verpflichtet, für die Dauer des Nießbrauchs die auf der Sache ruhenden öffentlichen Lasten mit Ausschluß der außerordentlichen Lasten, die als auf den Stammwerth der Sache gelegt anzusehen sind, sowie diejenigen privatrechtlichen Lasten zu tragen, welche schon zur Zeit der Bestellung des Nießbrauchs auf der Sache ruhten, insbesondere die Zinsen der Hypothekenforderungen und Grundschulden sowie die auf Grund einer Rentenschuld zu entrichtenden Leistungen.

Inventar eines Grundstücks.

§ 1048. Ist ein Grundstück sammt Inventar Gegenstand des Nießbrauchs, so kann der Nießbraucher über die einzelnen Stücke des Inventars innerhalb der Grenzen einer ordnungsmäßigen Wirthschaft verfügen. Er hat für den gewöhnlichen Abgang sowie für die nach den Regeln einer ordnungsmäßigen Wirthschaft ausscheidenden Stücke Ersatz zu beschaffen; die von ihm angeschafften Stücke werden mit der Einverleibung in das Inventar Eigenthum desjenigen, welchem das Inventar gehört.

Uebernimmt der Nießbraucher das Inventar zum Schätzungswerthe mit der Verpflichtung, es bei der Beendigung des Nießbrauchs zum Schätzungswerthe zurückzugewähren, so finden die Vorschriften der §§ 588, 589 entsprechende Anwendung.

§ 588* Der Niessbraucher trägt die Gefahr des zufälligen Unterganges und einer zufälligen Verschlechterung des Inventars. Er kann über die einzelnen Stücke innerhalb der Grenzen einer ordnungsmässigen Wirthschaft verfügen

Der Niessbraucher hat das Inventar nach den Regeln einer ordnungsmässigen Wirthschaft in dem Zustande zu erhalten, in welchem es ihm übergeben wird. Die von ihm angeschafften Stücke werden mit der Einverleibung in das Inventar Eigenthum desjenigen, welchem das Inventar gehört.

§ 589* Der Niessbraucher hat das bei Beendigung des Niessbrauchs vorhandene Inventar dem Eigenthümer zurückzugewähren

Der Eigenthümer kann die Uebernahme derjenigen von dem Niessbraucher angeschafften Inventarstücke ablehnen, welche nach den Regeln einer ordnungsmässigen Wirthschaft für das Grundstück überflüssig oder zu werthvoll sind; mit der Ablehnung geht das Eigenthum an den abgelehnten Stücken auf den Niessbraucher über

Ist der Gesammtschätzungswerth der übernommenen Stücke höher oder niedriger als der Gesammtschätzungswerth der zurückzugewährenden Stücke, so hat im ersteren Falle der Niessbraucher dem Eigenthümer, im letzteren Falle der Eigenthümer dem Niessbraucher den Mehrbetrag zu ersetzen.

Verwendungen.

§ 1049. Macht der Nießbraucher Verwendungen auf die Sache, zu denen er nicht verpflichtet ist, so bestimmt sich die Ersatzpflicht des Eigenthümers nach den Vorschriften über die Geschäftsführung ohne Auftrag.

Der Nießbraucher ist berechtigt, eine Einrichtung, mit der er die Sache versehen hat, wegzunehmen.

Haftung für Verschlechterungen.

§ 1050. Veränderungen oder Verschlechterungen der Sache, welche durch die ordnungsmäßige Ausübung des Nießbrauchs herbeigeführt werden, hat der Nießbraucher nicht zu vertreten.

Sicherheitsleistung.

§ 1051. Wird durch das Verhalten des Nießbrauchers die Besorgniß einer erheblichen Verletzung der Rechte des Eigenthümers begründet, so kann der Eigenthümer Sicherheitsleistung verlangen.

Aufstellung eines Verwalters.

§ 1052. Ist der Nießbraucher zur Sicherheitsleistung rechtskräftig verurtheilt, so kann der Eigenthümer statt der Sicherheitsleistung verlangen, daß die Ausübung des Nießbrauchs für Rechnung des Nießbrauchers einem von dem Gerichte zu bestellenden Verwalter übertragen wird. Die Anordnung der Verwaltung ist nur zuläſſig, wenn dem Nießbraucher auf Antrag des Eigenthümers von dem Gericht eine Frist zur Sicherheitsleistung bestimmt worden und die Frist verstrichen ist; sie ist unzuläſig, wenn die Sicherheit vor dem Ablaufe der Frist geleistet wird.

Der Verwalter steht unter der Aufsicht des Gerichts wie ein für die Zwangsverwaltung eines Grundstücks bestellter Verwalter. Verwalter kann auch der Eigenthümer sein.

Die Verwaltung ist aufzuheben, wenn die Sicherheit nachträglich geleistet wird.

Unbefugter Gebrauch.

§ 1053. Macht der Nießbraucher einen Gebrauch von der Sache, zu dem er nicht befugt ist, und setzt er den Gebrauch ungeachtet einer Abmahnung des Eigenthümers fort, so kann der Eigenthümer auf Unterlassung klagen.

Verletzung der Rechte des Eigenthümers.

§ 1054. Verletzt der Nießbraucher die Rechte des Eigenthümers in erheblichem Maße und setzt er das verletzende Verhalten ungeachtet einer Abmahnung des Eigenthümers fort, so kann der Eigenthümer die Anordnung einer Verwaltung nach § 1052 verlangen.

Rückgewähr.

§ 1055. Der Nießbraucher ist verpflichtet, die Sache nach der Beendigung des Nießbrauchs dem Eigenthümer zurückzugeben.

Bei dem Nießbrauch an einem landwirthschaftlichen Grundstücke finden die Vorschriften der §§ 591, 592, bei dem Nießbrauch an einem Landgute finden die Vorschriften der §§ 591 bis 593 entsprechende Anwendung.

§ 591*. Der Niessbraucher eines landwirthschaftlichen Grundstücks oder eines Landgutes ist verpflichtet, das Grundstück oder Landgut nach der Beendigung des Niessbrauchs in dem Zustande zurückzugewähren, der sich bei einer während der Zeit des Niessbrauchs bis zur Rückgewähr fortgesetzten ordnungsmässigen Bewirthschaftung ergiebt. Dies gilt insbesondere auch für die Bestellung.

§ 592*. Endigt der Niessbrauch an einem landwirthschaftlichen Grundstücke oder an einem Landgute im Laufe eines Niessbrauchsjahrs, so hat der Eigenthümer die Kosten, die der Niessbraucher auf die noch nicht getrennten, jedoch nach den Regeln einer ordnungsmässigen Wirthschaft vor dem Ende des Niessbrauchsjahrs zu trennenden Früchte verwendet hat, insoweit zu ersetzen, als sie einer ordnungsmässigen Wirthschaft entsprechen und den Werth dieser Früchte nicht übersteigen.

§ 593*. Der Niessbraucher eines Landguts hat von den bei Beendigung des Niessbrauchs vorhandenen landwirthschaftlichen Erzeugnissen ohne Rücksicht darauf, ob er bei dem Beginne des Niessbrauchs solche Erzeugnisse übernommen hat, so viel zurückzulassen, als zur Fortführung der Wirthschaft bis zu der Zeit erforderlich ist, zu welcher gleiche oder ähnliche Erzeugnisse voraussichtlich gewonnen werden.

Soweit der Niessbraucher landwirthschaftliche Erzeugnisse in grösserer Menge oder besserer Beschaffenheit zurückzulassen verpflichtet ist, als er bei Beginn des Niessbrauchs übernommen hat, kann er von dem Eigenthümer Ersatz des Werthes verlangen.

Den vorhandenen, auf dem Gute gewonnenen Dünger hat der Niessbraucher zurückzulassen, ohne dass er Ersatz des Werthes verlangen kann.

Einfluss der Beendigung auf Miethe und Pacht.

§ 1056. Hat der Nießbraucher ein Grundstück über die Dauer des Nießbrauchs hinaus vermiethet oder verpachtet, so finden nach der Beendigung des Nießbrauchs die für den Fall der Veräußerung geltenden Vorschriften der §§ 571, 572, des § 573 Satz 1 und der §§ 574 bis 576, 579 entsprechende Anwendung.

Der Eigenthümer ist berechtigt, das Mieth- oder Pachtverhältniß unter Einhaltung der gesetzlichen Kündigungsfrist zu kündigen. Verzichtet der Nießbraucher auf den Nießbrauch, so ist die Kündigung erst von der Zeit an zulässig, zu welcher der Nießbrauch ohne den Verzicht erlöschen würde.

Der Miether oder der Pächter ist berechtigt, den Eigenthümer unter Bestimmung einer angemessenen Frist zur Erklärung darüber aufzufordern, ob er von dem Kündigungsrechte Gebrauch mache. Die Kündigung kann nur bis zum Ablaufe der Frist erfolgen.

§ 571*. Endigt der Niessbrauch an dem vermietheten oder verpachteten Grundstücke nach der Ueberlassung an den Miether oder Pächter, so tritt der Eigenthümer an Stelle des Niessbrauchers in die sich aus dem Mieth- oder Pachtverhältniss ergebenden Rechte und Verflichtungen ein.

Erfüllt der Eigenthümer die Verpflichtungen nicht, so haftet der Niessbraucher für den von dem Eigenthümer zu ersetzenden Schaden wie ein Bürge, der auf die Einrede der Vorausklage verzichtet hat. Erlangt der Miether oder Pächter von der Beendigung des Niessbrauchs durch Mittheilung des Niessbrauchers Kenntniss, so wird der Niessbraucher von der Haftung befreit, wenn nicht der Miether oder Pächter das Mieth- oder Pachtverhältniss für den ersten Termin kündigt, für den die Kündigung zulässig ist.

§ 572*. Hat der Miether oder Pächter des Grundstücks dem Niessbraucher für die Erfüllung seiner Verpflichtungen Sicherheit geleistet, so tritt der Eigenthümer in die dadurch begründeten Rechte ein. Zur Rückgewähr der Sicherheit ist er nur verpflichtet, wenn sie ihm ausgehändigt wird oder wenn er dem Niessbraucher gegenüber die Verpflichtung zur Rückgewähr übernimmt.

§ 573 Satz 1*. Eine Verfügung, die der Niessbraucher vor Beendigung des Niessbrauchs über den nach diesem Zeitpunkte anfallenden Mieth- oder Pachtzins getroffen hat, ist soweit wirksam, als sie sich auf den Mieth- oder Pachtzins für das zur Zeit der Beendigung des Niessbrauchs laufende und das folgende Kalendervierteljahr bezieht.

§ 574*. Ein Rechtsgeschäft, das zwischen dem Miether oder Pächter und dem Niessbraucher in Ansehung der Mieth- oder Pachtzinsforderung vorgenommen wird, insbesondere die Entrichtung des Mieth- oder Pachtzinses, ist dem Eigenthümer gegenüber wirksam, soweit es sich nicht auf den Mieth- oder Pachtzins für eine spätere Zeit als das Kalendervierteljahr, in welchem der Miether oder Pächter von der Beendigung des Niessbrauchs Kenntniss erlangt, und das folgende Kalendervierteljahr bezieht. Ein Rechtsgeschäft, das nach der Beendigung des Niessbrauchs vorgenommen wird, ist jedoch unwirksam, wenn der Miether oder Pächter bei der Vornahme des Rechtsgeschäfts von der Beendigung des Niessbrauchs Kenntniss hat.

§ 575*. Soweit die Entrichtung des Mieth- oder Pachtzinses an den Niessbraucher nach § 574 dem Eigenthümer gegenüber wirksam ist, kann der Miether oder Pächter gegen die Mieth- oder Pachtzinsforderung des Eigenthümers eine ihm gegen den Niessbraucher zustehende Forderung aufrechnen. Die Aufrechnung ist ausgeschlossen, wenn der Miether oder Pächter die Gegenforderung erworben hat, nachdem er von der Beendigung des Niessbrauchs Kenntniss erlangt hat oder wenn die Gegenforderung erst nach der Erlangung der Kenntniss und später als der Mieth- oder Pachtzins fällig geworden ist.

§ 576*. Zeigt der Niessbraucher dem Miether oder Pächter an, dass der Niessbrauch beendigt sei, so muss er in Ansehung der Mieth- oder Pachtzinsforderung die angezeigte Beendigung des Niessbrauchs dem Miether oder Pächter gegenüber gegen sich gelten lassen, auch wenn sie nicht erfolgt oder nicht wirksam ist.

Die Anzeige kann nur mit Zustimmung desjenigen zurückgenommen werden, der als der Eigenthümer bezeichnet ist.

§ 579*. Wird das vermiethete oder verpachtete Grundstück von dem Eigenthümer weiter veräussert oder belastet, so finden die Vorschriften des § 571 Abs. 1 und der §§ 572 bis 576 entsprechende Anwendung Erfüllt der neue Erwerber die aus dem Mieth- oder Pachtverhältnisse sich ergebenden Verpflichtungen nicht, so haftet der Niessbraucher dem Miether nach § 571 Abs 2

Verjährung der beiderseitigen Ansprüche.

§ 1057. Die Ersatzansprüche des Eigenthümers wegen Veränderungen oder Verschlechterungen der Sache, sowie die Ansprüche des Nießbrauchers auf Ersatz von Verwendungen oder auf Gestattung der Wegnahme einer Einrichtung verjähren in sechs Monaten. Die Vorschriften des § 558 Abs. 2, 3 finden entsprechende Anwendung.

§ 558 Abs. 2*, 3* Die Verjährung der Ersatzansprüche des Eigenthümers beginnt mit dem Zeitpunkt, in welchem er die Sache zurückerhält, die Verjährung der Ansprüche des Niessbrauchers beginnt mit der Beendigung des Niessbrauchs.

Mit der Verjährung des Anspruchs des Eigenthümers auf Rückgabe der Sache verjähren auch die Ersatzansprüche des Eigenthümers.

Der Besteller gilt als Eigenthümer.

§ 1058. Im Verhältnisse zwischen dem Nießbraucher und dem Eigenthümer gilt zu Gunsten des Nießbrauchers der Besteller als Eigenthümer, es sei denn, daß der Nießbraucher weiß, daß der Besteller nicht Eigenthümer ist.

Uebertragbarkeit.

§ 1059. Der Nießbrauch ist nicht übertragbar. Die Ausübung des Nießbrauchs kann einem Anderen überlassen werden.

Zusammentreffen mit anderen Nutzungsrechten.

§ 1060. Trifft ein Nießbrauch mit einem anderen Nießbrauch oder mit einem sonstigen Nutzungsrecht an der Sache dergestalt zusammen, daß die Rechte neben einander nicht oder nicht vollständig ausgeübt werden können, und haben die Rechte gleichen Rang, so findet die Vorschrift des § 1024 Anwendung.

§ 1024. Trifft eine Grunddienstbarkeit mit einer anderen Grunddienstbarkeit oder einem sonstigen Nutzungsrecht an dem Grundstücke dergestalt zusammen, dass die Rechte nebeneinander nicht oder nicht vollständig ausgeübt werden können, und haben die Rechte gleichen Rang, so kann jeder Berechtigte eine den Interessen aller Berechtigten nach billigem Ermessen entsprechende Regelung der Ausübung verlangen.

Tod des Niessbrauchers.

§ 1061. Der Nießbrauch erlischt mit dem Tode des Nießbrauchers. Steht der Nießbrauch einer juristischen Person zu, so erlischt er mit dieser.

Erstreckung der Aufhebung auf das Zubehör.

§ 1062. Wird der Nießbrauch an einem Grundstücke durch Rechtsgeschäft aufgehoben, so erstreckt sich die Aufhebung im Zweifel auf den Nießbrauch an dem Zubehöre.

Zusammentreffen von Niessbrauch und Eigenthum.

§ 1063. Der Nießbrauch an einer beweglichen Sache erlischt, wenn er mit dem Eigenthum in derselben Person zusammentrifft.

Der Nießbrauch gilt als nicht erloschen, soweit der Eigenthümer ein rechtliches Interesse an dem Fortbestehen des Nießbrauchs hat.

Aufhebung.

§ 1064. Zur Aufhebung des Nießbrauchs an einer beweglichen Sache durch Rechtsgeschäft genügt die Erklärung des Nießbrauchers gegenüber dem Eigenthümer oder dem Besteller, daß er den Nießbrauch aufgebe.

Schutz gegen Beeinträchtigungen.

§ 1065. Wird das Recht des Nießbrauchers beeinträchtigt, so finden auf die Ansprüche des Nießbrauchers die für die Ansprüche aus dem Eigenthume geltenden Vorschriften entsprechende Anwendung.

Niessbrauch am Antheil eines Miteigenthümers.

§ 1066. Besteht ein Nießbrauch an dem Antheil eines Miteigenthümers, so übt der Nießbraucher die Rechte aus, die sich aus der Gemeinschaft der Miteigenthümer in Ansehung der Verwaltung der Sache und der Art ihrer Benutzung ergeben.

Die Aufhebung der Gemeinschaft kann nur von dem Miteigenthümer und dem Nießbraucher gemeinschaftlich verlangt werden.

Wird die Gemeinschaft aufgehoben, so gebührt dem Nießbraucher der Nießbrauch an den Gegenständen, welche an die Stelle des Antheils treten.

Niessbrauch an verbrauchbaren Sachen.

§ 1067. Sind verbrauchbare Sachen Gegenstand des Nießbrauchs, so wird der Nießbraucher Eigenthümer der Sachen; nach der Beendigung des Nießbrauchs hat er dem Besteller den Werth zu ersetzen, den die Sachen zur Zeit der Bestellung hatten. Sowohl der Besteller als der Nießbraucher kann den Werth auf seine Kosten durch Sachverständige feststellen lassen.

Der Besteller kann Sicherheitsleistung verlangen, wenn der Anspruch auf Ersatz des Werthes gefährdet ist.

II. Nießbrauch an Rechten.

Grundsatz.

§ 1068. Gegenstand des Nießbrauchs kann auch ein Recht sein.

Auf den Nießbrauch an Rechten finden die Vorschriften über den Nießbrauch an Sachen entsprechende Anwendung, soweit sich nicht aus den §§ 1069 bis 1084 ein Anderes ergiebt.

Bestellung.

§ 1069. Die Bestellung des Nießbrauchs an einem Rechte erfolgt nach den für die Uebertragung des Rechtes geltenden Vorschriften.

An einem Rechte, das nicht übertragbar ist, kann ein Nießbrauch nicht bestellt werden.

Niessbrauch an einem Recht auf Leistung.

§ 1070. Ist ein Recht, kraft dessen eine Leistung gefordert werden kann, Gegenstand des Nießbrauchs, so finden auf das Rechtsverhältniß zwischen dem Nießbraucher und dem Verpflichteten die Vorschriften entsprechende Anwendung, welche im Falle der Uebertragung des Rechtes für das Rechtsverhältniß zwischen dem Erwerber und dem Verpflichteten gelten.

Wird die Ausübung des Nießbrauchs nach § 1052 einem Verwalter übertragen, so ist die Uebertragung dem Verpflichteten gegenüber erst wirksam, wenn er von der getroffenen Anordnung Kenntniß erlangt oder wenn ihm eine Mittheilung von der Anordnung zugestellt wird. Das Gleiche gilt von der Aufhebung der Verwaltung.

§ 1052*. Ist der Niessbraucher zur Sicherheitsleistung rechtskräftig verurtheilt, so kann der Berechtigte statt der Sicherheitsleistung verlangen, dass die Ausübung des Niessbrauchs für Rechnung des Niessbrauchers einem von dem Gerichte zu bestellenden Verwalter übertragen wird. Die Anordnung der Verwaltung ist nur zulässig, wenn dem Niessbraucher auf Antrag des Berechtigten von dem Gericht eine Frist zur Sicherheitsleistung bestimmt worden und die Frist verstrichen ist, sie ist unzulässig, wenn die Sicherheit vor dem Ablaufe der Frist geleistet wird.

Der Verwalter steht unter der Aufsicht des Gerichts wie ein für die Zwangsverwaltung eines Grundstücks bestellter Verwalter. Verwalter kann auch der Berechtigte sein

Die Verwaltung ist aufzuheben, wenn die Sicherheit nachträglich geleistet wird.

Beendigung.

§ 1071. Ein dem Nießbrauch unterliegendes Recht kann durch Rechtsgeschäft nur mit Zustimmung des Nießbrauchers aufgehoben werden. Die Zustimmung ist demjenigen gegenüber zu erklären, zu dessen Gunsten sie erfolgt; sie ist unwiderruflich. Die Vorschrift des § 876 Satz 3 bleibt unberührt.

Das Gleiche gilt im Falle einer Aenderung des Rechtes, sofern sie den Nießbrauch beeinträchtigt.

§ 876 Satz 3* Steht ein Recht an einem Grundstücke in Frage, so ist die Zustimmung dem Grundbuchamt oder demjenigen gegenüber zu erklären, zu dessen Gunsten sie erfolgt, sie ist unwiderruflich

§ 1072. Die Beendigung des Nießbrauchs tritt nach den Vorschriften der §§ 1063, 1064 auch dann ein, wenn das dem Nießbrauch unterliegende Recht nicht ein Recht an einer beweglichen Sache ist.

§ 1063*. Der Niessbrauch an einem Rechte erlischt, wenn er mit dem Rechte in derselben Person zusammentrifft.

Der Niessbrauch gilt als nicht erloschen, soweit der Berechtigte ein rechtliches Interesse an dem Fortbestehen des Niessbrauchs hat.

§ 1064*. Zur Aufhebung des Niessbrauchs an einem Rechte durch Rechtsgeschäft genügt die Erklärung des Niessbrauchers gegenüber dem Berechtigten oder dem Besteller, dass er den Niessbrauch aufgebe.

Niessbrauch an einer Leibrente etc.

§ 1073. Dem Nießbraucher einer Leibrente, eines Auszugs oder eines ähnlichen Rechtes gebühren die einzelnen Leistungen, die auf Grund des Rechtes gefordert werden können.

Niessbrauch an einer Forderung.

§ 1074. Der Nießbraucher einer Forderung ist zur Einziehung der Forderung und, wenn die Fälligkeit von einer Kündigung des Gläubigers abhängt, zur Kündigung berechtigt. Er hat für die ordnungsmäßige Einziehung zu sorgen. Zu anderen Verfügungen über die Forderung ist er nicht berechtigt.

§ 1075. Mit der Leistung des Schuldners an den Nießbraucher erwirbt der Gläubiger den geleisteten Gegenstand und der Nießbraucher den Nießbrauch an dem Gegenstande.

Werden verbrauchbare Sachen geleistet, so erwirbt der Nießbraucher das Eigenthum; die Vorschriften des § 1067 finden entsprechende Anwendung.

§ 1067* Nach der Beendigung des Niessbrauchs hat der Niessbraucher dem Besteller den Werth zu ersetzen, den die Sachen zur Zeit der Leistung hatten. Sowohl der Besteller als der Niessbraucher kann den Werth auf seine Kosten durch Sachverständige feststellen lassen

Der Besteller kann Sicherheitsleistung verlangen, wenn der Anspruch auf Ersatz des Werthes gefährdet ist

Niessbrauch an einer verzinslichen Forderung.

§ 1076. Ist eine auf Zinsen ausstehende Forderung Gegenstand des Nießbrauchs, so gelten die Vorschriften der §§ 1077 bis 1079.

§ 1077. Der Schuldner kann das Kapital nur an den Nießbraucher und den Gläubiger gemeinschaftlich zahlen. Jeder von beiden kann verlangen, daß an sie gemeinschaftlich gezahlt wird; jeder kann statt der Zahlung die Hinterlegung für beide fordern.

Der Nießbraucher und der Gläubiger können nur gemeinschaftlich kündigen. Die Kündigung des Schuldners ist nur wirksam, wenn sie dem Nießbraucher und dem Gläubiger erklärt wird.

§ 1078. Ist die Forderung fällig, so sind der Nießbraucher und der Gläubiger einander verpflichtet, zur Einziehung mitzuwirken. Hängt die Fälligkeit von einer Kündigung ab, so kann jeder Theil die Mitwirkung des anderen zur Kündigung verlangen, wenn die Einziehung der Forderung wegen Gefährdung ihrer Sicherheit nach den Regeln einer ordnungsmäßigen Vermögensverwaltung geboten ist.

§ 1079. Der Nießbraucher und der Gläubiger sind einander verpflichtet, dazu mitzuwirken, daß das eingezogene Kapital nach den für die

Anlegung von Mündelgeld geltenden Vorschriften verzinslich angelegt und gleichzeitig dem Nießbraucher der Nießbrauch bestellt wird. Die Art der Anlegung bestimmt der Nießbraucher.

Niessbrauch an Grundschulden und Rentenschulden.

§ 1080. Die Vorschriften über den Nießbrauch an einer Forderung gelten auch für den Nießbrauch an einer Grundschuld und an einer Rentenschuld.

Niessbrauch an Inhaber- und Orderpapieren.

§ 1081. Ist ein Inhaberpapier oder ein Orderpapier, das mit Blankoindossament versehen ist, Gegenstand das Nießbrauchs, so steht der Besitz des Papiers und des zu dem Papiere gehörenden Erneuerungsscheins dem Nießbraucher und dem Eigenthümer gemeinschaftlich zu. Der Besitz der zu dem Papiere gehörenden Zins-, Renten- oder Gewinnantheilscheine steht dem Nießbraucher zu.

Zur Bestellung des Nießbrauchs genügt an Stelle der Uebergabe des Papiers die Einräumung des Mitbesitzes.

§ 1082. Das Papier ist nebst dem Erneuerungsschein auf Verlangen des Nießbrauchers oder des Eigenthümers bei einer Hinterlegungsstelle mit der Bestimmung zu hinterlegen, daß die Herausgabe nur von dem Nießbraucher und dem Eigenthümer gemeinschaftlich verlangt werden kann. Der Nießbraucher kann auch Hinterlegung bei der Reichsbank verlangen.

§ 1083. Der Nießbraucher und der Eigenthümer des Papiers sind einander verpflichtet, zur Einziehung des fälligen Kapitals, zur Beschaffung neuer Zins-, Renten- oder Gewinnantheilscheine sowie zu sonstigen Maßnahmen mitzuwirken, die zur ordnungsmäßigen Vermögensverwaltung erforderlich sind.

Im Falle der Einlösung des Papiers finden die Vorschriften des § 1079 Anwendung. Eine bei der Einlösung gezahlte Prämie gilt als Theil des Kapitals.

§ 1084. Gehört ein Inhaberpapier oder ein Orderpapier, das mit Blankoindossament versehen ist, nach § 92 zu den verbrauchbaren Sachen, so bewendet es bei den Vorschriften des § 1067.

§ 92. Verbrauchbare Sachen im Sinne des Gesetzes sind bewegliche Sachen, deren bestimmungsmässiger Gebrauch in dem Verbrauch oder in der Veräusserung besteht.

Als verbrauchbar gelten auch bewegliche Sachen, die zu einem Waarenlager oder zu einem sonstigen Sachinbegriffe gehören, dessen bestimmungsmässiger Gebrauch in der Veräusserung der einzelnen Sachen besteht.

III. Nießbrauch an einem Vermögen.

§ 1085. Der Nießbrauch an dem Vermögen einer Person kann nur in der Weise bestellt werden, daß der Nießbraucher den Nießbrauch an den einzelnen zu dem Vermögen gehörenden Gegenständen erlangt. Soweit der Nießbrauch bestellt ist, gelten die Vorschriften der §§ 1086 bis 1088.

Stellung der Gläubiger.

§ 1086. Die Gläubiger des Bestellers können, soweit ihre Forderungen vor der Bestellung entstanden sind, ohne Rücksicht auf den Nießbrauch Befriedigung aus den dem Nießbrauch unterliegenden Gegenständen verlangen. Hat der Nießbraucher das Eigenthum an verbrauchbaren Sachen erlangt, so tritt an die Stelle der Sachen der Anspruch des Bestellers auf Ersatz des Werthes; der Nießbraucher ist den Gläubigern gegenüber zum sofortigen Ersatze verpflichtet.

§ 1087. Der Besteller kann, wenn eine vor der Bestellung entstandene Forderung fällig ist, von dem Nießbraucher Rückgabe der zur Befriedigung des Gläubigers erforderlichen Gegenstände verlangen. Die Auswahl steht ihm zu; er kann jedoch nur die vorzugsweise geeigneten Gegenstände auswählen. Soweit die zurückgegebenen Gegenstände ausreichen, ist der Besteller dem Nießbraucher gegenüber zur Befriedigung des Gläubigers verpflichtet.

Der Nießbraucher kann die Verbindlichkeit durch Leistung des geschuldeten Gegenstandes erfüllen. Gehört der geschuldete Gegenstand nicht zu dem Vermögen, das dem Nießbrauch unterliegt, so ist der Nießbraucher berechtigt, zum Zwecke der Befriedigung des Gläubigers einen zu dem Vermögen gehörenden Gegenstand zu veräußern, wenn die Befriedigung durch den Besteller nicht ohne Gefahr abgewartet werden kann. Er hat einen vorzugsweise geeigneten Gegenstand auszuwählen. Soweit er zum Ersatze des Werthes verbrauchbarer Sachen verpflichtet ist, darf er eine Veräußerung nicht vornehmen.

§ 1088. Die Gläubiger des Bestellers, deren Forderungen schon zur Zeit der Bestellung verzinslich waren, können die Zinsen für die Dauer des Nießbrauchs auch von dem Nießbraucher verlangen. Das Gleiche gilt von anderen wiederkehrenden Leistungen, die bei ordnungsmäßiger Verwaltung aus den Einkünften des Vermögens bestritten werden, wenn die Forderung vor der Bestellung des Nießbrauchs entstanden ist.

Die Haftung des Nießbrauchers kann nicht durch Vereinbarung zwischen ihm und dem Besteller ausgeschlossen oder beschränkt werden.

Der Nießbraucher ist dem Besteller gegenüber zur Befriedigung der Gläubiger wegen der im Abs. 1 bezeichneten Ansprüche verpflichtet. Die Rückgabe von Gegenständen zum Zwecke der Befriedigung kann der Besteller nur verlangen, wenn der Nießbraucher mit der Erfüllung dieser Verbindlichkeit in Verzug kommt.

Niessbrauch an einer Erbschaft.

§ 1089. Die Vorschriften der §§ 1085 bis 1088 finden auf den Nießbrauch an einer Erbschaft entsprechende Anwendung.

Dritter Titel.

Beschränkte persönliche Dienstbarkeiten.

Begriff.

§ 1090. Ein Grundstück kann in der Weise belastet werden, daß derjenige, zu dessen Gunsten die Belastung erfolgt, berechtigt ist, das Grundstück in einzelnen Beziehungen zu benutzen, oder daß ihm eine sonstige Befugniß zusteht, die den Inhalt einer Grunddienstbarkeit bilden kann (beschränkte persönliche Dienstbarkeit).

Die Vorschriften der §§ 1020 bis 1024, 1026 bis 1029, 1061 finden entsprechende Anwendung.

Schonende Ausübung.

§ 1020*. Bei der Ausübung einer beschränkten persönlichen Dienstbarkeit hat der Berechtigte das Interesse des Eigenthümers des belasteten Grundstücks thunlichst zu schonen. Hält er zur Ausübung der Dienstbarkeit auf dem belasteten Grundstück eine Anlage, so hat er sie in ordnungsmässigem Zustande zu erhalten, soweit das Interesse des Eigenthümers es erfordert.

Unterhaltung einer Anlage.

§ 1021*. Gehört zur Ausübung einer beschränkten persönlichen Dienstbarkeit eine Anlage auf dem belasteten Grundstücke, so kann bestimmt werden, dass der Eigenthümer dieses Grundstücks die Anlage zu unterhalten hat, soweit das Interesse des Berechtigten es erfordert. Steht dem Eigenthümer das Recht zur Mitbenutzung der Anlage zu, so kann bestimmt werden, dass der Berechtigte die Anlage zu unterhalten hat, soweit es für das Benutzungsrecht des Eigenthümers erforderlich ist.

Auf eine solche Unterhaltungspflicht finden die Vorschriften über die Reallasten entsprechende Anwendung.

§ 1022*. Besteht die beschränkte persönliche Dienstbarkeit in dem Rechte, auf einer baulichen Anlage des belasteten Grundstücks eine bauliche Anlage zu halten, so hat, wenn nicht ein Anderes bestimmt ist, der Eigenthümer des belasteten Grundstücks seine Anlage zu unterhalten, soweit das Interesse des Berechtigten es erfordert. Die Vorschrift des § 1021 Abs. 2 gilt auch für diese Unterhaltungspflicht.

Anspruch auf Verlegung der Ausübung.

§ 1023*. Beschränkt sich die jeweilige Ausübung einer beschränkten persönlichen Dienstbarkeit auf einen Theil des belasteten Grundstücks, so kann der Eigenthümer die Verlegung der Ausübung auf eine andere, für den Berechtigten ebenso geeignete Stelle verlangen, wenn die Ausübung an der bisherigen Stelle für ihn besonders beschwerlich ist; die Kosten der Verlegung hat er zu tragen und vorzuschiessen. Dies gilt auch dann, wenn der Theil des Grundstücks, auf den sich die Ausübung beschränkt, durch Rechtsgeschäft bestimmt ist.

Das Recht auf die Verlegung kann nicht durch Rechtsgeschäft ausgeschlossen oder beschränkt werden.

Zusammentreffen mit anderen Nutzungsrechten.

§ 1024*. Trifft eine beschränkte persönliche Dienstbarkeit mit einer anderen beschränkten persönlichen Dienstbarkeit oder einem sonstigen Nutzungsrecht an dem Grundstücke dergestalt zusammen, dass die Rechte nebeneinander nicht oder nicht vollständig ausgeübt werden können, und haben die Rechte gleichen Rang, so kann jeder Berechtigte eine den Interessen aller Berechtigten nach billigem Ermessen entsprechende Regelung der Ausübung verlangen.

Theilung des belasteten Grundstücks.

§ 1026*. Wird das belastete Grundstück getheilt, so werden, wenn die Ausübung der beschränkten persönlichen Dienstbarkeit auf einen bestimmten Theil des belasteten Grundstücks beschränkt ist, die Theile, welche ausserhalb des Bereichs der Ausübung liegen, von der Dienstbarkeit frei.

Schutz gegen Beeinträchtigungen.

§ 1027*. Wird eine beschränkte persönliche Dienstbarkeit beeinträchtigt, so stehen dem Berechtigten die im § 1004 bestimmten Rechte zu.

§ 1004. Wird die beschränkte persönliche Dienstbarkeit beeinträchtigt, so kann der Berechtigte von dem Störer die Beseitigung der Beeinträchtigung verlangen. Sind weitere Beeinträchtigungen zu besorgen, so kann der Berechtigte auf Unterlassung klagen.*

Der Anspruch ist ausgeschlossen, wenn der Berechtigte zur Duldung verpflichtet ist.

§ 1029*. Wird der Besitzer eines Grundstücks in der Ausübung einer für den Eigenthümer im Grundbuch eingetragenen beschränkten persönlichen

Dienstbarkeit gestört, so finden die für den Besitzschutz geltenden Vorschriften entsprechende Anwendung, soweit die Dienstbarkeit innerhalb eines Jahres vor der Störung, sei es auch nur einmal, ausgeübt worden ist.

Erlöschen.

§ 1061*. Eine beschränkte persönliche Dienstbarkeit erlischt mit dem Tode des Berechtigten. Steht die beschränkte persönliche Dienstbarkeit einer juristischen Person zu, so erlischt sie mit dieser.

— **Umfang.**

§ 1091. Der Umfang einer beschränkten persönlichen Dienstbarkeit bestimmt sich im Zweifel nach dem persönlichen Bedürfnisse des Berechtigten.

— **Uebertragbarkeit.**

§ 1092. Eine beschränkte persönliche Dienstbarkeit ist nicht übertragbar. Die Ausübung der Dienstbarkeit kann einem Anderen nur überlassen werden, wenn die Ueberlassung gestattet ist.

Wohnungsrecht.

§ 1093. Als beschränkte persönliche Dienstbarkeit kann auch das Recht bestellt werden, ein Gebäude oder einen Theil eines Gebäudes unter Ausschluß des Eigenthümers als Wohnung zu benutzen. Auf dieses Recht finden die für den Nießbrauch geltenden Vorschriften der §§ 1031, 1034, 1036, des § 1037 Abs. 1 und der §§ 1041, 1042, 1044, 1049, 1050, 1057, 1062 entsprechende Anwendung.

Der Berechtigte ist befugt, seine Familie sowie die zur standesmäßigen Bedienung und zur Pflege erforderlichen Personen in die Wohnung aufzunehmen.

Ist das Recht auf einen Theil des Gebäudes beschränkt, so kann der Berechtigte die zum gemeinschaftlichen Gebrauche der Bewohner bestimmten Anlagen und Einrichtungen mitbenutzen.

Erstreckung auf Zubehör.

§ 1031*. Mit dem Wohnungsrechte erlangt der Berechtigte nach den für den Erwerb des Eigenthums geltenden Vorschriften des § 926 das Recht, das Zubehör zu benutzen.

§ 926 Abs. 1. Sind der Besteller des Wohnungsrechts und der Wohnungsberechtigte darüber einig, dass sich das Wohnungsrecht auf das Zubehör des Gebäudes erstrecken soll, so erlangt der Wohnungsberechtigte mit dem Wohnungsrechte an dem Gebäude auch das Benutzungsrecht an den zur Zeit der Bestellung vorhandenen Zubehörstücken, soweit sie dem Besteller gehören. Im Zweifel ist anzunehmen, dass sich das Wohnungsrecht auf das Zubehör erstrecken soll.*

Feststellung des Zustandes.

§ 1034*. Der Wohnungsberechtigte kann den Zustand der Sache auf seine Kosten durch Sachverständige feststellen lassen. Das gleiche Recht steht dem Eigenthümer zu.

Recht zum Besitze — Pflicht ordnungsmässiger Bewirthschaftung.

§ 1036*. Der Wohnungsberechtigte ist zum Besitze der Sache berechtigt.

Er hat bei der Ausübung des Nutzungsrechts die bisherige wirthschaftliche Bestimmung der Sache aufrechtzuerhalten und nach den Regeln einer ordnungsmässigen Wirthschaft zu verfahren.

Keine wesentlichen Aenderungen.

§ 1037 Abs. 1*. Der Wohnungsberechtigte ist nicht berechtigt, die Sache umzugestalten oder wesentlich zu verändern.

Erhaltung.

§ 1041*. Der Wohnungsberechtigte hat für die Erhaltung der Sache in ihrem wirthschaftlichen Bestande zu sorgen. Ausbesserungen und Erneuerungen liegen ihm nur insoweit ob, als sie zu der gewöhnlichen Unterhaltung der Sache gehören.

Anzeigepflicht.

§ 1042*. Wird die Sache zerstört oder beschädigt oder wird eine aussergewöhnliche Ausbesserung oder Erneuerung der Sache oder eine Vorkehrung zum Schutze der Sache gegen eine nicht vorhergesehene Gefahr erforderlich, so hat der Wohnungsberechtigte dem Eigenthümer unverzüglich Anzeige zu machen. Das Gleiche gilt, wenn sich ein Dritter ein Recht an der Sache anmasst.

Ausbesserungen durch den Eigenthümer.

§ 1044*. Nimmt der Wohnungsberechtigte eine erforderlich gewordene Ausbesserung oder Erneuerung der Sache nicht selbst vor, so hat er dem Eigenthümer die Vornahme und die Verwendung der im § 1043 bezeichneten Bestandtheile des Grundstücks zu gestatten.

§ 1043. Der Eigenthümer darf zum Zwecke der Ausbesserung und Erneuerung innerhalb der Grenzen einer ordnungsmässigen Wirthschaft auch Bestandtheile des Grundstücks verwenden, die nicht zu den dem Wohnungsberechtigten gebührenden Früchten gehören.*

Ersatz von Verwendungen.

§ 1049*. Macht der Wohnungsberechtigte Verwendungen auf die Sache, zu denen er nicht verpflichtet ist, so bestimmt sich die Ersatzpflicht des Eigenthümers nach den Vorschriften über die Geschäftsführung ohne Auftrag.

Der Wohnungsberechtigte ist berechtigt, eine Einrichtung, mit der er die Sache versehen hat, wegzunehmen.

Haftung für Veränderungen und Verschlechterungen.

§ 1050*. Veränderungen oder Verschlechterungen der Sache, welche durch die ordnungsmässige Ausübung des Wohnungsrechtes herbeigeführt werden, hat der Wohnungsberechtigte nicht zu vertreten.

Verjährung.

§ 1057*. Die Ersatzansprüche des Eigenthümers wegen Veränderungen oder Verschlechterungen der Sache, sowie die Ansprüche des Wohnungsberechtigten auf Ersatz von Verwendungen oder auf Gestattung der Wegnahme einer Einrichtung verjähren in sechs Monaten. Die Vorschriften des § 558 Abs. 2, 3 finden entsprechende Anwendung.

§ 558 Abs. 2, 3*. Die Verjährung der Ersatzansprüche des Eigenthümers beginnt mit dem Zeitpunkt, in welchem er die Sache zurückerhält; die Verjährung der Ansprüche des Wohnungsberechtigten beginnt mit der Beendigung des Wohnungsrechtes.*

Mit der Verjährung des Anspruchs des Eigenthümers auf Rückgabe der Sache verjähren auch die Ersatzansprüche des Eigenthümers.

Aufhebung.

§ 1062*. Wird das Wohnungsrecht durch Rechtsgeschäft aufgehoben, so erstreckt sich die Aufhebung im Zweifel auch auf das Zubehör.

Sechster Abschnitt.

Vorkaufsrecht.

Begriff.

§ 1094. Ein Grundstück kann in der Weise belastet werden, daß derjenige, zu dessen Gunsten die Belastung erfolgt, dem Eigenthümer gegenüber zum Vorkaufe berechtigt ist.

Das Vorkaufsrecht kann auch zu Gunsten des jeweiligen Eigenthümers eines anderen Grundstücks bestellt werden.

§ 1095. Ein Bruchtheil eines Grundstücks kann mit dem Vorkaufsrechte nur belastet werden, wenn er in dem Antheil eines Miteigenthümers besteht.

Zubehör.

§ 1096. Das Vorkaufsrecht kann auf das Zubehör erstreckt werden, das mit dem Grundstücke verkauft wird. Im Zweifel ist anzunehmen, daß sich das Vorkaufsrecht auf dieses Zubehör erstrecken soll.

Vorkaufsrecht für einen oder mehrere Verkaufsfälle.

§ 1097. Das Vorkaufsrecht beschränkt sich auf den Fall des Verkaufs durch den Eigenthümer, welchem das Grundstück zur Zeit der Bestellung gehört, oder durch dessen Erben; es kann jedoch auch für mehrere oder für alle Verkaufsfälle bestellt werden.

Rechtsverhältnisse zwischen dem Berechtigten und Verpflichteten.

§ 1098. Das Rechtsverhältniß zwischen dem Berechtigten und dem Verpflichteten bestimmt sich nach den Vorschriften der §§ 504 bis 514. Das Vorkaufsrecht kann auch dann ausgeübt werden, wenn das Grundstück von dem Konkursverwalter aus freier Hand verkauft wird.

Dritten gegenüber hat das Vorkaufsrecht die Wirkung einer Vormerkung zur Sicherung des durch die Ausübung des Rechtes entstehenden Anspruchs auf Uebertragung des Eigenthums.

Wann kann das Vorkaufsrecht ausgeübt werden?

§ 504. Wer in Ansehung eines Gegenstandes zum Vorkaufe berechtigt ist, kann das Vorkaufsrecht ausüben, sobald der Verpflichtete mit einem Dritten einen Kaufvertrag über den Gegenstand geschlossen hat.

Ausübung.

§ 505. Die Ausübung des Vorkaufsrechts erfolgt durch Erklärung gegenüber dem Verpflichteten. Die Erklärung bedarf nicht der für den Kaufvertrag bestimmten Form.

Mit der Ausübung des Vorkaufsrechts kommt der Kauf zwischen dem Berechtigten und dem Verpflichteten unter den Bestimmungen zu Stande, welche der Verpflichtete mit dem Dritten vereinbart hat.

§ 506. Eine Vereinbarung des Verpflichteten mit dem Dritten, durch welche der Kauf von der Nichtausübung des Vorkaufsrechts abhängig gemacht oder dem Verpflichteten für den Fall der Ausübung des Vorkaufsrechts der Rücktritt vorbehalten wird, ist dem Vorkaufsberechtigten gegenüber unwirksam.

Nebenleistungen.

§ 507. Hat sich der Dritte in dem Vertrage zu einer Nebenleistung verpflichtet, die der Vorkaufsberechtigte zu bewirken ausser Stande ist, so hat der Vorkaufsberechtigte statt der Nebenleistung ihren Werth zu entrichten. Lässt sich die Nebenleistung nicht in Geld schätzen, so ist die Ausübung des Vorkaufsrechts ausgeschlossen; die Vereinbarung der Nebenleistung kommt jedoch nicht in Betracht, wenn der Vertrag mit dem Dritten auch ohne sie geschlossen sein würde.

Verkauf mehrerer Sachen.

§ 508. Hat der Dritte den Gegenstand, auf den sich das Vorkaufsrecht bezieht, mit anderen Gegenständen zu einem Gesammtpreise gekauft, so hat der Vorkaufsberechtigte einen verhältnissmässigen Theil des Gesammtpreises zu entrichten. Der Verpflichtete kann verlangen, dass der Vorkauf auf alle Sachen erstreckt wird, die nicht ohne Nachtheil für ihn getrennt werden können.

Stundung des Kaufpreises.

§ 509. Ist dem Dritten in dem Vertrage der Kaufpreis gestundet worden, so kann der Vorkaufsberechtigte die Stundung nur in Anspruch nehmen, wenn er für den gestundeten Betrag Sicherheit leistet.

Ist ein Grundstück Gegenstand des Vorkaufs, so bedarf es der Sicherheitsleistung insoweit nicht, als für den gestundeten Kaufpreis die Bestellung einer

Hypothek an dem Grundstücke vereinbart oder in Anrechnung auf den Kaufpreis eine Schuld, für die eine Hypothek an dem Grundstücke besteht, übernommen worden ist.

Anzeigepflicht — Ausschlussfrist.

§ 510*. Der Verpflichtete hat dem Vorkaufsberechtigten den Inhalt des mit dem Dritten geschlossenen Vertrags unverzüglich mitzutheilen. Die Mittheilung des Verpflichteten wird durch die Mittheilung des Dritten ersetzt.

Das Vorkaufsrecht kann bei Grundstücken nur bis zum Ablaufe von zwei Monaten nach dem Empfange der Mittheilung ausgeübt werden. Ist für die Ausübung eine Frist bestimmt, so tritt diese an die Stelle der gesetzlichen Frist.

Verkauf an den gesetzlichen Erben.

§ 511. Das Vorkaufsrecht erstreckt sich im Zweifel nicht auf einen Verkauf, der mit Rücksicht auf ein künftiges Erbrecht an einen gesetzlichen Erben erfolgt.

Verkauf im Wege der Zwangsvollstreckung oder durch den Konkursverwalter.

§ 512. Das Vorkaufsrecht ist ausgeschlossen, wenn der Verkauf im Wege der Zwangsvollstreckung oder durch den Konkursverwalter erfolgt.

Mehrere Vorkaufsberechtigte.

§ 513. Steht das Vorkaufsrecht Mehreren gemeinschaftlich zu, so kann es nur im Ganzen ausgeübt werden. Ist es für einen der Berechtigten erloschen oder übt einer von ihnen sein Recht nicht aus, so sind die übrigen berechtigt, das Vorkaufsrecht im Ganzen auszuüben.

Uebergang auf Dritte.

§ 514. Das Vorkaufsrecht ist nicht übertragbar und geht nicht auf die Erben des Berechtigten über, sofern nicht ein Anderes bestimmt ist. Ist das Recht auf eine bestimmte Zeit beschränkt, so ist es im Zweifel vererblich.

Mittheilung.

§ 1099. Gelangt das Grundstück in das Eigenthum eines Dritten, so kann dieser in gleicher Weise wie der Verpflichtete dem Berechtigten den Inhalt des Kaufvertrags mit der im § 510 Abs. 2 bestimmten Wirkung mittheilen.

Der Verpflichtete hat den neuen Eigenthümer zu benachrichtigen, sobald die Ausübung des Vorkaufsrechts erfolgt oder ausgeschlossen ist.

§ 510 Abs. 2 s. § 1098.

Zurückbehaltungsrecht wegen des Kaufpreises.

§ 1100. Der neue Eigenthümer kann, wenn er der Käufer oder ein Rechtsnachfolger des Käufers ist, die Zustimmung zur Eintragung des Berechtigten als Eigenthümer und die Herausgabe des Grundstücks verweigern, bis ihm der zwischen dem Verpflichteten und dem Käufer vereinbarte Kaufpreis, soweit er berichtigt ist, erstattet wird. Erlangt der Berechtigte die Eintragung als Eigenthümer, so kann der bisherige Eigenthümer von ihm die Erstattung des berichtigten Kaufpreises gegen Herausgabe des Grundstücks fordern.

Befreiung des Berechtigten.

§ 1101. Soweit der Berechtigte nach § 1100 dem Käufer oder dessen Rechtsnachfolger den Kaufpreis zu erstatten hat, wird er von der Verpflichtung zur Zahlung des aus dem Vorkaufe geschuldeten Kaufpreises frei.

Befreiung des Verpflichteten.

§ 1102. Verliert der Käufer oder sein Rechtsnachfolger in Folge der Geltendmachung des Vorkaufsrechts das Eigenthum, so wird der Käufer, soweit der von ihm geschuldete Kaufpreis noch nicht berichtigt ist, von seiner Verpflichtung frei; den berichtigten Kaufpreis kann er nicht zurückfordern.

Vorkaufsrecht zu Gunsten des jeweiligen Eigenthümers.

§ 1103. Ein zu Gunsten des jeweiligen Eigenthümers eines Grundstücks bestehendes Vorkaufsrecht kann nicht von dem Eigenthum an diesem Grundstücke getrennt werden.

Ein zu Gunsten einer bestimmten Person bestehendes Vorkaufsrecht kann nicht mit dem Eigenthum an einem Grundstücke verbunden werden.

Ausschliessung durch Aufgebot.

§ 1104. Ist der Berechtigte unbekannt, so kann er im Wege des Aufgebotsverfahrens mit seinem Rechte ausgeschlossen werden, wenn die im § 1170 für die Ausschließung eines Hypothekengläubigers bestimmten Voraussetzungen vorliegen. Mit der Erlassung des Ausschlußurtheils erlischt das Vorkaufsrecht.

Auf ein Vorkaufsrecht, das zu Gunsten des jeweiligen Eigenthümers eines Grundstücks besteht, finden diese Vorschriften keine Anwendung.

§ 1170* Wenn seit der letzten, sich auf das Vorkaufsrecht beziehenden Eintragung in das Grundbuch zehn Jahre verstrichen sind und das Recht des Gläubigers nicht innerhalb dieser Frist von dem Eigenthümer in einer nach § 208 zur Unterbrechung der Verjährung geeigneten Weise *(durch Abschlagzahlung, Zinszahlung, Sicherheitsleistung oder in anderer Weise)* anerkannt worden ist. Besteht für die Forderung eine nach dem Kalender bestimmte Zahlungszeit, so beginnt die Frist nicht vor dem Ablaufe des Zahlungstags.

Siebenter Abschnitt.

Reallasten.

Begriff.

§ 1105. Ein Grundstück kann in der Weise belastet werden, daß an denjenigen, zu dessen Gunsten die Belastung erfolgt, wiederkehrende Leistungen aus dem Grundstücke zu entrichten sind (Reallast).

Die Reallast kann auch zu Gunsten des jeweiligen Eigenthümers eines anderen Grundstücks bestellt werden.

§ 1106. Ein Bruchtheil eines Grundstücks kann mit einer Reallast nur belastet werden, wenn er in dem Antheil eines Miteigenthümers besteht.

Grundsätze für die einzelnen Leistungen.

§ 1107. Auf die einzelnen Leistungen finden die für die Zinsen einer Hypothekenforderung geltenden Vorschriften entsprechende Anwendung.

Persönliche Haftung des Eigenthümers.

§ 1108. Der Eigenthümer haftet für die während der Dauer seines Eigenthums fällig werdenden Leistungen auch persönlich, soweit nicht ein Anderes bestimmt ist.

Wird das Grundstück getheilt, so haften die Eigenthümer der einzelnen Theile als Gesammtschuldner.

Theilung des Grundstücks des Berechtigten.

§ 1109. Wird das Grundstück des Berechtigten getheilt, so besteht die Reallast für die einzelnen Theile fort. Ist die Leistung theilbar, so bestimmen sich die Antheile der Eigenthümer nach dem Verhältnisse der

Größe der Theile; ist sie nicht theilbar, so finden die Vorschriften des § 432 Anwendung. Die Ausübung des Rechtes ist im Zweifel nur in der Weise zulässig, daß sie für den Eigenthümer des belasteten Grundstücks nicht beschwerlicher wird.

Der Berechtigte kann bestimmen, daß das Recht nur mit einem der Theile verbunden sein soll. Die Bestimmung hat dem Grundbuchamte gegenüber zu erfolgen und bedarf der Eintragung in das Grundbuch; die Vorschriften der §§ 876, 878 finden entsprechende Anwendung. Veräußert der Berechtigte einen Theil des Grundstücks, ohne eine solche Bestimmung zu treffen, so bleibt das Recht mit dem Theile verbunden, den er behält.

Gereicht die Reallast nur einem der Theile zum Vortheile, so bleibt sie mit diesem Theile allein verbunden.

§ 432. Haben Mehrere eine untheilbare Leistung zu fordern, so kann, sofern sie nicht Gesammtgläubiger sind, der Schuldner nur an alle gemeinschaftlich leisten und jeder Gläubiger nur die Leistung an alle fordern. Jeder Gläubiger kann verlangen, dass der Schuldner die geschuldete Sache für alle Gläubiger hinterlegt oder, wenn sie sich nicht zur Hinterlegung eignet, an einen gerichtlich zu bestellenden Verwahrer abliefert.
Im Uebrigen wirkt eine Thatsache, die nur in der Person eines der Gläubiger eintritt, nicht für und gegen die übrigen Gläubiger.

§ 876* Ist die Reallast mit dem Rechte eines Dritten belastet, so ist zur Bestimmung des Berechtigten, dass das Recht nur mit einem der Theile verbunden sein soll, die Zustimmung des Dritten erforderlich. Ist die Reallast zu Gunsten des jeweiligen Eigenthümers eines anderen Grundstücks bestellt, so ist, wenn dieses Grundstück mit dem Rechte eines Dritten belastet ist, die Zustimmung des Dritten erforderlich, es sei denn, dass dessen Recht durch die Bestimmung nicht berührt wird. Die Zustimmung ist dem Grundbuchamt oder demjenigen gegenüber zu erklären, zu dessen Gunsten sie erfolgt, sie ist unwiderruflich.

§ 878* Die von dem Berechtigten getroffene Bestimmung wird nicht dadurch unwirksam, dass der Berechtigte in der Verfügung beschränkt wird, nachdem die Erklärung für ihn bindend geworden und der Antrag auf Eintragung bei dem Grundbuchamte gestellt worden ist.

§ 1110. Eine zu Gunsten des jeweiligen Eigenthümers eines Grundstücks bestehende Reallast kann nicht von dem Eigenthum an diesem Grundstücke getrennt werden.

Reallasten zu Gunsten einer bestimmten Person.

§ 1111. Eine zu Gunsten einer bestimmten Person bestehende Reallast kann nicht mit dem Eigenthum an einem Grundstücke verbunden werden.

Ist der Anspruch auf die einzelne Leistung nicht übertragbar, so kann das Recht nicht veräußert oder belastet werden.

Ausschliessung durch Aufgebot.

§ 1112. Ist der Berechtigte unbekannt, so finden auf die Ausschließung seines Rechtes die Vorschriften des § 1104 entsprechende Anwendung.

Achter Abschnitt.

Hypothek. Grundschuld. Rentenschuld.

Erster Titel.

Hypothek.

Begriff.

§ 1113. Ein Grundstück kann in der Weise belastet werden, daß an denjenigen, zu dessen Gunsten die Belastung erfolgt, eine bestimmte Geldsumme zur Befriedigung wegen einer ihm zustehenden Forderung aus dem Grundstücke zu zahlen ist (Hypothek).

Die Hypothek kann auch für eine künftige oder eine bedingte Forderung bestellt werden.

§ 1114. Ein Bruchtheil eines Grundstücks kann mit einer Hypothek nur belastet werden, wenn er in dem Antheil eines Miteigenthümers besteht.

Eintragung.

§ 1115. Bei der Eintragung der Hypothek müssen der Gläubiger, der Geldbetrag der Forderung und, wenn die Forderung verzinslich ist, der Zinssatz, wenn andere Nebenleistungen zu entrichten sind, ihr Geldbetrag im Grundbuch angegeben werden; im Uebrigen kann zur Bezeichnung der Forderung auf die Eintragungsbewilligung Bezug genommen werden.

Bei der Eintragung der Hypothek für ein Darlehen einer Kreditanstalt, deren Satzung von der zuständigen Behörde öffentlich bekannt gemacht worden ist, genügt zur Bezeichnung der außer den Zinsen satzungsgemäß zu entrichtenden Nebenleistungen die Bezugnahme auf die Satzung.

Hypothekenbrief.

§ 1116. Ueber die Hypothek wird ein Hypothekenbrief ertheilt.

Die Ertheilung des Briefes kann ausgeschlossen werden. Die Ausschließung kann auch nachträglich erfolgen. Zu der Ausschließung ist die Einigung des Gläubigers und des Eigenthümers sowie die Eintragung in das Grundbuch erforderlich; die Vorschriften des § 873 Abs. 2 und der §§ 876, 878 finden entsprechende Anwendung.

Die Ausschließung der Ertheilung des Briefes kann aufgehoben werden; die Aufhebung erfolgt in gleicher Weise wie die Ausschließung.

§ 873 Abs. 2. Vor der Eintragung sind die Betheiligten an die Einigung nur gebunden, wenn die Erklärungen gerichtlich oder notariell beurkundet oder vor dem Grundbuchamt abgegeben oder bei diesem eingereicht sind oder wenn der Berechtigte dem anderen Theile eine den Vorschriften der Grundbuchordnung entsprechende Eintragungsbewilligung ausgehändigt hat.

§ 876*. Ist die Hypothek mit dem Rechte eines Dritten belastet, so ist zur Ausschliessung die Zustimmung des Dritten erforderlich. Die Zustimmung ist dem Grundbuchamt oder demjenigen gegenüber zu erklären, zu dessen Gunsten sie erfolgt; sie ist unwiderruflich.

§ 878* Eine von dem Berechtigten in Gemässheit des §. 873 Abs. 2 abgegebene Erklärung wird nicht dadurch unwirksam, dass der Berechtigte in der Verfügung beschränkt wird, nachdem die Erklärung für ihn bindend geworden und der Antrag auf Eintragung bei dem Grundbuchamte gestellt worden ist.

Erwerb der Briefhypothek.

§ 1117. Der Gläubiger erwirbt, sofern nicht die Ertheilung des Hypothekenbriefs ausgeschlossen ist, die Hypothek erst, wenn ihm der Brief von dem Eigenthümer des Grundstücks übergeben wird. Auf die Uebergabe finden die Vorschriften des § 929 Satz 2 und der §§ 930, 931 Anwendung.

Die Uebergabe des Briefes kann durch die Vereinbarung ersetzt werden, daß der Gläubiger berechtigt sein soll, sich den Brief von dem Grundbuchamt aushändigen zu lassen.

Ist der Gläubiger im Besitze des Briefes, so wird vermuthet, daß die Uebergabe erfolgt sei.

§ 929 Satz 2*. Ist der Erwerber im Besitze des Briefs, so genügt die Einigung über den Uebergang des Eigenthums.

§ 930*. Ist der Eigenthümer im Besitze des Briefs, so kann die Uebergabe dadurch ersetzt werden, dass zwischen ihm und dem Erwerber ein Rechtsverhältniss vereinbart wird, vermöge dessen der Erwerber den mittelbaren Besitz erlangt.

§ 931*. Ist ein Dritter im Besitze des Briefs, so kann die Uebergabe dadurch ersetzt werden, dass der Eigenthümer dem Erwerber den Anspruch auf Herausgabe des Briefs abtritt.

Haftung für Zinsen und Kosten.

§ 1118. Kraft der Hypothek haftet das Grundstück auch für die gesetzlichen Zinsen der Forderung sowie für die Kosten der Kündigung und der die Befriedigung aus dem Grundstücke bezweckenden Rechtsverfolgung.

— Erweiterung der Haftung.

§ 1119. Ist die Forderung unverzinslich oder ist der Zinssatz niedriger als fünf vom Hundert, so kann die Hypothek ohne Zustimmung der im Range gleich- oder nachstehenden Berechtigten dahin erweitert werden, daß das Grundstück für Zinsen bis zu fünf vom Hundert haftet.

Zu einer Aenderung der Zahlungszeit und des Zahlungsorts ist die Zustimmung dieser Berechtigten gleichfalls nicht erforderlich.

Haftung des Grundstücks.

1. Erzeugnisse, Bestandtheile, Zubehör.

§ 1120. Die Hypothek erstreckt sich auf die von dem Grundstücke getrennten Erzeugnisse und sonstigen Bestandtheile, soweit sie nicht mit der Trennung nach den §§ 954 bis 957 in das Eigenthum eines Anderen als des Eigenthümers oder des Eigenbesitzers des Grundstücks gelangt sind, sowie auf das Zubehör des Grundstücks mit Ausnahme der Zubehörstücke, welche nicht in das Eigenthum des Eigenthümers des Grundstücks gelangt sind.

§ 954. Wer vermöge eines Rechtes an einer fremden Sache befugt ist, sich Erzeugnisse oder sonstige Bestandtheile der Sache anzueignen, erwirbt das Eigenthum an ihnen, unbeschadet der Vorschriften der §§ 955 bis 957, mit der Trennung

§ 955. Wer eine Sache im Eigenbesitze hat, erwirbt das Eigenthum an den Erzeugnissen und sonstigen zu den Früchten der Sache gehörenden Bestandtheilen, unbeschadet der Vorschriften der §§ 956, 957, mit der Trennung. Der Erwerb ist ausgeschlossen, wenn der Eigenbesitzer nicht zum Eigenbesitz oder ein Anderer vermöge eines Rechtes an der Sache zum Fruchtbezuge berechtigt ist und der Eigenbesitzer bei dem Erwerbe des Eigenbesitzes nicht in gutem Glauben ist oder vor der Trennung den Rechtsmangel erfährt.

Dem Eigenbesitzer steht derjenige gleich, welcher die Sache zum Zwecke der Ausübung eines Nutzungsrechts an ihr besitzt.

Auf den Eigenbesitz und den ihm gleichgestellten Besitz findet die Vorschrift des § 940 Abs. 2 entsprechende Anwendung

§ 940 Abs. 2. Die Unterbrechung des Eigenbesitzes gilt als nicht erfolgt, wenn der Eigenbesitzer den Eigenbesitz ohne seinen Willen verloren und ihn binnen Jahresfrist oder mittelst einer innerhalb dieser Frist erhobenen Klage wiedererlangt hat.*

§ 956. Gestattet der Eigenthümer einem Anderen, sich Erzeugnisse oder sonstige Bestandtheile der Sache anzueignen, so erwirbt dieser das Eigenthum an ihnen, wenn der Besitz der Sache ihm überlassen ist, mit der Trennung, anderenfalls mit der Besitzergreifung Ist der Eigenthümer zu der Gestattung verpflichtet, so kann er sie nicht widerrufen, solange sich der Andere in dem ihm überlassenen Besitze der Sache befindet.

Das Gleiche gilt, wenn die Gestattung nicht von dem Eigenthümer, sondern von einem Anderen ausgeht, dem Erzeugnisse oder sonstige Bestandtheile einer Sache nach der Trennung gehören

§ 957 Die Vorschriften des § 956 finden auch dann Anwendung, wenn derjenige, welcher die Aneignung einem Anderen gestattet, hierzu nicht berechtigt ist, es sei denn, dass der Andere, falls ihm der Besitz der Sache überlassen wird, bei der Ueberlassung, anderenfalls bei der Ergreifung des Besitzes der Erzeugnisse oder der sonstigen Bestandtheile nicht in gutem Glauben ist oder vor der Trennung den Rechtsmangel erfährt.

§ 1121. Erzeugnisse und sonstige Bestandtheile des Grundstücks sowie Zubehörstücke werden von der Haftung frei, wenn sie veräußert und von dem Grundstück entfernt werden, bevor sie zu Gunsten des Gläubigers in Beschlag genommen worden sind.

Erfolgt die Veräußerung vor der Entfernung, so kann sich der Erwerber dem Gläubiger gegenüber nicht darauf berufen, daß er in Ansehung der Hypothek in gutem Glauben gewesen sei. Entfernt der Erwerber die Sache von dem Grundstücke, so ist eine vor der Entfernung erfolgte Beschlagnahme ihm gegenüber nur wirksam, wenn er bei der Entfernung in Ansehung der Beschlagnahme nicht in gutem Glauben ist.

§ 1122. Sind die Erzeugnisse oder Bestandtheile innerhalb der Grenzen einer ordnungsmäßigen Wirthschaft von dem Grundstücke getrennt worden, so erlischt ihre Haftung auch ohne Veräußerung, wenn sie vor der Beschlagnahme von dem Grundstück entfernt werden, es sei denn, daß die Entfernung zu einem vorübergehenden Zwecke erfolgt.

Zubehörstücke werden ohne Veräußerung von der Haftung frei, wenn die Zubehöreigenschaft innerhalb der Grenzen einer ordnungsmäßigen Wirthschaft vor der Beschlagnahme aufgehoben wird.

2. Mieth- und Pachtzinse.

§ 1123. Ist das Grundstück vermiethet oder verpachtet, so erstreckt sich die Hypothek auf die Mieth- oder Pachtzinsforderung.

Soweit die Forderung fällig ist, wird sie mit dem Ablauf eines Jahres nach dem Eintritte der Fälligkeit von der Haftung frei, wenn nicht vorher die Beschlagnahme zu Gunsten des Hypothekengläubigers erfolgt.

Ist der Mieth- oder Pachtzins im voraus zu entrichten, so erstreckt sich die Befreiung nicht auf den Mieth- oder Pachtzins für eine spätere Zeit als das zur Zeit der Beschlagnahme laufende und das folgende Kalendervierteljahr.

§ 1124. Wird der Mieth- oder Pachtzins eingezogen, bevor er zu Gunsten des Hypothekengläubigers in Beschlag genommen worden ist, oder wird vor der Beschlagnahme in anderer Weise über ihn verfügt, so ist die Verfügung dem Hypothekengläubiger gegenüber wirksam. Besteht die Verfügung in der Uebertragung der Forderung auf einen Dritten, so erlischt die Haftung der Forderung; erlangt ein Dritter ein Recht an der Forderung, so geht es der Hypothek im Range vor.

Die Verfügung ist dem Hypothekengläubiger gegenüber unwirksam, soweit sie sich auf den Mieth- oder Pachtzins für eine spätere Zeit als das zur Zeit der Beschlagnahme laufende und das folgende Kalendervierteljahr bezieht.

Der Uebertragung der Forderung auf einen Dritten steht es gleich, wenn das Grundstück ohne die Forderung veräußert wird.

§ 1125. Soweit die Einziehung des Mieth- oder Pachtzinses dem Hypothekengläubiger gegenüber unwirksam ist, kann der Miether oder der Pächter nicht eine ihm gegen den Vermiether oder den Verpächter zustehende Forderung gegen den Hypothekengläubiger aufrechnen.

3. Wiederkehrende Leistungen.

§ 1126. Ist mit dem Eigenthum an dem Grundstück ein Recht auf wiederkehrende Leistungen verbunden, so erstreckt sich die Hypothek auf die Ansprüche auf diese Leistungen. Die Vorschriften des § 1123 Abs. 2 Satz 1, des § 1124 Abs. 1, 3 und des § 1125 finden entsprechende Anwendung. Eine vor der Beschlagnahme erfolgte Verfügung über den Anspruch auf eine Leistung, die erst drei Monate nach der Beschlagnahme fällig wird, ist dem Hypothekengläubiger gegenüber unwirksam.

4. Versicherung.

§ 1127. Sind Gegenstände, die der Hypothek unterliegen, für den Eigenthümer oder den Eigenbesitzer des Grundstücks unter Versicherung gebracht, so erstreckt sich die Hypothek auf die Forderung gegen den Versicherer.

Die Haftung der Forderung gegen den Versicherer erlischt, wenn der versicherte Gegenstand wiederhergestellt oder Ersatz für ihn beschafft ist.

§ 1128. Ist ein Gebäude versichert, so kann der Versicherer die Versicherungssumme mit Wirkung gegen den Hypothekengläubiger an den Versicherten erst zahlen, wenn er oder der Versicherte den Eintritt des Schadens dem Hypothekengläubiger angezeigt hat und seit dem Empfange der Anzeige ein Monat verstrichen ist. Der Hypothekengläubiger kann bis zum Ablaufe der Frist dem Versicherer gegenüber der Zahlung widersprechen. Die Anzeige darf unterbleiben, wenn sie unthunlich ist; in diesem Falle wird der Monat von dem Zeitpunkt an berechnet, in welchem die Versicherungssumme fällig wird.

Im Uebrigen finden die für eine verpfändete Forderung geltenden Vorschriften Anwendung; der Versicherer kann sich jedoch nicht darauf berufen, daß er eine aus dem Grundbuch ersichtliche Hypothek nicht gekannt habe.

§ 1129. Ist ein anderer Gegenstand als ein Gebäude versichert, so bestimmt sich die Haftung der Forderung gegen den Versicherer nach den Vorschriften des § 1123 Abs. 2 Satz 1 und des § 1124 Abs. 1, 3.

§ 1130. Ist der Versicherer nach den Versicherungsbestimmungen nur verpflichtet, die Versicherungssumme zur Wiederherstellung des versicherten Gegenstandes zu zahlen, so ist eine diesen Bestimmungen entsprechende Zahlung an den Versicherten dem Hypothekengläubiger gegenüber wirksam.

5. Zugeschriebene Grundstücke.

§ 1131. Wird ein Grundstück nach § 890 Abs. 2 einem anderen Grundstück im Grundbuche zugeschrieben, so erstrecken sich die an diesem Grundstücke bestehenden Hypotheken auf das zugeschriebene Grundstück. Rechte, mit denen das zugeschriebene Grundstück belastet ist, gehen diesen Hypotheken im Range vor.

§ 890 Abs. 2. Ein Grundstück kann dadurch zum Bestandtheil eines anderen Grundstücks gemacht werden, dass der Eigenthümer es diesem im Grundbuche zuschreiben lässt.

Gesammthypothek.

§ 1132. Besteht für die Forderung eine Hypothek an mehreren Grundstücken (Gesammthypothek), so haftet jedes Grundstück für die ganze Forderung. Der Gläubiger kann die Befriedigung nach seinem Belieben aus jedem der Grundstücke ganz oder zu einem Theile suchen.

Der Gläubiger ist berechtigt, den Betrag der Forderung auf die einzelnen Grundstücke in der Weise zu vertheilen, daß jedes Grundstück nur für den zugetheilten Betrag haftet. Auf die Vertheilung finden die Vorschriften der §§ 875, 876, 878 entsprechende Anwendung.

§ 875*. Zur Vertheilung ist die Erklärung des Gläubigers, dass und wie die Forderung auf die einzelnen Grundstücke vertheilt sein soll, und die Eintragung der Vertheilung im Grundbuche erforderlich. Die Erklärung ist dem Grundbuchamt oder demjenigen gegenüber abzugeben, zu dessen Gunsten sie erfolgt.

Vor der Eintragung ist der Gläubiger an seine Erklärung nur gebunden, wenn er sie dem Grundbuchamte gegenüber abgegeben oder demjenigen, zu dessen Gunsten sie erfolgt, eine den Vorschriften der Grundbuchordnung entsprechende Eintragungsbewilligung ausgehändigt hat.

§ 876*. Ist die Gesammthypothek mit dem Rechte eines Dritten belastet, so ist zur Vertheilung die Zustimmung des Dritten erforderlich. Die Zustimmung ist dem Grundbuchamt oder demjenigen gegenüber zu erklären, zu dessen Gunsten sie erfolgt; sie ist unwiderruflich.

§ 878*. Eine von dem Gläubiger in Gemässheit des § 875 abgegebene Erklärung wird nicht dadurch unwirksam, dass der Gläubiger in der Verfügung beschränkt wird, nachdem die Erklärung für ihn bindend geworden und der Antrag auf Eintragung bei dem Grundbuchamte gestellt worden ist.

Gefährdung der Sicherheit. *1. durch Verschlechterungen.*

§ 1133. Ist in Folge einer Verschlechterung des Grundstücks die Sicherheit der Hypothek gefährdet, so kann der Gläubiger dem Eigenthümer eine angemessene Frist zur Beseitigung der Gefährdung bestimmen. Nach dem Ablaufe der Frist ist der Gläubiger berechtigt, sofort Befriedigung aus dem Grundstücke zu suchen, wenn nicht die Gefährdung durch Verbesserung des Grundstücks oder durch anderweitige Hypothekenbestellung beseitigt worden ist. Ist die Forderung unverzinslich und noch nicht fällig, so gebührt dem Gläubiger nur die Summe, welche mit Hinzurechnung der gesetzlichen Zinsen für die Zeit von der Zahlung bis zur Fälligkeit dem Betrage der Forderung gleichkommt.

2. durch Einwirkungen.

§ 1134. Wirkt der Eigenthümer oder ein Dritter auf das Grundstück in solcher Weise ein, daß eine die Sicherheit der Hypothek gefährdende Verschlechterung des Grundstücks zu besorgen ist, so kann der Gläubiger auf Unterlassung klagen.

Geht die Einwirkung von dem Eigenthümer aus, so hat das Gericht auf Antrag des Gläubigers die zur Abwendung der Gefährdung erforderlichen Maßregeln anzuordnen. Das Gleiche gilt, wenn die Verschlechterung deshalb zu besorgen ist, weil der Eigenthümer die erforderlichen Vorkehrungen gegen Einwirkungen Dritter oder gegen andere Beschädigungen unterläßt.

3. durch Entfernung von Zubehör.

§ 1135. Einer Verschlechterung des Grundstücks im Sinne der §§ 1133, 1134 steht es gleich, wenn Zubehörstücke, auf die sich die Hypothek erstreckt, verschlechtert oder den Regeln einer ordnungsmäßigen Wirthschaft zuwider von dem Grundstück entfernt werden.

Belastungs- und Veräusserungsverbote.

§ 1136. Eine Vereinbarung, durch die sich der Eigenthümer dem Gläubiger gegenüber verpflichtet, das Grundstück nicht zu veräußern oder nicht weiter zu belasten, ist nichtig.

Einreden des Eigenthümers.

§ 1137. Der Eigenthümer kann gegen die Hypothek die dem persönlichen Schuldner gegen die Forderung sowie die nach § 770 einem Bürgen zustehenden Einreden geltend machen. Stirbt der persönliche Schuldner, so kann sich der Eigenthümer nicht darauf berufen, daß der Erbe für die Schuld nur beschränkt haftet.

Ist der Eigenthümer nicht der persönliche Schuldner, so verliert er eine Einrede nicht dadurch, daß dieser auf sie verzichtet.

§ 770*. Der Eigenthümer kann die Befriedigung des Gläubigers verweigern, solange dem Hauptschuldner das Recht zusteht, das seiner Verbindlichkeit zu Grunde liegende Rechtsgeschäft anzufechten.

Die gleiche Befugniss hat der Eigenthümer, solange sich der Gläubiger durch Aufrechnung gegen eine fällige Forderung des Hauptschuldners befriedigen kann.

Erstreckung des öffentlichen Glaubens des Grundbuches auf die Forderung.

§ 1138. Die Vorschriften der §§ 891 bis 899 gelten für die Hypothek auch in Ansehung der Forderung und der dem Eigenthümer nach § 1137 zustehenden Einreden.

§ 891. Ist im Grundbuche für Jemand ein Recht eingetragen, so wird vermuthet, dass ihm das Recht zustehe.

Ist im Grundbuch ein eingetragenes Recht gelöscht, so wird vermuthet, dass das Recht nicht bestehe.

§ 892. Zu Gunsten desjenigen, welcher ein Recht an einem Grundstück oder ein Recht an einem solchen Rechte durch Rechtsgeschäft erwirbt, gilt der Inhalt des Grundbuchs als richtig, es sei denn, dass ein Widerspruch gegen die Richtigkeit eingetragen oder die Unrichtigkeit dem Erwerber bekannt ist. Ist der Berechtigte in der Verfügung über ein im Grundbuch eingetragenes Recht zu Gunsten einer bestimmten Person beschränkt, so ist die Beschränkung dem Erwerber gegenüber nur wirksam, wenn sie aus dem Grundbuch ersichtlich oder dem Erwerber bekannt ist.

Ist zu dem Erwerbe des Rechtes die Eintragung erforderlich, so ist für die Kenntniss des Erwerbers die Zeit der Stellung des Antrags auf Eintragung oder, wenn die nach § 873 erforderliche Einigung erst später zu Stande kommt, die Zeit der Einigung massgebend.

§ 893. Die Vorschriften des § 892 finden entsprechende Anwendung, wenn an denjenigen, für welchen ein Recht im Grundbuch eingetragen ist, auf Grund dieses Rechtes eine Leistung bewirkt oder wenn zwischen ihm und einem Anderen in Ansehung dieses Rechtes ein nicht unter die Vorschriften des § 892 fallendes Rechtsgeschäft vorgenommen wird, das eine Verfügung über das Recht enthält.

§ 894 Steht der Inhalt des Grundbuchs in Ansehung eines Rechtes an dem Grundstück, eines Rechtes an einem solchen Rechte oder einer Verfügungsbeschränkung der im § 892 Abs. 1 bezeichneten Art mit der wirklichen Rechtslage nicht im Einklange, so kann derjenige, dessen Recht nicht oder nicht richtig eingetragen oder durch die Eintragung einer nicht bestehenden Belastung oder Beschränkung beeinträchtigt ist, die Zustimmung zu der Berichtigung des Grundbuchs von demjenigen verlangen, dessen Recht durch die Berichtigung betroffen wird

§ 895. Kann die Berichtigung des Grundbuchs erst erfolgen, nachdem das Recht des nach § 894 Verpflichteten eingetragen worden ist, so hat dieser auf Verlangen sein Recht eintragen zu lassen.

§ 896. Ist zur Berichtigung des Grundbuchs die Vorlegung eines Hypotheken-, Grundschuld- oder Rentenschuldbriefs erforderlich, so kann derjenige, zu dessen Gunsten die Berichtigung erfolgen soll, von dem Besitzer des Briefes verlangen, dass der Brief dem Grundbuchamte vorgelegt wird.

§ 897 Die Kosten der Berichtigung des Grundbuchs und der dazu erforderlichen Erklärungen hat derjenige zu tragen, welcher die Berichtigung verlangt, sofern nicht aus einem zwischen ihm und dem Verpflichteten bestehenden Rechtsverhältnisse sich ein Anderes ergiebt.

§ 898 Die in den §§ 894 bis 896 bestimmten Ansprüche unterliegen nicht der Verjährung

§ 899 In den Fällen des § 894 kann ein Widerspruch gegen die Richtigkeit des Grundbuchs eingetragen werden

Die Eintragung erfolgt auf Grund einer einstweiligen Verfügung oder auf Grund einer Bewilligung desjenigen, dessen Recht durch die Berichtigung des Grundbuchs betroffen wird Zur Erlassung der einstweiligen Verfügung ist nicht erforderlich, dass eine Gefährdung des Rechtes des Widersprechenden glaubhaft gemacht wird

Widerspruch bei unterbliebener Darlehenshingabe.

§ 1139. Ist bei der Bestellung einer Hypothek für ein Darlehen die Ertheilung des Hypothekenbriefs ausgeschlossen worden, so genügt zur Eintragung eines Widerspruchs, der sich darauf gründet, daß die Hingabe des Darlehens unterblieben sei, der von dem Eigenthümer an das Grundbuchamt gerichtete Antrag, sofern er vor dem Ablauf eines Monats nach der Eintragung der Hypothek gestellt wird. Wird der Widerspruch innerhalb des Monats eingetragen, so hat die Eintragung die gleiche Wirkung, wie wenn der Widerspruch zugleich mit der Hypothek eingetragen worden wäre.

Widerspruch zwischen Brief und Grundbuch.

§ 1140. Soweit die Unrichtigkeit des Grundbuchs aus dem Hypothekenbrief oder einem Vermerk auf dem Briefe hervorgeht, ist die Berufung auf die Vorschriften der §§ 892, 893 ausgeschlossen. Ein Widerspruch gegen die Richtigkeit des Grundbuchs, der aus dem Briefe oder einem

Vermerk auf dem Briefe hervorgeht, steht einem im Grundbuch eingetragenen Widerspruche gleich.

§§ 892, 893 s. § 1138.

Kündigung.

§ 1141. Hängt die Fälligkeit der Forderung von einer Kündigung ab, so ist die Kündigung für die Hypothek nur wirksam, wenn sie von dem Gläubiger dem Eigenthümer oder von dem Eigenthümer dem Gläubiger erklärt wird. Zu Gunsten des Gläubigers gilt derjenige, welcher im Grundbuch als Eigenthümer eingetragen ist, als der Eigenthümer.

Hat der Eigenthümer keinen Wohnsitz im Inland oder liegen die Voraussetzungen des § 132 Abs. 2 vor, so hat auf Antrag des Gläubigers das Amtsgericht, in dessen Bezirke das Grundstück liegt, dem Eigenthümer einen Vertreter zu bestellen, dem gegenüber die Kündigung des Gläubigers erfolgen kann.

§ 132 Abs. 2* Befindet sich der Erklärende über die Person desjenigen, welchem gegenüber die Erklärung abzugeben ist, in einer nicht auf Fahrlässigkeit beruhenden Unkenntniss oder ist der Aufenthalt dieser Person unbekannt

Befriedigung durch den Eigenthümer.

§ 1142. Der Eigenthümer ist berechtigt, den Gläubiger zu befriedigen, wenn die Forderung ihm gegenüber fällig geworden oder wenn der persönliche Schuldner zur Leistung berechtigt ist.

Die Befriedigung kann auch durch Hinterlegung oder durch Aufrechnung erfolgen.

— Uebergang der Forderung.

§ 1143. Ist der Eigenthümer nicht der persönliche Schuldner, so geht, soweit er den Gläubiger befriedigt, die Forderung auf ihn über. Die für einen Bürgen geltenden Vorschriften des § 774 Abs. 1 finden entsprechende Anwendung.

Besteht für die Forderung eine Gesammthypothek, so gelten für diese die Vorschriften des § 1173.

§ 774 Abs 1*. Soweit der Eigenthümer den Gläubiger befriedigt, geht die Forderung des Gläubigers gegen den Hauptschuldner auf ihn über Der Uebergang kann nicht zum Nachtheile des Gläubigers geltend gemacht werden. Einwendungen des Hauptschuldners aus einem zwischen ihm und dem Eigenthümer bestehenden Rechtsverhältnisse bleiben unberührt

§ 1173 Befriedigt der Eigenthümer eines der mit einer Gesammthypothek belasteten Grundstücke den Gläubiger, so erwirbt er die Hypothek an seinem Grundstücke, die Hypothek an den übrigen Grundstücken erlischt Der Befriedigung des Gläubigers durch den Eigenthümer steht es gleich, wenn das Gläubigerrecht auf den Eigenthümer übertragen wird oder wenn sich Forderung und Schuld in der Person des Eigenthümers vereinigen.

Kann der Eigenthümer, der den Gläubiger befriedigt, von dem Eigenthümer eines der anderen Grundstücke oder einem Rechtsvorgänger dieses Eigenthümers Ersatz verlangen, so geht in Höhe des Ersatzanspruchs auch die Hypothek an dem Grundstücke dieses Eigenthümers auf ihn über, sie bleibt mit der Hypothek an seinem eigenen Grundstücke Gesammthypothek

— Aushändigung des Briefs.

§ 1144. Der Eigenthümer kann gegen Befriedigung des Gläubigers die Aushändigung des Hypothekenbriefs und der sonstigen Urkunden verlangen, die zur Berichtigung des Grundbuchs oder zur Löschung der Hypothek erforderlich sind.

— **Theilweise Befriedigung.**

§ 1145. Befriedigt der Eigenthümer den Gläubiger nur theilweise, so kann er die Aushändigung des Hypothekenbriefs nicht verlangen. Der Gläubiger ist verpflichtet, die theilweise Befriedigung auf dem Briefe zu vermerken und den Brief zum Zwecke der Berichtigung des Grundbuchs oder der Löschung dem Grundbuchamt oder zum Zwecke der Herstellung eines Theilhypothekenbriefs für den Eigenthümer der zuständigen Behörde oder einem zuständigen Notare vorzulegen.

Die Vorschrift des Abs. 1 Satz 2 gilt für Zinsen und andere Nebenleistungen nur, wenn sie später als in dem Kalendervierteljahr, in welchem der Gläubiger befriedigt wird, oder dem folgenden Vierteljahre fällig werden. Auf Kosten, für die das Grundstück nach § 1118 haftet, findet die Vorschrift keine Anwendung.

§ 1118. Kraft der Hypothek haftet das Grundstück auch für die gesetzlichen Zinsen der Forderung sowie für die Kosten der Kündigung und der die Befriedigung aus dem Grundstücke bezweckenden Rechtsverfolgung.

Verzugszinsen.

§ 1146. Liegen dem Eigenthümer gegenüber die Voraussetzungen vor, unter denen ein Schuldner in Verzug kommt, so gebühren dem Gläubiger Verzugszinsen aus dem Grundstücke.

Befriedigung aus dem Grundstück.

§ 1147. Die Befriedigung des Gläubigers aus dem Grundstück und den Gegenständen, auf die sich die Hypothek erstreckt, erfolgt im Wege der Zwangsvollstreckung.

§ 1148. Bei der Verfolgung des Rechtes aus der Hypothek gilt zu Gunsten des Gläubigers derjenige, welcher im Grundbuch als Eigenthümer eingetragen ist, als der Eigenthümer. Das Recht des nicht eingetragenen Eigenthümers, die ihm gegen die Hypothek zustehenden Einwendungen geltend zu machen, bleibt unberührt.

§ 1149. Der Eigenthümer kann, solange nicht die Forderung ihm gegenüber fällig geworden ist, dem Gläubiger nicht das Recht einräumen, zum Zwecke der Befriedigung die Uebertragung des Eigenthums an dem Grundstücke zu verlangen oder die Veräußerung des Grundstücks auf andere Weise als im Wege der Zwangsvollstreckung zu bewirken.

Ablösungsrecht Dritter.

§ 1150. Verlangt der Gläubiger Befriedigung aus dem Grundstücke, so finden die Vorschriften der §§ 268, 1144, 1145 entsprechende Anwendung.

§ 268*. Jeder, der Gefahr läuft, durch die Zwangsvollstreckung ein Recht an dem Gegenstande zu verlieren, ist berechtigt, den Gläubiger zu befriedigen. Das gleiche Recht steht dem Besitzer einer Sache zu, wenn er Gefahr läuft, durch die Zwangsvollstreckung den Besitz zu verlieren.

Die Befriedigung kann auch durch Hinterlegung oder durch Aufrechnung erfolgen.

Soweit der Dritte den Gläubiger befriedigt, geht die Forderung auf ihn über. Der Uebergang kann nicht zum Nachtheil des Gläubigers geltend gemacht werden.

Theilung der Forderung. *1. Rang der Theilhypotheken.*

§ 1151. Wird die Forderung getheilt, so ist zur Aenderung des Rangverhältnisses der Theilhypotheken unter einander die Zustimmung des Eigenthümers nicht erforderlich.

2. Theilhypothekenbrief.

§ 1152. Im Falle einer Theilung der Forderung kann, sofern nicht die Ertheilung des Hypothekenbriefs ausgeschlossen ist, für jeden Theil ein Theilhypothekenbrief hergestellt werden; die Zustimmung des Eigenthümers des Grundstücks ist nicht erforderlich. Der Theilhypothekenbrief tritt für den Theil, auf den er sich bezieht, an die Stelle des bisherigen Briefes.

Uebertragung der Forderung.

§ 1153. Mit der Uebertragung der Forderung geht die Hypothek auf den neuen Gläubiger über.

Die Forderung kann nicht ohne die Hypothek, die Hypothek kann nicht ohne die Forderung übertragen werden.

§ 1154. Zur Abtretung der Forderung ist Ertheilung der Abtretungserklärung in schriftlicher Form und Uebergabe des Hypothekenbriefs erforderlich; die Vorschriften des § 1117 finden Anwendung. Der bisherige Gläubiger hat auf Verlangen des neuen Gläubigers die Abtretungserklärung auf seine Kosten öffentlich beglaubigen zu lassen.

Die schriftliche Form der Abtretungserklärung kann dadurch ersetzt werden, daß die Abtretung in das Grundbuch eingetragen wird.

Ist die Ertheilung des Hypothekenbriefs ausgeschlossen, so finden auf die Abtretung der Forderung die Vorschriften der §§ 873, 878 entsprechende Anwendung.

§ 1117. Der Gläubiger erwirbt, sofern nicht die Ertheilung des Hypothekenbriefs ausgeschlossen ist, die Hypothek erst, wenn ihm der Brief von dem Eigenthümer des Grundstücks übergeben wird. Auf die Uebergabe finden die Vorschriften des § 929 Satz 2 und der §§ 930, 931 Anwendung.

Die Uebergabe des Briefes kann durch die Vereinbarung ersetzt werden, dass der Gläubiger berechtigt sein soll, sich den Brief von dem Grundbuchamt aushändigen zu lassen.

Ist der Gläubiger im Besitze des Briefes, so wird vermuthet, dass die Uebergabe erfolgt sei.

§ 929 Satz 2. Ist der Erwerber im Besitze des Briefs, so genügt die Einigung über den Uebergang des Eigenthums.*

§ 930. Ist der bisherige Gläubiger im Besitze des Briefs, so kann die Uebergabe dadurch ersetzt werden, dass zwischen ihm und dem Erwerber ein Rechtsverhältniss vereinbart wird, vermöge dessen der Erwerber den mittelbaren Besitz erlangt.*

§ 931. Ist ein Dritter im Besitze des Briefs, so kann die Uebergabe dadurch ersetzt werden, dass der Eigenthümer dem Erwerber den Anspruch auf Herausgabe des Briefs abtritt.*

§ 873*. Zur Abtretung der Forderung ist die Einigung des bisherigen Gläubigers und des neuen Gläubigers über die Abtretung und die Eintragung der Abtretung in das Grundbuch erforderlich, soweit nicht das Gesetz ein Anderes vorschreibt.

Vor der Eintragung sind die Betheiligten an die Einigung nur gebunden, wenn die Erklärungen gerichtlich oder notariell beurkundet oder vor dem Grundbuchamt abgegeben oder bei diesem eingereicht sind oder wenn der Berechtigte dem anderen Theile eine den Vorschriften der Grundbuchordnung entsprechende Eintragungsbewilligung ausgehändigt hat.

§ 878*. Eine von dem bisherigen Gläubiger in Gemässheit des § 873 abgegebene Erklärung wird nicht dadurch unwirksam, dass der bisherige Gläubiger in der Verfügung beschränkt wird, nachdem die Erklärung für ihn bindend geworden und der Antrag auf Eintragung bei dem Grundbuchamte gestellt worden ist.

§ 1155. Ergiebt sich das Gläubigerrecht des Besitzers des Hypothekenbriefs aus einer zusammenhängenden, auf einen eingetragenen Gläubiger zurückführenden Reihe von öffentlich beglaubigten Abtretungserklärungen, so finden die Vorschriften der §§ 891 bis 899 in gleicher Weise Anwendung, wie wenn der Besitzer des Briefes als Gläubiger im Grundbuch eingetragen wäre. Einer öffentlich beglaubigten Abtretungserklärung steht gleich ein gerichtlicher Ueberweisungsbeschluß und das öffentlich beglaubigte Anerkenntniß einer kraft Gesetzes erfolgten Uebertragung der Forderung.

§ 891. Ist im Grundbuche für Jemand ein Recht eingetragen, so wird vermuthet, dass ihm das Recht zustehe.

Ist im Grundbuch ein eingetragenes Recht gelöscht, so wird vermuthet, dass das Recht nicht bestehe.

§ 892. Zu Gunsten desjenigen, welcher ein Recht an einem Grundstück oder ein Recht an einem solchen Rechte durch Rechtsgeschäft erwirbt, gilt der Inhalt des Grundbuchs als richtig, es sei denn, dass ein Widerspruch gegen die Richtigkeit eingetragen oder die Unrichtigkeit dem Erwerber bekannt ist. Ist der Berechtigte in der Verfügung über ein im Grundbuch eingetragenes Recht zu Gunsten einer bestimmten Person beschränkt, so ist die Beschränkung dem Erwerber gegenüber nur wirksam, wenn sie aus dem Grundbuch ersichtlich oder dem Erwerber bekannt ist.

Ist zu dem Erwerbe des Rechtes die Eintragung erforderlich, so ist für die Kenntniss des Erwerbers die Zeit der Stellung des Antrags auf Eintragung oder, wenn die nach § 873 erforderliche Einigung erst später zu Stande kommt, die Zeit der Einigung massgebend.

§ 893. Die Vorschriften des § 892 finden entsprechende Anwendung, wenn an denjenigen, für welchen ein Recht im Grundbuch eingetragen ist, auf Grund dieses Rechtes eine Leistung bewirkt oder wenn zwischen ihm und einem Anderen in Ansehung dieses Rechtes ein nicht unter die Vorschriften des § 892 fallendes Rechtsgeschäft vorgenommen wird, das eine Verfügung über das Recht enthält.

§ 894. Steht der Inhalt des Grundbuchs in Ansehung eines Rechtes an dem Grundstück, eines Rechtes an einem solchen Rechte oder einer Verfügungsbeschränkung der im § 892 Abs. 1 bezeichneten Art mit der wirklichen Rechtslage nicht im Einklange, so kann derjenige, dessen Recht nicht oder nicht richtig eingetragen oder durch die Eintragung einer nicht bestehenden Belastung oder Beschränkung beeinträchtigt ist, die Zustimmung zu der Berichtigung des Grundbuchs von demjenigen verlangen, dessen Recht durch die Berichtigung betroffen wird.

§ 895. Kann die Berichtigung des Grundbuchs erst erfolgen, nachdem das Recht des nach § 894 Verpflichteten eingetragen worden ist, so hat dieser auf Verlangen sein Recht eintragen zu lassen.

§ 896. Ist zur Berichtigung des Grundbuchs die Vorlegung eines Hypotheken-, Grundschuld- oder Rentenschuldbriefs erforderlich, so kann derjenige, zu dessen Gunsten die Berichtigung erfolgen soll, von dem Besitzer des Briefes verlangen, dass der Brief dem Grundbuchamte vorgelegt wird.

§ 897. Die Kosten der Berichtigung des Grundbuchs und der dazu erforderlichen Erklärungen hat derjenige zu tragen, welcher die Berichtigung verlangt, sofern nicht aus einem zwischen ihm und dem Verpflichteten bestehenden Rechtsverhältnisse sich ein Anderes ergiebt.

§ 898. Die in den §§ 894 bis 896 bestimmten Ansprüche unterliegen nicht der Verjährung.

§ 899. In den Fällen des § 894 kann ein Widerspruch gegen die Richtigkeit des Grundbuchs eingetragen werden.

Die Eintragung erfolgt auf Grund einer einstweiligen Verfügung oder auf Grund einer Bewilligung desjenigen, dessen Recht durch die Berichtigung des Grundbuchs betroffen wird. Zur Erlassung der einstweiligen Verfügung ist nicht erforderlich, dass eine Gefährdung des Rechtes des Widersprechenden glaubhaft gemacht wird.

— Rechtsverhältniss zwischen Eigenthümer und neuem Gläubiger.

§ 1156. Die für die Uebertragung der Forderung geltenden Vorschriften der §§ 406 bis 408 finden auf das Rechtsverhältniß zwischen dem Eigenthümer und dem neuen Gläubiger in Ansehung der Hypothek keine Anwendung. Der neue Gläubiger muß jedoch eine dem bisherigen Gläubiger gegenüber erfolgte Kündigung des Eigenthümers gegen sich gelten lassen, es sei denn, daß die Uebertragung zur Zeit der Kündigung dem Eigenthümer bekannt oder im Grundbuch eingetragen ist.

§ 406—408. d. i. die den Schutz des gutgläubigen Schuldners gegen die Abtretung bezweckenden Vorschriften. Siehe § 1158.

§ 1157. Eine Einrede, die dem Eigenthümer auf Grund eines zwischen ihm und dem bisherigen Gläubiger bestehenden Rechtsverhältnisses die Hypothek zusteht, kann auch dem neuen Gläubiger entgegengesetzt werden. Die Vorschriften der §§ 892, 894 bis 899, 1140 gelten auch für diese Einrede.

§§ 892, 894 bis 899 s. § 1155.

§ 1140. Soweit die Unrichtigkeit des Grundbuchs aus dem Hypothekenbrief oder einem Vermerk auf dem Briefe hervorgeht, ist die Berufung auf die Vorschriften der §§ 892, 893 ausgeschlossen. Ein Widerspruch gegen die Richtigkeit des Grundbuchs, der aus dem Briefe oder einem Vermerk auf dem Briefe hervorgeht, steht einem im Grundbuch eingetragenen Widerspruche gleich.

— Zinsen und andere Nebenleistungen.

§ 1158. Soweit die Forderung auf Zinsen oder andere Nebenleistungen gerichtet ist, die nicht später als in dem Kalendervierteljahr, in welchem der Eigenthümer von der Uebertragung Kenntniß erlangt, oder dem folgenden Vierteljahre fällig werden, finden auf das Rechtsverhältniß zwischen dem Eigenthümer und dem neuen Gläubiger die Vorschriften der §§ 406 bis 408 Anwendung; der Gläubiger kann sich gegenüber den Einwendungen, welche dem Eigenthümer nach den §§ 404, 406 bis 408, 1157 zustehen, nicht auf die Vorschriften des § 892 berufen.

§ 404. Der Schuldner kann dem neuen Gläubiger die Einwendungen entgegensetzen, die zur Zeit der Abtretung der Forderung gegen den bisherigen Gläubiger begründet waren.

§ 406. Der Schuldner kann eine ihm gegen den bisherigen Gläubiger zustehende Forderung auch dem neuen Gläubiger gegenüber aufrechnen, es sei denn, dass er bei dem Erwerbe der Forderung von der Abtretung Kenntniss hatte oder dass die Forderung erst nach der Erlangung der Kenntniss und später als die abgetretene Forderung fällig geworden ist.

§ 407. Der neue Gläubiger muss eine Leistung, die der Schuldner nach der Abtretung an den bisherigen Gläubiger bewirkt, sowie jedes Rechtsgeschäft, das nach der Abtretung zwischen dem Schuldner und dem bisherigen Gläubiger in Ansehung der Forderung vorgenommen wird, gegen sich gelten lassen, es sei denn, dass der Schuldner die Abtretung bei der Leistung oder der Vornahme des Rechtsgeschäfts kennt.

Ist in einem nach der Abtretung zwischen dem Schuldner und dem bisherigen Gläubiger anhängig gewordenen Rechtsstreit ein rechtskräftiges Urtheil über die Forderung ergangen, so muss der neue Gläubiger das Urtheil gegen sich gelten lassen, es sei denn, dass der Schuldner die Abtretung bei dem Eintritte der Rechtshängigkeit gekannt hat.

§ 408. Wird eine abgetretene Forderung von dem bisherigen Gläubiger nochmals an einen Dritten abgetreten, so finden, wenn der Schuldner an den Dritten leistet oder wenn zwischen dem Schuldner und dem Dritten ein Rechtsgeschäft vorgenommen oder ein Rechtsstreit anhängig wird, zu Gunsten des Schuldners die Vorschriften des § 407 dem früheren Erwerber gegenüber entsprechende Anwendung.

Das Gleiche gilt, wenn die bereits abgetretene Forderung durch gerichtlichen Beschluss einem Dritten überwiesen wird oder wenn der bisherige Gläubiger dem Dritten gegenüber anerkennt, dass die bereits abgetretene Forderung kraft Gesetzes auf den Dritten übergegangen sei.

— Rückstände von Zinsen und anderen Nebenleistungen.

§ 1159. Soweit die Forderung auf Rückstände von Zinsen oder anderen Nebenleistungen gerichtet ist, bestimmt sich die Uebertragung sowie das Rechtsverhältniß zwischen dem Eigenthümer und dem neuen Gläubiger nach den für die Uebertragung von Forderungen geltenden allgemeinen Vorschriften. Das Gleiche gilt für den Anspruch auf Erstattung von Kosten, für die das Grundstück nach § 1118 haftet.

Die Vorschriften des § 892 finden auf die im Abs. 1 bezeichneten Ansprüche keine Anwendung.

§ 1118. Kraft der Hypothek haftet das Grundstück auch für die gesetzlichen Zinsen der Forderung sowie für die Kosten der Kündigung und der die Befriedigung aus dem Grundstücke bezweckenden Rechtsverfolgung.

§ 892 s. § 1155.

Legitimation des Gläubigers.

§ 1160. Der Geltendmachung der Hypothek kann, sofern nicht die Ertheilung des Hypothekenbriefs ausgeschlossen ist, widersprochen werden, wenn der Gläubiger nicht den Brief vorlegt; ist der Gläubiger nicht im Grundbuch eingetragen, so sind auch die im § 1155 bezeichneten Urkunden vorzulegen.

Eine dem Eigenthümer gegenüber erfolgte Kündigung oder Mahnung ist unwirksam, wenn der Gläubiger die nach Abs. 1 erforderlichen Urkunden nicht vorlegt und der Eigenthümer die Kündigung oder die Mahnung aus diesem Grunde unverzüglich zurückweist.

Diese Vorschriften gelten nicht für die im § 1159 bezeichneten Ansprüche.

§ 1161. Ist der Eigenthümer der persönliche Schuldner, so finden die Vorschriften des § 1160 auch auf die Geltendmachung der Forderung Anwendung.

Kraftloserklärung des Hypothekenbriefs.

§ 1162. Ist der Hypothekenbrief abhanden gekommen oder vernichtet, so kann er im Wege des Aufgebotsverfahrens für kraftlos erklärt werden.

Nichtbestehen der Forderung.

§ 1163. Ist die Forderung, für welche die Hypothek bestellt ist, nicht zur Entstehung gelangt, so steht die Hypothek dem Eigenthümer zu. Erlischt die Forderung, so erwirbt der Eigenthümer die Hypothek.

Eine Hypothek, für welche die Ertheilung des Hypothekenbriefs nicht ausgeschlossen ist, steht bis zur Uebergabe des Briefes an den Gläubiger dem Eigenthümer zu.

Befriedigung durch den persönlichen Schuldner.

§ 1164. Befriedigt der persönliche Schuldner den Gläubiger, so geht die Hypothek insoweit auf ihn über, als er von dem Eigenthümer oder einem Rechtsvorgänger des Eigenthümers Ersatz verlangen kann. Ist dem Schuldner nur theilweise Ersatz zu leisten, so kann der Eigenthümer die Hypothek, soweit sie auf ihn übergegangen ist, nicht zum Nachtheile der Hypothek des Schuldners geltend machen.

Der Befriedigung des Gläubigers steht es gleich, wenn sich Forderung und Schuld in einer Person vereinigen.

Befreiung des persönlichen Schuldners.

§ 1165. Verzichtet der Gläubiger auf die Hypothek oder hebt er sie nach § 1183 auf oder räumt er einem anderen Rechte den Vorrang ein, so wird der persönliche Schuldner insoweit frei, als er ohne diese Verfügung nach § 1164 aus der Hypothek hätte Ersatz erlangen können.

§ 1183. Zur Aufhebung der Hypothek durch Rechtsgeschäft ist die Zustimmung des Eigenthümers erforderlich. Die Zustimmung ist dem Grundbuchamt oder dem Gläubiger gegenüber zu erklären; sie ist unwiderruflich.

§ 1166. Ist der persönliche Schuldner berechtigt, von dem Eigenthümer Ersatz zu verlangen, falls er den Gläubiger befriedigt, so kann er, wenn der Gläubiger die Zwangsversteigerung des Grundstücks betreibt, ohne ihn unverzüglich zu benachrichtigen, die Befriedigung des Gläubigers wegen eines Ausfalls bei der Zwangsversteigerung insoweit verweigern, als er in Folge der Unterlassung der Benachrichtigung einen Schaden erleidet. Die Benachrichtigung darf unterbleiben, wenn sie unthunlich ist.

§ 1167. Erwirbt der persönliche Schuldner, falls er den Gläubiger befriedigt, die Hypothek oder hat er im Falle der Befriedigung ein sonstiges rechtliches Interesse an der Berichtigung des Grundbuchs, so stehen ihm die in den §§ 1144, 1145 bestimmten Rechte zu.

§ 1144*. Der persönliche Schuldner kann gegen Befriedigung des Gläubigers die Aushändigung des Hypothekenbriefs und der sonstigen Urkunden verlangen, die zur Berichtigung des Grundbuchs oder zur Löschung der Hypothek erforderlich sind.

§ 1145*. Befriedigt der persönliche Schuldner den Gläubiger nur theilweise, so kann er die Aushändigung des Hypothekenbriefs nicht verlangen. Der Gläubiger ist verpflichtet, die theilweise Befriedigung auf dem Briefe zu vermerken und den Brief zum Zwecke der Berichtigung des Grundbuchs oder der Löschung dem Grundbuchamt oder zum Zwecke der Herstellung eines Theilhypothekenbriefs für den persönlichen Schuldner der zuständigen Behörde oder einem zuständigen Notare vorzulegen.

Die Vorschrift des Abs. 1 Satz 2 gilt für Zinsen und andere Nebenleistungen nur, wenn sie später als in dem Kalendervierteljahr, in welchem der Gläubiger befriedigt wird, oder dem folgenden Vierteljahre fällig werden. Auf Kosten, für die das Grundstück nach § 1118 *(d. i. Kosten der Kündigung und der die Befriedigung aus dem Grundstücke bezweckenden Rechtsverfolgung)* haftet, findet die Vorschrift keine Anwendung.

Verzicht auf die Hypothek.

§ 1168. Verzichtet der Gläubiger auf die Hypothek, so erwirbt sie der Eigenthümer.

Der Verzicht ist dem Grundbuchamt oder dem Eigenthümer gegenüber zu erklären und bedarf der Eintragung in das Grundbuch. Die Vorschriften des § 875 Abs. 2 und der §§ 876, 878 finden entsprechende Anwendung.

Verzichtet der Gläubiger für einen Theil der Forderung auf die Hypothek, so stehen dem Eigenthümer die im § 1145 bestimmten Rechte zu.

§ 875 Abs. 2* Vor der Eintragung des Verzichts in das Grundbuch ist der Gläubiger an seine Erklärung nur gebunden, wenn er sie dem Grundbuchamte gegenüber abgegeben oder demjenigen, zu dessen Gunsten sie erfolgt, eine den Vorschriften der Grundbuchordnung entsprechende Eintragungsbewilligung ausgehändigt hat.

§ 876*. Ist die Hypothek mit dem Rechte eines Dritten belastet, so ist zum Verzichte auf die Hypothek die Zustimmung des Dritten erforderlich. Die Zustimmung ist dem Grundbuchamte oder demjenigen gegenüber zu erklären, zu dessen Gunsten sie erfolgt; sie ist unwiderruflich.

§ 878* Eine von dem Verzichtenden in Gemässheit des § 875 Abs. 2 abgegebene Erklärung wird nicht dadurch unwirksam, dass er in der Verfügung beschränkt wird, nachdem die Erklärung für ihn bindend geworden und der Antrag auf Eintragung bei dem Grundbuchamte gestellt worden ist.

§ 1145 s. § 1168.

— Anspruch des Eigenthümers auf Verzicht.

§ 1169. Steht dem Eigenthümer eine Einrede zu, durch welche die Geltendmachung der Hypothek dauernd ausgeschlossen wird, so kann er verlangen, daß der Gläubiger auf die Hypothek verzichtet.

Ausschluss des Gläubigerrechts.

§ 1170. Ist der Gläubiger unbekannt, so kann er im Wege des Aufgebotsverfahrens mit seinem Rechte ausgeschlossen werden, wenn seit der letzten sich auf die Hypothek beziehenden Eintragung in das Grundbuch zehn Jahre verstrichen sind und das Recht des Gläubigers nicht innerhalb dieser Frist von dem Eigenthümer in einer nach § 208 zur Unterbrechung der Verjährung geeigneten Weise anerkannt worden ist. Besteht für die Forderung eine nach dem Kalender bestimmte Zahlungszeit, so beginnt die Frist nicht vor dem Ablaufe des Zahlungstags.

Mit der Erlassung des Ausschlußurtheils erwirbt der Eigenthümer die Hypothek. Der dem Gläubiger erteilte Hypothekenbrief wird kraftlos.

§ 208 Die Verjährung wird unterbrochen, wenn der Verpflichtete dem Berechtigten gegenüber den Anspruch durch Abschlagzahlung, Zinszahlung, Sicherheitsleistung oder in anderer Weise anerkennt.

§ 1171. Der unbekannte Gläubiger kann im Wege des Aufgebotsverfahrens mit seinem Rechte auch dann ausgeschlossen werden, wenn der Eigenthümer zur Befriedigung des Gläubigers oder zur Kündigung berechtigt ist und den Betrag der Forderung für den Gläubiger unter Verzicht auf das Recht zur Rücknahme hinterlegt. Die Hinterlegung von Zinsen ist nur erforderlich, wenn der Zinssatz im Grundbuch eingetragen ist; Zinsen für eine frühere Zeit als das vierte Kalenderjahr vor der Erlassung des Ausschlußurtheils sind nicht zu hinterlegen.

Mit der Erlassung des Ausschlußurtheils gilt der Gläubiger als befriedigt, sofern nicht nach den Vorschriften über die Hinterlegung die Befriedigung schon vorher eingetreten ist. Der dem Gläubiger ertheilte Hypothekenbrief wird kraftlos.

Das Recht des Gläubigers auf den hinterlegten Betrag erlischt mit dem Ablaufe von dreißig Jahren nach der Erlassung des Ausschlußurtheils, wenn nicht der Gläubiger sich vorher bei der Hinterlegungsstelle meldet; der Hinterleger ist zur Rücknahme berechtigt, auch wenn er auf das Recht zur Rücknahme verzichtet hat.

Besondere Vorschriften für Gesammthypotheken.

§ 1172. Eine Gesammthypothek steht in den Fällen des § 1163 den Eigenthümern der belasteten Grundstücke gemeinschaftlich zu.

Jeder Eigenthümer kann, sofern nicht ein Anderes vereinbart ist, verlangen, daß die Hypothek an seinem Grundstück auf den Theilbetrag, der dem Verhältnisse des Werthes seines Grundstücks zu dem Werthe der sämmtlichen Grundstücke entspricht, nach § 1132 Abs. 2 beschränkt und in dieser Beschränkung ihm zugetheilt wird. Der Werth wird unter Abzug der Belastungen berechnet, die der Gesammthypothek im Range vorgehen.

§ 1163. Ist die Forderung, für welche die Hypothek bestellt ist, nicht zur Entstehung gelangt, so steht die Hypothek dem Eigenthümer zu. Erlischt die Forderung, so erwirbt der Eigenthümer die Hypothek.

Eine Hypothek, für welche die Ertheilung des Hypothekenbriefs nicht ausgeschlossen ist, steht bis zur Uebergabe des Briefes an den Gläubiger dem Eigenthümer zu.

§ 1132 Abs. 2*. D. h. jeder Eigenthümer kann verlangen, dass der Betrag der Forderung auf die einzelnen Grundstücke in der Weise vertheilt werde, dass jedes Grundstück nur für den zugetheilten Betrag haftet. Auf die Vertheilung finden die Vorschriften der §§ 875, 876, 878 entsprechende Anwendung.

§ 875 Zur Vertheilung ist die Erklärung sämmtlicher Eigenthümer, dass und wie die Forderung auf die einzelnen Grundstücke vertheilt sein soll, und die Eintragung der Vertheilung im Grundbuche erforderlich. Die Erklärung ist dem Grundbuchamt oder demjenigen gegenüber abzugeben, zu dessen Gunsten sie erfolgt.*

Vor der Eintragung ist ein Eigenthümer an seine Erklärung nur gebunden, wenn er sie dem Grundbuchamte gegenüber abgegeben oder demjenigen, zu dessen Gunsten sie erfolgt, eine den Vorschriften der Grundbuchordnung entsprechende Eintragungsbewilligung ausgehändigt hat.

§ 876. Ist die Gesammthypothek mit dem Rechte eines Dritten belastet, so ist zur Vertheilung die Zustimmung des Dritten erforderlich. Die Zustimmung ist dem Grundbuchamte oder demjenigen gegenüber zu erklären, zu dessen Gunsten sie erfolgt, sie ist unwiderruflich.*

§ 878. Eine von dem Eigenthümer in Gemässheit des § 875 abgegebene Erklärung wird nicht dadurch unwirksam, dass der Eigenthümer in der Verfügung beschränkt wird, nachdem die Erklärung für ihn bindend geworden und der Antrag auf Eintragung bei dem Grundbuchamte gestellt worden ist.*

§ 1173. Befriedigt der Eigenthümer eines der mit einer Gesammthypothek belasteten Grundstücke den Gläubiger, so erwirbt er die Hypothek an seinem Grundstücke; die Hypothek an den übrigen Grundstücken erlischt. Der Befriedigung des Gläubigers durch den Eigenthümer steht es gleich, wenn das Gläubigerrecht auf den Eigenthümer übertragen wird oder wenn sich Forderung und Schuld in der Person des Eigenthümers vereinigen.

Kann der Eigenthümer, der den Gläubiger befriedigt, von dem Eigenthümer eines der anderen Grundstücke oder einem Rechtsvorgänger dieses Eigenthümers Ersatz verlangen, so geht in Höhe des Ersatzanspruchs auch die Hypothek an dem Grundstücke dieses Eigenthümers auf ihn über; sie bleibt mit der Hypothek an seinem eigenen Grundstücke Gesammthypothek.

§ 1174. Befriedigt der persönliche Schuldner den Gläubiger, dem eine Gesammthypothek zusteht, oder vereinigen sich bei einer Gesammthypothek Forderung und Schuld in einer Person, so geht, wenn der Schuldner nur von dem Eigenthümer eines der Grundstücke oder von einem Rechtsvorgänger des Eigenthümers Ersatz verlangen kann, die Hypothek an diesem Grundstück auf ihn über; die Hypothek an den übrigen Grundstücken erlischt.

Ist dem Schuldner nur theilweise Ersatz zu leisten und geht deshalb die Hypothek nur zu einem Theilbetrag auf ihn über, so hat sich der Eigenthümer diesen Betrag auf den ihm nach § 1172 gebührenden Theil des übrigbleibenden Betrags der Gesammthypothek anrechnen zu lassen.

§ 1175. Verzichtet der Gläubiger auf die Gesammthypothek, so fällt sie den Eigenthümern der belasteten Grundstücke gemeinschaftlich zu; die Vorschriften des § 1172 Abs. 2 finden Anwendung. Verzichtet der Gläubiger auf die Hypothek an einem der Grundstücke, so erlischt die Hypothek an diesem.

Das Gleiche gilt, wenn der Gläubiger nach § 1170 mit seinem Rechte ausgeschlossen wird.

§ 1176. Liegen die Voraussetzungen der §§ 1163, 1164, 1168, 1172 bis 1175 nur in Ansehung eines Theilbetrags der Hypothek vor, so kann die auf Grund dieser Vorschriften dem Eigenthümer oder einem der Eigenthümer oder dem persönlichen Schuldner zufallende Hypothek nicht zum Nachtheile der dem Gläubiger verbleibenden Hypothek geltend gemacht werden.

§ 1163 s. § 1172.

§ 1164 Befriedigt der persönliche Schuldner den Gläubiger, so geht die Hypothek insoweit auf ihn über, als er von dem Eigenthümer oder einem Rechtsvorgänger des Eigenthümers Ersatz verlangen kann. Ist dem Schuldner nur theilweise Ersatz zu leisten, so kann der Eigenthümer die Hypothek, soweit sie auf ihn übergegangen ist, nicht zum Nachtheile der Hypothek des Schuldners geltend machen.

Der Befriedigung des Gläubigers steht es gleich, wenn sich Forderung und Schuld in einer Person vereinigen.

§ 1168 Abs. 1 Verzichtet der Gläubiger auf die Hypothek, so erwirbt sie der Eigenthümer.

Vereinigung von Hypothek und Eigenthum.

§ 1177. Vereinigt sich die Hypothek mit dem Eigenthum in einer Person, ohne daß dem Eigenthümer auch die Forderung zusteht, so verwandelt sich die Hypothek in eine Grundschuld. In Ansehung der Verzinslichkeit, des Zinssatzes, der Zahlungszeit, der Kündigung und des Zahlungsorts bleiben die für die Forderung getroffenen Bestimmungen maßgebend.

Steht dem Eigenthümer auch die Forderung zu, so bestimmen sich seine Rechte aus der Hypothek, solange die Vereinigung besteht, nach den für eine Grundschuld des Eigenthümers geltenden Vorschriften.

— Rückstände von Zinsen und anderen Nebenleistungen.

§ 1178. Die Hypothek für Rückstände von Zinsen und anderen Nebenleistungen sowie für Kosten, die dem Gläubiger zu erstatten sind, erlischt, wenn sie sich mit dem Eigenthum in einer Person vereinigt. Das

Erlöschen tritt nicht ein, solange einem Dritten ein Recht an dem Anspruch auf eine solche Leistung zusteht.

Zum Verzicht auf die Hypothek für die im Abs. 1 bezeichneten Leistungen genügt die Erklärung des Gläubigers gegenüber dem Eigenthümer. Solange einem Dritten ein Recht an dem Anspruch auf eine solche Leistung zusteht, ist die Zustimmung des Dritten erforderlich. Die Zustimmung ist demjenigen gegenüber zu erklären, zu dessen Gunsten sie erfolgt; sie ist unwiderruflich.

— Anspruch auf Löschung.

§ 1179. Verpflichtet sich der Eigenthümer einem Anderen gegenüber, die Hypothek löschen zu lassen, wenn sie sich mit dem Eigenthum in einer Person vereinigt, so kann zur Sicherung des Anspruchs auf Löschung eine Vormerkung in das Grundbuch eingetragen werden.

Wechsel der Forderung.

§ 1180. An die Stelle der Forderung, für welche die Hypothek besteht, kann eine andere Forderung gesetzt werden. Zu der Aenderung ist die Einigung des Gläubigers und des Eigenthümers sowie die Eintragung in das Grundbuch erforderlich; die Vorschriften des § 873 Abs. 2 und der §§ 876, 878 finden entsprechende Anwendung.

Steht die Forderung, die an die Stelle der bisherigen Forderung treten soll, nicht dem bisherigen Hypothekengläubiger zu, so ist dessen Zustimmung erforderlich; die Zustimmung ist dem Grundbuchamt oder demjenigen gegenüber zu erklären, zu dessen Gunsten sie erfolgt. Die Vorschriften des § 875 Abs. 2 und des § 876 finden entsprechende Anwendung.

§ 873 Abs. 2. Vor der Eintragung sind die Betheiligten an die Einigung nur gebunden, wenn die Erklärungen gerichtlich oder notariell beurkundet oder vor dem Grundbuchamt abgegeben oder bei diesem eingereicht sind oder wenn der Berechtigte dem anderen Theile eine den Vorschriften der Grundbuchordnung entsprechende Eintragungsbewilligung ausgehändigt hat.

§ 875 Abs. 2*. Vor der Löschung der Hypothek des bisherigen Hypothekengläubigers ist dieser an seine Erklärung nur gebunden, wenn er sie dem Grundbuchamte gegenüber abgegeben oder demjenigen, zu dessen Gunsten sie erfolgt, eine den Vorschriften der Grundbuchordnung entsprechende Löschungsbewilligung ausgehändigt hat.

§ 876* Ist die Forderung, an deren Stelle eine andere gesetzt werden soll, mit dem Rechte eines Dritten belastet, so ist auch die Zustimmung des Dritten erforderlich. Die Zustimmung ist dem Grundbuchamte oder demjenigen gegenüber zu erklären, zu dessen Gunsten sie erfolgt, sie ist unwiderruflich.

§ 878*. Eine von dem Berechtigten in Gemässheit der §§ 873, 875 abgegebene Erklärung wird nicht dadurch unwirksam, dass der Berechtigte in der Verfügung beschränkt wird, nachdem die Erklärung für ihn bindend geworden und der Antrag auf Eintragung bei dem Grundbuchamte gestellt worden ist.

Befriedigung aus dem Grundstücke.

§ 1181. Wird der Gläubiger aus dem Grundstücke befriedigt, so erlischt die Hypothek.

Erfolgt die Befriedigung des Gläubigers aus einem der mit einer Gesammthypothek belasteten Grundstücke, so werden auch die übrigen Grundstücke frei.

Der Befriedigung aus dem Grundstücke steht die Befriedigung aus den Gegenständen gleich, auf die sich die Hypothek erstreckt.

§ 1182. Soweit im Falle einer Gesammthypothek der Eigenthümer des Grundstücks, aus dem der Gläubiger befriedigt wird, von dem Eigenthümer eines der anderen Grundstücke oder einem Rechtsvorgänger dieses Eigenthümers Ersatz verlangen kann, geht die Hypothek an dem Grundstücke dieses Eigenthümers auf ihn über. Die Hypothek kann jedoch, wenn der Gläubiger nur theilweise befriedigt wird, nicht zum Nachtheile der dem Gläubiger verbleibenden Hypothek und, wenn das Grundstück mit einem im Range gleich- oder nachstehenden Rechte belastet ist, nicht zum Nachtheile dieses Rechtes geltend gemacht werden.

Aufhebung der Hypothek.

§ 1183. Zur Aufhebung der Hypothek durch Rechtsgeschäft ist die Zustimmung des Eigenthümers erforderlich. Die Zustimmung ist dem Grundbuchamt oder dem Gläubiger gegenüber zu erklären; sie ist unwiderruflich.

Sicherungshypothek.

§ 1184. Eine Hypothek kann in der Weise bestellt werden, daß das Recht des Gläubigers aus der Hypothek sich nur nach der Forderung bestimmt und der Gläubiger sich zum Beweise der Forderung nicht auf die Eintragung berufen kann (Sicherungshypothek).

Die Hypothek muß im Grundbuch als Sicherungshypothek bezeichnet werden.

§ 1185. Bei der Sicherungshypothek ist die Ertheilung des Hypothekenbriefs ausgeschlossen.

Die Vorschriften der §§ 1138, 1139, 1141, 1156 finden keine Anwendung.

§ 1138. Die Vorschriften der §§ 891 bis 899 *(über den öffentlichen Glauben des Grundbuchs)* gelten für die Hypothek auch in Ansehung der Forderung und der dem Eigenthümer nach § 1137 zustehenden Einreden.

§ 1139*. Eintragung eines Widerspruchs wegen unterbliebener Darlehenshingabe.

§ 1141*. Hängt die Fälligkeit der Forderung von einer Kündigung ab, so ist die Kündigung für die Hypothek nur wirksam, wenn sie von dem Gläubiger dem Eigenthümer oder von dem Eigenthümer dem Gläubiger erklärt wird. Zu Gunsten des Gläubigers gilt derjenige, welcher im Grundbuch als Eigenthümer eingetragen ist, als der Eigenthümer.

§ 1156. Die für die Uebertragung der Forderung geltenden Vorschriften der §§ 406 bis 408 *(über den Schutz des gutgläubigen Schuldners)* finden auf das Rechtsverhältniss zwischen dem Eigenthümer und dem neuen Gläubiger in Ansehung der Hypothek keine Anwendung. Der neue Gläubiger muss jedoch eine dem bisherigen Gläubiger gegenüber erfolgte Kündigung des Eigenthümers gegen sich gelten lassen, es sei denn, dass die Uebertragung zur Zeit der Kündigung dem Eigenthümer bekannt oder im Grundbuch eingetragen ist.

— Umwandlung.

§ 1186. Eine Sicherungshypothek kann in eine gewöhnliche Hypothek, eine gewöhnliche Hypothek kann in eine Sicherungshypothek umgewandelt werden. Die Zustimmung der im Range gleich- oder nachstehenden Berechtigten ist nicht erforderlich.

— Für Forderungen aus Schuldverschreibungen auf den Inhaber- und Orderpapieren.

§ 1187. Für die Forderung aus einer Schuldverschreibung auf den Inhaber, aus einem Wechsel oder aus einem anderen Papiere, das durch Indossament übertragen werden kann, kann nur eine Sicherungshypothek bestellt werden. Die Hypothek gilt als Sicherungshypothek, auch wenn sie im Grundbuche nicht als solche bezeichnet ist. Die Vorschrift des § 1154 Abs. 3 findet keine Anwendung.

§ 1154 Abs. 3. Ist die Ertheilung des Hypothekenbriefs ausgeschlossen, so finden auf die Abtretung der Forderung die Vorschriften der §§ 873, 878 entsprechende Anwendung (d. h. die Abtretung der Forderung kann im Falle der Sicherungshypothek nicht durch die blosse Einigung der Betheiligten und Eintragung der Rechtsänderung in das Grundbuch erfolgen. § 878, der ebenfalls nicht anwendbar ist, siehe § 1188).

§ 1188. Zur Bestellung einer Hypothek für die Forderung aus einer Schuldverschreibung auf den Inhaber genügt die Erklärung des Eigenthümers gegenüber dem Grundbuchamte, daß er die Hypothek bestelle, und die Eintragung in das Grundbuch; die Vorschrift des § 878 findet Anwendung.

Die Ausschließung des Gläubigers mit seinem Rechte nach § 1170 ist nur zulässig, wenn die im § 801 bezeichnete Vorlegungsfrist verstrichen ist. Ist innerhalb der Frist die Schuldverschreibung vorgelegt oder der Anspruch aus der Urkunde gerichtlich geltend gemacht worden, so kann die Ausschließung erst erfolgen, wenn die Verjährung eingetreten ist.

§ 878* Eine von dem Berechtigten in bindender Weise abgegebene Erklärung wird nicht dadurch unwirksam, dass der Berechtigte in der Verfügung beschränkt wird, nachdem die Erklärung für ihn bindend geworden und der Antrag auf Eintragung bei dem Grundbuchamte gestellt worden ist.

§ 1170*. Ist der Gläubiger unbekannt, so kann er im Wege des Aufgebotsverfahrens mit seinem Rechte ausgeschlossen werden, wenn seit der letzten sich auf die Hypothek beziehenden Eintragung in das Grundbuch zehn Jahre verstrichen sind und das Recht des Gläubigers nicht innerhalb dieser Frist von dem Eigenthümer in einer nach § 208 zur Unterbrechung der Verjährung geeigneten Weise *(durch Abschlagzahlung, Zinszahlung, Sicherheitsleistung oder in anderer Weise)* anerkannt worden ist. Besteht für die Forderung eine nach dem Kalender bestimmte Zahlungszeit, so beginnt die Frist nicht vor dem Ablaufe des Zahlungstags.

§ 801 Der Anspruch aus einer Schuldverschreibung auf den Inhaber erlischt mit dem Ablaufe von dreissig Jahren nach dem Eintritte der für die Leistung bestimmten Zeit, wenn nicht die Urkunde vor dem Ablaufe der dreissig Jahre dem Aussteller zur Einlösung vorgelegt wird. Erfolgt die Vorlegung, so verjährt der Anspruch in zwei Jahren von dem Ende der Vorlegungsfrist an. Der Vorlegung steht die gerichtliche Geltendmachung des Anspruchs aus der Urkunde gleich

Bei Zins-, Renten- und Gewinnantheilscheinen beträgt die Vorlegungsfrist vier Jahre. Die Frist beginnt mit dem Schlusse des Jahres, in welchem die für die Leistung bestimmte Zeit eintritt.

Die Dauer und der Beginn der Vorlegungsfrist können von dem Aussteller in der Urkunde anders bestimmt werden

— **Treuhänder.**

§ 1189. Bei einer Hypothek der im § 1187 bezeichneten Art kann für den jeweiligen Gläubiger ein Vertreter mit der Befugniß bestellt werden, mit Wirkung für und gegen jeden späteren Gläubiger bestimmte Verfügungen über die Hypothek zu treffen und den Gläubiger bei der Geltendmachung der Hypothek zu vertreten. Zur Bestellung des Vertreters ist die Eintragung in das Grundbuch erforderlich.

Ist der Eigenthümer berechtigt, von dem Gläubiger eine Verfügung zu verlangen, zu welcher der Vertreter befugt ist, so kann er die Vornahme der Verfügung von dem Vertreter verlangen.

— **Kautionshypothek.**

§ 1190. Eine Hypothek kann in der Weise bestellt werden, daß nur der Höchstbetrag, bis zu dem das Grundstück haften soll, bestimmt, im Uebrigen die Feststellung der Forderung vorbehalten wird. Der Höchstbetrag muß in das Grundbuch eingetragen werden.

Ist die Forderung verzinslich, so werden die Zinsen in den Höchstbetrag eingerechnet.

Die Hypothek gilt als Sicherungshypothek, auch wenn sie im Grundbuche nicht als solche bezeichnet ist.

Die Forderung kann nach den für die Uebertragung von Forderungen geltenden allgemeinen Vorschriften übertragen werden. Wird sie nach diesen Vorschriften übertragen, so ist der Uebergang der Hypothek ausgeschlossen.

Zweiter Titel.

Grundschuld. Rentenschuld.

I. Grundschuld.

Begriff.

§ 1191. Ein Grundstück kann in der Weise belastet werden, daß an denjenigen, zu dessen Gunsten die Belastung erfolgt, eine bestimmte Geldsumme aus dem Grundstücke zu zahlen ist (Grundschuld).

Die Belastung kann auch in der Weise erfolgen, daß Zinsen von der Geldsumme sowie andere Nebenleistungen aus dem Grundstücke zu entrichten sind.

Anwendbarkeit der Vorschriften über die Hypothek.

§ 1192. Auf die Grundschuld finden die Vorschriften über die Hypothek entsprechende Anwendung, soweit sich nicht daraus ein Anderes ergiebt, daß die Grundschuld nicht eine Forderung voraussetzt.

Für Zinsen der Grundschuld gelten die Vorschriften über die Zinsen einer Hypothekenforderung.

Kündigung.

§ 1193. Das Kapital der Grundschuld wird erst nach vorgängiger Kündigung fällig. Die Kündigung steht sowohl dem Eigenthümer als dem Gläubiger zu. Die Kündigungsfrist beträgt sechs Monate.

Abweichende Bestimmungen sind zulässig.

Zahlungsort.

§ 1194. Die Zahlung des Kapitals sowie der Zinsen und anderen Nebenleistungen hat, soweit nicht ein Anderes bestimmt ist, an dem Orte zu erfolgen, an dem das Grundbuchamt seinen Sitz hat.

Inhabergrundschuld.

§ 1195. Eine Grundschuld kann in der Weise bestellt werden, daß der Grundschuldbrief auf den Inhaber ausgestellt wird. Auf einen solchen Brief finden die Vorschriften über Schuldverschreibungen auf den Inhaber entsprechende Anwendung.

Eigenthümergrundschuld.

§ 1196. Eine Grundschuld kann auch für den Eigenthümer bestellt werden.

Zu der Bestellung ist die Erklärung des Eigenthümers gegenüber dem Grundbuchamte, daß die Grundschuld für ihn in das Grundbuch eingetragen werden soll, und die Eintragung erforderlich; die Vorschrift des § 878 findet Anwendung.

§ 878* Eine von dem Berechtigten in bindender Weise abgegebene Erklärung wird nicht dadurch unwirksam, dass der Berechtigte in der Verfügung beschränkt wird, nachdem die Erklärung für ihn bindend geworden und der Antrag auf Eintragung bei dem Grundbuchamte gestellt worden ist.

§ 1197. Ist der Eigenthümer der Gläubiger, so kann er nicht die Zwangsvollstreckung zum Zwecke seiner Befriedigung betreiben.

Zinsen gebühren dem Eigenthümer nur, wenn das Grundstück auf Antrag eines Anderen zum Zwecke der Zwangsverwaltung in Beschlag genommen ist, und nur für die Dauer der Zwangsverwaltung.

Umwandlung.

§ 1198. Eine Hypothek kann in eine Grundschuld, eine Grundschuld kann in eine Hypothek umgewandelt werden. Die Zustimmung der im Range gleich- oder nachstehenden Berechtigten ist nicht erforderlich.

II. Rentenschuld.

Begriff.

§ 1199. Eine Grundschuld kann in der Weise bestellt werden, daß in regelmäßig wiederkehrenden Terminen eine bestimmte Geldsumme aus dem Grundstücke zu zahlen ist (Rentenschuld).

Bei der Bestellung der Rentenschuld muß der Betrag bestimmt werden, durch dessen Zahlung die Rentenschuld abgelöst werden kann. Die Ablösungssumme muß im Grundbuch angegeben werden.

§ 1200. Auf die einzelnen Leistungen finden die für Hypothekenzinsen, auf die Ablösungssumme finden die für ein Grundschuldkapital geltenden Vorschriften entsprechende Anwendung.

Die Zahlung der Ablösungssumme an den Gläubiger hat die gleiche Wirkung wie die Zahlung des Kapitals einer Grundschuld.

Ablösungsrecht.

§ 1201. Das Recht zur Ablösung steht dem Eigenthümer zu.

Dem Gläubiger kann das Recht, die Ablösung zu verlangen, nicht eingeräumt werden. Im Falle des § 1133 Satz 2 ist der Gläubiger berechtigt, die Zahlung der Ablösungssumme aus dem Grundstücke zu verlangen.

§ 1133 Satz 2* Ist in Folge einer Verschlechterung des Grundstücks die Sicherheit der Rentenschuld gefährdet, so kann der Gläubiger dem Eigenthümer eine angemessene Frist zur Beseitigung der Gefährdung bestimmen Nach dem Ablaufe der Frist ist der Gläubiger berechtigt, die Zahlung der Ablösungssumme aus dem Grundstücke zu verlangen, wenn nicht die Gefährdung durch Verbesserung des Grundstücks oder durch anderweitige Bestellung einer Rentenschuld beseitigt worden ist

§ 1202. Der Eigenthümer kann das Ablösungsrecht erst nach vorgängiger Kündigung ausüben. Die Kündigungsfrist beträgt sechs Monate, wenn nicht ein Anderes bestimmt ist.

Eine Beschränkung des Kündigungsrechts ist nur soweit zulässig, daß der Eigenthümer nach dreißig Jahren unter Einhaltung der sechsmonatigen Frist kündigen kann.

Hat der Eigenthümer gekündigt, so kann der Gläubiger nach dem Ablaufe der Kündigungsfrist die Zahlung der Ablösungssumme aus dem Grundstücke verlangen.

Umwandlung.

§ 1203. Eine Rentenschuld kann in eine gewöhnliche Grundschuld, eine gewöhnliche Grundschuld kann in eine Rentenschuld umgewandelt werden. Die Zustimmung der im Range gleich- oder nachstehenden Berechtigten ist nicht erforderlich.

Neunter Abschnitt.

Pfandrecht an beweglichen Sachen und an Rechten.

Erster Titel.

Pfandrecht an beweglichen Sachen.

Begriff.

§ 1204. Eine bewegliche Sache kann zur Sicherung einer Forderung in der Weise belastet werden, daß der Gläubiger berechtigt ist, Befriedigung aus der Sache zu suchen (Pfandrecht).

Das Pfandrecht kann auch für eine künftige oder eine bedingte Forderung bestellt werden.

Bestellung.

§ 1205. Zur Bestellung des Pfandrechts ist erforderlich, daß der Eigenthümer die Sache dem Gläubiger übergiebt und beide darüber einig sind, daß dem Gläubiger das Pfandrecht zustehen soll. Ist der Gläubiger im Besitze der Sache, so genügt die Einigung über die Entstehung des Pfandrechts.

Die Uebergabe einer im mittelbaren Besitze des Eigenthümers befindlichen Sache kann dadurch ersetzt werden, daß der Eigenthümer den mittelbaren Besitz auf den Pfandgläubiger überträgt und die Verpfändung dem Besitzer anzeigt.

§ 1206. An Stelle der Uebergabe der Sache genügt die Einräumung des Mitbesitzes, wenn sich die Sache unter dem Mitverschlusse des Gläubigers befindet oder, falls sie im Besitz eines Dritten ist, die Herausgabe nur an den Eigenthümer und den Gläubiger gemeinschaftlich erfolgen kann.

Erwerb in gutem Glauben.

§ 1207. Gehört die Sache nicht dem Verpfänder, so finden auf die Verpfändung die für den Erwerb des Eigenthums geltenden Vorschriften der §§ 932, 934, 935 entsprechende Anwendung.

§ 932* Durch eine nach § 1205 Abs. 1 erfolgte Verpfändung erwirbt der Gläubiger auch dann ein Pfandrecht, wenn die Sache nicht dem Verpfänder gehört, es sei denn, dass er zu der Zeit, zu welcher er nach diesen Vorschriften das Pfandrecht erwerben würde, nicht in gutem Glauben ist. Im Falle des § 1205 Abs. 1 Satz 2 gilt dies jedoch nur dann, wenn der Pfandgläubiger den Besitz von dem Verpfänder erlangt hatte.

Der Pfandgläubiger ist nicht in gutem Glauben, wenn ihm bekannt oder in Folge grober Fahrlässigkeit unbekannt ist, dass die Sache nicht dem Verpfänder gehört.

§ 934*. Gehört die verpfändete Sache, welche sich im Besitze eines Dritten befindet, nicht dem Verpfänder, so erwirbt der Gläubiger, wenn der Verpfänder mittelbarer Besitzer ist, mit der Uebertragung des mittelbaren Besitzes auf den Gläubiger und Anzeige der Verpfändung an den Besitzer, andernfalls dann das Pfandrecht, wenn er den Besitz der Sache von dem Dritten erlangt, es sei denn, dass er zur Zeit der Uebertragung oder der Anzeige oder des Besitzerwerbes nicht in gutem Glauben ist.

§ 935*. Der Erwerb des Pfandrechts auf Grund der §§ 932, 934 tritt nicht ein, wenn die Sache dem Eigenthümer gestohlen worden, verloren gegangen oder sonst abhanden gekommen war Das Gleiche gilt, falls der Eigenthümer nur mittelbarer Besitzer war, dann, wenn die Sache dem Besitzer abhanden gekommen war.

Diese Vorschriften finden keine Anwendung auf Geld oder Inhaberpapiere.

Rechte Dritter.

§ 1208. Ist die Sache mit dem Rechte eines Dritten belastet, so geht das Pfandrecht dem Rechte vor, es sei denn, daß der Pfandgläubiger zur Zeit des Erwerbes des Pfandrechts in Ansehung des Rechtes nicht in gutem Glauben ist. Die Vorschriften des § 932 Abs. 1 Satz 2, des § 935 und des § 936 Abs. 3 finden entsprechende Anwendung.

§ 932 Abs. 1 Satz 2*. Im Falle des § 1205 Abs. 1 Satz 2 tritt der Vorrang des Pfandrechts nur dann ein, wenn der gutgläubige Pfandgläubiger den Besitz von dem Verpfänder erlangt hatte

§ 935*. Der Vorrang des Pfandrechts tritt nicht ein, wenn die Sache dem Eigenthümer gestohlen worden, verloren gegangen oder sonst abhanden gekommen war. Das Gleiche gilt, falls der Eigenthümer nur mittelbarer Besitzer war, dann, wenn die Sache dem Besitzer abhanden gekommen war

Diese Vorschriften finden keine Anwendung auf Geld oder Inhaberpapiere.

§ 936 Abs. 3* Wird eine Sache verpfändet, die sich im Besitze eines Dritten befindet, und steht das Recht dem dritten Besitzer zu, so erhält es auch dem gutgläubigen Erwerber des Pfandrechts gegenüber nicht Nachrang

Rang des Pfandrechts.

§ 1209. Für den Rang des Pfandrechts ist die Zeit der Bestellung auch dann maßgebend, wenn es für eine künftige oder eine bedingte Forderung bestellt ist.

Umfang der Pfandhaftung.

§ 1210. Das Pfand haftet für die Forderung in deren jeweiligem Bestand, insbesondere auch für Zinsen und Vertragsstrafen. Ist der persönliche Schuldner nicht der Eigenthümer des Pfandes, so wird durch ein Rechtsgeschäft, das der Schuldner nach der Verpfändung vornimmt, die Haftung nicht erweitert.

Das Pfand haftet für die Ansprüche des Pfandgläubigers auf Ersatz von Verwendungen, für die dem Pfandgläubiger zu ersetzenden Kosten der Kündigung und der Rechtsverfolgung sowie für die Kosten des Pfandverkaufs.

Einreden.

§ 1211. Der Verpfänder kann dem Pfandgläubiger gegenüber die dem persönlichen Schuldner gegen die Forderung sowie die nach § 770

einem Bürgen zustehenden Einreden geltend machen. Stirbt der persönliche Schuldner, so kann sich der Verpfänder nicht darauf berufen, daß der Erbe für die Schuld nur beschränkt haftet.

Ist der Verpfänder nicht der persönliche Schuldner, so verliert er eine Einrede nicht dadurch, daß dieser auf sie verzichtet.

§ 770* Der Verpfänder kann die Befriedigung des Pfandgläubigers verweigern, solange dem Hauptschuldner das Recht zusteht, das seiner Verbindlichkeit zu Grunde liegende Rechtsgeschäft anzufechten.

Die gleiche Befugniss hat der Verpfänder, solange sich der Pfandgläubiger durch Aufrechnung gegen eine fällige Forderung des Hauptschuldners befriedigen kann.

Erzeugnisse der Pfandsache.

§ 1212. Das Pfandrecht erstreckt sich auf die Erzeugnisse, die von dem Pfande getrennt werden.

Nutzungspfand.

§ 1213. Das Pfandrecht kann in der Weise bestellt werden, daß der Pfandgläubiger berechtigt ist, die Nutzungen des Pfandes zu ziehen.

Ist eine von Natur fruchttragende Sache dem Pfandgläubiger zum Alleinbesitz übergeben, so ist im Zweifel anzunehmen, daß der Pfandgläubiger zum Fruchtbezuge berechtigt sein soll.

§ 1214. Steht dem Pfandgläubiger das Recht zu, die Nutzungen zu ziehen, so ist er verpflichtet, für die Gewinnung der Nutzungen zu sorgen und Rechenschaft abzulegen.

Der Reinertrag der Nutzungen wird auf die geschuldete Leistung und, wenn Kosten und Zinsen zu entrichten sind, zunächst auf diese angerechnet.

Abweichende Bestimmungen sind zulässig.

Verwahrung.

§ 1215. Der Pfandgläubiger ist zur Verwahrung des Pfandes verpflichtet.

Verwendungen.

§ 1216. Macht der Pfandgläubiger Verwendungen auf das Pfand, so bestimmt sich die Ersatzpflicht des Verpfänders nach den Vorschriften über die Geschäftsführung ohne Auftrag. Der Pfandgläubiger ist berechtigt, eine Einrichtung, mit der er das Pfand versehen hat, wegzunehmen.

Verletzung der Rechte des Pfandgläubigers.

§ 1217. Verletzt der Pfandgläubiger die Rechte des Verpfänders in erheblichem Maße und setzt er das verletzende Verhalten ungeachtet einer Abmahnung des Verpfänders fort, so kann der Verpfänder verlangen, daß das Pfand auf Kosten des Pfandgläubigers hinterlegt oder, wenn es sich nicht zur Hinterlegung eignet, an einen gerichtlich zu bestellenden Verwahrer abgeliefert wird.

Statt der Hinterlegung oder der Ablieferung der Sache an einen Verwahrer kann der Verpfänder die Rückgabe des Pfandes gegen Befriedigung des Gläubigers verlangen. Ist die Forderung unverzinslich und noch nicht fällig, so gebührt dem Pfandgläubiger nur die Summe, welche mit Hinzurechnung der gesetzlichen Zinsen für die Zeit von der Zahlung bis zur Fälligkeit dem Betrage der Forderung gleichkommt.

Verderb oder Werthminderung.

§ 1218. Ist der Verderb des Pfandes oder eine wesentliche Minderung des Werthes zu besorgen, so kann der Verpfänder die Rückgabe des Pfandes gegen anderweitige Sicherheitsleistung verlangen; die Sicherheitsleistung durch Bürgen ist ausgeschlossen.

Der Pfandgläubiger hat dem Verpfänder von dem drohenden Verderb unverzüglich Anzeige zu machen, sofern nicht die Anzeige unthunlich ist.

§ 1219. Wird durch den drohenden Verderb des Pfandes oder durch eine zu besorgende wesentliche Minderung des Werthes die Sicherheit des Pfandgläubigers gefährdet, so kann dieser das Pfand öffentlich versteigern lassen.

Der Erlös tritt an die Stelle des Pfandes. Auf Verlangen des Verpfänders ist der Erlös zu hinterlegen.

§ 1220. Die Versteigerung des Pfandes ist erst zulässig, nachdem sie dem Verpfänder angedroht worden ist; die Androhung darf unterbleiben, wenn das Pfand dem Verderb ausgesetzt und mit dem Aufschube der Versteigerung Gefahr verbunden ist. Im Falle der Werthminderung ist außer der Androhung erforderlich, daß der Pfandgläubiger dem Verpfänder zur Leistung anderweitiger Sicherheit eine angemessene Frist bestimmt hat und diese verstrichen ist.

Der Pfandgläubiger hat den Verpfänder von der Versteigerung unverzüglich zu benachrichtigen; im Falle der Unterlassung ist er zum Schadensersatze verpflichtet.

Die Androhung, die Fristbestimmung und die Benachrichtigung dürfen unterbleiben, wenn sie unthunlich sind.

§ 1221. Hat das Pfand einen Börsen- oder Marktpreis, so kann der Pfandgläubiger den Verkauf aus freier Hand durch einen zu solchen Verkäufen öffentlich ermächtigten Handelsmäkler oder durch eine zur öffentlichen Versteigerung befugte Person zum laufenden Preise bewirken.

Pfandrecht an mehreren Sachen.

§ 1222. Besteht das Pfandrecht an mehreren Sachen, so haftet jede für die ganze Forderung.

Verpflichtung zur Rückgabe.

§ 1223. Der Pfandgläubiger ist verpflichtet, das Pfand nach dem Erlöschen des Pfandrechts dem Verpfänder zurückzugeben.

Der Verpfänder kann die Rückgabe des Pfandes gegen Befriedigung des Pfandgläubigers verlangen, sobald der Schuldner zur Leistung berechtigt ist.

Befriedigung.

§ 1224. Die Befriedigung des Pfandgläubigers durch den Verpfänder kann auch durch Hinterlegung oder durch Aufrechnung erfolgen.

— durch den Verpfänder.

§ 1225. Ist der Verpfänder nicht der persönliche Schuldner, so geht, soweit er den Pfandgläubiger befriedigt, die Forderung auf ihn über. Die für einen Bürgen geltenden Vorschriften des § 774 finden entsprechende Anwendung.

§ 774*. Der Uebergang kann nicht zum Nachtheile des Gläubigers geltend gemacht werden. Einwendungen des Hauptschuldners aus einem zwischen ihm und dem Verpfänder bestehenden Rechtsverhältnisse bleiben unberührt.

Verjährung.

§ 1226. Die Ersatzansprüche des Verpfänders wegen Veränderungen oder Verschlechterungen des Pfandes sowie die Ansprüche des Pfandgläubigers auf Ersatz von Verwendungen oder auf Gestattung der Wegnahme einer Einrichtung verjähren in sechs Monaten. Die Vorschriften des § 558 Abs. 2, 3 finden entsprechende Anwendung.

§ 558 Abs. 2*, 3*. Die Verjährung der Ersatzansprüche des Verpfänders beginnt mit dem Zeitpunkt, in welchem er die Sache zurückerhält, die Verjährung der Ersatzansprüche des Pfandgläubigers beginnt mit der Beendigung das Pfandrechts.

Mit der Verjährung des Anspruchs des Verpfänders auf Rückgabe der Sache verjähren auch die Ersatzansprüche des Verpfänders.

Beeinträchtigungen.

§ 1227. Wird das Recht des Pfandgläubigers beeinträchtigt, so finden auf die Ansprüche des Pfandgläubigers die für die Ansprüche aus dem Eigenthume geltenden Vorschriften entsprechende Anwendung.

Verkaufsberechtigung.

§ 1228. Die Befriedigung des Pfandgläubigers aus dem Pfande erfolgt durch Verkauf.

Der Pfandgläubiger ist zum Verkaufe berechtigt, sobald die Forderung ganz oder zum Theil fällig ist. Besteht der geschuldete Gegenstand nicht in Geld, so ist der Verkauf erst zulässig, wenn die Forderung in eine Geldforderung übergegangen ist.

Verfallvertrag.

§ 1229. Eine vor dem Eintritte der Verkaufsberechtigung getroffene Vereinbarung, nach welcher dem Pfandgläubiger, falls er nicht oder nicht rechtzeitig befriedigt wird, das Eigenthum an der Sache zufallen oder übertragen werden soll, ist nichtig.

Mehrere Pfänder.

§ 1230. Unter mehreren Pfändern kann der Pfandgläubiger, soweit nicht ein Anderes bestimmt ist, diejenigen auswählen, welche verkauft werden sollen. Er kann nur so viele Pfänder zum Verkaufe bringen, als zu seiner Befriedigung erforderlich sind.

Herausgabe zum Zwecke des Verkaufs.

§ 1231. Ist der Pfandgläubiger nicht im Alleinbesitze des Pfandes, so kann er nach dem Eintritte der Verkaufsberechtigung die Herausgabe des Pfandes zum Zwecke des Verkaufs fordern. Auf Verlangen des Verpfänders hat an Stelle der Herausgabe die Ablieferung an einen gemeinschaftlichen Verwahrer zu erfolgen; der Verwahrer hat sich bei der Ablieferung zu verpflichten, das Pfand zum Verkaufe bereitzustellen.

§ 1232. Der Pfandgläubiger ist nicht verpflichtet, einem ihm im Range nachstehenden Pfandgläubiger das Pfand zum Zwecke des Verkaufs herauszugeben. Ist er nicht im Besitze des Pfandes, so kann er, sofern er nicht selbst den Verkauf betreibt, dem Verkaufe durch einen nachstehenden Pfandgläubiger nicht widersprechen.

Pfandverkauf.

§ 1233. Der Verkauf des Pfandes ist nach den Vorschriften der §§ 1234 bis 1240 zu bewirken.

Hat der Pfandgläubiger für sein Recht zum Verkauf einen vollstreckbaren Titel gegen den Eigenthümer erlangt, so kann er den Verkauf auch nach den für den Verkauf einer gepfändeten Sache geltenden Vorschriften bewirken lassen.

— Androhung.

§ 1234. Der Pfandgläubiger hat dem Eigenthümer den Verkauf vorher anzudrohen und dabei den Geldbetrag zu bezeichnen, wegen dessen der Verkauf stattfinden soll. Die Androhung kann erst nach dem Eintritte der Verkaufsberechtigung erfolgen; sie darf unterbleiben, wenn sie unthunlich ist.

Der Verkauf darf nicht vor dem Ablauf eines Monats nach der Androhung erfolgen. Ist die Androhung unthunlich, so wird der Monat von dem Eintritte der Verkaufsberechtigung an berechnet.

— öffentliche Versteigerung.

§ 1235. Der Verkauf des Pfandes ist im Wege öffentlicher Versteigerung zu bewirken.

Hat das Pfand einen Börsen- oder Marktpreis, so findet die Vorschrift des § 1221 Anwendung.

§ 1221. Hat das Pfand einen Börsen- oder Marktpreis, so kann der Pfandgläubiger den Verkauf aus freier Hand durch einen zu solchen Verkäufen öffentlich ermächtigten Handelsmäkler oder durch eine zur öffentlichen Versteigerung befugte Person zum laufenden Preise bewirken.

— Ort.

§ 1236. Die Versteigerung hat an dem Orte zu erfolgen, an dem das Pfand aufbewahrt wird. Ist von einer Versteigerung an dem Aufbewahrungsort ein angemessener Erfolg nicht zu erwarten, so ist das Pfand an einem geeigneten anderen Orte zu versteigern.

— Bekanntmachung.

§ 1237. Zeit und Ort der Versteigerung sind unter allgemeiner Bezeichnung des Pfandes öffentlich bekannt zu machen. Der Eigenthümer und Dritte, denen Rechte an dem Pfande zustehen, sind besonders zu benachrichtigen; die Benachrichtigung darf unterbleiben, wenn sie unthunlich ist.

— Kaufsbedingungen.

§ 1238. Das Pfand darf nur mit der Bestimmung verkauft werden, daß der Käufer den Kaufpreis sofort baar zu entrichten hat und seiner Rechte verlustig sein soll, wenn dies nicht geschieht.

Erfolgt der Verkauf ohne diese Bestimmung, so ist der Kaufpreis als von dem Pfandgläubiger empfangen anzusehen; die Rechte des Pfandgläubigers gegen den Ersteher bleiben unberührt. Unterbleibt die sofortige Entrichtung des Kaufpreises, so gilt das Gleiche, wenn nicht vor dem Schlusse des Versteigerungstermins von dem Vorbehalte der Rechtsverwirkung Gebrauch gemacht wird.

— Bieter.

§ 1239. Der Pfandgläubiger und der Eigenthümer können bei der Versteigerung mitbieten. Erhält der Pfandgläubiger den Zuschlag, so ist der Kaufpreis als von ihm empfangen anzusehen.

Das Gebot des Eigenthümers darf zurückgewiesen werden, wenn nicht der Betrag baar erlegt wird. Das Gleiche gilt von dem Gebote des Schuldners, wenn das Pfand für eine fremde Schuld haftet.

— **Gold- und Silbersachen.**

§ 1240. Gold- und Silbersachen dürfen nicht unter dem Gold- oder Silberwerthe zugeschlagen werden.

Wird ein genügendes Gebot nicht abgegeben, so kann der Verkauf durch eine zur öffentlichen Versteigerung befugte Person aus freier Hand zu einem den Gold- oder Silberwerth erreichenden Preise erfolgen.

— **Benachrichtigung.**

§ 1241. Der Pfandgläubiger hat den Eigenthümer von dem Verkaufe des Pfandes und dem Ergebniß unverzüglich zu benachrichtigen, sofern nicht die Benachrichtigung unthunlich ist.

Wirkung rechtmässigen Pfandverkaufs.

§ 1242. Durch die rechtmäßige Veräußerung des Pfandes erlangt der Erwerber die gleichen Rechte, wie wenn er die Sache von dem Eigenthümer erworben hätte. Dies gilt auch dann, wenn dem Pfandgläubiger der Zuschlag ertheilt wird.

Pfandrechte an der Sache erlöschen, auch wenn sie dem Erwerber bekannt waren. Das Gleiche gilt von einem Nießbrauch, es sei denn, daß er allen Pfandrechten im Range vorgeht.

Nicht rechtmässige Veräusserung.

§ 1243. Die Veräußerung des Pfandes ist nicht rechtmäßig, wenn gegen die Vorschriften des § 1228 Abs. 2, des § 1230 Satz 2, des § 1235, des § 1237 Satz 1 oder des § 1240 verstoßen wird.

Verletzt der Pfandgläubiger eine andere für den Verkauf geltende Vorschrift, so ist er zum Schadensersatze verpflichtet, wenn ihm ein Verschulden zur Last fällt.

§ 1228 Abs. 2. Der Pfandgläubiger ist zum Verkaufe berechtigt, sobald die Forderung ganz oder zum Theil fällig ist. Besteht der geschuldete Gegenstand nicht in Geld, so ist der Verkauf erst zulässig, wenn die Forderung in eine Geldforderung übergegangen ist.

§ 1230 Satz 2 Der Pfandgläubiger kann nur so viele Pfänder zum Verkaufe bringen, als zu seiner Befriedigung erforderlich sind.

§ 1235. Der Verkauf des Pfandes ist im Wege öffentlicher Versteigerung zu bewirken.

Hat das Pfand einen Börsen- oder Marktpreis, so findet die Vorschrift des § 1221 Anwendung.

§ 1221. Hat das Pfand einen Börsen- oder Marktpreis, so kann der Pfandgläubiger den Verkauf aus freier Hand durch einen zu solchen Verkäufen öffentlich ermächtigten Handelsmäkler oder durch eine zur öffentlichen Versteigerung befugte Person zum laufenden Preise bewirken.

§ 1237 Satz 1. Zeit und Ort der Versteigerung sind unter allgemeiner Bezeichnung des Pfandes öffentlich bekannt zu machen.

§ 1240 Gold- und Silbersachen dürfen nicht unter dem Gold- oder Silberwerthe zugeschlagen werden

Wird ein genügendes Gebot nicht abgegeben, so kann der Verkauf durch eine zur öffentlichen Versteigerung befugte Person aus freier Hand zu einem den Gold- oder Silberwerth erreichenden Preise erfolgen.

§ 1244. Wird eine Sache als Pfand veräußert, ohne daß dem Veräußerer ein Pfandrecht zusteht oder den Erfordernissen genügt wird, von denen die Rechtmäßigkeit der Veräußerung abhängt, so finden die Vorschriften der §§ 932 bis 934, 936 entsprechende Anwendung, wenn die Veräußerung nach § 1233 Abs. 2 erfolgt ist oder die Vorschriften des § 1235 oder des § 1240 Abs. 2 beobachtet worden sind.

§ 932—934, 936. d. i. die Vorschriften über den Eigenthumserwerb in gutem Glauben.

Abweichende Art des Pfandverkaufs. *1. Vereinbarung.*

§ 1245. Der Eigenthümer und der Pfandgläubiger können eine von den Vorschriften der §§ 1234 bis 1240 abweichende Art des Pfandverkaufs vereinbaren. Steht einem Dritten an dem Pfande ein Recht zu, das durch die Veräußerung erlischt, so ist die Zustimmung des Dritten erforderlich. Die Zustimmung ist demjenigen gegenüber zu erklären, zu dessen Gunsten sie erfolgt; sie ist unwiderruflich.

Auf die Beobachtung der Vorschriften des § 1235, des § 1237 Satz 1 und des § 1240 kann nicht vor dem Eintritte der Verkaufsberechtigung verzichtet werden.

§ 1235. Der Verkauf des Pfandes ist im Wege öffentlicher Versteigerung zu bewirken.

Hat das Pfand einen Börsen- oder Marktpreis, so findet die Vorschrift des § 1221 Anwendung

§ 1221. Hat das Pfand einen Börsen- oder Marktpreis, so kann der Pfandgläubiger den Verkauf aus freier Hand durch einen zu solchen Verkäufen öffentlich ermächtigten Handelsmäkler oder durch eine zur öffentlichen Versteigerung befugte Person zum laufenden Preise bewirken.

§ 1237 Satz 1 Zeit und Ort der Versteigerung sind unter allgemeiner Bezeichnung des Pfandes öffentlich bekannt zu machen.

§ 1240 Gold- und Silbersachen dürfen nicht unter dem Gold- oder Silberwerthe zugeschlagen werden.

Wird ein genügendes Gebot nicht abgegeben, so kann der Verkauf durch eine zur öffentlichen Versteigerung befugte Person aus freier Hand zu einem den Gold- oder Silberwerth erreichenden Preise erfolgen

2. Interesse der Betheiligten.

§ 1246. Entspricht eine von den Vorschriften der §§ 1235 bis 1240 abweichende Art des Pfandverkaufs nach billigem Ermessen den Interessen der Betheiligten, so kann jeder von ihnen verlangen, daß der Verkauf in dieser Art erfolgt.

Kommt eine Einigung nicht zu Stande, so enscheidet das Gericht.

Erlös.

§ 1247. Soweit der Erlös aus dem Pfande dem Pfandgläubiger zu seiner Befriedigung gebührt, gilt die Forderung als von dem Eigenthümer berichtigt. Im Uebrigen tritt der Erlös an die Stelle des Pfandes.

Vermuthung zu Gunsten des Pfandgläubigers.

§ 1248. Bei dem Verkaufe des Pfandes gilt zu Gunsten des Pfandgläubigers der Verpfänder als der Eigenthümer, es sei denn, daß der Pfandgläubiger weiß, daß der Verpfänder nicht der Eigenthümer ist.

Ablösungsrecht.

§ 1249. Wer durch die Veräußerung des Pfandes ein Recht an dem Pfande verlieren würde, kann den Pfandgläubiger befriedigen, sobald der Schuldner zur Leistung berechtigt ist. Die Vorschriften des § 268 Abs. 2, 3 finden entsprechende Anwendung.

§ 268 Abs. 2, 3*. Die Befriedigung kann auch durch Hinterlegung oder durch Aufrechnung erfolgen

Soweit der Dritte den Pfandgläubiger befriedigt, geht die Forderung auf ihn über. Der Uebergang kann nicht zum Nachtheile des Pfandgläubigers geltend gemacht werden.

Uebertragung.

§ 1250. Mit der Uebertragung der Forderung geht das Pfandrecht auf den neuen Gläubiger über. Das Pfandrecht kann nicht ohne die Forderung übertragen werden.

Wird bei der Uebertragung der Forderung der Uebergang des Pfandrechts ausgeschlossen, so erlischt das Pfandrecht.

§ 1251. Der neue Pfandgläubiger kann von dem bisherigen Pfandgläubiger die Herausgabe des Pfandes verlangen.

Mit der Erlangung des Besitzes tritt der neue Pfandgläubiger an Stelle des bisherigen Pfandgläubigers in die mit dem Pfandrechte verbundenen Verpflichtungen gegen den Verpfänder ein. Erfüllt er die Verpflichtungen nicht, so haftet für den von ihm zu ersetzenden Schaden der bisherige Pfandgläubiger wie ein Bürge, der auf die Einrede der Vorausklage verzichtet hat. Die Haftung des bisherigen Pfandgläubigers tritt nicht ein, wenn die Forderung kraft Gesetzes auf den neuen Pfandgläubiger übergeht oder ihm auf Grund einer gesetzlichen Verpflichtung abgetreten wird.

Erlöschen der Pfandforderung.

§ 1252. Das Pfandrecht erlischt mit der Forderung, für die es besteht.

Rückgabe des Pfandes.

§ 1253. Das Pfandrecht erlischt, wenn der Pfandgläubiger das Pfand dem Verpfänder oder dem Eigenthümer zurückgiebt. Der Vorbehalt der Fortdauer des Pfandrechts ist unwirksam.

Ist das Pfand im Besitze des Verpfänders oder des Eigenthümers, so wird vermuthet, daß das Pfand ihm von dem Pfandgläubiger zurückgegeben worden sei. Diese Vermuthung gilt auch dann, wenn sich das Pfand im Besitz eines Dritten befindet, der den Besitz nach der Entstehung des Pfandrechts von dem Verpfänder oder dem Eigenthümer erlangt hat.

Entgegenstehende Einrede.

§ 1254. Steht dem Pfandrecht eine Einrede entgegen, durch welche die Geltendmachung des Pfandrechts dauernd ausgeschlossen wird, so kann der Verpfänder die Rückgabe des Pfandes verlangen. Das gleiche Recht hat der Eigenthümer.

Aufhebung des Pfandrechts.

§ 1255. Zur Aufhebung des Pfandrechts durch Rechtsgeschäft genügt die Erklärung des Pfandgläubigers gegenüber dem Verpfänder oder dem Eigenthümer, daß er das Pfandrecht aufgebe.

Ist das Pfandrecht mit dem Rechte eines Dritten belastet, so ist die Zustimmung des Dritten erforderlich. Die Zustimmung ist demjenigen gegenüber zu erklären, zu dessen Gunsten sie erfolgt; sie ist unwiderruflich.

Zusammentreffen von Pfandrecht und Eigenthum.

§ 1256. Das Pfandrecht erlischt, wenn es mit dem Eigenthum in derselben Person zusammentrifft. Das Erlöschen tritt nicht ein, solange die Forderung, für welche das Pfandrecht besteht, mit dem Rechte eines Dritten belastet ist.

Das Pfandrecht gilt als nicht erloschen, soweit der Eigenthümer ein rechtliches Interesse an dem Fortbestehen des Pfandrechts hat.

Gesetzliches Pfandrecht.

§ 1257. Die Vorschriften über das durch Rechtsgeschäft bestellte Pfandrecht finden auf ein kraft Gesetzes entstandenes Pfandrecht entsprechende Anwendung.

Pfandrecht an dem Antheil eines Miteigenthümers.

§ 1258. Besteht ein Pfandrecht an dem Antheil eines Miteigenthümers, so übt der Pfandgläubiger die Rechte aus, die sich aus der Gemeinschaft der Miteigenthümer in Ansehung der Verwaltung der Sache und der Art ihrer Benutzung ergeben.

Die Aufhebung der Gemeinschaft kann vor dem Eintritte der Verkaufsberechtigung des Pfandgläubigers nur von dem Miteigenthümer und dem Pfandgläubiger gemeinschaftlich verlangt werden. Nach dem Eintritte der Verkaufsberechtigung kann der Pfandgläubiger die Aufhebung der Gemeinschaft verlangen, ohne daß es der Zustimmung des Miteigenthümers bedarf; er ist nicht an eine Vereinbarung gebunden, durch welche die Miteigenthümer das Recht, die Aufhebung der Gemeinschaft zu verlangen, für immer oder auf Zeit ausgeschlossen oder eine Kündigungsfrist bestimmt haben.

Wird die Gemeinschaft aufgehoben, so gebührt dem Pfandgläubiger das Pfandrecht an den Gegenständen, welche an die Stelle des Antheils treten.

Das Recht des Pfandgläubigers zum Verkaufe des Antheils bleibt unberührt.

Schiffspfandrecht.

§ 1259. Für das Pfandrecht an einem im Schiffsregister eingetragenen Schiffe gelten die besonderen Vorschriften der §§ 1260 bis 1271.

— Bestellung.

§ 1260. Zur Bestellung des Pfandrechts ist die Einigung des Eigenthümers des Schiffes und des Gläubigers darüber, daß dem Gläubiger das Pfandrecht zustehen soll, und die Eintragung des Pfandrechts in das Schiffsregister erforderlich. Die Vorschriften des § 873 Abs. 2 und des § 878 finden entsprechende Anwendung.

In der Eintragung müssen der Gläubiger, der Geldbetrag der Forderung und, wenn die Forderung verzinslich ist, der Zinssatz angegeben werden. Zur näheren Bezeichnung der Forderung kann auf die Eintragungsbewilligung Bezug genommen werden.

§ 873 Abs. 2* (Bindung der Betheiligten), § 878 (Einfluss nachträglicher Verfügungsbeschränkung des Berechtigten).

— Rangverhältniss.

§ 1261. Das Rangverhältniß der an dem Schiffe bestellten Pfandrechte bestimmt sich nach den Vorschriften der §§ 879 bis 881 und des § 1151.

§ 879*. Das Rangverhältniss der an dem Schiffe bestellten Pfandrechte bestimmt sich, wenn die Rechte in derselben Abtheilung des Schiffsregisters eingetragen sind, nach der Reihenfolge der Eintragungen. Sind die Rechte in verschiedenen Abtheilungen eingetragen, so hat das unter Angabe eines früheren Tages eingetragene Recht den Vorrang; Rechte, die unter Angabe desselben Tages eingetragen sind, haben gleichen Rang.

Die Eintragung ist für das Rangverhältniss auch dann massgebend, wenn die nach § 873 zum Erwerbe des Rechtes erforderliche Einigung erst nach der Eintragung zu Stande gekommen ist.

Eine abweichende Bestimmung des Rangverhältnisses bedarf der Eintragung in das Schiffsregister.

§ 880* Das Rangverhältniss kann nachträglich geändert werden.

Zu der Rangänderung ist die Einigung des zurücktretenden und des vortretenden Berechtigten und die Eintragung der Aenderung in das Grundbuch erforderlich; die Vorschriften des § 873 Abs. 2 *(über Bindung der Betheiligten)* und des § 878 *(über den Einfluss nachträglicher Beschränkung des Berechtigten in der Verfügung)* finden Anwendung. Die Zustimmung ist dem Schiffsregister oder einem der Betheiligten gegenüber zu erklären; sie ist unwiderruflich.

Ist das zurücktretende Recht mit dem Rechte eines Dritten belastet, so finden die Vorschriften des § 876 *(wonach Zustimmung des Dritten regelmässig erfordert wird)* entsprechende Anwendung.

Der dem vortretenden Rechte eingeräumte Rang geht nicht dadurch verloren, dass das zurücktretende Recht durch Rechtsgeschäft aufgehoben wird.

Rechte, die den Rang zwischen dem zurücktretenden und dem vortretenden Rechte haben, werden durch die Rangänderung nicht berührt.

§ 881*. Der Eigenthümer kann sich bei der Belastung des Schiffes mit einem Rechte die Befugniss vorbehalten, ein anderes, dem Umfange nach bestimmtes Recht mit dem Range vor jenem Rechte eintragen zu lassen.

Der Vorbehalt bedarf der Eintragung in das Schiffsregister, die Eintragung muss bei dem Rechte erfolgen, das zurücktreten soll.

Wird das Schiff veräussert, so geht die vorbehaltene Befugniss auf den Erwerber über

Ist das Schiff vor der Eintragung des Rechtes, dem der Vorrang beigelegt ist, mit einem Rechte ohne einen entsprechenden Vorbehalt belastet worden, so hat der Vorrang insoweit keine Wirkung, als das mit dem Vorbehalt eingetragene Recht in Folge der inzwischen eingetretenen Belastung eine über den Vorbehalt hinausgehende Beeinträchtigung erleiden würde.

§ 1151*. Wird die Forderung getheilt, so ist zur Aenderung des Rangverhältnisses der Theilpfänder unter einander die Zustimmung des Eigenthümers nicht erforderlich.

— **Wirkung.**

§ 1262. Solange das Pfandrecht im Schiffsregister eingetragen ist, behält es im Falle der Veräußerung oder Belastung des Schiffes seine Kraft, auch wenn der Erwerber in gutem Glauben ist.

Ist das Pfandrecht mit Unrecht gelöscht, so gelten im Falle der Veräußerung des Schiffes die Vorschriften des § 936 Abs. 1 Satz 1, Abs. 2 auch dann, wenn der Erwerber das Eigenthum ohne Uebergabe erlangt; die Vorschrift des § 936 Abs. 3 findet keine Anwendung. Wird ein Pfandrecht, welches dem mit Unrecht gelöschten Pfandrecht im Range nachsteht, auf einen Dritten übertragen, so findet die Vorschrift des § 1208 Satz 1 Anwendung.

§ 936 Abs 1 Satz 1, Abs. 2, 3. Ist eine veräusserte Sache mit dem Rechte eines Dritten belastet, so erlischt das Recht mit dem Erwerbe des Eigenthums.

Das Recht des Dritten erlischt nicht, wenn der Erwerber zu der nach Abs. 1 massgebenden Zeit in Ansehung des Rechtes nicht in gutem Glauben ist.

Steht im Falle des § 931 *(wenn eine im Besitz eines Dritten befindliche Sache durch Abtretung des Anspruchs auf Herausgabe veräussert wird)* das Recht dem dritten Besitzer zu, so erlischt es auch dem gutgläubigen Erwerber gegenüber nicht.

Berichtigung des Schiffsregisters.

§ 1263. Steht der Inhalt des Schiffsregisters in Ansehung eines Pfandrechts mit der wirklichen Rechtslage nicht im Einklange, so kann die Berichtigung des Registers nach den für die Berichtigung des Grundbuchs geltenden Vorschriften der §§ 894, 895, 897, 898 verlangt werden.

Ist ein Pfandrecht mit Unrecht gelöscht worden, so kann ein Widerspruch gegen die Richtigkeit des Schiffsregisters nach § 899 Abs. 2 eingetragen werden. Solange der Widerspruch eingetragen ist, gilt im Falle der Veräußerung oder Belastung des Schiffes dem Erwerber gegenüber das Gleiche, wie wenn das Pfandrecht eingetragen wäre.

§ 894*. Derjenige, dessen Recht nicht oder nicht richtig eingetragen oder durch die Eintragung eines anderen Pfandrechts beeinträchtigt wird, kann die Zustimmung zur Berichtigung des Schiffsregisters von demjenigen verlangen, dessen Recht durch die Berichtigung betroffen wird.

§ 895*. Kann die Berichtigung des Schiffsregisters erst erfolgen, nachdem das Recht des nach § 894 Verpflichteten eingetragen worden ist, so hat dieser auf Verlangen sein Recht eintragen zu lassen.

§ 897*. Die Kosten der Berichtigung des Schiffsregisters und der dazu erforderlichen Erklärungen hat derjenige zu tragen, welcher die Berichtigung verlangt, sofern nicht aus einem zwischen ihm und dem Verpflichteten bestehenden Rechtsverhältnisse sich ein Anderes ergiebt.

§ 898*. Die in den §§ 894, 895, 897, bestimmten Ansprüche unterliegen nicht der Verjährung.

§ 899*. In den Fällen des § 894 kann ein Widerspruch gegen die Richtigkeit des Schiffsregisters eingetragen werden.

Die Eintragung erfolgt auf Grund einer einstweiligen Verfügung oder auf Grund einer Bewilligung desjenigen, dessen Recht durch die Berichtigung des Schiffsregisters betroffen wird. Zur Erlassung der einstweiligen Verfügung ist nicht erforderlich, dass eine Gefährdung des Rechtes des Widersprechenden glaubhaft gemacht wird.

Umfang der Haftung.

§ 1264. Die Haftung des Schiffes beschränkt sich auf den eingetragenen Betrag der Forderung und die Zinsen nach dem eingetragenen Zinssatze. Die Haftung für gesetzliche Zinsen und für Kosten bestimmt sich nach der für die Hypothek geltenden Vorschrift des § 1118.

Ist die Forderung unverzinslich oder ist der Zinssatz niedriger als fünf vom Hundert, so kann das Pfandrecht ohne Zustimmung der im Range gleich- oder nachstehenden Berechtigten dahin erweitert werden, daß das Schiff für Zinsen bis zu fünf vom Hundert haftet.

§ 1118*. Kraft des Pfandrechts haftet das Schiff auch für die gesetzlichen Zinsen der Forderung sowie für die Kosten der Kündigung und der die Befriedigung aus dem Schiffe bezweckenden Rechtsverfolgung.

§ 1265. Das Pfandrecht erstreckt sich auf das Zubehör des Schiffes mit Ausnahme der Zubehörstücke, die nicht in das Eigenthum des Eigenthümers des Schiffes gelangt sind.

Auf die Haftung der Zubehörstücke finden die für die Hypothek geltenden Vorschriften der §§ 1121, 1122 entsprechende Anwendung.

§ 1121*. Zubehörstücke werden von der Haftung frei, wenn sie veräussert und von dem Schiffe entfernt werden, bevor sie zu Gunsten des Gläubigers in Beschlag genommen worden sind.

Erfolgt die Veräusserung vor der Entfernung, so kann sich der Erwerber dem Gläubiger gegenüber nicht darauf berufen, dass er in Ansehung des Pfandrechts in gutem Glauben gewesen sei. Entfernt der Erwerber die Sache von dem Schiffe, so ist eine vor der Entfernung erfolgte Beschlagnahme ihm gegenüber nur wirksam, wenn er bei der Entfernung in Ansehung der Beschlagnahme nicht in gutem Glauben ist.

§ 1122 Abs. 2. Zubehörstücke werden ohne Veräusserung von der Haftung frei, wenn die Zubehöreigenschaft innerhalb der Grenzen einer ordnungsmässigen Wirthschaft vor der Beschlagnahme aufgehoben wird.

Anwendbarkeit der Vorschriften über das Pfandrecht an beweglichen Sachen.

§ 1266. Die Vorschriften der §§ 1205 bis 1257 finden insoweit keine Anwendung, als sich daraus, daß der Pfandgläubiger nicht den Besitz des Schiffes erlangt, Abweichungen ergeben. In dem Falle des § 1254 tritt an die Stelle des Anspruchs auf Rückgabe des Pfandes das Recht, die Aufhebung des Pfandrechts zu verlangen.

§§ 1205 bis 1257, d. i. die Vorschriften über das Pfandrecht an beweglichen Sachen.

§ 1254. Steht dem Pfandrecht eine Einrede entgegen, durch welche die Geltendmachung des Pfandrechts dauernd ausgeschlossen wird, so kann der Verpfänder die Rückgabe des Pfandes verlangen. Das gleiche Recht hat der Eigenthümer.

§ 1267. Der Verpfänder kann gegen Befriedigung des Pfandgläubigers die Aushändigung der zur Löschung des Pfandrechts erforderlichen Urkunden verlangen. Das gleiche Recht steht dem persönlichen Schuldner zu, wenn er ein rechtliches Interesse an der Berichtigung des Schiffsregisters hat.

Befriedigung aus dem Schiffe.

§ 1268. Der Pfandgläubiger kann seine Befriedigung aus dem Schiffe und dem Zubehöre nur auf Grund eines vollstreckbaren Titels nach den für die Zwangsvollstreckung geltenden Vorschriften suchen.

Ausschluss im Wege des Aufgebotsverfahrens.

§ 1269. Ist der Gläubiger unbekannt, so kann er im Wege des Aufgebotsverfahrens mit seinem Pfandrecht ausgeschlossen werden, wenn die im § 1170 oder die im § 1171 für die Ausschließung eines Hypothekengläubigers bestimmten Voraussetzungen vorliegen. Mit der Erlassung des Ausschlußurtheils erlischt das Pfandrecht. Die Vorschrift des § 1171 Abs. 3 findet Anwendung.

§ 1170*. Wenn seit der letzten, sich auf das Pfandrecht beziehenden Eintragung in das Schiffsregister zehn Jahre verstrichen sind und das Recht des Gläubigers nicht innerhalb dieser Frist von dem Eigenthümer in einer nach § 208 zur Unterbrechung der Verjährung geeigneten Weise *(durch Abschlagzahlung, Zinszahlung, Sicherheitsleistung oder in anderer Weise)* anerkannt worden ist. Besteht für die Forderung eine nach dem Kalender bestimmte Zahlungszeit, so beginnt die Frist nicht vor dem Ablaufe des Zahlungstags.

§ 1171*. Der unbekannte Gläubiger kann im Wege des Aufgebotsverfahrens mit seinem Rechte auch dann ausgeschlossen werden, wenn der Eigenthümer zur Befriedigung des Gläubigers oder zur Kündigung berechtigt ist und den Betrag der Forderung für den Gläubiger unter Verzicht auf das Recht zur Rücknahme hinterlegt. Die Hinterlegung von Zinsen ist nur erforderlich, wenn der Zinssatz im Schiffsregister eingetragen ist; Zinsen für eine frühere Zeit als das vierte Kalenderjahr vor der Erlassung des Ausschlussurtheils sind nicht zu hinterlegen.

Abs. 3. Das Recht des Gläubigers auf den hinterlegten Betrag erlischt mit dem Ablaufe von dreissig Jahren nach der Erlassung des Ausschlussurtheils, wenn nicht der Gläubiger sich vorher bei der Hinterlegungsstelle meldet; der Hinterleger ist zur Rücknahme berechtigt, auch wenn er auf das Recht zur Rücknahme verzichtet hat.

Pfandrecht für Forderungen aus Schuldverschreibungen auf den Inhaber und aus Orderpapieren.

§ 1270. Auf das Pfandrecht für die Forderung aus einer Schuldverschreibung auf den Inhaber, aus einem Wechsel oder aus einem anderen Papiere, das durch Indossament übertragen werden kann, finden die Vorschriften des § 1189, auf das Pfandrecht für die Forderung aus einer Schuldverschreibung auf den Inhaber finden auch die Vorschriften des § 1188 entsprechende Anwendung.

§ 1188* Zur Bestellung des Pfandrechts für die Forderung aus einer Schuldverschreibung auf den Inhaber genügt die Erklärung des Eigenthümers gegenüber der Registerbehörde, dass er das Pfandrecht bestelle, und die Eintragung in das Schiffsregister; die Vorschrift des § 878 findet Anwendung.

Die Ausschliessung des Gläubigers mit seinem Rechte nach § 1170 (s. § 1269) ist nur zulässig, wenn die im § 801 bezeichnete Vorlegungsfrist verstrichen ist. Ist innerhalb der Frist die Schuldverschreibung vorgelegt oder der Anspruch aus der Urkunde gerichtlich geltend gemacht worden, so kann die Ausschliessung erst erfolgen, wenn die Verjährung eingetreten ist.

§ 878. Die von dem Eigenthümer abgegebene Erklärung wird nicht dadurch unwirksam, dass er in der Verfügung beschränkt wird, nachdem er die Erklärung gegenüber der Registerbehörde abgegeben und den Antrag auf Eintragung in das Schiffsregister gestellt hat.*

§ 801. Der Anspruch aus einer Schuldverschreibung auf den Inhaber erlischt mit dem Ablaufe von dreissig Jahren nach dem Eintritte der für die Leistung bestimmten Zeit, wenn nicht die Urkunde vor dem Ablaufe der dreissig Jahre dem Aussteller zur Einlösung vorgelegt wird. Erfolgt die Vorlegung, so verjährt der Anspruch in zwei Jahren von dem Ende der Vorlegungsfrist an. Der Vorlegung steht die gerichtliche Geltendmachung des Anspruchs aus der Urkunde gleich.

Bei Zins-, Renten- und Gewinnantheilscheinen beträgt die Vorlegungsfrist vier Jahre. Die Frist beginnt mit dem Schlusse des Jahres, in welchem die für die Leistung bestimmte Zeit eintritt.

Die Dauer und der Beginn der Vorlegungsfrist können von dem Aussteller in der Urkunde anders bestimmt werden.

§ 1189* Bei einem Pfandrecht der im § 1270 bezeichneten Art kann für den jeweiligen Gläubiger ein Vertreter mit der Befugniss bestellt werden, mit Wirkung für und gegen jeden späteren Gläubiger bestimmte Verfügungen über das Pfandrecht zu treffen und den Gläubiger bei der Geltendmachung des Pfandrechts zu vertreten. Zur Bestellung des Vertreters ist die Eintragung in das Schiffsregister erforderlich.

Ist der Eigenthümer berechtigt, von dem Gläubiger eine Verfügung zu verlangen, zu welcher der Vertreter befugt ist, so kann er die Vornahme der Verfügung von dem Vertreter verlangen.

Haftung für den bestimmten Höchstbetrag.

§ 1271. Das Pfandrecht kann in der Weise bestellt werden, daß nur der Höchstbetrag, bis zu dem das Schiff haften soll, bestimmt, im Uebrigen die Feststellung der Forderung vorbehalten wird. Der Höchstbetrag muß in das Schiffsregister eingetragen werden.

Ist die Forderung verzinslich, so werden die Zinsen in den Höchstbetrag eingerechnet.

Pfandrecht an einer Schiffspart.

§ 1272. Die Vorschriften der §§ 1260 bis 1271 gelten auch für das Pfandrecht an einer Schiffspart.

Zweiter Titel.

Pfandrecht an Rechten.

Grundsatz.

§ 1273. Gegenstand des Pfandrechts kann auch ein Recht sein.

Auf das Pfandrecht an Rechten finden die Vorschriften über das Pfandrecht an beweglichen Sachen entsprechende Anwendung, soweit sich nicht aus den §§ 1274 bis 1296 ein Anderes ergiebt. Die Anwendung der Vorschriften des § 1208 und des § 1213 Abs. 2 ist ausgeschlossen.

§ 1208*. Ist die Sache mit dem Rechte eines Dritten belastet, so geht das Pfandrecht dem Rechte vor, es sei denn, dass der Pfandgläubiger zur Zeit des Erwerbes des Pfandrechts in Ansehung des Rechtes nicht in gutem Glauben ist.

§ 1213 Abs. 2. Ist eine von Natur fruchttragende Sache dem Pfandgläubiger zum Alleinbesitz übergeben, so ist im Zweifel anzunehmen, dass der Pfandgläubiger zum Fruchtbezuge berechtigt sein soll.

Bestellung.

§ 1274. Die Bestellung des Pfandrechts an einem Rechte erfolgt nach den für die Uebertragung des Rechtes geltenden Vorschriften. Ist zur Uebertragung des Rechtes die Uebergabe einer Sache erforderlich, so finden die Vorschriften der §§ 1205, 1206 Anwendung.

Soweit ein Recht nicht übertragbar ist, kann ein Pfandrecht an dem Rechte nicht bestellt werden.

§ 1205 Zur Bestellung des Pfandrechts ist erforderlich, dass der Eigenthümer die Sache dem Gläubiger übergiebt und beide darüber einig sind, dass dem Gläubiger das Pfandrecht zustehen soll. Ist der Gläubiger im Besitze der Sache, so genügt die Einigung über die Entstehung des Pfandrechts

Die Uebergabe einer im mittelbaren Besitze des Eigenthümers befindlichen Sache kann dadurch ersetzt werden, dass der Eigenthümer den mittelbaren Besitz auf den Pfandgläubiger überträgt und die Verpfändung dem Besitzer anzeigt

§ 1206. An Stelle der Uebergabe der Sache genügt die Einräumung des Mitbesitzes, wenn sich die Sache unter dem Mitverschlusse des Gläubigers befindet oder, falls sie im Besitz eines Dritten ist, die Herausgabe nur an den Eigenthümer und den Gläubiger gemeinschaftlich erfolgen kann

Pfandrecht an dem Recht auf eine Leistung.

§ 1275. Ist ein Recht, kraft dessen eine Leistung gefordert werden kann, Gegenstand des Pfandrechts, so finden auf das Rechtsverhältniß zwischen dem Pfandgläubiger und dem Verpflichteten die Vorschriften, welche im Falle der Uebertragung des Rechtes für das Rechtsverhältniß zwischen dem Erwerber und dem Verpflichteten gelten, und im Falle einer nach § 1217 Abs. 1 getroffenen gerichtlichen Anordnung die Vorschrift des § 1070 Abs. 2 entsprechende Anwendung.

§ 1217 Abs. 1 Verletzt der Pfandgläubiger die Rechte des Verpfänders in erheblichem Masse und setzt er das verletzende Verhalten ungeachtet einer Abmahnung des Verpfänders fort, so kann der Verpfänder verlangen, dass das Pfand auf Kosten des Pfandgläubigers hinterlegt oder, wenn es sich nicht zur Hinterlegung eignet, an einen gerichtlich zu bestellenden Verwahrer abgeliefert wird

§ 1070 Abs. 2*. Wird die Verwaltung des verpfändeten Rechts nach § 1217 Abs. 1 einem Verwalter übertragen, so ist die Uebertragung dem Verpflichteten gegenüber erst wirksam, wenn er von der getroffenen Anordnung Kenntniss erlangt oder wenn ihm eine Mittheilung von der Anordnung zugestellt wird Das Gleiche gilt von der Aufhebung der Verwaltung

Aufhebung und Aenderung des verpfändeten Rechtes.

§ 1276. Ein verpfändetes Recht kann durch Rechtsgeschäft nur mit Zustimmung des Pfandgläubigers aufgehoben werden. Die Zustimmung ist demjenigen gegenüber zu erklären, zu dessen Gunsten sie erfolgt; sie ist unwiderruflich. Die Vorschrift des § 876 Satz 3 bleibt unberührt.

Das Gleiche gilt im Falle einer Aenderung des Rechtes, sofern sie das Pfandrecht beeinträchtigt.

§ 876 Satz 3*. Ist ein Recht an einem Grundstücke verpfändet, so ist die zur Aufhebung dieses Rechtes erforderliche Zustimmung des Pfandgläubigers dem Grundbuchamt oder demjenigen gegenüber zu erklären, zu dessen Gunsten sie erfolgt, sie ist unwiderruflich.

Befriedigung aus dem Pfand.

§ 1277. Der Pfandgläubiger kann seine Befriedigung aus dem Rechte nur auf Grund eines vollstreckbaren Titels nach den für die Zwangsvollstreckung geltenden Vorschriften suchen, sofern nicht ein Anderes bestimmt ist. Die Vorschriften des § 1229 und des § 1245 Abs. 2 bleiben unberührt.

§ 1229 Eine vor dem Eintritte der Verkaufsberechtigung getroffene Vereinbarung, nach welcher dem Pfandgläubiger, falls er nicht oder nicht rechtzeitig befriedigt wird, das Eigenthum an der Sache zufallen oder übertragen werden soll, ist nichtig

§ 1245 Abs. 2. Auf die Beobachtung der Vorschriften des § 1235 *(der Verkauf des Pfandes ist im Wege öffentlicher Versteigerung zu bewirken)*, des § 1237 Satz 1 *(Zeit und Ort der Versteigerung sind unter allgemeiner Bezeichnung des Pfandes öffentlich bekannt zu machen)* und des § 1240 *(Gold- und Silbersachen dürfen nicht unter dem Gold- oder Silberwerthe zugeschlagen werden)* kann nicht vor dem Eintritte der Verkaufsberechtigung verzichtet werden

Erlöschen des Pfandrechts.

§ 1278. Ist ein Recht, zu dessen Verpfändung die Uebergabe einer Sache erforderlich ist, Gegenstand des Pfandrechts, so finden auf das Erlöschen des Pfandrechts durch die Rückgabe der Sache die Vorschriften des § 1253 entsprechende Anwendung.

§ 1253* Das Pfandrecht erlischt, wenn der Pfandgläubiger die Sache dem Verpfänder oder dem Eigenthümer zurückgiebt Der Vorbehalt der Fortdauer des Pfandrechts ist unwirksam

Ist die Sache im Besitze des Verpfänders oder des Eigenthümers, so wird vermuthet, dass die Sache ihm von dem Pfandgläubiger zurückgegeben worden sei Diese Vermuthung gilt auch dann, wenn sich die Sache im Besitz eines Dritten befindet, der den Besitz nach der Entstehung des Pfandrechts von dem Verpfänder oder dem Eigenthümer erlangt hat.

Pfandrecht an einer Forderung.

§ 1279. Für das Pfandrecht an einer Forderung gelten die besonderen Vorschriften der §§ 1280 bis 1290.

— Wirksamkeit.

§ 1280. Die Verpfändung einer Forderung, zu deren Uebertragung der Abtretungsvertrag genügt, ist nur wirksam, wenn der Gläubiger sie dem Schuldner anzeigt.

— Leistung.

§ 1281. Der Schuldner kann nur an den Pfandgläubiger und den Gläubiger gemeinschaftlich leisten. Jeder von beiden kann verlangen, daß an sie gemeinschaftlich geleistet wird; jeder kann statt der Leistung verlangen, daß die geschuldete Sache für beide hinterlegt oder, wenn sie sich nicht zur Hinterlegung eignet, an einen gerichtlich zu bestellenden Verwahrer abgeliefert wird.

§ 1282. Sind die Voraussetzungen des § 1228 Abs. 2 eingetreten, so ist der Pfandgläubiger zur Einziehung der Forderung berechtigt und kann der Schuldner nur an ihn leisten. Die Einziehung einer Geldforderung steht dem Pfandgläubiger nur insoweit zu, als sie zu seiner Befriedigung erforderlich ist. Soweit er zur Einziehung berechtigt ist, kann er auch verlangen, daß ihm die Geldforderung an Zahlungsstatt abgetreten wird.

Zu anderen Verfügungen über die Forderung ist der Pfandgläubiger nicht berechtigt; das Recht, die Befriedigung aus der Forderung nach § 1277 zu suchen, bleibt unberührt.

§ 1228 Abs. 2. Der Pfandgläubiger ist zum Verkaufe berechtigt, sobald die Forderung ganz oder zum Theil fällig ist. Besteht der geschuldete Gegenstand nicht in Geld, so ist der Verkauf erst zulässig, wenn die Forderung in eine Geldforderung übergegangen ist.

— **Kündigung der Pfandforderung.**

§ 1283. Hängt die Fälligkeit der verpfändeten Forderung von einer Kündigung ab, so bedarf der Gläubiger zur Kündigung der Zustimmung des Pfandgläubigers nur, wenn dieser berechtigt ist, die Nutzungen zu ziehen.

Die Kündigung des Schuldners ist nur wirksam, wenn sie dem Pfandgläubiger und dem Gläubiger erklärt wird.

Sind die Voraussetzungen des § 1228 Abs. 2 eingetreten, so ist auch der Pfandgläubiger zur Kündigung berechtigt; für die Kündigung des Schuldners genügt die Erklärung gegenüber dem Pfandgläubiger.

§ 1228 Abs. 2 s. § 1282.

§ 1284. Die Vorschriften der §§ 1281 bis 1283 finden keine Anwendung, soweit der Pfandgläubiger und der Gläubiger ein Anderes vereinbaren.

§ 1285. Hat die Leistung an den Pfandgläubiger und den Gläubiger gemeinschaftlich zu erfolgen, so sind beide einander verpflichtet, zur Einziehung mitzuwirken, wenn die Forderung fällig ist.

Soweit der Pfandgläubiger berechtigt ist, die Forderung ohne Mitwirkung des Gläubigers einzuziehen, hat er für die ordnungsmäßige Einziehung zu sorgen. Von der Einziehung hat er den Gläubiger unverzüglich zu benachrichtigen, sofern nicht die Benachrichtigung unthunlich ist.

§ 1286. Hängt die Fälligkeit der verpfändeten Forderung von einer Kündigung ab, so kann der Pfandgläubiger, sofern nicht das Kündigungsrecht ihm zusteht, von dem Gläubiger die Kündigung verlangen, wenn die Einziehung der Forderung wegen Gefährdung ihrer Sicherheit nach den Regeln einer ordnungsmäßigen Vermögensverwaltung geboten ist. Unter der gleichen Voraussetzung kann der Gläubiger von dem Pfandgläubiger die Zustimmung zur Kündigung verlangen, sofern die Zustimmung erforderlich ist.

Pfandrecht an dem Leistungsobjekt.

§ 1287. Leistet der Schuldner in Gemäßheit der §§ 1281, 1282, so erwirbt mit der Leistung der Gläubiger den geleisteten Gegenstand und der Pfandgläubiger ein Pfandrecht an dem Gegenstande. Besteht die Leistung in der Uebertragung des Eigenthums an einem Grundstücke, so erwirbt der Pfandgläubiger eine Sicherungshypothek.

— bei Geldforderungen.

§ 1288. Wird eine Geldforderung in Gemäßheit des § 1281 eingezogen, so sind der Pfandgläubiger und der Gläubiger einander verpflichtet, dazu mitzuwirken, daß der eingezogene Betrag, soweit es ohne Beeinträchtigung des Interesses des Pfandgläubigers thunlich ist, nach den für die Anlegung von Mündelgeld geltenden Vorschriften verzinslich angelegt und gleichzeitig dem Pfandgläubiger das Pfandrecht bestellt wird. Die Art der Anlegung bestimmt der Gläubiger.

Erfolgt die Einziehung in Gemäßheit des § 1282, so gilt die Forderung des Pfandgläubigers, soweit ihm der eingezogene Betrag zu seiner Befriedigung gebührt, als von dem Gläubiger berichtigt.

Zinsen.

§ 1289. Das Pfandrecht an einer Forderung erstreckt sich auf die Zinsen der Forderung. Die Vorschriften des § 1123 Abs. 2 und der §§ 1124, 1125 finden entsprechende Anwendung; an die Stelle der Beschlagnahme tritt die Anzeige des Pfandgläubigers an den Schuldner, daß er von dem Einziehungsrechte Gebrauch mache.

§ 1123 Abs. 2*. Soweit die Zinsforderung fällig ist, wird sie mit dem Ablauf eines Jahres nach dem Eintritte der Fälligkeit von der Haftung frei, wenn nicht vorher die Beschlagnahme zu Gunsten des Pfandgläubigers erfolgt. Sind die Zinsen im voraus zu entrichten, so erstreckt sich die Befreiung nicht auf die Zinsen für eine spätere Zeit als das zur Zeit der Beschlagnahme laufende und das folgende Kalendervierteljahr.

§ 1124*. Wird die Zinsforderung eingezogen, bevor sie zu Gunsten des Pfandgläubigers in Beschlag genommen worden ist, oder wird vor der Beschlagnahme in anderer Weise über sie verfügt, so ist die Verfügung dem Pfandgläubiger gegenüber wirksam. Besteht die Verfügung in der Uebertragung der Zinsforderung auf einen Dritten, so erlischt die Haftung der Forderung; erlangt ein Dritter ein Recht an der Forderung, so geht es dem Pfandrecht im Range vor.

Die Verfügung ist dem Pfandgläubiger gegenüber unwirksam, soweit sie sich auf die Zinsforderung für eine spätere Zeit als das zur Zeit der Beschlagnahme laufende und das folgende Kalendervierteljahr bezieht.

§ 1125*. Soweit die Einziehung der Zinsforderung dem Pfandgläubiger gegenüber unwirksam ist, kann der Schuldner der Zinsen nicht eine ihm gegen den Gläubiger zustehende Forderung gegen den Pfandgläubiger aufrechnen.

Mehrheit von Pfandrechten.

§ 1290. Bestehen mehrere Pfandrechte an einer Forderung, so ist zur Einziehung nur derjenige Pfandgläubiger berechtigt, dessen Pfandrecht den übrigen Pfandrechten vorgeht.

Pfandrecht an Grund- und Rentenschulden.

§ 1291. Die Vorschriften über das Pfandrecht an einer Forderung gelten auch für das Pfandrecht an einer Grundschuld und an einer Rentenschuld.

Verpfändung von Orderpapieren.

§ 1292. Zur Verpfändung eines Wechsels oder eines anderen Papiers, das durch Indossament übertragen werden kann, genügt die Einigung des Gläubigers und des Pfandgläubigers und die Uebergabe des indossirten Papiers.

Pfandrecht an Inhaberpapieren.

§ 1293. Für das Pfandrecht an einem Inhaberpapiere gelten die Vorschriften über das Pfandrecht an beweglichen Sachen.

§ 1294. Ist ein Wechsel, ein anderes Papier, das durch Indossament übertragen werden kann, oder ein Inhaberpapier Gegenstand des Pfandrechts, so ist, auch wenn die Voraussetzungen des § 1228 Abs. 2 noch nicht eingetreten sind, der Pfandgläubiger zur Einziehung und, falls Kündigung erforderlich ist, zur Kündigung berechtigt und kann der Schuldner nur an ihn leisten.

§ 1228 Abs. 2. Der Pfandgläubiger ist zum Verkaufe berechtigt, sobald die Forderung ganz oder zum Theil fällig ist. Besteht der geschuldete Gegenstand nicht in Geld, so ist der Verkauf erst zulässig, wenn die Forderung in eine Geldforderung übergegangen ist.

§ 1295. Hat ein verpfändetes Papier, das durch Indossament übertragen werden kann, einen Börsen- oder Marktpreis, so ist der Gläubiger nach dem Eintritte der Voraussetzungen des § 1228 Abs. 2 berechtigt, das Papier nach § 1221 verkaufen zu lassen.

§ 1228 Abs. 2 s. § 1294.

§ 1221 Hat das Pfand einen Börsen- oder Marktpreis, so kann der Pfandgläubiger den Verkauf aus freier Hand durch einen zu solchen Verkäufen öffentlich ermächtigten Handelsmäkler oder durch eine zur öffentlichen Versteigerung befugte Person zum laufenden Preise bewirken.

§ 1296. Das Pfandrecht an einem Werthpapier erstreckt sich auf die zu dem Papiere gehörenden Zins-, Renten- oder Gewinnantheilscheine nur dann, wenn sie dem Pfandgläubiger übergeben sind. Der Verpfänder kann, sofern nicht ein Anderes bestimmt ist, die Herausgabe der Scheine verlangen, soweit sie vor dem Eintritte der Voraussetzungen des § 1228 Abs. 2 fällig werden.

§ 1228 Abs. 2 s. § 1294.

Viertes Buch.

Familienrecht.

Erster Abschnitt.

Bürgerliche Ehe.

Erster Titel.

Verlöbniß.

Nicht klagbarer Anspruch.

§ 1297. Aus einem Verlöbnisse kann nicht auf Eingehung der Ehe geklagt werden.

Das Versprechen einer Strafe für den Fall, daß die Eingehung der Ehe unterbleibt, ist nichtig.

Rücktritt.

§ 1298. Tritt ein Verlobter von dem Verlöbnisse zurück, so hat er dem anderen Verlobten und dessen Eltern sowie dritten Personen, welche an Stelle der Eltern gehandelt haben, den Schaden zu ersetzen, der daraus entstanden ist, daß sie in Erwartung der Ehe Aufwendungen gemacht haben oder Verbindlichkeiten eingegangen sind. Dem anderen Verlobten hat er auch den Schaden zu ersetzen, den dieser dadurch erleidet, daß er in Erwartung der Ehe sonstige sein Vermögen oder seine Erwerbsstellung berührende Maßnahmen getroffen hat.

Der Schaden ist nur insoweit zu ersetzen, als die Aufwendungen, die Eingehung der Verbindlichkeiten und die sonstigen Maßnahmen den Umständen nach angemessen waren.

Die Ersatzpflicht tritt nicht ein, wenn ein wichtiger Grund für den Rücktritt vorliegt.

— in Folge Verschuldens des anderen Theiles.

§ 1299. Veranlaßt ein Verlobter den Rücktritt des anderen durch ein Verschulden, das einen wichtigen Grund für den Rücktritt bildet, so ist er nach Maßgabe des § 1298 Abs. 1, 2 zum Schadensersatze verpflichtet.

— Entschädigung im Falle der Beiwohnung.

§ 1300. Hat eine unbescholtene Verlobte ihrem Verlobten die Beiwohnung gestattet, so kann sie, wenn die Voraussetzungen des § 1298 oder des § 1299 vorliegen, auch wegen des Schadens, der nicht Vermögensschaden ist, eine billige Entschädigung in Geld verlangen.

Der Anspruch ist nicht übertragbar und geht nicht auf die Erben über, es sei denn, daß er durch Vertrag anerkannt oder daß er rechtshängig geworden ist.

Rückgabe der Geschenke.

§ 1301. Unterbleibt die Eheschließung, so kann jeder Verlobte von dem anderen die Herausgabe desjenigen, was er ihm geschenkt oder zum Zeichen des Verlöbnisses gegeben hat, nach den Vorschriften über die Herausgabe einer ungerechtfertigten Bereicherung fordern. Im Zweifel ist anzunehmen, daß die Rückforderung ausgeschlossen sein soll, wenn das Verlöbniß durch den Tod eines der Verlobten aufgelöst wird.

Verjährung.

§ 1302. Die in den §§ 1298 bis 1301 bestimmten Ansprüche verjähren in zwei Jahren von der Auflösung des Verlöbnisses an.

Zweiter Titel.

Eingehung der Ehe.

Ehemündigkeit.

§ 1303. Ein Mann darf nicht vor dem Eintritte der Volljährigkeit, eine Frau darf nicht vor der Vollendung des sechzehnten Lebensjahrs eine Ehe eingehen.

Einer Frau kann Befreiung von dieser Vorschrift bewilligt werden.

Beschränkte Geschäftsfähigkeit.

§ 1304. Wer in der Geschäftsfähigkeit beschränkt ist, bedarf zur Eingehung einer Ehe der Einwilligung seines gesetzlichen Vertreters.

Ist der gesetzliche Vertreter ein Vormund, so kann die Einwilligung, wenn sie von ihm verweigert wird, auf Antrag des Mündels durch das Vormundschaftsgericht ersetzt werden. Das Vormundschaftsgericht hat die Einwilligung zu ersetzen, wenn die Eingehung der Ehe im Interesse des Mündels liegt.

Elterliche Einwilligung.

§ 1305. Ein eheliches Kind bedarf bis zur Vollendung des einundzwanzigsten Lebensjahrs zur Eingehung einer Ehe der Einwilligung des Vaters, ein uneheliches Kind bedarf bis zum gleichen Lebensalter der Einwilligung der Mutter. An die Stelle des Vaters tritt die Mutter, wenn der Vater gestorben ist oder wenn ihm die sich aus der Vaterschaft ergebenden Rechte nach § 1701 nicht zustehen. Ein für ehelich erklärtes Kind bedarf der Einwilligung der Mutter auch dann nicht, wenn der Vater gestorben ist.

Dem Tode des Vaters oder der Mutter steht es gleich, wenn sie zur Abgabe einer Erklärung dauernd außer Stande sind oder wenn ihr Aufenthalt dauernd unbekannt ist.

§ 1701. War dem Vater die Nichtigkeit der Ehe bei der Eheschliessung bekannt, so hat er nicht die sich aus der Vaterschaft ergebenden Rechte. Die elterliche Gewalt steht der Mutter zu.

§ 1306. Einem an Kindesstatt angenommenen Kinde gegenüber steht die Einwilligung zur Eingehung einer Ehe an Stelle der leiblichen Eltern demjenigen zu, welcher das Kind angenommen hat. Hat ein Ehepaar das Kind gemeinschaftlich oder hat ein Ehegatte das Kind des anderen Ehegatten angenommen, so finden die Vorschriften des § 1305 Abs. 1 Satz 1, 2, Abs. 2 Anwendung.

Die leiblichen Eltern erlangen das Recht zur Einwilligung auch dann nicht wieder, wenn das durch die Annahme an Kindesstatt begründete Rechtsverhältniß aufgehoben wird.

§ 1307. Die elterliche Einwilligung kann nicht durch einen Vertreter ertheilt werden. Ist der Vater oder die Mutter in der Geschäftsfähigkeit beschränkt, so ist die Zustimmung des gesetzlichen Vertreters nicht erforderlich.

§ 1308. Wird die elterliche Einwilligung einem volljährigen Kinde verweigert, so kann sie auf dessen Antrag durch das Vormundschaftsgericht ersetzt werden. Das Vormundschaftsgericht hat die Einwilligung zu ersetzen, wenn sie ohne wichtigen Grund verweigert wird.

Vor der Entscheidung soll das Vormundschaftsgericht Verwandte oder Verschwägerte des Kindes hören, wenn es ohne erhebliche Verzögerung und ohne unverhältnißmäßige Kosten geschehen kann. Für den Ersatz der Auslagen gilt die Vorschrift des § 1847 Abs. 2.

§ 1847 Abs. 2. Die Verwandten und Verschwägerten können von dem Mündel Ersatz ihrer Auslagen verlangen; der Betrag der Auslagen wird von dem Vormundschaftsgerichte festgesetzt.

Ehehinderniss der Doppelehe.

§ 1309. Niemand darf eine Ehe eingehen, bevor seine frühere Ehe aufgelöst oder für nichtig erklärt worden ist. Wollen Ehegatten die Eheschließung wiederholen, so ist die vorgängige Nichtigkeitserklärung nicht erforderlich.

Wird gegen ein Urtheil, durch das die frühere Ehe aufgelöst oder für nichtig erklärt worden ist, die Nichtigkeitsklage oder die Restitutionsklage erhoben, so dürfen die Ehegatten nicht vor der Erledigung des Rechtsstreits eine neue Ehe eingehen, es sei denn, daß die Klage erst nach dem Ablaufe der vorgeschriebenen fünfjährigen Frist erhoben worden ist.

Ehehinderniss der Verwandtschaft und Schwägerschaft.

§ 1310. Eine Ehe darf nicht geschlossen werden zwischen Verwandten in gerader Linie, zwischen vollbürtigen oder halbbürtigen Geschwistern sowie zwischen Verschwägerten in gerader Linie.

Eine Ehe darf nicht geschlossen werden zwischen Personen, von denen die eine mit Eltern, Voreltern oder Abkömmlingen der anderen Geschlechtsgemeinschaft gepflogen hat.

Verwandtschaft im Sinne dieser Vorschriften besteht auch zwischen einem unehelichen Kinde und dessen Abkömmlingen einerseits und dem Vater und dessen Verwandten andererseits.

— Adoptivverwandtschaft.

§ 1311. Wer einen Anderen an Kindesstatt angenommen hat, darf mit ihm oder dessen Abkömmlingen eine Ehe nicht eingehen, solange das durch die Annahme begründete Rechtsverhältniß besteht.

Ehebruch.

§ 1312. Eine Ehe darf nicht geschlossen werden zwischen einem wegen Ehebruchs geschiedenen Ehegatten und demjenigen, mit welchem der geschiedene Ehegatte den Ehebruch begangen hat, wenn dieser Ehebruch in dem Scheidungsurtheil als Grund der Scheidung festgestellt ist.

Von dieser Vorschrift kann Befreiung bewilligt werden.

Ehehinderniss der Wartezeit.

§ 1313. Eine Frau darf erst zehn Monate nach der Auflösung oder Nichtigkeitserklärung ihrer früheren Ehe eine neue Ehe eingehen, es sei denn, daß sie inzwischen geboren hat.

Von dieser Vorschrift kann Befreiung bewilligt werden.

Ehehinderniss mangelnder Vermögensauseinandersetzung.

§ 1314. Wer ein eheliches Kind hat, das minderjährig ist oder unter seiner Vormundschaft steht, darf eine Ehe erst eingehen, nachdem ihm das Vormundschaftsgericht ein Zeugniß darüber ertheilt hat, daß er die im § 1669 bezeichneten Verpflichtungen erfüllt hat oder daß sie ihm nicht obliegen.

Ist im Falle der fortgesetzten Gütergemeinschaft ein antheilsberechtigter Abkömmling minderjährig oder bevormundet, so darf der überlebende Ehegatte eine Ehe erst eingehen, nachdem ihm das Vormundschaftsgericht ein Zeugniß darüber ertheilt hat, daß er die im § 1493 Abs. 2 bezeichneten Verpflichtungen erfüllt hat oder daß sie ihm nicht obliegen.

§ 1669. Der Betreffende hat seine Verehelichungsabsicht dem Vormundschaftsgericht anzuzeigen, auf seine Kosten ein Verzeichniss des seiner Verwaltung unterliegenden Vermögens einzureichen und, soweit in Ansehung dieses Vermögens eine Gemeinschaft zwischen ihm und dem Kinde besteht, die Auseinandersetzung herbeizuführen. Das Vormundschaftsgericht kann gestatten, dass die Auseinandersetzung erst nach der Eheschliessung erfolgt.

§ 1493 Abs. 2. Der überlebende Ehegatte hat, wenn ein antheilsberechtigter Abkömmling minderjährig ist oder bevormundet wird, die Absicht der Wiederverheirathung dem Vormundschaftsgericht anzuzeigen, ein Verzeichniss des Gesammtguts einzureichen, die Gütergemeinschaft aufzuheben und die Auseinandersetzung herbeizuführen. Das Vormundschaftsgericht kann gestatten, dass die Aufhebung der Gütergemeinschaft bis zur Eheschliessung unterbleibt und dass die Auseinandersetzung erst später erfolgt.

Mangel behördlicher Erlaubniss.

§ 1315. Militärpersonen und solche Landesbeamte, für die nach den Landesgesetzen zur Eingehung einer Ehe eine besondere Erlaubniß erforderlich ist, dürfen nicht ohne die vorgeschriebene Erlaubniß eine Ehe eingehen.

Ausländer, für die nach den Landesgesetzen zur Eingehung einer Ehe eine Erlaubniß oder ein Zeugniß erforderlich ist, dürfen nicht ohne diese Erlaubniß oder ohne dieses Zeugniß eine Ehe eingehen.

Aufgebot.

§ 1316. Der Eheschließung soll ein Aufgebot vorhergehen. Das Aufgebot verliert seine Kraft, wenn die Ehe nicht binnen sechs Monaten nach der Vollziehung des Aufgebots geschlossen wird.

Das Aufgebot darf unterbleiben, wenn die lebensgefährliche Erkrankung eines der Verlobten den Aufschub der Eheschließung nicht gestattet.

Von dem Aufgebote kann Befreiung bewilligt werden.

Eheschliessung.

§ 1317. Die Ehe wird dadurch geschlossen, daß die Verlobten vor einem Standesbeamten persönlich und bei gleichzeitiger Anwesenheit erklären, die Ehe mit einander eingehen zu wollen. Der Standesbeamte muß zur Entgegennahme der Erklärungen bereit sein.

Die Erklärungen können nicht unter einer Bedingung oder einer Zeitbestimmung abgegeben werden.

§ 1318. Der Standesbeamte soll bei der Eheschließung in Gegenwart von zwei Zeugen an die Verlobten einzeln und nach einander die Frage richten, ob sie die Ehe mit einander eingehen wollen, und, nachdem die Verlobten die Frage bejaht haben, aussprechen, daß sie kraft dieses Gesetzes nunmehr rechtmäßig verbundene Eheleute seien.

Als Zeugen sollen Personen, die der bürgerlichen Ehrenrechte für verlustig erklärt sind, während der Zeit, für welche die Aberkennung der Ehrenrechte erfolgt ist, sowie Minderjährige nicht zugezogen werden. Personen, die mit einem der Verlobten, mit dem Standesbeamten oder mit einander verwandt oder verschwägert sind, dürfen als Zeugen zugezogen werden.

Der Standesbeamte soll die Eheschließung in das Heirathsregister eintragen.

§ 1319. Als Standesbeamter im Sinne des § 1317 gilt auch derjenige, welcher, ohne Standesbeamter zu sein, das Amt eines Standesbeamten öffentlich ausübt, es sei denn, daß die Verlobten den Mangel der amtlichen Befugniß bei der Eheschließung kennen.

Zuständigkeit des Standesbeamten.

§ 1320. Die Ehe soll vor dem zuständigen Standesbeamten geschlossen werden.

Zuständig ist der Standesbeamte, in dessen Bezirk einer der Verlobten seinen Wohnsitz oder seinen gewöhnlichen Aufenthalt hat.

Hat keiner der Verlobten seinen Wohnsitz oder seinen gewöhnlichen Aufenthalt im Inland und ist auch nur einer von ihnen ein Deutscher, so wird der zuständige Standesbeamte von der obersten Aufsichtsbehörde des Bundesstaats, dem der Deutsche angehört, und, wenn dieser keinem Bundesstaat angehört, von dem Reichskanzler bestimmt.

Unter mehreren zuständigen Standesbeamten haben die Verlobten die Wahl.

§ 1321. Auf Grund einer schriftlichen Ermächtigung des zuständigen Standesbeamten darf die Ehe auch vor dem Standesbeamten eines anderen Bezirkes geschlossen werden.

Zuständigkeit für Befreiungen.

§ 1322. Die Bewilligung einer nach den §§ 1303, 1313 zulässigen Befreiung steht dem Bundesstaate zu, dem die Frau, die Bewilligung einer nach § 1312 zulässigen Befreiung steht dem Bundesstaate zu, dem der geschiedene Ehegatte angehört. Für Deutsche, die keinem Bundesstaat angehören, steht die Bewilligung dem Reichskanzler zu.

Die Bewilligung einer nach § 1316 zulässigen Befreiung steht dem Bundesstaate zu, in dessen Gebiete die Ehe geschlossen werden soll.

Ueber die Ertheilung der einem Bundesstaate zustehenden Bewilligung hat die Landesregierung zu bestimmen.

§ 1303. Befreiung von dem Ehehinderniss der Eheunmündigkeit.
§ 1312. Befreiung von dem Ehehinderniss des Ehebruchs.
§ 1313. Befreiung von dem Ehehinderniss der Wartezeit.
§ 1316. Befreiung von dem Aufgebot.

Dritter Titel.

Nichtigkeit und Anfechtbarkeit der Ehe.

I. Nichtigkeit.

§ 1323. Eine Ehe ist nur in den Fällen der §§ 1324 bis 1328 nichtig.

— **Gründe.** *1. Verletzung der Form.*

§ 1324. Eine Ehe ist nichtig, wenn bei der Eheschließung die im § 1317 vorgeschriebene Form nicht beobachtet worden ist.

Ist die Ehe in das Heirathsregister eingetragen worden und haben die Ehegatten nach der Eheschließung zehn Jahre oder, falls einer von ihnen vorher gestorben ist, bis zu dessen Tode, jedoch mindestens drei Jahre, als Ehegatten mit einander gelebt, so ist die Ehe als von Anfang an gültig anzusehen. Diese Vorschrift findet keine Anwendung, wenn bei dem Ablaufe der zehn Jahre oder zur Zeit des Todes des einen Ehegatten die Nichtigkeitsklage erhoben ist.

§ 1317. Die Ehe wird dadurch geschlossen, dass die Verlobten vor einem Standesbeamten persönlich und bei gleichzeitiger Anwesenheit erklären, die Ehe mit einander eingehen zu wollen. Der Standesbeamte muss zur Entgegennahme der Erklärungen bereit sein.

Die Erklärungen können nicht unter einer Bedingung oder einer Zeitbestimmung abgegeben werden.

2. Geschäftsunfähigkeit.

§ 1325. Eine Ehe ist nichtig, wenn einer der Ehegatten zur Zeit der Eheschließung geschäftsunfähig war oder sich im Zustande der Bewußtlosigkeit oder vorübergehender Störung der Geistesthätigkeit befand.

Die Ehe ist als von Anfang an gültig anzusehen, wenn der Ehegatte sie nach dem Wegfalle der Geschäftsunfähigkeit, der Bewußtlosigkeit oder der Störung der Geistesthätigkeit bestätigt, bevor sie für nichtig erklärt oder aufgelöst worden ist. Die Bestätigung bedarf nicht der für die Eheschließung vorgeschriebenen Form.

3. Doppelehe.

§ 1326. Eine Ehe ist nichtig, wenn einer der Ehegatten zur Zeit der Eheschließung mit einem Dritten in einer gültigen Ehe lebte.

4. Verwandtenehe.

§ 1327. Eine Ehe ist nichtig, wenn sie zwischen Verwandten oder Verschwägerten dem Verbote des § 1310 Abs. 1 zuwider geschlossen worden ist.

§ 1310 Abs. 1 Eine Ehe darf nicht geschlossen werden zwischen Verwandten in gerader Linie, zwischen vollbürtigen und halbbürtigen Geschwistern sowie zwischen Verschwägerten in gerader Linie.

5. Ehebruch.

§ 1328. Eine Ehe ist nichtig, wenn sie wegen Ehebruchs nach § 1312 verboten war.

Wird nachträglich Befreiung von der Vorschrift des § 1312 bewilligt, so ist die Ehe als von Anfang an gültig anzusehen.

§ 1312. Eine Ehe darf nicht geschlossen werden zwischen einem wegen Ehebruchs geschiedenen Ehegatten und demjenigen, mit welchem der geschiedene Ehegatte den Ehebruch begangen hat, wenn dieser Ehebruch in dem Scheidungsurtheil als Grund der Scheidung festgestellt ist.

Von dieser Vorschrift kann Befreiung bewilligt werden

— Geltendmachung.

§ 1329. Die Nichtigkeit einer nach den §§ 1325 bis 1328 nichtigen Ehe kann, solange nicht die Ehe für nichtig erklärt oder aufgelöst ist, nur im Wege der Nichtigkeitsklage geltend gemacht werden. Das Gleiche gilt von einer nach § 1324 nichtigen Ehe, wenn sie in das Heirathsregister eingetragen worden ist.

II. Anfechtbarkeit.

§ 1330. Eine Ehe kann nur in den Fällen der §§ 1331 bis 1335 und des § 1350 angefochten werden.

— Gründe. *1. Beschränkte Geschäftsfähigkeit.*

§ 1331. Eine Ehe kann von dem Ehegatten angefochten werden, der zur Zeit der Eheschließung oder im Falle des § 1325 zur Zeit der Bestätigung in der Geschäftsfähigkeit beschränkt war, wenn die Eheschließung oder die Bestätigung ohne Einwilligung seines gesetzlichen Vertreters erfolgt ist.

2. Irrthum über den Abschluss der Ehe.

§ 1332. Eine Ehe kann von dem Ehegatten angefochten werden, der bei der Eheschließung nicht gewußt hat, daß es sich um eine Eheschließung handle, oder dies zwar gewußt hat, aber eine Erklärung, die Ehe eingehen zu wollen, nicht hat abgeben wollen.

— Irrthum in der Person des anderen Ehegatten.

§ 1333. Eine Ehe kann von dem Ehegatten angefochten werden, der sich bei der Eheschließung in der Person des anderen Ehegatten oder über solche persönliche Eigenschaften des anderen Ehegatten geirrt hat, die ihn bei Kenntniß der Sachlage und bei verständiger Würdigung des Wesens der Ehe von der Eingehung der Ehe abgehalten haben würden.

3. Arglistige Täuschung.

§ 1334. Eine Ehe kann von dem Ehegatten angefochten werden, der zur Eingehung der Ehe durch arglistige Täuschung über solche Umstände bestimmt worden ist, die ihn bei Kenntniß der Sachlage und bei verständiger Würdigung des Wesens der Ehe von der Eingehung der Ehe abgehalten haben würden. Ist die Täuschung nicht von dem anderen Ehegatten verübt worden, so ist die Ehe nur dann anfechtbar, wenn dieser die Täuschung bei der Eheschließung gekannt hat.

Auf Grund einer Täuschung über Vermögensverhältnisse findet die Anfechtung nicht statt.

4. Drohung.

§ 1335. Eine Ehe kann von dem Ehegatten angefochten werden, der zur Eingehung der Ehe widerrechtlich durch Drohung bestimmt worden ist.

— Geltendmachung der Anfechtbarkeit.

§ 1336. Die Anfechtung der Ehe kann nicht durch einen Vertreter erfolgen. Ist der anfechtungsberechtigte Ehegatte in der Geschäftsfähigkeit beschränkt, so bedarf er nicht der Zustimmung seines gesetzlichen Vertreters.

Für einen geschäftsunfähigen Ehegatten kann sein gesetzlicher Vertreter mit Genehmigung des Vormundschaftsgerichts die Ehe anfechten. In den Fällen des § 1331 kann, solange der anfechtungsberechtigte Ehegatte in der Geschäftsfähigkeit beschränkt ist, nur sein gesetzlicher Vertreter die Ehe anfechten.

— **Verlust des Anfechtungsrechts.**

§ 1337. Die Anfechtung der Ehe ist in den Fällen des § 1331 ausgeschlossen, wenn der gesetzliche Vertreter die Ehe genehmigt oder der anfechtungsberechtigte Ehegatte, nachdem er unbeschränkt geschäftsfähig geworden ist, die Ehe bestätigt. Ist der gesetzliche Vertreter ein Vormund, so kann die Genehmigung, wenn sie von ihm verweigert wird, auf Antrag des Ehegatten durch das Vormundschaftsgericht ersetzt werden; das Vormundschaftsgericht hat die Genehmigung zu ersetzen, wenn die Aufrechterhaltung der Ehe im Interesse des Ehegatten liegt.

In den Fällen der §§ 1332 bis 1335 ist die Anfechtung ausgeschlossen, wenn der anfechtungsberechtigte Ehegatte nach der Entdeckung des Irrthums oder der Täuschung oder nach dem Aufhören der Zwangslage die Ehe bestätigt.

Die Vorschriften des § 1336 Abs. 1 gelten auch für die Bestätigung.

§ 1338. Die Anfechtung ist nach der Auflösung der Ehe ausgeschlossen, es sei denn, daß die Auflösung durch den Tod des zur Anfechtung nicht berechtigten Ehegatten herbeigeführt worden ist.

§ 1339. Die Anfechtung kann nur binnen sechs Monaten erfolgen.

Die Frist beginnt in den Fällen des § 1331 mit dem Zeitpunkt, in welchem die Eingehung oder die Bestätigung der Ehe dem gesetzlichen Vertreter bekannt wird oder der Ehegatte die unbeschränkte Geschäftsfähigkeit erlangt, in den Fällen der §§ 1332 bis 1334 mit dem Zeitpunkt, in welchem der Ehegatte den Irrthum oder die Täuschung entdeckt, in dem Falle des § 1335 mit dem Zeitpunkt, in welchem die Zwangslage aufhört.

Auf die Frist finden die für die Verjährung geltenden Vorschriften der §§ 203, 206 entsprechende Anwendung.

§ 203*. Die Frist ist gehemmt, solange der Berechtigte durch Stillstand der Rechtspflege innerhalb der letzten sechs Monate der Frist an der Rechtsverfolgung verhindert ist.

Das Gleiche gilt, wenn eine solche Verhinderung in anderer Weise durch höhere Gewalt herbeigeführt wird

§ 206* Ist eine geschäftsunfähige oder in der Geschäftsfähigkeit beschränkte Person ohne gesetzlichen Vertreter, so wird die gegen sie laufende Frist nicht vor dem Ablaufe von sechs Monaten nach dem Zeitpunkte vollendet, in welchem die Person unbeschränkt geschäftsfähig wird oder der Mangel der Vertretung aufhört

Diese Vorschriften finden keine Anwendung, soweit eine in der Geschäftsfähigkeit beschränkte Person prozessfähig ist.

§ 1340. Hat der gesetzliche Vertreter eines geschäftsunfähigen Ehegatten die Ehe nicht rechtzeitig angefochten, so kann nach dem Wegfalle der Geschäftsunfähigkeit der Ehegatte selbst die Ehe in gleicher Weise anfechten, wie wenn er ohne gesetzlichen Vertreter gewesen wäre.

— **Anfechtungsklage.**

§ 1341. Die Anfechtung erfolgt, solange nicht die Ehe aufgelöst ist, durch Erhebung der Anfechtungsklage.

Wird die Klage zurückgenommen, so ist die Anfechtung als nicht erfolgt anzusehen. Das Gleiche gilt, wenn die angefochtene Ehe, bevor sie für nichtig erklärt oder aufgelöst worden ist, nach Maßgabe des § 1337 genehmigt oder bestätigt wird.

— Anfechtung nach Auflösung der Ehe.

§ 1342. Ist die Ehe durch den Tod des zur Anfechtung nicht berechtigten Ehegatten aufgelöst worden, so erfolgt die Anfechtung durch Erklärung gegenüber dem Nachlaßgerichte; die Erklärung ist in öffentlich beglaubigter Form abzugeben.

Das Nachlaßgericht soll die Erklärung sowohl demjenigen mittheilen, welcher im Falle der Gültigkeit der Ehe, als auch demjenigen, welcher im Falle der Nichtigkeit der Ehe Erbe des verstorbenen Ehegatten ist. Es hat die Einsicht der Erklärung Jedem zu gestatten, der ein rechtliches Interesse glaubhaft macht.

— Wirkung der Anfechtung.

§ 1343. Wird eine anfechtbare Ehe angefochten, so ist sie als von Anfang an nichtig anzusehen. Die Vorschrift des § 142 Abs. 2 findet Anwendung.

Die Nichtigkeit einer anfechtbaren Ehe, die im Wege der Klage angefochten worden ist, kann, solange nicht die Ehe für nichtig erklärt oder aufgelöst ist, nicht anderweit geltend gemacht werden.

§ 142 Abs. 2. Wer die Anfechtbarkeit kannte oder kennen musste, wird, wenn die Anfechtung erfolgt, so behandelt, wie wenn er die Nichtigkeit der Ehe gekannt hätte oder hätte kennen müssen.

— — Ausnahmen zu Gunsten Dritter.

§ 1344. Einem Dritten gegenüber können aus der Nichtigkeit der Ehe Einwendungen gegen ein zwischen ihm und einem der Ehegatten vorgenommenes Rechtsgeschäft oder gegen ein zwischen ihnen ergangenes rechtskräftiges Urtheil nur hergeleitet werden, wenn zur Zeit der Vornahme des Rechtsgeschäfts oder zur Zeit des Eintritts der Rechtshängigkeit die Ehe für nichtig erklärt oder die Nichtigkeit dem Dritten bekannt war.

Die Nichtigkeit kann ohne diese Beschränkung geltend gemacht werden, wenn sie auf einem Formmangel beruht und die Ehe nicht in das Heirathsregister eingetragen worden ist.

— — Ausnahmen zu Gunsten des gutgläubigen Ehegatten.

§ 1345. War dem einen Ehegatten die Nichtigkeit der Ehe bei der Eheschließung bekannt, so kann der andere Ehegatte, sofern nicht auch ihm die Nichtigkeit bekannt war, nach der Nichtigkeitserklärung oder der Auflösung der Ehe verlangen, daß ihr Verhältniß in vermögensrechtlicher Beziehung, insbesondere auch in Ansehung der Unterhaltspflicht, so behandelt wird, wie wenn die Ehe zur Zeit der Nichtigkeitserklärung oder der Auflösung geschieden und der Ehegatte, dem die Nichtigkeit bekannt war, für allein schuldig erklärt worden wäre.

Diese Vorschrift findet keine Anwendung, wenn die Nichtigkeit auf einem Formmangel beruht und die Ehe nicht in das Heirathsregister eingetragen worden ist.

§ 1346. Wird eine wegen Drohung anfechtbare Ehe für nichtig erklärt, so steht das im § 1345 Abs. 1 bestimmte Recht dem anfechtungsberechtigten Ehegatten zu. Wird eine wegen Irrthums anfechtbare Ehe für nichtig erklärt, so steht dieses Recht dem zur Anfechtung nicht berechtigten Ehegatten zu, es sei denn, daß dieser den Irrthum bei der Eingehung der Ehe kannte oder kennen mußte.

§ 1347. Erklärt der Ehegatte, dem das im § 1345 Abs. 1 bestimmte Recht zusteht, dem anderen Ehegatten, daß er von dem Rechte Gebrauch mache, so kann er die Folgen der Nichtigkeit der Ehe nicht mehr geltend machen; erklärt er dem anderen Ehegatten, daß es bei diesen Folgen bewenden solle, so erlischt das im § 1345 Abs. 1 bestimmte Recht.

Der andere Ehegatte kann den berechtigten Ehegatten unter Bestimmung einer angemessenen Frist zur Erklärung darüber auffordern, ob er von dem Rechte Gebrauch mache. Das Recht kann in diesem Falle nur bis zum Ablaufe der Frist ausgeübt werden.

Vierter Titel.

Wiederverheirathung im Falle der Todeserklärung.

Eingehung einer neuen Ehe.

§ 1348. Geht ein Ehegatte, nachdem der andere Ehegatte für todt erklärt worden ist, eine neue Ehe ein, so ist die neue Ehe nicht deshalb nichtig, weil der für todt erklärte Ehegatte noch lebt, es sei denn, daß beide Ehegatten bei der Eheschließung wissen, daß er die Todeserklärung überlebt hat.

Mit der Schließung der neuen Ehe wird die frühere Ehe aufgelöst. Sie bleibt auch dann aufgelöst, wenn die Todeserklärung in Folge einer Anfechtungsklage aufgehoben wird.

Anfechtung des Todeserklärungsurtheils.

§ 1349. Ist das Urtheil, durch das einer der Ehegatten für todt erklärt worden ist, im Wege der Klage angefochten, so darf der andere Ehegatte nicht vor der Erledigung des Rechtsstreits eine neue Ehe eingehen, es sei denn, daß die Anfechtung erst zehn Jahre nach der Verkündung des Urtheils erfolgt ist.

Anfechtbarkeit der neuen Ehe.

§ 1350. Jeder Ehegatte der neuen Ehe kann, wenn der für todt erklärte Ehegatte noch lebt, die neue Ehe anfechten, es sei denn, daß er bei der Eheschließung von dessen Leben Kenntniß hatte. Die Anfechtung kann nur binnen sechs Monaten von dem Zeitpunkt an erfolgen, in welchem der anfechtende Ehegatte erfährt, daß der für todt erklärte Ehegatte noch lebt.

Die Anfechtung ist ausgeschlossen, wenn der anfechtungsberechtigte Ehegatte die Ehe bestätigt, nachdem er von dem Leben des für todt erklärten Ehegatten Kenntniß erlangt hat, oder wenn die neue Ehe durch den Tod eines der Ehegatten aufgelöst worden ist.

Wirkungen der Anfechtung.

§ 1351. Wird die Ehe nach § 1350 von dem Ehegatten der früheren Ehe angefochten, so hat dieser dem anderen Ehegatten nach den für die Scheidung geltenden Vorschriften der §§ 1578 bis 1582 Unterhalt zu gewähren, wenn nicht der andere Ehegatte bei der Eheschließung wußte, daß der für todt erklärte Ehegatte die Todeserklärung überlebt hat.

§ 1578*. Der Ehegatte der früheren Ehe hat dem anderen Ehegatten der angefochtenen Ehe, wenn dies eine Frau ist, den standesmässigen Unterhalt insoweit zu gewähren, als sie ihn nicht aus den Einkünften ihres Vermögens und, sofern nach den Verhältnissen, in denen die Ehegatten gelebt haben, Erwerb durch Arbeit der Frau üblich ist, aus dem Ertrag ihrer Arbeit bestreiten kann

Ist der Ehegatte der angefochtenen Ehe ein Mann, so hat der Ehegatte der früheren Ehe ihm den standesmässigen Unterhalt insoweit zu gewähren, als er ausser Stande ist, sich selbst zu unterhalten.

§ 1579* Soweit der Ehegatte der früheren Ehe bei Berücksichtigung seiner sonstigen Verpflichtungen ausser Stande ist, ohne Gefährdung seines standesmässigen Unterhalts dem anderen Ehegatten Unterhalt zu gewähren, ist er berechtigt, von den zu seinem Unterhalte verfügbaren Einkünften zwei Drittheile oder, wenn diese zu seinem nothdürftigen Unterhalte nicht ausreichen, so viel zurückzubehalten, als zu dessen Bestreitung erforderlich ist. Hat er einem minderjährigen unverheiratheten Kinde oder in Folge seiner Wiederverheirathung dem neuen Ehegatten Unterhalt zu gewähren, so beschränkt sich seine Verpflichtung dem Ehegatten der angefochtenen Ehe gegenüber auf dasjenige, was mit Rücksicht auf die Bedürfnisse sowie auf die Vermögens- und Erwerbsverhältnisse der Betheiligten der Billigkeit entspricht.

Ist der unterhaltsberechtigte Ehegatte der angefochtenen Ehe eine Frau, so ist der Ehegatte der früheren Ehe unter den Voraussetzungen des Abs. 1 von der Unterhaltspflicht ganz befreit, wenn die Frau den Unterhalt aus dem Stamme ihres Vermögens bestreiten kann.

§ 1580. Der Unterhalt ist durch Entrichtung einer Geldrente nach Massgabe des § 760 zu gewähren. Ob, in welcher Art und für welchen Betrag der Unterhaltspflichtige Sicherheit zu leisten hat, bestimmt sich nach den Umständen.

Statt der Rente kann der Berechtigte eine Abfindung in Kapital verlangen, wenn ein wichtiger Grund vorliegt.

Im Uebrigen finden die für die Unterhaltspflicht der Verwandten geltenden Vorschriften der §§ 1607, 1610, des § 1611 Abs. 1, des § 1613 und für den Fall des Todes des Berechtigten die Vorschriften des § 1615 entsprechende Anwendung.

§ 760. Die Rente ist für drei Monate vorauszuzahlen. Hat der Berechtigte den Beginn des Zeitabschnitts erlebt, für den die Rente im voraus zu entrichten ist, so gebührt ihm der volle auf den Zeitabschnitt entfallende Betrag.*

§ 1607. Soweit der Ehegatte der früheren Ehe auf Grund des § 1603 (weil er bei Berücksichtigung seiner sonstigen Verpflichtungen ausser Stande ist, ohne Gefährdung seines standesmässigen Unterhalts den Unterhalt zu gewähren) nicht unterhaltspflichtig ist, hat der nach ihm haftende Verwandte den Unterhalt zu gewähren.*

Das Gleiche gilt, wenn die Rechtsverfolgung gegen den Ehegatten der früheren Ehe im Inland ausgeschlossen oder erheblich erschwert ist. Der Anspruch gegen den Ehegatten der früheren Ehe geht, soweit ein anderer Verwandter den Unterhalt gewährt, auf diesen über. Der Uebergang kann nicht zum Nachtheile des Unterhaltsberechtigten geltend gemacht werden.

§ 1610. Das Mass des zu gewährenden Unterhalts bestimmt sich nach der Lebensstellung des Bedürftigen (standesmässiger Unterhalt).*

Der Unterhalt umfasst den gesammten Lebensbedarf.

§ 1611 Abs. 1. Wer durch sein sittliches Verschulden bedürftig geworden ist, kann nur den nothdürftigen Unterhalt verlangen.

§ 1613. Für die Vergangenheit kann der Berechtigte Erfüllung oder Schadensersatz wegen Nichterfüllung nur von der Zeit an fordern, zu welcher der Verpflichtete in Verzug gekommen oder der Unterhaltsanspruch rechtshängig geworden ist.

§ 1615. Der Unterhaltsanspruch erlischt mit dem Tode des Berechtigten, soweit er nicht auf Erfüllung oder Schadensersatz wegen Nichterfüllung für die Vergangenheit oder auf solche im voraus zu bewirkende Leistungen gerichtet ist, die zur Zeit des Todes des Berechtigten fällig sind.*

Im Falle des Todes des Berechtigten hat der Verpflichtete die Kosten der Beerdigung zu tragen, soweit ihre Bezahlung nicht von dem Erben zu erlangen ist.

Unterhalt der Kinder.

§ 1352. Wird die frühere Ehe nach § 1348 Abs. 2 aufgelöst, so bestimmt sich die Verpflichtung der Frau, dem Manne zur Bestreitung des Unterhalts eines gemeinschaftlichen Kindes einen Beitrag zu leisten, nach den für die Scheidung geltenden Vorschriften des § 1585.

§ 1348 Abs. 2*. Mit der Schliessung der neuen Ehe wird die frühere Ehe aufgelöst.

§ 1585*. Hat der Mann der früheren Ehe einem aus dieser Ehe hervorgegangenen gemeinschaftlichen Kinde Unterhalt zu gewähren, so ist die Frau verpflichtet, ihm aus den Einkünften ihres Vermögens und dem Ertrag ihrer Arbeit oder eines von ihr selbständig betriebenen Erwerbsgeschäfts einen angemessenen Beitrag zu den Kosten des Unterhalts zu leisten, soweit nicht diese durch die dem Manne an dem Vermögen des Kindes zustehende Nutzniessung gedeckt werden. Der Anspruch des Mannes ist nicht übertragbar.

Steht der Frau die Sorge für die Person des Kindes zu und ist eine erhebliche Gefährdung des Unterhalts des Kindes zu besorgen, so kann die Frau den Beitrag zur eigenen Verwendung für den Unterhalt des Kindes zurückbehalten.

Fünfter Titel.

Wirkungen der Ehe im Allgemeinen.

Eheliche Lebensgemeinschaft.

§ 1353. Die Ehegatten sind einander zur ehelichen Lebensgemeinschaft verpflichtet.

Stellt sich das Verlangen eines Ehegatten nach Herstellung der Gemeinschaft als Mißbrauch seines Rechtes dar, so ist der andere Ehegatte nicht verpflichtet, dem Verlangen Folge zu leisten. Das Gleiche gilt, wenn der andere Ehegatte berechtigt ist, auf Scheidung zu klagen.

Stellung des Mannes.

§ 1354. Dem Manne steht die Entscheidung in allen das gemeinschaftliche eheliche Leben betreffenden Angelegenheiten zu; er bestimmt insbesondere Wohnort und Wohnung.

Die Frau ist nicht verpflichtet, der Entscheidung des Mannes Folge zu leisten, wenn sich die Entscheidung als Mißbrauch seines Rechtes darstellt.

Stellung der Frau. *1. Name der Frau.*

§ 1355. Die Frau erhält den Familiennamen des Mannes.

2. Leitung des Hauswesens.

§ 1356. Die Frau ist, unbeschadet der Vorschriften des § 1354, berechtigt und verpflichtet, das gemeinschaftliche Hauswesen zu leiten.

Zu Arbeiten im Hauswesen und im Geschäfte des Mannes ist die Frau verpflichtet, soweit eine solche Thätigkeit nach den Verhältnissen, in denen die Ehegatten leben, üblich ist.

3. Schlüsselgewalt.

§ 1357. Die Frau ist berechtigt, innerhalb ihres häuslichen Wirkungskreises die Geschäfte des Mannes für ihn zu besorgen und ihn zu vertreten. Rechtsgeschäfte, die sie innerhalb dieses Wirkungskreises vornimmt, gelten als im Namen des Mannes vorgenommen, wenn nicht aus den Umständen sich ein Anderes ergiebt.

Der Mann kann das Recht der Frau beschränken oder ausschließen. Stellt sich die Beschränkung oder die Ausschließung als Mißbrauch des Rechtes des Mannes dar, so kann sie auf Antrag der Frau durch das Vormundschaftsgericht aufgehoben werden. Dritten gegenüber ist die Beschränkung oder die Ausschließung nur nach Maßgabe des § 1435 wirksam.

§ 1435* Wird die Schlüsselgewalt der Frau beschränkt oder ausgeschlossen, so können einem Dritten gegenüber aus der Beschränkung oder Ausschliessung Einwendungen gegen ein zwischen ihm und der Frau vorgenommenes Rechtsgeschäft oder gegen ein zwischen ihnen ergangenes rechtskräftiges Urtheil nur hergeleitet werden, wenn zur Zeit der Vornahme des Rechtsgeschäfts oder zur Zeit des Eintritts der Rechtshängigkeit die Beschränkung oder Ausschliessung in dem Güterrechtsregister des zuständigen Amtsgerichts eingetragen oder dem Dritten bekannt war

4. Verpflichtung zu persönlichen. Leistungen.

§ 1358. Hat sich die Frau einem Dritten gegenüber zu einer von ihr in Person zu bewirkenden Leistung verpflichtet, so kann der Mann das Rechtsverhältniß ohne Einhaltung einer Kündigungsfrist kündigen, wenn er auf seinen Antrag von dem Vormundschaftsgerichte dazu ermächtigt worden ist. Das Vormundschaftsgericht hat die Ermächtigung zu ertheilen, wenn sich ergiebt, daß die Thätigkeit der Frau die ehelichen Interessen beeinträchtigt.

Das Kündigungsrecht ist ausgeschlossen, wenn der Mann der Verpflichtung zugestimmt hat oder seine Zustimmung auf Antrag der Frau durch das Vormundschaftsgericht ersetzt worden ist. Das Vormundschaftsgericht kann die Zustimmung ersetzen, wenn der Mann durch Krankheit oder durch Abwesenheit an der Abgabe einer Erklärung verhindert und mit dem Aufschube Gefahr verbunden ist oder wenn sich die Verweigerung der Zustimmung als Mißbrauch seines Rechtes darstellt. Solange die häusliche Gemeinschaft aufgehoben ist, steht das Kündigungsrecht dem Manne nicht zu.

Die Zustimmung sowie die Kündigung kann nicht durch einen Vertreter des Mannes erfolgen; ist der Mann in der Geschäftsfähigkeit beschränkt, so bedarf er nicht der Zustimmung seines gesetzlichen Vertreters.

Anzuwendende Sorgfalt.

§ 1359. Die Ehegatten haben bei der Erfüllung der sich aus dem ehelichen Verhältniß ergebenden Verpflichtungen einander nur für diejenige Sorgfalt einzustehen, welche sie in eigenen Angelegenheiten anzuwenden pflegen.

Unterhaltspflicht.

§ 1360. Der Mann hat der Frau nach Maßgabe seiner Lebensstellung, seines Vermögens und seiner Erwerbsfähigkeit Unterhalt zu gewähren.

Die Frau hat dem Manne, wenn er außer Stande ist, sich selbst zu unterhalten, den seiner Lebensstellung entsprechenden Unterhalt nach Maßgabe ihres Vermögens und ihrer Erwerbsfähigkeit zu gewähren.

Der Unterhalt ist in der durch die eheliche Lebensgemeinschaft gebotenen Weise zu gewähren. Die für die Unterhaltspflicht der Verwandten geltenden Vorschriften der §§ 1605, 1613 bis 1615 finden entsprechende Anwendung.

§ 1605*. Soweit die Unterhaltspflicht eines minderjährigen Kindes seinem Ehegatten gegenüber davon abhängt, dass es zur Gewährung des Unterhalts im Stande ist, kommt die elterliche Nutzniessung an dem Vermögen des Kindes nicht in Betracht.

§ 1613. Für die Vergangenheit kann der Berechtigte Erfüllung oder Schadensersatz wegen Nichterfüllung nur von der Zeit an fordern, zu welcher der Verpflichtete in Verzug gekommen oder der Unterhaltsanspruch rechtshängig geworden ist.

§ 1614* Für die Zukunft kann auf den Unterhalt nicht verzichtet werden. Durch eine Vorausleistung wird der Verpflichtete nur für den Zeitabschnitt befreit, für welchen die Vorausleistung durch die Rücksicht auf die eheliche Lebensgemeinschaft gerechtfertigt erscheint.

§ 1615. Der Unterhaltsanspruch erlischt mit dem Tode des Berechtigten oder des Verpflichteten, soweit er nicht auf Erfüllung oder Schadensersatz wegen Nichterfüllung für die Vergangenheit oder auf solche im voraus zu bewirkende Leistungen gerichtet ist, die zur Zeit des Todes des Berechtigten oder des Verpflichteten fällig sind.
Im Falle des Todes des Berechtigten hat der Verpflichtete die Kosten der Beerdigung zu tragen, soweit ihre Bezahlung nicht von dem Erben zu erlangen ist.

— **bei Getrenntleben.**

§ 1361. Leben die Ehegatten getrennt, so ist, solange einer von ihnen die Herstellung des ehelichen Lebens verweigern darf und verweigert, der Unterhalt durch Entrichtung einer Geldrente zu gewähren; auf die Rente finden die Vorschriften des § 760 Anwendung. Der Mann hat der Frau auch die zur Führung eines abgesonderten Haushalts erforderlichen Sachen aus dem gemeinschaftlichen Haushalte zum Gebrauche herauszugeben, es sei denn, daß die Sachen für ihn unentbehrlich sind oder daß sich solche Sachen in dem der Verfügung der Frau unterliegenden Vermögen befinden.

Die Unterhaltspflicht des Mannes fällt weg oder beschränkt sich auf die Zahlung eines Beitrags, wenn der Wegfall oder die Beschränkung mit Rücksicht auf die Bedürfnisse sowie auf die Vermögens- und Erwerbsverhältnisse der Ehegatten der Billigkeit entspricht.

Eigenthumsvermuthung.

§ 760* Die Rente ist für drei Monate vorauszuzahlen. Hat der Berechtigte den Beginn des Zeitabschnitts erlebt, für den die Rente im voraus zu entrichten ist, so gebührt ihm der volle auf den Zeitabschnitt entfallende Betrag.

§ 1362. Zu Gunsten der Gläubiger des Mannes wird vermuthet, daß die im Besitz eines der Ehegatten oder beider Ehegatten befindlichen beweglichen Sachen dem Manne gehören. Dies gilt insbesondere auch für Inhaberpapiere und für Orderpapiere, die mit Blankoindossament versehen sind.

Für die ausschließlich zum persönlichen Gebrauche der Frau bestimmten Sachen, insbesondere für Kleider, Schmucksachen und Arbeitsgeräthe, gilt im Verhältnisse der Ehegatten zu einander und zu den Gläubigern die Vermuthung, daß die Sachen der Frau gehören.

Sechster Titel.

Eheliches Güterrecht.

I. Gesetzliches Güterrecht.

1. Allgemeine Vorschriften.

I. Eingebrachtes Gut.

§ 1363. Das Vermögen der Frau wird durch die Eheschließung der Verwaltung und Nutznießung des Mannes unterworfen (eingebrachtes Gut).

Zum eingebrachten Gute gehört auch das Vermögen, das die Frau während der Ehe erwirbt.

Ausschluss der Verwaltung und Nutzniessung des Mannes.

§ 1364. Die Verwaltung und Nutznießung des Mannes tritt nicht ein, wenn er die Ehe mit einer in der Geschäftsfähigkeit beschränkten Frau ohne Einwilligung ihres gesetzlichen Vertreters eingeht.

II. Vorbehaltsgut.

§ 1365. Die Verwaltung und Nutznießung des Mannes erstreckt sich nicht auf das Vorbehaltsgut der Frau.

— Umfang.

1. Zum persönl. Gebrauch der Frau bestimmte Sachen.

§ 1366. Vorbehaltsgut sind die ausschließlich zum persönlichen Gebrauche der Frau bestimmten Sachen, insbesondere Kleider, Schmucksachen und Arbeitsgeräthe.

2. Erwerb durch Arbeit.

§ 1367. Vorbehaltsgut ist, was die Frau durch ihre Arbeit oder durch den selbständigen Betrieb eines Erwerbsgeschäfts erwirbt.

3. Vertragsmässiges Vorbehaltsgut.

§ 1368. Vorbehaltsgut ist, was durch Ehevertrag für Vorbehaltsgut erklärt ist.

4. Unentgeltlicher Erwerb.

§ 1369. Vorbehaltsgut ist, was die Frau durch Erbfolge, durch Vermächtniß oder als Pflichttheil erwirbt (Erwerb von Todeswegen) oder was ihr unter Lebenden von einem Dritten unentgeltlich zugewendet wird, wenn der Erblasser durch letztwillige Verfügung, der Dritte bei der Zuwendung bestimmt hat, daß der Erwerb Vorbehaltsgut sein soll.

5. Erwerb aus Vorbehaltsgut und Surrogation.

§ 1370. Vorbehaltsgut ist, was die Frau auf Grund eines zu ihrem Vorbehaltsgute gehörenden Rechtes oder als Ersatz für die Zerstörung, Beschädigung oder Entziehung eines zu dem Vorbehaltsgute gehörenden Gegenstandes oder durch ein Rechtsgeschäft erwirbt, das sich auf das Vorbehaltsgut bezieht.

— Rechtsverhältniss.

§ 1371. Auf das Vorbehaltsgut finden die bei der Gütertrennung für das Vermögen der Frau geltenden Vorschriften entsprechende Anwendung; die Frau hat jedoch einen Beitrag zur Bestreitung des ehelichen Aufwandes nur insoweit zu leisten, als der Mann nicht schon durch die Nutzungen des eingebrachten Gutes einen angemessenen Beitrag erhält.

Feststellung des Bestands und Zustands des eingebrachten Guts.

§ 1372. Jeder Ehegatte kann verlangen, daß der Bestand des eingebrachten Gutes durch Aufnahme eines Verzeichnisses unter Mitwirkung des anderen Ehegatten festgestellt wird. Auf die Aufnahme des Verzeichnisses finden die für den Nießbrauch geltenden Vorschriften des § 1035 Anwendung.

Jeder Ehegatte kann den Zustand der zum eingebrachten Gute gehörenden Sachen auf seine Kosten durch Sachverständige feststellen lassen.

§ 1035*. Die Ehegatten sind einander verpflichtet, zur Aufnahme eines Verzeichnisses der zum eingebrachten Gute gehörenden Gegenstände mitzuwirken. Das Verzeichniss ist mit der Angabe des Tages der Aufnahme zu versehen und von beiden Theilen zu unterzeichnen; jeder Theil kann verlangen, dass die Unterzeichnung öffentlich beglaubigt wird. Jeder Theil kann auch verlangen, dass das Verzeichniss durch die zuständige Behörde oder durch einen zuständigen Beamten oder Notar aufgenommen wird.

2. Verwaltung und Nutznießung.

Recht auf Besitz.

§ 1373. Der Mann ist berechtigt, die zum eingebrachten Gute gehörenden Sachen in Besitz zu nehmen.

Ordnungsmässige Verwaltung.

§ 1374. Der Mann hat das eingebrachte Gut ordnungsmäßig zu verwalten. Ueber den Stand der Verwaltung hat er der Frau auf Verlangen Auskunft zu ertheilen.

Schranken des Verwaltungsrechts.

§ 1375. Das Verwaltungsrecht des Mannes umfaßt nicht die Befugniß, die Frau durch Rechtsgeschäfte zu verpflichten oder über eingebrachtes Gut ohne ihre Zustimmung zu verfügen.

Freies Verfügungsrecht.

§ 1376. Ohne Zustimmung der Frau kann der Mann:

1. über Geld und andere verbrauchbare Sachen der Frau verfügen;
2. Forderungen der Frau gegen solche Forderungen an die Frau, deren Berichtigung aus dem eingebrachten Gute verlangt werden kann, aufrechnen;
3. Verbindlichkeiten der Frau zur Leistung eines zum eingebrachten Gute gehörenden Gegenstandes durch Leistung des Gegenstandes erfüllen.

§ 1377. Der Mann soll Verfügungen, zu denen er nach § 1376 ohne Zustimmung der Frau berechtigt ist, nur zum Zwecke ordnungsmäßiger Verwaltung des eingebrachten Gutes vornehmen.

Das zum eingebrachten Gute gehörende Geld hat der Mann nach den für die Anlegung von Mündelgeld geltenden Vorschriften für die Frau verzinslich anzulegen, soweit es nicht zur Bestreitung von Ausgaben bereit zu halten ist.

Andere verbrauchbare Sachen darf der Mann auch für sich veräußern oder verbrauchen. Macht er von dieser Befugniß Gebrauch, so hat er den Werth der Sachen nach der Beendigung der Verwaltung und Nutznießung zu ersetzen; der Ersatz ist schon vorher zu leisten, soweit die ordnungsmäßige Verwaltung des eingebrachten Gutes es erfordert.

§ 1378. Gehört zum eingebrachten Gute ein Grundstück sammt Inventar, so bestimmen sich die Rechte und die Pflichten des Mannes in Ansehung des Inventars nach den für den Nießbrauch geltenden Vorschriften des § 1048 Abs. 1.

§ 1048 Abs. 1*. Der Mann kann über die einzelnen Stücke des Inventars innerhalb der Grenzen einer ordnungsmässigen Wirthschaft verfügen. Er hat für den gewöhnlichen Abgang sowie für die nach den Regeln einer ordnungsmässigen Wirthschaft ausscheidenden Stücke Ersatz zu beschaffen; die von ihm angeschafften Stücke werden mit der Einverleibung in das Inventar Eigenthum der Frau.

Ersetzung der Zustimmung der Frau.

§ 1379. Ist zur ordnungsmäßigen Verwaltung des eingebrachten Gutes ein Rechtsgeschäft erforderlich, zu dem der Mann der Zustimmung der Frau bedarf, so kann die Zustimmung auf Antrag des Mannes durch das Vormundschaftsgericht ersetzt werden, wenn die Frau sie ohne ausreichenden Grund verweigert.

Das Gleiche gilt, wenn die Frau durch Krankheit oder durch Abwesenheit an der Abgabe einer Erklärung verhindert und mit dem Aufschube Gefahr verbunden ist.

Prozessführung des Mannes.

§ 1380. Der Mann kann ein zum eingebrachten Gute gehörendes Recht im eigenen Namen gerichtlich geltend machen. Ist er befugt, über das Recht ohne Zustimmung der Frau zu verfügen, so wirkt das Urtheil auch für und gegen die Frau.

Erwerb aus Mitteln und für Rechnung des eingebrachten Gutes.

§ 1381. Erwirbt der Mann mit Mitteln des eingebrachten Gutes bewegliche Sachen, so geht mit dem Erwerbe das Eigenthum auf die Frau über, es sei denn, daß der Mann nicht für Rechnung des eingebrachten Gutes erwerben will. Dies gilt insbesondere auch von Inhaberpapieren und von Orderpapieren, die mit Blankoindossament versehen sind.

Die Vorschriften des Abs. 1 finden entsprechende Anwendung, wenn der Mann mit Mitteln des eingebrachten Gutes ein Recht an Sachen der bezeichneten Art oder ein anderes Recht erwirbt, zu dessen Uebertragung der Abtretungsvertrag genügt.

Haushaltsgegenstände.

§ 1382. Haushaltsgegenstände, die der Mann an Stelle der von der Frau eingebrachten, nicht mehr vorhandenen oder werthlos gewordenen Stücke anschafft, werden eingebrachtes Gut.

Erwerb der Nutzungen durch den Mann.

§ 1383. Der Mann erwirbt die Nutzungen des eingebrachten Gutes in derselben Weise und in demselben Umfange wie ein Nießbraucher.

Lasten der Nutzniessung.

§ 1384. Der Mann hat außer den Kosten, welche durch die Gewinnung der Nutzungen entstehen, die Kosten der Erhaltung der zum eingebrachten Gute gehörenden Gegenstände nach den für den Nießbrauch geltenden Vorschriften zu tragen.

§ 1385. Der Mann ist der Frau gegenüber verpflichtet, für die Dauer der Verwaltung und Nutznießung zu tragen:

1. die der Frau obliegenden öffentlichen Lasten mit Ausschluß der auf dem Vorbehaltsgute ruhenden Lasten und der außerordentlichen Lasten, die als auf den Stammwerth des eingebrachten Gutes gelegt anzusehen sind;
2. die privatrechtlichen Lasten, die auf den zum eingebrachten Gute gehörenden Gegenständen ruhen;
3. die Zahlungen, die für die Versicherung der zum eingebrachten Gute gehörenden Gegenstände zu leisten sind.

§ 1386. Der Mann ist der Frau gegenüber verpflichtet, für die Dauer der Verwaltung und Nutznießung die Zinsen derjenigen Verbindlichkeiten der Frau zu tragen, deren Berichtigung aus dem eingebrachten Gute verlangt werden kann. Das Gleiche gilt von wiederkehrenden Leistungen anderer Art, einschließlich der von der Frau auf Grund ihrer gesetzlichen Unterhaltspflicht geschuldeten Leistungen, sofern sie bei ordnungsmäßiger Verwaltung aus den Einkünften des Vermögens bestritten werden.

Die Verpflichtung des Mannes tritt nicht ein, wenn die Verbindlichkeiten oder die Leistungen im Verhältnisse der Ehegatten zu einander dem Vorbehaltsgute der Frau zur Last fallen.

§ 1387. Der Mann ist der Frau gegenüber verpflichtet, zu tragen:
1. die Kosten eines Rechtsstreits, in welchem er ein zum eingebrachten Gute gehörendes Recht geltend macht, sowie die Kosten eines Rechtsstreits, den die Frau führt, sofern nicht die Kosten dem Vorbehaltsgute zur Last fallen;
2. die Kosten der Vertheidigung der Frau in einem gegen sie gerichteten Strafverfahren, sofern die Aufwendung der Kosten den Umständen nach geboten ist oder mit Zustimmung des Mannes erfolgt, vorbehaltlich der Ersatzpflicht der Frau im Falle ihrer Verurtheilung.

— **Haftung gegenüber den Gläubigern.**

§ 1388. Soweit der Mann nach den §§ 1385 bis 1387 der Frau gegenüber deren Verbindlichkeiten zu tragen hat, haftet er den Gläubigern neben der Frau als Gesammtschuldner.

Ehelicher Aufwand.

§ 1389. Der Mann hat den ehelichen Aufwand zu tragen.

Die Frau kann verlangen, daß der Mann den Reinertrag des eingebrachten Gutes, soweit dieser zur Bestreitung des eigenen und des der Frau und den gemeinschaftlichen Abkömmlingen zu gewährenden Unterhalts erforderlich ist, ohne Rücksicht auf seine sonstigen Verpflichtungen zu diesem Zwecke verwendet.

Ersatz für Aufwendungen.

§ 1390. Macht der Mann zum Zwecke der Verwaltung des eingebrachten Gutes Aufwendungen, die er den Umständen nach für erforderlich halten darf, so kann er von der Frau Ersatz verlangen, sofern nicht die Aufwendungen ihm selbst zur Last fallen.

Anspruch der Frau auf Sicherheitsleistung.

§ 1391. Wird durch das Verhalten des Mannes die Besorgniß begründet, daß die Rechte der Frau in einer das eingebrachte Gut erheblich gefährdenden Weise verletzt werden, so kann die Frau von dem Manne Sicherheitsleistung verlangen.

Das Gleiche gilt, wenn die der Frau aus der Verwaltung und Nutznießung des Mannes zustehenden Ansprüche auf Ersatz des Werthes verbrauchbarer Sachen erheblich gefährdet sind.

— auf Hinterlegung.

§ 1392. Liegen die Voraussetzungen vor, unter denen der Mann zur Sicherheitsleistung verpflichtet ist, so kann die Frau auch verlangen, daß der Mann die zum eingebrachten Gute gehörenden Inhaberpapiere nebst den Erneuerungsscheinen bei einer Hinterlegungsstelle oder bei der Reichsbank mit der Bestimmung hinterlegt, daß die Herausgabe von dem Manne nur mit Zustimmung der Frau verlangt werden kann. Die Hinterlegung von Inhaberpapieren, die nach § 92 zu den verbrauchbaren Sachen gehören, sowie von Zins-, Renten- oder Gewinnantheilscheinen kann nicht verlangt werden. Den Inhaberpapieren stehen Orderpapiere gleich, die mit Blankoindossament versehen sind.

Ueber die hinterlegten Papiere kann der Mann auch eine Verfügung, zu der er nach § 1376 berechtigt ist, nur mit Zustimmung der Frau treffen.

§ 92. Verbrauchbare Sachen im Sinne des Gesetzes sind bewegliche Sachen, deren bestimmungsmässiger Gebrauch in dem Verbrauch oder in der Veräusserung besteht.

Als verbrauchbar gelten auch bewegliche Sachen, die zu einem Waarenlager oder zu einem sonstigen Sachinbegriffe gehören, dessen bestimmungsmässiger Gebrauch in der Veräusserung der einzelnen Sachen besteht.

§ 1376. Ohne Zustimmung der Frau kann der Mann:

1. über Geld und andere verbrauchbare Sachen der Frau verfügen;
2. Forderungen der Frau gegen solche Forderungen an die Frau, deren Berichtigung aus dem eingebrachten Gute verlangt werden kann, aufrechnen;
3. Verbindlichkeiten der Frau zur Leistung eines zum eingebrachten Gute gehörenden Gegenstandes durch Leistung des Gegenstandes erfüllen.

§ 1393. Der Mann kann die Inhaberpapiere, statt sie nach § 1392 zu hinterlegen, auf den Namen der Frau umschreiben oder, wenn sie von dem Reiche oder einem Bundesstaat ausgestellt sind, in Buchforderungen gegen das Reich oder den Bundesstaat umwandeln lassen.

Zeitliche Beschränkung hinsichtlich der Geltendmachung der Ansprüche der Frau.

§ 1394. Die Frau kann Ansprüche, die ihr auf Grund der Verwaltung und Nutznießung gegen den Mann zustehen, erst nach der Beendigung der Verwaltung und Nutznießung gerichtlich geltend machen, es sei denn, daß die Voraussetzungen vorliegen, unter denen die Frau nach § 1391 Sicherheitsleistung verlangen kann. Der im § 1389 Abs. 2 bestimmte Anspruch unterliegt dieser Beschränkung nicht.

Verfügungen der Frau über eingebrachtes Gut.

§ 1395. Die Frau bedarf zur Verfügung über eingebrachtes Gut der Einwilligung des Mannes.

— durch Vertrag.

§ 1396. Verfügt die Frau durch Vertrag ohne Einwilligung des Mannes über eingebrachtes Gut, so hängt die Wirksamkeit des Vertrags von der Genehmigung des Mannes ab.

Fordert der andere Theil den Mann zur Erklärung über die Genehmigung auf, so kann die Erklärung nur ihm gegenüber erfolgen; eine vor der Aufforderung der Frau gegenüber erklärte Genehmigung oder Verweigerung der Genehmigung wird unwirksam. Die Genehmigung kann nur bis zum Ablaufe von zwei Wochen nach dem Empfange der Aufforderung erklärt werden; wird sie nicht erklärt, so gilt sie als verweigert.

Verweigert der Mann die Genehmigung, so wird der Vertrag nicht dadurch wirksam, daß die Verwaltung und Nutznießung aufhört.

§ 1397. Bis zur Genehmigung des Vertrags ist der andere Theil zum Widerrufe berechtigt. Der Widerruf kann auch der Frau gegenüber erklärt werden.

Hat der andere Theil gewußt, daß die Frau Ehefrau ist, so kann er nur widerrufen, wenn die Frau der Wahrheit zuwider die Einwilligung des Mannes behauptet hat; er kann auch in diesem Falle nicht widerrufen, wenn ihm das Fehlen der Einwilligung bei dem Abschlusse des Vertrags bekannt war.

— durch einseitige Rechtsgeschäfte.

§ 1398. Ein einseitiges Rechtsgeschäft, durch das die Frau ohne Einwilligung des Mannes über eingebrachtes Gut verfügt, ist unwirksam.

Verpflichtungen der Frau zu Leistungen.

§ 1399. Zu Rechtsgeschäften, durch die sich die Frau zu einer Leistung verpflichtet, ist die Zustimmung des Mannes nicht erforderlich.

Stimmt der Mann einem solchen Rechtsgeschäfte zu, so ist es in Ansehung des eingebrachten Gutes ihm gegenüber wirksam. Stimmt er nicht zu, so muß er das Rechtsgeschäft, soweit das eingebrachte Gut bereichert wird, nach den Vorschriften über die Herausgabe einer ungerechtfertigten Bereicherung gegen sich gelten lassen.

Führung von Rechtsstreitigkeiten durch die Frau.

§ 1400. Führt die Frau einen Rechtsstreit ohne Zustimmung des Mannes, so ist das Urtheil dem Manne gegenüber in Ansehung des eingebrachten Gutes unwirksam.

Ein zum eingebrachten Gute gehörendes Recht kann die Frau im Wege der Klage nur mit Zustimmung des Mannes geltend machen.

Entbehrlichkeit der Zustimmung des Mannes.

§ 1401. Die Zustimmung des Mannes ist in den Fällen der §§ 1395 bis 1398, des § 1399 Abs. 2 und des § 1400 nicht erforderlich, wenn der Mann durch Krankheit oder durch Abwesenheit an der Abgabe einer Erklärung verhindert und mit dem Aufschube Gefahr verbunden ist.

Ersetzung der Zustimmung des Mannes.

§ 1402. Ist zur ordnungsmäßigen Besorgung der persönlichen Angelegenheiten der Frau ein Rechtsgeschäft erforderlich, zu dem die Frau der Zustimmung des Mannes bedarf, so kann die Zustimmung auf Antrag der Frau durch das Vormundschaftsgericht ersetzt werden, wenn der Mann sie ohne ausreichenden Grund verweigert.

Wem gegenüber sind einseitige Rechtsgeschäfte vorzunehmen?

§ 1403. Ein einseitiges Rechtsgeschäft, das sich auf das eingebrachte Gut bezieht, ist dem Manne gegenüber vorzunehmen.

Ein einseitiges Rechtsgeschäft, das sich auf eine Verbindlichkeit der Frau bezieht, ist der Frau gegenüber vorzunehmen; das Rechtsgeschäft muß jedoch auch dem Manne gegenüber vorgenommen werden, wenn es in Ansehung des eingebrachten Gutes ihm gegenüber wirksam sein soll.

Wirkung der Beschränkungen der Frau gegenüber Dritten.

§ 1404. Die Beschränkungen, denen die Frau nach den §§ 1395 bis 1403 unterliegt, muß ein Dritter auch dann gegen sich gelten lassen, wenn er nicht gewußt hat, daß die Frau eine Ehefrau ist.

Selbständiger Betrieb eines Erwerbsgeschäfts durch die Frau.

§ 1405. Ertheilt der Mann der Frau die Einwilligung zum selbständigen Betrieb eines Erwerbsgeschäfts, so ist seine Zustimmung zu solchen Rechtsgeschäften und Rechtsstreitigkeiten nicht erforderlich, die der Geschäftsbetrieb mit sich bringt. Einseitige Rechtsgeschäfte, die sich auf das Erwerbsgeschäft beziehen, sind der Frau gegenüber vorzunehmen.

Der Einwilligung des Mannes in den Geschäftsbetrieb steht es gleich, wenn die Frau mit Wissen und ohne Einspruch des Mannes das Erwerbsgeschäft betreibt.

Dritten gegenüber ist ein Einspruch und der Widerruf der Einwilligung nur nach Maßgabe des § 1435 wirksam.

§ 1435* Aus dem Einspruch oder dem Widerruf der Einwilligung können einem Dritten gegenüber Einwendungen gegen ein zwischen ihm und der Frau vorgenommenes Rechtsgeschäft oder gegen ein zwischen ihnen ergangenes rechtskräftiges Urtheil nur hergeleitet werden, wenn zur Zeit der Vornahme des Rechtsgeschäfts oder zur Zeit des Eintritts der Rechtshängigkeit der Einspruch oder der Widerruf der Einwilligung in dem Güterrechtsregister des zuständigen Amtsgerichts eingetragen oder dem Dritten bekannt war.

Freies Verfügungsrecht der Frau.

§ 1406. Die Frau bedarf nicht der Zustimmung des Mannes:

1. zur Annahme oder Ausschlagung einer Erbschaft oder eines Vermächtnisses, zum Verzicht auf den Pflichttheil sowie zur Errichtung des Inventars über eine angefallene Erbschaft;
2. zur Ablehnung eines Vertragsantrags oder einer Schenkung;
3. zur Vornahme eines Rechtsgeschäfts gegenüber dem Manne.

§ 1407. Die Frau bedarf nicht der Zustimmung des Mannes:

1. zur Fortsetzung eines zur Zeit der Eheschließung anhängigen Rechtsstreits;
2. zur gerichtlichen Geltendmachung eines zum eingebrachten Gute gehörenden Rechtes gegen den Mann;
3. zur gerichtlichen Geltendmachung eines zum eingebrachten Gute gehörenden Rechtes gegen einen Dritten, wenn der Mann ohne die erforderliche Zustimmung der Frau über das Recht verfügt hat;
4. zur gerichtlichen Geltendmachung eines Widerspruchrechts gegenüber einer Zwangsvollstreckung.

Unübertragbarkeit des Verwaltungs- und Nutzniessungsrechts.

§ 1408. Das Recht, das dem Manne an dem eingebrachten Gute kraft seiner Verwaltung und Nutznießung zusteht, ist nicht übertragbar.

Bevormundeter Mann.

§ 1409. Steht der Mann unter Vormundschaft, so hat ihn der Vormund in den Rechten und Pflichten zu vertreten, die sich aus der Verwaltung und Nutznießung des eingebrachten Gutes ergeben. Dies gilt auch dann, wenn die Frau Vormund des Mannes ist.

3. Schuldenhaftung.

I. Haftung gegenüber den Gläubigern.

a) Schulden des Mannes.

§ 1410. Die Gläubiger des Mannes können nicht Befriedigung aus dem eingebrachten Gute verlangen.

b) Schulden der Frau.

§ 1411. Die Gläubiger der Frau können ohne Rücksicht auf die Verwaltung und Nutznießung des Mannes Befriedigung aus dem eingebrachten Gute verlangen, soweit sich nicht aus den §§ 1412 bis 1414 ein Anderes ergiebt. Sie unterliegen bei der Geltendmachung der Ansprüche der Frau nicht der im § 1394 bestimmten Beschränkung.

Hat der Mann verbrauchbare Sachen nach § 1377 Abs. 3 veräußert oder verbraucht, so ist er den Gläubigern gegenüber zum sofortigen Ersatze verpflichtet.

§ 1394 Satz 1. Die Frau kann Ansprüche, die ihr auf Grund der Verwaltung und Nutzniessung gegen den Mann zustehen, erst nach der Beendigung der Verwaltung und Nutzniessung gerichtlich geltend machen, es sei denn, dass die Voraussetzungen vorliegen, unter denen die Frau nach § 1391 Sicherheitsleistung verlangen kann.

§ 1377 Abs. 3. Andere verbrauchbare Sachen *(als Geld)* darf der Mann auch für sich veräussern oder verbrauchen. Macht er von dieser Befugniss Gebrauch, so hat er den Werth der Sachen nach der Beendigung der Verwaltung und Nutzniessung zu ersetzen; der Ersatz ist schon vorher zu leisten, soweit die ordnungsmässige Verwaltung des eingebrachten Gutes es erfordert.

— Schulden aus Rechtsgeschäften.

§ 1412. Das eingebrachte Gut haftet für eine Verbindlichkeit der Frau, die aus einem nach der Eingehung der Ehe vorgenommenen Rechtsgeschäft entsteht, nur dann, wenn der Mann seine Zustimmung zu dem Rechtsgeschäft ertheilt oder wenn das Rechtsgeschäft ohne seine Zustimmung ihm gegenüber wirksam ist.

Für die Kosten eines Rechtsstreits der Frau haftet das eingebrachte Gut auch dann, wenn das Urtheil dem Manne gegenüber in Ansehung des eingebrachten Gutes nicht wirksam ist.

— Erbschafts- und Vermächtnissschulden.

§ 1413. Das eingebrachte Gut haftet nicht für eine Verbindlichkeit der Frau, die in Folge des Erwerbes einer Erbschaft oder eines Vermächtnisses entsteht, wenn die Frau die Erbschaft oder das Vermächtniß nach der Eingehung der Ehe als Vorbehaltsgut erwirbt.

— Schulden aus Vorbehaltsgut.

§ 1414. Das eingebrachte Gut haftet nicht für eine Verbindlichkeit der Frau, die nach der Eingehung der Ehe in Folge eines zu dem

Vorbehaltsgute gehörenden Rechtes oder des Besitzes einer dazu gehörenden Sache entsteht, es sei denn, daß das Recht oder die Sache zu einem Erwerbsgeschäfte gehört, das die Frau mit Einwilligung des Mannes selbständig betreibt.

II. Haftung im Verhältniss der Ehegatten zu einander.

§ 1415. Im Verhältnisse der Ehegatten zu einander fallen dem Vorbehaltsgute zur Last:

1. die Verbindlichkeiten der Frau aus einer unerlaubten Handlung, die sie während der Ehe begeht, oder aus einem Strafverfahren, das wegen einer solchen Handlung gegen sie gerichtet wird;
2. die Verbindlichkeiten der Frau aus einem sich auf das Vorbehaltsgut beziehenden Rechtsverhältniß, auch wenn sie vor der Eingehung der Ehe oder vor der Zeit entstanden sind, zu der das Gut Vorbehaltsgut geworden ist;
3. die Kosten eines Rechtsstreits, den die Frau über eine der in Nr. 1, 2 bezeichneten Verbindlichkeiten führt.

§ 1416. Im Verhältnisse der Ehegatten zu einander fallen die Kosten eines Rechtsstreits zwischen ihnen dem Vorbehaltsgute zur Last, soweit nicht der Mann sie zu tragen hat.

Das Gleiche gilt von den Kosten eines Rechtsstreits zwischen der Frau und einem Dritten, es sei denn, daß das Urtheil dem Manne gegenüber in Ansehung des eingebrachten Gutes wirksam ist. Betrifft jedoch der Rechtsstreit eine persönliche Angelegenheit der Frau oder eine nicht unter die Vorschriften des § 1415 Nr. 1, 2 fallende Verbindlichkeit, für die das eingebrachte Gut haftet, so findet diese Vorschrift keine Anwendung, wenn die Aufwendung der Kosten den Umständen nach geboten ist.

Ausgleichung.

§ 1417. Wird eine Verbindlichkeit, die nach den §§ 1415, 1416 dem Vorbehaltsgute zur Last fällt, aus dem eingebrachten Gute berichtigt, so hat die Frau aus dem Vorbehaltsgute, soweit dieses reicht, zu dem eingebrachten Gute Ersatz zu leisten.

Wird eine Verbindlichkeit der Frau, die im Verhältnisse der Ehegatten zu einander nicht dem Vorbehaltsgute zur Last fällt, aus dem Vorbehaltsgute berichtigt, so hat der Mann aus dem eingebrachten Gute, soweit dieses reicht, zu dem Vorbehaltsgut Ersatz zu leisten.

4. Beendigung der Verwaltung und Nutznießung.

I. Klage auf Aufhebung.

§ 1418. Die Frau kann auf Aufhebung der Verwaltung und Nutznießung klagen:

1. wenn die Voraussetzungen vorliegen, unter denen die Frau nach § 1391 Sicherheitsleistung verlangen kann;
2. wenn der Mann seine Verpflichtung, der Frau und den gemeinschaftlichen Abkömmlingen Unterhalt zu gewähren, verletzt hat und für die Zukunft eine erhebliche Gefährdung des Unterhalts zu besorgen ist. Eine Verletzung der Unterhaltspflicht liegt schon dann vor, wenn der Frau und den gemeinschaftlichen Abkömmlingen nicht mindestens

der Unterhalt gewährt wird, welcher ihnen bei ordnungsmäßiger Verwaltung und Nutznießung des eingebrachten Gutes zukommen würde;
3. wenn der Mann entmündigt ist;
4. wenn der Mann nach § 1910 zur Besorgung seiner Vermögensangelegenheiten einen Pfleger erhalten hat;
5. wenn für den Mann ein Abwesenheitspfleger bestellt und die baldige Aufhebung der Pflegschaft nicht zu erwarten ist.

Die Aufhebung der Verwaltung und Nutznießung tritt mit der Rechtskraft des Urtheils ein.

§ 1391. Wird durch das Verhalten des Mannes die Besorgniss begründet, dass die Rechte der Frau in einer das eingebrachte Gut erheblich gefährdenden Weise verletzt werden, so kann die Frau von dem Manne Sicherheitsleistung verlangen.

Das Gleiche gilt, wenn die der Frau aus der Verwaltung und Nutzniessung des Mannes zustehenden Ansprüche auf Ersatz des Werthes verbrauchbarer Sachen erheblich gefährdet sind.

§ 1910 Abs. 1, 2. Ein Volljähriger, der nicht unter Vormundschaft steht, kann einen Pfleger für seine Person und sein Vermögen erhalten, wenn er in Folge körperlicher Gebrechen, insbesondere weil er taub, blind oder stumm ist, seine Angelegenheiten nicht zu besorgen vermag.

Vermag ein Volljähriger, der nicht unter Vormundschaft steht, in Folge geistiger oder körperlicher Gebrechen einzelne seiner Angelegenheiten oder einen bestimmten Kreis seiner Angelegenheiten, insbesondere seine Vermögensangelegenheiten, nicht zu besorgen, so kann er für diese Angelegenheiten einen Pfleger erhalten.

2. Konkurs über das Vermögen des Mannes.

§ 1419. Die Verwaltung und Nutznießung endigt mit der Rechtskraft des Beschlusses, durch den der Konkurs über das Vermögen des Mannes eröffnet wird.

3. Todeserklärung.

§ 1420. Die Verwaltung und Nutznießung endigt, wenn der Mann für todt erklärt wird, mit dem Zeitpunkte, der als Zeitpunkt des Todes gilt.

Wirkung der Beendigung.

§ 1421. Nach der Beendigung der Verwaltung und Nutznießung hat der Mann das eingebrachte Gut der Frau herauszugeben und ihr über die Verwaltung Rechenschaft abzulegen. Auf die Herausgabe eines landwirthschaftlichen Grundstücks findet die Vorschrift des § 592, auf die Herausgabe eines Landguts finden die Vorschriften der §§ 592, 593 entsprechende Anwendung.

§ 592*. Endigt die Verwaltung und Nutzniessung des Mannes an einem landwirthschaftlichen Grundstücke oder einem Landgute innerhalb eines Ehejahrs, so hat die Frau die Kosten, die der Mann auf die noch nicht getrennten, jedoch nach den Regeln einer ordnungsmässigen Wirthschaft vor dem Ende des Ehejahrs zu trennenden Früchte verwendet hat, insoweit zu ersetzen, als sie einer ordnungsmässigen Wirthschaft entsprechen und den Werth dieser Früchte nicht übersteigen.

§ 593*. Der Mann hat von den bei der Beendigung der Verwaltung und Nutzniessung vorhandenen landwirthschaftlichen Erzeugnissen ohne Rücksicht darauf, ob er bei dem Eintritte der Verwaltung und Nutzniessung solche Erzeugnisse übernommen hat, so viel zurückzulassen, als zur Fortführung der Wirthschaft bis zu der Zeit erforderlich ist, zu welcher gleiche oder ähnliche Erzeugnisse voraussichtlich gewonnen werden.

Soweit der Mann landwirthschaftliche Erzeugnisse in grösserer Menge oder besserer Beschaffenheit zurückzulassen verpflichtet ist, als er bei dem

Eintritte der Verwaltung und Nutzniessung übernommen hat, kann er von der Frau Ersatz des Werthes verlangen.

Den vorhandenen auf dem Gute gewonnenen Dünger hat der Mann zurückzulassen, ohne dass er Ersatz des Werthes verlangen kann.

§ 1422. Wird die Verwaltung und Nutznießung auf Grund des § 1418 durch Urtheil aufgehoben, so ist der Mann zur Herausgabe des eingebrachten Gutes so verpflichtet, wie wenn der Anspruch auf Herausgabe mit der Erhebung der Klage auf Aufhebung der Verwaltung und Nutznießung rechtshängig geworden wäre.

— **Einfluss auf Mieth- und Pachtverträge.**

§ 1423. Hat der Mann ein zum eingebrachten Gute gehörendes Grundstück vermiethet oder verpachtet, so finden, wenn das Mieth- oder Pachtverhältniß bei der Beendigung der Verwaltung und Nutznießung noch besteht, die Vorschriften des § 1056 entsprechende Anwendung.

§ 1056*. d. h. Es finden nach der Beendigung der Verwaltung und Nutzniessung die für den Fall der Veräusserung geltenden Vorschriften der §§ 571, 572, des § 573 Satz 1 und der §§ 574 bis 576, 579 entsprechende Anwendung. Die Frau ist berechtigt, das Mieth- oder Pachtverhältniss unter Einhaltung der gesetzlichen Kündigungsfrist zu kündigen.

Der Miether oder der Pächter ist berechtigt, die Frau unter Bestimmung einer angemessenen Frist zur Erklärung darüber aufzufordern, ob sie von dem Kündigungsrechte Gebrauch mache. Die Kündigung kann nur bis zum Ablaufe der Frist erfolgen.

§ 571. Endigt die Verwaltung und Nutzniessung nach der Ueberlassung des vermietheten oder verpachteten Grundstücks an den Miether oder Pächter, so tritt die Frau an Stelle des Mannes in die sich aus dem Mieth- oder Pachtverhältniss ergebenden Rechte und Verpflichtungen ein.*

Erfüllt die Frau die Verpflichtungen nicht, so haftet der Mann für den von der Frau zu ersetzenden Schaden wie ein Bürge, der auf die Einrede der Vorausklage verzichtet hat. Erlangt der Miether von der Beendigung der Verwaltung und Nutzniessung durch Mittheilung des Mannes Kenntniss, so wird der Mann von der Haftung befreit, wenn nicht der Miether das Miethverhältniss für den ersten Termin kündigt, für den die Kündigung zulässig ist.

§ 572. Hat der Miether des veräusserten Grundstücks dem Manne für die Erfüllung seiner Verpflichtungen Sicherheit geleistet, so tritt die Frau in die dadurch begründeten Rechte ein. Zur Rückgewähr der Sicherheit ist sie nur verpflichtet, wenn sie ihr ausgehändigt wird oder wenn sie dem Mann gegenüber die Verpflichtung zur Rückgewähr übernimmt.*

§ 573 Satz 1. Eine Verfügung, die der Mann vor der Beendigung der Verwaltung und Nutzniessung über den nach diesem Zeitpunkte entfallenden Miethzins getroffen hat, ist insoweit wirksam, als sie sich auf den Miethzins für das zur Zeit der Beendigung der Verwaltung und Nutzniessung laufende und das folgende Kalendervierteljahr bezieht.*

§ 574. Ein Rechtsgeschäft, das zwischen dem Miether und dem Mann in Ansehung der Miethzinsforderung vorgenommen wird, insbesondere die Entrichtung des Miethzinses, ist der Frau gegenüber wirksam, soweit es sich nicht auf den Miethzins für eine spätere Zeit als das Kalendervierteljahr, in welchem der Miether von der Beendigung der Verwaltung und Nutzniessung Kenntniss erlangt, und das folgende Kalendervierteljahr bezieht. Ein Rechtsgeschäft, das nach der Beendigung der Verwaltung und Nutzniessung vorgenommen wird, ist jedoch unwirksam, wenn der Miether bei der Vornahme des Rechtsgeschäfts von der Beendigung der Verwaltung und Nutzniessung Kenntniss hat.*

II. Vertragsmäßiges Güterrecht.

1. Allgemeine Vorschriften.

Vertragsfreiheit.

§ 1432. Die Ehegatten können ihre güterrechtlichen Verhältnisse durch Vertrag (Ehevertrag) regeln, insbesondere auch nach der Eingehung der Ehe den Güterstand aufheben oder ändern.

— Verweisung auf andere Rechte.

§ 1433. Der Güterstand kann nicht durch Verweisung auf ein nicht mehr geltendes oder auf ein ausländisches Gesetz bestimmt werden.

Hat der Mann zur Zeit der Eingehung der Ehe oder, falls der Vertrag nach der Eingehung der Ehe geschlossen wird, zur Zeit des Vertragsabschlusses seinen Wohnsitz im Auslande, so ist die Verweisung auf ein an diesem Wohnsitze geltendes Güterrecht zulässig.

Form.

§ 1434. Der Ehevertrag muß bei gleichzeitiger Anwesenheit beider Theile vor Gericht oder vor einem Notar geschlossen werden.

Wirkung gegenüber Dritten.

§ 1435. Wird durch Ehevertrag die Verwaltung und Nutznießung des Mannes ausgeschlossen oder geändert, so können einem Dritten gegenüber aus der Ausschließung oder der Aenderung Einwendungen gegen ein zwischen ihm und einem der Ehegatten vorgenommenes Rechtsgeschäft oder gegen ein zwischen ihnen ergangenes rechtskräftiges Urtheil nur hergeleitet werden, wenn zur Zeit der Vornahme des Rechtsgeschäfts oder zur Zeit des Eintritts der Rechtshängigkeit die Ausschließung oder die Aenderung in dem Güterrechtsregister des zuständigen Amtsgerichts eingetragen oder dem Dritten bekannt war.

Das Gleiche gilt, wenn eine in dem Güterrechtsregister eingetragene Regelung der güterrechtlichen Verhältnisse durch Ehevertrag aufgehoben oder geändert wird.

Aufhebung eines Güterstandes ohne Vereinbarung eines anderen.

§ 1436. Wird durch Ehevertrag die Verwaltung und Nutznießung des Mannes ausgeschlossen oder die allgemeine Gütergemeinschaft, die Errungenschaftsgemeinschaft oder die Fahrnißgemeinschaft aufgehoben, so tritt Gütertrennung ein, sofern sich nicht aus dem Vertrag ein Anderes ergiebt.

2. Allgemeine Gütergemeinschaft.

Vereinbarung und Aufhebung.

§ 1437. Ein Ehevertrag, durch den die allgemeine Gütergemeinschaft vereinbart oder aufgehoben wird, kann nicht durch einen gesetzlichen Vertreter geschlossen werden.

Ist einer der Vertragschließenden in der Geschäftsfähigkeit beschränkt, so bedarf er der Zustimmung seines gesetzlichen Vertreters. Ist der gesetzliche Vertreter ein Vormund, so ist die Genehmigung des Vormundschaftsgerichts erforderlich.

Gesammtgut.

§ 1438. Das Vermögen des Mannes und das Vermögen der Frau werden durch die allgemeine Gütergemeinschaft gemeinschaftliches

Vermögen beider Ehegatten (Gesammtgut). Zu dem Gesammtgute gehört auch das Vermögen, das der Mann oder die Frau während der Gütergemeinschaft erwirbt.

Die einzelnen Gegenstände werden gemeinschaftlich, ohne daß es einer Uebertragung durch Rechtsgeschäft bedarf.

Wird ein Recht gemeinschaftlich, das im Grundbuch eingetragen ist oder in das Grundbuch eingetragen werden kann, so kann jeder Ehegatte von dem anderen die Mitwirkung zur Berichtigung des Grundbuchs verlangen.

Nicht kommunionsfähiges Vermögen.

§ 1439. Von dem Gesammtgut ausgeschlossen sind Gegenstände, die nicht durch Rechtsgeschäft übertragen werden können. Auf solche Gegenstände finden die bei der Errungenschaftsgemeinschaft für das eingebrachte Gut geltenden Vorschriften, mit Ausnahme des § 1524, entsprechende Anwendung.

§ 1524* d. h. Was ein Ehegatte auf Grund eines durch Rechtsgeschäft nicht übertragbaren Rechtes oder als Ersatz für die Beeinträchtigung oder Entziehung eines solchen Rechtes oder durch ein Rechtsgeschäft erwirbt, das sich auf ein solches Recht bezieht, fällt in das Gesammtgut, sofern nicht der Erwerb selbst wieder ein nichtübertragbares Recht zum Gegenstande hat.

Vorbehaltsgut.

§ 1440. Von dem Gesammtgut ausgeschlossen ist das Vorbehaltsgut.

Vorbehaltsgut ist, was durch Ehevertrag für Vorbehaltsgut eines der Ehegatten erklärt ist oder von einem der Ehegatten nach § 1369 oder § 1370 erworben wird.

§ 1369* Vorbehaltsgut ist, was ein Ehegatte durch Erbfolge, durch Vermächtniss oder als Pflichttheil erwirbt (Erwerb von Todeswegen) oder was ihm unter Lebenden von einem Dritten unentgeltlich zugewendet wird, wenn der Erblasser durch letztwillige Verfügung, der Dritte bei der Zuwendung bestimmt hat, dass der Erwerb Vorbehaltsgut sein soll

§ 1370*. Vorbehaltsgut ist, was ein Ehegatte auf Grund eines zu seinem Vorbehaltsgute gehörenden Rechtes oder als Ersatz für die Zerstörung, Beschädigung oder Entziehung eines zu dem Vorbehaltsgute gehörenden Gegenstandes oder durch ein Rechtsgeschäft erwirbt, das sich auf das Vorbehaltsgut bezieht.

§ 1441. Auf das Vorbehaltsgut der Frau finden die bei der Gütertrennung für das Vermögen der Frau geltenden Vorschriften entsprechende Anwendung; die Frau hat jedoch dem Manne zur Bestreitung des ehelichen Aufwandes einen Beitrag nur insoweit zu leisten, als die in das Gesammtgut fallenden Einkünfte zur Bestreitung des Aufwandes nicht ausreichen.

Rechtliche Natur des Gesammtguts.

§ 1442. Ein Ehegatte kann nicht über seinen Antheil an dem Gesammtgut und an den einzelnen dazu gehörenden Gegenständen verfügen; er ist nicht berechtigt, Theilung zu verlangen.

Gegen eine Forderung, die zu dem Gesammtgute gehört, kann der Schuldner nur eine Forderung aufrechnen, deren Berichtigung aus dem Gesammtgute verlangt werden kann.

Verwaltungsrecht des Mannes.

§ 1443. Das Gesammtgut unterliegt der Verwaltung des Mannes. Der Mann ist insbesondere berechtigt, die zu dem Gesammtgute gehörenden

Sachen in Besitz zu nehmen, über das Gesammtgut zu verfügen sowie Rechtsstreitigkeiten, die sich auf das Gesammtgut beziehen, im eigenen Namen zu führen.

Die Frau wird durch die Verwaltungshandlungen des Mannes weder Dritten noch dem Manne gegenüber persönlich verpflichtet.

Zustimmung der Frau erforderlich.

§ 1444. Der Mann bedarf der Einwilligung der Frau zu einem Rechtsgeschäfte, durch das er sich zu einer Verfügung über das Gesammtgut im Ganzen verpflichtet, sowie zu einer Verfügung über Gesammtgut, durch die eine ohne Zustimmung der Frau eingegangene Verpflichtung dieser Art erfüllt werden soll.

§ 1445. Der Mann bedarf der Einwilligung der Frau zur Verfügung über ein zu dem Gesammtgute gehörendes Grundstück sowie zur Eingehung der Verpflichtung zu einer solchen Verfügung.

§ 1446. Der Mann bedarf der Einwilligung der Frau zu einer Schenkung aus dem Gesammtgute sowie zu einer Verfügung über Gesammtgut, durch welche das ohne Zustimmung der Frau ertheilte Versprechen einer solchen Schenkung erfüllt werden soll. Das Gleiche gilt von einem Schenkungsversprechen, das sich nicht auf das Gesammtgut bezieht.

Ausgenommen sind Schenkungen, durch die einer sittlichen Pflicht oder einer auf den Anstand zu nehmenden Rücksicht entsprochen wird.

— Ersetzung der Zustimmung der Frau.

§ 1447. Ist zur ordnungsmäßigen Verwaltung des Gesammtguts ein Rechtsgeschäft der in den §§ 1444, 1445 bezeichneten Art erforderlich, so kann die Zustimmung der Frau auf Antrag des Mannes durch das Vormundschaftsgericht ersetzt werden, wenn die Frau sie ohne ausreichenden Grund verweigert.

Das Gleiche gilt, wenn die Frau durch Krankheit oder durch Abwesenheit an der Abgabe einer Erklärung verhindert und mit dem Aufschube Gefahr verbunden ist.

— Mangel der Zustimmung der Frau.

§ 1448. Nimmt der Mann ohne Einwilligung der Frau ein Rechtsgeschäft der in den §§ 1444 bis 1446 bezeichneten Art vor, so finden die für eine Verfügung der Frau über eingebrachtes Gut geltenden Vorschriften des § 1396 Abs. 1, 3 und der §§ 1397, 1398 entsprechende Anwendung.

Fordert bei einem Vertrage der andere Theil den Mann auf, die Genehmigung der Frau zu beschaffen, so kann die Erklärung über die Genehmigung nur ihm gegenüber erfolgen; eine vor der Aufforderung dem Manne gegenüber erklärte Genehmigung oder Verweigerung der Genehmigung wird unwirksam. Die Genehmigung kann nur bis zum Ablaufe von zwei Wochen nach dem Empfange der Aufforderung erklärt werden; wird sie nicht erklärt, so gilt sie als verweigert.

Wird die Genehmigung der Frau durch das Vormundschaftsgericht ersetzt, so ist im Falle einer Aufforderung nach Abs. 2 der Beschluß nur wirksam, wenn der Mann ihn dem anderen Theile mittheilt; die Vorschriften des Abs. 2 Satz 2 finden entsprechende Anwendung.

§ 1396, Abs. 1*, 3*. Verfügt der Mann durch Vertrag ohne Einwilligung der Frau über Gesammtgut, so hängt die Wirksamkeit des Vertrags von der Genehmigung der Frau ab.

Verweigert die Frau die Genehmigung, so wird der Vertrag nicht dadurch wirksam, dass die allgemeine Gütergemeinschaft aufhört.

§ 1397*. Bis zur Genehmigung des Vertrags ist der andere Theil zum Widerrufe berechtigt. Der Widerruf kann auch dem Manne gegenüber erklärt werden.

Hat der andere Theil gewusst, dass die Ehegatten in allgemeiner Gütergemeinschaft leben, so kann er nur widerrufen, wenn der Mann der Wahrheit zuwider die Einwilligung der Frau behauptet hat; er kann auch in diesem Falle nicht widerrufen, wenn ihm das Fehlen der Einwilligung bei dem Abschlusse des Vertrags bekannt war.

§ 1398*. Ein einseitiges Rechtsgeschäft, durch das der Mann ohne Einwilligung der Frau über Gesammtgut verfügt, ist unwirksam.

Rechte der Frau: *1. bei unbefugter Verfügung des Mannes.*

§ 1449. Verfügt der Mann ohne die erforderliche Zustimmung der Frau über ein zu dem Gesammtgute gehörendes Recht, so kann die Frau das Recht ohne Mitwirkung des Mannes gegen Dritte gerichtlich geltend machen.

2. bei Verhinderung des Mannes.

§ 1450. Ist der Mann durch Krankheit oder durch Abwesenheit verhindert, ein sich auf das Gesammtgut beziehendes Rechtsgeschäft vorzunehmen oder einen sich auf das Gesammtgut beziehenden Rechtsstreit zu führen, so kann die Frau im eigenen Namen oder im Namen des Mannes das Rechtsgeschäft vornehmen oder den Rechtsstreit führen, wenn mit dem Aufschube Gefahr verbunden ist.

3. Ersetzung der Zustimmung des Mannes.

§ 1451. Ist zur ordnungsmäßigen Besorgung der persönlichen Angelegenheiten der Frau ein Rechtsgeschäft erforderlich, das die Frau mit Wirkung für das Gesammtgut nicht ohne Zustimmung des Mannes vornehmen kann, so kann die Zustimmung auf Antrag der Frau durch das Vormundschaftsgericht ersetzt werden, wenn der Mann sie ohne ausreichenden Grund verweigert.

Betrieb eines Erwerbsgeschäfts durch die Frau.

§ 1452. Auf den selbständigen Betrieb eines Erwerbsgeschäfts durch die Frau finden die Vorschriften des § 1405 entsprechende Anwendung.

§ 1405. Ertheilt der Mann der Frau die Einwilligung zum selbständigen Betrieb eines Erwerbsgeschäfts, so ist seine Zustimmung zu solchen Rechtsgeschäften und Rechtsstreitigkeiten nicht erforderlich, die der Geschäftsbetrieb mit sich bringt. Einseitige Rechtsgeschäfte, die sich auf das Erwerbsgeschäft beziehen, sind der Frau gegenüber vorzunehmen.

Der Einwilligung des Mannes in den Geschäftsbetrieb steht es gleich, wenn die Frau mit Wissen und ohne Einspruch des Mannes das Erwerbsgeschäft betreibt.

Dritten gegenüber ist ein Einspruch und der Widerruf der Einwilligung nur nach Massgabe des § 1435 wirksam.

§ 1435. Aus dem Einspruch oder dem Widerruf der Einwilligung können einem Dritten gegenüber Einwendungen gegen ein zwischen ihm und der Frau vorgenommenes Rechtsgeschäft oder gegen ein zwischen ihnen ergangenes rechtskräftiges Urtheil nur hergeleitet werden, wenn zur Zeit der Vornahme des Rechtsgeschäfts oder zur Zeit des Eintritts der Rechtshängigkeit der Einspruch oder der Widerruf der Einwilligung in dem Güterrechtsregister des zuständigen Amtsgerichts eingetragen oder dem Dritten bekannt war.*

Zustimmung des Mannes nicht erforderlich.

§ 1453. Zur Annahme oder Ausschlagung einer der Frau angefallenen Erbschaft oder eines ihr angefallenen Vermächtnisses ist nur die Frau berechtigt; die Zustimmung des Mannes ist nicht erforderlich. Das Gleiche gilt von dem Verzicht auf den Pflichttheil sowie von der Ablehnung eines der Frau gemachten Vertragsantrags oder einer Schenkung.

Zur Errichtung des Inventars über eine der Frau angefallene Erbschaft bedarf die Frau nicht der Zustimmung des Mannes.

§ 1454. Zur Fortsetzung eines bei dem Eintritte der Gütergemeinschaft anhängigen Rechtsstreits bedarf die Frau nicht der Zustimmung des Mannes.

Anspruch eines Ehegatten auf Herausgabe der Bereicherung des Gesammtguts.

§ 1455. Wird durch ein Rechtsgeschäft, das der Mann oder die Frau ohne die erforderliche Zustimmung des anderen Ehegatten vornimmt, das Gesammtgut bereichert, so kann die Herausgabe der Bereicherung aus dem Gesammtgute nach den Vorschriften über die Herausgabe einer ungerechtfertigten Bereicherung gefordert werden.

Verantwortlichkeit des Mannes.

§ 1456. Der Mann ist der Frau für die Verwaltung des Gesammtguts nicht verantwortlich. Er hat jedoch für eine Verminderung des Gesammtguts zu diesem Ersatz zu leisten, wenn er die Verminderung in der Absicht, die Frau zu benachtheiligen, oder durch ein Rechtsgeschäft herbeiführt, das er ohne die erforderliche Zustimmung der Frau vornimmt.

Bevormundeter Mann.

§ 1457. Steht der Mann unter Vormundschaft, so hat ihn der Vormund in den Rechten und Pflichten zu vertreten, die sich aus der Verwaltung des Gesammtguts ergeben. Dies gilt auch dann, wenn die Frau Vormund des Mannes ist.

Ehelicher Aufwand.

§ 1458. Der eheliche Aufwand fällt dem Gesammtgute zur Last

Gesammtgutsverbindlichkeiten.

§ 1459. Aus dem Gesammtgute können die Gläubiger des Mannes und, soweit sich nicht aus den §§ 1460 bis 1462 ein Anderes ergiebt, auch die Gläubiger der Frau Befriedigung verlangen (Gesammtgutsverbindlichkeiten).

Für Verbindlichkeiten der Frau, die Gesammtgutsverbindlichkeiten sind, haftet der Mann auch persönlich als Gesammtschuldner. Die Haftung erlischt mit der Beendigung der Gütergemeinschaft, wenn die Verbindlichkeiten im Verhältnisse der Ehegatten zu einander nicht dem Gesammtgute zur Last fallen.

Ausnahmen *a) den Gläubigern der Frau gegenüber.*

§ 1460. Das Gesammtgut haftet für eine Verbindlichkeit der Frau, die aus einem nach dem Eintritte der Gütergemeinschaft vorgenommenen Rechtsgeschäft entsteht, nur dann, wenn der Mann seine Zustimmung zu dem Rechtsgeschäft ertheilt oder wenn das Rechtsgeschäft ohne seine Zustimmung für das Gesammtgut wirksam ist.

Für die Kosten eines Rechtsstreits der Frau haftet das Gesammtgut auch dann, wenn das Urtheil dem Gesammtgute gegenüber nicht wirksam ist.

§ 1461. Das Gesammtgut haftet nicht für Verbindlichkeiten der Frau, die in Folge des Erwerbes einer Erbschaft oder eines Vermächtnisses entstehen, wenn die Frau die Erbschaft oder das Vermächtniß nach dem Eintritte der Gütergemeinschaft als Vorbehaltsgut erwirbt.

§ 1462. Das Gesammtgut haftet nicht für eine Verbindlichkeit der Frau, die nach dem Eintritte der Gütergemeinschaft in Folge eines zu dem Vorbehaltsgute gehörenden Rechtes oder des Besitzes einer dazu gehörenden Sache entsteht, es sei denn, daß das Recht oder die Sache zu einem Erwerbsgeschäfte gehört, das die Frau mit Einwilligung des Mannes selbständig betreibt.

b) unter den Ehegatten.

§ 1463. Im Verhältnisse der Ehegatten zu einander fallen folgende Gesammtgutsverbindlichkeiten dem Ehegatten zur Last, in dessen Person sie entstehen:

1. die Verbindlichkeiten aus einer unerlaubten Handlung, die er nach dem Eintritte der Gütergemeinschaft begeht, oder aus einem Strafverfahren, das wegen einer solchen Handlung gegen ihn gerichtet wird;
2. die Verbindlichkeiten aus einem sich auf sein Vorbehaltsgut beziehenden Rechtsverhältniß, auch wenn sie vor dem Eintritte der Gütergemeinschaft oder vor der Zeit entstanden sind, zu der das Gut Vorbehaltsgut geworden ist;
3. die Kosten eines Rechtsstreits über eine der in Nr. 1, 2 bezeichneten Verbindlichkeiten.

§ 1464. Im Verhältnisse der Ehegatten zu einander fallen die Kosten eines Rechtsstreits zwischen ihnen der Frau zur Last, soweit nicht der Mann sie zu tragen hat.

Das Gleiche gilt von den Kosten eines Rechtsstreits zwischen der Frau und einem Dritten, es sei denn, daß das Urtheil dem Gesammtgute gegenüber wirksam ist. Betrifft jedoch der Rechtsstreit eine persönliche Angelegenheit der Frau oder eine nicht unter die Vorschriften des § 1463 Nr. 1, 2 fallende Gesammtgutsverbindlichkeit der Frau, so findet diese Vorschrift keine Anwendung, wenn die Aufwendung der Kosten den Umständen nach geboten ist.

— Ausstattung.

§ 1465. Im Verhältnisse der Ehegatten zu einander fällt eine Ausstattung, die der Mann einem gemeinschaftlichen Kinde aus dem Gesammtgute verspricht oder gewährt, dem Manne insoweit zur Last, als sie das dem Gesammtgut entsprechende Maß übersteigt.

Verspricht oder gewährt der Mann einem nicht gemeinschaftlichen Kinde eine Ausstattung aus dem Gesammtgute, so fällt sie im Verhältnisse der Ehegatten zu einander dem Vater oder der Mutter des Kindes zur Last, der Mutter jedoch nur insoweit, als sie zustimmt oder die Ausstattung nicht das dem Gesammtgut entsprechende Maß übersteigt.

Verwendungen des Mannes.

§ 1466. Verwendet der Mann Gesammtgut in sein Vorbehaltsgut, so hat er den Werth des Verwendeten zu dem Gesammtgute zu ersetzen.

Verwendet der Mann Vorbehaltsgut in das Gesammtgut, so kann er Ersatz aus dem Gesammtgute verlangen.

Fälligkeit der gegenseitigen Ansprüche der Ehegatten.

§ 1467. Was ein Ehegatte zu dem Gesammtgut oder die Frau zu dem Vorbehaltsgute des Mannes schuldet, ist erst nach der Beendigung der Gütergemeinschaft zu leisten; soweit jedoch zur Berichtigung einer Schuld der Frau deren Vorbehaltsgut ausreicht, hat sie die Schuld schon vorher zu berichtigen.

Was der Mann aus dem Gesammtgute zu fordern hat, kann er erst nach der Beendigung der Gütergemeinschaft fordern.

Klage auf Aufhebung der Gütergemeinschaft.

§ 1468. Die Frau kann auf Aufhebung der Gütergemeinschaft klagen:

1. wenn der Mann ein Rechtsgeschäft der in den §§ 1444 bis 1446 bezeichneten Art ohne Zustimmung der Frau vorgenommen hat und für die Zukunft eine erhebliche Gefährdung der Frau zu besorgen ist;
2. wenn der Mann das Gesammtgut in der Absicht, die Frau zu benachtheiligen, vermindert hat;
3. wenn der Mann seine Verpflichtung, der Frau und den gemeinschaftlichen Abkömmlingen Unterhalt zu gewähren, verletzt hat und für die Zukunft eine erhebliche Gefährdung des Unterhalts zu besorgen ist;
4. wenn der Mann wegen Verschwendung entmündigt ist oder wenn er das Gesammtgut durch Verschwendung erheblich gefährdet;
5. wenn das Gesammtgut in Folge von Verbindlichkeiten, die in der Person des Mannes entstanden sind, in solchem Maße überschuldet ist, daß ein späterer Erwerb der Frau erheblich gefährdet wird.

§ 1444. Der Mann bedarf der Einwilligung der Frau zu einem Rechtsgeschäfte, durch das er sich zu einer Verfügung über das Gesammtgut im Ganzen verpflichtet, sowie zu einer Verfügung über Gesammtgut, durch die eine ohne Zustimmung der Frau eingegangene Verpflichtung dieser Art erfüllt werden soll.

§ 1445. Der Mann bedarf der Einwilligung der Frau zur Verfügung über ein zu dem Gesammtgute gehörendes Grundstück sowie zur Eingehung der Verpflichtung zu einer solchen Verfügung.

§ 1446. Der Mann bedarf der Einwilligung der Frau zu einer Schenkung aus dem Gesammtgute sowie zu einer Verfügung über Gesammtgut, durch welche das ohne Zustimmung der Frau ertheilte Versprechen einer solchen Schenkung erfüllt werden soll. Das Gleiche gilt von einem Schenkungsversprechen, das sich nicht auf das Gesammtgut bezieht.

Ausgenommen sind Schenkungen, durch die einer sittlichen Pflicht oder einer auf den Anstand zu nehmenden Rücksicht entsprochen wird.

§ 1469. Der Mann kann auf Aufhebung der Gütergemeinschaft klagen, wenn das Gesammtgut in Folge von Verbindlichkeiten der Frau, die im Verhältnisse der Ehegatten zu einander nicht dem Gesammtgute zur Last fallen, in solchem Maße überschuldet ist, daß ein späterer Erwerb des Mannes erheblich gefährdet wird.

§ 1470. Die Aufhebung der Gütergemeinschaft tritt in den Fällen der §§ 1468, 1469 mit der Rechtskraft des Urtheils ein. Für die Zukunft gilt Gütertrennung.

Dritten gegenüber ist die Aufhebung der Gütergemeinschaft nur nach Maßgabe des § 1435 wirksam.

§ 1435*. Einem Dritten gegenüber können aus der Aufhebung der allgemeinen Gütergemeinschaft Einwendungen gegen ein zwischen ihm und einem der Ehegatten vorgenommenes Rechtsgeschäft oder gegen ein zwischen ihnen ergangenes rechtskräftiges Urtheil nur hergeleitet werden, wenn zur Zeit der Vornahme des Rechtsgeschäfts oder zur Zeit des Eintritts der Rechtshängigkeit die Aufhebung der allgemeinen Gütergemeinschaft in dem Güterrechtsregister des zuständigen Amtsgerichts eingetragen oder dem Dritten bekannt war.

Auseinandersetzung.

§ 1471. Nach der Beendigung der Gütergemeinschaft findet in Ansehung des Gesammtguts die Auseinandersetzung statt.

Bis zur Auseinandersetzung gelten für das Gesammtgut die Vorschriften des § 1442.

§ 1442. Ein Ehegatte kann nicht über seinen Antheil an dem Gesammtgut und an den einzelnen dazu gehörenden Gegenständen verfügen; er ist nicht berechtigt, Theilung zu verlangen.

Gegen eine Forderung, die zu dem Gesammtgute gehört, kann der Schuldner nur eine Forderung aufrechnen, deren Berichtigung aus dem Gesammtgute verlangt werden kann.

— Verwaltung des Gesammtguts bis zur Auseinandersetzung.

§ 1472. Die Verwaltung des Gesammtguts steht bis zur Auseinandersetzung beiden Ehegatten gemeinschaftlich zu. Die Vorschriften des § 1424 finden entsprechende Anwendung.

Jeder Ehegatte ist dem anderen gegenüber verpflichtet, zu Maßregeln mitzuwirken, die zur ordnungsmäßigen Verwaltung erforderlich sind; die zur Erhaltung nothwendigen Maßregeln kann jeder Ehegatte ohne Mitwirkung des anderen treffen.

§ 1424* Der Mann ist auch nach der Beendigung der allgemeinen Gütergemeinschaft zur Fortführung der Verwaltung berechtigt, bis er von der Beendigung Kenntniss erlangt oder sie kennen muss. Ein Dritter kann sich auf diese Berechtigung nicht berufen, wenn er bei der Vornahme eines Rechtsgeschäfts die Beendigung der allgemeinen Gütergemeinschaft kennt oder kennen muss.

Endigt die allgemeine Gütergemeinschaft in Folge des Todes der Frau, so hat der Mann diejenigen zur Verwaltung gehörenden Geschäfte, mit deren Aufschube Gefahr verbunden ist, zu besorgen, bis der Erbe anderweit Fürsorge treffen kann.

— Surrogation.

§ 1473. Was auf Grund eines zu dem Gesammtgute gehörenden Rechtes oder als Ersatz für die Zerstörung, Beschädigung oder Entziehung eines zu dem Gesammtgute gehörenden Gegenstandes oder durch ein Rechtsgeschäft erworben wird, das sich auf das Gesammtgut bezieht, wird Gesammtgut.

Die Zugehörigkeit einer durch Rechtsgeschäft erworbenen Forderung zum Gesammtgute hat der Schuldner erst dann gegen sich gelten zu lassen, wenn er von der Zugehörigkeit Kenntniß erlangt; die Vorschriften der §§ 406 bis 408 finden entsprechende Anwendung.

§ 406*. Der Schuldner kann eine ihm gegen den Ehegatten, der das Rechtsgeschäft vorgenommen hat, zustehende Forderung auch gegen die nach

§ 1473 Abs. 1 zu dem Gesammtgute gehörende Forderung aufrechnen, es sei denn, dass er bei dem Erwerbe seiner Forderung von der Zugehörigkeit der anderen Forderung zum Gesammtgute Kenntniss hatte, oder dass seine Forderung erst nach Erlangung der Kenntniss und später als die zum Gesammtgut gehörende Forderung fällig geworden ist.

§ 407*. Eine Leistung, die der Schuldner an denjenigen Ehegatten, der die Forderung erworben hat, bewirkt, sowie jedes Rechtsgeschäft, das zwischen diesem Ehegatten und dem Schuldner in Ansehung der Forderung vorgenommen wird, ist dem Gesammtgute gegenüber wirksam, es sei denn, dass der Schuldner die Zugehörigkeit der Forderung zum Gesammtgute bei der Leistung oder der Vornahme des Rechtsgeschäfts kennt.

Ist in einem zwischen dem Schuldner und dem Ehegatten, der die Forderung erworben hat, anhängig gewordenen Rechtsstreit ein rechtskräftiges Urtheil über die Forderung ergangen, so ist das Urtheil dem Gesammtgute gegenüber wirksam, es sei denn, dass der Schuldner die Zugehörigkeit der Forderung zu dem Gesammtgute bei dem Eintritte der Rechtshängigkeit gekannt hat.

§ 408* Wird eine nach § 1473 Abs 1 zu dem Gesammtgute gehörende Forderung von dem Ehegatten, der die Forderung durch Rechtsgeschäft erworben hat, an einen Dritten abgetreten, so finden, wenn der Schuldner an den Dritten leistet oder wenn zwischen dem Schuldner und dem Dritten ein Rechtsgeschäft vorgenommen oder ein Rechtsstreit anhängig wird, zu Gunsten des Schuldners die Vorschriften des § 407 dem Gesammtgute gegenüber entsprechende Anwendung.

Das Gleiche gilt, wenn die nach § 1473 Abs. 1 zu dem Gesammtgut gehörende Forderung durch gerichtlichen Beschluss einem Dritten überwiesen wird oder wenn der bisherige Gläubiger dem Dritten gegenüber anerkennt, dass die nach § 1473 Abs. 1 zu dem Gesammtgut gehörende Forderung kraft Gesetzes auf den Dritten übergegangen sei.

— **Art der Auseinandersetzung.**

§ 1474. Die Auseinandersetzung erfolgt, soweit nicht eine andere Vereinbarung getroffen wird, nach den §§ 1475 bis 1481.

— — **Berichtigung der Gesammtgutsverbindlichkeiten.**

§ 1475. Aus dem Gesammtgute sind zunächst die Gesammtgutsverbindlichkeiten zu berichtigen. Ist eine Gesammtgutsverbindlichkeit noch nicht fällig oder ist sie streitig, so ist das zur Berichtigung Erforderliche zurückzubehalten.

Fällt eine Gesammtgutsverbindlichkeit im Verhältnisse der Ehegatten zu einander einem der Ehegatten allein zur Last, so kann dieser die Berichtigung aus dem Gesammtgute nicht verlangen.

Zur Berichtigung der Gesammtgutsverbindlichkeiten ist das Gesammtgut, soweit erforderlich, in Geld umzusetzen.

— — **Theilung des Ueberschusses.**

§ 1476. Der nach der Berichtigung der Gesammtgutsverbindlichkeiten verbleibende Ueberschuß gebührt den Ehegatten zu gleichen Theilen.

Was einer der Ehegatten zu dem Gesammtgute zu ersetzen verpflichtet ist, muß er sich auf seinen Theil anrechnen lassen. Soweit die Ersatzleistung nicht durch Anrechnung erfolgt, bleibt er dem anderen Ehegatten verpflichtet.

§ 1477. Die Theilung des Ueberschusses erfolgt nach den Vorschriften über die Gemeinschaft.

Jeder Ehegatte kann gegen Ersatz des Werthes die ausschließlich zu seinem persönlichen Gebrauche bestimmten Sachen, insbesondere Kleider, Schmucksachen und Arbeitsgeräthe, sowie diejenigen Gegenstände übernehmen, welche er in die Gütergemeinschaft eingebracht oder während der Gütergemeinschaft durch Erbfolge, durch Vermächtniß oder mit Rücksicht auf ein künftiges Erbrecht, durch Schenkung oder als Ausstattung erworben hat.

§ 1478. Sind die Ehegatten geschieden und ist einer von ihnen allein für schuldig erklärt, so kann der andere verlangen, daß jedem von ihnen der Werth desjenigen zurückerstattet wird, was er in die Gütergemeinschaft eingebracht hat; reicht der Werth des Gesammtguts zur Rückerstattung nicht aus, so hat jeder Ehegatte die Hälfte des Fehlbetrags zu tragen.

Als eingebracht ist anzusehen, was eingebrachtes Gut gewesen sein würde, wenn Errungenschaftsgemeinschaft bestanden hätte. Der Werth des Eingebrachten bestimmt sich nach der Zeit der Einbringung.

Das im Abs. 1 bestimmte Recht steht auch dem Ehegatten zu, dessen Ehe wegen seiner Geisteskrankheit geschieden worden ist.

§ 1479. Wird die Gütergemeinschaft auf Grund des § 1468 oder des § 1469 durch Urtheil aufgehoben, so kann der Ehegatte, welcher das Urtheil erwirkt hat, verlangen, daß die Auseinandersetzung so erfolgt, wie wenn der Anspruch auf Auseinandersetzung mit der Erhebung der Klage auf Aufhebung der Gütergemeinschaft rechtshängig geworden wäre.

§ 1468 Auf Klage der Frau.

§ 1469 Auf Klage des Mannes.

Schuldenhaftung nach der Theilung.

§ 1480. Wird eine Gesammtgutsverbindlichkeit nicht vor der Theilung des Gesammtguts berichtigt, so haftet dem Gläubiger auch der Ehegatte persönlich als Gesammtschuldner, für den zur Zeit der Theilung eine solche Haftung nicht besteht. Seine Haftung beschränkt sich auf die ihm zugetheilten Gegenstände; die für die Haftung des Erben geltenden Vorschriften der §§ 1990, 1991 finden entsprechende Anwendung.

§ 1990* Der Ehegatte kann die Befriedigung eines Gesammtgutsgläubigers, dem er zur Zeit der Theilung nicht persönlich haftete, insoweit verweigern, als die ihm zugetheilten Gegenstände nicht ausreichen. Der Ehegatte ist in diesem Falle verpflichtet, die ihm zugetheilten Gegenstände zum Zwecke der Befriedigung des Gläubigers im Wege der Zwangsvollstreckung herauszugeben.

§ 1991* Macht der Ehegatte von dem ihm nach § 1990 zustehenden Rechte Gebrauch, so finden auf seine Verantwortlichkeit und den Ersatz seiner Aufwendungen die Vorschriften des § 1978 Anwendung

Die in Folge der Zutheilung durch Vereinigung von Recht und Verbindlichkeit oder von Recht und Belastung erloschenen Rechtsverhältnisse gelten im Verhältnisse zwischen dem Gläubiger und dem Ehegatten als nicht erloschen.

Die rechtskräftige Verurtheilung des Ehegatten zur Befriedigung eines Gläubigers wirkt einem anderen Gläubiger gegenüber wie die Befriedigung

§ 1978. Der Ehegatte ist den Gläubigern für die bisherige Verwaltung der zugetheilten Gegenstände so verantwortlich, wie wenn er von der Zutheilung an die Verwaltung für ihn als Beauftragter zu führen gehabt hätte.*

Die den Gläubigern nach Abs. 1 zustehenden Ansprüche gelten als zu den zugetheilten Gegenständen gehörend.

Aufwendungen sind dem Ehegatten aus den ihm zugetheilten, dem Gläubiger überlassenen Gegenständen zu ersetzen, soweit er nach den Vorschriften über den Auftrag oder über die Geschäftsführung ohne Auftrag Ersatz verlangen könnte.

§ 1481. Unterbleibt bei der Auseinandersetzung die Berichtigung einer Gesammtgutsverbindlichkeit, die im Verhältnisse der Ehegatten zu einander dem Gesammtgut oder dem Manne zur Last fällt, so hat der Mann dafür einzustehen, daß die Frau von dem Gläubiger nicht in Anspruch genommen wird. Die gleiche Verpflichtung hat die Frau dem Manne gegenüber, wenn die Berichtigung einer Gesammtgutsverbindlichkeit unterbleibt, die im Verhältnisse der Ehegatten zu einander der Frau zur Last fällt.

Tod eines Ehegatten.

§ 1482. Wird die Ehe durch den Tod eines der Ehegatten aufgelöst und ist ein gemeinschaftlicher Abkömmling nicht vorhanden, so gehört der Antheil des verstorbenen Ehegatten am Gesammtgute zum Nachlasse. Die Beerbung des Ehegatten erfolgt nach den allgemeinen Vorschriften.

Fortgesetzte Gütergemeinschaft.

§ 1483. Sind bei dem Tode eines Ehegatten gemeinschaftliche Abkömmlinge vorhanden, so wird zwischen dem überlebenden Ehegatten und den gemeinschaftlichen Abkömmlingen, die im Falle der gesetzlichen Erbfolge als Erben berufen sind, die Gütergemeinschaft fortgesetzt. Der Antheil des verstorbenen Ehegatten am Gesammtgute gehört in diesem Falle nicht zum Nachlasse; im Uebrigen erfolgt die Beerbung des Ehegatten nach den allgemeinen Vorschriften.

Sind neben den gemeinschaftlichen Abkömmlingen andere Abkömmlinge vorhanden, so bestimmen sich ihr Erbrecht und ihre Erbtheile so, wie wenn fortgesetzte Gütergemeinschaft nicht eingetreten wäre.

Ablehnung.

§ 1484. Der überlebende Ehegatte kann die Fortsetzung der Gütergemeinschaft ablehnen.

Auf die Ablehnung finden die für die Ausschlagung einer Erbschaft geltenden Vorschriften der §§ 1943 bis 1947, 1950, 1952, 1954 bis 1957, 1959 entsprechende Anwendung. Steht der überlebende Ehegatte unter elterlicher Gewalt oder unter Vormundschaft, so ist zur Ablehnung die Genehmigung des Vormundschaftsgerichts erforderlich.

Lehnt der Ehegatte die Fortsetzung der Gütergemeinschaft ab, so gilt das Gleiche wie im Falle des § 1482.

— **Annahme.**

§ 1943*. Der überlebende Ehegatte kann die Fortsetzung der Gütergemeinschaft nicht mehr ablehnen, wenn er sie angenommen hat oder wenn die für die Ablehnung vorgeschriebene Frist verstrichen ist. Mit dem Ablaufe der Frist gilt die Fortsetzung der Gütergemeinschaft als angenommen.

— **Ablehnungsfrist.**

§ 1944*. Die Ablehnung kann nur binnen sechs Wochen erfolgen.

Die Frist beginnt mit dem Zeitpunkte, in welchem der überlebende Ehegatte von dem Tode des verstorbenen Ehegatten Kenntniss erlangt. Auf den Lauf der Frist finden die für die Verjährung geltenden Vorschriften der §§ 203, 206 entsprechende Anwendung.

Die Frist beträgt sechs Monate, wenn der verstorbene Ehegatte seinen letzten Wohnsitz nur im Auslande gehabt hat oder wenn sich der überlebende Ehegatte bei dem Beginne der Frist im Ausland aufhält.

§ 203. Der Lauf der Frist ist gehemmt, solange der überlebende Ehegatte durch Stillstand der Rechtspflege innerhalb der Frist an der Abgabe einer Erklärung verhindert ist.*

Das Gleiche gilt, wenn eine solche Verhinderung in anderer Weise durch höhere Gewalt herbeigeführt wird.

§ 206. Ist eine geschäftsunfähige oder in der Geschäftsfähigkeit beschränkte Person ohne gesetzlichen Vertreter, so wird die gegen sie laufende Frist nicht vor dem Ablaufe von sechs Wochen bezw. sechs Monaten nach dem Zeitpunkte vollendet, in welchem die Person unbeschränkt geschäftsfähig wird oder der Mangel der Vertretung aufhört.*

— **Form.**

§ 1945*. Die Ablehnung erfolgt durch Erklärung gegenüber dem Nachlassgerichte; die Erklärung ist in öffentlich beglaubigter Form abzugeben.

Ein Bevollmächtigter bedarf einer öffentlich beglaubigten Vollmacht. Die Vollmacht muss der Erklärung beigefügt oder innerhalb der Ablehnungsfrist nachgebracht werden.

— **Zeit der Erklärung.**

§ 1946*. Der überlebende Ehegatte kann die Fortsetzung der Gütergemeinschaft annehmen oder ablehnen, sobald der Tod des überlebenden Ehegatten eingetreten ist.

— **Keine Bedingung oder Zeitbestimmung.**

§ 1947*. Die Annahme und die Ablehnung können nicht unter einer Bedingung oder einer Zeitbestimmung erfolgen.

§ 1950*. Die Annahme und die Ablehnung können nicht auf einen Theil des Gesammtguts beschränkt werden. Die Annahme oder Ablehnung eines Theiles ist unwirksam.

— **Vererblichkeit des Ablehnungsrechts.**

§ 1952*. Das Recht des überlebenden Ehegatten, die Fortsetzung der Gütergemeinschaft abzulehnen, ist vererblich.

Stirbt der überlebende Ehegatte vor dem Ablaufe der Ablehnungsfrist, so endigt die Frist nicht vor dem Ablaufe der für die Erbschaft des überlebenden Ehegatten vorgeschriebenen Ausschlagungsfrist.

— **Anfechtbarkeit der Annahme oder Ablehnung.**

§ 1954*. Ist die Annahme oder Ablehnung anfechtbar, so kann die Anfechtung nur binnen sechs Wochen erfolgen.

Die Frist beginnt im Falle der Anfechtbarkeit wegen Drohung mit dem Zeitpunkt, in welchem die Zwangslage aufhört, in den übrigen Fällen mit dem Zeitpunkt, in welchem der Anfechtungsberechtigte von dem Anfechtungsgrunde Kenntniss erlangt. Auf den Lauf der Frist finden die für die Verjährung geltenden Vorschriften der §§ 203, 206, 207 entsprechende Anwendung.

Die Frist beträgt sechs Monate, wenn der verstorbene Ehegatte seinen letzten Wohnsitz nur im Auslande gehabt hat oder wenn sich der überlebende Ehegatte bei dem Beginne der Frist im Ausland aufhält.

Die Anfechtung ist ausgeschlossen, wenn seit der Annahme oder der Ablehnung dreissig Jahre verstrichen sind.

§§ 203, 206 s. § 1944.

§ 207. Gehört der Anfechtungsanspruch zu einem Nachlasse, so wird die Frist nicht vor dem Ablaufe von sechs Wochen bezw. sechs Monaten nach dem Zeitpunkte vollendet, in welchem die Erbschaft von dem Erben angenommen oder der Konkurs über den Nachlass eröffnet wird oder von welchem an der Anspruch von einem Vertreter geltend gemacht werden kann.*

§ 1955*. Die Anfechtung der Annahme oder der Ablehnung erfolgt durch Erklärung gegenüber dem Nachlassgerichte. Für die Erklärung gelten die Vorschriften des § 1945.

§ 1956*. Die Versäumung der Ablehnungsfrist kann in gleicher Weise wie die Annahme angefochten werden.

§ 1957*. Die Anfechtung der Annahme gilt als Ablehnung, die Anfechtung der Ablehnung gilt als Annahme.

Das Nachlassgericht soll die Anfechtung der Ablehnung demjenigen mittheilen, welchem die Erbschaft in Folge der Ablehnung angefallen war. Die Vorschrift des § 1953 Abs. 3 Satz 2 findet Anwendung.

§ 1953 Abs. 3 Satz 2. Das Nachlassgericht hat die Einsicht der Erklärung Jedem zu gestatten, der ein rechtliches Interesse glaubhaft macht.*

§ 1959*. Nimmt der überlebende Ehegatte vor der Ablehnung Verwaltungshandlungen vor, so ist er demjenigen gegenüber, welcher Erbe wird, wie ein Geschäftsführer ohne Auftrag berechtigt und verpflichtet.

Verfügt der überlebende Ehegatte vor der Ablehnung über einen zum Gesammtgute gehörenden Gegenstand, so wird die Wirksamkeit der Verfügung durch die Ablehnung nicht berührt, wenn die Verfügung nicht ohne Nachtheil für das Gesammtgut verschoben werden konnte.

Ein Rechtsgeschäft, das gegenüber dem Erben als solchem vorgenommen werden muss, bleibt, wenn es vor der Ablehnung dem überlebenden Ehegatten gegenüber vorgenommen wird, auch nach der Ablehnung wirksam.

Gesammtgut.

§ 1485. Das Gesammtgut der fortgesetzten Gütergemeinschaft besteht aus dem ehelichen Gesammtgute, soweit es nicht nach § 1483 Abs. 2 einem nicht antheilsberechtigten Abkömmlinge zufällt, und aus dem Vermögen, das der überlebende Ehegatte aus dem Nachlasse des verstorbenen Ehegatten oder nach dem Eintritte der fortgesetzten Gütergemeinschaft erwirbt.

Das Vermögen, das ein gemeinschaftlicher Abkömmling zur Zeit des Eintritts der fortgesetzten Gütergemeinschaft hat oder später erwirbt, gehört nicht zu dem Gesammtgute.

Auf das Gesammtgut finden die für die eheliche Gütergemeinschaft geltenden Vorschriften des § 1438 Abs. 2, 3 entsprechende Anwendung.

§ 1438 Abs. 2, 3* Die einzelnen Gegenstände werden gemeinschaftlich, ohne dass es einer Uebertragung durch Rechtsgeschäft bedarf

Wird ein Recht gemeinschaftlich, das im Grundbuch eingetragen ist oder in das Grundbuch eingetragen werden kann, so kann jeder Theilhaber von dem anderen die Mitwirkung zur Berichtigung des Grundbuchs verlangen

Vorbehaltsgut.

§ 1486. Vorbehaltsgut des überlebenden Ehegatten ist, was er bisher als Vorbehaltsgut gehabt hat oder nach § 1369 oder § 1370 erwirbt.

Gehören zu dem Vermögen des überlebenden Ehegatten Gegenstände, die nicht durch Rechtsgeschäft übertragen werden können, so finden auf sie die bei der Errungenschaftsgemeinschaft für das eingebrachte Gut des Mannes geltenden Vorschriften, mit Ausnahme des § 1524, entsprechende Anwendung.

§ 1369*. Vorbehaltsgut ist, was der überlebende Ehegatte durch Erbfolge, durch Vermächtniss oder als Pflichttheil erwirbt (Erwerb von Todeswegen) oder was ihm unter Lebenden von einem Dritten unentgeltlich zugewendet wird, wenn der Erblasser durch letztwillige Verfügung, der Dritte bei der Zuwendung bestimmt hat, dass der Erwerb Vorbehaltsgut sein soll.

§ 1370* Vorbehaltsgut ist, was der überlebende Ehegatte auf Grund eines zu seinem Vorbehaltsgute gehörenden Rechtes oder als Ersatz für die Zerstörung, Beschädigung oder Entziehung eines zu dem Vorbehaltsgute gehörenden Gegenstandes oder durch ein Rechtsgeschäft erwirbt, das sich auf das Vorbehaltsgut bezieht.

§ 1524*. d. h. was der überlebende Ehegatte auf Grund eines durch Rechtsgeschäft nicht übertragbaren Rechtes oder als Ersatz für die Beeinträchtigung oder Entziehung eines solchen Rechtes oder durch ein Rechtsgeschäft erwirbt, das sich auf ein solches Recht bezieht, fällt in das Gesammtgut, sofern nicht der Erwerb selbst wieder ein nichtübertragbares Recht zum Gegenstande hat.

Rechtsverhältniss.

§ 1487. Die Rechte und Verbindlichkeiten des überlebenden Ehegatten sowie der antheilsberechtigten Abkömmlinge in Ansehung des Gesammtguts der fortgesetzten Gütergemeinschaft bestimmen sich nach den für die eheliche Gütergemeinschaft geltenden Vorschriften der §§ 1442 bis 1449, 1455 bis 1457, 1466; der überlebende Ehegatte hat die rechtliche Stellung des Mannes, die antheilsberechtigten Abkömmlinge haben die rechtliche Stellung der Frau.

Was der überlebende Ehegatte zu dem Gesammtgute schuldet oder aus dem Gesammtgute zu fordern hat, ist erst nach der Beendigung der fortgesetzten Gütergemeinschaft zu leisten.

— Verfügung über den Antheil.

§ 1442*. Weder der überlebende Ehegatte noch die antheilsberechtigten Abkömmlinge können über ihren Antheil an dem Gesammtgut und an den einzelnen dazu gehörenden Gegenständen verfügen, sie sind nicht berechtigt, Theilung zu verlangen.

Gegen eine Forderung, die zu dem Gesammtgute gehört, kann der Schuldner nur eine Forderung aufrechnen, deren Berichtigung aus dem Gesammtgute verlangt werden kann.

— Verwaltung.

§ 1443*. Das Gesammtgut unterliegt der Verwaltung des überlebenden Ehegatten. Der überlebende Ehegatte ist insbesondere berechtigt, die zu dem Gesammtgute gehörenden Sachen in Besitz zu nehmen, über das Gesammtgut zu verfügen sowie Rechtsstreitigkeiten, die sich auf das Gesammtgut beziehen, im eigenen Namen zu führen.

Die antheilsberechtigten Abkömmlinge werden durch die Verwaltungshandlungen des überlebenden Ehegatten weder Dritten noch dem überlebenden Ehegatten gegenüber persönlich verpflichtet.

— Zustimmung der Abkömmlinge erforderlich.

§ 1444*. Der überlebende Ehegatte bedarf der Einwilligung der antheilsberechtigten Abkömmlinge zu einem Rechtsgeschäfte, durch das er sich zu einer Verfügung über das Gesammtgut im Ganzen verpflichtet, sowie zu einer Verfügung über Gesammtgut, durch die eine ohne Zustimmung der antheilsberechtigten Abkömmlinge eingegangene Verpflichtung dieser Art erfüllt werden soll

§ 1445* Der überlebende Ehegatte bedarf der Einwilligung der antheilsberechtigten Abkömmlinge zur Verfügung über ein zu dem Gesammtgute gehörendes Grundstück sowie zur Eingehung der Verpflichtung zu einer solchen Verfügung.

§ 1446*. Der überlebende Ehegatte bedarf der Einwilligung der antheilsberechtigten Abkömmlinge zu einer Schenkung aus dem Gesammtgute sowie zu einer Verfügung über Gesammtgut, durch welche das ohne Zustimmung der antheilsberechtigten Abkömmlinge ertheilte Versprechen einer solchen Schenkung erfüllt werden soll. Das Gleiche gilt von einem Schenkungsversprechen, das sich nicht auf das Gesammtgut bezieht

Ausgenommen sind Schenkungen, durch die einer sittlichen Pflicht oder einer auf den Anstand zu nehmenden Rücksicht entsprochen wird.

— — Ersetzung der erforderlichen Zustimmung.

§ 1447*. Ist zur ordnungsmässiger Verwaltung des Gesammtguts ein Rechtsgeschäft der in den §§ 1444, 1445 bezeichneten Art erforderlich, so kann die Zustimmung der antheilsberechtigten Abkömmlinge auf Antrag des überlebenden Ehegatten durch das Vormundschaftsgericht ersetzt werden, wenn die antheilsberechtigten Abkömmlinge sie ohne ausreichenden Grund verweigern

Das Gleiche gilt, wenn die antheilsberechtigten Abkömmlinge durch Krankheit oder durch Abwesenheit an der Abgabe einer Erklärung verhindert sind und mit dem Aufschube Gefahr verbunden ist.

Wirkung des Mangels der Zustimmung.

§ 1448*. Nimmt der überlebende Ehegatte ohne Einwilligung der antheilsberechtigten Abkömmlinge ein Rechtsgeschäft der in den §§ 1444 bis 1446 bezeichneten Art vor, so finden die für eine Verfügung der antheilsberechtigten Abkömmlinge über eingebrachtes Gut geltenden Vorschriften des § 1396 Abs. 1, 3 und der §§ 1397, 1398 entsprechende Anwendung.

Fordert bei einem Vertrage der andere Theil den überlebenden Ehegatten auf, die Genehmigung der antheilsberechtigten Abkömmlinge zu beschaffen, so kann die Erklärung über die Genehmigung nur ihm gegenüber erfolgen; eine vor der Aufforderung dem überlebenden Ehegatten gegenüber erklärte Genehmigung oder Verweigerung der Genehmigung wird unwirksam. Die Genehmigung kann nur bis zum Ablaufe von zwei Wochen nach dem Empfange der Aufforderung erklärt werden; wird sie nicht erklärt, so gilt sie als verweigert.

Wird die Genehmigung der antheilsberechtigten Abkömmlinge durch das Vormundschaftsgericht ersetzt, so ist im Falle einer Aufforderung nach Abs. 2 der Beschluss nur wirksam, wenn der überlebende Ehegatte ihn dem anderen Theile mittheilt; die Vorschriften des Abs. 2 Satz 2 finden entsprechende Anwendung.

§ 1396 Abs. 1, 3*. Verfügt der überlebende Ehegatte durch Vertrag ohne Einwilligung der antheilsberechtigten Abkömmlinge über eingebrachtes Gut, so hängt die Wirksamkeit des Vertrags von der Genehmigung der antheilsberechtigten Abkömmlinge ab.*

Verweigern die antheilsberechtigten Abkömmlinge die Genehmigung, so wird der Vertrag nicht dadurch wirksam, dass die fortgesetzte Gütergemeinschaft aufhört.

§ 1397. Bis zur Genehmigung des Vertrags ist der andere Theil zum Widerrufe berechtigt. Der Widerruf kann auch dem überlebenden Ehegatten gegenüber erklärt werden.*

Hat der andere Theil gewusst, dass fortgesetzte Gütergemeinschaft besteht, so kann er nur widerrufen, wenn der überlebende Ehegatte der Wahrheit zuwider die Einwilligung der antheilsberechtigten Abkömmlinge behauptet hat; er kann auch in diesem Falle nicht widerrufen, wenn ihm das Fehlen der Einwilligung bei dem Abschlusse des Vertrags bekannt war.

§ 1398. Ein einseitiges Rechtsgeschäft, durch das der überlebende Ehegatte ohne Einwilligung der antheilsberechtigten Abkömmlinge über Gesammtgut verfügt, ist unwirksam.*

§ 1449* Verfügt der überlebende Ehegatte ohne die erforderliche Zustimmung der antheilsberechtigten Abkömmlinge über ein zu dem Gesammtgute gehörendes Recht, so können die antheilsberechtigten Abkömmlinge das Recht ohne Mitwirkung des überlebenden Ehegatten gegen Dritte gerichtlich geltend machen.

— Herausgabe der Bereicherung des Gesammtguts.

§ 1455*. Wird durch ein Rechtsgeschäft, das der überlebende Ehegatte ohne die erforderliche Zustimmung der antheilsberechtigten Abkömmlinge vornimmt, das Gesammtgut bereichert, so kann die Herausgabe der Bereicherung aus dem Gesammtgute nach den Vorschriften über die Herausgabe einer ungerechtfertigten Bereicherung gefordert werden.

— Verantwortlichkeit des überlebenden Ehegatten.

§ 1456* Der überlebende Ehegatte ist den antheilsberechtigten Abkömmlingen für die Verwaltung des Gesammtguts nicht verantwortlich. Er hat jedoch für eine Verminderung des Gesammtguts zu diesem Ersatz zu leisten, wenn er die Verminderung in der Absicht, die antheilsberechtigten Abkömmlinge zu benachtheiligen, oder durch ein Rechtsgeschäft herbeiführt, das er ohne die erforderliche Zustimmung der antheilsberechtigten Abkömmlinge vornimmt.

— Bevormundeter Ehegatte.

§ 1457* Steht der überlebende Ehegatte unter Vormundschaft, so hat ihn der Vormund in den Rechten und Pflichten zu vertreten, die sich aus der Verwaltung des Gesammtguts ergeben. Dies gilt auch dann, wenn ein antheilsberechtigter Abkömmling Vormund des überlebenden Ehegatten ist.

— Verwendungen.

§ 1466*. Verwendet der überlebende Ehegatte Gesammtgut in sein Vorbehaltsgut, so hat er den Werth des Verwendeten zu dem Gesammtgute zu ersetzen.

Verwendet der überlebende Ehegatte Vorbehaltsgut in das Gesammtgut, so kann er Ersatz aus dem Gesammtgute verlangen.

Gesammtgutsverbindlichkeiten.

§ 1488. Gesammtgutsverbindlichkeiten der fortgesetzten Gütergemeinschaft sind die Verbindlichkeiten des überlebenden Ehegatten sowie solche Verbindlichkeiten des verstorbenen Ehegatten, die Gesammtgutsverbindlichkeiten der ehelichen Gütergemeinschaft waren.

— Persönliche Haftung des überlebenden Ehegatten.

§ 1489. Für die Gesammtgutsverbindlichkeiten der fortgesetzten Gütergemeinschaft haftet der überlebende Ehegatte persönlich.

Soweit die persönliche Haftung den überlebenden Ehegatten nur in Folge des Eintritts der fortgesetzten Gütergemeinschaft trifft, finden die für die Haftung des Erben für die Nachlaßverbindlichkeiten geltenden Vorschriften entsprechende Anwendung; an die Stelle des Nachlasses tritt das Gesammtgut in dem Bestande, den es zur Zeit des Eintritts der fortgesetzten Gütergemeinschaft hat.

Eine persönliche Haftung der antheilsberechtigten Abkömmlinge für die Verbindlichkeiten des verstorbenen oder des überlebenden Ehegatten wird durch die fortgesetzte Gütergemeinschaft nicht begründet.

Tod eines antheilsberechtigten Abkömmlings.

§ 1490. Stirbt ein antheilsberechtigter Abkömmling, so gehört sein Antheil an dem Gesammtgute nicht zu seinem Nachlasse. Hinterläßt er Abkömmlinge, die antheilsberechtigt sein würden, wenn er den verstorbenen Ehegatten nicht überlebt hätte, so treten die Abkömmlinge an seine Stelle. Hinterläßt er solche Abkömmlinge nicht, so wächst sein Antheil den übrigen antheilsberechtigten Abkömmlingen und, wenn solche nicht vorhanden sind, dem überlebenden Ehegatten an.

Verzicht eines antheilsberechtigten Abkömmlings.

§ 1491. Ein antheilsberechtigter Abkömmling kann auf seinen Antheil an dem Gesammtgute verzichten. Der Verzicht erfolgt durch Erklärung gegenüber dem für den Nachlaß des verstorbenen Ehegatten zuständigen Gerichte; die Erklärung ist in öffentlich beglaubigter Form abzugeben. Das Nachlaßgericht soll die Erklärung dem überlebenden Ehegatten und den übrigen antheilsberechtigten Abkömmlingen mittheilen.

Der Verzicht kann auch durch Vertrag mit dem überlebenden Ehegatten und den übrigen antheilsberechtigten Abkömmlingen erfolgen. Der Vertrag bedarf der gerichtlichen oder notariellen Beurkundung.

Steht der Abkömmling unter elterlicher Gewalt oder unter Vormundschaft, so ist zu dem Verzichte die Genehmigung des Vormundschaftsgerichts erforderlich.

Der Verzicht hat die gleichen Wirkungen, wie wenn der Verzichtende zur Zeit des Verzichts ohne Hinterlassung von Abkömmlingen gestorben wäre.

Aufhebung der fortgesetzten Gütergemeinschaft.

§ 1492. Der überlebende Ehegatte kann die fortgesetzte Gütergemeinschaft jederzeit aufheben. Die Aufhebung erfolgt durch Erklärung gegenüber dem für den Nachlaß des verstorbenen Ehegatten zuständigen Gerichte; die Erklärung ist in öffentlich beglaubigter Form abzugeben. Das Nachlaßgericht soll die Erklärung den antheilsberechtigten Abkömmlingen und, wenn der überlebende Ehegatte gesetzlicher Vertreter eines der Abkömmlinge ist, dem Vormundschaftsgerichte mittheilen.

Die Aufhebung kann auch durch Vertrag zwischen dem überlebenden Ehegatten und den antheilsberechtigten Abkömmlingen erfolgen. Der Vertrag bedarf der gerichtlichen oder notariellen Beurkundung.

Steht der überlebende Ehegatte unter elterlicher Gewalt oder unter Vormundschaft, so ist zu der Aufhebung die Genehmigung des Vormundschaftsgerichts erforderlich.

Wiederverheirathung des überlebenden Ehegatten.

§ 1493. Die fortgesetzte Gütergemeinschaft endigt mit der Wiederverheirathung des überlebenden Ehegatten.

Der überlebende Ehegatte hat, wenn ein antheilsberechtigter Abkömmling minderjährig ist oder bevormundet wird, die Absicht der Wiederverheirathung dem Vormundschaftsgericht anzuzeigen, ein Verzeichniß des Gesammtguts einzureichen, die Gütergemeinschaft aufzuheben und die Auseinandersetzung herbeizuführen. Das Vormundschaftsgericht kann gestatten, daß die Aufhebung der Gütergemeinschaft bis zur Eheschließung unterbleibt und daß die Auseinandersetzung erst später erfolgt.

Tod des überlebenden Ehegatten.

§ 1494. Die fortgesetzte Gütergemeinschaft endigt mit dem Tode des überlebenden Ehegatten.

Wird der überlebende Ehegatte für todt erklärt, so endigt die fortgesetzte Gütergemeinschaft mit dem Zeitpunkte, der als Zeitpunkt des Todes gilt.

Klage auf Aufhebung der Gütergemeinschaft.

§ 1495. Ein antheilsberechtigter Abkömmling kann gegen den überlebenden Ehegatten auf Aufhebung der fortgesetzten Gütergemeinschaft klagen:

1. wenn der überlebende Ehegatte ein Rechtsgeschäft der in den §§ 1444 bis 1446 bezeichneten Art ohne Zustimmung des Abkömmlinges vorgenommen hat und für die Zukunft eine erhebliche Gefährdung des Abkömmlinges zu besorgen ist;
2. wenn der überlebende Ehegatte das Gesammtgut in der Absicht, den Abkömmling zu benachtheiligen, vermindert hat;
3. wenn der überlebende Ehegatte seine Verpflichtung, dem Abkömmling Unterhalt zu gewähren, verletzt hat und für die Zukunft eine erhebliche Gefährdung des Unterhalts zu besorgen ist;
4. wenn der überlebende Ehegatte wegen Verschwendung entmündigt ist oder wenn er das Gesammtgut durch Verschwendung erheblich gefährdet;
5. wenn der überlebende Ehegatte die elterliche Gewalt über den Abkömmling verwirkt hat oder, falls sie ihm zugestanden hätte, verwirkt haben würde.

§ 1444*. Der überlebende Ehegatte bedarf der Einwilligung der antheilsberechtigten Abkömmlinge zu einem Rechtsgeschäfte, durch das er sich zu einer Verfügung über das Gesammtgut im Ganzen verpflichtet, sowie zu einer Verfügung über Gesammtgut, durch die eine ohne Zustimmung der antheilsberechtigten Abkömmlinge eingegangene Verpflichtung dieser Art erfüllt werden soll.

§ 1445*. Der überlebende Ehegatte bedarf der Einwilligung der antheilsberechtigten Abkömmlinge zur Verfügung über ein zu dem Gesammtgute gehörendes Grundstück sowie zur Eingehung der Verpflichtung zu einer solchen Verfügung.

§ 1446*. Der überlebende Ehegatte bedarf der Einwilligung der antheilsberechtigten Abkömmlinge zu einer Schenkung aus dem Gesammtgute sowie zu einer Verfügung über Gesammtgut, durch welche das ohne Zustimmung der antheilsberechtigten Abkömmlinge ertheilte Versprechen einer solchen Schenkung erfüllt werden soll. Das Gleiche gilt von einem Schenkungsversprechen, das sich nicht auf das Gesammtgut bezieht.

Ausgenommen sind Schenkungen, durch die einer sittlichen Pflicht oder einer auf den Anstand zu nehmenden Rücksicht entsprochen wird.

§ 1496. Die Aufhebung der fortgesetzten Gütergemeinschaft tritt in den Fällen des § 1495 mit der Rechtskraft des Urtheils ein. Sie tritt für alle Abkömmlinge ein, auch wenn das Urtheil auf die Klage eines der Abkömmlinge ergangen ist.

Auseinandersetzung.

§ 1497. Nach der Beendigung der fortgesetzten Gütergemeinschaft findet in Ansehung des Gesammtguts die Auseinandersetzung statt.

Bis zur Auseinandersetzung bestimmt sich das Rechtsverhältniß der Theilhaber am Gesammtgute nach den §§ 1442, 1472, 1473.

§ 1442*. Ein Theilhaber der fortgesetzten Gütergemeinschaft kann nicht über seinen Antheil an dem Gesammtgut und an den einzelnen dazu gehörenden Gegenständen verfügen; er ist nicht berechtigt, Theilung zu verlangen.

Gegen eine Forderung, die zu dem Gesammtgute gehört, kann der Schuldner nur eine Forderung aufrechnen, deren Berichtigung aus dem Gesammtgut verlangt werden kann.

§ 1472*. Die Verwaltung des Gesammtguts steht bis zur Auseinandersetzung sämmtlichen Theilhabern gemeinschaftlich zu. Die Vorschriften des § 1424 finden entsprechende Anwendung.

Sämmtliche Theilhaber sind einander verpflichtet, zu Massregeln mitzuwirken, die zur ordnungsmässigen Verwaltung erforderlich sind; die zur Erhaltung nothwendigen Massregeln kann jeder Theilhaber ohne Mitwirkung des anderen treffen.

§ 1424. Der überlebende Ehegatte ist nach der Beendigung der fortgesetzten Gütergemeinschaft zur Fortführung der Verwaltung berechtigt, bis er von der Beendigung Kenntniss erlangt oder sie kennen muss. Ein Dritter kann sich auf diese Berechtigung nicht berufen, wenn er bei der Vornahme eines Rechtsgeschäfts die Beendigung der fortgesetzten Gütergemeinschaft kennt oder kennen muss.*

§ 1473. Was auf Grund eines zu dem Gesammtgute gehörenden Rechtes oder als Ersatz für die Zerstörung, Beschädigung oder Entziehung eines zu dem Gesammtgute gehörenden Gegenstandes oder durch ein Rechtsgeschäft erworben wird, das sich auf das Gesammtgut bezieht, wird Gesammtgut.

Die Zugehörigkeit einer durch Rechtsgeschäft erworbenen Forderung zum Gesammtgute hat der Schuldner erst dann gegen sich gelten zu lassen, wenn er von der Zugehörigkeit Kenntniss erlangt; die Vorschriften der §§ 406 bis 408 finden entsprechende Anwendung.

§ 406. Der Schuldner kann eine ihm gegen den überlebenden Ehegatten, der das Rechtsgeschäft vorgenommen hat, zustehende Forderung auch gegen die nach § 1473 Abs. 1 zu dem Gesammtgute gehörende Forderung aufrechnen, es sei denn, dass er bei dem Erwerbe seiner Forderung von der Zugehörigkeit der anderen Forderung zum Gesammtgute Kenntniss hatte oder dass seine Forderung erst nach der Erlangung der Kenntniss und später als die zum Gesammtgut gehörende Forderung fällig geworden ist.*

§ 407. Eine Leistung, die der Schuldner an den überlebenden Ehegatten, der die Forderung erworben hat, bewirkt, sowie jedes Rechtsgeschäft, das zwischen diesem Ehegatten und dem Schuldner in Ansehung der Forderung vorgenommen wird, ist dem Gesammtgute gegenüber wirksam, es sei denn, dass der Schuldner die Zugehörigkeit der Forderung zum Gesammtgute bei der Leistung oder der Vornahme des Rechtsgeschäfts kennt.*

Ist in einem zwischen dem Schuldner und dem überlebenden Ehegatten, der die Forderung erworben hat, anhängig gewordenen Rechtsstreit ein rechtskräftiges Urtheil über die Forderung ergangen, so ist das Urtheil dem Gesammtgute gegenüber wirksam, es sei denn, dass der Schuldner die Zugehörigkeit der Forderung zu dem Gesammtgute bei dem Eintritte der Rechtshängigkeit gekannt hat.

§ 408. Wird eine nach § 1473 Abs. 1 zu dem Gesammtgute gehörende Forderung von dem überlebenden Ehegatten, der die Forderung durch Rechtsgeschäft erworben hat, an einen Dritten abgetreten, so finden, wenn der Schuldner an den Dritten leistet oder wenn zwischen dem Schuldner und dem Dritten ein Rechtsgeschäft vorgenommen oder ein Rechtsstreit anhängig wird, zu Gunsten des Schuldners die Vorschriften des § 407 dem Gesammtgute gegenüber entsprechende Anwendung.*

Das Gleiche gilt, wenn die nach § 1473 Abs. 1 zu dem Gesammtgut gehörende Forderung durch gerichtlichen Beschluss einem Dritten überwiesen wird oder wenn der Ehegatte dem Dritten gegenüber anerkennt, dass die nach § 1473 Abs. 1 zu dem Gesammtgut gehörende Forderung kraft Gesetzes auf den Dritten übergegangen sei.

§ 1498. Auf die Auseinandersetzung finden die Vorschriften der §§ 1475, 1476, des § 1477 Abs. 1 und der §§ 1479 bis 1481 Anwendung; an die Stelle des Mannes tritt der überlebende Ehegatte, an die Stelle der Frau treten die antheilsberechtigten Abkömmlinge. Die im § 1476 Abs. 2 Satz 2 bezeichnete Verpflichtung besteht nur für den überlebenden Ehegatten.

§ 1475*. Aus dem Gesammtgute sind zunächst die Gesammtgutsverbindlichkeiten zu berichtigen. Ist eine Gesammtgutsverbindlichkeit noch nicht fällig oder ist sie streitig, so ist das zur Berichtigung Erforderliche zurückzubehalten.

Fällt eine Gesammtgutsverbindlichkeit im Verhältnisse der Theilhaber zu einander einem derselben allein zur Last, so kann dieser die Berichtigung aus dem Gesammtgute nicht verlangen.

Zur Berichtigung der Gesammtgutsverbindlichkeiten ist das Gesammtgut, soweit erforderlich, in Geld umzusetzen.

§ 1476*. Der nach der Berichtigung der Gesammtgutsverbindlichkeiten verbleibende Ueberschuss gebührt dem überlebenden Ehegatten und den antheilsberechtigten Abkömmlingen je zur Hälfte.

Was einer der Theilhaber zu dem Gesammtgute zu ersetzen verpflichtet ist, muss er sich auf seinen Theil anrechnen lassen. Soweit die Ersatzleistung des überlebenden Ehegatten nicht durch Anrechnung erfolgt, bleibt er den antheilsberechtigten Abkömmlingen verpflichtet.

§ 1477 Abs. 1. Die Theilung des Ueberschusses erfolgt nach den Vorschriften über die Gemeinschaft.

§ 1479*. Wird die fortgesetzte Gütergemeinschaft auf Grund des § 1495 durch Urtheil aufgehoben, so kann jeder antheilsberechtigte Abkömmling verlangen, dass die Auseinandersetzung so erfolgt, wie wenn der Anspruch auf Auseinandersetzung mit der Erhebung der Klage auf Aufhebung der Gütergemeinschaft rechtshängig geworden wäre.

§ 1480*. Wird eine Gesammtgutsverbindlichkeit nicht vor der Theilung des Gesammtguts berichtigt, so haftet dem Gläubiger auch der antheilsberechtigte Abkömmling persönlich als Gesammtschuldner, für den zur Zeit der Theilung eine solche Haftung nicht besteht. Seine Haftung beschränkt sich auf die ihm zugetheilten Gegenstände; die für die Haftung des Erben geltenden Vorschriften der §§ 1990, 1991 finden entsprechende Anwendung.

§ 1990. Der antheilsberechtigte Abkömmling kann die Befriedigung eines Gesammtgutsgläubigers insoweit verweigern, als die ihm zugetheilten Gegenstände nicht ausreichen. Der antheilsberechtigte Abkömmling ist in diesem Falle verpflichtet, die ihm zugetheilten Gegenstände zum Zwecke der Befriedigung des Gläubigers im Wege der Zwangsvollstreckung herauszugeben.*

Das Recht des antheilsberechtigten Abkömmlings wird nicht dadurch ausgeschlossen, dass der Gläubiger nach der Auseinandersetzung im Wege der Zwangsvollstreckung oder der Arrestvollziehung ein Pfandrecht oder eine Hypothek oder im Wege der einstweiligen Verfügung eine Vormerkung erlangt hat.

§ 1991. Macht der antheilsberechtigte Abkömmling von dem ihm nach § 1990 zustehenden Rechte Gebrauch, so finden auf seine Verantwortlichkeit und den Ersatz seiner Aufwendungen die Vorschriften der §§ 1978, 1979 Anwendung.*

Die in Folge der Auseinandersetzung durch Vereinigung von Recht und Verbindlichkeit oder von Recht und Belastung erloschenen Rechtsverhältnisse gelten im Verhältnisse zwischen dem Gläubiger und dem antheilsberechtigten Abkömmlinge als nicht erloschen.

Die rechtskräftige Verurtheilung des Abkömmlings zur Befriedigung eines Gläubigers wirkt einem anderen Gläubiger gegenüber wie die Befriedigung.

§ 1978. Der antheilsberechtigte Abkömmling ist für die Verwaltung der zugetheilten Gegenstände dem Gläubiger so verantwortlich, wie wenn er von der Zutheilung an die Verwaltung für ihn als Beauftragter zu führen gehabt hätte.*

Aufwendungen sind dem Abkömmlinge zu ersetzen, soweit er nach den Vorschriften über den Auftrag oder über die Geschäftsführung ohne Auftrag Ersatz verlangen könnte.

§ 1979. Die Berichtigung einer Gesammtgutsverbindlichkeit durch den antheilsberechtigten Abkömmling müssen die Gesammtgutsgläubiger als für Rechnung der zugetheilten Gegenstände erfolgt gelten lassen, wenn der Abkömmling den Umständen nach annehmen durfte, dass die zugetheilten Gegenstände zur Berichtigung aller nicht berichtigten Gesammtgutsverbindlichkeiten ausreichen.*

§ 1481*. Unterbleibt bei der Auseinandersetzung die Berichtigung einer Gesammtgutsverbindlichkeit, die im Verhältnisse der Theilhaber zu einander dem Gesammtgut oder dem überlebenden Ehegatten zur Last fällt, so hat der überlebende Ehegatte dafür einzustehen, dass die antheilsberechtigten Abkömmlinge von dem Gläubiger nicht in Anspruch genommen werden. Unterbleibt die Berichtigung einer Gesammtgutsverbindlichkeit, die im Verhältnisse der Theilhaber zu einander den antheilsberechtigten Abkömmlingen zur Last fällt, so haften die letzteren dem überlebenden Ehegatten bis zu dem Betrag, den sie bei der Theilung erhalten haben.

— Den überlebenden Ehegatten treffende Verbindlichkeiten.

§ 1499. Bei der Auseinandersetzung fallen dem überlebenden Ehegatten zur Last:

1. die ihm bei dem Eintritte der fortgesetzten Gütergemeinschaft obliegenden Gesammtgutsverbindlichkeiten, für die das eheliche Gesammtgut nicht haftete oder die im Verhältnisse der Ehegatten zu einander ihm zur Last fielen;
2. die nach dem Eintritte der fortgesetzten Gütergemeinschaft entstandenen Gesammtgutsverbindlichkeiten, die, wenn sie während der ehelichen Gütergemeinschaft in seiner Person entstanden wären, im Verhältnisse der Ehegatten zu einander ihm zur Last gefallen sein würden;
3. eine Ausstattung, die er einem antheilsberechtigten Abkömmling über das dem Gesammtgut entsprechende Maß hinaus oder die er einem nicht antheilsberechtigten Abkömmlinge versprochen oder gewährt hat.

— Die Abkömmlinge treffende Verbindlichkeiten.

§ 1500. Die antheilsberechtigten Abkömmlinge müssen sich Verbindlichkeiten des verstorbenen Ehegatten, die diesem im Verhältnisse der Ehegatten zu einander zur Last fielen, bei der Auseinandersetzung auf ihren Antheil insoweit anrechnen lassen, als der überlebende Ehegatte nicht von dem Erben des verstorbenen Ehegatten Deckung hat erlangen können.

In gleicher Weise haben sich die antheilsberechtigten Abkömmlinge anrechnen zu lassen, was der verstorbene Ehegatte zu dem Gesammtgute zu ersetzen hatte.

— Berechnung einer Abfindung.

§ 1501. Ist einem antheilsberechtigten Abkömmlinge für den Verzicht auf seinen Antheil eine Abfindung aus dem Gesammtgute gewährt worden, so wird sie bei der Auseinandersetzung in das Gesammtgut eingerechnet und auf die den Abkömmlingen gebührende Hälfte angerechnet.

Der überlebende Ehegatte kann mit den übrigen antheilsberechtigten Abkömmlingen schon vor der Aufhebung der fortgesetzten Gütergemeinschaft eine abweichende Vereinbarung treffen. Die Vereinbarung bedarf der gerichtlichen oder notariellen Beurkundung; sie ist auch denjenigen Abkömmlingen gegenüber wirksam, welche erst später in die fortgesetzte Gütergemeinschaft eintreten.

— Uebernahme des Gesammtguts.

§ 1502. Der überlebende Ehegatte ist berechtigt, das Gesammtgut oder einzelne dazu gehörende Gegenstände gegen Ersatz des Werthes zu übernehmen. Das Recht geht nicht auf den Erben über.

Wird die fortgesetzte Gütergemeinschaft auf Grund des § 1495 durch Urtheil aufgehoben, so steht dem überlebenden Ehegatten das im Abs. 1 bestimmte Recht nicht zu. Die antheilsberechtigten Abkömmlinge können in diesem Falle diejenigen Gegenstände gegen Ersatz des Werthes übernehmen, welche der verstorbene Ehegatte nach § 1477 Abs. 2 zu übernehmen berechtigt sein würde. Das Recht kann von ihnen nur gemeinschaftlich ausgeübt werden.

§ 1477 Abs. 2. Jeder Ehegatte kann gegen Ersatz des Werthes die ausschliesslich zu seinem persönlichen Gebrauche bestimmten Sachen, insbesondere Kleider, Schmucksachen und Arbeitsgeräthe, sowie diejenigen Gegenstände übernehmen, welche er in die Gütergemeinschaft eingebracht oder während der Gütergemeinschaft durch Erbfolge, durch Vermächtniss oder mit Rücksicht auf ein künftiges Erbrecht, durch Schenkung oder als Ausstattung erworben hat.

— Theilung unter den Abkömmlingen.

§ 1503. Mehrere antheilsberechtigte Abkömmlinge theilen die ihnen zufallende Hälfte des Gesammtguts nach dem Verhältnisse der Antheile, zu denen sie im Falle der gesetzlichen Erbfolge als Erben des verstorbenen Ehegatten berufen sein würden, wenn dieser erst zur Zeit der Beendigung der fortgesetzten Gütergemeinschaft gestorben wäre.

Das Vorempfangene kommt nach den für die Ausgleichung unter Abkömmlingen geltenden Vorschriften zur Ausgleichung, soweit nicht eine solche bereits bei der Theilung des Nachlasses des verstorbenen Ehegatten erfolgt ist.

Ist einem Abkömmlinge, der auf seinen Antheil verzichtet hat, eine Abfindung aus dem Gesammtgute gewährt worden, so fällt sie den Abkömmlingen zur Last, denen der Verzicht zu Statten kommt.

§ 1504. Soweit die antheilsberechtigten Abkömmlinge nach § 1480 den Gesammtgutsgläubigern haften, sind sie im Verhältnisse zu einander nach der Größe ihres Antheils an dem Gesammtgute verpflichtet. Die Verpflichtung beschränkt sich auf die ihnen zugetheilten Gegenstände; die für die Haftung des Erben geltenden Vorschriften der §§ 1990, 1991 finden entsprechende Anwendung.

§ 1480. Wird eine Gesammtgutsverbindlichkeit nicht vor der Theilung des Gesammtguts berichtigt, so haftet dem Gläubiger auch der Abkömmling persönlich als Gesammtschuldner, für den zur Zeit der Theilung eine solche Haftung nicht besteht. Seine Haftung beschränkt sich auf die ihm zugetheilten Gegenstände; die für die Haftung des Erben geltenden Vorschriften der §§ 1990, 1991 finden entsprechende Anwendung.

§ 1990*. Der antheilsberechtigte Abkömmling kann die Befriedigung der Forderung insoweit verweigern, als die ihm zugetheilten Gegenstände nicht ausreichen. Der antheilsberechtigte Abkömmling ist in diesem Falle verpflichtet, die ihm zugetheilten Gegenstände zum Zwecke der Befriedigung des Gläubigers im Wege der Zwangsvollstreckung herauszugeben.

Das Recht des antheilsberechtigten Abkömmlings wird nicht dadurch ausgeschlossen, dass der Gläubiger nach der Auseinandersetzung im Wege der Zwangsvollstreckung oder der Arrestvollziehung ein Pfandrecht oder eine Hypothek oder im Wege der einstweiligen Verfügung eine Vormerkung erlangt hat.

§ 1991*. Macht der antheilsberechtigte Abkömmling von dem ihm nach § 1990 zustehenden Rechte Gebrauch, so finden auf seine Verantwortlichkeit und den Ersatz seiner Aufwendungen die Vorschriften der §§ 1978, 1979 (s. § 1498) Anwendung.

Die in Folge der Auseinandersetzung durch Vereinigung von Recht und Verbindlichkeit oder von Recht und Belastung erloschenen Rechtsverhältnisse gelten im Verhältnisse zwischen dem Gläubiger und dem antheilsberechtigten Abkömmling als nicht erloschen.

Die rechtskräftige Verurtheilung des antheilsberechtigten Abkömmlings zur Befriedigung eines Gläubigers wirkt einem anderen Gläubiger gegenüber wie die Befriedigung.

Anspruch auf den Pflichttheil.

§ 1505. Die Vorschriften über das Recht auf Ergänzung des Pflichttheils finden zu Gunsten eines antheilsberechtigten Abkömmlinges entsprechende Anwendung; an die Stelle des Erbfalls tritt die Beendigung der fortgesetzten Gütergemeinschaft, als gesetzlicher Erbtheil gilt der dem Abkömmlinge zur Zeit der Beendigung gebührende Antheil an dem Gesammtgut, als Pflichttheil gilt die Hälfte des Werthes dieses Antheils.

Erbunwürdigkeit eines Abkömmlings.

§ 1506. Ist ein gemeinschaftlicher Abkömmling erbunwürdig, so ist er auch des Antheils an dem Gesammtgut unwürdig. Die Vorschriften über die Erbunwürdigkeit finden entsprechende Anwendung.

Zeugniss über die Fortsetzung der Gütergemeinschaft.

§ 1507. Das Nachlaßgericht hat dem überlebenden Ehegatten auf Antrag ein Zeugniß über die Fortsetzung der Gütergemeinschaft zu ertheilen. Die Vorschriften über den Erbschein finden entsprechende Anwendung.

Ausschliessung der fortgesetzten Gütergemeinschaft
1. durch Ehevertrag.

§ 1508. Die Ehegatten können die Fortsetzung der Gütergemeinschaft durch Ehevertrag ausschließen.

Auf einen Ehevertrag, durch welchen die Fortsetzung der Gütergemeinschaft ausgeschlossen, oder die Ausschließung aufgehoben wird, finden die Vorschriften des § 1437 Anwendung.

§ 1437*. Der betreffende Ehevertrag kann nicht durch einen gesetzlichen Vertreter geschlossen werden.

Ist einer der Vertragschliessenden in der Geschäftsfähigkeit beschränkt, so bedarf er der Zustimmung seines gesetzlichen Vertreters. Ist der gesetzliche Vertreter ein Vormund, so ist die Genehmigung des Vormundschaftsgerichts erforderlich.

2. durch letztwillige Verfügung.

§ 1509. Jeder Ehegatte kann für den Fall, daß die Ehe durch seinen Tod aufgelöst wird, die Fortsetzung der Gütergemeinschaft durch letztwillige Verfügung ausschließen, wenn er berechtigt ist, dem anderen Ehegatten den Pflichttheil zu entziehen oder auf Aufhebung der Gütergemeinschaft zu klagen. Auf die Ausschließung finden die Vorschriften über die Entziehung des Pflichttheils entsprechende Anwendung.

— Folgen der Ausschliessung.

§ 1510. Wird die Fortsetzung der Gütergemeinschaft ausgeschlossen, so gilt das Gleiche wie im Falle des § 1482.

§ 1482*. Der Antheil des verstorbenen Ehegatten am Gesammtgute gehört zu seinem Nachlasse. Die Beerbung des Ehegatten erfolgt nach den allgemeinen Vorschriften.

Ausschliessung eines Abkömmlings.

§ 1511. Jeder Ehegatte kann für den Fall, daß die Ehe durch seinen Tod aufgelöst wird, einen gemeinschaftlichen Abkömmling von der fortgesetzten Gütergemeinschaft durch letztwillige Verfügung ausschließen.

Der ausgeschlossene Abkömmling kann, unbeschadet seines Erbrechts, aus dem Gesammtgute der fortgesetzten Gütergemeinschaft die Zahlung des Betrags verlangen, der ihm von dem Gesammtgute der ehelichen Gütergemeinschaft als Pflichttheil gebühren würde, wenn die fortgesetzte Gütergemeinschaft nicht eingetreten wäre. Die für den Pflichttheilsanspruch geltenden Vorschriften finden entsprechende Anwendung.

Der dem ausgeschlossenen Abkömmlinge gezahlte Betrag wird bei der Auseinandersetzung den antheilsberechtigten Abkömmlingen nach Maßgabe des § 1500 angerechnet. Im Verhältnisse der Abkömmlinge zu einander fällt er den Abkömmlingen zur Last, denen die Ausschließung zu Statten kommt.

Herabsetzung des Antheils.

§ 1512. Jeder Ehegatte kann für den Fall, daß mit seinem Tode die fortgesetzte Gütergemeinschaft eintritt, den einem antheilsberechtigten Abkömmlinge nach der Beendigung der fortgesetzten Gütergemeinschaft gebührenden Antheil an dem Gesammtgute durch letztwillige Verfügung bis auf die Hälfte herabsetzen.

Entziehung des Antheils.

§ 1513. Jeder Ehegatte kann für den Fall, daß mit seinem Tode die fortgesetzte Gütergemeinschaft eintritt, einem antheilsberechtigten Abkömmlinge den diesem nach der Beendigung der fortgesetzten Gütergemeinschaft gebührenden Antheil an dem Gesammtgute durch letztwillige Verfügung entziehen, wenn er berechtigt ist, dem Abkömmlinge den Pflichttheil zu entziehen. Die Vorschriften des § 2336 Abs. 2 bis 4 finden entsprechende Anwendung.

Der Ehegatte kann, wenn er nach § 2338 berechtigt ist, das Pflichttheilsrecht des Abkömmlinges zu beschränken, den Antheil des Abkömmlinges am Gesammtgut einer entsprechenden Beschränkung unterwerfen.

§ 2336 Abs. 2*, 3, 4. Der Grund der Entziehung muss zur Zeit der Errichtung der letztwilligen Verfügung bestehen und in der Verfügung angegeben werden.

Der Beweis des Grundes liegt demjenigen ob, welcher die Entziehung geltend macht.

Im Falle des § 2333 Nr. 5 ist die Entziehung unwirksam, wenn sich der Abkömmling zur Zeit des Erbfalls von dem ehrlosen oder unsittlichen Lebenswandel dauernd abgewendet hat.

§ 2333 Nr. 5. Wenn der Abkömmling einen ehrlosen oder unsittlichen Lebenswandel wider den Willen des Erblassers führt.

§ 2338. Hat sich ein Abkömmling in solchem Masse der Verschwendung ergeben oder ist er in solchem Masse überschuldet, dass sein späterer Erwerb erheblich gefährdet wird, so kann der Erblasser das Pflichttheilsrecht des Abkömmlinges durch die Anordnung beschränken, dass nach dem Tode des Abkömmlinges dessen gesetzliche Erben das ihm Hinterlassene oder den ihm gebührenden Pflichttheil als Nacherben oder als Nachvermächtnissnehmer nach dem Verhältniss ihrer gesetzlichen Erbtheile erhalten sollen. Der Erblasser kann auch für die Lebenszeit des Abkömmlinges die Verwaltung einem Testamentsvollstrecker übertragen; der Abkömmling hat in einem solchen Falle Anspruch auf den jährlichen Reinertrag.

Auf Anordnungen dieser Art finden die Vorschriften des § 2336 Abs. 1 bis 3 entsprechende Anwendung. Die Anordnungen sind unwirksam, wenn zur Zeit des Erbfalls der Abkömmling sich dauernd von dem verschwenderischen Leben abgewendet hat oder die den Grund der Anordnung bildende Ueberschuldung nicht mehr besteht.

§ 2336 Abs. 1. Die Anordnung erfolgt durch letztwillige Verfügung.*

§ 2336 Abs. 2, 3 s. oben.

Zuwendung des Antheils an Dritte.

§ 1514. Jeder Ehegatte kann den Betrag, den er nach § 1512 oder nach § 1513 Abs. 1 einem Abkömmling entzieht, auch einem Dritten durch letztwillige Verfügung zuwenden.

Letztwillige Bestimmungen über die Theilung.

§ 1515. Jeder Ehegatte kann für den Fall, daß mit seinem Tode die fortgesetzte Gütergemeinschaft eintritt, durch letztwillige Verfügung anordnen, daß ein antheilsberechtigter Abkömmling das Recht haben soll, bei der Theilung das Gesammtgut oder einzelne dazu gehörende Gegenstände gegen Ersatz des Werthes zu übernehmen.

Gehört zu dem Gesammtgut ein Landgut, so kann angeordnet werden, daß das Landgut mit dem Ertragswerth oder mit einem Preise, der den Ertragswerth mindestens erreicht, angesetzt werden soll. Die für die Erbfolge geltenden Vorschriften des § 2049 finden Anwendung.

Das Recht, das Landgut zu dem im Abs. 2 bezeichneten Werthe oder Preise zu übernehmen, kann auch dem überlebenden Ehegatten eingeräumt werden.

§ 2049*. Im Zweifel ist anzunehmen, dass das Landgut zu dem Ertragswerth angesetzt werden soll.

Der Ertragswerth bestimmt sich nach dem Reinertrage, den das Landgut nach seiner bisherigen wirthschaftlichen Bestimmung bei ordnungsmässiger Bewirthschaftung nachhaltig gewähren kann.

Zustimmung des anderen Ehegatten.

§ 1516. Zur Wirksamkeit der in den §§ 1511 bis 1515 bezeichneten Verfügungen eines Ehegatten ist die Zustimmung des anderen Ehegatten erforderlich.

Die Zustimmung kann nicht durch einen Vertreter ertheilt werden. Ist der Ehegatte in der Geschäftsfähigkeit beschränkt, so ist die Zustimmung seines gesetzlichen Vertreters nicht erforderlich. Die Zustimmungserklärung bedarf der gerichtlichen oder notariellen Beurkundung. Die Zustimmung ist unwiderruflich.

Die Ehegatten können die in den §§ 1511 bis 1515 bezeichneten Verfügungen auch in einem gemeinschaftlichen Testamente treffen.

Verzicht eines Abkömmlings auf seinen Antheil.

§ 1517. Zur Wirksamkeit eines Vertrags, durch den ein gemeinschaftlicher Abkömmling einem der Ehegatten gegenüber für den Fall, daß die Ehe durch dessen Tod aufgelöst wird, auf seinen Antheil am Gesammtgute der fortgesetzten Gütergemeinschaft verzichtet oder durch den ein solcher Verzicht aufgehoben wird, ist die Zustimmung des anderen Ehegatten erforderlich. Für die Zustimmung gelten die Vorschriften des § 1516 Abs. 2 Satz 3, 4.

Die für den Erbverzicht geltenden Vorschriften finden entsprechende Anwendung.

Zwingender Charakter der Normen über fortgesetzte Gütergemeinschaft.

§ 1518. Anordnungen, die mit den Vorschriften der §§ 1483 bis 1517 in Widerspruch stehen, können von den Ehegatten weder durch letztwillige Verfügung noch durch Vertrag getroffen werden.

3. Errungenschaftsgemeinschaft.

Gesammtgut.

§ 1519. Was der Mann oder die Frau während der Errungenschaftsgemeinschaft erwirbt, wird gemeinschaftliches Vermögen beider Ehegatten (Gesammtgut).

Auf das Gesammtgut finden die für die allgemeine Gütergemeinschaft geltenden Vorschriften des § 1438 Abs. 2, 3 und der §§ 1442 bis 1453, 1455 bis 1457 Anwendung.

§ 1438 Abs. 2, 3. Die einzelnen Gegenstände werden gemeinschaftlich, ohne dass es einer Uebertragung durch Rechtsgeschäft bedarf.

Wird ein Recht gemeinschaftlich, das im Grundbuch eingetragen ist oder in das Grundbuch eingetragen werden kann, so kann jeder Ehegatte von dem anderen die Mitwirkung zur Berichtigung des Grundbuchs verlangen.

— Rechtliche Natur.

§ 1442. Ein Ehegatte kann nicht über seinen Antheil an dem Gesammtgut und an den einzelnen dazu gehörenden Gegenständen verfügen; er ist nicht berechtigt, Theilung zu verlangen.

Gegen eine Forderung, die zu dem Gesammtgute gehört, kann der Schuldner nur eine Forderung aufrechnen, deren Berichtigung aus dem Gesammtgute verlangt werden kann.

— Verwaltungsbefugnisse des Mannes.

§ 1443. Das Gesammtgut unterliegt der Verwaltung des Mannes. Der Mann ist insbesondere berechtigt, die zu dem Gesammtgute gehörenden Sachen in Besitz zu nehmen, über das Gesammtgut zu verfügen sowie Rechtsstreitigkeiten, die sich auf das Gesammtgut beziehen, im eigenen Namen zu führen.

Die Frau wird durch die Verwaltungshandlungen des Mannes weder Dritten noch dem Manne gegenüber persönlich verpflichtet.

— Einwilligung der Frau erforderlich.

§ 1444. Der Mann bedarf der Einwilligung der Frau zu einem Rechtsgeschäfte, durch das er sich zu einer Verfügung über das Gesammtgut im Ganzen verpflichtet, sowie zu einer Verfügung über Gesammtgut, durch die eine ohne Zustimmung der Frau eingegangene Verpflichtung dieser Art erfüllt werden soll.

§ 1445. Der Mann bedarf der Einwilligung der Frau zur Verfügung über ein zu dem Gesammtgute gehörendes Grundstück sowie zur Eingehung der Verpflichtung zu einer solchen Verfügung.

1446. Der Mann bedarf der Einwilligung der Frau zu einer Schenkung aus dem Gesammtgute sowie zu einer Verfügung über Gesammtgut, durch welche das ohne Zustimmung der Frau ertheilte Versprechen einer solchen Schenkung erfüllt werden soll. Das Gleiche gilt von einem Schenkungsversprechen, das sich nicht auf das Gesammtgut bezieht.

Ausgenommen sind Schenkungen, durch die einer sittlichen Pflicht oder einer auf den Anstand zu nehmenden Rücksicht entsprochen wird.

— — Ersetzung der Zustimmung.

§ 1447. Ist zur ordnungsmässigen Verwaltung des Gesammtguts ein Rechtsgeschäft der in den §§ 1444, 1445 bezeichneten Art erforderlich, so kann die Zustimmung der Frau auf Antrag des Mannes durch das Vormundschaftsgericht ersetzt werden, wenn die Frau sie ohne ausreichenden Grund verweigert.

Das Gleiche gilt, wenn die Frau durch Krankheit oder durch Abwesenheit an der Abgabe einer Erklärung verhindert und mit dem Aufschube Gefahr verbunden ist.

— — Mangel der Einwilligung.

§ 1448. Nimmt der Mann ohne Einwilligung der Frau ein Rechtsgeschäft der in den §§ 1444 bis 1446 bezeichneten Art vor, so finden die für eine Verfügung der Frau über eingebrachtes Gut geltenden Vorschriften des § 1396 Abs. 1, 3 und der §§ 1397, 1398 entsprechende Anwendung.

Fordert bei einem Vertrage der andere Theil den Mann auf, die Genehmigung der Frau zu beschaffen, so kann die Erklärung über die Genehmigung nur ihm gegenüber erfolgen; eine vor der Aufforderung dem Manne gegenüber erklärte Genehmigung oder Verweigerung der Genehmigung wird unwirksam. Die Genehmigung kann nur bis zum Ablaufe von zwei Wochen nach dem Empfange der Aufforderung erklärt werden; wird sie nicht erklärt, so gilt sie als verweigert.

Wird die Genehmigung der Frau durch das Vormundschaftsgericht ersetzt, so ist im Falle einer Aufforderung nach Abs. 2 der Beschluss nur wirksam, wenn der Mann ihn dem anderen Theile mittheilt; die Vorschriften des Abs. 2 Satz 2 finden entsprechende Anwendung.

§ 1396, Abs. 1, 3*. Schliesst der Mann ohne Einwilligung der Frau einen Vertrag der in den §§ 1444—1446 bezeichneten Art, so hängt die Wirksamkeit des Vertrags von der Genehmigung der Frau ab.*

Verweigert die Frau die Genehmigung, so wird der Vertrag nicht dadurch wirksam, dass die Errungenschaftsgemeinschaft aufhört.

§ 1397. Bis zur Genehmigung des Vertrags ist der andere Theil zum Widerrufe berechtigt. Der Widerruf kann auch dem Manne gegenüber erklärt werden.*

Hat der andere Theil gewusst, dass die Ehegatten in Errungenschaftsgemeinschaft leben, so kann er nur widerrufen, wenn der Mann der Wahrheit zuwider die Einwilligung der Frau behauptet hat; er kann auch in diesem Falle nicht widerrufen, wenn ihm das Fehlen der Einwilligung bei dem Abschlusse des Vertrags bekannt war.

§ 1398. Ein einseitiges Rechtsgeschäft der in den §§ 1444—1446 bezeichneten Art, das der Mann ohne Einwilligung der Frau über das Gesammtgut eingeht, ist unwirksam.*

§ 1449. Verfügt der Mann ohne die erforderliche Zustimmung der Frau über ein zu dem Gesammtgute gehörendes Recht, so kann die Frau das Recht ohne Mitwirkung des Mannes gegen Dritte gerichtlich geltend machen.

— Verwaltungsbefugniss der Frau.

§ 1450. Ist der Mann durch Krankheit oder durch Abwesenheit verhindert, ein sich auf das Gesammtgut beziehendes Rechtsgeschäft vorzunehmen oder einen sich auf das Gesammtgut beziehenden Rechtsstreit zu führen, so kann die Frau im eigenen Namen oder im Namen des Mannes das Rechtsgeschäft vornehmen oder den Rechtsstreit führen, wenn mit dem Aufschube Gefahr verbunden ist.

— Ersetzung der Zustimmung des Mannes.

§ 1451. Ist zur ordnungsmässigen Besorgung der persönlichen Angelegenheiten der Frau ein Rechtsgeschäft erforderlich, das die Frau mit Wirkung für das Gesammtgut nicht ohne Zustimmung des Mannes vornehmen kann, so kann die Zustimmung auf Antrag der Frau durch das Vormundschaftsgericht ersetzt werden, wenn der Mann sie ohne ausreichenden Grund verweigert.

— Betrieb eines Erwerbsgeschäftes durch die Frau.

§ 1452. Auf den selbständigen Betrieb eines Erwerbsgeschäfts durch die Frau finden die Vorschriften des § 1405 entsprechende Anwendung.

§ 1405. Ertheilt der Mann der Frau die Einwilligung zum selbständigen Betrieb eines Erwerbsgeschäfts, so ist seine Zustimmung zu solchen Rechtsgeschäften und Rechtsstreitigkeiten nicht erforderlich, die der Geschäftsbetrieb mit sich bringt. Einseitige Rechtsgeschäfte, die sich auf das Erwerbsgeschäft beziehen, sind der Frau gegenüber vorzunehmen.

Der Einwilligung des Mannes in den Geschäftsbetrieb steht es gleich, wenn die Frau mit Wissen und ohne Einspruch des Mannes das Erwerbsgeschäft betreibt.

Dritten gegenüber ist ein Einspruch und der Widerruf der Einwilligung nur nach Massgabe des § 1435 wirksam.

§ 1435. Aus dem Einspruch oder dem Widerruf der Einwilligung können einem Dritten gegenüber Einwendungen gegen ein zwischen ihm und der Frau vorgenommenes Rechtsgeschäft oder gegen ein zwischen ihnen ergangenes rechtskräftiges Urtheil nur hergeleitet werden, wenn zur Zeit der Vornahme des Rechtsgeschäfts oder zur Zeit des Eintritts der Rechtshängigkeit der Einspruch oder der Widerruf der Einwilligung in dem Güterrechtsregister des zuständigen Amtsgerichts eingetragen oder dem Dritten bekannt war.*

— Zustimmung des Mannes nicht erforderlich.

§ 1453. Zur Annahme oder Ausschlagung einer der Frau angefallenen Erbschaft oder eines ihr angefallenen Vermächtnisses ist nur die Frau berechtigt; die Zustimmung des Mannes ist nicht erforderlich. Das Gleiche gilt von dem Verzicht auf den Pflichttheil sowie von der Ablehnung eines der Frau gemachten Vertragsantrags oder einer Schenkung.

Zur Errichtung des Inventars über eine der Frau angefallene Erbschaft bedarf die Frau nicht der Zustimmung des Mannes.

— Anspruch eines Ehegatten auf Herausgabe der Bereicherung des Gesammtguts.

§ 1455. Wird durch ein Rechtsgeschäft, das der Mann oder die Frau ohne die erforderliche Zustimmung des anderen Ehegatten vornimmt, das Gesammtgut bereichert, so kann die Herausgabe der Bereicherung aus dem Gesammtgute nach den Vorschriften über die Herausgabe einer ungerechtfertigten Bereicherung gefordert werden.

— Haftung des Mannes.

§ 1456. Der Mann ist der Frau für die Verwaltung des Gesammtguts nicht verantwortlich. Er hat jedoch für eine Verminderung des Gesammtguts zu diesem Ersatz zu leisten, wenn er die Verminderung in der Absicht, die Frau zu benachtheiligen, oder durch ein Rechtsgeschäft herbeiführt, das er ohne die erforderliche Zustimmung der Frau vornimmt.

— **Bevormundeter Mann.**

§ 1457. Steht der Mann unter Vormundschaft, so hat ihn der Vormund in den Rechten und Pflichten zu vertreten, die sich aus der Verwaltung des Gesammtguts ergeben. Dies gilt auch dann, wenn die Frau Vormund des Mannes ist.

Eingebrachtes Gut.

§ 1520. Eingebrachtes Gut eines Ehegatten ist, was ihm bei dem Eintritte der Errungenschaftsgemeinschaft gehört.

§ 1521. Eingebrachtes Gut eines Ehegatten ist, was er von Todeswegen oder mit Rücksicht auf ein künftiges Erbrecht, durch Schenkung oder als Ausstattung erwirbt. Ausgenommen ist ein Erwerb, der den Umständen nach zu den Einkünften zu rechnen ist.

§ 1522. Eingebrachtes Gut eines Ehegatten sind Gegenstände, die nicht durch Rechtsgeschäft übertragen werden können, sowie Rechte, die mit seinem Tode erlöschen oder deren Erwerb durch den Tod eines der Ehegatten bedingt ist.

§ 1523. Eingebrachtes Gut eines Ehegatten ist, was durch Ehevertrag für eingebrachtes Gut erklärt ist.

§ 1524. Eingebrachtes Gut eines Ehegatten ist, was er auf Grund eines zu seinem eingebrachten Gute gehörenden Rechtes oder als Ersatz für die Zerstörung, Beschädigung oder Entziehung eines zum eingebrachten Gute gehörenden Gegenstandes oder durch ein Rechtsgeschäft erwirbt, das sich auf das eingebrachte Gut bezieht. Ausgenommen ist der Erwerb aus dem Betrieb eines Erwerbsgeschäfts.

Die Zugehörigkeit einer durch Rechtsgeschäft erworbenen Forderung zum eingebrachten Gute hat der Schuldner erst dann gegen sich gelten zu lassen, wenn er von der Zugehörigkeit Kenntniß erlangt; die Vorschriften der §§ 406 bis 408 finden entsprechende Anwendung.

§ 406*. Der Schuldner kann eine ihm gegen den Ehegatten, der das Rechtsgeschäft vorgenommen hat, zustehende Forderung auch dem Gesammtgute gegenüber aufrechnen, es sei denn, dass er bei dem Erwerbe der Forderung von der Zugehörigkeit der Forderung zum eingebrachten Gute Kenntniss hatte oder dass die Forderung erst nach der Erlangung der Kenntniss und später als die zu dem Gesammtgute gehörende Forderung fällig geworden ist.

§ 407*. Eine Leistung, die der Schuldner an den Ehegatten, der das Rechtsgeschäft vorgenommen hat, bewirkt, sowie jedes Rechtsgeschäft, das zwischen dem Schuldner und diesem Ehegatten in Ansehung der Forderung vorgenommen wird, ist dem Gesammtgute gegenüber wirksam, es sei denn, dass der Schuldner die Zugehörigkeit der Forderung zum eingebrachten Gute bei der Leistung oder der Vornahme das Rechtsgeschäfts kennt.

Ist in einem zwischen dem Schuldner und dem Ehegatten, der das Rechtsgeschäft vorgenommen hat, anhängig gewordenen Rechtsstreit ein rechtskräftiges Urtheil über die Forderung ergangen, so ist das Urtheil gegenüber dem Gesammtgut wirksam, es sei denn, dass der Schuldner die Zugehörigkeit der Forderung zu dem eingebrachten Gute bei dem Eintritte der Rechtshängigkeit gekannt hat.

§ 408*. Wird eine nach § 1524 zu dem eingebrachten Gute gehörende Forderung von dem Ehegatten, der die Forderung durch Rechtsgeschäft erworben hat, an einen Dritten abgetreten, so finden, wenn der Schuldner an den Dritten leistet oder wenn zwischen dem Schuldner und dem Dritten ein Rechtsgeschäft vorgenommen oder ein Rechtsstreit anhängig wird, zu Gunsten des Schuldners die Vorschriften des § 407 dem Ehegatten gegenüber entsprechende Anwendung.

Das Gleiche gilt, wenn die nach § 1524 zu dem eingebrachten Gute gehörende Forderung durch gerichtlichen Beschluss einem Dritten überwiesen wird oder wenn der Ehegatte dem Dritten gegenüber anerkennt, dass die bereits abgetretene Forderung kraft Gesetzes auf den Dritten übergegangen sei.

— **Rechtsverhältnisse des eingebrachten Gutes.**

§ 1525. Das eingebrachte Gut wird für Rechnung des Gesammtguts in der Weise verwaltet, daß die Nutzungen, welche nach den für den Güterstand der Verwaltung und Nutznießung geltenden Vorschriften dem Manne zufallen, zu dem Gesammtgute gehören.

Auf das eingebrachte Gut der Frau finden im Uebrigen die Vorschriften der §§ 1373 bis 1383, 1390 bis 1417 entsprechende Anwendung.

— **Eingebrachtes Gut der Frau.** — **Recht auf Besitz.**

§ 1373. Der Mann ist berechtigt, die zum eingebrachten Gute gehörenden Sachen in Besitz zu nehmen.

— **Ordnungsmässige Verwaltung.**

§ 1374. Der Mann hat das eingebrachte Gut ordnungsmässig zu verwalten. Ueber den Stand der Verwaltung hat er der Frau auf Verlangen Auskunft zu ertheilen.

— **Schranken des Verwaltungsrechts.**

§ 1375. Das Verwaltungsrecht des Mannes umfasst nicht die Befugniss, die Frau durch Rechtsgeschäfte zu verpflichten oder über eingebrachtes Gut ohne ihre Zustimmung zu verfügen.

— **Freies Verfügungsrecht.**

§ 1376. Ohne Zustimmung der Frau kann der Mann:

1. über Geld und andere verbrauchbare Sachen der Frau verfügen;
2. Forderungen der Frau gegen solche Forderungen an die Frau, deren Berichtigung aus dem eingebrachten Gute verlangt werden kann, aufrechnen;
3. Verbindlichkeiten der Frau zur Leistung eines zum eingebrachten Gute gehörenden Gegenstandes durch Leistung des Gegenstandes erfüllen.

§ 1377. Der Mann soll Verfügungen, zu denen er nach § 1376 ohne Zustimmung der Frau berechtigt ist, nur zum Zwecke ordnungsmässiger Verwaltung des eingebrachten Gutes vornehmen.

Das zum eingebrachten Gute gehörende Geld hat der Mann nach den für die Anlegung von Mündelgeld geltenden Vorschriften für die Frau verzinslich anzulegen, soweit es nicht zur Bestreitung von Ausgaben bereit zu halten ist.

Andere verbrauchbare Sachen darf der Mann auch für sich veräussern oder verbrauchen. Macht er von dieser Befugniss Gebrauch, so hat er den Werth der Sachen nach der Beendigung der Verwaltung und Nutzniessung zu ersetzen; der Ersatz ist schon vorher zu leisten, soweit die ordnungsmässige Verwaltung des eingebrachten Gutes es erfordert.

§ 1378. Gehört zum eingebrachten Gute ein Grundstück sammt Inventar, so bestimmen sich die Rechte und die Pflichten des Mannes in Ansehung des Inventars nach den für den Niessbrauch geltenden Vorschriften des § 1048 Abs. 1.

§ 1048 Abs. 1. Der Mann kann über die einzelnen Stücke des Inventars innerhalb der Grenzen einer ordnungsmässigen Wirthschaft verfügen. Er hat für den gewöhnlichen Abgang sowie für die nach den Regeln einer ordnungsmässigen Wirthschaft ausscheidenden Stücke Ersatz zu beschaffen; die von ihm angeschafften Stücke werden mit der Einverleibung in das Inventar Eigenthum der Frau.*

— **Ersetzung der Zustimmung der Frau.**

§ 1379. Ist zur ordnungsmässigen Verwaltung des eingebrachten Gutes ein Rechtsgeschäft erforderlich, zu dem der Mann der Zustimmung der Frau bedarf, so kann die Zustimmung auf Antrag des Mannes durch das Vormundschaftsgericht ersetzt werden, wenn die Frau sie ohne ausreichenden Grund verweigert.

Das Gleiche gilt, wenn die Frau durch Krankheit oder durch Abwesenheit an der Abgabe einer Erklärung verhindert und mit dem Aufschube Gefahr verbunden ist.

— **Prozessführung des Mannes.**

§ 1380. Der Mann kann ein zum eingebrachten Gute gehörendes Recht im eigenen Namen gerichtlich geltend machen. Ist er befugt, über das Recht ohne Zustimmung der Frau zu verfügen, so wirkt das Urtheil auch für und gegen die Frau.

— **Erwerb aus Mitteln und für Rechnung des eingebrachten Guts.**

§ 1381. Erwirbt der Mann mit Mitteln des eingebrachten Gutes bewegliche Sachen, so geht mit dem Erwerbe das Eigenthum auf die Frau über, es sei denn, dass der Mann nicht für Rechnung des eingebrachten Gutes erwerben will. Dies gilt insbesondere auch von Inhaberpapieren und von Orderpapieren, die mit Blankoindossament versehen sind.

Die Vorschriften des Abs. 1 finden entsprechende Anwendung, wenn der Mann mit Mitteln des eingebrachten Gutes ein Recht an Sachen der bezeichneten Art oder ein anderes Recht erwirbt, zu dessen Uebertragung der Abtretungsvertrag genügt.

— **Haushaltsgegenstände.**

§ 1382. Haushaltsgegenstände, die der Mann an Stelle der von der Frau eingebrachten, nicht mehr vorhandenen oder werthlos gewordenen Stücke anschafft, werden eingebrachtes Gut.

— **Erwerb der Nutzungen durch den Mann.**

§ 1383. Der Mann erwirbt die Nutzungen des eingebrachten Gutes in derselben Weise und in demselben Umfange wie ein Niessbraucher (und zwar für das Gesammtgut).

— **Ersatz für Aufwendungen.**

§ 1390*. Macht der Mann zum Zwecke der Verwaltung des eingebrachten Gutes Aufwendungen, die er den Umständen nach für erforderlich halten darf, so kann er von der Frau Ersatz verlangen, sofern nicht die Aufwendungen nach § 1529 dem Gesammtgut zur Last fallen.

— **Anspruch der Frau auf Sicherheitsleistung.**

§ 1391. Wird durch das Verhalten des Mannes die Besorgniss begründet, dass die Rechte der Frau in einer das eingebrachte Gut erheblich gefährdenden Weise verletzt werden, so kann die Frau von dem Manne Sicherheitsleistung verlangen.

Das Gleiche gilt, wenn die der Frau aus der Verwaltung und Nutzniessung des Mannes zustehenden Ansprüche auf Ersatz des Werthes verbrauchbarer Sachen erheblich gefährdet sind.

— **auf Hinterlegung.**

§ 1392. Liegen die Voraussetzungen vor, unter denen der Mann zur Sicherheitsleistung verpflichtet ist, so kann die Frau auch verlangen, dass der Mann die zum eingebrachten Gute gehörenden Inhaberpapiere nebst den Erneuerungsscheinen bei einer Hinterlegungsstelle oder bei der Reichsbank mit der Bestimmung hinterlegt, dass die Herausgabe von dem Manne nur mit Zustimmung der Frau verlangt werden kann. Die Hinterlegung von Inhaberpapieren, die nach § 92 zu den verbrauchbaren Sachen gehören, sowie von Zins-, Renten- oder Gewinnantheilscheinen kann nicht verlangt werden. Den Inhaberpapieren stehen Orderpapiere gleich, die mit Blankoindossament versehen sind.

Ueber die hinterlegten Papiere kann der Mann auch eine Verfügung, zu der er nach § 1376 berechtigt ist, nur mit Zustimmung der Frau treffen.

§ 1393. Der Mann kann die Inhaberpapiere, statt sie nach § 1392 zu hinterlegen, auf den Namen der Frau umschreiben oder, wenn sie von dem Reiche oder einem Bundesstaat ausgestellt sind, in Buchforderungen gegen das Reich oder den Bundesstaat umwandeln lassen.

— **Zeitliche Beschränkung hinsichtlich der Geltendmachung der Ansprüche der Frau.**

§ 1394*. Die Frau kann Ansprüche, die ihr auf Grund der Verwaltung und Nutzniessung gegen den Mann zustehen, erst nach der Beendigung der

Errungenschaftsgemeinschaft gerichtlich geltend machen, es sei denn, dass die Voraussetzungen vorliegen, unter denen die Frau nach § 1391 Sicherheitsleistung verlangen kann.

— Verfügungen der Frau über eingebrachtes Gut.

§ 1395. Die Frau bedarf zur Verfügung über eingebrachtes Gut der Einwilligung des Mannes.

— durch Vertrag.

§ 1396*. Verfügt die Frau durch Vertrag ohne Einwilligung des Mannes über eingebrachtes Gut, so hängt die Wirksamkeit des Vertrags von der Genehmigung des Mannes ab.

Fordert der andere Theil den Mann zur Erklärung über die Genehmigung auf, so kann die Erklärung nur ihm gegenüber erfolgen; eine vor der Aufforderung der Frau gegenüber erklärte Genehmigung oder Verweigerung der Genehmigung wird unwirksam. Die Genehmigung kann nur bis zum Ablaufe von zwei Wochen nach dem Empfange der Aufforderung erklärt werden; wird sie nicht erklärt, so gilt sie als verweigert.

Verweigert der Mann die Genehmigung, so wird der Vertrag nicht dadurch wirksam, dass die Errungenschaftsgemeinschaft endigt.

§ 1397. Bis zur Genehmigung des Vertrags ist der andere Theil zum Widerrufe berechtigt. Der Widerruf kann auch der Frau gegenüber erklärt werden.

Hat der andere Theil gewusst, dass die Frau Ehefrau ist, so kann er nur widerrufen, wenn die Frau der Wahrheit zuwider die Einwilligung des Mannes behauptet hat; er kann auch in diesem Falle nicht widerrufen, wenn ihm das Fehlen der Einwilligung bei dem Abschlusse des Vertrags bekannt war.

— durch einseitige Rechtsgeschäfte.

§ 1398. Ein einseitiges Rechtsgeschäft, durch das die Frau ohne Einwilligung des Mannes über eingebrachtes Gut verfügt, ist unwirksam.

— Verpflichtung der Frau zu Leistungen.

§ 1399 Zu Rechtsgeschäften, durch die sich die Frau zu einer Leistung verpflichtet, ist die Zustimmung des Mannes nicht erforderlich.

Stimmt der Mann einem solchen Rechtsgeschäfte zu, so ist es in Ansehung des eingebrachten Gutes ihm gegenüber wirksam Stimmt er nicht zu, so muss er das Rechtsgeschäft, soweit das eingebrachte Gut bereichert wird, nach den Vorschriften über die Herausgabe einer ungerechtfertigten Bereicherung gegen sich gelten lassen

— Führung von Rechtsstreitigkeiten durch die Frau.

§ 1400. Führt die Frau einen Rechtsstreit ohne Zustimmung des Mannes, so ist das Urtheil dem Manne gegenüber in Ansehung des eingebrachten Gutes unwirksam.

Ein zum eingebrachten Gute gehörendes Recht kann die Frau im Wege der Klage nur mit Zustimmung des Mannes geltend machen.

— Entbehrlichkeit der Zustimmung des Mannes.

§ 1401 Die Zustimmung des Mannes ist in den Fällen der §§ 1395 bis 1398, des § 1399 Abs. 2 und des § 1400 nicht erforderlich, wenn der Mann durch Krankheit oder durch Abwesenheit an der Abgabe einer Erklärung verhindert und mit dem Aufschube Gefahr verbunden ist.

— Ersetzung der Zustimmung des Mannes.

§ 1402. Ist zur ordnungsmässigen Besorgung der persönlichen Angelegenheiten der Frau ein Rechtsgeschäft erforderlich, zu dem die Frau der Zustimmung des Mannes bedarf, so kann die Zustimmung auf Antrag der Frau durch das Vormundschaftsgericht ersetzt werden, wenn der Mann sie ohne ausreichenden Grund verweigert.

— Wem gegenüber sind einseitige Rechtsgeschäfte vorzunehmen?

§ 1403. Ein einseitiges Rechtsgeschäft, das sich auf das eingebrachte Gut bezieht, ist dem Manne gegenüber vorzunehmen.

Ein einseitiges Rechtsgeschäft, das sich auf eine Verbindlichkeit der Frau bezieht, ist der Frau gegenüber vorzunehmen; das Rechtsgeschäft muss jedoch auch dem Manne gegenüber vorgenommen werden, wenn es in Ansehung des eingebrachten Gutes ihm gegenüber wirksam sein soll

— Wirkung der Beschränkungen der Frau gegenüber Dritten.

§ 1404. Die Beschränkungen, denen die Frau nach den §§ 1395 bis 1403 unterliegt, muss ein Dritter auch dann gegen sich gelten lassen, wenn er nicht gewusst hat, dass die Frau eine Ehefrau ist.

— Selbständiger Betrieb eines Erwerbsgeschäfts durch die Frau.

§ 1405. Ertheilt der Mann der Frau die Einwilligung zum selbständigen Betrieb eines Erwerbsgeschäfts, so ist seine Zustimmung zu solchen Rechtsgeschäften und Rechtsstreitigkeiten nicht erforderlich, die der Geschäftsbetrieb mit sich bringt. Einseitige Rechtsgeschäfte, die sich auf das Erwerbsgeschäft beziehen, sind der Frau gegenüber vorzunehmen.

Der Einwilligung des Mannes in den Geschäftsbetrieb steht es gleich, wenn die Frau mit Wissen und ohne Einspruch des Mannes das Erwerbsgeschäft betreibt.

Dritten gegenüber ist ein Einspruch und der Widerruf der Einwilligung nur nach Massgabe des § 1435 wirksam.

§ 1435. Aus dem Einspruch oder dem Widerruf der Einwilligung können einem Dritten gegenüber Einwendungen gegen ein zwischen ihm und der Frau vorgenommenes Rechtsgeschäft oder gegen ein zwischen ihnen ergangenes rechtskräftiges Urtheil nur hergeleitet werden, wenn zur Zeit der Vornahme des Rechtsgeschäfts oder zur Zeit des Eintritts der Rechtshängigkeit der Einspruch oder der Widerruf der Einwilligung in dem Güterrechtsregister des zuständigen Amtsgerichts eingetragen oder dem Dritten bekannt war.*

— Freies Verfügungsrecht der Frau.

§ 1406. Die Frau bedarf nicht der Zustimmung des Mannes:

1 zur Annahme oder Ausschlagung einer Erbschaft oder eines Vermächtnisses, zum Verzicht auf den Pflichttheil sowie zur Errichtung des Inventars über eine angefallene Erbschaft;
2 zur Ablehnung eines Vertragsantrags oder einer Schenkung;
3. zur Vornahme eines Rechtsgeschäfts gegenüber dem Manne.

§ 1407* Die Frau bedarf nicht der Zustimmung des Mannes:

1. zur Fortsetzung eines zur Zeit des Eintritts der Errungenschaftsgemeinschaft anhängigen Rechtsstreits;
2. zur gerichtlichen Geltendmachung eines zum eingebrachten Gute gehörenden Rechtes gegen den Mann;
3. zur gerichtlichen Geltendmachung eines zum eingebrachten Gute gehörenden Rechtes gegen einen Dritten, wenn der Mann ohne die erforderliche Zustimmung der Frau über das Recht verfügt hat;
4. zur gerichtlichen Geltendmachung eines Widerspruchrechts gegenüber einer Zwangsvollstreckung

— Unübertragbarkeit des Verwaltungs- und Nutzniessungsrechts.

§ 1408. Das Recht, das dem Manne an dem eingebrachten Gute kraft seiner Verwaltung und Nutzniessung zusteht, ist nicht übertragbar.

— Bevormundeter Mann.

§ 1409 Steht der Mann unter Vormundschaft, so hat ihn der Vormund in den Rechten und Pflichten zu vertreten, die sich aus der Verwaltung und Nutzniessung des eingebrachten Gutes ergeben. Dies gilt auch dann, wenn die Frau Vormund des Mannes ist.

— I. Haftung gegenüber den Gläubigern. — a) Schulden des Mannes.

§ 1410. Die Gläubiger des Mannes können nicht Befriedigung aus dem eingebrachten Gute (der Frau) verlangen.

— b) Schulden der Frau.

§ 1411 Die Gläubiger der Frau können ohne Rücksicht auf die Verwaltung und Nutzniessung des Mannes Befriedigung aus dem eingebrachten Gute (der Frau) verlangen, soweit sich nicht aus den §§ 1412 bis 1414 ein Anderes ergiebt. Sie unterliegen bei der Geltendmachung der Ansprüche der Frau nicht der im § 1394 bestimmten Beschränkung

Hat der Mann verbrauchbare Sachen nach § 1377 Abs. 3 veräussert oder verbraucht, so ist er den Gläubigern gegenüber zum sofortigen Ersatze verpflichtet.

— Schulden aus Rechtsgeschäften.

§ 1412*. Das eingebrachte Gut haftet für eine Verbindlichkeit der Frau, die aus einem nach dem Eintritte der Errungenschaftsgemeinschaft vorgenommenen Rechtsgeschäft entsteht, nur dann, wenn der Mann seine Zustimmung zu dem Rechtsgeschäft ertheilt oder wenn das Rechtsgeschäft ohne seine Zustimmung ihm gegenüber wirksam ist.

Für die Kosten eines Rechtstreits der Frau haftet das eingebrachte Gut auch dann, wenn das Urtheil dem Manne gegenüber in Ansehung des eingebrachten Gutes nicht wirksam ist.

— Erbschafts- und Vermächtnissschulden.

§ 1413*. Das eingebrachte Gut haftet nicht für eine Verbindlichkeit der Frau, die in Folge des Erwerbes einer Erbschaft oder eines Vermächtnisses entsteht, wenn die Frau die Erbschaft oder das Vermächtniss nach dem Eintritte der Errungenschaftsgemeinschaft als Vorbehaltsgut erwirbt.

— Schulden aus Vorbehaltsgut.

§ 1414* Das eingebrachte Gut haftet nicht für eine Verbindlichkeit der Frau, die nach dem Eintritte der Errungenschaftsgemeinschaft in Folge eines zu dem Vorbehaltsgute gehörenden Rechtes oder des Besitzes einer dazu gehörenden Sache entsteht, es sei denn, dass das Recht oder die Sache zu einem Erwerbsgeschäfte gehört, das die Frau mit Einwilligung des Mannes selbständig betreibt.

— II. Haftung im Verhältniss der Ehegatten zu einander.

§ 1415* Im Verhältnisse der Ehegatten zu einander fallen dem Vorbehaltsgute zur Last:

1 die Verbindlichkeiten der Frau aus einer unerlaubten Handlung, die sie während der Errungenschaftsgemeinschaft begeht, oder aus einem Strafverfahren, das wegen einer solchen Handlung gegen sie gerichtet wird,
2. die Verbindlichkeiten der Frau aus einem sich auf das Vorbehaltsgut beziehenden Rechtsverhältniss, auch wenn sie vor dem Eintritte der Errungenschaftsgemeinschaft oder vor der Zeit entstanden sind, zu der das Gut Vorbehaltsgut geworden ist;
3 die Kosten eines Rechtsstreits, den die Frau über eine der in Nr 1, 2 bezeichneten Verbindlichkeiten führt

§ 1416. Im Verhältnisse der Ehegatten zu einander fallen die Kosten eines Rechtsstreits zwischen ihnen dem Vorbehaltsgute zur Last, soweit nicht der Mann sie zu tragen hat.

Das Gleiche gilt von den Kosten eines Rechtsstreits zwischen der Frau und einem Dritten, es sei denn, dass das Urtheil dem Manne gegenüber in Ansehung des eingebrachten Gutes wirksam ist Betrifft jedoch der Rechtsstreit eine persönliche Angelegenheit der Frau oder eine nicht unter die Vorschriften des § 1415 Nr 1, 2 fallende Verbindlichkeit, für die das eingebrachte Gut haftet, so findet diese Vorschrift keine Anwendung, wenn die Aufwendung der Kosten den Umständen nach geboten ist.

– Ausgleichung.

§ 1417 Wird eine Verbindlichkeit, die nach den §§ 1415, 1416 dem Vorbehaltsgute zur Last fällt, aus dem eingebrachten Gute berichtigt, so hat die Frau aus dem Vorbehaltsgute, soweit dieses reicht, zu dem eingebrachten Gute Ersatz zu leisten.

Wird eine Verbindlichkeit der Frau, die im Verhältnisse der Ehegatten zu einander nicht dem Vorbehaltsgute zur Last fällt, aus dem Vorbehaltsgute berichtigt, so hat der Mann aus dem eingebrachten Gute, soweit dieses reicht, zu dem Vorbehaltsgut Ersatz zu leisten

Vorbehaltsgut der Frau.

§ 1526. Vorbehaltsgut der Frau ist, was durch Ehevertrag für Vorbehaltsgut erklärt ist oder von der Frau nach § 1369 oder § 1370 erworben wird.

Vorbehaltsgut des Mannes ist ausgeschlossen.

Für das Vorbehaltsgut der Frau gilt das Gleiche wie für das Vorbehaltsgut bei der allgemeinen Gütergemeinschaft.

§ 1369. Vorbehaltsgut ist, was die Frau durch Erbfolge, durch Vermächtniss oder als Pflichttheil erwirbt (Erwerb von Todeswegen) oder was ihr unter Lebenden von einem Dritten unentgeltlich zugewendet wird, wenn der Erblasser durch letztwillige Verfügung, der Dritte bei der Zuwendung bestimmt hat, dass der Erwerb Vorbehaltsgut sein soll.

§ 1370. Vorbehaltsgut ist, was die Frau auf Grund eines zu ihrem Vorbehaltsgute gehörenden Rechtes oder als Ersatz für die Zerstörung, Beschädigung oder Entziehung eines zu dem Vorbehaltsgute gehörenden Gegenstandes oder durch ein Rechtsgeschäft erwirbt, das sich auf das Vorbehaltsgut bezieht.

Vermuthung der Gesammtgutseigenschaft.

§ 1527. Es wird vermuthet, daß das vorhandene Vermögen Gesammtgut sei.

Aufnahme des Bestandes und Feststellung des Zustandes des eingebrachten Guts.

§ 1528. Jeder Ehegatte kann verlangen, daß der Bestand seines eigenen und des dem anderen Ehegatten gehörenden eingebrachten Gutes durch Aufnahme eines Verzeichnisses unter Mitwirkung des anderen Ehegatten festgestellt wird. Auf die Aufnahme des Verzeichnisses finden die für den Nießbrauch geltenden Vorschriften des § 1035 Anwendung.

Jeder Ehegatte kann den Zustand der zum eingebrachten Gute gehörenden Sachen auf seine Kosten durch Sachverständige feststellen lassen.

§ 1035* Die Ehegatten sind einander verpflichtet, zur Aufnahme eines Verzeichnisses der zum eingebrachten Gute gehörenden Gegenstände mitzuwirken. Das Verzeichniss ist mit der Angabe des Tages der Aufnahme zu versehen und von beiden Theilen zu unterzeichnen, jeder Theil kann verlangen, dass die Unterzeichnung öffentlich beglaubigt wird. Jeder Theil kann auch verlangen, dass das Verzeichniss durch die zuständige Behörde oder durch einen zuständigen Beamten oder Notar aufgenommen wird.

Lasten des Gesammtguts — ehelicher Aufwand.

§ 1529. Der eheliche Aufwand fällt dem Gesammtgute zur Last.

Das Gesammtgut trägt auch die Lasten des eingebrachten Gutes beider Ehegatten; der Umfang der Lasten bestimmt sich nach den bei dem Güterstande der Verwaltung und Nutznießung für das eingebrachte Gut der Frau geltenden Vorschriften der §§ 1384 bis 1387.

§ 1384* Das Gesammtgut hat ausser den Kosten, welche durch die Gewinnung der Nutzungen entstehen, die Kosten der Erhaltung der zum eingebrachten Gute gehörenden Gegenstände nach den für den Niessbrauch geltenden Vorschriften zu tragen

§ 1385*. Das Gesammtgut hat für die Dauer der Errungenschaftsgemeinschaft zu tragen

1 die den Ehegatten obliegenden öffentlichen Lasten mit Ausschluss der auf dem Vorbehaltsgute ruhenden Lasten und der ausserordentlichen Lasten, die als auf den Stammwerth des eingebrachten Gutes gelegt anzusehen sind,
2. die privatrechtlichen Lasten, die auf den zum eingebrachten Gute gehörenden Gegenständen ruhen,
3. die Zahlungen, die für die Versicherung der zum eingebrachten Gute gehörenden Gegenstände zu leisten sind.

§ 1386* Das Gesammtgut hat für die Dauer der Errungenschaftsgemeinschaft die Zinsen derjenigen Verbindlichkeiten der Ehegatten zu tragen, deren Berichtigung aus dem eingebrachten Gute verlangt werden kann Das Gleiche gilt von wiederkehrenden Leistungen anderer Art, einschliesslich der von den Ehegatten auf Grund ihrer gesetzlichen Unterhaltspflicht geschuldeten Leistungen, sofern sie bei ordnungsmässiger Verwaltung aus den Einkünften des Vermögens bestritten werden

Die Verpflichtung des Gesammtgutes tritt nicht ein, wenn die Verbindlichkeiten oder die Leistungen im Verhältnisse der Ehegatten zu einander dem Vorbehaltsgute der Frau zur Last fallen.

§ 1387*. Das Gesammtgut hat zu tragen:

1. die Kosten eines Rechtsstreits, in welchem der Mann ein zum eingebrachten Gute gehörendes Recht geltend macht, sowie die Kosten eines Rechtstreits, den die Frau führt, sofern nicht die Kosten dem Vorbehaltsgute zur Last fallen;
2. die Kosten der Vertheidigung eines Ehegatten in einem gegen ihn gerichteten Strafverfahren, sofern die Aufwendung der Kosten den Umständen nach geboten ist oder mit Zustimmung des Mannes erfolgt, vorbehaltlich der Ersatzpflicht des Ehegatten im Falle seiner Verurtheilung.

Gesammtgutsverbindlichkeiten.

§ 1530. Das Gesammtgut haftet für die Verbindlichkeiten des Mannes und für die in den §§ 1531 bis 1534 bezeichneten Verbindlichkeiten der Frau (Gesammtgutsverbindlichkeiten).

Für Verbindlichkeiten der Frau, die Gesammtgutsverbindlichkeiten sind, haftet der Mann auch persönlich als Gesammtschuldner. Die Haftung erlischt mit der Beendigung der Errungenschaftsgemeinschaft, wenn die Verbindlichkeiten im Verhältnisse der Ehegatten zu einander nicht dem Gesammtgute zur Last fallen.

— Schulden der Frau.

§ 1531. Das Gesammtgut haftet für Verbindlichkeiten der Frau, die zu den im § 1529 Abs. 2 bezeichneten Lasten des eingebrachten Gutes gehören.

§ 1532. Das Gesammtgut haftet für eine Verbindlichkeit der Frau, die aus einem nach dem Eintritte der Errungenschaftsgemeinschaft vorgenommenen Rechtsgeschäft entsteht, sowie für die Kosten eines Rechtsstreits, den die Frau nach dem Eintritte der Errungenschaftsgemeinschaft führt, wenn die Vornahme des Rechtsgeschäfts oder die Führung des Rechtsstreits mit Zustimmung des Mannes erfolgt oder ohne seine Zustimmung für das Gesammtgut wirksam ist.

§ 1533. Das Gesammtgut haftet für eine Verbindlichkeit der Frau, die nach dem Eintritte der Errungenschaftsgemeinschaft in Folge eines ihr zustehenden Rechtes oder des Besitzes einer ihr gehörenden Sache entsteht, wenn das Recht oder die Sache zu einem Erwerbsgeschäfte gehört, das die Frau mit Einwilligung des Mannes selbständig betreibt.

§ 1534. Das Gesammtgut haftet für Verbindlichkeiten der Frau, die ihr auf Grund der gesetzlichen Unterhaltspflicht obliegen.

Schuldenhaftung unter den Ehegatten.

§ 1535. Im Verhältnisse der Ehegatten zu einander fallen folgende Gesammtgutsverbindlichkeiten dem Ehegatten zur Last, in dessen Person sie entstehen:

1. die Verbindlichkeiten aus einem sich auf sein eingebrachtes Gut oder sein Vorbehaltsgut beziehenden Rechtsverhältniß, auch wenn sie vor dem Eintritte der Errungenschaftsgemeinschaft oder vor der Zeit entstanden sind, zu der das Gut eingebrachtes Gut oder Vorbehaltsgut geworden ist;
2. die Kosten eines Rechtstreits, den der Ehegatte über eine der in Nr. 1 bezeichneten Verbindlichkeiten führt.

§ 1536. Im Verhältnisse der Ehegatten zu einander fallen dem Manne zur Last:

1. die vor dem Eintritte der Errungenschaftsgemeinschaft entstandenen Verbindlichkeiten des Mannes;
2. die Verbindlichkeiten des Mannes, die der Frau gegenüber aus der Verwaltung ihres eingebrachten Gutes entstehen, soweit nicht das Gesammtgut zur Zeit der Beendigung der Errungenschaftsgemeinschaft bereichert ist;
3. die Verbindlichkeiten des Mannes aus einer unerlaubten Handlung, die er nach dem Eintritte der Errungenschaftsgemeinschaft begeht, oder aus einem Strafverfahren, das wegen einer unerlaubten Handlung gegen ihn gerichtet wird;
4. die Kosten eines Rechtsstreits, den der Mann über eine der in Nr. 1 bis 3 bezeichneten Verbindlichkeiten führt.

§ 1537. Die Vorschriften des § 1535 und des § 1536 Nr. 1, 4 finden insoweit keine Anwendung, als die Verbindlichkeiten nach § 1529 Abs. 2 von dem Gesammtgute zu tragen sind.

Das Gleiche gilt von den Vorschriften des § 1535 insoweit, als die Verbindlichkeiten durch den Betrieb eines Erwerbsgeschäfts, der für Rechnung des Gesammtguts geführt wird, oder in Folge eines zu einem solchen Erwerbsgeschäfte gehörenden Rechtes oder des Besitzes einer dazu gehörenden Sache entstehen.

Ausstattung.

§ 1538. Verspricht oder gewährt der Mann einem Kinde eine Ausstattung, so finden die Vorschriften des § 1465 Anwendung.

§ 1465. Im Verhältnisse der Ehegatten zu einander fällt eine Ausstattung, die der Mann einem gemeinschaftlichen Kinde aus dem Gesammtgute verspricht oder gewährt, dem Manne insoweit zur Last, als sie das dem Gesammtgut entsprechende Mass übersteigt.

Verspricht oder gewährt der Mann einem nicht gemeinschaftlichen Kinde eine Ausstattung aus dem Gesammtgute, so fällt sie im Verhältnisse der Ehegatten zu einander dem Vater oder der Mutter des Kindes zur Last, der Mutter jedoch nur insoweit, als sie zustimmt oder die Ausstattung nicht das dem Gesammtgut entsprechende Mass übersteigt.

Ausgleichung zwischen eingebrachtem Gut und Gesammtgut.

§ 1539. Soweit das eingebrachte Gut eines Ehegatten auf Kosten des Gesammtguts oder das Gesammtgut auf Kosten des eingebrachten Gutes eines Ehegatten zur Zeit der Beendigung der Errungenschaftsgemeinschaft bereichert ist, muß aus dem bereicherten Gute zu dem anderen Gute Ersatz geleistet werden. Weitergehende, auf besonderen Gründen beruhende Ansprüche bleiben unberührt.

— Vermuthung wegen verbrauchbarer Sachen.

§ 1540. Sind verbrauchbare Sachen, die zum eingebrachten Gute eines Ehegatten gehört haben, nicht mehr vorhanden, so wird zu Gunsten des Ehegatten vermuthet, daß die Sachen in das Gesammtgut verwendet worden seien und dieses um den Werth der Sachen bereichert sei.

— Fälligkeit der gegenseitigen Ansprüche der Ehegatten.

§ 1541. Was ein Ehegatte zu dem Gesammtgut oder die Frau zu dem eingebrachten Gute des Mannes schuldet, ist erst nach der Beendigung der Errungenschaftsgemeinschaft zu leisten; soweit jedoch zur Berichtigung einer Schuld der Frau ihr eingebrachtes Gut und ihr Vorbehaltsgut ausreichen, hat sie die Schuld schon vorher zu berichtigen.

Was der Mann aus dem Gesammtgute zu fordern hat, kann er erst nach der Beendigung der Errungenschaftsgemeinschaft fordern.

Beendigung der Errungenschaftsgemeinschaft.
1. Klage auf Aufhebung.

§ 1542. Die Frau kann unter den Voraussetzungen des § 1418 Nr. 1, 3 bis 5 und des § 1468, der Mann kann unter den Voraussetzungen des § 1469 auf Aufhebung der Errungenschaftsgemeinschaft klagen.

Die Aufhebung tritt mit der Rechtskraft des Urtheils ein.

§ 1418* Die Frau kann auf Aufhebung der Errungenschaftsgemeinschaft klagen.

1. wenn die Voraussetzungen vorliegen, unter denen die Frau nach § 1391 (s. § 1525) Sicherheitsleistung verlangen kann,
3. wenn der Mann entmündigt ist;
4. wenn der Mann nach § 1910 zur Besorgung seiner Vermögensangelegenheiten einen Pfleger erhalten hat;
5. wenn für den Mann ein Abwesenheitspfleger bestellt und die baldige Aufhebung der Pflegschaft nicht zu erwarten ist.

Die Aufhebung der Errungenschaftsgemeinschaft tritt mit der Rechtskraft des Urtheils ein.

§ 1468* Die Frau kann auf Aufhebung der Errungenschaftsgemeinschaft klagen

1 wenn der Mann ein Rechtsgeschäft der in den §§ 1444 bis 1446 (s. § 1519) bezeichneten Art ohne Zustimmung der Frau vorgenommen hat und für die Zukunft eine erhebliche Gefährdung der Frau zu besorgen ist,
2. wenn der Mann das Gesammtgut in der Absicht, die Frau zu benachtheiligen, vermindert hat,
3 wenn der Mann seine Verpflichtung, der Frau und den gemeinschaftlichen Abkömmlingen Unterhalt zu gewähren, verletzt hat und für die Zukunft eine erhebliche Gefährdung des Unterhalts zu besorgen ist,
4 wenn der Mann wegen Verschwendung entmündigt ist oder wenn er das Gesammtgut durch Verschwendung erheblich gefährdet,
5. wenn das Gesammtgut in Folge von Verbindlichkeiten, die in der Person des Mannes entstanden sind, in solchem Masse überschuldet ist, dass ein späterer Erwerb der Frau erheblich gefährdet wird

§ 1469* Der Mann kann auf Aufhebung der Errungenschaftsgemeinschaft klagen, wenn das Gesammtgut in Folge von Verbindlichkeiten der Frau, die im Verhältnisse der Ehegatten zu einander nicht dem Gesammtgute zur Last fallen, in solchem Masse überschuldet ist, dass ein späterer Erwerb des Mannes erheblich gefährdet wird.

2. Konkurs über das Vermögen des Mannes.

§ 1543. Die Errungenschaftsgemeinschaft endigt mit der Rechtskraft des Beschlusses, durch den der Konkurs über das Vermögen des Mannes eröffnet wird.

3. Todeserklärung.

§ 1544. Die Errungenschaftsgemeinschaft endigt, wenn ein Ehegatte für todt erklärt wird, mit dem Zeitpunkte, der als Zeitpunkt des Todes gilt.

Künftiger Güterstand.

§ 1545. Endigt die Errungenschaftsgemeinschaft nach den §§ 1542 bis 1544, so gilt für die Zukunft Gütertrennung.

Dritten gegenüber ist die Beendigung der Gemeinschaft nur nach Maßgabe des § 1435 wirksam.

§ 1435*. Einem Dritten gegenüber können aus der Beendigung der Errungenschaftsgemeinschaft Einwendungen gegen ein zwischen ihm und einem der Ehegatten vorgenommenes Rechtsgeschäft oder gegen ein zwischen ihnen ergangenes rechtskräftiges Urtheil nur hergeleitet werden, wenn zur Zeit der Vornahme des Rechtsgeschäfts oder zur Zeit des Eintritts der Rechtshängigkeit die Beendigung in dem Güterrechtsregister des zuständigen Amtsgerichts eingetragen oder dem Dritten bekannt war

Auseinandersetzung.

§ 1546. Nach der Beendigung der Errungenschaftsgemeinschaft findet in Ansehung des Gesammtguts die Auseinandersetzung statt. Bis zur Auseinandersetzung bestimmt sich das Rechtsverhältniß der Ehegatten nach den §§ 1442, 1472, 1473.

Die Auseinandersetzung erfolgt, soweit nicht eine andere Vereinbarung getroffen wird, nach den für die allgemeine Gütergemeinschaft geltenden Vorschriften der §§ 1475 bis 1477, 1479 bis 1481.

Auf das eingebrachte Gut der Frau finden die für den Güterstand der Verwaltung und Nutznießung geltenden Vorschriften der §§ 1421 bis 1424 Anwendung.

— **Rechtsverhältniss bis zur Auseinandersetzung.**

§ 1442 Ein Ehegatte kann nicht über seinen Antheil an dem Gesammtgut und an den einzelnen dazu gehörenden Gegenständen verfügen, er ist nicht berechtigt, Theilung zu verlangen

Gegen eine Forderung, die zu dem Gesammtgute gehört, kann der Schuldner nur eine Forderung aufrechnen, deren Berichtigung aus dem Gesammtgute verlangt werden kann.

§ 1472. Die Verwaltung des Gesammtguts steht bis zur Auseinandersetzung beiden Ehegatten gemeinschaftlich zu. Die Vorschriften des § 1424 finden entsprechende Anwendung.

Jeder Ehegatte ist dem anderen gegenüber verpflichtet, zu Massregeln mitzuwirken, die zur ordnungsmässigen Verwaltung erforderlich sind; die zur Erhaltung nothwendigen Massregeln kann jeder Ehegatte ohne Mitwirkung des anderen treffen

§ 1424. Der Mann ist auch nach der Beendigung der Errungenschaftsgemeinschaft zur Fortführung der Verwaltung berechtigt, bis er von der Beendigung Kenntniss erlangt oder sie kennen muss. Ein Dritter kann sich auf diese Berechtigung nicht berufen, wenn er bei der Vornahme eines Rechtsgeschäfts die Beendigung der Errungenschaftsgemeinschaft kennt oder kennen muss.*

Endigt die Errungenschaftsgemeinschaft in Folge des Todes der Frau, so hat der Mann diejenigen zur Verwaltung gehörenden Geschäfte, mit deren Aufschube Gefahr verbunden ist, zu besorgen, bis der Erbe anderweit Fürsorge treffen kann.

§ 1473. Was auf Grund eines zu dem Gesammtgute gehörenden Rechtes oder als Ersatz für die Zerstörung, Beschädigung oder Entziehung eines zu dem Gesammtgute gehörenden Gegenstandes oder durch ein Rechtsgeschäft erworben wird, das sich auf das Gesammtgut bezieht, wird Gesammtgut.

Die Zugehörigkeit einer durch Rechtsgeschäft erworbenen Forderung zum Gesammtgute hat der Schuldner erst dann gegen sich gelten zu lassen, wenn er von der Zugehörigkeit Kenntniss erlangt, die Vorschriften der §§ 406 bis 408 (s § 1473) finden entsprechende Anwendung.

— **Auseinandersetzung des Gesammtguts.**

§ 1475 Aus dem Gesammtgute sind zunächst die Gesammtgutsverbindlichkeiten zu berichtigen Ist eine Gesammtgutsverbindlichkeit noch nicht fällig oder ist sie streitig, so ist das zur Berichtigung Erforderliche zurückzubehalten

Fällt eine Gesammtgutsverbindlichkeit im Verhältnisse der Ehegatten zu einander einem der Ehegatten allein zur Last, so kann dieser die Berichtigung aus dem Gesammtgute nicht verlangen.

Zur Berichtigung der Gesammtgutsverbindlichkeiten ist das Gesammtgut, soweit erforderlich, in Geld umzusetzen.

§ 1476. Der nach der Berichtigung der Gesammtgutsverbindlichkeiten verbleibende Ueberschuss gebührt den Ehegatten zu gleichen Theilen.

Was einer der Ehegatten zu dem Gesammtgute zu ersetzen verpflichtet ist, muss er sich auf seinen Theil anrechnen lassen. Soweit die Ersatzleistung nicht durch Anrechnung erfolgt, bleibt er dem anderen Ehegatten verpflichtet.

§ 1477. Die Theilung des Ueberschusses erfolgt nach den Vorschriften über die Gemeinschaft.

Jeder Ehegatte kann gegen Ersatz des Werthes die ausschliesslich zu seinem persönlichen Gebrauche bestimmten Sachen, insbesondere Kleider, Schmucksachen und Arbeitsgeräthe, sowie diejenigen Gegenstände übernehmen, welche er in die Gütergemeinschaft eingebracht oder während der Gütergemeinschaft durch Erbfolge, durch Vermächtniss oder mit Rücksicht auf ein künftiges Erbrecht, durch Schenkung oder als Ausstattung erworben hat.

§ 1479 Wird die Gütergemeinschaft auf Grund des § 1468 oder des § 1469 durch Urtheil aufgehoben, so kann der Ehegatte, welcher das Urtheil erwirkt hat, verlangen, dass die Auseinandersetzung so erfolgt, wie wenn der Anspruch auf Auseinandersetzung mit der Erhebung der Klage auf Aufhebung der Gütergemeinschaft rechtshängig geworden wäre.

§ 1480. Wird eine Gesammtgutsverbindlichkeit nicht vor der Theilung des Gesammtguts berichtigt, so haftet dem Gläubiger auch der Ehegatte persönlich als Gesammtschuldner, für den zur Zeit der Theilung eine solche Haftung nicht besteht. Seine Haftung beschränkt sich auf die ihm zugetheilten Gegenstände; die für die Haftung des Erben geltenden Vorschriften der §§ 1990, 1991 (s. § 1480) finden entsprechende Anwendung.

§ 1481 Unterbleibt bei der Auseinandersetzung die Berichtigung einer Gesammtgutsverbindlichkeit, die im Verhältnisse der Ehegatten zu einander dem Gesammtgut oder dem Manne zur Last fällt, so hat der Mann dafür einzustehen, dass die Frau von dem Gläubiger nicht in Anspruch genommen wird. Die gleiche Verpflichtung hat die Frau dem Manne gegenüber, wenn die Berichtigung einer Gesammtgutsverbindlichkeit unterbleibt, die im Verhältnisse der Ehegatten zu einander der Frau zur Last fällt.

— **Wirkungen hinsichtlich des eingebrachten Guts der Frau.**

§ 1421* Nach der Beendigung der Errungenschaftsgemeinschaft hat der Mann das eingebrachte Gut der Frau herauszugeben und ihr über die Verwaltung Rechenschaft abzulegen. Auf die Herausgabe eines landwirthschaftlichen Grundstücks findet die Vorschrift des § 592, auf die Herausgabe eines Landguts finden die Vorschriften der §§ 592, 593 entsprechende Anwendung

§ 592. Endigt die Errungenschaftsgemeinschaft bezüglich eines landwirthschaftlichen Grundstückes oder eines Landgutes innerhalb eines Ehejahrs, so hat die Frau die Kosten, die der Mann auf die noch nicht getrennten, jedoch nach den Regeln einer ordnungsmässigen Wirthschaft vor dem Ende des Ehejahrs zu trennenden Früchte verwendet hat, insoweit zu ersetzen, als sie einer ordnungsmässigen Wirthschaft entsprechen und den Werth dieser Früchte nicht übersteigen.*

§ 593. Der Mann hat von den bei der Beendigung der Errungenschaftsgemeinschaft vorhandenen landwirthschaftlichen Erzeugnissen ohne Rücksicht darauf, ob er bei dem Eintritte der Errungenschaftsgemeinschaft solche Erzeugnisse übernommen hat, so viel zurückzulassen, als zur Fortführung der Wirthschaft bis zu der Zeit erforderlich ist, zu welcher gleiche oder ähnliche Erzeugnisse voraussichtlich gewonnen werden.*

Soweit der Mann landwirthschaftliche Erzeugnisse in grösserer Menge oder besserer Beschaffenheit zurückzulassen verpflichtet ist, als er bei dem Eintritte der Errungenschaftsgemeinschaft übernommen hat, kann er von der Frau Ersatz des Werthes verlangen.

Den vorhandenen auf dem Gute gewonnenen Dünger hat der Mann zurückzulassen, ohne dass er Ersatz des Werthes verlangen kann.

§ 1422* Wird die Errungenschaftsgemeinschaft auf Grund des § 1418 (s. § 1542) durch Urtheil aufgehoben, so ist der Mann zur Herausgabe des eingebrachten Gutes so verpflichtet, wie wenn der Anspruch auf Herausgabe mit der Erhebung der Klage auf Aufhebung der Errungenschaftsgemeinschaft rechtshängig geworden wäre.

§ 1423*. Hat der Mann ein zum eingebrachten Gute gehörendes Grundstück vermiethet oder verpachtet, so finden, wenn das Mieth- oder Pachtverhältniss bei der Beendigung der Errungenschaftsgemeinschaft noch besteht, die Vorschriften des § 1056 entsprechende Anwendung

§ 1056. d. h. Es finden nach der Beendigung der Errungenschaftsgemeinschaft die für den Fall der Veräusserung geltenden Vorschriften der §§ 571, 572, des § 573 Satz 1 und der §§ 574 bis 576, 579 entsprechende Anwendung.*

Die Frau ist berechtigt, das Mieth- oder Pachtverhältniss unter Einhaltung der gesetzlichen Kündigungsfrist zu kündigen.

Der Miether oder der Pächter ist berechtigt, die Frau unter Bestimmung einer angemessenen Frist zur Erklärung darüber aufzufordern, ob sie von dem Kündigungsrechte Gebrauch mache. Die Kündigung kann nur bis zum Ablaufe der Frist erfolgen.

§ 571. Endigt die Errungenschaftsgemeinschaft nach der Ueberlassung des vermietheten oder verpachteten Grundstücks an den Miether oder Pächter, so tritt die Frau an Stelle des Mannes in die sich aus dem Mieth- oder Pachtverhältniss ergebenden Rechte und Verpflichtungen ein.*

Erfüllt die Frau die Verpflichtungen nicht, so haftet der Mann für den von der Frau zu ersetzenden Schaden wie ein Bürge, der auf die Einrede der Vorausklage verzichtet hat. Erlangt der Miether von der Beendigung der Errungenschaftsgemeinschaft durch Mittheilung des Mannes Kenntniss, so wird der Mann von der Haftung befreit, wenn nicht der Miether das Miethverhältniss für den ersten Termin kündigt, für den die Kündigung zulässig ist.

§ 572. Hat der Miether des veräusserten Grundstücks dem Manne für die Erfüllung seiner Verpflichtungen Sicherheit geleistet, so tritt die Frau in die dadurch begründeten Rechte ein. Zur Rückgewähr der Sicherheit ist sie nur verpflichtet, wenn sie ihr ausgehändigt wird oder wenn sie dem Mann gegenüber die Verpflichtung zur Rückgewähr übernimmt.*

§ 573 Satz 1. Eine Verfügung, die der Mann vor der Beendigung der Errungenschaftsgemeinschaft über den nach diesem Zeitpunkte entfallenden Miethzins getroffen hat, ist insoweit wirksam, als sie sich auf den Miethzins für das zur Zeit der Beendigung der Errungenschaftsgemeinschaft laufende und das folgende Kalendervierteljahr bezieht.*

§ 574. Ein Rechtsgeschäft, das zwischen dem Miether und dem Mann in Ansehung der Miethzinsforderung vorgenommen wird, insbesondere die Entrichtung des Miethzinses, ist der Frau gegenüber wirksam, soweit es sich nicht auf den Miethzins für eine spätere Zeit als das Kalendervierteljahr, in welchem der Miether von der Beendigung der Erungenschaftsgemeinschaft Kenntniss erlangt, und das folgende Kalendervierteljahr bezieht. Ein Rechtsgeschäft, das nach der Beendigung der Errungenschaftsgemeinschaft vorgenommen wird, ist jedoch unwirksam, wenn der Miether bei der Vornahme des Rechtsgeschäfts von der Beendigung der Errungenschaftsgemeinschaft Kenntniss hat.*

§ 575. Soweit die Entrichtung des Miethzinses an den Mann nach § 574 der Frau gegenüber wirksam ist, kann der Miether gegen die Miethzinsforderung der Frau eine ihr gegen den Mann zustehende Forderung aufrechnen. Die Aufrechnung ist ausgeschlossen, wenn der Miether die Gegenforderung erworben hat, nachdem er von der Beendigung der Errungenschaftsgemeinschaft Kenntniss erlangt hat, oder wenn die Gegenforderung erst nach der Erlangung der Kenntniss und später als der Miethzins fällig geworden ist.*

§ 576. Zeigt der Mann dem Miether an, dass seine Verwaltung und Nutzniessung an dem vermietheten oder verpachteten Grundstück beendigt ist, so muss er in Ansehung der Mieth- oder Pachtzinsforderung die angezeigte Beendigung dem Miether oder Pächter gegenüber gegen sich gelten lassen, auch wenn sie nicht erfolgt oder nicht wirksam ist.*

Die Anzeige kann nur mit Zustimmung der Frau zurückgenommen werden.

§ 579. Wird das vermiethete oder verpachtete Grundstück von der Frau weiter veräussert oder belastet, so finden die Vorschriften des § 571 Abs. 1 und der §§ 572, 573 Abs. 1, 574, 575, 576 entsprechende Anwendung. Erfüllt der neue Erwerber die sich aus dem Miethverhältniss ergebenden Verpflichtungen nicht, so haftet der Mann dem Miether nach § 571 Abs. 2.*

§ 1424* Der Mann ist auch nach der Beendigung der Errungenschaftsgemeinschaft zur Fortführung der Verwaltung berechtigt, bis er von der Beendigung Kenntniss erlangt oder sie kennen muss. Ein Dritter kann sich auf diese Berechtigung nicht berufen, wenn er bei der Vornahme eines Rechtsgeschäfts die Beendigung der Errungenschaftsgemeinschaft kennt oder kennen muss.

Endigt die Errungenschaftsgemeinschaft in Folge des Todes der Frau, so hat der Mann diejenigen zur Verwaltung gehörenden Geschäfte, mit deren Aufschube Gefahr verbunden ist, zu besorgen, bis der Erbe anderweit Fürsorge treffen kann.

Klage auf Wiederherstellung der Errungenschaftsgemeinschaft.

§ 1547. Endigt die Errungenschaftsgemeinschaft durch die Eröffnung des Konkurses über das Vermögen des Mannes, so kann die Frau auf Wiederherstellung der Gemeinschaft klagen. Das gleiche Recht steht, wenn die Gemeinschaft in Folge einer Todeserklärung endigt, dem für todt erklärten Ehegatten zu, falls er noch lebt.

Wird die Gemeinschaft auf Grund des § 1418 Nr. 3 bis 5 aufgehoben, so kann der Mann unter den Voraussetzungen des § 1425 Abs. 1 auf Wiederherstellung der Gemeinschaft klagen.

§ 1418 Nr 3—5 s. § 1542

§ 1425 Abs. 1* Wird die Entmündigung oder Pflegschaft, wegen deren die Aufhebung der Errungenschaftsgemeinschaft erfolgt, wiederaufgehoben oder wird der die Entmündigung aussprechende Beschluss mit Erfolg angefochten, so kann der Mann auf Wiederherstellung seiner Rechte klagen. Das Gleiche gilt, wenn der für todt erklärte Mann noch lebt.

§ 1548. Die Wiederherstellung der Errungenschaftsgemeinschaft tritt in den Fällen des § 1547 mit der Rechtskraft des Urtheils ein. Die Vorschrift des § 1422 findet entsprechende Anwendung.

Dritten gegenüber ist die Wiederherstellung, wenn die Beendigung in das Güterrechtsregister eingetragen worden ist, nur nach Maßgabe des § 1435 wirksam.

Im Falle der Wiederherstellung wird Vorbehaltsgut der Frau, was ohne die Beendigung der Gemeinschaft Vorbehaltsgut geblieben oder geworden sein würde.

§ 1422 s § 1546.

§ 1435* Einem Dritten gegenüber können aus der Wiederherstellung der Errungenschaftsgemeinschaft Einwendungen gegen ein zwischen ihm und einem der Ehegatten vorgenommenes Rechtsgeschäft oder gegen ein zwischen ihnen ergangenes rechtskräftiges Urtheil nur hergeleitet werden, wenn zur Zeit der Vornahme des Rechtsgeschäftes oder zur Zeit des Eintritts der Rechtshängigkeit die Wiederherstellung in dem Güterrechtsregister des zuständigen Amtsgerichts eingetragen oder dem Dritten bekannt war

4. Fahrnißgemeinschaft.

Geltung der Vorschriften über allgemeine Gütergemeinschaft.

§ 1549. Auf die Gemeinschaft des beweglichen Vermögens und der Errungenschaft (Fahrnißgemeinschaft) finden die für die allgemeine Gütergemeinschaft geltenden Vorschriften Anwendung, soweit sich nicht aus den §§ 1550 bis 1557 ein Anderes ergiebt.

Eingebrachtes Gut.

§ 1550. Von dem Gesammtgut ausgeschlossen ist das eingebrachte Gut eines Ehegatten.

Auf das eingebrachte Gut finden die bei der Errungenschaftsgemeinschaft für das eingebrachte Gut geltenden Vorschriften Anwendung.

§ 1551. Eingebrachtes Gut eines Ehegatten ist das unbewegliche Vermögen, das er bei dem Eintritte der Fahrnißgemeinschaft hat oder während der Gemeinschaft durch Erbfolge, durch Vermächtniß oder mit Rücksicht auf ein künftiges Erbrecht, durch Schenkung oder als Ausstattung erwirbt.

Zum unbeweglichen Vermögen im Sinne dieser Vorschrift gehören Grundstücke nebst Zubehör, Rechte an Grundstücken, mit Ausnahme der Hypotheken, Grundschulden und Rentenschulden, sowie Forderungen, die auf die Uebertragung des Eigenthums an Grundstücken oder auf die Begründung oder Uebertragung eines der bezeichneten Rechte oder auf die Befreiung eines Grundstücks von einem solchen Rechte gerichtet sind.

§ 1552. Eingebrachtes Gut eines Ehegatten sind Gegenstände, die nicht durch Rechtsgeschäft übertragen werden können.

§ 1553. Eingebrachtes Gut eines Ehegatten ist:

1. was durch Ehevertrag für eingebrachtes Gut erklärt ist;
2. was er nach § 1369 erwirbt, sofern die Bestimmung dahin getroffen ist, daß der Erwerb eingebrachtes Gut sein soll.

§ 1369* Eingebrachtes Gut ist, was ein Ehegatte durch Erbfolge, durch Vermächtniss oder als Pflichttheil erwirbt (Erwerb von Todeswegen) oder was ihm unter Lebenden von einem Dritten unentgeltlich zugewendet wird, wenn der Erblasser durch letztwillige Verfügung, der Dritte bei der Zuwendung bestimmt hat, dass der Erwerb eingebrachtes Gut sein soll

§ 1554. Eingebrachtes Gut eines Ehegatten ist, was er in der im § 1524 bezeichneten Weise erwirbt. Ausgenommen ist, was an Stelle von Gegenständen erworben wird, die nur deshalb eingebrachtes Gut sind, weil sie nicht durch Rechtsgeschäft übertragen werden können.

§ 1524 Eingebrachtes Gut eines Ehegatten ist, was er auf Grund eines zu seinem eingebrachten Gute gehörenden Rechtes oder als Ersatz für die Zerstörung, Beschädigung oder Entziehung eines zum eingebrachten Gute gehörenden

Gegenstandes oder durch ein Rechtsgeschäft erwirbt, das sich auf das eingebrachte Gut bezieht. Ausgenommen ist der Erwerb aus dem Betrieb eines Erwerbsgeschäfts.

Die Zugehörigkeit einer durch Rechtsgeschäft erworbenen Forderung zum eingebrachten Gute hat der Schuldner erst dann gegen sich gelten zu lassen, wenn er von der Zugehörigkeit Kenntniss erlangt, die Vorschriften der §§ 406 bis 408 finden entsprechende Anwendung

§ 406. Der Schuldner kann eine ihm gegen den Ehegatten, der das Rechtsgeschäft vorgenommen hat, zustehende Forderung auch dem Gesammtgute gegenüber aufrechnen, es sei denn, dass er bei dem Erwerbe der Forderung von der Zugehörigkeit der Forderung zum eingebrachten Gute Kenntniss hatte oder dass die Forderung erst nach der Erlangung der Kenntniss und später als die zu dem Gesammtgute gehörende Forderung fällig geworden ist.*

§ 407. Eine Leistung, die der Schuldner an den Ehegatten, der das Rechtsgeschäft vorgenommen hat, bewirkt, sowie jedes Rechtsgeschäft, das zwischen dem Schuldner und diesem Ehegatten in Ansehung der Forderung vorgenommen wird ist dem Gesammtgute gegenüber wirksam, es sei denn, dass der Schuldner die Zugehörigkeit der Forderung zum eingebrachten Gute bei der Leistung oder der Vornahme des Rechtsgeschäfts kennt.*

Ist in einem zwischen dem Schuldner und dem Ehegatten, der das Rechtsgeschäft vorgenommen hat, anhängig gewordenen Rechtsstreit ein rechtskräftiges Urtheil über die Forderung ergangen, so ist das Urtheil gegenüber dem Gesammtgut wirksam, es sei denn, dass der Schuldner die Zugehörigkeit der Forderung zu dem eingebrachten Gute bei dem Eintritte der Rechtshängigkeit gekannt hat.

§ 408. Wird eine nach § 1524 zu dem eingebrachten Gute gehörende Forderung von dem Ehegatten, der die Forderung durch Rechtsgeschäft erworben hat, an einen Dritten abgetreten, so finden, wenn der Schuldner an den Dritten leistet oder wenn zwischen dem Schuldner und dem Dritten ein Rechtsgeschäft vorgenommen oder ein Rechtsstreit anhängig wird, zu Gunsten des Schuldners die Vorschriften des § 407 dem eingebrachten Gute des Ehegatten gegenüber entsprechende Anwendung.

Das Gleiche gilt, wenn die nach § 1524 zu dem eingebrachten Gute gehörende Forderung durch gerichtlichen Beschluss einem Dritten überwiesen wird oder wenn der Ehegatte dem Dritten gegenüber anerkennt, dass die bereits abgetretene Forderung kraft Gesetzes auf den Dritten übergegangen sei.

Vorbehaltsgut.

§ 1555. Vorbehaltsgut des Mannes ist ausgeschlossen.

Schuldenhaftung.

§ 1556. Erwirbt ein Ehegatte während der Fahrnißgemeinschaft durch Erbfolge, durch Vermächtniß oder mit Rücksicht auf ein künftiges Erbrecht, durch Schenkung oder als Ausstattung Gegenstände, die theils Gesammtgut, theils eingebrachtes Gut werden, so fallen die in Folge des Erwerbes entstehenden Verbindlichkeiten im Verhältnisse der Ehegatten zu einander dem Gesammtgut und dem Ehegatten, der den Erwerb macht, verhältnißmäßig zur Last.

Fortgesetzte Gütergemeinschaft.

§ 1557. Fortgesetzte Gütergemeinschaft tritt nur ein, wenn sie durch Ehevertrag vereinbart ist.

III. Güterrechtsregister.

Zuständigkeit.

§ 1558. Die Eintragungen in das Güterrechtsregister haben bei dem Amtsgerichte zu geschehen, in dessen Bezirke der Mann seinen Wohnsitz hat.

Durch Anordnung der Landesjustizverwaltung kann die Führung des Registers für mehrere Amtsgerichtsbezirke einem Amtsgericht übertragen werden.

Verlegung des Wohnsitzes.

§ 1559. Verlegt der Mann nach der Eintragung seinen Wohnsitz in einen anderen Bezirk, so muß die Eintragung im Register dieses Bezirkes wiederholt werden. Die frühere Eintragung gilt als von neuem erfolgt, wenn der Mann den Wohnsitz in den früheren Bezirk zurückverlegt.

Antrag auf Eintragung.

§ 1560. Eine Eintragung in das Register soll nur auf Antrag und nur insoweit erfolgen, als sie beantragt ist. Der Antrag ist in öffentlich beglaubigter Form zu stellen.

Antragsrecht.

§ 1561. Die Eintragung erfolgt in den Fällen des § 1357 Abs. 2 und des § 1405 Abs. 3 auf Antrag des Mannes.

In den anderen Fällen ist der Antrag beider Ehegatten erforderlich; jeder Ehegatte ist dem anderen gegenüber zur Mitwirkung verpflichtet.

Der Antrag eines der Ehegatten genügt:

1. zur Eintragung eines Ehevertrags oder einer auf gerichtlicher Entscheidung beruhenden Aenderung der güterrechtlichen Verhältnisse der Ehegatten, wenn mit dem Antrage der Ehevertrag oder die mit dem Zeugnisse der Rechtskraft versehene Entscheidung vorgelegt wird;
2. zur Wiederholung einer Eintragung in dem Register eines anderen Bezirkes, wenn mit dem Antrag eine nach der Aufhebung des bisherigen Wohnsitzes ertheilte, öffentlich beglaubigte Abschrift der früheren Eintragung vorgelegt wird.

§ 1357 Abs. 2 Der Mann kann das Recht der Frau beschränken oder ausschliessen Stellt sich die Beschränkung oder die Ausschliessung als Missbrauch des Rechtes des Mannes dar, so kann sie auf Antrag der Frau durch das Vormundschaftsgericht aufgehoben werden. Dritten gegenüber ist die Beschränkung oder die Ausschliessung nur nach Massgabe des § 1435 wirksam.

§ 1435. Wird durch Ehevertrag die Verwaltung und Nutzniessung des Mannes ausgeschlossen oder geändert, so können einem Dritten gegenüber aus der Ausschliessung oder der Aenderung Einwendungen gegen ein zwischen ihm und einem der Ehegatten vorgenommenes Rechtsgeschäft oder gegen ein zwischen ihnen ergangenes rechtskräftiges Urtheil nur hergeleitet werden, wenn zur Zeit der Vornahme des Rechtsgeschäfts oder zur Zeit des Eintritts der Rechtshängigkeit die Ausschliessung oder die Aenderung in dem Güterrechtsregister des zuständigen Amtsgerichts eingetragen oder dem Dritten bekannt war.

Das Gleiche gilt, wenn eine in dem Güterrechtsregister eingetragene Regelung der güterrechtlichen Verhältnisse durch Ehevertrag aufgehoben oder geändert wird.

§ 1405 Abs 3 betrifft die Wirksamkeit eines Einspruchs des Mannes gegen den selbständigen Betrieb eines Erwerbsgeschäfts durch die Frau sowie die Wirksamkeit des Widerrufs der Einwilligung zu einem solchen Betriebe gegenüber Dritten

Veröffentlichung der Eintragung.

§ 1562. Das Amtsgericht hat die Eintragung durch das für seine Bekanntmachungen bestimmte Blatt zu veröffentlichen.

Wird eine Aenderung des Güterstandes eingetragen, so hat sich die Bekanntmachung auf die Bezeichnung des Güterstandes und, wenn dieser abweichend von dem Gesetze geregelt ist, auf eine allgemeine Bezeichnung der Abweichung zu beschränken.

Oeffentlichkeit des Registers.

§ 1563. Die Einsicht des Registers ist Jedem gestattet. Von den Eintragungen kann eine Abschrift gefordert werden; die Abschrift ist auf Verlangen zu beglaubigen.

Siebenter Titel.

Scheidung der Ehe.

Grundsätze.

§ 1564. Die Ehe kann aus den in den §§ 1565 bis 1569 bestimmten Gründen geschieden werden. Die Scheidung erfolgt durch Urtheil. Die Auflösung der Ehe tritt mit der Rechtskraft des Urtheils ein.

Scheidungsgründe.

1. Ehebruch, Doppelehe, widernatürliche Unzucht.

§ 1565. Ein Ehegatte kann auf Scheidung klagen, wenn der andere Ehegatte sich des Ehebruchs oder einer nach den §§ 171, 175 des Strafgesetzbuchs strafbaren Handlung schuldig macht.

Das Recht des Ehegatten auf Scheidung ist ausgeschlossen, wenn er dem Ehebruch oder der strafbaren Handlung zustimmt oder sich der Theilnahme schuldig macht.

§ 171 R.St G B. Ein Ehegatte, welcher eine neue Ehe eingeht, bevor seine Ehe aufgelöst, für ungiltig oder nichtig erklärt worden ist, ingleichen eine unverheirathete Person, welche mit einem Ehegatten, wissend, dass er verheirathet ist, eine Ehe eingeht, wird mit Zuchthaus bis zu fünf Jahren bestraft.

Sind mildernde Umstände vorhanden, so tritt Gefängnissstrafe nicht unter sechs Monaten ein.

Die Verjährung der Strafverfolgung beginnt mit dem Tage, an welchem eine der beiden Ehen aufgelöst, für ungiltig oder nichtig erklärt worden ist

§ 175 R.St G.B. Die widernatürliche Unzucht, welche zwischen Personen männlichen Geschlechts oder von Menschen mit Thieren begangen wird, ist mit Gefängniss zu bestrafen, auch kann auf Verlust der bürgerlichen Ehrenrechte erkannt werden.

2. Lebensnachstellung.

§ 1566. Ein Ehegatte kann auf Scheidung klagen, wenn der andere Ehegatte ihm nach dem Leben trachtet.

3. Bösliche Verlassung.

§ 1567. Ein Ehegatte kann auf Scheidung klagen, wenn der andere Ehegatte ihn böslich verlassen hat.

Bösliche Verlassung liegt nur vor:

1. wenn ein Ehegatte, nachdem er zur Herstellung der häuslichen Gemeinschaft rechtskräftig verurtheilt worden ist, ein Jahr lang gegen den Willen des anderen Ehegatten in böslicher Absicht dem Urtheile nicht Folge geleistet hat;

2. wenn ein Ehegatte sich ein Jahr lang gegen den Willen des anderen Ehegatten in böslicher Absicht von der häuslichen Gemeinschaft fern gehalten hat und die Voraussetzungen für die öffentliche Zustellung seit Jahresfrist gegen ihn bestanden haben.

Die Scheidung ist im Falle des Abs. 2 Nr. 2 unzulässig, wenn die Voraussetzungen für die öffentliche Zustellung am Schlusse der mündlichen Verhandlung, auf die das Urtheil ergeht, nicht mehr bestehen.

4. Tiefe Zerrüttung des ehelichen Verhältnisses.

§ 1568. Ein Ehegatte kann auf Scheidung klagen, wenn der andere Ehegatte durch schwere Verletzung der durch die Ehe begründeten Pflichten oder durch ehrloses oder unsittliches Verhalten eine so tiefe Zerrüttung des ehelichen Verhältnisses verschuldet hat, daß dem Ehegatten die Fortsetzung der Ehe nicht zugemuthet werden kann. Als schwere Verletzung der Pflichten gilt auch grobe Mißhandlung.

5. Geisteskrankheit.

§ 1569. Ein Ehegatte kann auf Scheidung klagen, wenn der andere Ehegatte in Geisteskrankheit verfallen ist, die Krankheit während der Ehe mindestens drei Jahre gedauert und einen solchen Grad erreicht hat, daß die geistige Gemeinschaft zwischen den Ehegatten aufgehoben, auch jede Aussicht auf Wiederherstellung dieser Gemeinschaft ausgeschlossen ist.

Verlust des Rechts auf Scheidung — *1. Verzeihung.*

§ 1570. Das Recht auf Scheidung erlischt in den Fällen der §§ 1565 bis 1568 durch Verzeihung.

2. Zeitablauf.

§ 1571. Die Scheidungsklage muß in den Fällen der §§ 1565 bis 1568 binnen sechs Monaten von dem Zeitpunkt an erhoben werden, in dem der Ehegatte von dem Scheidungsgrunde Kenntniß erlangt. Die Klage ist ausgeschlossen, wenn seit dem Eintritte des Scheidungsgrundes zehn Jahre verstrichen sind.

Die Frist läuft nicht, solange die häusliche Gemeinschaft der Ehegatten aufgehoben ist. Wird der zur Klage berechtigte Ehegatte von dem anderen Ehegatten aufgefordert, entweder die häusliche Gemeinschaft herzustellen oder die Klage zu erheben, so läuft die Frist von dem Empfange der Aufforderung an.

Der Erhebung der Klage steht die Ladung zum Sühnetermine gleich. Die Ladung verliert ihre Wirkung, wenn der zur Klage berechtigte Ehegatte im Sühnetermine nicht erscheint oder wenn drei Monate nach der Beendigung des Sühneverfahrens verstrichen sind und nicht vorher die Klage erhoben worden ist.

Auf den Lauf der sechsmonatigen und der dreimonatigen Frist finden die für die Verjährung geltenden Vorschriften der §§ 203, 206 entsprechende Anwendung.

§ 203* Der Lauf der Frist ist gehemmt, solange der Berechtigte durch Stillstand der Rechtspflege innerhalb der Frist an der Rechtsverfolgung verhindert ist

Das Gleiche gilt, wenn eine solche Verhinderung in anderer Weise durch höhere Gewalt herbeigeführt wird.

§ 206* Ist eine geschäftsunfähige oder in der Geschäftsfähigkeit beschränkte Person ohne gesetzlichen Vertreter, so wird die gegen sie laufende Frist nicht vor dem Ablaufe von sechs Monaten nach dem Zeitpunkte vollendet, in welchem die Person unbeschränkt geschäftsfähig wird oder der Mangel der Vertretung aufhört. Ist die Frist kürzer als sechs Monate, so tritt der für die Frist bestimmte Zeitraum an die Stelle der sechs Monate.

Diese Vorschriften finden keine Anwendung, soweit eine in der Geschäftsfähigkeit beschränkte Person prozessfähig ist.

Nachträgliche Geltendmachung anderer Scheidungsgründe.

§ 1572. Ein Scheidungsgrund kann, auch wenn die für seine Geltendmachung im § 1571 bestimmte Frist verstrichen ist, im Laufe des Rechtsstreits geltend gemacht werden, sofern die Frist zur Zeit der Erhebung der Klage noch nicht verstrichen war.

§ 1573. Thatsachen, auf die eine Scheidungsklage nicht mehr gegründet werden kann, dürfen zur Unterstützung einer auf andere Thatsachen gegründeten Scheidungsklage geltend gemacht werden.

Schuldausspruch.

§ 1574. Wird die Ehe aus einem der in den §§ 1565 bis 1568 bestimmten Gründe geschieden, so ist in dem Urtheil auszusprechen, daß der Beklagte die Schuld an der Scheidung trägt.

Hat der Beklagte Widerklage erhoben und wird auch diese für begründet erkannt, so sind beide Ehegatten für schuldig zu erklären.

Ohne Erhebung einer Widerklage ist auf Antrag des Beklagten auch der Kläger für schuldig zu erklären, wenn Thatsachen vorliegen, wegen deren der Beklagte auf Scheidung klagen könnte oder, falls sein Recht auf Scheidung durch Verzeihung oder durch Zeitablauf ausgeschlossen ist, zur Zeit des Eintritts des von dem Kläger geltend gemachten Scheidungsgrundes berechtigt war, auf Scheidung zu klagen.

Klage auf Aufhebung der ehelichen Gemeinschaft.

§ 1575. Der Ehegatte, der auf Scheidung zu klagen berechtigt ist, kann statt auf Scheidung auf Aufhebung der ehelichen Gemeinschaft klagen. Beantragt der andere Ehegatte, daß die Ehe, falls die Klage begründet ist, geschieden wird, so ist auf Scheidung zu erkennen.

Für die Klage auf Aufhebung der ehelichen Gemeinschaft gelten die Vorschriften der §§ 1573, 1574.

— Nachträglicher Antrag auf Scheidung.

§ 1576. Ist auf Aufhebung der ehelichen Gemeinschaft erkannt, so kann jeder der Ehegatten auf Grund des Urtheils die Scheidung beantragen, es sei denn, daß nach der Erlassung des Urtheils die eheliche Gemeinschaft wieder hergestellt worden ist.

Die Vorschriften der §§ 1570 bis 1574 finden keine Anwendung; wird die Ehe geschieden, so ist der für schuldig erklärte Ehegatte auch im Scheidungsurtheile für schuldig zu erklären.

Folgen der Scheidung — *1. Name der Frau.*

§ 1577. Die geschiedene Frau behält den Familiennamen des Mannes.

Die Frau kann ihren Familiennamen wieder annehmen. War sie vor der Eingehung der geschiedenen Ehe verheirathet, so kann sie auch den Namen wiederannehmen, den sie zur Zeit der Eingehung dieser Ehe hatte, es sei denn, daß sie allein für schuldig erklärt ist. Die Wiederannahme des Namens erfolgt durch Erklärung gegenüber der zuständigen Behörde; die Erklärung ist in öffentlich beglaubigter Form abzugeben.

Ist die Frau allein für schuldig erklärt, so kann der Mann ihr die Führung seines Namens untersagen. Die Untersagung erfolgt durch Erklärung gegenüber der zuständigen Behörde; die Erklärung ist in öffentlich beglaubigter Form abzugeben. Die Behörde soll der Frau die Erklärung mittheilen. Mit dem Verluste des Namens des Mannes erhält die Frau ihren Familiennamen wieder.

2. Unterhaltspflicht des schuldigen Ehegatten.

§ 1578. Der allein für schuldig erklärte Mann hat der geschiedenen Frau den standesmäßigen Unterhalt insoweit zu gewähren, als sie ihn nicht aus den Einkünften ihres Vermögens und, sofern nach den Verhältnissen, in denen die Ehegatten gelebt haben, Erwerb durch Arbeit der Frau üblich ist, aus dem Ertrag ihrer Arbeit bestreiten kann.

Die allein für schuldig erklärte Frau hat dem geschiedenen Manne den standesmäßigen Unterhalt insoweit zu gewähren, als er außer Stande ist, sich selbst zu unterhalten.

§ 1579. Soweit der allein für schuldig erklärte Ehegatte bei Berücksichtigung seiner sonstigen Verpflichtungen außer Stande ist, ohne Gefährdung seines standesmäßigen Unterhalts dem anderen Ehegatten Unterhalt zu gewähren, ist er berechtigt, von den zu seinem Unterhalte verfügbaren Einkünften zwei Drittheile oder, wenn diese zu seinem nothdürftigen Unterhalte nicht ausreichen, so viel zurückzubehalten, als zu dessen Bestreitung erforderlich ist. Hat er einem minderjährigen unverheiratheten Kinde oder in Folge seiner Wiederverheirathung dem neuen Ehegatten Unterhalt zu gewähren, so beschränkt sich seine Verpflichtung dem geschiedenen Ehegatten gegenüber auf dasjenige, was mit Rücksicht auf die Bedürfnisse sowie auf die Vermögens- und Erwerbsverhältnisse der Betheiligten der Billigkeit entspricht.

Der Mann ist der Frau gegenüber unter den Voraussetzungen des Abs. 1 von der Unterhaltspflicht ganz befreit, wenn die Frau den Unterhalt aus dem Stamme ihres Vermögens bestreiten kann.

§ 1580. Der Unterhalt ist durch Entrichtung einer Geldrente nach Maßgabe des § 760 zu gewähren. Ob, in welcher Art und für welchen Betrag der Unterhaltspflichtige Sicherheit zu leisten hat, bestimmt sich nach den Umständen.

Statt der Rente kann der Berechtigte eine Abfindung in Kapital verlangen, wenn ein wichtiger Grund vorliegt.

Im Uebrigen finden die für die Unterhaltspflicht der Verwandten geltenden Vorschriften der §§ 1607, 1610, des § 1611 Abs. 1, des § 1613 und für den Fall des Todes des Berechtigten die Vorschriften des § 1615 entsprechende Anwendung.

§ 760*. Die Rente ist für drei Monate vorauszuzahlen.

Hat der Gläubiger den Beginn des Zeitabschnitts erlebt, für den die Rente im voraus zu entrichten ist, so gebührt ihm der volle auf den Zeitabschnitt entfallende Betrag.

§ 1607*. Soweit ein Ehegatte auf Grund des § 1579 nicht unterhaltspflichtig ist, tritt die Unterhaltspflicht der Verwandten ein.

Das Gleiche gilt, wenn die Rechtsverfolgung gegen den Ehegatten im Inland ausgeschlossen oder wesentlich erschwert ist. Der Anspruch gegen diesen Ehegatten geht, soweit ein Verwandter den Unterhalt gewährt, auf diesen über. Der Uebergang kann nicht zum Nachtheile des Unterhaltsberechtigten geltend gemacht werden.

§ 1610*. Das Mass des zu gewährenden Unterhalts bestimmt sich nach der Lebensstellung des Bedürftigen (standesmässiger Unterhalt).

Der Unterhalt umfasst den gesammten Lebensbedarf.

§ 1611 Abs. 1. Wer durch sein sittliches Verschulden bedürftig geworden ist, kann nur den nothdürftigen Unterhalt verlangen.

§ 1613. Für die Vergangenheit kann der Berechtigte Erfüllung oder Schadensersatz wegen Nichterfüllung nur von der Zeit an fordern, zu welcher der Verpflichtete in Verzug gekommen oder der Unterhaltsanspruch rechtshängig geworden ist.

§ 1615*. Der Unterhaltsanspruch erlischt mit dem Tode des Berechtigten, soweit er nicht auf Erfüllung oder Schadensersatz wegen Nichterfüllung für die Vergangenheit oder auf solche im voraus zu bewirkende Leistungen gerichtet ist, die zur Zeit des Todes des Berechtigten fällig sind.

Im Falle des Todes des Berechtigten hat der Verpflichtete die Kosten der Beerdigung zu tragen, soweit ihre Bezahlung nicht von dem Erben zu erlangen ist.

§ 1581. Die Unterhaltspflicht erlischt mit der Wiederverheirathung des Berechtigten.

Im Falle der Wiederverheirathung des Verpflichteten finden die Vorschriften des § 1604 entsprechende Anwendung.

§ 1604*. Soweit die Unterhaltspflicht einer Frau ihrem geschiedenen Manne gegenüber davon abhängt, dass sie zur Gewährung des Unterhalts im Stande ist, kommt die dem zweiten Manne an dem eingebrachten Gute zustehende Verwaltung und Nutzniessung nicht in Betracht.

Sind bedürftige Verwandte oder ist ein unterhaltsberechtigter geschiedener Ehegatte auch des anderen Ehegatten der neuen Ehe vorhanden, so ist der Unterhalt aus dem Gesammtgute so zu gewähren, wie wenn sämmtliche Unterhaltsberechtigte zu beiden Ehegatten in demjenigen Verhältnisse ständen, auf welchem die Unterhaltspflicht des verpflichteten Ehegatten beruht.

§ 1582. Die Unterhaltspflicht erlischt nicht mit dem Tode des Verpflichteten.

Die Verpflichtung des Erben unterliegt nicht den Beschränkungen des § 1579. Der Berechtigte muß sich jedoch die Herabsetzung der Rente bis auf die Hälfte der Einkünfte gefallen lassen, die der Verpflichtete zur Zeit des Todes aus seinem Vermögen bezogen hat. Einkünfte aus einem Rechte, das mit dem Eintritt eines bestimmten Zeitpunkts oder Ereignisses erlischt, bleiben von dem Eintritte des Zeitpunkts oder des Ereignisses an außer Betracht.

Sind mehrere Berechtigte vorhanden, so kann der Erbe die Renten nach dem Verhältniß ihrer Höhe soweit herabsetzen, daß sie zusammen der Hälfte der Einkünfte gleichkommen.

§ 1583. Ist die Ehe wegen Geisteskrankheit eines Ehegatten geschieden, so hat ihm der andere Ehegatte Unterhalt in gleicher Weise zu gewähren wie ein allein für schuldig erklärter Ehegatte.

3. Widerruf von Schenkungen.

§ 1584. Ist ein Ehegatte allein für schuldig erklärt, so kann der andere Ehegatte Schenkungen, die er ihm während des Brautstandes oder während der Ehe gemacht hat, widerrufen. Die Vorschriften des § 531 finden Anwendung.

Der Widerruf ist ausgeschlossen, wenn seit der Rechtskraft des Scheidungsurtheils ein Jahr verstrichen oder wenn der Schenker oder der Beschenkte gestorben ist.

§ 531. Der Widerruf erfolgt durch Erklärung gegenüber dem Beschenkten. Ist die Schenkung widerrufen, so kann die Herausgabe des Geschenkes nach den Vorschriften über die Herausgabe einer ungerechtfertigten Bereicherung gefordert werden.

4. Unterhalt eines gemeinschaftlichen Kindes.

§ 1585. Hat der Mann einem gemeinschaftlichen Kinde Unterhalt zu gewähren, so ist die Frau verpflichtet, ihm aus den Einkünften ihres Vermögens und dem Ertrag ihrer Arbeit oder eines von ihr selbständig betriebenen Erwerbsgeschäfts einen angemessenen Beitrag zu den Kosten des Unterhalts zu leisten, soweit nicht diese durch die dem Manne an dem Vermögen des Kindes zustehende Nutznießung gedeckt werden. Der Anspruch des Mannes ist nicht übertragbar.

Steht der Frau die Sorge für die Person des Kindes zu und ist eine erhebliche Gefährdung des Unterhalts des Kindes zu besorgen, so kann die Frau den Beitrag zur eigenen Verwendung für den Unterhalt des Kindes zurückbehalten.

Folgen der Aufhebung der ehelichen Gemeinschaft.

§ 1586. Wird nach § 1575 die eheliche Gemeinschaft aufgehoben, so treten die mit der Scheidung verbundenen Wirkungen ein; die Eingehung einer neuen Ehe ist jedoch ausgeschlossen. Die Vorschriften über die Nichtigkeit und Anfechtbarkeit der Ehe finden Anwendung, wie wenn das Urtheil nicht ergangen wäre.

Wiederherstellung der ehelichen Gemeinschaft.

§ 1587. Wird die eheliche Gemeinschaft nach der Aufhebung wiederhergestellt, so fallen die mit der Aufhebung verbundenen Wirkungen weg und tritt Gütertrennung ein.

Achter Titel.

Kirchliche Verpflichtungen.

§ 1588. Die kirchlichen Verpflichtungen in Ansehung der Ehe werden durch die Vorschriften dieses Abschnitts nicht berührt.

Zweiter Abschnitt.
Verwandtschaft.

Erster Titel.
Allgemeine Vorschriften.

Verwandtschaft.

§ 1589. Personen, deren eine von der anderen abstammt, sind in gerader Linie verwandt. Personen, die nicht in gerader Linie verwandt sind, aber von derselben dritten Person abstammen, sind in der Seitenlinie verwandt. Der Grad der Verwandtschaft bestimmt sich nach der Zahl der sie vermittelnden Geburten.

Ein uneheliches Kind und dessen Vater gelten nicht als verwandt.

Schwägerschaft.

§ 1590. Die Verwandten eines Ehegatten sind mit dem anderen Ehegatten verschwägert. Die Linie und der Grad der Schwägerschaft bestimmen sich nach der Linie und dem Grade der sie vermittelnden Verwandtschaft.

Die Schwägerschaft dauert fort, auch wenn die Ehe, durch die sie begründet wurde, aufgelöst ist.

Zweiter Titel.
Eheliche Abstammung.

Voraussetzungen.

§ 1591. Ein Kind, das nach der Eingehung der Ehe geboren wird, ist ehelich, wenn die Frau es vor oder während der Ehe empfangen und der Mann innerhalb der Empfängnißzeit der Frau beigewohnt hat. Das Kind ist nicht ehelich, wenn es den Umständen nach offenbar unmöglich ist, daß die Frau das Kind von dem Manne empfangen hat.

Es wird vermuthet, daß der Mann innerhalb der Empfängnißzeit der Frau beigewohnt habe. Soweit die Empfängnißzeit in die Zeit vor der Ehe fällt, gilt die Vermuthung nur, wenn der Mann gestorben ist, ohne die Ehelichkeit des Kindes angefochten zu haben.

Empfängnisszeit.

§ 1592. Als Empfängnißzeit gilt die Zeit von dem einhunderteinundachtzigsten bis zu dem dreihundertundzweiten Tage vor dem Tage der Geburt des Kindes, mit Einschluß sowohl des einhunderteinundachtzigsten als des dreihundertundzweiten Tages.

Steht fest, daß das Kind innerhalb eines Zeitraums empfangen worden ist, der weiter als dreihundertundzwei Tage vor dem Tage der Geburt zurückliegt, so gilt zu Gunsten der Ehelichkeit des Kindes dieser Zeitraum als Empfängnißzeit.

Geltendmachung der Unehelichkeit.

§ 1593. Die Unehelichkeit eines Kindes, das während der Ehe oder innerhalb dreihundertundzwei Tagen nach der Auflösung der Ehe geboren ist, kann nur geltend gemacht werden, wenn der Mann die Ehelichkeit angefochten hat oder, ohne das Anfechtigungsrecht verloren zu haben, gestorben ist.

Anfechtungsfrist.

§ 1594. Die Anfechtung der Ehelichkeit kann nur binnen Jahresfrist erfolgen.

Die Frist beginnt mit dem Zeitpunkt, in welchem der Mann die Geburt des Kindes erfährt.

Auf den Lauf der Frist finden die für die Verjährung geltenden Vorschriften der §§ 203, 206 entsprechende Anwendung.

§ 203* Der Lauf der Frist ist gehemmt, solange der Berechtigte durch Stillstand der Rechtspflege innerhalb der letzten sechs Monate der Frist an der Rechtsverfolgung verhindert ist.

Das Gleiche gilt, wenn eine solche Verhinderung in anderer Weise durch höhere Gewalt herbeigeführt wird

§ 206. Ist eine geschäftsunfähige oder in der Geschäftsfähigkeit beschränkte Person ohne gesetzlichen Vertreter, so wird die gegen sie laufende Frist nicht vor dem Ablaufe von sechs Monaten nach dem Zeitpunkte vollendet, in welchem die Person unbeschränkt geschäftsfähig wird oder der Mangel der Vertretung aufhört.

Diese Vorschriften finden keine Anwendung, soweit eine in der Geschäftsfähigkeit beschränkte Person prozessfähig ist.

Unzulässigkeit der Anfechtung durch Vertreter.

§ 1595. Die Anfechtung der Ehelichkeit kann nicht durch einen Vertreter erfolgen. Ist der Mann in der Geschäftsfähigkeit beschränkt, so bedarf er nicht der Zustimmung seines gesetzlichen Vertreters.

Für einen geschäftsunfähigen Mann kann sein gesetzlicher Vertreter mit Genehmigung des Vormundschaftsgerichts die Ehelichkeit anfechten. Hat der gesetzliche Vertreter die Ehelichkeit nicht rechtzeitig angefochten, so kann nach dem Wegfalle der Geschäftsunfähigkeit der Mann selbst die Ehelichkeit in gleicher Weise anfechten, wie wenn er ohne gesetzlichen Vertreter gewesen wäre.

Anfechtung bei Lebzeiten des Kindes.

§ 1596. Die Anfechtung der Ehelichkeit erfolgt bei Lebzeiten des Kindes durch Erhebung der Anfechtungsklage. Die Klage ist gegen das Kind zu richten.

Wird die Klage zurückgenommen, so ist die Anfechtung als nicht erfolgt anzusehen. Das Gleiche gilt, wenn der Mann vor der Erledigung des Rechtsstreits das Kind als das seinige anerkennt.

Vor der Erledigung des Rechtsstreits kann die Unehelichkeit nicht anderweit geltend gemacht werden.

Anfechtung nach dem Tode des Kindes.

§ 1597. Nach dem Tode des Kindes erfolgt die Anfechtung der Ehelichkeit durch Erklärung gegenüber dem Nachlaßgerichte; die Erklärung ist in öffentlich beglaubigter Form abzugeben.

Das Nachlaßgericht soll die Erklärung sowohl demjenigen mittheilen, welcher im Falle der Ehelichkeit, als auch demjenigen, welcher im Falle der Unehelichkeit Erbe des Kindes ist. Es hat die Einsicht der Erklärung Jedem zu gestatten, der ein rechtliches Interesse glaubhaft macht.

Anerkennung der Ehelichkeit.

§ 1598. Die Anfechtung der Ehelichkeit ist ausgeschlossen, wenn der Mann das Kind nach der Geburt als das seinige anerkennt.

Die Anerkennung kann nicht unter einer Bedingung oder einer Zeitbestimmung erfolgen.

Für die Anerkennung gelten die Vorschriften des § 1595 Abs. 1. Die Anerkennung kann auch in einer Verfügung von Todeswegen erfolgen.

— **Anfechtung der Anerkennung.**

§ 1599. Ist die Anerkennung der Ehelichkeit anfechtbar, so finden die Vorschriften der §§ 1595 bis 1597 und, wenn die Anfechtbarkeit ihren Grund in arglistiger Täuschung oder in Drohung hat, neben den Vorschriften des § 203 Abs. 2 und des § 206 auch die Vorschrift des § 203 Abs. 1 entsprechende Anwendung.

§§ 203, 206 s. § 1594.

Wiederverheirathung der Frau.

§ 1600. Wird von einer Frau, die sich nach der Auflösung ihrer Ehe wiederverheirathet hat, ein Kind geboren, das nach den §§ 1591 bis 1599 ein eheliches Kind sowohl des ersten als des zweiten Mannes sein würde, so gilt das Kind, wenn es innerhalb zweihundertundsiebzig Tagen nach der Auflösung der früheren Ehe geboren wird, als Kind des ersten Mannes, wenn es später geboren wird, als Kind des zweiten Mannes.

Dritter Titel.

Unterhaltspflicht.

Unterhaltspflichtige.

§ 1601. Verwandte in gerader Linie sind verpflichtet, einander Unterhalt zu gewähren.

Voraussetzungen des Anspruchs.
1. Bedürftigkeit des Berechtigten.

§ 1602. Unterhaltsberechtigt ist nur, wer außer Stande ist, sich selbst zu unterhalten.

Ein minderjähriges unverheirathetes Kind kann von seinen Eltern, auch wenn es Vermögen hat, die Gewährung des Unterhalts insoweit verlangen, als die Einkünfte seines Vermögens und der Ertrag seiner Arbeit zum Unterhalte nicht ausreichen.

2. Leistungsfähigkeit des Verpflichteten.

§ 1603. Unterhaltspflichtig ist nicht, wer bei Berücksichtigung seiner sonstigen Verpflichtungen außer Stande ist, ohne Gefährdung seines standesmäßigen Unterhalts den Unterhalt zu gewähren.

Befinden sich Eltern in dieser Lage, so sind sie ihren minderjährigen unverheiratheten Kindern gegenüber verpflichtet, alle verfügbaren Mittel zu ihrem und der Kinder Unterhalte gleichmäßig zu verwenden. Diese Verpflichtung tritt nicht ein, wenn ein anderer unterhaltspflichtiger Verwandter vorhanden ist; sie tritt auch nicht ein gegenüber einem Kinde, dessen Unterhalt aus dem Stamme seines Vermögens bestritten werden kann.

Einfluss — *1. des ehelichen Güterstandes.*

§ 1604. Soweit die Unterhaltspflicht einer Frau ihren Verwandten gegenüber davon abhängt, daß sie zur Gewährung des Unterhalts im Stande ist, kommt die dem Manne an dem eingebrachten Gute zustehende Verwaltung und Nutznießung nicht in Betracht.

Besteht allgemeine Gütergemeinschaft, Errungenschaftsgemeinschaft oder Fahrnißgemeinschaft, so bestimmt sich die Unterhaltspflicht des Mannes oder der Frau Verwandten gegenüber so, wie wenn das Gesammtgut dem unterhaltspflichtigen Ehegatten gehörte. Sind bedürftige Verwandte beider Ehegatten vorhanden, so ist der Unterhalt aus dem Gesammtgute so zu gewähren, wie wenn die Bedürftigen zu beiden Ehegatten in dem Verwandtschaftsverhältnisse ständen, auf dem die Unterhaltspflicht des verpflichteten Ehegatten beruht.

2. der elterlichen Nutzniessung.

§ 1605. Soweit die Unterhaltspflicht eines minderjährigen Kindes seinen Verwandten gegenüber davon abhängt, daß es zur Gewährung des Unterhalts im Stande ist, kommt die elterliche Nutznießung an dem Vermögen des Kindes nicht in Betracht.

Reihenfolge der Verpflichteten.

§ 1606. Die Abkömmlinge sind vor den Verwandten der aufsteigenden Linie unterhaltspflichtig. Die Unterhaltspflicht der Abkömmlinge bestimmt sich nach der gesetzlichen Erbfolgeordnung und dem Verhältnisse der Erbtheile.

Unter den Verwandten der aufsteigenden Linie haften die näheren vor den entfernteren, mehrere gleich nahe zu gleichen Theilen. Der Vater haftet jedoch vor der Mutter; steht die Nutznießung an dem Vermögen des Kindes der Mutter zu, so haftet die Mutter vor dem Vater.

§ 1607. Soweit ein Verwandter auf Grund des § 1603 nicht unterhaltspflichtig ist, hat der nach ihm haftende Verwandte den Unterhalt zu gewähren.

Das Gleiche gilt, wenn die Rechtsverfolgung gegen einen Verwandten im Inland ausgeschlossen oder erheblich erschwert ist. Der Anspruch gegen einen solchen Verwandten geht, soweit ein anderer Verwandter den Unterhalt gewährt, auf diesen über. Der Uebergang kann nicht zum Nachtheile des Unterhaltsberechtigten geltend gemacht werden.

Unterhaltspflicht des Ehegatten vor den Verwandten.

§ 1608. Der Ehegatte des Bedürftigen haftet vor dessen Verwandten. Soweit jedoch der Ehegatte bei Berücksichtigung seiner sonstigen Verpflichtungen außer Stande ist, ohne Gefährdung seines standesmäßigen Unterhalts den Unterhalt zu gewähren, haften die Verwandten vor dem Ehegatten. Die Vorschriften des § 1607 Abs. 2 finden entsprechende Anwendung.

Das Gleiche gilt von einem geschiedenen unterhaltspflichtigen Ehegatten, sowie von einem Ehegatten, der nach § 1351 unterhaltspflichtig ist.

§ 1351 Wird die Ehe nach § 1350 von dem (wiederverheiratheten) Ehegatten der früheren Ehe angefochten, so hat dieser dem anderen Ehegatten nach den für die Scheidung geltenden Vorschriften der §§ 1578 bis 1582 Unterhalt zu gewähren, wenn nicht der andere Ehegatte bei der Eheschliessung wusste, dass der für todt erklärte Ehegatte die Todeserklärung überlebt hat.

Reihenfolge der Berechtigten.

§ 1609. Sind mehrere Bedürftige vorhanden und ist der Unterhaltspflichtige außer Stande, allen Unterhalt zu gewähren, so gehen unter ihnen die Abkömmlinge den Verwandten der aufsteigenden Linie, unter den Abkömmlingen diejenigen, welche im Falle der gesetzlichen Erbfolge als Erben berufen sein würden, den übrigen Abkömmlingen, unter den Verwandten der aufsteigenden Linie die näheren den entfernteren vor.

Der Ehegatte steht den minderjährigen unverheiratheten Kindern gleich; er geht anderen Kindern und den übrigen Verwandten vor. Ein geschiedener Ehegatte, sowie ein Ehegatte, der nach § 1351 unterhaltsberechtigt ist, geht den volljährigen oder verheiratheten Kindern und den übrigen Verwandten vor.

§ 1351 s. § 1608.

Standesmässiger Unterhalt.

§ 1610. Das Maß des zu gewährenden Unterhalts bestimmt sich nach der Lebensstellung des Bedürftigen (standesmäßiger Unterhalt).

Der Unterhalt umfaßt den gesammten Lebensbedarf, bei einer der Erziehung bedürftigen Person auch die Kosten der Erziehung und der Vorbildung zu einem Berufe.

Nothdürftiger Unterhalt.

§ 1611. Wer durch sein sittliches Verschulden bedürftig geworden ist, kann nur den nothdürftigen Unterhalt verlangen.

Der gleichen Beschränkung unterliegt der Unterhaltsanspruch der Abkömmlinge, der Eltern und des Ehegatten, wenn sie sich einer Verfehlung schuldig machen, die den Unterhaltspflichtigen berechtigt, ihnen den Pflichttheil zu entziehen, sowie der Unterhaltsanspruch der Großeltern und der weiteren Voreltern, wenn ihnen gegenüber die Voraussetzungen vorliegen, unter denen Kinder berechtigt sind, ihren Eltern den Pflichttheil zu entziehen.

Der Bedürftige kann wegen einer nach diesen Vorschriften eintretenden Beschränkung seines Anspruchs nicht andere Unterhaltspflichtige in Anspruch nehmen.

Art der Gewährung des Unterhalts.

§ 1612. Der Unterhalt ist durch Entrichtung einer Geldrente zu gewähren. Der Verpflichtete kann verlangen, daß ihm die Gewährung des Unterhalts in anderer Art gestattet wird, wenn besondere Gründe es rechtfertigen.

Haben Eltern einem unverheiratheten Kinde Unterhalt zu gewähren, so können sie bestimmen, in welcher Art und für welche Zeit im voraus der Unterhalt gewährt werden soll. Aus besonderen Gründen kann das Vormundschaftsgericht auf Antrag des Kindes die Bestimmung der Eltern ändern.

Im Uebrigen finden die Vorschriften des § 760 Anwendung.

§ 760. Die Leibrente ist im voraus zu entrichten.

Eine Geldrente ist für drei Monate vorauszuzahlen; bei einer anderen Rente bestimmt sich der Zeitabschnitt, für den sie im voraus zu entrichten ist, nach der Beschaffenheit und dem Zwecke der Rente.

Hat der Gläubiger den Beginn des Zeitabschnitts erlebt, für den die Rente im voraus zu entrichten ist, so gebührt ihm der volle auf den Zeitabschnitt entfallende Betrag.

Anspruch für die Vergangenheit.

§ 1613. Für die Vergangenheit kann der Berechtigte Erfüllung oder Schadensersatz wegen Nichterfüllung nur von der Zeit an fordern, zu welcher der Verpflichtete in Verzug gekommen oder der Unterhaltsanspruch rechtshängig geworden ist.

Verzicht, Vorausleistung.

§ 1614. Für die Zukunft kann auf den Unterhalt nicht verzichtet werden.

Durch eine Vorausleistung wird der Verpflichtete bei erneuter Bedürftigkeit des Berechtigten nur für den im § 760 Abs. 2 bestimmten Zeitabschnitt oder, wenn er selbst den Zeitabschnitt zu bestimmen hatte, für einen den Umständen nach angemessenen Zeitabschnitt befreit.

§ 760 Abs. 2 s. § 1612.

Tod des Berechtigten oder Verpflichteten.

§ 1615. Der Unterhaltsanspruch erlischt mit dem Tode des Berechtigten oder des Verpflichteten, soweit er nicht auf Erfüllung oder Schadensersatz wegen Nichterfüllung für die Vergangenheit oder auf solche im voraus zu bewirkende Leistungen gerichtet ist, die zur Zeit des Todes des Berechtigten oder des Verpflichteten fällig sind.

Im Falle des Todes des Berechtigten hat der Verpflichtete die Kosten der Beerdigung zu tragen, soweit ihre Bezahlung nicht von dem Erben zu erlangen ist.

Vierter Titel.

Rechtliche Stellung der ehelichen Kinder.

I. Rechtsverhältniß zwischen den Eltern und dem Kinde im Allgemeinen.

Name.

§ 1616. Das Kind erhält den Familiennamen des Vaters.

Verpflichtung zur Dienstleistung.

§ 1617. Das Kind ist, solange es dem elterlichen Hausstand angehört und von den Eltern erzogen und unterhalten wird, verpflichtet, in einer seinen Kräften und seiner Lebensstellung entsprechenden Weise den Eltern in ihrem Hauswesen und Geschäfte Dienste zu leisten.

Bestreitung von Haushaltskosten.

§ 1618. Macht ein dem elterlichen Hausstand angehörendes volljähriges Kind zur Bestreitung der Kosten des Haushalts aus seinem Vermögen eine Aufwendung oder überläßt es den Eltern zu diesem Zwecke etwas aus seinem Vermögen, so ist im Zweifel anzunehmen, daß die Absicht fehlt, Ersatz zu verlangen.

Ueberlassung der Vermögensverwaltung an die Eltern.

§ 1619. Ueberläßt ein dem elterlichen Hausstand angehörendes volljähriges Kind sein Vermögen ganz oder theilweise der Verwaltung des Vaters, so kann der Vater die Einkünfte, die er während seiner Verwaltung bezieht, nach freiem Ermessen verwenden, soweit nicht ihre Verwendung zur Bestreitung der Kosten der ordnungsmäßigen Verwaltung und zur Erfüllung solcher Verpflichtungen des Kindes erforderlich ist, die bei ordnungsmäßiger Verwaltung aus den Einkünften des Vermögens bestritten werden. Das Kind kann eine abweichende Bestimmung treffen.

Das gleiche Recht steht der Mutter zu, wenn das Kind ihr die Verwaltung seines Vermögens überläßt.

Aussteuer.

§ 1620. Der Vater ist verpflichtet, einer Tochter im Falle ihrer Verheirathung zur Einrichtung des Haushalts eine angemessene Aussteuer zu gewähren, soweit er bei der Berücksichtigung seiner sonstigen Verpflichtungen ohne Gefährdung seines standesmäßigen Unterhalts dazu im Stande ist und nicht die Tochter ein zur Beschaffung der Aussteuer ausreichendes Vermögen hat. Die gleiche Verpflichtung trifft die Mutter, wenn der Vater zur Gewährung der Aussteuer außer Stande oder wenn er gestorben ist.

Die Vorschriften des § 1604 und des § 1607 Abs. 2 finden entsprechende Anwendung.

§ 1604*. Soweit die Verpflichtung der Mutter zur Gewährung einer Aussteuer ihrer Tochter gegenüber davon abhängt, dass sie zur Gewährung der Aussteuer im Stande ist, kommt die dem Manne an dem eingebrachten Gute zustehende Verwaltung und Nutzniessung nicht in Betracht.

Besteht allgemeine Gütergemeinschaft, Errungenschaftsgemeinschaft oder Fahrnissgemeinschaft, so bestimmt sich die Verpflichtung des Mannes oder der Frau zur Gewährung einer Aussteuer ihrer Tochter gegenüber so, wie wenn das Gesammtgut dem verpflichteten Ehegatten allein gehörte. Sind aussteuerberechtigte Töchter beider Ehegatten vorhanden, so ist die Aussteuer aus dem Gesammtgute so zu gewähren, wie wenn die Töchter zu beiden Ehegatten in dem Verwandtschaftsverhältnisse ständen, auf dem die Aussteuerpflicht des verpflichteten Ehegatten beruht.

§ 1607 Abs. 2*. Ist die Rechtsverfolgung gegen den Vater im Inland ausgeschlossen oder erheblich erschwert, so hat die Mutter die Aussteuer zu gewähren. Der Anspruch gegen den Vater geht, soweit die Mutter die Aussteuer gewährt, auf diese über. Der Uebergang kann nicht zum Nachtheil der aussteuerberechtigten Tochter geltend gemacht werden.

— **Recht zur Verweigerung.**

§ 1621. Der Vater und die Mutter können die Aussteuer verweigern, wenn sich die Tochter ohne die erforderliche elterliche Einwilligung verheirathet.

Das Gleiche gilt, wenn sich die Tochter einer Verfehlung schuldig gemacht hat, die den Verpflichteten berechtigt, ihr den Pflichttheil zu entziehen.

Erlöschen des Anspruchs.

§ 1622. Die Tochter kann eine Aussteuer nicht verlangen, wenn sie für eine frühere Ehe von dem Vater oder der Mutter eine Aussteuer erhalten hat.

— **Unübertragbarkeit — Verjährung.**

§ 1623. Der Anspruch auf die Aussteuer ist nicht übertragbar. Er verjährt in einem Jahre von der Eingehung der Ehe an.

Ausstattung.

§ 1624. Was einem Kinde mit Rücksicht auf seine Verheirathung oder auf die Erlangung einer selbständigen Lebensstellung zur Begründung oder zur Erhaltung der Wirthschaft oder der Lebensstellung von dem Vater oder der Mutter zugewendet wird (Ausstattung), gilt, auch wenn eine Verpflichtung nicht besteht, nur insoweit als Schenkung, als die Ausstattung das den Umständen, insbesondere den Vermögensverhältnissen des Vaters oder der Mutter, entsprechende Maß übersteigt.

Die Verpflichtung des Ausstattenden zur Gewährleistung wegen eines Mangels im Rechte oder wegen eines Fehlers der Sache bestimmt sich, auch soweit die Ausstattung nicht als Schenkung gilt, nach den für die Gewährleistungspflicht des Schenkers geltenden Vorschriften.

§ 1625. Gewährt der Vater einem Kinde, dessen Vermögen seiner elterlichen oder vormundschaftlichen Verwaltung unterliegt, eine Ausstattung, so ist im Zweifel anzunehmen, daß er sie aus diesem Vermögen gewährt. Diese Vorschrift findet auf die Mutter entsprechende Anwendung.

II. Elterliche Gewalt.

Dauer.

§ 1626. Das Kind steht, so lange es minderjährig ist, unter elterlicher Gewalt.

1. Elterliche Gewalt des Vaters.

Inhalt.

§ 1627. Der Vater hat kraft der elterlichen Gewalt das Recht und die Pflicht, für die Person und das Vermögen des Kindes zu sorgen.

Ausschluss bei gleichzeitiger Pflegschaft.

§ 1628. Das Recht und die Pflicht, für die Person und das Vermögen des Kindes zu sorgen, erstreckt sich nicht auf Angelegenheiten des Kindes, für die ein Pfleger bestellt ist.

— Meinungsverschiedenheiten zwischen Vater und Pfleger.

§ 1629. Steht die Sorge für die Person oder die Sorge für das Vermögen des Kindes einem Pfleger zu, so entscheidet bei einer Meinungsverschiedenheit zwischen dem Vater und dem Pfleger über die Vornahme einer sowohl die Person als das Vermögen des Kindes betreffenden Handlung das Vormundschaftsgericht.

Vertretung des Kindes.

§ 1630. Die Sorge für die Person und das Vermögen umfaßt die Vertretung des Kindes.

Die Vertretung steht dem Vater insoweit nicht zu, als nach § 1795 ein Vormund von der Vertretung des Mündels ausgeschlossen ist. Das Vormundschaftsgericht kann dem Vater nach § 1796 die Vertretung entziehen.

§ 1795. Der Vormund kann den Mündel nicht vertreten:
1. bei einem Rechtsgeschäfte zwischen seinem Ehegatten oder einem seiner Verwandten in gerader Linie einerseits und dem Mündel andererseits, es sei denn, dass das Rechtsgeschäft ausschliesslich in der Erfüllung einer Verbindlichkeit besteht;
2. bei einem Rechtsgeschäfte, das die Uebertragung oder Belastung einer durch Pfandrecht, Hypothek oder Bürgschaft gesicherten Forderung des Mündels gegen den Vormund oder die Aufhebung oder Minderung dieser Sicherheit zum Gegenstande hat oder die Verpflichtung des Mündels zu einer solchen Uebertragung, Belastung, Aufhebung oder Minderung begründet;
3. bei einem Rechtsstreite zwischen den in Nr. 1 bezeichneten Personen sowie bei einem Rechtsstreit über eine Angelegenheit der in Nr. 2 bezeichneten Art.

Die Vorschrift des § 181 bleibt unberührt.

§ 181. Ein Vertreter kann, soweit nicht ein Anderes ihm gestattet ist, im Namen des Vertretenen mit sich im eigenen Namen oder als Vertreter eines Dritten ein Rechtsgeschäft nicht vornehmen, es sei denn, dass das Rechtsgeschäft ausschliesslich in der Erfüllung einer Verbindlichkeit besteht.

§ 1796*. Das Vormundschaftsgericht kann dem Vater die Vertretung für einzelne Angelegenheiten oder für einen bestimmten Kreis von Angelegenheiten entziehen.

Die Entziehung soll nur erfolgen, wenn das Interesse des Mündels zu dem Interesse des Vaters oder eines von diesem vertretenen Dritten oder einer der im § 1795 Nr. 1 bezeichneten Personen in erheblichem Gegensatze steht.

I. Sorge für die Person.

§ 1631. Die Sorge für die Person des Kindes umfaßt das Recht und die Pflicht, das Kind zu erziehen, zu beaufsichtigen und seinen Aufenthalt zu bestimmen.

Der Vater kann kraft des Erziehungsrechts angemessene Zuchtmittel gegen das Kind anwenden. Auf seinen Antrag hat das Vormundschaftsgericht ihn durch Anwendung geeigneter Zuchtmittel zu unterstützen.

§ 1632. Die Sorge für die Person des Kindes umfaßt das Recht, die Herausgabe des Kindes von Jedem zu verlangen, der es dem Vater widerrechtlich vorenthält.

— **bei verheiratheten Töchtern.**

§ 1633. Ist eine Tochter verheirathet, so beschränkt sich die Sorge für ihre Person auf die Vertretung in den die Person betreffenden Angelegenheiten.

— **Stellung der Mutter neben dem Vater.**

§ 1634. Neben dem Vater hat während der Dauer der Ehe die Mutter das Recht und die Pflicht, für die Person des Kindes zu sorgen; zur Vertretung des Kindes ist sie nicht berechtigt, unbeschadet der Vorschrift des § 1685 Abs. 1. Bei einer Meinungsverschiedenheit zwischen den Eltern geht die Meinung des Vaters vor.

§ 1685 Abs. 1. Ist der Vater an der Ausübung der elterlichen Gewalt thatsächlich verhindert oder ruht seine elterliche Gewalt, so übt während der Dauer der Ehe die Mutter die elterliche Gewalt mit Ausnahme der Nutzniessung aus.

— **bei geschiedenen Ehen.**

§ 1635. Ist die Ehe aus einem der in den §§ 1565 bis 1568 bestimmten Gründe geschieden, so steht, solange die geschiedenen Ehegatten leben, die Sorge für die Person des Kindes, wenn ein Ehegatte allein für schuldig erklärt ist, dem anderen Ehegatten zu; sind beide Ehegatten für schuldig erklärt, so steht die Sorge für einen Sohn unter sechs Jahren oder für eine Tochter der Mutter, für einen Sohn, der über sechs Jahre alt ist, dem Vater zu. Das Vormundschaftsgericht kann eine abweichende Anordnung treffen, wenn eine solche aus besonderen Gründen im Interesse des Kindes geboten ist; es kann die Anordnung aufheben, wenn sie nicht mehr erforderlich ist.

Das Recht des Vaters zur Vertretung des Kindes bleibt unberührt.

§ 1565*. Wegen Ehebruchs, Doppelehe, widernatürlicher Unzucht.

§ 1566*. Weil der schuldige Ehegatte dem anderen nach dem Leben trachtete.

§ 1567*. Wegen böslicher Verlassung.

§ 1568*. Weil der schuldige Ehegatte durch schwere Verletzung der durch die Ehe begründeten Pflichten oder durch ehrloses oder unsittliches Verhalten eine so tiefe Zerrüttung des ehelichen Verhältnisses verschuldet hat, dass dem anderen Ehegatten die Fortsetzung der Ehe nicht zugemuthet werden kann.

§ 1636. Der Ehegatte, dem nach § 1635 die Sorge für die Person des Kindes nicht zusteht, behält die Befugniß, mit dem Kinde persönlich zu verkehren. Das Vormundschaftsgericht kann den Verkehr näher regeln.

— **bei Wiederverheirathung im Falle der Todeserklärung.**

§ 1637. Ist die Ehe nach § 1348 Abs. 2 aufgelöst, so gilt in Ansehung der Sorge für die Person des Kindes das Gleiche, wie wenn die Ehe geschieden ist und beide Ehegatten für schuldig erklärt sind.

§ 1348 Abs. 2*. Wenn der eine Ehegatte eine neue Ehe schliesst, nachdem der andere Ehegatte für todt erklärt wurde.

II. Vermögensverwaltung.

§ 1638. Das Recht und die Pflicht, für das Vermögen des Kindes zu sorgen (Vermögensverwaltung), erstreckt sich nicht auf das Vermögen, welches das Kind von Todeswegen erwirbt oder welches ihm unter Lebenden von einem Dritten unentgeltlich zugewendet wird, wenn der Erblasser durch letztwillige Verfügung, der Dritte bei der Zuwendung bestimmt hat, daß der Erwerb der Verwaltung des Vaters entzogen sein soll.

Was das Kind auf Grund eines zu einem solchen Vermögen gehörenden Rechtes oder als Ersatz für die Zerstörung, Beschädigung oder Entziehung eines zu dem Vermögen gehörenden Gegenstandes oder durch ein Rechtsgeschäft erwirbt, das sich auf das Vermögen bezieht, ist gleichfalls der Verwaltung des Vaters entzogen.

— Anordnungen Dritter.

§ 1639. Was das Kind von Todeswegen erwirbt oder was ihm unter Lebenden von einem Dritten unentgeltlich zugewendet wird, hat der Vater nach den Anordnungen des Erblassers oder des Dritten zu verwalten, wenn die Anordnungen von dem Erblasser durch letztwillige Verfügung, von dem Dritten bei der Zuwendung getroffen worden sind. Kommt der Vater den Anordnungen nicht nach, so hat das Vormundschaftsgericht die zu ihrer Durchführung erforderlichen Maßregeln zu treffen.

Der Vater darf von den Anordnungen insoweit abweichen, als es nach § 1803 Abs. 2, 3 einem Vormunde gestattet ist.

§ 1803 Abs. 2, 3. Der Vormund darf mit Genehmigung des Vormundschaftsgerichts von den Anordnungen abweichen, wenn ihre Befolgung das Interesse des Mündels gefährden würde.

Zu einer Abweichung von den Anordnungen, die ein Dritter bei einer Zuwendung unter Lebenden getroffen hat, ist, solange er lebt, seine Zustimmung erforderlich und genügend. Die Zustimmung des Dritten kann durch das Vormundschaftsgericht ersetzt werden, wenn der Dritte zur Abgabe einer Erklärung dauernd ausser Stande oder sein Aufenthalt dauernd unbekannt ist.

— Aufnahme eines Inventars.

§ 1640. Der Vater hat das seiner Verwaltung unterliegende Vermögen des Kindes, welches bei dem Tode der Mutter vorhanden ist oder dem Kinde später zufällt, zu verzeichnen und das Verzeichniß, nachdem er es mit der Versicherung der Richtigkeit und Vollständigkeit versehen hat, dem Vormundschaftsgericht einzureichen. Bei Haushaltsgegenständen genügt die Angabe des Gesammtwerths.

Ist das eingereichte Verzeichniß ungenügend, so kann das Vormundschaftsgericht anordnen, daß das Verzeichniß durch eine zuständige Behörde oder durch einen zuständigen Beamten oder Notar aufgenommen wird. Die Anordnung ist für das in Folge des Todes der Mutter dem Kinde zufallende Vermögen unzulässig, wenn die Mutter sie durch letztwillige Verfügung ausgeschlossen hat.

— Schenkungsverbot.

§ 1641. Der Vater kann nicht in Vertretung des Kindes Schenkungen machen. Ausgenommen sind Schenkungen, durch die einer sittlichen Pflicht oder einer auf den Anstand zu nehmenden Rücksicht entsprochen wird.

— Anlegung von Geld.

§ 1642. Der Vater hat das seiner Verwaltung unterliegende Geld des Kindes, unbeschadet der Vorschrift des § 1653, nach den für die Anlegung von Mündelgeld geltenden Vorschriften der §§ 1807, 1808 verzinslich anzulegen, soweit es nicht zur Bestreitung von Ausgaben bereit zu halten ist.

Das Vormundschaftsgericht kann dem Vater aus besonderen Gründen eine andere Anlegung gestatten.

§ 1807*. Die Anlegung von Mündelgeld soll nur erfolgen:

1. in Forderungen, für die eine sichere Hypothek an einem inländischen Grundstücke besteht, oder in sicheren Grundschulden oder Rentenschulden an inländischen Grundstücken;
2. in verbrieften Forderungen gegen das Reich oder einen Bundesstaat sowie in Forderungen, die in das Reichsschuldbuch oder in das Staatsschuldbuch eines Bundesstaats eingetragen sind;
3. in verbrieften Forderungen, deren Verzinsung von dem Reiche oder einem Bundesstaate gewährleistet ist;
4. in Werthpapieren, insbesondere Pfandbriefen, sowie in verbrieften Forderungen jeder Art gegen eine inländische kommunale Körperschaft oder die Kreditanstalt einer solchen Körperschaft, sofern die Werthpapiere oder die Forderungen von dem Bundesrathe zur Anlegung von Mündelgeld für geeignet erklärt sind;
5. bei einer inländischen öffentlichen Sparkasse, wenn sie von der zuständigen Behörde des Bundesstaats, in welchem sie ihren Sitz hat, zur Anlegung von Mündelgeld für geeignet erklärt ist.

Die Landesgesetze können für die innerhalb ihres Geltungsbereichs belegenen Grundstücke die Grundsätze bestimmen, nach denen die Sicherheit einer Hypothek, einer Grundschuld oder einer Rentenschuld festzustellen ist.

§ 1808. Kann die Anlegung den Umständen nach nicht in der im § 1807 bezeichneten Weise erfolgen, so ist das Geld bei der Reichsbank, bei einer Staatsbank oder bei einer anderen durch Landesgesetz dazu für geeignet erklärten inländischen Bank oder bei einer Hinterlegungsstelle anzulegen

— **Genehmigung des Vormundschaftsgerichts erforderlich.**

§ 1643. Zu Rechtsgeschäften für das Kind bedarf der Vater der Genehmigung des Vormundschaftsgerichts in den Fällen, in denen nach § 1821 Abs. 1 Nr. 1 bis 3, Abs. 2 und nach § 1822 Nr. 1, 3, 5, 8 bis 11 ein Vormund der Genehmigung bedarf.

Das Gleiche gilt für die Ausschlagung einer Erbschaft oder eines Vermächtnisses sowie für den Verzicht auf einen Pflichttheil. Tritt der Anfall an das Kind erst in Folge der Ausschlagung des Vaters ein, so ist die Genehmigung nur erforderlich, wenn der Vater neben dem Kinde berufen war.

Die Vorschriften der §§ 1825, 1828 bis 1831 finden entsprechende Anwendung.

§ 1821 Abs. 1 Nr 1—3, Abs. 2. Der Vormund bedarf der Genehmigung des Vormundschaftsgerichts:

1. zur Verfügung über ein Grundstück oder über ein Recht an einem Grundstücke;
2. zur Verfügung über eine Forderung, die auf Uebertragung des Eigenthums an einem Grundstück oder auf Begründung oder Uebertragung eines Rechtes an einem Grundstück oder auf Befreiung eines Grundstücks von einem solchen Rechte gerichtet ist;
3. zur Eingehung der Verpflichtung zu einer der in Nr 1, 2 bezeichneten Verfügungen.

Zu den Rechten an einem Grundstück im Sinne dieser Vorschriften gehören nicht Hypotheken, Grundschulden und Rentenschulden.

§ 1822 Nr. 1, 3, 5, 8—11. Der Vormund bedarf der Genehmigung des Vormundschaftsgerichts:

1. zu einem Rechtsgeschäfte, durch das der Mündel zu einer Verfügung über sein Vermögen im Ganzen oder über eine ihm angefallene Erbschaft oder über seinen künftigen gesetzlichen Erbtheil oder seinen künftigen Pflichttheil verpflichtet wird, sowie zu einer Verfügung über den Antheil des Mündels an einer Erbschaft;
3. zu einem Vertrage, der auf den entgeltlichen Erwerb oder die Veräusserung eines Erwerbsgeschäfts gerichtet ist, sowie zu einem Gesellschaftsvertrage, der zum Betrieb eines Erwerbsgeschäfts eingegangen wird;
5. zu einem Mieth- oder Pachtvertrag oder einem anderen Vertrage, durch den der Mündel zu wiederkehrenden Leistungen verpflichtet wird, wenn das Vertragsverhältniss länger als ein Jahr nach der Vollendung des einundzwanzigsten Lebensjahrs des Mündels fortdauern soll;
8. zur Aufnahme von Geld auf den Kredit des Mündels;
9. zur Ausstellung einer Schuldverschreibung auf den Inhaber oder zur Eingehung einer Verbindlichkeit aus einem Wechsel oder einem anderen Papiere, dass durch Indossament übertragen werden kann;
10. zur Uebernahme einer fremden Verbindlichkeit, insbesondere zur Eingehung einer Bürgschaft;
11. zur Ertheilung einer Prokura.

§ 1825*. Das Vormundschaftsgericht kann dem Vormunde zu den im § 1822 Nr. 8 bis 10 bezeichneten Rechtsgeschäften eine allgemeine Ermächtigung ertheilen.

Die Ermächtigung soll nur ertheilt werden, wenn sie zum Zwecke der Vermögensverwaltung, insbesondere zum Betrieb eines Erwerbsgeschäfts, erforderlich ist.

§ 1828*. Das Vormundschaftsgericht kann die Genehmigung zu einem Rechtsgeschäfte nur dem Vater gegenüber erklären.

§ 1829*. Schliesst der Vater einen Vertrag ohne die erforderliche Genehmigung des Vormundschaftsgerichts, so hängt die Wirksamkeit des Vertrags von der nachträglichen Genehmigung des Vormundschaftsgerichts ab. Die Genehmigung sowie deren Verweigerung wird dem anderen Theile gegenüber erst wirksam, wenn sie ihm durch den Vater mitgetheilt wird.

Fordert der andere Theil den Vater zur Mittheilung darüber auf, ob die Genehmigung ertheilt sei, so kann die Mittheilung der Genehmigung nur bis zum Ablaufe von zwei Wochen nach dem Empfange der Aufforderung erfolgen; erfolgt sie nicht, so gilt die Genehmigung als verweigert.

Ist das Kind volljährig geworden, so tritt seine Genehmigung an die Stelle der Genehmigung des Vormundschaftsgerichts.

§ 1830*. Hat der Vater dem anderen Theile gegenüber der Wahrheit zuwider die Genehmigung des Vormundschaftsgerichts behauptet, so ist der andere Theil bis zur Mittheilung der nachträglichen Genehmigung des Vormundschaftsgerichts zum Widerrufe berechtigt, es sei denn, dass ihm das Fehlen der Genehmigung bei dem Abschlusse des Vertrags bekannt war.

§ 1831*. Ein einseitiges Rechtsgeschäft, das der Vater ohne die erforderliche Genehmigung des Vormundschaftsgerichts vornimmt, ist unwirksam. Nimmt der Vater mit dieser Genehmigung ein solches Rechtsgeschäft einem Anderen gegenüber vor, so ist das Rechtsgeschäft unwirksam, wenn der Vater die Genehmigung nicht in schriftlicher Form vorlegt und der Andere das Rechtsgeschäft aus diesem Grunde unverzüglich zurückweist.

— Ueberlassung von Vermögen an das Kind.

§ 1644. Der Vater kann Gegenstände, zu deren Veräußerung die Genehmigung des Vormundschaftsgerichts erforderlich ist, dem Kinde nicht ohne diese Genehmigung zur Erfüllung eines von dem Kinde geschlossenen Vertrags oder zu freier Verfügung überlassen.

— Neues Erwerbsgeschäft.

§ 1645. Der Vater soll nicht ohne Genehmigung des Vormundschaftsgerichts ein neues Erwerbsgeschäft im Namen des Kindes beginnen.

— Erwerb mit Mitteln des Kindes.

§ 1646. Erwirbt der Vater mit Mitteln des Kindes bewegliche Sachen, so geht mit dem Erwerbe das Eigenthum auf das Kind über, es sei denn, daß der Vater nicht für Rechnung des Kindes erwerben will. Dies gilt insbesondere auch von Inhaberpapieren und von Orderpapieren, die mit Blankoindossament versehen sind.

Die Vorschriften des Abs. 1 finden entsprechende Anwendung, wenn der Vater mit Mitteln des Kindes ein Recht an Sachen der bezeichneten Art oder ein anderes Recht erwirbt, zu dessen Uebertragung der Abtretungsvertrag genügt.

— Konkurs über das Vermögen des Vaters.

§ 1647. Die Vermögensverwaltung des Vaters endigt mit der Rechtskraft des Beschlusses, durch den der Konkurs über das Vermögen des Vaters eröffnet wird.

Nach der Aufhebung des Konkurses kann das Vormundschaftsgericht die Verwaltung dem Vater wiederübertragen.

— Ersatz von Aufwendungen.

§ 1648. Macht der Vater bei der Sorge für die Person oder das Vermögen des Kindes Aufwendungen, die er den Umständen nach für erforderlich halten darf, so kann er von dem Kinde Ersatz verlangen, sofern nicht die Aufwendungen ihm selbst zur Last fallen.

III. Nutzniessung.

§ 1649. Dem Vater steht kraft der elterlichen Gewalt die Nutznießung an dem Vermögen des Kindes zu.

Freies Vermögen.

§ 1650. Von der Nutznießung ausgeschlossen (freies Vermögen) sind die ausschließlich zum persönlichen Gebrauche des Kindes bestimmten Sachen, insbesondere Kleider, Schmucksachen und Arbeitsgeräthe.

§ 1651. Freies Vermögen ist:

1. was das Kind durch seine Arbeit oder durch den ihm nach § 112 gestatteten selbständigen Betrieb eines Erwerbsgeschäfts erwirbt;
2. was das Kind von Todeswegen erwirbt oder was ihm unter Lebenden von einem Dritten unentgeltlich zugewendet wird, wenn der Erblasser durch letztwillige Verfügung, der Dritte bei der Zuwendung bestimmt hat, daß das Vermögen der Nutznießung entzogen sein soll.

Die Vorschriften des § 1638 Abs. 2 finden entsprechende Anwendung.

§ 112. Ermächtigt der gesetzliche Vertreter mit Genehmigung des Vormundschaftsgerichts den Minderjährigen zum selbständigen Betrieb eines Erwerbsgeschäfts, so ist der Minderjährige für solche Rechtsgeschäfte unbeschränkt geschäftsfähig, welche der Geschäftsbetrieb mit sich bringt. Ausgenommen sind Rechtsgeschäfte, zu denen der Vertreter der Genehmigung des Vormundschaftsgerichts bedarf.

Die Ermächtigung kann von dem Vertreter nur mit Genehmigung des Vormundschaftsgerichts zurückgenommen werden.

§ 1638 Abs. 2*. Was das Kind auf Grund eines zu seinem freien Vermögen gehörenden Rechtes oder als Ersatz für die Zerstörung, Beschädigung oder Entziehung eines zu dem Vermögen gehörenden Gegenstandes oder durch ein Rechtsgeschäft erwirbt, das sich auf das Vermögen bezieht, ist gleichfalls freies Vermögen.

— **Erwerb der Nutzungen.**

§ 1652. Der Vater erwirbt die Nutzungen des seiner Nutznießung unterliegenden Vermögens in derselben Weise und in demselben Umfange wie ein Nießbraucher.

— **Befugnisse hinsichtlich verbrauchbarer Sachen.**

§ 1653. Der Vater darf verbrauchbare Sachen, die zu dem seiner Nutznießung unterliegenden Vermögen gehören, für sich veräußern oder verbrauchen, Geld jedoch nur mit Genehmigung des Vormundschaftsgerichts. Macht der Vater von dieser Befugniß Gebrauch, so hat er den Werth der Sachen nach der Beendigung der Nutznießung zu ersetzen; der Ersatz ist schon vorher zu leisten, wenn die ordnungsmäßige Verwaltung des Vermögens es erfordert.

— **Lasten der Nutzniessung.**

§ 1654. Der Vater hat die Lasten des seiner Nutznießung unterliegenden Vermögens zu tragen. Seine Haftung bestimmt sich nach den für den Güterstand der Verwaltung und Nutznießung geltenden Vorschriften der §§ 1384 bis 1386, 1388. Zu den Lasten gehören auch die Kosten eines Rechtsstreits, der für das Kind geführt wird, sofern sie nicht dem freien Vermögen zur Last fallen, sowie die Kosten der Vertheidigung des Kindes in einem gegen das Kind gerichteten Strafverfahren, vorbehaltlich der Ersatzpflicht des Kindes im Falle seiner Verurtheilung.

§ 1384*. Der Vater hat ausser den Kosten, welche durch die Gewinnung der Nutzungen entstehen, die Kosten der Erhaltung der zu dem seiner Nutzniessung unterliegenden Vermögen gehörenden Gegenstände nach den für den Niessbrauch geltenden Vorschriften zu tragen.

§ 1385*. Der Vater ist dem Kinde gegenüber verpflichtet, für die Dauer der Nutzniessung zu tragen:

1. die dem Kinde obliegenden öffentlichen Lasten mit Ausschluss der auf dem freien Vermögen des Kindes ruhenden Lasten und der ausserordentlichen Lasten, die als auf den Stammwerth des seiner Nutzniessung unterliegenden Vermögens gelegt anzusehen sind;
2. die privatrechtlichen Lasten, die auf den zu dem seiner Nutzniessung unterliegenden Vermögen gehörenden Gegenständen ruhen;
3. die Zahlungen, die für die Versicherung der zu dem seiner Nutzniessung unterliegenden Vermögen gehörenden Gegenstände zu leisten sind.

§ 1386*. Der Vater ist dem Kinde gegenüber verpflichtet, für die Dauer der Nutzniessung die Zinsen derjenigen Verbindlichkeiten des Kindes zu tragen, deren Berichtigung aus dem seiner Nutzniessung unterliegenden Vermögen verlangt werden kann. Das Gleiche gilt von wiederkehrenden Leistungen anderer Art, einschliesslich der von dem Kinde auf Grund seiner gesetzlichen Unterhaltspflicht geschuldeten Leistungen, sofern sie bei ordnungsmässiger Verwaltung aus den Einkünften des Vermögens bestritten werden.

Die Verpflichtung des Vaters tritt nicht ein, wenn die Verbindlichkeiten oder die Leistungen im Verhältnisse zwischen Vater und Kind dem freien Vermögen des Kindes zur Last fallen.

§ 1388*. Soweit der Vater nach den §§ 1385, 1386 dem Kinde gegenüber dessen Verbindlichkeiten zu tragen hat, haftet er den Gläubigern neben dem Kinde als Gesammtschuldner.

— **Erwerbsgeschäft des Kindes.**

§ 1655. Gehört zu dem der Nutznießung unterliegenden Vermögen ein Erwerbsgeschäft, das von dem Vater im Namen des Kindes betrieben wird, so gebührt dem Vater nur der sich aus dem Betrieb ergebende jährliche Reingewinn. Ergiebt sich in einem Jahre ein Verlust, so verbleibt der Gewinn späterer Jahre bis zur Ausgleichung des Verlustes dem Kinde.

— **Nutzniessung ohne Vermögensverwaltung.**

§ 1656. Steht dem Vater die Verwaltung des seiner Nutznießung unterliegenden Vermögens nicht zu, so kann er auch die Nutznießung nicht ausüben; er kann jedoch die Herausgabe der Nutzungen verlangen, soweit nicht ihre Verwendung zur ordnungsmäßigen Verwaltung des Vermögens und zur Bestreitung der Lasten der Nutznießung erforderlich ist.

Ruht die elterliche Gewalt des Vaters oder ist dem Vater die Sorge für die Person und das Vermögen des Kindes durch das Vormundschaftsgericht entzogen, so können die Kosten des Unterhalts des Kindes aus den Nutzungen insoweit vorweg entnommen werden, als sie dem Vater zur Last fallen.

§ 1657. Ist der Vater von der Ausübung der Nutznießung ausgeschlossen, so hat er eine ihm dem Kinde gegenüber obliegende Verbindlichkeit, die in Folge der Nutznießung erst nach deren Beendigung zu erfüllen sein würde, sofort zu erfüllen. Diese Vorschrift findet keine Anwendung, wenn die elterliche Gewalt ruht.

— **Unübertragbarkeit des Nutzniessungsrechtes.**

§ 1658. Das Recht, das dem Vater kraft seiner Nutznießung an dem Vermögen des Kindes zusteht, ist nicht übertragbar.

Das Gleiche gilt von den nach den §§ 1655, 1656 dem Vater zustehenden Ansprüchen, solange sie nicht fällig sind.

Schuldenhaftung.

§ 1659. Die Gläubiger des Kindes können ohne Rücksicht auf die elterliche Nutznießung Befriedigung aus dem Vermögen des Kindes verlangen.

Hat der Vater verbrauchbare Sachen nach § 1653 veräußert oder verbraucht, so ist er den Gläubigern gegenüber zum sofortigen Ersatze verpflichtet.

— **Verhältniss zwischen Vater und Kind.**

§ 1660. Im Verhältnisse des Vaters und des Kindes zu einander finden in Ansehung der Verbindlichkeiten des Kindes die für den Güterstand der Verwaltung und Nutznießung geltenden Vorschriften des § 1415, des § 1416 Abs. 1 und des § 1417 entsprechende Anwendung.

§ 1415*. Im Verhältnisse zwischen Vater und Kind fallen dem freien Vermögen des Kindes zur Last:

1. die Verbindlichkeiten des Kindes aus einer unerlaubten Handlung, die es während des Bestehens der elterlichen Gewalt begeht, oder aus einem Strafverfahren, das wegen einer solchen Handlung gegen dasselbe gerichtet wird;
2. die Verbindlichkeiten des Kindes aus einem sich auf sein freies Vermögen beziehenden Rechtsverhältniss, auch wenn sie vor Beginn der elterlichen Gewalt oder vor der Zeit entstanden sind, zu der das Vermögen freies Vermögen geworden ist;
3. die Kosten eines Rechtsstreits, den die Frau über eine der in Nr. 1, 2 bezeichneten Verbindlichkeiten führt.

§ 1416 Abs. 1*. Im Verhältnisse zwischen Vater und Kind fallen die Kosten eines Rechtsstreits zwischen ihnen dem freien Vermögen des Kindes zur Last, soweit nicht der Vater sie zu tragen hat.

§ 1417*. Wird eine Verbindlichkeit, die nach den §§ 1415, 1416 dem freien Vermögen zur Last fällt, aus dem der Nutzniessung des Vaters unterliegenden Vermögen berichtigt, so hat das Kind aus dem freien Vermögen, soweit dieses reicht, zu dem der Nutzniessung des Vaters unterliegenden Vermögen Ersatz zu leisten.

Wird eine Verbindlichkeit des Kindes, die im Verhältnisse zwischen Vater und Kind dem Kind zur Last fällt, aus dem freien Vermögen berichtigt, so hat der Vater aus dem seiner Nutzniessung unterliegenden Vermögen, soweit dieses reicht, zu dem freien Vermögen des Kindes Ersatz zu leisten.

Beendigung der Nutzniessung
1. durch Verheirathung des Kindes.

§ 1661. Die Nutznießung endigt, wenn sich das Kind verheirathet. Die Nutznießung verbleibt jedoch dem Vater, wenn die Ehe ohne die erforderliche elterliche Einwilligung geschlossen wird.

2. durch Verzicht.

§ 1662. Der Vater kann auf die Nutznießung verzichten. Der Verzicht erfolgt durch Erklärung gegenüber dem Vormundschaftsgerichte; die Erklärung ist in öffentlich beglaubigter Form abzugeben.

— Einfluss auf Miethe und Pacht.

§ 1663. Hat der Vater kraft seiner Nutznießung ein zu dem Vermögen des Kindes gehörendes Grundstück vermiethet oder verpachtet, so finden, wenn das Mieth- oder Pachtverhältniß bei der Beendigung der Nutznießung noch besteht, die Vorschriften des § 1056 entsprechende Anwendung.

Gehört zu dem der Nutznießung unterliegenden Vermögen ein landwirthschaftliches Grundstück, so findet die Vorschrift des § 592, gehört zu dem Vermögen ein Landgut, so finden die Vorschriften der §§ 592, 593 entsprechende Anwendung.

§ 1056*. Hat der Vater ein zu dem Vermögen des Kindes gehörendes Grundstück über die Dauer seiner Nutzniessung hinaus vermiethet oder verpachtet, so finden nach der Beendigung der Nutzniessung die für den Fall der Veräusserung geltenden Vorschriften der §§ 571, 572, des § 573 Satz 1 und der §§ 574 bis 576, 579 entsprechende Anwendung.

Das Kind ist berechtigt, das Mieth- oder Pachtverhältniss unter Einhaltung der gesetzlichen Kündigungsfrist zu kündigen. Verzichtet der Vater auf den Niessbrauch, so ist die Kündigung erst von der Zeit an zulässig, zu welcher der Niessbrauch ohne den Verzicht erlöschen würde.

Der Miether oder der Pächter ist berechtigt, das Kind unter Bestimmung einer angemessenen Frist zur Erklärung darüber aufzufordern, ob es von dem Kündigungsrechte Gebrauch mache. Die Kündigung kann nur bis zum Ablaufe der Frist erfolgen.

§ 571. Endigt die Nutzniessung nach der Ueberlassung des Grundstücks an den Miether oder Pächter, so tritt das Kind an Stelle des Vaters als Vermiether oder Verpächter in die sich aus dem Mieth- oder Pachtverhältnisse ergebenden Rechte und Verpflichtungen ein.*

Erfüllt das Kind die Verpflichtungen nicht, so haftet der Vater für den von dem Kinde zu ersetzenden Schaden wie ein Bürge, der auf die Einrede der Vorausklage verzichtet hat. Erlangt der Miether oder Pächter von der Beendigung des Niessbrauchs durch Mittheilung des Vaters Kenntniss, so wird der Vater von der Haftung befreit, wenn nicht der Miether oder Pächter das Mieth- oder Pachtverhältniss für den ersten Termin kündigt, für den die Kündigung zulässig ist.

§ 572. Hat der Miether oder Pächter des Grundstücks dem Vater für die Erfüllung seiner Verpflichtungen Sicherheit geleistet, so tritt das Kind in die dadurch begründeten Rechte ein. Zur Rückgewähr der Sicherheit ist es nur verpflichtet, wenn sie ihm ausgehändigt wird oder wenn es dem Vater gegenüber die Verpflichtung zur Rückgewähr übernimmt.*

§ 573 Satz 1. Eine Verfügung, die der Vater vor Beendigung der Nutzniessung über den nach diesem Zeitpunkte anfallenden Miethzins getroffen hat, ist soweit wirksam, als sie sich auf den Miethzins für das zur Zeit der Beendigung der Nutzniessung laufende und das folgende Kalendervierteljahr bezieht.*

§ 574. Ein Rechtsgeschäft, das zwischen dem Miether oder Pächter und dem Vater in Ansehung der Mieth- oder Pachtzinsforderung vorgenommen wird, insbesondere die Entrichtung des Mieth- oder Pachtzinses, ist dem Kinde gegenüber wirksam, soweit es sich nicht auf den Mieth- oder Pachtzins für eine spätere Zeit als das Kalendervierteljahr, in welchem der Miether oder Pächter von der Beendigung der Nutzniessung Kenntniss erlangt, und das folgende Kalendervierteljahr bezieht. Ein Rechtsgeschäft, das nach der Beendigung der Nutzniessung vorgenommen wird, ist jedoch unwirksam, wenn der Miether oder Pächter bei der Vornahme des Rechtsgeschäfts von der Beendigung der Nutzniessung Kenntniss hat.*

§ 575. Soweit die Entrichtung des Mieth- oder Pachtzinses an den Vater nach § 574 dem Kinde gegenüber wirksam ist, kann der Miether oder Pächter gegen die Mieth- oder Pachtzinsforderung des Kindes eine ihm gegen den Vater zustehende Forderung aufrechnen. Die Aufrechnung ist ausgeschlossen, wenn der Miether oder Pächter die Gegenforderung erworben hat, nachdem er von der Beendigung der Nutzniessung Kenntniss erlangt hat oder wenn die Gegenforderung erst nach der Erlangung der Kenntniss und später als der Mieth- oder Pachtzins fällig geworden ist.*

§ 576. Zeigt der Vater dem Miether oder Pächter an, dass die Nutzniessung beendigt sei, so muss er in Ansehung der Mieth- oder Pachtzinsforderung die angezeigte Beendigung der Nutzniessung dem Miether oder Pächter gegenüber gegen sich gelten lassen, auch wenn sie nicht erfolgt oder nicht wirksam ist.*

Die Anzeige kann nur mit Zustimmung des Kindes zurückgenommen werden.

§ 579. Wird das vermiethete oder verpachtete Grundstück von dem Kinde weiter veräussert oder belastet, so finden die Vorschriften des § 571 Abs. 1 und der §§ 572 bis 578 entsprechende Anwendung. Erfüllt der neue Erwerber die aus dem Mieth- oder Pachtverhältnisse sich ergebenden Verpflichtungen nicht, so haftet der Vater dem Miether oder Pächter nach § 571 Abs. 2.*

§ 592*. Endigt die Nutzniessung an einem landwirthschaftlichen Grundstücke oder an einem Landgute im Laufe eines Nutzniessungsjahrs, so hat das Kind die Kosten, die der Vater auf die noch nicht getrennten, jedoch nach den Regeln einer ordnungsmässigen Wirthschaft vor dem Ende des Nutzniessungsjahrs zu trennenden Früchte verwendet hat, insoweit zu ersetzen, als sie einer ordnungsmässigen Wirthschaft entsprechen und den Werth dieser Früchte nicht übersteigen.

§ 593*. Der Vater hat von den bei Beendigung der Nutzniessung vorhandenen landwirthschaftlichen Erzeugnissen ohne Rücksicht darauf, ob er bei dem Beginne der Nutzniessung solche Erzeugnisse übernommen hat, so viel zurückzulassen, als zur Fortführung der Wirthschaft bis zu der Zeit erforderlich ist, zu welcher gleiche oder ähnliche Erzeugnisse voraussichtlich gewonnen werden.

Soweit der Vater landwirthschaftliche Erzeugnisse in grösserer Menge oder besserer Beschaffenheit zurückzulassen verpflichtet ist, als er bei Beginn der Nutzniessung übernommen hat, kann er von dem Kinde Ersatz des Werthes verlangen.

Den vorhandenen, auf dem Gute gewonnenen Dünger hat der Vater zurückzulassen, ohne dass er Ersatz des Werthes verlangen kann.

Anzuwendende Sorgfalt.

§ 1664. Der Vater hat bei der Ausübung der elterlichen Gewalt dem Kinde gegenüber nur für diejenige Sorgfalt einzustehen, welche er in eigenen Angelegenheiten anzuwenden pflegt.

Einschreiten des Vormundschaftsgerichts

1. bei Verhinderung des Vaters.

§ 1665. Ist der Vater verhindert, die elterliche Gewalt auszuüben, so hat das Vormundschaftsgericht, sofern nicht die elterliche Gewalt nach § 1685 von der Mutter ausgeübt wird, die im Interesse des Kindes erforderlichen Maßregeln zu treffen.

§ 1685. Ist der Vater an der Ausübung der elterlichen Gewalt thatsächlich verhindert oder ruht seine elterliche Gewalt, so übt während der Dauer der Ehe die Mutter die elterliche Gewalt mit Ausnahme der Nutzniessung aus.

Ist die Ehe aufgelöst, so hat das Vormundschaftsgericht der Mutter auf ihren Antrag die Ausübung zu übertragen, wenn die elterliche Gewalt des Vaters ruht und keine Aussicht besteht, dass der Grund des Ruhens wegfallen werde. Die Mutter erlangt in diesem Falle auch die Nutzniessung an dem Vermögen des Kindes.

2. bei Gefährdung der Person des Kindes.

§ 1666. Wird das geistige oder leibliche Wohl des Kindes dadurch gefährdet, daß der Vater das Recht der Sorge für die Person des Kindes mißbraucht, das Kind vernachlässigt oder sich eines ehrlosen oder unsittlichen Verhaltens schuldig macht, so hat das Vormundschaftsgericht die zur Abwendung der Gefahr erforderlichen Maßregeln zu treffen. Das Vormundschaftsgericht kann insbesondere anordnen, daß das Kind zum Zwecke der Erziehung in einer geeigneten Familie oder in einer Erziehungsanstalt oder einer Besserungsanstalt untergebracht wird.

Hat der Vater das Recht des Kindes auf Gewährung des Unterhalts verletzt und ist für die Zukunft eine erhebliche Gefährdung des Unterhalts zu besorgen, so kann dem Vater auch die Vermögensverwaltung sowie die Nutznießung entzogen werden.

3. bei Gefährdung des Vermögens des Kindes.

§ 1667. Wird das Vermögen des Kindes dadurch gefährdet, daß der Vater die mit der Vermögensverwaltung oder die mit der Nutznießung verbundenen Pflichten verletzt oder daß er in Vermögensverfall geräth, so hat das Vormundschaftsgericht die zur Abwendung der Gefahr erforderlichen Maßregeln zu treffen.

Das Vormundschaftsgericht kann insbesondere anordnen, daß der Vater ein Verzeichniß des Vermögens einreicht und über seine Verwaltung Rechnung legt. Der Vater hat das Verzeichniß mit der Versicherung der Richtigkeit und Vollständigkeit zu versehen. Ist das eingereichte Verzeichniß ungenügend, so findet die Vorschrift des § 1640 Abs. 2 Satz 1 Anwendung. Das Vormundschaftsgericht kann auch, wenn Werthpapiere, Kostbarkeiten oder Buchforderungen gegen das Reich oder einen Bundesstaat zu dem Vermögen des Kindes gehören, dem Vater die gleichen Verpflichtungen auferlegen, welche nach den §§ 1814 bis 1816, 1818 einem Vormund obliegen; die Vorschriften der §§ 1819, 1820 finden entsprechende Anwendung.

Die Kosten der angeordneten Maßregeln fallen dem Vater zur Last.

§ 1640 Abs. 2 Satz 1. Ist das eingereichte Verzeichniss ungenügend, so kann das Vormundschaftsgericht anordnen, dass das Verzeichniss durch eine zuständige Behörde oder durch einen zuständigen Beamten oder Notar aufgenommen wird.

§ 1814. Der Vormund hat die zu dem Vermögen des Mündels gehörenden Inhaberpapiere nebst den Erneuerungsscheinen bei einer Hinterlegungsstelle oder bei der Reichsbank mit der Bestimmung zu hinterlegen, dass die Herausgabe der Papiere nur mit Genehmigung des Vormundschaftsgerichts verlangt werden kann. Die Hinterlegung von Inhaberpapieren, die nach § 92 zu den verbrauchbaren Sachen gehören, sowie von Zins-, Renten- oder Gewinnantheilscheinen ist nicht erforderlich. Den Inhaberpapieren stehen Orderpapiere gleich, die mit Blankoindossament versehen sind.

§ 92. Verbrauchbare Sachen im Sinne des Gesetzes sind bewegliche Sachen, deren bestimmungsmässiger Gebrauch in dem Verbrauch oder in der Veräusserung besteht.

Als verbrauchbar gelten auch bewegliche Sachen, die zu einem Waarenlager oder zu einem sonstigen Sachinbegriffe gehören, dessen bestimmungsmässiger Gebrauch in der Veräusserung der einzelnen Sachen besteht.

§ 1815. Der Vormund kann die Inhaberpapiere, statt sie nach § 1814 zu hinterlegen, auf den Namen des Mündels mit der Bestimmung umschreiben lassen, dass er über sie nur mit Genehmigung des Vormundschaftsgerichts verfügen kann. Sind die Papiere von dem Reiche oder einem Bundesstaat ausgestellt, so kann er sie mit der gleichen Bestimmung in Buchforderungen gegen das Reich oder den Bundesstaat umwandeln lassen.

Sind Inhaberpapiere zu hinterlegen, die in Buchforderungen gegen das Reich oder einen Bundesstaat umgewandelt werden können, so kann das Vormundschaftsgericht anordnen, dass sie nach Abs. 1 in Buchforderungen umgewandelt werden.

§ 1816. Gehören Buchforderungen gegen das Reich oder gegen einen Bundesstaat bei der Anordnung der Vormundschaft zu dem Vermögen des Mündels oder erwirbt der Mündel später solche Forderungen, so hat der Vormund in das Schuldbuch den Vermerk eintragen zu lassen, dass er über die Forderungen nur mit Genehmigung des Vormundschaftsgerichts verfügen kann.

§ 1818. Das Vormundschaftsgericht kann aus besonderen Gründen anordnen, dass der Vormund auch solche zu dem Vermögen des Mündels gehörende Werthpapiere, zu deren Hinterlegung er nach § 1814 nicht verpflichtet ist, sowie Kostbarkeiten des Mündels in der im § 1814 bezeichneten Weise zu hinterlegen hat; auf Antrag des Vormundes kann die Hinterlegung von Zins-, Renten- und Gewinnantheilscheinen angeordnet werden, auch wenn ein besonderer Grund nicht vorliegt.

§ 1819*. Solange die nach § 1814 oder nach § 1818 hinterlegten Werthpapiere oder Kostbarkeiten nicht zurückgenommen sind, bedarf der Vater zu einer Verfügung über sie und, wenn Hypotheken-, Grundschuld- oder Rentenschuldbriefe hinterlegt sind, zu einer Verfügung über die Hypothekenforderung, die Grundschuld oder die Rentenschuld der Genehmigung des Vormundschaftsgerichts. Das Gleiche gilt von der Eingehung der Verpflichtung zu einer solchen Verfügung.

§ 1820*. Sind Inhaberpapiere nach § 1815 auf den Namen des Kindes umgeschrieben oder in Buchforderungen umgewandelt, so bedarf der Vater auch zur Eingehung der Verpflichtung zu einer Verfügung über die sich aus der Umschreibung oder der Umwandlung ergebenden Stammforderungen der Genehmigung des Vormundschaftsgerichts.

Das Gleiche gilt, wenn bei einer Buchforderung des Kindes der im § 1816 bezeichnete Vermerk eingetragen ist.

§ 1668. Sind die nach § 1667 Abs. 2 zulässigen Maßregeln nicht ausreichend, so kann das Vormundschaftsgericht dem Vater Sicherheitsleistung für das seiner Verwaltung unterliegende Vermögen auferlegen. Die Art und den Umfang der Sicherheitsleistung bestimmt das Vormundschaftsgericht nach seinem Ermessen.

Wiederverheirathung des Vaters.

§ 1669. Will der Vater eine neue Ehe eingehen, so hat er seine Absicht dem Vormundschaftsgericht anzuzeigen, auf seine Kosten ein Verzeichniß des seiner Verwaltung unterliegenden Vermögens einzureichen und, soweit in Ansehung dieses Vermögens eine Gemeinschaft zwischen ihm und dem Kinde besteht, die Auseinandersetzung herbeizuführen. Das Vormundschaftsgericht kann gestatten, daß die Auseinandersetzung erst nach der Eheschließung erfolgt.

Entziehung der Vermögensverwaltung.

§ 1670. Kommt der Vater den nach den §§ 1667, 1668 getroffenen Anordnungen nicht nach oder erfüllt er die ihm nach den §§ 1640, 1669 obliegenden Verpflichtungen nicht, so kann ihm das Vormundschaftsgericht die Vermögensverwaltung entziehen. Zur Erzwingung der Sicherheitsleistung sind andere Maßregeln nicht zulässig.

§ 1640 Abs. 1. Der Vater hat das seiner Verwaltung unterliegende Vermögen des Kindes, welches bei dem Tode der Mutter vorhanden ist oder dem Kinde später zufällt, zu verzeichnen und das Verzeichniss, nachdem er es mit der Versicherung der Richtigkeit und Vollständigkeit versehen hat, dem Vormundschaftsgericht einzureichen Bei Haushaltsgegenständen genügt die Angabe des Gesammtwerths.

Aufhebung oder Aenderung der getroffenen Anordnungen.

§ 1671. Das Vormundschaftsgericht kann während der Dauer der elterlichen Gewalt die von ihm getroffenen Anordnungen jederzeit ändern, insbesondere die Erhöhung, Minderung oder Aufhebung der geleisteten Sicherheit anordnen.

Keine Mitwirkung des Kindes — Kosten der Sicherheitsleistung.

§ 1672. Bei der Bestellung und Aufhebung der Sicherheit wird die Mitwirkung des Kindes durch die Anordnung des Vormundschaftsgerichts ersetzt.

Die Kosten der Bestellung und Aufhebung der Sicherheit fallen dem Vater zur Last.

Anhörung des Vaters sowie der Angehörigen.

§ 1673. Das Vormundschaftsgericht soll vor einer Entscheidung, durch welche die Sorge für die Person oder das Vermögen des Kindes oder die Nutznießung dem Vater entzogen oder beschränkt wird, den Vater hören, es sei denn, daß die Anhörung unthunlich ist.

Vor der Entscheidung sollen auch Verwandte, insbesondere die Mutter, oder Verschwägerte des Kindes gehört werden, wenn es ohne erhebliche Verzögerung und ohne unverhältnißmäßige Kosten geschehen kann. Für den Ersatz der Auslagen gilt die Vorschrift des § 1847 Abs. 2.

§ 1847 Abs. 2* Die Verwandten und Verschwägerten können von dem Kinde Ersatz ihrer Auslagen verlangen, der Betrag der Auslagen wird von dem Vormundschaftsgerichte festgesetzt

Haftung des Vormundschaftsrichters.

§ 1674. Verletzt der Vormundschaftsrichter vorsätzlich oder fahrlässig die ihm obliegenden Pflichten, so ist er dem Kinde nach § 839 Abs. 1, 3 verantwortlich.

§ 839 Abs 1*, 3* Verletzt der Vormundschaftsrichter vorsätzlich oder fahrlässig die ihm obliegenden Pflichten, so hat er dem Kinde den daraus entstehenden Schaden zu ersetzen Fällt dem Vormundschaftsrichter nur Fahrlässigkeit zur

Last, so kann er nur dann in Anspruch genommen werden, wenn das Kind nicht auf andere Weise Ersatz zu erlangen vermag.

Die Ersatzpflicht tritt nicht ein, wenn das Kind vorsätzlich oder fahrlässig unterlassen hat, den Schaden durch Gebrauch eines Rechtsmittels abzuwenden.

Anzeigepflicht des Gemeindewaisenrathes.

§ 1675. Der Gemeindewaisenrath hat dem Vormundschaftsgericht Anzeige zu machen, wenn ein Fall zu seiner Kenntniß gelangt, in welchem das Vormundschaftsgericht zum Einschreiten berufen ist.

Ruhen der elterlichen Gewalt.

§ 1676. Die elterliche Gewalt des Vaters ruht, wenn er geschäftsunfähig ist.

Das Gleiche gilt, wenn der Vater in der Geschäftsfähigkeit beschränkt ist oder wenn er nach § 1910 Abs. 1 einen Pfleger für seine Person und sein Vermögen erhalten hat. Die Sorge für die Person des Kindes steht ihm neben dem gesetzlichen Vertreter des Kindes zu; zur Vertretung des Kindes ist er nicht berechtigt. Bei einer Meinungsverschiedenheit zwischen dem Vater und dem gesetzlichen Vertreter geht die Meinung des gesetzlichen Vertreters vor.

§ 1910 Abs. 1. Ein Volljähriger, der nicht unter Vormundschaft steht, kann einen Pfleger für seine Person und sein Vermögen erhalten, wenn er in Folge körperlicher Gebrechen, insbesondere weil er taub, blind oder stumm ist, seine Angelegenheiten nicht zu besorgen vermag.

§ 1677. Die elterliche Gewalt des Vaters ruht, wenn von dem Vormundschaftsgerichte festgestellt wird, daß der Vater auf längere Zeit an der Ausübung der elterlichen Gewalt thatsächlich verhindert ist.

Das Ruhen endigt, wenn von dem Vormundschaftsgerichte festgestellt wird, daß der Grund nicht mehr besteht.

— Wirkungen.

§ 1678. Solange die elterliche Gewalt des Vaters ruht, ist der Vater nicht berechtigt, sie auszuüben; es verbleibt ihm jedoch die Nutznießung an dem Vermögen des Kindes, unbeschadet der Vorschrift des § 1685 Abs. 2.

Beendigung der elterlichen Gewalt.

§ 1679. Die elterliche Gewalt des Vaters endigt, wenn er für todt erklärt wird, mit dem Zeitpunkte, der als Zeitpunkt des Todes gilt.

Lebt der Vater noch, so erlangt er die elterliche Gewalt dadurch wieder, daß er dem Vormundschaftsgerichte gegenüber seinen hierauf gerichteten Willen erklärt.

— Verwirkung.

§ 1680. Der Vater verwirkt die elterliche Gewalt, wenn er wegen eines an dem Kinde verübten Verbrechens oder vorsätzlich verübten Vergehens zu Zuchthausstrafe oder zu einer Gefängnißstrafe von mindestens sechs Monaten verurtheilt wird. Wird wegen des Zusammentreffens mit einer anderen strafbaren Handlung auf eine Gesammtstrafe erkannt, so entscheidet die Einzelstrafe, welche für das an dem Kinde verübte Verbrechen oder Vergehen verwirkt ist.

Die Verwirkung der elterlichen Gewalt tritt mit der Rechtskraft des Urtheils ein.

Folgen der Beendigung oder des Ruhens.
1. Herausgabe des Vermögens.

§ 1681. Endigt oder ruht die elterliche Gewalt des Vaters oder hört aus einem anderen Grunde seine Vermögensverwaltung auf, so hat er dem Kinde das Vermögen herauszugeben und über die Verwaltung Rechenschaft abzulegen.

2. Fortführung der Geschäfte.

§ 1682. Der Vater ist auch nach der Beendigung seiner elterlichen Gewalt zur Fortführung der mit der Sorge für die Person und das Vermögen des Kindes verbundenen Geschäfte berechtigt, bis er von der Beendigung Kenntniß erlangt oder sie kennen muß. Ein Dritter kann sich auf diese Berechtigung nicht berufen, wenn er bei der Vornahme eines Rechtsgeschäfts die Beendigung der elterlichen Gewalt kennt oder kennen muß.

Diese Vorschriften finden entsprechende Anwendung, wenn die elterliche Gewalt des Vaters ruht oder aus einem anderen Grunde seine Vermögensverwaltung aufhört.

§ 1683. Endigt die elterliche Gewalt in Folge des Todes des Kindes, so hat der Vater diejenigen Geschäfte, mit deren Aufschube Gefahr verbunden ist, zu besorgen, bis der Erbe anderweit Fürsorge treffen kann.

2. Elterliche Gewalt der Mutter.

Voraussetzungen.

§ 1684. Der Mutter steht die elterliche Gewalt zu:
1. wenn der Vater gestorben oder für todt erklärt ist;
2. wenn der Vater die elterliche Gewalt verwirkt hat und die Ehe aufgelöst ist.

Im Falle der Todeserklärung beginnt die elterliche Gewalt der Mutter mit dem Zeitpunkte, der als Zeitpunkt des Todes des Vaters gilt.

§ 1685. Ist der Vater an der Ausübung der elterlichen Gewalt thatsächlich verhindert oder ruht seine elterliche Gewalt, so übt während der Dauer der Ehe die Mutter die elterliche Gewalt mit Ausnahme der Nutznießung aus.

Ist die Ehe aufgelöst, so hat das Vormundschaftsgericht der Mutter auf ihren Antrag die Ausübung zu übertragen, wenn die elterliche Gewalt des Vaters ruht und keine Aussicht besteht, daß der Grund des Ruhens wegfallen werde. Die Mutter erlangt in diesem Falle auch die Nutznießung an dem Vermögen des Kindes.

Inhalt.

§ 1686. Auf die elterliche Gewalt der Mutter finden die für die elterliche Gewalt des Vaters geltenden Vorschriften Anwendung, soweit sich nicht aus den §§ 1687 bis 1697 ein Anderes ergiebt.

Beistand.

§ 1687. Das Vormundschaftsgericht hat der Mutter einen Beistand zu bestellen:
1. wenn der Vater die Bestellung nach Maßgabe des § 1777 angeordnet hat;
2. wenn die Mutter die Bestellung beantragt;

3. wenn das Vormundschaftsgericht aus besonderen Gründen, insbesondere wegen des Umfanges oder der Schwierigkeit der Vermögensverwaltung, oder in den Fällen der §§ 1666, 1667 die Bestellung im Interesse des Kindes für nöthig erachtet.

§ 1777*. Der Vater kann einen Beistand nur benennen, wenn ihm zur Zeit seines Todes die elterliche Gewalt über das Kind zusteht; er hat dieses Recht nicht, wenn er in den die Person oder in den das Vermögen betreffenden Angelegenheiten nicht zur Vertretung des Kindes berechtigt ist.

Der Vater kann für ein Kind, das erst nach seinem Tode geboren wird, einen Beistand benennen, wenn er dazu berechtigt sein würde, falls das Kind vor seinem Tode geboren wäre.

Die Benennung des Beistandes erfolgt durch letztwillige Verfügung.

§ 1666*. Wird das geistige oder leibliche Wohl des Kindes dadurch gefährdet, dass die Mutter das Recht der Sorge für die Person des Kindes missbraucht, das Kind vernachlässigt oder sich eines ehrlosen oder unsittlichen Verhaltens schuldig macht, so hat das Vormundschaftsgericht die zur Abwendung der Gefahr erforderlichen Massregeln zu treffen. Das Vormundschaftsgericht kann insbesondere anordnen, dass das Kind zum Zwecke der Erziehung in einer geeigneten Familie oder in einer Erziehungsanstalt oder einer Besserungsanstalt untergebracht wird.

Hat die Mutter das Recht des Kindes auf Gewährung des Unterhalts verletzt und ist für die Zukunft eine erhebliche Gefährdung des Unterhalts zu besorgen, so kann der Mutter auch die Vermögensverwaltung sowie die Nutzniessung entzogen werden.

§ 1667 Abs. 1*. Wird das Vermögen des Kindes dadurch gefährdet, dass die Mutter die mit der Vermögensverwaltung oder die mit der Nutzniessung verbundenen Pflichten verletzt oder dass sie in Vermögensverfall geräth, so hat das Vormundschaftsgericht die zur Abwendung der Gefahr erforderlichen Massregeln zu treffen.

— **Wirkungskreis.**

§ 1688. Der Beistand kann für alle Angelegenheiten, für gewisse Arten von Angelegenheiten oder für einzelne Angelegenheiten bestellt werden.

Ueber den Umfang seines Wirkungskreises entscheidet die Bestellung. Ist der Umfang nicht bestimmt, so fallen alle Angelegenheiten in seinen Wirkungskreis.

Hat der Vater die Bestellung angeordnet, so hat das Vormundschaftsgericht Bestimmungen, die er nach Maßgabe des § 1777 über den Umfang des Wirkungskreises getroffen hat, bei der Bestellung zu befolgen.

§ 1777 s. § 1687.

— **Aufgabe.**

§ 1689. Der Beistand hat innerhalb seines Wirkungskreises die Mutter bei der Ausübung der elterlichen Gewalt zu unterstützen und zu überwachen; er hat dem Vormundschaftsgerichte jeden Fall, in welchem es zum Einschreiten berufen ist, unverzüglich anzuzeigen.

— **Genehmigung von Rechtsgeschäften.**

§ 1690. Die Genehmigung des Beistandes ist innerhalb seines Wirkungskreises zu jedem Rechtsgeschäft erforderlich, zu dem ein Vormund der Genehmigung des Vormundschaftsgerichts oder des Gegenvormundes bedarf. Ausgenommen sind Rechtsgeschäfte, welche die Mutter nicht ohne die Genehmigung des Vormundschaftsgerichts vornehmen kann. Die Vorschriften der §§ 1828 bis 1831 finden entsprechende Anwendung.

Die Genehmigung des Beistandes wird durch die Genehmigung des Vormundschaftsgerichts ersetzt.

Das Vormundschaftsgericht soll vor der Entscheidung über die Genehmigung in allen Fällen, in denen das Rechtsgeschäft zu dem Wirkungskreise des Beistandes gehört, den Beistand hören, sofern ein solcher vorhanden und die Anhörung thunlich ist.

§ 1828*. Der Beistand oder das Vormundschaftsgericht kann die Genehmigung zu einem Rechtsgeschäfte nur der Mutter gegenüber erklären.

§ 1829*. Schliesst die Mutter einen Vertrag ohne die erforderliche Genehmigung des Beistandes oder Vormundschaftsgerichts, so hängt die Wirksamkeit des Vertrags von der nachträglichen Genehmigung des Beistandes oder Vormundschaftsgerichts ab. Die Genehmigung sowie deren Verweigerung wird dem anderen Theile gegenüber erst wirksam, wenn sie ihm durch die Mutter mitgetheilt wird.

Fordert der andere Theil die Mutter zur Mittheilung darüber auf, ob die Genehmigung ertheilt sei, so kann die Mittheilung der Genehmigung nur bis zum Ablaufe von zwei Wochen nach dem Empfange der Aufforderung erfolgen; erfolgt sie nicht, so gilt die Genehmigung als verweigert.

Ist das Kind volljährig geworden, so tritt seine Genehmigung an die Stelle der Genehmigung des Beistandes oder Vormundschaftgerichts.

§ 1830*. Hat die Mutter dem anderen Theile gegenüber der Wahrheit zuwider die Genehmigung des Beistandes oder Vormundschaftsgerichts behauptet, so ist der andere Theil bis zur Mittheilung der nachträglichen Genehmigung des Beistandes oder Vormundschaftsgerichts zum Widerrufe berechtigt, es sei denn, dass ihm das Fehlen der Genehmigung bei dem Abschlusse des Vertrags bekannt war.

§ 1831. Ein einseitiges Rechtsgeschäft, das die Mutter ohne die erforderliche Genehmigung des Beistandes oder Vormundschaftsgerichts vornimmt, ist unwirksam. Nimmt die Mutter mit dieser Genehmigung ein solches Rechtsgeschäft einem Anderen gegenüber vor, so ist das Rechtsgeschäft unwirksam, wenn die Mutter die Genehmigung nicht in schriftlicher Form vorlegt und der Andere das Rechtsgeschäft aus diesem Grunde unverzüglich zurückweist.

— Anlegung von Geld.

§ 1691. Soweit die Anlegung des zu dem Vermögen des Kindes gehörenden Geldes in den Wirkungskreis des Beistandes fällt, finden die für die Anlegung von Mündelgeld geltenden Vorschriften der § 1809, 1810 entsprechende Anwendung.

§ 1809*. Die Mutter soll das Geld nach § 1807 Abs. 1 Nr. 5 oder nach § 1808 nur mit der Bestimmung anlegen, dass zur Erhebung des Geldes die Genehmigung des Beistandes oder des Vormundschaftsgerichts erforderlich ist.

§ 1807 Abs. 1 Nr. 5. Die Anlegung des Geldes soll nur erfolgen bei einer inländischen öffentlichen Sparkasse, wenn sie von der zuständigen Behörde des Bundesstaats, in welchem sie ihren Sitz hat, zur Anlegung von Mündelgeld für geeignet erklärt ist.

§ 1808. Kann die Anlegung den Umständen nach nicht in der im § 1807 bezeichneten Weise erfolgen, so ist das Geld bei der Reichsbank, bei einer Staatsbank oder bei einer anderen durch Landesgesetz dazu für geeignet erklärten inländischen Bank oder bei einer Hinterlegungsstelle anzulegen.

§ 1810*. Die Mutter soll die in den §§ 1807, 1808 vorgeschriebene Anlegung nur mit Genehmigung des Beistandes bewirken; die Genehmigung des Beistandes wird durch die Genehmigung des Vormundschaftsgerichts ersetzt. Ist ein Beistand nicht vorhanden, so soll die Anlegung nur mit Genehmigung des Vormundschaftsgerichts erfolgen.

— Einreichung eines Vermögensverzeichnisses.

§ 1692. Hat die Mutter ein Vermögensverzeichniß einzureichen, so ist bei der Aufnahme des Verzeichnisses der Beistand zuzuziehen; das Verzeichniß ist auch von dem Beistande mit der Versicherung der Richtigkeit und Vollständigkeit zu versehen. Ist das Verzeichniß ungenügend, so finden, sofern nicht die Voraussetzungen des § 1667 vorliegen, die Vorschriften des § 1640 Abs. 2 entsprechende Anwendung.

§ 1667*. Wird das Vermögen des Kindes dadurch gefährdet, dass die Mutter die mit der Vermögensverwaltung oder die mit der Nutzniessung verbundenen Pflichten verletzt oder dass sie in Vermögensverfall geräth, so hat das Vormundschaftsgericht die zur Abwendung der Gefahr erforderlichen Massregeln zu treffen.

§ 1640 Abs. 2*. Ist das eingereichte Verzeichniss ungenügend, so kann das Vormundschaftsgericht anordnen, dass das Verzeichniss durch eine zuständige Behörde oder durch einen zuständigen Beamten oder Notar aufgenommen wird. Die Anordnung ist für das in Folge des Todes des Vaters dem Kinde zufallende Vermögen unzulässig, wenn der Vater sie durch letztwillige Verfügung ausgeschlossen hat.

— **Uebertragung der Vermögensverwaltung auf den Beistand.**

§ 1693. Das Vormundschaftsgericht kann auf Antrag der Mutter dem Beistande die Vermögensverwaltung ganz oder theilweise übertragen; soweit dies geschieht, hat der Beistand die Rechte und Pflichten eines Pflegers.

— **Sonstige Vorschriften.**

§ 1694. Für die Berufung, Bestellung und Beaufsichtigung des Beistandes, für seine Haftung und seine Ansprüche, für die ihm zu bewilligende Vergütung und für die Beendigung seines Amtes gelten die gleichen Vorschriften wie bei dem Gegenvormunde.

Das Amt des Beistandes endigt auch dann, wenn die elterliche Gewalt der Mutter ruht.

— **Aufhebung der Beistandschaft.**

§ 1695. Das Vormundschaftsgericht kann in den Fällen des § 1687 Nr. 2, 3 die Bestellung des Beistandes und im Falle des § 1693 die Uebertragung der Vermögensverwaltung auf den Beistand jederzeit aufheben.

Ist die Bestellung des Beistandes nach § 1687 Nr. 2 erfolgt, so soll sie nur mit Zustimmung der Mutter aufgehoben werden. Das Gleiche gilt für die Uebertragung der Vermögensverwaltung auf den Beistand.

Ruhen der elterlichen Gewalt.

§ 1696. Ruht die elterliche Gewalt der Mutter wegen Minderjährigkeit, so hat die Mutter das Recht und die Pflicht, für die Person des Kindes zu sorgen; zur Vertretung des Kindes ist sie nicht berechtigt. Der Vormund des Kindes hat, soweit der Mutter die Sorge zusteht, die rechtliche Stellung eines Beistandes.

Wiederverheirathung der Mutter.

§ 1697. Die Mutter verliert die elterliche Gewalt, wenn sie eine neue Ehe eingeht. Sie behält jedoch unter den im § 1696 bestimmten Beschränkungen das Recht und die Pflicht, für die Person des Kindes zu sorgen.

Stellung der Mutter neben Vormund oder Pfleger.

§ 1698. Wird für das Kind ein Vormund bestellt, weil die elterliche Gewalt des Vaters ruht oder verwirkt ist oder weil die Vertretung des Kindes dem Vater entzogen ist, oder wird für die Erziehung des Kindes an Stelle des Vaters ein Pfleger bestellt, so steht der Mutter die Sorge für die Person des Kindes neben dem Vormund oder dem Pfleger in gleicher Weise zu wie nach § 1634 neben dem Vater.

§ 1634*. Neben dem Vormund oder Pfleger hat die Mutter das Recht und die Pflicht, für die Person des Kindes zu sorgen; zur Vertretung des Kindes ist sie nicht berechtigt. Bei einer Meinungsverschiedenheit zwischen Vormund oder Pfleger und Mutter geht die Meinung des Vormundes oder Pflegers vor.

Fünfter Titel.

Rechtliche Stellung der Kinder aus nichtigen Ehen.

Gleichstellung mit ehelichen Kindern.

§ 1699. Ein Kind aus einer nichtigen Ehe, das im Falle der Gültigkeit der Ehe ehelich sein würde, gilt als ehelich, sofern nicht beide Ehegatten die Nichtigkeit der Ehe bei der Eheschließung gekannt haben.

Diese Vorschrift findet keine Anwendung, wenn die Nichtigkeit der Ehe auf einem Formmangel beruht und die Ehe nicht in das Heirathsregister eingetragen worden ist.

Rechtsverhältniss zwischen Eltern und Kind.

§ 1700. Das Rechtsverhältniß zwischen den Eltern und einem Kinde, das nach § 1699 als ehelich gilt, bestimmt sich, soweit sich nicht aus den §§ 1701, 1702 ein Anderes ergiebt, nach den Vorschriften, die für ein Kind aus einer geschiedenen Ehe gelten, wenn beide Ehegatten für schuldig erklärt sind.

Bösgläubigkeit des Vaters.

§ 1701. War dem Vater die Nichtigkeit der Ehe bei der Eheschließung bekannt, so hat er nicht die sich aus der Vaterschaft ergebenden Rechte. Die elterliche Gewalt steht der Mutter zu.

Bösgläubigkeit der Mutter.

§ 1702. War der Mutter die Nichtigkeit der Ehe bei der Eheschließung bekannt, so hat sie in Ansehung des Kindes nur diejenigen Rechte, welche im Falle der Scheidung der allein für schuldig erklärten Frau zustehen.

Stirbt der Vater oder endigt seine elterliche Gewalt aus einem anderen Grunde, so hat die Mutter nur das Recht und die Pflicht, für die Person des Kindes zu sorgen; zur Vertretung des Kindes ist sie nicht berechtigt. Der Vormund des Kindes hat, soweit der Mutter die Sorge zusteht, die rechtliche Stellung eines Beistandes.

Die Vorschriften des Abs. 2 finden auch dann Anwendung, wenn die elterliche Gewalt des Vaters wegen seiner Geschäftsunfähigkeit oder nach § 1677 ruht.

§ 1677. Die elterliche Gewalt des Vaters ruht, wenn von dem Vormundschaftsgerichte festgestellt wird, dass der Vater auf längere Zeit an der Ausübung der elterlichen Gewalt thatsächlich verhindert ist.

Das Ruhen endigt, wenn von dem Vormundschaftsgerichte festgestellt wird, dass der Grund nicht mehr besteht.

Bösgläubigkeit beider Ehegatten.

§ 1703. Gilt das Kind nicht als ehelich, weil beiden Ehegatten die Nichtigkeit der Ehe bei der Eheschließung bekannt war, so kann es gleichwohl von dem Vater, solange er lebt, Unterhalt wie ein eheliches Kind verlangen. Das im § 1612 Abs. 2 bestimmte Recht steht dem Vater nicht zu.

§ 1612 Abs. 2. Haben Eltern einem unverheiratheten Kinde Unterhalt zu gewähren, so können sie bestimmen, in welcher Art und für welche Zeit im voraus der Unterhalt gewährt werden soll. Aus besonderen Gründen kann das Vormundschaftsgericht auf Antrag des Kindes die Bestimmung der Eltern ändern.

Anfechtung der Ehe wegen Drohung.

§ 1704. Ist die Ehe wegen Drohung anfechtbar und angefochten, so steht der anfechtungsberechtigte Ehegatte einem Ehegatten gleich, dem die Nichtigkeit der Ehe bei der Eheschließung unbekannt war.

Sechster Titel.

Rechtliche Stellung der unehelichen Kinder.

Stellung zur Familie der Mutter.

§ 1705. Das uneheliche Kind hat im Verhältnisse zu der Mutter und zu den Verwandten der Mutter die rechtliche Stellung eines ehelichen Kindes.

Name.

§ 1706. Das uneheliche Kind erhält den Familiennamen der Mutter.

Führt die Mutter in Folge ihrer Verheirathung einen anderen Namen, so erhält das Kind den Familiennamen, den die Mutter vor der Verheirathung geführt hat. Der Ehemann der Mutter kann durch Erklärung gegenüber der zuständigen Behörde dem Kinde mit Einwilligung des Kindes und der Mutter seinen Namen ertheilen; die Erklärung des Ehemanns sowie die Einwilligungserklärungen des Kindes und der Mutter sind in öffentlich beglaubigter Form abzugeben.

Stellung der Mutter.

§ 1707. Der Mutter steht nicht die elterliche Gewalt über das uneheliche Kind zu. Sie hat das Recht und die Pflicht, für die Person des Kindes zu sorgen; zur Vertretung des Kindes ist sie nicht berechtigt. Der Vormund des Kindes hat, soweit der Mutter die Sorge zusteht, die rechtliche Stellung eines Beistandes.

Unterhaltspflicht des Vaters.

§ 1708. Der Vater des unehelichen Kindes ist verpflichtet, dem Kinde bis zur Vollendung des sechzehnten Lebensjahrs den der Lebensstellung der Mutter entsprechenden Unterhalt zu gewähren. Der Unterhalt umfaßt den gesammten Lebensbedarf sowie die Kosten der Erziehung und der Vorbildung zu einem Berufe.

Ist das Kind zur Zeit der Vollendung des sechzehnten Lebensjahrs in Folge körperlicher oder geistiger Gebrechen außer Stande, sich selbst zu unterhalten, so hat ihm der Vater auch über diese Zeit hinaus Unterhalt zu gewähren; die Vorschrift des § 1603 Abs. 1 findet Anwendung.

§ 1603 Abs. 1. Unterhaltspflichtig ist nicht, wer bei Berücksichtigung seiner sonstigen Verpflichtungen ausser Stande ist, ohne Gefährdung seines standesmässigen Unterhalts den Unterhalt zu gewähren.

— Haftung des Vaters vor der Mutter.

§ 1709. Der Vater ist vor der Mutter und den mütterlichen Verwandten des Kindes unterhaltspflichtig.

Soweit die Mutter oder ein unterhaltspflichtiger mütterlicher Verwandter dem Kinde den Unterhalt gewährt, geht der Unterhaltsanspruch des Kindes gegen den Vater auf die Mutter oder den Verwandten über. Der Uebergang kann nicht zum Nachtheile des Kindes geltend gemacht werden.

— Art der Gewährung des Unterhalts.

§ 1710. Der Unterhalt ist durch Entrichtung einer Geldrente zu gewähren.

Die Rente ist für drei Monate vorauszuzahlen. Durch eine Vorausleistung für eine spätere Zeit wird der Vater nicht befreit.

Hat das Kind den Beginn des Vierteljahrs erlebt, so gebührt ihm der volle auf das Vierteljahr entfallende Betrag.

— Anspruch für die Vergangenheit.

§ 1711. Der Unterhalt kann auch für die Vergangenheit verlangt werden.

— Tod des Vaters.

§ 1712. Der Unterhaltsanspruch erlischt nicht mit dem Tode des Vaters; er steht dem Kinde auch dann zu, wenn der Vater vor der Geburt des Kindes gestorben ist.

Der Erbe des Vaters ist berechtigt, das Kind mit dem Betrag abzufinden, der dem Kinde als Pflichttheil gebühren würde, wenn es ehelich wäre. Sind mehrere uneheliche Kinder vorhanden, so wird die Abfindung so berechnet, wie wenn sie alle ehelich wären.

— Tod des Kindes.

§ 1713. Der Unterhaltsanspruch erlischt mit dem Tode des Kindes, soweit er nicht auf Erfüllung oder Schadensersatz wegen Nichterfüllung für die Vergangenheit oder auf solche im voraus zu bewirkende Leistungen gerichtet ist, die zur Zeit des Todes des Kindes fällig sind.

Die Kosten der Beerdigung hat der Vater zu tragen, soweit ihre Bezahlung nicht vom dem Erben des Kindes zu erlangen ist.

— Alimentenvergleich — Verzicht.

§ 1714. Eine Vereinbarung zwischen dem Vater und dem Kinde über den Unterhalt für die Zukunft oder über eine an Stelle des Unterhalts zu gewährende Abfindung bedarf der Genehmigung des Vormundschaftsgerichts.

Ein unentgeltlicher Verzicht auf den Unterhalt für die Zukunft ist nichtig.

Ansprüche der Mutter.

§ 1715. Der Vater ist verpflichtet, der Mutter die Kosten der Entbindung sowie die Kosten des Unterhalts für die ersten sechs Wochen nach der Entbindung und, falls in Folge der Schwangerschaft oder der Entbindung weitere Aufwendungen nothwendig werden, auch die dadurch entstehenden Kosten zu ersetzen. Den gewöhnlichen Betrag der zu ersetzenden Kosten kann die Mutter ohne Rücksicht auf den wirklichen Aufwand verlangen.

Der Anspruch steht der Mutter auch dann zu, wenn der Vater vor der Geburt des Kindes gestorben oder wenn das Kind todt geboren ist.

Der Anspruch verjährt in vier Jahren. Die Verjährung beginnt mit dem Ablaufe von sechs Wochen nach der Geburt des Kindes.

Sicherung der Ansprüche durch einstweilige Verfügung.

§ 1716. Schon vor der Geburt des Kindes kann auf Antrag der Mutter durch einstweilige Verfügung angeordnet werden, daß der Vater den für die ersten drei Monate dem Kinde zu gewährenden Unterhalt alsbald nach der Geburt an die Mutter oder an den Vormund zu zahlen und den erforderlichen Betrag angemessene Zeit vor der Geburt zu hinterlegen hat. In gleicher Weise kann auf Antrag der Mutter die Zahlung des gewöhnlichen Betrags der nach § 1715 Abs. 1 zu ersetzenden Kosten an die Mutter und die Hinterlegung des erforderlichen Betrags angeordnet werden.

Zur Erlassung der einstweiligen Verfügung ist nicht erforderlich, daß eine Gefährdung des Anspruchs glaubhaft gemacht wird.

Vaterschaft.

§ 1717. Als Vater des unehelichen Kindes im Sinne der §§ 1708 bis 1716 gilt, wer der Mutter innerhalb der Empfängnißzeit beigewohnt hat, es sei denn, daß auch ein Anderer ihr innerhalb dieser Zeit beigewohnt hat. Eine Beiwohnung bleibt jedoch außer Betracht, wenn es den Umständen nach offenbar unmöglich ist, daß die Mutter das Kind aus dieser Beiwohnung empfangen hat.

Als Empfängnißzeit gilt die Zeit von dem einhunderteinundachtzigsten bis zu dem dreihundertundzweiten Tage vor dem Tage der Geburt des Kindes, mit Einschluß sowohl des einhunderteinundachtzigsten als des dreihundertundzweiten Tages.

— Anerkennung der Vaterschaft.

§ 1718. Wer seine Vaterschaft nach der Geburt des Kindes in einer öffentlichen Urkunde anerkennt, kann sich nicht darauf berufen, daß ein Anderer der Mutter innerhalb der Empfängnißzeit beigewohnt habe.

Siebenter Titel.

Legitimation unehelicher Kinder.

I. Legitimation durch nachfolgende Ehe.

Voraussetzungen.

§ 1719. Ein uneheliches Kind erlangt dadurch, daß sich der Vater mit der Mutter verheirathet, mit der Eheschließung die rechtliche Stellung eines ehelichen Kindes.

Vaterschaft des Ehemanns.

§ 1720. Der Ehemann der Mutter gilt als Vater des Kindes, wenn er ihr innerhalb der im § 1717 Abs. 2 bestimmten Empfängnißzeit beigewohnt hat, es sei denn, daß es den Umständen nach offenbar unmöglich ist, daß die Mutter das Kind aus dieser Beiwohnung empfangen hat.

Erkennt der Ehemann seine Vaterschaft nach der Geburt des Kindes in einer öffentlichen Urkunde an, so wird vermuthet, daß er der Mutter innerhalb der Empfängnißzeit beigewohnt habe.

Nichtigkeit der Ehe.

§ 1721. Ist die Ehe der Eltern nichtig, so finden die Vorschriften der §§ 1699 bis 1704 entsprechende Anwendung.

§§ 1699 bis 1704. d. h. die Vorschriften über die rechtliche Stellung von Kindern aus nichtigen Ehen.

Abkömmlinge des unehelichen Kindes.

§ 1722. Die Eheschließung zwischen den Eltern hat für die Abkömmlinge des unehelichen Kindes die Wirkungen der Legitimation auch dann, wenn das Kind vor der Eheschließung gestorben ist.

II. Ehelichkeitserklärung.

Zuständigkeit.

§ 1723. Ein uneheliches Kind kann auf Antrag seines Vaters durch eine Verfügung der Staatsgewalt für ehelich erklärt werden.

Die Ehelichkeitserklärung steht dem Bundesstaate zu, dem der Vater angehört; ist der Vater ein Deutscher, der keinem Bundesstaat angehört, so steht sie dem Reichskanzler zu.

Ueber die Ertheilung der einem Bundesstaate zustehenden Ehelichkeitserklärung hat die Landesregierung zu bestimmen.

§ 1724. Die Ehelichkeitserklärung kann nicht unter einer Bedingung oder einer Zeitbestimmung erfolgen.

Antrag des Vaters.

§ 1725. Der Antrag muß die Erklärung des Vaters enthalten, daß er das Kind als das seinige anerkenne.

Einwilligung der Betheiligten.

§ 1726. Zur Ehelichkeitserklärung ist die Einwilligung des Kindes und, wenn das Kind nicht das einundzwanzigste Lebensjahr vollendet hat, die Einwilligung der Mutter erforderlich. Ist der Vater verheirathet, so bedarf er auch der Einwilligung seiner Frau.

Die Einwilligung hat dem Vater oder der Behörde gegenüber zu erfolgen, bei welcher der Antrag einzureichen ist; sie ist unwiderruflich.

Die Einwilligung der Mutter ist nicht erforderlich, wenn die Mutter zur Abgabe einer Erklärung dauernd außer Stande oder ihr Aufenthalt dauernd unbekannt ist. Das Gleiche gilt von der Einwilligung der Frau des Vaters.

— Ersetzung der Einwilligung.

§ 1727. Wird die Einwilligung von der Mutter verweigert, so kann sie auf Antrag des Kindes durch das Vormundschaftsgericht ersetzt werden, wenn das Unterbleiben der Ehelichkeitserklärung dem Kinde zu unverhältnißmäßigem Nachtheile gereichen würde.

Vertretung.

§ 1728. Der Antrag auf Ehelichkeitserklärung sowie die Einwilligung der im § 1726 bezeichneten Personen kann nicht durch einen Vertreter erfolgen.

Ist das Kind geschäftsunfähig oder hat es nicht das vierzehnte Lebensjahr vollendet, so kann sein gesetzlicher Vertreter die Einwilligung mit Genehmigung des Vormundschaftsgerichts ertheilen.

Genehmigung des Vormundschaftsgerichts.

§ 1729. Ist der Vater in der Geschäftsfähigkeit beschränkt, so bedarf er zu dem Antrag, außer der Zustimmung seines gesetzlichen Vertreters, der Genehmigung des Vormundschaftsgerichts.

Ist das Kind in der Geschäftsfähigkeit beschränkt, so gilt das Gleiche für die Ertheilung seiner Einwilligung.

Ist die Mutter des Kindes oder die Frau des Vaters in der Geschäftsfähigkeit beschränkt, so ist zur Ertheilung ihrer Einwilligung die Zustimmung des gesetzlichen Vertreters nicht erforderlich.

Form der Erklärungen.

§ 1730. Der Antrag sowie die Einwilligungserklärung der im § 1726 bezeichneten Personen bedarf der gerichtlichen oder notariellen Beurkundung.

Anfechtbarkeit der Erklärungen.

§ 1731. Ist der Antrag oder die Einwilligung einer der im § 1726 bezeichneten Personen anfechtbar, so gelten für die Anfechtung und für die Bestätigung der anfechtbaren Erklärung die Vorschriften der §§ 1728, 1729.

Unzulässigkeit der Ehelichkeitserklärung.

§ 1732. Die Ehelichkeitserklärung ist nicht zulässig, wenn zur Zeit der Erzeugung des Kindes die Ehe zwischen den Eltern nach § 1310 Abs. 1 wegen Verwandtschaft oder Schwägerschaft verboten war.

§ 1310 Abs. 1. Eine Ehe darf nicht geschlossen werden zwischen Verwandten in gerader Linie, zwischen vollbürtigen oder halbbürtigen Geschwistern sowie zwischen Verschwägerten in gerader Linie.

Tod des Kindes oder Vaters.

§ 1733. Die Ehelichkeitserklärung kann nicht nach dem Tode des Kindes erfolgen.

Nach dem Tode des Vaters ist die Ehelichkeitserklärung nur zulässig, wenn der Vater den Antrag bei der zuständigen Behörde eingereicht oder bei oder nach der gerichtlichen oder notariellen Beurkundung des Antrags das Gericht oder den Notar mit der Einreichung betraut hat.

Die nach dem Tode des Vaters erfolgte Ehelichkeitserklärung hat die gleiche Wirkung, wie wenn sie vor dem Tode des Vaters erfolgt wäre.

Reine Gnadensache.

§ 1734. Die Ehelichkeitserklärung kann versagt werden, auch wenn ihr ein gesetzliches Hinderniß nicht entgegensteht.

Mängel der Voraussetzungen.

§ 1735. Auf die Wirksamkeit der Ehelichkeitserklärung ist es ohne Einfluß, wenn der Antragsteller nicht der Vater des Kindes ist oder wenn mit Unrecht angenommen worden ist, daß die Mutter des Kindes oder die Frau des Vaters zur Abgabe einer Erklärung dauernd außer Stande oder ihr Aufenthalt dauernd unbekannt sei.

Wirkungen *1. für das Kind.*

§ 1736. Durch die Ehelichkeitserklärung erlangt das Kind die rechtliche Stellung eines ehelichen Kindes.

2. für die Angehörigen.

§ 1737. Die Wirkungen der Ehelichkeitserklärung erstrecken sich auf die Abkömmlinge des Kindes; sie erstrecken sich nicht auf die Verwandten des Vaters. Die Frau des Vaters wird nicht mit dem Kinde, der Ehegatte des Kindes wird nicht mit dem Vater verschwägert.

Die Rechte und Pflichten, die sich aus dem Verwandtschaftsverhältnisse zwischen dem Kinde und seinen Verwandten ergeben, bleiben unberührt, soweit nicht das Gesetz ein Anderes vorschreibt.

3. für die Mutter.

§ 1738. Mit der Ehelichkeitserklärung verliert die Mutter das Recht und die Pflicht, für die Person des Kindes zu sorgen. Hat sie dem Kinde Unterhalt zu gewähren, so treten Recht und Pflicht wieder ein, wenn die elterliche Gewalt des Vaters endigt oder wenn sie wegen Geschäftsunfähigkeit des Vaters oder nach § 1677 ruht.

§ 1677 Die elterliche Gewalt des Vaters ruht, wenn von dem Vormundschaftsgerichte festgestellt wird, dass der Vater auf längere Zeit an der Ausübung der elterlichen Gewalt thatsächlich verhindert ist.

Das Ruhen endigt, wenn von dem Vormundschaftsgerichte festgestellt wird, dass der Grund nicht mehr besteht.

— **Unterhaltspflicht des Vaters.**

§ 1739. Der Vater ist dem Kinde und dessen Abkömmlingen vor der Mutter und den mütterlichen Verwandten zur Gewährung des Unterhalts verpflichtet.

— **Eheschliessung des Vaters.**

§ 1740. Will der Vater eine Ehe eingehen, während er die elterliche Gewalt über das Kind hat, so finden die Vorschriften der §§ 1669 bis 1671 Anwendung.

§ 1669. Will der Vater eine neue Ehe eingehen, so hat er seine Absicht dem Vormundschaftsgericht anzuzeigen, auf seine Kosten ein Verzeichniss des seiner Verwaltung unterliegenden Vermögens einzureichen und, soweit in Ansehung dieses Vermögens eine Gemeinschaft zwischen ihm und dem Kinde besteht, die Auseinandersetzung herbeizuführen. Das Vormundschaftsgericht kann gestatten, dass die Auseinandersetzung erst nach der Eheschliessung erfolgt.

§ 1670*. Erfüllt der Vater die ihm nach § 1669 obliegenden Verpflichtungen nicht, so kann ihm das Vormundschaftsgericht die Vermögensverwaltung entziehen.

§ 1671* Das Vormundschaftsgericht kann während der Dauer der elterlichen Gewalt die von ihm getroffenen Anordnungen jederzeit ändern.

Achter Titel.

Annahme an Kindesstatt.

Erforderniss des Mangels ehelicher Abkömmlinge.

§ 1741. Wer keine ehelichen Abkömmlinge hat, kann durch Vertrag mit einem Anderen diesen an Kindesstatt annehmen. Der Vertrag bedarf der Bestätigung durch das zuständige Gericht.

Unzulässigkeit von Bedingungen und Zeitbestimmungen.

§ 1742. Die Annahme an Kindesstatt kann nicht unter einer Bedingung oder einer Zeitbestimmung erfolgen.

§ 1743. Das Vorhandensein eines angenommenen Kindes steht einer weiteren Annahme an Kindesstatt nicht entgegen.

Erforderliches Alter des Annehmenden.

§ 1744. Der Annehmende muß das fünfzigste Lebensjahr vollendet haben und mindestens achtzehn Jahre älter sein als das Kind.

— **Befreiung zulässig.**

§ 1745. Von den Erfordernissen des § 1744 kann Befreiung bewilligt werden, von der Vollendung des fünfzigsten Lebensjahrs jedoch nur, wenn der Annehmende volljährig ist.

Die Bewilligung steht dem Bundesstaate zu, dem der Annehmende angehört; ist der Annehmende ein Deutscher, der keinem Bundesstaat angehört, so steht die Bewilligung dem Reichskanzler zu.

Ueber die Ertheilung der einem Bundesstaate zustehenden Bewilligung hat die Landesregierung zu bestimmen.

Erforderliche Einwilligung des Ehegatten.

§ 1746. Wer verheirathet ist, kann nur mit Einwilligung seines Ehegatten an Kindesstatt annehmen oder angenommen werden.

Die Einwilligung ist nicht erforderlich, wenn der Ehegatte zur Abgabe einer Erklärung dauernd außer Stande oder sein Aufenthalt dauernd unbekannt ist.

Erforderliche Einwilligung der Eltern.

§ 1747. Ein eheliches Kind kann bis zur Vollendung des einundzwanzigsten Lebensjahrs nur mit Einwilligung der Eltern, ein uneheliches Kind kann bis zum gleichen Lebensalter nur mit Einwilligung der Mutter an Kindesstatt angenommen werden. Die Vorschrift des § 1746 Abs. 2 findet entsprechende Anwendung.

§ 1748. Die Einwilligung der in den §§ 1746, 1747 bezeichneten Personen hat dem Annehmenden oder dem Kinde oder dem für die Bestätigung des Annahmevertrags zuständigen Gerichte gegenüber zu erfolgen; sie ist unwiderruflich.

Die Einwilligung kann nicht durch einen Vertreter ertheilt werden. Ist der Einwilligende in der Geschäftsfähigkeit beschränkt, so bedarf er nicht der Zustimmung seines gesetzlichen Vertreters.

Die Einwilligungserklärung bedarf der gerichtlichen oder notariellen Beurkundung.

Annahme als gemeinschaftliches Kind.

§ 1749. Als gemeinschaftliches Kind kann ein Kind nur von einem Ehepaar angenommen werden.

Ein angenommenes Kind kann, solange das durch die Annahme begründete Rechtsverhältniß besteht, nur von dem Ehegatten des Annehmenden an Kindesstatt angenommen werden.

Annahmevertrag.

§ 1750. Der Annahmevertrag kann nicht durch einen Vertreter geschlossen werden. Hat das Kind nicht das vierzehnte Lebensjahr vollendet, so kann sein gesetzlicher Vertreter den Vertrag mit Genehmigung des Vormundschaftsgerichts schließen.

Der Annahmevertrag muß bei gleichzeitiger Anwesenheit beider Theile vor Gericht oder vor einem Notar geschlossen werden.

§ 1751. Ist der Annehmende in der Geschäftsfähigkeit beschränkt, so bedarf er zur Eingehung des Vertrags, außer der Zustimmung seines gesetzlichen Vertreters, der Genehmigung des Vormundschaftsgerichts.

Das Gleiche gilt für das Kind, wenn es in der Geschäftsfähigkeit beschränkt ist.

Annahme durch den Vormund.

§ 1752. Will ein Vormund seinen Mündel an Kindesstatt annehmen, so soll das Vormundschaftsgericht die Genehmigung nicht ertheilen, solange der Vormund im Amte ist. Will Jemand seinen früheren Mündel an Kindesstatt annehmen, so soll das Vormundschaftsgericht die Genehmigung nicht ertheilen, bevor er über seine Verwaltung Rechnung gelegt und das Vorhandensein des Mündelvermögens nachgewiesen hat.

Das Gleiche gilt, wenn ein zur Vermögensverwaltung bestellter Pfleger seinen Pflegling oder seinen früheren Pflegling an Kindesstatt annehmen will.

Tod des Kindes oder des Annehmenden.

§ 1753. Die Bestätigung des Annahmevertrags kann nicht nach dem Tode des Kindes erfolgen.

Nach dem Tode des Annehmenden ist die Bestätigung nur zulässig, wenn der Annehmende oder das Kind den Antrag auf Bestätigung bei dem zuständigen Gericht eingereicht oder bei oder nach der gerichtlichen oder notariellen Beurkundung des Vertrags das Gericht oder den Notar mit der Einreichung betraut hat.

Die nach dem Tode des Annehmenden erfolgte Bestätigung hat die gleiche Wirkung, wie wenn sie vor dem Tode erfolgt wäre.

Gerichtliche Bestätigung der Annahme.

§ 1754. Die Annahme an Kindesstatt tritt mit der Bestätigung in Kraft. Die Vertragschließenden sind schon vor der Bestätigung gebunden.

Die Bestätigung ist nur zu versagen, wenn ein gesetzliches Erforderniß der Annahme an Kindesstatt fehlt. Wird die Bestätigung endgültig versagt, so verliert der Vertrag seine Kraft.

Anfechtbarkeit der Erklärungen.

§ 1755. Ist der Annahmevertrag oder die Einwilligung einer der in den §§ 1746, 1747 bezeichneten Personen anfechtbar, so gelten für die Anfechtung und für die Bestätigung des anfechtbaren Rechtsgeschäfts die Vorschriften des § 1748 Abs. 2, des § 1750 Abs. 1 und des § 1751.

Mängel der Voraussetzungen.

§ 1756. Auf die Wirksamkeit der Annahme an Kindesstatt ist es ohne Einfluß, wenn bei der Bestätigung des Annahmevertrags mit Unrecht angenommen worden ist, daß eine der in den §§ 1746, 1747 bezeichneten Personen zur Abgabe einer Erklärung dauernd außer Stande oder ihr Aufenthalt dauernd unbekannt sei.

Wirkungen der Annahme.

§ 1757. Durch die Annahme an Kindesstatt erlangt das Kind die rechtliche Stellung eines ehelichen Kindes des Annehmenden.

Wird von einem Ehepaare gemeinschaftlich ein Kind angenommen oder nimmt ein Ehegatte ein Kind des anderen Ehegatten an, so erlangt das Kind die rechtliche Stellung eines gemeinschaftlichen ehelichen Kindes der Ehegatten.

— Name des Kindes.

§ 1758. Das Kind erhält den Familiennamen des Annehmenden. Wird das Kind von einer Frau angenommen, die in Folge ihrer Verheirathung einen anderen Namen führt, so erhält es den Familiennamen, den die Frau vor der Verheirathung geführt hat. In den Fällen des § 1757 Abs. 2 erhält das Kind den Familiennamen des Mannes.

Das Kind darf dem neuen Namen seinen früheren Familiennamen hinzufügen, sofern nicht in dem Annahmevertrag ein Anderes bestimmt ist.

— Kein Erbrecht des Annehmenden.

§ 1759. Durch die Annahme an Kindesstatt wird ein Erbrecht für den Annehmenden nicht begründet.

— Inventarpflicht.

§ 1760. Der Annehmende hat über das Vermögen des Kindes, soweit es auf Grund der elterlichen Gewalt seiner Verwaltung unterliegt, auf seine Kosten ein Verzeichniß aufzunehmen und dem Vormundschaftsgericht einzureichen; er hat das Verzeichniß mit der Versicherung der Richtigkeit und Vollständigkeit zu versehen. Ist das eingereichte Verzeichniß ungenügend, so findet die Vorschrift des § 1640 Abs. 2 Satz 1 Anwendung.

Erfüllt der Annehmende die ihm nach Abs. 1 obliegende Verpflichtung nicht, so kann ihm das Vormundschaftsgericht die Vermögensverwaltung entziehen. Die Entziehung kann jederzeit wiederaufgehoben werden.

§ 1640 Abs. 2 Satz 1. Ist das eingereichte Verzeichniss ungenügend, so kann das Vormundschaftsgericht anordnen, dass das Verzeichniss durch eine zuständige Behörde oder durch einen zuständigen Beamten oder Notar aufgenommen wird.

— **Eheschliessung des Annehmenden.**

§ 1761. Will der Annehmende eine Ehe eingehen, während er die elterliche Gewalt über das Kind hat, so finden die Vorschriften der §§ 1669 bis 1671 Anwendung.

§ 1669*. Will der Annehmende eine neue Ehe eingehen, so hat er seine Absicht dem Vormundschaftsgericht anzuzeigen, auf seine Kosten ein Verzeichniss des seiner Verwaltung unterliegenden Vermögens einzureichen und, soweit in Ansehung dieses Vermögens eine Gemeinschaft zwischen ihm und dem Kinde besteht, die Auseinandersetzung herbeizuführen. Das Vormundschaftsgericht kann gestatten, dass die Auseinandersetzung erst nach der Eheschliessung erfolgt.

§ 1670*. Erfüllt der Annehmende die ihm nach § 1669 obliegenden Verpflichtungen nicht, so kann ihm das Vormundschaftsgericht die Vermögensverwaltung entziehen.

§ 1671*. Das Vormundschaftsgericht kann während der Dauer der elterlichen Gewalt die von ihm getroffenen Anordnungen jederzeit ändern.

— **Abkömmlinge des Kindes.**

§ 1762. Die Wirkungen der Annahme an Kindesstatt erstrecken sich auf die Abkömmlinge des Kindes. Auf einen zur Zeit des Vertragsabschlusses schon vorhandenen Abkömmling und dessen später geborene Abkömmlinge erstrecken sich die Wirkungen nur, wenn der Vertrag auch mit dem schon vorhandenen Abkömmlinge geschlossen wird.

— **Angehörige des Annehmenden — Ehegatte des Kindes.**

§ 1763. Die Wirkungen der Annahme an Kindesstatt erstrecken sich nicht auf die Verwandten des Annehmenden. Der Ehegatte des Annehmenden wird nicht mit dem Kinde, der Ehegatte des Kindes wird nicht mit dem Annehmenden verschwägert.

— **Verwandte des Kindes.**

§ 1764. Die Rechte und Pflichten, die sich aus dem Verwandtschaftsverhältnisse zwischen dem Kinde und seinen Verwandten ergeben, werden durch die Annahme an Kindesstatt nicht berührt, soweit nicht das Gesetz ein Anderes vorschreibt.

— — **Eltern des Kindes.**

§ 1765. Mit der Annahme an Kindesstatt verlieren die leiblichen Eltern die elterliche Gewalt über das Kind, die uneheliche Mutter das Recht und die Pflicht, für die Person des Kindes zu sorgen.

Hat der Vater oder die Mutter dem Kinde Unterhalt zu gewähren, so treten das Recht und die Pflicht, für die Person des Kindes zu sorgen, wieder ein, wenn die elterliche Gewalt des Annehmenden endigt oder wenn sie wegen Geschäftsunfähigkeit des Annehmenden oder nach § 1677 ruht. Das Recht zur Vertretung des Kindes tritt nicht wieder ein.

§ 1677*. Die elterliche Gewalt des Annehmenden ruht, wenn von dem Vormundschaftsgerichte festgestellt wird, dass der Annehmende auf längere Zeit an der Ausübung der elterlichen Gewalt thatsächlich verhindert ist.

Das Ruhen endigt, wenn von dem Vormundschaftsgerichte festgestellt wird, dass der Grund nicht mehr besteht.

— **Unterhaltspflicht des Annehmenden.**

§ 1766. Der Annehmende ist dem Kinde und denjenigen Abkömmlingen des Kindes, auf welche sich die Wirkungen der Annahme erstrecken, vor den leiblichen Verwandten des Kindes zur Gewährung des Unterhalts verpflichtet.

Der Annehmende steht im Falle des § 1611 Abs. 2 den leiblichen Verwandten der aufsteigenden Linie gleich.

§ 1611 Abs. 2. Der gleichen Beschränkung (auf den nothdürftigen Unterhalt) unterliegt der Unterhaltsanspruch der Abkömmlinge, der Eltern und des Ehegatten, wenn sie sich einer Verfehlung schuldig machen, die den Unterhaltspflichtigen berechtigt, ihnen den Pflichttheil zu entziehen, sowie der Unterhaltsanspruch der Grosseltern und der weiteren Voreltern, wenn ihnen gegenüber die Voraussetzungen vorliegen, unter denen Kinder berechtigt sind, ihren Eltern den Pflichttheil zu entziehen.

Vertragsmässige Aenderung der gesetzlichen Wirkungen.

§ 1767. In dem Annahmevertrage kann die Nutznießung des Annehmenden an dem Vermögen des Kindes sowie das Erbrecht des Kindes dem Annehmenden gegenüber ausgeschlossen werden.

Im Uebrigen können die Wirkungen der Annahme an Kindesstatt in dem Annahmevertrag nicht geändert werden.

Aufhebung *1. durch Vertrag.*

§ 1768. Das durch die Annahme an Kindesstatt begründete Rechtsverhältniß kann wiederaufgehoben werden. Die Aufhebung kann nicht unter einer Bedingung oder einer Zeitbestimmung erfolgen.

Die Aufhebung erfolgt durch Vertrag zwischen dem Annehmenden, dem Kinde und denjenigen Abkömmlingen des Kindes, auf welche sich die Wirkungen der Annahme erstrecken.

Hat ein Ehepaar gemeinschaftlich ein Kind angenommen oder hat ein Ehegatte ein Kind des anderen Ehegatten angenommen, so ist zu der Aufhebung die Mitwirkung beider Ehegatten erforderlich.

§ 1769. Nach dem Tode des Kindes können die übrigen Betheiligten das zwischen ihnen bestehende Rechtsverhältniß durch Vertrag aufheben. Das Gleiche gilt in den Fällen des § 1757 Abs. 2 nach dem Tode eines der Ehegatten.

§ 1770. Die für die Annahme an Kindesstatt geltenden Vorschriften des § 1741 Satz 2 und der §§ 1750, 1751, 1753 bis 1755 gelten auch für die Aufhebung.

2. durch Eheschliessung.

§ 1771. Schließen Personen, die durch Annahme an Kindesstatt verbunden sind, der Vorschrift des § 1311 zuwider eine Ehe, so tritt mit der Eheschließung die Aufhebung des durch die Annahme zwischen ihnen begründeten Rechtsverhältnisses ein.

Ist die Ehe nichtig, so wird, wenn dem einen Ehegatten die elterliche Gewalt über den anderen zusteht, diese mit der Eheschließung verwirkt.

Die Verwirkung tritt nicht ein, wenn die Nichtigkeit der Ehe auf einem Formmangel beruht und die Ehe nicht in das Heirathsregister eingetragen worden ist.

§ 1311. Wer einen Anderen an Kindesstatt angenommen hat, darf mit ihm oder dessen Abkömmlingen eine Ehe nicht eingehen, solange das durch die Annahme begründete Rechtsverhältniss besteht.

— **Wirkungen der Aufhebung.**

§ 1772. Mit der Aufhebung der Annahme an Kindesstatt verlieren das Kind und diejenigen Abkömmlinge des Kindes, auf welche sich die Aufhebung erstreckt, das Recht, den Familiennamen des Annehmenden zu führen. Diese Vorschrift findet in den Fällen des § 1757 Abs. 2 keine Anwendung, wenn die Aufhebung nach dem Tode eines der Ehegatten erfolgt.

Dritter Abschnitt.

Vormundschaft.

Erster Titel.

Vormundschaft über Minderjährige.

I. Anordnung der Vormundschaft.

Voraussetzungen.

§ 1773. Ein Minderjähriger erhält einen Vormund, wenn er nicht unter elterlicher Gewalt steht oder wenn die Eltern weder in den die Person noch in den das Vermögen betreffenden Angelegenheiten zur Vertretung des Minderjährigen berechtigt sind.

Ein Minderjähriger erhält einen Vormund auch dann, wenn sein Familienstand nicht zu ermitteln ist.

Anordnung der Vormundschaft.

§ 1774. Das Vormundschaftsgericht hat die Vormundschaft von Amtswegen anzuordnen.

Zahl der Vormünder.

§ 1775. Das Vormundschaftsgericht soll, sofern nicht besondere Gründe für die Bestellung mehrerer Vormünder vorliegen, für den Mündel und, wenn mehrere Geschwister zu bevormunden sind, für alle Mündel nur einen Vormund bestellen.

Berufung.

§ 1776. Als Vormünder sind in nachstehender Reihenfolge berufen:

1. wer von dem Vater des Mündels als Vormund benannt ist;
2. wer von der ehelichen Mutter des Mündels als Vormund benannt ist;
3. der Großvater des Mündels von väterlicher Seite;
4. der Großvater des Mündels von mütterlicher Seite.

Die Großväter sind nicht berufen, wenn der Mündel von einem Anderen als dem Ehegatten seines Vaters oder seiner Mutter an Kindesstatt angenommen ist. Das Gleiche gilt, wenn derjenige, von welchem der Mündel abstammt, von einem Anderen als dem Ehegatten seines Vaters oder seiner Mutter an Kindesstatt angenommen ist und die Wirkungen der Annahme sich auf den Mündel erstrecken.

— **Benennung.**

§ 1777. Der Vater kann einen Vormund nur benennen, wenn ihm zur Zeit seines Todes die elterliche Gewalt über das Kind zusteht; er hat dieses Recht nicht, wenn er in den die Person oder in den das Vermögen betreffenden Angelegenheiten nicht zur Vertretung des Kindes berechtigt ist. Das Gleiche gilt für die Mutter.

Der Vater kann für ein Kind, das erst nach seinem Tode geboren wird, einen Vormund benennen, wenn er dazu berechtigt sein würde, falls das Kind vor seinem Tode geboren wäre.

Die Benennung des Vormundes erfolgt durch letztwillige Verfügung.

— **Wirkung der Berufung.**

§ 1778. Wer nach § 1776 als Vormund berufen ist, darf ohne seine Zustimmung nur übergangen werden, wenn er nach den §§ 1780 bis 1784 nicht zum Vormunde bestellt werden kann oder soll oder wenn er an der Uebernahme der Vormundschaft verhindert ist oder die Uebernahme verzögert oder wenn seine Bestellung das Interesse des Mündels gefährden würde.

Ist der Berufene nur vorübergehend verhindert, so hat ihn das Vormundschaftsgericht nach dem Wegfalle des Hindernisses auf seinen Antrag an Stelle des bisherigen Vormundes zum Vormunde zu bestellen.

Für eine Ehefrau darf der Mann vor den nach § 1776 Berufenen, für ein uneheliches Kind darf die Mutter vor dem Großvater zum Vormunde bestellt werden.

Neben dem Berufenen darf nur mit dessen Zustimmung ein Mitvormund bestellt werden.

Auswahl durch das Vormundschaftsgericht.

§ 1779. Ist die Vormundschaft nicht einem nach § 1776 Berufenen zu übertragen, so hat das Vormundschaftsgericht nach Anhörung des Gemeindewaisenraths den Vormund auszuwählen.

Das Vormundschaftsgericht soll eine Person auswählen, die nach ihren persönlichen Verhältnissen und ihrer Vermögenslage sowie nach den sonstigen Umständen zur Führung der Vormundschaft geeignet ist. Bei der Auswahl ist auf das religiöse Bekenntniß des Mündels Rücksicht zu nehmen. Verwandte und Verschwägerte des Mündels sind zunächst zu berücksichtigen.

Unfähigkeit zur Vormundschaft.

§ 1780. Zum Vormunde kann nicht bestellt werden, wer geschäftsunfähig oder wegen Geistesschwäche, Verschwendung oder Trunksucht entmündigt ist.

Untauglichkeit zur Vormundschaft.

§ 1781. Zum Vormunde soll nicht bestellt werden:

1. wer minderjährig oder nach § 1906 unter vorläufige Vormundschaft gestellt ist;
2. wer nach § 1910 zur Besorgung seiner Vermögensangelegenheiten einen Pfleger erhalten hat;
3. wer in Konkurs gerathen ist, während der Dauer des Konkurses;
4. wer der bürgerlichen Ehrenrechte für verlustig erklärt ist, soweit sich nicht aus den Vorschriften des Strafgesetzbuchs ein Anderes ergiebt.

§ 1906. Ein Volljähriger, dessen Entmündigung beantragt ist, kann unter vorläufige Vormundschaft gestellt werden, wenn das Vormundschaftsgericht es zur Abwendung einer erheblichen Gefährdung der Person oder des Vermögens des Volljährigen für erforderlich erachtet.

§ 1910. Ein Volljähriger, der nicht unter Vormundschaft steht, kann einen Pfleger für seine Person und sein Vermögen erhalten, wenn er in Folge körperlicher Gebrechen, insbesondere weil er taub, blind oder stumm ist, seine Angelegenheiten nicht zu besorgen vermag.

Vermag ein Volljähriger, der nicht unter Vormundschaft steht, in Folge geistiger oder körperlicher Gebrechen einzelne seiner Angelegenheiten oder einen bestimmten Kreis seiner Angelegenheiten, insbesondere seine Vermögensangelegenheiten, nicht zu besorgen, so kann er für diese Angelegenheiten einen Pfleger erhalten.

Die Pflegschaft darf nur mit Einwilligung des Gebrechlichen angeordnet werden, es sei denn, dass eine Verständigung mit ihm nicht möglich ist.

§ 1782. Zum Vormunde soll nicht bestellt werden, wer durch Anordnung des Vaters oder der ehelichen Mutter des Mündels von der Vormundschaft ausgeschlossen ist. Die Mutter kann den von dem Vater als Vormund Benannten nicht ausschließen.

Auf die Ausschließung finden die Vorschriften des § 1777 Anwendung.

§ 1783. Eine Frau, die mit einem Anderen als dem Vater des Mündels verheirathet ist, soll nur mit Zustimmung ihres Mannes zum Vormunde bestellt werden.

§ 1784. Ein Beamter oder Religionsdiener, der nach den Landesgesetzen einer besonderen Erlaubniß zur Uebernahme einer Vormundschaft bedarf, soll nicht ohne die vorgeschriebene Erlaubniß zum Vormunde bestellt werden.

Pflicht zur Uebernahme der Vormundschaft.

§ 1785. Jeder Deutsche hat die Vormundschaft, für die er von dem Vormundschaftsgericht ausgewählt wird, zu übernehmen, sofern nicht seiner Bestellung zum Vormund einer der in den §§ 1780 bis 1784 bestimmten Gründe entgegensteht.

Ablehnungsgründe.

§ 1786. Die Uebernahme der Vormundschaft kann ablehnen:

1. eine Frau;
2. wer das sechzigste Lebensjahr vollendet hat;
3. wer mehr als vier minderjährige eheliche Kinder hat; ein von einem Anderen an Kindesstatt angenommenes Kind wird nicht gerechnet;
4. wer durch Krankheit oder durch Gebrechen verhindert ist, die Vormundschaft ordnungsmäßig zu führen;
5. wer wegen Entfernung seines Wohnsitzes von dem Sitze des Vormundschaftsgerichts die Vormundschaft nicht ohne besondere Belästigung führen kann;
6. wer nach § 1844 zur Sicherheitsleistung angehalten wird;
7. wer mit einem Anderen zur gemeinschaftlichen Führung der Vormundschaft bestellt werden soll;

8. wer mehr als eine Vormundschaft oder Pflegschaft führt; die Vormundschaft oder Pflegschaft über mehrere Geschwister gilt nur als eine; die Führung von zwei Gegenvormundschaften steht der Führung einer Vormundschaft gleich.

Das Ablehnungsrecht erlischt, wenn es nicht vor der Bestellung bei dem Vormundschaftsgerichte geltend gemacht wird.

§ 1844 Abs. 1. Das Vormundschaftsgericht kann aus besonderen Gründen den Vormund anhalten, für das seiner Verwaltung unterliegende Vermögen Sicherheit zu leisten. Die Art und den Umfang der Sicherheitsleistung bestimmt das Vormundschaftsgericht nach seinem Ermessen. Das Vormundschaftsgericht kann, solange das Amt des Vormundes dauert, jederzeit die Erhöhung, Minderung oder Aufhebung der Sicherheit anordnen.

— **Grundlose Ablehnung.**

§ 1787. Wer die Uebernahme der Vormundschaft ohne Grund ablehnt, ist, wenn ihm ein Verschulden zur Last fällt, für den Schaden verantwortlich, der dem Mündel dadurch entsteht, daß sich die Bestellung des Vormundes verzögert.

Erklärt das Vormundschaftsgericht die Ablehnung für unbegründet, so hat der Ablehnende, unbeschadet der ihm zustehenden Rechtsmittel, die Vormundschaft auf Erfordern des Vormundschaftsgerichts vorläufig zu übernehmen.

— **Strafbefugnisse des Vormundschaftsgerichts.**

§ 1788. Das Vormundschaftsgericht kann den zum Vormund Ausgewählten durch Ordnungsstrafen zur Uebernahme der Vormundschaft anhalten.

Die einzelne Strafe darf den Betrag von dreihundert Mark nicht übersteigen. Die Strafen dürfen nur in Zwischenräumen von mindestens einer Woche verhängt werden. Mehr als drei Strafen dürfen nicht verhängt werden.

Bestellung des Vormundes.

§ 1789. Der Vormund wird von dem Vormundschaftsgerichte durch Verpflichtung zu treuer und gewissenhafter Führung der Vormundschaft bestellt. Die Verpflichtung soll mittelst Handschlags an Eidesstatt erfolgen.

— **Vorbehalt der Entlassung.**

§ 1790. Bei der Bestellung des Vormundes kann die Entlassung für den Fall vorbehalten werden, daß ein bestimmtes Ereigniß eintritt oder nicht eintritt.

Bestallung.

§ 1791. Der Vormund erhält eine Bestallung.

Die Bestallung soll enthalten den Namen und die Zeit der Geburt des Mündels, die Namen des Vormundes, des Gegenvormundes und der Mitvormünder sowie im Falle der Theilung der Vormundschaft die Art der Theilung. Ist ein Familienrath eingesetzt, so ist auch dies anzugeben.

Gegenvormund.

§ 1792. Neben dem Vormunde kann ein Gegenvormund bestellt werden.

Ein Gegenvormund soll bestellt werden, wenn mit der Vormundschaft eine Vermögensverwaltung verbunden ist, es sei denn, daß die Verwaltung nicht erheblich oder daß die Vormundschaft von mehreren Vormündern gemeinschaftlich zu führen ist.

Ist die Vormundschaft von mehreren Vormündern nicht gemeinschaftlich zu führen, so kann der eine Vormund zum Gegenvormunde des anderen bestellt werden.

Auf die Berufung und Bestellung des Gegenvormundes finden die für die Berufung und Bestellung des Vormundes geltenden Vorschriften Anwendung.

II. Führung der Vormundschaft.

Aufgaben des Vormundes im Allgemeinen.

§ 1793. Der Vormund hat das Recht und die Pflicht, für die Person und das Vermögen des Mündels zu sorgen, insbesondere den Mündel zu vertreten.

Beschränkung beim Bestehen einer Pflegschaft.

§ 1794. Das Recht und die Pflicht des Vormundes, für die Person und das Vermögen des Mündels zu sorgen, erstreckt sich nicht auf Angelegenheiten des Mündels, für die ein Pfleger bestellt ist.

Ausschliessung der Vertretungsmacht.

§ 1795. Der Vormund kann den Mündel nicht vertreten:

1. bei einem Rechtsgeschäfte zwischen seinem Ehegatten oder einem seiner Verwandten in gerader Linie einerseits und dem Mündel andererseits, es sei denn, daß das Rechtsgeschäft ausschließlich in der Erfüllung einer Verbindlichkeit besteht;
2. bei einem Rechtsgeschäfte, das die Uebertragung oder Belastung einer durch Pfandrecht, Hypothek oder Bürgschaft gesicherten Forderung des Mündels gegen den Vormund oder die Aufhebung oder Minderung dieser Sicherheit zum Gegenstande hat oder die Verpflichtung des Mündels zu einer solchen Uebertragung, Belastung, Aufhebung oder Minderung begründet;
3. bei einem Rechtsstreite zwischen den in Nr. 1 bezeichneten Personen sowie bei einem Rechtsstreit über eine Angelegenheit der in Nr. 2 bezeichneten Art.

Die Vorschrift des § 181 bleibt unberührt.

§ 181 Ein Vertreter kann, soweit nicht ein Anderes ihm gestattet ist, im Namen des Vertretenen mit sich im eigenen Namen oder als Vertreter eines Dritten ein Rechtsgeschäft nicht vornehmen, es sei denn, dass das Rechtsgeschäft ausschliesslich in der Erfüllung einer Verbindlichkeit besteht.

— Entziehung der Vertretung.

§ 1796. Das Vormundschaftsgericht kann dem Vormunde die Vertretung für einzelne Angelegenheiten oder für einen bestimmten Kreis von Angelegenheiten entziehen.

Die Entziehung soll nur erfolgen, wenn das Interesse des Mündels zu dem Interesse des Vormundes oder eines von diesem vertretenen Dritten oder einer der im § 1795 Nr. 1 bezeichneten Personen in erheblichem Gegensatze steht.

Verhältniss mehrerer Vormünder.

§ 1797. Mehrere Vormünder führen die Vormundschaft gemeinschaftlich. Bei einer Meinungsverschiedenheit entscheidet das Vormundschaftsgericht, sofern nicht bei der Bestellung ein Anderes bestimmt wird.

Das Vormundschaftsgericht kann die Führung der Vormundschaft unter mehrere Vormünder nach bestimmten Wirkungskreisen vertheilen. Innerhalb des ihm überwiesenen Wirkungskreises führt jeder Vormund die Vormundschaft selbständig.

Bestimmungen, die der Vater oder die Mutter für die Entscheidung von Meinungsverschiedenheiten zwischen den von ihnen benannten Vormündern und für die Vertheilung der Geschäfte unter diese nach Maßgabe des § 1777 getroffen hat, sind von dem Vormundschaftsgerichte zu befolgen, sofern nicht ihre Befolgung das Interesse des Mündels gefährden würde.

§ 1777*. Der Vater kann solche Bestimmungen treffen, wenn ihm zur Zeit seines Todes die elterliche Gewalt über das Kind zusteht; er hat dieses Recht nicht, wenn er in den die Person oder in den das Vermögen betreffenden Angelegenheiten nicht zur Vertretung des Kindes berechtigt ist. Das Gleiche gilt für die Mutter.

Der Vater kann für ein Kind, dass erst nach seinem Tode geboren wird, solche Bestimmungen treffen, wenn er dazu berechtigt sein würde, falls das Kind vor seinem Tode geboren wäre.

Die Bestimmungen werden durch letztwillige Verfügung getroffen.

§ 1798. Steht die Sorge für die Person und die Sorge für das Vermögen des Mündels verschiedenen Vormündern zu, so entscheidet bei einer Meinungsverschiedenheit über die Vornahme einer sowohl die Person als das Vermögen des Mündels betreffenden Handlung das Vormundschaftsgericht.

Aufgaben des Gegenvormundes.

§ 1799. Der Gegenvormund hat darauf zu achten, daß der Vormund die Vormundschaft pflichtmäßig führt. Er hat dem Vormundschaftsgerichte Pflichtwidrigkeiten des Vormundes sowie jeden Fall unverzüglich anzuzeigen, in welchem das Vormundschaftsgericht zum Einschreiten berufen ist, insbesondere den Tod des Vormundes oder den Eintritt eines anderen Umstandes, in Folge dessen das Amt des Vormundes endigt oder die Entlassung des Vormundes erforderlich wird.

Der Vormund hat dem Gegenvormund auf Verlangen über die Führung der Vormundschaft Auskunft zu ertheilen und die Einsicht der sich auf die Vormundschaft beziehenden Papiere zu gestatten.

Sorge für die Person.

§ 1800. Das Recht und die Pflicht des Vormundes, für die Person des Mündels zu sorgen, bestimmt sich nach den für die elterliche Gewalt geltenden Vorschriften der §§ 1631 bis 1633.

§ 1631*. Die Sorge für die Person des Kindes umfasst das Recht und die Pflicht, das Kind zu erziehen, zu beaufsichtigen und seinen Aufenthalt zu bestimmen.

Der Vormund kann kraft des Erziehungsrechts angemessene Zuchtmittel gegen das Kind anwenden. Auf seinen Antrag hat das Vormundschaftsgericht ihn durch Anwendung geeigneter Zuchtmittel zu unterstützen.

§ 1632*. Die Sorge für die Person des Kindes umfasst das Recht, die Herausgabe des Kindes von Jedem zu verlangen, der es dem Vormund widerrechtlich vorenthält.

§ 1633*. Ist ein Mündel verheirathet, so beschränkt sich die Sorge für seine Person auf die Vertretung in den die Person betreffenden Angelegenheiten.

— **Religiöse Erziehung.**

§ 1801. Die Sorge für die religiöse Erziehung des Mündels kann dem Vormunde von dem Vormundschaftsgericht entzogen werden, wenn der Vormund nicht dem Bekenntniß angehört, in dem der Mündel zu erziehen ist.

Sorge für das Vermögen.

§ 1802. Der Vormund hat das Vermögen, das bei der Anordnung der Vormundschaft vorhanden ist oder später dem Mündel zufällt, zu verzeichnen und das Verzeichniß, nachdem er es mit der Versicherung der Richtigkeit und Vollständigkeit versehen hat, dem Vormundschaftsgericht einzureichen. Ist ein Gegenvormund vorhanden, so hat ihn der Vormund bei der Aufnahme des Verzeichnisses zuzuziehen; das Verzeichniß ist auch von dem Gegenvormunde mit der Versicherung der Richtigkeit und Vollständigkeit zu versehen.

Der Vormund kann sich bei der Aufnahme des Verzeichnisses der Hülfe eines Beamten, eines Notars oder eines anderen Sachverständigen bedienen.

Ist das eingereichte Verzeichniß ungenügend, so kann das Vormundschaftsgericht anordnen, daß das Verzeichniß durch eine zuständige Behörde oder durch einen zuständigen Beamten oder Notar aufgenommen wird.

— **Anordnungen Dritter.**

§ 1803. Was der Mündel von Todeswegen erwirbt oder was ihm unter Lebenden von einem Dritten unentgeltlich zugewendet wird, hat der Vormund nach den Anordnungen des Erblassers oder des Dritten zu verwalten, wenn die Anordnungen von dem Erblasser durch letztwillige Verfügung, von dem Dritten bei der Zuwendung getroffen worden sind.

Der Vormund darf mit Genehmigung des Vormundschaftsgerichts von den Anordnungen abweichen, wenn ihre Befolgung das Interesse des Mündels gefährden würde.

Zu einer Abweichung von den Anordnungen, die ein Dritter bei einer Zuwendung unter Lebenden getroffen hat, ist, solange er lebt, seine Zustimmung erforderlich und genügend. Die Zustimmung des Dritten kann durch das Vormundschaftsgericht ersetzt werden, wenn der Dritte zur Abgabe einer Erklärung dauernd außer Stande oder sein Aufenthalt dauernd unbekannt ist.

— **Schenkungsverbot.**

§ 1804. Der Vormund kann nicht in Vertretung des Mündels Schenkungen machen. Ausgenommen sind Schenkungen, durch die einer sittlichen Pflicht oder einer auf den Anstand zu nehmenden Rücksicht entsprochen wird.

— **Verbot der Verwendung für sich.**

§ 1805. Der Vormund darf Vermögen des Mündels nicht für sich verwenden.

— **Anlage von Mündelgeld.**

§ 1806. Der Vormund hat das zum Vermögen des Mündels gehörende Geld verzinslich anzulegen, soweit es nicht zur Bestreitung von Ausgaben bereit zu halten ist.

— Mündelsichere Anlagen.

§ 1807. Die im § 1806 vorgeschriebene Anlegung von Mündelgeld soll nur erfolgen:

1. in Forderungen, für die eine sichere Hypothek an einem inländischen Grundstücke besteht, oder in sicheren Grundschulden oder Rentenschulden an inländischen Grundstücken;
2. in verbrieften Forderungen gegen das Reich oder einen Bundesstaat sowie in Forderungen, die in das Reichsschuldbuch oder in das Staatsschuldbuch eines Bundesstaats eingetragen sind;
3. in verbrieften Forderungen, deren Verzinsung von dem Reiche oder einem Bundesstaate gewährleistet ist;
4. in Werthpapieren, insbesondere Pfandbriefen, sowie in verbrieften Forderungen jeder Art gegen eine inländische kommunale Körperschaft oder die Kreditanstalt einer solchen Körperschaft, sofern die Werthpapiere oder die Forderungen von dem Bundesrathe zur Anlegung von Mündelgeld für geeignet erklärt sind;
5. bei einer inländischen öffentlichen Sparkasse, wenn sie von der zuständigen Behörde des Bundesstaats, in welchem sie ihren Sitz hat, zur Anlegung von Mündelgeld für geeignet erklärt ist.

Die Landesgesetze können für die innerhalb ihres Geltungsbereichs belegenen Grundstücke die Grundsätze bestimmen, nach denen die Sicherheit einer Hypothek, einer Grundschuld oder einer Rentenschuld festzustellen ist.

§ 1808. Kann die Anlegung den Umständen nach nicht in der im § 1807 bezeichneten Weise erfolgen, so ist das Geld bei der Reichsbank, bei einer Staatsbank oder bei einer anderen durch Landesgesetz dazu für geeignet erklärten inländischen Bank oder bei einer Hinterlegungsstelle anzulegen.

— — Art der Anlegung.

§ 1809. Der Vormund soll Mündelgeld nach § 1807 Abs. 1 Nr. 5 oder nach § 1808 nur mit der Bestimmung anlegen, daß zur Erhebung des Geldes die Genehmigung des Gegenvormundes oder des Vormundschaftsgerichts erforderlich ist.

— — Genehmigung des Gegenvormunds oder Vormundschaftsgerichts.

§ 1810. Der Vormund soll die in den §§ 1806 bis 1808 vorgeschriebene Anlegung nur mit Genehmigung des Gegenvormundes bewirken; die Genehmigung des Gegenvormundes wird durch die Genehmigung des Vormundschaftsgerichts ersetzt. Ist ein Gegenvormund nicht vorhanden, so soll die Anlegung nur mit Genehmigung des Vormundschaftsgerichts erfolgen, sofern nicht die Vormundschaft von mehreren Vormündern gemeinschaftlich geführt wird.

— Gestattung anderer Anlegung.

§ 1811. Das Vormundschaftsgericht kann aus besonderen Gründen dem Vormund eine andere Anlegung als die in den §§ 1807, 1808 vorgeschriebene gestatten.

Verfügungen über Forderungen und Werthpapiere.

§ 1812. Der Vormund kann über eine Forderung oder über ein anderes Recht, kraft dessen der Mündel eine Leistung verlangen kann, sowie über ein Werthpapier des Mündels nur mit Genehmigung des

Gegenvormundes verfügen, sofern nicht nach den §§ 1819 bis 1822 die Genehmigung des Vormundschaftsgerichts erforderlich ist. Das Gleiche gilt von der Eingehung der Verpflichtung zu einer solchen Verfügung.

Die Genehmigung des Gegenvormundes wird durch die Genehmigung des Vormundschaftsgerichts ersetzt.

Ist ein Gegenvormund nicht vorhanden, so tritt an die Stelle der Genehmigung des Gegenvormundes die Genehmigung des Vormundschaftsgerichts, sofern nicht die Vormundschaft von mehreren Vormündern gemeinschaftlich geführt wird.

§ 1813. Der Vormund bedarf nicht der Genehmigung des Gegenvormundes zur Annahme einer geschuldeten Leistung:

1. wenn der Gegenstand der Leistung nicht in Geld oder Werthpapieren besteht;
2. wenn der Anspruch nicht mehr als dreihundert Mark beträgt;
3. wenn Geld zurückgezahlt wird, das der Vormund angelegt hat;
4. wenn der Anspruch zu den Nutzungen des Mündelvermögens gehört;
5. wenn der Anspruch auf Erstattung von Kosten der Kündigung oder der Rechtsverfolgung oder auf sonstige Nebenleistungen gerichtet ist.

Die Befreiung nach Abs. 1 Nr. 2, 3 erstreckt sich nicht auf die Erhebung von Geld, bei dessen Anlegung ein Anderes bestimmt worden ist. Die Befreiung nach Abs. 1 Nr. 3 gilt auch nicht für die Erhebung von Geld, das nach § 1807 Abs. 1 Nr. 1 bis 4 angelegt ist.

Hinterlegung von Inhaber- und Orderpapieren.

§ 1814. Der Vormund hat die zu dem Vermögen des Mündels gehörenden Inhaberpapiere nebst den Erneuerungsscheinen bei einer Hinterlegungsstelle oder bei der Reichsbank mit der Bestimmung zu hinterlegen, daß die Herausgabe der Papiere nur mit Genehmigung des Vormundschaftsgerichts verlangt werden kann. Die Hinterlegung von Inhaberpapieren, die nach § 92 zu den verbrauchbaren Sachen gehören, sowie von Zins-, Renten- oder Gewinnantheilscheinen ist nicht erforderlich. Den Inhaberpapieren stehen Orderpapiere gleich, die mit Blankoindossament versehen sind.

§ 92. Verbrauchbare Sachen im Sinne des Gesetzes sind bewegliche Sachen, deren bestimmungsmässiger Gebrauch in dem Verbrauch oder in der Veräusserung besteht.

Als verbrauchbar gelten auch bewegliche Sachen, die zu einem Waarenlager oder zu einem sonstigen Sachinbegriffe gehören, dessen bestimmungsmässiger Gebrauch in der Veräusserung der einzelnen Sachen besteht.

— Umschreibung.

§ 1815. Der Vormund kann die Inhaberpapiere, statt sie nach § 1814 zu hinterlegen, auf den Namen des Mündels mit der Bestimmung umschreiben lassen, daß er über sie nur mit Genehmigung des Vormundschaftsgerichts verfügen kann. Sind die Papiere von dem Reiche oder einem Bundesstaat ausgestellt, so kann er sie mit der gleichen Bestimmung in Buchforderungen gegen das Reich oder den Bundesstaat umwandeln lassen.

Sind Inhaberpapiere zu hinterlegen, die in Buchforderungen gegen das Reich oder einen Bundesstaat umgewandelt werden können, so kann das Vormundschaftsgericht anordnen, daß sie nach Abs. 1 in Buchforderungen umgewandelt werden.

Buchforderungen.

§ 1816. Gehören Buchforderungen gegen das Reich oder gegen einen Bundesstaat bei der Anordnung der Vormundschaft zu dem Vermögen des Mündels oder erwirbt der Mündel später solche Forderungen, so hat der Vormund in das Schuldbuch den Vermerk eintragen zu lassen, daß er über die Forderungen nur mit Genehmigung des Vormundschaftsgerichts verfügen kann.

§ 1817. Das Vormundschaftsgericht kann aus besonderen Gründen den Vormund von den ihm nach den §§ 1814, 1816 obliegenden Verpflichtungen entbinden.

— Werthpapiere und Kostbarkeiten.

§ 1818. Das Vormundschaftsgericht kann aus besonderen Gründen anordnen, daß der Vormund auch solche zu dem Vermögen des Mündels gehörende Werthpapiere, zu deren Hinterlegung er nach § 1814 nicht verpflichtet ist, sowie Kostbarkeiten des Mündels in der im § 1814 bezeichneten Weise zu hinterlegen hat; auf Antrag des Vormundes kann die Hinterlegung von Zins-, Renten- und Gewinnantheilscheinen angeordnet werden, auch wenn ein besonderer Grund nicht vorliegt.

— Verfügung über hinterlegte Werthpapiere etc.

§ 1819. Solange die nach § 1814 oder nach § 1818 hinterlegten Werthpapiere oder Kostbarkeiten nicht zurückgenommen sind, bedarf der Vormund zu einer Verfügung über sie und, wenn Hypotheken-, Grundschuld- oder Rentenschuldbriefe hinterlegt sind, zu einer Verfügung über die Hypothekenforderung, die Grundschuld oder die Rentenschuld der Genehmigung des Vormundschaftsgerichts. Das Gleiche gilt von der Eingehung der Verpflichtung zu einer solchen Verfügung.

§ 1820. Sind Inhaberpapiere nach § 1815 auf den Namen des Mündels umgeschrieben oder in Buchforderungen umgewandelt, so bedarf der Vormund auch zur Eingehung der Verpflichtung zu einer Verfügung über die sich aus der Umschreibung oder der Umwandlung ergebenden Stammforderungen der Genehmigung des Vormundschaftsgerichts.

Das Gleiche gilt, wenn bei einer Buchforderung des Mündels der im § 1816 bezeichnete Vermerk eingetragen ist.

— Genehmigung des Vormundschaftsgerichts.

§ 1821. Der Vormund bedarf der Genehmigung des Vormundschaftsgerichts:

1. zur Verfügung über ein Grundstück oder über ein Recht an einem Grundstücke;
2. zur Verfügung über eine Forderung, die auf Uebertragung des Eigenthums an einem Grundstück oder auf Begründung oder Uebertragung eines Rechtes an einem Grundstück oder auf Befreiung eines Grundstücks von einem solchen Rechte gerichtet ist;
3. zur Eingehung der Verpflichtung zu einer der in Nr. 1, 2 bezeichneten Verfügungen;
4. zu einem Vertrage, der auf den entgeltlichen Erwerb eines Grundstücks oder eines Rechtes an einem Grundstücke gerichtet ist.

Zu den Rechten an einem Grundstück im Sinne dieser Vorschriften gehören nicht Hypotheken, Grundschulden und Rentenschulden.

§ 1822. Der Vormund bedarf der Genehmigung des Vormundschaftsgerichts:

1. zu einem Rechtsgeschäfte, durch das der Mündel zu einer Verfügung über sein Vermögen im Ganzen oder über eine ihm angefallene Erbschaft oder über seinen künftigen gesetzlichen Erbtheil oder seinen künftigen Pflichttheil verpflichtet wird, sowie zu einer Verfügung über den Antheil des Mündels an einer Erbschaft;
2. zur Ausschlagung einer Erbschaft oder eines Vermächtnisses, zum Verzicht auf einen Pflichttheil sowie zu einem Erbtheilungsvertrage;
3. zu einem Vertrage, der auf den entgeltlichen Erwerb oder die Veräußerung eines Erwerbsgeschäfts gerichtet ist, sowie zu einem Gesellschaftsvertrage, der zum Betrieb eines Erwerbsgeschäfts eingegangen wird;
4. zu einem Pachtvertrag über ein Landgut oder einen gewerblichen Betrieb;
5. zu einem Mieth- oder Pachtvertrag oder einem anderen Vertrage, durch den der Mündel zu wiederkehrenden Leistungen verpflichtet wird, wenn das Vertragsverhältniß länger als ein Jahr nach der Vollendung des einundzwanzigsten Lebensjahrs des Mündels fortdauern soll;
6. zu einem Lehrvertrage, der für längere Zeit als ein Jahr geschlossen wird;
7. zu einem auf die Eingehung eines Dienst- oder Arbeitsverhältnisses gerichteten Vertrage, wenn der Mündel zu persönlichen Leistungen für längere Zeit als ein Jahr verpflichtet werden soll;
8. zur Aufnahme von Geld auf den Kredit des Mündels;
9. zur Ausstellung einer Schuldverschreibung auf den Inhaber oder zur Eingehung einer Verbindlichkeit aus einem Wechsel oder einem anderen Papiere, das durch Indossament übertragen werden kann;
10. zur Uebernahme einer fremden Verbindlichkeit, insbesondere zur Eingehung einer Bürgschaft;
11. zur Ertheilung einer Prokura;
12. zu einem Vergleich oder einem Schiedsvertrag, es sei denn, daß der Gegenstand des Streites oder der Ungewißheit in Geld schätzbar ist und den Werth von dreihundert Mark nicht übersteigt;
13. zu einem Rechtsgeschäfte, durch das die für eine Forderung des Mündels bestehende Sicherheit aufgehoben oder gemindert oder die Verpflichtung dazu begründet wird.

§ 1823. Der Vormund soll nicht ohne Genehmigung des Vormundschaftsgerichts ein neues Erwerbsgeschäft im Namen des Mündels beginnen oder ein bestehendes Erwerbsgeschäft des Mündels auflösen.

§ 1824. Der Vormund kann Gegenstände, zu deren Veräußerung die Genehmigung des Gegenvormundes oder des Vormundschaftsgerichts erforderlich ist, dem Mündel nicht ohne diese Genehmigung zur Erfüllung eines von diesem geschlossenen Vertrags oder zu freier Verfügung überlassen.

— — **Allgemeine Ermächtigung.**

§ 1825. Das Vormundschaftsgericht kann dem Vormunde zu Rechtsgeschäften, zu denen nach § 1812 die Genehmigung des Gegenvormundes erforderlich ist, sowie zu den im § 1822 Nr. 8 bis 10 bezeichneten Rechtsgeschäften eine allgemeine Ermächtigung ertheilen.

Die Ermächtigung soll nur ertheilt werden, wenn sie zum Zwecke der Vermögensverwaltung, insbesondere zum Betrieb eines Erwerbsgeschäfts, erforderlich ist.

§ 1812 Abs. 1. Der Vormund kann über eine Forderung oder über ein anderes Recht, kraft dessen der Mündel eine Leistung verlangen kann, sowie über ein Werthpapier des Mündels nur mit Genehmigung des Gegenvormundes verfügen, sofern nicht nach den §§ 1819 bis 1822 die Genehmigung des Vormundschaftsgerichts erforderlich ist. Das Gleiche gilt von der Eingehung der Verpflichtung zu einer solchen Verfügung.

— — **Anhörung des Gegenvormundes.**

§ 1826. Das Vormundschaftsgericht soll vor der Entscheidung über die zu einer Handlung des Vormundes erforderliche Genehmigung den Gegenvormund hören, sofern ein solcher vorhanden und die Anhörung thunlich ist.

— — **Anhörung des Mündels.**

§ 1827. Das Vormundschaftsgericht soll den Mündel hören vor der Entscheidung über die Genehmigung eines Lehrvertrags oder eines auf die Eingehung eines Dienst- oder Arbeitsverhältnisses gerichteten Vertrags und, wenn der Mündel das vierzehnte Lebensjahr vollendet hat, über die Entlassung aus dem Staatsverbande.

Hat der Mündel das achtzehnte Lebensjahr vollendet, so soll ihn das Vormundschaftsgericht, soweit thunlich, auch hören vor der Entscheidung über die Genehmigung eines der im § 1821 und im § 1822 Nr. 3 bezeichneten Rechtsgeschäfte sowie vor der Entscheidung über die Genehmigung des Beginns oder der Auflösung eines Erwerbsgeschäfts.

— — **Erklärung der Genehmigung.**

§ 1828. Das Vormundschaftsgericht kann die Genehmigung zu einem Rechtsgeschäfte nur dem Vormunde gegenüber erklären.

— — **Mangel der Genehmigung des Vormundschaftsgerichts.**

§ 1829. Schließt der Vormund einen Vertrag ohne die erforderliche Genehmigung des Vormundschaftsgerichts, so hängt die Wirksamkeit des Vertrags von der nachträglichen Genehmigung des Vormundschaftsgerichts ab. Die Genehmigung sowie deren Verweigerung wird dem anderen Theile gegenüber erst wirksam, wenn sie ihm durch den Vormund mitgetheilt wird.

Fordert der andere Theil den Vormund zur Mittheilung darüber auf, ob die Genehmigung ertheilt sei, so kann die Mittheilung der Genehmigung nur bis zum Ablaufe von zwei Wochen nach dem Empfange der Aufforderung erfolgen; erfolgt sie nicht, so gilt die Genehmigung als verweigert.

Ist der Mündel volljährig geworden, so tritt seine Genehmigung an die Stelle der Genehmigung des Vormundschaftsgerichts.

§ 1830. Hat der Vormund dem anderen Theile gegenüber der Wahrheit zuwider die Genehmigung des Vormundschaftsgerichts behauptet, so ist der andere Theil bis zur Mittheilung der nachträglichen Genehmigung des Vormundschaftsgerichts zum Widerrufe berechtigt, es sei denn, daß ihm das Fehlen der Genehmigung bei dem Abschlusse des Vertrags bekannt war.

§ 1831. Ein einseitiges Rechtsgeschäft, das der Vormund ohne die erforderliche Genehmigung des Vormundschaftsgerichts vornimmt, ist unwirksam. Nimmt der Vormund mit dieser Genehmigung ein solches Rechtsgeschäft einem Anderen gegenüber vor, so ist das Rechtsgeschäft unwirksam, wenn der Vormund die Genehmigung nicht in schriftlicher Form vorlegt und der Andere das Rechtsgeschäft aus diesem Grunde unverzüglich zurückweist.

— — Mangel der Genehmigung des Gegenvormundes.

§ 1832. Soweit der Vormund zu einem Rechtsgeschäfte der Genehmigung des Gegenvormundes bedarf, finden die Vorschriften der §§ 1828 bis 1831 entsprechende Anwendung.

Haftung des Vormundes.

§ 1833. Der Vormund ist dem Mündel für den aus einer Pflichtverletzung entstehenden Schaden verantwortlich, wenn ihm ein Verschulden zur Last fällt. Das Gleiche gilt von dem Gegenvormunde.

Sind für den Schaden Mehrere neben einander verantwortlich, so haften sie als Gesammtschuldner. Ist neben dem Vormunde für den von diesem verursachten Schaden der Gegenvormund oder ein Mitvormund nur wegen Verletzung seiner Aufsichtspflicht verantwortlich, so ist in ihrem Verhältnisse zu einander der Vormund allein verpflichtet.

— — Verzinsung von für sich verwendetem Geld.

§ 1834. Verwendet der Vormund Geld des Mündels für sich, so hat er es von der Zeit der Verwendung an zu verzinsen.

Ersatz der Aufwendung.

§ 1835. Macht der Vormund zum Zwecke der Führung der Vormundschaft Aufwendungen, so kann er nach den für den Auftrag geltenden Vorschriften der §§ 669, 670 von dem Mündel Vorschuß oder Ersatz verlangen. Das gleiche Recht steht dem Gegenvormunde zu.

Als Aufwendungen gelten auch solche Dienste des Vormundes oder des Gegenvormundes, die zu seinem Gewerbe oder seinem Berufe gehören.

§ 669*. Für die zum Zwecke der Führung der Vormundschaft erforderlichen Aufwendungen kann der Vormund von dem Mündel Vorschuss verlangen.

§ 670*. Macht der Vormund zum Zwecke der Führung der Vormundschaft Aufwendungen, die er den Umständen nach für erforderlich halten darf, so ist der Mündel zum Ersatze verpflichtet.

Anspruch auf Vergütung.

§ 1836. Die Vormundschaft wird unentgeltlich geführt. Das Vormundschaftsgericht kann jedoch dem Vormund und aus besonderen Gründen auch dem Gegenvormund eine angemessene Vergütung bewilligen. Die Bewilligung soll nur erfolgen, wenn das Vermögen des Mündels sowie der Umfang und die Bedeutung der vormundschaftlichen Geschäfte es rechtfertigen. Die Vergütung kann jederzeit für die Zukunft geändert oder entzogen werden.

Vor der Bewilligung, Aenderung oder Entziehung soll der Vormund und, wenn ein Gegenvormund vorhanden oder zu bestellen ist, auch dieser gehört werden.

III. Fürsorge und Aufsicht des Vormundschaftsgerichts.

Aufsicht.

§ 1837. Das Vormundschaftsgericht hat über die gesammte Thätigkeit des Vormundes und des Gegenvormundes die Aufsicht zu führen und gegen Pflichtwidrigkeiten durch geeignete Gebote und Verbote einzuschreiten.

Das Vormundschaftsgericht kann den Vormund und den Gegenvormund zur Befolgung seiner Anordnungen durch Ordnungsstrafen anhalten. Die einzelne Strafe darf den Betrag von dreihundert Mark nicht übersteigen.

— Zwangserziehung des Mündels.

§ 1838. Das Vormundschaftsgericht kann anordnen, daß der Mündel zum Zwecke der Erziehung in einer geeigneten Familie oder in einer Erziehungsanstalt oder einer Besserungsanstalt untergebracht wird. Steht dem Vater oder der Mutter die Sorge für die Person des Mündels zu, so ist eine solche Anordnung nur unter den Voraussetzungen des § 1666 zulässig.

§ 1666 Abs. 1. Wird das geistige oder leibliche Wohl des Kindes dadurch gefährdet, dass der Vater (bezw. die Mutter) das Recht der Sorge für die Person des Kindes missbraucht, das Kind vernachlässigt oder sich eines ehrlosen oder unsittlichen Verhaltens schuldig macht, so hat das Vormundschaftsgericht die zur Abwendung der Gefahr erforderlichen Massregeln zu treffen. Das Vormundschaftsgericht kann insbesondere anordnen, dass das Kind zum Zwecke der Erziehung in einer geeigneten Familie oder in einer Erziehungsanstalt oder einer Besserungsanstalt untergebracht wird.

— Auskunftsertheilung durch den Vormund etc.

§ 1839. Der Vormund sowie der Gegenvormund hat dem Vormundschaftsgericht auf Verlangen jederzeit über die Führung der Vormundschaft und über die persönlichen Verhältnisse des Mündels Auskunft zu ertheilen.

Rechnungslegung.

§ 1840. Der Vormund hat über seine Vermögensverwaltung dem Vormundschaftsgerichte Rechnung zu legen.

Die Rechnung ist jährlich zu legen. Das Rechnungsjahr wird von dem Vormundschaftsgerichte bestimmt.

Ist die Verwaltung von geringem Umfange, so kann das Vormundschaftsgericht, nachdem die Rechnung für das erste Jahr gelegt worden ist, anordnen, daß die Rechnung für längere, höchstens dreijährige Zeitabschnitte zu legen ist.

§ 1841. Die Rechnung soll eine geordnete Zusammenstellung der Einnahmen und Ausgaben enthalten, über den Ab- und Zugang des Vermögens Auskunft geben und, soweit Belege ertheilt zu werden pflegen, mit Belegen versehen sein.

Wird ein Erwerbsgeschäft mit kaufmännischer Buchführung betrieben, so genügt als Rechnung eine aus den Büchern gezogene Bilanz. Das Vormundschaftsgericht kann jedoch die Vorlegung der Bücher und sonstigen Belege verlangen.

§ 1842. Ist ein Gegenvormund vorhanden oder zu bestellen, so hat ihm der Vormund die Rechnung unter Nachweisung des Vermögensbestandes vorzulegen. Der Gegenvormund hat die Rechnung mit den Bemerkungen zu versehen, zu denen die Prüfung ihm Anlaß giebt.

§ 1843. Das Vormundschaftsgericht hat die Rechnung rechnungsmäßig und sachlich zu prüfen und, soweit erforderlich, ihre Berichtigung und Ergänzung herbeizuführen.

Ansprüche, die zwischen dem Vormund und dem Mündel streitig bleiben, können schon vor der Beendigung des Vormundschaftsverhältnisses im Rechtswege geltend gemacht werden.

— Anordnung der Sicherheitsleistung.

§ 1844. Das Vormundschaftsgericht kann aus besonderen Gründen den Vormund anhalten, für das seiner Verwaltung unterliegende Vermögen Sicherheit zu leisten. Die Art und den Umfang der Sicherheitsleistung bestimmt das Vormundschaftsgericht nach seinem Ermessen. Das Vormundschaftsgericht kann, solange das Amt des Vormundes dauert, jederzeit die Erhöhung, Minderung oder Aufhebung der Sicherheit anordnen.

Bei der Bestellung, Aenderung oder Aufhebung der Sicherheit wird die Mitwirkung des Mündels durch die Anordnung des Vormundschaftsgerichts ersetzt.

Die Kosten der Sicherheitsleistung sowie der Aenderung oder der Aufhebung fallen dem Mündel zur Last.

— Verheirathung der Eltern des Mündels.

§ 1845. Will der zum Vormunde bestellte Vater oder die zum Vormunde bestellte eheliche Mutter des Mündels eine Ehe eingehen, so liegen ihnen die im § 1669 bestimmten Verpflichtungen ob.

§ 1669. Will der Vater eine neue Ehe eingehen, so hat er seine Absicht dem Vormundschaftsgericht anzuzeigen, auf seine Kosten ein Verzeichniss des seiner Verwaltung unterliegenden Vermögens einzureichen und, soweit in Ansehung dieses Vermögens eine Gemeinschaft zwischen ihm und dem Kinde besteht, die Auseinandersetzung herbeizuführen. Das Vormundschaftsgericht kann gestatten, dass die Auseinandersetzung erst nach der Eheschliessung erfolgt.

Einstweilige Massregeln des Vormundschaftsgerichts.

§ 1846. Ist ein Vormund noch nicht bestellt oder ist der Vormund an der Erfüllung seiner Pflichten verhindert, so hat das Vormundschaftsgericht die im Interesse des Mündels erforderlichen Maßregeln zu treffen.

Anhörung der Verwandten etc.

§ 1847. Das Vormundschaftsgericht soll vor einer von ihm zu treffenden Entscheidung auf Antrag des Vormundes oder des Gegenvormundes Verwandte oder Verschwägerte des Mündels hören, wenn es ohne erhebliche Verzögerung und ohne unverhältnißmäßige Kosten geschehen kann. In wichtigen Angelegenheiten soll die Anhörung auch ohne Antrag erfolgen; wichtige Angelegenheiten sind insbesondere die Volljährigkeitserklärung, die Ersetzung der Einwilligung zur Eheschließung im Falle des § 1304, die Ersetzung der Genehmigung im Falle des § 1337, die Entlassung aus dem Staatsverband und die Todeserklärung.

Die Verwandten und Verschwägerten können von dem Mündel Ersatz ihrer Auslagen verlangen; der Betrag der Auslagen wird von dem Vormundschaftsgerichte festgesetzt.

§ 1304. Wer in der Geschäftsfähigkeit beschränkt ist, bedarf zur Eingehung einer Ehe der Einwilligung seines gesetzlichen Vertreters.

Ist der gesetzliche Vertreter ein Vormund, so kann die Einwilligung, wenn sie von ihm verweigert wird, auf Antrag des Mündels durch das Vormundschaftsgericht ersetzt werden. Das Vormundschaftsgericht hat die Einwilligung zu ersetzen, wenn die Eingehung der Ehe im Interesse des Mündels liegt.

§ 1337 Abs. 1, 2. Die Anfechtung der Ehe ist in den Fällen des § 1331 ausgeschlossen, wenn der gesetzliche Vertreter die Ehe genehmigt oder der anfechtungsberechtigte Ehegatte, nachdem er unbeschränkt geschäftsfähig geworden ist, die Ehe bestätigt. Ist der gesetzliche Vertreter ein Vormund, so kann die Genehmigung, wenn sie von ihm verweigert wird, auf Antrag des Ehegatten durch das Vormundschaftsgericht ersetzt werden; das Vormundschaftsgericht hat die Genehmigung zu ersetzen, wenn die Aufrechterhaltung der Ehe im Interesse des Ehegatten liegt.

In den Fällen der §§ 1332 bis 1335 ist die Anfechtung ausgeschlossen, wenn der anfechtungsberechtigte Ehegatte nach der Entdeckung des Irrthums oder der Täuschung oder nach dem Aufhören der Zwangslage die Ehe bestätigt.

§ 1331. Anfechtbarkeit wegen mangelnder Einwilligung des gesetzlichen Vertreters.

§§ 1332, 1333. Anfechtbarkeit wegen Irrthums.

§ 1334. Anfechtbarkeit wegen arglistiger Täuschung.

§ 1335. Anfechtbarkeit wegen Drohung.

Haftung des Vormundschaftsrichters.

§ 1848. Verletzt der Vormundschaftsrichter vorsätzlich oder fahrlässig die ihm obliegenden Pflichten, so ist er dem Mündel nach § 839 Abs. 1, 3 verantwortlich.

§ 839 Abs. 1*, 3*. Verletzt der Vormundschaftsrichter vorsätzlich oder fahrlässig die ihm obliegenden Pflichten, so hat er dem Mündel den daraus entstehenden Schaden zu ersetzen. Fällt dem Vormundschaftsrichter nur Fahrlässigkeit zur Last, so kann er nur dann in Anspruch genommen werden, wenn der Mündel nicht auf andere Weise Ersatz zu erlangen vermag.

Die Ersatzpflicht tritt nicht ein, wenn der Mündel vorsätzlich oder fahrlässig unterlassen hat, den Schaden durch Gebrauch eines Rechtsmittels abzuwenden.

IV. Mitwirkung des Gemeindewaisenraths.

Vorschlagspflicht.

§ 1849. Der Gemeindewaisenrath hat dem Vormundschaftsgerichte die Personen vorzuschlagen, die sich im einzelnen Falle zum Vormunde, Gegenvormund oder Mitglied eines Familienraths eignen.

Ueberwachungspflicht.

§ 1850. Der Gemeindewaisenrath hat in Unterstützung des Vormundschaftsgerichts darüber zu wachen, daß die Vormünder der sich in seinem Bezirk aufhaltenden Mündel für die Person der Mündel, insbesondere für ihre Erziehung und ihre körperliche Pflege, pflichtmäßig

Sorge tragen. Er hat dem Vormundschaftsgerichte Mängel und Pflichtwidrigkeiten, die er in dieser Hinsicht wahrnimmt, anzuzeigen und auf Erfordern über das persönliche Ergehen und das Verhalten eines Mündels Auskunft zu ertheilen.

Erlangt der Gemeindewaisenrath Kenntniß von einer Gefährdung des Vermögens eines Mündels, so hat er dem Vormundschaftsgericht Anzeige zu machen.

Mittheilungen des Vormundschaftsgerichts.

§ 1851. Das Vormundschaftsgericht hat dem Gemeindewaisenrathe die Anordnung der Vormundschaft über einen sich in dessen Bezirk aufhaltenden Mündel unter Bezeichnung des Vormundes und des Gegenvormundes sowie einen in der Person des Vormundes oder des Gegenvormundes eintretenden Wechsel mitzutheilen.

Wird der Aufenthalt eines Mündels in den Bezirk eines anderen Gemeindewaisenraths verlegt, so hat der Vormund dem Gemeindewaisenrathe des bisherigen Aufenthaltsorts und dieser dem Gemeindewaisenrathe des neuen Aufenthaltsorts die Verlegung mitzutheilen.

V. Befreite Vormundschaft.

Kein Gegenvormund.

§ 1852. Der Vater kann, wenn er einen Vormund benennt, die Bestellung eines Gegenvormundes ausschließen.

Der Vater kann anordnen, daß der von ihm benannte Vormund bei der Anlegung von Geld den in den §§ 1809, 1810 bestimmten Beschränkungen nicht unterliegen und zu den im § 1812 bezeichneten Rechtsgeschäften der Genehmigung des Gegenvormundes oder des Vormundschaftsgerichts nicht bedürfen soll. Diese Anordnungen sind als getroffen anzusehen, wenn der Vater die Bestellung eines Gegenvormundes ausgeschlossen hat.

§ 1809. Der Vormund soll Mündelgeld nach § 1807 Abs. 1 Nr. 5 oder nach § 1808 nur mit der Bestimmung anlegen, dass zur Erhebung des Geldes die Genehmigung des Gegenvormundes oder des Vormundschaftsgerichts erforderlich ist.

§ 1810. Der Vormund soll die in den §§ 1806 bis 1808 vorgeschriebene Anlegung nur mit Genehmigung des Gegenvormundes bewirken; die Genehmigung des Gegenvormundes wird durch die Genehmigung des Vormundschaftsgerichts ersetzt. Ist ein Gegenvormund nicht vorhanden, so soll die Anlegung nur mit Genehmigung des Vormundschaftsgerichts erfolgen, sofern nicht die Vormundschaft von mehreren Vormündern gemeinschaftlich geführt wird.

§ 1812. Der Vormund kann über eine Forderung oder über ein anderes Recht, kraft dessen der Mündel eine Leistung verlangen kann, sowie über ein Werthpapier des Mündels nur mit Genehmigung des Gegenvormundes verfügen, sofern nicht nach den §§ 1819 bis 1822 die Genehmigung des Vormundschaftsgerichts erforderlich ist. Das Gleiche gilt von der Eingehung der Verpflichtung zu einer solchen Verfügung.

Die Genehmigung des Gegenvormundes wird durch die Genehmigung des Vormundschaftsgerichts ersetzt.

Ist ein Gegenvormund nicht vorhanden, so tritt an die Stelle der Genehmigung des Gegenvormundes die Genehmigung des Vormundschaftsgerichts, sofern nicht die Vormundschaft von mehreren Vormündern gemeinschaftlich geführt wird.

Keine Hinterlegung von Werthpapieren.

§ 1853. Der Vater kann den von ihm benannten Vormund von der Verpflichtung entbinden, Inhaber- und Orderpapiere zu hinterlegen und den im § 1816 bezeichneten Vermerk in das Reichsschuldbuch oder das Staatsschuldbuch eintragen zu lassen.

§ 1816: Vermerk, dass der Vormund über die Buchforderungen nur mit Genehmigung des Vormundschaftsgerichts verfügen kann.

Keine Rechnungslegung.

§ 1854. Der Vater kann den von ihm benannten Vormund von der Verpflichtung entbinden, während der Dauer seines Amtes Rechnung zu legen.

Der Vormund hat in einem solchen Falle nach dem Ablaufe von je zwei Jahren eine Uebersicht über den Bestand des seiner Verwaltung unterliegenden Vermögens dem Vormundschaftsgericht einzureichen. Das Vormundschaftsgericht kann anordnen, daß die Uebersicht in längeren, höchstens fünfjährigen Zwischenräumen einzureichen ist.

Ist ein Gegenvormund vorhanden oder zu bestellen, so hat ihm der Vormund die Uebersicht unter Nachweisung des Vermögensbestandes vorzulegen. Der Gegenvormund hat die Uebersicht mit den Bemerkungen zu versehen, zu denen die Prüfung ihm Anlaß giebt.

§ 1855. Benennt die eheliche Mutter einen Vormund, so kann sie die gleichen Anordnungen treffen wie nach den §§ 1852 bis 1854 der Vater.

Voraussetzungen der Anordnung.

§ 1856. Auf die nach den §§ 1852 bis 1855 zulässigen Anordnungen finden die Vorschriften des § 1777 Anwendung.

§ 1777*. Der Vater kann eine befreite Vormundschaft nur anordnen, wenn ihm zur Zeit seines Todes die elterliche Gewalt über das Kind zusteht; er hat dieses Recht nicht, wenn er in den die Person oder in den das Vermögen betreffenden Angelegenheiten nicht zur Vertretung des Kindes berechtigt ist. Das Gleiche gilt für die Mutter.

Der Vater kann für ein Kind, das erst nach seinem Tode geboren wird, eine befreite Vormundschaft anordnen, wenn er dazu berechtigt sein würde, falls das Kind vor seinem Tode geboren wäre.

Die Anordnung der befreiten Vormundschaft erfolgt durch letztwillige Verfügung.

Ausserkraftsetzung der Anordnungen.

§ 1857. Die Anordnungen des Vaters oder der Mutter können von dem Vormundschaftsgericht außer Kraft gesetzt werden, wenn ihre Befolgung das Interesse des Mündels gefährden würde.

VI. Familienrath.

Einsetzung *1. auf Anordnung der Eltern.*

§ 1858. Ein Familienrath soll von dem Vormundschaftsgericht eingesetzt werden, wenn der Vater oder die eheliche Mutter des Mündels die Einsetzung angeordnet hat.

Der Vater oder die Mutter kann die Einsetzung des Familienraths von dem Eintritt oder Nichteintritt eines bestimmten Ereignisses abhängig machen.

Die Einsetzung unterbleibt, wenn die erforderliche Zahl geeigneter Personen nicht vorhanden ist.

2. auf Antrag Dritter.

§ 1859. Ein Familienrath soll von dem Vormundschaftsgericht eingesetzt werden, wenn ein Verwandter oder Verschwägerter des Mündels oder der Vormund oder der Gegenvormund die Einsetzung beantragt und das Vormundschaftsgericht sie im Interesse des Mündels für angemessen erachtet.

Die Einsetzung unterbleibt, wenn der Vater oder die eheliche Mutter des Mündels sie untersagt hat.

Zusammensetzung.

§ 1860. Der Familienrath besteht aus dem Vormundschaftsrichter als Vorsitzendem und aus mindestens zwei, höchstens sechs Mitgliedern.

Berufung.

§ 1861. Als Mitglied des Familienraths ist berufen, wer von dem Vater oder der ehelichen Mutter des Mündels als Mitglied benannt ist. Die Vorschriften des § 1778 Abs. 1, 2 finden entsprechende Anwendung.

§ 1778 Abs. 1*, 2*. Wer als Mitglied des Familienrathes berufen ist, darf ohne seine Zustimmung nur übergangen werden, wenn er nach den §§ 1780 bis 1784 nicht zum Mitglied des Familienrathes bestellt werden kann oder soll oder wenn er an der Uebernahme der Mitgliedschaft verhindert ist oder die Uebernahme verzögert oder wenn seine Bestellung das Interesse des Mündels gefährden würde.

Ist der Berufene nur vorübergehend verhindert, so hat ihn das Vormundschaftsgericht nach dem Wegfalle des Hindernisses auf seinen Antrag an Stelle des bisherigen Mitgliedes des Familienrathes zur Mitgliedschaft zu bestellen.

§ 1780. Zum Mitglied eines Familienraths kann nicht bestellt werden, wer geschäftsunfähig oder wegen Geistesschwäche, Verschwendung oder Trunksucht entmündigt ist.*

§ 1781. Zum Mitglied eines Familienraths soll nicht bestellt werden:*
1. *wer minderjährig oder nach § 1906 unter vorläufige Vormundschaft gestellt ist;*
2. *wer nach § 1910 zur Besorgung seiner Vermögensangelegenheiten einen Pfleger erhalten hat:*
3. *wer in Konkurs gerathen ist, während der Dauer des Konkurses;*
4. *wer der bürgerlichen Ehrenrechte für verlustig erklärt ist; soweit sich nicht aus den Vorschriften des Strafgesetzbuchs ein Anderes ergiebt.*

§ 1782. Zum Mitglied eines Familienraths soll nicht bestellt werden, wer durch Anordnung des Vaters oder der ehelichen Mutter des Mündels von der Mitgliedschaft ausgeschlossen ist. Die Mutter kann den vom Vater als Mitglied eines Familienraths Benannten nicht ausschliessen.*

Auf die Ausschliessung finden die Vorschriften des § 1777 Anwendung.

§ 1777. Der Vater kann Jemand von der Mitgliedschaft ausschliessen, wenn ihm zur Zeit seines Todes die elterliche Gewalt über das Kind zusteht; er hat dieses Recht nicht, wenn er in den die Person oder in den das Vermögen betreffenden Angelegenheiten nicht zur Vertretung des Kindes berechtigt ist. Das Gleiche gilt für die Mutter.*

Das gleiche Recht steht dem Vater hinsichtlich eines Kindes, das erst nach seinem Tode geboren wird, zu, wenn er zur Ausschliessung berechtigt sein würde, falls das Kind vor seinem Tode geboren wäre.

Die Ausschliessung erfolgt durch letztwillige Verfügung.

§ 1783. Eine Frau, die mit einem Anderen als dem Vater des Mündels verheirathet ist, soll nur mit Zustimmung ihres Mannes zum Mitglied eines Familienraths bestellt werden.*

§ 1784. Ein Beamter oder Religionsdiener, der nach den Landesgesetzen einer besonderen Erlaubniss zur Uebernahme einer Vormundschaft bedarf, soll nicht ohne die vorgeschriebene Erlaubniss zum Mitglied eines Familienraths bestellt werden.*

Auswahl durch das Vormundschaftsgericht.

§ 1862. Soweit eine Berufung nach § 1861 nicht vorliegt oder die Berufenen die Uebernahme des Amtes ablehnen, hat das Vormundschaftsgericht die zur Beschlußfähigkeit des Familienraths erforderlichen Mitglieder auszuwählen. Vor der Auswahl sollen der Gemeindewaisenrath und nach Maßgabe des § 1847 Verwandte oder Verschwägerte des Mündels gehört werden.

Die Bestimmung der Zahl weiterer Mitglieder und ihre Auswahl steht dem Familienrathe zu.

§ 1847*. d. h. Wenn es ohne erhebliche Verzögerung und ohne unverhältnissmässige Kosten geschehen kann.

Die Verwandten und Verschwägerten können von dem Mündel Ersatz ihrer Auslagen verlangen; der Betrag der Auslagen wird von dem Vormundschaftsgerichte festgesetzt.

Ersatzmitglieder.

§ 1863. Sind neben dem Vorsitzenden nur die zur Beschlußfähigkeit des Familienraths erforderlichen Mitglieder vorhanden, so sind ein oder zwei Ersatzmitglieder zu bestellen.

Der Familienrath wählt die Ersatzmitglieder aus und bestimmt die Reihenfolge, in der sie bei der Verhinderung oder dem Wegfall eines Mitglieds in den Familienrath einzutreten haben.

Hat der Vater oder die eheliche Mutter Ersatzmitglieder benannt und die Reihenfolge ihres Eintritts bestimmt, so ist diese Anordnung zu befolgen.

§ 1864. Wird der Familienrath durch vorübergehende Verhinderung eines Mitglieds beschlußunfähig und ist ein Ersatzmitglied nicht vorhanden, so ist für die Dauer der Verhinderung ein Ersatzmitglied zu bestellen. Die Auswahl steht dem Vorsitzenden zu.

Unfähigkeit zur Mitgliedschaft.

§ 1865. Zum Mitgliede des Familienraths kann nicht bestellt werden, wer geschäftsunfähig oder wegen Geistesschwäche, Verschwendung oder Trunksucht entmündigt ist.

Untauglichkeit.

§ 1866. Zum Mitgliede des Familienraths soll nicht bestellt werden:

1. der Vormund des Mündels;
2. wer nach § 1781 oder nach § 1782 nicht zum Vormunde bestellt werden soll;
3. wer durch Anordnung des Vaters oder der ehelichen Mutter des Mündels von der Mitgliedschaft ausgeschlossen ist.

§ 1781. Zum Vormunde soll nicht bestellt werden:

1. wer minderjährig oder nach § 1906 unter vorläufige Vormundschaft gestellt ist;
2. wer nach § 1910 zur Besorgung seiner Vermögensangelegenheiten einen Pfleger erhalten hat;
3. wer in Konkurs gerathen ist, während der Dauer des Konkurses;
4. wer der bürgerlichen Ehrenrechte für verlustig erklärt ist, soweit sich nicht aus den Vorschriften des Strafgesetzbuchs ein Anderes ergiebt.

§ 1782. Zum Vormunde soll nicht bestellt werden, wer durch Anordnung des Vaters oder der ehelichen Mutter des Mündels von der Vormundschaft ausgeschlossen ist. Die Mutter kann den von dem Vater als Vormund Benannten nicht ausschliessen.

Auf die Ausschliessung finden die Vorschriften des § 1777 Anwendung.

§ 1777* s. § 1868.

§ 1867. Zum Mitgliede des Familienraths soll nicht bestellt werden, wer mit dem Mündel weder verwandt noch verschwägert ist, es sei denn, daß er von dem Vater oder der ehelichen Mutter des Mündels benannt oder von dem Familienrath oder nach § 1864 von dem Vorsitzenden ausgewählt worden ist.

Voraussetzungen der Anordnungen.

§ 1868. Für die nach den §§ 1858, 1859, 1861, 1863, 1866 zulässigen Anordnungen des Vaters oder der Mutter gelten die Vorschriften des § 1777.

Die Anordnungen des Vaters gehen den Anordnungen der Mutter vor.

§ 1777. Der Vater kann die bezeichneten Anordnungen treffen, wenn ihm zur Zeit seines Todes die elterliche Gewalt über das Kind zusteht, er hat dieses Recht nicht, wenn er in den die Person oder in das Vermögen betreffenden Angelegenheiten nicht zur Vertretung des Kindes berechtigt ist. Das Gleiche gilt für die Mutter.

Der Vater kann für ein Kind, das erst nach seinem Tode geboren wird, die bezeichneten Anordnungen treffen, wenn er dazu berechtigt sein würde, falls das Kind vor seinem Tode geboren wäre.

Die Anordnungen werden durch letzwillige Verfügung getroffen

Keine Pflicht zur Mitgliedschaft.

§ 1869. Niemand ist verpflichtet, das Amt eines Mitglieds des Familienraths zu übernehmen.

Bestellung.

§ 1870. Die Mitglieder des Familienraths werden von dem Vorsitzenden durch Verpflichtung zu treuer und gewissenhafter Führung des Amtes bestellt. Die Verpflichtung soll mittelst Handschlags an Eidesstatt erfolgen.

§ 1871. Bei der Bestellung eines Mitglieds des Familienraths kann die Entlassung für den Fall vorbehalten werden, daß ein bestimmtes Ereigniß eintritt oder nicht eintritt.

Stellung des Familienraths.

§ 1872. Der Familienrath hat die Rechte und Pflichten des Vormundschaftsgerichts. Die Leitung der Geschäfte liegt dem Vorsitzenden ob.

Die Mitglieder des Familienraths können ihr Amt nur persönlich ausüben. Sie sind in gleicher Weise verantwortlich wie der Vormundschaftsrichter.

Einberufung.

§ 1873. Der Familienrath wird von dem Vorsitzenden einberufen. Die Einberufung hat zu erfolgen, wenn zwei Mitglieder, der Vormund oder der Gegenvormund sie beantragen oder wenn das Interesse des Mündels sie erfordert. Die Mitglieder können mündlich oder schriftlich eingeladen werden.

Beschlussfassung.

§ 1874. Zur Beschlußfähigkeit des Familienraths ist die Anwesenheit des Vorsitzenden und mindestens zweier Mitglieder erforderlich.

Der Familienrath faßt seine Beschlüsse nach der Mehrheit der Stimmen der Anwesenden. Bei Stimmengleichheit entscheidet die Stimme des Vorsitzenden.

Steht in einer Angelegenheit das Interesse des Mündels zu dem Interesse eines Mitglieds in erheblichem Gegensatze, so ist das Mitglied von der Theilnahme an der Beschlußfassung ausgeschlossen. Ueber die Ausschließung entscheidet der Vorsitzende.

Ausbleiben etc. eines Mitglieds.

§ 1875. Ein Mitglied des Familienraths, das ohne genügende Entschuldigung der Einberufung nicht Folge leistet oder die rechtzeitige Anzeige seiner Verhinderung unterläßt oder sich der Theilnahme an der Beschlußfassung enthält, ist von dem Vorsitzenden in die dadurch verursachten Kosten zu verurtheilen.

Der Vorsitzende kann gegen das Mitglied eine Ordnungsstrafe bis zu einhundert Mark verhängen.

Erfolgt nachträglich genügende Entschuldigung, so sind die getroffenen Verfügungen aufzuheben.

Einstweilige Anordnungen des Vorsitzenden.

§ 1876. Wird ein sofortiges Einschreiten nöthig, so hat der Vorsitzende die erforderlichen Anordnungen zu treffen, den Familienrath einzuberufen, ihn von den Anordnungen in Kenntniß zu setzen und einen Beschluß über die etwa weiter erforderlichen Maßregeln herbeizuführen.

Auslagenersatz.

§ 1877. Die Mitglieder des Familienraths können von dem Mündel Ersatz ihrer Auslagen verlangen; der Betrag der Auslagen wird von dem Vorsitzenden festgesetzt.

Ende der Mitgliedschaft.

§ 1878. Das Amt eines Mitglieds des Familienraths endigt aus denselben Gründen, aus denen nach den §§ 1885, 1886, 1889 das Amt eines Vormundes endigt.

Ein Mitglied kann gegen seinen Willen nur durch das dem Vormundschaftsgericht im Instanzenzuge vorgeordnete Gericht entlassen werden.

Aufhebung des Familienraths.

§ 1879. Das Vormundschaftsgericht hat den Familienrath aufzuheben, wenn es an der zur Beschlußfähigkeit erforderlichen Zahl von Mitgliedern fehlt und geeignete Personen zur Ergänzung nicht vorhanden sind.

§ 1880. Der Vater des Mündels kann die Aufhebung des von ihm angeordneten Familienraths für den Fall des Eintritts oder Nichteintritts eines künftigen Ereignisses nach Maßgabe des § 1777 anordnen. Das gleiche Recht steht der ehelichen Mutter des Mündels für den von ihr angeordneten Familienrath zu.

Tritt der Fall ein, so hat das Vormundschaftsgericht den Familienrath aufzuheben.

§ 1777 s. § 1868.

§ 1881. Von der Aufhebung des Familienraths hat das Vormundschaftsgericht die bisherigen Mitglieder, den Vormund und den Gegenvormund in Kenntniß zu setzen.

Der Vormund und der Gegenvormund erhalten neue Bestallungen. Die früheren Bestallungen sind dem Vormundschaftsgerichte zurückzugeben.

VII. Beendigung der Vormundschaft.

I. Beendigung der Vormundschaft.

1. Wegfall der Voraussetzungen.

§ 1882. Die Vormundschaft endigt mit dem Wegfalle der im § 1773 für die Anordnung der Vormundschaft bestimmten Voraussetzungen.

§ 1773. Ein Minderjähriger erhält einen Vormund; wenn er nicht unter elterlicher Gewalt steht oder wenn die Eltern weder in den die Person noch in den das Vermögen betreffenden Angelegenheiten zur Vertretung des Minderjährigen berechtigt sind.

Ein Minderjähriger erhält einen Vormund auch dann, wenn sein Familienstand nicht zu ermitteln ist.

2. Legitimation des Mündels durch nachfolgende Eheschliessung.

§ 1883. Wird der Mündel durch nachfolgende Ehe legitimirt, so endigt die Vormundschaft erst dann, wenn die Vaterschaft des Ehemanns durch ein zwischen ihm und dem Mündel ergangenes Urtheil rechtskräftig festgestellt ist oder die Aufhebung der Vormundschaft von dem Vormundschaftsgericht angeordnet wird.

Das Vormundschaftsgericht hat die Aufhebung anzuordnen, wenn es die Voraussetzungen der Legitimation für vorhanden erachtet. Solange der Ehemann lebt, soll die Aufhebung nur angeordnet werden, wenn er die Vaterschaft anerkannt hat oder wenn er an der Abgabe einer Erklärung dauernd verhindert oder sein Aufenthalt dauernd unbekannt ist.

3. Verschollenheit — Todeserklärung.

§ 1884. Ist der Mündel verschollen, so endigt die Vormundschaft erst mit der Aufhebung durch das Vormundschaftsgericht. Das Vormundschaftsgericht hat die Vormundschaft aufzuheben, wenn ihm der Tod des Mündels bekannt wird.

Wird der Mündel für todt erklärt, so endigt die Vormundschaft mit der Erlassung des die Todeserklärung aussprechenden Urtheils.

II. Beendigung des vormundschaftlichen Amtes.

§ 1885. Das Amt des Vormundes endigt mit seiner Entmündigung.

Wird der Vormund für todt erklärt, so endigt sein Amt mit der Erlassung des die Todeserklärung aussprechenden Urtheils.

— Entlassung.

§ 1886. Das Vormundschaftsgericht hat den Vormund zu entlassen, wenn die Fortführung des Amtes, insbesondere wegen pflichtwidrigen Verhaltens des Vormundes, das Interesse des Mündels gefährden würde oder wenn in der Person des Vormundes einer der im § 1781 bestimmten Gründe vorliegt.

§ 1781. Zum Vormunde soll nicht bestellt werden

1. wer minderjährig oder nach § 1906 unter vorläufige Vormundschaft gestellt ist,
2. wer nach § 1910 zur Besorgung seiner Vermögensangelegenheiten einen Pfleger erhalten hat;
3. wer in Konkurs gerathen ist, während der Dauer des Konkurses,
4. wer der bürgerlichen Ehrenrechte für verlustig erklärt ist, soweit sich nicht aus den Vorschriften des Strafgesetzbuchs ein Anderes ergiebt.

§ 1887. Das Vormundschaftsgericht kann eine Frau, die zum Vormunde bestellt ist, entlassen, wenn sie sich verheirathet.

Das Vormundschaftsgericht hat eine verheirathete Frau, die zum Vormunde bestellt ist, zu entlassen, wenn der Mann seine Zustimmung zur Uebernahme oder zur Fortführung der Vormundschaft versagt oder die Zustimmung widerruft. Diese Vorschrift findet keine Anwendung, wenn der Mann der Vater des Mündels ist.

§ 1888. Ist ein Beamter oder ein Religionsdiener zum Vormunde bestellt, so hat ihn das Vormundschaftsgericht zu entlassen, wenn die Erlaubniß, die nach den Landesgesetzen zur Uebernahme der Vormundschaft oder zur Fortführung der vor dem Eintritt in das Amts- oder Dienstverhältniß übernommenen Vormundschaft erforderlich ist, versagt oder zurückgenommen wird oder wenn die nach den Landesgesetzen zulässige Untersagung der Fortführung der Vormundschaft erfolgt.

§ 1889. Das Vormundschaftsgericht hat den Vormund auf seinen Antrag zu entlassen, wenn ein wichtiger Grund vorliegt; ein wichtiger Grund ist insbesondere der Eintritt eines Umstandes, der den Vormund nach § 1786 Abs. 1 Nr. 2 bis 7 berechtigen würde, die Uebernahme der Vormundschaft abzulehnen.

§ 1786. Abs. 1 Nr 2—7 Die Uebernahme der Vormundschaft kann ablehnen·

2. wer das sechzigste Lebensjahr vollendet hat;
3. wer mehr als vier minderjährige eheliche Kinder hat; ein von einem Anderen an Kindesstatt angenommenes Kind wird nicht gerechnet;
4. wer durch Krankheit oder durch Gebrechen verhindert ist, die Vormundschaft ordnungsmässig zu führen;
5. wer wegen Entfernung seines Wohnsitzes von dem Sitze des Vormundschaftsgerichts die Vormundschaft nicht ohne besondere Belästigung führen kann;
6. wer nach § 1844 zur Sicherheitsleistung angehalten wird;
7. wer mit einem Anderen zur gemeinschaftlichen Führung der Vormundschaft bestellt werden soll

§ 1844 Abs. 1. Das Vormundschaftsgericht kann aus besonderen Gründen den Vormund anhalten, für das seiner Verwaltung unterliegende Vermögen Sicherheit zu leisten. Die Art und den Umfang der Sicherheitsleistung bestimmt das Vormundschaftsgericht nach seinem Ermessen. Das Vormundschaftsgericht kann, solange das Amt des Vormundes dauert, jederzeit die Erhöhung, Minderung oder Aufhebung der Sicherheit anordnen.

Herausgabe des Mündelvermögens und Rechnungslegung.

§ 1890. Der Vormund hat nach der Beendigung seines Amtes dem Mündel das verwaltete Vermögen herauszugeben und über die Verwaltung Rechenschaft abzulegen. Soweit er dem Vormundschaftsgerichte Rechnung gelegt hat, genügt die Bezugnahme auf diese Rechnung.

§ 1891. Ist ein Gegenvormund vorhanden, so hat ihm der Vormund die Rechnung vorzulegen. Der Gegenvormund hat die Rechnung mit den Bemerkungen zu versehen, zu denen die Prüfung ihm Anlaß giebt.

Der Gegenvormund hat über die Führung der Gegenvormundschaft und, soweit er dazu im Stande ist, über das von dem Vormunde verwaltete Vermögen auf Verlangen Auskunft zu ertheilen.

§ 1892. Der Vormund hat die Rechnung, nachdem er sie dem Gegenvormunde vorgelegt hat, dem Vormundschaftsgericht einzureichen.

Das Vormundschaftsgericht hat die Rechnung rechnungsmäßig und sachlich zu prüfen und deren Abnahme durch Verhandlung mit den Betheiligten unter Zuziehung des Gegenvormundes zu vermitteln. Soweit die Rechnung als richtig anerkannt wird, hat das Vormundschaftsgericht das Anerkenntniß zu beurkunden.

§ 1893. Im Falle der Beendigung der Vormundschaft oder des vormundschaftlichen Amtes finden die Vorschriften der §§ 1682, 1683 entsprechende Anwendung.

Der Vormund hat nach der Beendigung seines Amtes die Bestallung dem Vormundschaftsgerichte zurückzugeben.

§ 1682*. Der Vormund ist auch nach der Beendigung der Vormundschaft oder seines vormundschaftlichen Amtes zur Fortführung der mit der Sorge für die Person und das Vermögen des Mündels verbundenen Geschäfte berechtigt, bis er von der Beendigung Kenntniss erlangt oder sie kennen muss. Ein Dritter kann sich auf diese Berechtigung nicht berufen, wenn er bei der Vornahme eines Rechtsgeschäfts die Beendigung der Vormundschaft oder des vormundschaftlichen Amtes kennt oder kennen muss.

§ 1683*. Endigt die Vormundschaft oder das vormundschaftliche Amt in Folge des Todes des Mündels, so hat der Vormund diejenigen Geschäfte, mit deren Aufschube Gefahr verbunden ist, zu besorgen, bis der Erbe anderweit Fürsorge treffen kann.

Anzeige des Todes des Vormundes.

§ 1894. Den Tod des Vormundes hat dessen Erbe dem Vormundschaftsgericht unverzüglich anzuzeigen.

Den Tod des Gegenvormundes oder eines Mitvormundes hat der Vormund unverzüglich anzuzeigen.

§ 1895. Die Vorschriften der §§ 1885 bis 1889, 1893, 1894 finden auf den Gegenvormund entsprechende Anwendung.

Zweiter Titel.

Vormundschaft über Volljährige.

Voraussetzungen.

§ 1896. Ein Volljähriger erhält einen Vormund, wenn er entmündigt ist.

Grundsatz.

§ 1897. Auf die Vormundschaft über einen Volljährigen finden die für die Vormundschaft über einen Minderjährigen geltenden Vorschriften Anwendung, soweit sich nicht aus den §§ 1898 bis 1908 ein Anderes ergiebt.

§ 1898. Der Vater und die Mutter des Mündels sind nicht berechtigt, einen Vormund zu benennen oder Jemand von der Vormundschaft auszuschließen.

Berufung der Eltern und Grosseltern.

§ 1899. Vor den Großvätern ist der Vater und nach ihm die eheliche Mutter des Mündels als Vormund berufen.

Die Eltern sind nicht berufen, wenn der Mündel von einem Anderen als dem Ehegatten seines Vaters oder seiner Mutter an Kindesstatt angenommen ist.

Stammt der Mündel aus einer nichtigen Ehe, so ist der Vater im Falle des § 1701, die Mutter im Falle des § 1702 nicht berufen.

§ 1701*. Wenn dem Vater die Nichtigkeit der Ehe bei der Eheschliessung bekannt war.

§ 1702*. Wenn der Mutter die Nichtigkeit der Ehe bei der Eheschliessung bekannt war.

Bestellung des Ehegatten und der Mutter.

§ 1900. Eine Ehefrau darf zum Vormund ihres Mannes auch ohne dessen Zustimmung bestellt werden.

Der Ehegatte des Mündels darf vor den Eltern und den Großvätern, die eheliche Mutter darf im Falle des § 1702 vor den Großvätern zum Vormunde bestellt werden.

Die uneheliche Mutter darf vor dem Großvater zum Vormunde bestellt werden.

§ 1702*. Wenn der Mutter die Nichtigkeit der Ehe bei der Eheschliessung bekannt war.

Sorge für die Person.

§ 1901. Der Vormund hat für die Person des Mündels nur insoweit zu sorgen, als der Zweck der Vormundschaft es erfordert.

Steht eine Ehefrau unter Vormundschaft, so tritt die im § 1633 bestimmte Beschränkung nicht ein.

§ 1633. Ist eine Tochter verheirathet, so beschränkt sich die Sorge für ihre Person auf die Vertretung in den die Person betreffenden Angelegenheiten.

Sorge für das Vermögen.

§ 1902. Der Vormund kann eine Ausstattung aus dem Vermögen des Mündels nur mit Genehmigung des Vormundschaftsgerichts versprechen oder gewähren.

Zu einem Mieth- oder Pachtvertrage sowie zu einem anderen Vertrage, durch den der Mündel zu wiederkehrenden Leistungen verpflichtet wird, bedarf der Vormund der Genehmigung des Vormundschaftsgerichts, wenn das Vertragsverhältniß länger als vier Jahre dauern soll. Die Vorschrift des § 1822 Nr. 4 bleibt unberührt.

§ 1822 Nr. 4. Der Vormund bedarf der Genehmigung des Vormundschaftsgerichts zu einem Pachtvertrag über ein Landgut oder einen gewerblichen Betrieb.

Befreite Vormundschaft des Vaters.

§ 1903. Wird der Vater des Mündels zum Vormunde bestellt, so unterbleibt die Bestellung eines Gegenvormundes. Dem Vater stehen die Befreiungen zu, die nach den §§ 1852 bis 1854 angeordnet werden können. Das Vormundschaftsgericht kann die Befreiungen außer Kraft setzen, wenn sie das Interesse des Mündels gefährden.

Diese Vorschriften finden keine Anwendung, wenn der Vater im Falle der Minderjährigkeit des Mündels zur Vermögensverwaltung nicht berechtigt sein würde.

§ 1852 Abs. 2. Der Vater kann anordnen, dass der von ihm benannte Vormund bei der Anlegung von Geld den in den §§ 1809, 1810 bestimmten Beschränkungen nicht unterliegen und zu den im § 1812 bezeichneten Rechtsgeschäften der Genehmigung des Gegenvormundes oder des Vormundschaftsgerichts nicht bedürfen soll Diese Anordnungen sind als getroffen anzusehen, wenn der Vater die Bestellung eines Gegenvormundes ausgeschlossen hat.

§ 1809. Bei Sparkassen, bei der Reichsbank, bei einer Staatsbank oder bei einer anderen durch Landesgesetz für geeignet erklärten Bank oder bei einer Hinterlegungsstelle soll Mündelgeld nur mit der Bestimmung angelegt werden, dass zur Erhebung des Geldes die Genehmigung des Gegenvormundes oder des Vormundschaftsgerichts erforderlich ist.*

§ 1810. Die Anlegung von Mündelgeld soll nur mit Genehmigung des Gegenvormundes erfolgen; die Genehmigung des Gegenvormundes wird durch die Genehmigung des Vormundschaftsgerichts ersetzt. Ist ein Gegenvormund nicht vorhanden, so soll die Anlegung nur mit Genehmigung des Vormundschaftsgerichts erfolgen.*

§ 1812 betrifft Verfügungen über Forderungen und über andere Rechte, kraft deren der Mündel eine Leistung verlangen kann, sowie über Werthpapiere, sowie die Eingehung von Verpflichtungen zu solchen Verfügungen.

§ 1853. Der Vater kann den von ihm benannten Vormund von der Verpflichtung entbinden, Inhaber- und Orderpapiere zu hinterlegen und den im § 1816 bezeichneten Vermerk *(dass der Vormund über die Buchforderungen nur mit Genehmigung des Vormundschaftsgerichts verfügen kann)* in das Reichsschuldbuch oder das Staatsschuldbuch eintragen zu lassen.

§ 1854. Der Vater kann den von ihm benannten Vormund von der Verpflichtung entbinden, während der Dauer seines Amtes Rechnung zu legen.

Der Vormund hat in einem solchen Falle nach dem Ablaufe von je zwei Jahren eine Uebersicht über den Bestand des seiner Verwaltung unterliegenden Vermögens dem Vormundschaftsgericht einzureichen Das Vormundschaftsgericht kann anordnen, dass die Uebersicht in längeren, höchstens fünfjährigen Zwischenräumen einzureichen ist.

Ist ein Gegenvormund vorhanden oder zu bestellen, so hat ihm der Vormund die Uebersicht unter Nachweisung des Vermögensbestandes vorzulegen. Der Gegenvormund hat die Uebersicht mit den Bemerkungen zu versehen, zu denen die Prüfung ihm Anlass giebt.

— der Mutter.

§ 1904. Ist die eheliche Mutter des Mündels zum Vormunde bestellt, so gilt für sie das Gleiche wie nach § 1903 für den Vater. Der Mutter ist jedoch ein Gegenvormund zu bestellen, wenn sie die Bestellung beantragt oder wenn die Voraussetzungen vorliegen, unter denen ihr nach § 1687 Nr. 3 ein Beistand zu bestellen sein würde. Wird ein Gegenvormund bestellt, so stehen der Mutter die im § 1852 bezeichneten Befreiungen nicht zu.

§ 1687 Nr. 3. Wenn das Vormundschaftsgericht aus besonderen Gründen, insbesondere wegen des Umfanges oder der Schwierigkeit der Vermögensverwaltung, oder in den Fällen der §§ 1666, 1667 *(wegen Gefährdung der Person oder des Vermögens des Kindes)* die Bestellung im Interesse des Kindes für nöthig erachtet.

§ 1852 s. § 1903.

Familienrath.

§ 1905. Ein Familienrath kann nur nach § 1859 Abs. 1 eingesetzt werden.

Der Vater und die Mutter des Mündels sind nicht berechtigt, Anordnungen über die Einsetzung und Aufhebung eines Familienraths oder über die Mitgliedschaft zu treffen.

§ 1859 Abs. 1. Ein Familienrath soll von dem Vormundschaftsgericht eingesetzt werden, wenn ein Verwandter oder Verschwägerter des Mündels oder der Vormund oder der Gegenvormund die Einsetzung beantragt und das Vormundschaftsgericht sie im Interesse des Mündels für angemessen erachtet.

Vorläufige Vormundschaft.

§ 1906. Ein Volljähriger, dessen Entmündigung beantragt ist, kann unter vorläufige Vormundschaft gestellt werden, wenn das Vormundschaftsgericht es zur Abwendung einer erheblichen Gefährdung der Person oder des Vermögens des Volljährigen für erforderlich erachtet.

§ 1907. Die Vorschriften über die Berufung zur Vormundschaft gelten nicht für die vorläufige Vormundschaft.

§ 1908. Die vorläufige Vormundschaft endigt mit der Rücknahme oder der rechtskräftigen Abweisung des Antrags auf Entmündigung.

Erfolgt die Entmündigung, so endigt die vorläufige Vormundschaft, wenn auf Grund der Entmündigung ein Vormund bestellt wird.

Die vorläufige Vormundschaft ist von dem Vormundschaftsgericht aufzuheben, wenn der Mündel des vorläufigen vormundschaftlichen Schutzes nicht mehr bedürftig ist.

Dritter Titel.

Pflegschaft.

1. Ueber unter elterl. Gewalt oder Vormundschaft Stehende.

§ 1909. Wer unter elterlicher Gewalt oder unter Vormundschaft steht, erhält für Angelegenheiten, an deren Besorgung der Gewalthaber oder der Vormund verhindert ist, einen Pfleger. Er erhält insbesondere einen Pfleger zur Verwaltung des Vermögens, das er von Todeswegen erwirbt oder das ihm unter Lebenden von einem Dritten unentgeltlich zugewendet wird, wenn der Erblasser durch letztwillige Verfügung, der Dritte bei der Zuwendung bestimmt hat, daß dem Gewalthaber oder dem Vormunde die Verwaltung nicht zustehen soll.

Tritt das Bedürfniß einer Pflegschaft ein, so hat der Gewalthaber oder der Vormund dem Vormundschaftsgericht unverzüglich Anzeige zu machen.

Die Pflegschaft ist auch dann anzuordnen, wenn die Voraussetzungen für die Anordnung einer Vormundschaft vorliegen, ein Vormund aber noch nicht bestellt ist.

2. Ueber Gebrechliche.

§ 1910. Ein Volljähriger, der nicht unter Vormundschaft steht, kann einen Pfleger für seine Person und sein Vermögen erhalten, wenn er in Folge körperlicher Gebrechen, insbesondere weil er taub, blind oder stumm ist, seine Angelegenheiten nicht zu besorgen vermag.

Vermag ein Volljähriger, der nicht unter Vormundschaft steht, in Folge geistiger oder körperlicher Gebrechen einzelne seiner Angelegenheiten oder einen bestimmten Kreis seiner Angelegenheiten, insbesondere seine Vermögensangelegenheiten, nicht zu besorgen, so kann er für diese Angelegenheiten einen Pfleger erhalten.

Die Pflegschaft darf nur mit Einwilligung des Gebrechlichen angeordnet werden, es sei denn, daß eine Verständigung mit ihm nicht möglich ist.

3. Ueber Abwesende.

§ 1911. Ein abwesender Volljähriger, dessen Aufenthalt unbekannt ist, erhält für seine Vermögensangelegenheiten, soweit sie der Fürsorge bedürfen, einen Abwesenheitspfleger. Ein solcher Pfleger ist ihm insbesondere auch dann zu bestellen, wenn er durch Ertheilung eines Auftrags oder einer Vollmacht Fürsorge getroffen hat, aber Umstände eingetreten sind, die zum Widerrufe des Auftrags oder der Vollmacht Anlaß geben.

Das Gleiche gilt von einem Abwesenden, dessen Aufenthalt bekannt, der aber an der Rückkehr und der Besorgung seiner Vermögensangelegenheiten verhindert ist.

4. Ueber eine Leibesfrucht.

§ 1912. Eine Leibesfrucht erhält zur Wahrung ihrer künftigen Rechte, soweit diese einer Fürsorge bedürfen, einen Pfleger. Die Fürsorge steht jedoch dem Vater oder der Mutter zu, wenn das Kind, falls es bereits geboren wäre, unter elterlicher Gewalt stehen würde.

5. Ueber unbekannte Betheiligte.

§ 1913. Ist unbekannt oder ungewiß, wer bei einer Angelegenheit der Betheiligte ist, so kann dem Betheiligten für diese Angelegenheit, soweit eine Fürsorge erforderlich ist, ein Pfleger bestellt werden. Insbesondere kann einem Nacherben, der noch nicht erzeugt ist oder dessen Persönlichkeit erst durch ein künftiges Ereigniß bestimmt wird, für die Zeit bis zum Eintritte der Nacherbfolge ein Pfleger bestellt werden.

6. Ueber durch öffentliche Sammlung aufgebrachtes Vermögen.

§ 1914. Ist durch öffentliche Sammlung Vermögen für einen vorübergehenden Zweck zusammengebracht worden, so kann zum Zwecke der Verwaltung und Verwendung des Vermögens ein Pfleger bestellt werden, wenn die zu der Verwaltung und Verwendung berufenen Personen weggefallen sind.

Anzuwendende Normen.

§ 1915. Auf die Pflegschaft finden die für die Vormundschaft geltenden Vorschriften entsprechende Anwendung, soweit sich nicht aus dem Gesetz ein Anderes ergiebt.

Die Bestellung eines Gegenvormundes ist nicht erforderlich.

§ 1916. Für die nach § 1909 anzuordnende Pflegschaft gelten die Vorschriften über die Berufung zur Vormundschaft nicht.

§ 1917. Wird die Anordnung einer Pflegschaft nach § 1909 Abs. 1 Satz 2 erforderlich, so ist als Pfleger berufen, wer als solcher von dem Erblasser durch letztwillige Verfügung, von dem Dritten bei der Zuwendung benannt worden ist; die Vorschriften des § 1778 finden entsprechende Anwendung.

Für den benannten Pfleger kann der Erblasser durch letztwillige Verfügung, der Dritte bei der Zuwendung die in den §§ 1852 bis 1854 bezeichneten Befreiungen anordnen. Das Vormundschaftsgericht kann die Anordnungen außer Kraft setzen, wenn sie das Interesse des Pflegebefohlenen gefährden.

Zu einer Abweichung von den Anordnungen des Dritten ist, solange er lebt, seine Zustimmung erforderlich und genügend. Die Zustimmung des Dritten kann durch das Vormundschaftsgericht ersetzt werden, wenn der Dritte zur Abgabe einer Erklärung dauernd außer Stande oder sein Aufenthalt dauernd unbekannt ist.

§ 1778*. Wer nach § 1917 Abs. 1 als Pfleger berufen ist, darf ohne seine Zustimmung nur übergangen werden, wenn er nach den §§ 1780 bis 1784 nicht zum Vormunde bestellt werden kann oder wenn er an der Uebernahme der Pflegschaft verhindert ist oder die Uebernahme verzögert oder wenn seine Bestellung das Interesse des Pflegebefohlenen gefährden würde.

Ist der Berufene nur vorübergehend verhindert, so hat ihm das Vormundschaftsgericht nach dem Wegfalle des Hindernisses auf seinen Antrag an Stelle des bisherigen Pflegers zum Pfleger zu bestellen.

Neben dem Berufenen darf nur mit dessen Zustimmung ein Mitpfleger bestellt werden.

§ 1780. Zum Vormunde kann nicht bestellt werden, wer geschäftsunfähig oder wegen Geistesschwäche, Verschwendung oder Trunksucht entmündigt ist.

§ 1781. Zum Vormunde soll nicht bestellt werden:

1. wer minderjährig oder nach § 1906 unter vorläufige Vormundschaft gestellt ist;
2. wer nach § 1910 zur Besorgung seiner Vermögensangelegenheiten einen Pfleger erhalten hat;
3. wer in Konkurs gerathen ist, während der Dauer des Konkurses;
4. wer der bürgerlichen Ehrenrechte für verlustig erklärt ist, soweit sich nicht aus den Vorschriften des Strafgesetzbuchs ein Anderes ergiebt.

§ 1782 Abs. 1. Zum Vormunde soll nicht bestellt werden, wer durch Anordnung des Vaters oder der ehelichen Mutter des Mündels von der Vormundschaft ausgeschlossen ist. Die Mutter kann den von dem Vater als Vormund Benannten nicht ausschliessen.

§ 1783. Eine Frau, die mit einem Anderen als dem Vater des Mündels verheirathet ist, soll nur mit Zustimmung ihres Mannes zum Vormunde bestellt werden.

§ 1784. Ein Beamter oder Religionsdiener, der nach den Landesgesetzen einer besonderen Erlaubniss zur Uebernahme einer Vormundschaft bedarf, soll nicht ohne die vorgeschriebene Erlaubniss zum Vormunde bestellt werden.

§ 1852. Der Vater kann, wenn er einen Vormund benennt, die Bestellung eines Gegenvormundes ausschliessen.

Der Vater kann anordnen, dass der von ihm benannte Vormund bei der Anlegung von Geld den in den §§ 1809, 1810 bestimmten Beschränkungen nicht unterliegen und zu den im § 1812 bezeichneten Rechtsgeschäften der Genehmigung des Gegenvormundes oder des Vormundschaftsgerichts nicht bedürfen soll. Diese Anordnungen sind als getroffen anzusehen, wenn der Vater die Bestellung eines Gegenvormundes ausgeschlossen hat.

§ 1809. Bei Sparkassen, bei der Reichsbank, bei einer Staatsbank oder bei einer anderen durch Landesgesetz für geeignet erklärten Bank oder bei einer Hinterlegungsstelle soll Mündelgeld nur mit der Bestimmung angelegt werden, dass zur Erhebung des Geldes die Genehmigung des Gegenvormundes oder des Vormundschaftsgerichts erforderlich ist.*

§ 1810. Die Anlegung von Mündelgeld soll nur mit Genehmigung des Gegenvormundes erfolgen; die Genehmigung des Gegenvormundes wird durch die Genehmigung des Vormundschaftsgerichts ersetzt. Ist ein Gegenvormund nicht vorhanden, so soll die Anlegung nur mit Genehmigung des Vormundschaftsgerichts erfolgen.*

§ 1812 betrifft Verfügungen über Forderungen und über andere Rechte, kraft deren der Mündel eine Leistung verlangen kann, sowie über Werthpapiere, sowie die Eingehung von Verpflichtungen zu solchen Verfügungen.

§ 1853. Der Vater kann den von ihm benannten Vormund von der Verpflichtung entbinden, Inhaber- und Orderpapiere zu hinterlegen und den im § 1816 bezeichneten Vermerk *(dass der Vormund über die Buchforderungen nur mit Genehmigung des Vormundschaftsgerichts verfügen kann)* in das Reichsschuldbuch oder das Staatsschuldbuch eintragen zu lassen.

§ 1854. Der Vater kann den von ihm benannten Vormund von der Verpflichtung entbinden, während der Dauer seines Amtes Rechnung zu legen.

Der Vormund hat in einem solchen Falle nach dem Ablaufe von je zwei Jahren eine Uebersicht über den Bestand des seiner Verwaltung unterliegenden Vermögens dem Vormundschaftsgericht einzureichen. Das Vormundschaftsgericht kann anordnen, dass die Uebersicht in längeren, höchstens fünfjährigen Zwischenräumen einzureichen ist.

Ist ein Gegenvormund vorhanden oder zu bestellen, so hat ihm der Vormund die Uebersicht unter Nachweisung des Vermögensbestandes vorzulegen. Der Gegenvormund hat die Uebersicht mit den Bemerkungen zu versehen, zu denen die Prüfung ihm Anlass giebt.

Beendigung der Pflegschaft.

§ 1918. Die Pflegschaft für eine unter elterlicher Gewalt oder unter Vormundschaft stehende Person endigt mit der Beendigung der elterlichen Gewalt oder der Vormundschaft.

Die Pflegschaft für eine Leibesfrucht endigt mit der Geburt des Kindes.

Die Pflegschaft zur Besorgung einer einzelnen Angelegenheit endigt mit deren Erledigung.

§ 1919. Die Pflegschaft ist von dem Vormundschaftsgericht aufzuheben, wenn der Grund für die Anordnung der Pflegschaft weggefallen ist.

§ 1920. Eine nach § 1910 angeordnete Pflegschaft ist von dem Vormundschaftsgericht aufzuheben, wenn der Pflegebefohlene die Aufhebung beantragt.

§ 1921. Die Pflegschaft für einen Abwesenden ist von dem Vormundschaftsgericht aufzuheben, wenn der Abwesende an der Besorgung seiner Vermögensangelegenheiten nicht mehr verhindert ist.

Stirbt der Abwesende, so endigt die Pflegschaft erst mit der Aufhebung durch das Vormundschaftsgericht. Das Vormundschaftsgericht hat die Pflegschaft aufzuheben, wenn ihm der Tod des Abwesenden bekannt wird.

Wird der Abwesende für todt erklärt, so endigt die Pflegschaft mit der Erlassung des die Todeserklärung aussprechenden Urtheils.

Fünftes Buch.

Erbrecht.

Erster Abschnitt.

Erbfolge.

Erbfall, Erbschaft, Erbe, Erbtheil.

§ 1922. Mit dem Tode einer Person (Erbfall) geht deren Vermögen (Erbschaft) als Ganzes auf eine oder mehrere andere Personen (Erben) über.

Auf den Antheil eines Miterben (Erbtheil) finden die sich auf die Erbschaft beziehenden Vorschriften Anwendung.

Erbfähigkeit.

§ 1923. Erbe kann nur werden, wer zur Zeit des Erbfalls lebt.

Wer zur Zeit des Erbfalls noch nicht lebte, aber bereits erzeugt war, gilt als vor dem Erbfalle geboren.

Gesetzliche Erbfolge *1. der Verwandten.*

§ 1924. Gesetzliche Erben der ersten Ordnung sind die Abkömmlinge des Erblassers.

Ein zur Zeit des Erbfalls lebender Abkömmling schließt die durch ihn mit dem Erblasser verwandten Abkömmlinge von der Erbfolge aus.

An die Stelle eines zur Zeit des Erbfalls nicht mehr lebenden Abkömmlinges treten die durch ihn mit dem Erblasser verwandten Abkömmlinge (Erbfolge nach Stämmen).

Kinder erben zu gleichen Theilen.

§ 1925. Gesetzliche Erben der zweiten Ordnung sind die Eltern des Erblassers und deren Abkömmlinge.

Leben zur Zeit des Erbfalls die Eltern, so erben sie allein und zu gleichen Theilen.

Lebt zur Zeit des Erbfalls der Vater oder die Mutter nicht mehr, so treten an die Stelle des Verstorbenen dessen Abkömmlinge nach den für die Beerbung in der ersten Ordnung geltenden Vorschriften. Sind Abkömmlinge nicht vorhanden, so erbt der überlebende Theil allein.

§ 1926. Gesetzliche Erben der dritten Ordnung sind die Großeltern des Erblassers und deren Abkömmlinge.

Leben zur Zeit des Erbfalls die Großeltern, so erben sie allein und zu gleichen Theilen.

Lebt zur Zeit des Erbfalls von den väterlichen oder von den mütterlichen Großeltern der Großvater oder die Großmutter nicht mehr, so treten an die Stelle des Verstorbenen dessen Abkömmlinge. Sind Abkömmlinge nicht vorhanden, so fällt der Antheil des Verstorbenen dem anderen Theile des Großelternpaars und, wenn dieser nicht mehr lebt, dessen Abkömmlingen zu.

Leben zur Zeit des Erbfalls die väterlichen oder die mütterlichen Großeltern nicht mehr und sind Abkömmlinge der Verstorbenen nicht vorhanden, so erben die anderen Großeltern oder ihre Abkömmlinge allein.

Soweit Abkömmlinge an die Stelle ihrer Eltern oder ihrer Voreltern treten, finden die für die Beerbung in der ersten Ordnung geltenden Vorschriften Anwendung.

§ 1927. Wer in der ersten, der zweiten oder der dritten Ordnung verschiedenen Stämmen angehört, erhält den in jedem dieser Stämme ihm zufallenden Antheil. Jeder Antheil gilt als besonderer Erbtheil.

§ 1928. Gesetzliche Erben der vierten Ordnung sind die Urgroßeltern des Erblassers und deren Abkömmlinge.

Leben zur Zeit des Erbfalls Urgroßeltern, so erben sie allein; mehrere erben zu gleichen Theilen, ohne Unterschied, ob sie derselben Linie oder verschiedenen Linien angehören.

Leben zur Zeit des Erbfalls Urgroßeltern nicht mehr, so erbt von ihren Abkömmlingen derjenige, welcher mit dem Erblasser dem Grade nach am nächsten verwandt ist; mehrere gleich nahe Verwandte erben zu gleichen Theilen.

§ 1929. Gesetzliche Erben der fünften Ordnung und der ferneren Ordnungen sind die entfernteren Voreltern des Erblassers und deren Abkömmlinge.

Die Vorschriften des § 1928 Abs. 2, 3 finden entsprechende Anwendung.

§ 1930. Ein Verwandter ist nicht zur Erbfolge berufen, solange ein Verwandter einer vorhergehenden Ordnung vorhanden ist.

2. des überlebenden Ehegatten.

§ 1931. Der überlebende Ehegatte des Erblassers ist neben Verwandten der ersten Ordnung zu einem Viertheile, neben Verwandten der zweiten Ordnung oder neben Großeltern zur Hälfte der Erbschaft als gesetzlicher Erbe berufen. Treffen mit Großeltern Abkömmlinge von Großeltern zusammen, so erhält der Ehegatte auch von der anderen Hälfte den Antheil, der nach § 1926 den Abkömmlingen zufallen würde.

Sind weder Verwandte der ersten oder der zweiten Ordnung noch Großeltern vorhanden, so erhält der überlebende Ehegatte die ganze Erbschaft.

— Voraus.

§ 1932. Ist der überlebende Ehegatte neben Verwandten der zweiten Ordnung oder neben Großeltern gesetzlicher Erbe, so gebühren ihm außer dem Erbtheile die zum ehelichen Haushalte gehörenden Gegenstände, soweit sie nicht Zubehör eines Grundstücks sind, und die Hochzeitsgeschenke als Voraus. Auf den Voraus finden die für Vermächtnisse geltenden Vorschriften Anwendung.

§ 1933. Das Erbrecht des überlebenden Ehegatten sowie das Recht auf den Voraus ist ausgeschlossen, wenn der Erblasser zur Zeit seines Todes auf Scheidung wegen Verschuldens des Ehegatten zu klagen berechtigt war und die Klage auf Scheidung oder auf Aufhebung der ehelichen Gemeinschaft erhoben hatte.

§ 1934. Gehört der überlebende Ehegatte zu den erbberechtigten Verwandten, so erbt er zugleich als Verwandter. Der Erbtheil, der ihm auf Grund der Verwandtschaft zufällt, gilt als besonderer Erbtheil.

Anwachsung als besonderer Erbtheil.

§ 1935. Fällt ein gesetzlicher Erbe vor oder nach dem Erbfalle weg und erhöht sich in Folge dessen der Erbtheil eines anderen gesetzlichen Erben, so gilt der Theil, um welchen sich der Erbtheil erhöht, in Ansehung der Vermächtnisse und Auflagen, mit denen dieser Erbe oder der wegfallende Erbe beschwert ist, sowie in Ansehung der Ausgleichungspflicht als besonderer Erbtheil.

3. des Fiskus.

§ 1936. Ist zur Zeit des Erbfalls weder ein Verwandter noch ein Ehegatte des Erblassers vorhanden, so ist der Fiskus des Bundesstaats, dem der Erblasser zur Zeit des Todes angehört hat, gesetzlicher Erbe. Hat der Erblasser mehreren Bundesstaaten angehört, so ist der Fiskus eines jeden dieser Staaten zu gleichem Antheile zur Erbfolge berufen.

War der Erblasser ein Deutscher, der keinem Bundesstaat angehörte, so ist der Reichsfiskus gesetzlicher Erbe.

Testament — letzwillige Verfügung.

§ 1937. Der Erblasser kann durch einseitige Verfügung von Todeswegen (Testament, letztwillige Verfügung) den Erben bestimmen.

Ausschliessung von der gesetzlichen Erbfolge.

§ 1938. Der Erblasser kann durch Testament einen Verwandten oder den Ehegatten von der gesetzlichen Erbfolge ausschließen, ohne einen Erben einzusetzen.

Vermächtniss.

§ 1939. Der Erblasser kann durch Testament einem Anderen, ohne ihn als Erben einzusetzen, einen Vermögensvortheil zuwenden (Vermächtniß).

Auflage.

§ 1940. Der Erblasser kann durch Testament den Erben oder einen Vermächtnißnehmer zu einer Leistung verpflichten, ohne einem Anderen ein Recht auf die Leistung zuzuwenden (Auflage).

Erbvertrag.

§ 1941. Der Erblasser kann durch Vertrag einen Erben einsetzen sowie Vermächtnisse und Auflagen anordnen (Erbvertrag).

Als Erbe (Vertragserbe) oder als Vermächtnißnehmer kann sowohl der andere Vertragschließende als ein Dritter bedacht werden.

Zweiter Abschnitt.
Rechtliche Stellung des Erben.

Erster Titel.
Annahme und Ausschlagung der Erbschaft. Fürsorge des Nachlaßgerichts.

Anfall der Erbschaft.

§ 1942. Die Erbschaft geht auf den berufenen Erben unbeschadet des Rechtes über, sie auszuschlagen (Anfall der Erbschaft).

Der Fiskus kann die ihm als gesetzlichem Erben angefallene Erbschaft nicht ausschlagen.

Verlust des Ausschlagungsrechts.

§ 1943. Der Erbe kann die Erbschaft nicht mehr ausschlagen, wenn er sie angenommen hat oder wenn die für die Ausschlagung vorgeschriebene Frist verstrichen ist; mit dem Ablaufe der Frist gilt die Erbschaft als angenommen.

— Frist der Ausschlagung.

§ 1944. Die Ausschlagung kann nur binnen sechs Wochen erfolgen.

Die Frist beginnt mit dem Zeitpunkt, in welchem der Erbe von dem Anfall und dem Grunde der Berufung Kenntniß erlangt. Ist der Erbe durch Verfügung von Todeswegen berufen, so beginnt die Frist nicht vor der Verkündung der Verfügung. Auf den Lauf der Frist finden die für die Verjährung geltenden Vorschriften der §§ 203, 206 entsprechende Anwendung.

Die Frist beträgt sechs Monate, wenn der Erblasser seinen letzten Wohnsitz nur im Auslande gehabt hat oder wenn sich der Erbe bei dem Beginne der Frist im Ausland aufhält.

§ 203*. Der Lauf der Frist ist gehemmt, solange der Berechtigte durch Stillstand der Rechtspflege innerhalb der Frist an der Abgabe einer Erklärung verhindert ist.

Das Gleiche gilt, wenn eine solche Verhinderung in anderer Weise durch höhere Gewalt herbeigeführt wird.

§ 206 Satz 1*. Ist eine geschäftsunfähige oder in der Geschäftsfähigkeit beschränkte Person ohne gesetzlichen Vertreter, so wird die gegen sie laufende Frist nicht vor dem Ablaufe von sechs Wochen bezw. sechs Monaten nach dem Zeitpunkte vollendet, in welchem die Person unbeschränkt geschäftsfähig wird oder der Mangel der Vertretung aufhört.

— Form der Ausschlagung.

§ 1945. Die Ausschlagung erfolgt durch Erklärung gegenüber dem Nachlaßgerichte; die Erklärung ist in öffentlich beglaubigter Form abzugeben.

Ein Bevollmächtigter bedarf einer öffentlich beglaubigten Vollmacht. Die Vollmacht muß der Erklärung beigefügt oder innerhalb der Ausschlagungsfrist nachgebracht werden.

Frühester Zeitpunkt der Annahme und Ausschlagung.

§ 1946. Der Erbe kann die Erbschaft annehmen oder ausschlagen, sobald der Erbfall eingetreten ist.

Unzulässigkeit von Bedingungen und Zeitbestimmungen.

§ 1947. Die Annahme und die Ausschlagung können nicht unter einer Bedingung oder einer Zeitbestimmung erfolgen.

Mehrheit von Berufungsgründen.

§ 1948. Wer durch Verfügung von Todeswegen als Erbe berufen ist, kann, wenn er ohne die Verfügung als gesetzlicher Erbe berufen sein würde, die Erbschaft als eingesetzter Erbe ausschlagen und als gesetzlicher Erbe annehmen.

Wer durch Testament und durch Erbvertrag als Erbe berufen ist, kann die Erbschaft aus dem einen Berufungsgrund annehmen und aus dem anderen ausschlagen.

Irrthum über den Berufungsgrund.

§ 1949. Die Annahme gilt als nicht erfolgt, wenn der Erbe über den Berufungsgrund im Irrthume war.

Die Ausschlagung erstreckt sich im Zweifel auf alle Berufungsgründe, die dem Erben zur Zeit der Erklärung bekannt sind.

Beschränkung auf einen Theil.

§ 1950. Die Annahme und die Ausschlagung können nicht auf einen Theil der Erbschaft beschränkt werden. Die Annahme oder Ausschlagung eines Theiles ist unwirksam.

Berufung zu mehreren Erbtheilen.

§ 1951. Wer zu mehreren Erbtheilen berufen ist, kann, wenn die Berufung auf verschiedenen Gründen beruht, den einen Erbtheil annehmen und den anderen ausschlagen.

Beruht die Berufung auf demselben Grunde, so gilt die Annahme oder Ausschlagung des einen Erbtheils auch für den anderen, selbst wenn der andere erst später anfällt. Die Berufung beruht auf demselben Grunde auch dann, wenn sie in verschiedenen Testamenten oder vertragsmäßig in verschiedenen zwischen denselben Personen geschlossenen Erbverträgen angeordnet ist.

Setzt der Erblasser einen Erben auf mehrere Erbtheile ein, so kann er ihm durch Verfügung von Todeswegen gestatten, den einen Erbtheil anzunehmen und den anderen auszuschlagen.

Vererblichkeit des Ausschlagungsrechts.

§ 1952. Das Recht des Erben, die Erbschaft auszuschlagen, ist vererblich.

Stirbt der Erbe vor dem Ablaufe der Ausschlagungsfrist, so endigt die Frist nicht vor dem Ablaufe der für die Erbschaft des Erben vorgeschriebenen Ausschlagungsfrist.

Mehrheit von Erben.

Von mehreren Erben des Erben kann jeder den seinem Erbtheil entsprechenden Theil der Erbschaft ausschlagen.

Wirkung der Ausschlagung.

§ 1953. Wird die Erbschaft ausgeschlagen, so gilt der Anfall an den Ausschlagenden als nicht erfolgt.

Die Erbschaft fällt demjenigen an, welcher berufen sein würde, wenn der Ausschlagende zur Zeit des Erbfalls nicht gelebt hätte; der Anfall gilt als mit dem Erbfall erfolgt.

Das Nachlaßgericht soll die Ausschlagung demjenigen mittheilen, welchem die Erbschaft in Folge der Ausschlagung angefallen ist. Es hat die Einsicht der Erklärung Jedem zu gestatten, der ein rechtliches Interesse glaubhaft macht.

Anfechtbarkeit der Annahme oder Ausschlagung.

§ 1954. Ist die Annahme oder die Ausschlagung anfechtbar, so kann die Anfechtung nur binnen sechs Wochen erfolgen.

Die Frist beginnt im Falle der Anfechtbarkeit wegen Drohung mit dem Zeitpunkt, in welchem die Zwangslage aufhört, in den übrigen Fällen mit dem Zeitpunkt, in welchem der Anfechtungsberechtigte von dem Anfechtungsgrunde Kenntniß erlangt. Auf den Lauf der Frist finden die für die Verjährung geltenden Vorschriften der §§ 203, 206, 207 entsprechende Anwendung.

Die Frist beträgt sechs Monate, wenn der Erblasser seinen letzten Wohnsitz nur im Auslande gehabt hat oder wenn sich der Erbe bei dem Beginne der Frist im Ausland aufhält.

Die Anfechtung ist ausgeschlossen, wenn seit der Annahme oder der Ausschlagung dreißig Jahre verstrichen sind.

§ 203*. Der Lauf der Frist ist gehemmt, solange der Berechtigte durch Stillstand der Rechtspflege innerhalb der Frist an der Abgabe einer Erklärung verhindert ist.

Das Gleiche gilt, wenn eine solche Verhinderung in anderer Weise durch höhere Gewalt herbeigeführt wird.

§ 206 Satz 1*. Ist eine geschäftsunfähige oder in der Geschäftsfähigkeit beschränkte Person ohne gesetzlichen Vertreter, so wird die gegen sie laufende Frist nicht vor dem Ablaufe von sechs Wochen bezw. sechs Monaten nach dem Zeitpunkte vollendet, in welchem die Person unbeschränkt geschäftsfähig wird oder der Mangel der Vertretung aufhört.

§ 207*. Gehört der Anfechtungsanspruch zu einem Nachlass, so wird der Ablauf der Anfechtungsfrist nicht vor dem Ablaufe von sechs Wochen bezw. sechs Monaten nach dem Zeitpunkte vollendet, in welchem die Erbschaft von dem Erben angenommen oder der Konkurs über den Nachlass eröffnet wird oder von welchem an der Anspruch von einem Vertreter geltend gemacht werden kann.

— Form.

§ 1955. Die Anfechtung der Annahme oder der Ausschlagung erfolgt durch Erklärung gegenüber dem Nachlaßgerichte. Für die Erklärung gelten die Vorschriften des § 1945.

— Versäumung der Ausschlagungsfrist.

§ 1956. Die Versäumung der Ausschlagungsfrist kann in gleicher Weise wie die Annahme angefochten werden.

— Wirkung der Anfechtung.

§ 1957. Die Anfechtung der Annahme gilt als Ausschlagung, die Anfechtung der Ausschlagung gilt als Annahme.

Das Nachlaßgericht soll die Anfechtung der Ausschlagung demjenigen mittheilen, welchem die Erbschaft in Folge der Ausschlagung angefallen war. Die Vorschrift des § 1953 Abs. 3 Satz 2 findet Anwendung.

Keine gerichtliche Geltendmachung von Nachlassansprüchen vor der Annahme.

§ 1958. Vor der Annahme der Erbschaft kann ein Anspruch, der sich gegen den Nachlaß richtet, nicht gegen den Erben gerichtlich geltend gemacht werden.

Besorgung erbschaftlicher Geschäfte vor der Ausschlagung.

§ 1959. Besorgt der Erbe vor der Ausschlagung erbschaftliche Geschäfte, so ist er demjenigen gegenüber, welcher Erbe wird, wie ein Geschäftsführer ohne Auftrag berechtigt und verpflichtet.

Verfügt der Erbe vor der Ausschlagung über einen Nachlaßgegenstand, so wird die Wirksamkeit der Verfügung durch die Ausschlagung nicht berührt, wenn die Verfügung nicht ohne Nachtheil für den Nachlaß verschoben werden konnte.

Ein Rechtsgeschäft, das gegenüber dem Erben als solchem vorgenommen werden muß, bleibt, wenn es vor der Ausschlagung dem Ausschlagenden gegenüber vorgenommen wird, auch nach der Ausschlagung wirksam.

Fürsorge des Nachlassgerichts; Nachlasspflegschaft.

§ 1960. Bis zur Annahme der Erbschaft hat das Nachlaßgericht für die Sicherung des Nachlasses zu sorgen, soweit ein Bedürfniß besteht. Das Gleiche gilt, wenn der Erbe unbekannt oder wenn ungewiß ist, ob er die Erbschaft angenommen hat.

Das Nachlaßgericht kann insbesondere die Anlegung von Siegeln, die Hinterlegung von Geld, Werthpapieren und Kostbarkeiten sowie die Aufnahme eines Nachlaßverzeichnisses anordnen und für denjenigen, welcher Erbe wird, einen Pfleger (Nachlaßpfleger) bestellen.

Die Vorschrift des § 1958 findet auf den Nachlaßpfleger keine Anwendung.

§ 1961. Das Nachlaßgericht hat in den Fällen des § 1960 Abs. 1 einen Nachlaßpfleger zu bestellen, wenn die Bestellung zum Zwecke der gerichtlichen Geltendmachung eines Anspruchs, der sich gegen den Nachlaß richtet, von dem Berechtigten beantragt wird.

§ 1962. Für die Nachlaßpflegschaft tritt an die Stelle des Vormundschaftsgerichts das Nachlaßgericht.

Unterhalt der Mutter des Erben.

§ 1963. Ist zur Zeit des Erbfalls die Geburt eines Erben zu erwarten, so kann die Mutter, falls sie außer Stande ist, sich selbst zu unterhalten, bis zur Entbindung standesmäßigen Unterhalt aus dem Nachlaß oder, wenn noch andere Personen als Erben berufen sind, aus dem Erbtheile des Kindes verlangen. Bei der Bemessung des Erbtheils ist anzunehmen, daß nur ein Kind geboren wird.

Feststellung des Erbrechts des Fiskus.

§ 1964. Wird der Erbe nicht innerhalb einer den Umständen entsprechenden Frist ermittelt, so hat das Nachlaßgericht festzustellen, daß ein anderer Erbe als der Fiskus nicht vorhanden ist.

Die Feststellung begründet die Vermuthung, daß der Fiskus gesetzlicher Erbe sei.

§ 1965. Der Feststellung hat eine öffentliche Aufforderung zur Anmeldung der Erbrechte unter Bestimmung einer Anmeldungsfrist vorauszugehen; die Art der Bekanntmachung und die Dauer der Anmeldungsfrist bestimmen sich nach den für das Aufgebotsverfahren geltenden Vorschriften. Die Aufforderung darf unterbleiben, wenn die Kosten dem Bestande des Nachlasses gegenüber unverhältnißmäßig groß sind.

Ein Erbrecht bleibt unberücksichtigt, wenn nicht dem Nachlaßgerichte binnen drei Monaten nach dem Ablaufe der Anmeldungsfrist nachgewiesen wird, daß das Erbrecht besteht oder daß es gegen den Fiskus im Wege der Klage geltend gemacht ist. Ist eine öffentliche Aufforderung nicht ergangen, so beginnt die dreimonatige Frist mit der gerichtlichen Aufforderung, das Erbrecht oder die Erhebung der Klage nachzuweisen.

§ 1966. Von dem Fiskus als gesetzlichem Erben und gegen den Fiskus als gesetzlichen Erben kann ein Recht erst geltend gemacht werden, nachdem von dem Nachlaßgerichte festgestellt worden ist, daß ein anderer Erbe nicht vorhanden ist.

Zweiter Titel.

Haftung des Erben für die Nachlaßverbindlichkeiten.

I. Nachlaßverbindlichkeiten.

Nachlassverbindlichkeiten.

§ 1967. Der Erbe haftet für die Nachlaßverbindlichkeiten.

Zu den Nachlaßverbindlichkeiten gehören außer den vom Erblasser herrührenden Schulden die den Erben als solchen treffenden Verbindlichkeiten, insbesondere die Verbindlichkeiten aus Pflichttheilsrechten, Vermächtnissen und Auflagen.

Beerdigungskosten.

§ 1968. Der Erbe trägt die Kosten der standesmäßigen Beerdigung des Erblassers.

Unterhaltsanspruch der Angehörigen des Erblassers.

§ 1969. Der Erbe ist verpflichtet, Familienangehörigen des Erblassers, die zur Zeit des Todes des Erblassers zu dessen Hausstande gehört und von ihm Unterhalt bezogen haben, in den ersten dreißig Tagen nach dem Eintritte des Erbfalls in demselben Umfange, wie der Erblasser es gethan hat, Unterhalt zu gewähren und die Benutzung der Wohnung und der Haushaltsgegenstände zu gestatten. Der Erblasser kann durch letztwillige Verfügung eine abweichende Anordnung treffen.

Die Vorschriften über Vermächtnisse finden entsprechende Anwendung.

II. Aufgebot der Nachlaßgläubiger.

§ 1970. Die Nachlaßgläubiger können im Wege des Aufgebotsverfahrens zur Anmeldung ihrer Forderungen aufgefordert werden.

Nicht betroffene Gläubiger.

§ 1971. Pfandgläubiger und Gläubiger, die im Konkurse den Pfandgläubigern gleichstehen, sowie Gläubiger, die bei der Zwangsvollstreckung in das unbewegliche Vermögen ein Recht auf Befriedigung aus diesem Vermögen haben, werden, soweit es sich um die Befriedigung aus den ihnen haftenden Gegenständen handelt, durch das Aufgebot nicht betroffen. Das Gleiche gilt von Gläubigern, deren Ansprüche durch eine Vormerkung gesichert sind oder denen im Konkurs ein Aussonderungsrecht zusteht, in Ansehung des Gegenstandes ihres Rechtes.

§ 1972. Pflichttheilsrechte, Vermächtnisse und Auflagen werden durch das Aufgebot nicht betroffen, unbeschadet der Vorschrift des § 2060 Nr. 1.

§ 2060 Nr. 1. Nach der Theilung des Nachlasses haftet jeder Miterbe nur für den seinem Erbtheil entsprechenden Theil einer Nachlassverbindlichkeit, wenn der Gläubiger im Aufgebotsverfahren ausgeschlossen ist; das Aufgebot erstreckt sich insoweit auch auf die im § 1972 bezeichneten Gläubiger sowie auf die Gläubiger, denen der Miterbe unbeschränkt haftet.

Wirkung des Ausschlussurtheils.

§ 1973. Der Erbe kann die Befriedigung eines im Aufgebotsverfahren ausgeschlossenen Nachlaßgläubigers insoweit verweigern, als der Nachlaß durch die Befriedigung der nicht ausgeschlossenen Gläubiger erschöpft wird. Der Erbe hat jedoch den ausgeschlossenen Gläubiger vor den Verbindlichkeiten aus Pflichttheilsrechten, Vermächtnissen und Auflagen zu befriedigen, es sei denn, daß der Gläubiger seine Forderung erst nach der Berichtigung dieser Verbindlichkeiten geltend macht.

Einen Ueberschuß hat der Erbe zum Zwecke der Befriedigung des Gläubigers im Wege der Zwangsvollstreckung nach den Vorschriften über die Herausgabe einer ungerechtfertigten Bereicherung herauszugeben. Er kann die Herausgabe der noch vorhandenen Nachlaßgegenstände durch Zahlung des Werthes abwenden. Die rechtskräftige Verurtheilung des Erben zur Befriedigung eines ausgeschlossenen Gläubigers wirkt einem anderen Gläubiger gegenüber wie die Befriedigung.

Verspätete Geltendmachung der Forderungen.

§ 1974. Ein Nachlaßgläubiger, der seine Forderung später als fünf Jahre nach dem Erbfalle dem Erben gegenüber geltend macht, steht einem ausgeschlossenen Gläubiger gleich, es sei denn, daß die Forderung dem Erben vor dem Ablaufe der fünf Jahre bekannt geworden oder im Aufgebotsverfahren angemeldet worden ist. Wird der Erblasser für todt erklärt, so beginnt die Frist nicht vor der Erlassung des die Todeserklärung aussprechenden Urtheils.

Die dem Erben nach § 1973 Abs. 1 Satz 2 obliegende Verpflichtung tritt im Verhältnisse von Verbindlichkeiten aus Pflichttheilsrechten, Vermächtnissen und Auflagen zu einander nur insoweit ein, als der Gläubiger im Falle des Nachlaßkonkurses im Range vorgehen würde.

Soweit ein Gläubiger nach § 1971 von dem Aufgebote nicht betroffen wird, finden die Vorschriften des Abs. 1 auf ihn keine Anwendung.

III. Beschränkung der Haftung des Erben.

Nachlassverwaltung und Nachlasskonkurs.

§ 1975. Die Haftung des Erben für die Nachlaßverbindlichkeiten beschränkt sich auf den Nachlaß, wenn eine Nachlaßpflegschaft zum Zwecke der Befriedigung der Nachlaßgläubiger (Nachlaßverwaltung) angeordnet oder der Nachlaßkonkurs eröffnet ist.

— **Absonderung des Nachlasses.**

§ 1976. Ist die Nachlaßverwaltung angeordnet oder der Nachlaßkonkurs eröffnet, so gelten die in Folge des Erbfalls durch Vereinigung von Recht und Verbindlichkeit oder von Recht und Belastung erloschenen Rechtsverhältnisse als nicht erloschen.

§ 1977. Hat ein Nachlaßgläubiger vor der Anordnung der Nachlaßverwaltung oder vor der Eröffnung des Nachlaßkonkurses seine Forderung gegen eine nicht zum Nachlasse gehörende Forderung des Erben ohne dessen Zustimmung aufgerechnet, so ist nach der Anordnung der Nachlaßverwaltung oder der Eröffnung des Nachlaßkonkurses die Aufrechnung als nicht erfolgt anzusehen.

Das Gleiche gilt, wenn ein Gläubiger, der nicht Nachlaßgläubiger ist, die ihm gegen den Erben zustehende Forderung gegen eine zum Nachlasse gehörende Forderung aufgerechnet hat.

— **Verantwortlichkeit des Erben.**

§ 1978. Ist die Nachlaßverwaltung angeordnet oder der Nachlaßkonkurs eröffnet, so ist der Erbe den Nachlaßgläubigern für die bisherige Verwaltung des Nachlasses so verantwortlich, wie wenn er von der Annahme der Erbschaft an die Verwaltung für sie als Beauftragter zu führen gehabt hätte. Auf die vor der Annahme der Erbschaft von dem Erben besorgten erbschaftlichen Geschäfte finden die Vorschriften über die Geschäftsführung ohne Auftrag entsprechende Anwendung.

Die den Nachlaßgläubigern nach Abs. 1 zustehenden Ansprüche gelten als zum Nachlasse gehörend.

Aufwendungen sind dem Erben aus dem Nachlasse zu ersetzen, soweit er nach den Vorschriften über den Auftrag oder über die Geschäftsführung ohne Auftrag Ersatz verlangen könnte.

§ 1979. Die Berichtigung einer Nachlaßverbindlichkeit durch den Erben müssen die Nachlaßgläubiger als für Rechnung des Nachlasses erfolgt gelten lassen, wenn der Erbe den Umständen nach annehmen durfte, daß der Nachlaß zur Berichtigung aller Nachlaßverbindlichkeiten ausreiche.

§ 1980. Beantragt der Erbe nicht unverzüglich, nachdem er von der Ueberschuldung des Nachlasses Kenntniß erlangt hat, die Eröffnung des Nachlaßkonkurses, so ist er den Gläubigern für den daraus entstehenden Schaden verantwortlich. Bei der Bemessung der Zulänglichkeit des Nachlasses bleiben die Verbindlichkeiten aus Vermächtnissen und Auflagen außer Betracht.

Der Kenntniß der Ueberschuldung steht die auf Fahrlässigkeit beruhende Unkenntniß gleich. Als Fahrlässigkeit gilt es insbesondere, wenn der Erbe das Aufgebot der Nachlaßgläubiger nicht beantragt, obwohl er Grund hat, das Vorhandensein unbekannter Nachlaßverbindlichkeiten anzunehmen; das Aufgebot ist nicht erforderlich, wenn die Kosten des Verfahrens dem Bestande des Nachlasses gegenüber unverhältnißmäßig groß sind.

Anordnung der Nachlassverwaltung.

§ 1981. Die Nachlaßverwaltung ist von dem Nachlaßgericht anzuordnen, wenn der Erbe die Anordnung beantragt.

Auf Antrag eines Nachlaßgläubigers ist die Nachlaßverwaltung anzuordnen, wenn Grund zu der Annahme besteht, daß die Befriedigung der Nachlaßgläubiger aus dem Nachlasse durch das Verhalten oder die Vermögenslage des Erben gefährdet wird. Der Antrag kann nicht mehr gestellt werden, wenn seit der Annahme der Erbschaft zwei Jahre verstrichen sind.

Die Vorschriften des § 1785 finden keine Anwendung.

§ 1785: d. h. Eine Verpflichtung zur Uebernahme des Amtes eines Nachlassverwalters besteht nicht.

§ 1982. Die Anordnung der Nachlaßverwaltung kann abgelehnt werden, wenn eine den Kosten entsprechende Masse nicht vorhanden ist.

§ 1983. Das Nachlaßgericht hat die Anordnung der Nachlaßverwaltung durch das für seine Bekanntmachungen bestimmte Blatt zu veröffentlichen.

— **Wirkung der Anordnung der Nachlassverwaltung.**

§ 1984. Mit der Anordnung der Nachlaßverwaltung verliert der Erbe die Befugniß, den Nachlaß zu verwalten und über ihn zu verfügen. Die Vorschriften der §§ 6, 7*) der Konkursordnung finden entsprechende Anwendung. Ein Anspruch, der sich gegen den Nachlaß richtet, kann nur gegen den Nachlaßverwalter geltend gemacht werden.

Zwangsvollstreckungen und Arreste in den Nachlaß zu Gunsten eines Gläubigers, der nicht Nachlaßgläubiger ist, sind ausgeschlossen.

§ 6* (nun 7) der K.O Rechtshandlungen, welche der Erbe nach der Anordnung der Nachlassverwaltung vorgenommen hat, sind den Konkursgläubigern gegenüber unwirksam, die Vorschriften der §§ 892, 893 des Bürgerlichen Gesetzbuches bleiben unberührt.

Dem anderen Theile ist die Gegenleistung aus der Masse zurückzugewähren, soweit letztere durch dieselbe bereichert ist.

Hat der Erbe Rechtshandlungen am Tage der Anordnung der Nachlassverwaltung vorgenommen, so wird vermuthet, dass sie nach der Anordnung vorgenommen worden sind

§ 892. Zu Gunsten desjenigen, welcher ein Recht an einem Grundstück oder ein Recht an einem solchen Rechte durch Rechtsgeschäft erwirbt, gilt der Inhalt des Grundbuchs als richtig, es sei denn, dass ein Widerspruch gegen die Richtigkeit eingetragen oder die Unrichtigkeit dem Erwerber bekannt ist. Ist der Berechtigte in der Verfügung über ein im Grundbuch eingetragenes Recht zu Gunsten einer bestimmten Person beschränkt, so ist die Beschränkung dem Erwerber gegenüber nur wirksam, wenn sie aus dem Grundbuch ersichtlich oder dem Erwerber bekannt ist.

Ist zu dem Erwerbe des Rechtes die Eintragung erforderlich, so ist für die Kenntniss des Erwerbers die Zeit der Stellung des Antrags auf Eintragung oder, wenn die nach § 873 erforderliche Einigung erst später zu Stande kommt, die Zeit der Einigung massgebend.

§ 893. Die Vorschriften des § 892 finden entsprechende Anwendung, wenn an denjenigen, für welchen ein Recht im Grundbuch eingetragen ist, auf Grund dieses Rechtes eine Leistung bewirkt oder wenn zwischen ihm und einem Anderen in Ansehung dieses Rechtes ein nicht unter die Vorschriften des § 892 fallendes Rechtsgeschäft vorgenommen wird, das eine Verfügung über das Recht enthält.

*) Jetzt §§ 7, 8 K.O.

§ 7* (nun 8) der K.O. Eine Leistung, welche auf eine zum Nachlass zu erfüllende Verbindlichkeit nach der Anordnung der Nachlassverwaltung an den Erben erfolgt ist, befreit den Erfüllenden den Nachlassgläubigern gegenüber nur insoweit, als das Geleistete in den Nachlass gekommen ist.

War die Leistung vor der öffentlichen Bekanntmachung der Anordnung erfolgt, so ist der Erfüllende befreit, wenn nicht bewiesen wird, dass ihm zur Zeit der Leistung die Anordnung der Nachlassverwaltung bekannt war.

War die Leistung nach der öffentlichen Bekanntmachung erfolgt, so wird der Erfüllende befreit, wenn er beweist, dass ihm zur Zeit der Leistung die Anordnung der Nachlassverwaltung nicht bekannt war.

— **Aufgaben des Nachlassverwalters.**

§ 1985. Der Nachlaßverwalter hat den Nachlaß zu verwalten und die Nachlaßverbindlichkeiten aus dem Nachlasse zu berichtigen.

Der Nachlaßverwalter ist für die Verwaltung des Nachlasses auch den Nachlaßgläubigern verantwortlich. Die Vorschriften des § 1978 Abs. 2 und der §§ 1979, 1980 finden entsprechende Anwendung.

§ 1986. Der Nachlaßverwalter darf den Nachlaß dem Erben erst ausantworten, wenn die bekannten Nachlaßverbindlichkeiten berichtigt sind.

Ist die Berichtigung einer Verbindlichkeit zur Zeit nicht ausführbar oder ist eine Verbindlichkeit streitig, so darf die Ausantwortung des Nachlasses nur erfolgen, wenn dem Gläubiger Sicherheit geleistet wird. Für eine bedingte Forderung ist Sicherheitsleistung nicht erforderlich, wenn die Möglichkeit des Eintritts der Bedingung eine so entfernte ist, daß die Forderung einen gegenwärtigen Vermögenswerth nicht hat.

§ 1987. Der Nachlaßverwalter kann für die Führung seines Amtes eine angemessene Vergütung verlangen.

— **Beendigung der Nachlassverwaltung.**

§ 1988. Die Nachlaßverwaltung endigt mit der Eröffnung des Nachlaßkonkurses.

Die Nachlaßverwaltung kann aufgehoben werden, wenn sich ergiebt, daß eine den Kosten entsprechende Masse nicht vorhanden ist.

— **Haftung nach Beendigung des Nachlasskonkurses.**

§ 1989. Ist der Nachlaßkonkurs durch Vertheilung der Masse oder durch Zwangsvergleich beendigt, so finden auf die Haftung des Erben die Vorschriften des § 1973 entsprechende Anwendung.

§ 1973*. Der Erbe kann die Befriedigung eines im Nachlasskonkurse nicht berücksichtigten Gläubigers insoweit verweigern, als der Nachlass durch die Vertheilung der Masse im Konkursverfahren oder durch die Befriedigung der am Zwangsvergleiche theilnehmenden Gläubiger erschöpft wird. Der Erbe hat jedoch den nicht berücksichtigten Gläubiger vor den Verbindlichkeiten aus Pflichttheilsrechten, Vermächtnissen und Auflagen zu befriedigen, es sei denn, dass der Gläubiger seine Forderung erst nach der Berichtigung dieser Verbindlichkeiten geltend macht.

Einen Ueberschuss hat der Erbe zum Zwecke der Befriedigung des Gläubigers im Wege der Zwangsvollstreckung nach den Vorschriften über die Herausgabe einer ungerechtfertigten Bereicherung herauszugeben. Er kann die Herausgabe der noch vorhandenen Nachlassgegenstände durch Zahlung des Werthes abwenden. Die rechtskräftige Verurtheilung des Erben zur Befriedigung eines nicht berücksichtigten Gläubigers wirkt einem anderen Gläubiger gegenüber wie die Befriedigung.

— Haftung bei Nichteröffnung des Nachlasskonkurses etc. wegen ungenügender Masse.

§ 1990. Ist die Anordnung der Nachlaßverwaltung oder die Eröffnung des Nachlaßkonkurses wegen Mangels einer den Kosten entsprechenden Masse nicht thunlich oder wird aus diesem Grunde die Nachlaßverwaltung aufgehoben oder das Konkursverfahren eingestellt, so kann der Erbe die Befriedigung eines Nachlaßgläubigers insoweit verweigern, als der Nachlaß nicht ausreicht. Der Erbe ist in diesem Falle verpflichtet, den Nachlaß zum Zwecke der Befriedigung des Gläubigers im Wege der Zwangsvollstreckung herauszugeben.

Das Recht des Erben wird nicht dadurch ausgeschlossen, daß der Gläubiger nach dem Eintritte des Erbfalls im Wege der Zwangsvollstreckung oder der Arrestvollziehung ein Pfandrecht oder eine Hypothek oder im Wege der einstweiligen Verfügung eine Vormerkung erlangt hat.

§ 1991. Macht der Erbe von dem ihm nach § 1990 zustehenden Rechte Gebrauch, so finden auf seine Verantwortlichkeit und den Ersatz seiner Aufwendungen die Vorschriften der §§ 1978, 1979 Anwendung.

Die in Folge des Erbfalls durch Vereinigung von Recht und Verbindlichkeit oder von Recht und Belastung erloschenen Rechtsverhältnisse gelten im Verhältnisse zwischen dem Gläubiger und dem Erben als nicht erloschen.

Die rechtskräftige Verurtheilung des Erben zur Befriedigung eines Gläubigers wirkt einem anderen Gläubiger gegenüber wie die Befriedigung.

Die Verbindlichkeiten aus Pflichttheilsrechten, Vermächtnissen und Auflagen hat der Erbe so zu berichtigen, wie sie im Falle des Konkurses zur Berichtigung kommen würden.

Haftung für Vermächtnisse und Auflagen bei Ueberschuldung des Nachlasses.

§ 1992. Beruht die Ueberschuldung des Nachlasses auf Vermächtnissen und Auflagen, so ist der Erbe, auch wenn die Voraussetzungen des § 1990 nicht vorliegen, berechtigt, die Berichtigung dieser Verbindlichkeiten nach den Vorschriften der §§ 1990, 1991 zu bewirken. Er kann die Herausgabe der noch vorhandenen Nachlaßgegenstände durch Zahlung des Werthes abwenden.

IV. Inventarerrichtung. Unbeschränkte Haftung des Erben.

Inventarerrichtung.

§ 1993. Der Erbe ist berechtigt, ein Verzeichniß des Nachlasses (Inventar) bei dem Nachlaßgericht einzureichen (Inventarerrichtung).

Inventarfrist.

§ 1994. Das Nachlaßgericht hat dem Erben auf Antrag eines Nachlaßgläubigers zur Errichtung des Inventars eine Frist (Inventarfrist) zu bestimmen. Nach dem Ablaufe der Frist haftet der Erbe für die Nachlaßverbindlichkeiten unbeschränkt, wenn nicht vorher das Inventar errichtet wird.

Der Antragsteller hat seine Forderung glaubhaft zu machen. Auf die Wirksamkeit der Fristbestimmung ist es ohne Einfluß, wenn die Forderung nicht besteht.

§ 1995. Die Inventarfrist soll mindestens einen Monat, höchstens drei Monate betragen. Sie beginnt mit der Zustellung des Beschlusses, durch den die Frist bestimmt wird.

Wird die Frist vor der Annahme der Erbschaft bestimmt, so beginnt sie erst mit der Annahme der Erbschaft.

Auf Antrag des Erben kann das Nachlaßgericht die Frist nach seinem Ermessen verlängern.

§ 1996. Ist der Erbe durch höhere Gewalt verhindert worden, das Inventar rechtzeitig zu errichten oder die nach den Umständen gerechtfertigte Verlängerung der Inventarfrist zu beantragen, so hat ihm auf seinen Antrag das Nachlaßgericht eine neue Inventarfrist zu bestimmen. Das Gleiche gilt, wenn der Erbe von der Zustellung des Beschlusses, durch den die Inventarfrist bestimmt worden ist, ohne sein Verschulden Kenntniß nicht erlangt hat.

Der Antrag muß binnen zwei Wochen nach der Beseitigung des Hindernisses und spätestens vor dem Ablauf eines Jahres nach dem Ende der zuerst bestimmten Frist gestellt werden.

Vor der Entscheidung soll der Nachlaßgläubiger, auf dessen Antrag die erste Frist bestimmt worden ist, wenn thunlich gehört werden.

§ 1997. Auf den Lauf der Inventarfrist und der im § 1996 Abs. 2 bestimmten Frist von zwei Wochen finden die für die Verjährung geltenden Vorschriften des § 203 Abs. 1 und des § 206 entsprechende Anwendung.

§ 203 Abs. 1*. Der Lauf der bezeichneten Fristen ist gehemmt, so lange der Erbe durch Stillstand der Rechtspflege innerhalb der Fristen an der Errichtung des Inventars oder an der Stellung des Antrags verhindert ist.

§ 206*. Ist ein geschäftsunfähiger oder in der Geschäftsfähigkeit beschränkter Erbe ohne gesetzlichen Vertreter, so wird die gegen ihn laufende Frist nicht vor dem Ablaufe einer weiteren gleichlangen Frist nach dem Zeitpunkte vollendet, in welchem der Erbe unbeschränkt geschäftsfähig wird oder der Mangel der Vertretung aufhört.

§ 1998. Stirbt der Erbe vor dem Ablaufe der Inventarfrist oder der im § 1996 Abs. 2 bestimmten Frist von zwei Wochen, so endigt die Frist nicht vor dem Ablaufe der für die Erbschaft des Erben vorgeschriebenen Ausschlagungsfrist.

§ 1999. Steht der Erbe unter elterlicher Gewalt oder unter Vormundschaft, so soll das Nachlaßgericht dem Vormundschaftsgerichte von der Bestimmung der Inventarfrist Mittheilung machen.

§ 2000. Die Bestimmung einer Inventarfrist wird unwirksam, wenn eine Nachlaßverwaltung angeordnet oder der Nachlaßkonkurs eröffnet wird. Während der Dauer der Nachlaßverwaltung oder des Nachlaßkonkurses kann eine Inventarfrist nicht bestimmt werden. Ist der Nachlaßkonkurs durch Vertheilung der Masse oder durch Zwangsvergleich beendigt, so bedarf es zur Abwendung der unbeschränkten Haftung der Inventarerrichtung nicht.

Inhalt des Inventars.

§ 2001. In dem Inventar sollen die bei dem Eintritte des Erbfalls vorhandenen Nachlaßgegenstände und die Nachlaßverbindlichkeiten vollständig angegeben werden.

Das Inventar soll außerdem eine Beschreibung der Nachlaßgegenstände, soweit eine solche zur Bestimmung des Werthes erforderlich ist, und die Angabe des Werthes enthalten.

Aufnahme des Inventars.

§ 2002. Der Erbe muß zu der Aufnahme des Inventars eine zuständige Behörde oder einen zuständigen Beamten oder Notar zuziehen.

§ 2003. Auf Antrag des Erben hat das Nachlaßgericht entweder das Inventar selbst aufzunehmen oder die Aufnahme einer zuständigen Behörde oder einem zuständigen Beamten oder Notar zu übertragen. Durch die Stellung des Antrags wird die Inventarfrist gewahrt.

Der Erbe ist verpflichtet, die zur Aufnahme des Inventars erforderliche Auskunft zu ertheilen.

Das Inventar ist von der Behörde, dem Beamten oder dem Notar bei dem Nachlaßgericht einzureichen.

§ 2004. Befindet sich bei dem Nachlaßgerichte schon ein den Vorschriften der §§ 2002, 2003 entsprechendes Inventar, so genügt es, wenn der Erbe vor dem Ablaufe der Inventarfrist dem Nachlaßgerichte gegenüber erklärt, daß das Inventar als von ihm eingereicht gelten soll.

Unrichtigkeit des Inventars.

§ 2005. Führt der Erbe absichtlich eine erhebliche Unvollständigkeit der im Inventar enthaltenen Angabe der Nachlaßgegenstände herbei oder bewirkt er in der Absicht, die Nachlaßgläubiger zu benachtheiligen, die Aufnahme einer nicht bestehenden Nachlaßverbindlichkeit, so haftet er für die Nachlaßverbindlichkeiten unbeschränkt. Das Gleiche gilt, wenn er im Falle des § 2003 die Ertheilung der Auskunft verweigert oder absichtlich in erheblichem Maße verzögert.

Ist die Angabe der Nachlaßgegenstände unvollständig, ohne daß ein Fall des Abs. 1 vorliegt, so kann dem Erben zur Ergänzung eine neue Inventarfrist bestimmt werden.

Offenbarungseid.

§ 2006. Der Erbe hat auf Verlangen eines Nachlaßgläubigers vor dem Nachlaßgerichte den Offenbarungseid dahin zu leisten:

> daß er nach bestem Wissen die Nachlaßgegenstände so vollständig angegeben habe, als er dazu im Stande sei.

Der Erbe kann vor der Leistung des Eides das Inventar vervollständigen.

Verweigert der Erbe die Leistung des Eides, so haftet er dem Gläubiger, der den Antrag gestellt hat, unbeschränkt. Das Gleiche gilt, wenn er weder in dem Termine noch in einem auf Antrag des Gläubigers bestimmten neuen Termin erscheint, es sei denn, daß ein Grund vorliegt, durch den das Nichterscheinen in diesem Termine genügend entschuldigt wird.

Eine wiederholte Leistung des Eides kann derselbe Gläubiger oder ein anderer Gläubiger nur verlangen, wenn Grund zu der Annahme besteht, daß dem Erben nach der Eidesleistung weitere Nachlaßgegenstände bekannt geworden sind.

Haftung bei Berufung zu mehreren Erbtheilen.

§ 2007. Ist ein Erbe zu mehreren Erbtheilen berufen, so bestimmt sich seine Haftung für die Nachlaßverbindlichkeiten in Ansehung eines jeden der Erbtheile so, wie wenn die Erbtheile verschiedenen Erben gehörten. In den Fällen der Anwachsung und des § 1935 gilt dies nur dann, wenn die Erbtheile verschieden beschwert sind.

§ 1935. Fällt ein gesetzlicher Erbe vor oder nach dem Erbfalle weg und erhöht sich in Folge dessen der Erbtheil eines anderen gesetzlichen Erben, so gilt der Theil, um welchen sich der Erbtheil erhöht, in Ansehung der Vermächtnisse und Auflagen, mit denen dieser Erbe oder der wegfallende Erbe beschwert ist, sowie in Ansehung der Ausgleichungspflicht als besonderer Erbtheil.

Inventarfrist für Ehefrauen.

§ 2008. Ist eine Ehefrau die Erbin und gehört die Erbschaft zum eingebrachten Gute oder zum Gesammtgute, so ist die Bestimmung der Inventarfrist nur wirksam, wenn sie auch dem Manne gegenüber erfolgt. Solange nicht die Frist dem Manne gegenüber verstrichen ist, endigt sie auch nicht der Frau gegenüber. Die Errichtung des Inventars durch den Mann kommt der Frau zu Statten.

Gehört die Erbschaft zum Gesammtgute, so gelten diese Vorschriften auch nach der Beendigung der Gütergemeinschaft.

Beweiskraft des Inventars.

§ 2009. Ist das Inventar rechtzeitig errichtet worden, so wird im Verhältnisse zwischen dem Erben und den Nachlaßgläubigern vermuthet, daß zur Zeit des Erbfalls weitere Nachlaßgegenstände als die angegebenen nicht vorhanden gewesen seien.

Einsicht des Inventars.

§ 2010. Das Nachlaßgericht hat die Einsicht des Inventars Jedem zu gestatten, der ein rechtliches Interesse glaubhaft macht.

Stellung des Fiskus als gesetzlichen Erben.

§ 2011. Dem Fiskus als gesetzlichem Erben kann eine Inventarfrist nicht bestimmt werden. Der Fiskus ist den Nachlaßgläubigern gegenüber verpflichtet, über den Bestand des Nachlasses Auskunft zu ertheilen.

Stellung des Nachlasspflegers und Nachlassverwalters.

§ 2012. Einem nach den §§ 1960, 1961 bestellten Nachlaßpfleger kann eine Inventarfrist nicht bestimmt werden. Der Nachlaßpfleger ist den Nachlaßgläubigern gegenüber verpflichtet, über den Bestand des Nachlasses Auskunft zu ertheilen. Der Nachlaßpfleger kann nicht auf die Beschränkung der Haftung des Erben verzichten.

Diese Vorschriften gelten auch für den Nachlaßverwalter.

§ 1960 Abs. 1, 2. Bis zur Annahme der Erbschaft hat das Nachlassgericht für die Sicherung des Nachlasses zu sorgen, soweit ein Bedürfniss besteht. Das Gleiche gilt, wenn der Erbe unbekannt oder wenn ungewiss ist, ob er die Erbschaft angenommen hat.

Das Nachlassgericht kann insbesondere die Anlegung von Siegeln, die Hinterlegung von Geld, Werthpapieren und Kostbarkeiten sowie die Aufnahme eines Nachlassverzeichnisses anordnen und für denjenigen, welcher Erbe wird, einen Pfleger (Nachlasspfleger) bestellen.

§ 1961. Das Nachlassgericht hat in den Fällen des § 1960 Abs. 1 einen Nachlasspfleger zu bestellen, wenn die Bestellung zum Zwecke der gerichtlichen Geltendmachung eines Anspruchs, der sich gegen den Nachlass richtet, von dem Berechtigten beantragt wird.

Folgen der unbeschränkten Haftung.

§ 2013. Haftet der Erbe für die Nachlaßverbindlichkeiten unbeschränkt, so finden die Vorschriften der §§ 1973 bis 1975, 1977 bis 1980, 1989 bis 1992 keine Anwendung; der Erbe ist nicht berechtigt, die Anordnung einer Nachlaßverwaltung zu beantragen. Auf eine nach § 1973 oder nach § 1974 eingetretene Beschränkung der Haftung kann sich der Erbe jedoch berufen, wenn später der Fall des § 1994 Abs. 1 Satz 2 oder des § 2005 Abs. 1 eintritt.

Die Vorschriften der §§ 1977 bis 1980 und das Recht des Erben, die Anordnung einer Nachlaßverwaltung zu beantragen, werden nicht dadurch ausgeschlossen, daß der Erbe einzelnen Nachlaßgläubigern gegenüber unbeschränkt haftet.

§ 1973. Der Erbe kann die Befriedigung eines im Aufgebotsverfahren ausgeschlossenen Nachlassgläubigers insoweit verweigern, als der Nachlass durch die Befriedigung der nicht ausgeschlossenen Gläubiger erschöpft wird. Der Erbe hat jedoch den ausgeschlossenen Gläubiger vor den Verbindlichkeiten aus Pflichttheilsrechten, Vermächtnissen und Auflagen zu befriedigen, es sei denn, dass der Gläubiger seine Forderung erst nach der Berichtigung dieser Verbindlichkeiten geltend macht.

Einen Ueberschuss hat der Erbe zum Zwecke der Befriedigung des Gläubigers im Wege der Zwangsvollstreckung nach den Vorschriften über die Herausgabe einer ungerechtfertigten Bereicherung herauszugeben. Er kann die Herausgabe der noch vorhandenen Nachlassgegenstände durch Zahlung des Werthes abwenden. Die rechtskräftige Verurtheilung des Erben zur Befriedigung eines ausgeschlossenen Gläubigers wirkt einem anderen Gläubiger gegenüber wie die Befriedigung.

§ 1974. Ein Nachlassgläubiger, der seine Forderung später als fünf Jahre nach dem Erbfalle dem Erben gegenüber geltend macht, steht einem ausgeschlossenen Gläubiger gleich, es sei denn, dass die Forderung dem Erben vor dem Ablaufe der fünf Jahre bekannt geworden oder im Aufgebotsverfahren angemeldet worden ist Wird der Erblasser für todt erklärt, so beginnt die Frist nicht vor der Erlassung des die Todeserklärung aussprechenden Urtheils.

Die dem Erben nach § 1973 Abs. 1 Satz 2 obliegende Verpflichtung tritt im Verhältnisse von Verbindlichkeiten aus Pflichttheilsrechten, Vermächtnissen und Auflagen zu einander nur insoweit ein, als der Gläubiger im Falle des Nachlasskonkurses im Range vorgehen würde.

Soweit ein Gläubiger *(als Pfandgläubiger etc.)* nach § 1971 von dem Aufgebote nicht betroffen wird, finden die Vorschriften des Abs. 1 auf ihn keine Anwendung.

§ 1971 s. § 2016.

§ 1975. Die Haftung des Erben für die Nachlassverbindlichkeiten beschränkt sich auf den Nachlass, wenn eine Nachlasspflegschaft zum Zwecke der Befriedigung der Nachlassgläubiger (Nachlassverwaltung) angeordnet oder der Nachlasskonkurs eröffnet ist.

§ 1977. Hat ein Nachlassgläubiger vor der Anordnung der Nachlassverwaltung oder vor der Eröffnung des Nachlasskonkurses seine Forderung gegen eine nicht zum Nachlasse gehörende Forderung des Erben ohne dessen Zustimmung aufgerechnet, so ist nach der Anordnung der Nachlassverwaltung oder der Eröffnung des Nachlasskonkurses die Aufrechnung als nicht erfolgt anzusehen.

Das Gleiche gilt, wenn ein Gläubiger, der nicht Nachlassgläubiger ist, die ihm gegen den Erben zustehende Forderung gegen eine zum Nachlasse gehörende Forderung aufgerechnet hat.

§ 1978. Ist die Nachlassverwaltung angeordnet oder der Nachlasskonkurs eröffnet, so ist der Erbe den Nachlassgläubigern für die bisherige Verwaltung des Nachlasses so verantwortlich, wie wenn er von der Annahme der Erbschaft an die Verwaltung für sie als Beauftragter zu führen gehabt hätte. Auf die vor der Annahme der Erbschaft von dem Erben besorgten erbschaftlichen Geschäfte finden die Vorschriften über die Geschäftsführung ohne Auftrag entsprechende Anwendung.

Die den Nachlassgläubigern nach Abs. 1 zustehenden Ansprüche gelten als zum Nachlasse gehörend.

Aufwendungen sind dem Erben aus dem Nachlasse zu ersetzen, soweit er nach den Vorschriften über den Auftrag oder über die Geschäftsführung ohne Auftrag Ersatz verlangen könnte.

§ 1979. Die Berichtigung einer Nachlassverbindlichkeit durch den Erben müssen die Nachlassgläubiger als für Rechnung des Nachlasses erfolgt gelten lassen, wenn der Erbe den Umständen nach annehmen durfte, dass der Nachlass zur Berichtigung aller Nachlassverbindlichkeiten ausreiche.

§ 1980. Beantragt der Erbe nicht unverzüglich, nachdem er von der Ueberschuldung des Nachlasses Kenntniss erlangt hat, die Eröffnung des Nachlasskonkurses, so ist er den Gläubigern für den daraus entstehenden Schaden verantwortlich. Bei der Bemessung der Zulänglichkeit des Nachlasses bleiben die Verbindlichkeiten aus Vermächtnissen und Auflagen ausser Betracht.

Der Kenntniss der Ueberschuldung steht die auf Fahrlässigkeit beruhende Unkenntniss gleich. Als Fahrlässigkeit gilt es insbesondere, wenn der Erbe das Aufgebot der Nachlassgläubiger nicht beantragt, obwohl er Grund hat, das Vorhandensein unbekannter Nachlassverbindlichkeiten anzunehmen; das Aufgebot ist nicht erforderlich, wenn die Kosten des Verfahrens dem Bestande des Nachlasses gegenüber unverhältnissmässig gross sind.

§ 1989. Ist der Nachlasskonkurs durch Vertheilung der Masse oder durch Zwangsvergleich beendigt, so finden auf die Haftung des Erben die Vorschriften des § 1973 entsprechende Anwendung.

§ 1990 Abs. 1 Satz 1. Ist die Anordnung der Nachlassverwaltung oder die Eröffnung des Nachlasskonkurses wegen Mangels einer den Kosten entsprechenden Masse nicht thunlich oder wird aus diesem Grunde die Nachlassverwaltung aufgehoben oder das Konkursverfahren eingestellt, so kann der Erbe die Befriedigung eines Nachlassgläubigers insoweit verweigern, als der Nachlass nicht ausreicht.

§ 1991. Macht der Erbe von dem ihm nach § 1990 zustehenden Rechte Gebrauch, so finden auf seine Verantwortlichkeit und den Ersatz seiner Aufwendungen die Vorschriften der §§ 1978, 1979 Anwendung.

Die in Folge des Erbfalls durch Vereinigung von Recht und Verbindlichkeit oder von Recht und Belastung erloschenen Rechtsverhältnisse gelten im Verhältnisse zwischen dem Gläubiger und dem Erben als nicht erloschen.

Die rechtskräftige Verurtheilung des Erben zur Befriedigung eines Gläubigers wirkt einem anderen Gläubiger gegenüber wie die Befriedigung.

Die Verbindlichkeiten aus Pflichttheilsrechten, Vermächtnissen und Auflagen hat der Erbe so zu berichtigen, wie sie im Falle des Konkurses zur Berichtigung kommen würden.

§ 1992. Beruht die Ueberschuldung des Nachlasses auf Vermächtnissen und Auflagen, so ist der Erbe, auch wenn die Voraussetzungen des § 1990 nicht vorliegen, berechtigt, die Berichtigung dieser Verbindlichkeiten nach den Vorschriften der §§ 1990, 1991 zu bewirken. Er kann die Herausgabe der noch vorhandenen Nachlassgegenstände durch Zahlung des Werthes abwenden.

V. Aufschiebende Einreden.

§ 2014. Der Erbe ist berechtigt, die Berichtigung einer Nachlaßverbindlichkeit bis zum Ablaufe der ersten drei Monate nach der Annahme der Erbschaft, jedoch nicht über die Errichtung des Inventars hinaus, zu verweigern.

§ 2015. Hat der Erbe den Antrag auf Erlassung des Aufgebots der Nachlaßgläubiger innerhalb eines Jahres nach der Annahme der Erbschaft gestellt und ist der Antrag zugelassen, so ist der Erbe berechtigt, die

Berichtigung einer Nachlaßverbindlichkeit bis zur Beendigung des Aufgebotsverfahrens zu verweigern.

Der Beendigung des Aufgebotsverfahrens steht es gleich, wenn der Erbe in dem Aufgebotstermine nicht erschienen ist und nicht binnen zwei Wochen die Bestimmung eines neuen Termins beantragt oder wenn er auch in dem neuen Termine nicht erscheint.

Wird das Ausschlußurtheil erlassen oder der Antrag auf Erlassung des Urtheils zurückgewiesen, so ist das Verfahren nicht vor dem Ablauf einer mit der Verkündung der Entscheidung beginnenden Frist von zwei Wochen und nicht vor der Erledigung einer rechtzeitig eingelegten Beschwerde als beendigt anzusehen.

§ 2016. Die Vorschriften der §§ 2014, 2015 finden keine Anwendung, wenn der Erbe unbeschränkt haftet.

Das Gleiche gilt, soweit ein Gläubiger nach § 1971 von dem Aufgebote der Nachlaßgläubiger nicht betroffen wird, mit der Maßgabe, daß ein erst nach dem Eintritte des Erbfalls im Wege der Zwangsvollstreckung oder der Arrestvollziehung erlangtes Recht sowie eine erst nach diesem Zeitpunkt im Wege der einstweiligen Verfügung erlangte Vormerkung außer Betracht bleibt.

§ 1971. Pfandgläubiger und Gläubiger, die im Konkurse den Pfandgläubigern gleichstehen, sowie Gläubiger, die bei der Zwangsvollstreckung in das unbewegliche Vermögen ein Recht auf Befriedigung aus diesem Vermögen haben, werden, soweit es sich um die Befriedigung aus den ihnen haftenden Gegenständen handelt, durch das Aufgebot nicht betroffen. Das Gleiche gilt von Gläubigern, deren Ansprüche durch eine Vormerkung gesichert sind oder denen im Konkurs ein Aussonderungsrecht zusteht, in Ansehung des Gegenstandes ihres Rechtes.

§ 2017. Wird vor der Annahme der Erbschaft zur Verwaltung des Nachlasses ein Nachlaßpfleger bestellt, so beginnen die im § 2014 und im § 2015 Abs. 1 bestimmten Fristen mit der Bestellung.

Dritter Titel.

Erbschaftsanspruch.

Inhalt des Anspruchs — Erbschaftsbesitzer.

§ 2018. Der Erbe kann von Jedem, der auf Grund eines ihm in Wirklichkeit nicht zustehenden Erbrechts etwas aus der Erbschaft erlangt hat (Erbschaftsbesitzer), die Herausgabe des Erlangten verlangen.

§ 2019. Als aus der Erbschaft erlangt gilt auch, was der Erbschaftsbesitzer durch Rechtsgeschäft mit Mitteln der Erbschaft erwirbt.

Die Zugehörigkeit einer in solcher Weise erworbenen Forderung zur Erbschaft hat der Schuldner erst dann gegen sich gelten zu lassen, wenn er von der Zugehörigkeit Kenntniß erlangt; die Vorschriften der §§ 406 bis 408 finden entsprechende Anwendung.

§ 406*. Der Schuldner kann eine ihm gegen den Erbschaftsbesitzer zustehende Forderung auch dem Erben gegenüber aufrechnen, es sei denn, dass er bei dem Erwerbe der Forderung von der Zugehörigkeit der anderen Forderung zur Erbschaft Kenntniss hatte oder dass die Forderung erst nach der Erlangung der Kenntniss und später als die zur Erbschaft gehörende Forderung fällig geworden ist.

§ 407*. Der Erbe muss eine Leistung, die der Schuldner nach der Herausgabe der Erbschaft an den Erbschaftsbesitzer bewirkt, sowie jedes Rechtsgeschäft, das nach der Herausgabe der Erbschaft zwischen dem Schuldner und dem Erbschaftsbesitzer in Ansehung der Forderung vorgenommen wird, gegen sich gelten lassen, es sei denn, dass der Schuldner bei der Leistung oder der Vornahme des Rechtsgeschäfts die Zugehörigkeit der Forderung zur Erbschaft kennt.

Ist in einem nach der Herausgabe der Erbschaft zwischen dem Schuldner und dem Erbschaftsbesitzer anhängig gewordenen Rechtsstreit ein rechtskräftiges Urtheil über die Forderung ergangen, so muss der Erbe das Urtheil gegen sich gelten lassen, es sei denn, dass der Schuldner die Zugehörigkeit der Forderung zur Erbschaft bei dem Eintritte der Rechtshängigkeit gekannt hat.

§ 408*. Wird eine zur Erbschaft gehörende Forderung von dem Erbschaftsbesitzer an einen Dritten abgetreten, so finden, wenn der Schuldner an den Dritten leistet oder wenn zwischen dem Schuldner und dem Dritten ein Rechtsgeschäft vorgenommen oder ein Rechtsstreit anhängig wird, zu Gunsten des Schuldners die Vorschriften des § 407 dem Erben gegenüber entsprechende Anwendung.

Das Gleiche gilt, wenn die zur Erbschaft gehörende Forderung durch gerichtlichen Beschluss an einen Dritten überwiesen wird oder wenn der Erbschaftsbesitzer dem Dritten gegenüber anerkennt, dass die zur Erbschaft gehörende Forderung kraft Gesetzes auf den Dritten übergangen sei.

— **Nutzungen.**

§ 2020. Der Erbschaftsbesitzer hat dem Erben die gezogenen Nutzungen herauszugeben; die Verpflichtung zur Herausgabe erstreckt sich auch auf Früchte, an denen er das Eigenthum erworben hat.

— **Unmöglichkeit der Herausgabe.**

§ 2021. Soweit der Erbschaftsbesitzer zur Herausgabe außer Stande ist, bestimmt sich seine Verpflichtung nach den Vorschriften über die Herausgabe einer ungerechtfertigten Bereicherung.

— **Verwendungen.**

§ 2022. Der Erbschaftsbesitzer ist zur Herausgabe der zur Erbschaft gehörenden Sachen nur gegen Ersatz aller Verwendungen verpflichtet, soweit nicht die Verwendungen durch Anrechnung auf die nach § 2021 herauszugebende Bereicherung gedeckt werden. Die für den Eigenthumsanspruch geltenden Vorschriften der §§ 1000 bis 1003 finden Anwendung.

Zu den Verwendungen gehören auch die Aufwendungen, die der Erbschaftsbesitzer zur Bestreitung von Lasten der Erbschaft oder zur Berichtigung von Nachlaßverbindlichkeiten macht.

Soweit der Erbe für Aufwendungen, die nicht auf einzelne Sachen gemacht worden sind, insbesondere für die im Abs. 2 bezeichneten Aufwendungen, nach den allgemeinen Vorschriften in weiterem Umfang Ersatz zu leisten hat, bleibt der Anspruch des Erbschaftsbesitzers unberührt.

§ 1000. Der Besitzer kann die Herausgabe der Sache verweigern, bis er wegen der ihm zu ersetzenden Verwendungen befriedigt wird. Das Zurückbehaltungsrecht steht ihm nicht zu, wenn er die Sache durch eine vorsätzlich begangene unerlaubte Handlung erlangt hat.

§ 1001. Der Besitzer kann den Anspruch auf den Ersatz der Verwendungen nur geltend machen, wenn der Eigenthümer die Sache wiedererlangt oder die Verwendungen genehmigt. Bis zur Genehmigung der Verwendungen kann sich der Eigenthümer von dem Anspruche dadurch befreien, dass er die wiedererlangte Sache zurückgiebt. Die Genehmigung gilt als ertheilt, wenn der Eigenthümer die ihm von dem Besitzer unter Vorbehalt des Anspruchs angebotene Sache annimmt.

§ 1002. Giebt der Besitzer die Sache dem Eigenthümer heraus, so erlischt der Anspruch auf den Ersatz der Verwendungen mit dem Ablauf eines Monats, bei einem Grundstücke mit dem Ablaufe von sechs Monaten nach der Herausgabe, wenn nicht vorher die gerichtliche Geltendmachung erfolgt oder der Eigenthümer die Verwendungen genehmigt.

Auf diese Fristen finden die für die Verjährung geltenden Vorschriften der §§ 203, 206, 207 entsprechende Anwendung.

§ 203. Der Lauf der Frist ist gehemmt, solange der Besitzer durch Stillstand der Rechtspflege innerhalb der Frist an der Rechtsverfolgung verhindert ist.*

Das Gleiche gilt, wenn eine solche Verhinderung in anderer Weise durch höhere Gewalt herbeigeführt wird.

§ 206. Ist eine geschäftsunfähige oder in der Geschäftsfähigkeit beschränkte Person ohne gesetzlichen Vertreter, so wird die gegen sie laufende Frist nicht vor dem Ablaufe eines Monats, bei Grundstücken nicht vor dem Ablaufe von sechs Monaten nach dem Zeitpunkte vollendet, in welchem die Person unbeschränkt geschäftsfähig wird oder der Mangel der Vertretung aufhört.*

Diese Vorschriften finden keine Anwendung, soweit eine in der Geschäftsfähigkeit beschränkte Person prozessfähig ist.

§ 207. Gehört der Anspruch auf den Ersatz der Verwendungen zu einem Nachlasse oder richtet er sich gegen einen Nachlass, so wird die Frist nicht vor dem Ablaufe eines Monats, bei Grundstücken nicht vor dem Ablaufe von sechs Monaten nach dem Zeitpunkte vollendet, in welchem die Erbschaft von dem Erben angenommen oder der Konkurs über den Nachlass eröffnet wird oder von welchem an der Anspruch von einem Vertreter oder gegen einen Vertreter geltend gemacht werden kann.*

§ 1003. Der Besitzer kann den Eigenthümer unter Angabe des als Ersatz verlangten Betrags auffordern, sich innerhalb einer von ihm bestimmten angemessenen Frist darüber zu erklären, ob er die Verwendungen genehmige. Nach dem Ablaufe der Frist ist der Besitzer berechtigt, Befriedigung aus der Sache nach den Vorschriften über den Pfandverkauf, bei einem Grundstücke nach den Vorschriften über die Zwangsvollstreckung in das unbewegliche Vermögen zu suchen, wenn nicht die Genehmigung rechtzeitig erfolgt.

Bestreitet der Eigenthümer den Anspruch vor dem Ablaufe der Frist, so kann sich der Besitzer aus der Sache erst dann befriedigen, wenn er nach rechtskräftiger Feststellung des Betrags der Verwendungen den Eigenthümer unter Bestimmung einer angemessenen Frist zur Erklärung aufgefordert hat und die Frist verstrichen ist; das Recht auf Befriedigung aus der Sache ist ausgeschlossen, wenn die Genehmigung rechtzeitig erfolgt.

— **Haftung.**

§ 2023. Hat der Erbschaftsbesitzer zur Erbschaft gehörende Sachen herauszugeben, so bestimmt sich von dem Eintritte der Rechtshängigkeit an der Anspruch des Erben auf Schadensersatz wegen Verschlechterung, Unterganges oder einer aus einem anderen Grunde eintretenden Unmöglichkeit der Herausgabe nach den Vorschriften, die für das Verhältniß zwischen dem Eigenthümer und dem Besitzer von dem Eintritte der Rechtshängigkeit des Eigenthumsanspruchs an gelten.

Das Gleiche gilt von dem Anspruche des Erben auf Herausgabe oder Vergütung von Nutzungen und von dem Anspruche des Erbschaftsbesitzers auf Ersatz von Verwendungen.

§ 2024. Ist der Erbschaftsbesitzer bei dem Beginne des Erbschaftsbesitzes nicht in gutem Glauben, so haftet er so, wie wenn der Anspruch des Erben zu dieser Zeit rechtshängig geworden wäre. Erfährt der Erbschaftsbesitzer später, daß er nicht Erbe ist, so haftet er in gleicher Weise von der Erlangung der Kenntniß an. Eine weitergehende Haftung wegen Verzugs bleibt unberührt.

§ 2025. Hat der Erbschaftsbesitzer einen Erbschaftsgegenstand durch eine strafbare Handlung oder eine zur Erbschaft gehörende Sache durch verbotene Eigenmacht erlangt, so haftet er nach den Vorschriften über den Schadensersatz wegen unerlaubter Handlungen. Ein gutgläubiger Erbschaftsbesitzer haftet jedoch wegen verbotener Eigenmacht nach diesen Vorschriften nur, wenn der Erbe den Besitz der Sache bereits thatsächlich ergriffen hatte.

Ausschluss der Ersitzung.

§ 2026. Der Erbschaftsbesitzer kann sich dem Erben gegenüber, solange nicht der Erbschaftsanspruch verjährt ist, nicht auf die Ersitzung einer Sache berufen, die er als zur Erbschaft gehörend im Besitze hat.

Auskunftspflicht.

§ 2027. Der Erbschaftsbesitzer ist verpflichtet, dem Erben über den Bestand der Erbschaft und über den Verbleib der Erbschaftsgegenstände Auskunft zu ertheilen.

Die gleiche Verpflichtung hat, wer, ohne Erbschaftsbesitzer zu sein, eine Sache aus dem Nachlaß in Besitz nimmt, bevor der Erbe den Besitz thatsächlich ergriffen hat.

— Offenbarungseid.

§ 2028. Wer sich zur Zeit des Erbfalls mit dem Erblasser in häuslicher Gemeinschaft befunden hat, ist verpflichtet, dem Erben auf Verlangen Auskunft darüber zu ertheilen, welche erbschaftliche Geschäfte er geführt hat und was ihm über den Verbleib der Erbschaftsgegenstände bekannt ist.

Besteht Grund zu der Annahme, daß die Auskunft nicht mit der erforderlichen Sorgfalt ertheilt worden ist, so hat der Verpflichtete auf Verlangen des Erben den Offenbarungseid dahin zu leisten:

> daß er seine Angaben nach bestem Wissen so vollständig gemacht habe, als er dazu im Stande sei.

Die Vorschriften des § 259 Abs. 3 und des § 261 finden Anwendung.

§ 259 Abs. 3. In Angelegenheiten von geringer Bedeutung besteht eine Verpflichtung zur Leistung des Offenbarungseids nicht.

§ 261. Der Offenbarungseid ist, sofern er nicht vor dem Prozessgerichte zu leisten ist, vor dem Amtsgerichte des Ortes zu leisten, an welchem die Verpflichtung zur Rechnungslegung oder zur Vorlegung des Verzeichnisses zu erfüllen ist. Hat der Verpflichtete seinen Wohnsitz oder seinen Aufenthalt im Inlande, so kann er den Eid vor dem Amtsgerichte des Wohnsitzes oder des Aufenthaltsorts leisten.

Das Gericht kann eine den Umständen entsprechende Aenderung der Eidesnorm beschliessen.

Die Kosten der Abnahme des Eides hat derjenige zu tragen, welcher die Leistung des Eides verlangt.

Haftung gegenüber Einzelklagen des Erben.

§ 2029. Die Haftung des Erbschaftsbesitzers bestimmt sich auch gegenüber den Ansprüchen, die dem Erben in Ansehung der einzelnen Erbschaftsgegenstände zustehen, nach den Vorschriften über den Erbschaftsanspruch.

Haftung eines dritten Erwerbers.

§ 2030. Wer die Erbschaft durch Vertrag von einem Erbschaftsbesitzer erwirbt, steht im Verhältnisse zu dem Erben einem Erbschaftsbesitzer gleich.

Erbschaftsklage des für todt Erklärten.

§ 2031. Ueberlebt eine für todt erklärte Person den Zeitpunkt, der als Zeitpunkt ihres Todes gilt, so kann sie die Herausgabe ihres Vermögens nach den für den Erbschaftsanspruch geltenden Vorschriften verlangen. Solange der für todt Erklärte noch lebt, wird die Verjährung seines Anspruchs nicht vor dem Ablauf eines Jahres nach dem Zeitpunkte vollendet, in welchem er von der Todeserklärung Kenntniß erlangt.

Das Gleiche gilt, wenn der Tod einer Person ohne Todeserklärung mit Unrecht angenommen worden ist.

Vierter Titel.

Mehrheit von Erben.

I. Rechtsverhältniß der Erben unter einander.

I. Bis zur Auseinandersetzung.

§ 2032. Hinterläßt der Erblasser mehrere Erben, so wird der Nachlaß gemeinschaftliches Vermögen der Erben.

Bis zur Auseinandersetzung gelten die Vorschriften der §§ 2033 bis 2041.

— Verfügung über den Antheil.

§ 2033. Jeder Miterbe kann über seinen Antheil an dem Nachlasse verfügen. Der Vertrag, durch den ein Miterbe über seinen Antheil verfügt, bedarf der gerichtlichen oder notariellen Beurkundung.

Ueber seinen Antheil an den einzelnen Nachlaßgegenständen kann ein Miterbe nicht verfügen.

— Vorkaufsrecht der Miterben.

§ 2034. Verkauft ein Miterbe seinen Antheil an einen Dritten, so sind die übrigen Miterben zum Vorkaufe berechtigt.

Die Frist für die Ausübung des Vorkaufsrechts beträgt zwei Monate. Das Vorkaufsrecht ist vererblich.

§ 2035. Ist der verkaufte Antheil auf den Käufer übertragen, so können die Miterben das ihnen nach § 2034 dem Verkäufer gegenüber zustehende Vorkaufsrecht dem Käufer gegenüber ausüben. Dem Verkäufer gegenüber erlischt das Vorkaufsrecht mit der Uebertragung des Antheils.

Der Verkäufer hat die Miterben von der Uebertragung unverzüglich zu benachrichtigen.

§ 2036. Mit der Uebertragung des Antheils auf die Miterben wird der Käufer von der Haftung für die Nachlaßverbindlichkeiten frei. Seine Haftung bleibt jedoch bestehen, soweit er den Nachlaßgläubigern nach den §§ 1978 bis 1980 verantwortlich ist; die Vorschriften der §§ 1990, 1991 finden entsprechende Anwendung.

§ 1978*. Der Käufer ist den Nachlassgläubigern so verantwortlich, wie wenn er von der Uebertragung des Erbtheils an die Verwaltung für sie als Beauftragter zu führen gehabt hätte.

Die den Nachlassgläubigern nach Abs. 1 zustehenden Ansprüche gelten als zum Nachlasse gehörend.

Aufwendungen sind dem Käufer aus dem Nachlasse zu ersetzen, soweit er nach den Vorschriften über den Auftrag oder über die Geschäftsführung ohne Auftrag Ersatz verlangen könnte.

§ 1979*. Die Berichtigung einer Nachlassverbindlichkeit durch den Käufer müssen die Nachlassgläubiger als für Rechnung des Nachlasses erfolgt gelten lassen, wenn der Käufer den Umständen nach annehmen durfte, dass der Nachlass zur Berichtigung aller Nachlassverbindlichkeiten ausreiche.

§ 1980*. Beantragt der Käufer nicht unverzüglich, nachdem er von der Ueberschuldung des Nachlasses Kenntniss erlangt hat, die Eröffnung des Nachlasskonkurses, so ist er den Gläubigern für den daraus entstehenden Schaden verantwortlich. Bei der Bemessung der Zulänglichkeit des Nachlasses bleiben die Verbindlichkeiten aus Vermächtnissen und Auflagen ausser Betracht.

Der Kenntniss der Ueberschuldung steht die auf Fahrlässigkeit beruhende Unkenntniss gleich. Als Fahrlässigkeit gilt es insbesondere, wenn der Käufer das Aufgebot der Nachlassgläubiger nicht beantragt, obwohl er Grund hat, das Vorhandensein unbekannter Nachlassverbindlichkeiten anzunehmen; das Aufgebot ist nicht erforderlich, wenn die Kosten des Verfahrens dem Bestande des Nachlasses gegenüber unverhältnissmässig gross sind.

§ 1990*. Der Käufer kann die Befriedigung eines Nachlassgläubigers insoweit verweigern, als der Nachlass nicht ausreicht. Der Käufer ist in diesem Falle verpflichtet, den Nachlass zum Zwecke der Befriedigung des Gläubigers im Wege der Zwangsvollstreckung herauszugeben.

Das Recht des Käufers wird nicht dadurch ausgeschlossen, dass der Gläubiger nach dem Eintritte des Erbfalls im Wege der Zwangsvollstreckung oder der Arrestvollziehung ein Pfandrecht oder eine Hypothek oder im Wege der einstweiligen Verfügung eine Vormerkung erlangt hat.

§ 1991*. Macht der Käufer von dem ihm nach § 1990 zustehenden Rechte Gebrauch, so finden auf seine Verantwortlichkeit und den Ersatz seiner Aufwendungen die Vorschriften der §§ 1978, 1979 Anwendung.

Die in Folge des Erbschaftskaufs durch Vereinigung von Recht und Verbindlichkeit oder von Recht und Belastung erloschenen Rechtsverhältnisse gelten im Verhältnisse zwischen dem Gläubiger und dem Käufer als nicht erloschen.

Die rechtskräftige Verurtheilung des Käufers zur Befriedigung eines Gläubigers wirkt einem anderen Gläubiger gegenüber wie die Befriedigung.

Die Verbindlichkeiten aus Pflichttheilsrechten, Vermächtnissen und Auflagen hat der Käufer so zu berichtigen, wie sie im Falle des Konkurses zur Berichtigung kommen würden.

§ 2037. Ueberträgt der Käufer den Antheil auf einen Anderen, so finden die Vorschriften der §§ 2033, 2035, 2036 entsprechende Anwendung.

— **Verwaltung des Nachlasses.**

§ 2038. Die Verwaltung des Nachlasses steht den Erben gemeinschaftlich zu. Jeder Miterbe ist den anderen gegenüber verpflichtet, zu Maßregeln mitzuwirken, die zur ordnungsmäßigen Verwaltung erforderlich sind; die zur Erhaltung nothwendigen Maßregeln kann jeder Miterbe ohne Mitwirkung der anderen treffen.

Die Vorschriften der §§ 743, 745, 746, 748 finden Anwendung. Die Theilung der Früchte erfolgt erst bei der Auseinandersetzung. Ist die Auseinandersetzung auf längere Zeit als ein Jahr ausgeschlossen, so kann jeder Miterbe am Schlusse jedes Jahres die Theilung des Reinertrags verlangen.

§ 743. Jedem Theilhaber gebührt ein seinem Antheil entsprechender Bruchtheil der Früchte.

Jeder Theilhaber ist zum Gebrauche des gemeinschaftlichen Gegenstandes insoweit befugt, als nicht der Mitgebrauch der übrigen Theilhaber beeinträchtigt wird.

§ 745. Durch Stimmenmehrheit kann eine der Beschaffenheit des gemeinschaftlichen Gegenstandes entsprechende ordnungsmässige Verwaltung und Benutzung beschlossen werden. Die Stimmenmehrheit ist nach der Grösse der Antheile zu berechnen.

Jeder Theilhaber kann, sofern nicht die Verwaltung und Benutzung durch Vereinbarung oder durch Mehrheitsbeschluss geregelt ist, eine dem Interesse aller Theilhaber nach billigem Ermessen entsprechende Verwaltung und Benutzung verlangen.

Eine wesentliche Veränderung des Gegenstandes kann nicht beschlossen oder verlangt werden. Das Recht des einzelnen Theilhabers auf einen seinem Antheil entsprechenden Bruchtheil der Nutzungen kann nicht ohne seine Zustimmung beeinträchtigt werden.

§ 746. Haben die Theilhaber die Verwaltung und Benutzung des gemeinschaftlichen Gegenstandes geregelt, so wirkt die getroffene Bestimmung auch für und gegen die Sondernachfolger.

§ 748. Jeder Theilhaber ist den anderen Theilhabern gegenüber verpflichtet, die Lasten des gemeinschaftlichen Gegenstandes sowie die Kosten der Erhaltung, der Verwaltung und einer gemeinschaftlichen Benutzung nach dem Verhältnisse seines Antheils zu tragen.

— **Nachlassansprüche.**

§ 2039. Gehört ein Anspruch zum Nachlasse, so kann der Verpflichtete nur an alle Erben gemeinschaftlich leisten und jeder Miterbe nur die Leistung an alle Erben fordern. Jeder Miterbe kann verlangen, daß der Verpflichtete die zu leistende Sache für alle Erben hinterlegt oder, wenn sie sich nicht zur Hinterlegung eignet, an einen gerichtlich zu bestellenden Verwahrer abliefert.

— **Verfügung über Nachlassgegenstände.**

§ 2040. Die Erben können über einen Nachlaßgegenstand nur gemeinschaftlich verfügen.

Gegen eine zum Nachlasse gehörende Forderung kann der Schuldner nicht eine ihm gegen einen einzelnen Miterben zustehende Forderung aufrechnen.

— **Surrogation.**

§ 2041. Was auf Grund eines zum Nachlasse gehörenden Rechtes oder als Ersatz für die Zerstörung, Beschädigung oder Entziehung eines Nachlaßgegenstandes oder durch ein Rechtsgeschäft erworben wird, das sich auf den Nachlaß bezieht, gehört zum Nachlasse. Auf eine durch ein solches Rechtsgeschäft erworbene Forderung findet die Vorschrift des § 2019 Abs. 2 Anwendung.

§ 2019 Abs. 2. Die Zugehörigkeit einer in solcher Weise erworbenen Forderung zur Erbschaft hat der Schuldner erst dann gegen sich gelten zu lassen, wenn er von der Zugehörigkeit Kenntniss erlangt; die Vorschriften der §§ 406 bis 408 finden entsprechende Anwendung.

§ 406. Der Schuldner kann eine ihm gegen den Erben, der das Rechtsgeschäft vorgenommen hat, zustehende Forderung auch den sämmtlichen Miterben gegenüber aufrechnen, es sei denn, dass er bei dem Erwerbe der Forderung von der Zugehörigkeit zur Erbschaft Kenntniss hatte oder dass die Forderung erst nach der Erlangung der Kenntniss und später als die zur Erbschaft gehörende Forderung fällig geworden ist.*

§ 407. Die Miterben müssen eine Leistung, die der Schuldner an den Erben, der das Rechtsgeschäft vorgenommen hat, bewirkt, sowie jedes Rechtsgeschäft, das zwischen diesem Erben und dem Schuldner in Ansehung der Forderung vorgenommen wird, gegen sich gelten lassen, es sei denn, dass der Schuldner bei der Leistung oder der Vornahme des Rechtsgeschäfts die Zugehörigkeit der Forderung zur Erbschaft kennt.*

Ist in einem zwischen dem Schuldner und dem Erben, der das Rechtsgeschäft vorgenommen hat, anhängig gewordenen Rechtsstreit ein rechtskräftiges Urtheil über die Forderung ergangen, so müssen die Mit-

erben das Urtheil gegen sich gelten lassen, es sei denn, dass der Schuldner die Zugehörigkeit zur Erbschaft bei dem Eintritte der Rechtshängigkeit gekannt hat.

§ 408. Wird eine zur Erbschaft gehörende Forderung von dem Erben, der das Rechtsgeschäft vorgenommen hat, an einen Dritten abgetreten, so finden, wenn der Schuldner an den Dritten leistet oder wenn zwischen dem Schuldner und dem Dritten ein Rechtsgeschäft vorgenommen oder ein Rechtsstreit anhängig wird, zu Gunsten des Schnldners die Vorschriften des § 407 den Miterben gegenüber entsprechende Anwendung.*

Das Gleiche gilt, wenn die zur Erbschaft gehörende Forderung durch gerichtlichen Beschluss an einen Dritten überwiesen wird oder wenn der Erbe, der das Rechtsgeschäft vorgenommen hat, dem Dritten gegenüber anerkennt, dass die zur Erbschaft gehörende Forderung kraft Gesetzes auf den Dritten übergegangen sei.

II. Auseinandersetzung.

§ 2042. Jeder Miterbe kann jederzeit die Auseinandersetzung verlangen, soweit sich nicht aus den §§ 2043 bis 2045 ein Anderes ergiebt.

Die Vorschriften des § 749 Abs. 2, 3 und der §§ 750 bis 758 finden Anwendung.

§ 749 Abs. 2*, 3*. Wird das Recht, die Auseinandersetzung zu verlangen, durch Vereinbarung für immer oder auf Zeit ausgeschlossen, so kann die Auseinandersetzung gleichwohl verlangt werden, wenn ein wichtiger Grund vorliegt. Unter der gleichen Voraussetzung kann, wenn eine Kündigungsfrist bestimmt wird, die Auseinandersetzung ohne Einhaltung der Frist verlangt werden.

Eine Vereinbarung, durch welche das Recht, die Auseinandersetzung zu verlangen, diesen Vorschriften zuwider ausgeschlossen oder beschränkt wird, ist nichtig.

§ 750*. Haben die Miterben das Recht, die Auseinandersetzung zu verlangen, auf Zeit ausgeschlossen, so tritt die Vereinbarung im Zweifel mit dem Tode eines Miterben ausser Kraft.

§ 751*. Haben die Miterben das Recht, die Auseinandersetzung zu verlangen, für immer oder auf Zeit ausgeschlossen oder eine Kündigungsfrist bestimmt, so wirkt die Vereinbarung auch für und gegen die Sondernachfolger. Hat ein Gläubiger die Pfändung des Antheils eines Miterben erwirkt, so kann er ohne Rücksicht auf die Vereinbarung die Auseinandersetzung verlangen, sofern der Schuldtitel nicht blos vorläufig vollstreckbar ist.

§ 752*. Die Auseinandersetzung erfolgt durch Theilung in Natur, wenn der gemeinschaftliche Gegenstand oder, falls mehrere Gegenstände gemeinschaftlich sind, diese sich ohne Verminderung des Werthes in gleichartige, den Antheilen der Miterben entsprechende Theile zerlegen lassen. Die Vertheilung gleicher Theile unter die Miterben geschieht durch das Loos.

§ 753*. Ist die Theilung in Natur ausgeschlossen, so erfolgt die Auseinandersetzung durch Verkauf des gemeinschaftlichen Gegenstandes nach den Vorschriften über den Pfandverkauf, bei Grundstücken durch Zwangsversteigerung, und durch Theilung des Erlöses. Ist die Veräusserung an einen Dritten unstatthaft, so ist der Gegenstand unter den Miterben zu versteigern.

Hat der Versuch, den Gegenstand zu verkaufen, keinen Erfolg, so kann jeder Miterbe die Wiederholung verlangen; er hat jedoch die Kosten zu tragen, wenn der wiederholte Versuch misslingt.

§ 754*. Der Verkauf einer gemeinschaftlichen Forderung ist nur zulässig, wenn sie noch nicht eingezogen werden kann. Ist die Einziehung möglich, so kann jeder Miterbe gemeinschaftliche Einziehung verlangen.

§ 755*. Haften die Miterben als Gesammtschuldner für eine Verbindlichkeit, die sie in Gemässheit des § 748 nach dem Verhältniss ihrer Antheile zu erfüllen haben oder die sie zum Zwecke der Erfüllung einer solchen Verbindlichkeit eingegangen sind, so kann jeder Miterbe bei der Auseinandersetzung verlangen, dass die Schuld aus dem gemeinschaftlichen Gegenstande berichtigt wird.

Der Anspruch kann auch gegen die Sondernachfolger geltend gemacht werden.

Soweit zur Berichtigung der Schuld der Verkauf des gemeinschaftlichen Gegenstandes erforderlich ist, hat der Verkauf nach § 753 zu erfolgen.

§ 748 s. § 2038.

§ 756*. Hat ein Miterbe gegen einen anderen Miterben eine Forderung, die sich auf die Gemeinschaft gründet, so kann er bei der Auseinandersetzung die Berichtigung seiner Forderung aus dem auf den Schuldner entfallenden Theile des gemeinschaftlichen Gegenstandes verlangen. Die Vorschriften des § 755 Abs. 2, 3 finden Anwendung.

§ 757*. Wird bei der Auseinandersetzung ein gemeinschaftlicher Gegenstand einem der Miterben zugetheilt, so hat wegen eines Mangels im Rechte oder wegen eines Mangels der Sache jeder der übrigen Miterben zu seinem Antheil in gleicher Weise wie ein Verkäufer Gewähr zu leisten.

§ 758*. Der Anspruch auf Auseinandersetzung unterliegt nicht der Verjährung.

— **Unbestimmtheit der Erbtheile.**

§ 2043. Soweit die Erbtheile wegen der zu erwartenden Geburt eines Miterben noch unbestimmt sind, ist die Auseinandersetzung bis zur Hebung der Unbestimmtheit ausgeschlossen.

Das Gleiche gilt, soweit die Erbtheile deshalb noch unbestimmt sind, weil die Entscheidung über eine Ehelichkeitserklärung, über die Bestätigung einer Annahme an Kindesstatt oder über die Genehmigung einer vom Erblasser errichteten Stiftung noch aussteht.

— **Anordnungen des Erblassers.**

§ 2044. Der Erblasser kann durch letztwillige Verfügung die Auseinandersetzung in Ansehung des Nachlasses oder einzelner Nachlaßgegenstände ausschließen oder von der Einhaltung einer Kündigungsfrist abhängig machen. Die Vorschriften des § 749 Abs. 2, 3, der §§ 750, 751 und des § 1010 Abs. 1 finden entsprechende Anwendung.

Die Verfügung wird unwirksam, wenn dreißig Jahre seit dem Eintritte des Erbfalls verstrichen sind. Der Erblasser kann jedoch anordnen, daß die Verfügung bis zum Eintritt eines bestimmten Ereignisses in der Person eines Miterben oder, falls er eine Nacherbfolge oder ein Vermächtniß anordnet, bis zum Eintritte der Nacherbfolge oder bis zum Anfalle des Vermächtnisses gelten soll. Ist der Miterbe, in dessen Person das Ereigniß eintreten soll, eine juristische Person, so bewendet es bei der dreißigjährigen Frist.

§§ 749 Abs. 2, 3; 750, 751 s. § 2042.

§ 1010 Abs. 1*. Steht ein Grundstück in Frage, so wirkt die getroffene Bestimmung gegen den Sondernachfolger eines Miterben nur, wenn sie als Belastung des Antheils im Grundbuch eingetragen ist.

— **Aufschub der Auseinandersetzung.**

§ 2045. Jeder Miterbe kann verlangen, daß die Auseinandersetzung bis zur Beendigung des nach § 1970 zulässigen Aufgebotsverfahrens oder bis zum Ablaufe der im § 2061 bestimmten Anmeldungsfrist aufgeschoben wird. Ist das Aufgebot noch nicht beantragt oder die öffentliche Aufforderung nach § 2061 noch nicht erlassen, so kann der Aufschub nur verlangt werden, wenn unverzüglich der Antrag gestellt oder die Aufforderung erlassen wird.

§ 1970. Die Nachlassgläubiger können im Wege des Aufgebotsverfahrens zur Anmeldung ihrer Forderungen aufgefordert werden.

§ 2061. Jeder Miterbe kann die Nachlassgläubiger öffentlich auffordern, ihre Forderungen binnen sechs Monaten bei ihm oder bei dem Nachlassgericht anzumelden. Ist die Aufforderung erfolgt, so haftet nach der Theilung jeder Miterbe nur für den seinem Erbtheil entsprechenden Theil einer Forderung, soweit nicht vor dem Ablaufe der Frist die Anmeldung erfolgt oder die Forderung ihm zur Zeit der Theilung bekannt ist.

Die Aufforderung ist durch den Deutschen Reichsanzeiger und durch das für die Bekanntmachungen des Nachlassgerichts bestimmte Blatt zu veröffentlichen. Die Frist beginnt mit der letzten Einrückung. Die Kosten fallen dem Erben zur Last, der die Aufforderung erlässt.

— Berichtigung der Nachlassverbindlichkeiten.

§ 2046. Aus dem Nachlasse sind zunächst die Nachlaßverbindlichkeiten zu berichtigen. Ist eine Nachlaßverbindlichkeit noch nicht fällig oder ist sie streitig, so ist das zur Berichtigung Erforderliche zurückzubehalten.

Fällt eine Nachlaßverbindlichkeit nur einigen Miterben zur Last, so können diese die Berichtigung nur aus dem verlangen, was ihnen bei der Auseinandersetzung zukommt.

Zur Berichtigung ist der Nachlaß, soweit erforderlich, in Geld umzusetzen.

— Theilung des Ueberschusses.

§ 2047. Der nach der Berichtigung der Nachlaßverbindlichkeiten verbleibende Ueberschuß gebührt den Erben nach dem Verhältnisse der Erbtheile.

Schriftstücke, die sich auf die persönlichen Verhältnisse des Erblassers, auf dessen Familie oder auf den ganzen Nachlaß beziehen, bleiben gemeinschaftlich.

— Anordnungen des Erblassers.

§ 2048. Der Erblasser kann durch letztwillige Verfügung Anordnungen für die Auseinandersetzung treffen. Er kann insbesondere anordnen, daß die Auseinandersetzung nach dem billigen Ermessen eines Dritten erfolgen soll. Die von dem Dritten auf Grund der Anordnung getroffene Bestimmung ist für die Erben nicht verbindlich, wenn sie offenbar unbillig ist; die Bestimmung erfolgt in diesem Falle durch Urtheil.

— — Ertragswerth eines Landgutes.

§ 2049. Hat der Erblasser angeordnet, daß einer der Miterben das Recht haben soll, ein zum Nachlasse gehörendes Landgut zu übernehmen, so ist im Zweifel anzunehmen, daß das Landgut zu dem Ertragswerth angesetzt werden soll.

Der Ertragswerth bestimmt sich nach dem Reinertrage, den das Landgut nach seiner bisherigen wirthschaftlichen Bestimmung bei ordnungsmäßiger Bewirthschaftung nachhaltig gewähren kann.

— Ausgleichungspflicht.

§ 2050. Abkömmlinge, die als gesetzliche Erben zur Erbfolge gelangen, sind verpflichtet, dasjenige, was sie von dem Erblasser bei dessen Lebzeiten als Ausstattung erhalten haben, bei der Auseinandersetzung unter einander zur Ausgleichung zu bringen, soweit nicht der Erblasser bei der Zuwendung ein Anderes angeordnet hat.

Zuschüsse, die zu dem Zwecke gegeben worden sind, als Einkünfte verwendet zu werden, sowie Aufwendungen für die Vorbildung zu einem

Berufe sind insoweit zur Ausgleichung zu bringen, als sie das den Vermögensverhältnissen des Erblassers enspréchende Maß überstiegen haben.

Andere Zuwendungen unter Lebenden sind zur Ausgleichung zu bringen, wenn der Erblasser bei der Zuwendung die Ausgleichung angeordnet hat.

§ 2051. Fällt ein Abkömmling, der als Erbe zur Ausgleichung verpflichtet sein würde, vor oder nach dem Erbfalle weg, so ist wegen der ihm gemachten Zuwendungen der an seine Stelle tretende Abkömmling zur Ausgleichung verpflichtet.

Hat der Erblasser für den wegfallenden Abkömmling einen Ersatzerben eingesetzt, so ist im Zweifel anzunehmen, daß dieser nicht mehr erhalten soll, als der Abkömmling unter Berücksichtigung der Ausgleichungspflicht erhalten würde.

§ 2052. Hat der Erblasser die Abkömmlinge auf dasjenige als Erben eingesetzt, was sie als gesetzliche Erben erhalten würden, oder hat er ihre Erbtheile so bestimmt, daß sie zu einander in demselben Verhältnisse stehen wie die gesetzlichen Erbtheile, so ist im Zweifel anzunehmen, daß die Abkömmlinge nach den §§ 2050, 2051 zur Ausgleichung verpflichtet sein sollen.

§ 2053. Eine Zuwendung, die ein entfernterer Abkömmling vor dem Wegfalle des ihn von der Erbfolge ausschließenden näheren Abkömmlinges oder ein an die Stelle eines Abkömmlinges als Ersatzerbe tretender Abkömmling von dem Erblasser erhalten hat, ist nicht zur Ausgleichung zu bringen, es sei denn, daß der Erblasser bei der Zuwendung die Ausgleichung angeordnet hat.

Das Gleiche gilt, wenn ein Abkömmling, bevor er die rechtliche Stellung eines solchen erlangt hatte, eine Zuwendung von dem Erblasser erhalten hat.

§ 2054. Eine Zuwendung, die aus dem Gesammtgute der allgemeinen Gütergemeinschaft, der Errungenschaftsgemeinschaft oder der Fahrnißgemeinschaft erfolgt, gilt als von jedem der Ehegatten zur Hälfte gemacht. Die Zuwendung gilt jedoch, wenn sie an einen Abkömmling erfolgt, der nur von einem der Ehegatten abstammt, oder wenn einer der Ehegatten wegen der Zuwendung zu dem Gesammtgut Ersatz zu leisten hat, als von diesem Ehegatten gemacht.

Diese Vorschriften finden auf eine Zuwendung aus dem Gesammtgute der fortgesetzten Gütergemeinschaft entsprechende Anwendung.

§ 2055. Bei der Auseinandersetzung wird jedem Miterben der Werth der Zuwendung, die er zur Ausgleichung zu bringen hat, auf seinen Erbtheil angerechnet. Der Werth der sämmtlichen Zuwendungen, die zur Ausgleichung zu bringen sind, wird dem Nachlasse hinzugerechnet, soweit dieser den Miterben zukommt, unter denen die Ausgleichung stattfindet.

Der Werth bestimmt sich nach der Zeit, zu der die Zuwendung erfolgt ist.

§ 2056. Hat ein Miterbe durch die Zuwendung mehr erhalten, als ihm bei der Auseinandersetzung zukommen würde, so ist er zur Herauszahlung des Mehrbetrags nicht verpflichtet. Der Nachlaß wird in einem solchen Falle unter die übrigen Erben in der Weise getheilt, daß der Werth der Zuwendung und der Erbtheil des Miterben außer Ansatz bleiben.

— **Auskunftsertheilung** — **Offenbarungseid.**

§ 2057. Jeder Miterbe ist verpflichtet, den übrigen Erben auf Verlangen Auskunft über die Zuwendungen zu ertheilen, die er nach den §§ 2050 bis 2053 zur Ausgleichung zu bringen hat. Die Vorschriften der §§ 260, 261 über die Verpflichtung zur Leistung des Offenbarungseids finden entsprechende Anwendung.

§ 260*. Besteht Grund zu der Annahme, dass die Auskunft nicht mit der erforderlichen Sorgfalt ertheilt worden ist, so hat der Miterbe auf Verlangen den Offenbarungseid dahin zu leisten·

dass er nach bestem Wissen die Zuwendungen so vollständig angegeben habe, als er dazu im Stande sei.

Die Vorschrift des § 259 Abs. 3 findet Anwendung.

§ 259 Abs. 3. In Angelegenheiten von geringer Bedeutung besteht eine Verpflichtung zur Leistung des Offenbarungseids nicht.

§ 261 Der Offenbarungseid ist, sofern er nicht vor dem Prozessgerichte zu leisten ist, vor dem Amtsgerichte des Ortes zu leisten, an welchem die Verpflichtung zur Rechnungslegung oder zur Vorlegung des Verzeichnisses zu erfüllen ist. Hat der Verpflichtete seinen Wohnsitz oder seinen Aufenthalt im Inlande, so kann er den Eid vor dem Amtsgerichte des Wohnsitzes oder des Aufenthaltsorts leisten.

Das Gericht kann eine den Umständen entsprechende Aenderung der Eidesnorm beschliessen.

Die Kosten der Abnahme des Eides hat derjenige zu tragen, welcher die Leistung des Eides verlangt.

II. Rechtsverhältniß zwischen den Erben und den Nachlaßgläubigern.

Haftung für die gemeinschaftlichen Nachlassverbindlichkeiten.

§ 2058. Die Erben haften für die gemeinschaftlichen Nachlaßverbindlichkeiten als Gesammtschuldner.

— **bis zur Theilung.**

§ 2059. Bis zur Theilung des Nachlasses kann jeder Miterbe die Berichtigung der Nachlaßverbindlichkeiten aus dem Vermögen, das er außer seinem Antheil an dem Nachlasse hat, verweigern. Haftet er für eine Nachlaßverbindlichkeit unbeschränkt, so steht ihm dieses Recht in Ansehung des seinem Erbtheil entsprechenden Theiles der Verbindlichkeit nicht zu.

Das Recht der Nachlaßgläubiger, die Befriedigung aus dem ungetheilten Nachlasse von sämmtlichen Miterben zu verlangen, bleibt unberührt.

— **nach der Theilung.**

§ 2060. Nach der Theilung des Nachlasses haftet jeder Miterbe nur für den seinem Erbtheil entsprechenden Theil einer Nachlaßverbindlichkeit:

1. wenn der Gläubiger im Aufgebotsverfahren ausgeschlossen ist; das Aufgebot erstreckt sich insoweit auch auf die im § 1972 bezeichneten Gläubiger sowie auf die Gläubiger, denen der Miterbe unbeschränkt haftet;

2. wenn der Gläubiger seine Forderung später als fünf Jahre nach dem im § 1974 Abs. 1 bestimmten Zeitpunkte geltend macht, es sei denn, daß die Forderung vor dem Ablaufe der fünf Jahre dem Miterben bekannt geworden oder im Aufgebotsverfahren angemeldet worden ist; die Vorschrift findet keine Anwendung, soweit der Gläubiger nach § 1971 von dem Aufgebote nicht betroffen wird;
3. wenn der Nachlaßkonkurs eröffnet und durch Vertheilung der Masse oder durch Zwangsvergleich beendigt worden ist.

§ 1972. Pflichttheilsrechte, Vermächtnisse und Auflagen werden durch das Aufgebot nicht betroffen, unbeschadet der Vorschrift des § 2060 Nr. 1.

§ 1974 Abs. 1. Ein Nachlassgläubiger, der seine Forderung später als fünf Jahre nach dem Erbfalle dem Erben gegenüber geltend macht, steht einem ausgeschlossenen Gläubiger gleich, es sei denn, dass die Forderung dem Erben vor dem Ablaufe der fünf Jahre bekannt geworden oder im Aufgebotsverfahren angemeldet worden ist. Wird der Erblasser für todt erklärt, so beginnt die Frist nicht vor der Erlassung des die Todeserklärung aussprechenden Urtheils.

§ 1971. Pfandgläubiger und Gläubiger, die im Konkurse den Pfandgläubigern gleichstehen, sowie Gläubiger, die bei der Zwangsvollstreckung in das unbewegliche Vermögen ein Recht auf Befriedigung aus diesem Vermögen haben, werden, soweit es sich um die Befriedigung aus den ihnen haftenden Gegenständen handelt, durch das Aufgebot nicht betroffen. Das Gleiche gilt von Gläubigern, deren Ansprüche durch eine Vormerkung gesichert sind oder denen im Konkurs ein Aussonderungsrecht zusteht, in Ansehung des Gegenstandes ihres Rechtes.

Oeffentliche Aufforderung der Nachlassgläubiger.

§ 2061. Jeder Miterbe kann die Nachlaßgläubiger öffentlich auffordern, ihre Forderungen binnen sechs Monaten bei ihm oder bei dem Nachlaßgericht anzumelden. Ist die Aufforderung erfolgt, so haftet nach der Theilung jeder Miterbe nur für den seinem Erbtheil entsprechenden Theil einer Forderung, soweit nicht vor dem Ablaufe der Frist die Anmeldung erfolgt oder die Forderung ihm zur Zeit der Theilung bekannt ist.

Die Aufforderung ist durch den Deutschen Reichsanzeiger und durch das für die Bekanntmachungen des Nachlaßgerichts bestimmte Blatt zu veröffentlichen. Die Frist beginnt mit der letzten Einrückung. Die Kosten fallen dem Erben zur Last, der die Aufforderung erläßt.

Nachlassverwaltung.

§ 2062. Die Anordnung einer Nachlaßverwaltung kann von den Erben nur gemeinschaftlich beantragt werden; sie ist ausgeschlossen, wenn der Nachlaß getheilt ist.

Inventarrecht.

§ 2063. Die Errichtung des Inventars durch einen Miterben kommt auch den übrigen Erben zu Statten, soweit nicht ihre Haftung für die Nachlaßverbindlichkeiten unbeschränkt ist.

Ein Miterbe kann sich den übrigen Erben gegenüber auf die Beschränkung seiner Haftung auch dann berufen, wenn er den anderen Nachlaßgläubigern gegenüber unbeschränkt haftet.

Dritter Abschnitt.

Testament.

Erster Titel.

Allgemeine Vorschriften.

Persönliche Errichtung.

§ 2064. Der Erblasser kann ein Testament nur persönlich errichten.

§ 2065. Der Erblasser kann eine letztwillige Verfügung nicht in der Weise treffen, daß ein Anderer zu bestimmen hat, ob sie gelten oder nicht gelten soll.

Der Erblasser kann die Bestimmung der Person, die eine Zuwendung erhalten soll, sowie die Bestimmung des Gegenstandes der Zuwendung nicht einem Anderen überlassen.

Zuwendung an „die gesetzlichen Erben".

§ 2066. Hat der Erblasser seine gesetzlichen Erben ohne nähere Bestimmung bedacht, so sind diejenigen, welche zur Zeit des Erbfalls seine gesetzlichen Erben sein würden, nach dem Verhältniß ihrer gesetzlichen Erbtheile bedacht. Ist die Zuwendung unter einer aufschiebenden Bedingung oder unter Bestimmung eines Anfangstermins gemacht und tritt die Bedingung oder der Termin erst nach dem Erbfall ein, so sind im Zweifel diejenigen als bedacht anzusehen, welche die gesetzlichen Erben sein würden, wenn der Erblasser zur Zeit des Eintritts der Bedingung oder des Termins gestorben wäre.

Zuwendung an „die Verwandten" oder „nächsten Verwandten".

§ 2067. Hat der Erblasser seine Verwandten oder seine nächsten Verwandten ohne nähere Bestimmung bedacht, so sind im Zweifel diejenigen Verwandten, welche zur Zeit des Erbfalls seine gesetzlichen Erben sein würden, als nach dem Verhältniß ihrer gesetzlichen Erbtheile bedacht anzusehen. Die Vorschrift des § 2066 Satz 2 findet Anwendung.

Zuwendung des Erblassers an „seine Kinder".

§ 2068. Hat der Erblasser seine Kinder ohne nähere Bestimmung bedacht und ist ein Kind vor der Errichtung des Testaments mit Hinterlassung von Abkömmlingen gestorben, so ist im Zweifel anzunehmen, daß die Abkömmlinge insoweit bedacht sind, als sie bei der gesetzlichen Erbfolge an die Stelle des Kindes treten würden.

Zuwendung des Erblassers an „seine Abkömmlinge".

§ 2069. Hat der Erblasser einen seiner Abkömmlinge bedacht und fällt dieser nach der Errichtung des Testaments weg, so ist im Zweifel anzunehmen, daß dessen Abkömmlinge insoweit bedacht sind, als sie bei der gesetzlichen Erbfolge an dessen Stelle treten würden.

Zuwendung an die Abkömmlinge eines Dritten.

§ 2070. Hat der Erblasser die Abkömmlinge eines Dritten ohne nähere Bestimmung bedacht, so ist im Zweifel anzunehmen, daß diejenigen Abkömmlinge nicht bedacht sind, welche zur Zeit des Erbfalls oder, wenn die Zuwendung unter einer aufschiebenden Bedingung oder unter Bestimmung eines Anfangstermins gemacht ist und die Bedingung oder der Termin erst nach dem Erbfall eintritt, zur Zeit des Eintritts der Bedingung oder des Termins noch nicht erzeugt sind.

Zuwendung an eine Klasse von Personen.

§ 2071. Hat der Erblasser ohne nähere Bestimmung eine Klasse von Personen oder Personen bedacht, die zu ihm in einem Dienst- oder Geschäftsverhältnisse stehen, so ist im Zweifel anzunehmen, daß diejenigen bedacht sind, welche zur Zeit des Erbfalls der bezeichneten Klasse angehören oder in dem bezeichneten Verhältnisse stehen.

Zuwendung an die Armen.

§ 2072. Hat der Erblasser die Armen ohne nähere Bestimmung bedacht, so ist im Zweifel anzunehmen, daß die öffentliche Armenkasse der Gemeinde, in deren Bezirk er seinen letzten Wohnsitz gehabt hat, unter der Auflage bedacht ist, das Zugewendete unter Arme zu vertheilen.

Ungewissheit der Person des Bedachten.

§ 2073. Hat der Erblasser den Bedachten in einer Weise bezeichnet, die auf mehrere Personen paßt, und läßt sich nicht ermitteln, wer von ihnen bedacht werden sollte, so gelten sie als zu gleichen Theilen bedacht.

Zuwendung unter einer Bedingung.

§ 2074. Hat der Erblasser eine letztwillige Zuwendung unter einer aufschiebenden Bedingung gemacht, so ist im Zweifel anzunehmen, daß die Zuwendung nur gelten soll, wenn der Bedachte den Eintritt der Bedingung erlebt.

§ 2075. Hat der Erblasser eine letztwillige Zuwendung unter der Bedingung gemacht, daß der Bedachte während eines Zeitraums von unbestimmter Dauer etwas unterläßt oder fortgesetzt thut, so ist, wenn das Unterlassen oder das Thun lediglich in der Willkür des Bedachten liegt, im Zweifel anzunehmen, daß die Zuwendung von der auflösenden Bedingung abhängig sein soll, daß der Bedachte die Handlung vornimmt oder das Thun unterläßt.

§ 2076. Bezweckt die Bedingung, unter der eine letztwillige Zuwendung gemacht ist, den Vortheil eines Dritten, so gilt sie im Zweifel als eingetreten, wenn der Dritte die zum Eintritte der Bedingung erforderliche Mitwirkung verweigert.

Zuwendungen an den Ehegatten oder Verlobten.

§ 2077. Eine letztwillige Verfügung, durch die der Erblasser seinen Ehegatten bedacht hat, ist unwirksam, wenn die Ehe nichtig oder wenn sie vor dem Tode des Erblassers aufgelöst worden ist. Der Auflösung der Ehe steht es gleich, wenn der Erblasser zur Zeit seines Todes auf Scheidung wegen Verschuldens des Ehegatten zu klagen berechtigt war und die Klage auf Scheidung oder auf Aufhebung der ehelichen Gemeinschaft erhoben hatte.

Eine letztwillige Verfügung, durch die der Erblasser seinen Verlobten bedacht hat, ist unwirksam, wenn das Verlöbniß vor dem Tode des Erblassers aufgelöst worden ist.

Die Verfügung ist nicht unwirksam, wenn anzunehmen ist, daß der Erblasser sie auch für einen solchen Fall getroffen haben würde.

Anfechtung. *1. Anfechtungsgründe.*

§ 2078. Eine letztwillige Verfügung kann angefochten werden, soweit der Erblasser über den Inhalt seiner Erklärung im Irrthume war oder eine Erklärung dieses Inhalts überhaupt nicht abgeben wollte und anzunehmen ist, daß er die Erklärung bei Kenntniß der Sachlage nicht abgegeben haben würde.

Das Gleiche gilt, soweit der Erblasser zu der Verfügung durch die irrige Annahme oder Erwartung des Eintritts oder Nichteintritts eines Umstandes oder widerrechtlich durch Drohung bestimmt worden ist.

Die Vorschriften des § 122 finden keine Anwendung.

§ 122 Abs. 1. Ist eine Willenserklärung nach § 118 nichtig oder auf Grund der §§ 119, 120 angefochten, so hat der Erklärende, wenn die Erklärung einem Anderen gegenüber abzugeben war, diesem, anderenfalls jedem Dritten den Schaden zu ersetzen, den der Andere oder der Dritte dadurch erleidet, dass er auf die Gültigkeit der Erklärung vertraut, jedoch nicht über den Betrag des Interesses hinaus, welches der Andere oder der Dritte an der Gültigkeit der Erklärung hat.

§ 2079. Eine letztwillige Verfügung kann angefochten werden, wenn der Erblasser einen zur Zeit des Erbfalls vorhandenen Pflichttheilsberechtigten übergangen hat, dessen Vorhandensein ihm bei der Errichtung der Verfügung nicht bekannt war oder der erst nach der Errichtung geboren oder pflichttheilsberechtigt geworden ist. Die Anfechtung ist ausgeschlossen, soweit anzunehmen ist, daß der Erblasser auch bei Kenntniß der Sachlage die Verfügung getroffen haben würde.

2. Anfechtungsberechtigter.

§ 2080. Zur Anfechtung ist derjenige berechtigt, welchem die Aufhebung der letztwilligen Verfügung unmittelbar zu Statten kommen würde.

Bezieht sich in den Fällen des § 2078 der Irrthum nur auf eine bestimmte Person und ist diese anfechtungsberechtigt oder würde sie anfechtungsberechtigt sein, wenn sie zur Zeit des Erbfalls gelebt hätte, so ist ein Anderer zur Anfechtung nicht berechtigt.

Im Falle des § 2079 steht das Anfechtungsrecht nur dem Pflichttheilsberechtigten zu.

3. Form der Anfechtung.

§ 2081. Die Anfechtung einer letztwilligen Verfügung, durch die ein Erbe eingesetzt, ein gesetzlicher Erbe von der Erbfolge ausgeschlossen, ein Testamentsvollstrecker ernannt oder eine Verfügung solcher Art aufgehoben wird, erfolgt durch Erklärung gegenüber dem Nachlaßgerichte.

Das Nachlaßgericht soll die Anfechtungserklärung demjenigen mittheilen, welchem die angefochtene Verfügung unmittelbar zu Statten kommt. Es hat die Einsicht der Erklärung Jedem zu gestatten, der ein rechtliches Interesse glaubhaft macht.

Die Vorschrift des Abs. 1 gilt auch für die Anfechtung einer letztwilligen Verfügung, durch die ein Recht für einen Anderen nicht begründet wird, insbesondere für die Anfechtung einer Auflage.

4. Anfechtungsfrist.

§ 2082. Die Anfechtung kann nur binnen Jahresfrist erfolgen.

Die Frist beginnt mit dem Zeitpunkt, in welchem der Anfechtungsberechtigte von dem Anfechtungsgrunde Kenntniß erlangt. Auf den Lauf der Frist finden die für die Verjährung geltenden Vorschriften der §§ 203, 206, 207 entsprechende Anwendung.

Die Anfechtung ist ausgeschlossen, wenn seit dem Erbfalle dreißig Jahre verstrichen sind.

§ 203*. Der Lauf der Frist ist gehemmt, solange der Anfechtungsberechtigte durch Stillstand der Rechtspflege innerhalb der letzten sechs Monate der Anfechtungsfrist an der Abgabe einer Anfechtungserklärung verhindert ist.

§ 206*. Ist eine geschäftsunfähige oder in der Geschäftsfähigkeit beschränkte Person ohne gesetzlichen Vertreter, so wird die gegen sie laufende Anfechtungsfrist nicht vor dem Ablaufe von sechs Monaten nach dem Zeitpunkte vollendet, in welchem die Person unbeschränkt geschäftsfähig wird oder der Mangel der Vertretung aufhört.

§ 207*. Gehört der Anfechtungsanspruch zu einem Nachlasse, so wird die Anfechtungsfrist nicht vor dem Ablaufe von sechs Monaten nach dem Zeitpunkte vollendet, in welchem die Erbschaft von dem Erben angenommen oder der Konkurs über den Nachlass eröffnet wird oder von welchem an der Anspruch von einem Vertreter geltend gemacht werden kann.

5. Einrede der Anfechtbarkeit.

§ 2083. Ist eine letztwillige Verfügung, durch die eine Verpflichtung zu einer Leistung begründet wird, anfechtbar, so kann der Beschwerte die Leistung verweigern, auch wenn die Anfechtung nach § 2082 ausgeschlossen ist.

Mehrdeutigkeit letztwilliger Verfügungen.

§ 2084. Läßt der Inhalt einer letztwilligen Verfügung verschiedene Auslegungen zu, so ist im Zweifel diejenige Auslegung vorzuziehen, bei welcher die Verfügung Erfolg haben kann.

Unwirksamkeit einer von mehreren Verfügungen.

§ 2085. Die Unwirksamkeit einer von mehreren in einem Testament enthaltenen Verfügungen hat die Unwirksamkeit der übrigen Verfügungen nur zur Folge, wenn anzunehmen ist, daß der Erblasser diese ohne die unwirksame Verfügung nicht getroffen haben würde.

Vorbehalt der Ergänzung einer letztwilligen Verfügung.

§ 2086. Ist einer letztwilligen Verfügung der Vorbehalt einer Ergänzung beigefügt, die Ergänzung aber unterblieben, so ist die Verfügung wirksam, sofern nicht anzunehmen ist, daß die Wirksamkeit von der Ergänzung abhängig sein sollte.

Zweiter Titel.

Erbeinsetzung.

Zuwendung des Vermögens oder einzelner Gegenstände.

§ 2087. Hat der Erblasser sein Vermögen oder einen Bruchtheil seines Vermögens dem Bedachten zugewendet, so ist die Verfügung als Erbeinsetzung anzusehen, auch wenn der Bedachte nicht als Erbe bezeichnet ist.

Sind dem Bedachten nur einzelne Gegenstände zugewendet, so ist im Zweifel nicht anzunehmen, daß er Erbe sein soll, auch wenn er als Erbe bezeichnet ist.

Einsetzung auf das Ganze nicht erschöpfende Bruchtheile.

§ 2088. Hat der Erblasser nur einen Erben eingesetzt und die Einsetzung auf einen Bruchtheil der Erbschaft beschränkt, so tritt in Ansehung des übrigen Theiles die gesetzliche Erbfolge ein.

Das Gleiche gilt, wenn der Erblasser mehrere Erben unter Beschränkung eines jeden auf einen Bruchtheil eingesetzt hat und die Bruchtheile das Ganze nicht erschöpfen.

§ 2089. Sollen die eingesetzten Erben nach dem Willen des Erblassers die alleinigen Erben sein, so tritt, wenn jeder von ihnen auf einen Bruchtheil der Erbschaft eingesetzt ist und die Bruchtheile das Ganze nicht erschöpfen, eine verhältnißmäßige Erhöhung der Bruchtheile ein.

Einsetzung auf das Ganze übersteigende Bruchtheile.

§ 2090. Ist jeder der eingesetzten Erben auf einen Bruchtheil der Erbschaft eingesetzt und übersteigen die Bruchtheile das Ganze, so tritt eine verhältnißmäßige Minderung der Bruchtheile ein.

Einsetzung Mehrerer ohne Bestimmung der Erbtheile.

§ 2091. Sind mehrere Erben eingesetzt, ohne daß die Erbtheile bestimmt sind, so sind sie zu gleichen Theilen eingesetzt, soweit sich nicht aus den §§ 2066 bis 2069 ein Anderes ergiebt.

§ 2066. Hat der Erblasser seine gesetzlichen Erben ohne nähere Bestimmung bedacht, so sind diejenigen, welche zur Zeit des Erbfalls seine gesetzlichen Erben sein würden, nach dem Verhältniss ihrer gesetzlichen Erbtheile bedacht. Ist die Zuwendung unter einer aufschiebenden Bedingung oder unter Bestimmung eines Anfangstermins gemacht und tritt die Bedingung oder der Termin erst nach dem Erbfall ein, so sind im Zweifel diejenigen als bedacht anzusehen, welche die gesetzlichen Erben sein würden, wenn der Erblasser zur Zeit des Eintritts der Bedingung oder des Termins gestorben wäre.

§ 2067. Hat der Erblasser seine Verwandten oder seine nächsten Verwandten ohne nähere Bestimmung bedacht, so sind im Zweifel diejenigen Verwandten, welche zur Zeit des Erbfalls seine gesetzlichen Erben sein würden, als nach dem Verhältniss ihrer gesetzlichen Erbtheile bedacht anzusehen. Die Vorschrift des § 2066 Satz 2 findet Anwendung.

§ 2068. Hat der Erblasser seine Kinder ohne nähere Bestimmung bedacht und ist ein Kind vor der Errichtung des Testaments mit Hinterlassung von Abkömmlingen gestorben, so ist im Zweifel anzunehmen, dass die Abkömmlinge insoweit bedacht sind, als sie bei der gesetzlichen Erbfolge an die Stelle des Kindes treten würden.

§ 2069. Hat der Erblasser einen seiner Abkömmlinge bedacht und fällt dieser nach der Errichtung des Testaments weg, so ist im Zweifel anzunehmen, dass dessen Abkömmlinge insoweit bedacht sind, als sie bei der gesetzlichen Erbfolge an dessen Stelle treten würden.

Einsetzung Mehrerer theils auf, theils ohne Bruchtheile.

§ 2092. Sind von mehreren Erben die einen auf Bruchtheile, die anderen ohne Bruchtheile eingesetzt, so erhalten die letzteren den freigebliebenen Theil der Erbschaft.

Erschöpfen die bestimmten Bruchtheile die Erbschaft, so tritt eine verhältnißmäßige Minderung der Bruchtheile in der Weise ein, daß jeder der ohne Bruchtheile eingesetzten Erben so viel erhält wie der mit dem geringsten Bruchtheile bedachte Erbe.

Gemeinschaftlicher Erbtheil.

§ 2093. Sind einige von mehreren Erben auf einen und denselben Bruchtheil der Erbschaft eingesetzt (gemeinschaftlicher Erbtheil), so finden in Ansehung des gemeinschaftlichen Erbtheils die Vorschriften der §§ 2089 bis 2092 entsprechende Anwendung.

Anwachsung.

§ 2094. Sind mehrere Erben in der Weise eingesetzt, daß sie die gesetzliche Erbfolge ausschließen, und fällt einer der Erben vor oder nach dem Eintritte des Erbfalls weg, so wächst dessen Erbtheil den übrigen Erben nach dem Verhältniß ihrer Erbtheile an. Sind einige der Erben auf einen gemeinschaftlichen Erbtheil eingesetzt, so tritt die Anwachsung zunächst unter ihnen ein.

Ist durch die Erbeinsetzung nur über einen Theil der Erbschaft verfügt und findet in Ansehung des übrigen Theiles die gesetzliche Erbfolge statt, so tritt die Anwachsung unter den eingesetzten Erben nur ein, soweit sie auf einen gemeinschaftlichen Erbtheil eingesetzt sind.

Der Erblasser kann die Anwachsung ausschließen.

§ 2095. Der durch Anwachsung einem Erben anfallende Erbtheil gilt in Ansehung der Vermächtnisse und Auflagen, mit denen dieser Erbe oder der wegfallende Erbe beschwert ist, sowie in Ansehung der Ausgleichungspflicht als besonderer Erbtheil.

Einsetzung eines Ersatzerben.

§ 2096. Der Erblasser kann für den Fall, daß ein Erbe vor oder nach dem Eintritte des Erbfalls wegfällt, einen Anderen als Erben einsetzen (Ersatzerbe).

§ 2097. Ist Jemand für den Fall, daß der zunächst berufene Erbe nicht Erbe sein kann, oder für den Fall, daß er nicht Erbe sein will, als Ersatzerbe eingesetzt, so ist im Zweifel anzunehmen, daß er für beide Fälle eingesetzt ist.

§ 2098. Sind die Erben gegenseitig oder sind für einen von ihnen die übrigen als Ersatzerben eingesetzt, so ist im Zweifel anzunehmen, daß sie nach dem Verhältniß ihrer Erbtheile als Ersatzerben eingesetzt sind.

Sind die Erben gegenseitig als Ersatzerben eingesetzt, so gehen Erben, die auf einen gemeinschaftlichen Erbtheil eingesetzt sind, im Zweifel als Ersatzerben für diesen Erbtheil den anderen vor.

§ 2099. Das Recht des Ersatzerben geht dem Anwachsungsrechte vor.

Dritter Titel.

Einsetzung eines Nacherben.

Nacherbe.

§ 2100. Der Erblasser kann einen Erben in der Weise einsetzen, daß dieser erst Erbe wird, nachdem zunächst ein Anderer Erbe geworden ist (Nacherbe).

Einsetzung einer noch nicht erzeugten Person.

§ 2101. Ist eine zur Zeit des Erbfalls noch nicht erzeugte Person als Erbe eingesetzt, so ist im Zweifel anzunehmen, daß sie als Nacherbe eingesetzt ist. Entspricht es nicht dem Willen des Erblassers, daß der Eingesetzte Nacherbe werden soll, so ist die Einsetzung unwirksam.

Das Gleiche gilt von der Einsetzung einer juristischen Person, die erst nach dem Erbfalle zur Entstehung gelangt; die Vorschrift des § 84 bleibt unberührt.

§ 84. Wird die Stiftung erst nach dem Tode des Stifters genehmigt, so gilt sie für die Zuwendungen des Stifters als schon vor dessen Tode entstanden.

— Nacherbe auch Ersatzerbe.

§ 2102. Die Einsetzung als Nacherbe enthält im Zweifel auch die Einsetzung als Ersatzerbe.

Ist zweifelhaft, ob Jemand als Ersatzerbe oder als Nacherbe eingesetzt ist, so gilt er als Ersatzerbe.

— Anordnung der Herausgabe der Erbschaft.

§ 2103. Hat der Erblasser angeordnet, daß der Erbe mit dem Eintritt eines bestimmten Zeitpunkts oder Ereignisses die Erbschaft einem Anderen herausgeben soll, so ist anzunehmen, daß der Andere als Nacherbe eingesetzt ist.

— Erbeinsetzung bis zu einem Termin.

§ 2104. Hat der Erblasser angeordnet, daß der Erbe nur bis zu dem Eintritt eines bestimmten Zeitpunkts oder Ereignisses Erbe sein soll, ohne zu bestimmen, wer alsdann die Erbschaft erhalten soll, so ist anzunehmen, daß als Nacherben diejenigen eingesetzt sind, welche die gesetzlichen Erben des Erblassers sein würden, wenn er zur Zeit des Eintritts des Zeitpunkts oder des Ereignisses gestorben wäre. Der Fiskus gehört nicht zu den gesetzlichen Erben im Sinne dieser Vorschrift.

— Aufschiebend bedingte Erbeinsetzung.

§ 2105. Hat der Erblasser angeordnet, daß der eingesetzte Erbe die Erbschaft erst mit dem Eintritt eines bestimmten Zeitpunkts oder Ereignisses erhalten soll, ohne zu bestimmen, wer bis dahin Erbe sein soll, so sind die gesetzlichen Erben des Erblassers die Vorerben.

Das Gleiche gilt, wenn die Persönlichkeit des Erben durch ein erst nach dem Erbfall eintretendes Ereigniß bestimmt werden soll oder wenn die Einsetzung einer zur Zeit des Erbfalls noch nicht erzeugten Person oder einer zu dieser Zeit noch nicht entstandenen juristischen Person als Erbe nach § 2101 als Nacherbeinsetzung anzusehen ist.

Eintritt der Nacherbfolge.

§ 2106. Hat der Erblasser einen Nacherben eingesetzt, ohne den Zeitpunkt oder das Ereigniß zu bestimmen, mit dem die Nacherbfolge eintreten soll, so fällt die Erbschaft dem Nacherben mit dem Tode des Vorerben an.

Ist die Einsetzung einer noch nicht erzeugten Person als Erbe nach § 2101 Abs. 1 als Nacherbeinsetzung anzusehen, so fällt die Erbschaft dem Nacherben mit dessen Geburt an. Im Falle des § 2101 Abs. 2 tritt der Anfall mit der Entstehung der juristischen Person ein.

— Bestimmung eines Nacherben für Abkömmlinge.

§ 2107. Hat der Erblasser einem Abkömmlinge, der zur Zeit der Errichtung der letztwilligen Verfügung keinen Abkömmling hat oder von dem der Erblasser zu dieser Zeit nicht weiß, daß er einen Abkömmling hat, für die Zeit nach dessen Tode einen Nacherben bestimmt, so ist anzunehmen, daß der Nacherbe nur für den Fall eingesetzt ist, daß der Abkömmling ohne Nachkommenschaft stirbt.

Voraussetzungen der Nacherbfolge — Vererblichkeit.

§ 2108. Die Vorschriften des § 1923 finden auf die Nacherbfolge entsprechende Anwendung.

Stirbt der eingesetzte Nacherbe vor dem Eintritte des Falles der Nacherbfolge, aber nach dem Eintritte des Erbfalls, so geht sein Recht auf seine Erben über, sofern nicht ein anderer Wille des Erblassers anzunehmen ist. Ist der Nacherbe unter einer aufschiebenden Bedingung eingesetzt, so bewendet es bei der Vorschrift des § 2074.

§ 1923*. Nacherbe kann nur werden, wer zur Zeit des Erbfalls lebt.
Wer zur Zeit des Erbfalls noch nicht lebte, aber bereits erzeugt war, gilt als vor dem Erbfalle geboren.

§ 2074. Hat der Erblasser eine letztwillige Zuwendung unter einer aufschiebenden Bedingung gemacht, so ist im Zweifel anzunehmen, dass die Zuwendung nur gelten soll, wenn der Bedachte den Eintritt der Bedingung erlebt.

Zeitliche Begrenzung.

§ 2109. Die Einsetzung eines Nacherben wird mit dem Ablaufe von dreißig Jahren nach dem Erbfall unwirksam, wenn nicht vorher der Fall der Nacherbfolge eingetreten ist. Sie bleibt auch nach dieser Zeit wirksam:

1. wenn die Nacherbfolge für den Fall angeordnet ist, daß in der Person des Vorerben oder des Nacherben ein bestimmtes Ereigniß eintritt, und derjenige, in dessen Person das Ereigniß eintreten soll, zur Zeit des Erbfalls lebt;
2. wenn dem Vorerben oder einem Nacherben für den Fall, daß ihm ein Bruder oder eine Schwester geboren wird, der Bruder oder die Schwester als Nacherbe bestimmt ist.

Ist der Vorerbe oder der Nacherbe, in dessen Person das Ereigniß eintreten soll, eine juristische Person, so bewendet es bei der dreißigjährigen Frist.

Anwachsung.

§ 2110. Das Recht des Nacherben erstreckt sich im Zweifel auf einen Erbtheil, der dem Vorerben in Folge des Wegfalls eines Miterben anfällt.

Das Recht des Nacherben erstreckt sich im Zweifel nicht auf ein dem Vorerben zugewendetes Vorausvermächtniß.

Gegenstand der Nacherbfolge.

§ 2111. Zur Erbschaft gehört, was der Vorerbe auf Grund eines zur Erbschaft gehörenden Rechtes oder als Ersatz für die Zerstörung, Beschädigung oder Entziehung eines Erbschaftsgegenstandes oder durch Rechtsgeschäft mit Mitteln der Erbschaft erwirbt, sofern nicht der Erwerb ihm als Nutzung gebührt. Die Zugehörigkeit einer durch Rechtsgeschäft erworbenen Forderung zur Erbschaft hat der Schuldner erst dann gegen sich gelten zu lassen, wenn er von der Zugehörigkeit Kenntniß erlangt; die Vorschriften der §§ 406 bis 408 finden entsprechende Anwendung.

Zur Erbschaft gehört auch, was der Vorerbe dem Inventar eines erbschaftlichen Grundstücks einverleibt.

§ 406*. Der Schuldner kann eine ihm gegen den Vorerben zustehende Forderung auch dem Nacherben gegenüber aufrechnen, es sei denn, dass er bei dem Erwerbe der Forderung von der Zugehörigkeit zur Erbschaft Kenntniss hatte, oder dass die Forderung erst nach der Erlangung der Kenntniss und später als die zur Erbschaft gehörende Forderung fällig geworden ist.

§ 407*. Der Nacherbe muss eine Leistung, die nach der Herausgabe der Erbschaft der Schuldner an den Vorerben bewirkt, sowie jedes Rechtsgeschäft, das nach der Herausgabe der Erbschaft zwischen dem Schuldner und dem Vorerben in Ansehung der Forderung vorgenommen wird, gegen sich gelten lassen, es sei denn, dass der Schuldner bei der Leistung oder der Vornahme des Rechtsgeschäfts die Zugehörigkeit der Forderung zur Erbschaft kennt.

Ist in einem nach der Zugehörigkeit zur Erbschaft zwischen dem Schuldner und dem Vorerben anhängig gewordenen Rechtsstreit ein rechtskräftiges Urtheil über die Forderung ergangen, so muss der Nacherbe das Urtheil gegen sich gelten lassen, es sei denn, dass der Schuldner die Zugehörigkeit zur Erbschaft bei dem Eintritte der Rechtshängigkeit gekannt hat.

§ 408*. Wird eine zur Erbschaft gehörende Forderung von dem Vorerben an einen Dritten abgetreten, so finden, wenn der Schuldner an den Dritten leistet oder wenn zwischen dem Schuldner und dem Dritten ein Rechtsgeschäft vorgenommen oder ein Rechtsstreit anhängig wird, zu Gunsten des Schuldners die Vorschriften des § 407 dem Nacherben gegenüber entsprechende Anwendung.

Das Gleiche gilt, wenn die zur Erbschaft gehörende Forderung durch gerichtlichen Beschluss an einen Dritten überwiesen wird oder wenn der Vorerbe dem Dritten gegenüber anerkennt, dass die zur Erbschaft gehörende Forderung kraft Gesetzes auf den Dritten übergegangen sei.

Verhältniss zwischen Vor- und Nacherben.

§ 2112. Der Vorerbe kann über die zur Erbschaft gehörenden Gegenstände verfügen, soweit sich nicht aus den Vorschriften der §§ 2113 bis 2115 ein Anderes ergiebt.

— Rechte an Grundstücken, Schenkungen.

§ 2113. Die Verfügung des Vorerben über ein zur Erbschaft gehörendes Grundstück oder über ein zur Erbschaft gehörendes Recht an einem Grundstück ist im Falle des Eintritts der Nacherbfolge insoweit unwirksam, als sie das Recht des Nacherben vereiteln oder beeinträchtigen würde.

Das Gleiche gilt von der Verfügnng über einen Erbschaftsgegenstand, die unentgeltlich oder zum Zwecke der Erfüllung eines von dem Vorerben ertheilten Schenkungsversprechens erfolgt. Ausgenommen sind Schenkungen, durch die einer sittlichen Pflicht oder einer auf den Anstand zu nehmenden Rücksicht entsprochen wird.

Die Vorschriften zu Gunsten derjenigen, welche Rechte von einem Nichtberechtigten herleiten, finden entsprechende Anwendung.

— Hypotheken, Grund- und Rentenschulden.

§ 2114. Gehört zur Erbschaft eine Hypothekenforderung, eine Grundschuld oder eine Rentenschuld, so steht die Kündigung und die Einziehung dem Vorerben zu. Der Vorerbe kann jedoch nur verlangen, daß das Kapital an ihn nach Beibringung der Einwilligung der Nacherben gezahlt oder daß es für ihn und den Nacherben hinterlegt wird. Auf andere Verfügungen über die Hypothekenforderung, die Grundschuld oder die Rentenschuld finden die Vorschriften des § 2113 Anwendung.

— Verfügungen im Wege der Zwangsvollstreckung.

§ 2115. Eine Verfügung über einen Erbschaftsgegenstand, die im Wege der Zwangsvollstreckung oder der Arrestvollziehung oder durch den

Konkursverwalter erfolgt, ist im Falle des Eintritts der Nacherbfolge insoweit unwirksam, als sie das Recht des Nacherben vereiteln oder beeinträchtigen würde. Die Verfügung ist unbeschränkt wirksam, wenn der Anspruch eines Nachlaßgläubigers oder ein an einem Erbschaftsgegenstande bestehendes Recht geltend gemacht wird, das im Falle des Eintritts der Nacherbfolge dem Nacherben gegenüber wirksam ist.

— **Werthpapiere.**

§ 2116. Der Vorerbe hat auf Verlangen des Nacherben die zur Erbschaft gehörenden Inhaberpapiere nebst den Erneuerungsscheinen bei einer Hinterlegungsstelle oder bei der Reichsbank mit der Bestimmung zu hinterlegen, daß die Herausgabe nur mit Zustimmung des Nacherben verlangt werden kann. Die Hinterlegung von Inhaberpapieren, die nach § 92 zu den verbrauchbaren Sachen gehören, sowie von Zins-, Renten- oder Gewinnantheilscheinen kann nicht verlangt werden. Den Inhaberpapieren stehen Orderpapiere gleich, die mit Blankoindossament versehen sind.

Ueber die hinterlegten Papiere kann der Vorerbe nur mit Zustimmung des Nacherben verfügen.

§ 92. Verbrauchbare Sachen im Sinne des Gesetzes sind bewegliche Sachen, deren bestimmungsmässiger Gebrauch in dem Verbrauch oder in der Veräusserung besteht.

Als verbrauchbar gelten auch bewegliche Sachen, die zu einem Waarenlager oder zu einem sonstigen Sachinbegriffe gehören, dessen bestimmungsmässiger Gebrauch in der Veräusserung der einzelnen Sachen besteht.

§ 2117. Der Vorerbe kann die Inhaberpapiere, statt sie nach § 2116 zu hinterlegen, auf seinen Namen mit der Bestimmung umschreiben lassen, daß er über sie nur mit Zustimmung des Nacherben verfügen kann. Sind die Papiere von dem Reiche oder einem Bundesstaat ausgestellt, so kann er sie mit der gleichen Bestimmung in Buchforderungen gegen das Reich oder den Bundesstaat umwandeln lassen.

— **Buchforderungen.**

§ 2118. Gehören zur Erbschaft Buchforderungen gegen das Reich oder einen Bundesstaat, so ist der Vorerbe auf Verlangen des Nacherben verpflichtet, in das Schuldbuch den Vermerk eintragen zu lassen, daß er über die Forderungen nur mit Zustimmung des Nacherben verfügen kann.

— **Anlegung von Geld.**

§ 2119. Geld, das nach den Regeln einer ordnungsmäßigen Wirthschaft dauernd anzulegen ist, darf der Vorerbe nur nach den für die Anlegung von Mündelgeld geltenden Vorschriften anlegen.

— **Verpflichtung zur Ertheilung der Einwilligung.**

§ 2120. Ist zur ordnungsmäßigen Verwaltung, insbesondere zur Berichtigung von Nachlaßverbindlichkeiten, eine Verfügung erforderlich, die der Vorerbe nicht mit Wirkung gegen den Nacherben vornehmen kann, so ist der Nacherbe dem Vorerben gegenüber verpflichtet, seine Einwilligung zu der Verfügung zu ertheilen. Die Einwilligung ist auf Verlangen in öffentlich beglaubigter Form zu erklären. Die Kosten der Beglaubigung fallen dem Vorerben zur Last.

— **Verzeichniss der Erbschaftsgegenstände.**

§ 2121. Der Vorerbe hat dem Nacherben auf Verlangen ein Verzeichniß der zur Erbschaft gehörenden Gegenstände mitzutheilen. Das

Verzeichniß ist mit der Angabe des Tages der Aufnahme zu versehen und von dem Vorerben zu unterzeichnen; der Vorerbe hat auf Verlangen die Unterzeichnung öffentlich beglaubigen zu lassen.

Der Nacherbe kann verlangen, daß er bei der Aufnahme des Verzeichnisses zugezogen wird.

Der Vorerbe ist berechtigt und auf Verlangen des Nacherben verpflichtet, das Verzeichniß durch die zuständige Behörde oder durch einen zuständigen Beamten oder Notar aufnehmen zu lassen.

Die Kosten der Aufnahme und der Beglaubigung fallen der Erbschaft zur Last.

— **Feststellung des Zustands der Erbschaft.**

§ 2122. Der Vorerbe kann den Zustand der zur Erbschaft gehörenden Sachen auf seine Kosten durch Sachverständige feststellen lassen. Das gleiche Recht steht dem Nacherben zu.

— **Wirthschaftsplan.**

§ 2123. Gehört ein Wald zur Erbschaft, so kann sowohl der Vorerbe als der Nacherbe verlangen, daß das Maß der Nutzung und die Art der wirthschaftlichen Behandlung durch einen Wirthschaftsplan festgestellt werden. Tritt eine erhebliche Aenderung der Umstände ein, so kann jeder Theil eine entsprechende Aenderung des Wirthschaftsplans verlangen. Die Kosten fallen der Erbschaft zur Last.

Das Gleiche gilt, wenn ein Bergwerk oder eine andere auf Gewinnung von Bodenbestandtheilen gerichtete Anlage zur Erbschaft gehört.

— **Erhaltungskosten.**

§ 2124. Der Vorerbe trägt dem Nacherben gegenüber die gewöhnlichen Erhaltungskosten.

Andere Aufwendungen, die der Vorerbe zum Zwecke der Erhaltung von Erbschaftsgegenständen den Umständen nach für erforderlich halten darf, kann er aus der Erbschaft bestreiten. Bestreitet er sie aus seinem Vermögen, so ist der Nacherbe im Falle des Eintritts der Nacherbfolge zum Ersatze verpflichtet.

— **Sonstige Verwendungen.**

§ 2125. Macht der Vorerbe Verwendungen auf die Erbschaft. die nicht unter die Vorschrift des § 2124 fallen, so ist der Nacherbe im Falle des Eintritts der Nacherbfolge nach den Vorschriften über die Geschäftsführung ohne Auftrag zum Ersatze verpflichtet.

Der Vorerbe ist berechtigt, eine Einrichtung, mit der er eine zur Erbschaft gehörende Sache versehen hat, wegzunehmen.

— **Lastentragung.**

§ 2126. Der Vorerbe hat im Verhältnisse zu dem Nacherben nicht die außerordentlichen Lasten zu tragen, die als auf den Stammwerth der Erbschaftsgegenstände gelegt anzusehen sind. Auf diese Lasten finden die Vorschriften des § 2124 Abs. 2 Anwendung.

— **Auskunftspflicht des Vorerben.**

§ 2127. Der Nacherbe ist berechtigt, von dem Vorerben Auskunft über den Bestand der Erbschaft zu verlangen, wenn Grund zu der Annahme besteht, daß der Vorerbe durch seine Verwaltung die Rechte des Nacherben erheblich verletzt.

— **Sicherheitsleistung.**

§ 2128. Wird durch das Verhalten des Vorerben oder durch seine ungünstige Vermögenslage die Besorgniß einer erheblichen Verletzung der Rechte des Nacherben begründet, so kann der Nacherbe Sicherheitsleistung verlangen.

Die für die Verpflichtung des Nießbrauchers zur Sicherheitsleistung geltenden Vorschriften des § 1052 finden entsprechende Anwendung.

§ 1052*. Ist der Vorerbe zur Sicherheitsleistung rechtskräftig verurtheilt, so kann der Nacherbe statt der Sicherheitsleistung verlangen, dass die Verwaltung der Erbschaft für Rechnung des Vorerben einem von dem Gerichte zu bestellenden Verwalter übertragen wird. Die Anordnung der Verwaltung ist nur zulässig, wenn dem Vorerben auf Antrag des Nacherben von dem Gericht eine Frist zur Sicherheitsleistung bestimmt worden und die Frist verstrichen ist; sie ist unzulässig, wenn die Sicherheit vor dem Ablaufe der Frist geleistet wird.

Der Verwalter steht unter der Aufsicht des Gerichts wie ein für die Zwangsverwaltung eines Grundstücks bestellter Verwalter. Verwalter kann auch der Nacherbe sein.

Die Verwaltung ist aufzuheben, wenn die Sicherheit nachträglich geleistet wird.

— **Verlust des Verfügungsrechts.**

§ 2129. Wird dem Vorerben die Verwaltung nach den Vorschriften des § 1052 entzogen, so verliert er das Recht, über Erbschaftsgegenstände zu verfügen.

Die Vorschriften zu Gunsten derjenigen, welche Rechte von einem Nichtberechtigten herleiten, finden entsprechende Anwendung. Für die zur Erbschaft gehörenden Forderungen ist die Entziehung der Verwaltung dem Schuldner gegenüber erst wirksam, wenn er von der getroffenen Anordnung Kenntniß erlangt oder wenn ihm eine Mittheilung von der Anordnung zugestellt wird. Das Gleiche gilt von der Aufhebung der Entziehung.

§ 1052 s. § 2128.

— **Herausgabepflicht.**

§ 2130. Der Vorerbe ist nach dem Eintritte der Nacherbfolge verpflichtet, dem Nacherben die Erbschaft in dem Zustande herauszugeben, der sich bei einer bis zur Herausgabe fortgesetzten ordnungsmäßigen Verwaltung ergiebt. Auf die Herausgabe eines landwirthschaftlichen Grundstücks findet die Vorschrift des § 592, auf die Herausgabe eines Landguts finden die Vorschriften der §§ 592, 593 entsprechende Anwendung.

Der Vorerbe hat auf Verlangen Rechenschaft abzulegen.

§ 592*. Tritt der Fall der Nacherbfolge im Laufe eines Erbschaftsjahres ein, und ist ein landwirthschaftliches Grundstück oder Landgut herauszugeben, so hat der Nacherbe die Kosten, die der Vorerbe auf die noch nicht getrennten, jedoch nach den Regeln einer ordnungsmässigen Wirthschaft vor dem Ende des Erbschaftsjahrs zu trennenden Früchte verwendet hat, insoweit zu ersetzen, als sie einer ordnungsmässigen Wirthschaft entsprechen und den Werth dieser Früchte nicht übersteigen.

§ 593*. Ist ein Landgut herauszugeben, so hat der Vorerbe von den bei dem Eintritte der Nacherbfolge vorhandenen landwirthschaftlichen Erzeugnissen ohne Rücksicht darauf, ob er bei dem Anfalle der Erbschaft solche Erzeugnisse übernommen hat, so viel zurückzulassen, als zur Fortführung der Wirthschaft bis zu der Zeit erforderlich ist, zu welcher gleiche oder ähnliche Erzeugnisse voraussichtlich gewonnen werden.

Soweit der Vorerbe landwirthschaftliche Erzeugnisse in grösserer Menge oder besserer Beschaffenheit zurückzulassen verpflichtet ist, als er bei dem Anfalle der Erbschaft übernommen hat, kann er von dem Nacherben Ersatz des Werthes verlangen.

Den vorhandenen auf dem Gute gewonnenen Dünger hat der Vorerbe zurückzulassen, ohne dass er Ersatz des Werthes verlangen kann.

— **Sorgfalt.**

§ 2131. Der Vorerbe hat dem Nacherben gegenüber in Ansehung der Verwaltung nur für diejenige Sorgfalt einzustehen, welche er in eigenen Angelegenheiten anzuwenden pflegt.

— **Veränderungen, Verschlechterungen.**

§ 2132. Veränderungen oder Verschlechterungen von Erbschaftssachen, die durch ordnungsmäßige Benutzung herbeigeführt werden, hat der Vorerbe nicht zu vertreten.

— **Uebermässiger Fruchtbezug.**

§ 2133. Zieht der Vorerbe Früchte den Regeln einer ordnungsmäßigen Wirthschaft zuwider oder zieht er Früchte deshalb im Uebermaße, weil dies in Folge eines besonderen Ereignisses nothwendig geworden ist, so gebührt ihm der Werth der Früchte nur insoweit, als durch den ordnungswidrigen oder den übermäßigen Fruchtbezug die ihm gebührenden Nutzungen beeinträchtigt werden und nicht der Werth der Früchte nach den Regeln einer ordnungsmäßigen Wirthschaft zur Wiederherstellung der Sache zu verwenden ist.

— **Verwendung von Erbschaftsgegenständen für sich.**

§ 2134. Hat der Vorerbe einen Erbschaftsgegenstand für sich verwendet, so ist er nach dem Eintritte der Nacherbfolge dem Nacherben gegenüber zum Ersatze des Werthes verpflichtet. Eine weitergehende Haftung wegen Verschuldens bleibt unberührt.

— **Einfluss auf Miethe oder Pacht.**

§ 2135. Hat der Vorerbe ein zur Erbschaft gehörendes Grundstück vermiethet oder verpachtet, so finden, wenn das Mieth- oder Pachtverhältniß bei dem Eintritte der Nacherbfolge noch besteht, die Vorschriften des § 1056 entsprechende Anwendung.

§ 1056*. Nach dem Eintritte der Nacherbfolge finden die für den Fall der Veräusserung geltenden Vorschriften der §§ 571, 572, des § 573 Satz 1 und der §§ 574 bis 576, 579 entsprechende Anwendung.

Der Nacherbe ist berechtigt, das Mieth- oder Pachtverhältniss unter Einhaltung der gesetzlichen Kündigungsfrist zu kündigen.

Der Miether oder der Pächter ist berechtigt, den Nacherben unter Bestimmung einer angemessenen Frist zur Erklärung darüber aufzufordern, ob er von dem Kündigungsrechte Gebrauch mache. Die Kündigung kann nur bis zum Ablaufe der Frist erfolgen.

§ 571. Tritt die Nacherbfolge nach der Ueberlassung des vermietheten oder verpachteten Grundstückes an den Miether oder Pächter ein, so tritt der Nacherbe an Stelle des Vorerben in die sich aus dem Miethoder Pachtverhältnisse ergebenden Rechte und Verpflichtungen ein.*

Erfüllt der Nacherbe die Verpflichtungen nicht, so haftet der Vorerbe für den von dem Nacherben zu ersetzenden Schaden wie ein Bürge, der auf die Einrede der Vorausklage verzichtet hat. Erlangt der Miether oder der Pächter von dem Eintritte der Nacherbfolge durch Mittheilung des Vorerben Kenntniss, so wird der Vorerbe von der Haftung befreit, wenn nicht der Miether oder der Pächter das Mieth- oder Pachtverhältniss für den ersten Termin kündigt, für den die Kündigung zulässig ist.

§ 572. Hat der Miether oder der Pächter des veräusserten Grundstücks dem Vorerben für die Erfüllungen seiner Verpflichtungen Sicherheit geleistet, so tritt der Nacherbe in die dadurch begründeten Rechte*

ein. Zur Rückgewähr der Sicherheit ist er nur verpflichtet, wenn sie ihm ausgehändigt wird oder wenn er dem Vorerben gegenüber die Verpflichtung zur Rückgewähr übernimmt.

§ 573. Eine Verfügung, die der Vorerbe vor dem Eintritte der Nacherbfolge über den auf die Zeit der Berechtigung des Nacherben entfallenden Mieth- oder Pachtzins getroffen hat, ist insoweit wirksam, als sie sich auf den Mieth- oder Pachtzins für das zur Zeit des Eintritts der Nacherbfolge laufende und das folgende Kalendervierteljahr bezieht.*

§ 574. Ein Rechtsgeschäft, das zwischen dem Miether oder Pächter und dem Vorerben in Ansehung der Mieth- oder Pachtzinsforderung vorgenommen wird, insbesondere die Entrichtung des Mieth- oder Pachtzinses, ist dem Nacherben gegenüber wirksam, soweit es sich nicht auf den Mieth- oder Pachtzins für eine spätere Zeit als das Kalendervierteljahr, in welchem der Miether oder Pächter von dem Eintritte der Nacherbfolge Kenntniss erlangt, und das folgende Vierteljahr bezieht. Ein Rechtsgeschäft, das nach dem Eintritte der Nacherbfolge vorgenommen wird, ist jedoch unwirksam, wenn der Miether oder Pächter bei der Vornahme des Rechtsgeschäfts von dem Eintritte der Nacherbfolge Kenntniss hat.*

§ 575. Soweit die Entrichtung des Mieth- oder Pachtzinses an den Vorerben nach § 574 dem Nacherben gegenüber wirksam ist, kann der Miether oder Pächter gegen die Mieth- oder Pachtzinsforderung des Nacherben eine ihm gegen den Vorerben zustehende Forderung aufrechnen. Die Aufrechnung ist ausgeschlossen, wenn der Miether oder Pächter die Gegenforderung erworben hat, nachdem er von dem Eintritte der Nacherbfolge Kenntniss erlangt hat, oder wenn die Gegenforderung erst nach der Erlangung der Kenntniss und später als der Mieth- oder Pachtzins fällig geworden ist.*

§ 576. Zeigt der Vorerbe dem Miether oder Pächter den Eintritt der Nacherbfolge an, so muss er in Ansehung der Mieth- oder Pachtzinsforderung die angezeigte Nacherbfolge dem Miether oder Pächter gegenüber gegen sich gelten lassen, auch wenn sie nicht erfolgt oder nicht wirksam ist.*

Die Anzeige kann nur mit Zustimmung desjenigen zurückgenommen werden, welcher als der Nacherbe bezeichnet worden ist.

§ 579. Wird das vermiethete oder verpachtete Grundstück von dem Nacherben weiter veräussert oder belastet, so finden die Vorschriften des § 571 Abs. 1 und der §§ 572 bis 576 entsprechende Anwendung. Erfüllt der neue Erwerber die sich aus dem Mieth- oder Pachtverhältniss ergebenden Verpflichtungen nicht, so haftet der Vorerbe dem Miether oder Pächter nach § 571 Abs. 2.*

— Anordnungen des Erblassers.

§ 2136. Der Erblasser kann den Vorerben von den Beschränkungen und Verpflichtungen des § 2113 Abs. 1 und der §§ 2114, 2116 bis 2119, 2123, 2127 bis 2131, 2133, 2134 befreien.

— Einsetzung auf den Ueberrest.

§ 2137. Hat der Erblasser den Nacherben auf dasjenige eingesetzt, was von der Erbschaft bei dem Eintritte der Nacherbfolge übrig sein wird, so gilt die Befreiung von allen im § 2136 bezeichneten Beschränkungen und Verpflichtungen als angeordnet.

Das Gleiche ist im Zweifel anzunehmen, wenn der Erblasser bestimmt hat, daß der Vorerbe zur freien Verfügung über die Erbschaft berechtigt sein soll.

§ 2138. Die Herausgabepflicht des Vorerben beschränkt sich in den Fällen des § 2137 auf die bei ihm noch vorhandenen Erbschaftsgegenstände. Für Verwendungen auf Gegenstände, die er in Folge dieser Beschränkung nicht herauszugeben hat, kann er nicht Ersatz verlangen.

Hat der Vorerbe der Vorschrift des § 2113 Abs. 2 zuwider über einen Erbschaftsgegenstand verfügt oder hat er die Erbschaft in der Absicht, den Nacherben zu benachtheiligen, vermindert, so ist er dem Nacherben zum Schadensersatze verpflichtet.

§ 2113 Abs. 2*. Die Verfügung des Vorerben über einen Erbschaftsgegenstand, die unentgeltlich oder zum Zwecke der Erfüllung eines von dem Vorerben ertheilten Schenkungsversprechens erfolgt, ist im Falle des Eintritts der Nacherbfolge insoweit unwirksam, als sie das Recht des Nacherben vereiteln oder beeinträchtigen würde. Ausgenommen sind Schenkungen, durch die einer sittlichen Pflicht oder einer auf den Anstand zu nehmenden Rücksicht entsprochen wird.

Stellung des Vorerben nach Eintritt der Nacherbfolge.

§ 2139. Mit dem Eintritte des Falles der Nacherbfolge hört der Vorerbe auf, Erbe zu sein, und fällt die Erbschaft dem Nacherben an.

— Verfügungen.

§ 2140. Der Vorerbe ist auch nach dem Eintritte des Falles der Nacherbfolge zur Verfügung über Nachlaßgegenstände in dem gleichen Umfange wie vorher berechtigt, bis er von dem Eintritte Kenntniß erlangt oder ihn kennen muß. Ein Dritter kann sich auf diese Berechtigung nicht berufen, wenn er bei der Vornahme eines Rechtsgeschäfts den Eintritt kennt oder kennen muß.

Unterhaltsanspruch der mit dem Nacherben schwangeren Mutter.

§ 2141. Ist bei dem Eintritte des Falles der Nacherbfolge die Geburt eines Nacherben zu erwarten, so finden auf den Unterhaltsanspruch der Mutter die Vorschriften des § 1963 entsprechende Anwendung.

§ 1963*. Die Mutter kann, falls sie ausser Stande ist, sich selbst zu unterhalten, bis zur Entbindung standesmässigen Unterhalt aus dem Nachlass oder, wenn noch andere Personen als Erben berufen sind, aus dem Erbtheile des Kindes verlangen. Bei der Bemessung des Erbtheils ist anzunehmen, dass nur ein Kind geboren wird.

Ausschlagung der Nacherbschaft.

§ 2142. Der Nacherbe kann die Erbschaft ausschlagen, sobald der Erbfall eingetreten ist.

Schlägt der Nacherbe die Erbschaft aus, so verbleibt sie dem Vorerben, soweit nicht der Erblasser ein Anderes bestimmt hat.

Wiederaufleben erloschener Rechtsverhältnisse.

§ 2143. Tritt die Nacherbfolge ein, so gelten die in Folge des Erbfalls durch Vereinigung von Recht und Verbindlichkeit oder von Recht und Belastung erloschenen Rechtsverhältnisse als nicht erloschen.

Haftung des Nacherben für Nachlassverbindlichkeiten.

§ 2144. Die Vorschriften über die Beschränkung der Haftung des Erben für die Nachlaßverbindlichkeiten gelten auch für den Nacherben; an die Stelle des Nachlasses tritt dasjenige, was der Nacherbe aus der Erbschaft erlangt, mit Einschluß der ihm gegen den Vorerben als solchen zustehenden Ansprüche.

Das von dem Vorerben errichtete Inventar kommt auch dem Nacherben zu Statten.

Der Nacherbe kann sich dem Vorerben gegenüber auf die Beschränkung seiner Haftung auch dann berufen, wenn er den übrigen Nachlaßgläubigern gegenüber unbeschränkt haftet.

Haftung des Vorerben für Nachlassverbindlichkeiten.

§ 2145. Der Vorerbe haftet nach dem Eintritte der Nacherbfolge für die Nachlaßverbindlichkeiten noch insoweit, als der Nacherbe nicht haftet. Die Haftung bleibt auch für diejenigen Nachlaßverbindlichkeiten bestehen, welche im Verhältnisse zwischen dem Vorerben und dem Nacherben dem Vorerben zur Last fallen.

Der Vorerbe kann nach dem Eintritte der Nacherbfolge die Berichtigung der Nachlaßverbindlichkeiten, sofern nicht seine Haftung unbeschränkt ist, insoweit verweigern, als dasjenige nicht ausreicht, was ihm von der Erbschaft gebührt. Die Vorschriften der §§ 1990, 1991 finden entsprechende Anwendung.

§ 1990*. Der Vorerbe ist in diesem Falle verpflichtet, den Nachlass zum Zwecke der Befriedigung des Gläubigers im Wege der Zwangsvollstreckung herauszugeben.

Das Recht des Vorerben wird nicht dadurch ausgeschlossen, dass der Gläubiger nach dem Eintritte des Erbfalls im Wege der Zwangsvollstreckung oder der Arrestvollziehung ein Pfandrecht oder eine Hypothek oder im Wege der einstweiligen Verfügung eine Vormerkung erlangt hat.

§ 1991*. Macht der Vorerbe von dem ihm nach § 1990 zustehenden Rechte Gebrauch, so finden auf seine Verantwortlichkeit und den Ersatz seiner Aufwendungen die Vorschriften der §§ 1978, 1979 Anwendung.

Die in Folge der Nacherbfolge durch Vereinigung von Recht und Verbindlichkeit oder von Recht und Belastung erloschenen Rechtsverhältnisse gelten im Verhältnisse zwischen dem Gläubiger und dem Vorerben als nicht erloschen.

Die rechtskräftige Verurtheilung des Vorerben zur Befriedigung eines Gläubigers wirkt einem anderen Gläubiger gegenüber wie die Befriedigung.

Die Verbindlichkeiten aus Pflichttheilsrechten, Vermächtnissen und Auflagen hat der Vorerbe so zu berichtigen, wie sie im Falle des Konkurses zur Berichtigung kommen würden.

§ 1978. Der Vorerbe ist den Nachlassgläubigern für die bisherige Verwaltung des Nachlasses so verantwortlich, wie wenn er von der Annahme der Erbschaft an die Verwaltung für sie als Beauftragter zu führen gehabt hätte. Auf die vor der Annahme der Erbschaft von dem Vorerben besorgten erbschaftlichen Geschäfte finden die Vorschriften über die Geschäftsführung ohne Auftrag entsprechende Anwendung.*

Die den Nachlassgläubigern nach Abs. 1 zustehenden Ansprüche gelten als zum Nachlasse gehörend.

Aufwendungen sind dem Vorerben aus dem Nachlasse zu ersetzen, soweit er nach den Vorschriften über den Auftrag oder über die Geschäftsführung ohne Auftrag Ersatz verlangen könnte.

§ 1979. Die Berichtigung einer Nachlassverbindlichkeit durch den Vorerben müssen die Nachlassgläubiger als für Rechnung des Nachlasses erfolgt gelten lassen, wenn der Vorerbe den Umständen nach annehmen durfte, das der Nachlass zur Berichtigung aller Nachlassverbindlichkeiten ausreiche.*

Anzeigepflicht des Vorerben von dem Eintritt der Nacherbfolge.

§ 2146. Der Vorerbe ist den Nachlaßgläubigern gegenüber verpflichtet, den Eintritt der Nacherbfolge unverzüglich dem Nachlaßgericht anzuzeigen. Die Anzeige des Vorerben wird durch die Anzeige des Nacherben ersetzt.

Das Nachlaßgericht hat die Einsicht der Anzeige Jedem zu gestatten, der ein rechtliches Interesse glaubhaft macht.

Vierter Titel.

Vermächtniß.

Beschwerter.

§ 2147. Mit einem Vermächtnisse kann der Erbe oder ein Vermächtnißnehmer beschwert werden. Soweit nicht der Erblasser ein Anderes bestimmt hat, ist der Erbe beschwert.

Mehrere Beschwerte.

§ 2148. Sind mehrere Erben oder mehrere Vermächtnißnehmer mit demselben Vermächtnisse beschwert, so sind im Zweifel die Erben nach dem Verhältnisse der Erbtheile, die Vermächtnißnehmer nach dem Verhältnisse des Werthes der Vermächtnisse beschwert.

§ 2149. Hat der Erblasser bestimmt, daß dem eingesetzten Erben ein Erbschaftsgegenstand nicht zufallen soll, so gilt der Gegenstand als den gesetzlichen Erben vermacht. Der Fiskus gehört nicht zu den gesetzlichen Erben im Sinne dieser Vorschrift.

Vorausvermächtniss.

§ 2150. Das einem Erben zugewendete Vermächtniß (Vorausvermächtniß) gilt als Vermächtniß auch insoweit, als der Erbe selbst beschwert ist.

Mehrere Bedachte.

§ 2151. Der Erblasser kann Mehrere mit einem Vermächtniß in der Weise bedenken, daß der Beschwerte oder ein Dritter zu bestimmen hat, wer von den Mehreren das Vermächtniß erhalten soll.

Die Bestimmung des Beschwerten erfolgt durch Erklärung gegenüber demjenigen, welcher das Vermächtniß erhalten soll; die Bestimmung des Dritten erfolgt durch Erklärung gegenüber dem Beschwerten.

Kann der Beschwerte oder der Dritte die Bestimmung nicht treffen, so sind die Bedachten Gesammtgläubiger. Das Gleiche gilt, wenn das Nachlaßgericht dem Beschwerten oder dem Dritten auf Antrag eines der Betheiligten eine Frist zur Abgabe der Erklärung bestimmt hat und die Frist verstrichen ist, sofern nicht vorher die Erklärung erfolgt. Der Bedachte, der das Vermächtniß erhält, ist im Zweifel nicht zur Theilung verpflichtet.

§ 2152. Hat der Erblasser Mehrere mit einem Vermächtniß in der Weise bedacht, daß nur der Eine oder der Andere das Vermächtniß erhalten soll, so ist anzunehmen, daß der Beschwerte bestimmen soll, wer von ihnen das Vermächtniß erhält.

§ 2153. Der Erblasser kann Mehrere mit einem Vermächtniß in der Weise bedenken, daß der Beschwerte oder ein Dritter zu bestimmen hat, was jeder von dem vermachten Gegenstand erhalten soll. Die Bestimmung erfolgt nach § 2151 Abs. 2.

Kann der Beschwerte oder der Dritte die Bestimmung nicht treffen, so sind die Bedachten zu gleichen Theilen berechtigt. Die Vorschrift des § 2151 Abs. 3 Satz 2 findet entsprechende Anwendung.

Wahlvermächtniss.

§ 2154. Der Erblasser kann ein Vermächtniß in der Art anordnen, daß der Bedachte von mehreren Gegenständen nur den einen oder den anderen erhalten soll. Ist in einem solchen Falle die Wahl einem Dritten übertragen, so erfolgt sie durch Erklärung gegenüber dem Beschwerten.

Kann der Dritte die Wahl nicht treffen, so geht das Wahlrecht auf den Beschwerten über. Die Vorschrift des § 2151 Abs. 3 Satz 2 findet entsprechende Anwendung.

Gattungsvermächtniss.

§ 2155. Hat der Erblasser die vermachte Sache nur der Gattung nach bestimmt, so ist eine den Verhältnissen des Bedachten entsprechende Sache zu leisten.

Ist die Bestimmung der Sache dem Bedachten oder einem Dritten übertragen, so finden die nach § 2154 für die Wahl des Dritten geltenden Vorschriften Anwendung.

Entspricht die von dem Bedachten oder dem Dritten getroffene Bestimmung den Verhältnissen des Bedachten offenbar nicht, so hat der Beschwerte so zu leisten, wie wenn der Erblasser über die Bestimmung der Sache keine Anordnung getroffen hätte.

Bestimmung der Leistung durch Dritte.

§ 2156. Der Erblasser kann bei der Anordnung eines Vermächtnisses, dessen Zweck er bestimmt hat, die Bestimmung der Leistung dem billigen Ermessen des Beschwerten oder eines Dritten überlassen. Auf ein solches Vermächtniß finden die Vorschriften der §§ 315 bis 319 entsprechende Anwendung.

§ 315 Abs. 1*, 2, 3. Soll die Leistung durch den Bedachten oder den Beschwerten bestimmt werden, so ist im Zweifel anzunehmen, dass die Bestimmung nach billigem Ermessen zu treffen ist.

Die Bestimmung erfolgt durch Erklärung gegenüber dem anderen Theile.

Soll die Bestimmung nach billigem Ermessen erfolgen, so ist die getroffene Bestimmung für den anderen Theil nur verbindlich, wenn sie der Billigkeit entspricht. Entspricht sie nicht der Billigkeit, so wird die Bestimmung durch Urtheil getroffen; das Gleiche gilt, wenn die Bestimmung verzögert wird.

§ 316. Ist der Umfang der für eine Leistung versprochenen Gegenleistung nicht bestimmt, so steht die Bestimmung im Zweifel demjenigen Theile zu, welcher die Gegenleistung zu fordern hat.

§ 317. Ist die Bestimmung der Leistung einem Dritten überlassen, so ist im Zweifel anzunehmen, dass sie nach billigem Ermessen zu treffen ist.

Soll die Bestimmung durch mehrere Dritte erfolgen, so ist im Zweifel Uebereinstimmung aller erforderlich; soll eine Summe bestimmt werden, so ist, wenn verschiedene Summen bestimmt werden, im Zweifel die Durchschnittssumme massgebend.

§ 318*. Die einem Dritten überlassene Bestimmung der Leistung erfolgt durch Erklärung gegenüber dem Beschwerten oder dem Vermächtnissnehmer.

Die Anfechtung der getroffenen Bestimmung wegen Irrthums, Drohung oder arglistiger Täuschung steht nur dem Beschwerten oder dem Vermächtnissnehmer zu; Anfechtungsgegner ist der andere Theil. Die Anfechtung muss unverzüglich erfolgen, nachdem der Anfechtungsberechtigte von dem Anfechtungsgrunde Kenntniss erlangt hat. Sie ist ausgeschlossen, wenn dreissig Jahre verstrichen sind, nachdem die Bestimmung getroffen worden ist.

§ 319*. Soll der Dritte die Leistung nach billigem Ermessen bestimmen, so ist die getroffene Bestimmung für den Beschwerten oder den Vermächtnissnehmer nicht verbindlich, wenn sie offenbar unbillig ist. Die Bestimmung erfolgt in diesem Falle durch Urtheil. Das Gleiche gilt, wenn der Dritte die Bestimmung nicht treffen kann oder will oder wenn er sie verzögert.

Soll der Dritte die Bestimmung nach freiem Belieben treffen, so ist das Vermächtniss unwirksam, wenn der Dritte die Bestimmung nicht treffen kann oder will oder wenn er sie verzögert.

Gemeinschaftliches Vermächtniss.

§ 2157. Ist Mehreren derselbe Gegenstand vermacht, so finden die Vorschriften der §§ 2089 bis 2093 entsprechende Anwendung.

§ 2089*. Ist jeder Vermächtnissnehmer auf einen Bruchtheil eingesetzt und erschöpfen die Bruchtheile das Ganze nicht, so tritt eine verhältnissmässige Erhöhung der Bruchtheile ein.

§ 2090*. Ist jeder der Vermächtnissnehmer auf einen Bruchtheil der Erbschaft eingesetzt und übersteigen die Bruchtheile das Ganze, so tritt eine verhältnissmässige Minderung der Bruchtheile ein.

§ 2091*. Ist Mehreren derselbe Gegenstand vermacht, ohne dass die Antheile bestimmt sind, so ist ihnen der Gegenstand zu gleichen Theilen vermacht.

§ 2092*. Sind von mehreren Vermächtnissnehmern die einen auf einen Bruchtheil, die anderen ohne Bruchtheil eingesetzt, so erhalten die letzteren den freigebliebenen Theil des Vermächtnisses.

Erschöpfen die bestimmten Bruchtheile das Vermächtniss, so tritt eine verhältnissmässige Minderung der Bruchtheile in der Weise ein, dass jeder der ohne Bruchtheile eingesetzten Vermächtnissnehmer so viel erhält wie der mit dem geringsten Bruchtheile bedachte Vermächtnissnehmer.

§ 2093*. Ist mehreren Vermächtnissnehmern ein und derselbe Bruchtheil vermacht, so finden in Ansehung des gemeinschaftlichen Bruchtheils die Vorschriften der §§ 2089 bis 2092 entsprechende Anwendung.

§ 2158. Ist Mehreren derselbe Gegenstand vermacht, so wächst, wenn einer von ihnen vor oder nach dem Erbfalle wegfällt, dessen Antheil den übrigen Bedachten nach dem Verhältniß ihrer Antheile an. Dies gilt auch dann, wenn der Erblasser die Antheile der Bedachten bestimmt hat. Sind einige der Bedachten zu demselben Antheile berufen, so tritt die Anwachsung zunächst unter ihnen ein.

Der Erblasser kann die Anwachsung ausschließen.

§ 2159. Der durch Anwachsung einem Vermächtnißnehmer anfallende Antheil gilt in Ansehung der Vermächtnisse und Auflagen, mit denen dieser oder der wegfallende Vermächtnißnehmer beschwert ist, als besonderes Vermächtniß.

Wirksamkeit des Vermächtnisses.

1. Ueberleben des Bedachten.

§ 2160. Ein Vermächtniß ist unwirksam, wenn der Bedachte zur Zeit des Erbfalls nicht mehr lebt.

2. Wegfall des Beschwerten.

§ 2161. Ein Vermächtniß bleibt, sofern nicht ein anderer Wille des Erblassers anzunehmen ist, wirksam, wenn der Beschwerte nicht Erbe oder Vermächtnißnehmer wird. Beschwert ist in diesem Falle derjenige, welchem der Wegfall des zunächst Beschwerten unmittelbar zu Statten kommt.

Bedingtes oder befristetes Vermächtniss.

§ 2162. Ein Vermächtniß, das unter einer aufschiebenden Bedingung oder unter Bestimmung eines Anfangstermins angeordnet ist, wird mit dem Ablaufe von dreißig Jahren nach dem Erbfall unwirksam, wenn nicht vorher die Bedingung oder der Termin eingetreten ist.

Ist der Bedachte zur Zeit des Erbfalls noch nicht erzeugt oder wird seine Persönlichkeit durch ein erst nach dem Erbfall eintretendes Ereigniß bestimmt, so wird das Vermächtniß mit dem Ablaufe von dreißig Jahren nach dem Erbfall unwirksam, wenn nicht vorher der Bedachte erzeugt oder das Ereigniß eingetreten ist, durch das seine Persönlichkeit bestimmt wird.

§ 2163. Das Vermächtniß bleibt in den Fällen des § 2162 auch nach dem Ablaufe von dreißig Jahren wirksam:

1. wenn es für den Fall angeordnet ist, daß in der Person des Beschwerten oder des Bedachten ein bestimmtes Ereigniß eintritt, und derjenige, in dessen Person das Ereigniß eintreten soll, zur Zeit des Erbfalls lebt;
2. wenn ein Erbe, ein Nacherbe oder ein Vermächtnißnehmer für den Fall, daß ihm ein Bruder oder eine Schwester geboren wird, mit einem Vermächtnisse zu Gunsten des Bruders oder der Schwester beschwert ist.

Ist der Beschwerte oder der Bedachte, in dessen Person das Ereigniß eintreten soll, eine juristische Person, so bewendet es bei der dreißigjährigen Frist.

Umfang des Vermächtnisses.

§ 2164. Das Vermächtniß einer Sache erstreckt sich im Zweifel auf das zur Zeit des Erbfalls vorhandene Zubehör.

Hat der Erblasser wegen einer nach der Anordnung des Vermächtnisses erfolgten Beschädigung der Sache einen Anspruch auf Ersatz der Minderung des Werthes, so erstreckt sich im Zweifel das Vermächtniß auf diesen Anspruch.

— Belastungen des vermachten Gegenstandes.

§ 2165. Ist ein zur Erbschaft gehörender Gegenstand vermacht, so kann der Vermächtnißnehmer im Zweifel nicht die Beseitigung der Rechte verlangen, mit denen der Gegenstand belastet ist. Steht dem Erblasser ein Anspruch auf die Beseitigung zu, so erstreckt sich im Zweifel das Vermächtniß auf diesen Anspruch.

Ruht auf einem vermachten Grundstück eine Hypothek, Grundschuld oder Rentenschuld, die dem Erblasser selbst zusteht, so ist aus den Umständen zu entnehmen, ob die Hypothek, Grundschuld oder Rentenschuld als mitvermacht zu gelten hat.

§ 2166. Ist ein vermachtes Grundstück, das zur Erbschaft gehört, mit einer Hypothek für eine Schuld des Erblassers oder für eine Schuld belastet, zu deren Berichtigung der Erblasser dem Schuldner gegenüber verpflichtet ist, so ist der Vermächtnißnehmer im Zweifel dem Erben gegenüber zur rechtzeitigen Befriedigung des Gläubigers insoweit verpflichtet, als die Schuld durch den Werth des Grundstücks gedeckt wird. Der Werth bestimmt sich nach der Zeit, zu welcher das Eigenthum auf den Vermächtnißnehmer übergeht; er wird unter Abzug der Belastungen berechnet, die der Hypothek im Range vorgehen.

Ist dem Erblasser gegenüber ein Dritter zur Berichtigung der Schuld verpflichtet, so besteht die Verpflichtung des Vermächtnißnehmers im Zweifel nur insoweit, als der Erbe die Berichtigung nicht von dem Dritten erlangen kann.

Auf eine Hypothek der im § 1190 bezeichneten Art finden diese Vorschriften keine Anwendung.

§ 1190 Abs. 1. Eine Hypothek kann in der Weise bestellt werden, dass nur der Höchstbetrag, bis zu dem das Grundstück haften soll, bestimmt, im Uebrigen die Feststellung der Forderung vorbehalten wird. Der Höchstbetrag muss in das Grundbuch eingetragen werden.

§ 2167. Sind neben dem vermachten Grundstück andere zur Erbschaft gehörende Grundstücke mit der Hypothek belastet, so beschränkt sich die im § 2166 bestimmte Verpflichtung des Vermächtnißnehmers im Zweifel auf den Theil der Schuld, der dem Verhältnisse des Werthes des vermachten Grundstücks zu dem Werthe der sämmtlichen Grundstücke entspricht. Der Werth wird nach § 2166 Abs. 1 Satz 2 berechnet.

§ 2168. Besteht an mehreren zur Erbschaft gehörenden Grundstücken eine Gesammtgrundschuld oder eine Gesammtrentenschuld und ist eines dieser Grunstücke vermacht, so ist der Vermächtnißnehmer im Zweifel dem Erben gegenüber zur Befriedigung des Gläubigers in Höhe des Theiles der Grundschuld oder der Rentenschuld verpflichtet, der dem Verhältnisse des Werthes des vermachten Grundstücks zu dem Werthe der sämmtlichen Grundstücke entspricht. Der Werth wird nach § 2166 Abs. 1 Satz 2 berechnet.

Ist neben dem vermachten Grundstück ein nicht zur Erbschaft gehörendes Grundstück mit einer Gesammtgrundschuld oder einer Gesammtrentenschuld belastet, so finden, wenn der Erblasser zur Zeit des Erbfalls gegenüber dem Eigenthümer des anderen Grundstücks oder einem Rechtsvorgänger des Eigenthümers zur Befriedigung des Gläubigers verpflichtet ist, die Vorschriften des § 2166 Abs. 1 und des § 2167 entsprechende Anwendung.

Vermächtniss eines bestimmten Gegenstandes.

§ 2169. Das Vermächtniß eines bestimmten Gegenstandes ist unwirksam, soweit der Gegenstand zur Zeit des Erbfalls nicht zur Erbschaft gehört, es sei denn, daß der Gegenstand dem Bedachten auch für den Fall zugewendet sein soll, daß er nicht zur Erbschaft gehört.

Hat der Erblasser nur den Besitz der vermachten Sache, so gilt im Zweifel der Besitz als vermacht, es sei denn, daß er dem Bedachten keinen rechtlichen Vortheil gewährt.

Steht dem Erblasser ein Anspruch auf Leistung des vermachten Gegenstandes oder, falls der Gegenstand nach der Anordnung des Vermächtnisses untergegangen oder dem Erblasser entzogen worden ist, ein Anspruch auf Ersatz des Werthes zu, so gilt im Zweifel der Anspruch als vermacht.

Zur Erbschaft gehört im Sinne des Abs. 1 ein Gegenstand nicht, wenn der Erblasser zu dessen Veräußerung verpflichtet ist.

§ 2170. Ist das Vermächtniß eines Gegenstandes, der zur Zeit des Erbfalls nicht zur Erbschaft gehört, nach § 2169 Abs. 1 wirksam, so hat der Beschwerte den Gegenstand dem Bedachten zu verschaffen.

Ist der Beschwerte zur Verschaffung außer Stande, so hat er den Werth zu entrichten. Ist die Verschaffung nur mit unverhältnißmäßigen Aufwendungen möglich, so kann sich der Beschwerte durch Entrichtung des Werthes befreien.

Vermächtniss einer unmöglichen oder verbotenen Leistung.

§ 2171. Ein Vermächtniß, das auf eine zur Zeit des Erbfalls unmögliche Leistung gerichtet ist oder gegen ein zu dieser Zeit bestehendes gesetzliches Verbot verstößt, ist unwirksam. Die Vorschriften des § 308 finden entsprechende Anwendung.

§ 308*. Die Unmöglichkeit der Leistung steht der Gültigkeit des Vermächtnisses nicht entgegen, wenn die Unmöglichkeit gehoben werden kann und das Vermächtniss für den Fall zugewendet ist, dass die Leistung möglich wird.

Wird eine unmögliche Leistung unter einer anderen aufschiebenden Bedingung oder unter Bestimmung eines Anfangstermins vermacht, so ist das Vermächtniss gültig, wenn die Unmöglichkeit vor dem Eintritte der Bedingung oder des Termins gehoben wird.

§ 2172. Die Leistung einer vermachten Sache gilt auch dann als unmöglich, wenn die Sache mit einer anderen Sache in solcher Weise verbunden, vermischt oder vermengt worden ist, daß nach den §§ 946 bis 948 das Eigenthum an der anderen Sache sich auf sie erstreckt oder Miteigenthum eingetreten ist, oder wenn sie in solcher Weise verarbeitet oder umgebildet worden ist, daß nach § 950 derjenige, welcher die neue Sache hergestellt hat, Eigenthümer geworden ist.

Ist die Verbindung, Vermischung oder Vermengung durch einen Anderen als den Erblasser erfolgt und hat der Erblasser dadurch Miteigenthum erworben, so gilt im Zweifel das Miteigenthum als vermacht; steht dem Erblasser ein Recht zur Wegnahme der verbundenen Sache zu, so gilt im Zweifel dieses Recht als vermacht. Im Falle der Verarbeitung oder Umbildung durch einen Anderen als den Erblasser bewendet es bei der Vorschrift des § 2169 Abs. 3.

§ 946. Wird eine bewegliche Sache mit einem Grundstücke dergestalt verbunden, dass sie wesentlicher Bestandtheil des Grundstücks wird, so erstreckt sich das Eigenthum an dem Grundstück auf diese Sache.

§ 947. Werden bewegliche Sachen mit einander dergestalt verbunden, dass sie wesentliche Bestandtheile einer einheitlichen Sache werden, so werden die bisherigen Eigenthümer Miteigenthümer dieser Sache; die Antheile bestimmen sich nach dem Verhältnisse des Werthes, den die Sachen zur Zeit der Verbindung haben.

Ist eine der Sachen als die Hauptsache anzusehen, so erwirbt ihr Eigenthümer das Alleineigenthum.

§ 948. Werden bewegliche Sachen mit einander untrennbar vermischt oder vermengt, so finden die Vorschriften des § 947 entsprechende Anwendung.

Der Untrennbarkeit steht es gleich, wenn die Trennung der vermischten oder vermengten Sachen mit unverhältnissmässigen Kosten verbunden sein würde.

§ 950. Wer durch Verarbeitung oder Umbildung eines oder mehrerer Stoffe eine neue bewegliche Sache herstellt, erwirbt das Eigenthum an der neuen Sache, sofern nicht der Werth der Verarbeitung oder der Umbildung erheblich geringer ist als der Werth des Stoffes. Als Verarbeitung gilt auch das Schreiben, Zeichnen, Malen, Drucken, Graviren oder eine ähnliche Bearbeitung der Oberfläche.

Mit dem Erwerbe des Eigenthums an der neuen Sache erlöschen die an dem Stoffe bestehenden Rechte.

Vermächtniss einer Forderung.

§ 2173. Hat der Erblasser eine ihm zustehende Forderung vermacht, so ist, wenn vor dem Erbfalle die Leistung erfolgt und der geleistete Gegenstand noch in der Erbschaft vorhanden ist, im Zweifel anzunehmen, daß dem Bedachten dieser Gegenstand zugewendet sein soll. War die Forderung auf die Zahlung einer Geldsumme gerichtet, so gilt im Zweifel die entsprechende Geldsumme als vermacht, auch wenn sich eine solche in der Erbschaft nicht vorfindet.

Anspruch aus dem Vermächtniss.

§ 2174. Durch das Vermächtniß wird für den Bedachten das Recht begründet, von dem Beschwerten die Leistung des vermachten Gegenstandes zu fordern.

§ 2175. Hat der Erblasser eine ihm gegen den Erben zustehende Forderung oder hat er ein Recht vermacht, mit dem eine Sache oder ein Recht des Erben belastet ist, so gelten die in Folge des Erbfalls durch Vereinigung von Recht und Verbindlichkeit oder von Recht und Belastung erloschenen Rechtsverhältnisse in Ansehung des Vermächtnisses als nicht erloschen.

Anfall des Vermächtnisses.

§ 2176. Die Forderung des Vermächtnißnehmers kommt, unbeschadet des Rechtes, das Vermächtniß auszuschlagen, zur Entstehung (Anfall des Vermächtnisses) mit dem Erbfalle.

§ 2177. Ist das Vermächtniß unter einer aufschiebenden Bedingung oder unter Bestimmung eines Anfangstermins angeordnet und tritt die Bedingung oder der Termin erst nach dem Erbfall ein, so erfolgt der Anfall des Vermächtnisses mit dem Eintritte der Bedingung oder des Termins.

§ 2178. Ist der Bedachte zur Zeit des Erbfalls noch nicht erzeugt oder wird seine Persönlichkeit durch ein erst nach dem Erbfall eintretendes Ereigniß bestimmt, so erfolgt der Anfall des Vermächtnisses im ersteren Falle mit der Geburt, im letzteren Falle mit dem Eintritte des Ereignisses.

§ 2179. Für die Zeit zwischen dem Erbfall und dem Anfalle des Vermächtnisses finden in den Fällen der §§ 2177, 2178 die Vorschriften Anwendung, die für den Fall gelten, daß eine Leistung unter einer aufschiebenden Bedingung geschuldet wird.

Annahme und Ausschlagung.

§ 2180. Der Vermächtnißnehmer kann das Vermächtniß nicht mehr ausschlagen, wenn er es angenommen hat.

Die Annahme sowie die Ausschlagung des Vermächtnisses erfolgt durch Erklärung gegenüber dem Beschwerten. Die Erklärung kann erst nach dem Eintritte des Erbfalls abgegeben werden; sie ist unwirksam, wenn sie unter einer Bedingung oder einer Zeitbestimmung abgegeben wird.

Die für die Annahme und die Ausschlagung einer Erbschaft geltenden Vorschriften des § 1950, des § 1952 Abs. 1, 3 und des § 1953 Abs. 1, 2 finden entsprechende Anwendung.

§ 1950*. Die Annahme und die Ausschlagung können nicht auf einen Theil des Vermächtnisses beschränkt werden. Die Annahme oder Ausschlagung eines Theiles ist unwirksam.

§ 1952 Abs. 1*, 3*. Das Recht des Vermächtnissnehmers, das Vermächtniss auszuschlagen, ist vererblich.

Von mehreren Erben des Vermächtnissnehmers kann jeder den seinem Erbtheil entsprechenden Theil des Vermächtnisses ausschlagen.

§ 1953 Abs. 1*, 2. Wird das Vermächtniss ausgeschlagen, so gilt der Anfall an den Ausschlagenden als nicht erfolgt.

Das Vermächtniss fällt demjenigen an, der berufen sein würde, wenn der Ausschlagende zur Zeit des Anfalls des Vermächtnisses nicht gelebt hätte; der Anfall an den nunmehr Berufenen gilt als mit dem Anfall an den Ausschlagenden erfolgt.

Fälligkeit.

§ 2181. Ist die Zeit der Erfüllung eines Vermächtnisses dem freien Belieben des Beschwerten überlassen, so wird die Leistung im Zweifel mit dem Tode des Beschwerten fällig.

Gewährleistung bei Gattungsvermächtnissen.

§ 2182. Ist eine nur der Gattung nach bestimmte Sache vermacht, so hat der Beschwerte die gleichen Verpflichtungen wie ein Verkäufer nach den Vorschriften des § 433 Abs. 1, der §§ 434 bis 437, des § 440 Abs. 2 bis 4 und der §§ 441 bis 444.

Dasselbe gilt im Zweifel, wenn ein bestimmter nicht zur Erbschaft gehörender Gegenstand vermacht ist, unbeschadet der sich aus dem § 2170 ergebenden Beschränkung der Haftung.

Ist ein Grundstück Gegenstand des Vermächtnisses, so haftet der Beschwerte im Zweifel nicht für die Freiheit des Grundstücks von Grunddienstbarkeiten, beschränkten persönlichen Dienstbarkeiten und Reallasten.

§ 433 Abs. 1*. Der Beschwerte ist verpflichtet, dem Vermächtnissnehmer die Sache zu übergeben und das Eigenthum an der Sache zu verschaffen. Ist ein Recht vermacht, das den Vermächtnissnehmer zum Besitze der Sache berechtigt, so ist der Beschwerte verpflichtet, dem Vermächtnissnehmer das Recht zu verschaffen und die Sache zu übergeben.

§ 434*. Der Beschwerte ist verpflichtet, dem Vermächtnissnehmer die Sache frei von Rechten zu verschaffen, die von Dritten gegen den Vermächtnissnehmer geltend gemacht werden können.

§ 435*. Ist ein Grundstück vermacht, so ist der Beschwerte verpflichtet, im Grundbuch eingetragene Rechte, die nicht bestehen, auf seine Kosten zur Löschung zu bringen, wenn sie im Falle ihres Bestehens das dem Vermächtnissnehmer zu verschaffende Recht beeinträchtigen würden.

Das Gleiche gilt bei dem Vermächtniss eines Schiffes für die im Schiffsregister eingetragenen Rechte.

§ 436*. Ist ein Grundstück vermacht, so haftet der Beschwerte nicht für die Freiheit des Grundstücks von öffentlichen Abgaben und von anderen öffentlichen Lasten, die zur Eintragung in das Grundbuch nicht geeignet sind.

§ 437*. Bei dem Vermächtniss einer Forderung oder eines sonstigen Rechtes haftet der Beschwerte für den rechtlichen Bestand der Forderung oder des Rechtes.

Bei dem Vermächtniss eines Werthpapiers haftet er auch dafür, dass es nicht zum Zwecke der Kraftloserklärung aufgeboten ist.

§ 440 Abs. 2*—4*. Ist eine bewegliche Sache vermacht und dem Vermächtnissnehmer zum Zwecke der Eigenthumsübertragung übergeben worden, so kann der Vermächtnissnehmer wegen des Rechtes eines Dritten, das zum Besitze der Sache berechtigt, Schadensersatz wegen Nichterfüllung nur verlangen, wenn er die Sache dem Dritten mit Rücksicht auf dessen Recht herausgegeben hat oder sie dem Beschwerten zurückgewährt oder wenn die Sache untergegangen ist.

Der Herausgabe der Sache an den Dritten steht es gleich, wenn der Dritte den Vermächtnissnehmer oder dieser den Dritten beerbt oder wenn der Vermächtnissnehmer das Recht des Dritten anderweit erwirbt oder den Dritten abfindet.

Steht dem Vermächtnissnehmer ein Anspruch auf Herausgabe gegen einen Anderen zu, so genügt an Stelle der Rückgewähr die Abtretung des Anspruchs.

§ 441*. Die Vorschriften des § 440 Abs. 2 bis 4 gelten auch dann, wenn ein Recht an einer beweglichen Sache vermacht ist, das zum Besitze der Sache berechtigt.

§ 442*. Bestreitet der Beschwerte den vom Vermächtnissnehmer geltend gemachten Mangel im Rechte, so hat der Vermächtnissnehmer den Mangel zu beweisen.

§ 443*. Eine Vereinbarung zwischen dem Beschwerten und dem Vermächtnissnehmer, durch welche sie nach den §§ 433 bis 436, 440 bis 442 wegen eines Mangels im Rechte dem Beschwerten obliegende Verpflichtung zur Gewährleistung erlassen oder beschränkt wird, ist nichtig, wenn der Beschwerte den Mangel arglistig verschweigt.

§ 444*. Der Beschwerte ist verpflichtet, dem Vermächtnissnehmer über die den Vermächtnissgegenstand betreffenden rechtlichen Verhältnisse, insbesondere im Falle des Vermächtnisses eines Grundstücks über die Grenzen, Gerechtsame und Lasten, die nöthige Auskunft zu ertheilen und ihm die zum Beweise des Rechtes dienenden Urkunden, soweit sie sich in seinem Besitze befinden, auszuliefern. Erstreckt sich der Inhalt einer solchen Urkunde auch auf andere Angelegenheiten, so ist der Beschwerte nur zur Ertheilung eines öffentlich beglaubigten Auszugs verpflichtet.

§ 2183. Ist eine nur der Gattung nach bestimmte Sache vermacht, so kann der Vermächtnißnehmer, wenn die geleistete Sache mangelhaft ist, verlangen, daß ihm an Stelle der mangelhaften Sache eine mangelfreie geliefert wird. Hat der Beschwerte einen Fehler arglistig verschwiegen, so kann der Vermächtnißnehmer statt der Lieferung einer mangelfreien Sache Schadensersatz wegen Nichterfüllung verlangen. Auf diese Ansprüche finden die für die Gewährleistung wegen Mängel einer verkauften Sache geltenden Vorschriften entsprechende Anwendung.

Umfang des Vermächtnissanspruchs.

§ 2184. Ist ein bestimmter zur Erbschaft gehörender Gegenstand vermacht, so hat der Beschwerte dem Vermächtnißnehmer auch die seit dem Anfalle des Vermächtnisses gezogenen Früchte sowie das sonst auf Grund des vermachten Rechtes Erlangte herauszugeben. Für Nutzungen, die nicht zu den Früchten gehören, hat der Beschwerte nicht Ersatz zu leisten.

Ersatz für Verwendungen.

§ 2185. Ist eine bestimmte zur Erbschaft gehörende Sache vermacht, so kann der Beschwerte für die nach dem Erbfall auf die Sache gemachten Verwendungen sowie für Aufwendungen, die er nach dem Erbfalle zur Bestreitung von Lasten der Sache gemacht hat, Ersatz nach den Vorschriften verlangen, die für das Verhältniß zwischen dem Besitzer und dem Eigenthümer gelten.

Beschwerter Vermächtnissnehmer.

§ 2186. Ist ein Vermächtnißnehmer mit einem Vermächtniß oder einer Auflage beschwert, so ist er zur Erfüllung erst dann verpflichtet, wenn er die Erfüllung des ihm zugewendeten Vermächtnisses zu verlangen berechtigt ist.

§ 2187. Ein Vermächtnißnehmer, der mit einem Vermächtniß oder einer Auflage beschwert ist, kann die Erfüllung auch nach der Annahme des ihm zugewendeten Vermächtnisses insoweit verweigern, als dasjenige, was er aus dem Vermächtniß erhält, zur Erfüllung nicht ausreicht.

Tritt nach § 2161 ein Anderer an die Stelle des beschwerten Vermächtnißnehmers, so haftet er nicht weiter, als der Vermächtnißnehmer haften würde.

Die für die Haftung des Erben geltenden Vorschriften des § 1992 finden entsprechende Anwendung.

§ 2161. Ein Vermächtniss bleibt, sofern nicht ein anderer Wille des Erblassers anzunehmen ist, wirksam, wenn der Beschwerte nicht Erbe oder Vermächtnissnehmer wird. Beschwert ist in diesem Falle derjenige, welchem der Wegfall des zunächst Beschwerten unmittelbar zu Statten kommt.

§ 1992*. Reicht das Vermächtniss zur Erfüllung des weiteren Vermächtnisses oder der Auflage nicht aus, so ist der Vermächtnissnehmer berechtigt, die Berichtigung des weiteren Vermächtnisses oder der Auflage nach den Vorschriften der §§ 1990, 1991 zu bewirken. Er kann die Herausgabe der ihm vermachten Gegenstände durch Zahlung des Werthes abwenden.

§ 1990. Macht der Vermächtnissnehmer von dem ihm nach § 2187 zustehenden Rechte Gebrauch, so ist er verpflichtet, die vermachten Gegenstände zum Zwecke der Befriedigung des weiteren Vermächtnissnehmers oder desjenigen, zu dessen Gunsten die Auflage angeordnet ist, im Wege der Zwangsvollstreckung herauszugeben.*

Das Recht des Vermächtnissnehmers wird nicht dadurch ausgeschlossen, dass der weitere Vermächtnissnehmer oder derjenige, welcher die Vollziehung der Auflage verlangen kann, nach dem Anfalle des Vermächtnisses im Wege der Zwangsvollstreckung oder der Arrestvollziehung ein Pfandrecht oder eine Hypothek oder im Wege der einstweiligen Verfügung eine Vormerkung erlangt hat.

§ 1991. Macht der Vermächtnissnehmer von dem ihm nach § 1990 zustehenden Rechte Gebrauch, so finden auf seine Verantwortlichkeit die Vorschriften der §§ 1978, 1979 Anwendung.*

Die in Folge des Anfalls des Vermächtnisses durch Vereinigung von Recht und Verbindlichkeit oder von Recht und Belastung erloschenen Rechtsverhältnisse gelten im Verhältnisse zwischen dem Vermächtnissnehmer und dem weiteren Vermächtnissnehmer oder dem mit der Auflage Bedachten als nicht erloschen.

Die rechtskräftige Verurtheilung des Vermächtnissnehmers zur Befriedigung eines Vermächtnissnehmers oder des mit der Auflage Bedachten wirkt einem anderen Vermächtnissnehmer oder mit einer Auflage Bedachten gegenüber wie die Befriedigung.

Die Verbindlichkeiten aus Vermächtnissen und Auflagen hat der Vermächtnissnehmer so zu berichtigen, wie sie im Falle des Konkurses zur Berichtigung kommen würden.

§ 1978. Der Vermächtnissnehmer ist dem weiteren Vermächtnissnehmer und dem mit der Auflage Bedachten so verantwortlich, wie wenn er von der Annahme des Vermächtnisses an die Verwaltung für sie wie ein Beauftragter zu führen gehabt hätte.*

Die den genannten Gläubigern nach Abs. 1 zustehenden Ansprüche gelten als zum Vermächtnisse gehörend.

Aufwendungen sind dem Vermächtnissnehmer zu ersetzen, soweit er nach den Vorschriften über den Auftrag oder über die Geschäftsführung ohne Auftrag Ersatz verlangen könnte.

§ 1979. Sind mehrere weitere Vermächtnisse oder Auflagen angeordnet, so müssen die genannten Gläubiger die Berichtigung eines Vermächtnisses oder einer Auflage durch den Vermächtnissnehmer als für Rechnung des Vermächtnisses erfolgt gelten lassen, wenn der Vermächtnissnehmer den Umständen nach annehmen durfte, dass das Vermächtniss zur Berichtigung aller weiteren Vermächtnisse und Auflagen ausreiche.*

§ 2188. Wird die einem Vermächtnißnehmer gebührende Leistung auf Grund der Beschränkung der Haftung des Erben, wegen eines Pflichttheilsanspruchs oder in Gemäßheit des § 2187 gekürzt, so kann der Vermächtnißnehmer, sofern nicht ein anderer Wille des Erblassers anzunehmen ist, die ihm auferlegten Beschwerungen verhältnißmäßig kürzen.

Vorrang eines Vermächtnisses oder einer Auflage.

§ 2189. Der Erblasser kann für den Fall, daß die dem Erben oder einem Vermächtnißnehmer auferlegten Vermächtnisse und Auflagen auf Grund der Beschränkung der Haftung des Erben, wegen eines Pflichttheilsanspruchs oder in Gemäßheit der §§ 2187, 2188 gekürzt werden, durch Verfügung von Todeswegen anordnen, daß ein Vermächtniß oder eine Auflage den Vorrang vor den übrigen Beschwerungen haben soll.

Ersatzberufung.

§ 2190. Hat der Erblasser für den Fall, daß der zunächst Bedachte das Vermächtniß nicht erwirbt, den Gegenstand des Vermächtnisses einem Anderen zugewendet, so finden die für die Einsetzung eines Ersatzerben geltenden Vorschriften der §§ 2097 bis 2099 entsprechende Anwendung.

§ 2097*. Hat der Erblasser für den Fall, dass der zunächst Bedachte das Vermächtniss nicht annehmen kann oder will, den Gegenstand des Vermächtnisses einem Andern zugewendet, so ist im Zweifel anzunehmen, dass ihm der Gegenstand des Vermächtnisses für beide Fälle zugewendet ist.

§ 2098*. Sind die Vermächtnissnehmer gegenseitig oder sind für einen von ihnen die übrigen als Ersatzvermächtnissnehmer eingesetzt, so ist im Zweifel anzunehmen, dass sie nach dem Verhältnisse des Werthes ihrer Vermächtnisse eingesetzt sind.

Sind die Vermächtnissnehmer gegenseitig als Ersatzvermächtnissnehmer eingesetzt, so gehen Vermächtnissnehmer, denen ein gemeinschaftliches Vermächtniss zugewendet ist, im Zweifel als Ersatzvermächtnissnehmer für dieses Vermächtniss den übrigen vor.

§ 2099*. Das Recht des Ersatzvermächtnissnehmers geht dem Anwachsungsrechte vor.

Nachvermächtniss.

§ 2191. Hat der Erblasser den vermachten Gegenstand von einem nach dem Anfalle des Vermächtnisses eintretenden bestimmten Zeitpunkt oder Ereigniß an einem Dritten zugewendet, so gilt der erste Vermächtnißnehmer als beschwert.

Auf das Vermächtniß finden die für die Einsetzung eines Nacherben geltenden Vorschriften des § 2102, des § 2106 Abs. 1, des § 2107 und des § 2110 Abs. 1 entsprechende Anwendung.

§ 2102*. Die Einsetzung als Nachvermächtnissnehmer enthält im Zweifel auch die Einsetzung als Ersatzvermächtnissnehmer.

Ist zweifelhaft, ob Jemand als Ersatzvermächtnissnehmer oder als Nachvermächtnissnehmer eingesetzt ist, so gilt er als Ersatzvermächtnissnehmer.

§ 2106 Abs. 1*. Hat der Erblasser einen Nachvermächtnissnehmer bestimmt, ohne den Zeitpunkt oder das Ereigniss zu bestimmen, mit dem die Nachvermächtnissfolge eintreten soll, so fällt das Vermächtniss dem Nachvermächtnissnehmer mit dem Tode des Vorvermächtnissnehmers an.

§ 2107*. Hat der Erblasser einem Abkömmlinge, der zur Zeit der Errichtung der letztwilligen Verfügung keinen Abkömmling hat oder von dem der Erblasser zu dieser Zeit nicht weiss, dass er einen Abkömmling hat, für die Zeit nach dessen Tode einen Nachvermächtnissnehmer bestimmt, so ist anzunehmen, dass der Nachvermächtnissnehmer nur für den Fall eingesetzt ist, dass der Abkömmling ohne Nachkommenschaft stirbt.

§ 2110 Abs. 1*. Das Recht des Nachvermächtnissnehmers erstreckt sich im Zweifel auf einen Vermächtnisstheil, der dem Vorvermächtnissnehmer in Folge des Wegfalls eines Mitvermächtnissnehmers anfällt.

Fünfter Titel.

Auflage.

§ 2192. Auf eine Auflage finden die für letztwillige Zuwendungen geltenden Vorschriften der §§ 2065, 2147, 2148, 2154 bis 2156, 2161, 2171, 2181 entsprechende Anwendung.

§ 2065*. Der Erblasser kann eine Auflage nicht in der Weise anordnen, dass ein Anderer zu bestimmen hat, ob sie gelten oder nicht gelten soll.

Der Erblasser kann die Bestimmung des Gegenstandes der Auflage nicht einem Anderen überlassen.

§ 2147*. Mit einer Auflage kann der Erbe oder ein Vermächtnissnehmer beschwert werden. Soweit nicht der Erblasser ein Anderes bestimmt hat, ist der Erbe beschwert.

§ 2148*. Sind mehrere Erben oder mehrere Vermächtnissnehmer mit derselben Auflage beschwert, so sind im Zweifel die Erben nach dem Verhältnisse der Erbtheile, die Vermächtnissnehmer nach dem Verhältnisse des Werthes der Vermächtnisse beschwert.

§ 2154*. Der Erblasser kann eine Auflage in der Art anordnen, dass der Empfänger von mehreren Gegenständen nur den einen oder den anderen erhalten soll. Ist in einem solchen Falle die Wahl einem Dritten übertragen, so erfolgt sie durch Erklärung gegenüber dem Beschwerten.

Kann der Dritte die Wahl nicht treffen, so geht das Wahlrecht auf den Beschwerten über. Die Vorschrift des § 2151 Abs. 3 Satz 2 findet entsprechende Anwendung.

§ 2151 Abs. 3 Satz 2. Das Wahlrecht geht auf den Beschwerten über, wenn das Nachlassgericht dem Dritten auf Antrag eines der Betheiligten eine Frist zur Abgabe der Erklärung bestimmt hat und die Frist verstrichen ist, sofern nicht vorher die Erklärung erfolgt.*

§ 2155*. Hat der Erblasser die den Gegenstand der Auflage bildende Sache nur der Gattung nach bestimmt, so ist eine den Verhältnissen des Empfängers entsprechende Sache zu leisten.

Ist die Bestimmung der Sache dem Empfänger oder einem Dritten übertragen, so finden die nach § 2154 für die Wahl des Dritten geltenden Vorschriften Anwendung.

Entspricht die von dem Empfänger oder dem Dritten getroffene Bestimmung den Verhältnissen des Empfängers offenbar nicht, so hat der Beschwerte so zu leisten, wie wenn der Erblasser über die Bestimmung der Sache keine Anordnung getroffen hätte.

§ 2156*. Der Erblasser kann bei der Anordnung einer Auflage, deren Zweck er bestimmt hat, die Bestimmung der Leistung dem billigen Ermessen des Beschwerten oder eines Dritten überlassen. Auf eine solche Auflage finden die Vorschriften der §§ 315 bis 319 entsprechende Anwendung.

§ 315. Soll die Leistung durch den Beschwerten bestimmt werden, so ist im Zweifel anzunehmen, dass die Bestimmung nach billigem Ermessen zu treffen ist.*

Soll die Bestimmung nach billigem Ermessen erfolgen, so ist die getroffene Bestimmung nur verbindlich, wenn sie der Billigkeit entspricht. Entspricht sie nicht der Billigkeit, so wird die Bestimmung durch Urtheil getroffen; das Gleiche gilt, wenn die Bestimmung verzögert wird.

§ 316. Ist der Umfang der für eine Leistung versprochenen Gegenleistung nicht bestimmt, so steht die Bestimmung im Zweifel demjenigen Theile zu, welcher die Gegenleistung zu fordern hat.

§ 317. Ist die Bestimmung der Leistung einem Dritten überlassen, so ist im Zweifel anzunehmen, dass sie nach billigem Ermessen zu treffen ist.

Soll die Bestimmung durch mehrere Dritte erfolgen, so ist im Zweifel Uebereinstimmung aller erforderlich; soll eine Summe bestimmt werden, so ist, wenn verschiedene Summen bestimmt werden, im Zweifel die Durchschnittssumme massgebend.

§ 318. Die einem Dritten überlassene Bestimmung der Leistung erfolgt durch Erklärung gegenüber dem Beschwerten oder demjenigen, dem ein Anspruch auf Vollziehung der Auflage zusteht.*

Die Anfechtung der getroffenen Bestimmung wegen Irrthums, Drohung oder arglistiger Täuschung steht nur dem Beschwerten oder demjenigen zu, dem ein Anspruch auf Vollziehung der Auflage zusteht; Anfechtungsgegner ist der andere Theil. Die Anfechtung muss unverzüglich erfolgen, nachdem der Anfechtungsberechtigte von dem Anfechtungsgrunde Kenntniss erlangt hat. Sie ist ausgeschlossen, wenn dreissig Jahre verstrichen sind, nachdem die Bestimmung getroffen worden ist.

§ 319. Soll der Dritte die Leistung nach billigem Ermessen bestimmen, so ist die getroffene Bestimmung für den Beschwerten oder demjenigen, dem ein Anspruch auf Vollziehung der Auflage zusteht, nicht verbindlich, wenn sie offenbar unbillig ist. Die Bestimmung erfolgt in diesem Falle durch Urtheil. Das Gleiche gilt, wenn der Dritte die Bestimmung nicht treffen kann oder will oder wenn er sie verzögert.*

Soll der Dritte die Bestimmung nach freiem Belieben treffen, so ist die Auflage unwirksam, wenn der Dritte die Bestimmung nicht treffen kann oder will oder wenn er sie verzögert.

§ 2161*. Eine Auflage bleibt, sofern nicht ein anderer Wille des Erblassers anzunehmen ist, wirksam, wenn der Beschwerte nicht Erbe oder Vermächtnissnehmer wird. Beschwert ist in diesem Falle derjenige, welchem der Wegfall des zunächst Beschwerten unmittelbar zu Statten kommt.

§ 2171*. Eine Auflage, die auf eine zur Zeit des Erbfalls unmögliche Leistung gerichtet ist oder gegen ein zu dieser Zeit bestehendes gesetzliches Verbot verstösst, ist unwirksam. Die Vorschriften des § 308 finden entsprechende Anwendung

§ 308. Die Unmöglichkeit der Leistung steht der Gültigkeit der Auflage nicht entgegen, wenn die Unmöglichkeit gehoben werden kann und die Auflage für den Fall angeordnet ist, dass die Leistung möglich wird.*

Wird eine unmögliche Leistung unter einer anderen aufschiebenden Bedingung oder unter Bestimmung eines Anfangstermins versprochen, so ist die Auflage gültig, wenn die Unmöglichkeit vor dem Eintritte der Bedingung oder des Termins gehoben wird.

§ 2181*. Ist die Zeit der Erfüllung einer Auflage dem freien Belieben des Beschwerten überlassen, so wird die Leistung im Zweifel mit dem Tode des Beschwerten fällig.

Bestimmung durch Dritte.

§ 2193. Der Erblasser kann bei der Anordnung einer Auflage, deren Zweck er bestimmt hat, die Bestimmung der Person, an welche die Leistung erfolgen soll, dem Beschwerten oder einem Dritten überlassen.

Steht die Bestimmung dem Beschwerten zu, so kann ihm, wenn er zur Vollziehung der Auflage rechtskräftig verurtheilt ist, von dem Kläger eine angemessene Frist zur Vollziehung bestimmt werden; nach dem Ablaufe der Frist ist der Kläger berechtigt, die Bestimmung zu treffen, wenn nicht die Vollziehung rechtzeitig erfolgt.

Steht die Bestimmung einem Dritten zu, so erfolgt sie durch Erklärung gegenüber dem Beschwerten. Kann der Dritte die Bestimmung nicht treffen, so geht das Bestimmungsrecht auf den Beschwerten über. Die Vorschrift des § 2151 Abs. 3 Satz 2 findet entsprechende Anwendung; zu den Betheiligten im Sinne dieser Vorschrift gehören der Beschwerte und diejenigen, welche die Vollziehung der Auflage zu verlangen berechtigt sind.

§ 2151 Abs. 3 Satz 2*. Das Wahlrecht geht auf den Beschwerten über, wenn das Nachlassgericht dem Dritten auf Antrag eines der Betheiligten eine Frist zur Abgabe der Erklärung bestimmt hat und die Frist verstrichen ist, sofern nicht vorher die Erklärung erfolgt.

Anspruch auf Vollziehung.

§ 2194. Die Vollziehung einer Auflage können der Erbe, der Miterbe und derjenige verlangen, welchem der Wegfall des mit der Auflage zunächst Beschwerten unmittelbar zu Statten kommen würde. Liegt die Vollziehung im öffentlichen Interesse, so kann auch die zuständige Behörde die Vollziehung verlangen.

Unwirksamkeit der Auflage.

§ 2195. Die Unwirksamkeit einer Auflage hat die Unwirksamkeit der unter der Auflage gemachten Zuwendung nur zur Folge, wenn anzunehmen ist, daß der Erblasser die Zuwendung nicht ohne die Auflage gemacht haben würde.

Unmöglichkeit der Auflage.

§ 2196. Wird die Vollziehung einer Auflage in Folge eines von dem Beschwerten zu vertretenden Umstandes unmöglich, so kann derjenige, welchem der Wegfall des zunächst Beschwerten unmittelbar zu Statten kommen würde, die Herausgabe der Zuwendung nach den Vorschriften über die Herausgabe einer ungerechtfertigten Bereicherung insoweit fordern, als die Zuwendung zur Vollziehung der Auflage hätte verwendet werden müssen.

Das Gleiche gilt, wenn der Beschwerte zur Vollziehung einer Auflage, die nicht durch einen Dritten vollzogen werden kann, rechtskräftig verurtheilt ist und die zulässigen Zwangsmittel erfolglos gegen ihn angewendet worden sind.

Sechster Titel.

Testamentsvollstrecker.

Ernennung. *1. durch den Erblasser.*

§ 2197. Der Erblasser kann durch Testament einen oder mehrere Testamentsvollstrecker ernennen.

Der Erblasser kann für den Fall, daß der ernannte Testamentsvollstrecker vor oder nach der Annahme des Amtes wegfällt, einen anderen Testamentsvollstrecker ernennen.

2. durch Dritte.

§ 2198. Der Erblasser kann die Bestimmung der Person des Testamentsvollstreckers einem Dritten überlassen. Die Bestimmung erfolgt durch Erklärung gegenüber dem Nachlaßgerichte; die Erklärung ist in öffentlich beglaubigter Form abzugeben.

Das Bestimmungsrecht des Dritten erlischt mit dem Ablauf einer ihm auf Antrag eines der Betheiligten von dem Nachlaßgerichte bestimmten Frist.

§ 2199. Der Erblasser kann den Testamentsvollstrecker ermächtigen, einen oder mehrere Mitvollstrecker zu ernennen.

Der Erblasser kann den Testamentsvollstrecker ermächtigen, einen Nachfolger zu ernennen.

Die Ernennung erfolgt nach § 2198 Abs. 1 Satz 2.

3. durch das Nachlassgericht.

§ 2200. Hat der Erblasser in dem Testamente das Nachlaßgericht ersucht, einen Testamentsvollstrecker zu ernennen, so kann das Nachlaßgericht die Ernennung vornehmen.

Das Nachlaßgericht soll vor der Ernennung die Betheiligten hören, wenn es ohne erhebliche Verzögerung und ohne unverhältnißmäßige Kosten geschehen kann.

Unwirksamkeit der Ernennung.

§ 2201. Die Ernennung des Testamentsvollstreckers ist unwirksam, wenn er zu der Zeit, zu welcher er das Amt anzutreten hat, geschäftsunfähig oder in der Geschäftsfähigkeit beschränkt ist oder nach § 1910 zur Besorgung seiner Vermögensangelegenheiten einen Pfleger erhalten hat.

§ 1910 Abs. 1, 2. Ein Volljähriger, der nicht unter Vormundschaft steht, kann einen Pfleger für seine Person und sein Vermögen erhalten, wenn er in Folge körperlicher Gebrechen, insbesondere weil er taub, blind oder stumm ist, seine Angelegenheiten nicht zu besorgen vermag.

Vermag ein Volljähriger, der nicht unter Vormundschaft steht, in Folge geistiger oder körperlicher Gebrechen einzelne seiner Angelegenheiten oder einen bestimmten Kreis seiner Angelegenheiten, insbesondere seine Vermögensangelegenheiten, nicht zu besorgen, so kann er für diese Angelegenheiten einen Pfleger erhalten.

Annahme des Amtes.

§ 2202. Das Amt des Testamentsvollstreckers beginnt mit dem Zeitpunkt, in welchem der Ernannte das Amt annimmt.

Die Annahme sowie die Ablehnung des Amtes erfolgt durch Erklärung gegenüber dem Nachlaßgerichte. Die Erklärung kann erst nach dem Eintritte des Erbfalls abgegeben werden; sie ist unwirksam, wenn sie unter einer Bedingung oder einer Zeitbestimmung abgegeben wird.

Das Nachlaßgericht kann dem Ernannten auf Antrag eines der Betheiligten eine Frist zur Erklärung über die Annahme bestimmen. Mit dem Ablaufe der Frist gilt das Amt als abgelehnt, wenn nicht die Annahme vorher erklärt wird.

Aufgaben.

§ 2203. Der Testamentsvollstrecker hat die letztwilligen Verfügungen des Erblassers zur Ausführung zu bringen.

— Auseinandersetzung.

§ 2204. Der Testamentsvollstrecker hat, wenn mehrere Erben vorhanden sind, die Auseinandersetzung unter ihnen nach Maßgabe der §§ 2042 bis 2056 zu bewirken.

Der Testamentsvollstrecker hat die Erben über den Auseinandersetzungsplan vor der Ausführung zu hören.

§§ 2042—2056. d. h. nach Massgabe der für die Auseinandersetzung unter den Erben gegebenen Vorschriften.

— Verwaltung des Nachlasses.

§ 2205. Der Testamentsvollstrecker hat den Nachlaß zu verwalten. Er ist insbesondere berechtigt, den Nachlaß in Besitz zu nehmen und über die Nachlaßgegenstände zu verfügen. Zu unentgeltlichen Verfügungen ist er nur berechtigt, soweit sie einer sittlichen Pflicht oder einer auf den Anstand zu nehmenden Rücksicht entsprechen.

§ 2206. Der Testamentsvollstrecker ist berechtigt, Verbindlichkeiten für den Nachlaß einzugehen, soweit die Eingehung zur ordnungsmäßigen Verwaltung erforderlich ist. Die Verbindlichkeit zu einer Verfügung über einen Nachlaßgegenstand kann der Testamentsvollstrecker für den Nachlaß auch dann eingehen, wenn er zu der Verfügung berechtigt ist.

Der Erbe ist verpflichtet, zur Eingehung solcher Verbindlichkeiten seine Einwilligung zu ertheilen, unbeschadet des Rechtes, die Beschränkung seiner Haftung für die Nachlaßverbindlichkeiten geltend zu machen.

§ 2207. Der Erblasser kann anordnen, daß der Testamentsvollstrecker in der Eingehung von Verbindlichkeiten für den Nachlaß nicht beschränkt sein soll. Der Testamentsvollstrecker ist auch in einem solchen Falle zu einem Schenkungsversprechen nur nach Maßgabe des § 2205 Satz 3 berechtigt.

— **Entgegenstehender Wille des Erblassers.**

§ 2208. Der Testamentsvollstrecker hat die in den §§ 2203 bis 2206 bestimmten Rechte nicht, soweit anzunehmen ist, daß sie ihm nach dem Willen des Erblassers nicht zustehen sollen. Unterliegen der Verwaltung des Testamentsvollstreckers nur einzelne Nachlaßgegenstände, so stehen ihm die im § 2205 Satz 2 bestimmten Befugnisse nur in Ansehung dieser Gegenstände zu.

Hat der Testamentsvollstrecker Verfügungen des Erblassers nicht selbst zur Ausführung zu bringen, so kann er die Ausführung von dem Erben verlangen, sofern nicht ein anderer Wille des Erblassers anzunehmen ist.

— **Blosse Verwaltung.**

§ 2209. Der Erblasser kann einem Testamentsvollstrecker die Verwaltung des Nachlasses übertragen, ohne ihm andere Aufgaben als die Verwaltung zuzuweisen; er kann auch anordnen, daß der Testamentsvollstrecker die Verwaltung nach der Erledigung der ihm sonst zugewiesenen Aufgaben fortzuführen hat. Im Zweifel ist anzunehmen, daß einem solchen Testamentsvollstrecker die im § 2207 bezeichnete Ermächtigung ertheilt ist.

§ 2210. Eine nach § 2209 getroffene Anordnung wird unwirksam, wenn seit dem Erbfalle dreißig Jahre verstrichen sind. Der Erblasser kann jedoch anordnen, daß die Verwaltung bis zum Tode des Erben oder des Testamentsvollstreckers oder bis zum Eintritt eines anderen Ereignisses in der Person des einen oder des anderen fortdauern soll. Die Vorschrift des § 2163 Abs. 2 findet entsprechende Anwendung.

§ 2163 Abs. 3*. Ist der Erbe oder derjenige, in dessen Person das Ereigniss eintreten soll, eine juristische Person, so bewendet es bei der dreissigjährigen Frist.

— **Verfügungen des Erben über den Nachlass.**

§ 2211. Ueber einen der Verwaltung des Testamentsvollstreckers unterliegenden Nachlaßgegenstand kann der Erbe nicht verfügen.

Die Vorschriften zu Gunsten derjenigen, welche Rechte von einem Nichtberechtigten herleiten, finden entsprechende Anwendung.

— **Gerichtliche Geltendmachung von Rechten.**

§ 2212. Ein der Verwaltung des Testamentsvollstreckers unterliegendes Recht kann nur von dem Testamentsvollstrecker gerichtlich geltend gemacht werden.

§ 2213. Ein Anspruch, der sich gegen den Nachlaß richtet, kann sowohl gegen den Erben als gegen den Testamentsvollstrecker gerichtlich geltend gemacht werden. Steht dem Testamentsvollstrecker nicht die Verwaltung des Nachlasses zu, so ist die Geltendmachung nur gegen den Erben zulässig. Ein Pflichttheilsanspruch kann, auch wenn dem Testamentsvollstrecker die Verwaltung des Nachlasses zusteht, nur gegen den Erben geltend gemacht werden.

Die Vorschrift des § 1958 findet auf den Testamentsvollstrecker keine Anwendung.

Ein Nachlaßgläubiger, der seinen Anspruch gegen den Erben geltend macht, kann den Anspruch auch gegen den Testamentsvollstrecker dahin geltend machen, daß dieser die Zwangsvollstreckung in die seiner Verwaltung unterliegenden Nachlaßgegenstände dulde.

§ 1958. Vor der Annahme der Erbschaft kann ein Anspruch, der sich gegen den Nachlass richtet, nicht gegen den Erben gerichtlich geltend gemacht werden.

§ 2214. Gläubiger des Erben, die nicht zu den Nachlaßgläubigern gehören, können sich nicht an die der Verwaltung des Testamentsvollstreckers unterliegenden Nachlaßgegenstände halten.

Stellung gegenüber dem Erben. *1. Nachlassverzeichniss.*

§ 2215. Der Testamentsvollstrecker hat dem Erben unverzüglich nach der Annahme des Amtes ein Verzeichniß der seiner Verwaltung unterliegenden Nachlaßgegenstände und der bekannten Nachlaßverbindlichkeiten mitzutheilen und ihm die zur Aufnahme des Inventars sonst erforderliche Beihülfe zu leisten.

Das Verzeichniß ist mit der Angabe des Tages der Aufnahme zu versehen und von dem Testamentsvollstrecker zu unterzeichnen; der Testamentsvollstrecker hat auf Verlangen die Unterzeichnung öffentlich beglaubigen zu lassen.

Der Erbe kann verlangen, daß er bei der Aufnahme des Verzeichnisses zugezogen wird.

Der Testamentsvollstrecker ist berechtigt und auf Verlangen des Erben verpflichtet, das Verzeichniß durch die zuständige Behörde oder durch einen zuständigen Beamten oder Notar aufnehmen zu lassen.

Die Kosten der Aufnahme und der Beglaubigung fallen dem Nachlasse zur Last.

2. Ordnungsmässige Verwaltung.

§ 2216. Der Testamentsvollstrecker ist zur ordnungsmäßigen Verwaltung des Nachlasses verpflichtet.

Anordnungen, die der Erblasser für die Verwaltung durch letztwillige Verfügung getroffen hat, sind von dem Testamentsvollstrecker zu befolgen. Sie können jedoch auf Antrag des Testamentsvollstreckers oder eines anderen Betheiligten von dem Nachlaßgericht außer Kraft gesetzt werden, wenn ihre Befolgung den Nachlaß erheblich gefährden würde. Das Gericht soll vor der Entscheidung soweit thunlich die Betheiligten hören.

3. Aushändigung entbehrlicher Nachlassgegenstände.

§ 2217. Der Testamentsvollstrecker hat Nachlaßgegenstände, deren er zur Erfüllung seiner Obliegenheiten offenbar nicht bedarf, dem Erben auf Verlangen zur freien Verfügung zu überlassen. Mit der Ueberlassung erlischt sein Recht zur Verwaltung der Gegenstände.

Wegen Nachlaßverbindlichkeiten, die nicht auf einem Vermächtniß oder einer Auflage beruhen, sowie wegen bedingter und betagter Vermächtnisse oder Auflagen kann der Testamentsvollstrecker die Ueberlassung der Gegenstände nicht verweigern, wenn der Erbe für die Berichtigung der Verbindlichkeiten oder für die Vollziehung der Vermächtnisse oder Auflagen Sicherheit leistet.

§ 2218. Auf das Rechtsverhältniß zwischen dem Testamentsvollstrecker und dem Erben finden die für den Auftrag geltenden Vorschriften der §§ 664, 666 bis 668, 670, des § 673 Satz 2 und des § 674 entsprechende Anwendung.

Bei einer länger dauernden Verwaltung kann der Erbe jährlich Rechnungslegung verlangen.

§ 664*. Der Testamentsvollstrecker darf im Zweifel die Ausführung seiner Obliegenheiten nicht einem Dritten übertragen. Ist die Uebertragung gestattet, so hat er nur ein ihm bei der Uebertragung zur Last fallendes Verschulden zu vertreten. Für das Verschulden eines Gehülfen ist er nach § 278 verantwortlich.

§ 278 Satz 1. Der Schuldner hat ein Verschulden seines gesetzlichen Vertreters und der Personen, deren er sich zur Erfüllung seiner Verbindlichkeit bedient, in gleichem Umfange zu vertreten wie eigenes Verschulden.

§ 666* Der Testamentsvollstrecker ist verpflichtet, dem Erben die erforderlichen Nachrichten zu geben, auf Verlangen über den Stand der Geschäfte Auskunft zu ertheilen und nach der Ausführung seiner Obliegenheiten Rechenschaft abzulegen.

§ 667*. Der Testamentsvollstrecker ist verpflichtet, dem Erben alles, was er zur Ausführung der Testamentsvollstreckung erhält und was er aus der Testamentsvollstreckung erlangt, herauszugeben.

§ 668*. Verwendet der Testamentsvollstrecker Geld für sich, das er dem Erben herauszugeben oder für ihn zu verwenden hat, so ist er verpflichtet, es von der Zeit der Verwendung an zu verzinsen.

§ 670* Macht der Testamentsvollstrecker zum Zwecke der Ausführung seiner Obliegenheiten Aufwendungen, die er den Umständen nach für erforderlich halten darf, so ist der Erbe zum Ersatze verpflichtet.

§ 673 Satz 2* Erlischt das Amt eines Testamentsvollstreckers durch dessen Tod, so hat sein Erbe, wenn mit dem Aufschube Gefahr verbunden ist, die Besorgung des übertragenen Geschäfts fortzusetzen, bis der Erbe anderweit Fürsorge treffen kann, das Amt des Testamentsvollstreckers bleibt insoweit als fortbestehend

§ 674* Erlischt das Amt des Testamentsvollstreckers in anderer Weise als durch Widerruf, so gilt es zu Gunsten des Testamentsvollstreckers gleichwohl als fortbestehend, bis der Testamentsvollstrecker von dem Erlöschen Kenntniss erlangt oder das Erlöschen kennen muss.

— **Haftung.**

§ 2219. Verletzt der Testamentsvollstrecker die ihm obliegenden Verpflichtungen, so ist er, wenn ihm ein Verschulden zur Last fällt, für den daraus entstehenden Schaden dem Erben und, soweit ein Vermächtniß zu vollziehen ist, auch dem Vermächtnißnehmer verantwortlich.

Mehrere Testamentsvollstrecker, denen ein Verschulden zur Last fällt, haften als Gesammtschuldner.

§ 2220. Der Erblasser kann den Testamentsvollstrecker nicht von den ihm nach den §§ 2215, 2216, 2218, 2219 obliegenden Verpflichtungen befreien.

Anspruch auf Vergütung.

§ 2221. Der Testamentsvollstrecker kann für die Führung seines Amtes eine angemessene Vergütung verlangen, sofern nicht der Erblasser ein Anderes bestimmt hat.

Testamentsvollstrecker bei Nacherbfolge.

§ 2222. Der Erblasser kann einen Testamentsvollstrecker auch zu dem Zwecke ernennen, daß dieser bis zu dem Eintritt einer angeordneten Nacherbfolge die Rechte des Nacherben ausübt und dessen Pflichten erfüllt.

Testamentsvollstrecker bei Vermächtnissen.

§ 2223. Der Erblasser kann einen Testamentsvollstrecker auch zu dem Zwecke ernennen, daß dieser für die Ausführung der einem Vermächtnißnehmer auferlegten Beschwerungen sorgt.

Mehrere Testamentsvollstrecker.

§ 2224. Mehrere Testamentsvollstrecker führen das Amt gemeinschaftlich; bei einer Meinungsverschiedenheit entscheidet das Nachlaßgericht. Fällt einer von ihnen weg, so führen die übrigen das Amt allein. Der Erblasser kann abweichende Anordnungen treffen.

Jeder Testamentsvollstrecker ist berechtigt, ohne Zustimmung der anderen Testamentsvollstrecker diejenigen Maßregeln zu treffen, welche zur Erhaltung eines der gemeinschaftlichen Verwaltung unterliegenden Nachlaßgegenstandes nothwendig sind.

Erlöschen des Amtes.

§ 2225. Das Amt des Testamentsvollstreckers erlischt, wenn er stirbt oder wenn ein Fall eintritt, in welchem die Ernennung nach § 2201 unwirksam sein würde.

— **Kündigung.**

§ 2226. Der Testamentsvollstrecker kann das Amt jederzeit kündigen. Die Kündigung erfolgt durch Erklärung gegenüber dem Nachlaßgerichte. Die Vorschriften des § 671 Abs. 2, 3 finden entsprechende Anwendung.

§ 671 Abs. 2*, 3*. Der Testamentsvollstrecker darf nur in der Art kündigen, dass der Erbe für die Besorgung des Geschäfts anderweit Fürsorge treffen kann, es sei denn, dass ein wichtiger Grund für die unzeitige Kündigung vorliegt. Kündigt er ohne solchen Grund zur Unzeit, so hat er dem Erben den daraus entstehenden Schaden zu ersetzen.

Liegt ein wichtiger Grund vor, so ist der Testamentsvollstrecker zur Kündigung auch dann berechtigt, wenn er auf das Kündigungsrecht verzichtet hat.

— **Entlassung.**

§ 2227. Das Nachlaßgericht kann den Testamentsvollstrecker auf Antrag eines der Betheiligten entlassen, wenn ein wichtiger Grund vorliegt;

ein solcher Grund ist insbesondere grobe Pflichtverletzung oder Unfähigkeit zur ordnungsmäßigen Geschäftsführung.

Der Testamentsvollstrecker soll vor der Entlassung wenn thunlich gehört werden.

Akteneinsicht.

§ 2228. Das Nachlaßgericht hat die Einsicht der nach § 2198 Abs. 1 Satz 2, § 2199 Abs. 3, § 2202 Abs. 2, § 2226 Satz 2 abgegebenen Erklärungen Jedem zu gestatten, der ein rechtliches Interesse glaubhaft macht.

§ 2198 Abs. 1 Satz 2. Die Bestimmung (des Testamentsvollstreckers durch Dritte) erfolgt durch Erklärung gegenüber dem Nachlassgerichte; die Erklärung ist in öffentlich beglaubigter Form abzugeben.

§ 2199 Abs. 3. Die Ernennung (eines Nachfolgers durch den Testamentsvollstrecker) erfolgt nach § 2198 Abs. 1 Satz 2.

§ 2202 Abs. 2. Die Annahme sowie die Ablehnung des Amtes (eines Testamentsvollstreckers) erfolgt durch Erklärung gegenüber dem Nachlassgerichte. Die Erklärung kann erst nach dem Eintritte des Erbfalls abgegeben werden; sie ist unwirksam, wenn sie unter einer Bedingung oder einer Zeitbestimmung abgegeben wird.

§ 2226 Satz 2. Die Kündigung (des Amtes eines Testamentsvollstreckers) erfolgt durch Erklärung gegenüber dem Nachlassgerichte.

Siebenter Titel.

Errichtung und Aufhebung eines Testaments.

Fähigkeit zur Errichtung von Testamenten.

§ 2229. Wer in der Geschäftsfähigkeit beschränkt ist, bedarf zur Errichtung eines Testaments nicht der Zustimmung seines gesetzlichen Vertreters.

Ein Minderjähriger kann ein Testament erst errichten, wenn er das sechzehnte Lebensjahr vollendet hat.

Wer wegen Geistesschwäche, Verschwendung oder Trunksucht entmündigt ist, kann ein Testament nicht errichten. Die Unfähigkeit tritt schon mit der Stellung des Antrags ein, auf Grund dessen die Entmündigung erfolgt.

§ 2230. Hat ein Entmündigter ein Testament errichtet, bevor der die Entmündigung aussprechende Beschluß unanfechtbar geworden ist, so steht die Entmündigung der Gültigkeit des Testaments nicht entgegen, wenn der Entmündigte noch vor dem Eintritte der Unanfechtbarkeit stirbt.

Das Gleiche gilt, wenn der Entmündigte nach der Stellung des Antrags auf Wiederaufhebung der Entmündigung ein Testament errichtet und die Entmündigung dem Antrage gemäß wiederaufgehoben wird.

I. Ordentliches Testament.

§ 2231. Ein Testament kann in ordentlicher Form errichtet werden:

1. vor einem Richter oder vor einem Notar;
2. durch eine von dem Erblasser unter Angabe des Ortes und Tages eigenhändig geschriebene und unterschriebene Erklärung.

a) vor einem Richter oder Notar.

§ 2232. Für die Errichtung eines Testaments vor einem Richter oder vor einem Notar gelten die Vorschriften der §§ 2233 bis 2246.

§ 2233. Zur Errichtung des Testaments muß der Richter einen Gerichtsschreiber oder zwei Zeugen, der Notar einen zweiten Notar oder zwei Zeugen zuziehen.

§ 2234. Als Richter, Notar, Gerichtsschreiber oder Zeuge kann bei der Errichtung des Testaments nicht mitwirken:

1. der Ehegatte des Erblassers, auch wenn die Ehe nicht mehr besteht;
2. wer mit dem Erblasser in gerader Linie oder im zweiten Grade der Seitenlinie verwandt oder verschwägert ist.

§ 2235. Als Richter, Notar, Gerichtsschreiber oder Zeuge kann bei der Errichtung des Testaments nicht mitwirken, wer in dem Testamente bedacht wird oder wer zu einem Bedachten in einem Verhältnisse der im § 2234 bezeichneten Art steht.

Die Mitwirkung einer hiernach ausgeschlossenen Person hat nur zur Folge, daß die Zuwendung an den Bedachten nichtig ist.

§ 2236. Als Gerichtsschreiber oder zweiter Notar oder Zeuge kann bei der Errichtung des Testaments nicht mitwirken, wer zu dem Richter oder dem beurkundenden Notar in einem Verhältnisse der im § 2234 bezeichneten Art steht.

§ 2237. Als Zeuge soll bei der Errichtung des Testaments nicht mitwirken:

1. ein Minderjähriger;
2. wer der bürgerlichen Ehrenrechte für verlustig erklärt ist, während der Zeit, für welche die Aberkennung der Ehrenrechte erfolgt ist;
3. wer nach den Vorschriften der Strafgesetze unfähig ist, als Zeuge eidlich vernommen zu werden;
4. wer als Gesinde oder Gehülfe im Dienste des Richters oder des beurkundenden Notars steht.

— Errichtung.

§ 2238. Die Errichtung des Testaments erfolgt in der Weise, daß der Erblasser dem Richter oder dem Notar seinen letzten Willen mündlich erklärt oder eine Schrift mit der mündlichen Erklärung übergiebt, daß die Schrift seinen letzten Willen enthalte. Die Schrift kann offen oder verschlossen übergeben werden. Sie kann von dem Erblasser oder von einer anderen Person geschrieben sein.

Wer minderjährig ist oder Geschriebenes nicht zu lesen vermag, kann das Testament nur durch mündliche Erklärung errichten.

§ 2239. Die bei der Errichtung des Testaments mitwirkenden Personen müssen während der ganzen Verhandlung zugegen sein.

— Protokoll.

§ 2240. Ueber die Errichtung des Testaments muß ein Protokoll in deutscher Sprache aufgenommen werden.

§ 2241. Das Protokoll muß enthalten:

1. Ort und Tag der Verhandlung;
2. die Bezeichnung des Erblassers und der bei der Verhandlung mitwirkenden Personen;
3. die nach § 2238 erforderlichen Erklärungen des Erblassers und im Falle der Uebergabe einer Schrift die Feststellung der Uebergabe.

§ 2242. Das Protokoll muß vorgelesen, von dem Erblasser genehmigt und von ihm eigenhändig unterschrieben werden. Im Protokolle muß festgestellt werden, daß dies geschehen ist. Das Protokoll soll dem Erblasser auf Verlangen auch zur Durchsicht vorgelegt werden.

Erklärt der Erblasser, daß er nicht schreiben könne, so wird seine Unterschrift durch die Feststellung dieser Erklärung im Protokoll ersetzt.

Das Protokoll muß von den mitwirkenden Personen unterschrieben werden.

— — **Verhinderung des Erblassers am Sprechen.**

§ 2243. Wer nach der Ueberzeugung des Richters oder des Notars stumm oder sonst am Sprechen verhindert ist, kann das Testament nur durch Uebergabe einer Schrift errichten. Er muß die Erklärung, daß die Schrift seinen letzten Willen enthalte, bei der Verhandlung eigenhändig in das Protokoll oder auf ein besonderes Blatt schreiben, das dem Protokoll als Anlage beigefügt werden muß.

Das eigenhändige Niederschreiben der Erklärung sowie die Ueberzeugung des Richters oder des Notars, daß der Erblasser am Sprechen verhindert ist, muß im Protokolle festgestellt werden. Das Protokoll braucht von dem Erblasser nicht besonders genehmigt zu werden.

— — **Unkenntniss der deutschen Sprache.**

§ 2244. Erklärt der Erblasser, daß er der deutschen Sprache nicht mächtig sei, so muß bei der Errichtung des Testaments ein vereideter Dolmetscher zugezogen werden. Auf den Dolmetscher finden die nach den §§ 2234 bis 2237 für einen Zeugen geltenden Vorschriften entsprechende Anwendung.

Das Protokoll muß in die Sprache, in der sich der Erblasser erklärt, übersetzt werden. Die Uebersetzung muß von dem Dolmetscher angefertigt oder beglaubigt und vorgelesen werden; die Uebersetzung muß dem Protokoll als Anlage beigefügt werden.

Das Protokoll muß die Erklärung des Erblassers, daß er der deutschen Sprache nicht mächtig sei, sowie den Namen des Dolmetschers und die Feststellung enthalten, daß der Dolmetscher die Uebersetzung angefertigt oder beglaubigt und sie vorgelesen hat. Der Dolmetscher muß das Protokoll unterschreiben.

§ 2245. Sind sämmtliche mitwirkende Personen ihrer Versicherung nach der Sprache, in der sich der Erblasser erklärt, mächtig, so ist die Zuziehung eines Dolmetschers nicht erforderlich.

Unterbleibt die Zuziehung eines Dolmetschers, so muß das Protokoll in der fremden Sprache aufgenommen werden und die Erklärung des Erblassers, daß er der deutschen Sprache nicht mächtig sei, sowie die

Versicherung der mitwirkenden Personen, daß sie der fremden Sprache mächtig seien, enthalten. Eine deutsche Uebersetzung soll als Anlage beigefügt werden.

— **Siegelung; Verwahrung.**

§ 2246. Das über die Errichtung des Testaments aufgenommene Protokoll soll nebst Anlagen, insbesondere im Falle der Errichtung durch Uebergabe einer Schrift nebst dieser Schrift, von dem Richter oder dem Notar in Gegenwart der übrigen mitwirkenden Personen und des Erblassers mit dem Amtssiegel verschlossen, mit einer das Testament näher bezeichnenden Aufschrift, die von dem Richter oder dem Notar zu unterschreiben ist, versehen und in besondere amtliche Verwahrung gebracht werden.

Dem Erblasser soll über das in amtliche Verwahrung genommene Testament ein Hinterlegungsschein ertheilt werden.

b) Eigenhändiges Testament.

§ 2247. Wer minderjährig ist oder Geschriebenes nicht zu lesen vermag, kann ein Testament nicht nach § 2231 Nr. 2 errichten.

— **Amtliche Verwahrung.**

§ 2248. Ein nach § 2231 Nr. 2 errichtetes Testament ist auf Verlangen des Erblassers in amtliche Verwahrung zu nehmen. Die Vorschrift des § 2246 Abs. 2 findet Anwendung.

2. Ausserordentliches Testament.

a) bei naher Todesgefahr.

§ 2249. Ist zu besorgen, daß der Erblasser früher sterben werde, als die Errichtung eines Testaments vor einem Richter oder vor einem Notar möglich ist, so kann er das Testament vor dem Vorsteher der Gemeinde, in der er sich aufhält, oder, falls er sich in dem Bereich eines durch Landesgesetz einer Gemeinde gleichgestellten Verbandes oder Gutsbezirkes aufhält, vor dem Vorsteher dieses Verbandes oder Bezirkes errichten. Der Vorsteher muß zwei Zeugen zuziehen. Die Vorschriften der §§ 2234 bis 2246 finden Anwendung; der Vorsteher tritt an die Stelle des Richters oder des Notars.

Die Besorgniß, daß die Errichtung eines Testaments vor einem Richter oder vor einem Notar nicht mehr möglich sein werde, muß im Protokolle festgestellt werden. Der Gültigkeit des Testaments steht nicht entgegen, daß die Besorgniß nicht begründet war.

b) in abgesperrten Orten.

§ 2250. Wer sich an einem Orte aufhält, der in Folge des Ausbruchs einer Krankheit oder in Folge sonstiger außerordentlicher Umstände dergestalt abgesperrt ist, daß die Errichtung eines Testaments vor einem Richter oder vor einem Notar nicht möglich oder erheblich erschwert ist, kann das Testament in der durch den § 2249 Abs. 1 bestimmten Form oder durch mündliche Erklärung vor drei Zeugen errichten.

Wird die mündliche Erklärung vor drei Zeugen gewählt, so muß über die Errichtung des Testaments ein Protokoll aufgenommen werden. Auf die Zeugen finden die Vorschriften der §§ 2234, 2235 und des § 2237 Nr. 1 bis 3, auf das Protokoll finden die Vorschriften der §§ 2240 bis 2242, 2245 Anwendung. Unter Zuziehung eines Dolmetschers kann ein Testament in dieser Form nicht errichtet werden.

c) Seetestament.

§ 2251. Wer sich während einer Seereise an Bord eines deutschen, nicht zur Kaiserlichen Marine gehörenden Fahrzeugs außerhalb eines inländischen Hafens befindet, kann ein Testament durch mündliche Erklärung vor drei Zeugen nach § 2250 errichten.

— Kraftloswerden des ausserordentlichen Testaments.

§ 2252. Ein nach § 2249, § 2250 oder § 2251 errichtetes Testament gilt als nicht errichtet, wenn seit der Errichtung drei Monate verstrichen sind und der Erblasser noch lebt.

Beginn und Lauf der Frist sind gehemmt, solange der Erblasser außer Stande ist, ein Testament vor einem Richter oder vor einem Notar zu errichten.

Tritt im Falle des § 2251 der Erblasser vor dem Ablaufe der Frist eine neue Seereise an, so wird die Frist dergestalt unterbrochen, daß nach der Beendigung der neuen Reise die volle Frist von neuem zu laufen beginnt.

Wird der Erblasser nach dem Ablaufe der Frist für todt erklärt, so behält das Testament seine Kraft, wenn die Frist zu der Zeit, zu welcher der Erblasser den vorhandenen Nachrichten zufolge noch gelebt hat, noch nicht verstrichen war.

Widerruf.

§ 2253. Ein Testament sowie eine einzelne in einem Testament enthaltene Verfügung kann von dem Erblasser jederzeit widerrufen werden.

Die Entmündigung des Erblassers wegen Geistesschwäche, Verschwendung oder Trunksucht steht dem Widerruf eines vor der Entmündigung errichteten Testaments nicht entgegen.

— Form.

§ 2254. Der Widerruf erfolgt durch Testament.

— Stillschweigender Widerruf.

§ 2255. Ein Testament kann auch dadurch widerrufen werden, daß der Erblasser in der Absicht, es aufzuheben, die Testamentsurkunde vernichtet oder an ihr Veränderungen vornimmt, durch die der Wille, eine schriftliche Willenserklärung aufzuheben, ausgedrückt zu werden pflegt.

Hat der Erblasser die Testamentsurkunde vernichtet oder in der bezeichneten Weise verändert, so wird vermuthet, daß er die Aufhebung des Testaments beabsichtigt habe.

§ 2256. Ein vor einem Richter oder vor einem Notar oder nach § 2249 errichtetes Testament gilt als widerrufen, wenn die in amtliche Verwahrung genommene Urkunde dem Erblasser zurückgegeben wird.

Der Erblasser kann die Rückgabe jederzeit verlangen. Die Rückgabe darf nur an den Erblasser persönlich erfolgen.

Die Vorschriften des Abs. 2 gelten auch für ein nach § 2248 hinterlegtes Testament; die Rückgabe ist auf die Wirksamkeit des Testaments ohne Einfluß.

— Widerruf des Widerrufs.

§ 2257. Wird der durch Testament erfolgte Widerruf einer letztwilligen Verfügung widerrufen, so ist die Verfügung wirksam, wie wenn sie nicht widerrufen worden wäre.

Errichtung eines neuen Testaments.

§ 2258. Durch die Errichtung eines Testaments wird ein früheres Testament insoweit aufgehoben, als das spätere Testament mit dem früheren in Widerspruch steht.

Wird das spätere Testament widerrufen, so ist das frühere Testament in gleicher Weise wirksam, wie wenn es nicht aufgehoben worden wäre.

Ablieferung an das Nachlassgericht.

§ 2259. Wer ein Testament, das nicht in amtliche Verwahrung gebracht ist, im Besitze hat, ist verpflichtet, es unverzüglich, nachdem er von dem Tode des Erblassers Kenntniß erlangt hat, an das Nachlaßgericht abzuliefern.

Befindet sich ein Testament bei einer anderen Behörde als einem Gericht oder befindet es sich bei einem Notar in amtlicher Verwahrung, so ist es nach dem Tode des Erblassers an das Nachlaßgericht abzuliefern. Das Nachlaßgericht hat, wenn es von dem Testamente Kenntniß erlangt, die Ablieferung zu veranlassen.

Eröffnung des Testaments.

§ 2260. Das Nachlaßgericht hat, sobald es von dem Tode des Erblassers Kenntniß erlangt, zur Eröffnung eines in seiner Verwahrung befindlichen Testaments einen Termin zu bestimmen. Zu dem Termine sollen die gesetzlichen Erben des Erblassers und die sonstigen Betheiligten soweit thunlich geladen werden.

In dem Termin ist das Testament zu öffnen, den Betheiligten zu verkünden und ihnen auf Verlangen vorzulegen. Die Verkündung darf im Falle der Vorlegung unterbleiben.

Ueber die Eröffnung ist ein Protokoll aufzunehmen. War das Testament verschlossen, so ist in dem Protokolle festzustellen, ob der Verschluß unversehrt war.

§ 2261. Hat ein anderes Gericht als das Nachlaßgericht das Testament in amtlicher Verwahrung, so liegt dem anderen Gerichte die Eröffnung des Testaments ob. Das Testament ist nebst einer beglaubigten Abschrift des über die Eröffnung aufgenommenen Protokolls dem Nachlaßgerichte zu übersenden; eine beglaubigte Abschrift des Testaments ist zurückzubehalten.

§ 2262. Das Nachlaßgericht hat die Betheiligten, welche bei der Eröffnung des Testaments nicht zugegen gewesen sind, von dem sie betreffenden Inhalte des Testaments in Kenntniß zu setzen.

— Verbot der Testamentseröffnung.

§ 2263. Eine Anordnung des Erblassers, durch die er verbietet, das Testament alsbald nach seinem Tode zu eröffnen, ist nichtig.

Einsicht.

§ 2264. Wer ein rechtliches Interesse glaubhaft macht, ist berechtigt, von einem eröffneten Testament Einsicht zu nehmen sowie eine Abschrift des Testaments oder einzelner Theile zu fordern; die Abschrift ist auf Verlangen zu beglaubigen.

Achter Titel.

Gemeinschaftliches Testament.

Nur für Ehegatten.

§ 2265. Ein gemeinschaftliches Testament kann nur von Ehegatten errichtet werden.

Errichtung *1. bei naher Todesgefahr.*

§ 2266. Ein gemeinschaftliches Testament kann nach § 2249 auch dann errichtet werden, wenn die Voraussetzung des § 2249 nur auf Seiten eines der Ehegatten vorliegt.

2. Eigenhändiges Testament.

§ 2267. Zur Errichtung eines gemeinschaftlichen Testaments nach § 2231 Nr. 2 genügt es, wenn einer der Ehegatten das Testament in der dort vorgeschriebenen Form errichtet und der andere Ehegatte die Erklärung beifügt, daß das Testament auch als sein Testament gelten solle. Die Erklärung muß unter Angabe des Ortes und Tages eigenhändig geschrieben und unterschrieben werden.

§ 2231 Nr. 2. Ein Testament kann in ordentlicher Form errichtet werden durch eine von dem Erblasser unter Angabe des Ortes und Tages eigenhändig geschriebene und unterschriebene Erklärung.

Auflösung der Ehe.

§ 2268. Ein gemeinschaftliches Testament ist in den Fällen des § 2077 seinem ganzen Inhalte nach unwirksam.

Wird die Ehe vor dem Tode eines der Ehegatten aufgelöst oder liegen die Voraussetzungen des § 2077 Abs. 1 Satz 2 vor, so bleiben die Verfügungen insoweit wirksam, als anzunehmen ist, daß sie auch für diesen Fall getroffen sein würden.

§ 2077. Eine letztwillige Verfügung, durch die der Erblasser seinen Ehegatten bedacht hat, ist unwirksam, wenn die Ehe nichtig oder wenn sie vor dem Tode des Erblassers aufgelöst worden ist. Der Auflösung der Ehe steht es gleich, wenn der Erblasser zur Zeit seines Todes auf Scheidung wegen Verschuldens des Ehegatten zu klagen berechtigt war und die Klage auf Scheidung oder auf Aufhebung der ehelichen Gemeinschaft erhoben hatte.

Eine letztwillige Verfügung, durch die der Erblasser seinen Verlobten bedacht hat, ist unwirksam, wenn das Verlöbniss vor dem Tode des Erblassers aufgelöst worden ist.

Die Verfügung ist nicht unwirksam, wenn anzunehmen ist, dass der Erblasser sie auch für einen solchen Fall getroffen haben würde.

Bestimmungen für die Zeit nach dem Tode des Ueberlebenden.

§ 2269. Haben die Ehegatten in einem gemeinschaftlichen Testamente, durch das sie sich gegenseitig als Erben einsetzen, bestimmt, daß nach dem Tode des Ueberlebenden der beiderseitige Nachlaß an einen Dritten fallen soll, so ist im Zweifel anzunehmen, daß der Dritte für den gesammten Nachlaß als Erbe des zuletzt versterbenden Ehegatten eingesetzt ist.

Haben die Ehegatten in einem solchen Testament ein Vermächtniß angeordnet, das nach dem Tode des Ueberlebenden erfüllt werden soll, so ist im Zweifel anzunehmen, daß das Vermächtniß dem Bedachten erst mit dem Tode des Ueberlebenden anfallen soll.

Nichtigkeit der Verfügung eines Ehegatten.

§ 2270. Haben die Ehegatten in einem gemeinschaftlichen Testamente Verfügungen getroffen, von denen anzunehmen ist, daß die Verfügung des einen nicht ohne die Verfügung des anderen getroffen sein würde, so hat die Nichtigkeit oder der Widerruf der einen Verfügung die Unwirksamkeit der anderen zur Folge.

Ein solches Verhältniß der Verfügungen zu einander ist im Zweifel anzunehmen, wenn sich die Ehegatten gegenseitig bedenken oder wenn dem einen Ehegatten von dem anderen eine Zuwendung gemacht und für den Fall des Ueberlebens des Bedachten eine Verfügung zu Gunsten einer Person getroffen wird, die mit dem anderen Ehegatten verwandt ist oder ihm sonst nahe steht.

Auf andere Verfügungen als Erbeinsetzungen, Vermächtnisse oder Auflagen findet die Vorschrift des Abs. 1 keine Anwendung.

Widerruf.

§ 2271. Der Widerruf einer Verfügung, die mit einer Verfügung des anderen Ehegatten in dem im § 2270 bezeichneten Verhältnisse steht, erfolgt bei Lebzeiten der Ehegatten nach den für den Rücktritt von einem Erbvertrage geltenden Vorschriften des § 2296. Durch eine neue Verfügung von Todeswegen kann ein Ehegatte bei Lebzeiten des anderen seine Verfügung nicht einseitig aufheben.

Das Recht zum Widerruf erlischt mit dem Tode des anderen Ehegatten; der Ueberlebende kann jedoch seine Verfügung aufheben, wenn er das ihm Zugewendete ausschlägt. Auch nach der Annahme der Zuwendung ist der Ueberlebende zur Aufhebung nach Maßgabe des § 2294 und des § 2336 berechtigt.

Ist ein pflichttheilsberechtigter Abkömmling der Ehegatten oder eines der Ehegatten bedacht, so findet die Vorschrift des § 2289 Abs. 2 entsprechende Anwendung.

§ 2296 Abs. 1, 2*. Der Rücktritt kann nicht durch einen Vertreter erfolgen. Ist der Erblasser in der Geschäftsfähigkeit beschränkt, so bedarf er nicht der Zustimmung seines gesetzlichen Vertreters.

Der Rücktritt erfolgt durch Erklärung gegenüber dem anderen Ehegatten. Die Erklärung bedarf der gerichtlichen oder notariellen Beurkundung.

§ 2294.* Der Erblasser kann seine in einem gegenseitigen Testament getroffene Verfügung aufheben, wenn sich der Bedachte einer Verfehlung schuldig macht, die den Erblasser zur Entziehung des Pflichttheils berechtigt oder, falls der Bedachte nicht zu den Pflichttheilsberechtigten gehört, zu der Entziehung berechtigen würde, wenn der Bedachte ein Abkömmling des Erblassers wäre.

§ 2336. Die Aufhebung erfolgt durch letztwillige Verfügung.

Der Grund der Aufhebung muss zur Zeit der Errichtung bestehen und in der Verfügung angegeben werden.

Der Beweis des Grundes liegt demjenigen ob, welcher die Aufhebung geltend macht.

Im Falle des § 2333 Nr. 5 ist die Aufhebung unwirksam, wenn sich der Abkömmling zur Zeit des Erbfalls von dem ehrlosen und unsittlichen Lebenswandel dauernd abgewendet hat.

§ 2333 Nr. 5. Der Erblasser kann seine Verfügung aufheben, wenn der Bedachte einen ehrlosen oder unsittlichen Lebenswandel wider den Willen des Erblassers führt.*

§ 2289 Abs. 2*. Der Erblasser kann durch eine spätere letztwillige Verfügung die nach § 2338 zulässigen Anordnungen treffen.

§ 2338. Hat sich ein Abkömmling in solchem Masse der Verschwendung ergeben oder ist er in solchem Masse überschuldet, dass sein späterer Erwerb erheblich gefährdet wird, so kann der Erblasser das Pflichttheilsrecht des Abkömmlinges durch die Anordnung beschränken, dass nach dem Tode des Abkömmlinges dessen gesetzliche Erben das ihm Hinterlassene oder den ihm gebührenden Pflichttheil als Nacherben oder als Nachvermächtnissnehmer nach dem Verhältniss ihrer gesetzlichen Erbtheile erhalten sollen. Der Erblasser kann auch für die Lebenszeit des Abkömmlinges die Verwaltung einem Testamentsvollstrecker übertragen; der Abkömmling hat in einem solchen Falle Anspruch auf den jährlichen Reinertrag.

Auf Anordnungen dieser Art finden die Vorschriften des § 2336 Abs. 1 bis 3 (s. oben) entsprechende Anwendung. Die Anordnungen sind unwirksam, wenn zur Zeit des Erbfalls der Abkömmling sich dauernd von dem verschwenderischen Leben abgewendet hat oder die den Grund der Anordnung bildende Ueberschuldung nicht mehr besteht.

Zurücknahme.

§ 2272. Ein gemeinschaftliches Testament kann nach § 2256 nur von beiden Ehegatten zurückgenommen werden.

Eröffnung.

§ 2273. Bei der Eröffnung eines gemeinschaftlichen Testaments sind die Verfügungen des überlebenden Ehegatten, soweit sie sich sondern lassen, weder zu verkünden noch sonst zur Kenntniß der Betheiligten zu bringen. Von den Verfügungen des verstorbenen Ehegatten ist eine beglaubigte Abschrift anzufertigen. Das Testament ist wieder zu verschließen und in die besondere amtliche Verwahrung zurückzubringen.

Vierter Abschnitt.

Erbvertrag.

Ausschluss der Vertretung.

§ 2274. Der Erblasser kann einen Erbvertrag nur persönlich schließen.

Erfordernisse in der Person des Erblassers.

§ 2275. Einen Erbvertrag kann als Erblasser nur schließen, wer unbeschränkt geschäftsfähig ist.

Ein Ehegatte kann als Erblasser mit seinem Ehegatten einen Erbvertrag schließen, auch wenn er in der Geschäftsfähigkeit beschränkt ist. Er bedarf in diesem Falle der Zustimmung seines gesetzlichen Vertreters; ist der gesetzliche Vertreter ein Vormund, so ist auch die Genehmigung des Vormundschaftsgerichts erforderlich.

Die Vorschriften des Abs. 2 gelten auch für Verlobte.

Form.

§ 2276. Ein Erbvertrag kann nur vor einem Richter oder vor einem Notar bei gleichzeitiger Anwesenheit beider Theile geschlossen werden. Die Vorschriften der §§ 2233 bis 2245 finden Anwendung; was nach diesen Vorschriften für den Erblasser gilt, gilt für jeden der Vertragschließenden.

Für einen Erbvertrag zwischen Ehegatten oder zwischen Verlobten, der mit einem Ehevertrag in derselben Urkunde verbunden wird, genügt die für den Ehevertrag vorgeschriebene Form.

§§ 2233 bis 2245: d. h. die Vorschriften über die Errichtung eines Testaments vor einem Richter oder einem Notar.

§ 2277. Die über einen Erbvertrag aufgenommene Urkunde soll nach Maßgabe des § 2246 verschlossen, mit einer Aufschrift versehen und in besondere amtliche Verwahrung gebracht werden, sofern nicht die Parteien das Gegentheil verlangen. Das Gegentheil gilt im Zweifel als verlangt, wenn der Erbvertrag mit einem anderen Vertrag in derselben Urkunde verbunden wird.

Ueber einen in besondere amtliche Verwahrung genommenen Erbvertrag soll jedem der Vertragschließenden ein Hinterlegungsschein ertheilt werden.

Inhalt.

§ 2278. In einem Erbvertrage kann jeder der Vertragschließenden vertragsmäßige Verfügungen von Todeswegen treffen.

Andere Verfügungen als Erbeinsetzungen, Vermächtnisse und Auflagen können vertragsmäßig nicht getroffen werden.

§ 2279. Auf vertragsmäßige Zuwendungen und Auflagen finden die für letztwillige Zuwendungen und Auflagen geltenden Vorschriften entsprechende Anwendung.

Die Vorschriften des § 2077 gelten für einen Erbvertrag zwischen Ehegatten oder Verlobten auch insoweit, als ein Dritter bedacht ist.

§ 2077. Eine letztwillige Verfügung, durch die der Erblasser seinen Ehegatten bedacht hat, ist unwirksam, wenn die Ehe nichtig oder wenn sie vor dem Tode des Erblassers aufgelöst worden ist. Der Auflösung der Ehe steht es gleich, wenn der Erblasser zur Zeit seines Todes auf Scheidung wegen Verschuldens des Ehegatten zu klagen berechtigt war und die Klage auf Scheidung oder auf Aufhebung der ehelichen Gemeinschaft erhoben hatte.

Eine letztwillige Verfügung, durch die der Erblasser seinen Verlobten bedacht hat, ist unwirksam, wenn das Verlöbniss vor dem Tode des Erblassers aufgelöst worden ist.

Die Verfügung ist nicht unwirksam, wenn anzunehmen ist, dass der Erblasser sie auch für einen solchen Fall getroffen haben würde.

— Verfügungen für die Zeit nach dem Tode des Ueberlebenden.

§ 2280. Haben Ehegatten in einem Erbvertrage, durch den sie sich gegenseitig als Erben einsetzen, bestimmt, daß nach dem Tode des Ueberlebenden der beiderseitige Nachlaß an einen Dritten fallen soll, oder ein Vermächtniß angeordnet, das nach dem Tode des Ueberlebenden zu erfüllen ist, so finden die Vorschriften des § 2269 entsprechende Anwendung.

Anfechtung.

§ 2281. Der Erbvertrag kann auf Grund der §§ 2078, 2079 auch von dem Erblasser angefochten werden; zur Anfechtung auf Grund des § 2079 ist erforderlich, daß der Pflichttheilsberechtigte zur Zeit der Anfechtung vorhanden ist.

Soll nach dem Tode des anderen Vertragschließenden eine zu Gunsten eines Dritten getroffene Verfügung von dem Erblasser angefochten werden, so ist die Anfechtung dem Nachlaßgerichte gegenüber zu erklären. Das Nachlaßgericht soll die Erklärung dem Dritten mittheilen.

§ 2078. Eine letztwillige Verfügung kann angefochten werden, soweit der Erblasser über den Inhalt seiner Erklärung im Irrthume war oder eine Erklärung dieses Inhalts überhaupt nicht abgeben wollte und anzunehmen ist, dass er die Erklärung bei Kenntniss der Sachlage nicht abgegeben haben würde.

Das Gleiche gilt, soweit der Erblasser zu der Verfügung durch die irrige Annahme oder Erwartung des Eintritts oder Nichteintritts eines Umstandes oder widerrechtlich durch Drohung bestimmt worden ist.

Die Vorschriften des § 122 (über die Schadensersatzpflicht des Anfechtenden) finden keine Anwendung.

§ 2079. Eine letztwillige Verfügung kann angefochten werden, wenn der Erblasser einen zur Zeit des Erbfalls vorhandenen Pflichttheilsberechtigten übergangen hat, dessen Vorhandensein ihm bei der Errichtung der Verfügung nicht bekannt war oder der erst nach der Errichtung geboren oder pflichttheilsberechtigt geworden ist. Die Anfechtung ist ausgeschlossen, soweit anzunehmen ist, dass der Erblasser auch bei Kenntniss der Sachlage die Verfügung getroffen haben würde.

§ 2282. Die Anfechtung kann nicht durch einen Vertreter des Erblassers erfolgen. Ist der Erblasser in der Geschäftsfähigkeit beschränkt, so bedarf er zur Anfechtung nicht der Zustimmung seines gesetzlichen Vertreters.

Für einen geschäftsunfähigen Erblasser kann sein gesetzlicher Vertreter mit Genehmigung des Vormundschaftsgerichts den Erbvertrag anfechten.

Die Anfechtungserklärung bedarf der gerichtlichen oder notariellen Beurkundung.

§ 2283. Die Anfechtung durch den Erblasser kann nur binnen Jahresfrist erfolgen.

Die Frist beginnt im Falle der Anfechtbarkeit wegen Drohung mit dem Zeitpunkt, in welchem die Zwangslage aufhört, in den übrigen Fällen mit dem Zeitpunkt, in welchem der Erblasser von dem Anfechtungsgrunde Kenntniß erlangt. Auf den Lauf der Frist finden die für die Verjährung geltenden Vorschriften der §§ 203, 206 entsprechende Anwendung.

Hat im Falle des § 2282 Abs. 2 der gesetzliche Vertreter den Erbvertrag nicht rechtzeitig angefochten, so kann nach dem Wegfalle der Geschäftsunfähigkeit der Erblasser selbst den Erbvertrag in gleicher Weise anfechten, wie wenn er ohne gesetzlichen Vertreter gewesen wäre.

§ 203*. Der Lauf der Frist ist gehemmt, solange der Erblasser durch Stillstand der Rechtspflege innerhalb der letzten sechs Monate der Frist an der Anfechtung verhindert ist.

Das Gleiche gilt, wenn eine solche Verhinderung in anderer Weise durch höhere Gewalt herbeigeführt wird.

§ 206*. Ist der Erblasser geschäftsunfähig oder in der Geschäftsfähigkeit beschränkt und ohne gesetzlichen Vertreter, so wird der Lauf der Frist nicht vor dem Ablaufe von sechs Monaten nach dem Zeitpunkte vollendet, in welchem er unbeschränkt geschäftsfähig wird oder der Mangel der Vertretung aufhört.

§ 2284. Die Bestätigung eines anfechtbaren Erbvertrags kann nur durch den Erblasser persönlich erfolgen. Ist der Erblasser in der Geschäftsfähigkeit beschränkt, so ist die Bestätigung ausgeschlossen.

§ 2285. Die im § 2080 bezeichneten Personen können den Erbvertrag auf Grund der §§ 2078, 2079 nicht mehr anfechten, wenn das Anfechtungsrecht des Erblassers zur Zeit des Erbfalls erloschen ist.

§ 2080. Zur Anfechtung ist derjenige berechtigt, welchem die Aufhebung der letztwilligen Verfügung unmittelbar zu Statten kommen würde.

Bezieht sich in den Fällen des § 2078 der Irrthum nur auf eine bestimmte Person und ist diese anfechtungsberechtigt oder würde sie anfechtungsberechtigt sein, wenn sie zur Zeit des Erbfalls gelebt hätte, so ist ein Anderer zur Anfechtung nicht berechtigt.

Im Falle des § 2079 steht das Anfechtungsrecht nur dem Pflichttheilsberechtigten zu.

§§ 2078, 2079 s. § 2281.

Rechtsgeschäfte unter Lebenden.

§ 2286. Durch den Erbvertrag wird das Recht des Erblassers, über sein Vermögen durch Rechtsgeschäft unter Lebenden zu verfügen, nicht beschränkt.

— Schenkungen.

§ 2287. Hat der Erblasser in der Absicht, den Vertragserben zu beeinträchtigen, eine Schenkung gemacht, so kann der Vertragserbe, nachdem ihm die Erbschaft angefallen ist, von dem Beschenkten die Herausgabe des Geschenkes nach den Vorschriften über die Herausgabe einer ungerechtfertigten Bereicherung fordern.

Der Anspruch verjährt in drei Jahren von dem Anfalle der Erbschaft an.

Zerstörung etc. des Vermächtnissgegenstandes.

§ 2288. Hat der Erblasser den Gegenstand eines vertragsmäßig angeordneten Vermächtnisses in der Absicht, den Bedachten zu beeinträchtigen, zerstört, bei Seite geschafft oder beschädigt, so tritt, soweit der Erbe dadurch außer Stand gesetzt ist, die Leistung zu bewirken, an die Stelle des Gegenstandes der Werth.

Hat der Erblasser den Gegenstand in der Absicht, den Bedachten zu beeinträchtigen, veräußert oder belastet, so ist der Erbe verpflichtet, dem Bedachten den Gegenstand zu verschaffen oder die Belastung zu beseitigen; auf diese Verpflichtung finden die Vorschriften des § 2170 Abs. 2 entsprechende Anwendung. Ist die Veräußerung oder die Belastung schenkweise erfolgt, so steht dem Bedachten, soweit er Ersatz nicht von dem Erben erlangen kann, der im § 2287 bestimmte Anspruch gegen den Beschenkten zu.

§ 2170 Abs. 2*. Ist der Erbe zur Verschaffung oder Beseitigung der Belastung ausser Stande, so hat er den Werth zu entrichten. Ist die Verschaffung oder Beseitigung der Belastung nur mit unverhältnissmässigen Aufwendungen möglich, so kann sich der Erbe durch Entrichtung des Werthes befreien.

Frühere letztwillige Verfügungen.

§ 2289. Durch den Erbvertrag wird eine frühere letztwillige Verfügung des Erblassers aufgehoben, soweit sie das Recht des vertragsmäßig Bedachten beeinträchtigen würde. In dem gleichen Umfang ist eine spätere Verfügung von Todeswegen unwirksam, unbeschadet der Vorschrift des § 2297.

Ist der Bedachte ein pflichttheilsberechtigter Abkömmling des Erblassers, so kann der Erblasser durch eine spätere letztwillige Verfügung die nach § 2338 zulässigen Anordnungen treffen.

§ 2338 Ab. 1. Hat sich ein Abkömmling in solchem Masse der Verschwendung ergeben oder ist er in solchem Masse überschuldet, dass sein späterer Erwerb erheblich gefährdet wird, so kann der Erblasser das Pflichttheilsrecht des Abkömmlinges durch die Anordnung beschränken, dass nach dem Tode des Abkömmlinges dessen gesetzliche Erben das ihm Hinterlassene oder den ihm gebührenden Pflichttheil als Nacherben oder als Nachvermächtnissnehmer nach dem Verhältniss ihrer gesetzlichen Erbtheile erhalten sollen. Der Erblasser kann auch für die Lebenszeit des Abkömmlinges die Verwaltung einem Testamentsvollstrecker übertragen; der Abkömmling hat in einem solchen Falle Anspruch auf den jährlichen Reinertrag.

Aufhebung *1) durch Vertrag.*

§ 2290. Ein Erbvertrag sowie eine einzelne vertragsmäßige Verfügung kann durch Vertrag von den Personen aufgehoben werden, die den Erbvertrag geschlossen haben. Nach dem Tode einer dieser Personen kann die Aufhebung nicht mehr erfolgen.

Der Erblasser kann den Vertrag nur persönlich schließen. Ist er in der Geschäftsfähigkeit beschränkt, so bedarf er nicht der Zustimmung seines gesetzlichen Vertreters.

Steht der andere Theil unter Vormundschaft, so ist die Genehmigung des Vormundschaftsgerichts erforderlich. Das Gleiche gilt, wenn er unter elterlicher Gewalt steht, es sei denn, daß der Vertrag unter Ehegatten oder unter Verlobten geschlossen wird.

Der Vertrag bedarf der im § 2276 für den Erbvertrag vorgeschriebenen Form.

2) durch Testament.

§ 2291. Eine vertragsmäßige Verfügung, durch die ein Vermächtniß oder eine Auflage angeordnet ist, kann von dem Erblasser durch Testament aufgehoben werden. Zur Wirksamkeit der Aufhebung ist die Zustimmung des anderen Vertragschließenden erforderlich; die Vorschriften des § 2290 Abs. 3 finden Anwendung.

Die Zustimmungserklärung bedarf der gerichtlichen oder notariellen Beurkundung; die Zustimmung ist unwiderruflich.

3) durch gemeinschaftliches Testament.

§ 2292. Ein zwischen Ehegatten geschlossener Erbvertrag kann auch durch ein gemeinschaftliches Testament der Ehegatten aufgehoben werden; die Vorschriften des § 2290 Abs. 3 finden Anwendung.

Rücktritt.

§ 2293. Der Erblasser kann von dem Erbvertrage zurücktreten, wenn er sich den Rücktritt im Vertrage vorbehalten hat.

§ 2294. Der Erblasser kann von einer vertragsmäßigen Verfügung zurücktreten, wenn sich der Bedachte einer Verfehlung schuldig macht, die den Erblasser zur Entziehung des Pflichttheils berechtigt oder, falls der Bedachte nicht zu den Pflichttheilsberechtigten gehört, zu der Entziehung berechtigen würde, wenn der Bedachte ein Abkömmling des Erblassers wäre.

§ 2295. Der Erblasser kann von einer vertragsmäßigen Verfügung zurücktreten, wenn die Verfügung mit Rücksicht auf eine rechtsgeschäftliche Verpflichtung des Bedachten, dem Erblasser für dessen Lebenszeit wiederkehrende Leistungen zu entrichten, insbesondere Unterhalt zu gewähren, getroffen ist und die Verpflichtung vor dem Tode des Erblassers aufgehoben wird.

§ 2296. Der Rücktritt kann nicht durch einen Vertreter erfolgen. Ist der Erblasser in der Geschäftsfähigkeit beschränkt, so bedarf er nicht der Zustimmung seines gesetzlichen Vertreters.

Der Rücktritt erfolgt durch Erklärung gegenüber dem anderen Vertragschließenden. Die Erklärung bedarf der gerichtlichen oder notariellen Beurkundung.

§ 2297. Soweit der Erblasser zum Rücktritte berechtigt ist, kann er nach dem Tode des anderen Vertragschließenden die vertragsmäßige Verfügung durch Testament aufheben. In den Fällen des § 2294 finden die Vorschriften des § 2336 Abs. 2 bis 4 entsprechende Anwendung.

§ 2336 Abs. 2*, 3*, 4*. Der Grund des Rücktritts muss zur Zeit der Errichtung bestehen und in der Verfügung angegeben werden.

Der Beweis des Grundes liegt demjenigen ob, welcher den Rücktritt geltend macht.

Im Falle des § 2333 Nr. 5 ist der Rücktritt unwirksam, wenn sich der Bedachte zur Zeit des Erbfalls von dem ehrlosen oder unsittlichen Lebenswandel dauernd abgewendet hat.

§ 2333 Nr. 5. Der Erblasser kann seine Verfügung aufheben, wenn der Bedachte einen ehrlosen oder unsittlichen Lebenswandel wider den Willen des Erblassers führt.

Nichtigkeit der Verfügung des einen Vertragstheils.

§ 2298. Sind in einem Erbvertrage von beiden Theilen vertragsmäßige Verfügungen getroffen, so hat die Nichtigkeit einer dieser Verfügungen die Unwirksamkeit des ganzen Vertrags zur Folge.

Ist in einem solchen Vertrage der Rücktritt vorbehalten, so wird durch den Rücktritt eines der Vertragschließenden der ganze Vertrag aufgehoben. Das Rücktrittsrecht erlischt mit dem Tode des anderen Vertragschließenden. Der Ueberlebende kann jedoch, wenn er das ihm durch den Vertrag Zugewendete ausschlägt, seine Verfügung durch Testament aufheben.

Die Vorschriften des Abs. 1 und des Abs. 2 Satz 1, 2 finden keine Anwendung, wenn ein anderer Wille der Vertragschließenden anzunehmen ist.

Einseitige Verfügungen im Erbvertrag.

§ 2299. Jeder der Vertragschließenden kann in dem Erbvertrag einseitig jede Verfügung treffen, die durch Testament getroffen werden kann.

Für eine Verfügung dieser Art gilt das Gleiche, wie wenn sie durch Testament getroffen worden wäre. Die Verfügung kann auch in einem Vertrag aufgehoben werden, durch den eine vertragsmäßige Verfügung aufgehoben wird.

Wird der Erbvertrag durch Ausübung des Rücktrittsrechts oder durch Vertrag aufgehoben, so tritt die Verfügung außer Kraft, sofern nicht ein anderer Wille des Erblassers anzunehmen ist.

Eröffnung des Erbvertrags.

§ 2300. Die für die Eröffnung eines Testaments geltenden Vorschriften der §§ 2259 bis 2263, 2273 finden auf den Erbvertrag entsprechende Anwendung, die Vorschriften des § 2273 Satz 2, 3 jedoch nur dann, wenn sich der Erbvertrag in besonderer amtlicher Verwahrung befindet.

§ 2259*. Wer einen Erbvertrag, der nicht in amtliche Verwahrung gebracht ist, im Besitze hat, ist verpflichtet, ihn unverzüglich, nachdem er von dem Tode des Erblassers Kenntniss erlangt hat, an das Nachlassgericht abzuliefern.

Befindet sich ein Erbvertrag bei einer anderen Behörde als einem Gericht oder befindet er sich bei einem Notar in amtlicher Verwahrung, so ist er nach dem Tode des Erblassers an das Nachlassgericht abzuliefern. Das Nachlassgericht hat, wenn es von dem Erbvertrag Kenntniss erlangt, die Ablieferung zu veranlassen.

§ 2260*. Das Nachlassgericht hat, sobald es von dem Tode des Erblassers Kenntniss erlangt, zur Eröffnung eines in seiner Verwahrung befindlichen Erbvertrags einen Termin zu bestimmen. Zu dem Termine sollen die gesetzlichen Erben des Erblassers und die sonstigen Betheiligten soweit thunlich geladen werden.

In dem Termin ist der Erbvertrag zu öffnen, den Betheiligten zu verkünden und ihnen auf Verlangen vorzulegen. Die Verkündung darf im Falle der Vorlegung unterbleiben.

Ueber die Eröffnung ist ein Protokoll aufzunehmen. War der Erbvertrag verschlossen, so ist in dem Protokolle festzustellen, ob der Verschluss unversehrt war.

§ 2261*. Hat ein anderes Gericht als das Nachlassgericht den Erbvertrag in amtlicher Verwahrung, so liegt dem anderen Gerichte die Eröffnung des Erbvertrags ob. Der Erbvertrag ist nebst einer beglaubigten Abschrift des über die Eröffnung aufgenommenen Protokolls dem Nachlassgerichte zu übersenden; eine beglaubigte Abschrift des Erbvertrags ist zurückzubehalten.

§ 2262*. Das Nachlassgericht hat die Betheiligten, welche bei der Eröffnung des Erbvertrags nicht zugegen gewesen sind, von dem sie betreffenden Inhalte des Erbvertrags in Kenntniss zu setzen.

§ 2263*. Eine Anordnung des Erblassers, durch die er verbietet, den Erbvertrag alsbald nach seinem Tode zu eröffnen, ist nichtig.

§ 2273*. Bei der Eröffnung eines Erbvertrags, in welchem beide Vertragstheile letztwillige Verfügungen getroffen haben, sind die Verfügungen des überlebenden Theils, soweit sie sich sondern lassen, weder zu verkünden noch sonst zur Kenntniss der Betheiligten zu bringen. Befindet sich der Erbvertrag in besonderer amtlicher Verwahrung, so ist von den Verfügungen des verstorbenen Vertragstheils eine beglaubigte Abschrift zu fertigen, der Erbvertrag wieder zu verschliessen und in die besondere amtliche Verwahrung zurückzubringen.

Schenkung von Todeswegen.

§ 2301. Auf ein Schenkungsversprechen, welches unter der Bedingung ertheilt wird, daß der Beschenkte den Schenker überlebt, finden die Vorschriften über Verfügungen von Todeswegen Anwendung. Das Gleiche gilt für ein schenkweise unter dieser Bedingung ertheiltes Schuldversprechen oder Schuldanerkenntniß der in den §§ 780, 781 bezeichneten Art.

Vollzieht der Schenker die Schenkung durch Leistung des zugewendeten Gegenstandes, so finden die Vorschriften über Schenkungen unter Lebenden Anwendung.

§ 780*. Vertrag, durch den eine Leistung in der Weise versprochen wird, dass das Versprechen die Verpflichtung selbständig begründen soll (Schuldversprechen).

§ 781*. Vertrag, durch den das Bestehen eines Schuldverhältnisses anerkannt wird (Schuldanerkenntniss).

Vertragsmässige Verpflichtung zur Errichtung oder Aufhebung von Verfügungen von Todeswegen.

§ 2302. Ein Vertrag, durch den sich Jemand verpflichtet, eine Verfügung von Todeswegen zu errichten oder nicht zu errichten, aufzuheben oder nicht aufzuheben, ist nichtig.

Fünfter Abschnitt.

Pflichttheil.

Pflichttheilsberechtigte — Höhe des Pflichttheils.

§ 2303. Ist ein Abkömmling des Erblassers durch Verfügung von Todeswegen von der Erbfolge ausgeschlossen, so kann er von dem Erben den Pflichttheil verlangen. Der Pflichttheil besteht in der Hälfte des Werthes des gesetzlichen Erbtheils.

Das gleiche Recht steht den Eltern und dem Ehegatten des Erblassers zu, wenn sie durch Verfügung von Todeswegen von der Erbfolge ausgeschlossen sind.

Zuwendung des Pflichttheils im Zweifel keine Erbeinsetzung.

§ 2304. Die Zuwendung des Pflichttheils ist im Zweifel nicht als Erbeinsetzung anzusehen.

Ergänzung des Pflichttheils.

§ 2305. Ist einem Pflichttheilsberechtigten ein Erbtheil hinterlassen, der geringer ist als die Hälfte des gesetzlichen Erbtheils, so kann der Pflichttheilsberechtigte von den Miterben als Pflichttheil den Werth des an der Hälfte fehlenden Theiles verlangen.

Beschränkungen und Beschwerungen des zum Erben eingesetzten Pflichttheilsberechtigten.

§ 2306. Ist ein als Erbe berufener Pflichttheilsberechtigter durch die Einsetzung eines Nacherben, die Ernennung eines Testamentsvollstreckers oder eine Theilungsanordnung beschränkt oder ist er mit einem Vermächtniß oder einer Auflage beschwert, so gilt die Beschränkung oder die Beschwerung als nicht angeordnet, wenn der ihm hinterlassene Erbtheil die Hälfte des gesetzlichen Erbtheils nicht übersteigt. Ist der hinterlassene Erbtheil größer, so kann der Pflichttheilsberechtigte den Pflichttheil verlangen, wenn er den Erbtheil ausschlägt; die Ausschlagungsfrist beginnt erst, wenn der Pflichttheilsberechtigte von der Beschränkung oder der Beschwerung Kenntniß erlangt.

Einer Beschränkung der Erbeinsetzung steht es gleich, wenn der Pflichttheilsberechtigte als Nacherbe eingesetzt ist.

Zuwendung eines Vermächtnisses an den Pflichttheilsberechtigten

§ 2307. Ist ein Pflichttheilsberechtigter mit einem Vermächtnisse bedacht, so kann er den Pflichttheil verlangen, wenn er das Vermächtniß ausschlägt. Schlägt er nicht aus, so steht ihm ein Recht auf den Pflichttheil nicht zu, soweit der Werth des Vermächtnisses reicht; bei der Berechnung des Werthes bleiben Beschränkungen und Beschwerungen der im § 2306 bezeichneten Art außer Betracht.

Der mit dem Vermächtnisse beschwerte Erbe kann den Pflichttheilsberechtigten unter Bestimmung einer angemessenen Frist zur Erklärung über die Annahme des Vermächtnisses auffordern. Mit dem Ablaufe der Frist gilt das Vermächtniß als ausgeschlagen, wenn nicht vorher die Annahme erklärt wird.

Anfechtung der Ausschlagung durch den Pflichttheilsberechtigten

§ 2308. Hat ein Pflichttheilsberechtigter, der als Erbe oder als Vermächtnißnehmer in der im § 2306 bezeichneten Art beschränkt oder beschwert ist, die Erbschaft oder das Vermächtniß ausgeschlagen, so kann er die Ausschlagung anfechten, wenn die Beschränkung oder die Beschwerung zur Zeit der Ausschlagung weggefallen und der Wegfall ihm nicht bekannt war.

Auf die Anfechtung der Ausschlagung eines Vermächtnisses finden die für die Anfechtung der Ausschlagung einer Erbschaft geltenden Vorschriften entsprechende Anwendung. Die Anfechtung erfolgt durch Erklärung gegenüber dem Beschwerten.

Entferntere Abkömmlinge und Eltern.

§ 2309. Entferntere Abkömmlinge und die Eltern des Erblassers sind insoweit nicht pflichttheilsberechtigt, als ein Abkömmling, der sie im Falle der gesetzlichen Erbfolge ausschließen würde, den Pflichttheil verlangen kann oder das ihm Hinterlassene annimmt.

Berechnung des Pflichttheils. *1. Feststellung des Erbtheils.*

§ 2310. Bei der Feststellung des für die Berechnung des Pflichttheils maßgebenden Erbtheils werden diejenigen mitgezählt, welche durch letztwillige Verfügung von der Erbfolge ausgeschlossen sind oder die Erbschaft ausgeschlagen haben oder für erbunwürdig erklärt sind. Wer durch Erbverzicht von der gesetzlichen Erbfolge ausgeschlossen ist, wird nicht mitgezählt.

2. Feststellung des Nachlasses.

§ 2311. Der Berechnung des Pflichttheils wird der Bestand und der Werth des Nachlasses zur Zeit des Erbfalls zu Grunde gelegt. Bei der Berechnung des Pflichttheils der Eltern des Erblassers bleibt der dem überlebenden Ehegatten gebührende Voraus außer Ansatz.

Der Werth ist, soweit erforderlich, durch Schätzung zu ermitteln. Eine vom Erblasser getroffene Werthbestimmung ist nicht maßgebend.

§ 2312. Hat der Erblasser angeordnet oder ist nach § 2049 anzunehmen, daß einer von mehreren Erben das Recht haben soll, ein zum Nachlasse gehörendes Landgut zu dem Ertragswerthe zu übernehmen, so ist, wenn von dem Rechte Gebrauch gemacht wird, der Ertragswerth auch für die Berechnung des Pflichttheils maßgebend. Hat der Erblasser einen anderen Uebernahmepreis bestimmt, so ist dieser maßgebend, wenn er den Ertragswerth erreicht und den Schätzungswerth nicht übersteigt.

Hinterläßt der Erblasser nur einen Erben, so kann er anordnen, daß der Berechnung des Pflichttheils der Ertragswerth oder ein nach Abs. 1 Satz 2 bestimmter Werth zu Grunde gelegt werden soll.

Diese Vorschriften finden nur Anwendung, wenn der Erbe, der das Landgut erwirbt, zu den im § 2303 bezeichneten pflichttheilsberechtigten Personen gehört.

§ 2049 Abs. 1. Hat der Erblasser angeordnet, dass einer der Miterben das Recht haben soll, ein zum Nachlasse gehörendes Landgut zu übernehmen, so ist im Zweifel anzunehmen, dass das Landgut zu dem Ertragswerth angesetzt werden soll.

§ 2313. Bei der Feststellung des Werthes des Nachlasses bleiben Rechte und Verbindlichkeiten, die von einer aufschiebenden Bedingung abhängig sind, außer Ansatz. Rechte und Verbindlichkeiten, die von einer auflösenden Bedingung abhängig sind, kommen als unbedingte in Ansatz.

Tritt die Bedingung ein, so hat die der veränderten Rechtslage entsprechende Ausgleichung zu erfolgen.

Für ungewisse oder unsichere Rechte sowie für zweifelhafte Verbindlichkeiten gilt das Gleiche wie für Rechte und Verbindlichkeiten, die von einer aufschiebenden Bedingung abhängig sind. Der Erbe ist dem Pflichttheilsberechtigten gegenüber verpflichtet, für die Feststellung eines ungewissen und für die Verfolgung eines unsicheren Rechtes zu sorgen, soweit es einer ordnungsmäßigen Verwaltung entspricht.

— Auskunftspflicht des Erben.

§ 2314. Ist der Pflichttheilsberechtigte nicht Erbe, so hat ihm der Erbe auf Verlangen über den Bestand des Nachlasses Auskunft zu ertheilen. Der Pflichttheilsberechtigte kann verlangen, daß er bei der Aufnahme des ihm nach § 260 vorzulegenden Verzeichnisses der Nachlaßgegenstände zugezogen und daß der Werth der Nachlaßgegenstände ermittelt wird. Er kann auch verlangen, daß das Verzeichniß durch die zuständige Behörde oder durch einen zuständigen Beamten oder Notar aufgenommen wird.

Die Kosten fallen dem Nachlasse zur Last.

§ 260 Abs. 1. Wer verpflichtet ist, einen Inbegriff von Gegenständen herauszugeben oder über den Bestand eines solchen Inbegriffs Auskunft zu ertheilen, hat dem Berechtigten ein Verzeichniss des Bestandes vorzulegen.

Anrechnung auf den Pflichttheil.

§ 2315. Der Pflichttheilsberechtigte hat sich auf den Pflichttheil anrechnen zu lassen, was ihm von dem Erblasser durch Rechtsgeschäft unter Lebenden mit der Bestimmung zugewendet worden ist, daß es auf den Pflichttheil angerechnet werden soll.

Der Werth der Zuwendung wird bei der Bestimmung des Pflichttheils dem Nachlasse hinzugerechnet. Der Werth bestimmt sich nach der Zeit, zu welcher die Zuwendung erfolgt ist.

Ist der Pflichttheilsberechtigte ein Abkömmling des Erblassers, so findet die Vorschrift des § 2051 Abs. 1 entsprechende Anwendung.

§ 2050 Abs. 1*. Ist der Pflichttheilsberechtigte ein Abkömmling des Erblassers, so wird dasjenige, was er von dem Erblasser bei dessen Lebzeiten als Ausstattung erhalten hat, dem Nachlasse hinzugerechnet und auf den Pflichttheil angerechnet, soweit nicht der Erblasser bei der Zuwendung ein Anderes angeordnet hat.

Mehrere ausgleichungspflichtige Abkömmlinge.

§ 2316. Der Pflichttheil eines Abkömmlinges bestimmt sich, wenn mehrere Abkömmlinge vorhanden sind und unter ihnen im Falle der gesetzlichen Erbfolge eine Zuwendung des Erblassers zur Ausgleichung zu bringen sein würde, nach demjenigen, was auf den gesetzlichen Erbtheil unter Berücksichtigung der Ausgleichungspflicht bei der Theilung entfallen würde. Ein Abkömmling, der durch Erbverzicht von der gesetzlichen Erbfolge ausgeschlossen ist, bleibt bei der Berechnung außer Betracht.

Ist der Pflichttheilsberechtigte Erbe und beträgt der Pflichttheil nach Abs. 1 mehr als der Werth des hinterlassenen Erbtheils, so kann der Pflichttheilsberechtigte von den Miterben den Mehrbetrag als Pflichttheil verlangen, auch wenn der hinterlassene Erbtheil die Hälfte des gesetzlichen Erbtheils erreicht oder übersteigt.

Eine Zuwendung der im § 2050 Abs. 1 bezeichneten Art kann der

Erblasser nicht zum Nachtheil eines Pflichttheilsberechtigten von der Berücksichtigung ausschließen.

Ist eine nach Abs. 1 zu berücksichtigende Zuwendung zugleich nach § 2315 auf den Pflichttheil anzurechnen, so kommt sie auf diesen nur mit der Hälfte des Werthes zur Anrechnung.

§ 2050 Abs. 1 s. § 2315.

Pflichttheilsanspruch.

§ 2317. Der Anspruch auf den Pflichttheil entsteht mit dem Erbfalle.

Der Anspruch ist vererblich und übertragbar.

Pflichttheilslast.

§ 2318. Der Erbe kann die Erfüllung eines ihm auferlegten Vermächtnisses soweit verweigern, daß die Pflichttheilslast von ihm und dem Vermächtnißnehmer verhältnißmäßig getragen wird. Das Gleiche gilt von einer Auflage.

Einem pflichttheilsberechtigten Vermächtnißnehmer gegenüber ist die Kürzung nur soweit zulässig, daß ihm der Pflichttheil verbleibt.

Ist der Erbe selbst pflichttheilsberechtigt, so kann er wegen der Pflichttheilslast das Vermächtniß und die Auflage soweit kürzen, daß ihm sein eigener Pflichttheil verbleibt.

§ 2319. Ist einer von mehreren Erben selbst pflichttheilsberechtigt, so kann er nach der Theilung die Befriedigung eines anderen Pflichttheilsberechtigten soweit verweigern, daß ihm sein eigener Pflichttheil verbleibt. Für den Ausfall haften die übrigen Erben.

§ 2320. Wer an Stelle des Pflichttheilsberechtigten gesetzlicher Erbe wird, hat im Verhältnisse zu Miterben die Pflichttheilslast und, wenn der Pflichttheilsberechtigte ein ihm zugewendetes Vermächtniß annimmt, das Vermächtniß in Höhe des erlangten Vortheils zu tragen.

Das Gleiche gilt im Zweifel von demjenigen, welchem der Erblasser den Erbtheil des Pflichttheilsberechtigten durch Verfügung von Todeswegen zugewendet hat.

§ 2321. Schlägt der Pflichttheilsberechtigte ein ihm zugewendetes Vermächtniß aus, so hat im Verhältnisse der Erben und der Vermächtnißnehmer zu einander derjenige, welchem die Ausschlagung zu Statten kommt, die Pflichttheilslast in Höhe des erlangten Vortheils zu tragen.

§ 2322. Ist eine von dem Pflichttheilsberechtigten ausgeschlagene Erbschaft oder ein von ihm ausgeschlagenes Vermächtniß mit einem Vermächtniß oder einer Auflage beschwert, so kann derjenige, welchem die Ausschlagung zu Statten kommt, das Vermächtniß oder die Auflage soweit kürzen, daß ihm der zur Deckung der Pflichttheilslast erforderliche Betrag verbleibt.

§ 2323. Der Erbe kann die Erfüllung eines Vermächtnisses oder einer Auflage auf Grund des § 2318 Abs. 1 insoweit nicht verweigern, als er die Pflichttheilslast nach den §§ 2320 bis 2322 nicht zu tragen hat.

— **Anordnungen des Erblassers.**

§ 2324. Der Erblasser kann durch Verfügung von Todeswegen die Pflichttheilslast im Verhältnisse der Erben zu einander einzelnen Erben auferlegen und von den Vorschriften des § 2318 Abs. 1 und der §§ 2320 bis 2323 abweichende Anordnungen treffen.

Ergänzung des Pflichttheils *1. bei Schenkungen an Dritte.*

§ 2325. Hat der Erblasser einem Dritten eine Schenkung gemacht, so kann der Pflichttheilsberechtigte als Ergänzung des Pflichttheils den Betrag verlangen, um den sich der Pflichttheil erhöht, wenn der verschenkte Gegenstand dem Nachlasse hinzugerechnet wird.

Eine verbrauchbare Sache kommt mit dem Werthe in Ansatz, den sie zur Zeit der Schenkung hatte. Ein anderer Gegenstand kommt mit dem Werthe in Ansatz, den er zur Zeit des Erbfalls hat; hatte er zur Zeit der Schenkung einen geringeren Werth, so wird nur dieser in Ansatz gebracht.

Die Schenkung bleibt unberücksichtigt, wenn zur Zeit des Erbfalls zehn Jahre seit der Leistung des verschenkten Gegenstandes verstrichen sind; ist die Schenkung an den Ehegatten des Erblassers erfolgt, so beginnt die Frist nicht vor der Auflösung der Ehe.

§ 2326. Der Pflichttheilsberechtigte kann die Ergänzung des Pflichttheils auch dann verlangen, wenn ihm die Hälfte des gesetzlichen Erbtheils hinterlassen ist. Ist dem Pflichttheilsberechtigten mehr als die Hälfte hinterlassen, so ist der Anspruch ausgeschlossen, soweit der Werth des mehr Hinterlassenen reicht.

2. bei Schenkungen an den Pflichttheilsberechtigten.

§ 2327. Hat der Pflichttheilsberechtigte selbst ein Geschenk von dem Erblasser erhalten, so ist das Geschenk in gleicher Weise wie das dem Dritten gemachte Geschenk dem Nachlasse hinzuzurechnen und zugleich dem Pflichttheilsberechtigten auf die Ergänzung anzurechnen. Ein nach § 2315 anzurechnendes Geschenk ist auf den Gesammtbetrag des Pflichttheils und der Ergänzung anzurechnen.

Ist der Pflichttheilsberechtigte ein Abkömmling des Erblassers, so findet die Vorschrift des § 2051 Abs. 1 entsprechende Anwendung.

§ 2050 Abs. 1*. Ist der Pflichttheilsberechtige ein Abkömmling des Erblassers, so wird dasjenige, was er von dem Erblasser bei dessen Lebzeiten als Ausstattung erhalten hat, dem Nachlasse hinzugerechnet und zugleich dem Pflichttheilsberechtigten auf die Ergänzung angerechnet, soweit nicht der Erblasser bei der Zuwendung ein Anderes angeordnet hat.

§ 2328. Ist der Erbe selbst pflichttheilsberechtigt, so kann er die Ergänzung des Pflichttheils soweit verweigern, daß ihm sein eigener Pflichttheil mit Einschluß dessen verbleibt, was ihm zur Ergänzung des Pflichttheils gebühren würde.

Anspruch des Pflichttheilsberechtigten an den Beschenkten.

§ 2329. Soweit der Erbe zur Ergänzung des Pflichttheils nicht verpflichtet ist, kann der Pflichttheilsberechtigte von dem Beschenkten die Herausgabe des Geschenkes zum Zwecke der Befriedigung wegen des fehlenden Betrags nach den Vorschriften über die Herausgabe einer ungerechtfertigten Bereicherung fordern. Ist der Pflichttheilsberechtigte der alleinige Erbe, so steht ihm das gleiche Recht zu.

Der Beschenkte kann die Herausgabe durch Zahlung des fehlenden Betrags abwenden.

Unter mehreren Beschenkten haftet der früher Beschenkte nur insoweit, als der später Beschenkte nicht verpflichtet ist.

Anstandsschenkungen.

§ 2330. Die Vorschriften der §§ 2325 bis 2329 finden keine Anwendung auf Schenkungen, durch die einer sittlichen Pflicht oder einer auf den Anstand zu nehmenden Rücksicht entsprochen wird.

Zuwendungen aus dem Gesammtgute der allgemeinen Gütergemeinschaft etc.

§ 2331. Eine Zuwendung, die aus dem Gesammtgute der allgemeinen Gütergemeinschaft, der Errungenschaftsgemeinschaft oder der Fahrnißgemeinschaft erfolgt, gilt als von jedem der Ehegatten zur Hälfte gemacht. Die Zuwendung gilt jedoch, wenn sie an einen Abkömmling, der nur von einem der Ehegatten abstammt, oder an eine Person, von der nur einer der Ehegatten abstammt, erfolgt oder wenn einer der Ehegatten wegen der Zuwendung zu dem Gesammtgut Ersatz zu leisten hat, als von diesem Ehegatten gemacht.

Diese Vorschriften finden auf eine Zuwendung aus dem Gesammtgute der fortgesetzten Gütergemeinschaft entsprechende Anwendung.

Verjährung.

§ 2332. Der Pflichttheilsanspruch verjährt in drei Jahren von dem Zeitpunkt an, in welchem der Pflichttheilsberechtigte von dem Eintritte des Erbfalls und von der ihn beeinträchtigenden Verfügung Kenntniß erlangt, ohne Rücksicht auf diese Kenntniß in dreißig Jahren von dem Eintritte des Erbfalls an.

Der nach § 2329 dem Pflichttheilsberechtigten gegen den Beschenkten zustehende Anspruch verjährt in drei Jahren von dem Eintritte des Erbfalls an.

Die Verjährung wird nicht dadurch gehemmt, daß die Ansprüche erst nach der Ausschlagung der Erbschaft oder eines Vermächtnisses geltend gemacht werden können.

Entziehung des Pflichttheils. *1. eines Abkömmlings.*

§ 2333. Der Erblasser kann einem Abkömmlinge den Pflichttheil entziehen:

1. wenn der Abkömmling dem Erblasser, dem Ehegatten oder einem anderen Abkömmlinge des Erblassers nach dem Leben trachtet;
2. wenn der Abkömmling sich einer vorsätzlichen körperlichen Mißhandlung des Erblassers oder des Ehegatten des Erblassers schuldig macht, im Falle der Mißhandlung des Ehegatten jedoch nur, wenn der Abkömmling von diesem abstammt;
3. wenn der Abkömmling sich eines Verbrechens oder eines schweren vorsätzlichen Vergehens gegen den Erblasser oder dessen Ehegatten schuldig macht;
4. wenn der Abkömmling die ihm dem Erblasser gegenüber gesetzlich obliegende Unterhaltspflicht böswillig verletzt;
5. wenn der Abkömmling einen ehrlosen oder unsittlichen Lebenswandel wider den Willen des Erblassers führt.

2. der Eltern.

§ 2334. Der Erblasser kann dem Vater den Pflichttheil entziehen, wenn dieser sich einer der im § 2333 Nr. 1, 3, 4 bezeichneten Verfehlungen schuldig macht. Das gleiche Recht steht dem Erblasser der Mutter gegenüber zu, wenn diese sich einer solchen Verfehlung schuldig macht.

3. des Ehegatten.

§ 2335. Der Erblasser kann dem Ehegatten den Pflichttheil entziehen, wenn der Ehegatte sich einer Verfehlung schuldig macht, auf Grund deren der Erblasser nach den §§ 1565 bis 1568 auf Scheidung zu klagen berechtigt ist.

Das Recht zur Entziehung erlischt nicht durch den Ablauf der für die Geltendmachung des Scheidungsgrundes im § 1571 bestimmten Frist.

§ 1565. Wegen Ehebruchs, Doppelehe, widernatürlicher Unzucht.

§ 1566. Weil ihm der Ehegatte nach dem Leben trachtete.

§ 1567. Wegen böslicher Verlassung.

§ 1568. Weil der Ehegatte durch schwere Verletzung der durch die Ehe begründeten Pflichten oder durch ehrloses oder unsittliches Verhalten eine so tiefe Zerrüttung des ehelichen Verhältnisses verschuldet hat, dass dem anderen Ehegatten die Fortsetzung der Ehe nicht zugemuthet werden kann.

§ 2336. Die Entziehung des Pflichttheils erfolgt durch letztwillige Verfügung.

Der Grund der Entziehung muß zur Zeit der Errichtung bestehen und in der Verfügung angegeben werden.

Der Beweis des Grundes liegt demjenigen ob, welcher die Entziehung geltend macht.

Im Falle des § 2333 Nr. 5 ist die Entziehung unwirksam, wenn sich der Abkömmling zur Zeit des Erbfalls von dem ehrlosen oder unsittlichen Lebenswandel dauernd abgewendet hat.

— **Verzeihung.**

§ 2337. Das Recht zur Entziehung des Pflichttheils erlischt durch Verzeihung. Eine Verfügung, durch die der Erblasser die Entziehung angeordnet hat, wird durch die Verzeihung unwirksam.

Beschränkung des Pflichttheils in guter Absicht.

§ 2338. Hat sich ein Abkömmling in solchem Maße der Verschwendung ergeben oder ist er in solchem Maße überschuldet, daß sein späterer Erwerb erheblich gefährdet wird, so kann der Erblasser das Pflichttheilsrecht des Abkömmlinges durch die Anordnung beschränken, daß nach dem Tode des Abkömmlinges dessen gesetzliche Erben das ihm Hinterlassene oder den ihm gebührenden Pflichttheil als Nacherben oder als Nachvermächtnißnehmer nach dem Verhältniß ihrer gesetzlichen Erbtheile erhalten sollen. Der Erblasser kann auch für die Lebenszeit des Abkömmlinges die Verwaltung einem Testamentsvollstrecker übertragen; der Abkömmling hat in einem solchen Falle Anspruch auf den jährlichen Reinertrag.

Auf Anordnungen dieser Art finden die Vorschriften des § 2336 Abs. 1 bis 3 entsprechende Anwendung. Die Anordnungen sind unwirksam, wenn zur Zeit des Erbfalls der Abkömmling sich dauernd von dem verschwenderischen Leben abgewendet hat oder die den Grund der Anordnung bildende Ueberschuldung nicht mehr besteht.

Sechster Abschnitt.

Erbunwürdigkeit.

Gründe.

§ 2339. Erbunwürdig ist:

1. wer den Erblasser vorsätzlich und widerrechtlich getödtet oder zu tödten versucht oder in einen Zustand versetzt hat, in Folge dessen der Erblasser bis zu seinem Tode unfähig war, eine Verfügung von Todeswegen zu errichten oder aufzuheben;
2. wer den Erblasser vorsätzlich und widerrechtlich verhindert hat, eine Verfügung von Todeswegen zu errichten oder aufzuheben;
3. wer den Erblasser durch arglistige Täuschung oder widerrechtlich durch Drohung bestimmt hat, eine Verfügung von Todeswegen zu errichten oder aufzuheben;
4. wer sich in Ansehung einer Verfügung des Erblassers von Todeswegen einer nach den Vorschriften der §§ 267 bis 274 des Strafgesetzbuchs strafbaren Handlung schuldig gemacht hat.

Die Erbunwürdigkeit tritt in den Fällen des Abs. 1 Nr. 3, 4 nicht ein, wenn vor dem Eintritte des Erbfalls die Verfügung, zu deren Errichtung der Erblasser bestimmt oder in Ansehung deren die strafbare Handlung begangen worden ist, unwirksam geworden ist, oder die Verfügung, zu deren Aufhebung er bestimmt worden ist, unwirksam geworden sein würde.

§ 267. Wer in rechtswidriger Absicht eine inländische oder ausländische öffentliche Urkunde oder eine solche Privaturkunde, welche zum Beweise von Rechten oder Rechtsverhältnissen von Erheblichkeit ist, verfälscht oder fälschlich anfertigt und von derselben zum Zwecke einer Täuschung Gebrauch macht, wird wegen Urkundenfälschung mit Gefängniss bestraft.

§ 268. Eine Urkundenfälschung, welche in der Absicht begangen wird, sich oder einem Anderen einen Vermögensvortheil zu verschaffen oder einem Anderen Schaden zuzufügen, wird bestraft, wenn

1. die Urkunde eine Privaturkunde ist, mit Zuchthaus bis zu fünf Jahren, neben welchem auf Geldstrafe bis zu dreitausend Mark erkannt werden kann;
2. die Urkunde eine öffentliche ist, mit Zuchthaus bis zu zehn Jahren, neben welchem auf Geldstrafe von einhundertfünfzig bis zu sechstausend Mark erkannt werden kann.

Sind mildernde Umstände vorhanden, so tritt Gefängnissstrafe ein, welche bei der Fälschung einer Privaturkunde nicht unter Einer Woche, bei der Fälschung einer öffentlichen Urkunde nicht unter drei Monaten betragen soll. Neben der Gefängnissstrafe kann zugleich auf Geldstrafe bis zu dreitausend Mark erkannt werden.

§ 269. Der fälschlichen Anfertigung einer Urkunde wird es gleich geachtet, wenn Jemand einem mit der Unterschrift eines Anderen versehenen Papiere ohne dessen Willen oder dessen Anordnungen zuwider durch Ausfüllung einen urkundlichen Inhalt gibt.

§ 270. Der Urkundenfälschung wird es gleich geachtet, wenn Jemand von einer falschen oder verfälschten Urkunde, wissend, dass sie falsch oder verfälscht ist, zum Zwecke einer Täuschung Gebrauch macht.

§ 271. Wer vorsätzlich bewirkt, dass Erklärungen, Verhandlungen oder Thatsachen, welche für Rechte oder Rechtsverhältnisse von Erheblichkeit sind, in öffentlichen Urkunden, Büchern oder Registern als abgegeben oder geschehen beurkundet werden, während sie überhaupt nicht oder in anderer Weise oder von einer Person in einer ihr nicht zustehenden Eigenschaft oder von einer anderen Person abgegeben oder geschehen sind, wird mit Gefängniss bis zu sechs Monaten oder mit Geldstrafe bis zu dreihundert Mark bestraft.

§ 272. Wer die vorbezeichnete Handlung in der Absicht begeht, sich oder einem Anderen einen Vermögensvortheil zu verschaffen oder einem Anderen Schaden zuzufügen, wird mit Zuchthaus bis zu zehn Jahren bestraft, neben welchem auf Geldstrafe von einhundertfünfzig bis zu sechstausend Mark erkannt werden kann.

Sind mildernde Umstände vorhanden, so tritt Gefängnissstrafe ein, neben welcher auf Geldstrafe bis zu dreitausend Mark erkannt werden kann.

§ 273. Wer wissentlich von einer falschen Beurkundung der im § 271 bezeichneten Art zum Zwecke einer Täuschung Gebrauch macht, wird nach Vorschrift jenes Paragraphen und, wenn die Absicht dahin gerichtet war, sich oder einem Anderen einen Vermögensvortheil zu verschaffen oder einem Anderen Schaden zuzufügen, nach Vorschrift des § 272 bestraft.

§ 274 Ziff. 1. Mit Gefängniss, neben welchem auf Geldstrafe bis zu dreitausend Mark erkannt werden kann, wird bestraft, wer

1. eine Urkunde, welche ihm entweder überhaupt nicht oder nicht ausschliesslich gehört, in der Absicht, einem Anderen Nachtheile zuzufügen, vernichtet, beschädigt oder unterdrückt.

Geltendmachung.

§ 2340. Die Erbunwürdigkeit wird durch Anfechtung des Erbschaftserwerbes geltend gemacht.

Die Anfechtung ist erst nach dem Anfalle der Erbschaft zulässig. Einem Nacherben gegenüber kann die Anfechtung erfolgen, sobald die Erbschaft dem Vorerben angefallen ist.

Die Anfechtung kann nur innerhalb der im § 2082 bestimmten Fristen erfolgen.

§ 2082. Die Anfechtung kann nur binnen Jahresfrist erfolgen.

Die Frist beginnt mit dem Zeitpunkt, in welchem der Anfechtungsberechtigte von dem Anfechtungsgrunde Kenntniss erlangt. Auf den Lauf der Frist finden die für die Verjährung geltenden Vorschriften der §§ 203, 206, 207 entsprechende Anwendung.

Die Anfechtung ist ausgeschlossen, wenn seit dem Erbfalle dreissig Jahre verstrichen sind.

§ 203. Der Lauf der Frist ist gehemmt, solange der Anfechtungsberechtigte durch Stillstand der Rechtspflege innerhalb der letzten sechs Monate der Anfechtungsfrist an der Anfechtung verhindert ist.*

§ 206. Ist eine geschäftsunfähige oder in der Geschäftsfähigkeit beschränkte Person ohne gesetzlichen Vertreter, so wird die gegen sie laufende Anfechtungsfrist nicht vor dem Ablaufe von sechs Monaten nach dem Zeitpunkte vollendet, in welchem die Person unbeschränkt geschäftsfähig wird oder der Mangel der Vertretung aufhört.*

§ 207. Gehört der Anfechtungsanspruch zu einem Nachlasse oder richtet er sich gegen einen Nachlass, so wird die Anfechtungsfrist nicht vor dem Ablaufe von sechs Monaten nach dem Zeitpunkte vollendet, in welchem die Erbschaft von dem Erben angenommen oder der Konkurs über den Nachlass eröffnet wird oder von welchem an der Anspruch von einem Vertreter oder gegen einen Vertreter geltend gemacht werden kann.*

§ 2341. Anfechtungsberechtigt ist Jeder, dem der Wegfall des Erbunwürdigen, sei es auch nur bei dem Wegfall eines Anderen, zu Statten kommt.

§ 2342. Die Anfechtung erfolgt durch Erhebung der Anfechtungsklage. Die Klage ist darauf zu richten, daß der Erbe für erbunwürdig erklärt wird.

Die Wirkung der Anfechtung tritt erst mit der Rechtskraft des Urtheils ein.

Verzeihung.

§ 2343. Die Anfechtung ist ausgeschlossen, wenn der Erblasser dem Erbunwürdigen verziehen hat.

Wirkung.

§ 2344. Ist ein Erbe für erbunwürdig erklärt, so gilt der Anfall an ihn als nicht erfolgt.

Die Erbschaft fällt demjenigen an, welcher berufen sein würde, wenn der Erbunwürdige zur Zeit des Erbfalls nicht gelebt hätte; der Anfall gilt als mit dem Eintritte des Erbfalls erfolgt.

Unwürdige Vermächtnissnehmer und Pflichttheilsberechtigte.

§ 2345. Hat sich ein Vermächtnißnehmer einer der im § 2339 Abs. 1 bezeichneten Verfehlungen schuldig gemacht, so ist der Anspruch aus dem Vermächtniß anfechtbar. Die Vorschriften der §§ 2082, 2083, des § 2339 Abs. 2 und der §§ 2341, 2343 finden Anwendung.

Das Gleiche gilt für einen Pflichttheilsanspruch, wenn der Pflichttheilsberechtigte sich einer solchen Verfehlung schuldig gemacht hat.

§ 2082 s. § 2340.

§ 2083. Ist eine letztwillige Verfügung, durch die eine Verpflichtung zu einer Leistung begründet wird, anfechtbar, so kann der Beschwerte die Leistung verweigern, auch wenn die Anfechtung nach § 2082 ausgeschlossen ist.

Siebenter Abschnitt.

Erbverzicht.

Verzicht auf das gesetzliche Erbrecht.

§ 2346. Verwandte sowie der Ehegatte des Erblassers können durch Vertrag mit dem Erblasser auf ihr gesetzliches Erbrecht verzichten. Der Verzichtende ist von der gesetzlichen Erbfolge ausgeschlossen, wie wenn er zur Zeit des Erbfalls nicht mehr lebte; er hat kein Pflichttheilsrecht.

Der Verzicht kann auf das Pflichttheilsrecht beschränkt werden.

Erfordernisse.

§ 2347. Zu dem Erbverzicht ist, wenn der Verzichtende unter Vormundschaft steht, die Genehmigung des Vormundschaftsgerichts erforderlich; steht er unter elterlicher Gewalt, so gilt das Gleiche, sofern nicht der Vertrag unter Ehegatten oder unter Verlobten geschlossen wird.

Der Erblasser kann den Vertrag nur persönlich schließen; ist er in der Geschäftsfähigkeit beschränkt, so bedarf er nicht der Zustimmung seines gesetzlichen Vertreters. Ist der Erblasser geschäftsunfähig, so kann der Vertrag durch den gesetzlichen Vertreter geschlossen werden; die Genehmigung des Vormundschaftsgerichts ist in gleichem Umfange wie nach Abs. 1 erforderlich.

Form.

§ 2348. Der Erbverzichtsvertrag bedarf der gerichtlichen oder notariellen Beurkundung.

Erstreckung auf die Abkömmlinge.

§ 2349. Verzichtet ein Abkömmling oder ein Seitenverwandter des Erblassers auf das gesetzliche Erbrecht, so erstreckt sich die Wirkung des Verzichts auf seine Abkömmlinge, sofern nicht ein Anderes bestimmt wird.

Verzicht zu Gunsten eines Anderen.

§ 2350. Verzichtet Jemand zu Gunsten eines Anderen auf das gesetzliche Erbrecht, so ist im Zweifel anzunehmen, daß der Verzicht nur für den Fall gelten soll, daß der Andere Erbe wird.

Verzichtet ein Abkömmling des Erblassers auf das gesetzliche Erbrecht, so ist im Zweifel anzunehmen, daß der Verzicht nur zu Gunsten der anderen Abkömmlinge und des Ehegatten des Erblassers gelten soll.

Aufhebung des Verzichts.

§ 2351. Auf einen Vertrag, durch den ein Erbverzicht aufgehoben wird, findet die Vorschrift des § 2348 und in Ansehung des Erblassers auch die Vorschrift des § 2347 Abs. 2 Anwendung.

Verzicht auf letztwillige Zuwendungen.

§ 2352. Wer durch Testament als Erbe eingesetzt oder mit einem Vermächtnisse bedacht ist, kann durch Vertrag mit dem Erblasser auf die Zuwendung verzichten. Das Gleiche gilt für eine Zuwendung, die in einem Erbvertrag einem Dritten gemacht ist. Die Vorschriften der §§ 2347, 2348 finden Anwendung.

Achter Abschnitt.

Erbschein.

Begriff.

§ 2353. Das Nachlaßgericht hat dem Erben auf Antrag ein Zeugniß über sein Erbrecht und, wenn er nur zu einem Theile der Erbschaft berufen ist, über die Größe des Erbtheils zu ertheilen (Erbschein).

Erforderliche Angaben des Antragstellers.

§ 2354. Wer die Ertheilung des Erbscheins als gesetzlicher Erbe beantragt, hat anzugeben:

1. die Zeit des Todes des Erblassers;
2. das Verhältniß, auf dem sein Erbrecht beruht;
3. ob und welche Personen vorhanden sind oder vorhanden waren, durch die er von der Erbfolge ausgeschlossen oder sein Erbtheil gemindert werden würde;
4. ob und welche Verfügungen des Erblassers von Todeswegen vorhanden sind;
5. ob ein Rechtsstreit über sein Erbrecht anhängig ist.

Ist eine Person weggefallen, durch die der Antragsteller von der Erbfolge ausgeschlossen oder sein Erbtheil gemindert werden würde, so hat der Antragsteller anzugeben, in welcher Weise die Person weggefallen ist.

§ 2355. Wer die Ertheilung des Erbscheins auf Grund einer Verfügung von Todeswegen beantragt, hat die Verfügung zu bezeichnen, auf der sein Erbrecht beruht, anzugeben, ob und welche sonstigen Verfügungen des Erblassers von Todeswegen vorhanden sind, und die im § 2354 Abs. 1 Nr. 1, 5, Abs. 2 vorgeschriebenen Angaben zu machen.

Nachweis der Angaben.

§ 2356. Der Antragsteller hat die Richtigkeit der in Gemäßheit des § 2354 Abs. 1 Nr. 1, 2, Abs. 2 gemachten Angaben durch öffentliche Urkunden nachzuweisen und im Falle des § 2355 die Urkunde vorzulegen, auf der sein Erbrecht beruht. Sind die Urkunden nicht oder nur mit unverhältnißmäßigen Schwierigkeiten zu beschaffen, so genügt die Angabe anderer Beweismittel.

In Ansehung der übrigen nach den §§ 2354, 2355 erforderlichen Angaben hat der Antragsteller vor Gericht oder vor einem Notar an Eidesstatt zu versichern, daß ihm nichts bekannt sei, was der Richtigkeit seiner Angaben entgegensteht. Das Nachlaßgericht kann die Versicherung erlassen, wenn es sie für nicht erforderlich erachtet.

Diese Vorschriften finden keine Anwendung, soweit die Thatsachen bei dem Nachlaßgericht offenkundig sind.

Gemeinschaftlicher Erbschein.

§ 2357. Sind mehrere Erben vorhanden, so ist auf Antrag ein gemeinschaftlicher Erbschein zu ertheilen. Der Antrag kann von jedem der Erben gestellt werden.

In dem Antrage sind die Erben und ihre Erbtheile anzugeben.

Wird der Antrag nicht von allen Erben gestellt, so hat er die Angabe zu enthalten, daß die übrigen Erben die Erbschaft angenommen haben. Die Vorschriften des § 2356 gelten auch für die sich auf die übrigen Erben beziehenden Angaben des Antragstellers.

Die Versicherung an Eidesstatt ist von allen Erben abzugeben, sofern nicht das Nachlaßgericht die Versicherung eines oder einiger von ihnen für ausreichend erachtet.

Ermittelungen durch das Nachlassgericht.

§ 2358. Das Nachlaßgericht hat unter Benutzung der von dem Antragsteller angegebenen Beweismittel von Amtswegen die zur Feststellung der Thatsachen erforderlichen Ermittelungen zu veranstalten und die geeignet erscheinenden Beweise aufzunehmen.

Das Nachlaßgericht kann eine öffentliche Aufforderung zur Anmeldung der anderen Personen zustehenden Erbrechte erlassen; die Art der Bekanntmachung und die Dauer der Anmeldungsfrist bestimmen sich nach den für das Aufgebotsverfahren geltenden Vorschriften.

Ertheilung.

§ 2359. Der Erbschein ist nur zu ertheilen, wenn das Nachlaßgericht die zur Begründung des Antrags erforderlichen Thatsachen für festgestellt erachtet.

— Anhörung Betheiligter.

§ 2360. Ist ein Rechtsstreit über das Erbrecht anhängig, so soll vor der Ertheilung des Erbscheins der Gegner des Antragstellers gehört werden.

Ist die Verfügung, auf der das Erbrecht beruht, nicht in einer dem Nachlaßgerichte vorliegenden öffentlichen Urkunde enthalten, so soll vor der Ertheilung des Erbscheins derjenige über die Gültigkeit der Verfügung gehört werden, welcher im Falle der Unwirksamkeit der Verfügung Erbe sein würde.

Die Anhörung ist nicht erforderlich, wenn sie unthunlich ist.

Einziehung, Kraftloserklärung.

§ 2361. Ergiebt sich, daß der ertheilte Erbschein unrichtig ist, so hat ihn das Nachlaßgericht einzuziehen. Mit der Einziehung wird der Erbschein kraftlos.

Kann der Erbschein nicht sofort erlangt werden, so hat ihn das Nachlaßgericht durch Beschluß für kraftlos zu erklären. Der Beschluß ist nach den für die öffentliche Zustellung einer Ladung geltenden Vorschriften der Civilprozeßordnung bekannt zu machen. Mit dem Ablauf eines Monats nach der letzten Einrückung des Beschlusses in die öffentlichen Blätter wird die Kraftloserklärung wirksam.

Das Nachlaßgericht kann von Amtswegen über die Richtigkeit eines ertheilten Erbscheins Ermittelungen veranstalten.

Rechte des wirklichen Erben.

§ 2362. Der wirkliche Erbe kann von dem Besitzer eines unrichtigen Erbscheins die Herausgabe an das Nachlaßgericht verlangen.

Derjenige, welchem ein unrichtiger Erbschein ertheilt worden ist, hat dem wirklichen Erben über den Bestand der Erbschaft und über den Verbleib der Erbschaftsgegenstände Auskunft zu ertheilen.

Nacherbfolge.

§ 2363. In dem Erbscheine, der einem Vorerben ertheilt wird, ist anzugeben, daß eine Nacherbfolge angeordnet ist, unter welchen Voraussetzungen sie eintritt und wer der Nacherbe ist. Hat der Erblasser den Nacherben auf dasjenige eingesetzt, was von der Erbschaft bei dem Eintritte der Nacherbfolge übrig sein wird, oder hat er bestimmt, daß der Vorerbe zur freien Verfügung über die Erbschaft berechtigt sein soll, so ist auch dies anzugeben.

Dem Nacherben steht das im § 2362 Abs. 1 bestimmte Recht zu.

Testamentsvollstrecker.

§ 2364. Hat der Erblasser einen Testamentsvollstrecker ernannt, so ist die Ernennung in dem Erbschein anzugeben.

Dem Testamentsvollstrecker steht das im § 2362 Abs. 1 bestimmte Recht zu.

Vermuthung der Richtigkeit des Inhalts des Erbscheins.

§ 2365. Es wird vermuthet, daß demjenigen, welcher in dem Erbschein als Erbe bezeichnet ist, das in dem Erbschein angegebene Erbrecht zustehe und daß er nicht durch andere als die angegebenen Anordnungen beschränkt sei.

§ 2366. Erwirbt Jemand von demjenigen, welcher in einem Erbschein als Erbe bezeichnet ist, durch Rechtsgeschäft einen Erbschaftsgegenstand, ein Recht an einem solchen Gegenstand oder die Befreiung von einem zur Erbschaft gehörenden Rechte, so gilt zu seinen Gunsten der Inhalt des Erbscheins, soweit die Vermuthung des § 2365 reicht, als richtig, es sei denn, daß er die Unrichtigkeit kennt oder weiß, daß das Nachlaßgericht die Rückgabe des Erbscheins wegen Unrichtigkeit verlangt hat.

§ 2367. Die Vorschriften des § 2366 finden entsprechende Anwendung, wenn an denjenigen, welcher in einem Erbschein als Erbe bezeichnet ist, auf Grund eines zur Erbschaft gehörenden Rechtes eine Leistung bewirkt oder wenn zwischen ihm und einem Anderen in Ansehung eines solchen Rechtes ein nicht unter die Vorschrift des § 2366 fallendes Rechtsgeschäft vorgenommen wird, das eine Verfügung über das Recht enthält.

Zeugniss über die Ernennnung eines Testamentsvollstreckers.

§ 2368. Einem Testamentsvollstrecker hat das Nachlaßgericht auf Antrag ein Zeugniß über die Ernennung zu ertheilen. Ist der Testamentsvollstrecker in der Verwaltung des Nachlasses beschränkt oder hat der Erblasser angeordnet, daß der Testamentsvollstrecker in der Eingehung von Verbindlichkeiten für den Nachlaß nicht beschränkt sein soll, so ist dies in dem Zeugniß anzugeben.

Ist die Ernennung nicht in einer dem Nachlaßgerichte vorliegenden öffentlichen Urkunde enthalten, so soll vor der Ertheilung des Zeugnisses der Erbe wenn thunlich über die Gültigkeit der Ernennung gehört werden.

Die Vorschriften über den Erbschein finden auf das Zeugniß entsprechende Anwendung; mit der Beendigung des Amtes des Testamentsvollstreckers wird das Zeugniß kraftlos.

Erbschein für im Inlande befindliche Gegenstände.

§ 2369. Gehören zu einer Erbschaft, für die es an einem zur Ertheilung des Erbscheins zuständigen deutschen Nachlaßgerichte fehlt, Gegenstände, die sich im Inlande befinden, so kann die Ertheilung eines Erbscheins für diese Gegenstände verlangt werden.

Ein Gegenstand, für den von einer deutschen Behörde ein zur Eintragung des Berechtigten bestimmtes Buch oder Register geführt wird, gilt als im Inlande befindlich. Ein Anspruch gilt als im Inlande befindlich, wenn für die Klage ein deutsches Gericht zuständig ist.

Irrthümliche Todeserklärung.

§ 2370. Hat eine für todt erklärte Person den Zeitpunkt überlebt, der als Zeitpunkt ihres Todes gilt, oder ist sie vor diesem Zeitpunkte gestorben, so gilt derjenige, welcher auf Grund der Todeserklärung Erbe sein würde, in Ansehung der in den §§ 2366, 2367 bezeichneten Rechtsgeschäfte zu Gunsten des Dritten auch ohne Ertheilung eines Erbscheins als Erbe, es sei denn, daß der Dritte die Unrichtigkeit der Todeserklärung kennt oder weiß, daß die Todeserklärung in Folge einer Anfechtungsklage aufgehoben worden ist.

Ist ein Erbschein ertheilt worden, so stehen dem für todt Erklärten, wenn er noch lebt, die im § 2362 bestimmten Rechte zu. Die gleichen Rechte hat eine Person, deren Tod ohne Todeserklärung mit Unrecht angenommen worden ist.

Neunter Abschnitt.

Erbschaftskauf.

Form.

§ 2371. Ein Vertrag, durch den der Erbe die ihm angefallene Erbschaft verkauft, bedarf der gerichtlichen oder notariellen Beurkundung.

Wegfall eines Vermächtnisses etc.

§ 2372. Die Vortheile, welche sich aus dem Wegfall eines Vermächtnisses oder einer Auflage oder aus der Ausgleichungspflicht eines Miterben ergeben, gebühren dem Käufer.

Nachträglicher Anfall eines Erbtheils; Familienpapiere und -Bilder.

§ 2373. Ein Erbtheil, der dem Verkäufer nach dem Abschlusse des Kaufes durch Nacherbfolge oder in Folge des Wegfalls eines Miterben anfällt, sowie ein dem Verkäufer zugewendetes Vorausvermächtniß ist im Zweifel nicht als mitverkauft anzusehen. Das Gleiche gilt von Familienpapieren und Familienbildern.

Verpflichtungen des Verkäufers.

§ 2374. Der Verkäufer ist verpflichtet, dem Käufer die zur Zeit des Verkaufs vorhandenen Erbschaftsgegenstände mit Einschluß dessen herauszugeben, was er vor dem Verkauf auf Grund eines zur Erbschaft gehörenden Rechtes oder als Ersatz für die Zerstörung, Beschädigung oder Entziehung eines Erbschaftsgegenstandes oder durch ein Rechtsgeschäft erlangt hat, das sich auf die Erbschaft bezog.

§ 2375. Hat der Verkäufer vor dem Verkauf einen Erbschaftsgegenstand verbraucht, unentgeltlich veräußert oder unentgeltlich belastet, so ist er verpflichtet, dem Käufer den Werth des verbrauchten oder veräußerten Gegenstandes, im Falle der Belastung die Werthminderung zu ersetzen. Die Ersatzpflicht tritt nicht ein, wenn der Käufer den Verbrauch oder die unentgeltliche Verfügung bei dem Abschlusse des Kaufes kennt.

Im Uebrigen kann der Käufer wegen Verschlechterung, Unterganges oder einer aus einem anderen Grunde eingetretenen Unmöglichkeit der Herausgabe eines Erbschaftsgegenstandes nicht Ersatz verlangen.

— Gewährleistung.

§ 2376. Die Verpflichtung des Verkäufers zur Gewährleistung wegen eines Mangels im Rechte beschränkt sich auf die Haftung dafür, daß ihm das Erbrecht zusteht, daß es nicht durch das Recht eines Nacherben oder durch die Ernennung eines Testamentsvollstreckers beschränkt ist, daß nicht Vermächtnisse, Auflagen, Pflichttheilslasten, Ausgleichungspflichten oder Theilungsanordnungen bestehen und daß nicht unbeschränkte Haftung gegenüber den Nachlaßgläubigern oder einzelnen von ihnen eingetreten ist.

Fehler einer zur Erbschaft gehörenden Sache hat der Verkäufer nicht zu vertreten.

— Infolge des Erbfalls erloschene Rechtsverhältnisse.

§ 2377. Die in Folge des Erbfalls durch Vereinigung von Recht und Verbindlichkeit oder von Recht und Belastung erloschenen Rechtsverhältnisse gelten im Verhältnisse zwischen dem Käufer und dem Verkäufer als nicht erloschen. Erforderlichen Falles ist ein solches Rechtsverhältniß wiederherzustellen.

Erfüllung der Nachlassverbindlichkeiten.

§ 2378. Der Käufer ist dem Verkäufer gegenüber verpflichtet, die Nachlaßverbindlichkeiten zu erfüllen,, soweit nicht der Verkäufer nach § 2376 dafür haftet, daß sie nicht bestehen.

Hat der Verkäufer vor dem Verkauf eine Nachlaßverbindlichkeit erfüllt, so kann er von dem Käufer Ersatz verlangen.

Nutzungen, Lasten, Gefahrtragung.

§ 2379. Dem Verkäufer verbleiben die auf die Zeit vor dem Verkaufe fallenden Nutzungen. Er trägt für diese Zeit die Lasten, mit Einschluß der Zinsen der Nachlaßverbindlichkeiten. Den Käufer treffen jedoch die von der Erbschaft zu entrichtenden Abgaben sowie die außerordentlichen Lasten, welche als auf den Stammwerth der Erbschaftsgegenstände gelegt anzusehen sind.

§ 2380. Der Käufer trägt von dem Abschlusse des Kaufes an die Gefahr des zufälligen Unterganges und einer zufälligen Verschlechterung der Erbschaftsgegenstände. Von diesem Zeitpunkt an gebühren ihm die Nutzungen und trägt er die Lasten.

Ersatz von Verwendungen.

§ 2381. Der Käufer hat dem Verkäufer die nothwendigen Verwendungen zu ersetzen, die der Verkäufer vor dem Verkauf auf die Erbschaft gemacht hat.

Für andere vor dem Verkaufe gemachte Aufwendungen hat der Käufer insoweit Ersatz zu leisten, als durch sie der Werth der Erbschaft zur Zeit des Verkaufs erhöht ist.

Haftung für Nachlassverbindlichkeiten.

§ 2382. Der Käufer haftet von dem Abschlusse des Kaufes an den Nachlaßgläubigern, unbeschadet der Fortdauer der Haftung des Verkäufers. Dies gilt auch von den Verbindlichkeiten, zu deren Erfüllung der Käufer dem Verkäufer gegenüber nach den §§ 2378, 2379 nicht verpflichtet ist.

Die Haftung des Käufers den Gläubigern gegenüber kann nicht durch Vereinbarung zwischen dem Käufer und dem Verkäufer ausgeschlossen oder beschränkt werden.

§ 2383. Für die Haftung des Käufers gelten die Vorschriften über die Beschränkung der Haftung des Erben. Er haftet unbeschränkt, soweit der Verkäufer zur Zeit des Verkaufs unbeschränkt haftet. Beschränkt sich die Haftung des Käufers auf die Erbschaft, so gelten seine Ansprüche aus dem Kaufe als zur Erbschaft gehörend.

Die Errichtung des Inventars durch den Verkäufer oder den Käufer kommt auch dem anderen Theile zu Statten, es sei denn, daß dieser unbeschränkt haftet.

Anzeigepflicht des Verkäufers.

§ 2384. Der Verkäufer ist den Nachlaßgläubigern gegenüber verpflichtet, den Verkauf der Erbschaft und den Namen des Käufers unverzüglich dem Nachlaßgericht anzuzeigen. Die Anzeige des Verkäufers wird durch die Anzeige des Käufers ersetzt.

Das Nachlaßgericht hat die Einsicht der Anzeige Jedem zu gestatten, der ein rechtliches Interesse glaubhaft macht.

Verwandte Verträge.

§ 2385. Die Vorschriften über den Erbschaftskauf finden entsprechende Anwendung auf den Kauf einer von dem Verkäufer durch Vertrag erworbenen Erbschaft sowie auf andere Verträge, die auf die Veräußerung einer dem Veräußerer angefallenen oder anderweit von ihm erworbenen Erbschaft gerichtet sind.

Im Falle einer Schenkung ist der Schenker nicht verpflichtet, für die vor der Schenkung verbrauchten oder unentgeltlich veräußerten Erbschaftsgegenstände oder für eine vor der Schenkung unentgeltlich vorgenommene Belastung dieser Gegenstände Ersatz zu leisten. Die im § 2376 bestimmte Verpflichtung zur Gewährleistung wegen eines Mangels im Rechte trifft den Schenker nicht; hat der Schenker den Mangel arglistig verschwiegen, so ist er verpflichtet, dem Beschenkten den daraus entstehenden Schaden zu ersetzen.

Urkundlich unter Unserer Höchsteigenhändigen Unterschrift und beigedrucktem Kaiserlichen Insiegel.

Gegeben Neues Palais, den 18. August 1896.

(L. S.) **Wilhelm.**

Fürst zu Hohenlohe.

Einführungsgesetz zum Bürgerlichen Gesetzbuche.

Vom 18. August 1896.

Wir Wilhelm, von Gottes Gnaden Deutscher Kaiser, König von Preußen ꝛc. verordnen im Namen des Reichs, nach erfolgter Zustimmung des Bundesraths und des Reichstags, was folgt:

Erster Abschnitt.

Allgemeine Vorschriften.

Zeitpunkt des Inkrafttretens des B.G.B.

Art. 1. Das Bürgerliche Gesetzbuch tritt am 1. Januar 1900 gleichzeitig mit einem Gesetze, betreffend Aenderungen des Gerichtsverfassungsgesetzes, der Civilprozeßordnung und der Konkursordnung, einem Gesetz über die Zwangsversteigerung und die Zwangsverwaltung, einer Grundbuchordnung und einem Gesetz über die Angelegenheiten der freiwilligen Gerichtsbarkeit in Kraft.

Begriff „Gesetz".

Art. 2. Gesetz im Sinne des Bürgerlichen Gesetzbuchs und dieses Gesetzes ist jede Rechtsnorm.

Landesgesetze.

Art. 3. Soweit in dem Bürgerlichen Gesetzbuch oder in diesem Gesetze die Regelung den Landesgesetzen vorbehalten oder bestimmt ist, daß landesgesetzliche Vorschriften unberührt bleiben oder erlassen werden können, bleiben die bestehenden landesgesetzlichen Vorschriften in Kraft und können neue landesgesetzliche Vorschriften erlassen werden.

Verweisungen in bisherigen Gesetzen auf ausser Kraft tretende Gesetze.

Art. 4. Soweit in Reichsgesetzen oder in Landesgesetzen auf Vorschriften verwiesen ist, welche durch das Bürgerliche Gesetzbuch oder durch dieses Gesetz außer Kraft gesetzt werden, treten an deren Stelle die entsprechenden Vorschriften des Bürgerlichen Gesetzbuchs oder dieses Gesetzes.

Elsass-Lothringen.

Art. 5. Als Bundesstaat im Sinne des Bürgerlichen Gesetzbuchs und dieses Gesetzes gilt auch das Reichsland Elsaß-Lothringen.

Zuständigkeit des Reichsgerichts.

Art. 6. In bürgerlichen Rechtsstreitigkeiten, in welchen durch Klage oder Widerklage ein Anspruch auf Grund des Bürgerlichen Gesetzbuchs geltend gemacht ist, wird die Verhandlung und Entscheidung letzter Instanz im Sinne des § 8 des Einführungsgesetzes zum Gerichtsverfassungsgesetze dem Reichsgerichte zugewiesen.

Internationales Privatrecht.

1. Geschäftsfähigkeit.

Art. 7. Die Geschäftsfähigkeit einer Person wird nach den Gesetzen des Staates beurtheilt, dem die Person angehört.

Erwirbt ein Ausländer, der volljährig ist oder die rechtliche Stellung eines Volljährigen hat, die Reichsangehörigkeit, so behält er die rechtliche Stellung eines Volljährigen, auch wenn er nach den deutschen Gesetzen nicht volljährig ist.

Nimmt ein Ausländer im Inland ein Rechtsgeschäft vor, für das er geschäftsunfähig oder in der Geschäftsfähigkeit beschränkt ist, so gilt er für dieses Rechtsgeschäft insoweit als geschäftsfähig, als er nach den deutschen Gesetzen geschäftsfähig sein würde. Auf familienrechtliche und erbrechtliche Rechtsgeschäfte sowie auf Rechtsgeschäfte, durch die über ein ausländisches Grundstück verfügt wird, findet diese Vorschrift keine Anwendung.

2. Entmündigung.

Art. 8. Ein Ausländer kann im Inlande nach den deutschen Gesetzen entmündigt werden, wenn er seinen Wohnsitz oder, falls er keinen Wohnsitz hat, seinen Aufenthalt im Inlande hat.

3. Todeserklärung.

Art. 9. Ein Verschollener kann im Inlande nach den deutschen Gesetzen für todt erklärt werden, wenn er bei dem Beginne der Verschollenheit ein Deutscher war.

Gehörte der Verschollene bei dem Beginne der Verschollenheit einem fremden Staate an, so kann er im Inlande nach den deutschen Gesetzen mit Wirkung für diejenigen Rechtsverhältnisse, welche sich nach den deutschen Gesetzen bestimmen, sowie mit Wirkung für das im Inlande befindliche Vermögen für todt erklärt werden; die Vorschriften des § 2369 Abs. 2 des Bürgerlichen Gesetzbuchs finden entsprechende Anwendung.

Hatte ein verschollener ausländischer Ehemann seinen letzten Wohnsitz im Inland und ist die im Inlande zurückgebliebene oder dahin zurückgekehrte Ehefrau Deutsche oder bis zu ihrer Verheirathung mit dem Verschollenen Deutsche gewesen, so kann auf ihren Antrag der Verschollene im Inlande nach den deutschen Gesetzen ohne die im Abs. 2 bestimmte Beschränkung für todt erklärt werden.

§ 2369 Abs. 2. Ein Gegenstand, für den von einer deutschen Behörde ein zur Eintragung des Berechtigten bestimmtes Buch oder Register geführt wird, gilt als im Inlande befindlich. Ein Anspruch gilt als im Inlande befindlich, wenn für die Klage ein deutsches Gericht zuständig ist.

4. Ausländische Vereine.

Art. 10. Ein einem fremden Staate angehörender und nach dessen Gesetzen rechtsfähiger Verein, der die Rechtsfähigkeit im Inlande nur nach den Vorschriften der §§ 21, 22 des Bürgerlichen Gesetzbuchs erlangen könnte, gilt als rechtsfähig, wenn seine Rechtsfähigkeit durch Beschluß des Bundesraths anerkannt ist. Auf nicht anerkannte ausländische Vereine der bezeichneten Art finden die Vorschriften über die Gesellschaft sowie die Vorschrift des § 54 Satz 2 des Bürgerlichen Gesetzbuchs Anwendung.

§ 21. Ein Verein, dessen Zweck nicht auf einen wirthschaftlichen Geschäftsbetrieb gerichtet ist, erlangt Rechtsfähigkeit durch Eintragung in das Vereinsregister des zuständigen Amtsgerichts.

§ 22. Ein Verein, dessen Zweck auf einen wirthschaftlichen Geschäftsbetrieb gerichtet ist, erlangt in Ermangelung besonderer reichsgesetzlicher Vorschriften Rechtsfähigkeit durch staatliche Verleihung. Die Verleihung steht dem Bundesstaate zu, in dessen Gebiet der Verein seinen Sitz hat.

§ 54 Satz 2. Aus einem Rechtsgeschäfte, das im Namen eines solchen Vereins einem Dritten gegenüber vorgenommen wird, haftet der Handelnde persönlich; handeln Mehrere, so haften sie als Gesammtschuldner.

5. Form der Rechtsgeschäfte.

Art. 11. Die Form eines Rechtsgeschäfts bestimmt sich nach den Gesetzen, welche für das den Gegenstand des Rechtsgeschäfts bildende Rechtsverhältniß maßgebend sind. Es genügt jedoch die Beobachtung der Gesetze des Ortes, an dem das Rechtsgeschäft vorgenommen wird.

Die Vorschrift des Abs. 1 Satz 2 findet keine Anwendung auf ein Rechtsgeschäft, durch das ein Recht an einer Sache begründet oder über ein solches Recht verfügt wird.

6. Unerlaubte Handlungen, im Auslande begangen.

Art. 12. Aus einer im Auslande begangenen unerlaubten Handlung können gegen einen Deutschen nicht weitergehende Ansprüche geltend gemacht werden, als nach den deutschen Gesetzen begründet sind.

7. Eherecht. *a) Eingehung der Ehe.*

Art. 13. Die Eingehung der Ehe wird, sofern auch nur einer der Verlobten ein Deutscher ist, in Ansehung eines jeden der Verlobten nach den Gesetzen des Staates beurtheilt, dem er angehört. Das Gleiche gilt für Ausländer, die im Inland eine Ehe eingehen.

In Ansehung der Ehefrau eines nach Artikel 9 Abs. 3 für todt erklärten Ausländers wird die Eingehung der Ehe nach den deutschen Gesetzen beurtheilt.

Die Form einer Ehe, die im Inlande geschlossen wird, bestimmt sich ausschließlich nach den deutschen Gesetzen.

b) Persönliche Rechtsbeziehungen der Ehegatten.

Art. 14. Die persönlichen Rechtsbeziehungen deutscher Ehegatten zu einander werden nach den deutschen Gesetzen beurtheilt, auch wenn die Ehegatten ihren Wohnsitz im Auslande haben.

Die deutschen Gesetze finden auch Anwendung, wenn der Mann die Reichsangehörigkeit verloren, die Frau sie aber behalten hat.

c) Eheliches Güterrecht.

Art. 15. Das eheliche Güterrecht wird nach den deutschen Gesetzen beurtheilt, wenn der Ehemann zur Zeit der Eheschließung ein Deutscher war.

Erwirbt der Ehemann nach der Eingehung der Ehe die Reichsangehörigkeit oder haben ausländische Ehegatten ihren Wohnsitz im Inlande, so sind für das eheliche Güterrecht die Gesetze des Staates maßgebend, dem der Mann zur Zeit der Eingehung der Ehe angehörte; die Ehegatten können jedoch einen Ehevertrag schließen, auch wenn er nach diesen Gesetzen unzulässig sein würde.

d) Ausländische und ehedem ausländische Ehegatten.

Art. 16. Haben ausländische Ehegatten oder Ehegatten, die nach der Eingehung der Ehe die Reichsangehörigkeit erwerben, den Wohnsitz im Inlande, so finden die Vorschriften des § 1435 des Bürgerlichen Gesetzbuchs entsprechende Anwendung; der ausländische gesetzliche Güterstand steht einem vertragsmäßigen gleich.

Die Vorschriften der §§ 1357, 1362, 1405 des Bürgerlichen Gesetzbuchs finden Anwendung, soweit sie Dritten günstiger sind als die ausländischen Gesetze.

§ 1435. Wird durch Ehevertrag die Verwaltung und Nutzniessung des Mannes ausgeschlossen oder geändert, so können einem Dritten gegenüber aus der Ausschliessung oder der Aenderung Einwendungen gegen ein zwischen ihm und einem der Ehegatten vorgenommenes Rechtsgeschäft oder gegen ein zwischen ihnen ergangenes rechtskräftiges Urtheil nur hergeleitet werden, wenn zur Zeit der Vornahme des Rechtsgeschäfts oder zur Zeit des Eintritts der Rechtshängigkeit die Ausschliessung oder die Aenderung in dem Güterrechtsregister des zuständigen Amtsgerichts eingetragen oder dem Dritten bekannt war.

Das Gleiche gilt, wenn eine in dem Güterrechtsregister eingetragene Regelung der güterrechtlichen Verhältnisse durch Ehevertrag aufgehoben oder geändert wird.

§ 1357. Die Frau ist berechtigt, innerhalb ihres häuslichen Wirkungskreises die Geschäfte des Mannes für ihn zu besorgen und ihn zu vertreten. Rechtsgeschäfte, die sie innerhalb dieses Wirkungskreises vornimmt, gelten als im Namen des Mannes vorgenommen, wenn nicht aus den Umständen sich ein Anderes ergiebt.

Der Mann kann das Recht der Frau beschränken oder ausschliessen. Stellt sich die Beschränkung oder die Ausschliessung als Missbrauch des Rechtes des Mannes dar, so kann sie auf Antrag der Frau durch das Vormundschaftsgericht aufgehoben werden. Dritten gegenüber ist die Beschränkung oder die Ausschliessung nur nach Massgabe des § 1435 wirksam.

§ 1362. Zu Gunsten der Gläubiger des Mannes wird vermuthet, dass die im Besitz eines der Ehegatten oder beider Ehegatten befindlichen beweglichen Sachen dem Manne gehören. Dies gilt insbesondere auch für Inhaberpapiere und für Orderpapiere, die mit Blankoindossament versehen sind.

Für die ausschliesslich zum persönlichen Gebrauche der Frau bestimmten Sachen, insbesondere für Kleider, Schmucksachen und Arbeitsgeräthe, gilt im Verhältnisse der Ehegatten zu einander und zu den Gläubigern die Vermuthung, dass die Sachen der Frau gehören.

§ 1405. Ertheilt der Mann der Frau die Einwilligung zum selbständigen Betrieb eines Erwerbsgeschäfts, so ist seine Zustimmung zu solchen Rechtsgeschäften und Rechtsstreitigkeiten nicht erforderlich, die der Geschäftsbetrieb mit sich bringt. Einseitige Rechtsgeschäfte, die sich auf das Erwerbsgeschäft beziehen, sind der Frau gegenüber vorzunehmen.

Der Einwilligung des Mannes in den Geschäftsbetrieb steht es gleich, wenn die Frau mit Wissen und ohne Einspruch des Mannes das Erwerbsgeschäft betreibt.

Dritten gegenüber ist ein Einspruch und der Widerruf der Einwilligung nur nach Massgabe des § 1435 wirksam.

e) Ehescheidung.

Art. 17. Für die Scheidung der Ehe sind die Gesetze des Staates maßgebend, dem der Ehemann zur Zeit der Erhebung der Klage angehört.

Eine Thatsache, die sich ereignet hat, während der Mann einem anderen Staate angehörte, kann als Scheidungsgrund nur geltend gemacht werden, wenn die Thatsache auch nach den Gesetzen dieses Staates ein Scheidungsgrund oder ein Trennungsgrund ist.

Ist zur Zeit der Erhebung der Klage die Reichsangehörigkeit des Mannes erloschen, die Frau aber Deutsche, so finden die deutschen Gesetze Anwendung.

Auf Scheidung sowie auf Aufhebung der ehelichen Gemeinschaft kann auf Grund eines ausländischen Gesetzes im Inlande nur erkannt werden, wenn sowohl nach dem ausländischen Gesetze als nach den deutschen Gesetzen die Scheidung zulässig sein würde.

8. Eheliche Abstammung.

Art. 18. Die eheliche Abstammung eines Kindes wird nach den deutschen Gesetzen beurtheilt, wenn der Ehemann der Mutter zur Zeit der Geburt des Kindes Deutscher ist oder, falls er vor der Geburt des Kindes gestorben ist, zuletzt Deutscher war.

9. Rechtsverhältniss zwischen Eltern und ehelichen Kindern.

Art. 19. Das Rechtsverhältniß zwischen den Eltern und einem ehelichen Kinde wird nach den deutschen Gesetzen beurtheilt, wenn der Vater und, falls der Vater gestorben ist, die Mutter die Reichsangehörigkeit besitzt. Das Gleiche gilt, wenn die Reichsangehörigkeit des Vaters oder der Mutter erloschen, die Reichsangehörigkeit des Kindes aber bestehen geblieben ist.

10. Uneheliche Kinder.

Art. 20. Das Rechtsverhältniß zwischen einem unehelichen Kinde und dessen Mutter wird nach den deutschen Gesetzen beurtheilt, wenn die Mutter eine Deutsche ist. Das Gleiche gilt, wenn die Reichsangehörigkeit der Mutter erloschen, die Reichsangehörigkeit des Kindes aber bestehen geblieben ist.

Art. 21. Die Unterhaltspflicht des Vaters gegenüber dem unehelichen Kinde und seine Verpflichtung, der Mutter die Kosten der Schwangerschaft, der Entbindung und des Unterhalts zu ersetzen, wird nach den Gesetzen des Staates beurtheilt, dem die Mutter zur Zeit der Geburt des Kindes angehört; es können jedoch nicht weitergehende Ansprüche geltend gemacht werden, als nach den deutschen Gesetzen begründet sind.

11. Legitimation, Annahme an Kindesstatt.

Art. 22. Die Legitimation eines unehelichen Kindes sowie die Annahme an Kindesstatt bestimmt sich, wenn der Vater zur Zeit der Legitimation oder der Annehmende zur Zeit der Annahme die Reichsangehörigkeit besitzt, nach den deutschen Gesetzen.

Gehört der Vater oder der Annehmende einem fremden Staate an, während das Kind die Reichsangehörigkeit besitzt, so ist die Legitimation oder die Annahme unwirksam, wenn die nach den deutschen Gesetzen erforderliche Einwilligung des Kindes oder eines Dritten, zu dem das Kind in einem familienrechtlichen Verhältnisse steht, nicht erfolgt ist.

12. Vormundschaft, Pflegschaft über Ausländer.

Art. 23. Eine Vormundschaft oder eine Pflegschaft kann im Inland auch über einen Ausländer, sofern der Staat, dem er angehört, die Fürsorge nicht übernimmt, angeordnet werden, wenn der Ausländer nach den Gesetzen dieses Staates der Fürsorge bedarf oder im Inland entmündigt ist.

Das deutsche Vormundschaftsgericht kann vorläufige Maßregeln treffen, solange eine Vormundschaft oder Pflegschaft nicht angeordnet ist.

13. Erbrecht.

Art. 24. Ein Deutscher wird, auch wenn er seinen Wohnsitz im Auslande hatte, nach den deutschen Gesetzen beerbt.

Hat ein Deutscher zur Zeit seines Todes seinen Wohnsitz im Auslande gehabt, so können die Erben sich in Ansehung der Haftung für die Nachlaßverbindlichkeiten auch auf die an dem Wohnsitze des Erblassers geltenden Gesetze berufen.

Erwirbt ein Ausländer, der eine Verfügung von Todeswegen errichtet oder aufgehoben hat, die Reichsangehörigkeit, so wird die Gültigkeit der Errichtung oder der Aufhebung nach den Gesetzen des Staates beurtheilt, dem er zur Zeit der Errichtung oder der Aufhebung angehörte; auch behält er die Fähigkeit zur Errichtung einer Verfügung von Todeswegen, selbst wenn er das nach den deutschen Gesetzen erforderliche Alter noch nicht erreicht hat. Die Vorschrift des Artikel 11 Abs. 1 Satz 2 bleibt unberührt.

Art. 25. Ein Ausländer, der zur Zeit seines Todes seinen Wohnsitz im Inlande hatte, wird nach den Gesetzen des Staates beerbt, dem er zur Zeit seines Todes angehörte. Ein Deutscher kann jedoch erbrechtliche Ansprüche auch dann geltend machen, wenn sie nur nach den deutschen Gesetzen begründet sind, es sei denn, daß nach dem Rechte des Staates, dem der Erblasser angehörte, für die Beerbung eines Deutschen, welcher seinen Wohnsitz in diesem Staate hatte, die deutschen Gesetze ausschließlich maßgebend sind.

Art. 26. Gelangt aus einem im Ausland eröffneten Nachlasse für die nach den dortigen Gesetzen berechtigten Erben oder Vermächtnißnehmer durch Vermittelung deutscher Behörden Vermögen ins Inland, so kann ein Anderer der Herausgabe nicht aus dem Grunde widersprechen, daß er als Erbe oder Vermächtnißnehmer einen Anspruch auf das Vermögen habe.

14. Verweisung ausländischer Gesetze auf deutsches Recht.

Art. 27. Sind nach dem Rechte eines fremden Staates, dessen Gesetze in dem Artikel 7 Abs. 1, dem Artikel 13 Abs. 1, dem Artikel 15 Abs. 2, dem Artikel 17 Abs. 1 und dem Artikel 25 für maßgebend erklärt sind, die deutschen Gesetze anzuwenden, so finden diese Gesetze Anwendung.

15. Ausnahmen.

Art. 28. Die Vorschriften der Artikel 15, 19, des Artikel 24 Abs. 1 und der Artikel 25, 27 finden keine Anwendung auf Gegenstände, die sich nicht in dem Gebiete des Staates befinden, dessen Gesetze nach jenen Vorschriften maßgebend sind, und die nach den Gesetzen des Staates, in dessen Gebiete sie sich befinden, besonderen Vorschriften unterliegen.

16. Personen ohne Staatsangehörigkeit.

Art. 29. Gehört eine Person keinem Staate an, so werden ihre Rechtsverhältnisse, soweit die Gesetze des Staates, dem eine Person angehört, für maßgebend erklärt sind, nach den Gesetzen des Staates beurtheilt, dem die Person zuletzt angehört hat, und, wenn sie auch früher einem Staate nicht angehört hat, nach den Gesetzen des Staates, in welchem sie ihren Wohnsitz und in Ermangelung eines Wohnsitzes ihren Aufenthalt hat oder zu der maßgebenden Zeit gehabt hat.

17. Verstoss ausländischer Gesetze gegen die guten Sitten und den Zweck deutscher Gesetze.

Art. 30. Die Anwendung eines ausländischen Gesetzes ist ausgeschlossen, wenn die Anwendung gegen die guten Sitten oder gegen den Zweck eines deutschen Gesetzes verstoßen würde.

18. Vergeltungsrecht.

Art. 31. Unter Zustimmung des Bundesraths kann durch Anordnung des Reichskanzlers bestimmt werden, daß gegen einen ausländischen Staat sowie dessen Angehörige und ihre Rechtsnachfolger ein Vergeltungsrecht zur Anwendung gebracht wird.

Zweiter Abschnitt.

Verhältniß des Bürgerlichen Gesetzbuchs zu den Reichsgesetzen.

Grundsatz.

Art. 32. Die Vorschriften der Reichsgesetze bleiben in Kraft. Sie treten jedoch insoweit außer Kraft, als sich aus dem Bürgerlichen Gesetzbuch oder aus diesem Gesetze die Aufhebung ergiebt.

— Begriff der Verwandtschaft und Schwägerschaft nach einzelnen Reichsgesetzen.

Art. 33. Soweit in dem Gerichtsverfassungsgesetze, der Civilprozeßordnung, der Strafprozeßordnung, der Konkursordnung und in dem Gesetze, betreffend die Anfechtung von Rechtshandlungen eines Schuldners außerhalb des Konkursverfahrens, vom 21. Juli 1879 (Reichs-Gesetzbl. S. 277) an die Verwandtschaft oder die Schwägerschaft rechtliche Folgen geknüpft sind, finden die Vorschriften des Bürgerlichen Gesetzbuchs über Verwandtschaft oder Schwägerschaft Anwendung.

Aenderungen — des Strafgesetzbuchs.

Art. 34. Das Strafgesetzbuch wird dahin geändert:

I. Im § 34 Nr. 6 werden die Worte: „Vormund, Nebenvormund, Kurator, gerichtlicher Beistand oder Mitglied eines Familienraths" ersetzt durch die Worte:

„Vormund, Gegenvormund, Pfleger, Beistand der Mutter, Mitglied eines Familienraths oder Kurator".

II. An die Stelle des § 55 treten folgende Vorschriften:

Wer bei Begehung der Handlung das zwölfte Lebensjahr nicht vollendet hat, kann wegen derselben nicht strafrechtlich verfolgt werden. Gegen denselben können jedoch nach Maßgabe der landesgesetzlichen Vorschriften die zur Besserung und Beaufsichtigung geeigneten Maßregeln getroffen werden. Die Unterbringung in eine Familie, Erziehungsanstalt oder Besserungsanstalt kann nur erfolgen, nachdem durch Beschluß des Vormundschaftsgerichtes die Begehung der Handlung festgestellt und die Unterbringung für zulässig erklärt ist.

III. An die Stelle des § 65 treten folgende Vorschriften:

Der Verletzte, welcher das achtzehnte Lebensjahr vollendet hat, ist selbständig zu dem Antrage auf Bestrafung berechtigt. Solange er minderjährig ist, hat unabhängig von seiner eigenen Befugniß auch sein gesetzlicher Vertreter das Recht, den Antrag zu stellen.

Ist der Verletzte geschäftsunfähig oder hat er das achtzehnte Lebensjahr noch nicht vollendet, so ist sein gesetzlicher Vertreter der zur Stellung des Antrages Berechtigte.

IV. Als § 145a wird folgende Vorschrift eingestellt:

Wer im Inlande Schuldverschreibungen auf den Inhaber, in denen die Zahlung einer bestimmten Geldsumme versprochen wird, ohne die erforderliche staatliche Genehmigung ausstellt und in den Verkehr bringt, wird mit einer Geldstrafe bestraft, die dem fünften Theile des Nennwerths der ausgegebenen Schuldverschreibungen gleichkommen kann, mindestens aber dreihundert Mark beträgt.

V. Im § 171 Abs. 1 und Abs. 3 werden die Worte: „aufgelöst, für ungültig oder nichtig erklärt worden ist", ersetzt durch die Worte: „aufgelöst oder für nichtig erklärt worden ist".

VI. An die Stelle des § 195 tritt folgende Vorschrift:

Ist eine Ehefrau beleidigt worden, so hat sowohl sie als ihr Ehemann das Recht, auf Bestrafung anzutragen.

VII. Im § 235 werden die Worte: „ihren Eltern oder ihrem Vormunde" ersetzt durch die Worte:

„ihren Eltern, ihrem Vormunde oder ihrem Pfleger".

VIII. Im § 237 werden die Worte: „ihrer Eltern oder ihres Vormundes" ersetzt durch die Worte:

„ihrer Eltern, ihres Vormundes oder ihres Pflegers".

IX. Im § 238 werden die Worte: „für ungültig erklärt worden ist" ersetzt durch die Worte:

„für nichtig erklärt worden ist".

— der Strafprozessordnung.

Art. 35. Die Strafprozeßordnung wird dahin geändert:

I. Im § 11 Abs. 1 treten an die Stelle der Sätze 2, 3 folgende Vorschriften:

In Ermangelung eines solchen Wohnsitzes gilt die Hauptstadt des Heimathstaats als ihr Wohnsitz; ist die Hauptstadt in mehrere Gerichtsbezirke getheilt, so wird der als Wohnsitz geltende Bezirk von der Landesjustizverwaltung durch allgemeine Anordnung bestimmt. Gehört ein Deutscher einem Bundesstaate nicht an, so gilt als sein Wohnsitz die Stadt Berlin; ist die Stadt Berlin in mehrere Gerichtsbezirke getheilt, so wird der als Wohnsitz geltende Bezirk von dem Reichskanzler durch allgemeine Anordnung bestimmt.

II. An die Stelle des § 149 Abs. 2 tritt folgende Vorschrift:

Dasselbe gilt von dem gesetzlichen Vertreter eines Angeklagten.

— der Gewerbeordnung.

Art. 36. Die Gewerbeordnung wird dahin geändert:

I. Der § 11 Abs. 2 fällt weg; als § 11a werden folgende Vorschriften eingestellt:

Betreibt eine Ehefrau, für deren güterrechtliche Verhältnisse ausländische Gesetze maßgebend sind, im Inlande selbständig ein Gewerbe, so ist es auf ihre Geschäftsfähigkeit in Angelegenheiten des Gewerbes ohne Einfluß, daß sie Ehefrau ist.

Soweit die Frau in Folge des Güterstandes in der Verfügung über ihr Vermögen beschränkt ist, finden die Vorschriften des § 1405 des Bürgerlichen Gesetzbuchs Anwendung. Hat die Frau ihren Wohnsitz nicht im Inlande, so ist der Einspruch des Mannes gegen den Betrieb des Gewerbes und der Widerruf der ertheilten Einwilligung in das Güterrechtsregister des Bezirks einzutragen, in welchem das Gewerbe betrieben wird.

Betreibt die Frau das Gewerbe mit Einwilligung des Mannes oder gilt die Einwilligung nach § 1405 Abs. 2 des Bürgerlichen Gesetzbuchs als ertheilt, so haftet für die Verbindlichkeiten der Frau aus dem Gewerbebetriebe ihr Vermögen ohne Rücksicht auf die dem Manne kraft des Güterstandes zustehenden Rechte; im Falle des Bestehens einer ehelichen Gütergemeinschaft haftet auch das gemeinschaftliche Vermögen.

II. Im § 107 Abs. 1 werden

1. im Satz 4 die Worte: „an den Vater oder Vormund, sofern diese es verlangen", ersetzt durch die Worte:
„an den gesetzlichen Vertreter, sofern dieser es verlangt",
2. im Satz 5 die Worte: „an die Mutter" ersetzt durch die Worte:
„an die zur gesetzlichen Vertretung nicht berechtigte Mutter".

III. Im § 108 treten an die Stelle des Satz 2 folgende Vorschriften:

Die Ausstellung erfolgt auf Antrag oder mit Zustimmung des gesetzlichen Vertreters. Ist die Erklärung des gesetzlichen Vertreters nicht zu beschaffen oder verweigert dieser die Zustimmung ohne genügenden Grund und zum Nachtheile des Arbeiters, so kann die Gemeindebehörde die Zustimmung ergänzen.

IV. Im § 110 Abs. 1 werden die Worte: „seines Vaters oder Vormunds" ersetzt durch die Worte:
„seines gesetzlichen Vertreters".

V. Im § 113 tritt an die Stelle des Abs. 4 folgende Vorschrift:

Ist der Arbeiter minderjährig, so kann das Zeugniß von dem gesetzlichen Vertreter gefordert werden. Dieser kann verlangen, daß das Zeugniß an ihn, nicht an den Minderjährigen ausgehändigt werde. Mit Genehmigung der Gemeindebehörde des im § 108 bezeichneten Ortes kann auch gegen den Willen des gesetzlichen Vertreters die Aushändigung unmittelbar an den Arbeiter erfolgen.

VI. Im § 131 Abs. 1 Satz 1 werden die Worte: „von dem Vater oder Vormunde“ ersetzt durch die Worte:

„von dem gesetzlichen Vertreter“.

VII. Im § 133 Abs. 2 Satz 1 werden die Worte: „der Vater des Lehrlings“ ersetzt durch die Worte:

„der Vater des Lehrlings, sofern er die Sorge für die Person des Lehrlings hat,“.

— des Freizügigkeitsgesetzes.

Art. 37. Der § 2 des Gesetzes über die Freizügigkeit vom 1. November 1867 (Bundes-Gesetzbl. S. 55) wird dahin geändert:

Wer die aus der Reichsangehörigkeit folgenden Befugnisse in Anspruch nimmt, hat auf Verlangen den Nachweis seiner Reichsangehörigkeit und, sofern er unter elterlicher Gewalt oder unter Vormundschaft steht, den Nachweis der Genehmigung des gesetzlichen Vertreters zu erbringen.

Eine Ehefrau bedarf der Genehmigung des Ehemanns.

— des Bundeskonsulatsgesetzes.

Art. 38. Das Gesetz, betreffend die Organisation der Bundeskonsulate, sowie die Amtsrechte und Pflichten der Bundeskonsuln, vom 8. November 1867 (Bundes-Gesetzbl. S. 137) wird dahin ergänzt:

I. Der § 16 erhält folgenden Abs. 2:

Einem Wahlkonsul steht in Ansehung der Errichtung einer Verfügung von Todeswegen das im Abs. 1 bezeichnete Recht der Notare nur dann zu, wenn das Recht ihm von dem Reichskanzler besonders beigelegt ist.

II. Als § 17a wird folgende Vorschrift eingestellt:

Auf die Errichtung einer Verfügung von Todeswegen finden nicht die Vorschriften des § 17, sondern die Vorschriften des Bürgerlichen Gesetzbuchs Anwendung.

— des Gesetzes, betr. die vertragsmässigen Zinsen.

Art. 39. Das Gesetz, betreffend die vertragsmäßigen Zinsen, vom 14. November 1867 (Bundes-Gesetzbl. S. 159) wird aufgehoben.

— des Gesetzes, betr. die Eheschliessung etc. im Auslande.

Art. 40. Das Gesetz, betreffend die Eheschließung und die Beurkundung des Personenstandes von Bundesangehörigen im Auslande, vom 4. Mai 1870 (Bundes-Gesetzbl. S. 599) wird dahin geändert:

I. In dem § 3 Abs. 1 Satz 1, dem § 9, dem § 11 Abs. 2 und dem § 12 Abs. 1 Satz 2 wird das Wort: „muß“ ersetzt durch das Wort:

„soll“.

II. An die Stelle der §§ 7, 8 treten folgende Vorschriften:

§ 7. Die Ehe wird dadurch geschlossen, daß die Verlobten vor dem Beamten persönlich und bei gleichzeitiger Anwesenheit erklären, die Ehe mit einander eingehen zu wollen. Der Beamte muß zur Entgegennahme der Erklärungen bereit sein.

Die Erklärungen können nicht unter einer Bedingung oder einer Zeitbestimmung abgegeben werden.

§ 7a. Der Beamte soll bei der Eheschließung in Gegenwart von zwei Zeugen an die Verlobten einzeln und nach einander die Frage richten, ob sie die Ehe mit einander eingehen wollen, und, nachdem die Verlobten die Frage bejaht haben, aussprechen, daß sie kraft dieses Gesetzes nunmehr rechtmäßig verbundene Eheleute seien.

Als Zeugen sollen Personen, die der bürgerlichen Ehrenrechte für verlustig erklärt sind, während der Zeit, für welche die Aberkennung der Ehrenrechte erfolgt ist, sowie Minderjährige nicht zugezogen werden. Personen, die mit einem der Verlobten, mit dem Beamten oder mit einander verwandt oder verschwägert sind, dürfen als Zeugen zugezogen werden.

§ 8. Als zur Eheschließung ermächtigter Beamter (§ 1) gilt auch derjenige, welcher, ohne ein solcher Beamter zu sein, das Amt eines solchen öffentlich ausübt, es sei denn, daß die Verlobten den Mangel der amtlichen Befugniß bei der Eheschließung kennen.

§ 8a. Eine Ehe, die vor einem zur Eheschließung ermächtigten Beamten (§ 1) oder vor einer im § 8 einem solchen Beamten gleichgestellten Person geschlossen wird, ist wegen Formmangels nur dann nichtig, wenn bei der Eheschließung die im § 7 vorgeschriebene Form nicht beobachtet worden ist.

Ist die Ehe in das Heirathsregister eingetragen worden und haben die Ehegatten nach der Eheschließung zehn Jahre oder, falls einer von ihnen vorher gestorben ist, bis zu dessen Tode, jedoch mindestens drei Jahre als Ehegatten mit einander gelebt, so ist die Ehe als von Anfang an gültig anzusehen. Diese Vorschrift findet keine Anwendung, wenn bei dem Ablaufe der zehn Jahre oder zur Zeit des Todes des einen Ehegatten die Nichtigkeitsklage erhoben ist.

— **des Bundes- und Staatsangehörigkeitsgesetzes.**

Art. 41. Das Gesetz über die Erwerbung und den Verlust der Bundes- und Staatsangehörigkeit vom 1. Juni 1870 (Bundes-Gesetzbl. S. 355) wird dahin geändert:

I. An die Stelle des § 11 treten folgende Vorschriften:

Die Verleihung der Staatsangehörigkeit erstreckt sich, insofern nicht dabei eine Ausnahme gemacht wird, zugleich auf die Ehefrau und auf diejenigen minderjährigen Kinder, deren gesetzliche Vertretung dem Aufgenommenen oder Naturalisirten kraft elterlicher Gewalt zusteht. Ausgenommen sind Töchter, die verheirathet sind oder verheirathet gewesen sind.

II. Als § 14a werden folgende Vorschriften eingestellt:

Die Entlassung eines Staatsangehörigen, der unter elterlicher Gewalt oder Vormundschaft steht, kann von dem gesetzlichen Vertreter nur mit Genehmigung des Vormundschaftsgerichts beantragt werden.

Die Genehmigung des Vormundschaftsgerichts ist nicht erforderlich, wenn der Vater oder die Mutter die Entlassung für sich und zugleich kraft elterlicher Gewalt für ein Kind beantragt. Erstreckt sich der Wirkungskreis eines der Mutter bestellten Beistandes auf die Sorge für die Person des Kindes, so bedarf die Mutter in einem solchen Falle der Genehmigung des Beistandes zu dem Antrag auf Entlassung des Kindes.

III. An die Stelle des § 19 treten folgende Vorschriften:

Die Entlassung erstreckt sich, insofern nicht dabei eine Ausnahme gemacht wird, zugleich auf die Ehefrau und auf diejenigen Kinder, deren gesetzliche Vertretung dem Entlassenen kraft elterlicher Gewalt zusteht.

Diese Vorschrift findet keine Anwendung auf Töchter, die verheirathet sind oder verheirathet gewesen sind, sowie auf Kinder, die unter der elterlichen Gewalt der Mutter stehen, falls die Mutter zu dem Antrage auf Entlassung der Kinder nach § 14a Abs. 2 Satz 2 der Genehmigung des Beistandes bedarf.

IV. An die Stelle des § 21 Abs. 2 treten folgende Vorschriften:

Der hiernach eingetretene Verlust der Staatsangehörigkeit erstreckt sich zugleich auf die Ehefrau und auf diejenigen Kinder, deren gesetzliche Vertretung dem Ausgetretenen kraft elterlicher Gewalt zusteht, soweit sich die Ehefrau oder die Kinder bei dem Ausgetretenen befinden. Ausgenommen sind Töchter, die verheirathet sind oder verheirathet gewesen sind.

— des Reichshaftpflichtgesetzes.

Art. 42. Das Gesetz, betreffend die Verbindlichkeit zum Schadenersatze für die bei dem Betriebe von Eisenbahnen, Bergwerken u. s. w. herbeigeführten Tödtungen und Körperverletzungen, vom 7. Juni 1871 (Reichs-Gesetzbl. S. 207) wird dahin geändert:

I. An die Stelle des § 3 treten folgende Vorschriften:

§ 3. Im Falle der Tödtung ist der Schadenersatz (§§ 1 und 2) durch Ersatz der Kosten einer versuchten Heilung sowie des Vermögensnachtheils zu leisten, den der Getödtete dadurch erlitten hat, daß während der Krankheit seine Erwerbsfähigkeit aufgehoben oder gemindert oder eine Vermehrung seiner Bedürfnisse eingetreten war. Der Ersatzpflichtige hat außerdem die Kosten der Beerdigung demjenigen zu ersetzen, dem die Verpflichtung obliegt, diese Kosten zu tragen.

Stand der Getödtete zur Zeit der Verletzung zu einem Dritten in einem Verhältnisse, vermöge dessen er diesem gegenüber kraft Gesetzes unterhaltspflichtig war oder unterhaltspflichtig werden konnte, und ist dem Dritten in Folge der Tödtung das Recht auf den Unterhalt entzogen, so hat der Ersatzpflichtige dem Dritten insoweit Schadenersatz zu leisten, als der Getödtete während der muthmaßlichen Dauer seines Lebens zur Gewährung des Unterhalts verpflichtet gewesen sein würde. Die Ersatzpflicht tritt auch dann ein, wenn der Dritte zur Zeit der Verletzung erzeugt, aber noch nicht geboren war.

§ 3a. Im Falle einer Körperverletzung ist der Schadenersatz (§§ 1 und 2) durch Ersatz der Kosten der Heilung sowie des Vermögensnachtheils zu leisten, den der Verletzte dadurch erleidet, daß in Folge der Verletzung zeitweise oder dauernd seine Erwerbsfähigkeit aufgehoben oder gemindert oder eine Vermehrung seiner Bedürfnisse eingetreten ist.

II. Im § 5 werden die Worte: „der in den §§ 1 bis 3 enthaltenen Bestimmungen" ersetzt durch die Worte:

„der in den §§ 1 bis 3a enthaltenen Bestimmungen".

III. An die Stelle der §§ 7, 8, 9 treten folgende Vorschriften:

§ 7. Der Schadenersatz wegen Aufhebung oder Minderung der Erwerbsfähigkeit und wegen Vermehrung der Bedürfnisse des Verletzten sowie der nach § 3 Abs. 2 einem Dritten zu gewährende Schadenersatz ist für die Zukunft durch Entrichtung einer Geldrente zu leisten.

Die Vorschriften des § 843 Abs. 2 bis 4 des Bürgerlichen Gesetzbuchs und des § 648 Nr. 6 der Civilprozeßordnung finden entsprechende Anwendung. Das Gleiche gilt für die dem Verletzten zu entrichtende Geldrente von der Vorschrift des § 749 Abs. 3 und für die dem Dritten zu entrichtende Geldrente von der Vorschrift des § 749 Abs. 1 Nr. 2 der Civilprozeßordnung.

Ist bei der Verurtheilung des Verpflichteten zur Entrichtung einer Geldrente nicht auf Sicherheitsleistung erkannt worden, so kann der Berechtigte gleichwohl Sicherheitsleistung verlangen, wenn die Vermögensverhältnisse des Verpflichteten sich erheblich verschlechtert haben; unter der gleichen Voraussetzung kann er eine Erhöhung der in dem Urtheile bestimmten Sicherheit verlangen.

§ 8. Die Forderungen auf Schadenersatz (§§ 1 bis 3a) verjähren in zwei Jahren von dem Unfall an. Gegen denjenigen, welchem der Getödtete Unterhalt zu gewähren hatte (§ 3 Abs. 2), beginnt die Verjährung mit dem Tode. Im Uebrigen finden die Vorschriften des Bürgerlichen Gesetzbuchs über die Verjährung Anwendung.

§ 9. Die gesetzlichen Vorschriften, nach welchen außer den in diesem Gesetze vorgesehenen Fällen der Unternehmer einer in den §§ 1, 2 bezeichneten Anlage oder eine andere Person, insbesondere wegen eines eigenen Verschuldens, für den bei dem Betriebe der Anlage durch Tödtung oder Körperverletzung eines Menschen entstandenen Schaden haftet, bleiben unberührt.

— des Reichsbeamtengesetzes.

Art. 43. Der § 6 Abs. 2 des Gesetzes, betreffend die Rechtsverhältnisse der Reichsbeamten, vom 31. März 1873 (Reichs-Gesetzbl. S. 61) wird aufgehoben.

— des Reichsmilitärgesetzes.

Art. 44. Die Vorschriften des § 44 des Reichs-Militärgesetzes vom 2. Mai 1874 (Reichs-Gesetzbl. S. 45) finden entsprechende Anwendung auf Personen, die zur Besatzung eines in Dienst gestellten Schiffes der Kaiserlichen Marine gehören, solange das Schiff sich außerhalb eines inländischen Hafens befindet oder die Personen als Kriegsgefangene oder Geißeln in der Gewalt des Feindes sind, ingleichen auf andere an Bord eines solchen Schiffes genommene Personen, solange das Schiff sich außerhalb eines inländischen Hafens befindet und die Personen an Bord sind. Die Frist, mit deren Ablaufe die letztwillige Verfügung ihre Gültigkeit verliert, beginnt mit dem Zeitpunkt, in welchem das Schiff in einen inländischen Hafen zurückkehrt oder der Verfügende aufhört, zu dem Schiffe zu gehören, oder als Kriegsgefangener oder Geißel aus der Gewalt des Feindes entlassen wird. Den Schiffen stehen die sonstigen Fahrzeuge der Kaiserlichen Marine gleich.

Art. 45. Der § 45 Abs. 2 Satz 2 des Reichs-Militärgesetzes vom 2. Mai 1874 (Reichs-Gesetzbl. S. 45) wird aufgehoben.

— **des Personenstandsgesetzes.**

Art. 46. Das Gesetz über die Beurkundung des Personenstandes und die Eheschließung vom 6. Februar 1875 (Reichs-Gesetzbl. S. 23) wird dahin geändert:

I. Die §§ 28 bis 40, 42, 43, 51 bis 53 werden aufgehoben.

II. An die Stelle der §§ 41, 44, 50, 55 treten folgende Vorschriften:

§ 41. Für die Eheschließung sind die Vorschriften des Bürgerlichen Gesetzbuchs maßgebend.

§ 44. Für die Anordnung des vor der Eheschließung zu erlassenden Aufgebots ist jeder Standesbeamte zuständig, vor dem nach § 1320 des Bürgerlichen Gesetzbuchs die Ehe geschlossen werden darf.

§ 50. Der Standesbeamte soll ohne Aufgebot die Eheschließung nur vornehmen, wenn ihm ärztlich bescheinigt wird, daß die lebensgefährliche Erkrankung eines der Verlobten den Aufschub der Eheschließung nicht gestattet.

§ 55. Ist eine Ehe für nichtig erklärt, ist in einem Rechtsstreite, der die Feststellung des Bestehens oder des Nichtbestehens einer Ehe zwischen den Parteien zum Gegenstande hat, das Nichtbestehen der Ehe festgestellt, ist eine Ehe vor dem Tode eines der Ehegatten aufgelöst oder ist nach § 1575 des Bürgerlichen Gesetzbuchs die eheliche Gemeinschaft aufgehoben, so ist dies am Rande der über die Eheschließung bewirkten Eintragung zu vermerken.

Wird die eheliche Gemeinschaft nach der Aufhebung wiederhergestellt, so ist dies auf Antrag am Rande zu vermerken.

III. Der § 67 erhält folgenden Absatz 2:

Eine strafbare Handlung ist nicht vorhanden, wenn der Geistliche oder der Religionsdiener im Falle einer lebensgefährlichen, einen Aufschub nicht gestattenden Erkrankung eines der Verlobten zu den religiösen Feierlichkeiten der Eheschließung schreitet.

VI. Im § 69 werden die Worte: „in diesem Gesetze" ersetzt durch die Worte: „in diesem Gesetze und in dem Bürgerlichen Gesetzbuche".

V. Im § 75 Abs. 1 werden die Worte: „nach den Vorschriften dieses Gesetzes" ersetzt durch die Worte:

„nach den Vorschriften des Bürgerlichen Gesetzbuchs"

— **des Wuchergesetzes.**

Art. 47. Der Artikel 3 des Gesetzes, betreffend den Wucher, vom 24. Mai 1880 (Reichs-Gesetzbl. S. 109) in der Fassung des Artikel II des Gesetzes, betreffend Ergänzung der Bestimmungen über den Wucher, vom 19. Juni 1893 (Reichs-Gesetzbl. S. 197) wird aufgehoben.

— **des Gesetzes über Fürsorge für Wittwen und Waisen vom 20. IV. 81 und 17. VI. 87.**

Art. 48. Der § 16 Abs. 2 des Gesetzes, betreffend die Fürsorge für die Wittwen und Waisen der Reichsbeamten der Civilverwaltung, vom 20. April 1881 (Reichs-Gesetzbl. S. 85) wird aufgehoben.

Art. 49. Der § 18 Abs. 2 des Gesetzes, betreffend die Fürsorge für die Wittwen und Waisen von Angehörigen des Reichsheeres und der Kaiserlichen Marine, vom 17. Juni 1887 (Reichs-Gesetzbl. S. 237) wird aufgehoben.

— **des Gesetzes, betr. das Reichsschuldbuch.**

Art. 50. Der § 9 des Gesetzes, betreffend das Reichsschuldbuch, vom 31. Mai 1891 (Reichs-Gesetzbl. S. 321) wird dahin geändert:

Eine Ehefrau wird zu Anträgen ohne Zustimmung des Ehemannes zugelassen.

Die Ehefrau bedarf der Zustimmung des Ehemannes, wenn ein Vermerk zu dessen Gunsten eingetragen ist. Ein solcher Vermerk ist einzutragen, wenn die Ehefrau oder mit ihrer Zustimmung der Ehemann die Eintragung beantragt. Die Ehefrau ist dem Ehemanne gegenüber zur Ertheilung der Zustimmung verpflichtet, wenn sie nach dem unter ihnen bestehenden Güterstande über die Buchforderung nur mit Zustimmung des Ehemannes verfügen kann.

— **des Gesetzes über Fürsorge für Wittwen und Waisen vom 13. VI. 95.**

Art. 51. Der § 8 Abs. 2 des Gesetzes, betreffend die Fürsorge für die Wittwen und Waisen der Personen des Soldatenstandes des Reichsheeres und der Kaiserlichen Marine vom Feldwebel abwärts, vom 13. Juni 1895 (Reichs-Gesetzbl. S. 261) wird aufgehoben.

— **Enteignung.**

Art. 52. Ist auf Grund eines Reichsgesetzes dem Eigenthümer einer Sache wegen der im öffentlichen Interesse erfolgenden Entziehung, Beschädigung oder Benutzung der Sache oder wegen Beschränkung des Eigenthums eine Entschädigung zu gewähren und steht einem Dritten ein Recht an der Sache zu, für welches nicht eine besondere Entschädigung gewährt wird, so hat der Dritte, soweit sein Recht beeinträchtigt wird, an dem Entschädigungsanspruche dieselben Rechte, die ihm im Falle des Erlöschens seines Rechtes durch Zwangsversteigerung an dem Erlöse zustehen.

Art. 53. Ist in einem Falle des Artikel 52 die Entschädigung dem Eigenthümer eines Grundstücks zu gewähren, so finden auf den Entschädigungsanspruch die Vorschriften des § 1128 des Bürgerlichen Gesetzbuchs entsprechende Anwendung. Erhebt ein Berechtigter innerhalb der im § 1128 bestimmten Frist Widerspruch gegen die Zahlung der Entschädigung an den Eigenthümer, so kann der Eigenthümer und jeder Berechtigte die Eröffnung eines Vertheilungsverfahrens nach den für die Vertheilung des Erlöses im Falle der Zwangsversteigerung geltenden Vorschriften beantragen. Die Zahlung hat in diesem Falle an das für das Vertheilungsverfahren zuständige Gericht zu erfolgen.

Ist das Recht des Dritten eine Reallast, eine Hypothek, eine Grundschuld oder eine Rentenschuld, so erlischt die Haftung des Entschädigungsanspruchs, wenn der beschädigte Gegenstand wiederhergestellt oder für die entzogene bewegliche Sache Ersatz beschafft ist. Ist die Entschädigung wegen Benutzung des Grundstücks oder wegen Entziehung oder Beschädigung von Früchten oder von Zubehörstücken zu gewähren, so finden die Vorschriften des § 1123 Abs. 2 Satz 1 und des § 1124 Abs. 1, 3 des Bürgerlichen Gesetzbuchs entsprechende Anwendung.

§ 1128*. Der Verpflichtete kann die Entschädigungssumme mit Wirkung gegen den berechtigten Dritten an den Eigenthümer erst zahlen, wenn er oder der Eigenthümer die Enteignung dem berechtigten Dritten angezeigt hat und seit dem Empfange der Anzeige ein Monat verstrichen ist. Der berechtigte Dritte kann bis zum Ablaufe der Frist dem Entschädigungspflichtigen gegenüber der Zahlung widersprechen. Die Anzeige darf unterbleiben, wenn sie unthunlich ist; in diesem Falle wird der Monat von dem Zeitpunkt an berechnet, in welchem die Entschädigungssumme fällig wird.

Im Uebrigen finden die für eine verpfändete Forderung geltenden Vorschriften Anwendung; der Entschädigungspflichtige kann sich jedoch nicht darauf berufen, dass er ein aus dem Grundbuch ersichtliches Recht nicht gekannt habe.

§ 1123 Abs. 2 Satz 1*. Soweit die nach Art. 53 Abs. 2 Satz 2 zu leistende Entschädigungssumme fällig ist, wird sie mit dem Ablauf eines Jahres nach dem Eintritte der Fälligkeit von der Haftung frei, wenn nicht vorher die Beschlagnahme zu Gunsten des berechtigten Dritten erfolgt.

§ 1124 Abs. 1*, 3. Wird die nach Art. 53 Abs. 2 Satz 2 zu leistende Entschädigungssumme eingezogen, bevor sie zu Gunsten des berechtigten Dritten in Beschlag genommen worden ist, oder wird vor der Beschlagnahme in anderer Weise über sie verfügt, so ist die Verfügung dem berechtigten Dritten gegenüber wirksam. Besteht die Verfügung in der Uebertragung der Forderung auf einen Dritten, so erlischt die Haftung der Forderung; erlangt ein Dritter ein Recht an der Forderung, so geht es der Hypothek im Range vor.

Der Uebertragung der Forderung auf einen Dritten steht es gleich, wenn das Grundstück ohne die Forderung veräussert wird.

— des Rayongesetzes.

Art. 54. Die Vorschrift des § 36 Abs. 4 des Gesetzes, betreffend die Beschränkungen des Grundeigenthums in der Umgebung von Festungen, vom 21. Dezember 1871 (Reichs-Gesetzbl. S. 459) wird durch die Vorschriften der Artikel 52, 53 nicht berührt. Findet nach diesen Vorschriften ein Vertheilungsverfahren statt, so ist die Entschädigung auf Ersuchen des für das Verfahren zuständigen Gerichts an dieses zu leisten, soweit sie zur Zeit der Stellung des Ersuchens noch aussteht.

Die Vorschrift des § 37 desselben Gesetzes wird dahin geändert:

Ist das Grundstück mit einem Rechte belastet, welches durch die Beschränkung des Eigenthums beeinträchtigt wird, so kann der Berechtigte bis zum Ablauf eines Monats, nachdem ihm der Eigenthümer die Beschränkung des Eigenthums mitgetheilt hat, die Eröffnung des Vertheilungsverfahrens beantragen.

Dritter Abschnitt.

Verhältniß des Bürgerlichen Gesetzbuchs zu den Landesgesetzen.

Grundsatz.

Art. 55. Die privatrechtlichen Vorschriften der Landesgesetze treten außer Kraft, soweit nicht in dem Bürgerlichen Gesetzbuch oder in diesem Gesetz ein Anderes bestimmt ist.

Staatsverträge.

Art. 56. Unberührt bleiben die Bestimmungen der Staatsverträge, die ein Bundesstaat mit einem ausländischen Staate vor dem Inkrafttreten des Bürgerlichen Gesetzbuchs geschlossen hat.

Landesherrliche und gleichgestellte Familien.

Art. 57. In Ansehung der Landesherren und der Mitglieder der landesherrlichen Familien sowie der Mitglieder der Fürstlichen Familie Hohenzollern finden die Vorschriften des Bürgerlichen Gesetzbuchs nur insoweit Anwendung, als nicht besondere Vorschriften der Hausverfassungen oder der Landesgesetze abweichende Bestimmungen enthalten.

Das Gleiche gilt in Ansehung der Mitglieder des vormaligen Hannoverschen Königshauses, des vormaligen Kurhessischen und des vormaligen Herzoglich Nassauischen Fürstenhauses.

Vormals reichsständischer und gleichgestellter Adel.

Art. 58. In Ansehung der Familienverhältnisse und der Güter derjenigen Häuser, welche vormals reichsständisch gewesen und seit 1806 mittelbar geworden sind oder welche diesen Häusern bezüglich der Familienverhältnisse und der Güter durch Beschluß der vormaligen deutschen Bundesversammlung oder vor dem Inkrafttreten des Bürgerlichen Gesetzbuchs durch Landesgesetz gleichgestellt worden sind, bleiben die Vorschriften der Landesgesetze und nach Maßgabe der Landesgesetze die Vorschriften der Hausverfassungen unberührt.

Das Gleiche gilt zu Gunsten des vormaligen Reichsadels und derjenigen Familien des landsässigen Adels, welche vor dem Inkrafttreten des Bürgerlichen Gesetzbuchs dem vormaligen Reichsadel durch Landesgesetz gleichgestellt worden sind.

Familienfideikommisse, Lehen, Stammgüter.

Art. 59. Unberührt bleiben die landesgesetzlichen Vorschriften über Familienfideikommisse und Lehen, mit Einschluß der allodifizirten Lehen, sowie über Stammgüter.

Art. 60. Unberührt bleiben die landesgesetzlichen Vorschriften, welche die Bestellung einer Hypothek, Grundschuld oder Rentenschuld an einem Grundstücke, dessen Belastung nach den in den Artikeln 57 bis 59 bezeichneten Vorschriften nur beschränkt zulässig ist, dahin gestatten, daß der Gläubiger Befriedigung aus dem Grundstücke lediglich im Wege der Zwangsverwaltung suchen kann.

Art. 61. Ist die Veräußerung oder Belastung eines Gegenstandes nach den in den Artikeln 57 bis 59 bezeichneten Vorschriften unzulässig oder nur beschränkt zulässig, so finden auf einen Erwerb, dem diese Vorschriften entgegenstehen, die Vorschriften des Bürgerlichen Gesetzbuchs zu Gunsten derjenigen, welche Rechte von einem Nichtberechtigten herleiten, entsprechende Anwendung.

Rentengüter.

Art. 62. Unberührt bleiben die landesgesetzlichen Vorschriften über Rentengüter.

Erbpachtrecht.

Art. 63. Unberührt bleiben die landesgesetzlichen Vorschriften über das Erbpachtrecht, mit Einschluß des Büdnerrechts und des Häuslerrechts, in denjenigen Bundesstaaten, in welchen solche Rechte bestehen. Die Vorschriften des § 1017 des Bürgerlichen Gesetzbuchs finden auf diese Rechte entsprechende Anwendung.

§ 1017*. Für das Erbpachtrecht gelten die sich auf Grundstücke beziehenden Vorschriften.

Die für den Erwerb des Eigenthums und die Ansprüche aus dem Eigenthume geltenden Vorschriften finden auf das Erbpachtrecht entsprechende Anwendung.

Anerbenrecht.

Art. 64. Unberührt bleiben die landesgesetzlichen Vorschriften über das Anerbenrecht in Ansehung landwirthschaftlicher und forstwirthschaftlicher Grundstücke nebst deren Zubehör.

Die Landesgesetze können das Recht des Erblassers, über das dem Anerbenrecht unterliegende Grundstück von Todeswegen zu verfügen, nicht beschränken.

Wasserrecht.

Art. 65. Unberührt bleiben die landesgesetzlichen Vorschriften, welche dem Wasserrecht angehören, mit Einschluß des Mühlenrechts, des Flötzrechts und des Flößereirechts sowie der Vorschriften zur Beförderung der Bewässerung und Entwässerung der Grundstücke und der Vorschriften über Anlandungen, entstehende Inseln und verlassene Flußbetten.

Deich- und Sielrecht.

Art. 66. Unberührt bleiben die landesgesetzlichen Vorschriften, welche dem Deich- und Sielrecht angehören.

Bergrecht.

Art. 67. Unberührt bleiben die landesgesetzlichen Vorschriften, welche dem Bergrecht angehören.

Ist nach landesgesetzlicher Vorschrift wegen Beschädigung eines Grundstücks durch Bergbau eine Entschädigung zu gewähren, so finden die Vorschriften der Artikel 52, 53 Anwendung, soweit nicht die Landesgesetze ein Anderes bestimmen.

Art. 68. Unberührt bleiben die landesgesetzlichen Vorschriften, welche die Belastung eines Grundstücks mit dem vererblichen und veräußerlichen Rechte zur Gewinnung eines den bergrechtlichen Vorschriften nicht unterliegenden Minerals gestatten und den Inhalt dieses Rechtes näher bestimmen. Die Vorschriften der §§ 874, 875, 876, 1015, 1017 des Bürgerlichen Gesetzbuchs finden entsprechende Anwendung.

§ 874. Bei der Eintragung eines Rechtes, mit dem ein Grundstück belastet wird, kann zur näheren Bezeichnung des Inhalts des Rechtes auf die Eintragungsbewilligung Bezug genommen werden, soweit nicht das Gesetz ein Anderes vorschreibt.

§ 875. Zur Aufhebung eines Rechtes an einem Grundstück ist, soweit nicht das Gesetz ein Anderes vorschreibt, die Erklärung des Berechtigten, dass er das Recht aufgebe, und die Löschung des Rechtes im Grundbuch erforderlich. Die Erklärung ist dem Grundbuchamt oder demjenigen gegenüber abzugeben, zu dessen Gunsten sie erfolgt.

Vor der Löschung ist der Berechtigte an seine Erklärung nur gebunden, wenn er sie dem Grundbuchamte gegenüber abgegeben oder demjenigen, zu dessen Gunsten sie erfolgt, eine den Vorschriften der Grundbuchordnung entsprechende Löschungsbewilligung ausgehändigt hat.

§ 876. Ist ein Recht an einem Grundstücke mit dem Rechte eines Dritten belastet, so ist zur Aufhebung des belasteten Rechtes die Zustimmung des Dritten erforderlich. Steht das aufzuhebende Recht dem jeweiligen Eigenthümer eines anderen Grundstücks zu, so ist, wenn dieses Grundstück mit dem Rechte eines Dritten belastet ist, die Zustimmung des Dritten erforderlich, es sei denn, dass dessen Recht durch die Aufhebung nicht berührt wird. Die Zustimmung ist dem Grundbuchamt oder demjenigen gegenüber zu erklären, zu dessen Gunsten sie erfolgt; sie ist unwiderruflich.

§ 1015*. Die zur Bestellung des in Art. 68 genannten Rechtes nach § 873 erforderliche Einigung des Eigenthümers und des Erwerbers muss bei gleichzeitiger Anwesenheit beider Theile vor dem Grundbuchamt erklärt werden.

§ 873. Zur Belastung eines Grundstücks mit dem im Art. 68 genannten Rechte sowie zur Uebertragung oder Belastung eines solchen Rechtes ist die Einigung des Berechtigten und des anderen Theiles über den Eintritt der Rechtsänderung und die Eintragung der Rechtsänderung in das Grundbuch erforderlich.*

Vor der Eintragung sind die Betheiligten an die Einigung nur gebunden, wenn die Erklärungen gerichtlich oder notariell beurkundet oder vor dem Grundbuchamt abgegeben oder bei diesem eingereicht sind oder wenn der Berechtigte dem anderen Theile eine den Vorschriften der Grundbuchordnung entsprechende Eintragungsbewilligung ausgehändigt hat.

§ 1017*. Für das in Art. 68 genannte Recht gelten die sich auf Grundstücke beziehenden Vorschriften.

Die für den Erwerb des Eigenthums und die Ansprüche aus dem Eigenthume geltenden Vorschriften finden auf das in Art. 68 genannte Recht entsprechende Anwendung.

Jagd und Fischerei.

Art. 69. Unberührt bleiben die landesgesetzlichen Vorschriften über Jagd und Fischerei, unbeschadet der Vorschrift des § 958 Abs. 2 des Bürgerlichen Gesetzbuchs und der Vorschriften des Bürgerlichen Gesetzbuchs über den Ersatz des Wildschadens.

§ 958 Abs. 2. Das Eigenthum wird *(dadurch, dass eine herrenlose bewegliche Sache in Eingenbesitz genommen wird)* nicht erworben, wenn die Aneignung gesetzlich verboten ist oder wenn durch die Besitzergreifung das Aneignungsrecht eines Anderen verletzt wird.

Wildschaden.

Art. 70. Unberührt bleiben die landesgesetzlichen Vorschriften über die Grundsätze, nach welchen der Wildschaden festzustellen ist, sowie die landesgesetzlichen Vorschriften, nach welchen der Anspruch auf Ersatz des Wildschadens innerhalb einer bestimmten Frist bei der zuständigen Behörde geltend gemacht werden muß.

Art. 71. Unberührt bleiben die landesgesetzlichen Vorschriften, nach welchen

1. die Verpflichtung zum Ersatze des Wildschadens auch dann eintritt, wenn der Schaden durch jagdbare Thiere anderer als der im § 835 des Bürgerlichen Gesetzbuchs bezeichneten Gattungen angerichtet wird;
2. für den Wildschaden, der durch ein aus einem Gehege ausgetretenes jagdbares Thier angerichtet wird, der Eigenthümer oder der Besitzer des Geheges verantwortlich ist;
3. der Eigenthümer eines Grundstücks, wenn das Jagdrecht auf einem anderen Grundstücke nur gemeinschaftlich mit dem Jagdrecht auf seinem Grundstück ausgeübt werden darf, für den auf dem anderen Grundstück angerichteten Wildschaden auch dann haftet, wenn er die ihm angebotene Pachtung der Jagd abgelehnt hat;
4. der Wildschaden, der an Gärten, Obstgärten, Weinbergen, Baumschulen und einzelstehenden Bäumen angerichtet wird, dann nicht zu ersetzen ist, wenn die Herstellung von Schutzvorrichtungen unterblieben ist, die unter gewöhnlichen Umständen zur Abwendung des Schadens ausreichen;
5. die Verpflichtung zum Schadensersatz im Falle des § 835 Abs. 3 des Bürgerlichen Gesetzbuchs abweichend bestimmt wird;
6. die Gemeinde an Stelle der Eigenthümer der zu einem Jagdbezirke vereinigten Grundstücke zum Ersatze des Wildschadens verpflichtet und zum Rückgriff auf die Eigenthümer berechtigt ist oder an Stelle der Eigenthümer oder des Verbandes der Eigenthümer oder der Gemeinde oder neben ihnen der Jagdpächter zum Ersatze des Schadens verpflichtet ist;
7. der zum Ersatze des Wildschadens Verpflichtete Erstattung des geleisteten Ersatzes vom demjenigen verlangen kann, welcher in einem anderen Bezirke zur Ausübung der Jagd berechtigt ist.

§ 835 s. Art. 72.

Art. 72. Besteht in Ansehung eines Grundstücks ein zeitlich nicht begrenztes Nutzungsrecht, so finden die Vorschriften des § 835 des Bürgerlichen Gesetzbuchs über die Verpflichtung zum Ersatze des Wildschadens mit der Maßgabe Anwendung, daß an die Stelle des Eigenthümers der Nutzungsberechtigte tritt.

§ 835. Wird durch Schwarz-, Roth-, Elch-, Dam- oder Rehwild oder durch Fasanen ein Grundstück beschädigt, an welchem dem Eigenthümer das Jagdrecht nicht zusteht, so ist der Jagdberechtigte verpflichtet, dem Verletzten den Schaden zu ersetzen. Die Ersatzpflicht erstreckt sich auf den Schaden, den die Thiere an den getrennten, aber noch nicht eingeernteten Erzeugnissen des Grundstücks anrichten.

Ist dem Eigenthümer die Ausübung des ihm zustehenden Jagdrechts durch das Gesetz entzogen, so hat derjenige den Schaden zu ersetzen, welcher zur Ausübung des Jagdrechts nach dem Gesetze berechtigt ist. Hat der Eigenthümer eines Grundstücks, auf dem das Jagdrecht wegen der Lage des Grundstücks nur gemeinschaftlich mit dem Jagdrecht auf einem anderen Grundstück ausgeübt werden darf, das Jagdrecht dem Eigenthümer dieses Grundstücks verpachtet, so ist der letztere für den Schaden verantwortlich.

Sind die Eigenthümer der Grundstücke eines Bezirkes zum Zwecke der gemeinschaftlichen Ausübung des Jagdrechts durch das Gesetz zu einem Verbande vereinigt, der nicht als solcher haftet, so sind sie nach dem Verhältnisse der Grösse ihrer Grundstücke ersatzpflichtig.

Regalien.

Art. 73. Unberührt bleiben die landesgesetzlichen Vorschriften über Regalien.

Zwangs-, Bannrechte, Realgewerbeberechtigungen.

Art. 74. Unberührt bleiben die landesgesetzlichen Vorschriften über Zwangsrechte, Bannrechte und Realgewerbeberechtigungen.

Versicherungsrecht.

Art. 75. Unberührt bleiben die landesgesetzlichen Vorschriften, welche dem Versicherungsrecht angehören, soweit nicht in dem Bürgerlichen Gesetzbuche besondere Bestimmungen getroffen sind.

Verlagsrecht.

Art. 76. Unberührt bleiben die landesgesetzlichen Vorschriften, welche dem Verlagsrecht angehören.

Haftung des Staates etc. für seine Beamten.

Art. 77. Unberührt bleiben die landesgesetzlichen Vorschriften über die Haftung des Staates, der Gemeinden und anderer Kommunalverbände (Provinzial=, Kreis=, Amtsverbände) für den von ihren Beamten in Ausübung der diesen anvertrauten öffentlichen Gewalt zugefügten Schaden sowie die landesgesetzlichen Vorschriften, welche das Recht des Beschädigten, von den Beamten den Ersatz eines solchen Schadens zu verlangen, insoweit ausschließen, als der Staat oder der Kommunalverband haftet.

Haftung der Beamten für Stellvertreter und Gehülfen.

Art. 78. Unberührt bleiben die landesgesetzlichen Vorschriften, nach welchen die Beamten für die von ihnen angenommenen Stellvertreter und Gehülfen in weiterem Umfange als nach dem Bürgerlichen Gesetzbuche haften.

Haftung der Grundstücksschätzer.

Art. 79. Unberührt bleiben die landesgesetzlichen Vorschriften, nach welchen die zur amtlichen Feststellung des Werthes von Grundstücken bestellten Sachverständigen für den aus einer Verletzung ihrer Berufspflicht entstandenen Schaden in weiterem Umfange als nach dem Bürgerlichen Gesetzbuche haften.

Ansprüche und Verbindlichkeiten der Beamten etc.

Art. 80. Unberührt bleiben, soweit nicht in dem Bürgerlichen Gesetzbuch eine besondere Bestimmung getroffen ist, die landesgesetzlichen Vorschriften über die vermögensrechtlichen Ansprüche und Verbindlichkeiten der Beamten, der Geistlichen und der Lehrer an öffentlichen Unterrichtsanstalten aus dem Amts= oder Dienstverhältnisse, mit Einschluß der Ansprüche der Hinterbliebenen.

Unberührt bleiben die landesgesetzlichen Vorschriften über das Pfründenrecht.

Uebertragbarkeit, Aufrechnung.

Art. 81. Unberührt bleiben die landesgesetzlichen Vorschriften, welche die Uebertragbarkeit der Ansprüche der im Artikel 80 Abs. 1 bezeichneten Personen auf Besoldung, Wartegeld, Ruhegehalt, Wittwen= und Waisengeld beschränken, sowie die landesgesetzlichen Vorschriften, welche die Aufrechnung gegen solche Ansprüche abweichend von der Vorschrift des § 394 des Bürgerlichen Gesetzbuchs zulassen.

§ 394 Satz 1. Soweit eine Forderung der Pfändung nicht unterworfen ist, findet die Aufrechnung gegen die Forderung nicht statt.

Vereine.

Art. 82. Unberührt bleiben die Vorschriften der Landesgesetze über die Verfassung solcher Vereine, deren Rechtsfähigkeit auf staatlicher Verleihung beruht.

Waldgenossenschaften.

Art. 83. Unberührt bleiben die landesgesetzlichen Vorschriften über Waldgenossenschaften.

Religionsgesellschaften.

Art. 84. Unberührt bleiben die landesgesetzlichen Vorschriften, nach welchen eine Religionsgesellschaft oder eine geistliche Gesellschaft Rechtsfähigkeit nur im Wege der Gesetzgebung erlangen kann.

Vermögen aufgelöster Vereine.

Art. 85. Unberührt bleiben die landesgesetzlichen Vorschriften, nach welchen im Falle des § 45 Abs. 3 des Bürgerlichen Gesetzbuchs das Vermögen des aufgelösten Vereins an Stelle des Fiskus einer Körperschaft, Stiftung oder Anstalt des öffentlichen Rechtes anfällt.

§ 45 Abs. 3*. Wenn es an einer Bestimmung des Anfallberechtigten fehlt.

Erwerbsbeschränkungen der todten Hand.

Art. 86. Unberührt bleiben die landesgesetzlichen Vorschriften, welche den Erwerb von Rechten durch juristische Personen beschränken oder von staatlicher Genehmigung abhängig machen, soweit diese Vorschriften Gegenstände im Werthe von mehr als fünftausend Mark betreffen. Wird die nach dem Landesgesetze zu einem Erwerbe von Todeswegen erforderliche Genehmigung ertheilt, so gilt sie als vor dem Erbfall ertheilt; wird sie verweigert, so gilt die juristische Person in Ansehung des Anfalls als nicht vorhanden; die Vorschrift des § 2043 des Bürgerlichen Gesetzbuchs findet entsprechende Anwendung.

§ 2043*. Erbt die juristische Person mit anderen Erben zusammen, so ist die Auseinandersetzung der Erbschaft bis zur Hebung der Unbestimmtheit ausgeschlossen, soweit die Erbtheile deshalb noch unbestimmt sind, weil die Entscheidung über die zu dem Erwerbe erforderliche Genehmigung noch aussteht.

Erwerbsbeschränkungen der Religiosen.

Art. 87. Unberührt bleiben die landesgesetzlichen Vorschriften, welche die Wirksamkeit von Schenkungen an Mitglieder religiöser Orden oder ordensähnlicher Kongregationen von staatlicher Genehmigung abhängig machen.

Unberührt bleiben die landesgesetzlichen Vorschriften, nach welchen Mitglieder religiöser Orden oder ordensähnlicher Kongregationen nur mit staatlicher Genehmigung von Todeswegen erwerben können. Die Vorschriften des Artikel 86 Satz 2 finden entsprechende Anwendung.

Mitglieder solcher religiöser Orden oder ordensähnlicher Kongregationen, bei denen Gelübde auf Lebenszeit oder auf unbestimmte Zeit nicht abgelegt werden, unterliegen nicht den in den Abs. 1, 2 bezeichneten Vorschriften.

Erwerb von Grundstücken durch Ausländer.

Art. 88. Unberührt bleiben die landesgesetzlichen Vorschriften, welche den Erwerb von Grundstücken durch Ausländer von staatlicher Genehmigung abhängig machen.

Privatpfändung.

Art. 89. Unberührt bleiben die landesgesetzlichen Vorschriften über die zum Schutze der Grundstücke und der Erzeugnisse von Grundstücken gestattete Pfändung von Sachen, mit Einschluß der Vorschriften über die Entrichtung von Pfandgeld oder Ersatzgeld.

Sicherheitsleistung Beamter und Gewerbetreibender.

Art. 90. Unberührt bleiben die landesgesetzlichen Vorschriften über die Rechtsverhältnisse, welche sich aus einer auf Grund des öffentlichen Rechtes wegen der Führung eines Amtes oder wegen eines Gewerbebetriebs erfolgten Sicherheitsleistung ergeben.

Gesetzlicher Hypothektitel des Fiskus etc.

Art. 91. Unberührt bleiben die landesgesetzlichen Vorschriften, nach welchen der Fiskus, eine Körperschaft, Stiftung oder Anstalt des öffentlichen Rechtes oder eine unter der Verwaltung einer öffentlichen Behörde stehende Stiftung berechtigt ist, zur Sicherung gewisser Forderungen die Eintragung einer Hypothek an Grundstücken des Schuldners zu verlangen, und nach welchen die Eintragung der Hypothek auf Ersuchen einer bestimmten Behörde zu erfolgen hat. Die Hypothek kann nur als Sicherungshypothek eingetragen werden; sie entsteht mit der Eintragung.

Zahlungen aus öffentlichen Kassen.

Art. 92. Unberührt bleiben die landesgesetzlichen Vorschriften, nach welchen Zahlungen aus öffentlichen Kassen an der Kasse in Empfang zu nehmen sind.

Räumungsfristen bei Miethe.

Art. 93. Unberührt bleiben die landesgesetzlichen Vorschriften über die Fristen, bis zu deren Ablaufe gemiethete Räume bei Beendigung des Miethverhältnisses zu räumen sind.

Pfandleiher und Pfandleihanstalten.

Art. 94. Unberührt bleiben die landesgesetzlichen Vorschriften, welche den Geschäftsbetrieb der gewerblichen Pfandleiher und der Pfandleihanstalten betreffen.

Unberührt bleiben die landesgesetzlichen Vorschriften, nach welchen öffentlichen Pfandleihanstalten das Recht zusteht, die ihnen verpfändeten Sachen dem Berechtigten nur gegen Bezahlung des auf die Sache gewährten Darlehens herauszugeben.

Gesinderecht.

Art. 95. Unberührt bleiben die landesgesetzlichen Vorschriften, welche dem Gesinderecht angehören. Dies gilt insbesondere auch von den Vorschriften über die Schadensersatzpflicht desjenigen, welcher Gesinde zum widerrechtlichen Verlassen des Dienstes verleitet oder in Kenntniß eines noch bestehenden Gesindeverhältnisses in Dienst nimmt oder ein unrichtiges Dienstzeugniß ertheilt.

Die Vorschriften der §§ 104 bis 115, 131, 278, 617 bis 619, 624, 831, des § 840 Abs. 2 und des § 1358 des Bürgerlichen Gesetzbuchs finden Anwendung, die Vorschriften des § 617 jedoch nur insoweit, als die Landesgesetze dem Gesinde nicht weitergehende Ansprüche gewähren.

Ein Züchtigungsrecht steht dem Dienstberechtigten dem Gesinde gegenüber nicht zu.

Geschäftsunfähige.

§ 104. Geschäftsunfähig ist:

1. wer nicht das siebente Lebensjahr vollendet hat;
2. wer sich in einem die freie Willensbestimmung ausschliessenden Zustande krankhafter Störung der Geistesthätigkeit befindet, sofern nicht der Zustand seiner Natur nach ein vorübergehender ist;
3. wer wegen Geisteskrankheit entmündigt ist.

Geschäftsbeschränkte Minderjährige.

§ 105. Die Willenserklärung eines Geschäftsunfähigen ist nichtig.

Nichtig ist auch eine Willenserklärung, die im Zustande der Bewusstlosigkeit oder vorübergehender Störung der Geistesthätigkeit abgegeben wird.

§ 106. Ein Minderjähriger, der das siebente Lebensjahr vollendet hat, ist nach Massgabe der §§ 107 bis 113 in der Geschäftsfähigkeit beschränkt.

§ 107. Der Minderjährige bedarf zu einer Willenserklärung, durch die er nicht lediglich einen rechtlichen Vortheil erlangt, der Einwilligung seines gesetzlichen Vertreters.

Verträge.

§ 108. Schliesst der Minderjährige einen Vertrag ohne die erforderliche Einwilligung des gesetzlichen Vertreters, so hängt die Wirksamkeit des Vertrags von der Genehmigung des Vertreters ab.

Fordert der andere Theil den Vertreter zur Erklärung über die Genehmigung auf, so kann die Erklärung nur ihm gegenüber erfolgen; eine vor der Aufforderung dem Minderjährigen gegenüber erklärte Genehmigung oder Verweigerung der Genehmigung wird unwirksam. Die Genehmigung kann nur bis zum Ablaufe von zwei Wochen nach dem Empfange der Aufforderung erklärt werden; wird sie nicht erklärt, so gilt sie als verweigert.

Ist der Minderjährige unbeschränkt geschäftsfähig geworden, so tritt seine Genehmigung an die Stelle der Genehmigung des Vertreters.

§ 109. Bis zur Genehmigung des Vertrags ist der andere Theil zum Widerrufe berechtigt. Der Widerruf kann auch dem Minderjährigen gegenüber erklärt werden.

Hat der andere Theil die Minderjährigkeit gekannt, so kann er nur widerrufen, wenn der Minderjährige der Wahrheit zuwider die Einwilligung des Vertreters behauptet hat; er kann auch in diesem Falle nicht widerrufen, wenn ihm das Fehlen der Einwilligung bei dem Abschlusse des Vertrags bekannt war.

§ 110. Ein von dem Minderjährigen ohne Zustimmung des gesetzlichen Vertreters geschlossener Vertrag gilt als vom Anfang an wirksam, wenn der Minderjährige die vertragsmässige Leistung mit Mitteln bewirkt, die ihm zu diesem Zweke oder zu freier Verfügung von dem Vertreter oder mit dessen Zustimmung von einem Dritten überlassen worden sind.

— Einseitige Rechtsgeschäfte.

§ 111. Ein einseitiges Rechtsgeschäft, das der Minderjährige ohne die erforderliche Einwilligung des gesetzlichen Vertreters vornimmt, ist unwirksam. Nimmt der Minderjährige mit dieser Einwilligung ein solches Rechtsgeschäft einem Anderen gegenüber vor, so ist das Rechtsgeschäft unwirksam, wenn der Minderjährige die Einwilligung nicht in schriftlicher Form vorlegt und der Andere das Rechtsgeschäft aus diesem Grunde unverzüglich zurückweist. Die Zurückweisung ist ausgeschlossen, wenn der Vertreter den Anderen von der Einwilligung in Kenntniss gesetzt hatte.

— Ermächtigung zum Betrieb eines Erwerbsgeschäfts.

§ 112. Ermächtigt der gesetzliche Vertreter mit Genehmigung des Vormundschaftsgerichts den Minderjährigen zum selbständigen Betrieb eines Erwerbsgeschäfts, so ist der Minderjährige für solche Rechtsgeschäfte unbeschränkt geschäftsfähig, welche der Geschäftsbetrieb mit sich bringt. Ausgenommen sind Rechtsgeschäfte, zu denen der Vertreter der Genehmigung des Vormundschaftsgerichts bedarf.

Die Ermächtigung kann von dem Vertreter nur mit Genehmigung des Vormundschaftsgerichts zurückgenommen werden.

— Dienstverträge.

§ 113. Ermächtigt der gesetzliche Vertreter den Minderjährigen, in Dienst oder in Arbeit zu treten, so ist der Minderjährige für solche Rechtsgeschäfte unbeschränkt geschäftsfähig, welche die Eingehung oder Aufhebung eines Dienst- oder Arbeitsverhältnisses der gestatteten Art oder die Erfüllung der sich aus einem solchen Verhältniss ergebenden Verpflichtungen betreffen. Ausgenommen sind Verträge, zu denen der Vertreter der Genehmigung des Vormundschaftsgerichts bedarf.

Die Ermächtigung kann von dem Vertreter zurückgenommen oder eingeschränkt werden.

Ist der gesetzliche Vertreter ein Vormund, so kann die Ermächtigung, wenn sie von ihm verweigert wird, auf Antrag des Minderjährigen durch das Vormundschaftsgericht ersetzt werden. Das Vormundschaftsgericht hat die Ermächtigung zu ersetzen, wenn sie im Interesse des Mündels liegt.

Die für einen einzelnen Fall ertheilte Ermächtigung gilt im Zweifel als allgemeine Ermächtigung zur Eingehung von Verhältnissen derselben Art.

Geschäftsbeschränkte Bevormundete.

§ 114. Wer wegen Geisteschwäche, wegen Verschwendung oder wegen Trunksucht entmündigt oder wer nach § 1906 unter vorläufige Vormundschaft gestellt ist, steht in Ansehung der Geschäftsfähigkeit einem Minderjährigen gleich, der das siebente Lebensjahr vollendet hat.

§ 115. Wird ein die Entmündigung aussprechender Beschluss in Folge einer Anfechtungsklage aufgehoben, so kann die Wirksamkeit der von oder gegenüber dem Entmündigten vorgenommenen Rechtsgeschäfte nicht auf Grund des Beschlusses in Frage gestellt werden. Auf die Wirksamkeit der von oder gegenüber dem gesetzlichen Vertreter vorgenommenen Rechtsgeschäfte hat die Aufhebung keinen Einfluss.

Diese Vorschriften finden entsprechende Anwendung, wenn im Falle einer vorläufigen Vormundschaft der Antrag auf Entmündigung zurückgenommen oder rechtskräftig abgewiesen oder der die Entmündigung aussprechende Beschluss in Folge einer Anfechtungsklage aufgehoben wird.

Abgabe von Willenserklärungen gegen Geschäftsunfähige und Geschäftsbeschränkte.

§ 131. Wird die Willenserklärung einem Geschäftsunfähigen gegenüber abgegeben, so wird sie nicht wirksam, bevor sie dem gesetzlichen Vertreter zugeht.

Das Gleiche gilt, wenn die Willenserklärung einer in der Geschäftsfähigkeit beschränkten Person gegenüber abgegeben wird. Bringt die Erklärung jedoch der in der Geschäftsfähigkeit beschränkten Person lediglich einen rechtlichen Vortheil oder hat der gesetzliche Vertreter seine Einwilligung ertheilt, so wird die Erklärung in dem Zeitpunkte wirksam, in welchem sie ihr zugeht.

Haftung für fremdes Verschulden.

§ 278. Der Schuldner hat ein Verschulden seines gesetzlichen Vertreters und der Personen, deren er sich zur Erfüllung seiner Verbindlichkeit bedient, in gleichem Umfange zu vertreten wie eigenes Verschulden. Die Vorschrift des § 276 Abs. 2 *(die Haftung wegen Vorsatzes kann dem Schuldner nicht im voraus erlassen werden)* findet keine Anwendung.

Verpflegung des Dienstboten bei Erkrankung.

§ 617. Ist bei einem dauernden Dienstverhältnisse, welches die Erwerbsthätigkeit des Verpflichteten vollständig oder hauptsächlich in Anspruch nimmt, der Verpflichtete in die häusliche Gemeinschaft aufgenommen, so hat der Dienstberechtigte ihm im Falle der Erkrankung die erforderliche Verpflegung und ärztliche Behandlung bis zur Dauer von sechs Wochen, jedoch nicht über die Beendigung des Dienstverhältnisses hinaus, zu gewähren, sofern nicht die Erkrankung von dem Verpflichteten vorsätzlich oder durch grobe Fahrlässigkeit herbeigeführt worden ist. Die Verpflegung und ärztliche Behandlung kann durch Aufnahme des Verpflichteten in eine Krankenanstalt gewährt werden. Die Kosten können auf die für die Zeit der Erkrankung geschuldete Vergütung angerechnet werden. Wird das Dienstverhältniss wegen der Erkrankung von dem Dienstberechtigten nach § 626 *(aus einem wichtigen Grunde ausserordentlich)* gekündigt, so bleibt die dadurch herbeigeführte Beendigung des Dienstverhältnisses ausser Betracht.

Die Verpflichtung des Dienstberechtigten tritt nicht ein, wenn für die Verpflegung und ärztliche Behandlung durch eine Versicherung oder durch eine Einrichtung der öffentlichen Krankenpflege Vorsorge getroffen ist.

Schutz für Leben, Gesundheit etc.

§ 618. Der Dienstberechtigte hat Räume, Vorrichtungen oder Geräthschaften, die er zur Verrichtung der Dienste zu beschaffen hat, so einzurichten und zu unterhalten und Dienstleistungen, die unter seiner Anordnung oder seiner Leitung vorzunehmen sind, so zu regeln, dass der Verpflichtete gegen Gefahr für Leben und Gesundheit soweit geschützt ist, als die Natur der Dienstleistung es gestattet.

Ist der Verpflichtete in die häusliche Gemeinschaft aufgenommen, so hat der Dienstberechtigte in Ansehung des Wohn- und Schlafraums, der Verpflegung sowie der Arbeits- und Erholungszeit diejenigen Einrichtungen und Anordnungen zu treffen, welche mit Rücksicht auf die Gesundheit, die Sittlichkeit und die Religion des Verpflichteten erforderlich sind.

Erfüllt der Dienstberechtigte die ihm in Ansehung des Lebens und der Gesundheit des Verpflichteten obliegenden Verpflichtungen nicht, so finden auf seine Verpflichtung zum Schadensersatze die für unerlaubte Handlungen geltenden Vorschriften der §§ 842 bis 846 entsprechende Anwendung.

§ 842. Die Verpflichtung zum Schadensersatze erstreckt sich auf die Nachtheile, welche die Nichterfüllung der dem Dienstberechtigten nach § 618 obliegenden Verpflichtungen für den Erwerb oder das Fortkommen des Verpflichteten herbeiführt.*

§ 843. Wird in Folge einer Verletzung des Körpers oder der Gesundheit die Erwerbsfähigkeit des Verletzten aufgehoben oder gemindert oder tritt eine Vermehrung seiner Bedürfnisse ein, so ist dem Verletzten durch Entrichtung einer Geldrente Schadensersatz zu leisten.

Auf die Rente finden die Vorschriften des § 760 Anwendung. Ob, in welcher Art und für welchen Betrag der Ersatzpflichtige Sicherheit zu leisten hat, bestimmt sich nach den Umständen.

Statt der Rente kann der Verletzte eine Abfindung in Kapital verlangen, wenn ein wichtiger Grund vorliegt.

Der Anspruch wird nicht dadurch ausgeschlossen, dass ein Anderer dem Verletzten Unterhalt zu gewähren hat.

§ 760. Die Geldrente ist für drei Monate vorauszuzahlen. Hat der Rentenberechtigte den Beginn des Zeitabschnitts erlebt, für den die Rente im voraus zu entrichten ist, so gebührt ihm der volle auf den Zeitabschnitt entfallende Betrag.*

§ 844. Im Falle der Tödtung hat der Ersatzpflichtige die Kosten der Beerdigung demjenigen zu ersetzen, welchem die Verpflichtung obliegt, diese Kosten zu tragen.

Stand der Getödtete zur Zeit der Verletzung zu einem Dritten in einem Verhältnisse, vermöge dessen er diesem gegenüber kraft Gesetzes unterhaltspflichtig war oder unterhaltspflichtig werden konnte, und ist dem Dritten in Folge der Tödtung das Recht auf den Unterhalt entzogen, so hat der Ersatzpflichtige dem Dritten durch Entrichtung einer Geldrente insoweit Schadensersatz zu leisten, als der Getödtete während der muthmasslichen Dauer seines Lebens zur Gewährung des Unterhalts verpflichtet gewesen sein würde; die Vorschriften des § 843 Abs. 2 bis 4 finden entsprechende Anwendung. Die Ersatzpflicht tritt auch dann ein, wenn der Dritte zur Zeit der Verletzung erzeugt, aber noch nicht geboren war.

§ 845. Im Falle der Tödtung, der Verletzung des Körpers oder der Gesundheit sowie im Falle der Freiheitsentziehung hat der Ersatzpflichtige, wenn der Verletzte kraft Gesetzes einem Dritten zur Leistung von Diensten in dessen Hauswesen oder Gewerbe verpflichtet war, dem Dritten für die entgehenden Dienste durch Entrichtung einer Geldrente Ersatz zu leisten. Die Vorschriften des § 843 Abs. 2 bis 4 finden entsprechende Anwendung.

§ 846. Hat in den Fällen der §§ 844, 845 bei der Entstehung des Schadens, den der Dritte erleidet, ein Verschulden des Verletzten mitgewirkt, so finden auf den Anspruch des Dritten die Vorschriften des § 254 Anwendung.

§ 254. Hat bei der Entstehung des Schadens ein Verschulden des Beschädigten mitgewirkt, so hängt die Verpflichtung zum Ersatze sowie der Umfang des zu leistenden Ersatzes von den Umständen, insbesondere davon ab, inwieweit der Schaden vorwiegend von dem einen oder dem andern Theile verursacht worden ist.

Dies gilt auch dann, wenn sich das Verschulden des Beschädigten darauf beschränkt, dass er unterlassen hat, den Schuldner auf die Gefahr eines ungewöhnlich hohen Schadens aufmerksam zu machen, die der Schuldner weder kannte noch kennen musste, oder dass er unterlassen hat, den Schaden abzuwenden oder zu mindern. Die Vorschrift des § 278 (der Schuldner hat ein Verschulden seines gesetzlichen Vertreters und der Personen, deren er sich zur Erfüllung seiner Verbindlichkeit bedient, im gleichen Umfange zu vertreten, wie eigenes Verschulden) findet entsprechende Anwendung.

§ 619. Die dem Dienstberechtigten nach den §§ 617, 618 obliegenden Verpflichtungen können nicht im voraus durch Vertrag aufgehoben oder beschränkt werden.

Dienstverhältnisse auf länger als 5 Jahre.

§ 624. Ist das Dienstverhältniss für die Lebenszeit einer Person oder für längere Zeit als fünf Jahre eingegangen, so kann es von dem Verpflichteten nach dem Ablaufe von fünf Jahren gekündigt werden. Die Kündigungsfrist beträgt sechs Monate.

Haftung für fremde unerlaubte Handlungen.

§ 831. Wer einen Anderen zu einer Verrichtung bestellt, ist zum Ersatze des Schadens verpflichtet, den der Andere in Ausführung der Verrichtung einem Dritten widerrechtlich zufügt. Die Ersatzpflicht tritt nicht ein, wenn der Geschäftsherr bei der Auswahl der bestellten Person und, sofern er Vorrichtungen oder Geräthschaften zu beschaffen oder die Ausführung der Verrichtung zu leiten hat, bei der Beschaffung oder der Leitung die im Verkehr erforderliche Sorgfalt beobachtet oder wenn der Schaden auch bei Anwendung dieser Sorgfalt entstanden sein würde.

Die gleiche Verantwortlichkeit trifft denjenigen, welcher für den Geschäftsherrn die Besorgung eines der im Abs. 1 Satz 2 bezeichneten Geschäfte durch Vertrag übernimmt.

§ 840 Abs. 2*. Ist neben demjenigen, welcher nach den §§ 831 zum Ersatze des von einem Anderen verursachten Schadens verpflichtet ist, auch der Andere für den Schaden verantwortlich, so ist in ihrem Verhältnisse zu einander der Andere allein verpflichtet.

Ehefrauen als Dienstboten.

§ 1358. Hat sich die Frau einem Dritten gegenüber zu einer von ihr in Person zu bewirkenden Leistung verpflichtet, so kann der Mann das Rechtsverhältniss ohne Einhaltung einer Kündigungsfrist kündigen, wenn er auf seinen Antrag von dem Vormundschaftsgerichte dazu ermächtigt worden ist. Das Vormundschaftsgericht hat die Ermächtigung zu ertheilen, wenn sich ergiebt, dass die Thätigkeit der Frau die ehelichen Interessen beeinträchtigt.

Das Kündigungsrecht ist ausgeschlossen, wenn der Mann der Verpflichtung zugestimmt hat oder seine Zustimmung auf Antrag der Frau durch das Vormundschaftsgericht ersetzt worden ist. Das Vormundschaftsgericht kann die Zustimmung ersetzen, wenn der Mann durch Krankheit oder durch Abwesenheit an der Abgabe einer Erklärung verhindert und mit dem Aufschube Gefahr verbunden ist oder wenn sich die Verweigerung der Zustimmung als Missbrauch seines Rechtes darstellt. Solange die häusliche Gemeinschaft aufgehoben ist, steht das Kündigungsrecht dem Manne nicht zu.

Die Zustimmung sowie die Kündigung kann nicht durch einen Vertreter des Mannes erfolgen; ist der Mann in der Geschäftsfähigkeit beschränkt, so bedarf er nicht der Zustimmung seines gesetzlichen Vertreters.

Leibgedingsverträge etc.

Art. 96. Unberührt bleiben die landesgesetzlichen Vorschriften über einen mit der Ueberlassung eines Grundstücks in Verbindung stehenden Leibgedings-, Leibzuchts-, Altentheils- oder Auszugsvertrag, soweit sie das sich aus dem Vertrag ergebende Schuldverhältniß für den Fall regeln, daß nicht besondere Vereinbarungen getroffen werden.

Buchforderungen gegen einen Bundesstaat.

Art. 97. Unberührt bleiben die landesgesetzlichen Vorschriften, welche die Eintragung von Gläubigern des Bundesstaats in ein Staatsschuldbuch und die aus der Eintragung sich ergebenden Rechtsverhältnisse, insbesondere die Uebertragung und Belastung einer Buchforderung, regeln.

Soweit nach diesen Vorschriften eine Ehefrau berechtigt ist, selbständig Anträge zu stellen, ist dieses Recht ausgeschlossen, wenn ein Vermerk zu Gunsten des Ehemanns im Schuldbuch eingetragen ist. Ein solcher Vermerk ist einzutragen, wenn die Ehefrau oder mit ihrer Zustimmung der Ehemann die Eintragung beantragt. Die Ehefrau ist dem Ehemanne gegenüber zur Ertheilung der Zustimmung verpflichtet, wenn sie nach dem unter ihnen bestehenden Güterstand über die Buchforderung nur mit Zustimmung des Ehemanns verfügen kann.

Rückzahlung und Umwandlung von Staatsschulden.

Art. 98. Unberührt bleiben die landesgesetzlichen Vorschriften über die Rückzahlung oder Umwandlung verzinslicher Staatsschulden, für die Inhaberpapiere ausgegeben oder die im Staatsschuldbuch eingetragen sind.

Oeffentliche Sparkassen.

Art. 99. Unberührt bleiben die landesgesetzlichen Vorschriften über die öffentlichen Sparkassen, unbeschadet der Vorschriften des § 808 des Bürgerlichen Gesetzbuchs und der Vorschriften des Bürgerlichen Gesetzbuchs über die Anlegung von Mündelgeld.

§ 808. Wird eine Urkunde, in welcher der Gläubiger benannt ist, mit der Bestimmung ausgegeben, dass die in der Urkunde versprochene Leistung an jeden Inhaber bewirkt werden kann, so wird der Schuldner durch die Leistung an den Inhaber der Urkunde befreit. Der Inhaber ist nicht berechtigt, die Leistung zu verlangen.

Der Schuldner ist nur gegen Aushändigung der Urkunde zur Leistung verpflichtet. Ist die Urkunde abhanden gekommen oder vernichtet, so kann sie, wenn nicht ein Anderes bestimmt ist, im Wege des Aufgebotsverfahrens für kraftlos erklärt werden. Die im § 802 für die Verjährung gegebenen Vorschriften finden Anwendung.

§ 802. Der Beginn und der Lauf der Vorlegungsfrist sowie der Verjährung werden durch die Zahlungssperre zu Gunsten des Antragstellers gehemmt. Die Hemmung beginnt mit der Stellung des Antrags auf Zahlungssperre; sie endigt mit der Erledigung des Aufgebotsverfahrens und, falls die Zahlungssperre vor der Einleitung des Verfahrens verfügt worden ist, auch dann, wenn seit der Beseitigung des der Einleitung entgegenstehenden Hindernisses sechs Monate verstrichen sind und nicht vorher die Einleitung beantragt worden ist. Auf diese Frist finden die Vorschriften der §§ 203, 206, 207 (über Hemmung und Hinderung der Vollendung der Verjährung) entsprechende Anwendung.

Schuldverschreibungen eines Bundesstaates etc. auf den Inhaber.

Art. 100. Unberührt bleiben die landesgesetzlichen Vorschriften, nach welchen bei Schuldverschreibungen auf den Inhaber, die der Bundesstaat oder eine ihm angehörende Körperschaft, Stiftung oder Anstalt des öffentlichen Rechtes ausstellt:

1. die Gültigkeit der Unterzeichnung von der Beobachtung einer besonderen Form abhängt, auch wenn eine solche Bestimmung in die Urkunde nicht aufgenommen ist;
2. der im § 804 Abs. 1 des Bürgerlichen Gesetzbuchs bezeichnete Anspruch ausgeschlossen ist, auch wenn die Ausschließung in dem Zins- oder Rentenscheine nicht bestimmt ist.

§ 804 Abs. 1. Ist ein Zins-, Renten- oder Gewinnantheilschein abhanden gekommen oder vernichtet und hat der bisherige Inhaber den Verlust dem Aussteller vor dem Ablaufe der Vorlegungsfrist angezeigt, so kann der bisherige Inhaber nach dem Ablaufe der Frist die Leistung von dem Aussteller verlangen. Der Anspruch ist ausgeschlossen, wenn der abhanden gekommene Schein dem Aussteller zur Einlösung vorgelegt oder der Anspruch aus dem Scheine gerichtlich geltend gemacht worden ist, es sei denn, dass die Vorlegung oder die gerichtliche Geltendmachung nach dem Ablaufe der Frist erfolgt ist. Der Anspruch verjährt in vier Jahren.

Art. 101. Unberührt bleiben die landesgesetzlichen Vorschriften, welche den Bundesstaat oder ihm angehörende Körperschaften, Stiftungen und Anstalten des öffentlichen Rechtes abweichend von der Vorschrift des § 806 Satz 2 des Bürgerlichen Gesetzbuchs verpflichten, die von ihnen ausgestellten, auf den Inhaber lautenden Schuldverschreibungen auf den Namen eines bestimmten Berechtigten umzuschreiben, sowie die landesgesetzlichen Vorschriften, welche die sich aus der Umschreibung einer solchen Schuldverschreibung ergebenden Rechtsverhältnisse, mit Einschluß der Kraftloserklärung, regeln.

§ 806 Satz 2. Der Aussteller ist zur Umschreibung nicht verpflichtet.

Art. 102. Unberührt bleiben die landesgesetzlichen Vorschriften über die Kraftloserklärung und die Zahlungssperre in Ansehung der im § 807 des Bürgerlichen Gesetzbuchs bezeichneten Urkunden.

Unberührt bleiben die landesgesetzlichen Vorschriften, welche für die Kraftloserklärung der im § 808 des Bürgerlichen Gesetzbuchs bezeichneten Urkunden ein anderes Verfahren als das Aufgebotsverfahren bestimmen.

§ 807*. d. h. Karten, Marken oder ähnliche Urkunden, in denen ein Gläubiger nicht bezeichnet ist, welche von dem Aussteller unter Umständen ausgegeben sind, aus denen sich ergiebt, dass er dem Inhaber zu einer Leistung verpflichtet sein will.

§ 808 s. Art. 99.

Ersatzansprüche des Staates etc. für gewährten Unterhalt.

Art. 103. Unberührt bleiben die landesgesetzlichen Vorschriften, nach welchen der Staat sowie Verbände und Anstalten, die auf Grund des öffentlichen Rechtes zur Gewährung von Unterhalt verpflichtet sind, Ersatz der für den Unterhalt gemachten Aufwendungen von der Person, welcher sie den Unterhalt gewährt haben, sowie von denjenigen verlangen können, welche nach den Vorschriften des Bürgerlichen Gesetzbuchs unterhaltspflichtig waren.

Rückerstattung öffentlicher Abgaben und Prozesskosten.

Art. 104. Unberührt bleiben die landesgesetzlichen Vorschriften über den Anspruch auf Rückerstattung mit Unrecht erhobener öffentlicher Abgaben oder Kosten eines Verfahrens.

Haftung von Eisenbahnunternehmern etc.

Art. 105. Unberührt bleiben die landesgesetzlichen Vorschriften, nach welchen der Unternehmer eines Eisenbahnbetriebs oder eines anderen mit gemeiner Gefahr verbundenen Betriebs für den aus dem Betrieb entstehenden Schaden in weiterem Umfang als nach den Vorschriften des Bürgerlichen Gesetzbuchs verantwortlich ist.

Art. 106. Unberührt bleiben die landesgesetzlichen Vorschriften, nach welchen, wenn ein dem öffentlichen Gebrauche dienendes Grundstück zu einer Anlage oder zu einem Betriebe benutzt werden darf, der Unternehmer der Anlage oder des Betriebs für den Schaden verantwortlich ist, der bei dem öffentlichen Gebrauche des Grundstücks durch die Anlage oder den Betrieb verursacht wird.

Schadensersatz bei Verfehlungen gegen Feld- und Forstpolizeigesetze.

Art. 107. Unberührt bleiben die landesgesetzlichen Vorschriften über die Verpflichtung zum Ersatze des Schadens, der durch das Zuwiderhandeln gegen ein zum Schutze von Grundstücken erlassenes Strafgesetz verursacht wird.

Aufruhrgesetze.

Art. 108. Unberührt bleiben die landesgesetzlichen Vorschriften über die Verpflichtung zum Ersatze des Schadens, der bei einer Zusammenrottung, einem Auflauf oder einem Aufruhr entsteht.

Zwangsenteignung.

Art. 109. Unberührt bleiben die landesgesetzlichen Vorschriften über die im öffentlichen Interesse erfolgende Entziehung, Beschädigung oder Benutzung einer Sache, Beschränkung des Eigenthums und Entziehung oder Beschränkung von Rechten. Auf die nach landesgesetzlicher Vorschrift wegen eines solchen Eingriffs zu gewährende Entschädigung finden die Vorschriften der Artikel 52, 53 Anwendung, soweit nicht die Landesgesetze ein Anderes bestimmen.

Wiederherstellung zerstörter Gebäude in anderer Lage.

Art. 110. Unberührt bleiben die landesgesetzlichen Vorschriften, welche für den Fall, daß zerstörte Gebäude in anderer Lage wiederhergestellt werden, die Rechte an den betheiligten Grundstücken regeln.

Eigenthumsbeschränkungen im öffentlichen Interesse.

Art. 111. Unberührt bleiben die landesgesetzlichen Vorschriften, welche im öffentlichen Interesse das Eigenthum in Ansehung thatsächlicher Verfügungen beschränken.

Bahneinheit.

Art. 112. Unberührt bleiben die landesgesetzlichen Vorschriften über die Behandlung der einem Eisenbahn- oder Kleinbahnunternehmen gewidmeten Grundstücke und sonstiger Vermögensgegenstände als Einheit (Bahneinheit), über die Veräußerung und Belastung einer solchen Bahneinheit oder ihrer Bestandtheile, insbesondere die Belastung im Falle der Ausstellung von Theilschuldverschreibungen auf den Inhaber, und die sich dabei ergebenden Rechtsverhältnisse sowie über die Liquidation zum Zwecke der Befriedigung der Gläubiger, denen ein Recht auf abgesonderte Befriedigung aus den Bestandtheilen der Bahneinheit zusteht.

Zusammenlegung von Grundstücken etc.

Art. 113. Unberührt bleiben die landesgesetzlichen Vorschriften über die Zusammenlegung von Grundstücken, über die Gemeinheitstheilung, die Regulirung der Wege, die Ordnung der gutsherrlich-bäuerlichen Verhältnisse sowie über die Ablösung, Umwandlung oder Einschränkung von Dienstbarkeiten und Reallasten. Dies gilt insbesondere auch von den Vorschriften, welche die durch ein Verfahren dieser Art begründeten gemeinschaftlichen Angelegenheiten zum Gegenstande haben oder welche sich auf den Erwerb des Eigenthums, auf die Begründung, Aenderung und Aufhebung von anderen Rechten an Grundstücken und auf die Berichtigung des Grundbuchs beziehen.

Art. 114. Unberührt bleiben die landesgesetzlichen Vorschriften, nach welchen die dem Staate oder einer öffentlichen Anstalt in Folge der Ordnung der gutsherrlich-bäuerlichen Verhältnisse oder der Ablösung von Dienstbarkeiten, Reallasten oder der Oberlehnsherrlichkeit zustehenden Ablösungsrenten und sonstigen Reallasten zu ihrer Begründung und zur Wirksamkeit gegenüber dem öffentlichen Glauben des Grundbuchs nicht der Eintragung bedürfen.

Dienstbarkeiten, Reallasten.

Art. 115. Unberührt bleiben die landesgesetzlichen Vorschriften, welche die Belastung eines Grundstücks mit gewissen Grunddienstbarkeiten oder beschränkten persönlichen Dienstbarkeiten oder mit Reallasten untersagen oder beschränken, sowie die landesgesetzlichen Vorschriften, welche den Inhalt und das Maß solcher Rechte näher bestimmen.

Art. 116. Die in den Artikeln 113 bis 115 bezeichneten landesgesetzlichen Vorschriften finden keine Anwendung auf die nach den §§ 912, 916, 917 des Bürgerlichen Gesetzbuchs zu entrichtenden Geldrenten und auf die in den §§ 1021, 1022 des Bürgerlichen Gesetzbuchs bestimmten Unterhaltungspflichten.

Ueberbau.

§ 912. Hat der Eigenthümer eines Grundstücks bei der Errichtung eines Gebäudes über die Grenze gebaut, ohne dass ihm Vorsatz oder grobe Fahrlässigkeit zur Last fällt, so hat der Nachbar den Ueberbau zu dulden, es sei denn, dass er vor oder sofort nach der Grenzüberschreitung Widerspruch erhoben hat.

Der Nachbar ist durch eine Geldrente zu entschädigen. Für die Höhe der Rente ist die Zeit der Grenzüberschreitung massgebend.

§ 916. Wird durch den Ueberbau ein Erbbaurecht oder eine Dienstbarkeit an dem Nachbargrundstücke beeinträchtigt, so finden zu Gunsten des Berechtigten die Vorschriften der §§ 912 bis 914 entsprechende Anwendung.

Nothweg.

§ 917. Fehlt einem Grundstücke die zur ordnungsmässigen Benutzung nothwendige Verbindung mit einem öffentlichen Wege, so kann der Eigenthümer von den Nachbarn verlangen, dass sie bis zur Hebung des Mangels die Benutzung ihrer Grundstücke zur Herstellung der erforderlichen Verbindung dulden. Die Richtung des Nothwegs und der Umfang des Benutzungsrechts werden erforderlichen Falles durch Urtheil bestimmt.

Die Nachbarn, über deren Grundstücke der Nothweg führt, sind durch eine Geldrente zu entschädigen. Die Vorschriften der § 912 Abs. 2 Satz 2 und der §§ 913, 914, 916 finden entsprechende Anwendung.

Unterhaltung einer Anlage.

§ 1021. Gehört zur Ausübung einer Grunddienstbarkeit eine Anlage auf dem belasteten Grundstücke, so kann bestimmt werden, dass der Eigenthümer dieses Grundstücks die Anlage zu unterhalten hat, soweit das Interesse des Berechtigten es erfordert. Steht dem Eigenthümer das Recht zur Mitbenutzung der Anlage zu, so kann bestimmt werden, dass der Berechtigte die Anlage zu unterhalten hat, soweit es für das Benutzungsrecht des Eigenthümers erforderlich ist.

Auf eine solche Unterhaltungspflicht finden die Vorschriften über die Reallasten entsprechende Anwendung.

§ 1022. Besteht die Grunddienstbarkeit in dem Rechte, auf einer baulichen Anlage des belasteten Grundstücks eine bauliche Anlage zu halten, so hat, wenn nicht ein Anderes bestimmt ist, der Eigenthümer des belasteten Grundstücks seine Anlage zu unterhalten, soweit das Interesse des Berechtigten es erfordert. Die Vorschrift des § 1021 Abs. 2 gilt auch für die Unterhaltungspflicht.

Verschuldungsgrenze.

Art. 117. Unberührt bleiben die landesgesetzlichen Vorschriften, welche die Belastung eines Grundstücks über eine bestimmte Werthgrenze hinaus untersagen.

Unberührt bleiben die landesgesetzlichen Vorschriften, welche die Belastung eines Grundstücks mit einer unkündbaren Hypothek oder Grundschuld untersagen oder die Ausschließung des Kündigungsrechts des Eigenthümers bei Hypothekenforderungen und Grundschulden zeitlich beschränken und bei Rentenschulden nur für eine kürzere als die im § 1202 Abs. 2 des Bürgerlichen Gesetzbuchs bestimmte Zeit zulassen.

§ 1202 Abs. 2. Eine Beschränkung des Kündigungsrechts ist nur soweit zulässig, dass der Eigenthümer nach dreissig Jahren unter Einhaltung der sechsmonatigen Frist kündigen kann.

Meliorationsdarlehen.

Art. 118. Unberührt bleiben die landesgesetzlichen Vorschriften, welche einer Geldrente, Hypothek, Grundschuld oder Rentenschuld, die dem Staate oder einer öffentlichen Anstalt wegen eines zur Verbesserung des belasteten Grundstücks gewährten Darlehens zusteht, den Vorrang vor anderen Belastungen des Grundstücks einräumen. Zu Gunsten eines Dritten finden die Vorschriften der §§ 892, 893 des Bürgerlichen Gesetzbuchs Anwendung.

§ 892. Zu Gunsten desjenigen, welcher ein Recht an einem Grundstück oder ein Recht an einem solchen Rechte durch Rechtsgeschäft erwirbt, gilt der Inhalt des Grundbuchs als richtig, es sei denn, dass ein Widerspruch gegen die Richtigkeit eingetragen oder die Unrichtigkeit dem Erwerber bekannt ist. Ist der Berechtigte in der Verfügung über ein im Grundbuch eingetragenes Recht zu Gunsten einer bestimmten Person beschränkt, so ist die Beschränkung dem Erwerber gegenüber nur wirksam, wenn sie aus dem Grundbuch ersichtlich oder dem Erwerber bekannt ist.

Ist zu dem Erwerbe des Rechtes die Eintragung erforderlich, so ist für die Kenntniss des Erwerbers die Zeit der Stellung des Antrags auf Eintragung oder, wenn die nach § 873 erforderliche Einigung erst später zu Stande kommt, die Zeit der Einigung massgebend.

§ 893. Die Vorschriften des § 892 finden entsprechende Anwendung, wenn an denjenigen, für welchen ein Recht im Grundbuch eingetragen ist, auf Grund dieses Rechtes eine Leistung bewirkt oder wenn zwischen ihm und einem Anderen in Ansehung dieses Rechtes ein nicht unter die Vorschriften des § 892 fallendes Rechtsgeschäft vorgenommen wird, das eine Verfügung über das Recht enthält.

Gutszertrümmerung, Vereinigung von Grundstücken.

Art. 119. Unberührt bleiben die landesgesetzlichen Vorschriften, welche
1. die Veräußerung eines Grundstücks beschränken;
2. die Theilung eines Grundstücks oder die getrennte Veräußerung von Grundstücken, die bisher zusammen bewirthschaftet worden sind, untersagen oder beschränken;
3. die nach § 890 Abs. 1 des Bürgerlichen Gesetzbuchs zulässige Vereinigung mehrerer Grundstücke oder die nach § 890 Abs. 2 des Bürgerlichen Gesetzbuchs zulässige Zuschreibung eines Grundstücks zu einem anderen Grundstück untersagen oder beschränken.

§ 890. Mehrere Grundstücke können dadurch zu einem Grundstücke vereinigt werden, dass der Eigenthümer sie als ein Grundstück in das Grundbuch eintragen lässt.

Ein Grundstück kann dadurch zum Bestandtheil eines anderen Grundstücks gemacht werden, dass der Eigenthümer es diesem im Grundbuche zuschreiben lässt.

Unschädlichkeitszeugniss.

Art. 120. Unberührt bleiben die landesgesetzlichen Vorschriften, nach welchen im Falle der Veräußerung eines Theiles eines Grundstücks dieser Theil von den Belastungen des Grundstücks befreit wird, wenn von der zuständigen Behörde festgestellt wird, daß die Rechtsänderung für die Berechtigten unschädlich ist.

Unberührt bleiben die landesgesetzlichen Vorschriften, nach welchen unter der gleichen Voraussetzung:
1. im Falle der Theilung eines mit einer Reallast belasteten Grundstücks die Reallast auf die einzelnen Theile des Grundstücks vertheilt wird;
2. im Falle der Aufhebung eines dem jeweiligen Eigenthümer eines Grundstücks an einem anderen Grundstücke zustehenden Rechtes die Zustimmung derjenigen nicht erforderlich ist, zu deren Gunsten das Grundstück des Berechtigten belastet ist;
3. in den Fällen des § 1128 des Bürgerlichen Gesetzbuchs und des Artikel 52 dieses Gesetzes der dem Eigenthümer zustehende Entschädigungsanspruch von dem einem Dritten an dem Anspruche zustehenden Rechte befreit wird.

§ 1128. Ist ein Gebäude versichert, so kann der Versicherer die Versicherungssumme mit Wirkung gegen den Hypothekengläubiger an den Versicherten erst zahlen, wenn er oder der Versicherte den Eintritt des Schadens dem Hypothekengläubiger angezeigt hat und seit dem Empfange der Anzeige ein Monat verstrichen ist. Der Hypothekengläubiger kann bis zum Ablaufe der Frist dem Versicherer gegenüber der Zahlung widersprechen. Die Anzeige darf unterbleiben, wenn sie unthunlich ist; in diesem Falle wird der Monat von dem Zeitpunkt an berechnet, in welchem die Versicherungssumme fällig wird.

Im Uebrigen finden die für eine verpfändete Forderung geltenden Vorschriften Anwendung; der Versicherer kann sich jedoch nicht darauf berufen, dass er eine aus dem Grundbuch ersichtliche Hypothek nicht gekannt habe.

Reallasten des Staates und öffentlicher Anstalten.

Art. 121. Unberührt bleiben die landesgesetzlichen Vorschriften, nach welchen im Falle der Theilung eines für den Staat oder eine öffentliche Anstalt mit einer Reallast belasteten Grundstücks nur ein Theil des Grundstücks mit der Reallast belastet bleibt und dafür zu Gunsten des jeweiligen Eigenthümers dieses Theiles die übrigen Theile mit gleichartigen Reallasten belastet werden.

Obstbäume.

Art. 122. Unberührt bleiben die landesgesetzlichen Vorschriften, welche die Rechte des Eigenthümers eines Grundstücks in Ansehung der auf der Grenze oder auf dem Nachbargrundstücke stehenden Obstbäume abweichend von den Vorschriften des § 910 und des § 923 Abs. 2 des Bürgerlichen Gesetzbuchs bestimmen.

§ 910. Der Eigenthümer eines Grundstücks kann Wurzeln eines Baumes oder eines Strauches, die von einem Nachbargrundstück eingedrungen sind, abschneiden und behalten. Das Gleiche gilt von herrüberragenden Zweigen, wenn der Eigenthümer dem Besitzer des Nachbargrundstücks eine angemessene Frist zur Beseitigung bestimmt hat und die Beseitigung nicht innerhalb der Frist erfolgt.

Dem Eigenthümer steht dieses Recht nicht zu, wenn die Wurzeln oder die Zweige die Benutzung des Grundstücks nicht beeinträchtigen.

§ 923 Abs. 2. Jeder der Nachbarn kann die Beseitigung des Baumes verlangen. Die Kosten der Beseitigung fallen den Nachbarn zu gleichen Theilen zur Last. Der Nachbar, der die Beseitigung verlangt, hat jedoch die Kosten allein zu tragen, wenn der andere auf sein Recht an dem Baume verzichtet; er erwirbt in diesem Falle mit der Trennung das Alleineigenthum. Der Anspruch auf die Beseitigung ist ausgeschlossen, wenn der Baum als Grenzzeichen dient und den Umständen nach nicht durch ein anderes zweckmässiges Grenzzeichen ersetzt werden kann.

Nothweg.

Art. 123. Unberührt bleiben die landesgesetzlichen Vorschriften, welche das Recht des Nothwegs zum Zwecke der Verbindung eines Grundstücks mit einer Wasserstraße oder einer Eisenbahn gewähren.

Nachbarrecht.

Art. 124. Unberührt bleiben die landesgesetzlichen Vorschriften, welche das Eigenthum an Grundstücken zu Gunsten der Nachbarn noch anderen als den im Bürgerlichen Gesetzbuche bestimmten Beschränkungen unterwerfen. Dies gilt insbesondere auch von den Vorschriften, nach welchen Anlagen sowie Bäume und Sträucher nur in einem bestimmten Abstande von der Grenze gehalten werden dürfen.

Verkehrsunternehmungen.

Art. 125. Unberührt bleiben die landesgesetzlichen Vorschriften, welche die Vorschrift des § 26 der Gewerbeordnung auf Eisenbahn-, Dampfschiffahrts- und ähnliche Verkehrsunternehmungen erstrecken.

§ 26 G.O. Soweit die bestehenden Rechte zur Abwehr benachtheiligender Einwirkungen, welche von einem Grundstücke aus auf ein benachbartes Grundstück geübt werden, dem Eigenthümer oder Besitzer des letzteren eine Privatklage gewähren, kann diese Klage einer mit obrigkeitlicher Genehmigung errichteten gewerblichen Anlage gegenüber niemals auf Einstellung des Gewerbebetriebes, sondern nur auf Herstellung von Einrichtungen, welche die benachtheiligende Einwirkung ausschliessen, oder, wo solche Einrichtungen unthunlich oder mit einem gehörigen Betriebe des Gewerbes unvereinbar sind, auf Schadloshaltung gerichtet werden.

Gesetzliche Uebertragung des Grundstückeigenthums.

Art. 126. Durch Landesgesetz kann das dem Staate an einem Grundstücke zustehende Eigenthum auf einen Kommunalverband und das einem Kommunalverband an einem Grundstücke zustehende Eigenthum auf einen anderen Kommunalverband oder auf den Staat übertragen werden.

Nicht buchungspflichtige Grundstücke.

Art. 127. Unberührt bleiben die landesgesetzlichen Vorschriften über die Uebertragung des Eigenthums an einem Grundstücke, das im

Grundbuche nicht eingetragen ist und nach den Vorschriften der Grundbuchordnung auch nach der Uebertragung nicht eingetragen zu werden braucht.

Dienstbarkeiten.

Art. 128. Unberührt bleiben die landesgesetzlichen Vorschriften über die Begründung und Aufhebung einer Dienstbarkeit an einem Grundstücke, das im Grundbuche nicht eingetragen ist und nach den Vorschriften der Grundbuchordnung nicht eingetragen zu werden braucht.

Aneignungsrecht an Grundstücken.

Art. 129. Unberührt bleiben die landesgesetzlichen Vorschriften, nach welchen das Recht zur Aneignung eines nach § 928 des Bürgerlichen Gesetzbuchs aufgegebenen Grundstücks an Stelle des Fiskus einer bestimmten anderen Person zusteht.

§ 928. Das Eigenthum an einem Grundstücke kann dadurch aufgegeben werden, dass der Eigenthümer den Verzicht dem Grundbuchamte gegenüber erklärt und der Verzicht in das Grundbuch eingetragen wird.

Das Recht zur Aneignung des aufgegebenen Grundstücks steht dem Fiskus des Bundesstaats zu, in dessen Gebiete das Grundstück liegt. Der Fiskus erwirbt das Eigenthum dadurch, dass er sich als Eigenthümer in das Grundbuch eintragen lässt.

Aneignung von Tauben.

Art. 130. Unberührt bleiben die landesgesetzlichen Vorschriften über das Recht zur Aneignung der einem Anderen gehörenden, im Freien betroffenen Tauben.

Miteigenthum an Gebäuden.

Art. 131. Unberührt bleiben die landesgesetzlichen Vorschriften, welche für den Fall, daß jedem der Miteigenthümer eines mit einem Gebäude versehenen Grundstücks die ausschließliche Benutzung eines Theiles des Gebäudes eingeräumt ist, das Gemeinschaftsverhältniß näher bestimmen, die Anwendung der §§ 749 bis 751 des Bürgerlichen Gesetzbuchs ausschließen und für den Fall des Konkurses über das Vermögen eines Miteigenthümers dem Konkursverwalter das Recht, die Aufhebung der Gemeinschaft zu verlangen, versagen.

§ 749. Jeder Theilhaber kann jederzeit die Aufhebung der Gemeinschaft verlangen.

Wird das Recht, die Aufhebung zu verlangen, durch Vereinbarung für immer oder auf Zeit ausgeschlossen, so kann die Aufhebung gleichwohl verlangt werden, wenn ein wichtiger Grund vorliegt. Unter der gleichen Voraussetzung kann, wenn eine Kündigungsfrist bestimmt wird, die Aufhebung ohne Einhaltung der Frist verlangt werden.

Eine Vereinbarung, durch welche das Recht, die Aufhebung zu verlangen, diesen Vorschriften zuwider ausgeschlossen oder beschränkt wird, ist nichtig.

§ 750. Haben die Theilhaber das Recht, die Aufhebung der Gemeinschaft zu verlangen, auf Zeit ausgeschlossen, so tritt die Vereinbarung im Zweifel mit dem Tode eines Theilhabers ausser Kraft.

§ 751. Haben die Theilhaber das Recht, die Aufhebung der Gemeinschaft zu verlangen, für immer oder auf Zeit ausgeschlossen oder eine Kündigungsfrist bestimmt, so wirkt die Vereinbarung auch für und gegen die Sondernachfolger. Hat ein Gläubiger die Pfändung des Antheils eines Theilhabers erwirkt, so kann er ohne Rücksicht auf die Vereinbarung die Aufhebung der Gemeinschaft verlangen, sofern der Schuldtitel nicht blos vorläufig vollstreckbar ist.

Kirchen- und Schulbaulast.

Art. 132. Unberührt bleiben die landesgesetzlichen Vorschriften über die Kirchenbaulast und die Schulbaulast.

Kirchenstühle, Begräbnissstätten.

Art. 133. Unberührt bleiben die landesgesetzlichen Vorschriften über das Recht zur Benutzung eines Platzes in einem dem öffentlichen Gottesdienste gewidmeten Gebäude oder auf einer öffentlichen Begräbnißstätte.

Religiöse Kindererziehung.

Art. 134. Unberührt bleiben die landesgesetzlichen Vorschriften über die religiöse Erziehung der Kinder.

Zwangserziehung.

Art. 135. Unberührt bleiben die landesgesetzlichen Vorschriften über die Zwangserziehung Minderjähriger. Die Zwangserziehung ist jedoch, unbeschadet der Vorschriften der §§ 55, 56 des Strafgesetzbuchs nur zulässig, wenn sie von dem Vormundschaftsgericht angeordnet wird. Die Anordnung kann außer den Fällen der §§ 1666, 1838 des Bürgerlichen Gesetzbuchs nur erfolgen, wenn die Zwangserziehung zur Verhütung des völligen sittlichen Verderbens nothwendig ist.

Die Landesgesetze können die Entscheidung darüber, ob der Minderjährige, dessen Zwangserziehung angeordnet ist, in einer Familie oder in einer Erziehungs- oder Besserungsanstalt unterzubringen sei, einer Verwaltungsbehörde übertragen, wenn die Unterbringung auf öffentliche Kosten zu erfolgen hat.

§ 55 R.St.G.B. (in der Fassung des Art. 34). Wer bei Begehung der Handlung das zwölfte Lebensjahr nicht vollendet hat, kann wegen derselben nicht strafrechtlich verfolgt werden. Gegen denselben können jedoch nach Massgabe der landesgesetzlichen Vorschriften die zur Besserung und Beaufsichtigung geeigneten Massregeln getroffen werden. Die Unterbringung in einer Familie, Erziehungsanstalt oder Besserungsanstalt kann nur erfolgen, nachdem durch Beschluss des Vormundschaftsgerichtes die Begehung der Handlung festgestellt und die Unterbringung für zulässig erklärt ist.

§ 56 R.St.G.B. Ein Angeschuldigter, welcher zu einer Zeit, als er das zwölfte, aber nicht das achtzehnte Lebensjahr vollendet hatte, eine strafbare Handlung begangen hat, ist freizusprechen, wenn er bei Begehung derselben die zur Erkenntniss ihrer Strafbarkeit erforderliche Einsicht nicht besass.

In dem Urtheile ist zu bestimmen, ob der Angeschuldigte seiner Familie überwiesen oder in eine Erziehungs- oder Besserungsanstalt gebracht werden soll. In der Anstalt ist er solange zu behalten, als die der Anstalt vorgesetzte Verwaltungsbehörde solches für erforderlich erachtet, jedoch nicht über das vollendete zwanzigste Lebensjahr.

§ 1666. Wird das geistige oder leibliche Wohl des Kindes dadurch gefährdet, dass der Vater das Recht der Sorge für die Person des Kindes missbraucht, das Kind vernachlässigt oder sich eines ehrlosen oder unsittlichen Verhaltens schuldig macht, so hat das Vormundschaftsgericht die zur Abwendung der Gefahr erforderlichen Massregeln zu treffen. Das Vormundschaftsgericht kann insbesondere anordnen, dass das Kind zum Zwecke der Erziehung in einer geeigneten Familie oder in einer Erziehungsanstalt oder einer Besserungsanstalt untergebracht wird.

Hat der Vater das Recht des Kindes auf Gewährung des Unterhalts verletzt und ist für die Zukunft eine erhebliche Gefährdung des Unterhalts zu besorgen, so kann dem Vater auch die Vermögensverwaltung sowie die Nutzniessung entzogen werden.

§ 1838. Das Vormundschaftsgericht kann anordnen, dass der Mündel zum Zwecke der Erziehung in einer geeigneten Familie oder in einer Erziehungsanstalt oder einer Besserungsanstalt untergebracht wird. Steht dem Vater oder der Mutter die Sorge für die Person des Mündels zu, so ist eine solche Anordnung nur unter den Voraussetzungen des § 1666 zulässig.

Bevormundung durch einen Anstaltsvorstand.

Art. 136. Unberührt bleiben die landesgesetzlichen Vorschriften, nach welchen

1. der Vorstand einer unter staatlicher Verwaltung oder Aufsicht stehenden Erziehungs- oder Verpflegungsanstalt oder ein Beamter alle oder einzelne Rechte und Pflichten eines Vormundes für diejenigen Minderjährigen hat, welche in der Anstalt oder unter der Aufsicht des Vorstandes oder des Beamten in einer von ihm ausgewählten Familie oder Anstalt erzogen oder verpflegt werden, und der Vorstand der Anstalt oder der Beamte auch nach der Beendigung der Erziehung oder der Verpflegung bis zur Volljährigkeit des Mündels diese Rechte und Pflichten behält, unbeschadet der Befugniß des Vormundschaftsgerichts, einen anderen Vormund zu bestellen;
2. die Vorschriften der Nr. 1 bei unehelichen Minderjährigen auch dann gelten, wenn diese unter der Aufsicht des Vorstandes oder des Beamten in der mütterlichen Familie erzogen oder verpflegt werden;
3. der Vorstand einer unter staatlicher Verwaltung oder Aufsicht stehenden Erziehungs- oder Verpflegungsanstalt oder ein von ihm bezeichneter Angestellter der Anstalt oder ein Beamter vor den nach § 1776 des Bürgerlichen Gesetzbuchs als Vormünder berufenen Personen zum Vormunde der in Nr. 1, 2 bezeichneten Minderjährigen bestellt werden kann;
4. im Falle einer nach den Vorschriften der Nr. 1 bis 3 stattfindenden Bevormundung ein Gegenvormund nicht zu bestellen ist und dem Vormunde die nach § 1852 des Bürgerlichen Gesetzbuchs zulässigen Befreiungen zustehen.

§ 1776. Als Vormünder sind in nachstehender Reihenfolge berufen:
1. wer von dem Vater des Mündels als Vormund benannt ist;
2. wer von der ehelichen Mutter des Mündels als Vormund benannt ist;
3. der Grossvater des Mündels von väterlicher Seite;
4. der Grossvater des Mündels von mütterlicher Seite.

Die Grossväter sind nicht berufen, wenn der Mündel von einem Anderen als dem Ehegatten seines Vaters oder seiner Mutter an Kindesstatt angenommen ist. Das Gleiche gilt, wenn derjenige, von welchem der Mündel abstammt, von einem Anderen als dem Ehegatten seines Vaters oder seiner Mutter an Kindesstatt angenommen ist und die Wirkungen der Annahme sich auf den Mündel erstrecken.

§ 1852 Abs. 2. Der Vater kann anordnen, dass der von ihm benannte Vormund bei der Anlegung von Geld den in den §§ 1809, 1810 bestimmten Beschränkungen nicht unterliegen und zu den im § 1812 bezeichneten Rechtsgeschäften der Genehmigung des Gegenvormundes oder des Vormundschaftsgerichts nicht bedürfen soll. Diese Anordnungen sind als getroffen anzusehen, wenn der Vater die Bestellung eines Gegenvormundes ausgeschlossen hat.

Ertragswerth eines Landguts.

Art. 137. Unberührt bleiben die landesgesetzlichen Vorschriften über die Grundsätze, nach denen in den Fällen des § 1515 Abs. 2, 3 und der §§ 2049, 2312 des Bürgerlichen Gesetzbuchs der Ertragswerth eines Landguts festzustellen ist.

§ 1515. Jeder Ehegatte kann für den Fall, dass mit seinem Tode die fortgesetzte Gütergemeinschaft eintritt, durch letztwillige Verfügung anordnen, dass ein antheilsberechtigter Abkömmling das Recht haben soll, bei der Theilung das Gesammtgut oder einzelne dazu gehörende Gegenstände gegen Ersatz des Werthes zu übernehmen.

Gehört zu dem Gesammtgut ein Landgut, so kann angeordnet werden, dass das Landgut mit dem Ertragswerth oder mit einem Preise, der den Ertragswerth mindestens erreicht, angesetzt werden soll. Die für die Erbfolge geltenden Vorschriften des § 2049 finden Anwendung.

Das Recht, das Landgut zu dem im Abs. 2 bezeichneten Werthe oder Preise zu übernehmen, kann auch dem überlebenden Ehegatten eingeräumt werden.

§ 2049. Hat der Erblasser angeordnet, dass einer der Miterben das Recht haben soll, ein zum Nachlasse gehörendes Landgut zu übernehmen, so ist im Zweifel anzunehmen, dass das Landgut zu dem Ertragswerth angesetzt werden soll.

Der Ertragswerth bestimmt sich nach dem Reinertrage, den das Landgut nach seiner bisherigen wirthschaftlichen Bestimmung bei ordnungsmässiger Bewirthschaftung nachhaltig gewähren kann.

§ 2312. Hat der Erblasser angeordnet oder ist nach § 2049 anzunehmen, dass einer von mehreren Erben das Recht haben soll, ein zum Nachlasse gehörendes Landgut zu dem Ertragswerthe zu übernehmen, so ist, wenn von dem Rechte Gebrauch gemacht wird, der Ertragswerth auch für die Berechnung des Pflichttheils massgebend. Hat der Erblasser einen anderen Uebernahmepreis bestimmt, so ist dieser massgebend, wenn er den Ertragswerth erreicht und den Schätzungswerth nicht übersteigt.

Hinterlässt der Erblasser nur einen Erben, so kann er anordnen, dass der Berechnung des Pflichttheils der Ertragswerth oder ein nach Abs. 1 Satz 2 bestimmter Werth zu Grunde gelegt werden soll.

Diese Vorschriften finden nur Anwendung, wenn der Erbe, der das Landgut erwirbt, zu den im § 2303 bezeichneten pflichttheilsberechtigten Personen gehört.

§ 2303. Ist ein Abkömmling des Erblassers durch Verfügung von Todeswegen von der Erbfolge ausgeschlossen, so kann er von dem Erben den Pflichttheil verlangen. Der Pflichttheil besteht in der Hälfte des Werthes des gesetzlichen Erbtheils.

Das gleiche Recht steht den Eltern und dem Ehegatten des Erblassers zu, wenn sie durch Verfügung von Todeswegen von der Erbfolge ausgeschlossen sind.

Gesetzliches Erbrecht an Stelle des Fiskus.

Art. 138. Unberührt bleiben die landesgesetzlichen Vorschriften, nach welchen im Falle des § 1936 des Bürgerlichen Gesetzbuchs an Stelle des Fiskus eine Körperschaft, Stiftung oder Anstalt des öffentlichen Rechtes gesetzlicher Erbe ist.

§ 1936. Ist zur Zeit des Erbfalls weder ein Verwandter noch ein Ehegatte des Erblassers vorhanden, so ist der Fiskus des Bundesstaats, dem der Erblasser zur Zeit des Todes angehört hat, gesetzlicher Erbe. Hat der Erblasser mehreren Bundesstaaten angehört, so ist der Fiskus eines jeden dieser Staaten zu gleichem Antheile zur Erbfolge berufen.

War der Erblasser ein Deutscher, der keinem Bundesstaat angehörte, so ist der Reichsfiskus gesetzlicher Erbe.

Erbrecht etc. des Fiskus bei Verpflegung oder Unterstützung des Erblassers.

Art. 139. Unberührt bleiben die landesgesetzlichen Vorschriften, nach welchen dem Fiskus oder einer anderen juristischen Person in Ansehung des Nachlasses einer verpflegten oder unterstützten Person ein Erbrecht, ein Pflichttheilsanspruch oder ein Recht auf bestimmte Sachen zusteht.

Fürsorge des Nachlassgerichts.

Art. 140. Unberührt bleiben die landesgesetzlichen Vorschriften, nach welchen das Nachlaßgericht auch unter anderen als den im § 1960

Abs. 1 des Bürgerlichen Gesetzbuchs bezeichneten Voraussetzungen die Anfertigung eines Nachlaßverzeichnisses sowie bis zu dessen Vollendung die erforderlichen Sicherungsmaßregeln, insbesondere die Anlegung von Siegeln, von Amtswegen anordnen kann oder soll.

§ 1960 Abs. 1. Bis zur Annahme der Erbschaft hat das Nachlassgericht für die Sicherung des Nachlasses zu sorgen, soweit ein Bedürfniss besteht. Das Gleiche gilt, wenn der Erbe unbekannt oder wenn ungewiss ist, ob er die Erbschaft angenommen hat.

Gerichtliche und notarielle Beurkundung.

Art. 141. Die Landesgesetze können bestimmen, daß für die Beurkundung von Rechtsgeschäften, die nach den Vorschriften des Bürgerlichen Gesetzbuchs gerichtlicher oder notarieller Beurkundung bedürfen, entweder nur die Gerichte oder nur die Notare zuständig sind.

Beurkundung von Grundstücksverträgen.

Art. 142. Unberührt bleiben die landesgesetzlichen Vorschriften, welche in Ansehung der in dem Gebiete des Bundesstaats liegenden Grundstücke bestimmen, daß für die Beurkundung des im § 313 des Bürgerlichen Gesetzbuchs bezeichneten Vertrags sowie für die nach § 873 Abs. 2 des Bürgerlichen Gesetzbuchs zur Bindung der Betheiligten erforderliche Beurkundung der Erklärungen außer den Gerichten und Notaren auch andere Behörden und Beamte zuständig sind.

§ 313. Ein Vertrag, durch den sich der eine Theil verpflichtet, das Eigenthum an einem Grundstücke zu übertragen, bedarf der gerichtlichen oder notariellen Beurkundung. Ein ohne Beobachtung dieser Form geschlossener Vertrag wird seinem ganzen Inhalte nach gültig, wenn die Auflassung und die Eintragung in das Grundbuch erfolgen.

§ 873 Abs. 2. Vor der Eintragung sind die Betheiligten an die Einigung nur gebunden, wenn die Erklärungen gerichtlich oder notariell beurkundet oder vor dem Grundbuchamt abgegeben oder bei diesem eingereicht sind oder wenn der Berechtigte dem anderen Theile eine den Vorschriften der Grundbuchordnung entsprechende Eintragungsbewilligung ausgehändigt hat.

— Auflassung.

Art. 143. Unberührt bleiben die landesgesetzlichen Vorschriften, welche in Ansehung der in dem Gebiete des Bundesstaats liegenden Grundstücke bestimmen, daß die Einigung der Parteien in den Fällen der §§ 925, 1015 des Bürgerlichen Gesetzbuchs außer vor dem Grundbuchamt auch vor Gericht, vor einem Notar, vor einer anderen Behörde oder vor einem anderen Beamten erklärt werden kann.

Unberührt bleiben die landesgesetzlichen Vorschriften, nach welchen es bei der Auflassung eines Grundstücks der gleichzeitigen Anwesenheit beider Theile nicht bedarf, wenn das Grundstück durch ein Gericht oder einen Notar versteigert worden ist und die Auflassung noch in dem Versteigerungstermine stattfindet.

§ 925. Die zur Uebertragung des Eigenthums an einem Grundstücke nach § 873 erforderliche Einigung des Veräusserers und des Erwerbers (Auflassung) muss bei gleichzeitiger Anwesenheit beider Theile vor dem Grundbuchamt erklärt werden.

Eine Auflassung, die unter einer Bedingung oder einer Zeitbestimmung erfolgt, ist unwirksam.

§ 1015. Die zur Bestellung des Erbbaurechts nach § 873 erforderliche Einigung des Eigenthümers und des Erwerbers muss bei gleichzeitiger Anwesenheit beider Theile vor dem Grundbuchamt erklärt werden.

Hinterlegung.

Art. 144. Unberührt bleiben die landesgesetzlichen Vorschriften über die sachliche und örtliche Zuständigkeit der Hinterlegungsstellen. Die Landesgesetze können bestimmen, daß die Anlegung von Mündelgeld nach § 1808 des Bürgerlichen Gesetzbuchs bei den Hinterlegungsstellen des Bundesstaats nicht stattfindet.

§ 1808. Kann die Anlegung *(von Mündelgeld)* den Umständen nach nicht in der im § 1807 bezeichneten Weise erfolgen, so ist das Geld bei der Reichsbank, bei einer Staatsbank oder bei einer anderen durch Landesgesetz dazu für geeignet erklärten inländischen Bank oder bei einer Hinterlegungsstelle anzulegen.

Art. 145. Die Landesgesetze können über die Hinterlegung nähere Bestimmungen treffen, insbesondere den Nachweis der Empfangsberechtigung regeln und vorschreiben, daß die hinterlegten Gelder und Werthpapiere gegen die Verpflichtung zur Rückerstattung in das Eigenthum des Fiskus oder der als Hinterlegungsstelle bestimmten Anstalt übergehen, daß der Verkauf der hinterlegten Sachen von Amtswegen angeordnet werden kann sowie daß der Anspruch auf Rückerstattung mit dem Ablauf einer gewissen Zeit oder unter sonstigen Voraussetzungen zu Gunsten des Fiskus oder der Hinterlegungsanstalt erlischt. In den Fällen des § 382, des § 1171 Abs. 3 und des § 1269 Satz 3 des Bürgerlichen Gesetzbuchs muß dem Hinterleger die Rücknahme des hinterlegten Betrags mindestens während eines Jahres von dem Zeitpunkt an gestattet werden, mit welchem das Recht des Gläubigers auf den hinterlegten Betrag erlischt.

Von einer gerichtlichen Anordnung kann die Hinterlegung nicht abhängig gemacht werden.

§ 382. Das Recht des Gläubigers auf den hinterlegten Betrag erlischt mit dem Ablaufe von dreissig Jahren nach dem Empfange der Anzeige von der Hinterlegung, wenn nicht der Gläubiger sich vorher bei der Hinterlegungsstelle meldet; der Schuldner ist zur Rücknahme berechtigt, auch wenn er auf das Recht zur Rücknahme verzichtet hat.

§ 1171 Abs. 3. Das Recht des Gläubigers *(einer Hypothek, welcher mit seinem Rechte im Wege des Aufgebotsverfahrens ausgeschlossen worden ist)* auf den hinterlegten Betrag erlischt mit dem Ablaufe von dreissig Jahren nach der Erlassung des Ausschlussurtheils, wenn nicht der Gläubiger sich vorher bei der Hinterlegungsstelle meldet; der Hinterleger ist zur Rücknahme berechtigt, auch wenn er auf das Recht zur Rücknahme verzichtet hat.

§ 1269 Satz 3. Die Vorschrift des § 1171 Abs. 3 findet Anwendung *(wenn ein unbekannter Schiffspfandgläubiger mit seinem Pfandrecht im Wege des Aufgebotsverfahrens ausgeschlossen worden ist).*

Art. 146. Ist durch Landesgesetz bestimmt, daß die Hinterlegungsstellen auch andere Sachen als Geld, Werthpapiere und sonstige Urkunden sowie Kostbarkeiten anzunehmen haben, so finden auf Schuldverhältnisse, die auf Leistung derartiger Sachen gerichtet sind, die Vorschriften der §§ 372 bis 382 des Bürgerlichen Gesetzbuchs Anwendung.

§ 372. *(Auch andere Sachen als)* Geld, Werthpapiere und sonstige Urkunden sowie Kostbarkeiten kann der Schuldner bei einer dazu bestimmten öffentlichen Stelle für den Gläubiger hinterlegen, wenn der Gläubiger im Verzuge der Annahme ist. Das Gleiche gilt, wenn der Schuldner aus einem anderen in der Person des Gläubigers liegenden Grunde oder in Folge einer nicht auf Fahrlässigkeit beruhenden Ungewissheit über die Person des Gläubigers seine Verbindlichkeit nicht oder nicht mit Sicherheit erfüllen kann.

§ 373. Ist der Schuldner nur gegen eine Leistung des Gläubigers zu leisten verpflichtet, so kann er das Recht des Gläubigers zum Empfange der hinterlegten Sache von der Bewirkung der Gegenleistung abhängig machen.

§ 374. Die Hinterlegung hat bei der Hinterlegungsstelle des Leistungsorts zu erfolgen; hinterlegt der Schuldner bei einer anderen Stelle, so hat er dem Gläubiger den daraus entstehenden Schaden zu ersetzen.

Der Schuldner hat dem Gläubiger die Hinterleguug unverzüglich anzuzeigen; im Falle der Unterlassung ist er zum Schadensersatze verpflichtet. Die Anzeige darf unterbleiben, wenn sie unthunlich ist.

§ 375. Ist die hinterlegte Sache der Hinterlegungsstelle durch die Post übersendet worden, so wirkt die Hinterlegung auf die Zeit der Aufgabe der Sache zur Post zurück.

§ 376. Der Schuldner hat das Recht, die hinterlegte Sache zurückzunehmen.

Die Rücknahme ist ausgeschlossen:

1. wenn der Schuldner der Hinterlegungsstelle erklärt, dass er auf das Recht zur Rücknahme verzichte;
2. wenn der Gläubiger der Hinterlegungsstelle die Annahme erklärt;
3. wenn der Hinterlegungsstelle ein zwischen dem Gläubiger und dem Schuldner ergangenes rechtskräftiges Urtheil vorgelegt wird, das die Hinterlegung für rechtmässig erklärt.

§ 377. Das Recht zur Rücknahme ist der Pfändung nicht unterworfen.

Wird über das Vermögen des Schuldners der Konkurs eröffnet, so kann während des Konkurses das Recht zur Rücknahme auch nicht von dem Schuldner ausgeübt werden.

§ 378. Ist die Rücknahme der hinterlegten Sache ausgeschlossen, so wird der Schuldner durch die Hinterlegung von seiner Verbindlichkeit in gleicher Weise befreit, wie wenn er zur Zeit der Hinterlegung an den Gläubiger geleistet hätte.

§ 379. Ist die Rücknahme der hinterlegten Sache nicht ausgeschlossen, so kann der Schuldner den Gläubiger auf die hinterlegte Sache verweisen.

Solange die Sache hinterlegt ist, trägt der Gläubiger die Gefahr und ist der Schuldner nicht verpflichtet, Zinsen zu zahlen oder Ersatz für nicht gezogene Nutzungen zu leisten.

Nimmt der Schuldner die hinterlegte Sache zurück, so gilt die Hinterlegung als nicht erfolgt.

§ 380. Soweit nach den für die Hinterlegungsstelle geltenden Bestimmungen zum Nachweise der Empfangsberechtigung des Gläubigers eine diese Berechtigung anerkennende Erklärung des Schuldners erforderlich oder genügend ist, kann der Gläubiger von dem Schuldner die Abgabe der Erklärung unter denselben Voraussetzungen verlangen, unter denen er die Leistung zu fordern berechtigt sein würde, wenn die Hinterlegung nicht erfolgt wäre.

§ 381. Die Kosten der Hinterlegung fallen dem Gläubiger zur Last, sofern nicht der Schuldner die hinterlegte Sache zurücknimmt.

§ 382. Das Recht des Gläubigers auf den hinterlegten Betrag erlischt mit dem Ablaufe von dreissig Jahren nach dem Empfange der Anzeige von der Hinterlegung, wenn nicht der Gläubiger sich vorher bei der Hinterlegungsstelle meldet; der Schuldner ist zur Rücknahme berechtigt, auch wenn er auf das Recht zur Rücknahme verzichtet hat.

Zuständigkeit für Vormunds- und Nachlasssachen.

Art. 147. Unberührt bleiben die landesgesetzlichen Vorschriften, nach welchen für die dem Vormundschaftsgericht oder dem Nachlaßgericht obliegenden Verrichtungen andere als gerichtliche Behörden zuständig sind.

Sind durch Landesgesetz die Verrichtungen des Nachlaßgerichts einer anderen Behörde als einem Gericht übertragen, so ist für die Abnahme des im § 2006 des Bürgerlichen Gesetzbuchs vorgeschriebenen Offenbarungseids das Amtsgericht zuständig, in dessen Bezirke die Nachlaßbehörde ihren Sitz hat.

§ 2006. Der Erbe hat auf Verlangen eines Nachlassgläubigers vor dem Nachlassgerichte den Offenbarungseid dahin zu leisten:

dass er nach bestem Wissen die Nachlassgegenstände so vollständig angegeben habe, als er dazu im Stande sei.

Der Erbe kann vor der Leistung des Eides das Inventar vervollständigen.

Verweigert der Erbe die Leistung des Eides, so haftet er dem Gläubiger, der den Antrag gestellt hat, unbeschränkt. Das Gleiche gilt, wenn er weder in dem Termine noch in einem auf Antrag des Gläubigers bestimmten neuen Termin erscheint, es sei denn, dass ein Grund vorliegt, durch den das Nichterscheinen in diesem Termine genügend entschuldigt wird.

Eine wiederholte Leistung des Eides kann derselbe Gläubiger oder ein anderer Gläubiger nur verlangen, wenn Grund zu der Annahme besteht, dass dem Erben nach der Eidesleistung weitere Nachlassgegenstände bekannt geworden sind.

Inventar.

Art. 148. Die Landesgesetze können die Zuständigkeit des Nachlaßgerichts zur Aufnahme des Inventars ausschließen.

Errichtung von Verfügungen von Todeswegen.

Art. 149. Unberührt bleiben die landesgesetzlichen Vorschriften, nach welchen bei der Errichtung einer Verfügung von Todeswegen der Richter an Stelle des Gerichtsschreibers oder der zwei Zeugen eine besonders dazu bestellte Urkundsperson zuziehen kann.

Auf die Urkundsperson finden die Vorschriften der §§ 2234 bis 2236 des Bürgerlichen Gesetzbuchs Anwendung.

§§ 2234 bis 2236 s. Art. 154.

Art. 150. Unberührt bleiben die landesgesetzlichen Vorschriften, nach welchen im Falle des § 2249 des Bürgerlichen Gesetzbuchs an Stelle des Vorstehers oder neben dem Vorsteher eine andere amtlich bestellte Person zuständig ist.

§ 2249. Ist zu besorgen, dass der Erblasser früher sterben werde, als die Errichtung eines Testaments vor einem Richter oder vor einem Notar möglich ist, so kann er das Testament vor dem Vorsteher der Gemeinde, in der er sich aufhält, oder, falls er sich in dem Bereich eines durch Landesgesetz einer Gemeinde gleichgestellten Verbandes oder Gutsbezirkes aufhält, vor dem Vorsteher dieses Verbandes oder Bezirkes errichten. Der Vorsteher muss zwei Zeugen zuziehen. Die Vorschriften der §§ 2234 bis 2246 finden Anwendung; der Vorsteher tritt an die Stelle des Richters oder des Notars.

Die Besorgniss, dass die Errichtung eines Testaments vor einem Richter oder vor einem Notar nicht mehr möglich sein werde, muss im Protokolle festgestellt werden. Der Gültigkeit des Testaments steht nicht entgegen, dass die Besorgniss nicht begründet war.

§§ 2234—2245 s. Art. 151.

§ 2246. Das über die Errichtuug des Testaments aufgenommene Protokoll soll nebst Anlagen, insbesondere im Falle der Errichtung durch Uebergabe einer Schrift nebst dieser Schrift, von dem Richter oder dem Notar in Gegenwart der übrigen mitwirkenden Personen und des Erblassers mit dem Amtssiegel verschlossen, mit einer das Testament näher bezeichnenden Aufschrift, die von dem Richter oder dem Notar zu unterschreiben ist, versehen und in besondere amtliche Verwahrung gebracht werden.

Dem Erblasser soll über das in amtliche Verwahrung genommene Testament ein Hinterlegungsschein ertheilt werden.

Art. 151. Durch die Vorschriften der §§ 2234 bis 2245, 2276 des Bürgerlichen Gesetzbuchs und des Artikel 149 dieses Gesetzes werden die allgemeinen Vorschriften der Landesgesetze über die Errichtung gerichtlicher oder notarieller Urkunden nicht berührt. Ein Verstoß gegen eine solche Vorschrift ist, unbeschadet der Vorschriften über die Folgen des Mangels der sachlichen Zuständigkeit, ohne Einfluß auf die Gültigkeit der Verfügung von Todeswegen.

§ 2234. Als Richter, Notar, Gerichtsschreiber oder Zeuge kann bei der Errichtung des Testaments nicht mitwirken:
1. der Ehegatte des Erblassers, auch wenn die Ehe nicht mehr besteht;
2. wer mit dem Erblasser in gerader Linie oder im zweiten Grade der Seitenlinie verwandt oder verschwägert ist.

§ 2235. Als Richter, Notar, Gerichtsschreiber oder Zeuge kann bei der Errichtung des Testaments nicht mitwirken, wer in dem Testamente bedacht wird oder wer zu einem Bedachten in einem Verhältnisse der im § 2234 bezeichneten Art steht.

Die Mitwirkung einer hiernach ausgeschlossenen Person hat nur zur Folge, dass die Zuwendung an den Bedachten nichtig ist.

§ 2236. Als Gerichtsschreiber oder zweiter Notar oder Zeuge kann bei der Errichtung des Testaments nicht mitwirken, wer zu dem Richter oder dem beurkundenden Notar in einem Verhältnisse der im § 2234 bezeichneten Art steht.

§ 2237. Als Zeuge soll bei der Errichtung des Testaments nicht mitwirken:
1. ein Minderjähriger;
2. wer der bürgerlichen Ehrenrechte für verlustig erklärt ist, während der Zeit, für welche die Aberkennung der Ehrenrechte erfolgt ist;
3. wer nach den Vorschriften der Strafgesetze unfähig ist, als Zeuge eidlich vernommen zu werden;
4. wer als Gesinde oder Gehülfe im Dienste des Richters oder des beurkundenden Notars steht.

§ 2238. Die Errichtung des Testaments erfolgt in der Weise, dass der Erblasser dem Richter oder dem Notar seinen letzten Willen mündlich erklärt oder eine Schrift mit der mündlichen Erklärung übergiebt, dass die Schrift seinen letzten Willen enthalte. Die Schrift kann offen oder verschlossen übergeben werden. Sie kann von dem Erblasser oder von einer anderen Person geschrieben sein.

Wer minderjährig ist oder Geschriebenes nicht zu lesen vermag, kann das Testament nur durch mündliche Erklärung errichten.

§ 2239. Die bei der Errichtung des Testaments mitwirkenden Personen müssen während der ganzen Verhandlung zugegen sein.

§ 2240. Ueber die Errichtung des Testaments muss ein Protokoll in deutscher Sprache aufgenommen werden.

§ 2241. Das Protokoll muss enthalten:
1. Ort und Tag der Verhandlung;
2. Die Bezeichnung des Erblassers und der bei der Verhandlung mitwirkenden Personen;
3. die nach § 2238 erforderlichen Erklärungen des Erblassers und im Falle der Uebergabe einer Schrift die Feststellung der Uebergabe.

§ 2242. Das Protokoll muss vorgelesen, von dem Erblasser genehmigt und von ihm eigenhändig unterschrieben werden. Im Protokolle muss festgestellt werden, dass dies geschehen ist. Das Protokoll soll dem Erblasser auf Verlangen auch zur Durchsicht vorgelegt werden.

Erklärt der Erblasser, dass er nicht schreiben könne, so wird seine Unterschrift durch die Feststellung dieser Erklärung im Protokoll ersetzt.

Das Protokoll muss von den mitwirkenden Personen unterschrieben werden.

§ 2243. Wer nach der Ueberzeugung des Richters oder des Notars stumm oder sonst am Sprechen verhindert ist, kann das Testament nur durch Uebergabe einer Schrift errichten. Er muss die Erklärung, dass die Schrift seinen letzten Willen enthalte, bei der Verhandlung eigenhändig in das Protokoll oder auf ein besonderes Blatt schreiben, das dem Protokoll als Anlage beigefügt werden muss.

Das eigenhändige Niederschreiben der Erklärung sowie die Ueberzeugung des Richters oder des Notars, dass der Erblasser am Sprechen verhindert ist, muss im Protokolle festgestellt werden. Das Protokoll braucht von dem Erblasser nicht besonders genehmigt zu werden.

§ 2244. Erklärt der Erblasser, dass er der deutschen Sprache nicht mächtig sei, so muss bei der Errichtung des Testaments ein vereideter Dolmetscher zugezogen werden. Auf den Dolmetscher finden die nach den §§ 2234 bis 2237 für einen Zeugen geltenden Vorschriften entsprechende Anwendung.

Das Protokoll muss in die Sprache, in der sich der Erblasser erklärt, übersetzt werden. Die Uebersetzung muss von dem Dolmetscher angefertigt oder beglaubigt und vorgelesen werden, die Uebersetzung muss dem Protokoll als Anlage beigefügt werden.

Das Protokoll muss die Erklärung des Erblassers, dass er der deutschen Sprache nicht mächtig sei, sowie den Namen des Dolmetschers und die Feststellung enthalten, dass der Dolmetscher die Uebersetzung angefertigt oder beglaubigt und sie vorgelesen hat. Der Dolmetscher muss das Protokoll unterschreiben.

§ 2245. Sind sämmtliche mitwirkende Personen ihrer Versicherung nach der Sprache, in der sich der Erblasser erklärt, mächtig, so ist die Zuziehung eines Dolmetschers nicht erforderlich.

Unterbleibt die Zuziehung eines Dolmetschers, so muss das Protokoll in der fremden Sprache aufgenommen werden und die Erklärung des Erblassers, dass er der deutschen Sprache nicht mächtig sei, sowie die Versicherung der mitwirkenden Personen, dass sie der fremden Sprache mächtig seien, enthalten. Eine deutsche Uebersetzung soll als Anlage beigefügt werden.

§ 2276. Ein Erbvertrag kann nur vor einem Richter oder vor einem Notar bei gleichzeitiger Anwesenheit beider Theile geschlossen werden. Die Vorschriften der §§ 2233 bis 2245 finden Anwendung; was nach diesen Vorschriften für den Erblasser gilt, gilt für jeden der Vertragschliessenden.

Für einen Erbvertrag zwischen Ehegatten oder zwischen Verlobten, der mit einem Ehevertrag in derselben Urkunde verbunden wird, genügt die für den Ehevertrag vorgeschriebene Form.

§ 2233. Zur Errichtung des Testaments muss der Richter einen Gerichtsschreiber oder zwei Zeugen, der Notar einen zweiten Notar oder zwei Zeugen zuziehen.

Wirkungen der Klagerhebung und Rechtshängigkeit.

Art. 152. Unberührt bleiben die landesgesetzlichen Vorschriften, welche für die nicht nach den Vorschriften der Civilprozeßordnung zu erledigenden Rechtsstreitigkeiten die Vorgänge bestimmen, mit denen die nach den Vorschriften des Bürgerlichen Gesetzbuchs an die Klagerhebung und an die Rechtshängigkeit geknüpften Wirkungen eintreten. Soweit solche Vorschriften fehlen, finden die Vorschriften der Civilprozeßordnung entsprechende Anwendung.

Vierter Abschnitt.

Uebergangsvorschriften.

Volljährigkeit.

Art. 153. Wer zur Zeit des Inkrafttretens des Bürgerlichen Gesetzbuchs nicht das einundzwanzigste Lebensjahr vollendet hat, aber für volljährig erklärt ist oder sonst die rechtliche Stellung eines Volljährigen erlangt hat, steht von dieser Zeit an einem Volljährigen gleich.

Emanzipation nach französischem oder badischem Recht.

Art. 154. Wer nach den französischen oder den badischen Gesetzen emanzipirt oder aus der Gewalt entlassen ist, steht von dem Inkrafttreten des Bürgerlichen Gesetzbuchs an, wenn er zu dieser Zeit das achtzehnte Lebensjahr vollendet hat, einem Volljährigen, anderenfalls einem Minderjährigen gleich.

Entmündigung *1. wegen Geisteskrankheit.*

Art. 155. Wer zur Zeit des Inkrafttretens des Bürgerlichen Gesetzbuchs wegen Geisteskrankheit entmündigt ist, steht von dieser Zeit an einem nach den Vorschriften des Bürgerlichen Gesetzbuchs wegen Geisteskrankheit Entmündigten gleich.

2. wegen Verschwendung.

Art. 156. Wer zur Zeit des Inkrafttretens des Bürgerlichen Gesetzbuchs wegen Verschwendung entmündigt ist, steht von dieser Zeit an einem nach den Vorschriften des Bürgerlichen Gesetzbuchs wegen Verschwendung Entmündigten gleich.

Dasselbe gilt von demjenigen, für welchen nach den französischen oder den badischen Gesetzen wegen Verschwendung die Bestellung eines Beistandes angeordnet ist.

Erwählter Wohnsitz.

Art. 157. Die Vorschriften der französischen und der badischen Gesetze über den erwählten Wohnsitz bleiben für Rechtsverhältnisse, die sich nach diesen Gesetzen bestimmen, in Kraft, sofern der Wohnsitz vor dem Inkrafttreten des Bürgerlichen Gesetzbuchs erwählt worden ist.

Todeserklärung.

Art. 158. Die Wirkungen einer vor dem Inkrafttreten des Bürgerlichen Gesetzbuchs erfolgten Todeserklärung bestimmen sich nach den bisherigen Gesetzen, soweit sich nicht aus den Artikeln 159, 160 ein Anderes ergiebt.

Art. 159. Der Ehegatte einer vor dem Inkrafttreten des Bürgerlichen Gesetzbuchs für todt erklärten Person kann nach dem Inkrafttreten des Bürgerlichen Gesetzbuchs eine neue Ehe eingehen, auch wenn die Wiederverheirathung nach den bisherigen Gesetzen nicht zulässig sein würde. Die Vorschriften der §§ 1348 bis 1352 des Bürgerlichen Gesetzbuchs finden entsprechende Anwendung.

§ 1348. Geht ein Ehegatte, nachdem der andere Ehegatte für todt erklärt worden ist, eine neue Ehe ein, so ist die neue Ehe nicht deshalb nichtig, weil der für todt erklärte Ehegatte noch lebt, es sei denn, dass beide Ehegatten bei der Eheschliessung wissen, dass er die Todeserklärung überlebt hat.

Mit der Schliessung der neuen Ehe wird die frühere Ehe aufgelöst. Sie bleibt auch dann aufgelöst, wenn die Todeserklärung in Folge einer Anfechtungsklage aufgehoben wird.

§ 1349. Ist das Urtheil, durch das einer der Ehegatten für todt erklärt worden ist, im Wege der Klage angefochten, so darf der andere Ehegatte nicht vor der Erledigung des Rechtsstreits eine neue Ehe eingehen, es sei denn, dass die Anfechtung erst zehn Jahre nach der Verkündung des Urtheils erfolgt ist.

§ 1350. Jeder Ehegatte der neuen Ehe kann, wenn der für todt erklärte Ehegatte noch lebt, die neue Ehe anfechten, es sei denn, dass er bei der Eheschliessung von dessen Leben Kenntniss hatte. Die Anfechtung kann nur binnen sechs Monaten von dem Zeitpunkt an erfolgen, in welchem der anfechtende Ehegatte erfährt, dass der für todt erklärte Ehegatte noch lebt.

Die Anfechtung ist ausgeschlossen, wenn der anfechtungsberechtigte Ehegatte die Ehe bestätigt, nachdem er von dem Leben des für todt erklärten Ehegatten Kenntniss erlangt hat, oder wenn die neue Ehe durch den Tod eines der Ehegatten aufgelöst worden ist.

§ 1351. Wird die Ehe nach § 1350 von dem Ehegatten der früheren Ehe angefochten, so hat dieser dem anderen Ehegatten nach den für die Scheidung geltenden Vorschriften der §§ 1578 bis 1582 Unterhalt zu gewähren, wenn nicht der andere Ehegatte bei der Eheschliessung wusste, dass der für todt erklärte Ehegatte die Todeserklärung überlebt hat.

§ 1578. Der Ehegatte der früheren Ehe hat dem anderen Ehegatten der angefochtenen Ehe, wenn dies eine Frau ist, den standesmässigen Unterhalt insoweit zu gewähren, als sie ihn nicht aus den Einkünften ihres Vermögens und, sofern nach den Verhältnissen, in denen die Ehegatten gelebt haben, Erwerb durch Arbeit der Frau üblich ist, aus dem Ertrag ihrer Arbeit bestreiten kann.*

Ist der Ehegatte der angefochtenen Ehe ein Mann, so hat der Ehegatte der früheren Ehe ihm den standesmässigen Unterhalt insoweit zu gewähren, als er ausser Stande ist, sich selbst zu unterhalten.

§ 1579. Soweit der Ehegatte der früheren Ehe bei Berücksichtigung seiner sonstigen Verpflichtungen ausser Stande ist, ohne Gefährdung seines standesmässigen Unterhalts dem anderen Ehegatten Unterhalt zu gewähren, ist er berechtigt, von den zu seinem Unterhalte verfügbaren Einkünften zwei Drittheile oder, wenn diese zu seinem nothdürftigen Unterhalte nicht ausreichen, so viel zurückzubehalten, als zu dessen Bestreitung erforderlich ist. Hat er einem minderjährigen unverheiratheten Kinde oder seinem ersten Ehegatten Unterhalt zu gewähren, so beschränkt sich seine Verpflichtung dem Ehegatten der angefochtenen Ehe gegenüber auf dasjenige, was mit Rücksicht auf die Bedürfnisse sowie auf die Vermögens- und Erwerbsverhältnisse der Betheiligten der Billigkeit entspricht.*

Ist der unterhaltsberechtigte Ehegatte der angefochtenen Ehe eine Frau, so ist der Ehegatte der früheren Ehe unter den Voraussetzungen des Abs. 1 von der Unterhaltspflicht ganz befreit, wenn die Frau den Unterhalt aus dem Stamme ihres Vermögens bestreiten kann.

§ 1580. Der Unterhalt ist durch Entrichtung einer Geldrente nach Massgabe des § 760 zu gewähren. Ob, in welcher Art und für welchen Betrag der Unterhaltspflichtige Sicherheit zu leisten hat, bestimmt sich nach den Umständen.

Statt der Rente kann der Berechtigte eine Abfindung in Kapital verlangen, wenn ein wichtiger Grund vorliegt.

Im Uebrigen finden die für die Unterhaltspflicht der Verwandten geltenden Vorschriften der §§ 1607, 1610, des § 1611 Abs. 1, des § 1613 und für den Fall des Todes des Berechtigten die Vorschriften des § 1615 entsprechende Anwendung.

§ 760. Die Rente ist für drei Monate vorauszuzahlen. Hat der Berechtigte den Beginn des Zeitabschnitts erlebt, für den die Rente im voraus zu entrichten ist, so gebührt ihm der volle auf den Zeitabschnitt entfallende Betrag.*

§ 1607. Soweit der Ehegatte der früheren Ehe auf Grund des § 1603 (weil er bei Berücksichtigung seiner sonstigen Verpflichtungen ausser Stande ist, ohne Gefährdung seines standesmässigen Unterhalts den Unterhalt zu gewähren) nicht unterhaltspflichtig ist, hat der nach ihm haftende Verwandte den Unterhalt zu gewähren.*

Das Gleiche gilt, wenn die Rechtsverfolgung gegen den Ehegatten der früheren Ehe im Inland ausgeschlossen oder erheblich erschwert ist. Der Anspruch gegen den Ehegatten der früheren Ehe geht, soweit ein anderer Verwandter den Unterhalt gewährt, auf diesen über. Der Uebergang kann nicht zum Nachtheile des Unterhaltsberechtigten geltend gemacht werden.

§ 1610. Das Mass des zu gewährenden Unterhalts bestimmt sich nach der Lebensstellung des Bedürftigen (standesmässiger Unterhalt).*

Der Unterhalt umfasst den gesammten Lebensbedarf.

§ 1611 Abs. 1. Wer durch sein sittliches Verschulden bedürftig geworden ist, kann nur den nothdürftigen Unterhalt verlangen.

§ 1613. Für die Vergangenheit kann der Berechtigte Erfüllung oder Schadensersatz wegen Nichterfüllung nur von der Zeit an fordern, zu welcher der Verpflichtete in Verzug gekommen oder der Unterhaltsanspruch rechtshängig geworden ist.

§ 1615. Der Unterhaltsanspruch erlischt mit dem Tode des Berechtigten, soweit er nicht auf Erfüllung oder Schadensersatz wegen Nichterfüllung für die Vergangenheit oder auf solche im voraus zu bewirkende Leistungen gerichtet ist, die zur Zeit des Todes des Berechtigten fällig sind.*

Im Falle des Todes des Berechtigten hat der Verpflichtete die Kosten der Beerdigung zu tragen, soweit ihre Bezahlung nicht von dem Erben zu erlangen ist.

§ 1581. Die Unterhaltspflicht erlischt mit der Wiederverheirathung des Berechtigten.*

Auf die Verpflichtung finden die Vorschriften des § 1604 entsprechende Anwendung.

§ 1604. Soweit die Unterhaltspflicht einer Frau dem Ehegatten der zweiten Ehe gegenüber davon abhängt, dass sie zur Gewährung des Unterhalts im Stande ist, kommt die dem Manne an dem eingebrachten Gute zustehende Verwaltung und Nutzniessung nicht in Betracht.*

Besteht allgemeine Gütergemeinschaft, Errungenschaftsgemeinschaft oder Fahrnissgemeinschaft, so bestimmt sich die Unterhaltspflicht des Mannes oder der Frau dem Ehegatten der zweiten Ehe gegenüber so, wie wenn das Gesammtgut dem unterhaltspflichtigen Ehegatten gehörte. Sind bedürftige Unterhaltsberechtigte beider Ehegatten vorhanden, so ist der Unterhalt so zu gewähren, wie wenn die Bedürftigen zu beiden Ehegatten in dem Verhältnisse ständen, auf dem die Unterhaltspflicht des verpflichteten Ehegatten beruht.

§ 1582. Die Unterhaltspflicht erlischt nicht mit dem Tode des Verpflichteten.

Die Verpflichtung des Erben unterliegt nicht den Beschränkungen des § 1579. Der Berechtigte muss sich jedoch die Herabsetzung der Rente bis auf die Hälfte der Einkünfte gefallen lassen, die der Verpflichtete zur Zeit des Todes aus seinem Vermögen bezogen hat. Einkünfte aus einem Rechte, das mit dem Eintritt eines bestimmten Zeitpunkts oder Ereignisses erlischt, bleiben von dem Eintritte des Zeitpunkts oder des Ereignisses an ausser Betracht.

Sind mehrere Berechtigte vorhanden, so kann der Erbe die Renten nach dem Verhältniss ihrer Höhe soweit herabsetzen, dass sie zusammen der Hälfte der Einkünfte gleichkommen.

§ 1352. Wird die frühere Ehe nach § 1348 Abs. 2 aufgelöst, so bestimmt sich die Verpflichtung der Frau, dem Manne zur Bestreitung des Unterhalts eines gemeinschaftlichen Kindes einen Beitrag zu leisten, nach den für die Scheidung geltenden Vorschriften des § 1585.

§ 1585. Hat der Mann der früheren Ehe einem aus dieser Ehe hervorgegangenen gemeinschaftlichen Kinde Unterhalt zu gewähren, so ist die Frau verpflichtet, ihm aus den Einkünften ihres Vermögens und dem Ertrag ihrer Arbeit oder eines von ihr selbständig betriebenen Erwerbsgeschäfts einen angemessenen Beitrag zu den Kosten des Unterhalts zu leisten, soweit nicht diese durch die dem Manne an dem Vermögen des Kindes zustehende Nutzniessung gedeckt werden. Der Anspruch des Mannes ist nicht übertragbar.*

Steht der Frau die Sorge für die Person des Kindes zu und ist eine erhebliche Gefährdung des Unterhalts des Kindes zu besorgen, so kann die Frau den Beitrag zur eigenen Verwendung für den Unterhalt des Kindes zurückbehalten.

Art. 160. Soweit nach den Vorschriften des Bürgerlichen Gesetzbuchs in Folge einer Todeserklärung die elterliche Gewalt des Verschollenen, die Vormundschaft, die Pflegschaft sowie das Amt als Vormund, Gegenvormund, Pfleger, Beistand oder Mitglied eines Familienraths endigt, gelten diese Vorschriften von dem Inkrafttreten des Bürgerlichen Gesetzbuchs an auch für eine vorher erfolgte Todeserklärung.

Art. 161. Ein zur Zeit des Inkrafttretens des Bürgerlichen Gesetzbuchs anhängiges Verfahren, das eine Todeserklärung, eine Verschollenheitserklärung oder die Einweisung des muthmaßlichen Erben in den Besitz oder Genuß des Vermögens eines Verschollenen zum Gegenstande hat, ist nach den bisherigen Gesetzen zu erledigen.

Ist vor dem Inkrafttreten des Bürgerlichen Gesetzbuchs eine Verschollenheitserklärung oder die vorläufige Einweisung des muthmaßlichen Erben in den Besitz oder Genuß des Vermögens eines Verschollenen erfolgt, so sind die bisherigen Gesetze auch für die Todeserklärung sowie für die endgültige Einweisung maßgebend.

Nach den bisherigen Gesetzen bestimmen sich auch die Wirkungen der nach Abs. 1, 2 ergehenden Entscheidungen. Im Falle der Todeserklärung finden die Vorschriften der Artikel 159, 160 Anwendung.

Art. 162. Soweit eine nach den bisherigen Gesetzen erfolgte oder nach Artikel 161 Abs. 2 zulässige endgültige Einweisung des muthmaßlichen Erben in den Besitz oder Genuß des Vermögens des Verschollenen ohne Einfluß auf Rechtsverhältnisse ist, auf die sich die Wirkungen der Todeserklärung nach dem Bürgerlichen Gesetzbuch erstrecken, ist nach dem Inkrafttreten des Bürgerlichen Gesetzbuchs eine Todeserklärung nach dessen Vorschriften zulässig; die Wirkungen beschränken sich auf diese Rechtsverhältnisse.

Juristische Personen.

Art. 163. Auf die zur Zeit des Inkrafttretens des Bürgerlichen Gesetzbuchs bestehenden juristischen Personen finden von dieser Zeit an die Vorschriften der §§ 25 bis 53, 85 bis 89 des Bürgerlichen Gesetzbuchs Anwendung, soweit sich nicht aus den Artikeln 164 bis 166 ein Anderes ergiebt.

§§ 25—53 d i die allgemeinen Vorschriften über Vereine, mit Ausnahme derer über die Entstehung und den Sitz des Vereines.

§§ 85—88 d i die Vorschriften über Stiftungen mit Ausnahme derer über die Entstehung der Stiftung

§ 89 d i die Vorschriften über juristische Personen des öffentlichen Rechtes.

Realgemeinden und ähnliche Verbände.

Art. 164. In Kraft bleiben die landesgesetzlichen Vorschriften über die zur Zeit des Inkrafttretens des Bürgerlichen Gesetzbuchs bestehenden Realgemeinden und ähnlichen Verbände, deren Mitglieder als solche zu Nutzungen an land- und forstwirthschaftlichen Grundstücken, an Mühlen, Brauhäusern und ähnlichen Anlagen berechtigt sind. Es macht keinen Unterschied, ob die Realgemeinden oder sonstigen Verbände juristische

Personen sind oder nicht und ob die Berechtigung der Mitglieder an Grundbesitz geknüpft ist oder nicht.

Bayerische Vereine und registrirte Gesellschaften.

Art. 165. In Kraft bleiben die Vorschriften der bayerischen Gesetze, betreffend die privatrechtliche Stellung der Vereine sowie der Erwerbs- und Wirthschaftsgesellschaften, vom 29. April 1869 in Ansehung derjenigen Vereine und registrirten Gesellschaften, welche auf Grund dieser Gesetze zur Zeit des Inkrafttretens des Bürgerlichen Gesetzbuchs bestehen.

Sächsische Vereine.

Art. 166. In Kraft bleiben die Vorschriften des sächsischen Gesetzes vom 15. Juni 1868, betreffend die juristischen Personen, in Ansehung derjenigen Personenvereine, welche zur Zeit des Inkrafttretens des Bürgerlichen Gesetzbuchs die Rechtsfähigkeit durch Eintragung in das Genossenschaftsregister erlangt haben.

Landschaftliche und ritterschaftliche Kreditanstalten.

Art. 167. In Kraft bleiben die landesgesetzlichen Vorschriften, welche die zur Zeit des Inkrafttretens des Bürgerlichen Gesetzbuchs bestehenden landschaftlichen oder ritterschaftlichen Kreditanstalten betreffen.

Verfügungsbeschränkungen.

Art. 168. Eine zur Zeit des Inkrafttretens des Bürgerlichen Gesetzbuchs bestehende Verfügungsbeschränkung bleibt wirksam, unbeschadet der Vorschriften des Bürgerlichen Gesetzbuchs zu Gunsten derjenigen, welche Rechte von einem Nichtberechtigten herleiten.

Verjährung.

Art. 169. Die Vorschriften des Bürgerlichen Gesetzbuchs über die Verjährung finden auf die vor dem Inkrafttreten des Bürgerlichen Gesetzbuchs entstandenen, noch nicht verjährten Ansprüche Anwendung. Der Beginn sowie die Hemmung und Unterbrechung der Verjährung bestimmen sich jedoch für die Zeit vor dem Inkrafttreten des Bürgerlichen Gesetzbuchs nach den bisherigen Gesetzen.

Ist die Verjährungsfrist nach dem Bürgerlichen Gesetzbuche kürzer als nach den bisherigen Gesetzen, so wird die kürzere Frist von dem Inkrafttreten des Bürgerlichen Gesetzbuchs an berechnet. Läuft jedoch die in den bisherigen Gesetzen bestimmte längere Frist früher als die im Bürgerlichen Gesetzbuche bestimmte kürzere Frist ab, so ist die Verjährung mit dem Ablaufe der längeren Frist vollendet.

Schuldverhältnisse.

Art. 170. Für ein Schuldverhältniß, das vor dem Inkrafttreten des Bürgerlichen Gesetzbuchs entstanden ist, bleiben die bisherigen Gesetze maßgebend.

— Mieth-, Pacht- und Dienstverhältnisse.

Art. 171. Ein zur Zeit des Inkrafttretens des Bürgerlichen Gesetzbuchs bestehendes Mieth-, Pacht- oder Dienstverhältniß bestimmt sich, wenn nicht die Kündigung nach dem Inkrafttreten des Bürgerlichen Gesetzbuchs für den ersten Termin erfolgt, für den sie nach den bisherigen Gesetzen zulässig ist, von diesem Termin an nach den Vorschriften des Bürgerlichen Gesetzbuchs.

Art. 172. Wird eine Sache, die zur Zeit des Inkrafttretens des Bürgerlichen Gesetzbuchs vermiethet oder verpachtet war, nach dieser Zeit veräußert oder mit einem Rechte belastet, so hat der Miether oder Pächter dem Erwerber der Sache oder des Rechtes gegenüber die im Bürgerlichen Gesetzbuche bestimmten Rechte. Weitergehende Rechte des Miethers oder Pächters, die sich aus den bisherigen Gesetzen ergeben, bleiben unberührt, unbeschadet der Vorschrift des Artikel 171.

— **Gemeinschaft nach Bruchtheilen.**

Art. 173. Auf eine zur Zeit des Inkrafttretens des Bürgerlichen Gesetzbuchs bestehende Gemeinschaft nach Bruchtheilen finden von dieser Zeit an die Vorschriften des Bürgerlichen Gesetzbuchs Anwendung.

— **Schuldverschreibungen auf den Inhaber.**

Art. 174. Von dem Inkrafttreten des Bürgerlichen Gesetzbuchs an gelten für die vorher ausgestellten Schuldverschreibungen auf den Inhaber die Vorschriften der §§ 798 bis 800, 802, 804 und des § 806 Satz 1 des Bürgerlichen Gesetzbuchs. Bei den auf Sicht zahlbaren unverzinslichen Schuldverschreibungen sowie bei Zins-, Renten- und Gewinnantheilscheinen bleiben jedoch für die Kraftloserklärung und die Zahlungssperre die bisherigen Gesetze maßgebend.

Die Verjährung der Ansprüche aus den vor dem Inkrafttreten des Bürgerlichen Gesetzbuchs ausgestellten Schuldverschreibungen auf den Inhaber bestimmt sich, unbeschadet der Vorschriften des § 802 des Bürgerlichen Gesetzbuchs, nach den bisherigen Gesetzen.

§ 798. Ist eine Schuldverschreibung auf den Inhaber in Folge einer Beschädigung oder einer Verunstaltung zum Umlaufe nicht mehr geeignet, so kann der Inhaber, sofern ihr wesentlicher Inhalt und ihre Unterscheidungsmerkmale noch mit Sicherheit erkennbar sind, von dem Aussteller die Ertheilung einer neuen Schuldverschreibung auf den Inhaber gegen Aushändigung der beschädigten oder verunstalteten verlangen. Die Kosten hat er zu tragen und vorzuschiessen.

§ 799. Eine abhanden gekommene oder vernichtete Schuldverschreibung auf den Inhaber kann, wenn nicht in der Urkunde das Gegentheil bestimmt ist, im Wege des Aufgebotsverfahrens für kraftlos erklärt werden. Ausgenommen sind Zins-, Renten- und Gewinnantheilscheine sowie die auf Sicht zahlbaren unverzinslichen Schuldverschreibungen.

Der Aussteller ist verpflichtet, dem bisherigen Inhaber auf Verlangen die zur Erwirkung des Aufgebots oder der Zahlungssperre erforderliche Auskunft zu ertheilen und die erforderlichen Zeugnisse auszustellen. Die Kosten der Zeugnisse hat der bisherige Inhaber zu tragen und vorzuschiessen.

§ 800. Ist eine Schuldverschreibung auf den Inhaber für kraftlos erklärt, so kann derjenige, welcher das Ausschlussurtheil erwirkt hat, von dem Aussteller, unbeschadet der Befugniss, den Anspruch aus der Urkunde geltend zu machen, die Ertheilung einer neuen Schuldverschreibung auf den Inhaber an Stelle der für kraftlos erklärten verlangen. Die Kosten hat er zu tragen und vorzuschiessen.

§ 802. Der Beginn und der Lauf der Vorlegungsfrist sowie der Verjährung werden durch die Zahlungssperre zu Gunsten des Antragstellers gehemmt. Die Hemmung beginnt mit der Stellung des Antrags auf Zahlungssperre; sie endigt mit der Erledigung des Aufgebotsverfahrens und, falls die Zahlungssperre vor der Einleitung des Verfahrens verfügt worden ist, auch dann, wenn seit der Beseitigung des der Einleitung entgegenstehenden Hindernisses sechs Monate verstrichen sind und nicht vorher die Einleitung beantragt worden ist. Auf diese Frist finden die Vorschriften der §§ 203, 206, 207 entsprechende Anwendung.

§ 203. Der Beginn und der Lauf der sechsmonatigen Frist ist gehemmt, solange der Berechtigte durch Stillstand der Rechtspflege an der Stellung des Antrags auf Einleitung des Aufgebotsverfahrens verhindert ist.*

Das Gleiche gilt, wenn eine solche Verhinderung in anderer Weise durch höhere Gewalt herbeigeführt wird.

§ 206. Ist eine geschäftsunfähige oder in der Geschäftsfähigkeit beschränkte Person ohne gesetzlichen Vertreter, so wird die gegen sie laufende Frist nicht vor dem Ablaufe von sechs Monaten nach dem Zeitpunkte vollendet, in welchem die Person unbeschränkt geschäftsfähig wird oder der Mangel der Vertretung aufhört.*

Diese Vorschriften finden keine Anwendung, soweit eine in der Geschäftsfähigkeit beschränkte Person prozessfähig ist.

§ 207. Gehört der Anspruch zu einem Nachlasse oder richtet derselbe sich gegen einen Nachlass, so wird die Frist nicht vor dem Ablaufe von sechs Monaten nach dem Zeitpunkte vollendet, in welchem die Erbschaft von dem Erben angenommen oder der Konkurs über den Nachlass eröffnet wird oder von welchem an der Anspruch von einem Vertreter oder gegen einen Vertreter geltend gemacht werden kann.*

§ 804. Ist ein Zins-, Renten- oder Gewinnantheilschein abhanden gekommen oder vernichtet und hat der bisherige Inhaber den Verlust dem Aussteller vor dem Ablaufe der Vorlegungsfrist angezeigt, so kann der bisherige Inhaber nach dem Ablaufe der Frist die Leistung von dem Aussteller verlangen. Der Anspruch ist ausgeschlossen, wenn der abhanden gekommene Schein dem Aussteller zur Einlösung vorgelegt oder der Anspruch aus dem Scheine gerichtlich geltend gemacht worden ist, es sei denn, dass die Vorlegung oder die gerichtliche Geltendmachung nach dem Ablaufe der Frist erfolgt ist. Der Anspruch verjährt in vier Jahren.

In dem Zins-, Renten- oder Gewinnantheilscheine kann der im Abs. 1 bestimmte Anspruch ausgeschlossen werden.

§ 806 Satz 1. Die Umschreibung einer auf den Inhaber lautenden Schuldverschreibung auf den Namen eines bestimmten Berechtigten kann nur durch den Aussteller erfolgen.

Art. 175. Für Zins-, Renten- und Gewinnantheilscheine, die nach dem Inkrafttreten des Bürgerlichen Gesetzbuchs für ein vor dieser Zeit ausgestelltes Inhaberpapier ausgegeben werden, sind die Gesetze maßgebend, welche für die vor dem Inkrafttreten des Bürgerlichen Gesetzbuchs ausgegebenen Scheine gleicher Art gelten.

Art. 176. Die Außerkurssetzung von Schuldverschreibungen auf den Inhaber findet nach dem Inkrafttreten des Bürgerlichen Gesetzbuchs nicht mehr statt. Eine vorher erfolgte Außerkurssetzung verliert mit dem Inkrafttreten des Bürgerlichen Gesetzbuchs ihre Wirkung.

— **Qualifizirte Legitimationspapiere.**

Art. 177. Von dem Inkrafttreten des Bürgerlichen Gesetzbuchs an gelten für vorher ausgegebene Urkunden der im § 808 des Bürgerlichen Gesetzbuchs bezeichneten Art, sofern der Schuldner nur gegen Aushändigung der Urkunde zur Leistung verpflichtet ist, die Vorschriften des § 808 Abs. 2 Satz 2, 3 des Bürgerlichen Gesetzbuchs und des Artikel 102 Abs. 2 dieses Gesetzes.

§ 808. Wird eine Urkunde, in welcher der Gläubiger benannt ist, mit der Bestimmung ausgegeben, dass die in der Urkunde versprochene Leistung an jeden Inhaber bewirkt werden kann, so wird der Schuldner durch die Leistung an den Inhaber der Urkunde befreit. Der Inhaber ist nicht berechtigt, die Leistung zu verlangen.

Der Schuldner ist nur gegen Aushändigung der Urkunde zur Leistung verpflichtet. Ist die Urkunde abhanden gekommen oder vernichtet, so kann sie, wenn nicht ein Anderes bestimmt ist, im Wege des Aufgebotsverfahrens für kraftlos erklärt werden. Die im § 802 für die Verjährung gegebenen Vorschriften finden Anwendung.

§ 802 s. Art. 174.

Art. 102 Abs. 2. Unberührt bleiben die landesgesetzlichen Vorschriften, welche für die Kraftloserklärung der im § 808 des Bürgerlichen Gesetzbuchs bezeichneten Urkunden ein anderes Verfahren als das Aufgebotsverfahren bestimmen.

Art. 178. Ein zur Zeit des Inkrafttretens des Bürgerlichen Gesetzbuchs anhängiges Verfahren, das die Kraftloserklärung einer Schuldverschreibung auf den Inhaber oder einer Urkunde der im § 808 des Bürgerlichen Gesetzbuchs bezeichneten Art oder die Zahlungssperre für ein solches Papier zum Gegenstande hat, ist nach den bisherigen Gesetzen zu erledigen. Nach diesen Gesetzen bestimmen sich auch die Wirkungen des Verfahrens und der Entscheidung.

§ 808 s. Art. 177.

Eingetragene Ansprüche aus Schuldverhältnissen.

Art. 179. Hat ein Anspruch aus einem Schuldverhältnisse nach den bisherigen Gesetzen durch Eintragung in ein öffentliches Buch Wirksamkeit gegen Dritte erlangt, so behält er diese Wirksamkeit auch nach dem Inkrafttreten des Bürgerlichen Gesetzbuchs.

Besitz.

Art. 180. Auf ein zur Zeit des Inkrafttretens des Bürgerlichen Gesetzbuchs bestehendes Besitzverhältniß finden von dieser Zeit an, unbeschadet des Artikel 191, die Vorschriften des Bürgerlichen Gesetzbuchs Anwendung.

Eigenthum.

Art. 181. Auf das zur Zeit des Inkrafttretens des Bürgerlichen Gesetzbuchs bestehende Eigenthum finden von dieser Zeit an die Vorschriften des Bürgerlichen Gesetzbuchs Anwendung.

Steht zur Zeit des Inkrafttretens des Bürgerlichen Gesetzbuchs das Eigenthum an einer Sache Mehreren nicht nach Bruchtheilen zu oder ist zu dieser Zeit ein Sondereigenthum an stehenden Erzeugnissen eines Grundstücks, insbesondere an Bäumen, begründet, so bleiben diese Rechte bestehen.

Stockwerkseigenthum.

Art. 182. Das zur Zeit des Inkrafttretens des Bürgerlichen Gesetzbuchs bestehende Stockwerkseigenthum bleibt bestehen. Das Rechtsverhältniß der Betheiligten unter einander bestimmt sich nach den bisherigen Gesetzen.

Nachbarrecht bezüglich der Waldbäume.

Art. 183. Zu Gunsten eines Grundstücks, das zur Zeit des Inkrafttretens des Bürgerlichen Gesetzbuchs mit Wald bestanden ist, bleiben die landesgesetzlichen Vorschriften, welche die Rechte des Eigenthümers eines Nachbargrundstücks in Ansehung der auf der Grenze oder auf dem Waldgrundstücke stehenden Bäume und Sträucher abweichend von den Vorschriften des § 910 und des § 923 Abs. 2, 3 des Bürgerlichen Gesetzbuchs bestimmen, bis zur nächsten Verjüngung des Waldes in Kraft.

§ 910. Der Eigenthümer eines Grundstücks kann Wurzeln eines Baumes oder eines Strauches, die von einem Nachbargrundstück eingedrungen sind, abschneiden und behalten. Das Gleiche gilt von herüberragenden Zweigen, wenn der Eigenthümer dem Besitzer des Nachbargrundstücks eine angemessene Frist zur Beseitigung bestimmt hat und die Beseitigung nicht innerhalb der Frist erfolgt.

Dem Eigenthümer steht dieses Recht nicht zu, wenn die Wurzeln oder die Zweige die Benutzung des Grundstücks nicht beeinträchtigen.

§ 923 Abs. 2, 3. Jeder der Nachbarn kann die Beseitigung des Baumes *(auf der Grenze)* verlangen. Die Kosten der Beseitigung fallen den Nachbarn zu gleichen Theilen zur Last. Der Nachbar, der die Beseitigung verlangt, hat jedoch die Kosten allein zu tragen, wenn der andere auf sein Recht an dem Baume verzichtet; er erwirbt in diesem Falle mit der Trennung das Alleineigenthum. Der Anspruch auf die Beseitigung ist ausgeschlossen, wenn der Baum als Grenzzeichen dient und den Umständen nach nicht durch ein anderes zweckmässiges Grenzzeichen ersetzt werden kann.

Diese Vorschriften gelten auch für einen auf der Grenze stehenden Strauch

Rang und Inhalt von Rechten an Sachen und Rechten.

Art. 184. Rechte, mit denen eine Sache oder ein Recht zur Zeit des Inkrafttretens des Bürgerlichen Gesetzbuchs belastet ist, bleiben mit dem sich aus den bisherigen Gesetzen ergebenden Inhalt und Range bestehen, soweit sich nicht aus den Artikeln 192 bis 195 ein Anderes ergiebt. Von dem Inkrafttreten des Bürgerlichen Gesetzbuchs an gelten jedoch für ein Erbbaurecht die Vorschriften des § 1017, für eine Grunddienstbarkeit die Vorschriften der §§ 1020 bis 1028 des Bürgerlichen Gesetzbuchs.

§ 1017. Für das Erbbaurecht gelten die sich auf Grundstücke beziehenden Vorschriften.

Die für den Erwerb des Eigenthums und die Ansprüche aus dem Eigenthume geltenden Vorschriften finden auf das Erbbaurecht entsprechende Anwendung.

§§ 1020 bis 1028: d. i. Die Vorschriften des Bürgerlichen Gesetzbuches über Grunddienstbarkeiten.

Ersitzung.

Art. 185. Ist zur Zeit des Inkrafttretens des Bürgerlichen Gesetzbuchs die Ersitzung des Eigenthums oder Nießbrauchs an einer beweglichen Sache noch nicht vollendet, so finden auf die Ersitzung die Vorschriften des Artikel 169 entsprechende Anwendung.

Anlegung der Grundbücher.

Art. 186. Das Verfahren, in welchem die Anlegung der Grundbücher erfolgt, sowie der Zeitpunkt, in welchem das Grundbuch für einen Bezirk als angelegt anzusehen ist, werden für jeden Bundesstaat durch landesherrliche Verordnung bestimmt.

Ist das Grundbuch für einen Bezirk als angelegt anzusehen, so ist die Anlegung auch für solche zu dem Bezirke gehörende Grundstücke, die noch kein Blatt im Grundbuche haben, als erfolgt anzusehen, soweit nicht bestimmte Grundstücke durch besondere Anordnung ausgenommen sind.

Grunddienstbarkeiten.

Art. 187. Eine Grunddienstbarkeit, die zu der Zeit besteht, zu welcher das Grundbuch als angelegt anzusehen ist, bedarf zur Erhaltung der Wirksamkeit gegenüber dem öffentlichen Glauben des Grundbuchs nicht der Eintragung. Die Eintragung hat jedoch zu erfolgen, wenn sie von dem Berechtigten oder von dem Eigenthümer des belasteten Grundstücks verlangt wird; die Kosten sind von demjenigen zu tragen und vorzuschießen, welcher die Eintragung verlangt.

Durch Landesgesetz kann bestimmt werden, daß die bestehenden Grunddienstbarkeiten oder einzelne Arten zur Erhaltung der Wirksamkeit gegenüber dem öffentlichen Glauben des Grundbuchs bei der Anlegung des Grundbuchs oder später in das Grundbuch eingetragen werden müssen. Die Bestimmung kann auf einzelne Grundbuchbezirke beschränkt werden.

Gesetzliche Pfandrechte, Mieth- und Pachtrechte.

Art. 188. Durch landesherrliche Verordnung kann bestimmt werden, daß gesetzliche Pfandrechte, die zu der Zeit bestehen, zu welcher das Grundbuch als angelegt anzusehen ist, zur Erhaltung der Wirksamkeit gegenüber dem öffentlichen Glauben des Grundbuchs während einer zehn Jahre nicht übersteigenden, von dem Inkrafttreten des Bürgerlichen Gesetzbuchs an zu berechnenden Frist nicht der Eintragung bedürfen.

Durch landesherrliche Verordnung kann bestimmt werden, daß Miethrechte und Pachtrechte, welche zu der im Abs. 1 bezeichneten Zeit als Rechte an einem Grundstücke bestehen, zur Erhaltung der Wirksamkeit gegenüber dem öffentlichen Glauben des Grundbuchs nicht der Eintragung bedürfen.

Erwerb und Verlust von Rechten an Grundstücken bis zur Anlegung des Grundbuchs.

Art. 189. Der Erwerb und Verlust des Eigenthums sowie die Begründung, Uebertragung, Belastung und Aufhebung eines anderen Rechtes an einem Grundstück oder eines Rechtes an einem solchen Rechte erfolgen auch nach dem Inkrafttreten des Bürgerlichen Gesetzbuchs nach den bisherigen Gesetzen, bis das Grundbuch als angelegt anzusehen ist. Das Gleiche gilt von der Aenderung des Inhalts und des Ranges der Rechte. Ein nach den Vorschriften des Bürgerlichen Gesetzbuchs unzulässiges Recht kann nach dem Inkrafttreten des Bürgerlichen Gesetzbuchs nicht mehr begründet werden.

Ist zu der Zeit, zu welcher das Grundbuch als angelegt anzusehen ist, der Besitzer als der Berechtigte im Grundbuch eingetragen, so finden auf eine zu dieser Zeit noch nicht vollendete, nach § 900 des Bürgerlichen Gesetzbuchs zulässige Ersitzung die Vorschriften des Artikel 169 entprechende Anwendung.

Die Aufhebung eines Rechtes, mit dem ein Grundstück oder ein Recht an einem Grundstücke zu der Zeit belastet ist, zu welcher das Grundbuch als angelegt anzusehen ist, erfolgt auch nach dieser Zeit nach den bisherigen Gesetzen, bis das Recht in das Grundbuch eingetragen wird.

§ 900. Wer als Eigenthümer eines Grundstücks im Grundbuch eingetragen ist, ohne dass er das Eigenthum erlangt hat, erwirbt das Eigenthum, wenn die Eintragung dreissig Jahre bestanden und er während dieser Zeit das Grundstück im Eigenbesitze gehabt hat. Die dreissigjährige Frist wird in derselben Weise berechnet wie die Frist für die Ersitzung einer beweglichen Sache. Der Lauf der Frist ist gehemmt, solange ein Widerspruch gegen die Richtigkeit der Eintragung im Grundbuch eingetragen ist.

Diese Vorschriften finden entsprechende Anwendung, wenn für Jemand ein ihm nicht zustehendes anderes Recht im Grundbuch eingetragen ist, das zum Besitze des Grundstücks berechtigt oder dessen Ausübung nach den für den Besitz geltenden Vorschriften geschützt ist. Für den Rang des Rechtes ist die Eintragung massgebend.

Herrenlose Grundstücke.

Art. 190. Das nach § 928 Abs. 2 des Bürgerlichen Gesetzbuchs dem Fiskus zustehende Aneignungsrecht erstreckt sich auf alle Grundstücke, die zu der Zeit herrenlos sind, zu welcher das Grundbuch als angelegt anzusehen ist. Die Vorschrift des Artikel 129 findet entsprechende Anwendung.

§ 928 Abs. 2. Das Recht zur Aneignung des aufgegebenen Grundstücks steht dem Fiskus des Bundesstaats zu, in dessen Gebiete das Grundstück liegt. Der Fiskus erwirbt das Eigenthum dadurch, dass er sich als Eigenthümer in das Grundbuch eintragen lässt.

Art. 129. Unberührt bleiben die landesgesetzlichen Vorschriften, nach welchen das Recht zur Aneignung eines nach § 928 des Bürgerlichen Gesetzbuchs aufgegebenen Grundstücks an Stelle des Fiskus einer bestimmten anderen Person zusteht.

Besitzesschutz bestehender Dienstbarkeiten.

Art. 191. Die bisherigen Gesetze über den Schutz im Besitz einer Grunddienstbarkeit oder einer beschränkten persönlichen Dienstbarkeit finden auch nach dem Inkrafttreten des Bürgerlichen Gesetzbuchs Anwendung, bis das Grundbuch für das belastete Grundstück als angelegt anzusehen ist.

Von der Zeit an, zu welcher das Grundbuch als angelegt anzusehen ist, finden zum Schutze der Ausübung einer Grunddienstbarkeit, mit welcher das Halten einer dauernden Anlage verbunden ist, die für den Besitzschutz geltenden Vorschriften des Bürgerlichen Gesetzbuchs entsprechende Anwendung, solange Dienstbarkeiten dieser Art nach Artikel 128 oder Artikel 187 zur Erhaltung der Wirksamkeit gegenüber dem öffentlichen Glauben des Grundbuchs nicht der Eintragung bedürfen. Das Gleiche gilt für Grunddienstbarkeiten anderer Art mit der Maßgabe, daß der Besitzschutz nur gewährt wird, wenn die Dienstbarkeit in jedem der drei letzten Jahre vor der Störung mindestens einmal ausgeübt worden ist.

Art. 128. Unberührt bleiben die landesgesetzlichen Vorschriften über die Begründung und Aufhebung einer Dienstbarkeit an einem Grundstücke, das im Grundbuche nicht eingetragen ist und nach den Vorschriften der Grundbuchordnung nicht eingetragen zu werden braucht.

Bestehende Pfandrechte an Grundstücken.

Art. 192. Ein zu der Zeit, zu welcher das Grundbuch als angelegt anzusehen ist, an einem Grundstücke bestehendes Pfandrecht gilt von dieser Zeit an als eine Hypothek, für welche die Ertheilung des Hypothekenbriefs ausgeschlossen ist. Ist der Betrag der Forderung, für die das Pfandrecht besteht, nicht bestimmt, so gilt das Pfandrecht als Sicherungshypothek.

Ist das Pfandrecht dahin beschränkt, daß der Gläubiger Befriedigung aus dem Grundstücke nur im Wege der Zwangsverwaltung suchen kann, so bleibt diese Beschränkung bestehen.

Art. 193. Durch Landesgesetz kann bestimmt werden, daß ein Pfandrecht, welches nach Artikel 192 nicht als Sicherungshypothek gilt, als Sicherungshypothek oder als eine Hypothek gelten soll, für welche die Ertheilung des Hypothekenbriefs nicht ausgeschlossen ist, und daß eine über das Pfandrecht ertheilte Urkunde als Hypothekenbrief gelten soll.

Art. 194. Durch Landesgesetz kann bestimmt werden, daß ein Gläubiger, dessen Pfandrecht zu der im Artikel 192 bezeichneten Zeit besteht, die Löschung eines im Range vorgehenden oder gleichstehenden Pfandrechts, falls dieses sich mit dem Eigenthum in einer Person vereinigt, in gleicher Weise zu verlangen berechtigt ist, wie wenn zur Sicherung des Rechtes auf Löschung eine Vormerkung im Grundbuch eingetragen wäre.

Bestehende Grundschulden.

Art. 195. Eine zu der Zeit, zu welcher das Grundbuch als angelegt anzusehen ist, bestehende Grundschuld gilt von dieser Zeit an als Grundschuld im Sinne des Bürgerlichen Gesetzbuchs und eine über die

Grundschuld ertheilte Urkunde als Grundschuldbrief. Die Vorschrift des Artikel 192 Abs. 2 findet entsprechende Anwendung.

Durch Landesgesetz kann bestimmt werden, daß eine zu der im Abs. 1 bezeichneten Zeit bestehende Grundschuld als eine Hypothek, für welche die Ertheilung des Hypothekenbriefs nicht ausgeschlossen ist, oder als Sicherungshypothek gelten soll und daß eine über die Grundschuld ertheilte Urkunde als Hypothekenbrief gelten soll.

Nutzungsrechte an Grundstücken.

Art. 196. Durch Landesgesetz kann bestimmt werden, daß auf ein an einem Grundstücke bestehendes vererbliches und übertragbares Nutzungsrecht die sich auf Grundstücke beziehenden Vorschriften und auf den Erwerb eines solchen Rechtes die für den Erwerb des Eigenthums an einem Grundstücke geltenden Vorschriften des Bürgerlichen Gesetzbuchs Anwendung finden.

Bäuerliche Nutzungsrechte.

Art. 197. In Kraft bleiben die landesgesetzlichen Vorschriften, nach welchen in Ansehung solcher Grundstücke, bezüglich deren zur Zeit des Inkrafttretens des Bürgerlichen Gesetzbuchs ein nicht unter den Artikel 63 fallendes bäuerliches Nutzungsrecht besteht, nach der Beendigung des Nutzungsrechts ein Recht gleicher Art neu begründet werden kann und der Gutsherr zu der Begründung verpflichtet ist.

Art. 63 Satz 1. Unberührt bleiben die landesgesetzlichen Vorschriften über das Erbpachtrecht, mit Einschluss des Büdnerrechts und des Häuslerrechts, in denjenigen Bundesstaaten, in welchen solche Rechte bestehen.

Gültigkeit einer Ehe.

Art. 198. Die Gültigkeit einer vor dem Inkrafttreten des Bürgerlichen Gesetzbuchs geschlossenen Ehe bestimmt sich nach den bisherigen Gesetzen.

Eine nach den bisherigen Gesetzen nichtige oder ungültige Ehe ist als von Anfang an gültig anzusehen, wenn die Ehegatten zur Zeit des Inkrafttretens des Bürgerlichen Gesetzbuchs noch als Ehegatten mit einander leben und der Grund, auf dem die Nichtigkeit oder die Ungültigkeit beruht, nach den Vorschriften des Bürgerlichen Gesetzbuchs die Nichtigkeit oder die Anfechtbarkeit der Ehe nicht zur Folge haben oder diese Wirkung verloren haben würde. Die für die Anfechtung im Bürgerlichen Gesetzbuche bestimmte Frist beginnt nicht vor dem Inkrafttreten des Bürgerlichen Gesetzbuchs.

Die nach den bisherigen Gesetzen erfolgte Ungültigkeitserklärung einer Ehe steht der Nichtigkeitserklärung nach dem Bürgerlichen Gesetzbuche gleich.

Persönliche Rechtsbeziehungen der Ehegatten.

Art. 199. Die persönlichen Rechtsbeziehungen der Ehegatten zu einander, insbesondere die gegenseitige Unterhaltspflicht, bestimmen sich auch für die zur Zeit des Inkrafttretens des Bürgerlichen Gesetzbuchs bestehenden Ehen nach dessen Vorschriften.

Eheliches Güterrecht.

Art. 200. Für den Güterstand einer zur Zeit des Inkrafttretens des Bürgerlichen Gesetzbuchs bestehenden Ehe bleiben die bisherigen Gesetze maßgebend. Dies gilt insbesondere auch von den Vorschriften über die erbrechtlichen Wirkungen des Güterstandes und von den Vorschriften der französischen und der badischen Gesetze über das Verfahren bei Vermögensabsonderungen unter Ehegatten.

Eine nach den Vorschriften des Bürgerlichen Gesetzbuchs zulässige Regelung des Güterstandes kann durch Ehevertrag auch dann getroffen werden, wenn nach den bisherigen Gesetzen ein Ehevertrag unzulässig sein würde.

Soweit die Ehefrau nach den für den bisherigen Güterstand maßgebenden Gesetzen in Folge des Güterstandes oder der Ehe in der Geschäftsfähigkeit beschränkt ist, bleibt diese Beschränkung in Kraft, solange der bisherige Güterstand besteht.

Ehescheidung.

Art. 201. Die Scheidung und die Aufhebung der ehelichen Gemeinschaft erfolgen von dem Inkrafttreten des Bürgerlichen Gesetzbuchs an nach dessen Vorschriften.

Hat sich ein Ehegatte vor dem Inkrafttreten des Bürgerlichen Gesetzbuchs einer Verfehlung der in den §§ 1565 bis 1568 des Bürgerlichen Gesetzbuchs bezeichneten Art schuldig gemacht, so kann auf Scheidung oder auf Aufhebung der ehelichen Gemeinschaft nur erkannt werden, wenn die Verfehlung auch nach den bisherigen Gesetzen ein Scheidungsgrund oder ein Trennungsgrund war.

§ 1565. Ehebruch, Doppelehe, widernatürliche Unzucht.

§ 1566. Trachten nach dem Leben des anderen Ehegatten.

§ 1567. Bösliche Verlassung.

§ 1568*. Durch schwere Verletzung der durch die Ehe begründeten Pflichten oder durch ehrloses oder unsittliches Verhalten verschuldete so tiefe Zerrüttung des ehelichen Verhältnisses, dass dem anderen Ehegatten die Fortsetzung der Ehe nicht zugemuthet werden kann, insbesondere grobe Misshandlung.

Trennung von Tisch und Bett.

Art. 202. Für die Wirkungen einer beständigen oder zeitweiligen Trennung von Tisch und Bett, auf welche vor dem Inkrafttreten des Bürgerlichen Gesetzbuchs erkannt worden ist, bleiben die bisherigen Gesetze maßgebend. Dies gilt insbesondere auch von den Vorschriften, nach denen eine bis zu dem Tode eines der Ehegatten fortbestehende Trennung in allen oder einzelnen Beziehungen der Auflösung der Ehe gleichsteht.

Rechtsverhältniss zwischen Eltern und ehelichen Kindern.

Art. 203. Das Rechtsverhältniß zwischen den Eltern und einem vor dem Inkrafttreten des Bürgerlichen Gesetzbuchs geborenen ehelichen Kinde bestimmt sich von dem Inkrafttreten des Bürgerlichen Gesetzbuchs an nach dessen Vorschriften. Dies gilt insbesondere auch in Ansehung des Vermögens, welches das Kind vorher erworben hat.

— Beschränkungen der elterlichen Rechte.

Art. 204. Ist der Vater oder die Mutter zur Zeit des Inkrafttretens des Bürgerlichen Gesetzbuchs in der Sorge für die Person oder für das Vermögen des Kindes durch eine Anordnung der zuständigen Behörde beschränkt, so bleibt die Beschränkung in Kraft. Das Vormundschaftsgericht kann die Anordnung nach § 1671 des Bürgerlichen Gesetzbuchs aufheben.

Ist dem Vater oder der Mutter die Nutznießung an dem Vermögen des Kindes durch Anordnung der zuständigen Behörde entzogen, so hat das Vormundschaftsgericht die Anordnung auf Antrag aufzuheben, es sei denn, daß die Entziehung der Nutznießung nach § 1666 Abs. 2 des Bürgerlichen Gesetzbuchs gerechtfertigt ist.

§ 1666 Abs. 2. Hat der Vater das Recht des Kindes auf Gewährung des Unterhalts verletzt und ist für die Zukunft eine erhebliche Gefährdung des Unterhalts zu besorgen, so kann dem Vater auch die Vermögensverwaltung sowie die Nutzniessung entzogen werden.

§ 1671. Das Vormundschaftsgericht kann während der Dauer der elterlichen Gewalt die von ihm getroffenen Anordnungen jederzeit ändern, insbesondere die Erhöhung, Minderung oder Aufhebung der geleisteten Sicherheit anordnen.

Anordnungen des Vaters hinsichtlich der elterlichen Gewalt der Mutter.

Art. 205. Hat der Vater vor dem Inkrafttreten des Bürgerlichen Gesetzbuchs auf Grund der bisherigen Gesetze die Mutter von der Vormundschaft über das Kind ausgeschlossen oder der Mutter einen Beistand zugeordnet, so gilt die Anordnung des Vaters von dem Inkrafttreten des Bürgerlichen Gesetzbuchs an als Anordnung der Bestellung eines Beistandes für die Mutter im Sinne des Bürgerlichen Gesetzbuchs.

Kinder aus geschiedenen Ehen.

Art. 206. Ist auf Grund der bisherigen Gesetze eine Ehe geschieden oder in Folge der Todeserklärung eines der Ehegatten aufgelöst oder ist auf Trennung der Ehegatten von Tisch und Bett erkannt worden, so bestimmen sich das Recht und die Pflicht der Eltern, für die Person der gemeinschaftlichen Kinder zu sorgen, nach den bisherigen Gesetzen; die Vorschriften des § 1635 Abs. 1 Satz 2, Abs. 2 und des § 1636 des Bürgerlichen Gesetzbuchs finden jedoch Anwendung.

§ 1635 Abs. 1 Satz 2, Abs. 2. Das Vormundschaftsgericht kann eine abweichende Anordnung treffen, wenn eine solche aus besonderen Gründen im Interesse des Kindes geboten ist; es kann die Anordnung aufheben, wenn sie nicht mehr erforderlich ist.

Das Recht des Vaters zur Vertretung des Kindes bleibt unberührt.

§ 1636*. Der Ehegatte behält, auch wenn ihm nach den bisherigen Gesetzen die Sorge für die Person des Kindes nicht zusteht, die Befugniss, mit dem Kinde persönlich zu verkehren. Das Vormundschaftsgericht kann den Verkehr näher regeln.

Kinder aus nichtigen und ungültigen Ehen.

Art. 207. Inwieweit die Kinder aus einer vor dem Inkrafttreten des Bürgerlichen Gesetzbuchs geschlossenen nichtigen oder ungültigen Ehe als eheliche Kinder anzusehen sind und inwieweit der Vater und die Mutter die Pflichten und Rechte ehelicher Eltern haben, bestimmt sich nach den bisherigen Gesetzen.

Uneheliche Kinder.

Art. 208. Die rechtliche Stellung eines vor dem Inkrafttreten des Bürgerlichen Gesetzbuchs geborenen unehelichen Kindes bestimmt sich von dem Inkrafttreten des Bürgerlichen Gesetzbuchs an nach dessen Vorschriften; für die Erforschung der Vaterschaft, für das Recht des Kindes, den Familiennamen des Vaters zu führen, sowie für die Unterhaltspflicht des Vaters bleiben jedoch die bisherigen Gesetze maßgebend.

Inwieweit einem vor dem Inkrafttreten des Bürgerlichen Gesetzbuchs außerehelich erzeugten Kinde aus einem besonderen Grunde, insbesondere wegen Erzeugung im Brautstande, die rechtliche Stellung eines ehelichen Kindes zukommt und inwieweit der Vater und die Mutter eines solchen Kindes die Pflichten und Rechte ehelicher Eltern haben, bestimmt sich nach den bisherigen Gesetzen.

Die Vorschriften des Abs. 1 gelten auch für ein nach den französischen oder den badischen Gesetzen anerkanntes Kind.

Legitimirte und an Kindesstatt angenommene Kinder.

Art. 209. Inwieweit ein vor dem Inkrafttreten des Bürgerlichen Gesetzbuchs legitimirtes oder an Kindesstatt angenommenes Kind die rechtliche Stellung eines ehelichen Kindes hat und inwieweit der Vater und die Mutter die Pflichten und Rechte ehelicher Eltern haben, bestimmt sich nach den bisherigen Gesetzen.

Vormundschaft, Pflegschaft.

Art. 210. Auf eine zur Zeit des Inkrafttretens des Bürgerlichen Gesetzbuchs bestehende Vormundschaft oder Pflegschaft finden von dieser Zeit an die Vorschriften des Bürgerlichen Gesetzbuchs Anwendung. Ist die Vormundschaft wegen eines körperlichen Gebrechens angeordnet, so gilt sie als eine nach § 1910 Abs. 1 des Bürgerlichen Gesetzbuchs angeordnete Pflegschaft. Ist die Vormundschaft wegen Geistesschwäche angeordnet, ohne daß eine Entmündigung erfolgt ist, so gilt sie als eine nach § 1910 Abs. 2 des Bürgerlichen Gesetzbuchs für die Vermögensangelegenheiten des Geistesschwachen angeordnete Pflegschaft.

Die bisherigen Vormünder und Pfleger bleiben im Amte. Das Gleiche gilt im Geltungsbereiche der preußischen Vormundschaftsordnung vom 5. Juli 1875 für den Familienrath und dessen Mitglieder. Ein Gegenvormund ist zu entlassen, wenn nach den Vorschriften des Bürgerlichen Gesetzbuchs ein Gegenvormund nicht zu bestellen sein würde.

§ 1910 Abs. 1, 2. Ein Volljähriger, der nicht unter Vormundschaft steht, kann einen Pfleger für seine Person und sein Vermögen erhalten, wenn er in Folge körperlicher Gebrechen, insbesondere weil er taub, blind oder stumm ist, seine Angelegenheiten nicht zu besorgen vermag.

Vermag ein Volljähriger, der nicht unter Vormundschaft steht, in Folge geistiger oder körperlicher Gebrechen einzelne seiner Angelegenheiten oder einen bestimmten Kreis seiner Angelegenheiten, insbesondere seine Vermögensangelegenheiten, nicht zu besorgen, so kann er für diese Angelegenheiten einen Pfleger erhalten.

Art. 211. Die nach den französischen oder den badischen Gesetzen für einen Geistesschwachen angeordnete Bestellung eines Beistandes verliert mit dem Ablaufe von sechs Monaten nach dem Inkrafttreten des Bürgerlichen Gesetzbuchs ihre Wirkung.

— Mündelsichere Werthpapiere.

Art. 212. In Kraft bleiben die landesgesetzlichen Vorschriften, nach welchen gewisse Werthpapiere zur Anlegung von Mündelgeld für geeignet erklärt sind.

Erbrechtliche Verhältnisse.

Art. 213. Für die erbrechtlichen Verhältnisse bleiben, wenn der Erblasser vor dem Inkrafttreten des Bürgerlichen Gesetzbuchs gestorben ist, die bisherigen Gesetze maßgebend. Dies gilt insbesondere auch von den Vorschriften über das erbschaftliche Liquidationsverfahren.

Verfügungen von Todeswegen.

Art. 214. Die vor dem Inkrafttreten des Bürgerlichen Gesetzbuchs erfolgte Errichtung oder Aufhebung einer Verfügung von Todeswegen wird nach den bisherigen Gesetzen beurtheilt, auch wenn der Erblasser nach dem Inkrafttreten des Bürgerlichen Gesetzbuchs stirbt.

Das Gleiche gilt für die Bindung des Erblassers bei einem Erbvertrag oder einem gemeinschaftlichen Testamente, sofern der Erbvertrag oder das Testament vor dem Inkrafttreten des Bürgerlichen Gesetzbuchs errichtet worden ist.

— Testirfähigkeit.

Art. 215. Wer vor dem Inkrafttreten des Bürgerlichen Gesetzbuchs die Fähigkeit zur Errichtung einer Verfügung von Todeswegen erlangt und eine solche Verfügung errichtet hat, behält die Fähigkeit, auch wenn er das nach dem Bürgerlichen Gesetzbuch erforderliche Alter noch nicht erreicht hat.

Die Vorschriften des § 2230 des Bürgerlichen Gesetzbuchs finden auf ein Testament Anwendung, das ein nach dem Inkrafttreten des Bürgerlichen Gesetzbuchs gestorbener Erblasser vor diesem Zeitpunkt errichtet hat.

§ 2230. Hat ein Entmündigter ein Testament errichtet, bevor der die Entmündigung aussprechende Beschluss unanfechtbar geworden ist, so steht die Entmündigung der Gültigkeit des Testaments nicht entgegen, wenn der Entmündigte noch vor dem Eintritte der Unanfechtbarkeit stirbt.

Das Gleiche gilt, wenn der Entmündigte nach der Stellung des Antrags auf Wiederaufhebung der Entmündigung ein Testament errichtet und die Entmündigung dem Antrage gemäss wiederaufgehoben wird.

Pflichttheilsrecht.

Art. 216. Die landesgesetzlichen Vorschriften, nach welchen Mitglieder gewisser ritterschaftlicher Familien bei der Ordnung der Erbfolge in ihren Nachlaß durch das Pflichttheilsrecht nicht beschränkt sind, bleiben in Ansehung derjenigen Familien in Kraft, welchen dieses Recht zur Zeit des Inkrafttretens des Bürgerlichen Gesetzbuchs zusteht.

Erbverzichtsvertrag.

Art. 217. Die vor dem Inkrafttreten des Bürgerlichen Gesetzbuchs erfolgte Errichtung eines Erbverzichtsvertrags sowie die Wirkungen eines solchen Vertrags bestimmen sich nach den bisherigen Gesetzen.

Das Gleiche gilt von einem vor dem Inkrafttreten des Bürgerlichen Gesetzbuchs geschlossenen Vertrage, durch den ein Erbverzichtsvertrag aufgehoben worden ist.

Aenderung bisheriger Landesgesetze.

Art. 218. Soweit nach den Vorschriften dieses Abschnitts die bisherigen Landesgesetze maßgebend bleiben, können sie nach dem Inkrafttreten des Bürgerlichen Gesetzbuchs durch Landesgesetz auch geändert werden.

Urkundlich unter Unserer Höchsteigenhändigen Unterschrift und beigedrucktem Kaiserlichen Insiegel.

Gegeben Neues Palais, den 18. August 1896.

(L. S.) **Wilhelm.**

Fürst zu Hohenlohe.

Alphabetisches Personen-, Sach- und Wortregister.

Die Zahlen beziehen sich auf die Paragraphen des B.G.B., bezw. die Artikel des E.G. Die Zahlen in liegender Schrift beziehen sich auf die nochmals abgedruckten Verweisungsparagraphen.

A.

B.

F.

G.

H.

J.

K.

M.

N.

O.

P.

Q.

R.

S.

W.

Z.

Kolibri 360 GmbH
Ferdinand-Jühlke-Straße 7
99095 Erfurt, Deutschland
produktsicherheit@kolibri360.de